Olhares da História
Brasil e mundo
Volume Único

Cláudio Vicentino
Bacharel e licenciado em Ciências Sociais pela Universidade de São Paulo (USP)
Professor de História em cursos de Ensino Médio e pré-vestibulares
Autor de obras didáticas e paradidáticas para Ensino Fundamental e Médio

José Bruno Vicentino
Bacharel e licenciado em História pela Pontifícia Universidade Católica (PUC-SP)
Professor de História em cursos de Ensino Fundamental, Médio e pré-vestibulares
Autor de obra didática para Ensino Médio

Colaboração de
Saverio Lavorato Junior
Bacharel e licenciado em História pela Pontifícia Universidade Católica (PUC-SP)
Professor universitário e coordenador de curso de Licenciatura em História

editora scipione

CB011598

editora scipione

Direção de inovação e conteúdo: Guilherme Luz
Direção editorial: Luiz Tonolli e Renata Mascarenhas
Gestão de projeto editorial: Mirian Senra e Viviane Carpegiani
Gestão e coordenação de área: Wagner Nicaretta (ger.) e Brunna Paulussi (coord.)
Edição: Ana Pelegrini
Colaboração: Ana Vidotti
Gerência de produção editorial: Ricardo de Gan Braga
Planejamento e controle de produção: Paula Godo, Roseli Said e Marcos Toledo
Revisão: Hélia de Jesus Gonsaga (ger.), Kátia Scaff Marques (coord.), Rosângela Muricy (coord.), Ana Paula C. Malfa, Carlos Eduardo Sigrist, Célia Carvalho, Gabriela M. Andrade, Heloísa Schiavo, Larissa Vazquez, Luís M. Boa Nova, Maura Loria, Patrícia Travanca, Paula T. Jesus e Raquel A. Taveira
Edição de arte: Claudio Faustino (coord.) e Felipe Consales (edição de arte)
Diagramação: Jacqueline Nataly Ortolan e Livia Vitta Ribeiro
Iconografia e licenciamento de texto: Sílvio Kligin (superv.), Cristina Akisino (coord.), Denise Durand Kremer (coord.), Caio Mazzilli, Monica de Souza e Thiago Fontana (pesquisa iconográfica), Liliane Rodrigues, Thalita Corina da Silva (licenciamento de textos)
Tratamento de imagem: Cesar Wolf, Fernanda Crevin
Ilustrações: Cassiano Röda, Kazuhiko Yoshikawa, Robson Kasé, Rodval Matias
Cartografia: Eric Fuzii (coord.)
Capa: Gláucia Correa Koller
Foto de capa: Sherry Galey/Getty Images
Projeto gráfico de miolo: Erik TS

Todos os direitos reservados por Editora Scipione S.A.
Avenida das Nações Unidas, 7221, 1º andar, Setor D
Pinheiros – São Paulo – SP – CEP 05425-902
Tel.: 4003-3061
www.scipione.com.br / atendimento@scipione.com.br

Dados Internacionais de Catalogação na Publicação (CIP)
(Câmara Brasileira do Livro, SP, Brasil)

```
Vicentino, Cláudio
   Olhares da história : Brasil e mundo --
volume único / Cláudio Vicentino, José Bruno
Vicentino ; colaboração de Saverio Lavorato Junior.
-- 1. ed. -- São Paulo : Scipione, 2017.

   Bibliografia.
   ISBN: 978-85-474-0037-8 (aluno)
   ISBN: 978-85-474-0038-5 (professor)

   1. História (Ensino médio) I. Vicentino, José
Bruno. II. Lavorato Junior, Saverio. III. Título.

17-05883                                   CDD-907
```

Índices para catálogo sistemático:
1. História : Ensino médio 907

2017
ISBN 978 85 474 0037 8 (AL)
ISBN 978 85 474 0038 5 (PR)
Código da obra CL 740099
CAE 621416 (AL) / 621417 (PR)
1ª edição
1ª impressão

Impressão e acabamento: Bercrom Gráfica e Editora

Uma publicação

APRESENTAÇÃO

Caros alunos,

Nós, autores, temos a convicção de que os estudos de História aprimoram a formação cidadã. Com base neles, podemos compreender diferentes realidades, conceitos e modos de vida e, com isso, desenvolver nossa capacidade de analisar e valorizar os legados culturais dos mais diversos povos. Além disso, torna-se possível observar o constante diálogo que a História realiza com outras disciplinas. Resumindo, estudar História é poder ampliar o senso crítico e analítico diante de nós mesmos, dos outros e do mundo.

Com a História pensamos e agimos segundo escolhas e percepções relacionadas ao nosso tempo, que é impregnado de heranças do passado e de inúmeros questionamentos sobre o que virá. Presente, passado e futuro nos desafiam a todo instante; e é o conhecimento histórico que nos oferece mais recursos para tomarmos decisões no presente. É com o auxílio da História que aprendemos a encarar o mundo.

Esta obra é um convite à reflexão sobre o saber histórico, presente em todas as situações, uma vez que os seres humanos e tudo o que está relacionado a eles têm história, têm passado. Tomamos como indispensável a permanente relação presente/passado, sempre reforçando que não existe conhecimento único e definitivo, mas uma diversidade de olhares e pontos de vista, convicções e teorias. E é essa multiplicidade que faz com que o conhecimento histórico esteja em permanente construção.

Dessa forma, os contextos culturais, políticos, econômicos e religiosos analisados ampliam o conhecimento do presente e são contribuições importantes para a formação e o exercício da cidadania. Além disso, é sugerida uma variedade de fontes históricas para análise crítica dos vestígios do passado, como imagens, mapas, leis, documentos, charges, fotos, pinturas, esculturas, entre outras, que são recursos importantes para aprimorar a capacidade analítica e crítica, bem como para perceber os legados e as transformações das mais diversas sociedades humanas.

Bons estudos!

Os autores

Conheça seu livro

Cada volume da coleção é dividido em grandes unidades e capítulos. Conheça, a seguir, os boxes e as seções do livro.

Abertura de unidade

Um breve texto indica os conteúdos que serão estudados nos capítulos que compõem cada unidade.

Saber histórico

Apresenta a construção do conhecimento histórico dos conteúdos tratados em cada unidade.

Abertura de capítulo

Há sempre uma foto atual e um pequeno texto com questionamentos relacionados a um aspecto do capítulo.

Onde e quando

Seção que apresenta o tempo e o espaço abordados em cada capítulo.

Leituras

Boxe de textos de livros, revistas ou *sites* que tratam de diferentes assuntos abordados no capítulo. Pode, em algumas ocasiões, apresentar atividades.

Para saber mais

Boxe que complementa ou aprofunda os temas tratados no capítulo. Pode, em algumas ocasiões, apresentar atividades.

Vivendo naquele tempo

Boxe que traz informações sobre o cotidiano de diferentes grupos sociais ao longo da história.

Construindo conceitos

Boxe que trabalha conceitos fundamentais do ensino de História. Apresenta atividades relacionadas a pesquisa.

Pontos de vista

Seção que traz a opinião de um ou mais pesquisadores a respeito de uma temática polêmica. Apresenta uma pequena biografia de cada autor e trechos de suas obras de referência.

Dialogando com outras disciplinas

Seção que propõe um trabalho de investigação interdisciplinar a partir de um objeto ou tema comum.

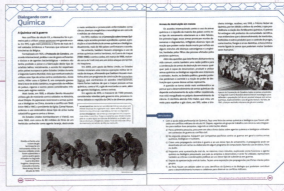

Atividades

Seção dividida em quatro blocos ao final de cada capítulo: *Retome*, *Pratique*, *Analise uma fonte primária* e *Articule passado e presente*.

Sumário

Introdução: A construção do saber histórico
1. Nossa história: uma leitura do passado.................. 12
2. Fonte ou documento histórico 13
3. Leituras do tempo 16
Atividades 22

Unidade 1: Nossa história mais remota

Saber histórico
Discutindo a origem da humanidade 26
1. As sociedades ágrafas................................... 26
2. Uma falsa trajetória: do atraso cultural ao progresso 27

CAPÍTULO 1: Os primeiros agrupamentos humanos 29
1. O estudo dos mais remotos vestígios da humanidade 30
2. Os agrupamentos humanos mais remotos....... 36
3. Do nomadismo às sociedades sedentárias............. 37
Atividades 40

CAPÍTULO 2: Nossos ancestrais da América 43
1. Como chegaram ao nosso continente............... 44
Pontos de vista
Os caminhos do povoamento americano 46
2. Diversidade de culturas.................................. 48
3. Os povos nativos da América e a chegada dos europeus 48
ATIVIDADES 52

Unidade 2: Civilizações antigas

Saber histórico
Pensando sobre as diferentes civilizações antigas 56
1. Estudando a Antiguidade 56
2. Civilização... 58

CAPÍTULO 3: O Crescente Fértil e a Pérsia 64
1. Dos grupos nômades às cidades 65
2. Das cidades aos reinos e impérios 66
Atividades 81

CAPÍTULO 4: Outros povos da Antiguidade 84
1. Diversidade de povos e civilizações............... 85
2. A Índia na Antiguidade 85
3. A China antiga 91
4. Civilizações americanas antigas 95
5. A África para além do Egito antigo................97
Dialogando com a Geografia
A questão urbana no mundo contemporâneo 100
Construindo conceitos
Reino, império, civilização 102
Atividades 103

CAPÍTULO 5: Grécia antiga 106
1. Aspectos físicos da Grécia.............................. 107
2. Período Pré-Helênico: povoamento e primeiras civilizações 108
3. Períodos Homérico e Arcaico: transformações 110
4. Período Clássico.. 117
Construindo conceitos
Democracia antiga, democracia moderna 120
5. Cultura grega.. 121
6. Período Helenístico..................................... 124
Dialogando com as Artes Cênicas
Mulheres na Grécia 126
ATIVIDADES 128

CAPÍTULO 6: A civilização romana 131
1. Roma e nós. 132
2. Da fundação de Roma ao fim da Monarquia ... 133
3. República... 135
4. Império 140
5. A cultura romana 146
Atividades 147

Unidade 3: Europa, periferia do mundo

Saber histórico
Idade Média 152
1. Idade das trevas?... 152
2. Idade Média: onde?..................................... 154

CAPÍTULO 7: Um panorama "mundial" no fim do Império Romano do Ocidente 155
1. Um período de transição 156
2. O Império Romano do Oriente...................... 156
3. Reinos da África 159
4. Os árabes e o islamismo 162
5. O Império Chinês 164
6. Algumas civilizações da América................. 165
Construindo conceitos
Cultura e etnia 168
Atividades 169

CAPÍTULO 8: A formação da Europa 172
1. O espaço como construção social e histórica 173
2. A Alta Idade Média e a ruralização europeia 174
3. A Baixa Idade Média: a caminho da Europa urbana ... 178
Atividades 186

CAPÍTULO 9: A sociedade medieval: economia e cultura 189
1. O predomínio da Igreja cristã 190
2. A cultura medieval 191
3. A sociedade medieval 198
Pontos de vista
A Idade Média segundo Jacques Le Goff 202
Atividades 204

CAPÍTULO 10: O mundo às vésperas do século XVI 206
1. O cenário europeu no fim da Idade Média 207
2. O processo de centralização política 207
3. O mundo não europeu por volta de 1500 218
Construindo conceitos
Permanência e mudança 223
Atividades 224

Unidade 4: Europa, de periferia a centro do mundo

Saber histórico
Uma construção 230
História: recortes e escolhas 230

CAPÍTULO 11: As Grandes Navegações 233
1. A caminho da unificação do mundo 234
2. Expansão marítima e navegação atlântica 234
3. O mercantilismo 236
4. Por que a China não descobriu a Europa? 237
Construindo conceitos
Globalização, mundialização 238
Atividades 239

CAPÍTULO 12: A colônia portuguesa na América 241
1. A quem servia o projeto colonial? 242
2. De Cabral a Martim Afonso de Souza 242
3. As capitanias hereditárias e os governos-gerais 244
4. O projeto português de colonização 245
5. A União Ibérica (1580-1640) 248
6. A administração portuguesa e os poderes locais 249
Atividades 250

CAPÍTULO 13: A diáspora africana 252
1. Deslocamentos populacionais forçados 253
2. A África antes dos europeus 254
3. A escravidão moderna na economia mundial 255
Atividades 262

CAPÍTULO 14: Arte, tecnologia e cristianismo em transformação 264
1. Arte, tecnologia e religião 265
2. A efervescência cultural europeia: o Renascimento 265
3. Arte e literatura na península Itálica 267
4. Renascimento além das artes 268
5. Uma cultura urbana 269
6. O contexto da Reforma: o cristianismo em transformação 273
7. A Reforma católica 277
8. Efeitos das Reformas na América 278
9. As guerras religiosas na Europa 279
Dialogando com a Arte
Leonardo da Vinci: gênio do Renascimento 280
Atividades 282

CAPÍTULO 15: A formação das monarquias europeias modernas 285
1. Política e moral do Estado moderno 286
2. Luís XVI e o absolutismo na França 288
3. A monarquia inglesa 289
4. Filipe II e o absolutismo na Espanha 291
Atividades 292

CAPÍTULO 16: Expansão territorial, diversidade econômica e resistência indígena na América portuguesa 294
1. Incursões estrangeiras 295
2. Expansão territorial e diversificação das atividades econômicas 297
Pontos de vista
Historiadores do sistema colonial: Fernando Novais e Luiz Felipe de Alencastro 304
Atividades 306

CAPÍTULO 17: Sistema colonial em movimento 309
1. Estruturas de poder e sociedade colonial 310
2. Mineração: interiorização e urbanização da América portuguesa 310
3. A crise portuguesa e o reforço do controle colonial 315
4. Rebeliões na colônia portuguesa 316
Atividades 318

CAPÍTULO 18: A colonização espanhola e inglesa da América 320
1. A conquista e a ocupação da América 321
2. A América espanhola 321
3. A América inglesa 326
Atividades 330

CAPÍTULO 19: O "Século das Luzes" e a independência das Treze Colônias 332
1. O surgimento do Iluminismo 333
2. A fundação dos Estados Unidos da América 337
Construindo conceitos
Moderno, modernização, modernidade 339
Atividades 340

Unidade 5: O longo século XIX

Saber histórico
Discutindo o século XIX 344
A importância dos processos na produção do conhecimento histórico 344

CAPÍTULO 20: Uma era de revoluções 347
1. Processos revolucionários 348
2. A Revolução Industrial 348
3. A Revolução Francesa 351

Construindo conceitos
Revolução 360
Atividades 361

CAPÍTULO 21: Europa: de Napoleão à restauração 364
1. A ascensão do general Bonaparte 365
2. O Império Napoleônico (1804-1815) 367
3. Reflexos da Revolução na América: o caso do Haiti e o do Brasil 369
4. A restauração da Europa 371
Atividades 373

CAPÍTULO 22: As independências na América ibérica 375
1. A América ibérica e seus processos de independência 376
2. O cenário das independências 377
3. As guerras de independência na América espanhola 381
4. O período joanino e a independência do Brasil 383
Atividades 387

CAPÍTULO 23: Novos projetos: liberalismo, socialismo e nacionalismo 390
1. O pensamento liberal 391
2. Propostas de transformações sociais 392
3. Nacionalismo 394
4. O movimento operário e as Internacionais 396
Atividades 398

CAPÍTULO 24: A Europa e os Estados Unidos no século XIX 400
1. Um mundo em movimento — e crescimento 401
2. A Segunda Revolução Industrial 402
3. A Inglaterra no século XIX 404
4. A França no século XIX 406
5. Portugal e Espanha no século XIX 410
6. Os Estados Unidos no século XIX 410

Dialogando com a Biologia
Ciência em transformação 414
Atividades 416

CAPÍTULO 25: A construção do Estado brasileiro 418
1. Projetos para o Brasil 419
2. O Primeiro Reinado (1822-1831) 420
3. Período regencial (1831-1840) 424
4. Os excluídos dessa história 428
Atividades 432

CAPÍTULO 26: O Brasil no Segundo Reinado ... 434
1. Aspectos gerais do Segundo Reinado 435
2. Economia cafeeira 436
3. Escravidão e mão de obra 438
4. Evolução política 442
5. Política externa 443
6. O fim do Império 447
Atividades 449

CAPÍTULO 27: Neocolonialismo na África e na Ásia 451
1. Práticas imperialistas 452
2. A marca do colonialismo na África 453

Pontos de vista
Cheikh Anta Diop: um historiador africano 456
3. O colonialismo europeu na Ásia 458

Construindo conceitos
Colonização, neocolonialismo, descolonização, pós-colonialismo 461
Atividades 462

Unidade 6: Para entender o século XX

Saber histórico
Discutindo o século XX 466
1. A História mais veloz do que antes 466
2. O socialismo e as guerras 466
3. A História em múltiplos focos 467

CAPÍTULO 28: Um mundo em guerra (1914-1918) 468
1. Marcas da guerra 469
2. A política de alianças 470
3. A questão balcânica 471
4. O desenvolvimento do conflito 472

Construindo conceitos
Guerra total 476
5. Os tratados de paz: sementes de uma nova guerra 477
Atividades 479

CAPÍTULO 29: A Revolução Russa 481
1. A Rússia como eixo revolucionário 482
2. A corrosão do czarismo russo 483
3. A República da Duma 485
4. Revolução Bolchevique 487
5. O governo Stalin (1924-1953) 488
Atividades 490

CAPÍTULO 30: Brasil: a implantação da república 492
1. O fim da monarquia e o início da república 493
2. Deodoro da Fonseca e a instalação da república 494
3. A república por um fio... de espada 499
4. A oligarquia chega à Presidência 503
Atividades 514

CAPÍTULO 31: Brasil: por fora da ordem oligárquica 517
1. República para quem? 518
2. Sertanejos: os casos de Canudos, Contestado e Juazeiro 518
3. Movimentos sociais urbanos 526
Atividades 533

CAPÍTULO 32: A Crise de 1929 e o nazifascismo 535
1. Política e crise econômica no sistema capitalista 536
2. A crise da Bolsa de Nova York e a Grande Depressão 536
3. O ideário nazifascista 540
Dialogando com a Educação Física
A Educação Física e as práticas esportivas 546
Atividades 548

CAPÍTULO 33: Brasil: a crise da República Oligárquica 550
1. A sociedade brasileira em transformação 551
2. Novos personagens e a ordem oligárquica 552
3. A Revolução de 1930 555
Atividades 558

CAPÍTULO 34: Brasil: a Era Vargas 560
1. Vargas à frente do governo 561
2. Vargas e o Governo Provisório (1930-1934) 563
3. O Governo Constitucional (1934-1937) 566
4. Vargas e a ditadura do Estado Novo (1937-1945) 569
Atividades 575

CAPÍTULO 35: A Segunda Guerra Mundial (1939-1945) 577
1. Justificando a guerra 578
2. A guerra reaparece no horizonte 579
3. O desenvolvimento do conflito 580
4. Balanço da guerra e a partilha do mundo 583
5. A Europa no pós-guerra 584
Pontos de vista
Um balanço do século XX 588
Atividades 590

Unidade 7: Da Guerra Fria ao século XXI

Saber histórico
O nosso tempo 594
1. A crise do eurocentrismo 594
2. O relativismo cultural 594
3. A sociedade de consumo e o meio ambiente 595
4. Novos sujeitos na política 596
5. A história imediata e os desafios de nosso tempo ... 597

CAPÍTULO 36: O mundo da Guerra Fria 598
1. O rompimento da aliança 599
2. O início da tensão mundial 599
3. A Revolução Chinesa 601
4. A Guerra da Coreia 602
5. Os Estados Unidos e a União Soviética durante a Guerra Fria 603
6. O socialismo na China 609
7. A Revolução Cubana 612
Atividades 614

CAPÍTULO 37: Brasil no período da Guerra Fria: da democracia à ditadura 616
1. O Brasil no cenário do pós-Segunda Guerra Mundial 617
2. A experiência democrática 617
3. O golpe civil-militar e a montagem da ditadura 623
Atividades 634

CAPÍTULO 38: Terceiro Mundo: descolonização e lutas sociais 636
1. A descolonização asiática e africana 637
2. Tensões e conflitos na América Latina 648
Atividades 657

CAPÍTULO 39: O fim da Guerra Fria e a Nova Ordem Mundial em construção 659
1. Os desafios da globalização 660
2. O fim da Guerra Fria 660
3. A Nova Ordem Mundial 673
Dialogando com a Química
A Química vai à guerra 680
Atividades 683

CAPÍTULO 40: Brasil e a reorganização democrática 685
1. Sobre o passado recente do país 686
2. Transição democrática: esperança e apreensão 686
3. Do Plano Collor ao Plano Real: ingresso no mundo globalizado 693
4. Tempos de ênfase na inclusão social 697
5. O Governo Michel Temer 701
6. Cidadania: direitos sociais e ações afirmativas 702
Atividades 706

ENEM E VESTIBULARES 708
SUGESTÕES DE LEITURA PARA O ALUNO 737
BIBLIOGRAFIA 739

INTRODUÇÃO

A construção do saber histórico

Olhamos para o passado com os pés fincados no presente. Os relatos de acontecimentos de outros tempos e lugares articulam-se com questões do presente e refletem diferentes pontos de vista. Por isso, não apresentam versões únicas e definitivas dos acontecimentos.

Em cada momento da História e a cada análise sobre determinado período, fato ou episódio criam-se versões com base nas quais podemos refletir sobre o mundo em que vivemos e sobre nosso passado. Essa compreensão do mundo pode servir ao exercício da cidadania.

Cada vez mais os indígenas procuram ter voz em nossa sociedade. Expondo seus relatos e suas interpretações a respeito da própria história do Brasil, eles constroem versões diferentes da tradicional. Indígena da comunidade Pataxó da Aldeia Velha, Porto Seguro, Bahia. Foto de 2014.

1 Nossa história: uma leitura do passado

Durante todo o século XIX, a História priorizou a narrativa de fatos e feitos de "pessoas notáveis", por meio do estudo de documentos oficiais escritos, então considerados a única e verdadeira versão dos acontecimentos.

No século seguinte, com a ampliação do debate sobre a construção do saber histórico, as pesquisas passaram a abranger toda atividade humana. Em algumas décadas, estudar História deixou de significar a memorização de datas, de "fatos importantes" e de "personagens ilustres". Dessa forma, a seleção de temas, períodos e objetos de pesquisa histórica passou a ser feita com base em preocupações e anseios da época em que cada historiador se encontra.

Com essas mudanças, a História passou a ser um conhecimento dinâmico, que inclui o que já aconteceu, sem possibilidade de modificação, e as diferentes formas de interpretar esse passado, que variam conforme o presente de quem o interpreta. Isso possibilita novas descobertas, pequisas e abordagens.

Nesse processo, exige-se o cuidado de não reduzir outros lugares e outras épocas à nossa visão de mundo. Ao buscar entender o passado, é necessário considerar o ponto de vista, os valores e os conceitos de quem viveu em determinada época, e não os nossos. Isso vale tanto para os historiadores como para você que estuda História na escola.

Para compreender o passado, é preciso considerar, ainda, que historiadores são indivíduos diferentes uns dos outros no que se refere a origem, formação cultural, classe social, etc. Portanto, embora muitas de suas preocupações (problemas ambientais ou desigualdades sociais, por exemplo) possam ser comuns, suas interpretações da História também podem ser distintas.

Turma de meninos na Escola Estadual Caetano de Campos, em São Paulo, no início do século XX. Com o passar do tempo, novas formas de pensar e interpretar o mundo fizeram com que os valores representados na imagem fossem abandonados na maior parte das escolas do Brasil e do mundo. Foto de cerca de 1900-1910.

2 Fonte ou documento histórico

O que distingue o saber histórico de outros conhecimentos sobre o passado, como o discurso religioso e o senso comum, é a forma como ele é produzido. O conhecimento histórico é construído por meio do método histórico, que deve ser racional, seguir um raciocínio lógico e apresentar argumentos baseados em evidências. Essas evidências que sustentam os argumentos históricos são as fontes.

Fonte histórica ou **documento histórico** é tudo aquilo que de algum modo está marcado pela presença humana. Além dos documentos escritos, as fontes históricas compreendem grande variedade de vestígios e evidências em objetos e materiais diversos.

Da mesma forma que há uma pluralidade de pontos de vista sobre o passado, existem também muitas fontes de informação sobre esse passado. Essas fontes podem ser discursos orais ou escritos, monumentos, obras de arte, objetos cotidianos e até mesmo corpos preservados, esqueletos de pessoas de agrupamentos antigos ou o DNA. Portanto, para apreender as múltiplas "vozes" do passado, cabe ao historiador definir um enfoque sem deixar de considerar a existência de outros.

No entanto, fontes históricas não falam por si e não desvendam a verdade completa do passado: é preciso que o historiador interrogue o contexto em que foram produzidas, identifique os grupos ou os valores que elas representam e de que maneira abordam e retratam diferentes grupos sociais. Essas perguntas são geradas pelos interesses do historiador e pelas questões da época em que ele se encontra. Por isso, diferentes perguntas revelarão diferentes aspectos de um mesmo documento ou levarão a outros.

Além disso, novos documentos surgem a todo momento. Com o passar do tempo, registros que anteriormente não eram considerados documentos pelos historiadores (por exemplo, as relações étnicas registradas no código genético humano) passam a ser aproveitados como evidência histórica, levando pesquisadores a reescrever e a reinterpretar o passado.

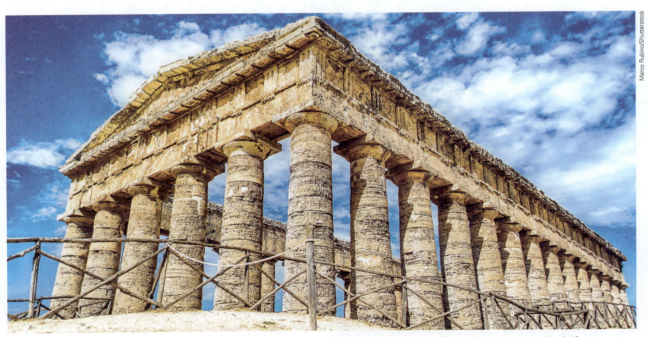

O Templo de Segesta, construído aproximadamente em 420 a.C., no território da atual Sicília, Itália, é um exemplo de fonte histórica. O local em que o templo foi edificado, as funções que desempenhou ao longo do tempo, o material utilizado e as técnicas arquitetônicas empregadas na sua construção podem ser analisados pelos historiadores na busca por interpretações do passado. Foto de 2014.

A construção do saber histórico 13

O trabalho do historiador com as fontes históricas

Como vimos, as fontes históricas não são a História em si, elas não expõem diretamente o passado. Entre o passado e o historiador há uma série de "filtros". A preservação de uma fonte, por exemplo, pode ser considerada um desses filtros.

O primeiro passo do trabalho do historiador é realizar o levantamento dos documentos que se pretende analisar. No entanto, às vezes não é possível obter determinados documentos, pois eles podem ter sido extraviados; danificados em desastres ou fenômenos naturais, como incêndios, enchentes, umidade e temperaturas inadequadas; deteriorados por insetos e/ou microrganismos; danificados pela ação humana – por meio de rasuras, uso de material inadequado, como grampos ou clipes (no caso de documentos escritos), destruição de documentos considerados irrelevantes ou mesmo para ocultação de acontecimentos.

Além disso, essa seleção de fontes históricas é conduzida de acordo com o tema, o interesse e outras variáveis adotadas pelo pesquisador. Assim, diferentes historiadores utilizarão diferentes fontes, o que implicará reflexões e resultados também diversos. O modo pelo qual um historiador aproveita as informações dos documentos também não é sempre o mesmo, e isso constitui mais um filtro entre ele e o passado.

Com todas essas variáveis, fica evidente que os documentos não nos permitem "ver", mas sim "ler" o passado. O historiador faz uma leitura do passado, e leitura significa a produção de uma **interpretação específica**. Portanto, pesquisadores e estudantes, ao analisarem o passado, não podem deixar de considerar que tudo o que lhes chega é apenas uma das versões possíveis de uma época e de um lugar. E eles próprios, em suas reflexões e análises, também produzirão versões possíveis nesse trabalho dinâmico de interpretar a História.

Tomemos um exemplo: a *Carta de Pero Vaz de Caminha ao rei de Portugal, dom Manuel*. Esse documento – que descreve a terra, os habitantes, a fauna e a flora do Brasil na ocasião da chegada da esquadra de Cabral ao atual território brasileiro – ficou esquecido por três séculos em um arquivo português, até ser recuperado e publicado no final do século XIX por historiadores brasileiros interessados em construir uma narrativa que valorizasse o nascimento da nação brasileira. Nessa interpretação, destacavam-se a exuberância da natureza e os aspectos então considerados "exóticos" dos povos indígenas. Assim, a carta de Caminha foi tida como uma espécie de "certidão de nascimento" do Brasil pelos historiadores da época, que consideravam que o Brasil "surgiu" com a chegada dos portugueses.

O documento foi submetido a análises mais críticas apenas no século XX. Avaliando, entre outros aspectos, a maneira como os navegantes europeus descreveram as populações indígenas que encontraram, os historiadores passaram a considerar a carta de Caminha uma importante fonte a respeito da mentalidade desses europeus – que julgavam o que viram na América pelo olhar do conquistador.

A relação presente-passado

A relação presente-passado exige cuidados: é preciso sempre distinguir o tempo estudado do tempo em que o historiador está inserido. Por exemplo, cometemos equívoco histórico, denominado **anacronismo**, se julgamos eventos do passado, de outras culturas, regidas por outras regras morais, com base na cultura e nos valores de nossa sociedade. Em outras palavras, entre o atual e o antigo sempre se impõem cuidado, reflexões e relativizações, mas nunca censura ou juízos de valor.

A moralidade, as práticas e as crenças funcionam de formas diferentes em culturas diferentes; por isso não é possível julgar uma cultura de acordo com os pontos de vista de outra cultura. Essa ideia de relativismo cultural nos foi legada pela **Antropologia**.

De acordo com os antropólogos Hoebel e Frost, o conceito de relatividade cultural:

> [...] afirma que os padrões do certo e do errado (valores) e dos usos e das atividades (costumes) são relativos à cultura da qual fazem parte. Na sua forma extrema, esse conceito afirma que cada costume é válido em termos de seu próprio ambiente cultural. [...]
> HOEBEL, Edward Adamson; FROST, Everett. *Antropologia cultural e social*. Rio de Janeiro: Cultrix, 1996. p. 22.

Antropologia: do grego *anthropos*, "homem", e *logos*, "razão", "pensamento". Ciência que estuda a humanidade de maneira abrangente, desde os aspectos físicos (ou biológicos) até os aspectos culturais, que incluem crenças, costumes, rituais, linguagem, relações de parentesco, etc.

etnólogos: estudiosos de povos e suas culturas.

Dessa forma, nenhuma cultura pode medir a qualidade das outras com base em sua própria cultura, pois cada uma tem um sistema de valores próprio que não pode ser comparado ao das outras. Hoje, segundo o antropólogo francês François Laplantine:

> [...] todos os **etnólogos** estão convencidos de que as sociedades diferentes da nossa são sociedades humanas tanto quanto a nossa, que os homens que nelas vivem são adultos que se comportam diferentemente de nós, e não "primitivos", autômatos atrasados [...]. Mas nos anos [19]20 isso era propriamente revolucionário.[...]
> LAPLANTINE, François. *Aprender Antropologia*. São Paulo: Brasiliense, 1988. p. 81.

Desenho que representa uma dança dos indígenas Camanacami, do livro *Le costume ancien et modern*, de Jules Ferrario, publicado em 1819. No século XIX, o antropólogo alemão Franz Boas (1858-1942) dizia: "A humanidade é uma. As civilizações, muitas.".

Avaliando fontes históricas

Ao analisar uma fonte, o pesquisador começa por se perguntar *por que* e *como* aquela fonte chegou até ele, *por quem* e *por que* foi produzida. Ele precisa definir, entre outras questões, a data do documento, sua autoria, sua autenticidade e a que série de outros documentos ele pode ser relacionado. O pesquisador deve, ainda, avaliar as informações e as ideias contidas no documento, comparando-as com o que já se sabe sobre o período. Até documentos considerados falsificados (de autoria falsa ou que não pertencem ao período que se alega) podem conter informações importantes, pois estão inseridos no processo histórico que levou à falsificação.

Quando um documento de importância histórica é danificado, é necessário recuperá-lo. Nesta foto de 2013, restaurador repara tapeçaria danificada produzida em 1823. A obra restaurada foi exposta ao público em Wismar, Alemanha.

A construção do saber histórico

3 Leituras do tempo

A História é o estudo das ações humanas ao longo do tempo e em determinados espaços geográficos. As diferentes formas de organização, constituição e ocupação do espaço fazem parte do campo de estudo da Geografia, uma das ciências com a qual os estudos historiográficos dialogam. Mas como definir o tempo?

Há muitas maneiras de explicar e sentir a passagem do tempo. Todos nós convivemos com fenômenos temporais: dia, noite, estações do ano, crescimento, envelhecimento. Várias civilizações estabeleceram divisões do tempo que adotaram a observação dos ciclos da natureza como base: o movimento da Terra, do Sol e da Lua. O calendário maia, por exemplo, baseava-se na observação da Lua, do Sol e do planeta Vênus. Muitos calendários surgiram da análise dos astros, por sua influência sobre a natureza e também pela necessidade de definir os tempos de plantio, poda e colheita.

Uma volta do planeta Terra em torno de seu eixo (rotação) foi interpretada por diversas culturas como um dia, que foi dividido em 24 partes iguais, chamadas de horas, por sua vez também subdivididas, e assim por diante. Decidiu-se que o dia não começa ao nascer do Sol, mas aproximadamente seis horas depois que ele desaparece no horizonte. Outras civilizações consideravam que o dia só começava logo que o Sol aparecia. No século VIII a.C., na Babilônia, os astrônomos definiam o início do dia quando o Sol estava a pino, em seu ponto mais alto no céu. A semana de sete dias pode ter surgido de acordo com as fases da Lua.

Essas diferentes formas de dividir o tempo correspondem ao **tempo físico** ou **cronológico**. Cada civilização tem uma leitura particular do tempo, que pode ser a melhor, a mais adequada ou a mais confortável para seu próprio povo.

Embora seja fundamental para a compreensão da História, o tempo cronológico não é seu objeto de estudo, mas sim o **tempo histórico**, ou seja, os períodos da existência humana em que ocorrem eventos que fazem parte de estruturas e contextos mais amplos, como a economia ou a política.

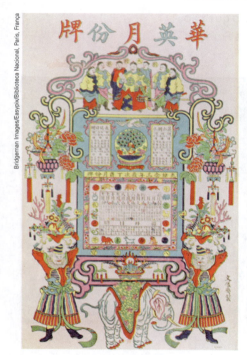

Calendário do ano 23 produzido pelos chineses no final do século XIX, durante o reinado do imperador Guang Xu (1872-1908).

Tempo histórico: longa, média e curta duração

Como vimos, o tempo das ações humanas não segue exatamente os relógios e os calendários. Com base nessa premissa, alguns historiadores passaram a argumentar que o tempo histórico pode ser de longa, de média ou de curta duração. Vamos entender cada uma dessas durações.

- As relações do ser humano com o ambiente, com a geografia e com o clima de um lugar, por exemplo, ocorrem de maneira bastante lenta. O tempo histórico em que se dá esse processo é considerado de **longa duração**.
- As formas de organizar a produção, a distribuição e o consumo dos bens materiais (economia) e as relações políticas são marcadas por rupturas e permanências, em um processo que pode se prolongar por vários anos. Nesse caso, pode-se afirmar que se trata de um tempo histórico de **média duração**.
- Por fim, um evento ou um fato (aquele que, como vimos, era tradicionalmente valorizado na História que se escrevia no século XIX) configuram o tempo de **curta duração**.

Periodização

A vida das pessoas não muda de modo abrupto na passagem de um período histórico para outro. Datas, períodos, eras e outras formas de demarcar o tempo histórico são convenções e orientam a leitura do passado, mas não representam mudanças definitivas e rupturas em todos os aspectos da sociedade. Após uma revolução, por exemplo, algumas condições de vida ou o sistema de governo podem ser modificados de maneira brusca, mas o modo de pensar, as práticas e as atitudes diante dos acontecimentos mudam mais lentamente, em ritmos diversos. Entretanto, estudando os períodos históricos, podemos compreender a História de forma mais ampla e realizar divisões de acordo com alguns critérios, como organização social, relações de trabalho e sistemas de governo.

O tempo histórico, portanto, não é regular, contínuo e linear como o tempo físico ou cronológico, e sim composto de **diferentes durações**, já que está vinculado a ações de grupos humanos e a conjuntos de fenômenos — mentais, econômicos, sociais e políticos — que resultam dessas ações.

Desse modo, diversas periodizações podem ser feitas para estudar História. Diferentes historiadores e pesquisadores podem criar tantas organizações para o tempo histórico quantos forem os recortes ou pontos de vista: cultural, político, ideológico, etc. Para alguns historiadores, por exemplo, o século XIX não começa em 1801, mas em 1789 (início da Revolução Francesa), e termina em 1914 (início da Primeira Guerra Mundial), e não em 1900. Ainda para esses historiadores, o século XX teria se iniciado em 1914 e se encerrado em 1991, com o fim da União Soviética.

Isso acontece porque, segundo eles, esses marcos — início da Revolução Francesa e início da Primeira Guerra Mundial — delimitam períodos em que os eventos seguem algumas linhas mestras.

Outro exemplo é o século V a.C. Para alguns historiadores, esse século teria se iniciado em 480 a.C., ano em que os gregos, no contexto das Guerras Médicas, venceram os persas em Salamina, e não em 500 a.C. E ele teria terminado não em 401 a.C., e sim em 404 a.C., com a vitória de Esparta sobre Atenas, no contexto da Guerra do Peloponeso. Evidentemente, nesse exemplo, não se trata de séculos no sentido de tempo cronológico, mas de tempo histórico.

Soldados franceses em trincheira na Primeira Guerra Mundial (1914-1918). Para alguns historiadores, a eclosão desse conflito, em 1914, marcaria o início do século XX, em termos de tempo histórico, e não cronológico. Foto de cerca de 1914-1918.

É importante considerar que **periodizar** o tempo histórico, ou seja, dividi-lo em períodos, é um ato arbitrário: a escolha do marco inicial da contagem e dos eventos mais importantes é feita por algumas pessoas, segundo sua compreensão do mundo e da existência humana, e seguida por outras, sem que necessariamente exista uma concordância entre todos. As periodizações também são expressões da cultura e evidenciam os principais valores de uma sociedade ou civilização.

Tomemos o exemplo do calendário cristão. Para os cristãos, o ano 2000 chegou há mais de uma década, mas para os judeus essa data já passou há muito tempo — seu calendário está sempre 3 761 anos à frente do cristão. Os **muçulmanos**, no entanto, ainda não chegaram ao ano 2000 (a contagem de seu calendário inicia-se no ano 622 do calendário cristão). Afirmar que "chegamos ao ano 2000" significa que, para nós, o tempo começou a ser contado a partir de um evento ocorrido há 2 mil anos, aproximadamente — no caso, o nascimento de Jesus de Nazaré, chamado de Cristo.

> **muçulmanos**: termo erroneamente empregado como sinônimo de árabe, designa aqueles que, árabes ou não, seguem a religião fundada pelo profeta árabe Muhammad (ou Maomé), conhecida como religião muçulmana ou islâmica. Já o termo "árabe" designa um grupo étnico e linguístico que se desenvolveu, sobretudo, na região da península Arábica. Assim, existem árabes não muçulmanos e muçulmanos não árabes.

Embora muitas pessoas no Ocidente não sejam cristãs, essa periodização baseia-se na ideia de que o nascimento de Cristo é tão importante para a humanidade que o tempo deve ser dividido em dois períodos: antes de Cristo (a.C.) e depois de Cristo (d.C.) (ver esquema a seguir). As sociedades cuja religião majoritária segue essa crença (como as das Américas pós-ocupação europeia e as da Europa) são chamadas, em conjunto, de **civilizações cristãs ocidentais**.

O surgimento do calendário cristão

No começo do cristianismo ainda não se contava o tempo a partir do nascimento de Cristo. Isso só ocorreria algumas décadas após o fim do Império Romano do Ocidente. Em 525 d.C., Dionísio, o Exíguo (um monge que, na época, era abade de Roma), estabeleceu o ano em que Jesus teria nascido. Ele fez isso com base nas informações sobre a idade da cidade de Roma e em detalhes históricos do período do nascimento de Cristo. Com esses dados, Dionísio definiu o ano 1 do calendário cristão como o ano 754 da fundação de Roma.

Posteriormente, em 1582, o papa Gregório XIII reformou o calendário, motivo pelo qual o calendário cristão ocidental é também chamado **gregoriano**.

A contagem dos séculos a partir do nascimento de Cristo

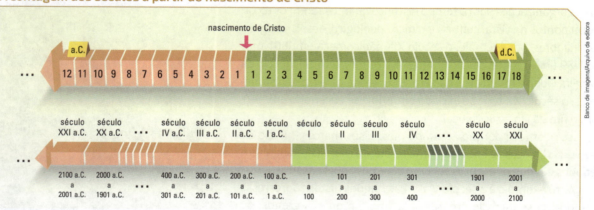

Como a História lida com longos períodos, costuma-se usar uma unidade de tempo denominada século, equivalente a cem anos. O mecanismo de contagem dos séculos é similar ao dos anos. Por exemplo: o século XX vai de 1901 a 2000; o século XV, de 1401 a 1500; o século XXI, de 2001 a 2100; e o século IX a.C., de 900 a.C. a 801 a.C.

Os calendários

zoroastristas: seguidores do zoroastrismo, religião dualista que crê na existência de duas divindades que representariam a dualidade entre o Bem (Ahura Mazda) e o Mal (Arimã). Foi fundada na antiga Pérsia pelo profeta Zaratustra (ou Zoroastro).

Existiram na História diferentes tipos de calendário: solares (como o cristão); lunares (como o islâmico ou muçulmano); e lunissolares, em que os anos seguem o movimento da Terra ao redor do Sol e os meses acompanham o movimento da Lua em torno da Terra (como o calendário hebreu).

Entre os gregos, romanos e maias, observa-se o predomínio da ideia de um tempo cíclico (por causa dos ritmos naturais e da Cosmologia). Esses e outros povos antigos acreditavam que o tempo era circular e que os fenômenos se repetiam. Assim, não haveria um momento inicial de criação do Universo, ideia difundida pela tradição judaico-cristã.

A concepção de um tempo linear, não cíclico, marcado por acontecimentos únicos, era uma característica dos hebreus e dos persas **zoroastristas** que acabou sendo adotada também pelos cristãos. O nascimento de Cristo e o fim do mundo (apocalipse) são exemplos de demarcações do tempo que não poderiam se repetir.

A Pedra do Calendário ou Pedra do Sol é uma gigantesca escultura asteca descoberta em 1790 na praça Central da Cidade do México. Pesando 24 toneladas e medindo quase 4 metros de diâmetro, esse baixo-relevo foi interpretado como a representação da divisão do tempo para os astecas. A figura central simboliza um deus Sol em torno do qual estão representados os vinte dias do calendário sagrado, denominados **vintenas**. No total, seriam dezoito meses, e ao final do calendário haveria mais cinco dias reservados à meditação. Há outra hipótese sobre sua função original: seria um altar de sacrifícios humanos ao deus Sol, com uma representação da divisão asteca do tempo.

Divisão de tempo e poder

No processo de expansão de um povo, sua forma de compreender, dividir e periodizar o tempo também é transmitida a outros povos. Para que ocorra essa transmissão, entretanto, não basta que exista determinada marcação do tempo: é preciso que ela esteja ligada aos indivíduos ou grupos sociais que detêm o poder, tanto no âmbito econômico e político como no religioso, e que esse poder perdure. O calendário gregoriano, por exemplo, foi adotado pelos povos europeus, que expandiram seu poder econômico e político por todo o globo, e tornou-se referência para outros povos. Os líderes chineses adotaram o calendário gregoriano em 1912, por causa das relações comerciais com o Ocidente. No entanto, entre a população chinesa, continua valendo o calendário tradicional, usado há mais de 5 mil anos.

A Pedra do Calendário, também conhecida como Pedra do Sol, é um baixo-relevo produzido pelos astecas entre os séculos XIV e XVI. A escultura está exposta no Museu de Antropologia da Cidade do México.

Outro exemplo de uso político da marcação do tempo foi a criação de um calendário pelos revolucionários franceses, no final do século XVIII, para demarcar o início de uma nova era com a Revolução Francesa. No entanto, ele deixou de ser adotado quando o grupo que o criou foi expulso do poder.

Calendário republicano instituído após a Revolução Francesa de 1789. Com base no sistema decimal, foi aplicado no país a partir de 22 de setembro de 1792 e perdurou enquanto os revolucionários estiveram no poder.

A construção do saber histórico 19

O historiador francês Jacques Le Goff afirma que o calendário pode ser entendido como um recurso de controle do tempo, geralmente por parte dos poderosos.

[...] A conquista do tempo através da medida é claramente percebida como um dos importantes aspectos do controle do universo pelo homem. De um modo não tão geral, observa-se como numa sociedade a intervenção dos detentores do poder na medida do tempo é um elemento essencial do seu poder: o calendário é um dos grandes emblemas e instrumentos do poder; por outro lado, apenas os detentores carismáticos do poder são senhores do calendário: reis, padres, revolucionários.[...]

LE GOFF, Jacques. *História e memória*. Campinas: Ed. da Unicamp, 1990. p. 487.

A utilização do calendário gregoriano no continente americano resulta de um processo que teve início com a conquista da América pelos europeus. Eles dominaram os nativos e suas culturas e escravizaram diferentes povos africanos, que foram transportados para a América. Esses atos de violência e exploração moldaram e marcaram as novas sociedades americanas.

Idade Antiga
Da invenção da escrita, em aproximadamente 4000 a.C., até a desagregação do Império Romano do Ocidente, em 476 da Era Cristã.

Ano 1
O suposto ano do nascimento de Cristo marca o início da Era Cristã.

PRÉ-HISTÓRIA | HISTÓRIA | ANTES DE CRISTO (A.C.) | DEPOIS DE CRISTO (D.C.)

4000 a.C.

Pintura rupestre encontrada no Sítio arqueológico da Lapa da Sucupira, Santana do Riacho, Minas Gerais. Foto de 2015.

Baixo-relevo egípcio produzido em um período anterior ao nascimento de Cristo, entre 305 a.C. e 30 a.C., na região de Dendera, Egito.

A Basílica da Natividade foi construída em 326 no suposto local do nascimento de Cristo. Foto de 2016.

Linha do tempo esquemática. O espaço entre as datas não é proporcional ao intervalo de tempo.

O poder passou a ser exercido, inicialmente, pelos descendentes dos colonizadores sustentados por instituições e modelos europeus (políticos, jurídicos, policiais, educativos, religiosos, etc.). Por isso, podemos dizer que o tempo (o calendário, a periodização) que utilizamos também é, até hoje, uma expressão da cultura do colonizador.

Nesse processo de colonização, herdamos ainda uma divisão da História de acordo com os grandes marcos ou eventos valorizados pela história política e cultural da Europa ocidental. Essa divisão foi ampliada no final do século XIX, com a inclusão da Pré-História, o que formou a chamada periodização clássica.

Podemos questionar os recortes adotados por essa divisão clássica. A queda do Império Romano do Ocidente, por exemplo, não é um evento relevante para os chineses ou para as civilizações da América pré-colombiana. É importante, porém, ter em mente que as periodizações, embora facilitem o estudo da História, refletem determinado poder político, econômico e cultural que se expressa nas datas e nos temas selecionados para estudo. Trata-se, nesse caso, de uma visão centrada nos interesses europeus. Analisar criticamente o papel do **eurocentrismo** na história ocidental exige primeiro conhecê-lo historicamente.

Ao longo desta obra, procuraremos destacar que a História é construção e reflete as opções dos historiadores em diferentes momentos.

> **eurocentrismo**: visão de mundo que considera os valores, as referências, as línguas, etc., da Europa elementos fundamentais de leitura e construção do passado, atribuindo noções de exotismo, inferioridade e atraso às culturas não europeias.

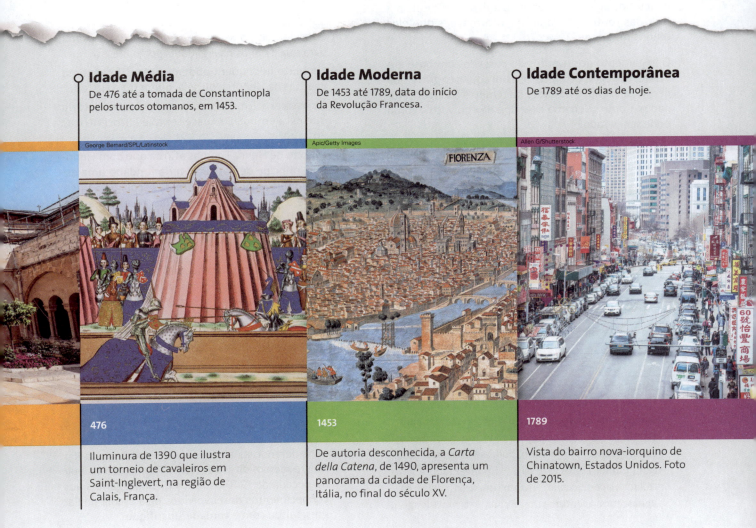

Idade Média
De 476 até a tomada de Constantinopla pelos turcos otomanos, em 1453.

476
Iluminura de 1390 que ilustra um torneio de cavaleiros em Saint-Inglevert, na região de Calais, França.

Idade Moderna
De 1453 até 1789, data do início da Revolução Francesa.

1453
De autoria desconhecida, a *Carta della Catena*, de 1490, apresenta um panorama da cidade de Florença, Itália, no final do século XV.

Idade Contemporânea
De 1789 até os dias de hoje.

1789
Vista do bairro nova-iorquino de Chinatown, Estados Unidos. Foto de 2015.

Atividades

Retome

1. O ensino de História passou por muitas transformações nos últimos cem anos. Por essa razão, os conteúdos que você estuda hoje na escola e a maneira como eles são ensinados diferem da experiência das gerações passadas. Confira isso fazendo o que se pede.

   a) Converse com parentes ou conhecidos mais velhos sobre como foi o ensino de História que eles receberam na escola. Anote os depoimentos em seu caderno.

   b) Com base nos relatos que escutou e nas informações oferecidas, aponte três diferenças importantes entre a História ensinada hoje e aquela ensinada no passado.

2. Como vimos, a História é um conhecimento dinâmico, que está constantemente em construção. O que isso significa?

3. Para produzir conhecimento histórico é suficiente extrair das fontes primárias as informações que elas oferecem? Por quê?

4. O julgamento dos eventos do passado com base em valores ou regras do presente é um equívoco grave, que despreza as especificidades do tempo e do lugar estudados. Como se chama esse tipo de equívoco e como pode ser evitado?

5. O que significa dizer que o tempo histórico é composto de diferentes durações?

6. Para estudar História, usamos uma periodização baseada em grandes marcos da História europeia, como a tomada de Constantinopla e a Revolução Francesa. Essa periodização vem sendo muito questionada, especialmente quando empregada no estudo de culturas e povos não europeus. Por quê?

Pratique

7. Leia o texto e faça o que se pede.

   > [...] Henrique era um príncipe de um pequeno país, Portugal, e via, nas estrelas, que a futura glória do mundo estava no Ocidente. Amava entranhadamente as estrelas. Construiu observatórios para estudá-las, de modo que, quando um marinheiro saísse para o ínvio oceano, pudesse encontrar seu caminho de regresso. E assim foi inventado o astrolábio, aperfeiçoado o compasso, e os navios da Renascença aventuravam-se cada vez mais longe, até o Atlântico. Os homens logo se acostumaram a navegar centenas de milhas distantes de seus lares.
   >
   > O príncipe Henrique depois fundou uma escola para navegadores.
   >
   > Mês após mês, os alunos dessa escola saíam para o mar e não mais se ouvia falar deles. Mas um dia, em 1486, Bartolomeu Dias voltou altivamente para Portugal e anunciou que havia dado meia-volta em torno da África. Como seus grandes sonhos se haviam realizado, Dias chamou o lugar onde os havia obtido de "Cabo da Boa Esperança".
   >
   > Doze anos mais tarde, Vasco da Gama viajava para o Cabo da Boa Esperança. Aventurou-se mais distante ainda, de coração palpitante, até alcançar a Índia. E mais uma vez a comunicação se estabeleceu entre Oriente e Ocidente [...]
   >
   > THOMAS, Henry. *As maravilhas do conhecimento humano:* História, ciência e religião. Porto Alegre: Livraria do Globo, 1941. v. I. p. 64-65.

   a) Considerando o texto, que adjetivos você usaria para qualificar os navegadores portugueses?

   b) No texto lido, quem podemos identificar como agentes da História, ou seja, quem faz a História?

   c) É possível afirmar que a concepção de História que está embutida nesse texto é eurocêntrica? Por quê?

   d) O texto de Henry Thomas afirma que dom Henrique, príncipe de Portugal, teria fundado uma escola de navegação. Trata-se da Escola de Sagres, sobre a qual o historiador Fábio Pestana Ramos, em entrevista concedida recentemente para o *site* português *Público*, afirma:

   > [...] Não há prova factual, como vestígios arqueológicos ou documentos originais, que possam comprovar a existência de uma escola em Sagres.
   >
   > [...] as citações são baseadas num único mapa de um pirata inglês que registrou algumas construções em Sagres na época, nada referente à existência de uma escola de navegação. [...]
   >
   > Disponível em: <www.publico.pt/culturaipsilon/noticia/brasil-historiador-nega-existencia-da-escola-de-sagres-1364441>. Acesso em: 17 fev. 2017.

   Considerando as alegações de Fábio Pestana Ramos, podemos dizer que Henry Thomas, ao atribuir na década de 1940 os feitos dos navegantes aos conhecimentos desenvolvidos pela Escola de Sagres, faltou com a verdade? Justifique.

8. Na rede social *Café História,* o historiador carioca José D'Assunção Barros escreve:

> [...] quando examinamos as fontes históricas, não podemos em nenhuma hipótese projetar categorias de pensamento da nossa época na mente das pessoas de uma outra época. Não podemos tentar enxergar um inglês da época digital em um homem da Inglaterra Puritana. Temos que entender uma outra época nos seus próprios termos quando estamos trabalhando ao nível das fontes [...]. Todavia, na hora de fechar a nossa análise, temos de retornar à nossa época. As perguntas do historiador começam na sua própria época. A partir destas perguntas ele ilumina uma outra época, tentando enxergá-la nas suas fontes; e finalmente, ao analisar estas fontes, depois de tentar compreender como viviam os homens daquele período de seu passado, ele volta à sua época para fechar a análise. Isto é História. [...]
>
> Disponível em: <http://conversassobreahistoria.blogspot.com.br/2010_12_01_archive.html>. Acesso em: 17 fev. 2017.

a) O autor discute no texto acima um dos mais graves equívocos que um historiador pode cometer. Identifique-o.

b) Imagine dois exemplos do equívoco discutido por José D'Assunção Barros e escreva-os.

9. Depois de ter estudado a produção do conhecimento histórico, forme um grupo com três ou quatro colegas e discutam o possível significado da seguinte passagem do romance *1984*, escrito pelo inglês George Orwell (1903-1950). Anotem suas ideias no caderno para depois apresentá-las ao restante da turma.

> Quem controla o passado controla o futuro. Quem controla o presente controla o passado.
>
> ORWELL, George. *1984.* São Paulo: Companhia das Letras, 2009.

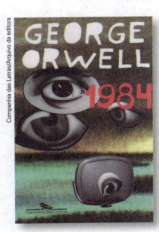

1984 foi o último romance de George Orwell. Ele narra a história de Winston, prisioneiro de uma sociedade controlada por um Estado opressor, fundado exclusivamente sobre o desejo do exercício do poder. Nesse futuro sombrio criado por Orwell, Winston enfrenta o sistema opressor ao qual está submetido, passando por situações que vão da descoberta do amor à traição e à tortura.

Analise uma fonte primária

10. Em março de 2003, o jornal *Los Angeles Times* publicou uma foto da Guerra do Iraque na qual um soldado britânico aparecia no meio de uma multidão portando uma arma engatilhada em uma das mãos e fazendo sinal com a outra para que um homem carregando uma criança se abaixasse para não ser alvejado pela artilharia inimiga (1). A foto, tirada pelo fotojornalista Brian Walski, era carregada de dramaticidade, mas não retratava uma cena de todo real. Poucos dias depois da sua publicação, o jornal lançou uma nota informando sobre a demissão do fotógrafo por ter adulterado digitalmente a foto original. Observe a seguir que a foto 1 é uma composição de elementos das fotos 2 e 3.

a) Avalie que problema(s) o caso relatado acima levanta sobre o uso de fotografias como fonte histórica.

b) Em sua opinião, a possibilidade de adulteração de uma fotografia invalida seu uso como fonte histórica?

UNIDADE 1

Nossa história mais remota

A origem da humanidade, seu desenvolvimento e os primeiros tempos da vida em sociedade formam um imenso campo de pesquisas para historiadores e demais estudiosos. Constantes estudos nos mais diversos Sítios arqueológicos e descobertas de novos fósseis mostram que o conhecimento a respeito desse tema pode sofrer transformações com o passar do tempo. Os capítulos desta unidade discutem aspectos gerais sobre os mais remotos agrupamentos humanos.

Pinturas rupestres no Sítio arqueológico da Lapa da Sucupira, em Santana do Riacho, Minas Gerais. Foto de 2015.

Saber histórico

Discutindo a origem da humanidade

1 As sociedades ágrafas

Cientistas apontam que há mais de 100 mil anos os primeiros seres humanos organizavam-se em pequenos grupos, com pouco contato entre si. Viviam da caça, da pesca e da coleta. Deslocavam-se em busca de recursos naturais e tinham poucos objetos. Eram, portanto, **nômades**.

Milhares de anos depois, alguns desses grupos passaram por um processo de **sedentarização** e desenvolveram outras atividades, como a produção de instrumentos mais complexos e de objetos de cerâmica, a agricultura e a domesticação de animais. Com a sedentarização e o cultivo agrícola, esses pequenos grupos se tornariam bem mais numerosos, chegando a reunir milhares de pessoas em aldeias e cidades.

Durante muitos anos prevaleceu a ideia de que antes da invenção da **escrita** não existiu História. Esse período foi denominado Pré-História, expressão ligada à noção de que a História não poderia ser feita sem documentos escritos. Essa opinião, que se consolidou principalmente na segunda metade do século XIX, constitui uma forma eurocêntrica de entender a história da humanidade, como vimos na *Introdução* deste livro.

Recentemente, contudo, especialistas também passaram a reconhecer como fontes históricas os registros ágrafos (não escritos), como pinturas rupestres, esculturas, relatos orais e vestígios materiais. Além disso, como a escrita não surgiu ao mesmo tempo em todos os lugares e há alguns grupos que ainda hoje vivem sem escrita, essa divisão entre História e Pré-História mostrou-se ainda mais inconsistente.

O termo "Pré-História" remete ao maior período da humanidade. Envolve centenas de milhares de anos – desde as origens dos primeiros seres humanos até a invenção da escrita –, enquanto o período posterior abarca pouco mais de 6 mil anos. No que se refere à América, o termo "Pré-História" tem designado em muitos estudos o período anterior à ocupação europeia. Embora essa designação continue a ser usada, devemos ter em mente suas limitações. Considerar, por exemplo, que o primeiro registro sobre as populações indígenas do Brasil foi a Carta de Pero Vaz de Caminha, em 1500, é desconsiderar como fontes históricas os grafismos e os objetos, por exemplo, produzidos anteriormente por essas populações originárias e assumir uma visão eurocêntrica do conhecimento, como veremos adiante.

> **nômades**: pessoas ou grupos que não têm local fixo de residência, que se deslocam constantemente de lugar para lugar.
>
> **sedentarização**: processo pelo qual as pessoas deixam de se deslocar/movimentar regularmente, ou seja, passam a ter um local fixo de moradia.

Atualmente, vestígios como ferramentas, cerâmicas e pinturas rupestres são considerados importantes documentos históricos. Na primeira imagem, em cima, cerâmica encontrada na região do Vale do Guaporé, na Vila Bela da Santíssima Trindade, Mato Grosso. Na segunda imagem, pinturas rupestres no Sítio Toca do Boqueirão da Pedra Furada, no Parque Nacional Serra da Capivara, em São Raimundo Nonato, Piauí. Fotos de 2014.

2 Uma falsa trajetória: do atraso cultural ao progresso

A noção de que haveria uma Pré-História carrega a ideia de um **progresso histórico**. Segundo essa concepção eurocêntrica, conforme o tempo passa e as civilizações se sucedem, a humanidade evoluiria de estágios menos aperfeiçoados para situações de maior desenvolvimento. É como se existisse um roteiro, uma trajetória que devesse ser obrigatoriamente cumprida por todos os povos e sociedades.

Dessa forma, a Pré-História corresponderia a um período em que a humanidade estaria ensaiando seus passos, em que ainda não se organizava em civilizações e engatinhava no domínio de tecnologias essenciais, como o uso do fogo e dos metais.

Deve-se problematizar essa concepção, já que foi com esse olhar que os europeus, já no século XVI, se consideraram superiores às demais sociedades humanas e justificaram a conquista de povos, nações, reinos e até continentes inteiros. Essa dominação foi, muitas vezes, apresentada como um "favor" aos povos submetidos e uma "missão" dos conquistadores, já que serviria para "melhorá-los", "civilizá-los". Esse discurso também servia para justificar a prática da violência da exploração, do extermínio físico e cultural e da escravização. Além disso, a ideia de superioridade constituiu uma base falsamente científica para a prática do racismo.

Relevo de bronze que representa um pássaro, encontrado na região de Benin, Nigéria. Estima-se que seja de 1650.

Gravura rupestre encontrada na região de Kunene, Namíbia. A gravura rupestre, diferentemente da pintura, foi esculpida na pedra e também pode ser chamada de **petróglifo**. Foto de 2011.

De maneira ainda mais radical, a exemplo do filósofo Friedrich Hegel (1770-1831), chegou-se a conceber que a África subsaariana, por exemplo, não tinha história. Segundo Hegel, em afirmação de 1830:

> […] A África não é uma parte histórica do mundo, não oferece qualquer movimento, desenvolvimento ou qualquer progresso histórico próprio. […] o que entendemos propriamente por África é o espírito sem história, o espírito ainda não desenvolvido, envolto nas condições naturais.[…]
>
> HEGEL, Wilhelm Friedrich. *Introdução à história da Filosofia*. São Paulo: Abril Cultural, 1985. p. 316-392. (Coleção Os Pensadores).

Para Hegel, "o que entendemos propriamente por África" correspondia à região além do Egito e ao sul do Saara, separada, portanto, da África mediterrânea do norte.

É certo que as sociedades ditas "primitivas" eram capazes de produzir e preparar tudo de que necessitavam para viver com os recursos que a natureza lhes oferecia. Embora também tenham desenvolvido práticas **predatórias** e promovido **impactos ambientais**, seu convívio com o meio geralmente se fazia de maneira harmoniosa. Vale destacar que, hoje, o termo "primitivo" é considerado depreciativo, mas seu significado remete a "aquele que foi o primeiro a existir, que coincide com a origem".

Ao estudarmos sociedades diferentes da nossa, é importante nos mantermos abertos à compreensão de suas culturas, sem preconceitos ou julgamentos de valor. Afinal, se formos avaliar a sabedoria das sociedades europeias ocidentais, veremos que "progresso" nem sempre significou "evolução" positiva e que a humanidade cria ameaças à própria existência no planeta. A destruição do meio ambiente, a produção da miséria, da fome e da violência, as trocas pessoais baseadas na cultura de mercado e no consumismo, a constante ameaça das armas nucleares, entre outros desafios da atualidade, demonstram a necessidade de repensarmos nossos valores e nossa cultura.

De acordo com o intelectual brasileiro Alfredo Bosi:

> […] O que estaria errado na "religião do progresso" não é, evidentemente, a justa aspiração que todos os homens nutrem de viver melhor, mas os hábitos de dominação que esse desejo foi gerando por via de uma tecnologia destrutiva e de uma política de violência. Em outras palavras: a sequência dos tempos não produz necessária e automaticamente uma evolução do inferior para o superior.[…]
>
> BOSI, Alfredo. O tempo e os tempos. In: NOVAES, Adauto (Org.). *Tempo e História*. São Paulo: Companhia das Letras, 1992. p. 22.

predatórias: que promovem destruição.

impactos ambientais: alterações sociais, econômicas e ecológicas no meio ambiente provocadas por atividades e ações humanas.

A poluição e o acúmulo de lixo são duas das muitas consequências que o "progresso" pode acarretar. Nesta foto de 2015, ativista libanês retira lixo de um rio em Beirute, Líbano.

CAPÍTULO 1 — Os primeiros agrupamentos humanos

Movimentação nos arredores do mercado de Mumbai, Índia. Foto de 2015.

Hoje, vivemos em uma sociedade industrializada, com inúmeros recursos tecnológicos. A maior parte da população se concentra em grandes centros urbanos, onde há poluição, problemas com o lixo, com a falta de água, etc. A relação do ser humano com a natureza vem se deteriorando rapidamente, pois existe uma exploração desmedida dos recursos naturais, como o desmatamento de florestas, queimadas para criação de gado e a pesca predatória. Pensando nisso, reflita sobre como os primeiros humanos se relacionavam com o meio ambiente.

1 O estudo dos mais remotos vestígios da humanidade

O que sabemos sobre os primeiros tempos da humanidade vem dos **fósseis** e objetos encontrados nas escavações **paleontológicas**, as quais ganharam maior impulso a partir do fim do século XIX.

Os estudos dos vestígios encontrados nessas escavações originam análises e teorias que serão confirmadas, aprimoradas ou rejeitadas por descobertas e interpretações posteriores. Por meio desses vestígios, é possível analisar as organizações sociais, as interferências humanas no meio ambiente e as concepções das primeiras sociedades.

Entretanto, essas pesquisas só foram intensificadas quando pesquisadores se convenceram de que os seres humanos tiveram ancestrais biológicos. Isso ocorreu depois da assimilação do grande abalo no conhecimento científico causado pela publicação do livro *A origem das espécies*, de Charles Darwin (1809-1882), em 1859.

Darwin foi um cientista inglês que propôs uma teoria da evolução segundo a qual as espécies evoluíram por seleção natural. De acordo com o **darwinismo**, ou **evolucionismo**, os seres vivos sofrem mutações genéticas; aqueles mais adaptados ao meio sobrevivem e deixam descendentes. Anteriormente, existiam apenas explicações mítico-religiosas (bíblicas, no caso das civilizações judaico-cristãs, e mitológicas, no caso de outras civilizações antigas, como a greco-romana, ou de povos africanos ou ameríndios) para o surgimento da humanidade.

> **fósseis**: vestígios petrificados de seres vivos de épocas remotas que conservam suas características físicas essenciais.
> **paleontológicas**: referentes à Paleontologia, ciência que estuda a vida de todos os organismos que viveram na Terra (animais, vegetais) e seu desenvolvimento no decorrer do tempo geológico, assim como a evolução primata-homem. O paleontólogo investiga pisadas, fósseis ósseos, entre outros vestígios, reunindo conhecimentos biológicos e geológicos.

Crânio incompleto de cerca de 9 920 anos encontrado no Sítio dos Coqueiros do Parque Nacional Serra da Capivara, Piauí. As análises foram feitas em um crânio e em um esqueleto bastante fragmentados, possivelmente pertencentes a um indivíduo adulto do sexo masculino, apelidado de Zuzu. A idade de Zuzu foi estimada entre 30 e 50 anos e sua estatura, entre 1,58 e 1,59 metro. Foto de 2014.

Onde e quando

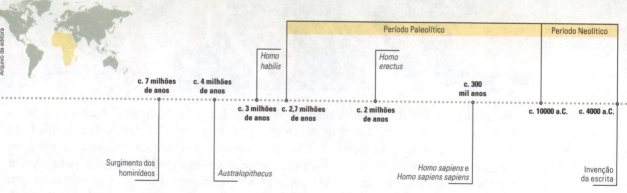

Mapa e linha do tempo ilustrativos. As regiões indicadas no mapa referem-se à configuração atual dos países a que pertencem hoje, e o espaço entre as datas não é proporcional ao intervalo de tempo.

Para saber mais

Darwinismo e darwinismo social

À esquerda, Charles Darwin, em fotografia da década de 1870; à direita, Herbert Spencer, em fotografia sem data.

No século XIX, época da supremacia econômica europeia e da expansão imperialista, ganhou força a doutrina racista do filósofo inglês Herbert Spencer (1820-1903), conhecida como **darwinismo social**. Segundo Spencer, a teoria da evolução de Darwin podia ser perfeitamente aplicada à evolução da sociedade: assim como ocorria uma seleção natural entre as espécies, com o predomínio dos animais e das plantas mais capazes, haveria uma seleção natural também na sociedade.

Ao contrário de Darwin, que sempre evitou extrapolar os princípios do mundo animal e vegetal para as sociedades humanas, o darwinismo social serviu para justificar uma enganosa superioridade de uns sobre outros nas sociedades europeias (ricos sobre pobres; vencedores sobre vencidos; dominadores sobre dominados) e entre sociedades distintas. Seguindo essa lógica, haveria uma evolução histórica das civilizações em etapas, cabendo às sociedades europeias o estágio mais avançado, que afirmava sua superioridade sobre as demais.

No trecho a seguir, o historiador chileno Héctor H. Bruit comenta como o darwinismo social se relaciona com as teorias de Darwin.

> [...] a luta pela sobrevivência entre os animais correspondia à concorrência capitalista; a seleção natural não era nada além da livre troca dos produtos entre os homens; a sobrevivência do mais capaz, do mais forte, era demonstrada pela forma criativa dos gigantes da indústria, que engoliam os competidores mais fracos, em seu caminho para o enriquecimento. O sucesso dos negócios demonstrava habilidade superior de adaptação às mudanças; o fracasso indicava capacidade inferior. Por estas razões, a intervenção do Estado era prejudicial, já que interrompia o processo pelo qual a natureza impessoal premiava o forte e eliminava o fraco. [...]
>
> BRUIT, Héctor H. *O imperialismo*. São Paulo: Atual, 1986. p. 9.

1. O que defende a teoria da evolução?
2. Como o darwinismo social de Spencer utiliza a teoria da evolução para justificar a dominação de alguns grupos humanos sobre outros?

Nossas origens

Muitos pesquisadores defendem que o planeta Terra está localizado em um Universo formado há mais de 13,8 bilhões de anos. A expansão desse Universo originou o Sistema Solar, onde nosso planeta foi formado há cerca de 4,6 bilhões de anos. De acordo com algumas teorias, a vida teria surgido na Terra há 3,6 bilhões de anos, aproximadamente. Com o passar do tempo, a evolução produziu centenas de milhares de espécies vegetais e animais; muitas das quais desapareceram ao longo dos anos. Hoje, mais de 500 mil espécies vegetais e mais de 1 milhão de espécies animais estão identificadas.

Entre as milhares de espécies que a evolução produziu estaria o ramo evolutivo dos **hominídeos**, separado dos outros **primatas** há cerca de 6 a 7 milhões de anos. Desse ramo, surgiram os gêneros *Australopithecus* (do latim *australis*, "do sul", e do grego *pithekos*, "macaco") e *Homo*, do qual fizeram parte o *Homo habilis* e o *Homo sapiens*, por exemplo.

Muitos vestígios dessas espécies de hominídeos foram encontrados na África. No centro-norte do continente, mais exatamente na região do Chade, pesquisadores encontraram o crânio fóssil do mais antigo hominídeo conhecido até agora, datado entre 6 e 7 milhões de anos. Pertencia à espécie *Sahelanthropus tchadensis* e foi apelidado de Toumai.

Na região que atravessa a Etiópia, o Quênia e a Tanzânia, também na África, foram descobertos outros fósseis de ancestrais humanos, como os do gênero *Australopithecus*, que viveu no continente há pelo menos 4 milhões de anos e se diferenciava de outros primatas pela dentição semelhante à dos humanos atuais, pelo andar bípede e pela postura ereta. Também foram encontrados fósseis do gênero *Homo*, sobretudo das espécies *Homo habilis* (datados de cerca de 3 milhões de anos) e *Homo erectus* (datados de cerca de 2 milhões de anos). Ali viveram, portanto, diversas linhagens paralelas de nossos ancestrais, que se entrelaçaram até o homem moderno.

Existem fortes indícios de que os descendentes do *Homo erectus* foram os primeiros a povoarem outros continentes, há 1,8 milhão de anos. Essa teoria é sustentada pelos diversos fósseis dessa espécie encontrados em diferentes regiões da Europa e também na Indonésia, na China e no Iraque.

hominídeos: são divididos em prossímios e antropoides. Nestes últimos estão classificadas as famílias dos homininos (família humana) e a dos pongídeos (cujas espécies atuais são o gorila, o chimpanzé, o orangotango e o gibão).
primatas: grupo de animais caracterizados, principalmente, pela capacidade de enxergar em três dimensões, por pés e mãos com cinco dedos articulados, unhas achatadas e formação complexa do cérebro.

Crânio fóssil de Toumai, encontrado ao sul do deserto do Saara, na região que hoje corresponde ao Chade. Foto de 2013.

Gênero e espécie

No sistema tradicional de classificação biológica, os seres vivos são agrupados, de acordo com certas características, em gêneros, espécies e subespécies. Assim, espécies que apresentam um conjunto importante de características em comum formam um gênero.

No gênero *Homo*, por exemplo, teria havido diversas espécies, entre elas o *Homo habilis*, o *Homo erectus* e o *Homo sapiens* (nossa espécie). As espécies teriam subespécies, como o *Homo sapiens sapiens*.

Essa classificação tem sido bastante discutida e sofre constantes alterações.

Em Aohangi, na China, pesquisadores descobrem relíquias do Período Neolítico. Foto de 2012.

Outras espécies do gênero *Homo* também percorreram grandes distâncias para além da África. Foi o caso da espécie *Homo heilderbergensis*, cujos fósseis foram encontrados na Europa e datados de 600 mil anos atrás. Estes, talvez, sejam os ancestrais da espécie *Homo neanderthalensis*, que existiu somente na Europa e no Oriente Médio, entre 135 e 30 mil anos atrás.

A espécie *Homo sapiens*, à qual pertencemos, surgiu há 200 mil anos, aproximadamente, na África, e, por volta de 160 mil anos atrás, iniciou sua dispersão. A princípio para o sul e o oeste do continente e, posteriormente, para o norte, até alcançar o oeste da Ásia.

Fósseis do homem moderno, conhecido como *Homo sapiens sapiens* (subespécie do *Homo sapiens*), têm sido encontrados em diversas partes do mundo. Alguns pesquisadores, porém, afirmam que os mais antigos (até agora conhecidos) são os da África, que datam de cerca de 160 mil anos, ao passo que os de outros lugares teriam menos de 100 mil anos. Admitida essa origem africana do homem moderno, acredita-se que, há cerca de 100 mil anos, indivíduos *Homo sapiens sapiens* empreenderam uma migração que fez com que nossa espécie se espalhasse pelos outros continentes: Ásia, Europa, Oceania e América, sendo possível que tenha havido convivência, confronto ou relacionamentos com seres de outras linhagens do gênero *Homo*.

São as marcas deixadas pelos primeiros *Homo sapiens* que possibilitam a conclusão de que o continente africano foi o berço da humanidade. Certas pesquisas genéticas, apoiadas em estudos de DNA, colaboram com essa versão de que "todos os indivíduos investigados descendem de um só ancestral – de uma única Eva –, que viveu na África entre 143 mil e 285 mil anos" (SILVA, Alberto da Costa e. *A enxada e a lança*: a África antes dos portugueses. Rio de Janeiro: Nova Fronteira, 1996. p. 58), tendo migrado para fora do continente e tido contato com as populações de *Homo erectus* na Ásia e *Homo neanderthalensis* na Europa. Essa teoria é conhecida como **hipótese de origem única** ou **monogenismo**.

As teorias da origem humana suscitam muitas divergências entre os estudiosos, assim como a determinação de rotas migratórias e de datas – quanto a esta última polêmica, há os que defendem, com base em pesquisas genéticas, que a origem da "Eva africana" é datada de aproximadamente 500 mil anos.

Crânio fóssil de Neandertal. Foto de 2014.

Os primeiros agrupamentos humanos — 33

Migrações dos primeiros agrupamentos humanos

O mapa a seguir mostra as rotas migratórias dos primeiros agrupamentos humanos e como eles se espalharam a partir da África.

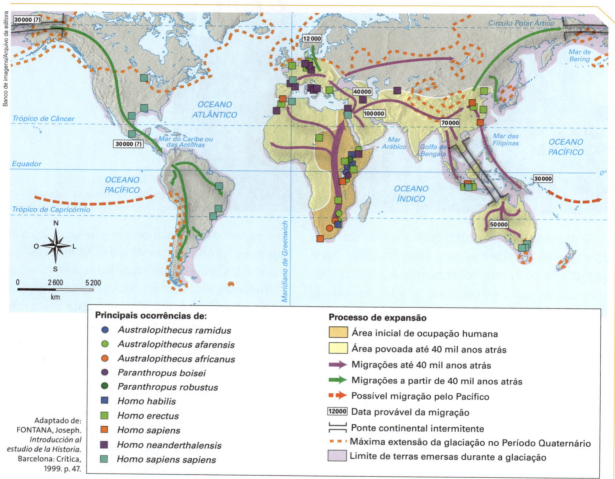

Expansão humana a partir da África

Adaptado de: FONTANA, Joseph. Introducción al estudio de la Historia. Barcelona: Crítica, 1999. p. 47.

Os mais antigos HOMINÍDEOS BÍPEDES

Entre 7 milhões e 4,4 milhões de anos viveram os mais antigos seres bípedes de que se tem notícia. Estudiosos afirmam que esses seres tinham características físicas e hábitos semelhantes aos dos chimpanzés: trepavam em árvores, coletavam frutos e sementes e não andavam sempre sobre os dois pés. Dentre os poucos fósseis encontrados, destacam-se os das espécies *Sahelanthropus tchadensis* (centro-norte da África) e *Ardipithecus ramidus* (leste da África).

Gênero AUSTRALOPITHECUS

Algumas espécies datadas de aproximadamente 4,4 milhões a 2 milhões de anos atrás tinham postura ereta, andavam sobre os dois pés e, se comparados com as espécies anteriores, tinham cérebros maiores e dentes menores. Essas características os diferenciam dos macacos. Vestígios indicam que algumas espécies podem ter usado pedras lascadas para remover carnes e tendões de ossadas de animais. Entre as várias espécies, destacam-se a do *Australopithecus afarensis* e a do *Autralopithecus africanus* (ambas do leste/sul da África).

Organizando o estudo das diferentes espécies

As diversas espécies de hominídeos foram agrupadas em gênero, de acordo com as semelhanças entre algumas de suas características físicas, como tamanho da mandíbula, dos dentes e dos ossos dos membros superiores e inferiores, etc. As condições ambientais são fatores importantes para explicar as diferentes características que existiam entre as espécies. Porém, ainda há muitas dúvidas quanto à trajetória delas ao longo do tempo. Portanto, não é possível saber com precisão se todos os gêneros são derivados de um mesmo tipo de ser. Além dos fatores ambientais, muitos estudiosos acreditam que cruzamentos entre espécies de gêneros diferentes, ocorridos em momentos e locais diversos da África, também colaboraram para o surgimento de novas espécies.

O gráfico a seguir mostra como várias espécies de hominídeos coexistiram em alguns períodos.

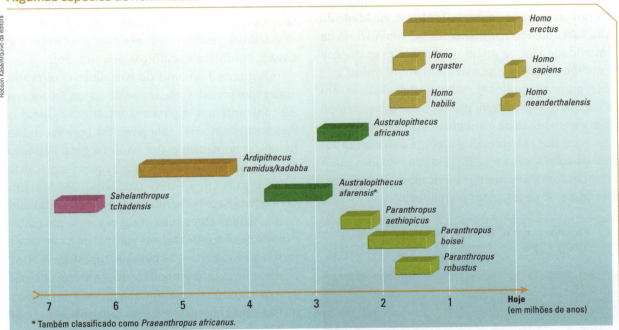

Algumas espécies de hominídeos

* Também classificado como *Praeanthropus africanus*.

Fonte: NEVES, Walter A. E no princípio... era o macaco!. *Estudos Avançados*, São Paulo, 2006, v. 20, n. 58, p. 250. Disponível em: <http://dx.doi.org/10.1590/S0103-40142006000300023>. Acesso em: 17 fev. 2017.

Gênero PARANTHROPUS

Diversas espécies que viveram entre 2,7 milhões e 1,2 milhão de anos atrás eram semelhantes às do gênero *Australopithecus*, mas se distinguiam pela dentição e pelas mandíbulas, que indicam a capacidade de se alimentarem de raízes e folhas mais duras, típicas de ambientes com menos chuva. Fazem parte desse gênero as espécies *Paranthropus robustus* (sul da África) e *Paranthropus boisei* (leste da África).

Gênero HOMO

Neste gênero reúnem-se as espécies em que os braços e as pernas têm dimensões parecidas com as dos humanos modernos, indicando que a prática de trepar em árvores já não era adotada com frequência. Os vestígios mais antigos são de 2,4 milhões de anos atrás. São desse grupo as primeiras espécies que fabricaram ferramentas — como a do *Homo habilis* (leste da África) — e as que se deslocaram para outros continentes — como as do *Homo ergaster* (África, Europa), do *Homo heilderbergensis* (África, Europa e Ásia) e do *Homo sapiens sapiens* (África, Europa, Ásia, Oceania e América). Em 2015, na África do Sul, foram descobertos esqueletos de cerca de quinze indivíduos de uma possível nova espécie ancestral de ser humano desse mesmo grupo denominada *Homo naledi*.

2 Os agrupamentos humanos mais remotos

Ao longo de milhões de anos, os hominídeos foram se adaptando fisicamente ao meio e se tornando mais hábeis com as mãos, o que propiciou a criação de ferramentas que facilitavam atividades como o preparo e o consumo de alimentos. O uso de ferramentas também desenvolveu a criatividade desses grupos de hominídeos, o que ampliou a cognição e a capacidade cerebral deles. O estudo dos instrumentos deixados pelos primeiros humanos foi um dos critérios adotados pelos pesquisadores para estabelecer divisões em períodos.

Convencionou-se que o **Paleolítico**, ou **Idade da Pedra Lascada**, foi o primeiro período da história da humanidade. Ele se iniciou há aproximadamente 2,7 milhões de anos e se estendeu até 10 mil a.C.

Os primeiros grupos humanos do Paleolítico viviam em bandos e empregavam grande parte de seu tempo e energia em busca de alimentos. Esses grupos consumiam produtos extraídos diretamente da natureza por meio de coleta, caça e pesca. Essas atividades eram realizadas com instrumentos fabricados principalmente de lascas de pedra, ossos ou madeira.

> **Paleolítico**: termo de origem grega que significa "pedra antiga".

Pesquisas recentes indicam que, no início desse período, homens e mulheres se dedicavam às mesmas tarefas básicas. Contudo, com o passar do tempo, essas tarefas passaram a ser divididas conforme a idade, o sexo e as condições físicas dos membros do bando. Esse tipo de organização é conhecido como **divisão natural do trabalho**. Assim, quase sempre os homens se tornaram responsáveis por fabricar ferramentas, construir abrigos, caçar e pescar. E as mulheres ficaram encarregadas de coletar grãos, folhas, frutos, raízes, ovos, mel e insetos. Elas exerciam ainda várias atividades artesanais. Idosos e crianças também ajudavam, conforme suas forças permitissem.

Os grupos humanos do Paleolítico ocupavam os lugares por períodos relativamente curtos. Deslocavam-se constantemente para encontrar novas áreas que lhes possibilitassem a sobrevivência, prevalecendo entre eles o **nomadismo**. Por isso, em geral habitavam abrigos provisórios, como grutas e cavernas, ou cabanas feitas de galhos de árvores e tendas de peles de animais.

Podemos conhecer muitos aspectos da vida cotidiana das comunidades paleolíticas por meio das pinturas e gravações encontradas nas paredes de cavernas e em rochas a céu aberto — as **pinturas rupestres**. A arte rupestre sinaliza uma grande conquista de nossa espécie: a capacidade de representar concretamente seu pensamento e suas observações. Essa capacidade está na base da linguagem. A própria escrita pode ser considerada a "filha mais jovem" da arte. Em vários idiomas, como o japonês, o desenho das letras é uma arte.

Inscrições e pinturas em rochas encontradas em grutas na França e na Espanha sugeriam que o desenvolvimento da capacidade do *Homo sapiens sapiens* de se expressar por símbolos datava de aproximadamente 40 mil anos atrás. No entanto, fragmentos de argila com inscrições simbólicas foram descobertos no Sítio arqueológico de Blombos, na África do Sul. Contrariando as evidências anteriores, essas novas descobertas foram datadas de 77 mil anos. Assim, até onde os estudos indicam, desde pelo menos 77 mil anos atrás (e cerca de 30 mil anos antes que o *Homo sapiens sapiens* chegasse à Europa) os grupos humanos já produziam representações de arte, revelando abstração de pensamento e habilidades de aprendizagem. Segundo os parâmetros do homem moderno, essas representações são sinais de cultura e inteligência.

Bisões pintados no interior da caverna de Altamira, no norte da Espanha. Foto de 2016.

3 Do nomadismo às sociedades sedentárias

Na história da Terra ocorreram períodos de queda drástica de temperatura entremeados por ligeiro aquecimento. Em conjunto, esses períodos glaciais são denominados Era do Gelo, Idade do Gelo ou Era Glacial. A última glaciação iniciou-se há aproximadamente 100 mil anos, com temperaturas extremamente baixas, e terminou por volta de 13 mil anos atrás.

Essa última glaciação ocorrida na Terra alterou as formas de vida existentes no planeta e também estimulou a migração de animais e seres humanos para lugares onde houvesse abundância vegetal. Isso favoreceu a ocupação de diversas regiões do globo e possibilitou a sedentarização de grupos humanos, ou seja, sua fixação à terra.

O processo de sedentarização humana esteve associado à domesticação de animais e ao cultivo de plantas, meios que promoveram mudanças profundas na história da humanidade. Tais práticas, adotadas pouco a pouco em diferentes partes do planeta, não substituíram a caça e a coleta, mas foram incorporadas ao repertório de meios de sobrevivência. Tidas como uma "revolução", essas transformações caracterizam o período denominado **Neolítico**, ou **Idade da Pedra Polida**, que se estendeu de 10000 a.C. a 4000 a.C., aproximadamente. Diversos grupos, porém, permaneceram nômades e adotaram outros modos de vida.

Para saber mais

O domínio da agricultura

De que forma ocorreu o processo do domínio da agricultura? O texto a seguir contém informações que podem suscitar reflexões a respeito de como os historiadores têm abordado essa questão desde o século XIX e como ela tem sido vista em nossos dias.

> [...] Os historiadores acostumaram-se a separar a coleta e a agricultura como se fossem duas etapas da evolução humana bastante diferentes e a supor que a passagem de uma para a outra tivesse sido uma mudança repentina e revolucionária. Hoje, contudo, admite-se que essa transição aconteceu de maneira gradual e combinada. Da etapa em que o homem era inteiramente um caçador-coletor passou-se para outra em que começava a executar atividades de cultivo de plantas silvestres (limpava a terra, arrancava as ervas daninhas, aprendia a cultivar as plantas a partir das sementes) e de manipulação dos animais (reunião e proteção). Mas tudo isso era feito como uma atividade complementar da coleta e da caça.
>
> A passagem para a agricultura foi precedida da "domesticação" de plantas e animais – escolhendo as variedades mais interessantes para reproduzir e para cruzar mais adiante –, iniciando um processo de seleção artificial. Mas a domesticação não é mais que uma das condições da transição para a agricultura, que somente culminou quando se conseguiu obter uma dieta que proporcionasse todos os elementos nutritivos (cereais, carne e legumes) e que tornasse possível depender por completo do abastecimento de plantas e animais domesticados. [...]

FONTANA, Josep. *Introducción al estudio de la Historia*. Barcelona: Crítica, 1999. p. 90-91. (Texto traduzido.)

Camponesa em campo de plantação de mostarda nos arredores de Srinagar, Índia. Foto de 2015.

Os primeiros agrupamentos humanos 37

Agricultura, pecuária e fixação nas margens de grandes rios

É possível afirmar que passar à agricultura e à pecuária como fonte principal de alimentação foi uma opção de vários grupos. Alguns pesquisadores defendem a teoria de que coube às mulheres decifrar o mistério da germinação e do crescimento das plantas, uma vez que eram as responsáveis pela coleta e estavam, portanto, mais familiarizadas com os ciclos e as características do mundo vegetal.

A fixação desses grupos em áreas férteis nas margens de grandes rios foi um desdobramento da descoberta da agricultura e da criação de animais. Sequências de boas colheitas e, consequentemente, de boa alimentação durante longos períodos, levaram ao aumento da população, o que, por sua vez, demandou mudanças na organização social do grupo.

Foi também no Neolítico que os seres humanos passaram a utilizar largamente o fogo (para cozinhar, espantar animais, iluminar e aquecer as moradias), a aprimorar seus instrumentos, com o uso da pedra polida, por exemplo, e a domesticar cães. Estima-se que eles tenham se aproveitado da proximidade de lobos (*Canis lupus*), interessados em restos de comida, para ajudá-los em algumas atividades, como na caça e no pastoreio.

No continente africano foram encontrados inúmeros vestígios desse período, como instrumentos de pedra lascada e polida, machados, serras, lanças, arcos, flechas, arpões, anzóis, pictografias, vasilhames de barro, redes, etc. Tudo indica que a passagem das atividades de caça e coleta para as de produção de alimentos tenha acontecido bem cedo, aproximadamente por volta de 8 mil a.C., na região ao norte da linha do Equador. Ao sul do Saara, a agricultura só foi difundida no início da Era Cristã.

As grandes mudanças climáticas ocorridas em todo o continente africano nos últimos milênios antes da Era Cristã também influenciaram o quadro histórico geral, em especial nas áreas que hoje denominamos deserto do Saara. Esse deserto, que é o maior do mundo, comumente é usado por pesquisadores como marco para dividir o continente africano em duas grandes sub-regiões: a África setentrional (região ao norte do deserto do Saara); e a África subsaariana (região ao sul do deserto do Saara).

Ao sul do Saara prevalecem ainda hoje os descendentes dos primeiros agricultores, falantes de línguas ligadas ao **banto**, denominação que designa uma origem linguística comum, possivelmente oriunda de um grupo de ancestrais africanos constituído nos últimos séculos antes de Cristo.

Acredita-se que a origem do grupo banto esteja na região ao norte do rio Congo, nas atuais áreas de Camarões e da Nigéria. Por muitos séculos, esse povo, que vivia da caça, da pesca, da domesticação de animais, da agricultura de coivara e em permanente nomadismo, espalhou-se por áreas extensas da África subsaariana.

Figuras humanas (principalmente femininas) e de animais foram temáticas bastante comuns das esculturas das mais antigas populações. Esta escultura da Vênus de Willendorf tem entre 22 e 24 mil anos. Encontrada na região da Áustria, foi moldada em pedra calcária e esculpida com ferramentas de pedra pontiaguda.

Esta estatueta foi encontrada em escavação na cidade de Çatal Hüyük, Anatólia. Com mais de 8 mil anos, ela representa uma mulher sentada em um trono. Os seios e o ventre fartos são provavelmente uma referência à fertilidade. É possível que ela seja a representação de uma deusa-mãe, divindade feminina relacionada à proteção das colheitas.

Utilização de metais e desenvolvimento da agricultura

Em algumas regiões do planeta, ao final do Neolítico, percebe-se o emprego de metais como cobre, ferro e **bronze** na produção de diversos utensílios e armas. O emprego de metais, com o desenvolvimento e a utilização de técnicas de fundição, levou estudiosos a criar a denominação **Idade dos Metais** para se referir a esse período. Apesar da impossibilidade de estabelecer uma cronologia exata desses avanços, supõe-se que o bronze já era utilizado em diversas áreas do Oriente por volta de 4000 a.C. e que ele tenha começado a ser usado na Europa e em outras áreas da região mediterrânea cerca de 2 mil anos depois.

Com o desenvolvimento técnico aplicado na agricultura, que provocou um aumento na produção e um consequente aumento populacional, alguns grupos familiares passaram a exercer domínio sobre outros, gerando sociedades ampliadas. A necessidade de garantir a produção em áreas relativamente extensas e a defesa dessas áreas, levou às origens da organização de Estados.

As grandes transformações ocorridas ao longo do Neolítico mudaram radicalmente as formas de convivência humana em algumas regiões do mundo. A posse coletiva, que até então prevalecia nas comunidades, passou a coexistir com situações de posse privada: os instrumentos e o fruto do trabalho, antes pertencentes a toda a comunidade, agora se tornavam exclusivos de cada pessoa, família ou grupo de famílias. Nesse período, surgiram novas organizações sociais, com a criação do **Estado** e o desenvolvimento da escrita – primeiro, ao que parece, no **Oriente Próximo**, no Egito e na Mesopotâmia.

> **bronze**: liga metálica resultante da mistura de cobre e estanho.
> **Estado**: conceito muito importante em História, significa a autoridade própria que organiza uma sociedade, define regras para a convivência do conjunto das pessoas submetidas a essa autoridade e faz com que essas regras sejam cumpridas, valendo-se de diversas instituições.
> **Oriente Próximo**: nome que, antes da Segunda Guerra Mundial (1939-1945), era dado às terras mais próximas da Europa, estendendo-se do mar Mediterrâneo ao golfo Pérsico.

Ídolo de terracota encontrado na região da Tessália, Grécia. Estudiosos estimam que a escultura foi produzida no começo da Idade dos Metais.

Leituras

Deslocamento populacional na África

O texto a seguir apresenta diversos processos de deslocamento populacional ocorridos no continente africano entre 6 mil a.C. e 500 a.C., aproximadamente. Leia-o com atenção e perceba de que forma se deu a ocupação das regiões Norte e Sudoeste do continente africano.

[...] Por volta de 6000 a.C., mais notadamente entre 2500 e 500 a.C., o clima começou a ter um progressivo ressecamento. Em consequência, enormes migrações foram se deslocando para o Norte, Sudoeste e Leste, abandonando a região [...].

Significativa parcela da população mais clara emigrou para o norte do deserto, dando origem à população mediterrânea, cuja língua (o berbere) estaria estruturada já por volta de 2000 a.C. Dela derivam os líbios, que ameaçaram o Egito faraônico; os habitantes do atual Marrocos; os ancestrais dos tuaregues do deserto, etc.

A maioria da população negra, por sua vez, emigrou para o sudoeste. Até hoje, na África ocidental, grande número de povos (ussá, ioruba, ashanti) afirma descender de emigrantes vindos do nordeste do seu hábitat atual. As pinturas pré-históricas do maciço de Tassili (Argélia) representam máscaras quase idênticas às dos senufô da atual Costa do Marfim, assim como cerimônias ainda existentes entre os povos fulani que resistiram ao Islã. [...]

RODRIGUES, João Carlos. *Pequena história da África Negra*. São Paulo: Globo, 1990. p. 18-19.

Atividades

Retome

1. Durante todo o século XIX, historiadores consideravam legítimas apenas as fontes escritas. No entanto, a primeira forma de escrita só foi criada há aproximadamente 6 mil anos, quando nossa espécie já tinha milhares de anos de existência sobre a Terra. Além disso, nem todos os grupos humanos desenvolveram sistemas de escrita. Pensando nisso, responda às questões.

    a) A ausência de escrita entre alguns povos significa que eles não têm História? Justifique sua resposta.

    b) De que maneira é possível estudar o passado dos grupos humanos ágrafos?

2. No século XIX, Charles Darwin desenvolveu uma teoria segundo a qual todos os seres vivos que hoje habitam o planeta são resultado de um longo processo de adaptação de espécies primitivas às transformações ambientais. Esse raciocínio, que se aplicava exclusivamente à evolução biológica, foi transferido por outros estudiosos à análise das sociedades humanas, dando origem ao darwinismo social. Explique como essa teoria serviu para justificar a dominação de determinados grupos e povos sobre outros.

3. De acordo com os vestígios fósseis, em que região do mundo os primeiros antepassados do gênero humano se originaram?

4. Os primeiros grupos humanos a habitarem o planeta não ocupavam moradias fixas, mas estavam permanentemente em movimento. Por que o nomadismo era uma condição de sobrevivência no Período Paleolítico?

5. Entre os estudiosos da Pré-História humana, há especialistas que questionam o uso do termo "revolução" para as transformações que marcam a passagem do Paleolítico para o Neolítico. Com base nisso e em seus conhecimentos, faça o que se pede.

    a) Identifique as transformações que ocorreram na passagem do Paleolítico para o Neolítico.

    b) Por que o termo "revolução" pode ser considerado inadequado para caracterizar a passagem de um período para o outro?

Pratique

6. Leia atentamente o texto a seguir, escrito por Curtis W. Marean, professor de Arqueologia da Universidade do Arizona, nos Estados Unidos, e faça o que se pede adiante.

A espécie mais invasiva de todas

[...] Em algum momento posterior a 70 mil anos atrás, nossa espécie, *Homo sapiens*, saiu da África para começar sua inexorável propagação por todo o globo. Outras espécies de hominídeos tinham se estabelecido na Europa e na Ásia, mas apenas nossos ancestrais *H. sapiens* acabaram conseguindo se dispersar para todos os grandes continentes. [...]

Paleoantropólogos debateram por muito tempo como e por que só humanos modernos conseguiram essa surpreendente façanha de propagação e dominância. Alguns especialistas argumentam que a evolução de um cérebro maior, mais sofisticado, permitiu que nossos ancestrais avançassem para novas terras e enfrentassem os desafios desconhecidos que encontraram ali. Outros sustentam que uma tecnologia inédita impulsionou a expansão da nossa espécie fora da África ao permitir que humanos modernos caçassem presas e liquidassem inimigos com uma eficácia sem precedentes. Um terceiro cenário postula que mudanças climáticas enfraqueceram as populações de neandertais e outras espécies arcaicas de hominídeos que ocupavam os territórios fora da África, permitindo que os humanos modernos conquistassem uma posição dominante e assumissem o controle de seus domínios. Mas nenhuma dessas hipóteses oferece uma teoria abrangente capaz de explicar plenamente a extensão do alcance dos *H. sapiens*. [...]

Escavações que conduzi ao longo dos últimos 16 anos em Pinnacle Point, no litoral austral da África do Sul, somadas a avanços teóricos em ciências biológicas e sociais, recentemente me levaram a um cenário alternativo para explicar como o *H. sapiens* conquistou o mundo. Acredito que a diáspora ocorreu quando um novo comportamento social evoluiu em nossa espécie: uma propensão geneticamente codificada para cooperar com indivíduos não aparentados. O acréscimo dessa tendência única às avançadas habilidades cognitivas de nossos ancestrais permitiu que eles se adaptassem agilmente a novos ambientes. Isso também fomentou a inovação, dando origem a uma tecnologia revolucionária que mudou tudo: armas avançadas de longo alcance. Equipados assim, eles partiram da África, prontos para subjugar o mundo inteiro de acordo com sua vontade.

[...]

Força da natureza

Grupos humanos arcaicos, incapazes de se unir e arremessar armas, não tinham a menor chance contra essa nova espécie. Cientistas vêm debatendo há tempos por que nossos primos neandertais foram extintos. Acho que a explicação mais perturbadora também é a mais provável: eles eram percebidos como concorrentes e como uma ameaça, e os humanos modernos invasores os exterminaram. Foi para isso que evoluíram.

[...]

A triste história dessas primeiras vítimas da engenhosidade e cooperação de humanos modernos, os neandertais, ajuda a explicar por que atos hediondos de genocídio e xenocídio ocorrem de vez em quando no mundo atual. Quando recursos e terras se tornam escassos, designamos os que não se parecem conosco, ou falam como nós, como "os outros", e então usamos essa diferença para justificar o extermínio ou a expulsão deles para eliminar qualquer concorrência. A ciência revelou os gatilhos que acionam nossas inclinações "embutidas" para classificar pessoas como "outros" e tratá-las de modo temerário. Mas só porque o *H. sapiens* evoluiu para reagir à escassez desse jeito cruel não significa que estamos irremediavelmente "presos" a essa resposta. A cultura é capaz de substituir até os mais arraigados instintos biológicos. Espero que o reconhecimento de por que nos voltamos uns contra os outros em tempos de vacas magras nos permita superar nossos impulsos malévolos e seguir uma de nossas mais importantes diretivas culturais: "Nunca mais". [...]

MAREAN, Curtis W. A espécie mais invasiva de todas. *Scientific American Brasil*. Ano 14, n. 160. (Adaptado.) São Paulo: Segmento. p. 27-34.

a) Qual o problema científico investigado e discutido por Curtis W. Marean no artigo?
b) Quais as principais hipóteses citadas pelo autor para explicar o sucesso evolutivo do *Homo sapiens*?
c) Qual é a nova hipótese levantada por Marean?
d) Em que estudos essa nova hipótese proposta por Marean foi baseada?
e) Ao final do artigo, Marean demonstra preocupação com a apropriação de sua hipótese para legitimar atitudes políticas das quais ele discorda. Que uso ele teme que seja feito de seus estudos?

7. O texto a seguir noticia descobertas recentes sobre o modo de vida dos grupos humanos do Paleolítico. Leia-o atentamente e faça o que se pede.

A dieta paleolítica original era cheia de carboidratos

Você já deve ter ouvido falar da "dieta paleolítica" que se popularizou nos últimos anos. A ideia por trás dela é que seus adeptos devem comer apenas alimentos ingeridos por nossos ancestrais pré-históricos. Afinal, nossos corpos não teriam evoluído para comer alimentos processados, glúten, amido e outros tipos de carboidrato. Porém uma descoberta recente mostra que a dieta paleolítica original, aquela dos nossos ancestrais, tinha, sim, uma boa quantidade de carboidratos.

Para começar, as fezes humanas mais antigas descobertas até o momento foram analisadas – e dados mostraram que os primeiros humanos comiam menos proteína animal do que acreditávamos. Da mesma forma, eles consumiam trigo e cevada durante o período paleolítico. E um novo estudo mostra que a evolução do nosso cérebro pode ter dependido em grande parte desses carboidratos.

A pesquisa, publicada no periódico *Quarterly Review of Biology*, mostra que os amidos tiveram um papel importante na evolução cerebral. Claro que, no paleolítico, nossos ancestrais não tinham toda a variedade de pães que sua padaria oferece, mas eles se alimentavam de raízes, tuberosas e sementes. Tanto que os cientistas responsáveis pelo estudo listam a caça como um sinal de *status* menos do que uma necessidade pela carne.

Algum tempo depois, com o domínio do fogo, humanos conseguiram cozinhar e digerir melhor estes amidos. E não apenas isso: milhões de anos atrás, nossos corpos evoluíram para produzir a enzima amilase, que permite que os amidos passem a ser digeridos em nossas bocas, com a saliva e a mastigação.

Isso permitiu que a glicose em nossos organismos aumentasse e que fetos mais fortes e maiores fossem desenvolvidos – inclusive com cérebros maiores. Sem isso, é improvável que conseguíssemos as condições ideais para a evolução da espécie.

A DIETA paleolítica original era cheia de carboidratos. Revista *Galileu*, 17 ago. 2015. Disponível em: <http://revistagalileu.globo.com/Ciencia/noticia/2015/08/dieta-paleolitica-original-era-cheia-de-carboidratos.html>. Acesso em: 17 fev. 2017.

a) A dieta paleolítica, que vem conquistando muitos adeptos desde 2011, prescreve a ingestão de alimentos que supostamente compuseram o cardápio de homens e mulheres que viveram há mais de 12 mil anos. Com base no texto e no que você aprendeu no capítulo sobre o modo de vida desses seres humanos, faça uma lista dos alimentos que compunham a dieta deles nesse período da Pré-História humana.
b) Com base em seus conhecimentos de História, opine: É saudável adotar, hoje, a dieta dos nossos antepassados? Em sua argumentação, considere o estilo de vida dos seres humanos que viveram no Paleolítico e o que temos no presente.

8. Leia o texto a seguir com atenção.

[...] Se perguntarmos "Quais foram as sociedades mais bem-sucedidas do mundo?", tenderemos a pular para a pressuposição fácil e autolisonjeira de que a mudança é a marca do sucesso; as sociedades que alcançam sucesso, expansão e transformação ambiental espetaculares são saudadas como grandes civilizações e modelos a serem copiados, mesmo que tenham se enfraquecido e se desfeito em ruínas. Mas se a meta é a sobrevivência, as sociedades mais bem-sucedidas são realmente aquelas que mudaram menos – que preservaram as suas tradições e identidades intactas, ou que perpetuaram a sua existência limitando racionalmente a exploração de seu ambiente. As sociedades de mais longa duração – aquelas que resistiram com sucesso aos riscos da mudança – são as que ainda levam uma vida de saqueadores: os kung san ou bosquímanos da África do Sul, os aborígenes australianos, alguns povos da floresta raramente encontrados. [...]

FERNÁNDEZ-ARMESTO, Felipe. *Então você pensa que é humano? Uma breve história da humanidade.* São Paulo: Companhia das Letras, 2007. p. 36.

Em que aspecto do texto o autor subverte a noção de "progresso" com a qual estamos acostumados?

Analise uma fonte primária

9. A fotografia abaixo é de um Sítio arqueológico localizado no planalto da Anatólia, na Turquia. Observe-a com atenção e depois responda.

   a) Esse tipo de ocupação é característico de qual período da Pré-História?
   b) Que elementos da imagem e que característica das construções apresentadas nela você considerou para chegar a essa conclusão?

Os vestígios de um assentamento antigo são estudados no Sítio arqueológico de Alaca Höyük, na Turquia. Foto de 2009.

Articule passado e presente

10. Leia o texto a seguir e faça o que se pede.

> **Diminuir consumo de carne é essencial para reduzir aquecimento global, diz pesquisa**
>
> Você provavelmente pensa que carros ou fábricas são os principais emissores de gases responsáveis pelo efeito estufa, como o CO_2, mas uma pesquisa afirma que você está enganado. Segundo o estudo, realizado pela ONG inglesa Chatham House, a indústria pecuária é a maior responsável pela produção desses gases – ela emite mais que todos os aviões, carros, navios e trens do mundo –, e governos e entidades ambientais não agem para remediar esse problema por medo da reação negativa dos consumidores. "Prevenir um aquecimento catastrófico depende de lidar com o consumo diário de carne e laticínios, mas o mundo tem feito muito pouco", afirmou ao jornal inglês *The Guardian* o autor principal do estudo, Rob Bailey. "Muito tem sido feito em relação a desmatamento e transporte, mas existe uma grande lacuna no setor pecuário. Há uma grande relutância em se engajar por causa da sabedoria popular de que não é função de governos ou da sociedade civil se intrometer nas vidas das pessoas e dizê-las o que devem comer."
>
> O relatório mais recente do Painel Intergovernamental de Mudanças Climáticas afirmava que uma mudança na dieta da população mundial pode diminuir de forma significativa as emissões de gases de efeito estufa – mesmo assim, uma pesquisa mundial revelou que a maioria das pessoas acha que os maiores geradores são os veículos. Emissões da indústria pecuária, geradas principalmente pelos arrotos e fezes de vacas e ovelhas, correspondem atualmente a 15% dos gases gerados no mundo.
>
> O apetite por carne tem crescido de forma elevada conforme a população mundial cresce e adquire maior poder aquisitivo. Seu consumo deve aumentar em 75% até 2050 — o de laticínios crescerá 60%, enquanto que o de cereais chegará a apenas 40%. O Brasil é o quarto maior consumidor do mundo, atrás de China, União Europeia e Estados Unidos.

SOTO, Cesar. Diminuir consumo de carne é essencial para reduzir aquecimento global, diz pesquisa. *IstoÉ*, São Paulo, 5 dez. 2014. Disponível em: <www.istoe.com.br/reportagens/395495_DIMINUIR+CONSUMO+DE+CARNE+E+ESSENCIAL+PARA+REDUZIR+AQUECIMENTO+GLOBAL+DIZ+PESQUISA>. Acesso em: 17 fev. 2017.

a) O planeta vem enfrentando uma contínua elevação das temperaturas, cujas graves consequências (irregularidade no regime de chuvas, tormentas, derretimento das calotas polares) afetam profundamente a vida dos seres humanos, podendo, futuramente, inviabilizá-la. Por essa razão, os cientistas têm chamado a atenção dos governos para a necessidade de adotar medidas que freiem essas alterações climáticas ou, ao menos, reduzam-nas. De acordo com a notícia acima, qual é a atividade humana com maior impacto sobre o clima?

b) Essa atividade sempre foi praticada pelos grupos humanos?

c) É possível abandonar a atividade discutida acima sem prejuízos aos seres humanos? Para sustentar sua resposta, pesquise o assunto em livros e *sites* de nutrição.

d) Que medidas poderiam ser tomadas para incentivar a redução da atividade em questão?

CAPÍTULO 2

Nossos ancestrais da América

Migrantes subindo no topo de um vagão de trem de mercadorias na tentativa de atravessar a fronteira México-Estados Unidos e entrar no território estadunidense de forma ilegal. Cidade de Arriaga, México, 2013.

Não é de hoje que a espécie humana enfrenta grandes distâncias em busca de melhores condições de vida. Na atualidade, milhões de pessoas procuram deixar seu lugar de origem para fugir de guerras ou da miséria. Tentam vencer como podem o desafio de chegar aonde acreditam que terão uma vida melhor. Nos primórdios da humanidade, nossos ancestrais também se deslocavam. O que teria motivado o deslocamento de várias espécies humanas ao longo da chamada Pré-História? Como essas espécies se adaptaram aos locais onde se estabeleceram?

1 Como chegaram ao nosso continente

A data aproximada do início da ocupação humana no continente que chamamos de América ainda é muito debatida entre os estudiosos. Não há consenso entre eles e são muitas as divergências. Para alguns estudiosos, essa ocupação foi iniciada há cerca de 20 mil anos, mas existem também pesquisadores que acreditam que ela teve início há cerca de 50 mil anos e outros, ainda, defendem a teoria de que ela ocorreu há mais de 100 mil anos.

A polêmica envolve também as possíveis rotas de chegada dos primeiros grupos humanos ao continente americano. Acredita-se que as glaciações contribuíram para que grupos humanos paleolíticos abandonassem suas regiões de origem e chegassem ao continente.

Estudos recentes sobre a diversidade de características biológicas e linguísticas entre os nativos da América reforçam as hipóteses de que o povoamento do continente inicialmente se deu por meio de sucessivas levas migratórias de caçadores-coletores.

Segundo a teoria mais aceita, esses primeiros grupos teriam vindo da Ásia pelo estreito de Bering. Outros pesquisadores acreditam que a chegada aconteceu também por rotas marítimas e não somente pelo estreito de Bering. Entre esses estudiosos, há os que defendem a tese de que levas migratórias de habitantes da Austrália e das ilhas polinésias chegaram ao continente americano pelo oceano Pacífico.

Há ainda estudiosos que acreditam que a migração se deu pelo Atlântico, há mais de 100 mil anos, vinda da África. Segundo essa teoria, agrupamentos humanos atravessaram o Atlântico quando o nível do mar era bem mais baixo que o atual. Além disso, existiam diversas ilhas entre os dois continentes. Essas teorias, no entanto, carecem de evidências suficientes para serem aceitas no meio científico.

A respeito da ocupação humana da América, a hipótese mais aceita é de que teve início no norte do continente há pelo menos 20 mil anos. De lá, teria se estendido para o sul, em direção à Patagônia, antes de 10 mil anos atrás.

O pesquisador brasileiro Walter Neves e sua equipe defendem uma teoria que admite que os primeiros grupos humanos chegaram ao território americano em duas levas migratórias. A primeira, composta de hominídeos cujos traços lembram os povos da África e da Oceania, teria ocorrido há cerca de 14 mil anos. E a segunda, vinda da Ásia, teria chegado há cerca de 11 mil anos. Os povos asiáticos que vieram nessa leva seriam a base da composição étnica da maior parte dos grupos ameríndios.

Com base na análise de ossadas e de outros vestígios, estudiosos consideram que os primeiros grupos humanos teriam percorrido alguns caminhos para chegar à região que viria a ser o território brasileiro. Um deles iniciava-se no litoral das atuais Colômbia e Venezuela, chegando à Amazônia. Um diferente trajeto partia dos Andes pelo litoral. Outra possibilidade é a entrada desses grupos pelo litoral. Eles poderiam ter vindo da Patagônia pelo oceano Pacífico em direção ao norte, ou ter saído do Caribe, entrando pelo litoral nordestino em direção ao Atlântico Sul.

Onde e quando

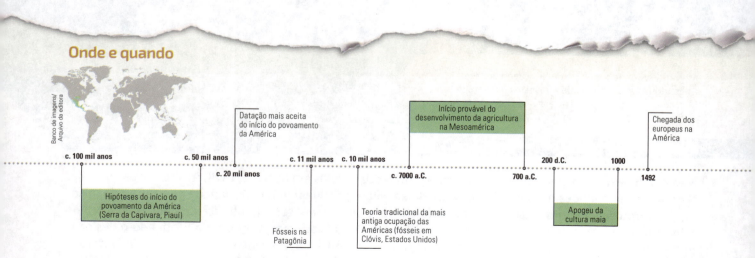

Mapa e linha do tempo ilustrativos. As regiões indicadas no mapa referem-se à configuração atual dos países a que pertencem hoje, e o espaço entre as datas não é proporcional ao intervalo de tempo.

Para saber mais

O que o chão nos revela

A Arqueologia é a ciência que fornece as principais informações sobre os hominídeos que antecederam o *Homo sapiens* e sobre os grupos humanos já desaparecidos, tivessem eles conhecimento da escrita ou não. Essa ciência procura vestígios materiais da ação humana, que podem ser desde restos de fogueiras, ossos humanos ou peças de cerâmica até grandes edificações. Os arqueólogos estudam os objetos encontrados na tentativa de obter informações sobre quem os criou e como eles foram usados. Para isso, contam com vários métodos de análise, como a estratigrafia, a datação pelo decaimento do carbono-14 e a análise de DNA.

Estratigrafia — Estudo da sequência das camadas de terra que vão se sobrepondo com o passar do tempo. De acordo com o local, a posição e a profundidade em que cada objeto ou resto humano é encontrado, a estratigrafia calcula há quanto tempo aproximadamente aqueles vestígios estão ali e de que modo estão relacionados a outros achados na mesma ou em outras camadas.

Datação pelo decaimento do carbono-14 — No processo de fotossíntese ou no metabolismo, os vegetais e os animais captam da atmosfera certa quantidade do isótopo carbono-14, que passa a fazer parte de seus tecidos. Quando o ser morre, esse elemento captado dissipa-se pouco a pouco. Comparando a quantidade de carbono-14 de um fóssil com a quantidade desse isótopo que um ser vivo teria, é possível calcular sua idade com relativa precisão.

Análise de DNA — A recuperação e o estudo do DNA de ossos e de outros tecidos que se decompõem mais lentamente abriram novas possibilidades de investigação para a Arqueologia. Com técnicas recentemente descobertas, copiam-se fragmentos de DNA de restos mortais bastante antigos graças à recuperação do DNA de ossos e dentes em bom estado de conservação. Com isso, pode-se entender a evolução do *Homo sapiens*, rastrear a trajetória das migrações mais antigas e investigar a origem de plantas e animais domésticos.

Em 2013, uma equipe de arqueólogos encontrou 34 sítios arqueológicos no entorno das obras de duplicação da rodovia dos Tamoios, na região de Paraibuna, São Paulo. As construções civis são grandes agentes destrutivos desses patrimônios, já que são poucas as empresas que buscam fazer vistorias arqueológicas nos terrenos antes de iniciar seus projetos.

1. Como os métodos de datação pelo decaimento do carbono-14 e análise de DNA permitem o estudo de características específicas sobre o achado de fósseis?
2. A descoberta do fóssil humano conhecido como Luzia é de vital importância para os estudos sobre a origem do ser humano americano, pois ele é considerado, até o momento, um dos fósseis humanos mais antigos da América. Levando em consideração os métodos citados, que informações podem ser obtidas por meio do estudo do crânio de Luzia?

Nossos ancestrais da América

Pontos de vista

Os caminhos do povoamento americano

Como e quando o território americano começou a ser ocupado? Essa pergunta ainda gera grandes debates entre os pesquisadores. A teoria mais difundida afirma que os primeiros grupos humanos chegaram ao continente há cerca de 13 mil anos, quando a queda da temperatura do planeta criou imensas geleiras que ligavam a Ásia à América. Vindos da Sibéria, eles teriam atravessado o estreito de Bering em direção aos atuais Alasca e Canadá. Essa hipótese se baseia num vasto conjunto de objetos encontrados na cidade de Clóvis, no Novo México, Estados Unidos. Esses artefatos foram datados de aproximadamente 10 mil anos e pertenciam a povos caçadores-coletores.

A descoberta da então chamada cultura Clóvis se tornou um mito fundador da Pré-História da América do Norte, sendo amplamente difundida em livros, revistas e exposições. Entretanto, investigações mais recentes contestam a ideia de que o estreito de Bering tenha sido o único caminho para a ocupação do continente. É nesse contexto que destacamos os olhares divergentes de dois pesquisadores brasileiros sobre as origens humanas da América: Walter Neves e Niède Guidon.

Na década de 1990, o pesquisador Walter Neves ficou mundialmente conhecido graças às análises que realizou em um crânio humano desenterrado, na década de 1970, no Sítio arqueológico de Lapa Vermelha, no estado de Minas Gerais. Neves e sua equipe descobriram que ele tinha cerca de 11 500 anos e era, portanto, mais antigo que a cultura Clóvis. Eles batizaram esse crânio de Luzia. De acordo com o resultado das pesquisas, Luzia se assemelhava mais aos povos africanos e aos aborígines da Oceania do que aos povos de origem asiática, chamados mongoloides. Como vimos, para Walter Neves, uma primeira leva de população, semelhante aos africanos e aos aborígines da Oceania, havia chegado à América há cerca de 14 mil anos. Assim, ele concluiu que o estreito de Bering não foi a única rota utilizada nas primeiras ondas migratórias humanas.

Ponta de lança encontrada na cidade de Clóvis, no Novo México, EUA, datada de cerca de 11 mil a.C.

Em 2000, a reconstituição do rosto de Luzia, considerada a "primeira mulher brasileira", foi amplamente difundida. Criava-se, assim, um mito da origem remota do país.

Pintura rupestre no Sítio arqueológico de São Raimundo Nonato, Piauí. O Sítio faz parte do Parque Nacional Serra da Capivara, criado em 1979 para proteger um dos mais importantes patrimônios da Pré-História. Foto de 2013.

Walter Neves

Em um artigo publicado em 1997, Walter Neves propôs a seguinte explicação:

> [...] Em suma, uma comparação de maior abrangência temporal leva ao resultado recorrente de que teria ocorrido na América a substituição de uma morfologia não mongoloide por uma morfologia tipicamente mongoloide. Uma vez que tal evento não está previsto no Modelo das Três Migrações, somos obrigados a admitir uma maior complexidade do processo de povoamento do continente americano do que até então tem se imaginado. Uma hipótese que deve ser considerada é a entrada na América de uma quarta corrente migratória, em uma época anterior à chegada dos ancestrais dos povos atuais. Até onde nos é permitido especular, é bem provável que grupos humanos oriundos do centro-sul da Ásia tenham chegado ao continente americano através do que é hoje o estreito de Bering, muito antes da gênese e do estabelecimento da morfologia especializada dos mongoloides, daí a maior afinidade aparente entre os mais antigos habitantes do Novo Mundo e as populações de morfologias generalizadas como nossas amostras australianas e africanas. [...]
>
> NEVES, Walter et al. O povoamento da América à luz da morfologia craniana. *Revista da USP*, São Paulo, n. 34, p. 96-105, jun./ago. 1997, p. 105. Disponível em: <www.revistas.usp.br/revusp/article/view/26057/27785>. Acesso em: 17 fev. 2017.

Niède Guidon

Em 1973, a arqueóloga Niède Guidon iniciou suas pesquisas na Serra da Capivara, no estado do Piauí. Lá, ela descobriu dezenas de Sítios arqueológicos ricos em pinturas rupestres. Mas foi a descoberta de artefatos de pedra lascada e vestígios de uma fogueira no Sítio arqueológico de Pedra Furada que lançou a pesquisadora no debate internacional. Em 1987, depois de anos de escavações, mais de seiscentos objetos foram encontrados. Segundo as análises feitas por Guidon e sua equipe, eles tinham cerca de 50 mil anos. Assim, as evidências levaram-na a afirmar que a ocupação do território teria aproximadamente 60 mil anos. Leia o trecho a seguir:

> [...] Hoje podemos afirmar que a entrada de *Homo sapiens* para o continente americano fez-se em vagas que, saindo de diferentes lugares, seguiram diferentes caminhos e que as primeiras devem ter entrado na América entre 150 mil e 100 mil anos atrás. A razão nos faz supor que um continente como o americano, que vai do polo norte ao polo sul, deve ter sido ocupado a partir de diversos pontos de penetração, que incluem também a via marítima. Não devemos esquecer que o nível do mar variou durante as diferentes épocas, caracterizadas por avanços e recuos das glaciações e que, em certos momentos, chegou até a 150 metros abaixo do nível atual, o que significa que um maior número de ilhas afloravam e a plataforma continental era bem mais ampla. [...]
>
> GUIDON, Niède. Arqueologia da região do Parque Nacional Serra da Capivara – Sudeste do Piauí. *Revista Com Ciência*. SBPC, 2003. Disponível em: <www.comciencia.br/reportagens/arqueologia/arq10.shtml>. Acesso em: 17 fev. 2017.

Walter Neves
Nascimento: 1957
Formação: biólogo, arqueólogo e antropólogo
Profissão: professor do Instituto de Biociências da Universidade de São Paulo

Niède Guidon
Nascimento: 1933
Formação: arqueóloga
Profissão: Diretora da Fundação Museu do Homem Americano e do Parque Nacional Serra da Capivara, ambos no Piauí.

2 Diversidade de culturas

Os dados sobre os primeiros povoadores são agrupados de acordo com a ocupação de regiões geográficas distintas, mesmo que não saibamos com plena certeza quais foram as rotas migratórias utilizadas.

Pesquisas arqueológicas têm demonstrado que a América contou com civilizações que desenvolveram técnicas de agricultura, metalurgia e engenharia, além de sistemas de escrita, arte, organização social e política. Entre as sociedades americanas mais antigas com o maior número de artefatos descobertos e preservados estão as que povoaram a Mesoamérica e as que se estabeleceram na região andina central.

Antes da chegada dos europeus, a América do Norte era ocupada por centenas de grupos nativos. Estudos indicam que mais de trezentas línguas diferentes eram faladas nessas terras. Esses povos ocupavam o território norte-americano do Atlântico ao Pacífico. Entre eles estavam os cheroquis, os iroqueses, os comanches e os apaches. Diversos nomes de regiões dos atuais Estados Unidos foram herdados de grupos indígenas, como Iowa, Dakota, Illinois, Missouri, etc.

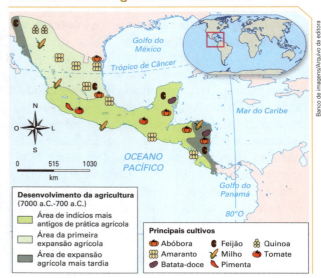

Adaptado de: BLACK, Jeremy (Org.). *World History Atlas*. London: Dorling Kindersley Book, 2008.

> **Mesoamérica**: região do continente americano que compreende, aproximadamente, o sul do México e os territórios da Guatemala, de El Salvador, de Belize e parte da Nicarágua, de Honduras e da Costa Rica.
> **região andina central**: refere-se à cordilheira dos Andes.

3 Os povos nativos da América e a chegada dos europeus

Inúmeras populações nativas existiram no continente americano antes da chegada dos europeus no século XV. Esses povos são comumente chamados de **pré-colombianos**. Entre eles, destacam-se os incas, os astecas e os maias, que desenvolveram grandes centros urbanos, reinos e até impérios.

O auge da civilização inca ocorreu no século XVI, com a formação de um império que reunia cerca de 10 milhões de pessoas. De acordo com teorias recentes, seus ancestrais eram caçadores que fizeram a travessia da Ásia para o Alasca, ocuparam a região andina central e tornaram-se agricultores sedentários, com a domesticação de animais e a utilização de técnicas agrícolas avançadas. A riqueza de sua cultura é revelada em vários campos de atividade: arquitetura, metalurgia, arte cerâmica, organização política e social, tradições agrícola e alimentar, como o plantio e o consumo de batata, milho e cereais nativos como a quinoa.

Os maias se estabeleceram por volta de 700 a.C., entre a América do Norte e a América Central, e alcançaram seu apogeu econômico e cultural entre os séculos III e X da Era Cristã. Por volta de 300 d.C., ocupavam as regiões dos atuais territórios do México, de Honduras e da Guatemala.

Os astecas viveram inicialmente no noroeste do atual território mexicano e, no século XIV, ocuparam o planalto central do México. Dedicavam-se às práticas da guerra e ao desenvolvimento de técnicas de cultivo do milho.

Após milênios de ocupação do continente americano, ocorreu o encontro entre as populações ameríndias e uma nova leva de conquistadores: os europeus. O quadro que os europeus encontraram ao chegar ao atual território do Brasil, por exemplo, era de expansão dos grupos Tupi-Guarani, responsáveis pela conquista e também pela dizimação de grupos coletores-caçadores, como os povos sambaquianos. Os Tupi-Guarani ocuparam a maior parte da costa litorânea do sul do continente.

Esse encontro entre os europeus e ameríndios também significou a destruição das populações americanas, embora muitos aspectos de suas culturas tenham sido incorporados às culturas miscigenadas que se formaram a partir desse contato. Os conquistadores europeus também tomaram conhecimento da batata, originária da região andina, e do milho, cultivado inicialmente na Mesoamérica, hoje uma das bases da alimentação de vários povos.

Nesta estátua do século XVI, o deus inca da agricultura é representado com milhos e abóboras. O milho era considerado um alimento sagrado e foi á principal fonte de subsistência para os povos nativos da América. Era utilizado também em trocas comerciais.

Leituras

Xokleng

O povo indígena Xokleng vive no oeste do atual estado de Santa Catarina. A presença dos Xokleng naquela área é bastante antiga: arqueólogos da Universidade do Sul de Santa Catarina (Unisul) encontraram vasos de cerâmica datados de 2860 a.C. associados à cultura Xokleng. De acordo com o Instituto Socioambiental, atualmente há menos de 2 mil representantes dessa etnia. Para saber mais sobre a população Xokleng e sua antiga presença no território que hoje compreende o Brasil, leia o texto a seguir com atenção.

[...] No início da nossa era, os caçadores e coletores que até então tinham habitado o planalto do Brasil meridional foram substituídos por populações de agricultores cuja economia repousava sobre o cultivo do milho e a exploração dos pinheirais típicos dos planaltos do sul do país. Além de instalar suas aldeias a céu aberto, esses novos grupos indígenas abriam grandes poços de até mais de 10 metros de diâmetro no solo, para serem usados como residências – provavelmente sazonais – ou armazenar os pinhões. Esse fruto, extremamente abundante na região, podia ser guardado durante meses e sabemos que, no século XIX, os pinhões participavam da base alimentar das populações Xokleng. A essas "casas subterrâneas" (de fato, apenas semienterradas) estão associadas várias estruturas cerimoniais, como aterros e muros circulares de terra, além de cemitérios em pequenos abrigos situados nas imediações das cachoeiras. Galerias artificiais teriam servido de refúgio durante as investidas dos inimigos Tupi-Guarani, que ocupavam as regiões mais baixas. [...]

JORGE, Marcos; RIBEIRO, Loredana; PROUS, André. *Brasil rupestre*: arte pré-histórica brasileira. Curitiba: Zencrane Livros, 2007. p. 152.

1. Forme um grupo com dois ou três colegas e façam uma pesquisa sobre os Sítios arqueológicos existentes em sua cidade ou estado. Procurem mapeá-los e se informar sobre sua importância e seu estado de preservação.
2. Depois, com base nas informações obtidas, escrevam uma matéria jornalística sobre a preservação do patrimônio arqueológico nos Sítios arqueológicos pesquisados. Caso seja possível, visitem um desses Sítios e fotografem-no.

Mulheres e crianças Xokleng usando trajes não indígenas, em foto de 1906, na região de Blumenau. Nessa época, estava em curso o povoamento daquela localidade por europeus e descendentes, à custa da dizimação, por doença e assassinatos, dos indígenas, com anuência ou por iniciativa das autoridades locais.

Reprodução Arquivo Histórico José Ferreira da Silva/Fundação Blumenau, SC.

Tradições
Diversidade cultural na Pré-História brasileira

*Na Arqueologia, usa-se o termo **tradição** para indicar um conjunto de práticas e técnicas de povos antigos que tenham características comuns, que persistem ao longo do tempo e que são registradas em determinada região ou contexto geográfico. Nas terras do atual Brasil, por exemplo, existiram várias tradições, cada uma identificada por um nome diferente. Vamos conhecer um pouco mais sobre algumas delas?*

Tradição Nordeste

Os artefatos de caça, as pinturas rupestres e os fósseis dos mais antigos habitantes do atual território brasileiro fazem parte dessa tradição. No atual estado do Piauí, que hoje integra a região Nordeste, foram encontrados vestígios dessa tradição datados de mais de 12 mil anos. Eles indicam que esses agrupamentos humanos caçavam grandes animais e tinham uma vida coletiva em cavernas. Porém, são poucas as informações de que dispomos sobre como esses grupos se organizavam. As pinturas rupestres dessa tradição representam cenas mais lúdicas, como rituais de dança, caça e ritos cerimoniais. Embora existam desenhos rupestres de homens e mulheres, diferenciados pela representação dos órgãos sexuais, muitas figuras foram feitas sem distinção entre os sexos. Por isso, alguns estudiosos consideram que essas sociedades não eram patriarcais, permitindo que mulheres e homens compartilhassem de relativa igualdade.

patriarcais: sociedades ou relações dominadas por figuras masculinas, cabendo à mulher uma relação de subserviência perante figuras como pai, marido, etc.
sambaquis: do tupi *tamba*, que significa "marisco", e *ki*, "amontoamento". Montes de conchas, esqueletos de peixes, pontas de flechas, machados, cerâmicas e materiais orgânicos que passaram por um processo de fossilização química em decorrência das chuvas e da ação do tempo. Localizam-se principalmente no litoral do sul do país.

Ocupação humana no atual território brasileiro

Há mais de 12 000 anos
Primeiros vestígios comprovados de ocupação humana em terras brasileiras (Sudeste)

Há 8000 anos
Mais antigas manifestações de arte rupestre em terras brasileiras (Nordeste e Centro) – sambaquis fluviais (Sul)

Há 5000 anos
Primeiros objetos de cerâmica (região amazônica)

As regiões indicadas no mapa referem-se à configuração atual dos estados a que pertencem hoje, e o espaço entre as datas não é proporcional ao intervalo de tempo.

50 Capítulo 2

Tradição Agreste

Existiu na mesma região da Tradição Nordeste, há cerca de 10 mil anos. Seus povoadores criaram pinturas rupestres com cenas mais agressivas, frequentemente representando confrontos (talvez decorrentes do aumento demográfico e de mudanças ambientais).

Tradições Umbu e Itararé

Na região Sul há também registros da tradição Umbu, datada de 12 mil anos e composta de caçadores-coletores, dedicados à fabricação de instrumentos de caça. Na mesma região, também foram encontradas evidências da tradição Itararé, de cerca de 1500 anos, constituída por agricultores que construíam casas subterrâneas.

Tradição Santarém e Marajoara

Alguns povos desenvolveram a confecção de objetos de pedra e, posteriormente, de cerâmica desde pelo menos 5 mil anos atrás. A cerâmica produzida na área da atual cidade de Santarém, no estado do Pará, foi classificada como tradição Santarém. Por volta do ano 1000, sobressaiu a tradição Marajoara, como revelam os vestígios da cerâmica policromada que lhe é característica. Há cerca de 700 anos, a população da ilha de Marajó (Pará), berço dessa cultura, chegava a 100 mil habitantes, aproximadamente.

Urna funerária originária da ilha de Marajó, Pará, datação incerta: 400-800.

Fábio Colombini/Acervo do fotógrafo

Tradição Aratu/Sapucaí

São vestígios que datam de antes do século VIII. Nessa tradição, destacam-se principalmente as cerâmicas utilitárias, como as utilizadas para preparo e consumo de alimentos.

Tradição Humaitá

Composta de grupos dedicados à pesca, à caça e à coleta de raízes, moluscos e frutos silvestres, que habitaram o território dos atuais estados da região Sul. Também fabricavam objetos de pedra lascada e polida. Os registros mais antigos dessa tradição foram encontrados em Santa Catarina. São vestígios de fogueiras datados de mais de 8500 anos.

Tradição Sambaquiana

Nessa tradição temos vestígios de povos pescadores e coletores com datação de mais de 5 mil anos. Alguns sambaquis encontrados nos atuais estados da região Sul ou da região Nordeste atingem 10 metros de altura. Por meio da análise das camadas de matéria orgânica e inorgânica dessas formações, é possível estudar a vida material e cotidiana – a base alimentar, por exemplo – dessas populações.

Tradição Guarita

Estima-se que, antes do ano 1000, cerca de 60 mil pessoas viviam na região dos atuais estados do Amazonas e do Acre. Essa tradição destacou-se pela produção de objetos cerâmicos cerimoniais, utilizados em ritos como os de sepultamento. Na área que hoje corresponde ao estado do Acre, estão aproximadamente duzentos Sítios arqueológicos.

Tradição Taquara

Os vestígios dessa tradição compreendem principalmente cerâmicas datadas de 5 mil a 300 mil anos.

Sambaqui localizado no Sítio arqueológico de Laguna, Santa Catarina. Foto de 2014.

Zig Koch/Pulsar Imagens

Há 4000 anos
Sambaquis, pesca e coleta (litoral central e sul)

Há 2000 anos
Primeiras práticas agrícolas em terras brasileiras

Há 1000 anos
Comunidades organizadas em grandes aldeias (Centro, Nordeste e Amazônia) – Construções habitacionais subterrâneas (Sul) – Ondas migratórias vindas do continente europeu desde o século XV

Nossos ancestrais da América

Atividades

Retome

1. Quais são as duas principais hipóteses que explicam a ocupação humana do continente americano?
2. De acordo com os estudos dos fósseis encontrados nos Sítios arqueológicos brasileiros, a população que ocupou o território onde hoje está o Brasil era etnicamente homogênea?
3. Como arqueólogos podem datar objetos encontrados em um Sítio arqueológico?
4. A análise das pinturas humanas na superfície de rochas no Sítio do Boqueirão da Pedra Furada, em São Raimundo Nonato, Piauí, sugere a existência, nos grupos de antigos habitantes das terras que hoje compreendem o Brasil, de uma condição de igualdade entre os sexos feminino e masculino. Cite dois indícios dessa hipótese.
5. Quando os europeus chegaram à costa brasileira, ela já não era habitada pelos povos dos sambaquis. Qual é a explicação para seu desaparecimento?

Pratique

6. Uma notícia publicada em 2015 no *site* da Universidade de Utah, nos Estados Unidos, fala de dois cientistas que estudaram o material genético de dois bebês sepultados há 11 500 anos. Eles foram encontrados em um Sítio arqueológico no Alasca. De acordo com o estudo, as crianças são os antepassados mais antigos já encontrados das duas principais linhagens de povos nativos da América, identificadas pelas siglas B2 e C1. Analise atentamente o mapa a seguir.

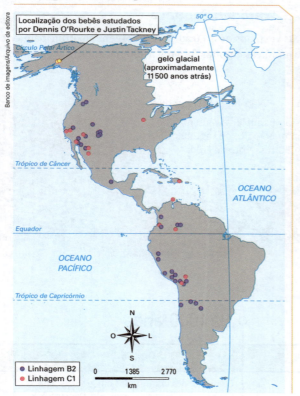

América: localização dos sepultamentos e vestígios das linhagens B2 e C1

Adaptado de: UNIVERSIDADE de Utah. Disponível em: <http://unews.utah.edu/ancient-babies-boost-bering-land-bridge-layover>. Acesso em: 17 fev. 2017.

Com base nessas informações, faça o que se pede.

a) Qual das duas linhagens se difundiu mais?
b) As descobertas feitas pelos pesquisadores da Universidade de Utah reforçam qual das hipóteses estudadas para explicar o povoamento da América?
c) Tais descobertas podem explicar o povoamento da região de Lagoa Santa, em Minas Gerais, onde foram encontrados os restos de Luzia? Por quê?

Analise uma fonte primária

7. Observe atentamente a imagem a seguir e faça o que se pede.

Pintura rupestre de aproximadamente 9-10 mil anos atrás, encontrada no Sítio arqueológico de Xique-Xique I, Carnaúba dos Dantas, Seridó, Rio Grande do Norte.

a) Descreva a imagem.
b) A imagem sugere a prática de alguma atividade? Explique.
c) É possível saber, hoje, o significado da pintura feita pelos antigos habitantes da região de Seridó? Justifique.

Articule passado e presente

8. A origem do homem americano ainda provoca acirrados debates entre pesquisadores. Além das análises de fósseis e vestígios arqueológicos, as pesquisas genéticas também têm desempenhado um importante papel no estudo sobre o povoamento do continente. Leia mais sobre o assunto no texto a seguir e faça o que se pede.

Ancestrais de índios viajaram 7 000 km pelo mar, e ninguém sabe como

Eram os botocudos polinésios? Geneticamente falando, pelo menos dois indivíduos desses índios praticamente exterminados no século XIX eram, sim, parentes de habitantes de ilhas do Pacífico a mais de 7 000 km de distância. Mas ninguém sabe como nem por quê.

O mistério volta a aumentar com um artigo do grupo de Sergio Danilo Pena, da UFMG [Universidade Federal de Minas Gerais], publicado em novembro no periódico *Current Biology*. Novas análises de DNA eliminaram as duas hipóteses menos implausíveis para explicar a presença desses genes por aqui.

Sabe-se agora que eles não são descendentes de escravos de Madagáscar trazidos ao Brasil entre 1817 e 1843, quando navios negreiros tentavam evitar as patrulhas britânicas na costa oeste da África capturando-os no Leste. Nem de escravos polinésios levados ao Peru na década de 1860.

Sobram as mais improváveis, quase impossíveis de provar: uma segunda entrada do homem nas Américas, anterior à mais aceita, há 12-14 mil anos, e migração direta de polinésios pelo Pacífico antes da chegada de europeus.

"Acho que está na hora de ser humilde e declarar ignorância", afirma Pena. Não é uma frase usual da parte de pesquisadores.

Crânios

A origem do povo botocudo é tão intrigante quanto sua aparência, marcada pelos lábios e orelhas alargados com discos de madeira.

Uma eficaz "guerra justa" foi movida contra suas aldeias em Minas Gerais, Espírito Santo e Bahia, no século XIX, por ordem de dom João VI. Aldeias da etnia também conhecida como "aimorés", que resistia ferozmente à assimilação, desapareceram sem deixar muitos registros.

Sobreviveu, no entanto, uma coleção de três dezenas de crânios de botocudos na coleção do Museu Nacional, no Rio de Janeiro.

Deles saíram os dentes que tiveram o DNA extraído para análise e renderam uma série de três artigos desconcertantes da equipe da UFMG, tendo Pena e sua aluna Vanessa Faria Gonçalves entre os autores principais.

O primeiro trabalho saiu em 2010 no periódico *Investigative Genetics*. Debruçou-se sobre o DNA mitocondrial, uma diminuta fração dos genes que só as mães transmitem para filhas e filhos.

A comparação do material extraído dos dentes de 14 crânios botocudos com moradores atuais da cidade de Queixadinha (MG) identificou variantes genéticas incomuns partilhadas entre eles. Concluiu-se que deixaram descendentes entre os mineiros.

O segundo artigo, de 2013, foi publicado na americana *PNAS*. Novo exame do DNA mitocondrial revelou que 2 daqueles 14 indivíduos, do sexo masculino, tinham marcadores característicos de populações polinésias.

A descoberta concordava, assim, com análises do formato dos crânios botocudos que sugeriam um parentesco com populações da Oceania. É esse também o caso de Luzia, o mais famoso esqueleto dos sítios arqueológicos de Lagoa Santa (MG).

[...] Em primeiro lugar, quase todo o DNA parece ter origem polinésia, o que exclui a possibilidade de miscigenação com ameríndios. Depois, a datação dos crânios mostra que os dois botocudos morreram antes do tráfico de escravos malgaxes no século XIX.

"Toda essa discussão presume que dois crânios polinésios não possam ter sido acidentalmente incluídos na coleção do Museu Nacional", diz Pena. Não há evidência disso: "Os crânios estavam identificados como botocudos por escrito, com tinta, na própria calota craniana".[...]

LEITE, Marcelo. Ancestrais de índios viajaram 7 000 km pelo mar, e ninguém sabe como. *Folha de S.Paulo*, São Paulo, 9 dez. 2014. Disponível em: <www1.folha.ucl.com.br/ciencia/2014/12/1559479-ancestrais-de-indios-viajaram-7000-km-pelo-mar-e-ninguem-sabe-como.shtml>. Acesso em: 17 fev. 2017.

---

a) De acordo com a notícia, que fontes de pesquisa foram usadas para determinar a ancestralidade dos índios botocudos?

b) Qual foi a conclusão dos pesquisadores?

c) Os resultados das pesquisas realizadas pela UFMG corroboram ou contrariam os estudos feitos por Walter Neves, pesquisador da Unicamp, sobre os fósseis dos antigos habitantes da região de Lagoa Santa (MG)?

d) Com base na notícia, descreva os passos necessários para que seja formulada uma teoria científica para explicar a ocupação das Américas.

UNIDADE 2
Civilizações antigas

Após a sedentarização dos primeiros agrupamentos humanos durante o Neolítico, as primeiras cidades e civilizações das quais temos notícias surgiram, próximas às margens de rios perenes e seus vales férteis. Essas civilizações estabeleceram uma organização política, social e religiosa, criaram os primeiros sistemas de escrita e as primeiras leis. Sabemos que dominaram, também, conhecimentos avançados em Matemática, Astronomia e Medicina. Nos capítulos desta unidade, vamos conhecer os principais aspectos de algumas dessas civilizações antigas e seus legados.

Grande Templo de Ramsés II em Abu Simbel, Egito, construído no século XIII a.C. Foto de 2015.

Saber histórico
Pensando sobre as diferentes civilizações antigas

1 Estudando a Antiguidade

Durante a transição para a Antiguidade, diversos grupos humanos começaram a viver em núcleos urbanos, muitos dos quais dariam origem a **cidades-Estado**, reinos e impérios.

cidades-Estado: cidades independentes em termos de economia, organização social e poder político, com estruturas de Estado próprias.

A Antiguidade ou Idade Antiga corresponde ao período que se estende da invenção da escrita, por volta de 4000 a.C., até a desagregação do Império Romano do Ocidente, em 476 d.C.

Tradicionalmente, esse período é dividido em: Antiguidade oriental e Antiguidade ocidental (ou clássica). A Antiguidade oriental envolve as civilizações dos antigos egípcios, dos povos da Mesopotâmia, dos hebreus, dos persas e dos fenícios, entre outros. A Antiguidade ocidental abrange as civilizações grega e romana. Como vimos na *Introdução* deste volume, a historiografia muitas vezes tende a um olhar eurocêntrico, considerando apenas alguns povos em suas divisões e abordagens e descartando diferentes civilizações da África, da Ásia e da América.

As primeiras cidades se formaram como resultado da expansão de aldeias e de outros assentamentos humanos do Neolítico. Esse processo, no entanto, não ocorreu da mesma forma nem ao mesmo tempo nos diferentes continentes. Por esse motivo, estudaremos alguns exemplos relacionados aos povos da Ásia, da América, da África e da Europa. Serão recortes baseados em pesquisas e que devem ser vistos como peças de um quadro histórico muito mais amplo e diverso.

Antes, porém, vamos expor algumas reflexões que consideramos importantes acerca da forma como foram construídas as interpretações sobre essas experiências tão antigas.

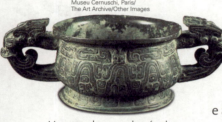

Vaso em bronze do século IX a.C., representativo da arte da dinastia chinesa Chou.

As fontes de informação

Os vestígios que os historiadores utilizam em seus estudos geralmente são classificados em dois tipos: **voluntários** e **involuntários**. Ambos compõem as evidências que tornam possível interpretar e reinterpretar o passado.

Ríton de ouro (recipiente para bebida) em forma de leão alado. Produzido no Império Persa entre 550 a.C. e 330 a.C.

Arqueólogo trabalhando em Sítio encontrado na cidade de Paraibuna, São Paulo. Foto de 2013.

hieróglifo: palavra de origem grega (*hierós*, "sagrado"; e *glýphein*, "escrita") que denomina a escrita usada pelos antigos egípcios em documentos sagrados, paredes de templos e túmulos. Juntamente com a escrita cuneiforme, o hieróglifo é considerado o mais antigo sistema organizado de escrita do mundo. Ele foi usado por mais de 3 500 anos e a inscrição mais recente data de 394.

Os documentos voluntários são produzidos com o objetivo de registrar informações sobre pessoas ou instituições. É o caso de uma certidão de nascimento, por exemplo. Os documentos involuntários, por sua vez, mesmo sendo produzidos com outra finalidade, também podem ajudar a conhecer aspectos da sociedade em que circularam. Uma rocha em que cenas domésticas foram gravadas ou uma manta cuja finalidade era envolver os mortos são exemplos de documentos involuntários.

Ao analisar documentos escritos, muitas vezes é necessário decifrar e traduzir as inscrições contidas neles. Um caso exemplar de trabalho dessa natureza foi aquele empreendido pelo francês Jean-François Champollion (1790-1832), que, por volta de 1822, decifrou a escrita utilizada pelos antigos egípcios, os **hieróglifos**, a partir das inscrições na Pedra de Roseta. Por conter escritas egípcia e grega, a Pedra de Roseta favoreceu a decifração dos hieróglifos.

A análise de artefatos, por sua vez, também exige técnicas especiais e, em geral, envolve outras ciências, como Arqueologia, Química, Física, Geografia e Antropologia. O estudo de materiais sem escrita nos permite conhecer outros aspectos da sociedade que os produziu, como hábitos cotidianos e atividades ritualísticas. Esses artefatos também possibilitam o estudo dos membros de sociedades que não deixaram registros escritos.

A valorização desse tipo de fonte de pesquisa, desde o final do século XIX, vem ajudando a ampliar o conhecimento histórico e cultural a respeito de povos que já foram extintos.

O bloco de basalto encontrado no Egito, em 1799, tem inscrições em duas línguas, egípcia e grega, além de três sistemas de escrita. Dois desses sistemas eram de origem egípcia, o hieróglifo e o demótico (escrita utilizada pelos antigos egípcios em textos cotidianos), e o terceiro contina caracteres gregos. A Pedra de Roseta pertence ao acervo do Museu Britânico, em Londres, na Inglaterra, onde está exposta. Foto de 2015.

Par de sandálias datado do século I, encontrado na fortaleza de Massada, na região do atual Israel. Segundo relatos do historiador romano Flávio Josefo, essa fortaleza foi ocupada por judeus que resistiram à presença dos romanos na região. Esse fato dá pistas sobre hábitos de uma comunidade que ficou ali refugiada, seus gostos estéticos, a capacidade de manusear o couro e os meios que empregavam para ter acesso a esse material. Estudando aspectos da geografia e das condições ambientais, o historiador pode ainda estimar a real necessidade que os antigos ocupantes da fortaleza tinham de proteger os pés para pisar o solo daquele lugar.

2 Civilização

> **etnocentrismo**: visão de mundo de quem considera a sua etnia ou nacionalidade superior ou mais importante do que as demais.

Para vários historiadores do século XIX, **civilização** era um conceito que se referia a um estágio avançado da cultura humana, em oposição a um suposto estado de barbárie ou selvageria. Esse conceito fazia parte da ideia de progresso que prevalecia no Ocidente. Industrialização, dinamismo tecnológico e conquista de áreas coloniais eram outros conceitos que também faziam parte dessa ideia de progresso. Tal noção de civilização era um reflexo do **etnocentrismo**, que considerava a Europa um modelo a ser seguido.

Nesse contexto do século XIX, historiadores e estudiosos produziram versões eurocêntricas sobre o passado. Exemplo disso é o olhar de James Mill e Hegel sobre a sociedade hindu expresso no texto a seguir.

> James Mill escreveu em 1818 que não havia obras históricas na literatura dos indianos "porque não tinham alcançado o ponto de maturidade intelectual que permite começar a entender o valor de registrar o passado como guia para o futuro". Hegel acrescentaria "que uma civilização de três mil anos, como a da Índia, que não foi capaz de escrever a própria história é incapaz de evoluir culturalmente". Era evidente que os indianos precisavam de tutela para sair da estagnação.
>
> FONTANA, Josep. *A história dos homens*. Bauru: Edusc, 2004. p. 28.

Atualmente, "civilização" equivale ao produto material e cultural do trabalho humano e às transformações da natureza que ele promove. Refere-se especialmente às organizações sociais, políticas e simbólicas construídas pelo ser humano.

Dessa perspectiva, que rompe com a visão evolucionista e eurocêntrica construída durante o período de conquistas europeias, todas as culturas humanas podem ser consideradas civilizadas.

Eventos como o extermínio de milhões de pessoas promovido pelos nazistas durante a Segunda Guerra Mundial, o lançamento de bombas atômicas sobre as cidades japonesas de Hiroxima e Nagasáqui, ou a corrida armamentista nuclear, protagonizados por povos "avançados" e "civilizados" ao longo do século XX, mostraram que a associação de "civilização" com valores "superiores" e humanistas não era tão verdadeira como se pensava até então.

Civilização, portanto, não é um estágio avançado a que todos os povos deveriam alcançar, como se fossem pessoas que passam por fases de crescimento e amadurecimento. Não é possível comparar as transformações das sociedades humanas com a evolução das espécies ou com o crescimento dos seres vivos.

O que existe são diferentes culturas, que não podem ser classificadas como melhores ou piores, ou mais ou menos "avançadas" do que outras.

É impossível representar todos os aspectos de uma civilização por meio de uma única imagem. Afinal, o termo engloba os modos de vida de um povo, e tudo o que a isso se relaciona: a língua e a escrita, os rituais, o jeito de pensar, as práticas de cultivo agrícola, os objetos e as instituições sociais, políticas e simbólicas.

Detalhe de um manto do povo Paraca, datado do século I a.C. Esse povo viveu no litoral do atual Peru, entre 800 a.C. e 100 a.C. Dominava técnicas agrícolas e de irrigação, além da tecelagem e de bordados. Os estudos dos mantos usados em rituais funerários, encontrados envolvendo múmias, têm ajudado a compreender o sentido que atribuíam à morte.

Mesopotâmia e Egito: Oriente Próximo e Oriente Médio

Antes de iniciarmos os estudos sobre Mesopotâmia e Egito, é importante destacar que, apesar das críticas ao eurocentrismo, muitas vezes nós continuamos a carregar algumas construções herdadas dessa visão. É o caso dos termos "Oriente Próximo" e "Oriente Médio", denominações de regiões a leste da Europa que indicam se tais localidades estão próximas ou distantes do continente europeu.

A Mesopotâmia se encontrava no território que hoje é ocupado pelo Iraque e pelo Irã. Ainda é forte a crença de que foi nessa região que surgiu a vida urbana, embora descobertas recentes tenham encontrado cidades ainda mais antigas do que as mesopotâmicas.

No final do século XIX, a região da Mesopotâmia era dominada pelo Império Turco Otomano, aliado da Alemanha, que, como todas as demais potências europeias na época, procurava expandir seu território ou sua influência sobre a África e a Ásia. Por isso, os primeiros estudiosos das civilizações que ocuparam a região — e fizeram escavações sistemáticas entre 1899 e 1917 — foram principalmente alemães. Em 1920, após a derrota alemã na Primeira Guerra Mundial e o esfacelamento do Império Otomano, a Mesopotâmia passou ao domínio dos ingleses.

Dedicado à deusa babilônica Ishtar e construído aproximadamente em 575 a.C., o Portal de Ishtar foi o oitavo portal da cidade mesopotâmica da Babilônia. Sua reconstrução, com material colhido das escavações, encontra-se no Museu do Pergamon, em Berlim, na Alemanha. Há outras partes do portal em diversos museus do mundo: Istambul, Detroit, Paris (no Museu do Louvre), Nova York, Chicago, etc. Na foto, de 2015, réplica erguida no local original, na região da antiga Babilônia, 100 km ao sul de Bagdá, no Iraque.

Pensando sobre as diferentes civilizações antigas

As escavações do fim do século XIX também ampliaram o conhecimento sobre outras civilizações com as quais os povos mesopotâmicos mantinham relações, como a persa e a fenícia. O estudo da escrita cuneiforme, encontrada em tábuas de argila, permitiu aos pesquisadores analisar textos legais, como contratos de propriedade, produção e comércio.

Na região que hoje abriga o Egito contemporâneo, no nordeste da África, desenvolveu-se a antiga civilização egípcia, que há mais de três séculos povoa a imaginação do Ocidente e está presente em referências arquitetônicas, filmes e desenhos animados.

Por oferecer passagem entre a Europa e a Ásia, tanto terrestre como marítima, a região adquiriu papel estratégico a partir do final do século XVIII. Em 1798, Napoleão Bonaparte (1769-1821) ocupou o Egito para enfraquecer militar e comercialmente sua maior rival, a Inglaterra, controlando rotas comerciais terrestres e dificultando o domínio inglês da Índia.

A campanha militar de Napoleão, que encontrou a Pedra de Roseta, já mencionada, durou até 1801. Essa expedição contou com um grande número de estudiosos, que fizeram, pela primeira vez, um levantamento de informações e de objetos da antiga civilização egípcia.

Posteriormente, a Inglaterra, consolidada como maior potência econômica e militar do século XIX, foi impondo seu poder e sua influência sobre o Egito, até finalmente instalar funcionários ingleses em postos-chave do governo egípcio. Minada a soberania do país, o Egito tornou-se **protetorado** britânico em 1914. Nesse período, estudiosos ingleses foram os principais responsáveis pelas pesquisas arqueológicas naquela região.

> **protetorado**: é um Estado posto sob a autoridade de outro.

A época da colonização e da dominação das potências europeias sobre nações asiáticas e africanas foi também o período da transferência de diversos objetos históricos e arqueológicos desses povos antigos para os principais museus da Europa, especialmente da Inglaterra, da França, da Alemanha e do Vaticano. A foto, de 1922, registra a abertura da tumba do faraó Tutancâmon, em Luxor, no Egito, uma das descobertas mais importantes dessa época, feita pela equipe dos ingleses lorde Carnavon e Howard Carter.

O Extremo Oriente: Índia e China

Por muitas décadas, o Extremo Oriente não foi mais que uma nota de rodapé em grande parte dos livros de História Geral, que se dedicavam apenas às civilizações antigas mais próximas da Europa. Com o passar do tempo, contudo, alguns historiadores perceberam que aquela História "Geral" deixava de lado grandes grupos humanos. Hoje, o Extremo Oriente não pode mais ser ignorado, já que a maior parte da população mundial — e uma parte cada vez mais expressiva da economia planetária — encontra-se nos países da Ásia.

Conhecer a origem de alguns desses povos nos ajuda a compreender melhor o mundo em que vivemos, bem como a olhar a experiência humana de ângulos diferentes daqueles com que estamos acostumados.

Vejamos um exemplo desse desinteresse pelos povos do Extremo Oriente que ocorreu no século XV. Por volta do ano 1400, o imperador chinês Zhong Di (1360-1424), da dinastia Ming, liderava um poderoso império cuja organização política era distinta da que existia na Europa, onde os povos estavam divididos em reinos, feudos, aldeias e pequenas cidades.

Por ordem de Zhong Di, foram construídos cerca de 300 *ba chuans*, navios gigantescos para a época, com até 135 metros de comprimento.

Em 1421, uma frota desses navios de guerra partiu de Nanquim, atravessou o oceano Índico e passou pela costa da África, chegando até a porção sul desse continente, já no Atlântico. Essa viagem percorreu o dobro da distância da viagem em que Colombo (1451-1506), setenta anos depois, chegaria à América.

Mas por que a viagem dos chineses parece uma grande novidade para nós? Seria porque nos acostumamos com a ideia de que os europeus foram os primeiros a chegar ao continente americano? Esse exemplo não apenas ilustra o desconhecimento e a desconsideração dos europeus por outras culturas, mas também o desejo que existiu de contar a história do mundo a partir da história da própria Europa.

Para ir além dessa visão centrada nos acontecimentos europeus, o estudo da Antiguidade aqui proposto inclui a Ásia, representada pela China e pela Índia, sem desconsiderar, no entanto, que existiram obviamente outras civilizações significativas nessa parte do mundo ao longo dos últimos 5 mil anos.

Réplica de um *ba chuan* construída em tamanho real. O navio tem cerca de 63 metros de comprimento e está exposto em Nanquim, China. Foto de 2011.

América e África

Antigos livros brasileiros de História começavam com a chegada dos espanhóis e portugueses à América. Com isso, afirmavam implicitamente a ideia de que a história do continente havia começado com a chegada dos europeus à América, cuja "pré-história" era, portanto, pouco interessante. Essa visão deixava de lado civilizações e experiências humanas, desconsiderando suas histórias. Aos poucos, arqueólogos e historiadores estão recuperando o passado dos grupos que viviam como caçadores-coletores nômades, das aldeias que começavam a experimentar a agricultura e das civilizações que haviam erguido grandes cidades na América antes da chegada de Colombo.

Vimos que durante muito tempo a História construída pelos europeus considerou irrelevante a história de outras regiões. Essa visão eurocêntrica foi sendo construída desde a Antiguidade, época em que a região mediterrânea era considerada o centro do mundo e a África era vista como um território distante, de menor importância.

Ao estudar culturas antes vistas como "secundárias", como as que se desenvolveram na América e na África, colabora-se para o entendimento de que a história dos continentes americano e africano é rica e diversificada.

Ruínas da cidade de Gedi, localizada no Malindi, Quênia. Foto de 2011.

Antiguidade clássica: Grécia e Roma

As civilizações grega e romana são consideradas a base histórica e cultural do que hoje chamamos de Ocidente. Das civilizações antigas, essas são as mais acessíveis aos pesquisadores porque muitas fontes escritas e ruínas foram preservadas.

Mas outro fator explica por que conhecemos melhor Grécia e Roma do que todas as outras civilizações antigas. A História moderna surgiu na Europa por volta do século XVIII, e as primeiras buscas por origens feitas pelos colecionadores, eruditos e escritores de então debruçaram-se sobre o legado das antigas civilizações europeias. O próprio fato de Grécia e Roma serem civilizações importantes na origem do cristianismo, religião fundamental para a compreensão da história europeia ocidental, também foi um incentivo a essas pesquisas, favorecidas pela preservação de grande parte das obras da cultura clássica.

Juntando experiências históricas tão diversas como essas que mencionamos neste *Saber histórico*, você poderá entender de forma mais ampla o surgimento das cidades, o domínio crescente de homens e mulheres sobre a natureza, a formação de cidades-Estado, reinos e grandes impérios, a complexidade crescente da arte e da cultura, o aprimoramento das regras de convivência — em síntese, as bases mais remotas do mundo em que vivemos.

Vista de parte do Fórum Romano, espécie de praça localizada no centro da cidade de Roma, Itália, que contava com diversas construções públicas. Uma dessas construções é o Templo de Saturno, que aparece ao centro da imagem. Foto de 2015.

CAPÍTULO 3
O Crescente Fértil e a Pérsia

Andre Dib/Pulsar Imagens

Foto aérea da cidade de Boa Vista, Roraima, de 2014. O traçado urbanístico, em forma de leque, foi desenvolvido para que o antigo povoado e sede de uma fazenda de gado do século XIX atendesse a uma nova finalidade: a de capital do Território Federal do Rio Branco, criado em 1943.

Em geral, as cidades se formam e se desenvolvem em áreas que contam com recursos naturais para a sobrevivência de seus habitantes e em virtude de diferentes fatores, como a implantação de espaços de governança, de aprendizado, de templos religiosos. A cidade de Boa Vista, por exemplo, que no início do século XX resumia-se a um arraial, desenvolveu-se com a criação do Território Federal do Rio Branco (depois Roraima), em 1943, do qual passou a ser a capital. E a cidade onde você vive? Qual a sua história?

1 Dos grupos nômades às cidades

As mais antigas cidades surgiram entre 8 mil e 10 mil anos atrás. Há pouco mais de 200 anos, a taxa mundial de urbanização era de aproximadamente 3%. Essa mesma taxa era, em 2014, de cerca de 54%, e estima-se que, em 2050, ela possa chegar a mais de 66%. No Brasil, essa taxa já é superior a 85%, bem maior que a da Europa, que é de 75%.

Neste e nos próximos capítulos, estudaremos a formação das primeiras cidades. Longe de pretender esgotar o assunto, queremos apenas evidenciar alguns sinais da trajetória humana nesse período em que diversos grupos humanos começaram a viver em cidades.

O texto a seguir aponta algumas teses sobre como teriam surgido as cidades.

> Em seu clássico *A cidade na História*, Lewis Mumford defende algumas teses fascinantes sobre a origem das cidades. Entre outras, afirma que a cidade dos mortos (necrópolis) antecedeu a cidade dos vivos (pólis). As verdadeiras fundadoras de cidades e civilizações teriam sido as mulheres, que cultuavam seus mortos em lugares aos quais, mesmo em períodos de nomadismo, voltavam com regularidade, erguendo santuários para aqueles que haviam partido deste mundo. As mulheres ainda procuravam lugares seguros e protegidos para dar à luz, lugares esses simbolizados pelo círculo, remetendo à cidade com muralhas. A cruz, a grade ou o tabuleiro representariam de forma mais imediata as ruas da cidade e, metaforicamente, a ousadia, o expansionismo dos homens, sua atitude conquistadora e guerreira. Por isso, não surpreende que os hieróglifos de mulher, casa e cidade se confundam. [...]

FREITAG, Bárbara. *Utopias urbanas*. Conferência de encerramento do IX Encontro da Sociedade Brasileira de Sociologia, em 2001. Disponível em: <https://teoriadoespacourbano.files.wordpress.com/2013/01/freitag-bc3a1rbara-utopias-urbanas.pdf>. Acesso em: 17 fev. 2017.

Como vimos, em diversos locais e em momentos distintos, certos grupos humanos começaram a praticar a agricultura e a pecuária. Uma vez que já não precisavam se locomover constantemente em busca de alimento, com essas novas atividades, tornaram-se sedentários. Isso não significa que a mudança tenha sido repentina, ou que a caça e a coleta antes praticadas tenham sido totalmente eliminadas. Especialistas concordam que essas diferentes atividades (caça, coleta, domesticação de animais e agricultura) conviveram entre si, mas também afirmam que aos poucos a fixação à terra tornou-se predominante.

No Neolítico, com a sedentarização e o desenvolvimento da agricultura, formaram-se **aldeias**. Nelas, e graças à conservação e à armazenagem de gêneros alimentícios, tornou-se possível ter alguma segurança diante de riscos oriundos da natureza, como más colheitas, falta de chuvas, pestes ou pragas. Além disso, a produção agrícola e a criação de animais permitiam alimentar aqueles que não trabalhavam diretamente no campo. Como nem todos precisavam dedicar-se à agricultura, as atividades se diversificaram e ampliou-se a separação entre os espaços rural e urbano.

Visto que boas colheitas dependiam da irrigação do solo, era comum que essas comunidades se localizassem perto de rios que tinham fluxo abundante de água, pelo menos durante alguma parte do ano.

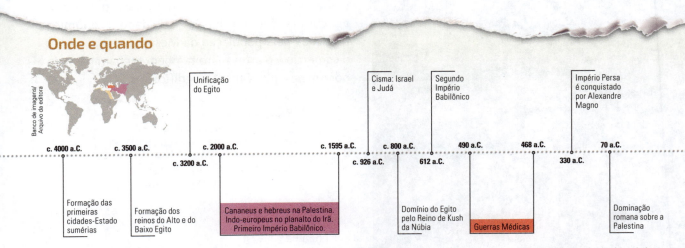

Onde e quando

Mapa e linha do tempo ilustrativos. As regiões indicadas no mapa referem-se à configuração atual dos países a que pertencem hoje, e o espaço entre as datas não é proporcional ao intervalo de tempo.

O Crescente Fértil e a Pérsia — 65

2 Das cidades aos reinos e impérios

Estima-se que as aldeias do Neolítico começaram a se formar há cerca de 11 mil anos. Uma delas, a de Çatal Hüyük, na atual Turquia, foi descoberta na década de 1960. Calcula-se que há cerca de 10 mil anos ela tenha reunido de 5 mil a 10 mil habitantes. Em escavações recentes, pesquisadores iugoslavos encontraram, na atual Sérvia, um conjunto de vilas do Neolítico denominado Lepenski Vir. Estima-se que ele tenha existido há 8,5 mil anos.

A existência de aldeias e cidades de períodos mais recentes (desde cerca de 4 mil anos atrás) foi também registrada em regiões da Índia, da China, do Egito e da América.

Com o crescimento dos aglomerados humanos, novas atividades ganharam vida. A urbanização promovia as construções públicas (ruas, pontes, templos, praças), o comércio (mercados e portos) e a sede do governo (palácios). Essas cidades eram geralmente cercadas por muralhas, que demarcavam seus limites com os campos de agricultura e de pastoreio. As muralhas também protegiam as cidades de invasões e ataques.

A civilização mesopotâmica

A Mesopotâmia situa-se no Oriente Médio, entre os rios Tigre e Eufrates, na região conhecida como **Crescente Fértil**. Trata-se de uma região fértil, embora localizada em meio a montanhas e desertos, como o próprio nome sugere: "terra ou região entre rios" (do grego *meso*, "meio"; do grego *potamos*, "água").

Aspectos econômicos, sociais e culturais

Quanto à organização socioeconômica, há grandes semelhanças entre as civilizações que floresceram na Mesopotâmia e no Egito, que estudaremos a seguir. Entretanto, algumas diferenças geográficas influenciaram o desenvolvimento de ambas. Situado entre dois desertos no nordeste da África, o território ocupado pelos egípcios estava sob relativo isolamento geográfico, o que lhes possibilitou longos períodos de estabilidade política. A Mesopotâmia, por sua vez, é ainda hoje uma região aberta a invasões. Além disso, o regime de cheias dos rios Tigre e Eufrates não é regular. Na região banhada por eles, inundações violentas e períodos de seca são frequentes.

Os primeiros vestígios de sedentarismo humano na Mesopotâmia datam de aproximadamente 10 000 a.C. Com o crescimento populacional e a formação dos primeiros núcleos urbanos, foi desenvolvido um complexo sistema hidráulico na região, que tornou possível a drenagem de pântanos e a construção de diques e barragens, destinados a evitar inundações e armazenar água para épocas de seca.

O sucesso das atividades produtivas levou à formação de grandes cidades com mais de mil habitantes, como Uruk, já por volta de 4 000 a.C. A função principal dessas cidades era militar. Elas protegiam a riqueza gerada pela agricultura e exerciam o controle político na região.

Além de aldeias e cidades, cidades-Estado, reinos e impérios se formaram na região, ao longo de milhares de anos. Durante todo esse período, a agricultura foi a principal atividade econômica praticada pela população da Mesopotâmia, embora o comércio e o artesanato também tenham passado por um desenvolvimento significativo.

> **Crescente Fértil**: região de terras férteis formada por um arco semelhante à Lua em quarto crescente e que vai do Egito ao norte do golfo Pérsico, passando pela costa oriental do mar Mediterrâneo e por toda a Mesopotâmia.

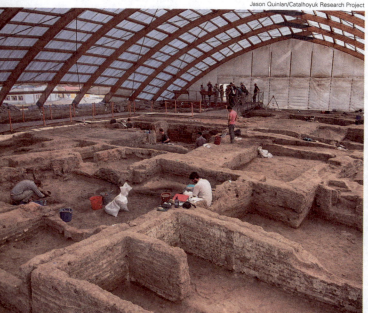

Jason Quinlan/Catalhoyuk Research Project

Escavações em Çatal Hüyük, na atual Turquia. Foto de 2013.

Crescente Fértil e Mesopotâmia

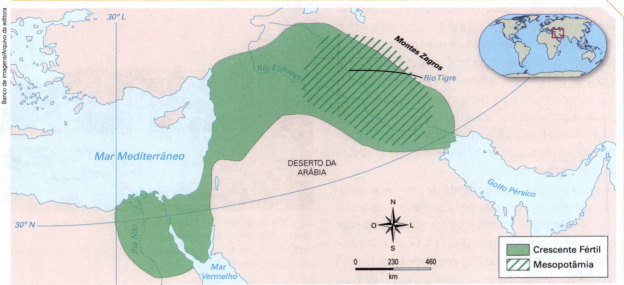

Adaptado de: ALBUQUERQUE, M. M. de; REIS, A. C. F.; CARVALHO, C. D. de. *Atlas histórico escolar*. Rio de Janeiro: Fename, 1979. p. 73.

Nas primeiras cidades emergiram lideranças com a responsabilidade de cuidar dos canais de irrigação, da justiça e da burocracia. Não havia separação entre a vida prática, do dia a dia, e a vida religiosa. Todos prestavam serviços aos deuses e à administração local, aumentando o poder das duas principais instituições mesopotâmicas: o **templo** e o **palácio**. A elas cabia a maior parte das terras, além da responsabilidade de cuidar da tributação e da redistribuição dos excedentes agrícolas.

Nos diferentes reinos e impérios que ali se formaram, a estrutura social tinha em seu topo uma elite que controlava a parcela da população submetida ao trabalho compulsório. Essa elite, independentemente da etnia, dominava os grupos sociais por meio de um governo **despótico**, centralizado e **teocrático**, que associava, portanto, a autoridade do governante à religiosidade. Quanto aos escravos, seu número foi bastante elevado em certos períodos, principalmente no Império Assírio.

A religião mesopotâmica servia de ligação entre a população e os governantes. Os sacerdotes (templo) tinham importante função política, e o governante (palácio) era considerado um representante dos deuses.

Os povos da antiga Mesopotâmia eram politeístas, ou seja, adoravam vários deuses, que representavam forças da natureza. Acreditavam que esses deuses — que habitariam os **zigurates**, templos em forma de pirâmides — podiam interferir em sua vida, causando o bem e o mal. Ishtar, deusa da chuva, da primavera e da fertilidade, era particularmente importante (ver foto do Portal de Ishtar na página 59). Havia também deuses próprios de cada cidade.

Além de morada dos deuses, os zigurates abrigavam celeiros e oficinas. Serviam também de torres de observação do céu. Ali eram feitos cálculos do movimento de planetas e estrelas.

> **despótico**: relativo a despotismo, forma de governo baseada no poder absoluto e arbitrário de um único governante.
> **teocrático**: relativo a teocracia, forma de governo na qual o poder político está baseado no poder religioso ou o governante é considerado um deus ou um representante deste.

Sítio arqueológico de Uruk, situado na região sudeste da antiga Mesopotâmia, em 2010.

Por meio da observação do céu, os mesopotâmicos desenvolveram os princípios da Astronomia e da Astrologia. Também foram os primeiros a elaborar um calendário que dividia o ano em doze meses e a semana em sete dias.

Na região despontaram muitos sábios, responsáveis, entre outras coisas, pelo desenvolvimento dos cálculos algébricos, pela divisão do círculo em 360 graus e pelo cálculo da raiz quadrada e cúbica dos números. As primeiras obras arquitetônicas nas quais foram introduzidos o uso de arcos e a decoração em baixo-relevo também estão em cidades da Mesopotâmia.

Destaca-se, ainda, o surgimento de poemas e narrativas épicas, como *A epopeia de Gilgamesh*. Esse texto, considerado por alguns estudiosos a narrativa escrita mais antiga de que se tem notícia (c. 2000 a.C.), conta as aventuras do lendário rei sumério Gilgamesh, de Uruk. Em um dos episódios, o texto apresenta a **narrativa do dilúvio**, recorrente em muitas culturas. O mesmo episódio, por exemplo, está presente no Antigo Testamento, que faz parte da *Bíblia*, livro sagrado de judeus e cristãos.

Evolução política

No fim do Neolítico, diversos centros urbanos já haviam sido criados na Mesopotâmia, todos eles autônomos e habitados por **sumérios**, povo oriundo do vizinho planalto do Irã. Ur, Nipur e Lagash, além da já citada Uruk, foram as principais cidades sumerianas.

Zigurate de Ur, em Nasiriya, no atual Iraque. Foto de 2015. Construído em homenagem ao deus da Lua, Nanna, entre 2113 a.C. e 2096 a.C., o Zigurate de Ur é o mais bem conservado da Mesopotâmia.

> **narrativa do dilúvio**: episódio mítico presente em diversas culturas em que uma ou várias divindades enviam uma grande inundação para destruir uma civilização. A maioria dessas narrativas conta com uma espécie de herói que representa a vontade de sobrevivência da humanidade.

As cidades eram governadas por *patesis*, misto de chefes militares e sacerdotes que exerciam o controle sobre a população, cobrando impostos e administrando as obras hidráulicas.

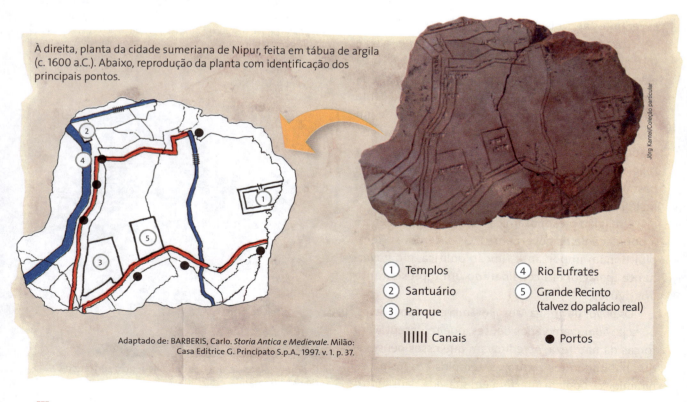

À direita, planta da cidade sumeriana de Nipur, feita em tábua de argila (c. 1600 a.C.). Abaixo, reprodução da planta com identificação dos principais pontos.

① Templos
② Santuário
③ Parque
④ Rio Eufrates
⑤ Grande Recinto (talvez do palácio real)
||||| Canais
● Portos

Adaptado de: BARBERIS, Carlo. *Storia Antica e Medievale*. Milão: Casa Editrice G. Principato S.p.A., 1997. v. 1. p. 37.

Por volta de 2400 a.C., o **povo acádio**, que já vinha se introduzindo na Mesopotâmia havia algum tempo, dominou a região e incorporou a cultura suméria. Entre os vários reis dessa etnia destacou-se Sargão I, que estendeu os domínios acádios do golfo Pérsico à região do atual Líbano, às margens do mar Mediterrâneo.

Os acádios mantiveram sua supremacia na região por aproximadamente três séculos, porém contínuas invasões estrangeiras desestabilizaram seu império. Ao enfraquecimento do poder central, seguiu-se mais à frente a predominância sumeriana do poder de Ur (2112 a.C.-2004 a.C.), que sucumbiu após novas invasões.

Revoltas de povos dominados e a invasão dos **amoritas**, povo proveniente de uma região localizada entre o rio Eufrates e o território da atual Síria, alteraram a supremacia política na região.

A partir de 1950 a.C., uma sucessão de reis amoritas deu origem a uma nova dinastia. Hamurabi (c. 1810 a.C.--1750 a.C.) foi o governante amorita de maior destaque. Entre 1792 a.C. e 1750 a.C., ele manteve uma extensão territorial que ia do golfo Pérsico até a Assíria sob seu domínio, formando o que ficou conhecido como **Primeiro Império Babilônico**. Durante esse período, a cidade de Babilônia, capital do império, tornou-se um dos principais centros urbanos e políticos da Antiguidade.

Sob seu reinado, Hamurabi estabeleceu um código de leis escritas buscando unificar a legislação. O **Código de Hamurabi** determinava penas para delitos domésticos, comerciais, ligados à propriedade, à herança, à escravidão e a falsas acusações. As punições baseavam-se na **lei de talião**, que pregava o princípio do "olho por olho, dente por dente". Assim, elas deveriam ser, na medida do possível, semelhantes aos delitos cometidos, embora pudessem variar conforme a posição social e econômica da vítima e do infrator. Para um ladrão, por exemplo, a pena era ter uma das mãos cortada.

Ao declínio do Primeiro Império Babilônico seguiu-se a invasão de diversos povos. Observe no mapa da página seguinte a localização de alguns desses povos. Os **assírios**, conhecidos por seu forte caráter militar, chegaram a fundar um império que durou de 1307 a.C. a 609 a.C. Já os **caldeus**, fundadores do **Segundo Império Babilônico**, ficaram famosos por suas conquistas e pelo governo de Nabucodonosor (604 a.C.-561 a.C.), com suas obras urbanas na Babilônia. Esse poderio não foi capaz de conter as tropas dos conquistadores **persas** comandadas por Ciro, o Grande (c. 559 a.C.-529 a.C.). No século VI a.C., a Babilônia foi integrada ao **Império Persa**.

Relevo do século IX a.C. que retrata um encontro entre o rei assírio Salmanaser III (que governou entre 859 a.C. e 824 a.C.) e um babilônico.

Leituras

Dos pictogramas à escrita cuneiforme

Os sumérios criaram a escrita cuneiforme para registrar suas transações econômicas. O texto a seguir trata da origem desse sistema. Leia-o com atenção.

[...] A escrita mesopotâmica inicial empregava pictogramas, associando uma forma ou imagem a cada palavra ou ideia, semelhante ao que ocorria no sistema egípcio de hieróglifos. Essa escrita, chamada de "Uruk IV", descoberta ao sul da Mesopotâmia, data de 3000 a.C. As inscrições encontradas eram principalmente listas de cabeças de gado e de equipamentos agrícolas.

Por volta de 2500 a.C., o sistema de escrita aproximou-se de uma representação das palavras, com símbolos gravados na argila feitos com um caniço cortado ou estilete. Esse sistema era capaz de representar não apenas palavras isoladas, mas também valores fonéticos — ou seja, as formas podiam representar sons. Com o tempo, os símbolos cuneiformes foram simplificados e convencionados, o que facilitou sua representação em diferentes línguas. [...]

RATHBONE, Dominic. *História ilustrada do mundo antigo*. São Paulo: Publifolha, 2011. p. 96.

Artigos do Código de Hamurabi

O chamado Código de Hamurabi foi esculpido em um bloco de pedra, em escrita cuneiforme. Na parte superior da estela, há uma representação de Hamurabi em frente ao deus sumeriano Sol. Na parte inferior, vemos as leis escritas que determinavam punições semelhantes aos delitos cometidos. Eis alguns de seus artigos.

Art. 200. Se um homem arrancou um dente de um outro homem livre igual a ele, arrancarão o seu dente.

Art. 201. Se ele arrancou o dente de um homem vulgar, pagará um terço de uma **mina** de prata.

Art. 229. Se um pedreiro edificou uma casa para um homem, mas não a fortificou e a casa caiu e matou o seu dono, esse pedreiro será morto.

Art. 230. Se causou a morte do filho do dono da casa, matarão o filho desse pedreiro.

Art. 231. Se causou a morte do escravo do dono da casa, ele dará ao dono da casa um escravo equivalente.

Art. 232. Se causou a perda de bens móveis, compensará tudo que fez perder. Além disso, porque não fortificou a casa que construiu e ela caiu, deverá reconstruir a casa que caiu com seus próprios recursos.

Código de Hamurabi. Bauru: Edipro, 1994. p. 36 e 38. (Clássicos).

mina: medida de peso equivalente a cerca de 500 gramas.

A estela em que o Código de Hamurabi foi esculpido hoje faz parte do acervo do Museu do Louvre, em Paris, na França. Foto de 2011.

Povos da Mesopotâmia do IV ao II milênio a.C.

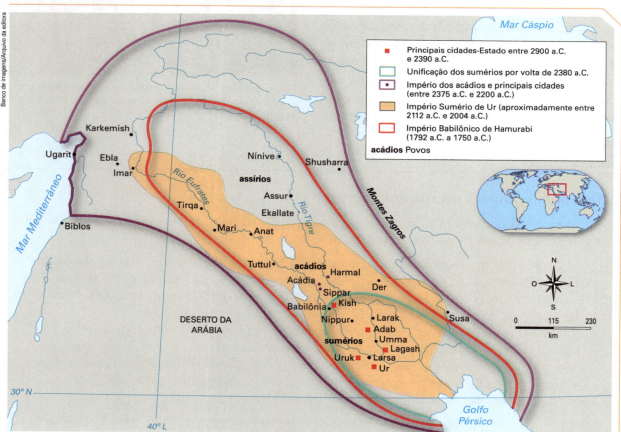

Adaptado de: ATLANTE storico de Agostini. Novara: Istituto Geografico de Agostini, 2005. p. 4.

A civilização egípcia

Há 20 mil anos o mundo passava pela Idade do Gelo (Era Glacial), com grandes áreas encobertas por geleiras, como o norte da Europa, a América e a Ásia. Alguns estudiosos apontam que, nessa época, existia um grande lago no nordeste da África que englobava boa parte do atual deserto que se estende até o atual rio Nilo. Importantes mudanças climáticas ocorridas nesse período recuaram as geleiras e transformaram a região, fazendo o grande lago recuar para o leito do Nilo. Nesse processo, os remotos "colonos" neolíticos seguiram as transformações materiais e fixaram-se ao longo do rio Nilo.

A civilização egípcia floresceu na região desértica às margens do Nilo, no extremo nordeste da África. Os egípcios se beneficiaram do regime de cheias do rio. Durante certos meses do ano, abundantes chuvas na nascente do rio, ao sul, provocavam o transbordamento das águas. O consequente depósito de húmus fertilizava suas estreitas margens. Ao final do período de cheias, o rio voltava ao leito normal e as margens, naturalmente fertilizadas, tornavam possível uma rica agricultura.

Algumas décadas atrás estudiosos afirmavam que tal fixação ao longo do rio Nilo havia sido possível graças à incorporação de realizações neolíticas (agricultura e domesticação) advindas de experiências da região mesopotâmica, levadas para o norte do Egito. Essa hipótese para explicar a fixação de populações ao longo do Nilo recebeu o nome de **hipótese oriental**.

Mais recentemente, vários arqueólogos e historiadores começaram a defender outra ideia: a fixação ao longo do rio Nilo teria ocorrido em razão de realizações dos povos da própria região. Essa é, portanto, a **hipótese africana** ou **pan-africana** que explica a origem egípcia. Estudiosos destacam também que a escrita e as mais típicas tradições culturais e políticas do antigo Egito se originaram no próprio continente africano, em épocas anteriores.

Com o aumento populacional no Neolítico, tornaram-se necessárias obras hidráulicas para o cultivo agrícola. Segundo pesquisas arqueológicas e históricas, a organização do trabalho às margens do Nilo, a construção de diques e canais e outras obras foram realizadas inicialmente pelas coletividades locais e regionais conhecidas como **nomos**. Mais tarde, ficaram a cargo de uma estrutura governamental mais complexa e os nomos transformaram-se em regiões administrativas, econômicas e religiosas do antigo Egito. Os governantes dos nomos eram chamados de nomarcas.

Rio Nilo (extensão de 6,7 mil quilômetros)

Adaptado de: DUBY, G. *Atlas histórico mundial*. Madri: Debate, 1989. p. 6.

húmus: matéria orgânica depositada nas margens dos rios; espécie de adubo natural.

Vista noturna da região do vale do rio Nilo obtida por satélite em 2010. A grande concentração de luzes indica a intensa ocupação dessa área.

Vários estudiosos afirmam que o Estado egípcio foi precedido por intensa urbanização. Entre os indícios mais antigos estão os Sítios arqueológicos de Maadi e Gerzea, ao norte, e os de evolução urbana mais acentuada são os de Nagada e Hieracômpolis, ao sul.

A atuação dos nomarcas, a expansão das atividades agrícolas, graças às obras de irrigação e drenagem, e as seguidas disputas regionais contribuíram para a união dos nomos. Esse processo originou, perto de 3500 a.C., dois reinos: o do **Alto Egito**, ao sul, e o do **Baixo Egito**, ao norte, na região do delta do Nilo.

Séculos depois, aproximadamente em 3200 a.C., com a união dos reinos, originou-se o primeiro Estado unificado de que se tem conhecimento. Acredita-se que um chefe do Alto Egito uniu os dois reinos, subordinando os cerca de quarenta nomos e tornando-se o primeiro **faraó**. Embora haja dúvidas sobre seu nome, Menés ou Narmer (em grego) são os mais comumente atribuídos. O nome Menés aparece em alguns registros, como a Lista Real de Abydos e o Papiro de Turim, mas sua existência não foi confirmada por nenhum achado arqueológico.

Inicialmente, a cidade de Tínis foi a sede do novo Estado e, mais tarde, Mênfis.

> **faraó**: termo de origem egípcia que significa 'casa grande' ou 'grande morada'. Inicialmente, denominava o palácio do rei; depois passou a denominar o título dos reis. É importante destacar que a palavra só passou a ser usada a partir do Novo Império (depois de 1580 a.C.).

Leituras

A hipótese Pan-Africana

Muitos estudiosos apontam a cidade de Hieracômpolis, cuja formação ocorreu por volta de 3800 a.C., como ponto de partida para a unificação do Estado egípcio.

[...] a civilização egípcia teve suas raízes na própria África, e não necessariamente por influência da Mesopotâmia. Essa é a hipótese que aqui chamamos de Hipótese Pan-Africana.

Nessa série de novas investigações, o sítio da antiga Hierakonpolis — do grego *polis* (cidade) e *hierakon* (falcão) — tem se mostrado como um dos mais importantes. Chamado pelos egípcios de *Nekhen*, o local sempre foi associado pelos especialistas ao nascimento da monarquia e do Estado faraônico. Diversos objetos ali prospectados testemunham que os primeiros faraós tinham ligações com o local.

[...] Outro objeto depositado em Hierakonpolis é uma cabeça que, segundo muitos, seria do faraó Narmer, o fundador da I Dinastia [...]. Chamam particular atenção os traços da figura, muito próximos daqueles de alguns grupos dos africanos negros. Os pan-africanistas, inclusive, seguidamente apresentam essa cabeça como sendo uma das evidências que os egípcios pertenciam à raça negra. Essa, aliás, é uma das controversas questões sobre a civilização egípcia. A que raça os egípcios pertenceram? Uma pergunta que está longe de ser resolvida. [...]

DOBERSTEIN, Arnoldo W. *O Egito antigo*. Porto Alegre: EdiPUCRS, 2010. p. 9 e 44.

A imagem ao lado mostra uma das faces da Paleta de Narmer, um alto-relevo de 63 centímetros, possivelmente uma placa cerimonial egípcia. Encontrada em 1898 pelo britânico James Quibell em escavações realizadas em Hieracômpolis, antiga cidade do Alto Egito. Seus relevos representam a unificação do Alto e do Baixo Egito e o primeiro faraó e rei unificador. O faraó agarra pelos cabelos um homem ajoelhado a seus pés, que simbolizaria o inimigo, as regiões conquistadas.

Aspectos econômicos, sociais e culturais

Ao longo de milhares de anos da história da antiga civilização egípcia, prevaleceu a **servidão coletiva**. Os camponeses eram obrigados a realizar grandes obras de irrigação coordenadas pelo Estado, além de construir depósitos para armazenagem, templos, palácios e monumentos funerários. Esses trabalhos eram feitos quase sempre no período de cheias do Nilo, quando as atividades agrícolas eram interrompidas temporariamente.

O Egito era grande produtor de cereais, em especial trigo, algodão, linho e **papiro**. Havia criações de cabras, carneiros e gansos, e o rio oferecia a possibilidade da pesca. Praticava-se o artesanato e a produção de tecidos e vidros. A construção naval também era significativa.

A organização da sociedade era bastante rígida. Com a unificação dos reinos e o início do período dinástico, o faraó passou a concentrar todos os poderes e a maior parte das terras do **Império Egípcio**, sendo considerado um deus vivo. Tratava-se, portanto, de uma **monarquia teocrática**, em que o governante se impunha como senhor supremo, exercendo o papel de chefe de um Estado centralizado que controlava a política e a economia.

Os nomarcas, que acumulavam grandes riquezas e tinham importante poderio regional, disputaram em alguns momentos esse poder com os faraós. Mas acabaram se tornando representantes do poder central, administrando aldeias e cidades, arrecadando impostos e fazendo cumprir as decisões do faraó.

Logo abaixo dos nomarcas na hierarquia estavam os sacerdotes, os funcionários do Estado, que formavam a grande burocracia, e os chefes militares. Em seguida, vinha a baixa burocracia, formada pelos escribas, conhecedores da complexa escrita hieroglífica e responsáveis pelos registros administrativos. Nessa camada intermediária também estavam os comerciantes, que ganharam mais expressão no período conhecido como **Novo Império**. Esse período iniciou-se com o fortalecimento do Egito após a expulsão dos hicsos, um povo invasor que dominou grande parte da região antes de 1580 a.C.

A base da sociedade egípcia era formada pela grande massa de camponeses. Ao lado dos artesãos, eles tinham de pagar tributos e servir ao faraó, por meio do trabalho compulsório em campos, oficinas, minas e obras públicas. Eventualmente, havia também escravos, prisioneiros de guerra, embora essa categoria social não tivesse grande importância no sistema econômico egípcio.

papiro: planta com a qual se fazia um papel de mesmo nome; também era utilizado na fabricação de cestos e redes, além de servir de alimento.

O Crescente Fértil e a Pérsia 73

No Egito antigo, a **religião** foi muito importante para a formação da cultura egípcia e para a manutenção da ordem social hierarquizada existente. O culto era politeísta. Alguns dos deuses eram Amon-Rá, Osíris, Ísis, Set, Hórus, Anúbis e Ápis.

Durante o governo do faraó Amenófis IV (1377 a.C.-1358 a.C.) foram realizadas profundas reformas políticas e religiosas. Templos foram fechados e bens, confiscados. Ao mesmo tempo, o culto **monoteísta** ao deus Aton, representado pelo círculo solar, foi crescendo e substituindo o politeísmo tradicional centrado principalmente no deus Amon-Rá. O próprio faraó teve seu nome mudado para Akhenaton (*Ech-n-Aton* = "aquele que adora Aton"), e uma nova capital próxima de Tebas, chamada Ahketaton ("horizonte do disco solar") foi fundada.

A longo prazo, porém, essas reformas não vingaram, aparentemente por causa da força das crenças tradicionais e da impopularidade da nova religião. Com a morte de Amenófis IV e sua sucessão por Tutancâmon, a religião tradicional politeísta foi restabelecida.

Neste relevo do século XIV a.C., os raios do deus Sol Aton iluminam o faraó Amenófis IV, sua esposa, Nefertite, e seus três filhos.

> **monoteísta**: religião que acredita em um único deus.
> **canopos**: urnas em que se guardavam órgãos do morto após a mumificação.

Para saber mais

Mumificação

Como os egípcios acreditavam em vida após a morte e no retorno da alma ao corpo, cultuavam os mortos e desenvolveram técnicas de mumificação para conservar cadáveres. Os corpos eram colocados no túmulo junto com tudo o que seria utilizado no retorno à vida, como alimentos, utensílios, joias e objetos pessoais. No caso dos faraós, os corpos mumificados ficavam protegidos nas pirâmides, imensas construções repletas de passagens e câmaras para impedir a ação de saqueadores de túmulos.

Para mumificar um corpo, geralmente se retiravam os principais órgãos internos, que eram tratados e colocados em recipientes chamados de vasos canopos. O coração, considerado o centro da inteligência e da força, era mantido no corpo. Em seguida, o corpo era coberto por um tipo de sal e deixado durante quarenta dias para desidratar. Depois, era embrulhado em camadas de linho embebido em diversas substâncias e coberto de resina. Os corpos se preservavam por milhares de anos.

Vasos **canopos**, feitos entre 1069 a.C. e 954 a.C. Cada vaso representa um filho do deus Hórus e era utilizado para guardar um determinado órgão: Amset para o estômago e os intestinos; Duatmufed para os pulmões; Kebehsenuf para o fígado; e Hapi para os órgãos menores.

A mumificação ampliou o conhecimento dos egípcios antigos sobre a anatomia humana. Conhecedores dos órgãos internos e de sua localização, seus "médicos" puderam realizar intervenções cirúrgicas e tratar fraturas, doenças do estômago e do coração.

1. Quais eram os cuidados tomados pelos egípcios em relação aos mortos? Como esses cuidados se relacionam com o perfeito estado de conservação de diversas múmias, existentes há mais de mil anos?
2. Como o processo de mumificação está relacionado ao avanço da Medicina entre os antigos egípcios?

As técnicas desenvolvidas para a construção de templos religiosos e funerários (as pirâmides, por exemplo) e de obras hidráulicas significaram um grande avanço da **Arquitetura** e da **Engenharia**.

O interesse em ciência demonstrado pelos egípcios é bastante claro em seus estudos de Astronomia, que resultaram na criação de um calendário solar composto de doze meses de trinta dias.

A **arte** egípcia tinha evidente conotação religiosa. A pintura, destinada à representação de deuses, faraós e da nobreza em geral, caracterizava-se pela falta de perspectiva: tudo era representado no mesmo plano, sem ideia de profundidade. Na escultura, muitas vezes monumental, as linhas eram rígidas e simétricas. Na literatura, cultivava-se a poesia; uma das peças mais famosas foi o *Hino ao Sol*, composto por Amenófis IV.

A **escrita** egípcia desenvolveu-se de três formas:

- a hieroglífica, que era a mais antiga e considerada sagrada, era composta de mais de seiscentos caracteres;
- a hierática, uma simplificação da hieroglífica;
- a demótica, mais recente e popular, formada por cerca de 350 sinais.

Os períodos da história egípcia

Tradicionalmente, a longa história egípcia tem sido dividida com fins didáticos em três grandes períodos: o Antigo Império (c. 3200 a.C.-2300 a.C.), o Médio Império (c. 2000 a.C.-1580 a.C.) e o Novo Império (c. 1580 a.C.-525 a.C.).

Em seus quase 3 mil anos de história de revoltas, conquistas e invasões estrangeiras, o Egito antigo foi governado por faraós de 26 dinastias. O declínio final do império se deu com a invasão dos persas em 525 a.C. Comandados por Cambises (?-522 a.C.), os persas derrotaram os egípcios na Batalha de Pelusa e conquistaram a região. A partir daí, o Egito foi dominado por vários povos durante quase 2 500 anos, tendo se tornado inicialmente província do Império Persa, território que posteriormente foi ocupado por macedônios, romanos e árabes.

Essas invasões tiveram grande efeito sobre a cultura egípcia, principalmente a macedônica, que abriu caminho para as ideias gregas. Esse domínio instaurou uma dinastia de origem macedônica, chamada **ptolomaica** ou **lágida**. Cleópatra (69 a.C.-30 a.C.), uma das mais famosas personagens do Egito antigo, pertenceu a essa dinastia. Ela ocupou o trono depois da morte do pai, Ptolomeu XII (117 a.C.-51 a.C.), e governou o Egito até sua morte, em 30 a.C.

O filho de Cleópatra com o ditador romano Júlio César (100 a.C.-44 a.C.) foi o último rei ptolomaico. Após seu reinado, o Egito foi dominado pelos romanos e, posteriormente, pelos árabes, que introduziram elementos culturais cristãos e muçulmanos, respectivamente. Já na Idade Moderna, o Egito transformou-se em domínio dos turcos e, no século XIX, dos ingleses.

Invasões no Egito Antigo

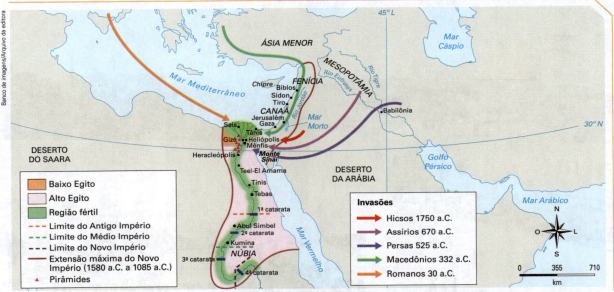

Adaptado de: BRANCANTI, Antonio. *I popoli antichi*. Firenze: La Nuova Italia, 1997. p. 34; BARBEIRO, Heródoto. *História: de olho no mundo do trabalho*. São Paulo: Scipione, 2004. p. 33.

Hebreus

Na região do Crescente Fértil, além das margens dos grandes rios (Nilo, Tigre e Eufrates), outros povos se desenvolveram. Os hebreus, por exemplo, destacaram-se por terem sido os primeiros a adotar o **monoteísmo ético**, religião que prega a existência de um só Deus e que exige um comportamento ético de seus seguidores, ou seja, que ajam de maneira correta e justa. Tal atuação é fundamento presente na religião de mais de 2 bilhões de pessoas no mundo hoje, como judeus, muçulmanos e cristãos.

Muitas das informações de que dispomos sobre o povo hebreu são provenientes da *Bíblia*, mais especificamente do Antigo Testamento. No texto sagrado para cristãos e judeus, dados históricos misturam-se com relatos míticos e religiosos. Estudos linguísticos, arqueológicos e textos não bíblicos dialogam com essas representações bíblicas.

Inicialmente, os hebreus habitavam a cidade de Ur, no sul da Mesopotâmia. Seu primeiro grande líder teria sido Abraão, considerado seu primeiro **patriarca** (chefe de clã). Abraão pregava uma nova religião, monoteísta. O Deus único, Javé (também chamado Iahweh ou Jeová), teria prometido a ele e a seus descendentes uma terra onde "jorraria leite e mel". A promessa teria levado Abraão a conduzir os hebreus até a Palestina, região onde se localiza o atual território de Israel, também conhecida como Canaã. Lá, os hebreus se estabeleceram por volta de 2000 a.C., após derrotarem os habitantes locais, os cananeus. Segundo a *Bíblia*, Abraão foi sucedido pelos patriarcas Isaac e Jacó. Dos herdeiros deste último descenderam os grupos familiares originais, chamados de "as 12 tribos de Israel".

É importante ressaltar, contudo, que nenhum desses patriarcas é mencionado em qualquer outro documento de época que não seja o Antigo Testamento. Além disso, muitos historiadores afirmam que a religião monoteísta de Jeová só surgiu muito depois da época dos patriarcas.

Ainda de acordo com a *Bíblia*, crescentes dificuldades econômicas fizeram com que muitos hebreus migrassem para o Egito. A princípio, essa ocupação foi pacífica, mas, posteriormente, eles foram escravizados pelos egípcios.

Séculos depois, eles fugiram do Egito sob a liderança do profeta Moisés. Durante a fuga, conhecida como **Êxodo**, Deus teria ditado a Moisés os **Dez Mandamentos**, um conjunto de leis que foi registrado em duas pedras. Após 40 anos de jornada pelo deserto, os hebreus chegaram à Palestina, já sob a liderança de Josué.

A presença dos hebreus no Egito e o Êxodo também não são confirmados por outras fontes que não a própria *Bíblia*. Tais passagens bíblicas têm uma

Lior Patel/Alamy/Fotoarena

cronologia bastante duvidosa, seja por conterem indicações contraditórias, seja pela sua confrontação com outras fontes históricas, constituindo objeto de diferentes interpretações.

Na época do Êxodo, os hebreus estavam organizados em tribos lideradas pelos **juízes**, chefes militares com atribuições religiosas. Ao chegar à Palestina, eles conquistaram a cidade de Jericó e venceram os filisteus, povo que ocupava o litoral da região. Por volta de 1010 a.C., ocorreu a unificação das tribos sob a liderança de Saul (c. 1095 a.C.-1004 a.C.), que se tornou o primeiro rei dos hebreus.

Davi (c. 1040 a.C.-970 a.C.), sucessor de Saul, lançou as bases para a formação de um Estado hebraico efetivo, com governo centralizado, exército permanente e organização burocrática. Jerusalém tornou-se capital do reino de Israel. Sob o comando do filho de Davi, Salomão (?-931 a.C.), o Estado hebraico atingiu seu apogeu, com grande desenvolvimento comercial. Para os cultos religiosos foi construído um grande templo dedicado a Jeová: o Templo de Jerusalém (também conhecido como Templo de Salomão).

Entretanto, o Estado unificado não sobreviveu à morte de Salomão. Logo surgiram disputas pela sucessão, que resultaram na divisão dos hebreus em dois reinos: o de **Israel**, com capital em Samaria, e o de **Judá**, com capital em Jerusalém.

A consequência imediata da divisão foi a invasão estrangeira, inicialmente pelos assírios e mais tarde, no século VI a.C., por Nabucodonosor, rei da Babilônia. Depois de saquear Jerusalém e destruir o Templo de Salomão, Nabucodonosor escravizou grande número de hebreus e levou-os para a Mesopotâmia. Em 539 a.C., porém, os persas, chefiados por Ciro, o Grande, conquistaram a Babilônia e libertaram os hebreus escravizados, que puderam então retornar à Palestina.

A seguir, a Palestina foi invadida pelos macedônicos e, depois, pelos romanos. A resistência à ocupação romana, em 70 d.C., foi reprimida brutalmente. Com a destruição de Jerusalém, inclusive do Templo de Salomão, os hebreus se dispersaram por outras regiões. Esse movimento, conhecido como **diáspora**, estendeu-se por centenas de anos.

A região da antiga Palestina

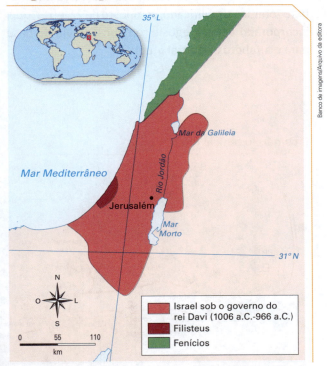

Adaptado de: DUBY, G. *Atlas histórico mundial*. Madri: Debate, 1989. p. 8.

O Muro das Lamentações localiza-se na cidade de Jerusalém. Trata-se da única parte do Templo de Salomão que resistiu aos ataques do imperador romano Tito à cidade, em 70 d.C. É um lugar considerado sagrado pelos descendentes dos hebreus, os judeus. Foto de 2016.

Fenícios e persas

A **Fenícia** situava-se no norte da Palestina, onde se localiza atualmente o Líbano (veja o mapa da página 77). A região foi ocupada antes de 3000 a.C. por povos <u>semitas</u> que, além de se destacarem na agricultura e no comércio marítimo, desenvolveram o artesanato e a produção de tecidos e corantes.

Os fenícios estavam organizados em cidades-Estado, como Biblos, Sídon e Tiro. Em seu apogeu, eles chegaram a estabelecer rotas comerciais por todo o Mediterrâneo que se estendiam até o litoral Atlântico do norte da África. Grandes comerciantes, marinheiros e exploradores do Mundo Antigo, os fenícios buscavam e levavam mercadorias por toda a bacia do Mediterrâneo, onde instalaram povoados e cidades, verdadeiros entrepostos comerciais, como a cidade de Cartago.

Ao mesmo tempo, deram contribuições originais à humanidade. A principal delas foi a criação de um alfabeto fonético simplificado, composto de 22 letras, que, incorporado pelos gregos e romanos, serviu de base para o alfabeto ocidental atual.

Os fenícios cultuavam vários deuses. Os mais importantes eram Baal, associado ao Sol, e Astarteia, simbolizada pela Lua e que representa a fecundidade.

> **semitas**: originaram-se na península Arábica e espalharam-se pelo norte da África e por toda a região do Oriente Médio. Trata-se de um grupo étnico e linguístico que compreende hebreus, assírios, fenícios, aramaicos e árabes. O termo "semita" remete a Sem, um dos filhos de Noé, personagem do "Gênesis", primeiro livro da *Bíblia*.

Máscara funerária fenícia, datada do século VII a.C. Foto de 2009.

O comércio fenício em 1000 a.C.

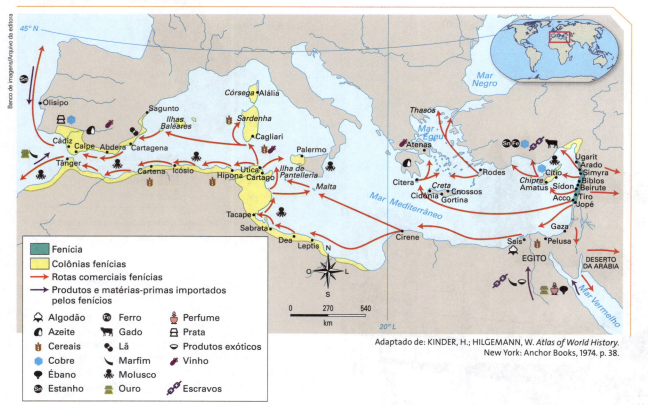

Adaptado de: KINDER, H.; HILGEMANN, W. *Atlas of World History*. New York: Anchor Books, 1974. p. 38.

78 Capítulo 3

Apesar da pobreza do solo, o planalto iraniano foi ocupado desde o sexto milênio antes da Era Cristã. Por volta de 2000 a.C., a região recebeu grandes levas de <u>populações indo-europeias</u>. Nela, a leste do rio Tigre, se formaria outra civilização, que chegaria a dominar a própria Fenícia, o Egito e a Mesopotâmia e a formar um dos maiores impérios do Mundo Antigo, o **Império Persa**.

O rei persa Ciro, o Grande (c. 580 a.C.-530 a.C.), unificou a região, submeteu os povos vizinhos, os medos, e expandiu os domínios do Império Persa em direção à Ásia Menor, no Ocidente, e à Índia, no Oriente.

Ciro foi bastante hábil ao se aliar às elites locais dos territórios conquistados, em vez de simplesmente submetê-las ao seu domínio. Desse modo, garantiu relativa estabilidade ao vasto Império Persa. Seu filho e sucessor, Cambises (?-522 a.C.), conquistou o Egito, após a vitória na Batalha de Pelusa (525 a.C.). Mas o período de maior florescimento persa ocorreu no reinado de Dario I (550 a.C.-484 a.C.).

Durante seu governo, que durou de 524 a.C. a 484 a.C., Dario I dividiu o império em províncias, as **satrapias**, que eram governadas pelos sátrapas (ou governadores). Encarregados da cobrança de impostos, os sátrapas eram fiscalizados por inspetores oficiais, conhecidos como "olhos e ouvidos do rei". Dario também mandou construir estradas que ligavam os principais centros urbanos do império (Susa, Pasárgada, Persépolis), criou um eficiente sistema de correios, para maior controle das províncias, e implantou uma unidade monetária chamada *dárico*.

O poder do imperador era garantido por seu numeroso exército, mantido com propósitos expansionistas. A existência desse exército, porém, não impediu o fracasso dos ataques à Grécia comandados por Dario I e também por seu sucessor, Xerxes I (519 a.C.-465 a.C.).

Durante quase todo o século V a.C., gregos e persas se enfrentaram em conflitos que se tornaram conhecidos como **Guerras Médicas** — nome que faz referência aos povos medos, da Pérsia — ou **Greco-Pérsicas**. Em seu expansionismo, os persas haviam dominado as cidades gregas da Anatólia, na atual Turquia, prejudicando o comércio da Grécia com o Oriente. Os gregos lutavam pela independência dessas cidades.

> **populações indo-europeias**: povos originários da Ásia central que migraram para a Índia, para o planalto iraniano e para a Europa.

Império Persa

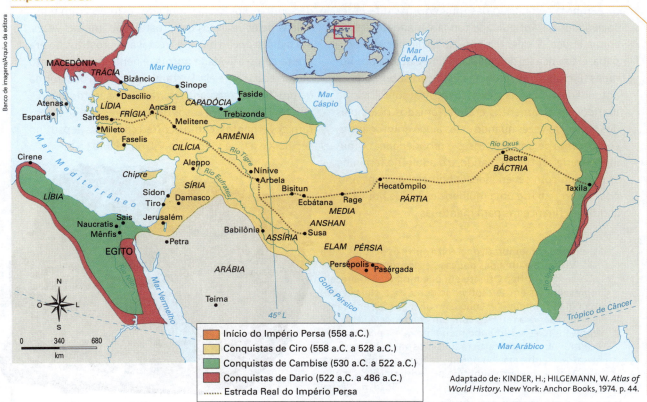

Adaptado de: KINDER, H.; HILGEMANN, W. *Atlas of World History*. New York: Anchor Books, 1974. p. 44.

O Crescente Fértil e a Pérsia 79

Como em outros impérios do Antigo Oriente, a população persa era obrigada a prestar serviços ao Estado, em regime de servidão coletiva.

Apesar de haver incorporado conhecimentos e modos de vida de outros povos, a cultura persa teve características próprias. Sua religião era basicamente dualista, fundada na crença em duas divindades antagônicas principais: Ormuz-Mazda, deus do bem, da luz e do mundo espiritual, e Arimã, deus do mal e das trevas. O imperador seria o representante do bem na Terra, o que mostra o forte vínculo da religião com as estruturas de poder.

A religiosidade popular, entretanto, distinguia-se da oficial. Incluía várias divindades, muitas delas adotadas no contato com outros povos. Em geral, os persas também admitiam a vida após a morte e o advento de um Messias à Terra, um salvador que, assim como na religião judaica, libertaria os justos. Os princípios dessa religião, chamada de **zoroastrismo**, estavam no livro sagrado *Zend-Avesta*, que teria sido escrito por um personagem lendário: Zoroastro, também denominado Zaratustra.

Para saber mais

As mulheres no Antigo Oriente

A ausência na narrativa histórica daqueles que não ocupavam cargos governamentais, que não comandavam exércitos e não eram responsáveis pelas "grandes decisões históricas" é uma herança de uma antiga e criticada visão histórica. Essa visão tradicional valorizava os "grandes personagens" e "os grandes feitos". Os historiadores atuais têm pesquisado fontes que apresentem indícios desses (ou dessas) personagens escondidos e esquecidos. O caso das mulheres nas sociedades do Antigo Oriente é um bom exemplo.

Embora a condição das mulheres nas diferentes sociedades da Antiguidade tenha variado de acordo com a época, o lugar e a posição social por elas ocupada, ela nunca foi de igualdade em relação à dos homens. Em geral, as mulheres estavam submetidas à autoridade masculina, devendo mostrar submissão ao marido. Os casamentos eram arranjados pelos pais dos noivos, às vezes quando estes ainda eram crianças, como forma de unir interesses e propriedades. A mulher deveria ser fiel ao marido, e o adultério feminino era punido com severidade. O homem, ao contrário, poderia ter mais de uma mulher, desde que houvesse condições financeiras para mantê-las.

Apesar de ocuparem posição secundária à dos homens, as mulheres podiam herdar propriedades e, no caso do falecimento do esposo, tornar-se chefe da casa e gerir negócios. Podiam também se divorciar e se casar novamente. Várias mulheres de condição social mais elevada recebiam educação formal e aprendiam a ler e escrever, mas a maioria era educada apenas para exercer as funções domésticas e a maternidade.

Para os povos que habitaram a região da antiga Mesopotâmia, o principal papel feminino era esse, o de ser mãe. Por isso, as mulheres estéreis eram repudiadas pelos maridos e a prostituição, muitas vezes, era a única opção que lhes restava. A prostituição era aceita como atividade normal e nenhum julgamento moral recaía sobre ela. Era também comum uma forma de prostituição sagrada realizada por sacerdotisas.

No Egito, houve casos de mulheres que se tornaram governantes, como ocorreu com Hatshepsut no século XV a.C., e Cleópatra VII, no século I a.C.

Este relevo comemorativo foi feito entre os séculos VIII e VII a.C. e é uma das poucas peças arqueológicas do Antigo Oriente em que mulheres aparecem representadas em seu cotidiano doméstico. Nela vemos uma figura feminina tecendo com um carretel, enquanto uma serva a refresca com um abanador. A serviçal é representada em tamanho menor do que a personagem central ou porque o artista quis mostrar a diferença de hierarquia entre elas ou porque se trata de uma criança. O relevo foi feito num tipo de pedra típico da região de Susa, na Pérsia.

Atividades

Retome

1. Com o propósito de estudar as civilizações antigas, os historiadores se debruçam sobre dois tipos de vestígio deixados pelas pessoas que viveram no passado: os voluntários e os involuntários. Qual é a diferença entre eles?

2. Em todas as principais cidades da Mesopotâmia, dois edifícios se destacavam e dominavam a paisagem: o palácio e o zigurate. Quais eram as funções do zigurate?

3. As civilizações egípcia e mesopotâmica se desenvolveram às margens de rios perenes (Nilo, Tigre e Eufrates). Todavia, as condições físico-geográficas das regiões ocupadas pelos egípcios e pelos povos da Mesopotâmia eram diferentes em muitos aspectos. Compare-as.

4. O grande reino do Egito formou-se como resultado de um longo processo político, iniciado ainda no Período Neolítico. Descreva-o.

5. Em muitas civilizações do Antigo Oriente, a população camponesa estava submetida a um regime de trabalho conhecido como servidão coletiva. O que isso significa?

6. No Egito antigo, o faraó era considerado um deus; na Mesopotâmia, o monarca representava uma divindade e governava em seu nome. Em ambos, os reis concentravam plenos poderes e os sacerdotes tinham autoridade e prestígio. Nomeie essa forma de governo predominante nas civilizações do Antigo Oriente.

7. Entre os povos que habitaram a região identificada hoje como Crescente Fértil, foram os hebreus que deixaram marcas mais profundas na cultura ocidental. Que elemento da religião hebraica está na base dos valores cultivados no Ocidente?

8. Elabore um texto sobre o processo de centralização política dos hebreus.

9. A despeito do esforço empreendido na unificação das tribos hebraicas sob um único Estado, a centralização política teve vida curta, não subsistindo à morte do rei Salomão. O que explica sua curta duração?

10. Os persas fundaram um dos maiores e mais importantes impérios da Antiguidade. Para a expansão de suas fronteiras, foi relevante a estratégia empregada por Ciro I. Descreva-a.

11. O Império Persa sob o governo de Dario I alcançou significativa eficiência administrativa. Qual foi a estratégia lançada pelo soberano para conseguir uma administração bem-sucedida?

Pratique

12. A imagem abaixo é uma reconstituição gráfica da cidade da Babilônia sob o reinado de Nabucodonosor. Observe como a cidade foi organizada e distribuída pelo terreno. Identifique os principais edifícios, observando sua localização e posição em relação às construções vizinhas. Fique atento aos limites da cidade e ao que há além deles. Em seguida, responda às questões.

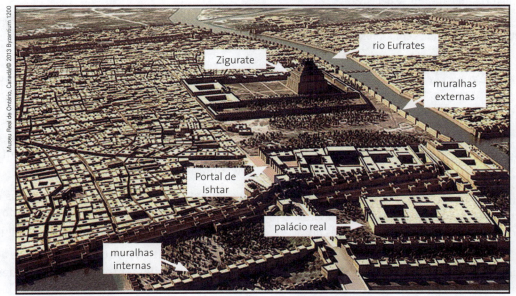

Essa reconstituição da cidade antiga da Babilônia foi criada para uma exposição sobre a Mesopotâmia exibida no Museu Real de Ontário, em Toronto, no Canadá, em 2013.

O Crescente Fértil e a Pérsia — 81

a) Quais são as principais construções da cidade?

b) O que diferencia essas construções das demais?

c) O que você pode reconhecer para além das muralhas da cidade?

d) Com base no que vemos na reconstituição da cidade, podemos inferir se a região estava sujeita a ameaças externas ou se era segura e pacífica? Por quê?

e) A planta da Babilônia nos oferece pistas acerca do tipo de governo que existia na cidade? Justifique.

13. Leia o trecho abaixo, extraído do livro *Europa*, escrito pelo sociólogo polonês Zygmunt Bauman. Depois, faça o que se pede.

> [...] Como Denis de Reugemont decisivamente afirmou, a Europa descobriu todas as terras do planeta, mas nenhuma delas jamais descobriu a Europa. Ela dominou sucessivamente todos os continentes, mas nunca foi dominada por nenhum deles. E ela inventou uma civilização que o resto do mundo tentou imitar ou foi compelido pela força a reproduzir, mas o processo inverso nunca aconteceu (pelo menos até agora). Todos esses são os "fatos duros" de uma história que nos trouxe, juntamente com o resto do planeta, ao lugar que todos nós compartilhamos hoje em dia. Pode-se definir a Europa, sugere De Reugemont, pela sua "função globalizante". A Europa pode ter sido, de modo consistente e por longo tempo, um recanto atipicamente arriscado do planeta – mas as aventuras em que ela se lançou em mais de dois milênios de história "mostraram-se decisivas para o conjunto da humanidade". Com efeito, tentem imaginar a história do mundo sem a presença da Europa. [...]
>
> BAUMAN, Zygmunt. *Europa*. Rio de Janeiro: Jorge Zahar Editor, 2006. p. 14-15.

a) Para Bauman, que papel a Europa desempenhou na formação do mundo contemporâneo?

b) Releia o tópico "Civilização", na seção *Saber histórico* que antecede este capítulo, e estabeleça uma relação entre a avaliação feita por Bauman e a seleção e a organização dos currículos escolares de História.

14. O texto a seguir foi extraído do livro *No começo eram os deuses*, do historiador Jean Bottéro, e é parte da investigação que o autor faz para compreender o significado do termo "Deus dos Pais", usado no Antigo Testamento para fazer referência ao que seria Javé, o Deus hebraico.

Leia atentamente o texto para compreender melhor o significado dessa expressão bíblica.

> [...] Os antigos semitas, sabemos bem disso, nunca procuraram, em seu politeísmo, a multidão dos deuses: na Mesopotâmia, para fazer com que a aceitassem, foi preciso nada menos do que a poderosa influência suméria: cerca de mil, se não um pouco mais, dos deuses da religião deles têm um nome sumério! O "Deus dos Pais" era então apenas a designação coletiva dos deuses, em quantidade provavelmente bastante modesta, adorados pelos primeiros israelitas. Não temos muitos detalhes em relação a eles, mas poderíamos hipoteticamente afirmar seus nomes com verossimilhança, na medida em que sabemos que eram mais ou menos comuns a todos os antigos semitas.
>
> Somos, portanto, forçados a supor que os primeiros israelitas – antes da chegada de Moisés, a começar, naturalmente pelo Pai deles, Abraão em pessoa – eram politeístas e compartilhavam uma religiosidade comum com os outros semitas e não semitas do Oriente Médio, e que, se eles mudaram de religião, abandonando todo um panteão de divindades antropomórficas por uma única, que absolutamente não o era, e apenas por Javé, foi pela intervenção de Moisés. [...]
>
> BOTTÉRO, Jean. *No começo eram os deuses*. Rio de Janeiro: Civilização Brasileira, 2011. p. 251-252.

Com base no texto e na sua leitura do capítulo, responda:

a) De acordo com o que você estudou sobre os hebreus, o que diferenciou esse povo dos demais povos semitas que habitaram a antiga Mesopotâmia?

b) O elemento que diferencia os hebreus dos demais povos semitas pode ser identificado na cultura hebraica desde suas origens? Explique.

c) Em que momento da história hebraica se afirma o principal elemento da identidade desse povo?

Analise uma fonte primária

15. Observe o objeto a seguir. No fragmento, estão representados os fenícios, identificados pelas toucas pontudas.

Detalhe da decoração da porta do Palácio de Balawat, no Iraque. As figuras em relevo foram gravadas em placas de bronze datadas do século IX a.C., durante o reinado do rei assírio Shalmaneser III.

a) O que os fenícios estão fazendo?

b) Além das toucas, que outro elemento da imagem pode ajudar na identificação dos fenícios? Por quê?

c) Levante uma hipótese para explicar por que um rei assírio mandaria gravar na porta de seu palácio uma imagem como essa. Qual pode ter sido a intenção do monarca?

Articule passado e presente

16. Forme um grupo com três ou quatro colegas de sala. Leiam novamente a abertura do capítulo e os questionamentos que ela traz. Depois, relacionem os elementos que vocês consideram definidores de uma cidade antiga.

A seguir, procurem identificá-los no lugar onde vocês moram.

a) Os mesmos elementos do passado ainda podem ser encontrados nas cidades do presente?

b) Que mudanças foram observadas? O que mudou para melhor? E para pior?

c) Como seria a cidade ideal para vocês?

d) Inspirados pela resposta da questão anterior, planejem uma cidade ideal.

e) Em uma folha grande de papel pardo (entre 1 m² e 2 m²), façam uma planta da sua cidade ideal. Para isso, vocês podem usar colagem ou desenho. Identifiquem os locais da planta com legendas e apresentem-na aos demais colegas.

Vista de Ouro Preto, Minas Gerais, fundada em 1711. O município cresceu em função de sua disposição geográfica e não foi planejado, como muitas cidades brasileiras. Foto de 2008.

CAPÍTULO 4º
Outros povos da Antiguidade

Hung Chung Chih/Shutterstock

A Muralha da China é considerada uma das maiores construções humanas. Medições realizadas em 2006 indicavam que sua extensão era de 8 850 quilômetros. Mas em 2007 uma nova medição foi iniciada pelo departamento de Patrimônio Cultural da China, considerando todo o conjunto de fortificações construído ao longo de 2 mil anos, sob o reinado de 13 diferentes dinastias. (Sob a dinastia Ch'in, por exemplo, diversos trechos de antigas muralhas foram unidos para proteger territórios recém-unificados.) Os novos cálculos revelaram, segundo o governo chinês, uma extensão total de 21196,18 quilômetros. Ainda em 2007, em um concurso informal promovido por uma organização não governamental sediada na Suíça, a Muralha da China foi eleita uma das Novas Sete Maravilhas do Mundo. Na foto de 2015, turistas visitam um trecho da muralha, localizado em Pequim, China.

Muralhas, como a da China, têm sido erguidas há milhares de anos para defender cidades e proteger seus habitantes diante do inimigo. Ao mesmo tempo que demarcam fronteiras, separando uma área da outra, trazem a ideia de pertencimento aos que são protegidos por elas, que têm a pretensão de se isolar do mundo que está além dos muros. Muralhas ainda são úteis nos dias de hoje? O que ameaça as sociedades e como elas se protegem?

1 Diversidade de povos e civilizações

No capítulo anterior, estudamos alguns povos considerados, pela historiografia tradicional, os responsáveis pela origem da civilização ocidental. Para esses historiadores, foi entre os antigos povos do Crescente Fértil que se originaram as primeiras formas de escrita, os primórdios da vida urbana, a institucionalização dos primeiros códigos jurídicos, os traços das mais antigas práticas religiosas, e também os sinais dos primeiros governos centralizados e de caráter dominador sobre diferentes etnias.

No entanto, à medida que a expansão imperialista das nações europeias e dos Estados Unidos se intensificava entre os séculos XIX e XX, arqueólogos e historiadores, favorecidos pela aproximação com culturas pouco conhecidas ou totalmente desconhecidas, começaram a elaborar novas formas de interpretar o passado da humanidade. Esse processo estimulou a revisão de antigas convicções, resultando na ampliação do conhecimento sobre a condição de vida do ser humano em diferentes cenários e circunstâncias.

Daremos destaque neste capítulo a algumas civilizações antigas que existiram na Ásia, na América e na África e que floresceram antes, na mesma época ou depois das civilizações do Crescente Fértil.

2 A Índia na Antiguidade

Escavações e pesquisas vêm ampliando os conhecimentos sobre a história da Índia na Antiguidade. Muitos sítios arqueológicos localizados no vale do rio Indo, estudados principalmente a partir da década de 1920, mostraram que os povos denominados "civilizações do Indo" se estendiam muito além do vale desse rio. Estudos apontam indícios culturais de grandes assentamentos humanos desde 8000 a.C., espalhados na região entre os atuais territórios da Índia e do Paquistão. Alguns deles se transformaram em importantes centros urbanos, como você verá a seguir.

Estatuetas de bronze representando Vishnu e suas esposas Bhu (a deusa da terra) e Lakshmi ou Shri (deusa da beleza e da prosperidade), encontradas em Tamil Nadu, Índia, por volta do ano 1000.

Onde e quando

Mapa e linha do tempo ilustrativos. As regiões indicadas no mapa referem-se à configuração atual dos países a que pertencem hoje, e o espaço entre as datas não é proporcional ao intervalo de tempo.

Outros povos da Antiguidade

Civilização Harappa

Mohenjo-Daro e Harappa. Assim se chamavam duas importantes cidades construídas antes de 3000 a.C. no vale do rio Indo, em região hoje pertencente ao Paquistão, a 600 quilômetros de distância uma da outra.

Mohenjo-Daro e Harappa são expressão da primeira grande civilização que floresceu na região: a civilização **Harappa**.

As ruínas de Mohenjo-Daro e Harappa sugerem que as construções, de tijolo cozido, eram distribuídas de maneira uniforme e organizadas em ruas cujo traçado lembrava um tabuleiro de xadrez. Esses indícios sugerem ainda que Mohenjo-Daro e Harappa foram erguidas segundo um rigoroso planejamento urbano. Tais aspectos também foram notados em cidades menores localizadas ao sul e a leste delas, pertencentes a essa mesma civilização, que se estendeu por um território de mais de 1,3 milhão de quilômetros quadrados.

Outros vestígios arqueológicos encontrados revelam que essas duas cidades contavam ainda com canalização de água, sistema de esgoto (até nas casas mais humildes) e edifícios de banho público.

Civilização Védica

Ainda não se sabe como a civilização Harappa desapareceu, por volta de 1550 a.C., após mil anos de existência. Supõe-se que isso tenha ocorrido devido a deslocamentos humanos em massa motivados por secas ou terremotos. Mas a chegada de arianos à região, o que favoreceu o desenvolvimento de outra cultura ao longo dos séculos seguintes, também é tradicionalmente apontada como causa.

Os arianos eram povos seminômades, de origem <u>indo-europeia</u>. Da tradição Harappa, adotaram a agricultura. Falavam o sânscrito e dominavam a escrita, tendo deixado obras literárias e filosóficas. Os hinos e as preces daquele que é considerado o primeiro livro sagrado da história, o *Vedas*, são de origem ariana com tradições de povos locais. A palavra *vedas* significa "conhecimento" e é usada para identificar essa civilização: **Védica**.

A civilização Védica está na base histórica da Índia como hoje a conhecemos. Sua cultura foi compartilhada pelos diversos reinos que se formaram na península indiana. Caracterizava-se pela religião — o **bramanismo** e, posteriormente, o **hinduísmo** — e pela forma de organização social — o sistema de <u>castas</u>.

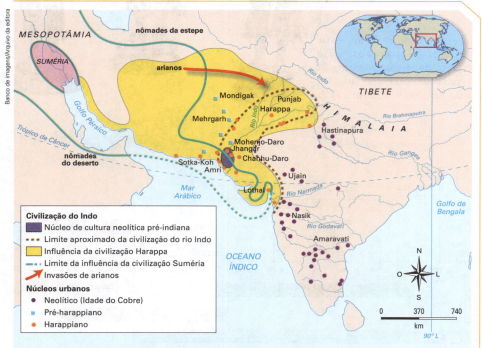

Primeiras civilizações da Índia (do Período Neolítico à Antiguidade)

Adaptado de: DUBY, Georges. *Grand atlas historique*. Paris: Larousse, 2004. p. 240.

indo-europeia: referente a indo-europeu, conjunto de povos nômades da Europa e da Ásia que, embora dotados de certa unidade linguística (línguas indo-europeias), não formavam uma unidade política, étnica e geográfica. Ao que parece, localizavam-se, desde o quarto milênio a.C., ao norte do mar Negro. Por volta do terceiro milênio antes da Era Cristã, iniciaram uma série de migrações, fragmentando-se em vários grupos linguísticos. Alguns grupos migraram para a Ásia (armênios, indo-iranianos, etc.), outros permaneceram na Europa (eslavos, celtas, itálicos, gregos, germânicos, etc.).
castas: grupos sociais rigidamente fechados, de caráter hereditário e ligados a determinadas profissões, como a casta dos guerreiros na Índia (xátrias).

Leituras

Origem da civilização indiana

Na atualidade, historiadores e demais estudiosos vêm constantemente debatendo e criando novas interpretações acerca da história da Índia na Antiguidade. Os debates levam em conta principalmente as evidências arqueológicas da região, mas em suas análises também são utilizados conceitos como rupturas, permanências e transformações. O texto a seguir, da historiadora brasileira Flávia Bianchini, trata da questão da "invasão ariana", um dos temas mais discutidos pelos profissionais que estudam a Índia antiga.

[...] No entanto, as descobertas arqueológicas exigem que se leve em conta a civilização que existiu, aparentemente de forma contínua, desde 6 000 anos (ou mais) antes da Era Cristã. O grupo de pesquisadores contrários à hipótese da "invasão ariana" possui argumentos que se relacionam a alguns pontos centrais, [...] mas vejamos novamente os principais, para facilitar a compreensão da controvérsia. Esses pesquisadores:

- alegam a continuidade cultural e religiosa desde a fase do vale do Indo-Sarasvati até o hinduísmo atual;
- apontam as escrituras (*Vedas, Puranas, etc.*) como prova da antiguidade da tradição indiana;
- buscam na Arqueologia, principalmente pela cidade de Mehrgahr, provar a continuidade cultural desde Mehrgahr até Mohenjo-Daro, Harappa e o hinduísmo atual;
- alegam que a cultura védica junto com o sânscrito védico se originaram na civilização do vale do Indo, não vindo de fora;
- alegam que quase todas as mudanças ocorridas no vale estão relacionadas a mudanças geológicas e não a invasões;
- afirmam que não existem indícios arqueológicos de qualquer invasão.

[...]

É perceptível que as controvérsias acerca da história da civilização do Indo-Sarasvati estão longe de se esgotar. Ainda há muitos sítios arqueológicos para serem explorados e muitas cidades a serem descobertas. Nunca se atingiu as camadas mais profundas de Mohenjo-Daro devido ao solo pantanoso e às infiltrações de água. Na medida em que esse processo de descobrimento se realizar a história será revista muitas vezes.

Uma conclusão a que podemos chegar é que a invasão ariana de fato não aconteceu, que ocorreram muitas mudanças geológicas que desencadearam mudanças extremas na região, e consequentemente no povo que ali vivia. Não há ainda respostas definitivas para uma série de questionamentos. Talvez no futuro possamos obter respostas mais fidedignas acerca da cultura e civilização do Indo-Sarasvati que, de certo modo, mesmo após tantas outras invasões – persa, grega, muçulmana – continua viva na civilização indiana atual. [...]

BIANCHINI, Flávia. A origem da civilização indiana no vale do Indo-Sarasvati: teorias sobre a invasão ariana e suas críticas recentes. p. 57-108. Apud: GNERRE, Maria Lúcia Abaurre; POSSEBON, Fabrício (Org.). *Cultura oriental*: língua, filosofia e crença. João Pessoa: Ed. da UFPB, 2012. v. 1. p. 96 e 106.

Ruínas de Mohenjo-Daro em foto de 2015.

Religião e sistema de castas

A origem do hinduísmo é o próprio bramanismo, que, com o passar do tempo, incorporou deuses e crenças, dando origem a uma religião mais complexa. Entre as principais divindades do bramanismo estão: Brahma (arquiteto do Universo), Vishnu (deus da conservação) e Shiva (deus da destruição).

O hinduísmo é uma religião politeísta, que envolve a adoração de várias divindades, incluindo o culto de animais, e a crença na reencarnação. Seus ensinamentos foram transmitidos oralmente, de geração em geração, por muitos séculos, até serem registrados por escrito nos versos que compõem os *Vedas*, possivelmente compilados entre 1500 a.C. e 900 a.C.

Os seguidores do hinduísmo têm como objetivo principal a plena purificação – o nirvana –, que poria fim ao eterno ciclo de nascimento, morte e reencarnação.

O domínio dos guerreiros (**xátrias**) e dos sacerdotes (**brâmanes**) sobre os demais grupos sociais indianos estabeleceu o sistema de castas. De acordo com esse sistema, uma pessoa que nascesse em uma casta, ou seja, em uma posição social, nela permaneceria por toda a vida. Além disso, os membros de cada grupo deveriam desempenhar funções específicas na sociedade e só poderiam se casar com pessoas de sua própria casta.

Segundo o olhar religioso do bramanismo, as castas teriam se originado de diferentes partes do corpo de Brahma: os brâmanes seriam oriundos da cabeça; os xátrias, dos braços; os vaixás, das pernas; e os sudras, dos pés. No topo da sociedade, portanto, estavam os **brâmanes**, sacerdotes que dominavam o conhecimento e a ordem política. Abaixo deles estavam os **xátrias**, guerreiros, seguidos dos **vaixás**, comerciantes e artesãos. E, mais abaixo, os **sudras**, trabalhadores em geral, obrigados a servir às três castas superiores e pagar impostos. Na parte mais baixa da pirâmide social ficavam os "sem casta", os **párias**, considerados impuros e por isso denominados "intocáveis", pois não eram oriundos do corpo de Brahma. A eles cabiam os trabalhos degradantes, que envolviam contato com excrementos e sangue, como queimar cadáveres e limpar latrinas.

No século VI a.C., surgiu na cultura indiana uma doutrina que se opôs à sociedade de castas, o **budismo**, criada pelo príncipe Sidarta Gautama (c. 563 a.C.-c. 483 a.C.). Segundo a tradição, Sidarta teria abandonado todo luxo e poder e se engajado em uma caminhada mística que o levou à iluminação.

O budismo pregava a igualdade entre os seres humanos e afirmava que cada pessoa deveria buscar a supressão dos desejos, alcançando assim a iluminação e tornando-se um buda ("iluminado"). Com disciplina moral, meditação e sabedoria, o budista exercitava a preservação da vida e a moderação.

Após ganhar muitos adeptos na Índia, o budismo conquistou seguidores de outros reinos e povos, principalmente no Extremo Oriente e no Sudeste Asiático, como Japão, China, Vietnã e Laos. Atualmente, conta com mais de 370 milhões de adeptos, dos quais apenas cerca de 10 milhões estão na Índia.

Dinastia Máuria e dinastia Gupta

Entre os vedas, o centro da ordem política eram as cidades-Estado. Quando se expandiam, formavam pequenos reinos governados por chefes políticos denominados **rajás** (do sânscrito *rajan*, "rei"). Embora muitas vezes se envolvessem em disputas regionais, os reinos costumavam se unir sob o comando de um líder central, o **marajá** (do sânscrito *maha rajá*, "grande rei"), quando se encontravam diante de uma ameaça maior.

Entretanto, por volta de 500 a.C., a região do rio Indo foi conquistada pelos persas e transformada em uma província do Império Persa (satrápia). No século IV a.C., a região foi conquistada por Alexandre Magno, também conhecido como Alexandre, o Grande (356 a.C-323 a.C.), e incorporada ao seu império até a sua morte, quando o Império Macedônico foi dividido.

Escultura de Buda datada do século V, relacionada ao Império Gupta. Conforme a simbologia tradicional do budismo cada elemento presente nas estátuas de Buda possui um significado: a cabeça está relacionada com a sabedoria; o círculo acima da cabeça são seus ensinamentos; as mãos se posicionam em gesto de pregação; as pernas, com a postura de meditação; na parte mais abaixo da escultura, os primeiros discípulos de Buda.

Para saber mais

Por que a vaca é sagrada na Índia?

O texto a seguir mostra por que a vaca é considerada um animal sagrado por alguns seguidores do hinduísmo. Destaca, também, aspectos do debate atual, que indica que essa tradição não é necessariamente um consenso entre os hinduístas.

[...] A tradição nasceu com o hinduísmo. Os vedas [...] comentam a fertilidade do animal e o associam a várias divindades. Outra escritura hinduísta fundamental, o *Manusmriti*, compilado por volta do século I a.C., também enfatiza a importância da vaca para o homem. Nos séculos seguintes, foram criadas leis elevando gradualmente o *status* religioso bovino. No sistema de castas que ainda vigora na sociedade indiana, a vaca é considerada mais "pura" até do que os brâmanes [...] – por isso não pode ser morta nem ferida e tem passe livre para circular pelas ruas sem ser incomodada. O leite do animal, sua urina e até mesmo suas fezes são utilizados em rituais de purificação.

A adoração, no entanto, não é unanimidade entre os hindus e suscita debates inflamados no país. Em seu livro *The Myth of Holy Cow* (*O mito da vaca sagrada*, em tradução para o português), o historiador indiano Dwijendra Narayan Jha, da Universidade de Délhi, sustenta a tese de que o hábito de comer carne era bastante comum na sociedade hindu primitiva e condena o "fundamentalismo em torno da santificação do animal", imposto pelos principais grupos religiosos da Índia. [...]

Disponível em: <http://mundoestranho.abril.com.br/materia/por-que-a-vaca-e-sagrada-na-india-mundoanimal>.
Acesso em: 17 fev. 2017.

Pouco depois, os reinos indianos se reunificaram sob a **dinastia Máuria**. Um dos representantes dessa dinastia, Asoka (304 a.C.-232 a.C.), governou de 272 ou 268 a.C. a 235 a.C. e foi responsável pela expansão do Império Indiano do Ganges ao Indo e do Himalaia ao centro-sul da atual Índia. Convertido ao budismo, Asoka decidiu não promover mais guerras, investiu em obras que beneficiassem a população, como hospitais, proibiu o sacrifício de animais e incentivou a tolerância religiosa. No **Édito** XII de Asoka, há um trecho sobre o respeito que deveria haver entre as crenças de sua época, que reproduzimos a seguir.

> [...] O rei amigo dos deuses deseja o progresso do essencial de todas as seitas. O progresso do essencial é de diversos tipos, mas o mais importante é o controle da linguagem, ou seja, que cada um se abstenha de honrar sua própria seita ou atacar as outras, em tal ou qual ocasião, ainda que brevemente [...] o bom é que se escutem uns aos outros [...] O resultado é o progresso da seita de cada um e o triunfo da Lei. [...]
>
> LEITE, Edgard. *Phoînix*: Laboratório de História Antiga. Rio de Janeiro: Sette Letras, 1999. p. 150.

édito: anúncio de uma lei.

Os sucessores de Asoka dividiram o império, o budismo perdeu importância para o bramanismo, e a dinastia de Asoka desapareceu em algumas décadas.

Durante o século I d.C., no auge da expansão do Império Romano, mesmo fragmentados em vários reinos autônomos, os indianos realizaram intensas trocas comerciais com os romanos, exportando animais, aves, marfim, seda, especiarias e outros produtos.

No século IV d.C., a **dinastia Gupta** reunificou os reinos indianos e restabeleceu a supremacia do hinduísmo. Muitos templos foram construídos nesse período. A economia se fortaleceu com a ampliação dos cultivos agrícolas e dos rebanhos e o desenvolvimento da produção de tecidos. O comércio, principalmente com o Império Romano, também prosperou. O trabalho de artistas, cientistas e poetas era financiado pela Corte. Com o aumento das riquezas do império, a arrecadação de impostos também se elevou, o que tornou a dinastia rica e poderosa.

Por todos esses motivos, o período da dinastia Gupta é considerado a **Idade de Ouro** da Índia antiga. O fim do Império Gupta ocorreu no século VI d.C., com a invasão dos hunos, povos nômades vindos da Ásia central. Novamente, os indianos se fragmentaram em pequenos reinos.

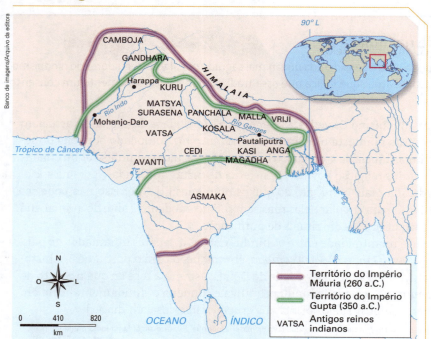

A Índia antiga

Adaptado de: WORLD History Atlas. Mapping the Human Journey. London: Dorling Kindersley, 2005. p. 240-241.

Detalhe de coluna erguida durante o governo do imperador Asoka no século III a.C.

3 A China antiga

No leste asiático, as primeiras aldeias começaram a surgir com a prática da agricultura no vale dos rios por volta de 7000 a.C. Aos poucos, no norte do atual território chinês, às margens do rio Amarelo, as aldeias transformaram-se em pequenos Estados. Em 2200 a.C., aproximadamente, esses pequenos Estados se unificaram sob a liderança de um rei que fundou a **dinastia Xia**. Uma das realizações dos governantes dessa dinastia foi a construção de muralhas em torno das cidades.

Dinastias Xia e Shang

Por volta de 1760 a.C., os governantes Xia foram derrubados por outro grupo, que fundou a **dinastia Shang**. Os reis dessa dinastia criaram um Estado que teve continuidade até aproximadamente 1100 a.C. O que se sabe sobre essa dinastia é resultado do estudo de vestígios materiais desse período encontrados em escavações realizadas a partir de 1920. A cultura material da dinastia Shang incluía objetos de bronze, como vasos decorados com imagens de seres míticos e animais, esculturas em jade, instrumentos musicais, cascos de tartaruga e textos escritos em <u>ideogramas</u>.

Dinastia Zhou

Uma invasão de povos Zhou (ou Chou) vindos de um reino a oeste, por volta de 1100 a.C., derrubou a dinastia Shang. Sob a **dinastia Zhou**, firmou-se a denominação **Reino do Meio**, atribuída à China antiga pelos próprios chineses, que acreditavam estar no centro (meio) do mundo.

Houve um grande impulso cultural, muitas vezes lembrado como a Idade de Ouro da antiga filosofia chinesa.

> **ideogramas**: símbolos gráficos ou desenhos que representam ideias, sentimentos, objetos ou conceitos. A escrita chinesa é ideográfica. Acredita-se que o primeiro sistema de escrita chinês tenha surgido durante a dinastia Shang.

Uma das fontes para o conhecimento desse período são os escritos de um dos mais importantes pensadores da China antiga, Confúcio (551 a.C.-479 a.C.). Confúcio desenvolveu um sistema de pensamento que influenciou fortemente o mundo chinês e, séculos depois, durante a **dinastia Han** (206 a.C.-220 d.C.), foi adotado como filosofia oficial.

Os governantes da dinastia Zhou criaram um sistema de doação de territórios a chefes poderosos, que dividiu a China em principados. Esse sistema descentralizou o poder político e reduziu a autoridade dos governantes. Logo, os sete principados (reinos) então existentes passaram a disputar a hegemonia de todo o território. Por isso, esse período entre os séculos VI a.C. e III a.C. ficou conhecido como "período dos reinos combatentes".

Representação de Confúcio feita por autor desconhecido em 1770, aproximadamente.

Outros povos da Antiguidade 91

O confucionismo e o taoismo

Confúcio criou uma doutrina que pregava certos comportamentos nas relações públicas e privadas. Sem negar a existência das divindades, defendia a ideia de que cabe a cada pessoa a prática das virtudes, como o respeito aos pais e às tradições ancestrais.

O confucionismo afirma que o ser humano é naturalmente bom, e que todo mal decorre da falta de conhecimentos. Por isso, defende uma educação voltada para a virtude e a harmonia, para o amor pela verdade, para o bem e a generosidade. Isso sem recorrer a mandamentos ou revelações divinas, apresentando-se mais como uma filosofia. Via a difusão da História como forma de redenção moral, por meio dos exemplos dos antigos, sustentando princípios como altruísmo, cortesia, conhecimento ou sabedoria moral, integridade, fidelidade e justiça, retidão e honradez. Até hoje esses valores fazem parte da civilização chinesa.

Depois de sua morte, contudo, Confúcio foi transformado pelas autoridades governamentais em objeto de culto, com templos e honrarias, assumindo traços religiosos.

Outro importante pensador da mesma época foi Lao-Tsé (c. 570 a.C.-490 a.C.). Em seu livro *Tao Te Ching: o livro do caminho e da virtude*, Lao-Tsé expõe ideias que posteriormente foram desenvolvidas por seus discípulos (principalmente Li-Tsé e Tchoang-Tsé). Lao-Tsé defendia o abandono das vaidades do mundo, o afastamento da vida pública e a dedicação à meditação solitária, que seria o caminho (*Tao*) para uma integração íntima com o Universo. Por isso, essa doutrina ficou conhecida como *taoismo*.

Dinastia Ch'in

A recuperação da ordem e a reunificação dos territórios só foram obtidas com o rei Shi Huang Ti (260 a.C.-210 a.C.), do reino Ch'in, que derrubou a dinastia Zhou e iniciou a **dinastia Ch'in** (221 a.C.-206 a.C.). Foi do nome desse reino que se originou o nome China.

Shi Huang Ti liderou a criação de um imenso império, impondo uma escrita comum, calendário e moeda únicos. Além de ordenar a construção de grandes obras públicas, como estradas e canais, o imperador adotou medidas para "apagar o passado" chinês, determinando a queima de livros e o assassinato de estudantes e intelectuais. Muitos livros da chamada Idade de Ouro da filosofia chinesa antiga foram queimados.

Merece destaque a atuação do historiador Hanfeizi (280 a.C.-233 a.C.), que buscou impor uma nova escrita histórica.

> [...] discorrendo longamente sobre a impropriedade de usar a sabedoria do passado no presente. [...] A história, então, tornar-se-ia sempre uma história do tempo presente, cuja escrita seria renovada toda vez que um novo soberano assumisse o poder. [...]

BUENO, André da Silva. *Abolir o passado, reinventar a História*: a escrita histórica de Hanfeizi na China do século III a.C. Disponível em: <www.historiadahistoriografia.com.br/revista/article/view/899>. Acesso em: 17 fev. 2017.

Com a frustrada pretensão de abolir por completo o passado e reinventar a História a serviço do poder estabelecido, Hanfeizi foi vítima de intrigas palacianas e acabou condenado à morte.

Foi também sob o reinado de Shi Huang Ti que começou a ser construída a Grande Muralha, destinada a proteger o império contra invasores nômades.

A Muralha da China, que, como vimos, não forma uma estrutura única, mas foi construída e retomada por sucessivas dinastias, revela muito sobre a história da China antiga. Sua construção envolveu grandes conhecimentos de engenharia e alto nível tecnológico. Calcula-se que ela tenha requerido o trabalho de milhares de pessoas pertencentes a muitas gerações, entre escravos, soldados e camponeses. Apesar de sua função defensiva, a construção não conseguiu evitar invasões estrangeiras, como a dos povos que fundaram a **dinastia Wei**, no século IV d.C., e a dos povos das estepes liderados por Gêngis Khan (1162-1227), cujo neto conquistou a China e fundou a **dinastia Yuan**, em 1271.

Representação do imperador Shi Huang Ti, retirada de um manuscrito do século XIX.

Dinastia Han

Com a morte de Shi Huang Ti, em 210 a.C., ocorreram rebeliões internas e disputas pelo poder, e a dinastia Ch'in foi derrubada. Em 202 a.C., Lieu Pang conseguiu reunificar o antigo império chinês, dando início à **dinastia Han** (202 a.C.-220 d.C.).

Contemporânea do Império Romano, a dinastia Han expandiu seus domínios com várias conquistas, destacando-se os enfrentamentos com os povos hunos do norte — tradicionais adversários da China. Vastas áreas da Ásia oriental foram conquistadas, e o império chegou a se estender por boa parte dos atuais territórios da China, do Vietnã e da Coreia. Na produção de conhecimento histórico, deu-se ênfase às relações do passado com o presente chinês, com destaque para os historiadores Dong Zhongshu (179 a.C.-104 a.C.) e seu aluno Sima Qian (145 a.C.-90 a.C.).

Na época Han, os chineses desenvolveram a técnica de fabricação de papel e inventaram a bússola. Também nesse período as relações comerciais com outros povos se intensificaram, utilizando os caminhos que formavam a Rota da Seda. São dessa época os registros escritos mais antigos sobre a **acupuntura**, que já era praticada havia milhares de anos e que se tornaria uma importante prática da tradicional medicina chinesa.

A adoção do confucionismo como doutrina oficial não impediu a penetração do budismo, facilitada pela expansão do império a oeste, próximo à Índia, e pelas trocas comerciais entre chineses e indianos.

O intercâmbio comercial era, ao mesmo tempo, intercâmbio cultural, religioso, científico, tecnológico, etc. Isso porque, em portos, feiras e entrepostos de negociação de mercadorias, comerciantes de diversas civilizações conviviam durante longos períodos antes de iniciar a viagem de volta.

acupuntura: hoje adotada em diversas partes do mundo, consiste na estimulação, com o uso de agulhas, de pontos definidos do corpo. No Brasil, é reconhecida como especialidade médica desde 1995.

Domínios das dinastias Shang, Zhou e Han

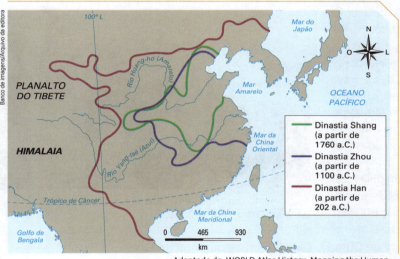

Adaptado de: WORLD Atlas History: Mapping the Human Journey. Londres: Dorling Kindersley, 2005. p. 260.

Leste asiático atual

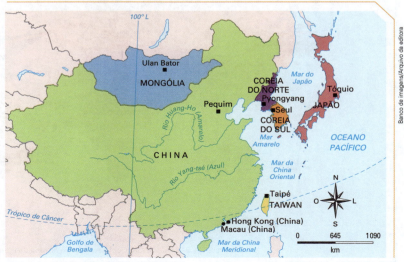

Adaptado de: EMBAIXADA da República Popular da China no Brasil. *A China ABC*. Disponível em: <http://portuguese.cri.cn/chinaabc/chapter1/chapter10101.htm>. Acesso em: 17 fev. 2017.

Outros povos da Antiguidade

Para saber mais

A Rota da Seda

A rota comercial mais importante da China ficou conhecida como Rota da Seda — expressão criada no século XIX pelo pesquisador alemão Ferdinand von Richthofen (1833-1905). Durante mais de mil anos, esse caminho terrestre foi provavelmente a única ligação significativa entre o Ocidente e o Oriente, unindo a China aos portos do Mediterrâneo (veja o mapa).

O principal itinerário da rota tinha 12 mil quilômetros de extensão. Partia da China e chegava a Brusa, na atual Turquia, e aos portos de Antioquia, na Síria, e Constantinopla (atual Istambul), na Turquia. Prosseguia então, por via marítima, desses portos até Veneza, na península Itálica. Ao longo do tempo, esse itinerário sofreu alterações, de acordo com a situação política dos diversos Estados cortados por ela.

A Rota da Seda era frequentada por mercadores persas — que já a conheciam pelo menos desde o século VIII a.C. —, árabes, chineses e europeus, que percorriam seus milhares de quilômetros no lombo de camelos e outros animais, transportando mercadorias por montanhas, desertos e estepes em jornadas que podiam durar vários anos.

Os mais diversos produtos circulavam pela rota, como especiarias, linho, joias, madeira, chás, porcelana e objetos de vidro. A seda, porém, que era uma das mercadorias mais cobiçadas na Europa e no mundo árabe, era considerada o produto mais importante dessa rede comercial. Por um bom tempo, apenas os chineses conheciam o segredo de sua fabricação, que tinha como matéria-prima o casulo de certas lagartas.

Foi também pela Rota da Seda que se difundiram grandes inventos chineses, como o papel, a pólvora e os fogos de artifício.

A Rota da Seda só perdeu importância quando o navegador português Vasco da Gama (c. 1460-1524) descobriu o caminho marítimo para a Índia, em 1498.

Monumento construído em homenagem à Rota da Seda em Xian, China. Foto de 2006.

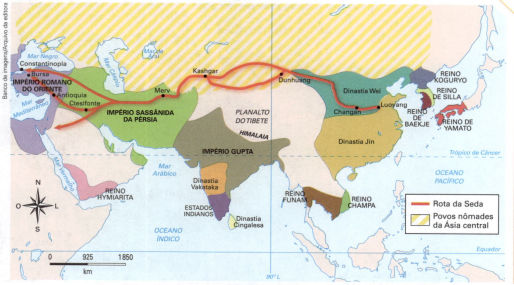

Adaptado de: BARRACLOUGH, Geoffrey. *Atlas da história do mundo*. São Paulo: Folha de S.Paulo, 1995. p. 70-71.

94 Capítulo 4

4 Civilizações americanas antigas

Evidências e achados arqueológicos atestam que na Antiguidade a América foi habitada por diversas populações que viviam em regiões esparsas do continente.

Os núcleos urbanos mais antigos de que se tem conhecimento foram os do Norte Chico, na atual região do Peru, onde foi erguida a cidade de Huaricanga, por volta de 3500 a.C.

Mais tarde, entre 1200 a.C. e 400 a.C., na região centro-sul do atual território mexicano, floresceu a civilização dos **olmecas**. Os olmecas construíram monumentos em forma de gigantescas cabeças humanas e pequenas esculturas em jade. Foram também os primeiros a utilizar um sistema de escrita.

Por volta de 700 a.C., no atual território peruano, formou-se a civilização dos **chavín**. Sua principal cidade era Chavín de Huantar.

Além dos olmecas, outras sociedades, como a dos **zapotecas** e a dos **toltecas**, desenvolveram-se no atual território do México. Por volta de 100 a.C., a cidade de Teotihuacán era habitada por povos da região e tinha palácios, templos, canais de irrigação e mercados. Em seu apogeu, Teotihuacán chegou a ter mais de 100 mil habitantes. Duas grandes pirâmides de 60 metros de altura atestam o papel central da religiosidade entre os povos da Mesoamérica.

Um pouco mais ao sul, na região entre os atuais territórios do México e da Guatemala floresceu a cultura maia. Entre os séculos III e X, os **maias** fundaram dezenas de cidades-Estado e criaram um sistema próprio de escrita. Seus sacerdotes, que conheciam a aritmética, criaram dois calendários, um deles com um ano de 365 dias, como aquele que hoje utilizamos. Seus artesãos construíram palácios, templos e pirâmides.

No século XIII, na região onde hoje se encontram o Peru, a Colômbia e outros países, o Império Inca chegou a reunir 10 milhões de pessoas. Mais de setecentas línguas eram faladas nas diversas nações que constituíam o império dos **incas**. Sua capital ficava em Cuzco, que hoje faz parte do Peru. O imperador era considerado um deus, descendente do Sol.

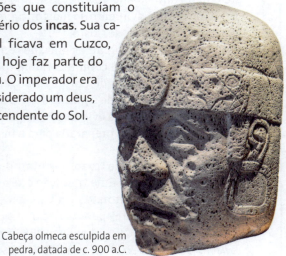

Cabeça olmeca esculpida em pedra, datada de c. 900 a.C.

Ruínas do Templo do Sol sobre as quais foi construído o convento de Santo Domingo em Cuzco, Peru. Tanto as ruínas da cidade de Cuzco como as de Teotihuacán foram declaradas patrimônio cultural da humanidade pela Unesco. Foto de 2015.

Leituras

O surgimento da escrita na América

Pesquisas arqueológicas recentes têm contribuído para o desenvolvimento de novas abordagens historiográficas sobre as civilizações antigas que habitaram o continente americano. Uma delas revelou que foram os olmecas, e não os zapotecas, os pioneiros na invenção e utilização da escrita nas Américas.

[...] Um bloco de pedra com desenhos padronizados descoberto no México pode ser o mais antigo registro da existência de comunicação escrita nas Américas. O achado comprova que a civilização dos olmecas, que ocupou a região centro-sul desse país de 1200 a.C. a 400 a.C., foi a primeira a desenvolver a linguagem escrita no continente. Estima-se que o bloco encontrado no sítio arqueológico de Cascajal, em Veracruz, tenha sido produzido entre 1000 a.C. e 800 a.C. [...]

O "bloco de Cascajal" antecipa em pelo menos 500 anos o surgimento de um sistema de escrita no continente americano – os mais antigos registros desse tipo de linguagem de que se tinha notícia até então eram do ano 300 a.C. Esse tipo de comunicação surgiu na América quase três mil anos depois do desenvolvimento do mais antigo sistema de escrita conhecido, criado na Mesopotâmia no quarto milênio antes de Cristo.

[...] Os glifos (pictogramas gravados em pedra que retratam o ser humano em qualquer atividade, com o objetivo de comunicar) têm todos os aspectos esperados de uma linguagem escrita. O texto completo é formado por 62 sinais, em que 28 são desenhos distintos. Cada símbolo corresponde a uma unidade de significado e os diferentes agrupamentos dos sinais produzem sentidos distintos. Além disso, há evidências de que o bloco era um suporte específico para desenhar "letras", porque a superfície foi preparada para a inserção do texto e para possibilitar que ele fosse apagado e refeito.

[...] O significado do texto, no entanto, ainda é uma incógnita. "Ainda não é possível entender os glifos, porque falta uma tradução que associe essa nova linguagem a uma já conhecida", completa [Stephen] Houston [da Universidade Brown, nos Estados Unidos].

[...] Anteriormente, pensava-se que os zapotecas (povo que habitou o sul do México entre os anos 500 a.C. e 700 d.C.) eram os responsáveis pela invenção da escrita na América.

LOVATI, Franciane. Escrita nas Américas tem quase três mil anos. *Ciência Hoje On-line*, 14 set. 2006. Disponível em: <http://cienciahoje.uol.com.br/noticias/arqueologia-e-paleontologia/escrita-nas-americas-tem-quase-tres-mil-anos>. Acesso em: 9 dez. 2016.

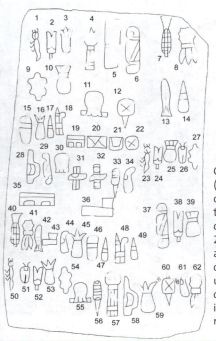

O bloco de Cascajal (à esquerda) pesa cerca de 12 quilogramas e tem 36 centímetros de comprimento, 21 centímetros de altura e 13 centímetros de largura. À direita, uma representação dos símbolos identificados no bloco.

5) A África para além do Egito antigo

Durante muito tempo, o Egito antigo foi a única civilização africana estudada pelos historiadores ocidentais. Como já destacamos na seção *Saber histórico*, esse desinteresse pela África foi compartilhado pelo filósofo alemão Friedrich Hegel, ao afirmar, no início do século XIX, que o continente não era "uma parte histórica do mundo".

Evidentemente, Hegel sabia que uma civilização de milhares de anos se desenvolvera no Egito. Ao se referir à África, ele fazia referência à porção do continente que se convencionou chamar de África subsaariana, pois está situada ao sul do deserto do Saara.

Apesar dessa opinião equivocada de Hegel, compartilhada por outros pensadores do século XIX, os povos da África subsaariana têm, sim, história — ou melhor, histórias. Na Antiguidade, diversos reinos e cidades desenvolveram-se nessa porção do continente, cada um deles com cultura e história próprias.

Nas regiões fronteiriças ao Egito antigo, por exemplo, formaram-se reinos na Etiópia e na Núbia. Mais ao sul, povos que dominavam a metalurgia do ferro e falavam o idioma banto instalaram-se na região do rio Níger, na África ocidental.

Na África ocidental, estima-se que as primeiras cidades tenham surgido cerca de três séculos antes de Cristo. Um exemplo é Jenne-jeno, no delta do Níger, no atual Mali, cujas ruínas só foram descobertas na década de 1970. Embora a história dessa cidade, considerada patrimônio cultural da humanidade pela Unesco, seja pouco conhecida, escavações já mostraram que em Jenne-jeno cultivavam-se arroz, sorgo, painço (um tipo de milho miúdo) e cereais em áreas inundadas. A descoberta de joias e de algumas ferramentas de ferro indica a existência de relações comerciais com outras regiões, já que nas proximidades de Jenne-jeno não havia fontes de minério de ferro.

Expansão dos povos de língua banta

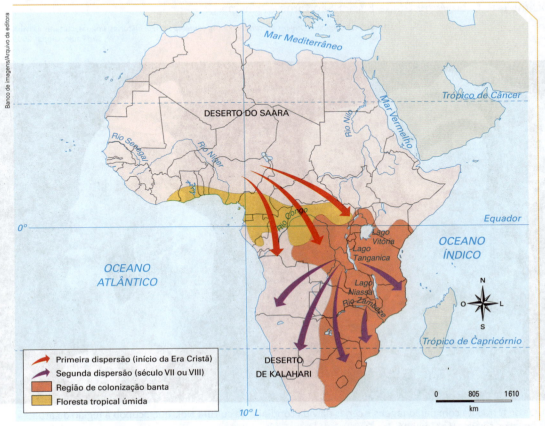

Adaptado de: ANJOS, Rafael Sanzio Araújo dos. *Territórios das comunidades remanescentes de antigos quilombos no Brasil*. Primeira configuração espacial. Brasília: Editora & Consultoria, 2005. p. 22.

Outros povos da Antiguidade 97

Leituras

Africanidades: um continente plural

No texto a seguir, Kabengele Munanga, antropólogo congolês naturalizado brasileiro, destaca a pluralidade étnica e cultural presente no continente africano e critica generalizações como "África Negra" ou "subsaariana", que desconsideram os descendentes de europeus presentes em seu território, bem como a existência de povos com línguas, costumes e tradições distintos.

[...] A África é um imenso continente de 30 milhões de quilômetros quadrados de superfície, que abriga diversas civilizações, milhares de etnias e culturas distintas. Possui uma população [de 1,1 bilhão de habitantes, segundo dados da ONU de 2015] distribuída entre centenas de povos que falam diversas línguas ao mesmo tempo diferentes e semelhantes. Geograficamente, o deserto do Saara do Norte criou uma divisão natural do continente em duas partes desiguais em extensão territorial: a África do norte e a África subsaariana.

A África do norte, chamada, segundo os interesses, ora de África branca, ora de África árabe, abriga os países do Magreb (Marrocos, Argélia, Tunísia), Líbia e Egito.

A África subsaariana, geralmente conhecida como África negra pelo fato de a maioria de sua população ser negroide, compreende todos os povos e países da África ocidental, oriental, central e austral. Considerar negra toda a África subsaariana pode se constituir numa espécie de discriminação ou exclusão de uma minoria demográfica dessa população africana de ancestralidade ocidental, os eurodescendentes, que se encontram em sua maioria na República da África do Sul, Zimbábue, Namíbia, Angola, Moçambique, Cabo Verde, Guiné-Bissau, São Tomé e Príncipe. [...]

MUNANGA, Kabengele. *Origens africanas do Brasil contemporâneo:* histórias, línguas, culturas e civilizações. São Paulo: Global, 2009. p. 13.

Vaso núbio de terracota com representação de um crocodilo. Esse vaso, produzido em data desconhecida, foi encontrado por equipes de escavações arqueológicas no Egito, em 1986.

Esculturas de terracota com personagens e cenas da vida cotidiana da cultura Nok, que ocupou a região da atual Nigéria entre os séculos V a.C. e II d.C.

O Reino de Kush

O **Reino de Kush** ganhou destaque entre os séculos IX e VI a.C. Kush se localizava ao sul do território egípcio, em uma região rica em ouro, mais tarde denominada Núbia, onde atualmente ficam o Sudão e o Sudão do Sul. A cidade de Napata, capital do reino, era uma importante intermediária comercial entre os egípcios e os povos que habitavam a África central.

Por volta de 750 a.C., os núbios de Kush conquistaram o Império Egípcio e estabeleceram um novo governo, conhecido como **dinastia Kushita** ou também como **dinastia dos faraós negros**. O poderio kushita no Egito só desapareceu com a invasão assíria, que se deu por volta de 670 a.C.

Em 653 a.C., os egípcios reconquistaram sua independência, derrotando os assírios. A partir de então, os faraós egípcios buscaram apagar os vestígios da presença do domínio kushita no Egito.

Napata e várias outras cidades núbias antigas são alvo de pesquisas históricas e arqueológicas. Entre elas estão Pnubs, Naga, Cartum, Dongola, Atbara, Meroe, Kawa, Soba e outras. Por meio do estudo de suas ruínas e de seus vestígios, hoje se sabe, por exemplo, da importante atuação que os kushitas tiveram nas regiões egípcia e centro-sul africana.

Sabe-se também que no Reino de Kush várias mulheres ascenderam ao poder.

Destacaram-se, por exemplo, o reinado da "rainha-mãe", como eram conhecidas essas mulheres, Shanakdakhete (c. 170 a.C.-160 a.C.), quando o centro administrativo estava na cidade de Meroe, e também os das rainhas Amanirenas (40 a.C.-10 a.C.) e Amanishakheto (10 a.C.-1 d.C.).

O Reino de Kush manteve sua atuação comercial por séculos, até ser conquistado em 325 d.C. pelo **Reino de Axum**, que estudaremos no Capítulo 7.

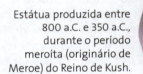

Estátua produzida entre 800 a.C. e 350 a.C., durante o período meroíta (originário de Meroe) do Reino de Kush.

Pirâmides de Meroe, no Sudão, fotografia de 2015. Meroe foi o centro econômico do Reino de Kush.

Dialogando com a Geografia

A questão urbana no mundo contemporâneo

Nesta unidade, estudamos a importância das primeiras cidades para a organização política e econômica das civilizações antigas. Vimos também que a maior parte delas vivia no campo, exercendo atividades agrícolas e de pastoreio, enquanto os pequenos núcleos urbanos eram ocupados principalmente por artesãos, funcionários reais e sacerdotes.

No mundo contemporâneo, essa relação entre o campo e a cidade se alterou radicalmente. Segundo dados da ONU, em 2014, mais da metade da população mundial morava em cidades.

Nessa seção, portanto, vamos considerar alguns aspectos relacionados ao crescimento das grandes cidades e da população urbana no planeta.

O trecho a seguir aborda as transformações recentes de algumas cidades indianas.

Mercado de rua no centro de Mumbai, Índia. Foto de 2016.

[...] Nos últimos anos, tem se debatido se mais vida urbana deve ser algo a se lastimar ou a comemorar. A urbanização pode causar o rápido surgimento de favelas, espaços sem saneamento onde as doenças epidêmicas podem se alastrar, a exploração é desenfreada e as ameaças físicas estão à espreita, porque não há lei, e a ordem fica a cargo de gangues criminosas. Mas a vida na cidade também pode oferecer oportunidades de trabalho, acesso a serviços de saúde, planejamento familiar, escolas e mais abertura econômica para as mulheres. Fomentar as oportunidades sem deixar de minimizar os danos e dificuldades são os principais desafios do desenvolvimento nas transições urbanas de hoje.

As tendências urbanas, porém, não são as mesmas em todos os locais. Na Índia, por exemplo, as estatísticas demonstram que as populações tradicionais dos centros urbanos estão encolhendo, enquanto as áreas periféricas se expandem. Mumbai é frequentemente citada como principal exemplo desse fenômeno. Os [...] números do censo de 2011 mostram que [...] a centenária cidade de Thane, situada a 43 quilômetros a nordeste de Mumbai, deixou de ser um subúrbio de classe média para abrigar uma grande população de favelados que não para de aumentar. Thane é hoje residência de 9,84% da população do estado — 11 milhões, em termos numéricos. Trata-se de um salto no crescimento de quase 36% em uma década. Já a cidade de Mumbai propriamente dita, com 3,14 milhões de pessoas, registrou uma taxa negativa de crescimento de 5,75% no mesmo período.

Amitabh Kundu, doutor em economia [...] afirma que algumas das maiores cidades indianas estão vivendo o que ele chama de "periferalização degenerativa". Trata-se de fenômeno pelo qual as pessoas são compelidas a deixar a cidade em razão do alto custo de vida e escassez de empregos que ofereçam salários decentes, para viver em assentamentos improvisados na periferia das áreas metropolitanas. Nesses assentamentos periféricos, as pessoas perdem tanto as vantagens da vida rural como as da urbana.

[...]

A alteração do equilíbrio social nas cidades indianas é ponto importante a ser estudado por demógrafos e economistas, porque 410 milhões do 1,2 bilhão de pessoas do país já vivem abaixo da linha da pobreza. Isto representa um terço de toda a população carente do mundo, segundo o Banco Mundial que também ressalta que a disparidade de renda na Índia está aumentando. [...]

UNFPA. *Relatório sobre a situação da população mundial 2011*. Disponível em: <www.un.cv/files/PT-SWOP11-WEB.pdf>. Acesso em: 17 fev. 2017.

Favelas: desafio para a melhoria das condições de vida

A parcela da população urbana mundial que vive em favelas vem diminuindo pouco a pouco: de 39%, em 2000, caiu para 33%, em 2010. O gráfico abaixo apresenta dados sobre esse tema. Porém, o número absoluto de pessoas que vivem em favelas vem aumentando. Os poderes públicos precisam organizar ações de melhoria nesses locais, como saneamento básico, calçamentos, postos de saúde, além de garantir acesso à educação e ao lazer para essas pessoas.

População vivendo em favelas urbanas e proporção da população urbana que vive em favelas, nas regiões em desenvolvimento, 1990 a 2010

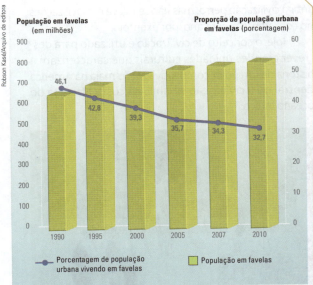

UNFPA. *Relatório sobre a situação da população mundial 2011*. Disponível em: <www.un.cv/files/PT-SWOP11-WEB.pdf>. Acesso em: 17 fev. 2017.

Lutas políticas na cidade: o transporte urbano no Brasil

Em 2005, durante o Fórum Social Mundial, em Porto Alegre, Rio Grande do Sul, foi organizado o Movimento pelo Passe Livre (MPL), que lutava pelo direito dos estudantes de não pagarem tarifas no transporte público. Em 2013, o MPL liderou manifestações nas principais cidades do país, surpreendendo a imprensa e os governos estaduais e federal. Os jovens exigiam o congelamento das tarifas de ônibus e de metrô (em torno de 3 reais), evitando o aumento anunciado em várias cidades e estados.

As manifestações foram reprimidas pela polícia, e as imagens da violência difundidas pelas redes sociais e pela imprensa provocaram a indignação de muitos brasileiros.

Manifestantes protestam contra o aumento das tarifas do transporte público em São Paulo, em 2013.

Atividades

1. Retome os dados estatísticos e as informações sobre as condições das cidades na Índia apresentados no texto da UNFPA. Organize esses dados e informações em um esquema visual.
2. Observe o gráfico que mostra a população que vive em favelas urbanas. Refaça esse gráfico utilizando outra estrutura para representar as mesmas informações.
3. Com a ajuda do professor, debata com os colegas da classe as seguintes questões:

   a) Quais são os principais problemas urbanos no mundo contemporâneo?

   b) Como esses problemas afetam a cidade ou a comunidade onde vocês vivem?

   c) Quais são as formas de ação política que vocês conhecem nos espaços urbanos ondem vivem?

Construindo conceitos

Reino, império, civilização

Em filmes ou séries de televisão que abordam conteúdos históricos, são comuns as referências a reinos, impérios e civilizações do passado. Mas nem sempre as produções oferecem uma definição adequada desses conceitos, sendo frequente a ideia de império associada a exércitos poderosos e a noção de reino ligada à presença de uma corte real.

Esses conceitos, elaborados e discutidos por historiadores e outros especialistas, buscam definir as sociedades humanas a partir de um conjunto de características sociais e políticas comuns.

No estudo da História, conceitos como reino, império e civilização são utilizados para tratar dos povos da Antiguidade e, em linhas gerais, eles são definidos da seguinte forma:

- **Reino** é uma unidade territorial e política definida pelo poder de um monarca (rei, príncipe, faraó, sultão, etc.), cujo título é vitalício (para a vida toda) e hereditário (herdado de seus ascendentes e transmitido para seus descendentes).
- **Império** é uma unidade política baseada no domínio de um imperador que detém o poder sobre vastas extensões de terra, agregando outros povos e culturas sob a sua autoridade.
- **Civilização** refere-se a grupos humanos que compartilham características culturais semelhantes, incluindo nível de desenvolvimento material, idioma e religião.

Com base nesses conceitos, é possível comparar as formas de controle político do Império Persa com as do Império Egípcio, na tentativa de identificar características comuns entre essas civilizações, considerando as transformações históricas de cada povo e as mudanças das próprias noções de reino, império e civilização ao longo do tempo.

Vejamos o exemplo da fundação de Roma. Até o século VI a.C., a cidade era governada por uma monarquia com poder local. Dois séculos depois, os romanos iniciaram um processo de expansão sobre a península Itálica e, posteriormente, por territórios que incluíam a Europa ocidental e faixas litorâneas da África e do Oriente Médio.

Roma, portanto, que surgiu como um pequeno reino, tornou-se um extenso império após a dominação de outros povos, expandindo a civilização romana e influenciando outros grupos humanos sob seu comando.

Outro exemplo é a ideia que se difundiu na Europa no século XVI de que os povos cujo desenvolvimento técnico e cultural se assemelhasse às sociedades europeias eram civilizados, enquanto os povos com características distintas eram vistos como "incivilizados" ou "bárbaros". Assim, podia-se falar numa civilização chinesa ou numa antiga civilização persa, mas não se falava em civilizações no continente americano, por exemplo.

Hoje, o conceito de civilização é utilizado para descrever grandes unidades culturais que caracterizam a história de um povo, como a civilização maia na América Central ou a civilização swahili, na costa africana do oceano Índico.

O filme estadunidense *Êxodo: deuses e reis* (2014), dirigido por Ridley Scott, traz uma representação da civilização egípcia segundo as pesquisas e as interpretações feitas pelo diretor e pela equipe de produção da obra.

Atividades

1. Pergunte a amigos ou parentes o que eles entendem por "civilização" e "civilizado". Anote as respostas.
2. Pesquise em *sites* da internet os conceitos de civilização e barbárie. Elabore um resumo da sua leitura.
3. Forme uma dupla para apresentar os resultados de sua pesquisa ao colega (e vice-versa). Em seguida, com seu colega, identifique os diferentes significados atribuídos à noção de civilização.
4. Enumerem esses significados e apresentem à classe.

Atividades

Retome

1. Escavações feitas nas antigas cidades de Mohenjo-Daro e Harappa, no vale do rio Indo, localizado no território do atual Paquistão, revelam a existência de uma civilização sofisticada e de um Estado organizado há 5000 anos. Quais foram os indícios encontrados pelos arqueólogos que lhes permitiram avaliar o grau de desenvolvimento do povo que viveu naquelas cidades?

2. Durante o segundo milênio antes de Cristo, os arianos instalaram-se na região do vale do rio Indo e desenvolveram uma rica civilização conhecida como védica, em virtude de um conjunto de textos por meio dos quais a conhecemos. Que textos são esses e do que eles tratam?

3. Na Antiguidade, desenvolveu-se no território onde hoje é a Índia um sistema de castas fundado na religião. Descreva o funcionamento desse sistema.

4. Como os vedas estavam organizados politicamente?

5. Por que a chamada Idade de Ouro da Índia antiga é associada à dinastia Gupta (século IV a.C.)?

6. Explique de que modo o poder dos imperadores chineses foi se deteriorando a partir do século V a.C.

7. Uma das obras mais grandiosas da China é a Grande Muralha. Com que objetivo ela foi erigida?

8. Durante a Idade Antiga, por todo o Extremo Oriente, houve intenso intercâmbio de crenças, textos e conhecimentos. Que fator favoreceu essa troca?

9. Quais foram os núcleos urbanos mais antigos de que se tem notícia na América?

10. Numa época em que as mulheres eram consideradas inferiores aos homens na maioria das civilizações antigas, no Reino de Kush elas desfrutavam de uma condição diferenciada. Descreva essa situação com base no que você estudou no capítulo.

Pratique

11. Na China, as primeiras grandes cidades se estabeleceram ao norte, às margens do rio Amarelo. Essas cidades foram reunidas sob um império pela dinastia Shang, cuja rica cultura material é testemunhada pelos objetos encontrados em escavações arqueológicas. Com relação a esses artefatos, faça o que se pede.

    a) Pesquise na internet fotos de vestígios da cultura Shang.

    b) Imprima as imagens de três objetos que você considere interessantes e cole-as em seu caderno.

    c) Depois, apresente os objetos que você escolheu e comente com os colegas quais aspectos deles chamaram sua atenção e por quê.

12. Leia o texto abaixo sobre a cidade indiana de Harappa e responda às questões que o acompanham.

    > [...] O degelo do Himalaia provocava grandes cheias no vale do rio Indo, depositando camadas aluvionares altamente férteis nas planícies e propiciando o desenvolvimento de uma agricultura abundante capaz de abastecer grandes cidades. Uma dessas cidades cresceu às margens do rio Ravi, um importante afluente do rio Indo, sendo conhecida como Harappa [...].
    >
    > Ameaçado pela água, o povo de Harappa aprendeu a conviver de maneira mais eficiente com essa ameaça. Uma característica das cidades do vale do rio Indo era a sofisticação do sistema de encanamento pelos quais a água servida corria para dutos ou esgotos centrais. Os esgotos, mantidos por uma autoridade municipal, eram forrados de tijolos e tinham aberturas a intervalos regulares para inspeção e manutenção. Cada casa dispunha de um banheiro com chão pavimentado em declive, além de um sistema de escoamento de água. [...]
    >
    > MIGUEZ, Marcelo G; VERÓL, Aline P; REZENDE, Osvaldo M. *Drenagem urbana*: do projeto tradicional à sustentabilidade. Rio de Janeiro: Elsevier, 2015. p. 51-52.

    a) A cidade de Harappa ficava localizada em qual região da Índia?

    b) Quais vantagens e desvantagens a localização de Harappa oferecia aos seus habitantes?

    c) De que forma os habitantes da cidade contornaram as inconveniências de sua localização?

13. Em 1922, o escritor alemão Hermann Hesse (1877-1962) publicou o romance *Sidarta*. Sucesso imediato, o livro conta a história de Sidarta, jovem inquieto que decide abandonar a casa paterna e partir para uma aventura de autoconhecimento. No trecho a seguir, depois de passar muitos anos como um *samana* (espécie de eremita errante que vivia desapegado da vida material), Sidarta mais uma vez se sente impelido a viver novas experiências e recomeçar sua vida. Leia-o com atenção e depois responda às questões.

[...] Sidarta parou. Quedou-se imóvel. Notando a que ponto iria sua solidão, sentiu, por um instante, pela duração de um respiro, que o coração se lhe gelava o peito, estremecendo de frio, como um bichinho, um pássaro, uma lebre. Durante muitos anos andara sem lar e, no entanto, não o percebera. Nesse momento, porém, dava-se conta da falta. Sempre, ainda, que se distanciasse de tudo, nas mais longínquas meditações, prosseguia sendo o filho de seu pai, fora brâmane, aristocrata intelectual. Daí por diante, seria apenas Sidarta, o homem que acabava de acordar e nada mais. Com toda sua força, aspirou o ar. Por um momento, tremeu de frio e de horror. Ninguém estaria tão solitário quanto ele. Não havia nenhum nobre que não fizesse parte dos nobres; nenhum artesão que não pertencesse à classe dos artesãos, encontrando agasalho entre seus semelhantes, vivendo a vida deles e falando a mesma língua; nenhum brâmane que não se incluísse no grupo dos seus pares e convivesse com eles; nenhum asceta que não pudesse buscar abrigo entre os samanas. Nem sequer o mais isolado de todos os ermitões da selva era um homem só, não levava uma existência solitária, porquanto também ele pertencia a uma classe que lhe propiciava um lar. Govinda tornara-se monge e milhares de monges eram seus irmãos, vestiam os mesmos trajes, tinham a mesma fé, falavam a mesma língua. E ele, Sidarta? Qual seria o seu lugar? Participaria ele da existência de outrem? Haveria pessoas que falassem a mesma língua que ele? [...]

HESSE, Hermann. *Sidarta*. Rio de Janeiro: Civilização Brasileira, 1975. p. 35.

a) Tendo por base seus conhecimentos sobre a história da Índia antiga, identifique a que grupo social Sidarta pertencia. Transcreva do texto de Hermann Hesse o trecho que sustenta a sua resposta.

b) O texto de Hermann Hesse esclarece que a situação social de Sidarta era atípica. Em que aspecto ela diferia da situação dos demais indianos?

c) Govinda, amigo de infância de Sidarta, tornara-se monge budista. Considerando o trecho do texto, podemos dizer que a difusão do budismo pela Índia mudou a estrutura social herdada da cultura védica? Justifique.

d) O texto exemplifica uma sociedade dividida em castas. Com base em suas respostas anteriores, caracterize esse tipo de sociedade.

Analise uma fonte primária

14. A imagem a seguir mostra parte de um complexo de afrescos, que nos oferece um rico panorama da vida dos maias no auge de sua civilização. Observe-a atentamente e faça o que se pede.

Afresco datado do século VII, localizado no Sítio arqueológico de Bonampak, em Chiapas, no México, próximo à fronteira com a Guatemala.

a) Descreva a composição. Preste atenção nas cores, no número de personagens representados, sua posição na obra, seus gestos e suas expressões.
b) A composição dirige o olhar do observador para qual ponto do mural? Como isso é feito pelo artista?
c) É possível identificar na pintura quem são os personagens maias e aqueles que não são maias? Justifique.
d) É possível diferenciar a condição social dos personagens maias representados? Explique.
e) Que aspecto da vida maia está sendo representado?
f) Quais informações sobre os maias podemos extrair da imagem?

Articule passado e presente

15. Em 2009, o governo do Rio de Janeiro começou a erguer muros de concreto em favelas da cidade, argumentando que o objetivo das obras era prevenir a expansão da ocupação, além de proteger o que ainda existe da floresta nativa. Todavia, a medida despertou críticas, sendo considerada discriminatória por segregar a população pobre. Observe a imagem, reflita sobre o assunto e responda às questões a seguir.

Trabalhadores constroem muro entre a favela Santa Marta e a Mata Atlântica, na cidade do Rio de Janeiro. Foto de 2009.

a) Ao longo da História, que motivações levaram os povos antigos a construir muros?
b) As motivações dos antigos construtores de cidades existem ainda hoje? Explique.
c) Considerando suas respostas anteriores, você concorda com as críticas feitas à construir dos muros na cidade do Rio de Janeiro ou discorda delas? Justifique.

CAPÍTULO 5º Grécia antiga

Em 2015, algumas escolas paulistas foram ocupadas por alunos da rede pública que reivindicavam o cancelamento de um projeto do governo estadual. Quase um mês depois das ocupações, o governo estadual suspendeu a implantação do projeto. Na foto, registro de uma assembleia de estudantes que ocupavam a Escola Estadual Fernão Dias Paes na capital paulista.

A democracia como forma de participação política tem história: sua principal referência está na Grécia antiga. Desde a Antiguidade, a prática democrática exige que os membros de uma coletividade tenham acesso a informações e possam se expressar e ouvir as opiniões de todos, para então tomar decisões.
Na atualidade, em que há inúmeros canais de comunicação, o exercício da democracia está garantido? Que fatores podem influenciar na participação política das pessoas?

1 Aspectos físicos da Grécia

Nos capítulos anteriores, vimos a importância dos grandes rios para o surgimento das primeiras cidades. As cidades gregas, no entanto, não se desenvolveram às margens de grandes rios, mas próximas do litoral dos mares Mediterrâneo, Jônico e Egeu.

A civilização da Grécia antiga compreendeu um conjunto de povos que se desenvolveu no sul da **península Balcânica** — cercada pelo mar a leste, sul e oeste —, nas ilhas vizinhas e no litoral da Ásia Menor.

Os nomes **Grécia** e **gregos** vêm do latim, a língua dos romanos, *Graecia*. Os gregos chamavam a si mesmos de **helenos** e o seu território de **Hélade** (a terra dos helenos).

Apesar de utilizarmos a denominação Grécia, na Hélade não havia um Estado unificado. As condições geográficas da região, como o relevo montanhoso, as diversas reentrâncias do litoral, a grande quantidade de ilhas e o consequente isolamento dos helenos que as habitavam, facilitaram a organização de cidades-Estado autônomas. Mesmo assim, os gregos sentiam-se pertencentes a uma mesma comunidade cultural.

> **península Balcânica**: também chamada de Bálcãs, é a denominação histórica e geográfica da região sudeste da Europa, que engloba atualmente a porção da Turquia no continente europeu, Grécia, Bulgária, Macedônia, Albânia, Romênia, Sérvia, Montenegro, Kosovo, Bósnia-Herzegovina, Croácia e Eslovênia.

Segundo o historiador François Lefèvre,

> [a] interpenetração das terras, majoritariamente montanhosas, e do mar, o que dá à região seu aspecto tão atraente — hoje trunfo da indústria turística, [foi] outrora um provável estimulante da sensibilidade estética e da prontidão intelectual. [...]
>
> LEFÈVRE, François. *História do mundo grego antigo*. São Paulo: WMF Martins Fontes, 2013. p. 39-40.

As condições geográficas da região também tiveram importância militar. Os helenos souberam aproveitar determinadas posições de seu relevo, como a passagem de Termópilas e a baía de Salamina, por exemplo, em guerras e conflitos.

O solo pouco fértil da península Balcânica e as dificuldades para o abastecimento das cidades contribuíram para que os gregos se dedicassem à expansão marítima e comercial. A partir do século VIII a.C., a navegação se tornou, para os gregos, o principal meio para trocas de produtos. A importância da navegação para os helenos também ajuda a explicar a criação de comunidades gregas na costa do mar Mediterrâneo, especialmente na região do sul da Itália, que ficou conhecida como **Magna Grécia**.

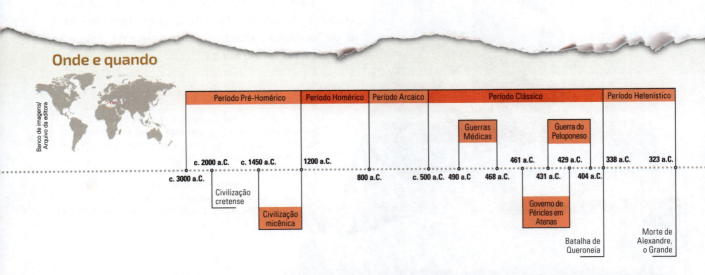

Onde e quando

Mapa e linha do tempo ilustrativos. As regiões indicadas no mapa referem-se à configuração atual dos países a que pertencem hoje, e o espaço entre as datas não é proporcional ao intervalo de tempo.

Grécia antiga 107

2 Período Pré-Helênico: povoamento e primeiras civilizações

A ocupação da península Balcânica ocorreu ainda no Paleolítico por volta de 40000 a.C. Estudos arqueológicos afirmam que a navegação, a agricultura e a criação de animais começaram a ser desenvolvidas na região durante o Neolítico, por volta de 7000 a.C. Evidências encontradas em Sítios arqueológicos confirmam que essas atividades se espalharam por várias ilhas do mar Egeu.

Para alguns estudiosos, a primeira civilização que se desenvolveu na Grécia antiga, a civilização **cicládica**, surgiu por volta de 3000 a.C. nas ilhas Cíclades, no Egeu – que receberam esse nome por causa de sua disposição circular.

Indícios materiais apontam que por volta de 2300 a.C. grandes mudanças levaram ao predomínio de outras civilizações na região: a **civilização cretense**, que se desenvolveu na ilha de Creta, e a **civilização micênica**, que surgiu na península Balcânica.

Teseu enfrenta o Minotauro, escultura em mármore de Jean-Étienne Ramey, 1826, exposta no Jardim das Tulherias, em Paris, França.

Civilização cretense

A civilização cretense, também conhecida como **minoica**, floresceu na ilha de Creta a partir do segundo milênio a.C. Seus principais núcleos organizaram-se ao redor de grandes palácios, como o de Cnossos, Festo, Mália e Cato Zacro. Pesquisadores presumem que tais construções representavam espaços importantes de um sistema centralizado de governo, também conhecido como **sistema palacial**, cuja riqueza vinha da navegação e do predomínio comercial nos mares da região durante séculos. As atividades políticas, religiosas e econômicas eram controladas nos palácios, assim como a produção, a estocagem e a troca de mercadorias.

A religião cretense fazia parte de uma tradição religiosa mais ampla praticada em todo o Mediterrâneo oriental, que envolvia o culto de ídolos que evoluíram de tempos pré-históricos remotos e contavam com certa predominância feminina. Das deusas que eram cultuadas em cavernas, templos e a céu aberto, destaca-se a "Grande Mãe", figura divina que representava a terra e a fertilidade.

Os vestígios mais antigos de escrita da civilização cretense datam do século XIX a.C., aproximadamente. Eles apresentam um sistema de escrita chamado de Linear A, que ainda não foi decifrado. Muito do que se conhece sobre o sistema palacial foi registrado em outro padrão de escrita derivado da escrita cretense. Denominado Linear B, ele foi muito utilizado durante o auge da civilização micênica, no século XIV a.C.

> **minoica**: relativo a Minos, rei de Creta. Segundo a mitologia grega, Minos conquistou a cidade-Estado grega de Atenas e impôs o pagamento anual de um tributo: sete rapazes e algumas moças atenienses. Eles deveriam ser entregues aos cretenses para servir de alimento para o Minotauro, monstro com cabeça de touro no corpo de homem, que habitava um labirinto. Ariadne, uma das filhas de Minos, se apaixonou pelo herói Teseu, que livrou Atenas dessa obrigação ao matar o Minotauro.

Civilização micênica

A civilização micênica foi fruto da interação entre a civilização cretense e a população de aqueus, de origem indo-europeia, presente na península do **Peloponeso** desde provavelmente o século XVII a.C.

Dessa interação resultaram várias cidades autônomas espalhadas pela península que constituíam pequenos núcleos, com administração monárquica, e eram fortemente militarizadas. Por ser a mais conhecida e estudada de todas essas cidades, Micenas emprestou seu nome à civilização micênica. Mas, apesar da fama, Micenas não foi o único núcleo de poder dessa civilização.

Os micênicos tiveram destaque no cultivo de grãos e no uso e na confecção de cerâmicas. Além disso, destacaram-se na prática do comércio e da pirataria. Utilizavam o padrão de escrita derivado da escrita cretense denominado Linear B e praticavam uma forma de religiosidade muito próxima à da civilização cretense.

Entre os séculos XIX a.C. e XII a.C., a península Balcânica recebeu ondas migratórias de outros povos de origem indo-europeia: **jônios**, **eólios** e **dórios**. Por volta de 1200 a.C., estudos revelam que os sinais mais evidentes do predomínio micênico na região já haviam desaparecido.

Para o historiador François Lefèvre, o fim da civilização micênica representa

[...] um dos maiores enigmas da Antiguidade. Considerado durante muito tempo como súbito e geral, o fim do mundo micênico é hoje entendido diferente e diversamente pelos arqueólogos.

[...]

[No fim do micênico] se notam também certa recomposição e uma efervescência [...]. Em todo caso, os fenômenos são complexos o bastante para que os termos ruptura e continuidade se mostrem excessivamente esquemáticos, e hoje se tende a falar de metamorfoses ou de transformações.

LEFÈVRE, François. *História do mundo grego antigo.* São Paulo: WMF Martins Fontes, 2013. p. 69 e 83.

Entre os possíveis fatores que provocaram essa mudança estão, além da presença dos dórios na península Balcânica, terremotos, perturbações climáticas (que teriam afetado a produção agrícola e a vida econômica) e distúrbios sociais.

> **Peloponeso**: península no sul da Grécia cujo nome deriva do herói grego Pélope, filho de Tântalo e antepassado dos Átridas, que teriam dominado toda a região.

Leituras

Sítios arqueológicos na Grécia

A reportagem a seguir, de Rodrigo Gallo, elucida o trabalho do pesquisador e arqueólogo brasileiro Álvaro Allegrette, um dos maiores especialistas em civilização cretense.

[...] Por conhecer profundamente a estrutura dos edifícios minoicos, Allegrette fala com propriedade: o palácio de Cnossos, em Heráclio, onde o ateniense Teseu teria matado o Minotauro, realmente é um labirinto. O prédio possui sete pavimentos, inclusive quatro abaixo do pátio central, tornando-o confuso para quem não conhece bem sua arquitetura. Isso comprova que a mitologia cretense tem uma base fundamentada na realidade daquele povo. [...] dentro de 15 anos, será possível conhecer muito mais sobre o povo minoico. O motivo é que a linguagem conhecida como Linear A, ainda não decifrada, está sendo decodificada aos poucos pelos especialistas por conta de novos achados arqueológicos escritos nesse idioma. A importância disso é que, com esse conhecimento, será possível desvendar melhor os antigos hábitos e rituais religiosos do povo de Mália e Cnossos [...].

O arqueólogo argumenta ainda que a mitológica Guerra de Troia, narrada pelo poeta Homero, pode realmente ter ocorrido na Antiguidade. Porém, ele acredita que o conflito não foi ocasionado pelo rapto de Helena de Esparta, mas sim pela hegemonia das rotas comerciais da região. Enfim, para Allegrette, mitologia e história se misturam, dando origem às culturas gregas pré-helênicas. [...]

GALLO, Rodrigo. Álvaro Allegrette: o explorador de Mália. *Leituras da História*. Portal Ciência e Vida, Escala, Edição 3. Disponível em: <http://psiquecienciaevida.uol.com.br/ESLH/Edicoes/3/artigo65891-1.asp>. Acesso em: 23 nov. 2016.

3 Períodos Homérico e Arcaico: transformações

Por meio de dados arqueológicos, estudiosos notaram uma clara diminuição da **cultura material** durante o período que vai do século XII a.C. ao século VIII a.C, conhecido como **Homérico**. Observaram também que a população na península Balcânica diminuiu e que os núcleos rurais voltaram a predominar, caracterizando certa fragmentação da organização social e política.

Esse quadro não ocorreu de forma uniforme por todas as ilhas e península, mas provavelmente contribuiu para o deslocamento de habitantes ocorrido entre os séculos IX a.C. e VIII a.C. Esse movimento migratório é denominado **Primeira Diáspora Grega**.

Como os vestígios materiais, incluindo documentos escritos, tornaram-se escassos, o pouco que se sabe desse período, posterior à hegemonia das civilizações cretense e micênica, decorre de pesquisas arqueológicas e de informações extraídas dos **poemas épicos** de Homero: a *Ilíada* e a *Odisseia*. Essas obras foram elaboradas no século VIII a.C., época em que os historiadores acreditam que a escrita foi retomada, com um alfabeto formado a partir da escrita fenícia. O número limitado de letras (20) e a simplicidade gráfica desse novo alfabeto proporcionou uma rápida e ampla difusão da escrita na região.

Ilíada e *Odisseia* fazem alusão à sociedade do século XII a.C. e à própria época em que viveu Homero (século VIII a.C.), cujo nome passou a ser utilizado por historiadores para denominar esse período. O período anterior, marcado pelas civilizações cretense e micênica, é denominado de **Período Pré-Homérico**.

> **cultura material**: refere-se ao conjunto de objetos, como ferramentas, esculturas e edificações, produzidos por determinada sociedade. Esses vestígios são estudados por pesquisadores, arqueólogos, historiadores, etc.
> **diáspora**: do grego *diaspeirein*, que significa "espalhar, dispersar". Refere-se ao deslocamento forçado ou incentivado de grandes contingentes populacionais.
> **poemas épicos**: narrativas em versos que contam um episódio ou fato heroico da história de um povo ou de uma localidade. Muitas vezes, batalhas e ações heroicas são descritas nesses poemas. Em um poema épico podemos encontrar uma narrativa longa, repleta de façanhas, em que eventos históricos se misturam com personagens míticos.

Ruínas do palácio de Cnossos, edificado por volta do século XVI a.C. e intimamente associado com Teseu e o Minotauro. Fotografia de 2014.

A Grécia antiga

Adaptado de: BARRACLOUGH, G. *The Times Concise Atlas of World History*. London: Times Books Limited, 1986. p. 19.

Fontes literárias na História: Homero e Hesíodo

Segundo a tradição, Homero era um poeta cego. Na *Ilíada*, poema com cerca de 15 mil versos, ele narra os acontecimentos do décimo e último ano da Guerra de Troia, provocada por uma disputa entre Aquiles e Agamenão. Na *Odisseia*, Homero narra o retorno de Ulisses à cidade de Ítaca em 12 mil versos, aproximadamente.

Estudiosos especializados na análise dessas obras defendem se tratar de um ou dois autores. *Ilíada* e *Odisseia* teriam sido elaboradas com algumas dezenas de anos de intervalo. Além dos poemas de Homero, existem também outras fontes escritas importantes para o estudo do período. Entre elas, destacam-se também os poemas *Teogonia* e *Trabalho e os dias*, de Hesíodo.

Em *Trabalho e os dias*, Hesíodo relata suas desavenças com seu irmão Perses quanto a uma herança. O livro também traz testemunhos sobre o campesinato de sua região, a Beócia. Em *Teogonia*, o autor apresenta a genealogia dos deuses, os mitos, a origem do mundo, as gerações divinas e a obrigação de todos respeitarem as divindades imortais.

Todas essas obras foram analisadas por estudiosos interessados em conhecer mais sobre a Grécia desse período. Ao pesquisar fontes literárias, o historiador se coloca diante de um tipo especial de problema: interpretar uma ficção. Além de separar aspectos "verdadeiros" de "falsos", é necessário identificar elementos da vida cotidiana, do imaginário e da sociedade da época em que a obra foi escrita.

Nesse trabalho, os pesquisadores partem do pressuposto de que as obras literárias não relatam necessariamente fatos reais. Porém, como se dirigiam à população do período, usavam informações do contexto em que elas viviam. Entre essas informações estão linguagem, costumes e mitos, por exemplo. Tais informações revelam não apenas o modo de pensar e a visão do autor (ou autores), mas também características daquela sociedade.

Uma fonte literária não pode ser o único recurso de conhecimento sobre uma sociedade. Como vimos, existem muitas fontes possíveis para o historiador, por exemplo utensílios, esculturas, construções e pinturas. Os pesquisadores podem comparar as informações extraídas das narrativas gregas com outras fontes do mesmo período ou até com fontes posteriores (comentários de outros autores, por exemplo). A combinação dessas diferentes informações possibilita a construção de hipóteses e interpretações históricas. A descoberta de novas fontes ou o desenvolvimento de novas formas de pensar sobre as fontes já existentes podem alterar as conclusões dos estudiosos sobre determinado período.

Economia e sociedade no Período Homérico

De acordo com algumas interpretações históricas, durante o Período Homérico prevaleceram, em várias regiões, **comunidades gentílicas**, constituídas de pequenas unidades agrícolas autossuficientes denominadas *genos*.

Nos *genos*, bens econômicos, como terras, animais, sementes e instrumentos de trabalho, estavam sob o controle do chefe comunitário, chamado *pater*, que exercia funções religiosas, administrativas e judiciárias.

A relativa pobreza do solo encontrado na península Balcânica e as disputas pelas terras cultiváveis provocaram conflitos entre os diversos *genos*. Esses conflitos ajudaram a remodelar as relações sociais e de poder nos *genos*: surgiram os proprietários e os não proprietários e os mais poderosos se uniram para estabelecer um poder controlador e forte.

Os parentes mais próximos do *pater* apropriaram-se das terras mais ricas e passaram a ser conhecidos como **eupátridas** (bem-nascidos). O restante das terras ficou para os pequenos proprietários, os chamados *georgoi* ("agricultores"). Os camponeses em geral, que não pertenciam a nenhuma dessas categorias, foram os mais desfavorecidos, ficando sem posse de terra. Eram denominados *thetas* ("marginalizados").

A escassez de terras levou os excedentes populacionais a buscar outras áreas para sobrevivência. Ganhou força, assim, um processo de expansão, que ficou conhecido como **Segunda Diáspora Grega**. Além de estabelecer diversas **pólis** (cidades-Estado gregas) em regiões banhadas pelo Mediterrâneo, especialmente no sul da península Itálica e na Sicília, os gregos também se voltaram para o mar Negro e fundaram novas cidades em seu litoral.

A expansão grega

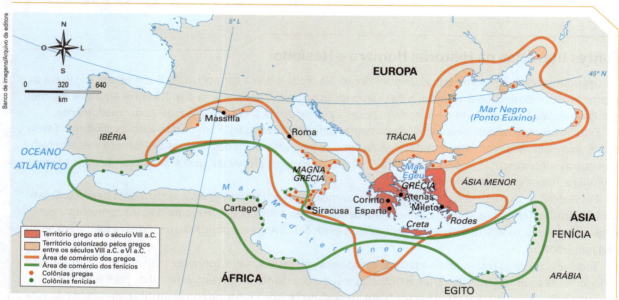

Adaptado de: BARBERIS, Carlo. *Storia Antica e Medievale*. Milano: Casa Editrice G. Principato S.p.A., 1997. p. 92.

As pólis gregas no Período Arcaico

De todas as mais de cem pólis gregas que surgiram na península Balcânica e na orla do mar Mediterrâneo, Atenas e Esparta foram as mais importantes.

Tendo como ponto geográfico central a **acrópole** – local mais elevado da povoação e em torno da qual se desenvolvia um núcleo urbano –, as cidades-Estado foram inicialmente governadas por reis, os **basileus**. Mais tarde, as pólis adotaram um regime **oligárquico-aristocrático**, liderado pelos grandes proprietários de terras reunidos em um conselho de eupátridas. A consolidação das pólis gregas marca o fim do Período Homérico e o início do **Período Arcaico**.

> **oligárquico**: vem de oligarquia, que é o governo de poucas pessoas; o regime oligárquico fundamenta-se no exercício do poder por parte de um grupo reduzido de pessoas, pertencentes à mesma família, grupo ou classe social.
> **aristocrático**: vem de aristocracia, que é a forma de governo na qual o poder está nas mãos de grupos privilegiados; portanto, aristocracia significa, literalmente, "poder dos melhores".

Esparta: oligarquia e militarismo

Esparta foi fundada pelos dórios no século IX a.C. na região da Lacônia, na península do Peloponeso. Trata-se de um território fértil, exceção no conjunto geográfico grego.

Até o século VII a.C. a sociedade espartana teve um desenvolvimento semelhante ao das demais pólis gregas. As dificuldades econômicas pelas quais passaram as outras cidades-Estado no Período Homérico foram menos acentuadas em Esparta, que não enfrentou uma grande escassez agrícola.

A sociedade espartana era formada por:

- **espartanos**: principal grupo social composto por militares e pelos descendentes dos conquistadores dórios. Eram eles que detinham o poder econômico — recebiam lotes de terras —, concentravam também o poder político e religioso, marginalizando as demais categorias sociais e utilizando a força militar para manter seus privilégios;
- **periecos**: habitantes das redondezas da pólis. Dedicavam-se à atividades rejeitadas pelos espartanos, como o artesanato e o comércio em pequena escala;
- **hilotas**: servos que eram propriedade partilhada entre a cidade-Estado e os espartanos. Não tinham direitos políticos e eram obrigados a pagar uma renda sobre as colheitas. Os hilotas descendiam dos habitantes da Lacônia que foram dominados pelos dórios.

Segundo a tradição espartana, a legislação dessa pólis foi criada por **Licurgo**, uma figura lendária. Suas leis asseguravam o monopólio político dos espartanos e a marginalização dos demais grupos sociais.

Como em outras cidades-Estado gregas, um sistema oligárquico também foi instituído em Esparta. Esse sistema era encabeçado pela **Apela** (assembleia de guerreiros) e pela **Gerúsia** (conselho com funções legislativas, constituído de anciãos membros das famílias mais ricas). Entretanto, ao contrário de outras pólis, em Esparta a chefia do governo era exercida por dois reis, e não apenas um.

Diferentemente das demais cidades-Estado, Esparta não passou pelas transformações econômicas e sociais ocorridas durante o final do Período Homérico, que levaram, por exemplo, à criação de novas cidades ao redor do Mediterrâneo que mantinham fortes laços comerciais com a pólis de origem. Tais transformações, que provocaram disputas políticas e conflitos sociais, também favoreceram a introdução da democracia em muitas pólis, mas não em Esparta, que permaneceu oligárquica e aristocrática.

Os espartanos eram numericamente inferiores aos hilotas e se militarizaram como forma de manter a ordem vigente. A educação espartana, sob responsabilidade do Estado, enfatizava o treinamento militar, exigindo obediência e aptidão física. Crianças com deficiência física eram sacrificadas ao nascer. Meninos saudáveis eram separados da família aos 7 anos de idade e entregues ao Estado para receber formação militar. Aos 18 anos, estavam prontos para ingressar no exército como **hoplitas**, soldados de infantaria armados de lanças e escudos. Aos 30 anos, podiam casar-se e participar da vida política. Deixavam de ter obrigações militares aos 60 anos, idade com que poderiam ser eleitos para a Gerúsia.

Espartanos
Periecos
Hilotas

Grécia antiga 113

Outros olhares sobre Esparta

Apesar do sistema oligárquico, Esparta foi uma das primeiras pólis gregas a criar um governo constitucional em que todo cidadão espartano era igual perante a lei e o governante, como qualquer cidadão, devia submeter-se à lei.

Em estudo recente, o historiador Paul Cartledge, da Universidade de Cambridge (Reino Unido), demonstra que, como os outros gregos, os espartanos eram altamente competitivos e prezavam muito a liberdade. No contexto espartano, liberdade significava que os cidadãos não seriam obrigados – graças aos servos – a fazer nenhum trabalho manual, exceto nos assuntos de guerra, e que eles eram livres para governar a si mesmos, por um sistema de governo de controle mútuo, ordens e obediência, submetido à disciplina militar espartana. Foi uma espécie de "Estado-**caserna**", único no mundo grego antigo. Nele, as mulheres espartanas tinham uma vida mais ativa do que em Atenas, onde permaneciam em casa, não tinham direitos políticos e deviam obediência ao pai e ao marido (veja a próxima seção *Leituras*).

Ao longo dos séculos, Esparta tem sido alvo de fascinação e repulsa. Um exemplo mais extremado surgiu entre 1941 e 1942 (período da Segunda Guerra Mundial, conflito que ocorreu de 1939 a 1945). Naqueles anos, estudiosos consideravam que Esparta teria sido o "'mais luminoso exemplo de Estado com base racial da história humana', segundo uma definição hitleriana", ou seja, nazista. (CANFORA, Luciano. *O mundo de Atenas*. São Paulo: Companhia das Letras, 2015. p. 57.)

caserna: acomodação construída para o alojamento de soldados.

Atenas, construção da democracia

A região de Atenas, localizada na península Ática, foi ocupada inicialmente pelos aqueus e depois por eólios e jônios. Por volta do século X a.C., a unificação de algumas famílias gentílicas ali existentes impulsionou a formação de uma sociedade de classes em torno do centro político-militar-religioso representado pela Acrópole ateniense.

Em Atenas, durante muito tempo, vigorou um regime monárquico que foi derrubado por membros da aristocracia local, constituída de proprietários de terras. Em seu lugar, um regime oligárquico foi instituído. Na oligarquia ateniense, o poder era exercido pelo **arcontado**, órgão composto de homens escolhidos entre os aristocratas, com mandatos anuais e funções religiosas, jurídicas e militares. Também foi instituída a supremacia do **areópago**, conselho de eupátridas (os já citados "bem-nascidos") responsável por controlar e fiscalizar os arcontes, como eram chamados os integrantes do arcontado.

A imagem ao lado mostra a constituição da pólis grega de Atenas: *acrópole* ("cidade do alto") – parte mais elevada da pólis, área fortificada onde os templos e as principais edificações eram construídos; *ágora* – praça principal, área mais pública da pólis, onde se localizavam os mercados e as feiras e se reuniam as assembleias do povo.

A escassez de terras férteis e os interesses comerciais fizeram com que os atenienses se voltassem para o Mediterrâneo com o objetivo de fundar comunidades comerciais ou de povoamento (Segunda Diáspora Grega).

A expansão pelo Mediterrâneo provocou profundas alterações na estrutura econômica e social ateniense. Atenas praticava um intenso comércio com outras cidades-Estado: em troca de excedentes agrícolas (em especial trigo), metais e madeira, vendia-lhes produtos já beneficiados (vinho, azeite e peças de artesanato). Os pequenos proprietários de Atenas, os *georgoi*, incapazes de concorrer com produtos melhores ou mais baratos que vinham dessas cidades, perderam suas terras. Muitas vezes, impossibilitados de pagar suas dívidas, eram escravizados.

Enquanto a tensão social crescia em Atenas, ameaçando a estabilidade do regime oligárquico, surgia uma categoria de homens enriquecidos pelo comércio que começou a questionar o monopólio político dos eupátridas. Nesse contexto, cresceram as tensões sociais já existentes, tornando impossível a manutenção do poder nas mãos de um único grupo social.

Diante desse quadro de instabilidade, vários legisladores atenienses fizeram propostas para superar os conflitos e atenuar as tensões sociais.

Drácon (c. 650 a.C.-600 a.C.), por exemplo, organizou e tornou público um registro escrito das leis, que até então se baseavam na tradição oral e eram conhecidas apenas pelos eupátridas. Apesar de significar um avanço, os privilégios dos eupátridas não foram alterados e a insatisfação social aumentou.

Sólon (c. 638 a.C.-c. 558 a.C.) extinguiu a escravidão por dívidas; dividiu a sociedade de forma censitária, ou seja, de acordo com a renda de cada pessoa, possibilitando a ascensão dos demiurgos (trabalhadores livres, como artesãos, comerciantes, magistrados); e criou a **bulé**, conselho formado por quatrocentos membros com funções administrativas e legislativas. Com essas medidas Sólon substituiu o sistema de poder fundamentado na hereditariedade por outro tipo, apoiado na renda.

As leis criadas pela bulé passaram a ser submetidas à **eclésia**, assembleia popular aberta a todos os cidadãos (homens livres atenienses). Portanto, as reformas propostas por Sólon não diminuíram as lutas sociais e a agitação política que abalavam a sociedade ateniense. Como resultado, Atenas viveu um período de sucessivas <u>tiranias</u> (Psístrato, Hípias e Hiparco).

> **tiranias**: governos autoritários que utilizam a força para se manter no poder. Entretanto, no contexto da Grécia antiga, a ideia de representação da vontade do povo era mantida.

Réplica de um busto de Sólon, do século IV.

Cidadão em Atenas

Era considerado cidadão ateniense apenas o homem livre nascido em Atenas, filho de pai e mãe atenienses. Isso significa que mulheres, estrangeiros e escravos não participavam do processo político – ainda que os escravos representassem a maioria esmagadora da população da pólis. Estima-se que no século V a.C. havia em Atenas cerca de 400 mil habitantes: 130 mil cidadãos, 70 mil estrangeiros e 200 mil escravos.

Clístenes (c. 570 a.C.-508 a.C.) liderou uma rebelião contra o último tirano. Depois de derrubá-lo, o estadista ateniense deu início a reformas que culminaram com a implantação da democracia e a pacificação da pólis.

Em primeiro lugar, distribuiu os cidadãos da Ática em dez tribos, divididas de acordo com o território que habitavam e não com a riqueza. A bulé passou a ter quinhentos integrantes, cinquenta por tribo, e a ser presidida de forma sucessiva por representantes de cada uma das tribos, em períodos iguais de tempo ao longo do ano. A eclésia teve seu poder ampliado e passou a discutir e votar as leis.

Clístenes criou também o **ostracismo**, mecanismo pelo qual a eclésia condenava a um exílio de dez anos aquele que fosse considerado uma ameaça à democracia. O exilado, todavia, não perdia suas propriedades. Para a tomada de decisões importantes, como o ostracismo, exigia-se que o número de votantes na eclésia fosse de pelo menos 6 mil cidadãos.

Reprodução de escultura do busto de Clístenes, concebido em 2004 por uma artista plástica grega contemporânea.

Leituras

Mulheres gregas

O texto a seguir foi escrito pela historiadora Maria Aparecida de Oliveira Silva e trata de algumas diferenças entre a condição feminina nas cidades-Estado de Esparta e de Atenas. Leia-o com atenção.

[...] o tratamento dispensado à mulher grega encontra-se diferenciado, a mulher ateniense aparece descrita nos relatos antigos reclusa em suas casas — o *oikos*, enquanto a mulher espartana exercita-se em público com vestes curtas. De acordo com os relatos dos antigos, a mulher espartana era livre para circular na cidade e recebia a educação estatal destinada a atender às necessidades do seu meio social. Essa mulher desempenhava a relevante função social de gerar filhos robustos e corajosos, ao passo que a mulher ateniense mantinha-se confinada em sua casa, aprendendo com as mulheres mais próximas, em geral a mãe, como administrar o lar e desenvolver as atividades domésticas, tais como tecer, fabricar utensílios de cerâmica e cuidar dos filhos. Contudo, esses modelos sustentados pelos antigos encontram-se incompletos, o que dificulta nossa interpretação da história da mulher grega no mundo antigo.

O século IV a.C., período do qual dispomos de maior informação sobre a mulher espartana, representou uma fase de transição entre a prosperidade do século V a.C. e a decadência do sistema **políade** no terceiro século antes de Cristo. Os escritos de Platão remetem à necessidade de inclusão da mulher no funcionamento da pólis. Para o filósofo, a mulher deve receber a mesma educação ministrada ao homem, qual seja, o ensino da música, ginástica e também da guerra (*República*, 452a). A cidade idealizada por Platão responsabiliza a mulher pelo funcionamento da pólis, e ainda garante ao sexo feminino a igualdade de condições na organização social, política e econômica da cidade-Estado. As ideias de Platão sobre o aproveitamento do potencial feminino demonstram a preocupação do filósofo em manter a independência da pólis, principalmente com relação aos que exigiam grandes quantias por seus serviços na defesa da cidade. [...]

políade: relativo a pólis.

SILVA, Maria Aparecida de Oliveira. Plutarco e a participação feminina em Esparta. *Sæculum*. João Pessoa, jan./jun. 2005. p. 11-12.

4 Período Clássico

Durante o século V a.C., as pólis gregas uniram-se militarmente pela primeira vez para enfrentar um inimigo comum, os persas, que ameaçavam suas fronteiras orientais. Na periodização tradicional da história grega, esse século faz parte do **Período Clássico** (séculos V a.C. e IV a.C.).

Trata-se de uma época também marcada por grandes conflitos entre os próprios gregos. No entanto, essas disputas não ofuscaram as grandes realizações culturais ocorridas no período, cujo auge foi o século V a.C. As reformas legislativas implantadas em Atenas por Clístenes e o governo de Péricles (c. 495 a.C.-429 a.C.) também fazem parte do Período Clássico.

Os persas tentaram invadir a Grécia duas vezes, provocando conflitos armados que ficaram conhecidos como **Guerras Médicas** ou **Guerras Greco-Pérsicas**.

O primeiro desses conflitos teve início em 490 a.C. Liderados por Dario I, os persas desembarcaram na Grécia, mas foram surpreendidos pelo exército ateniense na planície de Maratona. Apesar de sua superioridade numérica, o exército persa foi derrotado pelos gregos. O prestígio ateniense cresceu muito após essa vitória, e a cidade começou a se destacar entre as demais pólis gregas.

A segunda ofensiva persa teve início em 480 a.C., quando o imperador Xerxes partiu em direção à Grécia com cerca de 100 mil homens. Os gregos uniram-se contra os invasores, mas, apesar do sucesso espartano em retardar o avanço do inimigo, no desfiladeiro das Termópilas, os persas conseguiram invadir e saquear Atenas. Logo depois, contudo, eles foram derrotados na batalha naval de Salamina, diante de Atenas e aliados. Mais uma vez, os persas se retiraram sem conseguir dominar a Grécia.

Durante a guerra, as pólis formalizaram uma aliança conhecida como **Liga de Delos**. Tratava-se basicamente de uma união militar contra os persas. As cidades que participavam da aliança pagavam impostos — depositados na ilha de Delos — para sustentar a frota e os exércitos das cidades-Estado. Atenas, com seu prestígio e poderio econômico, logo passou a administrar os recursos de Delos, tornando-se líder da liga.

Ao final dos conflitos contra os persas, os atenienses insistiram na manutenção da Liga de Delos e dos tributos. A medida gerou descontentamento entre as cidades aliadas, que se sentiam enfraquecidas e pouco podiam fazer contra o poderio militar de Atenas. Foi o auge do **imperialismo ateniense**, ou seja, o período em que Atenas passou a dominar boa parte da Grécia.

Os atenienses transferiram o tesouro de Delos para Atenas e, com frequência, passaram a se valer da força para manter outras pólis sob seu domínio. O controle dos recursos de outras cidades abriu caminho para o apogeu ateniense, particularmente entre 461 a.C. e 429 a.C., época conhecida como a Idade de Ouro de Atenas, quando a cidade era governada por Péricles.

Péricles foi um político, orador e líder democrático ateniense, cuja importância no campo da política, das artes e das letras fez com que o século V a.C. em que governou ficasse conhecido como Século de Péricles.

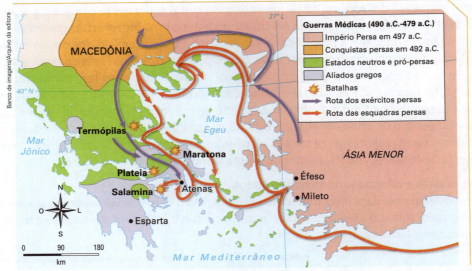

As Guerras Médicas

Adaptado de: KINDER, H.; HILGEMANN, W. *Atlas of World History*. New York: Anchor Books, 1974. p. 56.

Durante seu governo, Atenas foi reformulada e embelezada com a construção de um templo dedicado à deusa Atena, o Partenon, e de muralhas defensivas em torno da cidade, e a democracia ateniense foi aprimorada.

Ao observar que os homens livres e pobres dificilmente participavam das instituições democráticas, Péricles criou a **mistoforia**, uma pequena remuneração em dinheiro para os ocupantes de cargos públicos. A medida possibilitou a participação popular nos assuntos da administração da cidade.

Apesar desses avanços, a democracia ateniense continuava a se apoiar no imperialismo. Esse fato provocava insatisfação não só entre as cidades da Liga de Delos, mas também entre as pólis aristocráticas que não se alinhavam a Atenas. Lideradas por Esparta, as pólis insatisfeitas formaram uma aliança de oposição: a **Liga do Peloponeso**.

Busto de Péricles, cópia romana de mármore do original grego, do século V a.C. Museu Britânico, Londres.

Para saber mais

Outros olhares sobre Atenas

Em sua obra *O mundo de Atenas*, o historiador Luciano Canfora aborda a ordem democrática ateniense traçando interpretações que vão além daquela que considera que a cidadania era restrita aos homens atenienses e adultos. Leia algumas considerações do historiador.

- Das conquistas e domínios (uso de Delos)
[...] Mas qual é a finalidade do impulso de aumentar o império? Serve para ampliar as receitas e ter mais recursos para alimentar o demo. Essa é a ligação entre consenso político e política imperialista. Não por acaso, durante as [festas] Grandes Dionisíacas exibiam-se as listas dos tributos. [...]

- Quanto ao governo e à riqueza
Sobre o uso do dinheiro, tanto do erário público — recursos financeiros públicos — como de particulares, e sobre o monitoramento de populares nos encaminhamentos políticos (festas, obras públicas, representações teatrais e inúmeros subsídios), Canfora destaca:
[...] [o] local clássico da corrupção democrática em Atenas é o tribunal. Aliás, o tribunal ocupa na sociedade ateniense dos séculos V e IV uma posição central equivalente e talvez superior à da assembleia e do teatro. É no tribunal que desembocam as infinitas controvérsias possíveis referentes à propriedade: a luta sobre a propriedade, sobre os modos de exercício dos cargos públicos, em especial quando incluem a administração de dinheiro, as controvérsias sobre o montante das despesas com que os ricos devem arcar em prol da comunidade, tudo isso tem como arena diária o tribunal. [...] Os jurados, que são várias centenas, são escolhidos por sorteio: todo cidadão pode ser juiz (não é preciso ter nenhuma qualificação específica) e, além da vantagem de receber um salário por esse seu serviço de utilidade pública, está numa posição em que, julgando controvérsias que em geral envolvem disputas de propriedade, pode ser subornado (conseguindo assim um ganho suplementar) por atores e participantes que estão dispostos a tudo para vencer. [...]

- Sobre a exaltação e valorização do mundo de Atenas
[...] O restabelecimento da primazia da Atenas clássica deveu-se essencialmente aos romanos. Foram eles que, para dominar o Mediterrâneo, tiveram de derrubar [...] sobretudo a férrea e armadíssima monarquia macedônia que desqualificaram [...]

CANFORA, Luciano. *O mundo de Atenas*. São Paulo: Companhia das Letras, 2015. p. 63, 139, 475.

Conflitos e enfraquecimento das cidades-Estado

Em 431 a.C., eclodiu um conflito entre Atenas e Esparta, que ficou conhecido como Guerra do Peloponeso e envolveu outras pólis.

Atenas tinha o poderio marítimo na região, enquanto os exércitos de Esparta detinham o domínio terrestre.

Ao longo dos dezessete anos de conflito, os espartanos devastaram os campos da Ática. A guerra culminou com um cerco dos espartanos a Atenas e terminou com a vitória final de Esparta, no ano de 404 a.C. Sob o domínio espartano, a democracia declinou em Atenas e o poder oligárquico foi restaurado.

A hegemonia de Esparta na região foi, contudo, ameaçada por outras cidades, que lutavam pelo controle da península Balcânica. Tebas, que fazia parte da oposição, derrotou Esparta em 371 a.C., assumindo a hegemonia local por um breve período.

O resultado desses conflitos entre as pólis foi o enfraquecimentos das cidades-Estado gregas, o que facilitou o sucesso da invasão dos macedônios, povo do norte da península Balcânica. Em 338 a.C., na Batalha de Queroneia, os exércitos gregos foram derrotados, e a Grécia caiu sob o domínio da Macedônia.

Capacete grego de bronze datado de 700 a.C., aproximadamente.

A Guerra do Peloponeso

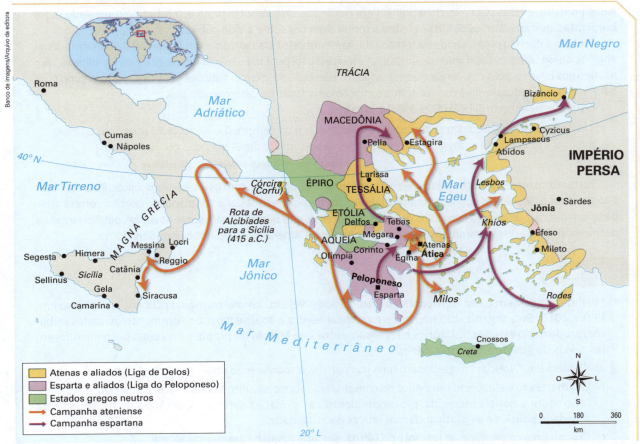

Adaptado de: DI SACCO, Paolo (Coord.). *Corso di storia antica e medievale*. Milan: Edizioni Scolastiche Bruno Mondadori, 1997. p. 135.

Construindo conceitos

Democracia antiga, democracia moderna

Como vimos, a democracia ateniense era baseada na participação dos cidadãos, isto é, dos homens adultos, livres e nascidos na cidade. Mesmo excluindo mulheres, estrangeiros, escravos e menores de 18 anos, a democracia ateniense representou uma ampliação do poder político em relação a outras formas de organização do Estado, como os regimes monárquicos e as oligarquias. De acordo com o historiador Moses Finley (1912-1986), na democracia ateniense:

> [...] o povo não era só elegível para cargos públicos e possuía o direito de eleger administradores, mas também era seu direito decidir quanto a todos os assuntos políticos e o direito de julgar, constituindo-se como tribunal, todos os casos importantes civis e criminais, públicos e privados. A concentração de autoridade na assembleia, a fragmentação e o rodízio dos cargos administrativos, a escolha por sorteio, a ausência de uma burocracia remunerada, as cortes com júri popular, tudo isso servia para evitar a criação da máquina partidária e, portanto, de uma elite política. [...]
>
> FINLEY, Moses. *Democracia antiga e moderna*. Rio de Janeiro: Graal, 1988. p. 37.

A democracia ateniense, portanto, era exercida diretamente pelos cidadãos e não por um corpo de políticos profissionais, eleitos para controlar o Estado. A assembleia popular ateniense reunia todos os cidadãos, independentemente de suas condições econômicas ou seu prestígio social. Isso significava que as decisões sobre a cidade e seus destinos eram uma atividade coletiva, vivenciada num espaço público, onde todos eram iguais e tinham direito à palavra.

A democracia moderna herdou da democracia grega a participação política dos cidadãos, mas alterou suas instituições e seu funcionamento. Na maioria dos países democráticos modernos, o poder é exercido pelos **políticos**, eleitos para exercer a política em nome dos cidadãos. Na prática, o Estado é controlado pelos **burocratas**, que auxiliam os políticos eleitos a tomar decisões sobre a vida pública.

Embora a decisão política não seja tomada diretamente pelo cidadão, como em Atenas, a cidadania moderna engloba quase todos os habitantes de um país. A escravidão foi proibida e os indivíduos, homens e mulheres, têm os mesmos direitos políticos. Ainda que estrangeiros não possam exercer funções políticas, existem condições para que eles se naturalizem e conquistem a condição de cidadão de determinado país.

O sociólogo Norberto Bobbio (1909-2004) afirma que:

> [...] a democracia nasceu com a perspectiva de eliminar para sempre das sociedades humanas o poder invisível e de dar vida a um governo cujas ações deveriam ser desenvolvidas publicamente. [...]
>
> BOBBIO, Norberto. *O futuro da democracia*. Rio de Janeiro: Paz e Terra, 2000, p. 41.

Portanto, os representantes eleitos pelo voto precisam agir de acordo com os interesses públicos. Para conhecer e controlar as ações desses políticos, foram criados instrumentos de fiscalização da atividade política, como a atividade jornalística, que divulga e avalia as decisões do governo, *sites* que informam sobre as contas públicas e canais de televisão e rádio que transmitem as sessões plenárias das Câmaras dos Deputados e do Senado.

Atividades

- Em duplas, acessem o *site Transparência Brasil* (disponível em: <www.transparencia.org.br>; acesso em: 19 fev. 2017). Essa organização não governamental realiza a análise e o monitoramento de dados públicos, produzindo estudos, relatórios e levantamentos que tratam do problema da corrupção em diferentes níveis do governo. Sigam o roteiro:
  a) Cliquem em "Notícias" e selecionem uma das notícias disponíveis no *site*.
  b) Leiam o texto e elaborem um pequeno comentário sobre o assunto tratado nele. Ao elaborar o comentário sobre a notícia escolhida, procurem identificar a relação entre a importância da fiscalização da atividade política e as práticas democráticas da atualidade.
  c) Exponham o comentário ao restante da turma, em uma pequena apresentação oral.

5 Cultura grega

Durante o Período Clássico, entre os anos do governo de Péricles e a conquista macedônica, ocorreu a época áurea da criação cultural grega. Nesse período viveram muitos dos principais teatrólogos, filósofos, arquitetos e artistas da Grécia antiga. Algumas dessas manifestações culturais são cultuadas ainda hoje.

A religião é uma das expressões culturais gregas de maior destaque. Ela caracterizava-se pelo politeísmo antropomórfico. Ou seja, os gregos acreditavam em deuses que tinham formas e atributos semelhantes aos dos seres humanos: suas fraquezas, paixões, virtudes, etc. Mas uma característica fundamental distinguia os deuses dos humanos: a imortalidade.

Segundo a mitologia grega, vários deuses habitavam o Monte Olimpo, de onde comandavam o destino dos seres humanos e dos heróis. Os heróis, ou semideuses, eram, em geral, filhos de humanas com os deuses. Entre os heróis gregos, destacam-se: Hércules, filho de Zeus e da mortal Alcmena e famoso por sua força extraordinária, e Teseu, filho de Poseidon e da mortal Etra, conhecido por ter matado o Minotauro.

Entre as principais divindades estavam: **Zeus**, senhor de todos os deuses; **Atena**, filha de Zeus, deusa da razão e da sabedoria e protetora da cidade de Atenas; **Apolo**, deus da luz e das artes; **Dioniso**, deus do vinho; e **Poseidon**, deus dos mares.

A influência da mitologia grega pode ser observada em todas as manifestações artísticas da Grécia antiga. O teatro, por exemplo, surgiu de encenações promovidas nas festas realizadas em homenagem a Dioniso. As tragédias gregas de maior destaque foram escritas por Ésquilo (525 a.C.-456 a.C.), Sófocles (496 a.C.-406 a.C.) e Eurípedes (484 a.C.-406 a.C.). O maior representante da comédia foi Aristófanes (445 a.C.-386 a.C.).

Dois poemas épicos estiveram entre as primeiras fontes literárias gregas e ocidentais para os historiadores, os já citados *Ilíada* e *Odisseia*. As duas obras apresentam narrativas heroicas com referências históricas e mitológicas. *Ilíada* descreve a Guerra de Troia, entre os gregos e a cidade de Troia, na costa da Ásia Menor, hoje ocupada pela Turquia. *Odisseia* narra as aventuras do herói grego Ulisses em seu retorno da Guerra de Troia. Em ambas, o lugar de honra é reservado aos aristocratas. Essa característica expressa a transição para o regime político oligárquico-aristocrata, que foi adotado pelas pólis no final do Período Homérico.

Além dos poemas épicos, foram preservadas narrativas de acontecimentos considerados importantes pelos gregos, como as de Heródoto (c. 485 a.C-420 a.C.) e Tucídides (c. 460 a.C.-c. 400 a.C.).

A História, como estudo do passado, também surgiu entre os antigos gregos. O termo História tal como o entendemos hoje, no entanto, não existia. A palavra *historie* vem do grego e significa "aquele que viu, que testemunhou". Os relatos de Heródoto, considerado "pai da História", eram baseados no que ele "viu ou ouviu dizer dos que viram" os fatos.

Esses relatos consistiam em narrativas escritas, diferenciando-se da poesia e do mito, formados por narrativas e tradições orais. Heródoto teria registrado e reunido em seus escritos o que as testemunhas oculares narravam em diferentes versões e segundo suas memórias. Seus livros descrevem principalmente os "não gregos" (persas, babilônicos, egípcios, entre outros) e as Guerras Médicas.

Estátua de Atena, deusa da razão e da sabedoria, de 525 a.C. Atenas, Grécia.

Réplica romana de escultura de mármore de Apolo, o deus da luz e das artes, esculpida no século II d.C.

Na arquitetura e na escultura buscava-se uma expressão do <u>humanismo</u>, com o cultivo de princípios como o <u>racionalismo</u> e a simplicidade, que resultasse em equilíbrio, harmonia e ordem. Segundo o lugar e a época em que foram construídos, os templos gregos seguiam três estilos diferentes: o dórico, o jônico e o coríntio.

> **humanismo**: forma de explicação da realidade centrada no ser humano e em seus valores; busca da compreensão de conceitos ligados ao ser humano, como a felicidade, a ética, a virtude, a justiça.
> **racionalismo**: explicação da natureza e de tudo o que existe pela razão. Pode referir-se à corrente filosófica dos séculos XVII e XVIII e ao uso da razão em detrimento das explicações baseadas em crenças religiosas.

Teatro de Dioniso, na Acrópole de Atenas. Desde meados do século V a.C., ele era utilizado para apresentações teatrais em homenagem ao deus Dioniso. Foto de 2014.

Partenon, templo da deusa Atena, na Acrópole de Atenas. Suas colunas, no estilo dórico, tinham linhas mais rígidas e capitel liso. Foto de 2015.

Biblioteca de Adriano, em Atenas. Nas ruínas remanescentes, é possível observar colunas mais ornamentadas, no estilo coríntio, expressando luxo e abundância. Foto de 2015.

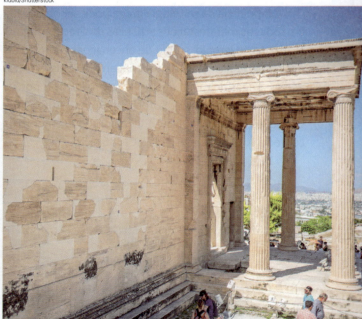

Templo de Erechtheion, em Atenas. Podem ser observadas colunas no estilo jônico, em que os capitéis apresentam volutas – enfeites em forma de caracol. Foto de 2014.

A civilização grega foi também o berço da Filosofia (palavra grega que significa "amor à sabedoria"), disciplina que tem por objetivo procurar explicações racionais e universais para a vida e para a humanidade. O pensamento filosófico grego tinha por base a razão e, por isso, valorizava o ser humano (**antropocentrismo**), influenciando significativamente o **racionalismo** ocidental de séculos posteriores.

Inicialmente, a Filosofia grega desenvolveu a linha ou escola de pensamento que se tornaria conhecida como **pré-socrática** ("anterior a Sócrates") ou dos filósofos da natureza. Esses filósofos buscavam uma explicação para a origem das coisas que fosse além do mito.

Mais tarde, sobretudo em Atenas e no contexto da democracia, surgiu a escola **sofista**, que abriu mão de interpretações mais amplas sobre a origem das coisas e passou a enfatizar a prática da **retórica**, a arte do convencimento. Deixando de lado a busca por um conhecimento mais profundo ou verdadeiro, os sofistas estimulavam a expressão de opiniões como forma de atingir objetivos concretos, por exemplo, a aprovação de uma lei. Um dos representantes dessa escola foi Protágoras (c. 485 a.C.-410 a.C.), autor da frase "O homem é a medida de todas as coisas", que evidenciava uma preocupação central com o ser humano.

No século V a.C., destacou-se o filósofo Sócrates (c. 470 a.C.-399 a.C.), que não apenas criticava os sofistas, mas também afirmava que existia um conhecimento verdadeiro e que o ser humano poderia atingir esse conhecimento pela prática filosófica apoiada no diálogo. Crítico da ordem ateniense, foi julgado e condenado à morte sob a acusação de "corromper a juventude".

Os princípios desenvolvidos por Sócrates foram assumidos por seu discípulo Platão (c. 428 a.C.-348 a.C.), considerado o fundador da Filosofia ocidental. Em seus ensinamentos, Platão considerava que a busca pelo conhecimento verdadeiro era uma prática transcendente, isto é, que iria além dos dados obtidos pelos sentidos. Seria pelo pensamento que se chegaria às ideias eternas e imutáveis, como a beleza, a bondade e a verdade.

Finalmente, Aristóteles (384 a.C.-322 a.C.), já vivendo no período do domínio macedônico, levou a Filosofia para outra direção, afirmando a importância dos sentidos como forma de obter o conhecimento verdadeiro. Platão e Aristóteles fundaram duas correntes do pensamento que dominaram o debate filosófico no Ocidente até pelo menos o final do século XVIII.

> **antropocentrismo**: do grego *anthropos*, "humano", e *kentron*, "centro", vê o homem como centro do Universo e das explicações racionais.
> **sofista**: do grego *sophistés*, que significa "sábio".
> **retórica**: oratória; arte de bem argumentar, falar de modo convincente, persuasivo.

As Olimpíadas

Em 2016, o Rio de Janeiro sediou os Jogos Olímpicos. A origem do termo **Olimpíada** vem da cidade de Olímpia, localizada a 360 quilômetros de Atenas, onde havia um templo dedicado a Zeus. Esses jogos esportivos aconteciam a cada quatro anos e contavam apenas com a participação de homens. Embora também fossem realizados em outras cidades, os jogos de Olímpia se destacaram entre os demais e passaram a ser denominados Jogos Olímpicos. A primeira Olimpíada teria ocorrido em 776 a.C. Em 393 d.C., os Jogos foram suspensos pelo imperador romano Teodósio, voltando a ocorrer apenas em 1896, por incentivo do barão francês Pierre de Coubertin. Nessa data, após 1503 anos, Atenas sediou a primeira versão moderna dos Jogos Olímpicos.

Uma das várias cópias romanas, feita de mármore, da escultura *Discóbolo*, originalmente produzida em bronze, provavelmente de 450 a.C. e de autoria do artista Míron, que representou o momento em que o atleta lança um disco.

Grécia antiga

6 Período Helenístico

A época iniciada com a conquista da Grécia pela Macedônia, no século IV a.C., tornou-se conhecida como **Período Helenístico** e estendeu-se até o século II a.C.

Os macedônios foram inicialmente governados por Felipe II (382 a.C.-336 a.C.), vencedor da Batalha de Queroneia. Eles não se limitaram à conquista da Grécia, logo partindo para o Oriente. O conquistador do Oriente, porém, não seria Felipe II, assassinado em 336 a.C. Caberia a seu filho, Alexandre, o Grande, subjugar a Pérsia, o Egito, a Mesopotâmia e outras regiões do Oriente.

Educado por Aristóteles, Alexandre assimilou valores da cultura grega. Após sufocar revoltas internas, expandiu o território sob seu comando, conquistando a Ásia Menor, a Pérsia e chegando até as margens do rio Indo, na Índia. Entretanto, após sua morte em 323 a.C., aos 33 anos, o Império Macedônico se esfacelou, dividido em reinos autônomos sob o governo de alguns de seus generais.

> **helenismo**: fusão da cultura grega com a oriental. A denominação da nova cultura derivou do termo que os gregos atribuíam a si mesmos – helenos.

A cultura helenística

No plano cultural, contudo, a obra de Alexandre sobreviveria ao esfacelamento de seu império territorial. A expansão promovida por ele, com a fundação de diversas cidades (em sua homenagem, algumas delas foram batizadas com o nome de Alexandria), foi a grande responsável pela difusão da cultura grega pelo Oriente. Nesse processo, muitos aspectos da cultura grega se fundiram com as culturas locais, dando origem à **cultura helenística** ou helenismo.

Escultura de um atleta produzida durante o Período Helenístico (século IV a.C.-século II a.C.).

O Império de Alexandre, o Grande (século IV a.C.)

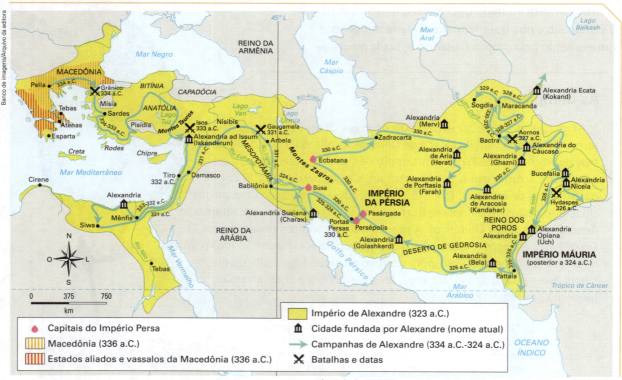

Adaptado de: DUBY, Georges. *Grand atlas historique*. Paris: Larousse, 2004. p. 18.

Dessa forma, o grande feito das conquistas de Alexandre foi favorecer o surgimento de uma nova cultura, herdeira da grega, mas com elementos das culturas orientais. Alexandria (no Egito), Pérgamo (na Ásia Menor) e a ilha de Rodes (no mar Egeu) foram alguns dos principais centros de difusão dos valores da cultura helenística.

O helenismo caracterizou-se por uma arte mais realista, exprimindo violência e dor, componentes constantes dos novos tempos de guerra. Na arquitetura, predominaram o luxo e a grandiosidade — reflexo da imponência do Império Macedônico. Na escultura, turbulência e agitação eram traços significativos.

Já nas ciências, vale destacar o avanço da Matemática, com Euclides (meados do séc. IV a.C.-meados do século V a.C.), um dos pioneiros da Geometria; da Física, com Arquimedes de Siracusa (287 a.C.-212 a.C.); da Geografia, com Eratóstenes (276 a.C.-c. 195 a.C.); e da Astronomia, com Aristarco (310 a.C.-230 a.C.), Hiparco (190 a.C.-120 a.C.) e Ptolomeu (c. 100 d.C.-c. 170 d.C.), este último defensor do geocentrismo, teoria aceita até o início dos tempos modernos (séculos XV-XVI).

O helenismo originou ainda novas correntes filosóficas, como:

- o **estoicismo**: fundado por Zenão de Cítio (333 a.C.-264 a.C.), definia a felicidade como o equilíbrio interior, o qual oferecia ao ser humano a possibilidade de aceitar, com serenidade, a dor e o prazer, a sorte e o infortúnio;
- o **epicurismo**: fundado em Atenas por Epicuro (340 a.C.-270 a.C.), essa corrente filosófica pregava a procura de prazeres moderados, a fim de evitar o sofrimento e alcançar a felicidade;
- o **ceticismo**: do grego *sképtomai*, "olhar", "investigar", caracterizava-se pela negação da possibilidade de conhecer com certeza qualquer verdade. O conhecimento dependeria do sujeito e do objeto estudado; seria, portanto, relativo. A felicidade consistiria em não julgar coisa alguma.

O helenismo ainda acrescentou à cultura grega uma instituição já existente na cultura oriental: o **despotismo**, uma forma de poder autoritário, segundo a qual a autoridade do governante era inquestionável.

A divisão do Império Macedônico, que se seguiu à morte de Alexandre, e as sucessivas lutas internas entre facções rivais resultaram em seu enfraquecimento político, o que possibilitou a conquista romana nos séculos II a.C. e I a.C. Entretanto, mesmo conquistando a Grécia, Roma assimilou muitos de seus valores culturais, o que acabou influenciando a cultura que se disseminou a partir dessa cidade.

Observe um dos mais famosos exemplos de escultura helenística: *Laocoonte e seus filhos* (c. 25 a.C.). Nessa imagem, destacam-se a dor e o sofrimento humanos (diante da força das serpentes que os dominam).

Grécia antiga

Dialogando com as Artes Cênicas

Mulheres na Grécia

As mulheres não tinham direitos de cidadania nas cidades-Estado da Grécia antiga. No entanto, elas exerciam sua influência e poder através de outras formas. Alguns textos teatrais daquele período demonstram o papel ativo das mulheres na sociedade, inclusive no debate político e na discussão sobre assuntos públicos, como a destruição provocada pela guerra e o respeito às tradições religiosas.

Nesta seção, vamos conhecer duas peças teatrais produzidas em diferentes períodos e refletir sobre o papel da mulher na sociedade. *Antígona* foi escrita pelo dramaturgo grego Sófocles, no século IV a.C. *Antígona recortada – contos que cantam sobre pousopássaros* foi criada em 2014 pelo Grupo Bartolomeu de Depoimentos, companhia que mistura o teatro épico ao *hip-hop*. Leia os trechos a seguir e depois faça as atividades propostas.

Antígona

Antígona, filha de Édipo e Jocasta e irmã de Ismênia, Polinice e Etéocles, é uma figura mitológica que simboliza o amor fraternal e a justiça divina. De acordo com a mitologia, os irmãos Polinice e Etéocles concordaram revezar o reinado de Tebas na ausência do pai, Édipo, que partiu para o exílio acompanhado por Antígona. Ao fim do primeiro mandato, Etéocles se recusou a ceder o trono ao irmão, que, revoltado, aliou-se a uma cidade vizinha e promoveu um grande ataque a Tebas.

A trama da peça tem início após a morte dos irmãos, que se mataram na disputa, e narra o retorno de Antígona a Tebas. Ao assumir o poder, Creonte, irmão de Jocasta, declara que Polinice foi um traidor e, portanto, não deveria receber as honras funerárias tradicionais. Etéocles, por sua vez, seria enterrado com todo o cerimonial necessário, e quem contrariasse essas ordens seria condenado à pena de morte. Antígona, porém, desobedece a lei real e invoca as leis divinas, decidindo enterrar o irmão de acordo com os rituais religiosos da época e acaba executada.

O trecho a seguir apresenta a fala de Antígona sobre sua desobediência e o enterro do irmão.

[...] ANTÍGONA: Sim, porque não foi Júpiter que a promulgou; e a Justiça, a deusa que habita com as divindades subterrâneas jamais estabeleceu tal decreto entre os humanos; nem eu creio que teu édito tenha força bastante para conferir a um mortal o poder de infringir as leis divinas, que nunca foram escritas, mas são irrevogáveis; não existem a partir de ontem, ou de hoje; são eternas, sim! E ninguém sabe desde quando vigoram! Tais decretos, eu, que não temo o poder de homem algum, posso violar sem que por isso me venham punir os deuses! Que vou morrer, eu bem sei; é inevitável; e morreria mesmo sem a tua proclamação. E se morrer antes do meu tempo, isso será, para mim, uma vantagem, devo dizê-lo! Quem vive, como eu, no meio de tão lutuosas desgraças, que perde com a morte? Assim, a sorte que me reservas é um mal que não se deve levar em conta; muito mais grave teria sido admitir que o filho de minha mãe jazesse sem sepultura; tudo o mais me é indiferente! Se te parece que cometi um ato de demência, talvez mais louco seja quem me acusa de loucura! [...]

SÓFOCLES. *Antígona*. Porto Alegre: L&PM, 2001. p. 30.

Reprodução da pintura de V. J. Robertson, produzida em 1850. Na imagem, Antígona joga poeira sobre o corpo de seu irmão, Polinice, cena da tragédia de Sófocles, *Antígona*. Ao fundo, a cidade de Tebas.

Antígona recortada

Trata-se de uma releitura da obra de Sófocles, a partir de questões contemporâneas. Leia a seguir um trecho dessa adaptação.

> [...] MULHER 1: Um dia essa história toda vai ecoar.
> MULHERES 1 E 2: Um ninho raro, de pássaros diversos, sendo construído à revelia das leis vigentes. Meninas mulheres dançavam enquanto cuidavam de um bando de passarinhos recém-saídos do ninho. Iam construindo um cemitério todo colorido que parecia uma praça de brincar. E cercaram o lugar com lençóis desenhados e não deixavam ninguém com mais de 18 anos entrar.
> MULHER 1: Esse lugar queria mudar o rumo das coisas,
> MULHER 2: Que não se sabe por que e em que momento da história,
> MULHER 1: Começou por causa da dificuldade com o sustento,
> MULHERES 1 E 2: um negócio perigoso,
> MULHER 2: se não me falha a memória,
> MULHER 1: que era trabalhar, em idade que ainda nem é para isso, em assunto escuso e que trazia às leis naturais um certo abuso.
> MULHERES 1 E 2: E a passarada em vez de crescer, brincar, estudar, aprendeu a carregar revólver, a revólver carregar, e a ter responsabilidade, como se fosse homem crescido.
> MULHER 1: E, por puro desatino e dureza do destino, todo mundo concordava com essa lógica enviesada, que criança, ao invés de brincar e jogar pelada, tivesse função e trabalhasse em causa bandidagem, sujeito a morte repente, de aviso e de emboscada.
> MULHER 2: E as famílias, por puro desespero, aceitavam, um pouco fazendo vista grossa por causa do dinheiro, que se alguma das crianças sumisse nem o corpo seria entregue para dar enterro derradeiro,
> MULHERES 1 E 2: pois seria uma prova contra os grandes o corpo morto dos pequenos.
> MULHER 2: E foi desse jeito que as meninas criaram uma outra história e ousada. [...]

Transcrição de cena apresentada durante entrevista concedida ao programa *Metrópolis* da TV Cultura em novembro de 2013. Disponível em: <http://mais.uol.com.br/view/xiddtuwnvlqs/espetaculo-mistura-teatro-epico-e-hip-hop-04020D9B3868D0B94326?types=A&›. Acesso em: 19 fev. 2017.

Antígona é a terceira peça de uma trilogia escrita por Sófocles. As outras obras que compõem o ciclo são *Édipo rei* e *Édipo em Colono*. Na imagem, cena de uma montagem de *Antígona* realizada em Avignon, França. Foto de 2008.

Atividades

1. Pesquise o que é o teatro *hip-hop* e o que era o teatro grego. Elabore um pequeno comentário sobre cada um desses estilos teatrais.
2. Releia os dois trechos das peças teatrais reproduzidos nesta seção.
   a) O que o trecho da peça de Sófocles pode revelar a respeito das ideias de Antígona?
   b) Será que a desobediência de Antígona, na peça do século IV a.C., pode servir de inspiração para pensarmos sobre as jovens meninas que vivem hoje nas periferias do mundo?
   c) No segundo trecho, a tragédia grega é resgatada sob o viés da tragédia contemporânea. Em que consiste essa tragédia contemporânea, de acordo com o texto? De que modo o trecho da peça do Grupo Bartolomeu de Depoimentos se relaciona com a história de Antígona?
3. Sob a orientação do professor, debata com os colegas o papel da mulher na luta por justiça e direitos humanos. Durante a discussão, considere outras personagens femininas da mitologia, da literatura, do cinema, etc.

Atividades

Retome

1. Vimos neste capítulo que os antigos gregos se organizaram em cidades-Estado. Por que razão, então, falamos na existência de uma unidade denominada Grécia?

2. O desenvolvimento da civilização grega foi precedido pelo florescimento de duas outras culturas na região do Egeu: a cretense e a micênica. Ambas adotavam um sistema político conhecido como palacial. O que caracteriza esse sistema?

3. Que fatores impulsionaram a expansão grega pelo mar Mediterrâneo no século VIII a.C.?

4. Após invadir a região da península do Peloponeso e derrotar os antigos habitantes do local em guerras, os dórios fundaram a cidade-Estado de Esparta. Os descendentes dos dórios passaram a compor a camada dos espartanos. O que aconteceu com os descendentes dos povos derrotados pelos dórios?

5. Várias cidades-Estado aristocráticas da Grécia antiga passaram por transformações que favoreceram o estabelecimento de sistemas democráticos. E Esparta? Essa cidade-Estado experimentou transformações semelhantes? Qual sistema político predominou em Esparta?

6. O que causou o enfraquecimento do regime oligárquico ateniense e a progressiva formação da democracia?

7. Qual é a relação existente entre as Guerras Médicas e a eclosão da Guerra do Peloponeso?

8. De que maneira a política de conquistas adotada por Alexandre, o Grande, chefe militar e imperador macedônico, deu origem à cultura helenística?

Pratique

9. Leia a seguir um trecho de uma entrevista concedida em Manaus pelo arquiteto e urbanista Jaime Kuck ao *Jornal do Commercio*. Nela, Kuck fala sobre mobilidade urbana e sustentabilidade.

> [...]
> **JC**: Manaus ainda pode se transformar numa capital sustentável?
>
> **JK**: Manaus tem potencial para ser a capital ecológica do mundo. Temos os igarapés, os rios, a mata, temos tudo e temos uma população que está crescendo intelectualmente e economicamente e que não vai mais se conformar com a incompetência e exploração desmedida. A população está desenvolvendo uma cultura que valoriza a arquitetura e urbanismo e isso faz muita diferença.
>
> **JC**: Quais são as suas sugestões para que Manaus venha a se tornar uma cidade inteligente?
>
> **JK**: Bom transporte coletivo, espaços convidativos que levem as pessoas a sair da clausura, se encontrar. Precisamos evoluir da *city* para a pólis grega onde se discutiam politicamente os problemas da cidade.
> [...]
>
> MARIA, Tanair. Manaus precisa de infraestrutura, diz Jaime Kuck. *Portal Amazônia*. Disponível em: <http://portalamazonia.com/noticias/manaus-precisa-de-infraestrutura-diz-jaime-kuck-7>. Acesso em: 19 fev. 2017.

Agora, faça o que se pede.

a) Na entrevista, Jaime Kuck associa a pólis grega à atitude de "sair da clausura, se encontrar". Pense no que você estudou neste capítulo sobre as pólis da Grécia antiga e explique essa associação.

b) Como você definiria o que Kuck chama de *city*?

c) Para os autores do *Dicionário de política*, a palavra pólis designa

> [...] Uma cidade autônoma e soberana, cujo quadro institucional é caracterizado por uma ou várias magistraturas, por um conselho e por uma assembleia de cidadãos. [...]
>
> BOBBIO, Norberto; MATTEUCCI, Nicola; PASQUINO, Gianfranco. *Dicionário de política*. Brasília: Ed. da Universidade de Brasília, 2010. v. 2. p. 954.

Levando em consideração essa definição e com base em seus conhecimentos, o que é necessário para que uma cidade moderna se aproxime do modelo da pólis, como sugere Jaime Kuck?

10. O texto a seguir foi escrito por Aristóteles, um dos mais importantes filósofos da Grécia antiga, e apresenta um raciocínio do filósofo sobre a capacidade do ser humano de ser justo. Leia-o atentamente e faça o que se pede.

> [...] Ora, cada qual julga bem as coisas que conhece, e desses assuntos ele é bom juiz. Assim, o homem que foi instruído a respeito de um assunto é bom juiz nesse assunto, e o homem que recebeu instrução

sobre todas as coisas é bom juiz em geral. Por isso, um jovem não é bom ouvinte de preleções sobre a ciência política. Com efeito, ele não tem experiência dos fatos da vida, e é em torno destes que giram as nossas; além disso, como tende a seguir as suas paixões, tal estudo lhe será vão e improfícuo, pois o fim que se tem em vista não é o conhecimento, mas a ação. E não faz diferença que seja jovem em anos ou no caráter; o defeito não depende da idade, mas do modo de viver e de seguir um após outro cada objetivo que lhe depara a paixão. A tais pessoas, como aos incontinentes, a ciência não traz proveito algum; mas aos que desejam e agem de acordo com um princípio racional, o conhecimento desses assuntos fará grande vantagem. [...]

ARISTÓTELES. *Ética a Nicômaco*. São Paulo: Nova Cultural, 1991. p. 5.

a) Os gregos revolucionaram o conhecimento ao buscar explicações para o mundo fora do campo mítico e religioso. O texto de Aristóteles ilustra bem essa mudança. De acordo com ele, o que deveria funcionar como guia para as ações humanas?

b) De acordo com o filósofo, por que os jovens não eram, em geral, bons juízes? Você concorda com Aristóteles? Justifique sua resposta.

Analise uma fonte primária

11. O texto a seguir é um trecho de um discurso de Demóstenes (384 a.C.-322 a.C.), conhecido orador e político ateniense. Leia o trecho e faça o que se pede.

[...] Assim que o meu nome foi pronunciado, ele correu para a tribuna e pôs-se a caluniar-me, falando muito, muito depressa e aos gritos – vocês viram – sem apresentar qualquer prova para as suas acusações, nem entre os demotas, nem entre os outros atenienses; e convidou a assembleia a excluir-me. Pedi que a questão fosse analisada no dia seguinte, porque já era tarde, eu não tinha ninguém para me ajudar e tinha sido apanhado de surpresa: assim ele poderia desenvolver sua acusação e apresentar testemunhas, se as tivesse; quanto a mim, poderia apresentar a minha defesa em **assembleia plenária** e apresentar o testemunho dos meus pais; e fosse qual fosse a sentença da assembleia, eu estava pronto a aceitá-la. Mas ele não levou em conta a minha proposta e mandou imediatamente distribuir os boletins de voto pelos **demotas** presentes, sem me permitir nenhuma defesa, sem organizar um debate contraditório. Os seus **acólitos** apressaram-se a votar. Já era noite e cada um deles recebeu dois ou três boletins de voto de Eubulides e puseram-nos na urna: prova disso é que quando se chegou à altura de contar os votos, havia, para espanto geral, mais de sessenta quando os votantes não eram mais de trinta. Como prova de que falo a verdade, quando digo que a votação não foi feita em assembleia plenária e que houve mais votos do que votantes, vou apresentar testemunhas. Para dizer a verdade, atenienses, não pude ter como testemunhas nenhum dos meus amigos nem outros atenienses porque era tarde e eu não tinha convocado ninguém; mas posso recorrer ao testemunho dos que me excluíram injustamente. Eles não poderão negar os fatos que pus por escrito, para que não sejam esquecidos. [...]

DEMÓSTENES. Contra Eubulides. In: MOSSÉ, Claude. *O cidadão na Grécia antiga*. Lisboa: Edições 70, 1999. p. 48.

assembleia plenária: reunião em que todos os membros de uma assembleia estão convocados.
demotas: aqueles inscritos em um demos (nesse contexto, uma espécie de distrito).
acólitos: assistentes, apoiadores políticos.

a) Para interpretar esse documento, você deve contextualizá-lo. Para isso, antes de fazer as questões relativas ao documento, pesquise e responda.
- Qual era o regime político adotado em Atenas no século IV a.C.?
- Quem tinha direito à participação política em Atenas?
- Procure identificar alguns dos acontecimentos que se desenrolaram na Grécia durante o século IV a.C.

b) Para quem Demóstenes está discursando?

c) A quem Demóstenes está se referindo?

d) Qual é o objetivo de Demóstenes com esse discurso?

e) Qual foi a acusação feita por Demóstenes no discurso?

f) Com base no discurso de Demóstenes, descreva o funcionamento de uma assembleia em Atenas.

g) De acordo com o documento, a democracia ateniense tinha falhas? Justifique.

h) Analisando esse documento, podemos afirmar que nossas instituições tomam como base o modelo político grego? Por quê?

Grécia antiga 129

Articule passado e presente

12. O texto a seguir trata de uma escola no município de São Paulo onde os alunos seguem um modelo pedagógico diferente do adotado na maioria das escolas. Leia a reportagem e depois faça o que se pede.

> [...] Mesmo tendo adotado, há 12 anos, um modelo pedagógico inovador, a Escola Municipal Pres. Campos Salles ainda tem de lidar com episódios de violência. Com cerca de mil alunos, o colégio fica em Heliópolis, comunidade da zona sul de São Paulo. Em um desses incidentes, o aluno do 4º ano Felipe Rodrigues presenciou um colega cuspir em uma professora.
>
> Como parte de sua responsabilidade, coube ao jovem, de 11 anos, conversar com o agressor. "Olha, pede desculpa à professora. Você tinha que pensar antes de fazer isso", contou sobre o tom usado com o estudante indisciplinado.
>
> Felipe faz parte da comissão mediadora de sua sala, um grupo de 10 a 15 alunos, eleito pela própria turma para cuidar dos problemas enfrentados ao longo do ano letivo. "Há estudantes que têm dificuldade em matemática. Outros, na educação física. E há estudantes que têm dificuldade nas atitudes", ressalta a coordenadora pedagógica da escola, Amélia Arrobal Fernandez.
>
> As comissões fazem parte do projeto pedagógico adotado pela escola de ensino fundamental, que tem como base a integração com a comunidade e a gestão participativa. O modelo é inspirado na portuguesa Escola da Ponte. "Os problemas da escola são os da comunidade. Os problemas da comunidade também são da escola", diz Amélia.
>
> [...]
>
> Após a abordagem, o colega indisciplinado se sentiu mais à vontade para contar a Felipe um pouco de seus problemas pessoais. "Ele até desabafou. Nós conversamos e falamos que o que ele precisasse, nós ajudaríamos. O jeito de ele se expressar é bater nas pessoas. O que ele sofre, desconta aqui", diz em referência a outro jovem que relatou sofrer agressões do tio alcoólatra.
>
> Esse tipo de trabalho, que parte dos estudantes, tende, segundo a coordenadora, a ter resultados mais efetivos do que atitudes tomadas diretamente pelos adultos. "Por mais que professores, família e gestores interfiram, eles falam a mesma língua.
>
> As coisas têm o mesmo sentido e significado para eles. É diferente ouvir do próprio segmento", acrescenta Amélia.
>
> [...]
>
> O projeto da Campos Salles aboliu a divisão do conteúdo por matérias e do tempo por aulas. Os alunos de diferentes idades estudam em grandes salões a partir de roteiros de estudos discutidos em assembleias. "Aqui é uma escola que não tem aula. Não acreditamos em aula expositiva, onde o professor escolhe um conteúdo e algo a explicar que não partiu necessariamente do desejo ou da dúvida real do estudante", explica Amélia. O aprendizado vem por meio das leituras, pesquisas e discussões mediadas pelos professores.
>
> A resolução de conflitos garante, de acordo com a coordenadora, as condições para que a proposta funcione. "Se não houver uma convivência democrática e respeitosa, não existirá ambiente de estudo e aprendizagem. Porque a convivência é a base de tudo."
>
> Apesar de aumentar a responsabilidade dos jovens, que devem tomar decisões sobre os caminhos a seguir, a proposta também aumenta a sensação de liberdade. "Minha irmã estudava em escola estadual. Ela me contava que lá era cheio de grades. Eu ia morrer sufocada. Aqui não tem grades", comenta Ana Suellen Sousa da Silva, de 14 anos, que fez na escola todo o ensino fundamental.
>
> Ao atuar ativamente na resolução de conflitos, a professora Valéria Vieira acredita que os alunos também começam a se preparar para os desafios da vida adulta. "Principalmente quando ele entrar para o mercado de trabalho, quando terá que resolver problemas, se relacionar com outras pessoas." [...]
>
> ALUNOS fazem mediação de conflitos em escola da capital paulista. *Último segundo*. Disponível em <http://ultimosegundo.ig.com.br/educacao/2015-12-02/alunos-fazem-mediacao-de-conflitos-em-escola-da-capital-paulista.html>. Acesso em: 19 fev. 2017.

a) Em que aspectos a escola vista na reportagem é diferente da escola em que você estuda? Em que aspectos é parecida?

b) É possível traçar algum paralelo entre a maneira como os atenienses cuidavam da vida pública, na Antiguidade, e a forma como os alunos da escola vista na reportagem resolvem os seus problemas escolares nos dias atuais? Explique.

c) Em sua opinião, o modelo pedagógico adotado na escola mostrada na reportagem favorece o desenvolvimento da cidadania? Justifique.

CAPÍTULO 6º

A civilização romana

Ruínas da Praça Oval, em Jerash, na Jordânia. No século II, os romanos, que então dominavam essa região havia mais de cem anos, ergueram uma série de construções, como teatros, templos e palácios. Destinadas a cumprir funções típicas do modo de vida romano, essas construções seguiam a estética dos dominadores. Foto de 2015.

O Império Romano atingiu diferentes povos e sociedades não somente nos aspectos políticos e econômicos, mas também culturais, como indica a foto acima. Hoje, é possível perceber a influência de um povo sobre outro? Que evidências dessa influência podem ser notadas?

1 Roma e nós

São muitas as contribuições romanas à nossa civilização. A língua portuguesa, por exemplo, é uma ramificação do latim, língua original dos romanos. O cristianismo, uma das religiões mais praticadas no mundo contemporâneo, surgiu e se expandiu a partir da Palestina, sob o domínio romano, e se consolidou ao se tornar a religião oficial do Império Romano, no século IV.

Há quem defenda, contudo, que o Direito Romano foi a mais importante contribuição de Roma para a nossa civilização. O Direito Romano era reflexo da organização social romana, altamente complexa e ordenada, e foi estruturado a partir da Lei das Doze Tábuas (450 a.C.). Ainda hoje é uma das fontes de inspiração do Direito nas modernas sociedades democráticas.

A civilização romana teve longa duração. Das origens da cidade de Roma à derrocada do Império Romano, foram mais de dez séculos de história. Neste capítulo estudaremos a fundação de Roma, o sistema monárquico que vigorou na fase inicial de sua história, a República, que se instaurou com a abolição da Monarquia, e os principais aspectos da formação e da evolução do Império Romano.

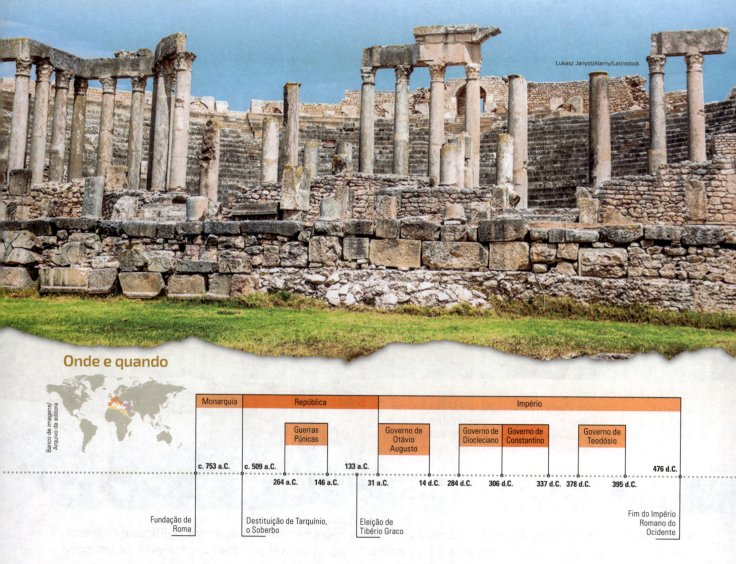

Ruínas romanas em Dougga, Tunísia, norte da África. Foto de 2013.

Onde e quando

Mapa e linha do tempo ilustrativos. As regiões indicadas no mapa referem-se à configuração atual dos países a que pertencem hoje, e o espaço entre as datas não é proporcional ao intervalo de tempo.

2 Da fundação de Roma ao fim da Monarquia

Roma nasceu de um pequeno povoado na margem esquerda do rio Tibre, no **Lácio**, região localizada no centro da península Itálica, onde recebeu influência de diversos povos indo-europeus que ali se fixaram a partir do século X a.C. Entre eles estavam os **sabinos**, os **úmbrios** e os **latinos**.

Também tiveram destaque os **etruscos**, um aglomerado de povos de origem incerta que fundaram várias cidades-Estado ao norte e no centro da península, alcançando predomínio sobre outros povos no século VII a.C., inclusive na região do Lácio.

Monarquia (séculos VIII a.C.-VI a.C.)

A cidade de Roma foi fundada no século VIII a.C. Pesquisas históricas indicam que ela se originou da reunião de aldeias que, até o século VI a.C., viveram sob um regime monárquico. Ou seja, os grupos familiares (clãs) que ocupavam Roma em sua origem eram governados por um rei, que detinha o comando militar e o da Justiça, além de exercer a função de sacerdote.

A localização de Roma

Adaptado de: DUBY, G. *Atlas historique mondial*. Paris: Larousse, 2006. p. 25-28.

A lenda da fundação de Roma

Há mais de uma lenda sobre a fundação de Roma. Segundo uma delas, o príncipe troiano Eneias, sobrevivente da destruição de Troia pelos gregos, dirigiu-se com seu filho Ascânio para a região do Lácio, na Itália. Coube a Ascânio a fundação de Alba Longa, iniciando a dinastia troiana nessa cidade-Estado. Tempos depois, quando Numitor era o rei de Alba Longa, seu ambicioso irmão Amúlio o depôs do trono e tomou o poder. Enquanto isso, Reia Sílvia, a filha de Numitor, engravidou e deu à luz os gêmeos Rômulo e Remo, filhos de Marte, o deus da guerra.

Como herdeiros naturais ao trono, os gêmeos eram uma ameaça a Amúlio, que, enraivecido, ordenou que eles fossem jogados no rio Tibre. As crianças foram depositadas em um cesto e carregadas pela correnteza, mas acabaram retidas nas margens do rio. Os gêmeos sobreviveram graças a uma loba que os amamentou. Tempos depois, eles foram encontrados e criados por um casal de pastores.

Ao descobrirem sua origem, já adultos, Rômulo e Remo mataram Amúlio. Após recolocarem seu avô, Numitor, no trono de Alba Longa, decidiram fundar uma cidade no local em que foram encontrados. Rômulo matou Remo e deu seu nome à nova cidade, Roma, fundada sobre o monte Palatino, em 753 a.C., tornando-se o primeiro dos sete reis do período monárquico romano.

Símbolo de Roma, essa escultura de bronze representa a loba mitológica amamentando os gêmeos Rômulo e Remo. Durante muito tempo considerou-se que essa estátua era do século V a.C. No entanto, em 2009, estudiosos dataram-na com radiocarbono, e descobriu-se que ela foi criada entre os séculos XII e XIII, quase 1700 anos depois do que se presumia.

Os quatro primeiros reis (Rômulo, Numa Pompílio, Túlio Hostílio e Anco Márcio) fazem parte das narrativas lendárias da história romana. Os três últimos (Tarquínio, o Velho, Sérvio Túlio e Tarquínio, o Soberbo) reinaram no período de dominação etrusca. Sobre a existência destes há registros históricos confiáveis.

Durante o período monárquico, a economia romana era essencialmente agrícola. Do ponto de vista social, a elite era formada pelos **patrícios**, grandes proprietários de terras que gozavam de privilégios políticos e religiosos. Abaixo deles estavam os **plebeus**, homens livres que inicialmente não tinham direitos políticos. Muitos deles eram também **clientes**: dependentes ou agregados dos patrícios que lhes prestavam algum tipo de serviço. Na mais baixa situação estavam os **escravos**, categoria social formada por aqueles que haviam sido derrotados em guerra ou que não haviam conseguido pagar dívidas. Considerados simples instrumentos de trabalho, eram ainda pouco numerosos no período monárquico.

Os patrícios dominavam o **Senado** (ou Conselho dos Anciãos) que, politicamente, controlava o poder do rei.

O conjunto dos cidadãos em idade militar e aptos para lutar formava a **Assembleia** (ou Cúria).

No fim do século VII a.C., a estabilidade da Monarquia romana foi quebrada com a dominação dos etruscos, que, por meio da força, passaram a nomear os reis da cidade. Tarquínio, o Soberbo, último rei de Roma, que governou de 534 a.C. a 509 a.C., foi deposto por uma <u>insurreição</u> liderada pelos patrícios. A Monarquia foi abolida, o poder supremo passou a ser representado pelo Senado, e um regime de características oligárquicas, a **República**, foi formado.

insurreição: rebelião, revolta.

Vivendo naquele tempo

A velhice e a família patrícia romana

Na Antiguidade, a expectativa de vida variava entre 30 e 50 anos, devido às inúmeras doenças que afligiam a maior parte da população. Por isso, o número de idosos era muito menor do que o das sociedades modernas.

Na sociedade romana, no entanto, em virtude de melhores condições de vida, havia uma presença maior de idosos entre as famílias mais ricas. Nessas famílias, os idosos, especialmente os homens, tinham, em geral, um lugar de prestígio e autoridade: eram vistos como detentores de grande sabedoria e guardiões da tradição.

Na vida privada, o chefe das famílias patrícias (o *pater familias*) exercia poder sobre sua mulher, filhos e filhas, escravos e clientes. Mesmo na velhice, ele era a maior autoridade da casa e governava as propriedades da família. Um casamento, por exemplo, só podia ser consumado se fosse aprovado pelos pais e pelos avós dos noivos, caso ainda estivessem vivos.

Na vida política, a importância dos mais velhos materializava-se na própria organização do poder, representado pelo Senado, que significa Assembleia ou Conselho de Anciãos (do latim *senatus*, mesma raiz de *senex*, que significa "senil", e de *senior*, que significa "ancião"). Para Marco Túlio Cícero (103 a.C.-43 a.C.), um dos maiores filósofos da Roma antiga, os atributos da velhice eram também as qualidades do Senado.

[...] Em verdade, se a velhice não está incumbida das mesmas tarefas que a juventude, seguramente ela faz mais e melhor. Não são nem a força, nem a agilidade física, nem a rapidez que a autorizam as grandes façanhas; são outras qualidades, como a sabedoria, a clarividência, o discernimento. Qualidades das quais a velhice não só não está privada, mas, ao contrário, pode muito especialmente se valer.

[...] Se essas qualidades não existissem entre os velhos, nossos antepassados jamais teriam chamado o conselho supremo de Senado, isto é, "assembleia dos anciãos". [...]

CÍCERO, Marco Túlio. *Saber envelhecer e A amizade*. Porto Alegre: L&PM Pocket, 2007. p. 18-20.

Estátua de mármore, de Togatus Barberini, século I, mostra um senador romano segurando as imagens (bustos) de seus ancestrais. Museus Capitolinos, Roma, Itália.

3 República

O governo republicano passou a ser exercido pelos **magistrados**. Na prática, porém, o Senado era o órgão máximo de poder na nova estrutura política instaurada em Roma. Ele exercia função legislativa e administrativa e controlava as finanças, tendo poder até para declarar guerra. Seus integrantes eram vitalícios e pertenciam a um grupo restrito de famílias patrícias abastadas.

Os magistrados que administravam a República eram eleitos para mandatos de um ano e não recebiam nenhuma remuneração por esse trabalho, o que levava somente os mais ricos (os patrícios) para a magistratura.

As instituições republicanas completavam-se com as Assembleias, encarregadas da nomeação dos magistrados e da **ratificação** das leis.

Havia três tipos de assembleia: centurial, curial e tribal. A centurial, que era convocada pelos cônsules, consistia em uma reunião do exército, dividido em grupos de cem homens, as centúrias, formadas por patrícios e plebeus ricos. Nessa assembleia, as centúrias votavam as leis, decidiam pela guerra ou pela paz e elegiam os magistrados. A assembleia curial dedicava-se aos assuntos religiosos, e a tribal era formada por 35 tribos romanas.

Inicialmente, havia os *concilia plebis*, com a participação apenas da plebe (as decisões, *plebiscita*, eram aplicadas apenas aos plebeus). Mais tarde, os plebiscitos se tornaram obrigatórios a todos os cidadãos, e as assembleias passaram a contar com a participação de patrícios e plebeus. Elegiam os magistrados em votações realizadas no fórum, no local denominado *comitium*. Tinham também atribuições judiciais e, a partir do século III a.C., passaram a votar todas as leis.

> **magistrados**: funcionários do poder público investidos de autoridade. O termo originou-se do latim *magistratus*, que significa "o cargo de governar" ou "pessoa que governa". Em Roma, referia-se aos detentores de cargos políticos.
> **ratificação**: confirmação ou validação (no caso, confirmação da aprovação de uma lei que já passou pelo Senado).

Leituras

O papel da mulher na família e na sociedade romanas

Em Roma, as mulheres não eram consideradas cidadãs — assim como as crianças, os estrangeiros e os escravos. O texto a seguir foi escrito pelo historiador inglês Dominic Rathbone e apresenta informações valiosas a respeito do papel feminino na família e na sociedade romanas.

[...] Embora a palavra "família" venha do latim, a noção dos romanos era muito diferente da atual de "família nuclear". A família romana tradicional era chefiada pelo homem mais velho, o *pater familias* ("pai de família"), que tinha autoridade sobre os membros, inclusive os netos e os escravos. Ele selecionava marido e mulher para os filhos, arranjando os casamentos deles com outros *pater familias*. Seus filhos adultos podiam ter esposa e filhos, mas não se tornavam chefes das próprias famílias antes da morte do pai. As filhas, muitas vezes, continuavam sob a autoridade do pai mesmo após casadas. [...]

[...]

Embora a sociedade fosse dominada pelos homens, as mulheres romanas tinham mais direitos e independência que as gregas. Elas não podiam votar nem se candidatar em eleições, mas podiam possuir bens e comandar seus próprios empreendimentos. Esta [ao lado] é a estátua de Eumáquia, uma das cidadãs mais ricas de Pompeia. Patrona da **guilda** dos pisoeiros (estofadores), ela usou sua riqueza para erguer um edifício público impressionante, junto ao fórum de Pompeia. [...]

RATHBONE, Dominic. *História ilustrada do mundo antigo*. São Paulo: Publifolha, 2011. p. 213 e 266.

> **guilda**: associação de trabalhadores de um mesmo ofício (*collegia*) que visava proteger os interesses de seus integrantes.

Estátua de Eumáquia, sacerdotisa que gozava de grande popularidade em Pompeia, por volta do século I a.C.

Aspectos do sistema político

O sistema político republicano era controlado pelos patrícios, daí seu caráter oligárquico. Marginalizados da política, os plebeus viviam descontentes, e a República Romana, por consequência, sob a constante possibilidade de conflitos sociais.

Em 494 a.C., os plebeus, revoltados, retiraram-se de Roma e foram para o Monte Sagrado, onde exigiram representação política na República. Os patrícios cederam à pressão e criaram o cargo de **tribuno da plebe**, magistrado que, eleito pelos plebeus, tinha poder de veto sobre as decisões do Senado.

Para atenuar a crescente tensão, outras concessões foram feitas pelos patrícios. Em 450 a.C. foi elaborada a **Lei das Doze Tábuas**, a primeira compilação das leis romanas. Até então, as leis eram transmitidas oralmente e quase sempre manipuladas a favor dos patrícios. Com a Lei das Doze Tábuas, as leis passaram a ficar expostas em tábuas no prédio do Fórum Romano, para conhecimento de todos. Em 445 a.C., o casamento entre patrícios e plebeus foi permitido; e, em 367 a.C., foi concedido aos plebeus acesso às terras públicas.

Mesmo assim, os conflitos sociais continuaram, principalmente em consequência das transformações econômicas provocadas pela política de expansão territorial da República Romana.

Para saber mais

Estrutura política da República Romana

As **Assembleias Romanas** eram compostas por **cidadãos**, que eram os homens livres de Roma (patrícios e plebeus). Além de votar as leis, as assembleias elegiam os **magistrados** e os **tribunos da plebe** – anualmente – e, a cada cinco anos, os **censores**.

Os **magistrados** governavam a República Romana e propunham as leis, que seriam votadas pelas assembleias. Os **cônsules**, que eram dois, dirigiam o Estado. Os **pretores**, que também eram dois, aplicavam a Justiça. Os **edis** – quatro, no total – reabasteciam e administravam Roma. Já os 20 **questores** lidavam com as finanças.

Os **tribunos da plebe**, dez no total, tinham o direito de se opor às decisões dos magistrados. E os dois **censores**, também eleitos pelas assembleias, recenseavam os cidadãos.

O **Senado** era composto por cerca de 300 senadores designados para o cargo. Além de prestar assessoria aos magistrados, os senadores dirigiam a política externa, monitoravam as finanças e a religião, e, em caso de grave crise (interna ou externa), suspendiam o poder dos cônsules e indicavam o nome de um ditador, que tinha plenos poderes pelo período máximo de seis meses.

Estátua de mármore, do século II a.C., que representa um grupo de senadores romanos. A toga que os senadores vestem sobre a túnica denota o *status* que eles detinham na sociedade romana. A toga era um pano de lã com pouco mais de 5 metros de comprimento por 2,5 metros de largura.

A expansão territorial romana

Inicialmente, essa expansão ocorreu pela península Itálica por meio de alianças com povos vizinhos que envolveram tanto certa flexibilização com relação à cidadania romana como enfrentamentos militares. Entre os séculos V a.C. e III a.C., Roma passou a dominar toda a península. A expansão romana a partir da península Itálica foi uma preparação para a conquista do Mediterrâneo, segundo a máxima *Mare est Nostrum*, cunhada em moedas romanas da época.

O expansionismo romano provocou atrito com uma importante potência adversária no Mediterrâneo: Cartago, cidade fundada pelos fenícios no norte da África. Tiveram início, assim, as **Guerras Púnicas** (264 a.C.-146 a.C.). Esses conflitos foram resultado da disputa entre Roma e Cartago pela hegemonia comercial na bacia do Mediterrâneo. Um dos principais destaques do conflito foi a disputa pelo domínio do sul da península Itálica e da ilha da Sicília, região também conhecida como Magna Grécia.

As Guerras Púnicas culminaram com a destruição de Cartago. Esse resultado significou um impulso para o controle romano de vastos territórios. Diferentemente do que ocorreu com as regiões conquistadas na península Itálica, a Sicília tornou-se uma província romana e, como tal, era explorada e obrigada a pagar tributos.

Após a derrota de Cartago e a conquista de toda a bacia do Mediterrâneo, Roma conquistou também a península Ibérica e reinos helênicos, expandindo seus domínios.

A conquista da península Itálica

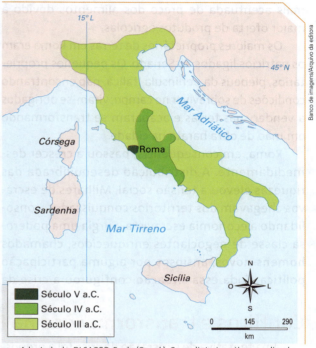

Adaptado de: DI SACCO, Paolo (Coord.). *Corso di storia antica e medievale*. Milano: Edizioni Scolastiche Bruno Mondadori, 1997. p. 171 e 219.

Bacia mediterrânea: *Mare est Nostrum* (século II a.C.)

Adaptado de: DI SACCO, Paolo (Coord.). *Corso di storia antica e medievale*. Milano: Edizioni Scolastiche Bruno Mondadori, 1997. p. 171 e 219.

A expansão provocou profundas transformações: o Senado passou a administrar um vasto território e Roma passou a ser a capital de um grande império. Os bens e as riquezas conquistados nesse processo de expansão, tanto pela pilhagem como pela cobrança de tributos, convergiam para Roma. Isso produziu um impacto na economia, incluindo a queda cada vez mais acentuada de preço dos alimentos devido à maior oferta de produtos agrícolas.

Os maiores proprietários de terras em Roma eram os patrícios ligados ao Senado. Os pequenos proprietários, plebeus da península Itálica, não encontrando condições de sobreviver no campo, viram-se obrigados a vender suas terras e acabaram se transformando em mão de obra barata na cidade.

Roma, em consequência, passou a crescer desmedidamente. A distribuição desequilibrada das riquezas elevou a tensão social. Milhares de escravos chegavam dos territórios conquistados, consolidando a economia escravista. Surgia uma poderosa classe de negociantes enriquecidos, chamados **homens-novos**, ansiosos por alguma participação política. Toda essa situação configurou a crise da República Romana: o governo oligárquico não tinha condições de enfrentar as crescentes pressões sociais e políticas.

> **Como os romanos obtinham escravos**
>
> [...] Os romanos apossavam-se de escravos através de procedimentos extremamente legítimos: ou compravam do Estado aqueles que fossem vendidos "debaixo da lança" como parte do botim; ou um general podia permitir àqueles que fizessem prisioneiros de guerra conservá-los, com o resto do produto do saque; ou obtinham a posse de escravos comprando-os de outros que fossem seus senhores em virtude de um dos métodos anteriores. [...]
>
> Fragmento da História Antiga dos Romanos (IV, 24) do historiador grego Dionísio de Halicarnasso (século I a.C.). In: CARDOSO, Ciro Flamarion S. *O trabalho compulsório na Antiguidade*: ensaio introdutório e coletânea de fontes primárias. Rio de Janeiro: Edições Graal, 2003. p. 140.

Conflitos e transformações na República

Uma tentativa de superação da crise foi a proposta de reforma agrária, formulada pelos irmãos Tibério e Caio Graco. Eleito tribuno da plebe em 133 a.C., Tibério propunha que o tamanho das propriedades rurais fosse limitado ao equivalente a 125 **hectares**. Sua lei agrária chegou a ser aprovada, mas contrariava os interesses dos patrícios, que haviam ocupado essas terras. Insatisfeitos, eles promoveram o assassinato de Tibério.

Anos mais tarde, em 124 a.C., seu irmão Caio Graco, também eleito tribuno da plebe, retomou a luta pela reforma agrária. Ele propunha a divisão das terras públicas e sua distribuição entre os plebeus. Mais uma vez, a proposta suscitou a oposição dos patrícios, que cercaram Caio Graco nas proximidades de Roma. Encurralado, Caio pediu a um escravo que o matasse.

Esses conflitos, somados às campanhas militares no exterior, levaram os generais a ocupar um lugar privilegiado na cena política. Para os senadores, eles representavam a possibilidade de restaurar a ordem pela força.

Entre esses militares, destacou-se o general Caio Mário (157 a.C.-86 a.C.), um homem-novo que foi eleito cônsul seis vezes consecutivas. Mário ampliou o recrutamento militar, permitindo o alistamento de cidadãos sem posses, e modificou a organização do exército romano: os soldados passaram a receber um **soldo** e parte dos **espólios de guerra**, além de um lote de terra após 25 anos de carreira militar. Com essas medidas, os soldados passaram a preferir servir generais vitoriosos, já que seriam beneficiados com isso. Assim o poder dos generais nas disputas políticas se fortaleceu e a lealdade aos líderes militares passou a sobrepor-se à fidelidade à República e ao seu órgão mais representativo, o Senado.

Outro importante general desse período foi Lúcio Cornélio Sila (138 a.C.-78 a.C.). Sila era rival de Caio Mário e estava mais ligado à aristocracia. Houve uma divisão entre as tropas que apoiavam Sila e as tropas que apoiavam Mário e suas ideias reformistas, resultando em seguidos confrontos.

> **hectare**: área equivalente a 10 mil metros quadrados.
> **soldo**: remuneração a militar de qualquer grau.
> **espólios de guerra**: objetos e riquezas conquistados pelo lado vencedor de uma batalha ou guerra. Podem ser objetos de valor, como ouro, armas, obras de arte, etc.

Em 82 a.C., após a morte de Mário, Sila tornou-se **ditador** de Roma com o apoio do Senado e amparado pela *Lex Valeria* (Lei Valéria). De acordo com essa lei, ele governaria sem limite de tempo. Durante sua administração ditatorial, opositores foram perseguidos e eliminados, em um processo que ficou conhecido como **proscrições de Sila**. Após aumentar o número de membros do Senado e tirar os poderes legislativos dos tribunos da plebe, Sila renunciou à ditadura em 78 a.C.

Em 73 a.C., as tensões sociais que dilaceravam a República explodiram em uma gigantesca rebelião de escravos liderada pelo gladiador Espártaco (em latim, *Spartacus*), que viveu entre 120 a.C. e 70 a.C. Segundo registros de historiadores romanos, como Apiano e Plutarco, ao desertar de uma tropa auxiliar do exército romano, Espártaco foi capturado e transformado em escravo. Dotado de grande força física, ele foi comprado por um negociante e levado para uma escola de gladiadores em Cápua, na região italiana da Campânia. Espártaco acabou se tornando líder de cerca de 120 mil escravos fugidos, aos quais se somavam mulheres e crianças. A revolta, que ficou conhecida como **Guerra dos Escravos** ou **Guerra dos Gladiadores**, estendeu-se de 73 a.C. a 71 a.C. e infligiu sérias derrotas aos exércitos romanos até ser controlada pelo comandante Marco Licínio Crasso (115 a.C.-53 a.C.). Antes dessa rebelião, também chamada de **Terceira Guerra Servil**, ocorreram outras duas revoltas, em 135 a.C. e 104 a.C., na Sicília, contra a escravidão.

O fim da República

As constantes disputas pelo poder entre os militares resultaram na criação de **triunviratos**, governos de três líderes político-militares – o que também aguçou divergências. O primeiro triunvirato foi formado em 60 a.C. pelos generais Júlio César (100 a.C.-44 a.C.), Pompeu (106 a.C.-48 a.C.) e Marco Licínio Crasso.

Depois da morte de Crasso, desencadeou-se uma guerra civil entre as forças de Júlio César e de Pompeu. César venceu o conflito, foi declarado ditador vitalício e assassinado em pleno Senado, em 44 a.C.

Seguiu-se o segundo triunvirato, formado por Marco Antônio (83 a.C.-30 a.C.), Otávio (63 a.C.-14 d.C.) e Lépido (c. 89 a.C.-c. 13 a.C.), que envolveu novos confrontos. Otávio derrotou seus rivais em 31 a.C. e recebeu do Senado os títulos de *princeps* ("primeiro cidadão") e *imperator* ("o supremo"). Depois atribuiu a si mesmo o título de *augustus* ("divino"). Essas medidas consumavam a concentração de poderes nas mãos de Otávio. Era o fim da República e o começo do Império Romano.

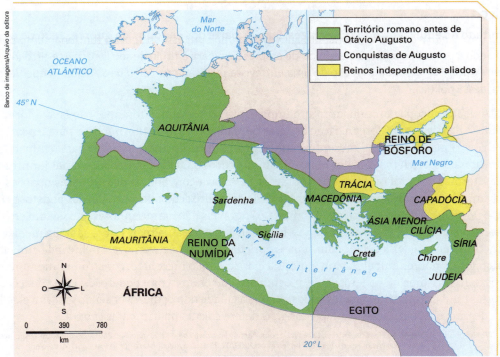

Adaptado de: BARBERIS, Carlo. *Storico antica e medievale*. Milano: Casa Editrice G. Principato S.p.A., 1997. p. 329.

4 Império

Com a centralização do poder nas mãos do imperador e a diminuição do poder do Senado, uma profunda reforma política ocorreu em Roma. O imperador, além de deter poder político, passou também a ser cultuado como uma divindade, como indica seu título de *augustus* ("divino").

Ao implantar o Império, Otávio Augusto promoveu reformas administrativas que favoreceram a expansão da **burocracia**, que passou a seguir critérios censitários, ou seja, de acordo com os rendimentos, incluindo tanto a antiga aristocracia patrícia como comerciantes que enriqueceram com a expansão territorial.

A expansão da burocracia acabou atenuando a tensão social entre as camadas mais abastadas – os homens-novos ganhavam espaço na partilha do poder, ao passo que os patrícios mantinham seus privilégios.

O governo de Otávio também foi marcado pela doação de trigo ao povo e pela promoção de jogos, disputas e combates entre gladiadores, igualmente destinados ao povo. Essa política ficou conhecida como a **política do pão e circo**.

Estátua de Otávio Augusto, de 20 a.C. aproximadamente, vestido como um comandante vitorioso.

burocracia: nesse contexto, o termo refere-se a um sistema de hierarquias com distribuição de funções e responsabilidades na administração pública.

Leituras

Pão e circo

Em seu livro *O pão e o circo*, o historiador Paul Veyne propõe um estudo sobre o funcionamento político de Roma, incluindo a prática cujo nome ele tomou de empréstimo para o título de seu livro: pão e circo (ou *panis et circenses*, em latim). Leia a seguir o trecho de uma entrevista publicada na *Folha de S.Paulo* em que Veyne trata justamente dessa política.

> [...] A doação ocupava um lugar muito importante na sociedade romana: pão (sob a forma da distribuição de trigo), circo (organização de lutas de gladiadores) e festins públicos para o povo, mas também distribuição de terras, presentes para marcar o início do ano, presentes para o imperador e seus funcionários, etc. A maioria dos monumentos públicos das cidades greco-romanas (anfiteatros, basílicas, termas, etc.) foi oferecida por notáveis. Eu estava convencido de que essas doações não guardavam relação nenhuma com uma tentativa de despolitização e de manobra dos poderosos para afastar o povo da política. Na sociedade romana, os notáveis não eram senhores que viviam em seus castelos, mas nobres que viviam na cidade – como, aliás, aconteceria mais tarde, na Itália medieval –, e essa nobreza enxergava a cidade como sua propriedade, que ela governava. Em lugar de embelezar seus castelos, os nobres embelezavam a própria cidade, com o mecenato: construíam monumentos públicos e, assim, com sua generosidade, mostravam que eram ricos e poderosos. Essas doações ostentatórias também eram destinadas a mostrar que a cidade não podia viver senão graças a eles. Não se trata de uma despolitização dos espíritos, mas de um cálculo político mais sábio. [...]

VEYNE, Paul. Paul Veyne e a História. Entrevista realizada por Martine Fournier. *Folha de S.Paulo*, São Paulo, 28 jun. 2009. Disponível em: <www.bresserpereira.org.br/terceiros/2009/09.06.paulveyneeahistoria_entrevista.pdf>. Acesso em: 19 fev. 2017.

O Alto Império (séculos I a.C.-III d.C.)

Além de garantir os privilégios da elite burocrática e o sustento da plebe, Otávio manteve a expansão territorial como objetivo permanente do Império. Roma conquistava territórios cada vez mais extensos. Centenas de milhares de estrangeiros eram escravizados e seu trabalho estava na base da economia romana.

O governo de Otávio Augusto foi caracterizado ainda pela ampliação do comércio entre as províncias, pela construção de estradas, pontes e aquedutos e por grandes realizações culturais.

A literatura floresceu, destacando-se a atuação do ministro Caio Glínio Mecenas (70 a.C.-8 a.C.), que apoiou financeiramente artistas e escritores, como os poetas Virgílio (70 a.C.-19 a.C.), Horácio (65 a.C.-8 a.C.) e Ovídio (43 a.C.-18 d.C.). Foi o apoio de Mecenas aos artistas que deu origem ao termo **mecenato**, usado para designar o patrocínio de atividades artísticas e culturais.

Alguns governantes do Alto Império

Otávio foi o primeiro governante do chamado Alto Império. A ele seguiram-se outros tradicionalmente lembrados de maneira negativa.

O governo de Tibério (42 a.C.-37 d.C.), que o sucedeu, por exemplo, foi marcado, de acordo com alguns historiadores, por imoralidade e corrupção. Foi nesse período que Jesus Cristo foi crucificado. O terceiro imperador, Calígula (12 d.C.-41 d.C.), teria sido um déspota, e Cláudio (10 a.C.-54 d.C.), que o sucedeu, envenenado pela própria esposa.

Nero (37 d.C.-68 d.C.), o sucessor de Cláudio, foi acusado de atear fogo em Roma e culpar os cristãos — que acabaram presos e levados às arenas para enfrentar leões e outros animais selvagens em espetáculos públicos.

As violentas disputas sucessórias foram superadas somente com as dinastias dos **Flávios** (68 d.C.-96 d.C.) e dos **Antoninos** (96 d.C.-192 d.C.). Com o fim das disputas, Roma pôde então retomar sua expansão territorial.

As últimas anexações do Império e a estabilidade financeira firmaram a fase final do apogeu romano. Nesse período final do Alto Império, destacaram-se os imperadores Trajano, que retomou a ampliação do território, e Marco Aurélio, conhecido como o "imperador filósofo".

Leituras

Nero, um imperador maldito?

A descoberta de relatos sobre a popularidade de Nero entre o povo romano provocou uma revisão historiográfica do retrato do "imperador maldito". Vejamos o que escreveu a esse respeito o jornalista, escritor e político italiano Massimo Fini.

> [...] Entretanto, é essa mesma historiografia cristã, ou de inspiração cristã, que penetrou profundamente em todos os níveis nas nossas escolas e ainda dita normas. Assim, quando se fala de um imperador como Constantino, responsável pela adoção do cristianismo como religião do Estado, omite-se que assassinou o filho e a mãe. Além disso, dá-se-lhe mais importância histórica do que realmente teve, enquanto Nero continua sendo tão somente um monstro. [...]
>
> Porém, a historiografia moderna dá um retrato muito mais equilibrado do "imperador maldito". Os historiadores anglo-saxões, franceses, romenos (pode parecer estranho, mas o mais importante centro de Estudos Neronianos está em Bucarest), além do italiano Mario Attílio Levi, foram os principais responsáveis pela recente e severa revisão crítica do personagem Nero e sua obra. E a imagem que resulta disso, ao menos como homem público, é muito diferente, ou melhor, completamente contrastante com as descrições habituais. [...]

FINI, Massimo. *Nero, o imperador maldito*. São Paulo: Scrita Editorial, 1993. p. 13.

Busto de Nero produzido por volta do ano 75 d.C.

Bridgeman Images/Keystone Brasil/Museu Arqueológico Nacional, Nápoles, Itália.

A civilização romana

O Coliseu

O Coliseu, um dos principais símbolos do Império Romano, começou a ser construído em 72 d.C., por ordem do imperador Flávio Vespasiano. As obras estenderam-se por anos e só foram concluídas no governo de seu filho, Tito.

O edifício foi oficialmente chamado de Anfiteatro Flaviano e tinha capacidade para acomodar 50 mil pessoas. O nome Coliseu, segundo alguns estudiosos, teria sido atribuído ao anfiteatro séculos depois, em razão de uma estátua chamada Colosso de Nero, encontrada nas proximidades.

O anfiteatro chegou a abrigar combates que duraram mais de cem dias para comemorar sua inauguração.

Como a Muralha da China, desde 2007 o Coliseu de Roma faz parte da lista das Novas Sete Maravilhas do Mundo.

1. No primeiro piso do Coliseu ficava o lugar destinado às pessoas mais abastadas de Roma. Também havia um local exclusivo para o imperador e seus convidados, a chamada tribuna imperial, num ponto próximo à arena.

2. Os outros andares eram destinados à plebe em geral. Havia lugares específicos para mulheres e crianças.

3. A fachada externa do Coliseu foi revestida de mármore e era rica em detalhes; nela havia colunas de diversos estilos e arcadas. Alguns desses arcos abrigavam esculturas de bronze.

4. A arena era o local onde a luta ocorria. Ali, os gladiadores se enfrentavam armados de lanças, espadas, escudos e também lutavam contra animais, como leões, tigres e ursos.

5. Os animais usados nos confrontos eram introduzidos na arena por um mecanismo parecido com um elevador, que os trazia do subsolo até um corredor em pequenas jaulas. De lá eles subiam rampas ou escadarias até chegarem à arena.

6. Havia pontos estratégicos de acesso direto à arena. Por eles entravam e saíam os gladiadores, os animais e até os cenários utilizados nas reconstituições de grandes batalhas.

7. O Coliseu possuía um tipo de cobertura retrátil, semelhante a um toldo, que podia ser aberto ou fechado e servia para proteger a plateia do sol em dias mais quentes.

SF Photo/Shutterstock/Glow Images

Foto aérea do Coliseu, situado em Roma, Itália, de 2011.

O Baixo Império (séculos III d.C.-V d.C.)

A partir do século III da Era Cristã, o Império Romano mergulhou em sucessivas crises, entrando em um período que alguns historiadores denominam Baixo Império, e outros, **Antiguidade Tardia**.

Com o passar dos anos, o processo de expansão territorial, base de toda riqueza e estabilidade do império, esgotou-se. Esse esgotamento ocorreu por vários motivos: a própria dimensão territorial alcançada, cuja manutenção envolvia altos custos; a pressão dos povos dominados e também dos vizinhos; as dificuldades para novas anexações, etc.

Mais importante do que expandir o território era manter as áreas já conquistadas e fortalecer as fronteiras do império. Sem novas conquistas, porém, não havia captura de escravos, e a mão de obra começou a escassear, prejudicando a economia. Ao mesmo tempo, os elevados custos para manter as estruturas imperiais, militares e administrativas abalavam a moeda romana, que se desvalorizou. Isso afetou as atividades econômicas e reativou as disputas entre chefes militares, corroendo o poder romano. Tal quadro acelerou o processo de desagregação do império.

Paralelamente, crescia em meio à população cativa a adesão a uma nova crença que surgira durante o governo de Otávio, o cristianismo. O caráter ético do espiritualismo cristão era consolador e carregado de esperanças: para os bons cristãos, uma vida melhor no paraíso; para os maus, o castigo no inferno. Assim, o cristianismo oferecia aos escravos uma alternativa de salvação, ainda que após a morte.

A nova religião passou a ter um caráter subversivo para a estrutura política romana, pois, além de universal, ela era contrária à violência e rejeitava a divindade do imperador. Em número crescente, pessoas livres também se convertiam ao cristianismo.

Soldo, antiga moeda de ouro romana, com a face de Teodósio, datada do século IV d.C.

Alguns governantes do Baixo Império

Na tentativa de superar as dificuldades pelas quais passava o Império Romano, o Estado começou a intervir cada vez mais na vida econômica e social. Diocleciano (284 d.C.-305 d.C.), Constantino (306 d.C.-337 d.C.) e Teodósio (378 d.C.-395 d.C.) foram alguns dos imperadores do Baixo Império que tomaram medidas nesse sentido.

Diocleciano, por exemplo, criou o **Édito Máximo**, que fixou o preço de mercadorias e salários para combater a crescente inflação. A medida não surtiu o efeito desejado e os problemas de abastecimento aumentaram. Para administrar o império, Diocleciano ordenou a criação de uma tetrarquia, que dividiu o império em quatro áreas administrativas e militares. Essas áreas ficaram sob o comando de dois Augustos e dois Césares, que respondiam a Diocleciano, o Augusto Senior. A tetrarquia acabou fortalecendo os militares e a burocracia e não conteve o processo de desagregação do império.

Constantino, por sua vez, tomou providências sobre a política religiosa do império. Após uma reunião em Milão, aprovou uma resolução que definia a liberdade de culto aos cristãos. Também transformou a antiga cidade grega de Bizâncio, localizada a leste e próxima ao mar Negro, entre a Europa e a Ásia, na segunda capital do Império Romano, rebatizando-a Constantinopla. Ainda em seu governo, ocorreu o **Concílio de Niceia**, em 325 d.C., quando se firmou uma das bases do cristianismo: a crença na "Santíssima Trindade" (o Pai, o Filho e o Espírito Santo).

Teodósio transformou o cristianismo em religião oficial do império com o **Édito de Tessalônica**. Além disso, dividiu o Império Romano em duas partes: uma ocidental, e outra oriental. Roma continuou a ser a capital da porção ocidental, chamada Império Romano do Ocidente, e Constantinopla tornou-se a capital do Império Romano do Oriente, depois chamado Império Bizantino.

> **Édito**: decreto.
> **Concílio**: reunião de chefes da Igreja.

Cabeça em mármore do imperador Diocleciano, datada do século III d.C., encontrada na antiga Nicomedia, atual Izmit, na Turquia.

Povos "bárbaros"

No governo de Teodósio, um novo problema agravou a situação já crítica de Roma: o aumento da penetração de povos "**bárbaros**" – termo que os romanos usavam para denominar aqueles que não viviam dentro das fronteiras do Império e não falavam latim.

Inicialmente, os "bárbaros" chegaram como trabalhadores agrícolas, muitas vezes arrendando terras antes cultivadas por escravos.

A maior parte desses povos era proveniente da Germânia, região que se estendia do rio Reno até o que é hoje a fronteira ocidental da Rússia. Por isso, eles eram chamados **germânicos**. Em 476 d.C., um dos povos germânicos, os hérulos, invadiu e saqueou a cidade de Roma, derrubou o último imperador, Rômulo Augusto, e pôs fim ao Império Romano do Ocidente.

Dimensões do Império Romano no século III d.C.

Adaptado de: *ATLAS of World History*. New York: Oxford University Press, 2002. p. 55.

Leituras

Antiguidade Tardia

O historiador Norberto Luiz Guarinello destaca a importância de substituir a denominação Baixo Império por Antiguidade Tardia. É uma perspectiva que apresenta uma nova periodização, que se inicia no século III d.C. e vai até o século VII d.C., e enfatiza continuidades em vez de rupturas no processo histórico, levando em consideração as interações culturais entre sociedades.

[...] Antiguidade Tardia é uma forma relativamente nova, que alterou as balizas tradicionais da História antiga. Começou a se desenvolver no início do século XX, com os estudos sobre História da Arte do alemão Alois Riegel e vários outros autores, mas só alcançou estatuto de ortodoxia nos últimos trinta anos, sobretudo após a publicação do livro *O mundo da Antiguidade Tardia*, do norte-americano Peter Brown, em 1976.

[...] muitos historiadores ainda reafirmam a queda do Império Romano do Ocidente como marco crucial. Mas a maioria tende hoje a ver a penetração dos povos além fronteira, antigamente chamados de bárbaros, como uma nova fase de um processo de integração mais amplo e menos destrutivo, segundo a qual o poder imperial não caiu, mas se reorganizou em unidades políticas menores e interdependentes.

[A Antiguidade Tardia] privilegia, antes de tudo, as transformações culturais e religiosas. A expansão do cristianismo, incentivado pelo Estado romano, a imposição progressiva de um culto monoteísta, a importância crescente da Igreja e do monasticismo representaram uma ampliação da integração cultural que uniu, pela primeira vez, os povos "bárbaros" além Reno às regiões a leste do Império, como Pérsia e a península Arábica. Cultura, trocas de bens, migrações de povos se dissociaram por alguns séculos, levando o Mediterrâneo a perder, aos poucos, a centralidade que ocupara no Império anterior. [...]

GUARINELLO, Norberto Luiz. *História antiga*. São Paulo: Contexto, 2013. p. 161-163.

5. A cultura romana

Os romanos herdaram dos gregos a visão humanista do mundo. Politeístas, assimilaram as divindades gregas sob denominações diferentes. Assim, por exemplo, o deus grego Zeus passou a ser Júpiter para os romanos; Dioniso recebeu o nome de Baco; Poseidon, o de Netuno; Afrodite, o de Vênus.

Além da influência grega, as pinturas murais e as esculturas romanas receberam também influência etrusca e helenística. Os romanos se destacaram igualmente na literatura, com Ovídio, autor de *Arte de amar*; Tito Lívio (c. 59 a.C.-17 d.C.), historiador que nos legou a *História de Roma*; e Virgílio, autor do poema épico *Eneida* (relato da fundação mítica de Roma).

O Coliseu e outros anfiteatros — arenas ovais ou circulares rodeadas de degraus a céu aberto — foram palco de encenações teatrais, festivais públicos e espetáculos de gladiadores.

As termas romanas, local onde eram realizados os banhos públicos, também se destacaram no cotidiano romano. Ponto de encontro dos cidadãos, espaço de conversação e do exercício da vida política e intelectual, as termas já existiam em outras civilizações, mas foram amplamente desenvolvidas e utilizadas pelos romanos.

Um dos maiores legados romanos à posteridade foi seu código de leis. Dividia-se em *Jus Naturale* (direito natural), compêndio de filosofia jurídica; *Jus Gentium* (direito dos povos), compilação de leis aplicáveis aos estrangeiros; e *Jus Civile* (direito civil), leis aplicáveis aos cidadãos romanos.

A língua falada originalmente na região do Lácio, onde se desenvolveu a civilização romana, era o *latim*, que se tornou a língua oficial do Império Romano e da Igreja católica. O latim clássico, mais refinado e erudito, tornou-se também a língua de grande parte dos pensadores medievais. O latim vulgar, utilizado pelas pessoas comuns, originou as línguas neolatinas (italiano, francês, espanhol, romeno, português, etc.).

O latim continua a ser a língua oficial da cidade-Estado do Vaticano, empregada em certos rituais católicos, e muitas de suas expressões têm amplo uso no meio jurídico. O alfabeto latino, derivado dos alfabetos etrusco e grego, continua a ser o mais utilizado no mundo.

Escritores: alguns destaques

Virgílio (70 a.C.-19 a.C.), autor de *Eneida*, poema épico que trata das virtudes romanas. Narra a história da origem romana, com Eneias como herói refugiado de Troia que chega à península Itálica.

Horácio (65 a.C.-8 a.C.), autor de *As sátiras* e *As epístolas*. A primeira é uma narrativa sobre os vícios e costumes da época e a segunda trata de valores, sexualidade feminina, entre outros.

Ovídio (43 a.C.-18 d.C.), autor das narrações mitológicas *As metamorfoses* e dos poemas didáticos *A arte de amar*.

Tito Lívio (59 a.C.-17 d.C.) escreveu a *História de Roma*, que aborda a grandeza de Roma, da fundação da cidade até o ano de 9 a.C. A obra é composta de 142 livros, dos quais apenas 35 são conhecidos.

Sêneca (4 a.C.-65 d.C.) escreveu *Consolationes* (Consolos), sobre o estoicismo. De acordo com essa escola filosófica, o ser humano é apenas uma peça em uma lógica maior que rege o Universo.

Petrônio (27 d.C.-66 d.C.), autor de *Satiricon*, novela que aborda os excessos da sociedade romana antiga.

Tácito (56 d.C.-120 d.C.), autor de *Annales* e de *Historiae*, obras que abordam a história de Roma e nas quais criticou o poder excessivo dos imperadores.

Juvenal (55 d.C.-128 d.C.) escreveu *Sátiras*, poemas que criticam costumes e vícios da Roma antiga. Juvenal era um reformador.

Busto de Virgílio esculpido em pedra. Autoria e data desconhecidas.

Atividades

Retome

1. Identifique e caracterize os diferentes grupos sociais que compunham a sociedade romana no tempo em que Roma estava sob domínio etrusco.

2. Da sua fundação até o século VI a.C., Roma foi uma monarquia, estando o rei sob controle do Senado. Que acontecimentos desencadearam o fim do regime monárquico?

3. A palavra "república" (em latim, *res publica*) significa "coisa pública, aquilo que é de todos". Podemos afirmar que toda a população romana estava politicamente representada na República Romana? Justifique.

4. Que importância teve a criação do cargo de tribuno da plebe, no século V a.C., para a evolução política da República Romana?

5. Além da criação do cargo de tribuno da plebe, outras conquistas plebeias aumentaram seu poder de pressão e participação na vida pública romana. Cite duas dessas conquistas e explique sua importância.

6. As Guerras Púnicas, ocorridas entre os séculos III a.C. e II a.C., opuseram as cidades de Cartago e Roma, e terminaram com a vitória desta última. Qual foi a razão do conflito entre as duas cidades e que efeito a vitória teve para o desenvolvimento da história romana?

7. Qual é a principal diferença entre o governo imperial e o governo republicano romano?

8. Cite três mudanças promovidas por Otávio Augusto durante seu império.

9. Depois da fundação do Império Romano por Otávio Augusto, transformações lentas e graduais produziram uma crise profunda em Roma, abalando suas estruturas. Identifique essas transformações e relacione-as ao enfraquecimento de Roma.

Pratique

10. A seguir, leia um texto em que a filósofa Marilena Chaui comenta as definições de **república** e de **povo** do pensador Marco Túlio Cícero (106 a.C.-43 a.C.). Depois, responda ao que se pede.

> [...] "A coisa pública (*res publica*) é a coisa do povo (*res populi*). Povo não é qualquer aglomeração de homens reunidos de qualquer modo, mas o conjunto de uma multidão de homens associados pelo consenso do direito (*iuris consensu*) e da utilidade comum (*utilitatis communione*). Quanto à causa primeira dessa associação, não é tanto a fraqueza, mas uma certa propensão natural dos homens a se congregar, pois os homens não são feitos para a solidão nem para uma vida errante. [...]" (*Sobre a república*, I, 39)
>
> Essa definição opera a identidade entre público e o povo e entre este e a associação segundo o direito e a utilidade comum. A coisa pública é a associação de homens pelo reconhecimento de um direito e de uma utilidade pública comuns, portanto, pelo consenso quanto ao justo (*ius*) e ao interesse (*utilitas*) de todos. [...] Em outras palavras, os homens precisam uns dos outros e o instinto põe como natural a origem da república. [...] Para Cícero, o homem é por natureza um animal social. Passa-se da sociabilidade natural à *civitas*, isto é, à associação política ou sociedade civil quando "os grupos se fixam num lugar determinado para aí permanecer e depois, por seu trabalho acrescentado à força natural do local escolhido, erguem casas, templos e praças e lhe dão o nome de vila ou fortaleza. Todo povo, isto é, uma multidão agrupada nas condições que expus, toda cidade (*civitas*), que é a constituição de um povo, toda coisa pública (*res publica*), que eu disse ser coisa do povo, para ser duradoura necessita ser governada por algum órgão deliberativo (*consilium*). E este órgão deve primeiramente estar sempre unido à causa que engendrou a cidade (*civitas*)" (*Sobre a república*, I, 41)
>
> A instituição do Estado se dá, portanto, com a instituição de um órgão de deliberação, ou seja, um governo; e sua estabilidade e longa duração dependem de uma única condição, a que se mantenha unido à sua causa instituinte o povo formado pelo consenso do direito e da utilidade comum. Quando isso acontecer, diz Cipião, a cidade é eterna. [...]
>
> CHAUI, Marilena. *Introdução à história da Filosofia*: as escolas helenísticas. São Paulo: Companhia das Letras, 2010. v. II. p. 230-231.

a) Como Cícero define república?
b) Conforme o texto, o que define "povo"?
c) De acordo com Cícero, qual deve ser o principal papel do Estado?
d) Pesquise notícias publicadas em jornais e revistas contrárias à ideia de república formulada por Cícero.

11. Leia o texto da historiadora Maria Luiza Corassin e faça o que se pede.

> [...] O exército na República, composto pelos *assidui*, era convocado no momento da guerra e dispensado no final da campanha. Não existia um exército permanente profissional, nem serviço militar no sentido que hoje damos a esta expressão. Todos os cidadãos incluídos nas cinco classes do censo podiam ser chamados a qualquer momento, cada um pagando seu próprio equipamento militar, que era variável segundo o nível de fortuna.
> À medida que o cidadão foi perdendo suas terras, ocorreu sua "proletarização", no sentido romano do termo: transformou-se em um *proletarius* por não ter o censo suficiente sequer para ser inscrito na quinta classe.
> No decorrer do século II, as autoridades romanas foram forçadas a baixar várias vezes esse limite mínimo do censo, para poder recrutar tropas. Os cidadãos pobres, praticamente excluídos dos direitos de cidadania, eram também excluídos dos deveres cívicos – o serviço militar, em primeiro lugar. [...]
>
> CORASSIN, Maria Luiza. *A reforma agrária na Roma antiga*. São Paulo: Brasiliense, p. 40.

a) Qualquer romano poderia integrar as legiões romanas? Explique.

b) Estabeleça uma relação entre o trecho e as propostas de reforma agrária dos irmãos Graco.

12. Observe o mapa.

Império Romano: rotas comerciais (séculos I e II)

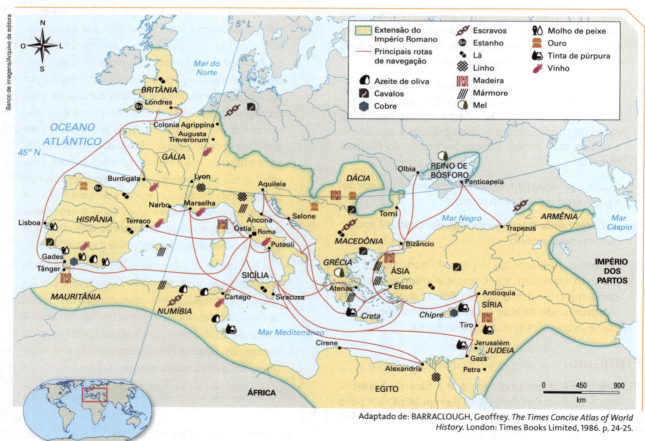

Adaptado de: BARRACLOUGH, Geoffrey. *The Times Concise Atlas of World History*. London: Times Books Limited, 1986. p. 24-25.

a) Identifique a extensão do Império Romano. Depois, nomeie os continentes que eram interligados pelo comércio romano.

b) Cite, para cada continente, três produtos comercializados.

c) Analisando o mapa, comente qual o interesse romano na conquista da bacia Mediterrânea.

Analise uma fonte primária

13. Entre os séculos I a.C. e I d.C., Roma vivia a expansão do território imperial, mantendo os povos conquistados sob controle militar. Os gauleses eram um desses povos. Eles foram derrotados pelos romanos no século I a.C., após uma longa guerra. Observe a imagem.

   a) No relevo ao lado, é possível identificar dois grupos de combatentes. O que diferencia cada grupo?

   b) O que a imagem sugere sobre os grupos representados? Justifique.

   c) Os romanos deixaram vários arcos do triunfo pelo Império. Com base na imagem, levante uma hipótese para explicar qual era a função desses arcos.

Friso do Arco do Triunfo localizado na cidade de Orange, na França. O arco foi erigido no século I, durante o governo de Augusto, depois reconstruído por Tibério.

Articule passado e presente

14. O artigo a seguir foi publicado no jornal *Folha de S.Paulo*, em 26 de maio de 2002, ano em que aconteceu a primeira Copa do Mundo na Ásia.

No Oriente, Japão se fantasia de Ocidente

Na primeira Copa em solo asiático, um dos coanfitriões, o Japão, justamente o país que abrigará a final do torneio, colocará em campo uma "seleção do ocidente". Não só pelo visual, mas também pelos costumes.

Como disse o técnico Philippe Troussier, 47, francês que comanda a seleção japonesa, "é resultado da globalização".

"O oriente se ocidentalizou, o que pode ter aspectos positivos, mas também tem os negativos. O mundo não pode viver de um pensamento único", afirmou o treinador à *Folha*, durante lançamento do livro *Passion* – "Paixão", em português –, sua autobiografia, que chegou às livrarias japonesas na semana passada.

O sinal da ocidentalização é claro. Está estampado no visual dos jogadores – dos 23 convocados por Troussier, pelo menos 12 estavam "loiros" ou "ruivos" na apresentação da equipe.

[...]

O sociólogo Shinji Kamikawa, 48, crítico de TV no Japão, diz que "o oriente parece perdido em muitos aspectos". "A influência não é só de quem vai ao exterior e volta, mas está em todos os lugares, principalmente na televisão. Parece que estamos desenvolvendo um complexo de inferioridade, de que aquilo que é falado em inglês é melhor, os costumes estrangeiros são [melhores]."

Ele reclama do fato de os desenhos animados japoneses não apresentarem personagens com olhos puxados. "Só pode prejudicar o processo de identificação de nossas crianças, que começam a invejar os traços ocidentais."

Segundo Kamikawa, uma novela que faz sucesso no país – *Sakura* – trata justamente dessa questão. "Mostra uma garota [Elizabeth Sakura] da quarta geração de descendente de japoneses" criada nos EUA e que, aos 23 anos de idade, vai estudar no Japão. É um choque cultural. A garota se percebe mais japonesa do que os próprios japoneses. Não há mais respeito aos velhos, não se pensa mais tanto no coletivo, muita coisa mudou", conta ele. [...]

ASSUMPÇÃO, João Carlos. No Oriente, Japão se fantasia de Ocidente. *Folha de S.Paulo*, 26 de maio de 2002. Disponível em: <www1.folha.uol.com.br/fsp/esporte/fk2605200214.htm>. Acesso em: 19 fev. 2017.

a) Qual é o tema da notícia?

b) Que analogia é possível fazer entre o que aconteceu no passado com os povos dominados pelos romanos e o que aconteceu recentemente no Japão?

c) No passado, a cultura latina se difundiu em razão das conquistas militares romanas. Hoje, o que explica a difusão da cultura ocidental?

A civilização romana 149

UNIDADE 3

Europa, periferia do mundo

A Idade Média (séculos V a XV) corresponde ao esboço da construção da Europa. Esse longo período apresenta marcas, valores e patrimônios de civilizações anteriores, principalmente da grega e da romana, e dá a eles novas roupagens. Os capítulos desta unidade mostram que, após dez séculos de história e de transformações econômicas, sociais, políticas e culturais, a Europa estava prestes a deixar a posição de periferia do mundo.

Vista da Catedral de Santa Sofia e seu reflexo no espelho-d'água. Construída entre 532 e 537, quando Istambul, localizada na Turquia, ainda se chamava Constantinopla, é considerada patrimônio mundial pela Organização das Nações Unidas para a Educação, a Ciência e a Cultura (Unesco). Foto de 2014.

Saber histórico

Idade Média

1 Idade das trevas?

> [A História] parece ser contínua, mas ela também é feita de mudanças. Há muito tempo os especialistas buscaram localizar e definir essas mudanças, recortando, nessa continuidade, as seções que primeiramente chamamos de "idades" e depois "períodos" da História. [...]
>
> LE GOFF, Jacques. *As raízes medievais da Europa*. Petrópolis: Vozes, 2007. p. 11.

O período que vamos estudar nesta unidade foi denominado por boa parte dos historiadores como **Idade Média**. Eles consideraram o fim do Império Romano do Ocidente, em 476, seu marco inicial e a conquista de Constantinopla pelos <u>turcos otomanos</u>, em 1453, seu marco final. Outros estudiosos, como Jacques Le Goff (1924-2014), denominaram o período entre os séculos III e VII de **Antiguidade Tardia** e o que se estende do século VII até a primeira metade do XVIII de **Longa Idade Média Ocidental**. É importante perceber que todas essas divisões são criações dos próprios historiadores e, portanto, carregam em si os olhares daqueles que as formularam.

Mas quando surgiu a denominação "Idade Média"?

Le Goff afirmava que o poeta italiano Petrarca (1304-1374) foi o primeiro a deixar registro dessa expressão, e, posteriormente, o bibliotecário Giovanni Andrea (1417-1475) tornou-se o precursor da periodização tradicional que passou a ser amplamente utilizada a partir do final do século XVII.

Média (ou médio) é uma palavra que usamos para designar algo que está no meio, em uma posição intermediária entre um ponto e outro. Na periodização eu-

> **turcos otomanos**: povo originário da Ásia central. No século X, deslocaram-se para a região onde hoje se localiza a Turquia e lá fundaram um grande império séculos mais tarde. Foram forças desse império que conquistaram Constantinopla em 1453.

Detalhe da Tapeçaria de Bayeux. Produzida na Idade Média, provavelmente entre 1070 e 1080, essa tapeçaria narra a conquista normanda da Inglaterra, no ano de 1066, em cinquenta e oito cenas, bordadas em lã. Na cena aqui reproduzida, Guilherme, o Conquistador, exorta suas tropas para a batalha contra o exército inglês. Museu da Tapeçaria de Bayeux, França.

rocêntrica tradicional, a Idade Média estaria entre a Idade Antiga e a Idade Moderna. Por isso, o período de aproximadamente dez séculos que vai da queda do Império Romano do Ocidente, em 476, até a conquista de Constantinopla pelos turcos otomanos, em 1453, foi chamado de Idade Média.

Por muito tempo, estudiosos associaram ideias de atraso e retrocesso ao período medieval. Durante o **Renascimento**, por exemplo, a Idade Média foi considerada uma época de empobrecimento da cultura europeia. Os "homens renascentistas" acreditavam que, ao dominar todas as esferas da vida dos "homens medievais", a Igreja havia impedido o avanço do pensamento, da política e das artes. Os ingleses chegaram a criar a expressão *dark ages* ("era sombria" ou "idade das trevas") para designar o período.

Os intelectuais que inspiraram a Revolução Francesa, de 1789, também tiveram um papel importante na construção desse preconceito. Isso porque associaram a Idade Média aos privilégios da nobreza e do clero, à exploração servil dos camponeses e à religiosidade exacerbada dos "homens medievais".

Hoje sabemos que essa imagem da Idade Média não procede, pois foi durante esse período que se assentaram algumas das bases do mundo ocidental moderno. Foi nessa época que se formou a burguesia, grupo social que comandaria a passagem do regime feudal para o sistema capitalista, que hoje vigora na maioria dos países. Foi também durante a Idade Média que surgiram as primeiras universidades na Europa e que se constituiu o primeiro Parlamento da história (criado na Inglaterra no século XIII), base da democracia representativa moderna.

No século XIX, essa forma depreciativa de caracterizar a Idade Média foi aos poucos revertida por um movimento conhecido como Romantismo, que, das artes às ciências, revalorizou valores e heranças medievais.

Essa revisão prosseguiu com maior amplitude e profundidade no século XX, com estudiosos como Henri Pirenne (1862-1935), Marc Bloch (1886-1944) e Jacques Le Goff, que prestigiaram a riqueza e a importância cultural desse período da história europeia.

Jacques Le Goff chegou a escrever que a Idade Média seria a época do nascimento, da infância e da juventude da Europa, tanto como realidade quanto como representação. E, na opinião do historiador brasileiro Hilário Franco Júnior, a Idade Média pode ser compreendida como o momento do nascimento do Ocidente — não apenas da Europa.

> **Renascimento**: período da história europeia entre os séculos XIV e XVI, caracterizado por um grande florescimento das ciências e das artes e pelo apreço aos ideais, valores e modelos greco-romanos. Foi durante o Renascimento que artistas como Michelangelo e Leonardo da Vinci trabalharam e marcaram a história das artes.

Castelo de Bodiam, condado de East Sussex, Inglaterra. Na Idade Média, os castelos serviam de residência fortificada para o rei e para o senhor feudal. Também eram utilizados como prisão e como lugar para guardar armas e tesouros do reino. Foto de 2015.

2 Idade Média: onde?

Da mesma maneira que não se pode considerar aceitável a ideia de que o mundo ficou coberto por um manto de trevas culturais entre 476 e 1453, também é distorcida a ideia de que o mundo inteiro teria passado pelos mesmos processos históricos ocorridos na Europa.

Se mudarmos o ponto de vista, podemos dizer que, durante a Idade Média, a Europa era a "periferia" do mundo muçulmano: tinha uma população relativamente pequena e estava isolada das principais rotas de comércio, que passavam pelo Mediterrâneo oriental. No mundo muçulmano, a Matemática e a Astronomia eram bem mais desenvolvidas do que na Europa, e foi a esses conhecimentos que os europeus recorreram, no final da Idade Média, para realizar as navegações pelo Atlântico.

Na América, floresciam civilizações que, posteriormente, no século XVI, impressionariam os conquistadores europeus pela grandiosidade de suas cidades e de sua arquitetura, como a cidade Teotihuacán, localizada cerca de 50 quilômetros da Cidade do México.

A civilização chinesa também passou por um período esplendoroso nessa época, com a invenção do papel, da pólvora, da bússola, dos tipos móveis de impressão (mais tarde reinventados pelo alemão Johannes Gutenberg), do dinheiro de papel, etc.

Com esses exemplos, vemos que, entre os séculos V e XV, diferentes processos tomaram forma em diversas partes do mundo. É preciso, ainda, lembrar que "Idade Média" é um conceito circunscrito ao continente europeu, e não a toda a humanidade.

Pirâmide do Sol em Teotihuacán, México. A cidade é considerada um patrimônio da humanidade pela Unesco. Estudiosos acreditam que em seu auge, por volta de 450 d.C., a cidade tenha sido o centro de uma cultura cuja influência alcançava boa parte da região mesoamericana. Foto sem data.

CAPÍTULO 7

Um panorama "mundial" no fim do Império Romano do Ocidente

Filippo Monteforte/Pool/Reuters/Latinstock

O papa Francisco e o patriarca Bartolomeu I, líderes das igrejas católica e ortodoxa, respectivamente, conversam após conduzirem, em conjunto, uma cerimônia religiosa ecumênica na catedral ortodoxa de Istambul, Turquia, em 2014.

Em 1054, a Igreja cristã dividiu-se em Igreja católica e Igreja ortodoxa. Essa foto, que retrata o diálogo entre as lideranças religiosas de ambas as igrejas, nos mostra o esforço que essas autoridades vêm fazendo para manter a conversa, o respeito, a cooperação e a tolerância. No mundo contemporâneo, o que o respeito às diferenças religiosas poderia evitar?

1 Um período de transição

A maior parte da humanidade – que vivia no Extremo Oriente, na África, na Oceania e na América – praticamente não percebeu que, com o desaparecimento do Império Romano do Ocidente, algo havia mudado, pois tinha pouco ou nenhum contato com aquela região. Mas entre os povos que se libertaram da dominação romana, marcas da estrutura do império continuaram a existir por muitos séculos, na cultura, na religião, na administração e em diversas formas de convivência.

Com o tempo, contudo, essas antigas marcas foram se transformando e se adaptando a uma nova ordem social, política e econômica.

Ao estudar a transição da Antiguidade para a Idade Média, período inicial denominado Alta Idade Média (do século V ao século X), devemos ficar atentos tanto às mudanças quanto às permanências em relação ao período anterior. Assim, é preciso considerar o que sobreviveu das velhas estruturas e atentar para as modificações e as adaptações aos novos tempos.

2 O Império Romano do Oriente

O fim do Império Romano do Ocidente não afetou sua parte oriental, o Império Bizantino. No entanto, seus habitantes não o chamavam por esse nome. Para eles, era tão somente Império Romano, Constantinopla (em homenagem ao imperador Constantino) ou mesmo Roma Oriental.

Constantinopla (a antiga Bizâncio dos gregos, hoje Istambul, na Turquia) sempre praticou um comércio dinâmico e uma agricultura rentável. Por isso foi menos atingida que Roma pela crise do escravismo quando o expansionismo romano entrou em declínio.

Na ordem política e religiosa, a autoridade máxima era o imperador, considerado uma figura próxima de Cristo. Esse *status* de quase divindade permitia que o imperador controlasse a Igreja. Essa relação de dependência da Igreja para com o Estado era denominada **cesaropapismo**. Auxiliando o imperador havia, ainda, uma vasta burocracia, fundamental nas estruturas políticas imperiais.

O mais famoso imperador bizantino foi Justiniano (527-565), responsável pela conquista temporária de grande parte do território do Império Romano do Ocidente, incluindo a própria Roma.

O maior legado do governo de Justiniano foi o *Corpus Juris Civilis* ("expressão em latim que significa Corpo do Direito Civil"): uma compilação revisada e atualizada das leis romanas editadas desde o século II, que serviu de base para os códigos civis de diversas nações contemporâneas.

Apesar de preservarem tradições jurídicas e administrativas romanas, os bizantinos sofreram clara influência helênica: o grego era a língua popular predominante, superando até mesmo o latim nos decretos imperiais. O predomínio do grego era tão absoluto que, no século VII, tornou-se idioma oficial do império.

Outro legado do governo de Justiniano foi a construção da Catedral de Santa Sofia, entre os anos 532 e 537.

Onde e quando

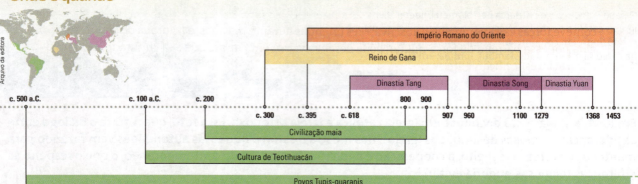

Mapa e linha do tempo ilustrativos. As regiões indicadas no mapa referem-se à configuração atual dos países a que pertencem hoje, e o espaço entre as datas não é proporcional ao intervalo de tempo.

Logo após o auge do governo de Justiniano seguiu-se um longo período de crises com alguns intervalos de recuperação. Entre os séculos VI e VIII, sucederam-se crescentes pressões nas fronteiras do império. Os gastos com guerras elevaram-se, agravando ainda mais as dificuldades econômicas e administrativas do Império Bizantino.

A tomada de Constantinopla pelos turcos otomanos culminou na desagregação do Império Bizantino.

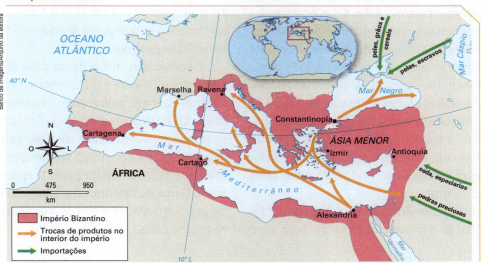

Adaptado de: BARBERIS, Carlo. *Storia antica e medievale*. Milano: Casa Editrice G. Principato, 1997.

Leituras

A continuidade do Império Romano

O texto a seguir analisa a importância histórica do que restou do antigo império dos Césares. Na época em que ele foi escrito, em 1970, a história da parte oriental do Império Romano era pouco valorizada pela historiografia europeia. Observe como Asimov (1920-1992) chama atenção para a continuidade do Império Romano em sua metade oriental.

[...] Quando pensamos na Idade Média, tendemos a pensar na queda do Império Romano e na vitória dos bárbaros. [...] Todavia, as coisas não foram realmente assim, posto que o Império Romano, na realidade, não caiu. Manteve-se durante a Idade Média. [...] A metade oriental do Império Romano permaneceu intacta, e durante séculos ocupou o extremo sudeste da Europa e as terras contíguas na Ásia.

Essa porção do Império Romano continuou sendo rica e poderosa durante os séculos em que a Europa ocidental estava debilitada e dividida. O Império continuou sendo ilustrado e culto em um tempo em que a Europa ocidental vivia na ignorância e na barbárie. O Império, graças ao seu poderio, conteve forças cada vez maiores dos invasores orientais durante mil anos; e a Europa ocidental, protegida por essa barreira de força militar, pôde desenvolver-se em paz até que sua cultura formou uma civilização especificamente sua.

O Império do sudeste transmitiu ao Ocidente tanto o direito romano como a sabedoria grega. Legou-lhe a arte, a arquitetura e os costumes [...].

ASIMOV, Isaac. *Constantinopla: el imperio olvidado*. Madrid: Alianza Editorial, 2004. p. 4. (Texto traduzido.)

1. O texto de Asimov pode ser criticado por vários aspectos. Destaque ao menos um desses aspectos, justificando sua escolha.
2. Por que Asimov chama atenção para a continuidade do Império Romano em sua metade oriental?

A religiosidade

No Império Bizantino predominava o cristianismo, embora com características diferentes daquele que prevalecia no Ocidente. A administração da Igreja também era divergente. O cesaropapismo, como foi dito, não ocorria na parte ocidental. Além disso, os religiosos de Constantinopla não se submetiam ao poder do papa, a autoridade eclesiástica instituída pelo imperador do Ocidente em 455, em meio à crise final do império.

Havia também divergências doutrinárias relacionadas à interpretação da *Bíblia*. Entre elas, destacam-se as discordâncias sobre a aceitação de uma forma humana para Cristo e sobre o culto às imagens. Essa última desencadeou um violento movimento de condenação aos seus praticantes e de destruição de imagens no Império do Oriente.

O movimento, conhecido como **iconoclastia**, foi decretado oficial pelo imperador bizantino Leão III no século VIII e perdurou até o século IX. Apesar da forte oposição dos monges bizantinos, favoráveis ao culto às imagens, a decisão contou com o apoio dos patriarcas, que compunham a alta hierarquia da Igreja do Oriente. Tal movimento também sofreu forte reação contrária do comando cristão papal, sediado em Roma, que condenou tais restrições.

Essas tensões, alimentadas pelas diferenças culturais entre o Oriente e o Ocidente e pela disputa pelo controle da Igreja, culminaram na divisão da Igreja cristã em 1054. Surgiu assim a Igreja Cristã Ortodoxa, com sede em Constantinopla e chefiada pelo imperador, e a Igreja Católica Apostólica Romana, com sede em Roma e sob o comando do papa. O episódio recebeu o nome **Cisma do Oriente** e consolidou as diferenças entre as tradições e as formas de organização do culto em cada uma delas.

O culto às imagens

Controlada pelos monges, a confecção e a venda de imagens e representações de santos ou do próprio Cristo geravam grandes recursos para a Igreja bizantina. A imposição da iconoclastia por parte do imperador também visou subordinar a Igreja e acessar suas riquezas, apesar da continuada resistência dos monges.

Mesmo com a iconoclastia que vigorou entre os séculos VIII e IX, a utilização desses ícones continuou bastante comum nos ritos bizantinos. Grande parte, porém, foi destruída tanto pelos iconoclastas como, mais tarde, pelos cruzados que por lá passaram ou pelos turcos otomanos, depois da tomada de Constantinopla. Ainda assim, a tradição do culto aos ícones se manteve em regiões que sofreram influência do Império Bizantino, como a Rússia e os Bálcãs.

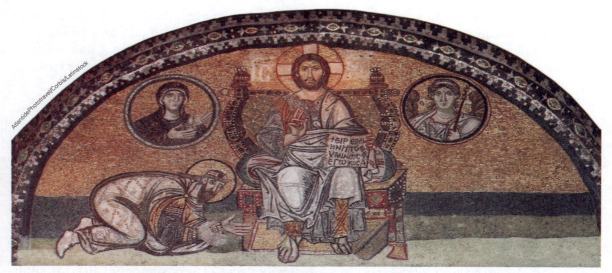

Detalhe de mosaico da Catedral de Santa Sofia, produzido por volta de 912, que representa o imperador bizantino Leão VI ajoelhado aos pés de Cristo. Observe que o imperador é retratado com a mesma auréola que contorna a cabeça de Jesus Cristo e que era utilizada, na tradição bizantina, para representar pessoas santificadas.

3 Reinos da África

Na época em que o Império Romano do Ocidente se desagregava e o Império Bizantino se consolidava, importantes reinos floresciam no continente africano. As informações disponíveis sobre eles são restritas. Isso se deve, em parte, à falta de interesse pela história africana que predominava até algumas décadas atrás. Deve-se também à escassez de documentos escritos preservados, embora os pesquisadores disponham de outros recursos para estudá-la, como fontes arqueológicas, a linguística histórica e a tradição oral.

Neste livro, já abordamos a história da África ao estudar os primórdios da humanidade, a civilização egípcia e os conflitos entre o Reino de Cartago e Roma pela hegemonia do Mediterrâneo. Estudamos também, no capítulo 4, o Reino de Kush, que na Antiguidade destacou-se como um importante produtor de ouro e centro de ligação comercial entre o nordeste e o centro africano. Observe, no mapa ao lado, a localização dos reinos do Egito, de Cartago, de Kush, de Axum e de Gana no continente africano.

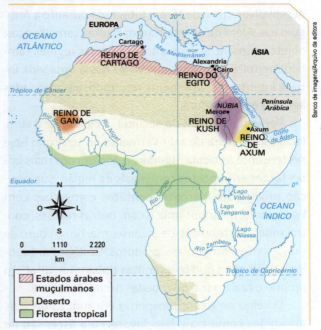

Reinos da África

Adaptado de: PAOLUCCI, Silvio; SIGNORI, Giusepina. *Il corso dela storia 2*. Bologna: Zanichelli, 1997. p. 56.

Leituras

A tradição oral

Amadou Hampâté Bâ (1901-1991) foi um importante **etnólogo** malinês. No trecho a seguir, Bâ discorre sobre a importância da tradição oral para a memória africana.

[...] Qualquer adjetivo seria fraco para qualificar a importância que a tradição oral tem nas civilizações e culturas africanas. Nelas é a palavra falada que transmite de geração a geração o patrimônio cultural de um povo. A soma de conhecimentos sobre a natureza e a vida, os valores morais da sociedade, a concepção religiosa do mundo, o domínio das forças ocultas que cercam o homem, o segredo da iniciação nos diversos ofícios, o relato dos eventos do passado ou contemporâneos, o canto ritual, a lenda, a poesia – tudo isso é guardado pela memória coletiva, a verdadeira modeladora da alma africana e arquivo de sua história. Por isso já se disse que "cada ancião que morre na África é uma biblioteca que se perde". [...]

BÂ, Amadou Hampâté. A palavra, memória viva na África. In: A África e sua história. *O Correio da Unesco*. Rio de Janeiro: Fundação Getúlio Vargas, ano 7, n. 10-11, p. 17, 1979.

etnólogo: estudioso da Etnografia, ciência que estuda povos e culturas. Um dos objetivos dessa ciência é permitir que o pesquisador analise fenômenos culturais de determinada sociedade do ponto de vista dela própria.

Griôs em Kano, cidade da Nigéria. Na África, os griôs são as pessoas que, em uma comunidade, preservam a memória do grupo e funcionam como difusores de tradições, valores e saberes. Foto de 2014.

O Reino de Axum

Estudos apontam que as regiões localizadas no norte da atual Etiópia e no sul da península Arábica desenvolveram-se de forma integrada durante a Antiguidade. Além de apresentarem muitas semelhanças, objetos e inscrições encontrados nessas regiões também permitem concluir que nelas havia uma vida urbana intensa, provavelmente resultante das atividades agrícola e mineradora.

Por volta do final do século I, a cidade de Axum, localizada à beira do mar Vermelho no território hoje pertencente à Etiópia, figurava como um dos mais importantes entrepostos comerciais da região. Sua posição privilegiada permitia contatos comerciais com Egito, Índia, Mesopotâmia e com outras regiões, controlando a distribuição de incenso, marfim e couro de rinoceronte, entre outros produtos. Vestígios arqueológicos atestam que os axumitas tinham um alfabeto próprio e faziam uso de moedas desde o século III.

O Reino de Axum prosperou em função de suas atividades comerciais. Isso favoreceu a ascensão de uma rica nobreza, responsável pela construção de grandes palácios e monumentos em forma de obelisco. Em defesa de seus interesses, os governantes empreenderam o combate à pirataria. Alguns estudiosos acreditam que essa atuação contribuiu para a adoção de uma política de conquistas.

Depois de conquistar o reino vizinho de Kush, em 325, a expansão axumita avançou para a costa oriental africana. No século VI, chegaram a dominar o sul da península Arábica e a controlar a rota comercial que ligava o mar Vermelho ao golfo de Áden, no litoral da região conhecida como Chifre da África.

O Reino de Axum foi ainda um grande aliado comercial e militar do Império Bizantino em suas disputas com reinos rivais. Sua supremacia comercial regional manteve-se até o século VII, quando os árabes conquistaram todo o norte africano e introduziram a religião islâmica no continente. Essa expansão árabe transformou os mares Vermelho e Mediterrâneo em espaços muçulmanos. Isso enfraqueceu o poderio de Axum, que havia se convertido ao cristianismo no século IV.

O Reino de Gana

O Reino de Gana consolidou-se por volta do século IV, em uma região ao sul do deserto do Saara, na África ocidental. Estudos indicam que ele se formou a partir da unificação de vilarejos da etnia soninkê, estabelecidos entre os rios Níger e Senegal, envolvendo, posteriormente, outros povos próximos.

Textos produzidos entre os séculos VIII e X por árabes que tiveram contato com a região também fornecem informações sobre o reino e sua localização.

O Reino de Gana alcançou seu maior poderio político e comercial e sua máxima extensão entre os séculos IX e XI, sob a dinastia dos Cissê Tunkara. Seu domínio se estendia da atual porção sudoeste de Mali à parte sul da Mauritânia e o nordeste da Guiné, mas sua influência era sentida em todas as regiões com as quais o reino tinha vínculos mercantis.

Monumentos africanos

Um dos materiais de grande interesse arqueológico em Axum são as ruínas de monumentos em forma de obelisco. No território correspondente ao antigo reino africano, há 176 obeliscos gigantes, o maior deles com 33 metros de altura, esculpidos com o emblema do reino.

Um dos obeliscos, construído pelo rei Ezana no século IV para marcar a conversão do reino ao cristianismo, provocou já no século XX crises diplomáticas entre a Etiópia e a Itália. Em 1935, pouco antes de eclodir a Segunda Guerra Mundial (1939-1945), as tropas do ditador fascista italiano Benito Mussolini (1883-1945) invadiram a Etiópia e levaram para a Itália o obelisco de 180 toneladas e 24 metros de altura.

Obelisco monolítico de Axum levado para a Itália em 1935. O monumento só foi devolvido à Etiópia em 2005. Foto de 2015.

A riqueza do reino provinha de impostos pagos por outros povos que reconheciam a autoridade de Gana, vencidos ou não em guerra, e também de tributos fixados sobre a circulação de mercadorias. Esses produtos circulavam por extensas e lucrativas rotas, atravessando o deserto do Saara, de norte a sul, de leste a oeste, e ligando a região ao sul do deserto com o norte e o leste do continente.

O controle das chamadas rotas transaarianas de comércio se dava por meio da articulação dos ganeses com os **berberes**, que também disputavam o domínio dessas rotas com outros reinos menores existentes na região.

Os principais produtos comercializados por Gana eram ouro (parte dele extraída dos domínios que receberam a denominação Costa do Ouro), sal (também proveniente dos seus domínios e muito valorizado pela sua capacidade de conservar alimentos e pelos benefícios que ele traz à saúde das pessoas), marfim e escravos. Esses produtos eram trocados por cobre, tecidos de algodão e seda.

Ataques de muçulmanos **almorávidas**, provenientes do atual Marrocos, contra importantes cidades ganenses, como Audagoste (em 1054) e a capital Kumbi Saleh (em 1076), desencadearam a desorganização dos vínculos de unidade e acirraram disputas entre reinos menores tributários da autoridade de Gana. Dois séculos mais tarde, a região passou para a influência de um novo reino unificado: Mali.

> **berberes**: povos do norte da África que viviam às margens do deserto do Saara.
> **almorávidas**: membros de seita religiosa e política de origem árabe que reinou em algumas regiões norte-africanas e se dispersou pela Espanha durante o domínio mouro da península Ibérica.

O Reino de Gana

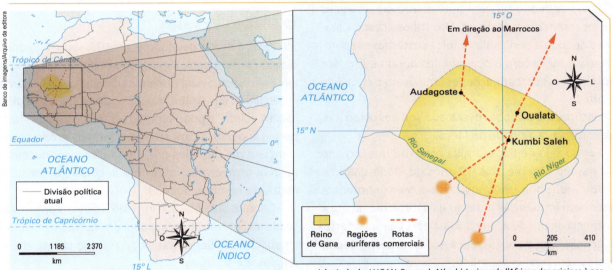

Adaptado de: LUGAN, Bernard. *Atlas historique de l'Afrique des origines à nos jours*. Paris: Éditions du Rocher, 2001. p. 70.

Leituras

Gana e sua esfera de influência

No texto a seguir, o historiador brasileiro Alberto da Costa e Silva trata da grande influência política, social e econômica do Reino de Gana e de suas diversas formas de organização política interna.

> [...] Gana, como Estado, possuía um núcleo coeso de poder, mas era sobretudo uma enorme esfera de influência. Nele, havia povos que respondiam diretamente ao rei e outros que, sujeitos a seus sobas [chefes] tradicionais, apenas se sabiam ligados ao caia-maga [soberano de Gana] por vínculos espirituais, pelo dever militar e pelo pagamento de tributos. As mais diversas formas de organização política conviviam dentro do reino, cuja frágil estrutura era quiçá permanentemente refeita pela ação das armas, com cisões e acréscimo de súditos, e mantida pela divisão dos povos em segmentos de nobres, homens livres, servos e escravos. [...]
>
> COSTA E SILVA, Alberto da. *A enxada e a lança*: a África antes dos portugueses. Rio de Janeiro: Nova Fronteira, 2006. p. 277.

4 Os árabes e o islamismo

A península Arábica é uma região desértica, com poucas áreas propícias ao estabelecimento de núcleos de povoamento permanente. Seus primeiros habitantes foram membros de tribos nômades do deserto, os **beduínos**.

Por volta do século VI, mais de trezentas tribos de origem semita habitavam a região, incluindo as urbanas que ocupavam seu litoral sul e a faixa costeira do mar Vermelho — área que tinha melhores condições climáticas e um solo mais fértil. Essas tribos concentravam-se principalmente em Meca, sua principal cidade, e em Iatreb, mais tarde chamada de Medina.

A importância de Meca decorria de seu valor comercial e religioso, uma vez que lá até hoje se localiza a **Caaba**, santuário no qual se encontravam imagens que representavam os deuses das tribos árabes. Caravanas de toda a península Arábica costumavam peregrinar até Meca com o objetivo de adorar os diversos deuses e essas peregrinações estimulavam o comércio da cidade.

Entre as tribos árabes destacava-se a dos coraixitas, que controlava a cidade de Meca.

Foi no seio de uma família coraixita que, no ano 570, nasceu Maomé. Aos 40 anos de idade, Maomé passou a difundir uma nova fé. Seus ensinamentos continham influências judaicas e cristãs e pregavam a existência de um deus único, Alá. Depois de sua morte, os fundamentos da nova crença — o islamismo — foram reunidos em um livro sagrado, o **Corão**.

Maomé condenava a adoração a vários deuses (politeísmo), representados na Caaba. Essa condenação desestimulava as peregrinações a Meca e, portanto, as atividades comerciais da cidade. Sentindo-se ameaçados, os coraixitas repudiaram a nova religião e expulsaram Maomé e seus seguidores, que fugiram e se instalaram na cidade vizinha de Iatreb (cujo nome mudou para Medina, que significa "cidade do Profeta").

Essa fuga, realizada em 622 e chamada **Hégira**, passou a ser o marco inicial do calendário muçulmano.

Em Iatreb, Maomé foi bem recebido e obteve o apoio de comerciantes locais e dos beduínos, que formaram um exército para conquistar Meca. Em pouco tempo, todos os povos árabes da península converteram-se ao islamismo.

O Império Islâmico

Após a morte de Maomé, em 632, seus seguidores deram continuidade à expansão religiosa iniciada por ele. Esse esforço para disseminar o islamismo é chamado de *jihad*. (Em árabe, a palavra *jihad* significa "dedicação" e "luta" e pode ser interpretada como o esforço necessário para alcançar a fé perfeita na própria consciência e na daqueles que ainda não a conhecem. A palavra também foi interpretada como guerra santa contra os inimigos do islã.)

Conquistada Meca, o Império Islâmico começava a se formar, conduzido pelo poder dos **califas**, como eram chamados os líderes árabes, ao mesmo tempo chefes religiosos e políticos.

> **islamismo**: religião criada por Maomé; em árabe, islã significa 'rendição' ou 'submissão' à vontade de Deus.

Muçulmanos peregrinos recitam preces enquanto dão sete voltas em torno da Caaba, na cidade de Meca. Embutida em uma parede da Caaba, encontra-se a Pedra Negra, que teria sido oferecida por Alá a Ismael, filho de Abraão, considerado aquele que deu origem ao povo árabe. A peregrinação a Meca é um dos fundamentos do islamismo. Foto de 2016.

A expansão do império teve início com a conquista de territórios bizantinos e persas vizinhos. Durante a **dinastia Omíada** (661-750), os domínios do império avançaram também para o Ocidente, tomando o norte da África e chegando à península Ibérica. A expansão árabe em direção à Europa ocidental só foi detida na Batalha de Poitiers (732), quando os árabes foram derrotados pelos francos. A unidade do império foi quebrada sob a **dinastia Abássida** (749-1258), que substituiu a Omíada. Surgiram califados independentes, sediados em grandes cidades como Bagdá (no atual Iraque), Córdoba (na atual Espanha) e Cairo (no atual Egito).

A presença dos árabes no continente europeu teve outras consequências, além da expansão do império. O controle que exerceram durante séculos na região da bacia do Mediterrâneo e as constantes incursões que realizaram nesse litoral intensificaram o declínio comercial e a ruralização da Europa ocidental. De certa forma, os árabes ajudaram a moldar a civilização europeia ocidental ao longo da Idade Média.

A maioria dos ídolos que eram adorados na Caaba foi destruída durante o processo de unificação religiosa iniciado por Maomé. Na imagem, representação do episódio presente no livro *L'histoire merveilleuse em vers de Mahomet* (*A história maravilhosa em versos de Maomé*, em francês), produzido entre os séculos XVI e XVII.

Sunitas e xiitas

Logo após a morte de Maomé, uma divisão de ordem religiosa ocorreu e duas seitas se formaram: a dos **sunitas** e a dos **xiitas**. Os sunitas, que baseavam sua crença no **Suna**, livro de preceitos estabelecidos por Maomé, defendiam a livre escolha dos chefes políticos pela comunidade islâmica. Os xiitas, seguidores de Ali, genro de Maomé, por sua vez, argumentavam que a autoridade política e religiosa deveria concentrar-se nas mãos de um descendente do profeta Maomé, exercendo o poder de maneira absoluta. Além disso, não admitiam outra fonte de ensinamento doutrinário que não fosse o Corão.

A expansão muçulmana

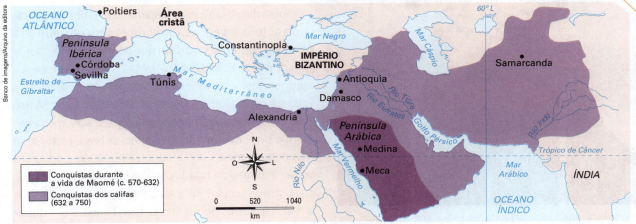

Adaptado de: ALONSO, M. B. et al. *Geografia e História*. 1º ciclo. Madri: Anaya, 2000. p. 231.

Um panorama "mundial" no fim do Império Romano do Ocidente

5 O Império Chinês

Os povos que habitavam o leste do continente asiático foram unificados sob as **dinastias Ch'in** (221 a.C.-206 a.C.) e **Han** (206 a.C.-220 d.C.). Crises políticas e sociais, disputas, guerras, invasões e divisões prevaleceram nos séculos seguintes ao governo Han. A reunificação só ocorreria pouco antes do final do século VI da Era Cristã, mas a estabilidade política seria alcançada somente no começo do século seguinte, sob os primeiros governos da **dinastia Tang**.

O período da dinastia Tang (618-907) é visto pelos historiadores como um dos pontos altos da civilização chinesa, rivalizando com a época da dinastia Han. Foi durante a dinastia Tang, por exemplo, que a imprensa, inventada na China, tornou a palavra escrita disponível para grandes públicos, centenas de anos antes de ser "(re)inventada" na Europa. A grande disponibilidade de carvão e de ferro impulsionou a siderurgia e a criação de outras tecnologias. Além disso, o intenso comércio com a Índia contribuiu para o enriquecimento cultural do império. Na religião, o budismo, surgido na Índia, integrou-se à cultura chinesa.

A organização administrativa e burocrática inspirava-se nos escritos de Confúcio. Avaliações periódicas dos servidores civis eram realizadas e a competição pelos melhores cargos, estimulada. Isso permitia selecionar os talentos mais bem qualificados para atuar no governo. Espalhados pelo território imperial, esses funcionários atuavam como intermediários entre a Corte e os nobres e entre a Corte e os senhores da guerra locais. Eram eles que transmitiam os valores de conduta mais importantes, garantindo a lealdade desses súditos, dos quais dependia a estabilidade do império. Apesar dessa organização administrativa, novos conflitos sociais levaram a dinastia Tang à extinção e à ascensão da **dinastia Song** (960-1279).

Sob a dinastia Song, os chineses empenharam-se no desenvolvimento agrícola ao sul do rio Azul, cultivando arroz por meio da irrigação por inundação, que permitia duas colheitas ao ano, e na montagem de um sistema de portos comerciais marítimos nas regiões da Coreia, do Japão, da Indochina e da Indonésia.

No século XII, as investidas de povos nômades turcos e mongóis, ao norte da Grande Muralha, cresceram continuamente. Foi nessa época que, na região da Mongólia, no noroeste da China, Gêngis Khan (c. 1162-1227) se destacou. Após centralizar o poder em suas mãos, ele deu início à expansão do Império Mongol. Entretanto, seria Kublai Khan (1215-1294), seu neto, quem conquistaria o território chinês.

As tropas de Kublai Khan tomaram a porção norte da China em 1271. Nos anos seguintes, Kublai Khan prosseguiu em suas conquistas, até se declarar imperador da China em 1279. Seus descendentes constituíram a **dinastia Yuan** (1279-1368).

O período da dinastia Yuan foi marcado pela tolerância religiosa na maior parte do tempo e pelo estímulo ao comércio, à produção manufatureira, às artes e à filosofia. Mesmo assim, a ocupação mongol afetou negativamente a agricultura chinesa, provocando revoltas e resistência.

Sob a dinastia Yuan os imperadores chineses passaram a autorizar a entrada de europeus em seu território. Foi nesse contexto favorável que ocorreu a famosa viagem de Marco Polo (1254-1324). Marco Polo foi um explorador e mercador veneziano que percorreu a **Rota da Seda** no século XIII. Os registros detalhados que Marco Polo deixou de suas viagens pelos países asiáticos formam a base documental europeia sobre a história da Ásia nesse período. A primeira tradução em português desses escritos, intitulada *Livro de Marco Polo*, é de 1502.

Entre os séculos XIII e XV a China chegou a dominar um amplo comércio marítimo, com ligações por quase toda a Ásia e a África.

Representação do imperador chinês Kublai Khan produzida no século XIII.

6 Algumas civilizações da América

Como vimos, no atual território do México, na América do Norte, encontrava-se a cidade de Teotihuacán, fundada por volta do século I a.C. Com suas avenidas, templo e pirâmides, Teotihuacán tinha funções religiosas e se manteve florescente por cerca de 900 anos. No século V, sua população chegou a 80 mil habitantes.

A denominação **cultura de Teotihuacán** refere-se a uma civilização cujas língua e origem são desconhecidas. Estima-se que ela teria existido aproximadamente entre os séculos I a.C. e IX d.C. e deixado vestígios, como ruínas arquitetônicas, que incluem diversas pirâmides de grande magnitude, e artefatos menores, como esculturas, máscaras funerárias e objetos ritualísticos e de uso doméstico.

Escavações arqueológicas nas ruínas de Teotihuacán revelaram a devoção às divindades Tlalóc e Quetzalcóatl, ambas cultuadas por civilizações que se desenvolveram posteriormente na mesma região.

Os teotihuacanos desapareceram no século IX por motivos ainda desconhecidos. Eles foram sucedidos pelos toltecas, que, por sua vez, antecederam os astecas – povo que os espanhóis encontraram na região, no século XVI.

Um pouco mais ao sul, na região da **Mesoamérica**, onde atualmente estão a Guatemala e países vizinhos, desenvolveu-se a civilização maia entre os séculos III e X.

Essa civilização caracterizava-se pela organização em cidades-Estado, mais ou menos como ocorria na Grécia antiga. As principais foram Palenke, Tikal e Copán.

Cada cidade era governada por um *halach* com a ajuda de um conselho. A transmissão do poder do *halach* era hereditária, mas o poder não era absoluto. Os chefes locais eram escolhidos pelo *halach* de cada cidade.

A sociedade maia era formada por cinco estratos: nobres, sacerdotes, camponeses, artesãos e escravos. Estes últimos eram estrangeiros prisioneiros de guerras ou maias que haviam desrespeitado as regras da sua cidade. Os sacerdotes cuidavam das questões religiosas, mas também das artes e das ciências. Entre seus campos de atuação estavam a Astronomia, a cronologia e a adivinhação (previsão do futuro).

A agricultura era a atividade central da civilização maia. Entre seus cultivos estavam o cacau e o milho, a base alimentar dos maias.

A escrita maia era hieroglífica; sua tradução ainda não foi estabelecida. O conhecimento matemático dos maias também merece destaque. Eles faziam uso do número zero, feito também atribuído aos indianos.

As ruínas das cidades maias revelam que eles dominavam técnicas de construção e foram responsáveis pela construção de espaços urbanos de grandes dimensões.

Principais culturas das regiões da Mesoamérica e Andina

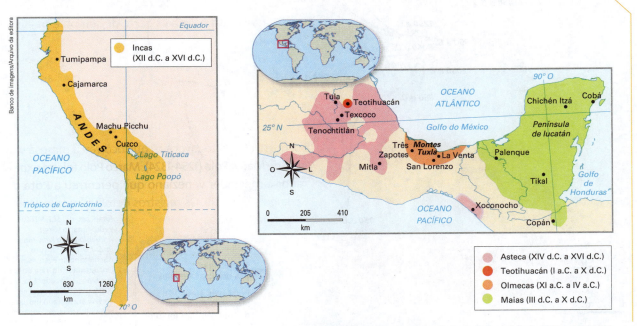

Adaptado de: ATLAS da história do mundo. São Paulo: Folha de S.Paulo, 1995. p. 46, 144-145.

Um panorama "mundial" no fim do Império Romano do Ocidente

Na **América do Sul**, outros impérios floresceram na região andina, no território dos atuais Peru, Bolívia, Equador e Colômbia. Entre eles, destacam-se o Império Tiahuanaco e o Império Huari, que se desenvolveram entre os séculos VI e X. Mais tarde, a partir do século XII, organizou-se o Império Inca, ao qual voltaremos no capítulo 10.

Na região que viria a ser o Brasil, viveram diversas etnias indígenas. Mas como elas — até onde se sabe — não desenvolveram a escrita e pouco se registrou de suas tradições orais, não é possível reconstruir sua história política, como se faz com as civilizações mesoamericanas e andinas. Não sabemos nomes de líderes, fases, acontecimentos gerais nem se é possível reconstruí-los.

Ainda assim, é possível compreender costumes, movimentos populacionais e algumas relações entre essas etnias indígenas utilizando métodos da Antropologia e da Linguística.

Cada etnia, a seu tempo, participaria do legado indígena para a formação da sociedade brasileira. Desde o início da colonização, elas contribuíram, entre outras coisas, para a adaptação do europeu ao clima, para a domesticação de plantas para uso agrícola e para um amplo conhecimento farmacológico de ervas, plantas e outros recursos da natureza.

No capítulo 2 destacamos que, de acordo com a Arqueologia, tradição é um conjunto de práticas e técnicas de povos que compartilhavam características comuns. Entre as diversas tradições que existiram no território brasileiro, destaca-se a tradição tupi-guarani.

Os povos Tupis-guaranis cultivavam várias plantas: milho, mandioca, batata-doce, amendoim, abóbora, tabaco, feijão, urucum, etc. A caça e a pesca completavam a sua alimentação.

Estima-se que foi a partir da região amazônica que os Tupi-Guarani espalharam-se pelo território brasileiro em diferentes levas migratórias.

Migrações dos povos Tupis-guaranis

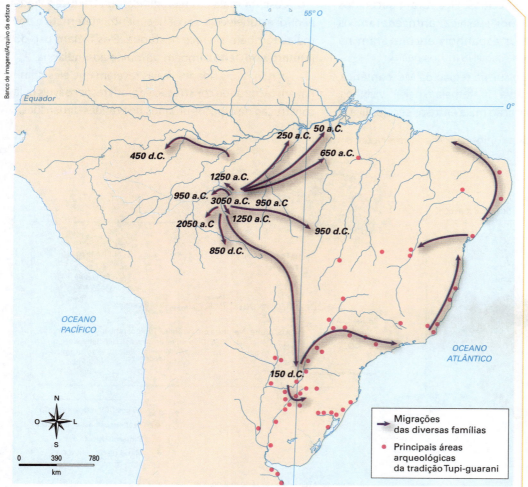

Adaptado de: SCHMITZ, Pedro Ignácio (Org.). *Arqueologia do Rio Grande do Sul, Brasil*. Instituto Anchietano de Pesquisas, Universidade do Vale do Rio dos Sinos, São Leopoldo, 2006. p. 56. Disponível em: <www.anchietano.unisinos.br/publicacoes/documentos/documentos05.pdf>. Acesso em: 22 fev. 2017.

Leituras

Pesquisando a cultura dos primeiros habitantes do Brasil

O texto a seguir trata dos povos indígenas falantes das línguas tupi e guarani e apresenta o esforço conjunto de diferentes áreas do conhecimento, como a Antropologia e a Linguística, para compreender os primeiros povos que habitaram o litoral brasileiro.

[...] A cultura dos povos indígenas falantes das línguas tupi e guarani é conhecida principalmente pelos relatos de cronistas da época do Descobrimento e dos primeiros tempos da colonização do Brasil. Dos prováveis ancestrais desses grupos, porém, os únicos vestígios arqueológicos são vasilhas e fragmentos de cerâmica, muitas vezes pintados com motivos variados. Um novo e amplo estudo sobre as pinturas aplicadas a essa cerâmica – reunida sob o nome "Tradição Tupiguarani" – revela que não eram apenas simples decoração: na verdade, os desenhos parecem expressar os valores coletivos desses primeiros habitantes do litoral brasileiro.

Quando Pedro Álvares Cabral desembarcou no Brasil, a maior parte do litoral, do Nordeste até o rio da Prata, entre o Uruguai e a Argentina, era ocupada por populações indígenas que falavam línguas tupi (desde a área onde se situa hoje o estado de São Paulo até o atual Maranhão) e guarani (do atual Paraná até o norte da Argentina). Essas línguas eram aparentadas (como o são entre si o espanhol e o português) e as culturas dos seus falantes bastante parecidas.

Os primeiros cronistas – particularmente os protagonistas das lutas entre franceses e portugueses pelo controle da baía de Guanabara – fornecem preciosas informações sobre essas numerosas tribos. Mencionam, entre outras coisas, que as mulheres produziam e decoravam os potes de barro. Essas tribos foram logo dizimadas pelas doenças trazidas pelos europeus e pelas guerras coloniais, e no século XVII tinham desaparecido quase que por completo do litoral central e nordestino. [...]

No final dos anos [19]60, os pesquisadores do Programa Nacional de Pesquisas Arqueológicas (Pronapa), dirigido pelos arqueólogos norte-americanos Betty Meggers e Clifford Evans (1920--1981), encontraram numerosos sítios onde apareciam restos de cerâmica decorada, alguns com traços vermelhos ou pretos pintados sobre fundo branco. Tais manifestações foram reunidas sob o nome "Tradição Tupiguarani" – Tupiguarani em uma só palavra, indicando tratar-se de um conceito arqueológico que não corresponde obrigatoriamente aos povos falantes das línguas tupis-guaranis (com hífen), embora se supusesse que os autores das peças fossem, ao menos em parte, ancestrais desses povos. As datações radiocarbônicas apontavam que os artefatos teriam entre 1500 e 500 anos. [...]

Aos poucos, envolvemos um grande número de arqueólogos em uma pesquisa sistemática sobre a cultura Tupiguarani no Brasil inteiro. Arqueólogos, químicos, físicos, etnólogos e até técnicos da polícia científica – ligados a 20 instituições brasileiras, argentinas e uruguaias – aceitaram colaborar, de forma inédita, na preparação de uma obra coletiva, que deve fazer um balanço dos conhecimentos e abrir novas perspectivas. [...]

PROUS, André. A pintura em cerâmica Tupiguarani. In: *Ciência Hoje*. 1º mar. 2005. Disponível em: <www.cienciahoje.org.br/revista/materia/id/64/n/a_pintura_em_ceramica_tupiguarani>. Acesso em: 10 abr. 2017.

Tigela de cerâmica Tupi-guarani encontrada em Aparecida, São Paulo, na década de 1950.

Construindo conceitos

Cultura e etnia

Nos capítulos iniciais, vimos que o desenvolvimento de inúmeros povos, reinos e civilizações levou a uma intensa diferenciação entre as sociedades humanas. Fenícios, egípcios, gregos, romanos, bizantinos, entre outros, organizaram-se segundo características próprias e estas se transformaram ao longo do tempo.

Para caracterizar uma sociedade a partir do seu domínio técnico sobre a natureza, seus valores e crenças religiosas, suas instituições e regras de conduta, os conceitos de cultura e etnia são utilizados.

A palavra **cultura**, de origem latina, significa cultivar o solo e associava-se ao domínio de habilidades que permitiam ao ser humano cuidar da terra e prover o seu sustento.

No século XVIII, com o domínio europeu sobre povos de outros continentes, a noção de cultura esteve associada a termos como "culto", "sofisticado", "civilizado". Assim, povos americanos e africanos eram considerados povos sem cultura ou com "pouca cultura", em comparação com as sociedades europeias, que se consideravam dotadas de uma cultura complexa. Do mesmo modo, pessoas com pouca escolaridade ou que vivessem no campo eram vistas, de modo preconceituoso, como pessoas "incultas".

A concepção contemporânea de cultura refere-se a um conjunto de práticas e técnicas, comportamentos e valores, formas de linguagem e crenças religiosas que toda sociedade desenvolve e todo ser humano experimenta. Desde o surgimento do *Homo sapiens*, encontramos traços de cultura, como o uso da pedra lascada, que servia de ferramenta no cotidiano, a criação de pinturas rupestres ou o desenvolvimento da linguagem oral. Portanto, todos nós temos cultura, pois participamos da vida em sociedade que nos caracteriza e nos integra.

Etnia, conceito mais recente nas Ciências Humanas, surgiu para se contrapor à noção de **raça** vigente no século XIX, que definia os diferentes grupos humanos por meio do seu fenótipo (o conjunto das características observáveis, como cor da pele, estatura, traços faciais, etc.).

A definição de etnia relaciona traços genéticos comuns às características culturais produzidas historicamente por um grupo que se identifica como pertencente a determinada comunidade. O que distingue uma etnia das demais são a partilha consciente de traços culturais e a noção de um passado histórico ou mítico comuns.

Em diversas regiões do planeta, ocorrem conflitos entre grupos étnicos, especialmente entre grupos que coabitam um mesmo território nacional e disputam entre si o controle do poder e a posse das riquezas ou, simplesmente, são obrigados a conviver sob as mesmas leis e costumes.

Meninas da etnia Pa'O vestindo trajes tradicionais durante o Festival Kakku Pagoda: celebração anual da colheita de grupos étnicos naturais dos estados Shan, da República da União de Myanmar (ou Birmânia), no sul da Ásia. Foto sem data.

Atividades

1. Pesquise em *sites* e identifique três grupos étnicos que sofrem perseguição ou são alvos de preconceito na Europa, na África ou na América e apresente os resultados para a classe.
2. Em classe, debata com os colegas sobre os desafios que devemos enfrentar para garantir uma convivência pacífica entre as etnias.

Atividades

Retome

1. Enquanto o Império Romano do Ocidente vivia uma profunda crise, o Império Romano do Oriente se mantinha próspero. Quais são as razões que explicam o declínio de uma das partes do Império Romano e o apogeu da outra no mesmo período?

2. No ano de 1054, a Igreja foi dividida em duas instituições: a Igreja católica, com sede em Roma, e a Igreja ortodoxa, com sede em Constantinopla. Que fatores explicam essa cisão?

3. No mesmo período em que o Império Romano desmoronava no Ocidente, o Reino de Axum expandia-se no continente africano. Qual foi a provável origem do poder de Axum?

4. De acordo com os preceitos islâmicos, todo muçulmano deve peregrinar para Meca pelo menos uma vez, desde que tenha condições para fazê-lo. Todavia, mesmo antes do surgimento do islamismo, a cidade já era importante para os árabes. Por que Meca era um lugar tão especial para esses povos?

5. Que resultado a fundação do islamismo no século VI produziu na vida política das tribos árabes?

6. Entre os séculos VII e X, com a ascensão da dinastia Tang ao poder, a China, que durante séculos esteve fragmentada em diversos reinos, reunificou-se e viveu um período próspero. Analise o papel dos funcionários do Estado chinês na preservação da estabilidade do império.

Pratique

7. O texto a seguir trata da codificação da lei romana em Bizâncio, durante o governo de Justiniano.

> [...] A maior realização de Justiniano foi sua codificação da lei romana. Mais uma vez, elaborou-a com impressionante rapidez, graças à competência do conselho de juristas que reuniu, com Triboniano à frente. A primeira codificação ficou pronta em 529, e uma segunda por volta de 534. [...] Embora apresentada como um retorno às raízes da lei romana clássica, a obra de Justiniano remodelou a lei, para que fundamentasse uma monarquia cristã. Ele próprio redigiu a maior parte da legislação relacionada com a Igreja e a religião. A lei romana perdeu quase toda sua independência. Embora ele continuasse a **aquiescer** à ideia de que o imperador como indivíduo estava sujeito à lei, insistia em que, devido a seu cargo, ele era a encarnação da lei. A lei foi atrelada à ideologia absolutista da monarquia cristã, e recebeu forma concreta na estátua equestre que Justiniano mandou erguer de si mesmo diante da Igreja de Santa Sofia: na mão esquerda, segurava uma esfera com uma cruz sobreposta, símbolo de sua autoridade universal e origem divina. [...]
>
> ANGOLD, Michael. *Bizâncio*: a ponte da Antiguidade para a Idade Média. Rio de Janeiro: Imago, 2002. p. 34.

aquiescer: concordar; consentir.

a) De acordo com o texto, a codificação da lei romana foi apenas uma compilação da legislação romana? Explique.

b) Por que, segundo o autor do texto, a lei romana "perdeu quase toda sua independência" sob o governo de Justiniano?

c) Relacione as modificações feitas por Justiniano na legislação romana e a consolidação do cesaropapismo.

8. Wu Zetian (624-705) – ou Wu Hou – foi a única mulher a assumir o título de imperatriz na China, governando o império entre 690 e 705. Para alguns, ela foi uma mulher determinada, que garantiu a prosperidade de seus domínios. Contudo, para outros, foi impiedosa, porque impunha sua autoridade pelo medo.

- Em grupos de três alunos, pesquisem em *sites*, livros ou enciclopédias textos sobre a condição das mulheres na China durante os séculos VII e VIII e a biografia da imperatriz Wu Zetian.
- Em sala, organizem um seminário para discutir e compreender o governo de Wu Zetian.

9. Estima-se que há, na atualidade, 1,6 bilhão de muçulmanos no mundo. O islamismo é a segunda maior religião em seguidores, conforme dados da *Pew Research Center* de 2013. Os gráficos a seguir traçam um panorama do islamismo no mundo contemporâneo. Analise-os para, em seguida, responder às questões.

Um panorama "mundial" no fim do Império Romano do Ocidente

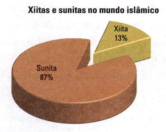

Fonte: PEW RESEARCH CENTER. Disponível em: <www.pewresearch.org/fact-tank/2013/06/07worlds-muslim-population-more-widespread-than-you-might-think/>. Acesso em: 10 fev. 2016.

a) De acordo com o gráfico "Muçulmanos no mundo", quais são os dois continentes onde há o maior número de seguidores do islamismo?

b) Em que continente a presença de muçulmanos é menor?

c) Segundo o gráfico "Xiitas e sunitas no mundo islâmico", qual é o grupo predominante na religião islâmica?

d) Com base nos seus estudos sobre o islamismo, diferencie xiitas e sunitas.

e) Releia o texto "Os árabes e o islamismo" e responda: Ao longo da história, de que forma a expansão muçulmana ocorreu no mundo?

10. Observe o mapa "Rotas transaarianas de comércio (séculos IX-XI)".

- Identifique a região do planeta representada nele e, por meio da legenda, identifique o império destacado em amarelo.
- Preste atenção aos diferentes traçados do mapa, distinguindo-os de acordo com as informações da legenda.
- Identifique as características geográficas da região representada.

Depois, responda às questões.

a) De acordo com o mapa, qual foi a importância econômica de Gana?

b) Que características geográficas de Gana favoreciam sua importância no contexto econômico africano?

c) Identifique os principais produtos comercializados pelas rotas que passavam por Gana.

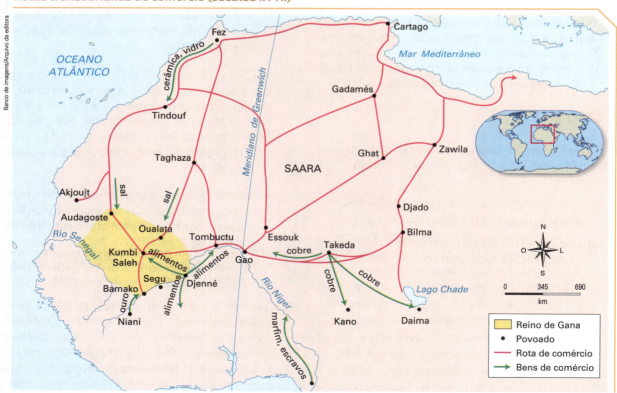

Adaptado de: DUBY, Georges. *Grand Atlas historique*. Paris: Larousse, 1978. p. 258.

Analise uma fonte primária

11. O texto a seguir é um trecho da carta que Américo Vespúcio escreveu, provavelmente em 1503, a Lorenzo di Pierfrancesco de Médici, para prestar contas da viagem que realizou no continente americano. Na expedição, Vespúcio esteve na costa da Bahia e de São Vicente e teve contato com indígenas tupis-guaranis que ali habitavam. Sobre os habitantes das terras brasileiras, escreve:

> [...] Naqueles países tal multidão de gente encontramos que ninguém enumerar poderia, como se lê no Apocalipse; gente, digo, mansa e tratável. E todos de um e outro sexo vão nus, nenhuma parte do corpo cobrem, e assim como do ventre da mãe saíram, assim até a morte vão; uma vez que têm corpos grandes, ajustados, bem dispostos e proporcionados, e de cor declinando para o vermelho; a qual coisa a causa penso, porque nus andando são tintos do sol. E têm os cabelos grandes e negros. São no andar e nos jogos ágeis e de uma liberal e formosa face, a qual eles mesmos destroem; uma vez que se furam as faces e os lábios e as narinas e as orelhas; e não se creia que aqueles furos sejam pequenos ou que um somente o tenham; pois vi muitos, os quais têm somente na cara sete furos dos quais cada um capaz era de uma ameixa; e mutilam eles estes furos com pedras azuladas, marmóreas, cristalinas e de alabastro belíssimas e com ossos branquíssimos e outras coisas artificiosamente trabalhadas segundo o seu costume; a qual coisa se a visse tão insólita e a um monstro símile, isto é um homem o qual tem nas faces somente e nos lábios sete pedras, das quais muitas são do tamanho de meio palmo, não sem admiração ficarias. Pois que muitas vezes considerei e assinalarei estas sete pedras terem de peso quinze onças, sem contar que em cada orelha de três furos furados têm outras pedras pendentes em anéis; e este costume só é dos homens; pois as mulheres não se furam a face, mas as orelhas só. [...]
>
> VESPÚCIO, Américo. *Novo Mundo*: cartas de viagem e descobertas. Porto Alegre: L&PM, 1984. p. 93-94.

a) Pesquise a biografia de Américo Vespúcio em *sites* ou em enciclopédias. Segundo as informações obtidas, o que ele veio fazer na costa brasileira?

b) Que informações sobre os Tupi-Guarani podemos extrair do trecho da carta de Américo Vespúcio?

c) Que impressão Vespúcio transmite ao leitor sobre as populações tupis-guaranis que habitavam o território que hoje constitui o Brasil?

d) Os Tupi-Guarani não tinham um sistema de escrita. Assim, todas as informações disponíveis provêm de vestígios arqueológicos ou de textos escritos pelos europeus que vieram para a costa brasileira a partir do século XVI. Ao ler a carta de Américo Vespúcio, que problema você identifica no uso desse tipo de fonte para conhecer a vida dos antigos habitantes do Brasil?

Articule passado e presente

12. Leia a matéria sobre projeto de templo religioso que poderá reunir fiéis do judaísmo, cristianismo e islamismo e, a seguir, faça o que se pede.

Para unir religiões, Berlim terá primeira "igreja-mesquita-sinagoga"

> Berlim acredita estar fazendo história no universo das religiões ao unir muçulmanos, judeus e cristãos para construir um lugar onde todos possam rezar. "*The House of One*" (A Casa de Um, em tradução livre), como está sendo chamada, terá uma sinagoga, uma igreja e uma mesquita sob o mesmo teto.
>
> O projeto foi escolhido em um concurso de arquitetura. Trata-se de um edifício de tijolo com uma torre alta e quadrada no centro. Do outro lado de um pátio ficarão as casas de culto das três religiões – a sinagoga, a igreja e a mesquita.
>
> Nesta semana, os idealizadores do projeto iniciaram uma campanha para angariar fundos para a construção do edifício. Qualquer pessoa pode doar dinheiro *on-line* para o projeto – cada um pode contribuir com quantos tijolos quiser, sendo que cada tijolo custa 10 euros (cerca de R$ 30). [...]
>
> [...] Cada uma das três áreas na Casa terá o mesmo tamanho, mas formas diferentes, explica o arquiteto Wilfried Kuehn.
>
> "Cada um dos espaços foi projetado de acordo com as necessidades do culto religioso, com as particularidades de cada fé", disse. "Por exemplo, há dois andares na mesquita e na sinagoga, mas apenas um na igreja. Haverá um órgão na igreja. Teremos um lugar onde se possa lavar os pés na mesquita".
>
> Kuehn e sua equipe de arquitetos pesquisaram projetos para os três tipos de locais de culto e encontraram mais semelhanças do que esperavam.
>
> "O que é interessante é que, quando você volta um tempo atrás, observa-se que eles compartilham uma série de tipologias arquitetônicas. Eles não são tão diferentes", disse. "Não é necessário, por exemplo, que uma mesquita tenha um minarete – essa é apenas uma possibilidade, não uma necessidade. E uma igreja não precisa ter uma torre. Eu estou falando de voltar às origens, quando essas três religiões estavam perto e compartilhavam arquitetonicamente de muitas coisas". [...]
>
> G1. Para unir religiões, Berlim terá primeira "igreja-mesquita-sinagoga". 29 jun. 2014. Disponível em:<http://g1.globo.com/mundo/noticia/2014/06/para-unir-religies-berlim-tera-primeira-igreja-mesquita-sinagoga.html>. Acesso em: 22 fev. 2017.

a) De acordo com o texto, qual é a grande inovação do projeto de construção de *The House of One*?

b) Os arquitetos que trabalham no projeto de *The House of One* destacam as muitas semelhanças que identificaram entre os três edifícios religiosos – a igreja, a mesquita e a sinagoga. Qual pode ser a explicação para tantas semelhanças?

c) O projeto de *The House of One* busca aproximar as três grandes religiões monoteístas. Que significado e importância ele tem no presente?

CAPÍTULO 8
A formação da Europa

Representantes de diversas religiões — budismo, judaísmo, catolicismo, islamismo, cristianismo ortodoxo, protestantismo — em cerimônia de felicitações pelo Ano-Novo realizada no Palácio do Eliseu, Paris, França, 2013.

Durante a Idade Média, alguns governantes europeus passaram a ser empossados mediante a aceitação da autoridade máxima da Igreja. Atualmente, a liberdade de credo é recorrente na Europa. Na foto, de 2013, percebe-se a igualdade entre as pessoas presentes na cerimônia. Que papel as autoridades religiosas devem ter na condução dos negócios do Estado? O Estado deve interferir nas questões religiosas de cada credo?

1 O espaço como construção social e histórica

Embora possa ser modificado pela ação humana, o espaço geográfico é um dado da natureza. A forma pela qual nos relacionamos com ele, contudo, é variável. Depende de nossas necessidades, expectativas e história. Embora as terras e águas que compõem a Europa lá estivessem há milhões de anos, até a Idade Média não havia, historicamente, o que hoje chamamos de Europa: um continente que, além de terras e águas, tem uma história comum — de guerras e de paz, de avanços e de crises, e de grandes conflitos internos também. É essa história comum que possibilitou a formação da União Europeia atual.

Durante o Império Romano ainda não se falava em Europa. Ela começou a se formar no período medieval.

[...] O mundo europeu, enquanto europeu, é uma criação da Idade Média, que, quase ao mesmo tempo, rompeu a unidade, pelo menos relativa, da civilização mediterrânea e lançou desordenadamente no **crisol** os povos outrora romanizados junto com os que Roma nunca tinha conquistado. Então, nasceu a Europa no sentido humano da palavra. [...]

BLOCH, Marc. Apud LE GOFF, Jacques. *As raízes medievais da Europa*. Petrópolis: Vozes, 2007. p. 13.

Neste capítulo, você vai conhecer um pouco mais sobre o início da construção social e histórica desse espaço hoje conhecido como Europa.

> **crisol**: recipiente ou pequeno pote utilizado para reações químicas de purificação de metais preciosos.

Símbolo do euro, a moeda comum da União Europeia, na entrada do Banco Central Europeu, em Frankfurt, Alemanha. Foto de 2016.

Onde e quando

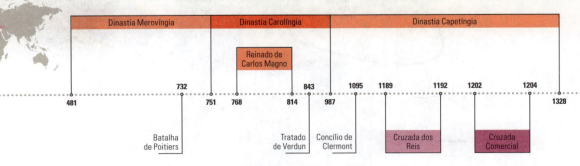

Mapa e linha do tempo ilustrativos. As regiões indicadas no mapa referem-se à configuração atual dos países a que pertencem hoje, e o espaço entre as datas não é proporcional ao intervalo de tempo.

A formação da Europa

2 A Alta Idade Média e a ruralização europeia

Como vimos, Alta Idade Média é a denominação utilizada pelos historiadores para designar o período compreendido entre os séculos V e X. Já a Baixa Idade Média se estenderia do século XI ao XV. Vimos, também, que alguns historiadores utilizam outra periodização para tratar do final da Idade Antiga e do início da Idade Média. A Antiguidade Tardia, como é denominada, se estenderia do século III ao VII. Com essa periodização, aqueles que a utilizam pretendem destacar que houve um longo processo de transição do mundo antigo para o mundo medieval.

Os reinos germânicos

As migrações "bárbaras", que marcaram o fim do Império Romano do Ocidente, não se encerraram em 476 – continuaram ocorrendo durante boa parte da Alta Idade Média. São justamente as invasões, as trocas culturais e o estado de guerra constante na Europa ocidental durante esse período que nos permitem compreender a estrutura econômica e social do sistema denominado **feudalismo**, que estudaremos no capítulo 9.

Vimos que os romanos chamavam de "bárbaros" todos os povos que não tinham se romanizado e que não falavam latim ou grego. Esses povos são em geral classificados de acordo com sua origem ou sua língua: tártaro-mongóis (asiáticos como os hunos e os turcos), eslavos (como os russos, entre outros) e germanos (dos quais faziam parte os francos, os visigodos, os anglos, os saxões, os ostrogodos, os vândalos, etc.).

O contato com esses povos migrantes e a fragmentação político-cultural nos antigos domínios romanos acarretaram a formação de vários reinos germânicos e a introdução de diversos idiomas no continente europeu. Até então, o latim era a língua corrente, por causa do predomínio dos conquistadores romanos.

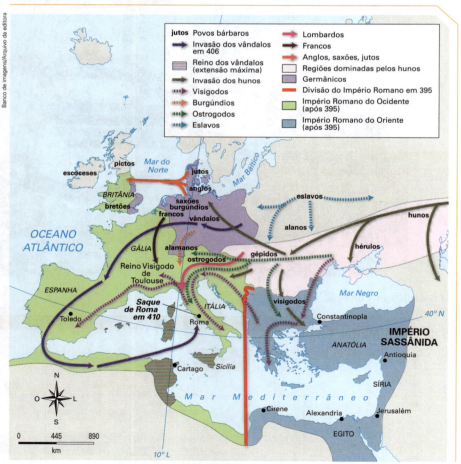

Migrações bárbaras (400-800)

Adaptado de: BASCHET, Jerôme. *A civilização feudal*: do ano mil à colonização da América. São Paulo: Globo, 2006. p. 42.

Ruralização e fortalecimento do cristianismo

Uma das características da Europa medieval foi a **ruralização**. Desde o final do Império Romano, as cidades vinham sendo abandonadas por causa das invasões e dos saques. Ao mesmo tempo, a falta de mão de obra escrava atraía vastos contingentes de trabalhadores para o campo. Ali, eles arrendavam terras na condição de servos (relação de produção predominante na Europa ocidental durante a Idade Média). O movimento dessa população marcou a volta de uma economia rural de subsistência. Daí a palavra "ruralização".

Devido à instabilidade causada pelas guerras e à concentração da população em comunidades rurais, o comércio entrou em declínio, assim como a utilização de moedas. Para proteger-se das agressões externas, construíram-se castelos e residências fortificadas.

Ao mesmo tempo, ocorria o fortalecimento do cristianismo que, pouco a pouco, se impunha à nova sociedade em formação. Vários reinos germânicos converteram-se à doutrina cristã, destacando-se o dos francos.

O reino dos francos

Desde o século II, os francos vinham pressionando as fronteiras do Império Romano, até se estabelecerem na região da Gália, atual França. Séculos depois, em 496, Clóvis (466-511), rei da **dinastia merovíngia**, converteu-se ao cristianismo.

Quando o Império Romano do Ocidente se desagregou, desapareceu a ideia tradicional de Estado e bem público. A terra passou a ser distribuída entre o clero e a nobreza, como recompensa por serviços prestados. A figura do rei tornou-se, assim, bastante frágil entre os francos, submetida ao poder dos proprietários de terra.

No período merovíngio, as funções do rei eram delegadas ao *major domus*, espécie de primeiro ministro. O mais importante deles foi Carlos Martel (690-741), que venceu os árabes na Batalha de Poitiers (732), interrompendo a expansão islâmica em direção ao centro do continente.

Em 751, o filho de Carlos Martel, Pepino, o Breve (714-768), contando com o apoio do papa, depôs o último soberano merovíngio e iniciou uma nova dinastia, a **dinastia carolíngia**.

Pelo apoio recebido, Pepino cedeu ao papa uma vasta porção de terra no centro da península Itálica. Esse território, que foi transferido para a administração direta da Igreja, com o nome de **Patrimônio de São Pedro**, constitui o embrião do atual Vaticano.

O filho de Pepino, Carlos Magno (742-814), assumiu o trono em 768 e, depois de conquistar novos territórios, fundou o **Império Carolíngio**. O período de maior poder dos francos na Alta Idade Média foi sob o governo de Carlos Magno.

Em troca de lealdade, Carlos Magno doou à nobreza e ao clero as terras adquiridas nas guerras de conquista, dividindo o território imperial em **condados** e **marcas**.

Os administradores dessas áreas eram nomeados pelo imperador e fiscalizados por um corpo de funcionários chamados *missi dominici* (emissários do senhor). Dessa forma, Carlos Magno podia controlar um vasto território fazendo valer suas leis – conhecidas como **capitulares** –, as primeiras leis escritas do Ocidente medieval.

Carlos Magno foi responsável, portanto, por um governo forte e centralizador durante a Alta Idade Média.

No ano 800, o papa Leão III coroou Carlos Magno imperador do Novo Império Romano do Ocidente. Leão III via na ampliação do reino franco uma possibilidade de expansão do cristianismo e de retorno à própria concepção de império, extinta com o Império Romano do Ocidente. Para muitos historiadores, a formação do Império Carolíngio representa um evidente afastamento da orla do Mediterrâneo e um passo para a formação da Europa.

Miniatura do século XV que representa o batismo de Clóvis, considerado o fundador do reino franco. Diz a lenda que, em uma difícil batalha, Clóvis invocou o deus de sua esposa Clotilde, que era cristã, prometendo que se batizaria caso alcançasse a vitória. Daquele momento em diante, a sorte da batalha mudou em seu favor.

Sob o governo de Carlos Magno, escolas foram fundadas e muitas obras da Antiguidade greco-romana, preservadas. Esse desenvolvimento cultural foi chamado mais tarde de **Renascimento carolíngio**.

O poderio do Império Carolíngio, porém, não sobreviveu à morte de Carlos Magno, em 814. Disputas sucessórias aliadas à invasão de outros povos – **vikings** da Escandinávia, **magiares** do Leste Europeu e novamente os árabes no Mediterrâneo – levaram ao fim a unidade territorial do império.

Luís, o Piedoso (778-841), filho de Carlos Magno, governou até 841. Seus filhos, pelo **Tratado de Verdun** (843), fizeram a partilha do império e aceleraram sua derrocada.

Com as invasões *vikings*, que chegaram a conquistar a Normandia, uma região do norte da França, amplos contingentes da população europeia procuraram refúgio e proteção junto aos grandes senhores de terras, submetendo-se a eles. Condes, marqueses e outros nobres passaram a ter uma importância crescente, fortalecendo assim a tendência à descentralização do poder político e social. Esse contexto favoreceu a consolidação do feudalismo.

> **vikings**: originários da Escandinávia (que hoje compreende Suécia, Dinamarca e Noruega, no norte da Europa). Destacaram-se por suas avançadas técnicas de navegação.
> **magiares**: de origem asiática, invadiram a Europa e fundaram o Reino da Hungria.

Leituras

Uma nova escrita

Durante o período carolíngio, os escribas passaram a separar as palavras e frases por um sistema de pontuação. Isso representou um grande avanço no registro escrito. A reportagem a seguir trata desse assunto.

[...] O Renascimento carolíngio foi gestado nos mosteiros da Gália no sul da França, a partir do final do século VII. [...] Os escribas, que recopiavam os livros vindos de Roma, aperfeiçoaram a escritura, ancestral da Carolina, a escrita caligráfica surgida na Europa entre os séculos VIII e IX, que originou a distinção de maiúsculas e minúsculas nas modernas escritas europeias [...].

Jamais será excessivo insistir sobre o prodigioso trabalho dos **scriptoria** carolíngios. Milhares de manuscritos foram recopiados – quase oito mil foram conservados: as obras dos fundadores da Igreja, de gramáticos, poetas, prosadores. Graças aos **copistas**, uma grande parte da herança literária latina foi salva e preservada. Cícero, Virgílio, Tácito e muitos outros só se tornaram conhecidos pelo trabalho dos carolíngios.

[...] Depois do término do manuscrito, se fosse um livro luxuoso de salmos ou um evangeliário encomendado por um bispo, ou por um príncipe, o pintor sucedia o escriba. Ele decorava as iniciais, enquadrava as páginas, pintava o que ficara em branco, segundo seu próprio talento ou segundo o estilo da escola onde fora formado. Temos então o manuscrito copiado, corrigido e ornamentado.

Em seguida, era necessário reunir as folhas, formar os cadernos para fazer um códice. [...] Desde a época carolíngia, a encadernação era utilizada para os livros valiosos, e era feita com pele de cervos. Assim, Carlos Magno autorizou os monges de um mosteiro francês a caçar cervos para criar um estoque do couro destinado à encadernação. A superfície lisa das encadernações era confiada a ourives, ou a artesãos que trabalhavam com marfim. [...]

RICHÉ, Pierre. Quando copiar era um estímulo intelectual. *História Viva*, edição 28, fev. 2006. Disponível em: <www2.uol.com.br/historiaviva/reportagens/quando__copiar__era__um__estimulo__intelectual.html>. Acesso em: 22 fev. 2017.

> **scriptoria**: salas dos mosteiros reservadas à leitura e à escrita.
> **copistas**: monges que copiavam manuscritos da Antiguidade ou textos da época; nesse caso, o mesmo que escribas.

Iluminura presente em cópia do *Sacra Parallela*, livro de João Damasceno, teólogo do século VIII.

Leituras

Ingredientes de uma nova civilização

As transformações nas cidades do antigo Império Romano, a permanência de tradições culturais romanas na passagem para a Idade Média e algumas características dos povos germânicos, sobretudo de sua arte, são analisadas pelo historiador medievalista francês Georges Duby (1919-1996).

[...] A tradição situa no século V a passagem da Antiguidade para a Idade Média. Nesse momento a Europa não existe. Praticamente tudo o que o historiador é capaz de conhecer ainda se organiza em torno do Mediterrâneo, no quadro do Império Romano. No entanto, um movimento em marcha há muito tempo tende a desarticular tal quadro, afastando progressivamente a parte grega de sua parte latina. De fato, é a leste que se encontram toda a vitalidade, toda a riqueza, toda a força, e ali [no Império Romano do Oriente] a civilização antiga prossegue a sua história sem rupturas, ao passo que se desagrega a oeste – desde sempre numa posição de fraqueza –, onde o desmoronamento é precipitado pelas migrações dos povos germânicos. Deste lado, instala-se a desordem por três séculos, durante os quais se misturam os ingredientes de uma nova civilização. De uma nova arte.

[...] por todo lado as cidades subsistem. São, é verdade, cada vez menos numerosas à medida que nos afastamos do Mediterrâneo, mas uma rede de caminhos indestrutíveis liga-as de uma ponta à outra do Império, criando uma estreita comunidade cultural. Essas cidades despovoam-se. Os dirigentes afastam-se aos poucos, vão viver em suas casas no campo. No entanto, continuam vivas, imponentes, com suas muralhas, suas portas solenes, seus monumentos de pedra, estátuas, fontes, termas, o anfiteatro, o fórum onde se discutem os negócios públicos, escolas onde se formam os oradores, colônias de negociantes orientais que usam a moeda de ouro, ainda sabem onde conseguir o papiro, as especiarias, os panos importados do Oriente, e, nas vastas necrópoles que se estendem extramuros, os mausoléus, os sarcófagos dos ricos cobertos de esculturas. Todas essas cidades se voltam para Roma, seu modelo. Roma, a cidade imensa, implantada na própria fronteira que separa a latinidade do helenismo. [...]

Ao norte, a oeste, nos pântanos e nas florestas onde as legiões nunca penetraram, vivem as tribos "bárbaras". Essas populações dispersas, seminômades, de caçadores, criadores de porcos e guerreiros têm costumes e crenças muito diferentes. Também sua arte é diferente: não é a arte da pedra, mas a do metal, das contas de vidro, do bordado. Não há monumentos, apenas objetos que as pessoas transportam consigo, armas, e essas joias, esses amuletos com que os chefes se enfeitam na vida e que são postos ao lado de seus cadáveres no túmulo. Não há relevos, apenas o cinzelado. Uma decoração abstrata, símbolos mágicos entrelaçados, em que às vezes se inserem as formas estilizadas do animal e da figura humana. Alguns desses povos, por terem se aproximado durante suas migrações dos territórios helenizados, foram evangelizados. São eles os primeiros, chefiados por seus reis, a se embrenhar no Império do Ocidente, assaltando o poder. Outros povos os seguem, sendo estes pagãos que em seu avanço pelas antigas fronteiras apagam nos territórios que ocupam os tênues vestígios da presença de Roma. É possível perceber a que ponto a cultura "bárbara", nesses tempos conturbados, se sobrepôs à cultura romana e a submergiu: a linha muito nítida que, curiosamente estável, cruza a Europa atual e separa a região das línguas românicas e a dos outros idiomas marca os limites desse avanço.

[...] Entretanto, a cultura romana conservou o seu prestígio. Fascinou os invasores. Foi para se alçarem ao seu nível, para participarem dessa espécie de felicidade que julgavam partilhada pelos cidadãos romanos, que os germanos atravessaram as fronteiras, que seus chefes, agora detentores do poder, não hesitaram em se autodenominar cônsules que moravam nas cidades, que favoreciam, como Teodorico [rei dos ostrogodos], o desabrochar das letras latinas, que arrastavam os companheiros e, como Clóvis [rei dos francos], mergulhavam nas águas do batismo. Tinham apenas um desejo: integrar-se. Para se integrarem de verdade, precisavam virar cristãos. [...]

DUBY, Georges. *História artística da Europa*: a Idade Média. São Paulo: Paz e Terra, 1997. v. 1.

Guerreiro lombardo em detalhe de escudo ornamentado do século VII.

A formação da Europa

3. A Baixa Idade Média: a caminho da Europa urbana

Entre os séculos XI e XV, a Europa passou por transformações que abriram caminho para um reordenamento da sociedade europeia. Esse período é chamado pelos historiadores de **Baixa Idade Média**.

Essas mudanças começaram com o declínio das invasões "bárbaras" e com inovações tecnológicas no campo. Entre essas inovações, estavam os arados de ferro, mais fortes e eficientes do que os de madeira usados até então, e o aperfeiçoamento de moinhos hidráulicos. As terras cultiváveis foram ampliadas por meio do aterramento de pântanos e da derrubada de florestas.

Esse contexto propiciou o crescimento da produtividade do trabalho agrícola e, consequentemente, a expansão demográfica. Só na Inglaterra, a população teria passado de 2 milhões, no século XI, para cerca de 5 milhões, no início do século XIV. Nesse mesmo período, a população francesa aumentou de 6 milhões para 15 milhões de pessoas.

Essas mudanças favoreceram o desenvolvimento do comércio, a circulação de moedas e o crescimento das cidades. A intensificação do comércio impulsionou também diversos setores artesanais. Muitos artesãos haviam continuado ativos na Alta Idade Média, servindo à nobreza e ao alto clero, como os armeiros, que trabalhavam para os nobres guerreiros, ou os ourives, pintores e construtores, que trabalhavam na edificação de catedrais e castelos.

Nessa época de mudanças, de aumento populacional, muitos camponeses, diante das altas tributações senhoriais, deixaram a atividade rural e procuraram outras oportunidades de sobrevivência. Outros, dadas as mudanças visando à maior produtividade, acabaram expulsos dos feudos. A esses marginalizados da ordem feudal, somaram-se também muitos nobres. Eram nobres sem terras, originários do **direito de primogenitura**, que vagavam pela Europa como **cavaleiros andantes**. Eles ofereciam seus serviços militares a outros senhores em troca de terras e rendas.

---

direito de primogenitura: costume pelo qual, com a morte do senhor feudal, o filho mais velho (ou o primeiro filho) herdava o feudo. Esse direito tinha a finalidade de impedir a divisão da terra entre os diversos filhos do senhor feudal.
cavaleiros andantes: cavaleiros que, na Idade Média, percorriam terras sozinhos ou com alguns companheiros, com os mais diversos objetivos: guerrear, viver aventuras, defender os injustiçados, lutar pela Igreja, etc. Em torno de suas proezas foram escritas narrativas literárias e míticas.

No início da Baixa Idade Média, a força animal e a força das águas dos rios começaram a ser mais bem aproveitadas. Observe o moinho movido a água nessa iluminura, produzida em 1650, aproximadamente.

Nesse contexto, ocorreram diversos movimentos de expansionismo. Houve a expansão gêrmanica, a chamada *Drang nach Osten* ("Marcha para o Leste"), em que cavaleiros teutônicos dirigiram-se para o Oriente, para a atual Rússia, sob o pretexto de propagar o cristianismo, subjugando a região báltica. Houve também a Reconquista Cristã dos territórios tomados pelos árabes na península Ibérica e as Cruzadas, que contaram com a participação de inúmeros cavaleiros de toda a Europa. Vemos, desse modo, que a conquista de novas terras e riquezas pode ser interpretada como um meio de superar as dificuldades que marcaram os primeiros séculos da Baixa Idade Média.

teutônicos: termo derivado de teutão, povo germânico que vivia nas regiões central e norte da Europa.

Vivendo naquele tempo

El Cid, um cavaleiro medieval

Os cavaleiros medievais, oriundos da nobreza, eram treinados, desde a infância, nas artes e nos valores da guerra, aprendendo a manusear armas, como a lança e a espada, a montar a cavalo e a enfrentar o inimigo.

Retratados em pinturas, em esculturas e em obras literárias e cinematográficas, constituem um imaginário de narrativas heroicas que se transformam ao longo do tempo. Representações do cavaleiro Rodrigo Díaz (1043-1099), o El Cid, expressam o poder desse imaginário. Nobre guerreiro da região de Castela, na Espanha atual, teria lutado contra os mouros e colaborado para a unificação do reino cristão de Castela, ganhando fama ainda em vida, graças às suas vitórias incontestáveis. Foi homenageado em poemas populares cantados e, em 1207, reunidos na forma escrita, com o título *Canción de mio Cid*, que retratavam um cavaleiro idealizado: destemido, leal, justo, piedoso e profundamente cristão.

Nos séculos seguintes, a lenda de El Cid foi recontada por escritores espanhóis, como Guillén de Castro (1569-1631), que escreveu a peça teatral *A mocidade de El Cid* no início do século XVII.

A história do cavaleiro Díaz também foi narrada em *El Cid*, filme de 1961 dirigido por Anthony Mann; em programas de televisão, sobretudo na Espanha; e em *El Cid: a lenda*, desenho animado de 2003 dirigido por José Pozo. O personagem e seu exército também fazem parte do *videogame Age of Empires 2: the Age of Kings*, lançado em 1999. Essas representações demonstram, portanto, a força das narrativas lendárias construídas em torno do ideal de honra e lealdade da cavalaria medieval.

O ator americano Charlton Heston (1923-2008) durante as filmagens de *El Cid*, dirigido por Anthony Mann. O filme chegou aos cinemas em 1961.

A formação da Europa 179

As Cruzadas

A partir da última década do século XI, diversas expedições de caráter militar-religioso partiram da Europa em direção à Palestina com o objetivo de restabelecer o controle cristão sobre a **Terra Santa**, que estava sob domínio dos muçulmanos desde o século VII. Essas expedições ficaram conhecidas como **Cruzadas**.

As Cruzadas foram convocadas pelo papa Urbano II em 1095 no **Concílio de Clermont** e inicialmente foram vistas com simpatia pelo Império Bizantino, cujas fronteiras estavam sendo ameaçadas pelos turcos seljúcidas (muçulmanos), que, após a conquista de Bagdá, em 1055, passaram a se dirigir para a Ásia Menor.

Ao organizar as Cruzadas, a Igreja romana também tinha por objetivo estender sua influência ao território bizantino, dominado pela Igreja ortodoxa, a Igreja bizantina criada com o Cisma do Oriente, em 1054, e independente do papa de Roma.

Parte dessas expedições era constituída de pessoas de alguma maneira excluídas da estrutura social feudal. Muitos integrantes da cavalaria dos exércitos cruzados eram cavaleiros sem terra, enquanto a maior parte das tropas a pé era composta de antigos servos. Além disso, milhares de pessoas, incluindo mulheres, crianças e idosos, dispunham-se a seguir os cruzados e fazer a peregrinação aos locais sagrados após a expulsão dos muçulmanos.

Nesse sentido, as Cruzadas personificavam o misticismo e a espiritualidade que impregnavam a época medieval, sobretudo duas delas: a **Cruzada das Crianças** (1212), organizada com base na crença de que somente os "puros" e "inocentes" poderiam libertar Jerusalém, e a **Cruzada dos Mendigos** (1096). Ambas foram dizimadas ainda no continente europeu.

Os interesses da Igreja católica, contudo, não eram os únicos em jogo na organização das Cruzadas; havia outros, como o comércio, atividade até então secundária, mas cuja importância crescia em meio à expansão demográfica que ocorria na Europa. Negociantes italianos, sobretudo, desejavam ter acesso às rotas comerciais do mar Mediterrâneo, pelas quais circulavam os produtos vindos do Oriente. Como vimos, desde a expansão islâmica, essas rotas encontravam-se dominadas pelos muçulmanos.

Do século XI ao XIII, partiram da Europa oito expedições, entre as quais se destacaram as seguintes:

- **Primeira Cruzada** (1096-1099): denominada Cruzada dos Nobres, chegou a conquistar Jerusalém e a organizar um reino nos moldes feudais na região;
- **Terceira Cruzada** (1189-1192): também conhecida como Cruzada dos Reis, em virtude da participação dos monarcas da Inglaterra, da França e do Sacro Império Romano-Germânico (respectivamente, Ricardo Coração de Leão, Filipe Augusto e Frederico Barba Ruiva). Não atingiu seus objetivos militares, mas estabeleceu acordos com os turcos, o que possibilitou as peregrinações;
- **Quarta Cruzada** (1202-1204): chamada de Cruzada Comercial, por ter sido liderada por comerciantes venezianos. Desviou-se do caminho para Jerusalém e ocupou Constantinopla, uma cidade cristã, que foi saqueada pelos cruzados, igualmente cristãos.

> **Terra Santa**: expressão que designava os lugares percorridos por Jesus e incluía Jerusalém e o Santo Sepulcro, local onde ele teria sido sepultado.

Movimentos dos cruzados nos séculos XI a XIII

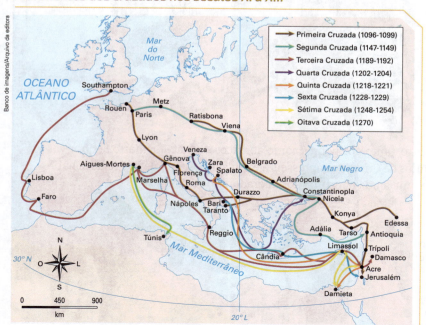

Adaptado de: KINDER, H.; HILGEMANN, W. *Atlas of World History*. New York: Anchor Books, 1974. p. 150 e 206.

Consequências das Cruzadas

As Cruzadas não conseguiram resolver boa parte das dificuldades europeias decorrentes do aumento populacional, da ambição por novas terras e da necessidade de aprimorar a produtividade agrícola para alimentar a crescente população. No entanto, algumas cidades que nunca deixaram de fazer comércio durante os primeiros séculos da Idade Média e outras que emergiram ou ganharam impulso com a chegada de camponeses marginalizados nos feudos tiveram amplas vantagens com as Cruzadas. Os exemplos mais marcantes foram Gênova e Veneza, cidades da península Itálica, cujos comerciantes enriqueceram alugando barcos, financiando os cruzados e assumindo a liderança no comércio mediterrâneo.

Houve também quem empobreceu com as Cruzadas, como foi o caso de muitos nobres que arcaram com os custos militares de algumas delas. O empobrecimento dos nobres acabou acarretando o enfraquecimento do poder local da nobreza e o fortalecimento dos governantes.

De modo geral, as Cruzadas, em vez de unir a cristandade, provocaram divergências de interesse entre monarcas de diferentes regiões, como no caso da Terceira Cruzada, e propiciaram muita violência contra cristãos e não cristãos.

As Cruzadas impactaram significativamente a mentalidade dos europeus da Baixa Idade Média, que passaram a se ver motivados a impor seus valores cristãos e sua visão de mundo aos povos com os quais entrassem em contato. O espírito das Cruzadas motivou a Reconquista Cristã da península Ibérica no final do século XV e esteve presente nas Grandes Navegações, que levaram os europeus à América, também no final do século XV.

Segundo alguns historiadores recentes:

> [...] a cruzada emerge, pois, como o ponto de chegada de um lento processo que conduz a Igreja, no Ocidente, da não violência, predominante até o século IV, ao uso sacralizado e meritório das armas. É essa dimensão sacralizadora que permite entender a cruzada como uma guerra santa, a qual tangencia certos aspectos que a assemelham com a *jihad*. Com efeito, durante vários séculos, as Cruzadas opuseram a cristandade e o mundo muçulmano pela posse de Jerusalém e dos lugares santos, posse que ainda hoje é mobilizadora nos intermináveis conflitos entre judeus e palestinos. [...]

GOMES, Francisco José Silva. A guerra santa, Cruzada e *jihad* na obra de Jean Flori. In: XI Encontro Regional de História (ANPUH). *Conflitos e Idade Média*. 20 out. 2004. Disponível em:<www.rj.anpuh.org/resources/rj/Anais/2004/Mesas/Francisco%20Jose%20Silva%20Gomes.doc>. Acesso em: 18 dez. 2015.

Leituras

Convocação às Cruzadas

Leia a seguir a convocação do papa Urbano II às Cruzadas, realizada no Concílio de Clermont, em 1095.

> Considerando as exigências do tempo presente, eu, Urbano, tendo, pela misericórdia de Deus a tiara pontifical, pontífice de toda a terra, venho a vós, servidores de Deus, como mensageiro para desvendar-vos o mandato divino [...] é urgente levar como diligência aos nossos irmãos do Oriente a ajuda prometida e tão necessária no momento presente. Os turcos e os árabes atacaram e avançaram pelo território da Romênia até a parte do Mediterrâneo chamada o Braço de São Jorge, e penetraram mais a cada dia nos países dos cristãos; eles os venceram sete vezes em batalha, matando e fazendo grande número de cativos, destruindo as igrejas e devastando o reino. [...]
>
> Por isso eu vos apregoo e exorto, tanto aos pobres como aos ricos — e não eu, mas o Senhor vos apregoa e exorta — que como arautos de Cristo vos apresseis a expulsar esta vil ralé das regiões habitadas por nossos irmãos, levando uma ajuda oportuna aos adoradores de Cristo. [...]
>
> Se os que forem lá perderem a sua vida durante a viagem por terra ou por mar ou na batalha contra os pagãos, os seus pecados serão perdoados nessa hora; eu o determino pelo poder que Deus me concedeu [...]
>
> [...] Alistem-se sem demora; que os guerreiros arrumem os seus negócios e reúnam o necessário para prover às suas despesas; quando terminar o inverno e chegar a primavera, que eles se movam alegremente para tomar a rota sob o comando do Senhor. [...]

CHARTRES, Foucher de. Apud: PEDRERO-SÁNCHEZ, Maria Guadalupe. *História da Idade Média*: textos e testemunhas. São Paulo: Unesp, 2000. p. 83-84.

A expansão do comércio na Europa

A partir do século XI, diversas cidades europeias passaram a ser o entroncamento de rotas comerciais. Por esses caminhos passavam produtos de luxo originados do Oriente (que, mesmo em pequenas quantidades, rendiam elevados lucros), sal e também produtos de consumo geral, como cereais e madeira.

Dessas rotas, a do Mediterrâneo, antigo caminho das Cruzadas, logo se tornou a mais importante e lucrativa. Partia das cidades italianas de Gênova e Veneza e atingia centros comerciais do Mediterrâneo oriental. Essas cidades prosperaram muito, principalmente porque seus comerciantes praticamente conquistaram o monopólio sobre os produtos provenientes do Oriente, como sedas e especiarias.

Paralelamente, desde o século XII organizavam-se no norte da Europa as **hansas**, ou associações de mercadores. Na Inglaterra, destacava-se a *Merchants of the Staple* (Mercadores do Empório, em tradução livre para o português), associação que controlava a venda de lã (seu mais forte produto) e a importação de produtos oriundos da região **flamenga**.

A união de diversas hansas no norte da atual Alemanha deu origem à **Liga Hanseática**, que reuniu cidades comercialmente poderosas, como Hamburgo, Bremen, Lübeck e Rostock, para controlar todo o comércio dos mares do Norte e Báltico. Seus comerciantes traziam trigo e peixes, importantes para a população, que continuava a crescer, e madeiras, fundamentais para os empreendimentos de construção naval, além de outros produtos.

A ligação desses dois importantes polos comerciais, que se consolidaram durante a Baixa Idade Média, era feita por rotas terrestres que convergiam para as planícies de Champanhe, região no nordeste da França. Ali se realizavam grandes **feiras**, que se tornaram importantes centros de articulação do crescente comércio europeu, nos quais os comerciantes do norte encontravam os do sul.

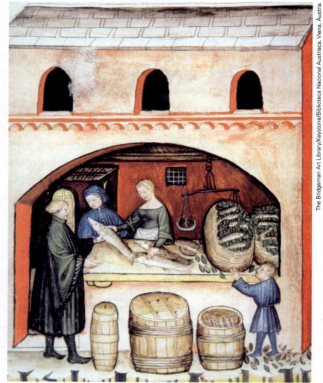

Nesta iluminura italiana do final do século XIV, está representado um estabelecimento comercial que vendia peixes. A atividade comercial em algumas cidades europeias se encontrava em crescente desenvolvimento desde o século XI.

flamenga: originária da região de Flandres, localizada ao norte da Bélgica e dos Países Baixos.

Rotas comerciais e Liga Hanseática

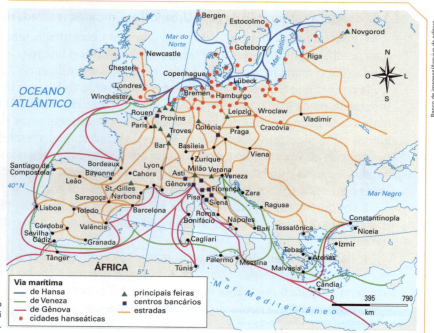

Adaptado de: DI SACCO, Paolo (Coord.). *Corso distoria antica e medievale*. Milano: Edizioni Scolastiche Bruno Mondadori, 1997. p. 133.

O florescimento urbano

Ao longo das novas rotas comerciais, multiplicavam-se os **burgos**, isto é, as cidades. Tratava-se de antigas cidades romanas abandonadas, que foram reocupadas e voltavam a prosperar, ou de aglomerados que surgiam nos cruzamentos de rotas comerciais terrestres, em regiões de feiras ou às margens de rios.

Cercados de muralhas defensivas, os burgos tiveram sua denominação derivada do termo germânico *burgs* para o latino *burgu*, que significa "pequena fortaleza".

Aglomerações urbanas também surgiram em torno de antigos castelos. Nesse caso, como se formavam em terras pertencentes a senhores feudais, que compunham a camada social dominante, ficavam submetidas a sua autoridade e, frequentemente, à cobrança de impostos.

Com a expansão do comércio e da vida urbana, os habitantes dos burgos começaram a buscar autonomia. Isso deu origem ao **movimento comunal**, que, entre os séculos XI e XIII, lutou pela emancipação dos burgos do domínio feudal.

Um burgo podia obter independência de forma pacífica, quase sempre mediante o pagamento de uma indenização ao nobre ou bispo local. Porém, no caso de resistência dos senhores feudais, era necessário apoio externo, comumente por meio da intervenção do rei, que ganhava cada vez mais força.

O banqueiro e sua esposa, de Quentin Matsys, c. 1514 (óleo sobre madeira). O desenvolvimento comercial e as transações financeiras tornaram necessária a utilização em larga escala de moedas, o que gerou a introdução de letras de câmbio (ordens de pagamento; títulos que dão direito a um saque em dinheiro) e o desenvolvimento de atividades bancárias em geral.

A formação da Europa

A autonomia dos burgos era formalizada pelas **Cartas de Franquia**. Esses documentos estabeleciam isenção de <u>pedágios</u>, direitos senhoriais e outras obrigações, autorizavam seus habitantes, os burgueses, a cobrar impostos e a organizar tropas e concediam aos burgos independência administrativa e judiciária.

À medida que as cidades obtinham sua autonomia, as atividades mercantis tendiam a crescer, dando origem a instituições como as **corporações** (ou **guildas**) de mercadores e de ofício.

As corporações de mercadores tinham por objetivo agrupar os negociantes para garantir o monopólio do comércio. As hansas germânicas também podem ser consideradas corporações de mercadores. Já as corporações de ofício, mais antigas, eram associações que reuniam os trabalhadores (artesãos) de cada profissão. Elas exigiam exclusividade de produção de seus membros e definiam padrões de trabalho para garantir a qualidade dos produtos, além de procurar evitar a concorrência dentro do burgo.

As corporações de ofício tinham uma organização fortemente hierarquizada. Eram controladas pelos **mestres-artesãos**, proprietários das oficinas (muitas vezes localizadas em suas casas), das ferramentas, das matérias-primas e do conhecimento técnico necessário à produção. Em cada oficina, abaixo do mestre estavam os companheiros ou oficiais jornaleiros, trabalhadores especializados, com ganhos estipulados pelo mestre.

Por fim, vinham os **aprendizes**, que, em troca do trabalho, recebiam alimentação, alojamento, vestuário e o aprendizado que lhes possibilitaria eventualmente se transformar em oficiais e, mediante autorização da corporação do seu ofício, em mestres.

Dessa forma, e ao contrário do que ocorria nos feudos, havia certa **mobilidade social** na atividade artesanal. Ainda assim, essa mobilidade era muito reduzida — como a ascensão de um aprendiz ou de um oficial à função de mestre —, devido à dimensão do mercado urbano e ao controle da corporação exercido pelos mestres-artesãos.

> **pedágios**: taxas em dinheiro cobradas pelo senhor feudal dos comerciantes que precisavam atravessar suas terras levando mercadorias.
> **mobilidade social**: situação na qual pessoas de um grupo social, geralmente mais baixo, podem ascender a grupos mais abastados.

Fortaleza da cidadela de Carcassonne, França. Foto de 2015.

Apesar desse dinamismo urbano, havia um aspecto cultural, típico da época e derivado do pensamento cristão com base na filosofia **escolástica**, que dificultava o desenvolvimento dos negócios. Tratava-se da condenação ao lucro e à prática da **usura**, considerados pecados capitais.

Essa mentalidade influenciava as corporações de ofício ao defender o "justo preço", pelo qual cada mercadoria deveria ser vendida pelo preço da matéria-prima somado ao valor da mão de obra empregada. Ao rejeitar a possibilidade de lucro, ela inibia a acumulação de capital (dinheiro e outros bens) e a realização de novos investimentos na produção, criando assim um freio ao crescimento econômico.

A despeito dessas limitações, o comércio expandia-se e as cidades cresciam. Entre os burgueses, destacou-se uma camada social formada por comerciantes e mestres-artesãos enriquecidos com as atividades comerciais e com a produção artesanal. Essa camada esteve na base do que passou a ser conhecido como **burguesia**, termo que já não designava somente os habitantes dos burgos.

Essa "burguesia" medieval era completamente distinta da burguesia que se formaria nos séculos XVIII e XIX. Os mercadores, artesãos e banqueiros enriquecidos na época medieval tinham interesses específicos e diferentes daqueles da classe que geralmente designamos hoje pelo termo **burguesia**. As metas predominantes desse grupo medieval eram a busca da riqueza fundiária e a integração à nobreza, com a aquisição de terras (feudos) e títulos de cavaleiro. Quadro muito diferente dos burgueses capitalistas, cujo ganho nas atividades econômicas destina-se, em parte, ao reinvestimento de capital.

A expansão do trabalho remunerado e da vida urbana, a possibilidade de lucros individuais (apesar das restrições religiosas) e de uma **economia monetarizada** dependente do comércio são fatores que nos permitem identificar, ao longo da Baixa Idade Média, transformações mais amplas das relações e estruturas sociais e econômicas.

> **escolástica**: corrente filosófica baseada no pensamento de Santo Tomás de Aquino, doutor da Igreja que viveu no século XIII. Tomás de Aquino procurou conciliar a filosofia do grego Aristóteles com a teologia cristã.
> **usura**: empréstimo em dinheiro pelo qual se cobram taxas de juros excessivas. Durante o período medieval, condenava-se a prática da usura porque o lucro não seria decorrente do trabalho.
> **economia monetarizada**: economia que utiliza moeda em larga escala.

Atividades

Retome

1. A partir do século III, expandiu-se no Império Romano uma transformação na distribuição da população, migrando das áreas urbanas para os campos. Indique o nome desse processo e explique como ele se desenvolveu.

2. Que efeito o processo de ruralização teve sobre a economia?

3. Cite as medidas tomadas por Carlos Magno no século VIII para assegurar a administração dos territórios mantidos sob domínio dos francos.

4. A Alta Idade Média caracterizou-se pela formação e consolidação do feudalismo, sistema que entraria em decadência a partir da Baixa Idade Média, quando as invasões dos povos bárbaros cessaram e novas técnicas agrícolas permitiram o aumento da produtividade no campo. Como o aumento da produtividade afetou o sistema feudal?

5. No século XI, territórios da Palestina considerados sagrados pelos cristãos — a chamada Terra Santa — estavam sob controle islâmico. Em 1095, o papa Urbano II convocou uma expedição militar formada pela nobreza católica para recuperar os territórios ocupados pelos muçulmanos. Até o século XIII, outras expedições com a mesma finalidade seriam convocadas.
   a) Por qual nome são conhecidas essas expedições?
   b) Além do caráter religioso, que outros interesses moviam essas expedições?
   c) Quais impactos essas expedições militares para o Oriente tiveram sobre o Ocidente cristão? Explique.

6. O que foram os burgos, formados ao longo da Baixa Idade Média na Europa ocidental?

7. As corporações de ofício reuniam artesãos especializados, como sapateiros, tecelões e ferreiros, com o objetivo de regulamentar a profissão e suas atividades, garantir a qualidade da produção e evitar a concorrência entre oficinas de uma mesma especialidade dentro do burgo. Como eram organizadas essas corporações?

Pratique

8. No livro *A Idade Média explicada aos meus filhos*, o historiador francês Jacques Le Goff é entrevistado sobre vários assuntos referentes ao período medieval. Leia a seguir um trecho selecionado e, depois, responda ao que se pede.

> **Entrevistador**: Na Idade Média, todos os países da Europa eram cristãos e o chefe dos cristãos era o papa, que morava em Roma. Mas será que as pessoas já tinham consciência dessa unidade?
>
> **Le Goff**: Mais ou menos a partir do século XI, os cristãos organizaram expedições em comum contra os muçulmanos, na Palestina, para reconquistar os "lugares santos" onde Cristo tinha morrido e ressuscitado. São as Cruzadas (elas aconteceram entre 1095 e 1291, data da queda da última resistência cristã na Palestina, São João D'Acre). Os homens e mulheres da Idade Média tiveram então o sentimento de pertencer a um mesmo grupo de instituições, de crenças e de hábitos: a cristandade. Mas é muito importante compreender o seguinte: contrariamente aos dois outros "monoteísmos", judeu e muçulmano [...], os cristãos dividiam o poder exercido na terra entre, de um lado, a Igreja (poder "espiritual") e, de outro, os chefes leigos (o poder "temporal"); logo, entre o papa de um lado, [e] os reis e imperadores do outro.
>
> **Entrevistador**: Por que os cristãos faziam essa distinção?
>
> **Le Goff**: Ela vem do livro sagrado dos cristãos, o Evangelho, no qual Jesus prescreve que se dê a Deus aquilo que lhe é de direito, e a César, isto é, aos chefes leigos, aquilo que lhe é de direito (o governo do país, o exército, os impostos, etc.). Essa distinção vai impedir que os europeus vindos do cristianismo atribuam todos os poderes a Deus e aos clérigos e vivam naquilo que chamamos de "teocracia" (países comandados por Deus). Ela permitirá que, a partir do século XIX, sejam fundadas as democracias (poder vindo do povo).

LE GOFF, Jacques. *A Idade Média explicada aos meus filhos*. Rio de Janeiro: Agir, 2007. p. 77-78.

a) Para Jacques Le Goff, qual era o elemento unificador dos reinos europeus?

b) Que papel tiveram as Cruzadas na formação dessa unidade?

c) Pensando no que disse o historiador, comente qual é a relação entre o monoteísmo cristão consolidado na Europa durante a Idade Média e o desenvolvimento das democracias modernas no século XIX.

d) Na sua opinião, existe(m) hoje algum(ns) elemento(s) que confira(m) unidade ao mundo ocidental? Argumente em defesa da sua ideia.

Analise uma fonte primária

9. Entre os séculos VIII e XI, os *vikings* foram um dos últimos povos a invadir os territórios que no passado compuseram o Império Romano. Originários do extremo norte da Europa (onde hoje estão Dinamarca, Noruega e Suécia), os *vikings* dedicavam-se à agricultura, ao artesanato e ao comércio marítimo, mas também eram exímios guerreiros e praticavam a pirataria e o saque como atividades econômicas. Embora contassem com um sistema de escrita, o rúnico, utilizavam-no para inscrições relativamente curtas e não deixaram narrativas expressivas sobre seus feitos. Com base nessas informações e seus conhecimentos, faça o que se pede.

- Reúna-se com um ou mais colegas e, juntos, pesquisem em livros, revistas de História e *sites* sobre a arte *viking*. Identifiquem objetos característicos dessa civilização, analisem quais eram os materiais mais utilizados em suas confecções e os motivos decorativos típicos de suas obras.
- Observe com seus colegas as imagens a seguir. As figuras registram objetos de diferentes períodos e civilizações, sendo apenas dois deles exemplos da arte *viking*. Você consegue reconhecê-los? Em seu caderno, descreva os objetos identificados como pertencentes à cultura *viking* e elenque suas características mais marcantes, justificando suas escolhas.

Figura 1: Broche decorado com figuras humanas e animais encontrado na Suíça. Produzido entre os séculos IV e VIII.

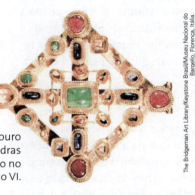

Figura 2: Broche de ouro cravejado com pedras preciosas produzido no século VI.

Figura 3: Cabo de espada do século IX encontrado na Dinamarca.

Figura 4: Pedra com gravações de símbolos militares e armadura de gladiador esculpida no século II a.C.

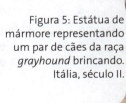

Figura 5: Estátua de mármore representando um par de cães da raça *grayhound* brincando. Itália, século II.

A formação da Europa

Articule passado e presente

10. A notícia a seguir foi publicada no periódico *O Estado de Minas*, em 13 de maio de 2015. Leia-a e depois responda às questões.

> ### Pressão da bancada evangélica desacelera novo Código Penal no Senado
>
> **Um dos principais representantes dos parlamentares religiosos, Magno Malta cobrou publicamente uma maior discussão do novo código**
>
> Por pressão principalmente da bancada evangélica, o Senado decidiu nesta quarta-feira, desacelerar a apreciação do novo Código Penal. A proposta, que visava a reformar o código de 1940, estava pronta para ser votada em plenário, mas os senadores aprovaram um requerimento para remeter o texto para análise da Comissão de Constituição e Justiça (CCJ) da Casa.
>
> A última versão do código, que começou a tramitar na Casa em 2012 a partir de um projeto do ex-presidente e senador José Sarney (PMDB-AP), não mexia em tabus, como na legislação de aborto e eutanásia e na criminalização do consumo de drogas. Mas, desde o fim do ano passado, tem sofrido forte resistência dos evangélicos, que querem retardar a apreciação do projeto.
>
> O pedido para levar o texto para a CCJ foi apresentado pelos senadores Magno Malta (PR-ES) e Otto Alencar (PSD-BA). A justificativa deles é que o código não poderia ser votado sem a apreciação de um projeto de Otto Alencar, localizado na CCJ, que tipifica criminalmente a discriminação ou o preconceito de opção ou orientação sexual.
>
> "Estando em apreciação a reforma do Código Penal, em fase adiantada sua tramitação dispondo sobre uma reforma ampla do Código Penal Brasileiro, não vemos sentido, no que pese a oportuna apresentação pelo Senador Otto Alencar, do presente projeto, que o Senado aprecie separadamente, matérias correlatas e próprias a um código amplo", alegaram os senadores, na justificativa ao requerimento.
>
> Um dos principais representantes da bancada evangélica, Magno Malta cobrou publicamente uma maior discussão do novo código na terça-feira na CCJ, durante a sabatina do jurista Luiz Edson Fachin, indicado ao Supremo Tribunal Federal. Ele defendeu, por exemplo, o debate sobre a inclusão de um tipo penal sobre homofobia. "Você não aplaude, você é homofóbico. Se você não faz coro, você é homofóbico. O que é homofobia, afinal de contas?", questionou.
>
> O novo código também eleva a pena de cadeia pelos crimes de corrupção e desvio de dinheiro público, pune com prisão quem comete caixa dois e o servidor ou político que se enriquece ilicitamente. Com a desaceleração da proposta, que contou com o apoio simbólico dos senadores, todo o projeto terá de passar pela CCJ, depois pelo plenário do Senado e, em seguida, pela Câmara dos Deputados.
>
> Antes mesmo da aprovação do requerimento para adiar a análise em plenário, o presidente do Senado, Renan Calheiros (PMDB-AL), já havia concordado em remetê-lo para a CCJ. Ele destacou que o Código Penal é da década de [19]40, não contemplando muitos dos crimes com os quais a sociedade convive hoje. "É importante que tenha sua tramitação concluída no Senado, mas vamos possibilitar que ele seja discutido na CCJ. É muito importante que a CCJ participe dessa discussão e ajude o Senado a construir esse momento", afirmou Renan, outrora um dos principais defensores da proposta.
>
> Disponível em: <www.em.com.br/app/noticia/politica/2015/05/13/interna_politica,647328/pressao-da-bancada-evangelica-desacelera-novo-codigo-penal-no-senado.shtml>. Acesso em: 22 fev. 2017.

a) De acordo com a notícia, a bancada evangélica no Senado conseguiu atrasar a reformulação do novo Código Penal. Que interesse os representantes evangélicos teriam nesse atraso?

b) De acordo com o que estudamos, as democracias ocidentais se construíram a partir da fusão ou da separação entre os poderes temporal e espiritual? Explique.

c) Em sua opinião, a atuação da bancada fere a laicidade do Estado? Justifique.

d) Que benefícios e/ou prejuízos você imagina que a orientação religiosa no Congresso pode trazer para o país?

CAPÍTULO 9
A sociedade medieval: economia e cultura

Movimentação de estudantes em frente ao *campus* da Universidade Estadual Paulista (Unesp) de Franca, São Paulo. Foto de 2015.

A Universidade de Colônia, na Alemanha, foi fundada em 1388. A vocação da instituição está descrita em um documento da seguinte maneira: "afastar as nuvens da ignorância, dissipar as trevas do erro, colocar atos e obras à luz da verdade, exaltar o nome de Deus e da fé católica [...], ser útil à comunidade e aos indivíduos, aumentar a felicidade dos homens" (VERGER, Jacques. Universidade. In: LE GOFF, Jacques; SCHMITT, Jean-Claude. *Dicionário temático do Ocidente Medieval*. Tomo II. Bauru: Edusc, 2002. p. 587). Em sua opinião, essa proposta de vocação, elaborada na Idade Média, é válida para as universidades brasileiras de hoje?

1 O predomínio da Igreja cristã

O predomínio do cristianismo, que triunfou na fase final do Império Romano do Ocidente, marcou o período da Idade Média. Sua influência passou a afetar todas as esferas da vida cotidiana. Presentes em todos os níveis sociais, os membros do clero difundiam valores de subordinação tanto espiritual (subordinação das pessoas ao próprio clero, o qual, no sentido religioso, protegia as "almas" da população) quanto temporal (aos senhores feudais, que protegiam os "corpos" da população fornecendo trabalho e abrigo).

A ordenação do tempo, que dava ritmo ao dia a dia do mundo do trabalho e da produção material, artística e intelectual, também tinha fundamento religioso. O cotidiano era marcado pelos momentos de trabalho e de ócio, das festas, dos períodos de jejuns, das atividades profanas e de dedicação ao sagrado, por exemplo.

O poder da Igreja, contudo, não estava restrito ao plano espiritual; era também um **poder temporal**. Isso porque ela se tornou, pouco a pouco, a maior proprietária de terras da Idade Média e estabeleceu fortes vínculos com a estrutura feudal.

Além dos territórios diretamente controlados pelo papa (o Patrimônio de São Pedro), o alto clero (formado por bispos, arcebispos e abades) e várias ordens religiosas possuíam muitos feudos. O **celibato**, estabelecido nos primeiros séculos do cristianismo, contribuía para a manutenção do patrimônio eclesiástico feudal, ao evitar a divisão entre possíveis herdeiros de integrantes do clero.

O crescente apego de parte do clero aos bens materiais provocou reações dentro da própria Igreja. Surgiram, assim, ordens religiosas que procuravam afastar seus membros das "tentações do mundo" por meio do isolamento em mosteiros e abadias, em que vigoravam votos de castidade, de pobreza e de silêncio.

> **poder temporal**: em oposição ao poder espiritual, o temporal refere-se ao mundo, à vida terrena.
> **celibato**: proibição de casamento imposta aos sacerdotes da Igreja católica.

O trabalho dos monges copistas, reclusos em mosteiros, garantiu a preservação de muitos manuscritos da Antiguidade clássica. Na Alta Idade Média, eles eram praticamente os únicos com cultura letrada. Acima, reprodução de relevo em marfim de São Gregório e outros copistas, datado do século IX.

Onde e quando

Teologia agostiniana — Tomismo (escolástica)

Santo Agostinho — 354 – 430

Tomás de Aquino — 1225 – 1274

1000 — 1100 — 1208 — 1215 — 1232

Século XI: Primeiras universidades; Apogeu do estilo românico
Século XII: Estilo gótico; Trovadorismo; Surgimento da ideia de purgatório
1208: Cruzada contra os hereges
1215: Concílio de Latrão
1232: Instituição da Inquisição

Mapa e linha do tempo ilustrativos. As regiões indicadas no mapa referem-se à configuração atual dos países a que pertencem hoje, e o espaço entre as datas não é proporcional ao intervalo de tempo.

Capítulo 9

Com o tempo, em uma sociedade que contava com uma restrita minoria alfabetizada, igrejas, mosteiros e abadias passaram a ser os principais centros da cultura letrada, abrigando escolas e bibliotecas. Era lá que se preservavam e restauravam textos antigos da herança greco-romana.

Apesar de todo o poder e influência da Igreja na sociedade medieval, a estrutura eclesiástica encontrou dificuldades para manter a homogeneidade da doutrina cristã. Surgiram seitas, facções ou orientações que, embora fundadas em princípios cristãos, opunham-se à doutrina oficial da Igreja. Essas dissidências eram chamadas de **heresias**. No combate a elas, o papa Inocêncio III (1198-1216) determinou que os hereges teriam seus bens confiscados, seriam excluídos de ocupações públicas e perderiam suas heranças.

Em 1208 foi realizada uma cruzada contra os hereges e, em 1215, o Concílio de Latrão impôs um juramento anti-herético aos príncipes cristãos e a condenação dos judeus. Além disso, ampliou a dominação eclesial ao impor a todos os cristãos com mais de 14 anos uma confissão anual. Em 1232, o papa Gregório IX instituiu a Inquisição, órgão para julgar os hereges em nome da Igreja e do papa — que utilizava, frequentemente, métodos de tortura física em seus processos. Muitas pessoas consideradas culpadas de praticar heresias foram condenadas à morte na fogueira.

A pedido do papa Alexandre IV, em torno de 1260, o órgão passou também a investigar e queimar os acusados de feitiçaria ou ligados a poderes sobrenaturais. Já no século XV, as bruxas tornaram-se os principais alvos da Inquisição. Veja o que o historiador Jacques Le Goff escreveu a respeito delas.

> [...] A palavra *bruxa*, ao que tudo indica, surgiu a partir do momento em que Tomás de Aquino (em sua *Suma teológica*, na segunda metade do século XIII), a define como sendo uma humana que fez o pacto com o Diabo. Dessa forma, a bruxa se torna uma personagem diabólica, e é então que se fixa sua iconografia mítica: uma mulher que viaja pelos ares montada em uma vassoura ou um bastão. [...]
>
> LE GOFF, Jacques. *A história deve ser dividida em pedaços?* São Paulo: Unesp, 2015. p. 92.

2 A cultura medieval

A ideia de que Deus estava no centro das reflexões e decisões humanas, base da doutrina teocêntrica disseminada pela Igreja, perdurou por toda a Idade Média. No entanto, entre a Alta e a Baixa Idade Média, as instituições e a mentalidade das pessoas se transformaram, refletindo diretamente no pensamento filosófico e na produção artística do período.

Na Filosofia, um dos principais pensadores da Alta Idade Média foi **Santo Agostinho** (354-430). Nascido no norte da África, Santo Agostinho foi um dos responsáveis pela síntese entre a filosofia clássica e o cristianismo. Entre suas obras destacam-se *Confissões* e *Cidade de Deus*.

Inspirado no filósofo grego Platão, Santo Agostinho dedicou-se a conhecer a essência humana e preocupou-se com o modo de alcançar a salvação da alma. Definia o homem como um ser corrompido, por ser herdeiro do **pecado original**. E defendia que a salvação somente seria obtida pelo homem pecador graças à intervenção divina, na medida em que entre os infinitos atributos de Deus estava o perdão. Ao homem restava apenas a fé silenciosa em Deus e, consequentemente, a obediência ao clero, já que "a fé precede à razão", segundo as palavras de Santo Agostinho.

A onisciência de Deus, ou seja, o conhecimento total que Deus teria do presente, do passado e do futuro faria do homem um ser predestinado — à salvação ou à condenação.

Durante a Idade Média, apenas uma pequena parcela da população europeia dominava a leitura. Isso fez com que as artes, principalmente a escultura e a pintura, fossem utilizadas para comunicar valores e também aspectos da doutrina cristã. Dessa forma, um número maior de pessoas poderia se instruir nas temáticas bíblicas.

A arquitetura medieval também refletia a religiosidade do período, e as igrejas passaram a ser os principais monumentos da época. Entre os séculos XI e XII, o estilo arquitetônico **românico** foi dominante. Ele era caracterizado por grandes edifícios maciços, com grossas paredes de sustentação e poucas janelas. O interior das igrejas românicas era escuro e frio, mas suas grossas paredes criavam uma impressão de proteção. A simplicidade ornamental das construções e o uso do arco romano, semicircular, também eram características do estilo.

O dinamismo cultural da Baixa Idade Média

Na Baixa Idade Média europeia, as transformações provocadas pela expansão comercial afetaram o domínio cultural exercido pela Igreja. O crescimento do comércio, a urbanização e o contato cada vez mais frequente com outros povos expuseram os europeus a novos valores, que acabaram afetando a subordinação da vida à "vontade divina".

O impulso das mudanças atingiu até mesmo a Igreja: no imaginário sobre a vida após a morte, surgiu no século XII um terceiro lugar, entre o céu e o inferno: o purgatório.

Aos poucos, as cidades se transformaram em centros de onde irradiava uma cultura cada vez menos subordinada aos valores da Igreja.

No processo de expansão urbana, comercial e intelectual, destacam-se as universidades, que, a partir do século XII, tornaram-se importantes centros de ensino, embora muitas ainda mantivessem sua estrutura original, geralmente concebida no reinado de Carlos Magno.

Com a dinamização urbano-comercial, as antigas escolas monásticas e as catedrais, dedicadas basicamente ao estudo de textos religiosos, transformaram-se em centros de estudos mais amplos. A denominação *universitas*, inicialmente atribuída à coletividade urbana e aos trabalhadores de um ofício, logo designava também os trabalhadores intelectuais (alunos e professores) em alguns centros de estudos, que passaram a se chamar universidades.

Constituída principalmente de membros da Igreja, a comunidade de alunos e professores passou a receber também representantes da nobreza e dos novos grupos sociais emergentes das cidades.

Nos centros de estudos, os cursos eram formados pelo *trivium* (Gramática, Retórica e Lógica) e pelo *quadrivium* (Aritmética, Geometria, Astronomia e Música). Após esses estudos iniciais, o aluno era encaminhado para as "artes liberais", que o preparavam para exercer um ofício, ou para se especializar nas áreas de Teologia, Medicina ou Direito.

As primeiras universidades surgiram com base nessa estrutura e se dedicavam a um estudo universal, como o próprio nome da instituição sugere. A de Bolonha (Itália), por exemplo, foi criada por volta de 1088, e a de Paris (França), em torno de 1170.

O pensamento filosófico da Baixa Idade Média continuou a ser dominado pela religião, embora a teo-

Universidades fundadas durante a Baixa Idade Média

Adaptado de: BARBERIS, Carlo. *Storia antica e medievale*. Milano: Principato, 1997. v. 2. p. 632.

logia agostiniana que predominou durante a Alta Idade Média estivesse sendo substituída pela **filosofia escolástica**, também conhecida como **tomismo**.

Esse conjunto de ideias é baseado no pensamento de São Tomás de Aquino (1225-1274). Professor na Universidade de Paris e autor da *Suma teológica*, ele se inspirou no grego Aristóteles para desenvolver a tese de que o progresso humano não depende apenas da vontade divina, mas também do esforço do indivíduo. O homem, segundo essa concepção, por ser dotado de razão, seria um ser privilegiado capaz de assumir seu próprio destino. São Tomás de Aquino procurava, dessa forma, conciliar fé e razão, refutando a ideia agostiniana de predestinação.

O homem, como ser racional, teria plenas condições de encontrar o caminho da salvação, evitando o pecado por meio do livre-arbítrio (livre escolha). Caberia ao clero indicar o caminho correto da salvação a ser trilhado. A realização de boas obras apenas confirmaria a salvação.

A filosofia escolástica reprovava a ambição do ganho, materializada na prática do lucro e do empréstimo de dinheiro a juros. Tal censura, porém, era incompatível com a expansão da atividade comercial. A própria Igreja, vale acrescentar, obtinha lucros ao fazer empréstimos a juros, em uma flagrante contradição.

Foi durante a Baixa Idade Média também que o pensamento filosófico e teológico de Bernard de Chartres (c. 1130-1160) foi difundido. Chartres, que pertenceu ao centro de estudos filosóficos sediado na Catedral de Chartres, foi quem cunhou uma conhecida metáfora, utilizada para indicar a importância das obras da Antiguidade para a produção intelectual daquela época:

> [...] Somos anões sobre as costas de gigantes. Assim, vemos mais que eles, não porque nossa vista seja mais aguçada ou sejamos mais altos, mas porque eles nos carregam no ar e nos elevam com toda sua altura gigantesca. [...]
>
> CHARTRES, Bernard de. Apud: LE GOFF, Jacques. *A história deve ser dividida em pedaços?* São Paulo: Unesp, 2015. p. 82.

Leituras

O purgatório e o poder da Igreja

A criação do purgatório, um lugar transitório para aquelas almas que deviam **purgar** seus **pecados veniais** antes de ir para o céu, estendeu o poder da Igreja para além da morte. Os clérigos poderiam conceder o perdão divino – **indulgência** – para certos mortos mediante pagamento, o que constituiu um intenso comércio a partir do século XIII.

No texto a seguir, o historiador Jacques Le Goff comenta como a invenção do conceito de purgatório influenciou a mentalidade medieval.

> [...] Essa espacialização do purgatório tinha consequências essenciais. Fazia crescer o poder da Igreja, cuja ajuda era necessária para diminuir a duração das temporadas num lugar, o purgatório, tão penoso quanto o inferno – com essa diferença de não ser eterno, mas de duração variável. Com a construção do purgatório, historicamente, o homem vivente dependia na Terra do direito de jurisdição da Igreja, o foro eclesiástico. O homem morto, por sua vez, estava na dependência única do foro divino. Mas com o purgatório, as almas (humanas, dotadas de uma espécie de corpo) dependem daí em diante do foro conjunto de Deus e da Igreja. A Igreja faz transbordar seu poder, seu *dominium*, para além da morte.
>
> Meu estudo sobre o purgatório me fez compreender que uma civilização se definia essencialmente por seu domínio do espaço e do tempo. A civilização medieval só podia se tornar poderosa estendendo até o além o domínio do espaço e do tempo sobre a Terra, cá embaixo. A civilização medieval repousava sobre a ausência de fronteira impermeável entre o natural e o sobrenatural. A eternidade que aboliria o espaço e o tempo era verdadeiramente jogada para fora da História. [...]
>
> LE GOFF, Jacques. *Em busca da Idade Média*. Rio de Janeiro: Civilização Brasileira, 2005. p. 145-146.

purgar: pagar, limpar.
pecados veniais: pecados menores, passíveis de serem pagos por meio da confissão ou da passagem pelo purgatório; opõem-se aos pecados mortais, mais graves.

As artes na Baixa Idade Média

A Arquitetura foi a maior expressão artística da Baixa Idade Média. Durante esse período, surgiu o estilo **gótico**, também denominado <u>ogival</u>. O gótico foi difundido a partir do século XII, em oposição ao estilo românico, que predominou até então.

As catedrais góticas tinham um aspecto de leveza que as diferenciava das pesadas construções românicas. Eram verticalizadas, dotadas de torres altas que se projetavam em direção ao céu de forma imponente. Construídas com novas técnicas que permitiam edificações mais elevadas e paredes menos espessas, tinham grandes janelas, cobertas por vitrais multicoloridos que deixavam entrar a luz do dia.

Durante a Idade Média, privilegiou-se o uso do latim em documentos escritos, que se estabeleceu como língua do saber, conhecida pelo clero e pelas elites medievais. Entre os populares estavam as línguas dos povos cristianizados, que, a partir do século XI, originaram as primeiras obras escritas em <u>línguas vulgares</u>.

O **trovadorismo** inaugurou uma nova fase na poesia. Surgida no século XII, no sul da França, na região de Provença, a poesia trovadoresca, também denominada cortês, espalhou-se pela Europa.

Como na literatura medieval predominante até então, os trovadores também exaltavam a cavalaria, mas seu tema preferido era o amor. Esse gênero literário louvava a mulher amada, o refinamento, a cortesia e a galanteria.

O trovadorismo e a poesia épica foram a base dos primeiros romances medievais, ou de cavalaria. A mais famosa dessas narrativas talvez seja sobre as aventuras do mítico rei Artur, da Inglaterra, e seus cavaleiros da Távola Redonda.

O desenvolvimento das cidades também favoreceu o surgimento de um tipo de literatura urbana, com versos satíricos que criticavam figuras sociais decadentes (cavaleiros e membros do clero), chamado *fabliaux*.

Havia ainda os poetas goliardos, que se diziam discípulos do gigante bíblico Golias. Eram provavelmente estudantes pobres das escolas religiosas que satirizavam o clero por meio de <u>paródias</u>. Suas atuações tinham um tom profano, irreverente e crítico em relação à sociedade e aos valores da época.

Já no final da Baixa Idade Média, a literatura mostrava um afastamento ainda maior da influência absoluta dos valores religiosos e das normas estritas da Igreja. Emergiam novas preocupações e manifestações, que deram forma a uma renovação cultural com tons mais humanistas.

Obras dessa época que merecem destaque são: *O romance da rosa* (século XIII), de Guilherme de Lorris e João Menung, e *A divina comédia* (século XIV), do poeta florentino Dante Alighieri.

> **ogival**: referente à ogiva, figura arquitetônica composta de dois arcos que se cortam.
> **línguas vulgares**: idiomas falados pelo povo, em oposição à língua culta, o latim.
> **paródias**: imitações cômicas de pessoas, situações ou obras literárias.

Interior da Catedral de Notre-Dame de Paris, França, de arquitetura gótica e uma das mais antigas da Europa. Foto de 2016.

A influência cultural árabe

Durante o período medieval, vastas regiões europeias ficaram sob domínio árabe. Essas localidades, em que predominou o islamismo, foram influenciadas pela cultura, pelos conhecimentos e pelos valores morais e filosóficos dos árabes. Aspectos de sua arquitetura, por exemplo, foram bastante disseminados nessas regiões. A Mesquita-Catedral de Córdoba e os Palácios de Alhambra, em Granada, ambas as cidades localizadas na península Ibérica, atual Espanha, são exemplos dessa arquitetura.

Entre os filósofos árabes, destacou-se o pensador islâmico Ibn Rochd (1126-1198), também conhecido como Averróis. Ele defendia as possibilidades de se harmonizar fé e razão e de reivindicar o desenvolvimento autônomo da Filosofia.

Destacou-se também a obra de Abu Hatim Alrazi (c. 811-890), conhecido como Razi pelos povos latinos. Razi afirmava que os profetas eram impostores perigosos, os textos sagrados eram lendas que degradavam a inteligência e as religiões, fontes de guerras e embrutecimento mental.

Merecem também destaque o domínio dos árabes em diversas áreas do conhecimento (Astronomia, Medicina, Física, Matemática). A Matemática moderna, por exemplo, tem por base os algarismos que chamamos de **arábicos**, porque foram divulgados pelos árabes – apesar de terem sido conhecidos anteriormente na Índia.

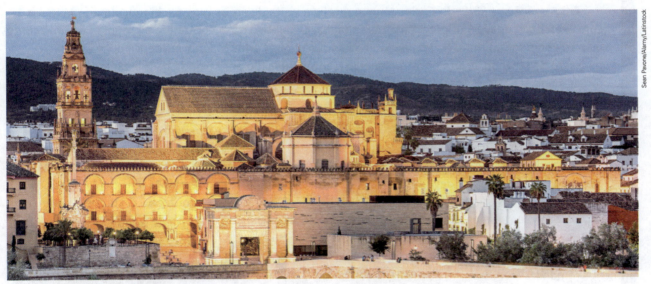

Vista da Mesquita-Catedral de Córdoba, Espanha. Foto de 2014.

Interior da Mesquita-Catedral de Córdoba, Espanha. Foto de 2014.

A canção de Rolando

Uma das manifestações culturais mais comuns da Idade Média foram as **canções de gesta**, poemas épicos que narravam grandes feitos. As lendas criadas em torno de Carlos Magno e seus cavaleiros foram tema de muitas dessas canções.

A canção de Rolando é um exemplo desse tipo de literatura. Ela faz parte de A vida de Carlos Magno, obra escrita por Eginhardo (770-814) pouco antes da metade do século IX. O poema descreve a derrota dos francos para os muçulmanos na Batalha de Roncevaux, ocorrida na região dos Pireneus, na fronteira entre as atuais França e Espanha, em 778.

A história

Em *A canção de Rolando*, Carlos Magno recebe a visita de emissários do rei muçulmano Marsílio, cujo exército ocupava Saragoza, na atual Espanha. O objetivo do encontro era a proposta de um acordo de paz. Rolando, sobrinho do rei, recomenda cautela, mas Carlos Magno, influenciado por Ganelão, padrasto de Rolando, aceita o trato. Ganelão é então indicado por Rolando para levar a notícia ao rei muçulmano.

A traição

Sentindo-se ameaçado, Ganelão decide trair Rolando e propõe um acordo ao rei muçulmano Marsílio. Segundo o plano, Marsílio deveria aceitar o acordo de paz proposto por Carlos Magno para, logo após a retirada das forças francas, atacar a retaguarda do exército. E foi o que aconteceu. O ataque resultou em combates violentos e na morte de quase todos os soldados francos, inclusive de Rolando.

Iluminura ilustrando a morte de Rolando, datada do século XIV.

Curiosidades

Existem muitas curiosidades em torno de *A canção de Rolando*. A primeira é que não se sabe se Rolando de fato existiu. Sabe-se, porém, que alguns fatos históricos a que ela se refere foram adaptados. Por exemplo, a Batalha de Roncevaux foi travada contra os bascos e não contra os muçulmanos, como descrito na canção. Além disso, Carlos Magno não conquistou a região de Saragoza como parte de sua vingança, conforme afirma o poeta no final da narrativa.

Essas alterações provavelmente estão relacionadas ao contexto histórico da época em que *A canção de Rolando* foi escrita, que coincide com o início das lutas entre cristãos e muçulmanos.

Na canção, as relações de fidelidade entre os nobres cavaleiros, tipicamente feudais, são exaltadas. Tais relações, contudo, não existiam na época de Carlos Magno. Percebe-se, portanto, que o poema faz parte do imaginário mítico medieval e foi produzido para celebrar o heroísmo de Carlos Magno e exaltar os francos.

Obediência ao soberano, fidelidade, coragem, bravura e apelo à luta contra os muçulmanos permeiam a narrativa de *A canção de Rolando*. Com exceção de Ganelão, que simboliza a infidelidade, os nobres são representados como modelos de moralidade e honra, valores que enalteciam a imagem da nobreza e a preservação da ordem estabelecida durante a Idade Média.

Iluminura de um trovador presente no *Codice Manesse*, datada do século XIII.

Iluminura de 1462 que representa a Batalha de Roncevaux, narrada em *A canção de Rolando*.

3 A sociedade medieval

A estrutura econômica, social, política e cultural que predominou na Europa ocidental durante a Idade Média foi o **feudalismo**. É importante ressaltar que esse não foi um sistema imóvel e estagnado. Ele se formou durante a Alta Idade Média (séculos V a X) e mostrou seu dinamismo principalmente a partir do início da Baixa Idade Média (séculos XI a XV), com o desenvolvimento das cidades e das atividades artesanais e comerciais. Vale lembrar ainda que as características desse sistema variaram de região para região e de época para época; e que ele conviveu com outras formas de organização social e econômica adotadas pelos muçulmanos que viviam na Europa ocidental e também pelos bizantinos na porção oriental do antigo Império Romano.

Do ponto de vista econômico, o sistema feudal era caracterizado pelo predomínio da produção agrícola para consumo local, por um comércio reduzido ou quase inexistente e pela baixa utilização de moedas. Os **feudos** pertenciam a uma camada de senhores feudais, que eram nobres guerreiros ou membros do alto clero.

Em substituição ao escravismo romano, o trabalho na sociedade feudal estava baseado na **servidão**, relação que mantinha os trabalhadores (servos, ou vilãos) presos à terra e subordinados a obrigações em impostos feudais e serviços.

Portanto, na sociedade feudal havia dois grupos principais: o dos senhores e o dos servos. Os servos constituíam a maioria da população, e a exploração do seu trabalho era legitimada pela Igreja.

[...] O termo *vilão*, que de início não é pejorativo, é sem dúvida o mais adequado, em primeiro lugar porque a noção moderna de "camponês" não tem equivalente nas concepções medievais. Nelas, os homens rurais não eram definidos por suas atividades (o trabalho na terra), mas pelo termo vilão, que abrange todos os aldeãos [habitantes da aldeia], seja qual for sua atividade (aí incluídos os artesãos), e que indica essencialmente residência local. Ele também não designa um estatuto jurídico (livre/não livre), questão que parece relativamente secundária. A base fundamental dessa relação social é antes de tudo de ordem espacial: ela designa todos os habitantes de um senhorio, os vilãos (ou, se quisermos, aldeãos) que sofrem a dominação do senhor do lugar. [...]

BASCHET, Jérôme. *A civilização feudal*: do ano 1000 à colonização da América. São Paulo: Globo, 2006. p. 128.

[Mas] A evolução da língua traduz com perfeição a carga de desprezo que oprime o campesinato: não ser nobre corresponde a ser ignóbil (*ignobilis*), e o vilão (etimologicamente um habitante da vila, da aldeia) é por definição um ser grosseiro, do qual não se pode esperar nada além da vilania. Nessas condições, não faz sentido reconhecer a qualidade de homens livres a tais criaturas. [...]

BONNASSIE, Pierre. Liberdade e servidão. In: LE GOFF, Jacques; SCHMITT, Jean-Claude. *Dicionário temático do Ocidente medieval*. Bauru/São Paulo: Edusc/Imprensa Oficial do Estado, 2002. v. 2. p. 71.

Colheita representada em iluminura inglesa do século XIV. Apesar dessa mentalidade favorável à subordinação dos servos, a condição deles podia variar. Dependendo da região e da época, podiam contar com um pouco mais de liberdade e menos impostos ou obrigações feudais.

Leituras

A vida dos servos

O texto a seguir trata detalhadamente dos tributos que os camponeses pagavam a seus senhores ao longo de um ano. Além disso, ele traz uma interessante descrição da típica propriedade feudal.

[...] Os tributos anuais pagos por um camponês francês chamado Guichard – que viveu na Borgonha [atual França], não longe das propriedades do bispo de Mâcon – eram típicos desses acordos. A cada Páscoa, ele dava ao cônego Étienne, seu senhor, um cordeiro; na estação do feno, devia-lhe seis peças de dinheiro. Quando chegava a época da colheita, Guichard era obrigado a dar uma medida generosa de aveia, bem como se reunir com outros camponeses para oferecer um banquete ao cônego. Na colheita da uva, Guichard pagava nova quantia em dinheiro, além de três pães e um pouco de vinho. Estava livre de obrigações durante os magros meses de inverno até o início da quaresma, quando o senhor aguardava um **capão**. Na metade desse período de penitência, devia mais seis peças de dinheiro, e logo depois chegava o momento de sacrificar o cordeiro da Páscoa e recomeçar todo o ciclo. [...]

A **herdade** feudal típica – a casa e as terras do senhor – era um mundo autossuficiente. Tinha sua própria igreja, seu moinho, uma cervejaria e uma padaria centrais, possivelmente uma taverna. Os campos eram divididos entre os lotes dos camponeses e o terreno pessoal do senhor. As cabanas dos camponeses geralmente ficavam agrupadas numa aldeia próxima da fonte de água; uma grande herdade podia conter várias aldeias. O senhor tinha seus próprios celeiros e estábulos, que geralmente ficavam perto de sua moradia ou castelo; seus arrendatários dividiam **amiúde** suas cabanas com uma vaca ou cabra da família e, com exceção dos mais pobres, todos tinham um porco.

De uma geração para outra, o cenário rural dificilmente se alterava. O século VIII trouxera para a Europa os moinhos d'água, arados mais fundos e eficientes e o ciclo de três anos de plantações – trigo, depois aveia ou cevada, depois repouso – que alimentava homens e animais e permitia que a terra recuperasse sua fertilidade. [...]

CAMPANHAS sagradas: 1100-1200. Rio de Janeiro: Time-Life/Cidade Cultural, 1990. p. 31-32. (História em Revista).

1. Talha era o nome de um dos tributos citados no texto. De acordo com essa obrigação, parte da produção de Guichard (um cordeiro, uma medida generosa de aveia, três pães, um pouco de vinho) deveria ser entregue ao cônego Étienne. Em *sites*, livros e revistas de História, pesquise que outras obrigações os tributos medievais estabeleciam para servos e camponeses como Guichard.

2. Observe as imagens a seguir. Elas representam o esquema de rotação de três anos de plantação, também chamado de três campos, que é citado no texto. Depois procure descrever como ele funciona.

capão: frango cevado ou cavalo castrado.
herdade: grande propriedade rural.
amiúde: com frequência, repetidas vezes.

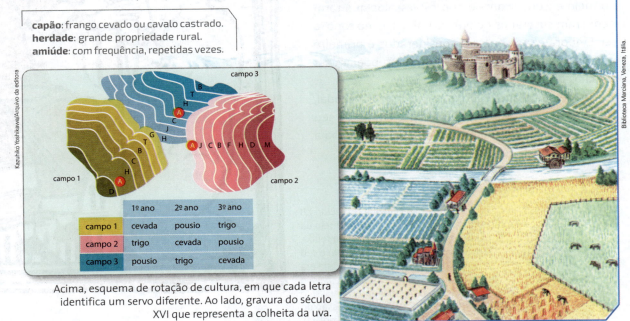

	1º ano	2º ano	3º ano
campo 1	cevada	pousio	trigo
campo 2	trigo	cevada	pousio
campo 3	pousio	trigo	cevada

Acima, esquema de rotação de cultura, em que cada letra identifica um servo diferente. Ao lado, gravura do século XVI que representa a colheita da uva.

A sociedade medieval: economia e cultura

Suserania e vassalagem

Para a Igreja, cada membro da sociedade medieval tinha uma função a cumprir em sua passagem pela Terra: era função do servo trabalhar, do clérigo rezar e do nobre guerrear.

Em busca de apoio militar, tributos e outras obrigações, foi comum a doação de terras entre os nobres durante a Idade Média. Essa relação de suserania e vassalagem estabelecida entre os senhores feudais obrigava o nobre que recebia terras (vassalo) a prestar ajuda militar ao seu suserano (aquele que lhe doara terras).

Um suserano podia ter diversos vassalos, que, além de vassalos dos seus senhores, podiam ser suseranos de outros vassalos. Dessa forma, diversos senhores feudais de uma mesma região acabavam assumindo um compromisso mútuo de defesa.

Um nobre também podia se tornar suserano por outros tipos de concessão, como a de ceder a outros nobres o direito de explorar pedágios em pontes ou estradas ou de recolher taxas em uma aldeia ou região sob seu domínio.

Uma cerimônia denominada **homenagem** era realizada para marcar essa relação de dependência. Na homenagem, o vassalo que recebia o benefício jurava fidelidade ao seu suserano, diante de uma relíquia religiosa ou perante os evangelhos.

Essas relações eram em forma de pirâmide: em sua base estavam os senhores feudais menos poderosos e ricos e que eram, portanto, somente vassalos; no meio encontravam-se nobres vassalos que também eram suseranos de outros nobres; e, no topo, o rei. Embora os reis fossem considerados o primeiro entre os senhores feudais, eles também podiam ser vassalos de outros reis.

Os feudos eram governados pelo senhor feudal, cuja autoridade era inquestionável nos limites do seu feudo. Era ele quem cobrava os impostos e aplicava a justiça. Não havia Estados centralizados.

Nos feudos, a autoridade do rei era de menor importância. O poder político, portanto, estava fragmentado em cada reino entre diversos feudos.

Vale destacar que os reis feudais não se caracterizavam por suas obrigações políticas e administrativas, mas por suas funções militares. No caso de agressão externa, evento comum durante a Alta Idade Média, o rei atuava como chefe militar de um exército formado por centenas de nobres e cavaleiros, além de tropas auxiliares.

Imagem produzida no século XII representando cerimônia solene, por meio da qual se realizava a transmissão do feudo. Envolvendo um senhor (à direita) e seu vassalo (à esquerda), a cerimônia era constituída de dois atos principais: o juramento de fidelidade do vassalo (homenagem) e o ato de transmissão do feudo ao vassalo (investidura).

Para saber mais

A mulher na Idade Média

A sociedade medieval era marcada pela hierarquia entre as ordens (grupos sociais). Isso ocorria também na distinção entre homens e mulheres. As funções femininas variavam de acordo com o grupo social a que pertenciam.

O universo medieval era predominantemente masculino e grande parte da literatura produzida no período costumava demonstrar as deficiências femininas em relação aos homens. Os religiosos, por abdicarem em tese do contato sexual com mulheres, alimentavam uma visão ainda mais negativa sobre elas.

De acordo com escritos dos clérigos, as mulheres eram naturalmente propensas à luxúria e incapazes de orientar-se pela voz da razão, o que as tornava presas fáceis das tentações. Pelo olhar religioso, elas tendiam sempre a reproduzir o **pecado original**: sempre prontas a seduzir os homens e causar sua ruína. Por isso, a Igreja aconselhava os homens a manter sua esposa sob vigilância constante e assegurar sua obediência. Uma mulher insubmissa colocava em risco não só a família, mas toda a ordem social. Além disso, a bruxaria era considerado um fenômeno essencialmente feminino. As pessoas acusadas de praticar bruxaria foram julgadas e, muitas vezes, condenadas pela Inquisição.

Nem mesmo a glorificação da Virgem Maria a partir do século XII, elevada muito acima das outras mulheres, e a idealização da dama do amor cortesão, a inacessível amada dos poetas medievais, reverteram a depreciação feminina.

Ainda assim, houve inúmeras mulheres de destaque ao longo da Idade Média. Elas administravam seus lares, ofícios, negócios variados e mesmo feudos, especialmente durante a minoridade dos herdeiros, além da posição de liderança em enfrentamentos cotidianos e mesmo na Corte, até em situações de guerra.

Também havia monjas, mulheres religiosas que viviam em mosteiros femininos e que se dedicavam à leitura, à escrita e a outras atividades culturais. Nesses espaços, exerciam funções como bibliotecárias, professoras, copistas e artistas. Cerca de 460 mulheres em diferentes regiões da Europa foram canonizadas pela Igreja durante a Idade Média e conquistaram o *status* de santas. No extremo oposto, estavam as prostitutas, "donas de casarão", que, na visão do clero, viviam afastadas da espiritualidade medieval.

A despeito da depreciação feminina, a mulher desempenhava uma função central nos acordos entre as casas aristocráticas. Por meio de enlaces matrimoniais, as famílias selavam a paz, asseguravam a perpetuação da linhagem e a transmissão das posses e dos privilégios aos descendentes. Em contrapartida, o fracasso da união poderia desencadear guerras e romper as delicadas teias de lealdade entre as famílias nobres. Por isso, a escolha de um esposo para uma jovem era assunto dos mais graves. Era o pai ou outra autoridade masculina da família que decidia sobre a questão, desprezando-se a opinião das mulheres envolvidas. Nem mesmo a exigência da Igreja para que os casamentos só fossem feitos com o consentimento dos noivos foi capaz de impedir que as moças casassem a contragosto.

A necessidade de garantir a legitimidade dos herdeiros impôs mecanismos cada vez mais rigorosos de controle sobre o corpo feminino. Para impedir que as mulheres mantivessem algum tipo de relação sexual antes do casamento, elas eram encaminhadas precocemente às núpcias. Assim, meninas de 12 ou 13 anos tornavam-se esposas de homens quinze ou vinte anos mais velhos. Confinadas ao lar, as mulheres deveriam mostrar obediência, mansidão e dedicação aos assuntos domésticos, como o preparo dos alimentos, a vigilância sobre os empregados e a criação dos filhos.

Havia grande cobrança em relação à maternidade, de modo que se esperava que a jovem engravidasse o mais cedo possível depois de casada. A esterilidade era malvista, e a mulher incapaz de gerar filhos corria o risco de ser repudiada pelo marido e posta à margem da sociedade. Ser mãe era a principal obrigação feminina, e boa parte da vida adulta das mulheres da aristocracia era ocupada pela gravidez. Em geral, antes de completar 40 anos, uma mulher dava à luz mais de uma dezena de filhos. No entanto, como resultado da altíssima mortalidade infantil, poucos eram os casais que, ao falecer, tinham mais de dois ou três filhos ainda vivos.

---

pecado original: explicação cristã para a origem do mal e da imperfeição humana. Segundo essa explicação, Adão e Eva não deveriam comer o fruto da árvore do conhecimento do bem e do mal. Por instigação de uma serpente, ambos comeram do fruto proibido e foram expulso do Jardim do Éden.

Detalhe de iluminura integrante da obra *De Claris Mulieribus*, coleção de biografias de mulheres notáveis escritas por Giovanni Boccaccio entre 1361 e 1362.

Pontos de vista

A Idade Média segundo Jacques Le Goff

Jacques Le Goff foi um dos maiores historiadores franceses do século XX e um dos mais importantes especialistas em História Medieval. Publicou diversos livros sobre o tema, entre eles, *Mercadores e banqueiros na Idade Média* (São Paulo: Martins Fontes, 1991), *Os Intelectuais na Idade Média* (Rio de Janeiro, José Olympio, 2006) e *A Idade Média e o dinheiro* (Rio de Janeiro: Record, 2013). Suas pesquisas marcaram profundamente os estudos históricos das últimas décadas, em diversos aspectos. Nesta seção, vamos destacar três desses aspectos.

Uma longa Idade Média

Como vimos, Le Goff discorda da periodização mais conhecida que identifica o surgimento dos tempos modernos com a conquista da América e o Renascimento italiano. Para ele, o mundo medieval não acabou no século XV. Ele afirma que a Idade Média se prolongaria até o século XVIII, tendo em vista a permanência de certas características econômicas e de algumas práticas sociais. Leia abaixo um trecho do livro *Uma longa Idade Média*.

> [...] as mudanças não se dão jamais de golpe, simultaneamente em todos os setores e em todos os lugares. Eis porque falei de uma longa Idade Média, uma Idade Média que – em certos aspectos de nossa civilização – perdura ainda e, às vezes, desabrocha bem depois das datas oficiais. O mesmo se pode dizer em relação à economia, não se pode falar de mercado antes do século XVIII. A economia rural só consegue fazer desaparecer a fome no século XIX (salvo na Rússia). O vocabulário da política e da economia só muda definitivamente – sinal de mudança das instituições, dos modos de produção e das mentalidades que correspondem a essas alterações – com a Revolução Francesa e a Revolução Industrial. [...]
>
> LE GOFF, Jacques. *Uma longa Idade Média*. Rio de Janeiro: Civilização Brasileira, 2008. p. 66.

Superação da noção de "idade das trevas"

Nos filmes estadunidenses é muito comum que a Idade Média seja retratada como um período sombrio, marcado por pestes e fome, pelo controle da Igreja e pela violência dos senhores feudais contra os camponeses. Esse imaginário surgiu durante o Renascimento, quando o humanista Francesco Petrarca (1304-1374) descreveu o período medieval como uma "era de trevas", dominada pelo catolicismo. No século XVIII, os filósofos iluministas reforçaram essa ideia, pois isso caracterizava um contraste importante entre a filosofia das Luzes (racional, humanista) e as "trevas medievais".

Jacques Le Goff combateu esse imaginário, destacando os avanços técnicos, a transformação da filosofia e os conhecimentos científicos produzidos durante a Idade Média. O trecho a seguir foi extraído do livro *Para um novo conceito de Idade Média*.

> [...] Esta longa Idade Média é, para mim, o contrário do hiato que os humanistas do Renascimento viram e, salvo raras exceções, também os homens do Iluminismo. Este é o momento da criação da sociedade moderna, de uma civilização moribunda ou morta sob as formas camponesas tradicionais, no entanto viva pelo que ela criou de essencial nas nossas estruturas sociais e mentais. Ela criou a cidade, a nação, o Estado, a universidade, o moinho, a máquina, a hora e o relógio, o livro, o garfo, o vestuário, a pessoa, a consciência e, finalmente, a revolução. Entre o neolítico e as revoluções industriais e políticas dos últimos dois séculos, ela é – pelo menos para as sociedades ocidentais – não uma cunha ou uma ponte, mas um grande impulso criador – cortado por crises, graduado por deslocamentos de acordo com as regiões, as categorias sociais, os setores da atividade, diversificada nos seus processos. [...]
>
> LE GOFF, Jacques. *Para um novo conceito de Idade Média*: tempo, trabalho e cultura no Ocidente. Lisboa: Estampa, 1979. p. 12.

Jacques Le Goff
Nascimento: 1924, Toulouse, França.
Morte: 2014, Paris, França.
Formação: historiador.
Profissão: professor universitário, pesquisador e escritor.

O papel das cidades

Muitos historiadores consideravam que as cidades e o comércio haviam praticamente desaparecido durante a Idade Média, tendo em vista a concentração das atividades econômicas nos feudos, que eram considerados quase "autossuficientes".

Contrário a essa concepção, Le Goff pesquisou mercados e centros urbanos e identificou que eles tiveram papel fundamental na sociedade medieval. No livro *Por amor às cidades*, ele analisou pinturas e iluminuras sobre o espaço urbano produzidas naquele período e comparou-as com fotografias contemporâneas, apontando semelhanças e diferenças entre o mercado medieval e as feiras e os mercados urbanos atuais.

> [...] A cidade contemporânea, apesar das grandes transformações, está mais próxima da cidade medieval do que esta última da cidade antiga. A cidade da Idade Média é uma sociedade abundante, concentrada em um pequeno espaço, um lugar de produção e de trocas em que se mesclam o artesanato e o comércio alimentados por uma economia monetária. É também o cadinho de um novo sistema de valores nascido da prática laboriosa e criadora do trabalho, do gosto pelo negócio e pelo dinheiro. [...] Mas a cidade concentra também os prazeres, os da festa, os dos diálogos na rua, nas tabernas, nas escolas, nas igrejas e mesmo nos cemitérios. [...]
>
> LE GOFF, Jacques. *Por amor às cidades*: conversações com Jean Lebrun. São Paulo: Unesp, 1998. p. 25.

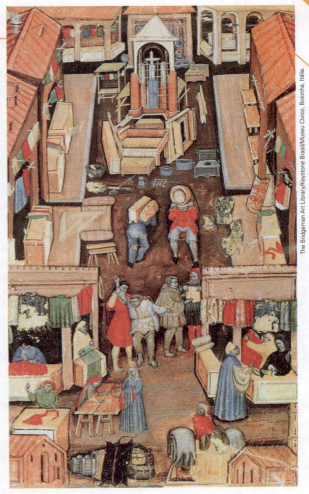

Iluminura extraída de um manuscrito italiano do século XV.

Praça do Mercado, no centro de Bruges, Bélgica. Foto de 2015.

A sociedade medieval: economia e cultura

Atividades

Retome

1. Durante a Idade Média, a Igreja foi a única instituição que manteve unidade na Europa ocidental. Que esferas da vida dos fiéis eram afetadas pelo seu poder?

2. Apesar de o pensador medieval Santo Agostinho ter partido das reflexões feitas pelo filósofo grego Platão, sua obra foi marcada pela mentalidade própria de seu tempo. Releia suas principais ideias e explique por que o pensamento agostiniano é considerado teocêntrico.

3. De que maneira o desenvolvimento das universidades reflete as transformações que afetaram a economia da Europa ocidental durante a Baixa Idade Média?

4. Em que aspectos o conjunto de ideias de Santo Agostinho difere do pensamento de São Tomás de Aquino?

5. Nos últimos séculos do Império Romano ocorreu um processo de ruralização na Europa ocidental, com o progressivo esvaziamento das cidades e o deslocamento da população para o campo. Esse processo impactou notavelmente as relações econômicas durante a Idade Média. Caracterize a economia feudal.

6. Relacione o sistema de suserania e vassalagem à fragmentação e à descentralização política que ocorreram durante a Idade Média.

7. Elabore um esquema que represente as relações de suserania e vassalagem.

Pratique

8. O escritor italiano Umberto Eco é autor de *O nome da rosa*, um importante romance histórico ambientado na Idade Média. O livro, lançado em 1980, trata das investigações realizadas por um frade franciscano para decifrar a causa da série de mortes misteriosas que ocorre num mosteiro italiano. No trecho a seguir, Eco narra o primeiro contato do frei Guilherme de Baskerville com a biblioteca do local.

> [...] Antiquários, livreiros, rubricadores e estudiosos estavam sentados cada um à própria mesa, uma mesa embaixo de cada uma das janelas. E uma vez que eram quarenta as janelas [...], quarenta monges poderiam trabalhar em uníssono, embora naquele momento houvesse apenas uns trinta. [...].
> Os lugares mais iluminados eram reservados aos antiquários, miniaturistas mais habilidosos, aos rubricadores e aos copistas. Cada mesa tinha todo o necessário para miniaturar e copiar: chifres de tinta, penas finas que alguns monges estavam afinando com uma faca afiada, pedras-pome para deixar liso o pergaminho, réguas para traçar linhas sobre as quais seria estendida a escritura. Junto a cada escriba, ou no topo do plano inclinado de cada mesa, ficava uma estante, sobre a qual apoiava o códice a ser copiado, a página coberta por moldes que enquadravam a linha que era transcrita no momento. E alguns tinham tintas de ouro e de outras cores. Outros, porém, estavam apenas lendo livros, e transcreviam apontamentos em seus cadernos particulares ou tabuletas. [...]
> O bibliotecário nos apresentou a muitos dos monges que estavam trabalhando naquele momento. De cada um Malaquias nos disse também o trabalho que estava realizando e em todos admirei a profunda devoção ao saber e ao estudo da palavra divina. Conheci assim Venâncio de Salvemec, tradutor do grego e do árabe, devoto daquele Aristóteles que sem dúvida foi o mais sábio de todos os homens. Bêncio de Upsala, um jovem monge escandinavo que se ocupava de retórica. Berengário de Arundel, o ajudante bibliotecário. Aymaro de Alexandria, que estava copiando obras que somente por poucos meses estavam emprestadas à biblioteca, e depois um grupo de miniaturistas de vários países, Patrício de Clonmacnois, Rabán de Toledo, Magnus de Iona, Waldo de Hereford. [...]
> Meu mestre começou a conversar com Malaquias louvando a beleza e a operosidade do *scriptorium* e pedindo-lhe notícias sobre o andamento do trabalho que ali se cumpria porque, disse com muita sagacidade, tinha ouvido falar por toda parte daquela biblioteca e gostaria de examinar muitos dos livros. Malaquias explicou-lhe o que lhe dissera o Abade, que o monge pedia ao bibliotecário a obra para a consulta e este iria buscá-la na biblioteca superior, se a requisição fosse justa e pia. [...]
>
> ECO, Umberto. *O nome da rosa*. Rio de Janeiro: Nova Fronteira, 1983. p. 92-94.

a) Com base no trecho da obra de Umberto Eco, explique por que os livros eram itens tão raros e caros na Idade Média ocidental.

b) O trecho corrobora a ideia de que a Idade Média foi um período de obscurantismo e imobilidade intelectual? Justifique.

c) O texto de Umberto Eco descreve a hegemonia da Igreja sobre o pensamento medieval. Em que trecho do excerto isso é evidente? Justifique.

Analise uma fonte primária

9. Observe a imagem a seguir. Trata-se de uma xilogravura, uma técnica de gravação na qual se utiliza a madeira como matriz.

Representação da cidade italiana de Gênova. Este é um dos muitos desenhos que ilustram as *Crônicas de Nuremberg*. Publicado em 1493, é considerado um dos primeiros e mais acurados livros impressos na Europa. Um exemplar bem preservado encontra-se na Biblioteca Estatal da Baviera, Alemanha.

a) Se olharmos com atenção a forma e a disposição dos edifícios em Gênova na imagem acima, notamos que toda a cidade se organiza em torno de uma de suas instalações. Identifique-a.
b) Em primeiro plano, à esquerda, vemos o farol de Gênova. Por que o farol era uma das construções mais importantes da cidade?
c) A imagem nos sugere que Gênova era uma cidade segura ou vulnerável? Justifique sua resposta, citando elementos presentes na representação.
d) Além do farol, que outras construções chamam a atenção na cidade?
e) Com base nas construções identificadas na imagem, é possível inferir que grupos sociais detinham poder na cidade de Gênova?

Articule passado e presente

10. O texto a seguir é um editorial da *Folha de S.Paulo* publicado em 18 de junho de 2015. Leia-o e depois faça o que se pede.

University of São Paulo

A USP deu um pequeno passo que poderá revelar-se precedente de consequências gigantescas para o relativo isolamento do meio universitário brasileiro: autorizou suas primeiras disciplinas de graduação em língua estrangeira. A licença vale só para matérias optativas, mas já é um começo.

Não que a principal instituição superior do país não mantivesse contatos e vínculos com o exterior. Ela nasceu como universidade, em 1934, com a contribuição inestimável de uma missão francesa composta de jovens intelectuais que ganhariam projeção mundial, como o antropólogo Claude Lévi-Strauss (1908-2009) e o historiador Fernand Braudel (1902-1985).

Não foram poucos, desde então, os catedráticos estrangeiros que ajudaram a formar brasileiros. Tampouco era incomum, até o final do século XX, que pesquisadores nacionais cursassem a pós-graduação em países avançados (hoje em dia é mais usual obter mestrado e doutorado no Brasil).

O caminho inverso, no entanto, costuma ser pouco trilhado. A USP atrai escassos estudantes além-fronteiras, em especial para os cursos de graduação: apenas 1 440, segundo registro de janeiro, aí incluídos todos os que afluíram a ela por meio de convênios.

Há na instituição paulista 55 451 alunos, de modo que a parcela de estrangeiros na graduação corresponde a meros 2,6%. Em universidades verdadeiramente internacionalizadas, como a americana Harvard, essa proporção chega a 11%.

Até a recente autorização, uma matéria só poderia ser oferecida na USP em inglês, por exemplo, se apresentada também, simultânea e inviavelmente, em português.

Agora, alunos brasileiros e estrangeiros passam a ter a opção de cursar ao menos algumas disciplinas em outra língua. Para os nacionais, surge a oportunidade de familiarizar-se com o vocabulário técnico e conceitual de sua área de especialidade em outro idioma.

Para atrair estudantes do exterior, contudo, ainda é pouco. A USP deveria considerar o exemplo da Fundação Getulio Vargas (FGV), que anunciou um curso de administração todo ele dado em inglês.

Esse passo mais ousado serviria ainda para fazer a USP ganhar pontos em *rankings* internacionais que valorizam tais iniciativas.

O principal benefício, porém, viria da volta dos formandos para os países de origem. Os vínculos aqui criados favoreceriam a inserção da USP em redes mundiais de pesquisa e o enraizamento de sua boa reputação em solo estrangeiro.

Disponível em: <www1.folha.uol.com.br/opiniao/2015/06/1644290-university-of-sao-paulo.shtml>. Acesso em: 22 fev. 2017.

a) Com base em seus conhecimentos, qual era o papel das universidades durante a Idade Média?
b) O papel da universidade mudou entre a Idade Média e o presente? Explique.
c) A criação de cursos de graduação ministrados em língua estrangeira no Brasil reforça ou enfraquece o papel da universidade? Explique.
d) No passado, a universidade era um ambiente bastante elitizado. Seus frequentadores eram, quase sempre, filhos de ricos comerciantes, nobres e clérigos. Para você, a universidade é um lugar mais democrático no presente? Justifique o seu ponto de vista.

CAPÍTULO 10

O mundo às vésperas do século XVI

A primeira-ministra alemã, Angela Merkel, e o presidente francês, François Hollande, durante cerimônia de boas-vindas para a 18ª reunião do gabinete franco-alemão em Metz, França. Foto de 2016.

A centralização do poder monárquico na Europa, ocorrida entre os séculos XII e XV, pode ser entendida como uma tentativa da aristocracia feudal de reforçar seu poder diante da burguesia ou como uma forma de preservar os anseios de ambos os grupos. Na atualidade, você acha que os governantes atuam para atender aos anseios de algum grupo social específico?

1 O cenário europeu no fim da Idade Média

Durante um período considerável da Idade Média europeia, o poder político esteve dividido principalmente entre o rei e a nobreza feudal. A partir de certo momento, porém, o rei passou a concentrar esse poder. Isso variou de reino para reino, mas, no fim do século XV, o mapa da Europa havia mudado profundamente. Em lugar de reinos fragmentados, havia agora Estados organizados em torno de algumas monarquias fortes e centralizadas.

A quem interessava essa centralização política europeia? Em que grupos sociais o rei se apoiou e quais os obstáculos que ele encontrou? Quais foram os resultados desse processo? Como os reis procuraram legitimar seu poder? Esses serão alguns dos tópicos que estudaremos na primeira parte deste capítulo, dedicada ao processo de formação das monarquias centralizadas na Europa ocidental.

2 O processo de centralização política

A centralização política na Europa ocidental interessava ao rei e também aos grupos sociais que eram prejudicados com a fragmentação política.

Durante a Idade Média foi comum a falta de um padrão monetário e também de pesos e medidas. Para comerciantes, artesãos e banqueiros, um poder centralizado que se sobrepusesse aos poderes locais e impusesse normas que facilitassem o comércio era uma necessidade.

A comunhão de interesses entre o rei e a burguesia levou a uma gradativa aproximação entre ambos durante a Baixa Idade Média, o que transformou inteiramente as relações políticas e desencadeou o processo de formação das monarquias centralizadas.

Nesse processo, os monarcas recorreram ao serviço de mercenários para garantir sua autoridade e também a ordem social.

A centralização real, contando com o exército, passou a servir também aos interesses senhoriais, já que, ao reprimir protestos e rebeliões camponesas, também mantinha a maior parte dos privilégios feudais.

João I de Brabante, o Vitorioso, em batalha. Miniatura do *Codex Manesse*, produzido em 1300, aproximadamente.

Onde e quando

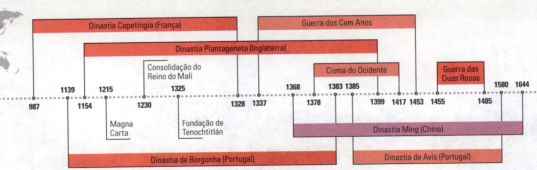

Mapa e linha do tempo ilustrativos. As regiões indicadas no mapa referem-se à configuração atual dos países a que pertencem hoje, e o espaço entre as datas não é proporcional ao intervalo de tempo.

O reino francês

O processo de centralização do reino francês recebeu um grande impulso na época da **dinastia Capetíngia** (987-1328).

O monarca de destaque nesse processo foi Filipe Augusto (1165-1223), ou Filipe II, que governou entre 1180 e 1223. Usando como pretexto a necessidade de combater os ingleses que ocupavam o norte do atual território francês, Filipe II iniciou a cobrança de impostos em todo o reino e organizou um forte exército para garantir seu poder em toda a França.

Após derrotar os ingleses, Filipe II utilizou da mesma força armada para se impor à nobreza. Nomeou fiscais, que percorriam o reino cobrando impostos e impondo as leis e a justiça do rei sobre as dos nobres locais. Aliado da burguesia, o rei vendia **Cartas de Franquia** aos burgos que queriam se libertar do controle da nobreza feudal.

Luís IX (1214-1270), seu sucessor que governou entre 1226 e 1270, levou adiante o processo de fortalecimento monárquico, organizando uma rede de tribunais reais e instituindo uma moeda de circulação nacional. Mas o reinado que mais contribuiu para a centralização e também para a legitimação do poder real no território francês foi o de Filipe IV, o Belo (1268-1314), que governou entre 1285 e 1314.

Em 1302, Filipe IV criou a assembleia dos **Estados Gerais**. Essa assembleia era composta de representantes do clero, da nobreza e dos comerciantes. As camadas pobres da população francesa não participavam dos Estados Gerais, cujo caráter era meramente consultivo, ou seja, não tinha poder de tomar decisões ou de criar leis. Além disso, a assembleia não se reunia regularmente: era convocada conforme a vontade do monarca.

Apoiado pela assembleia, Filipe IV estabeleceu a taxação sobre os bens da Igreja. Teve início uma grave crise, envolvendo a participação do papa Bonifácio VIII, que chegou a ameaçar o rei de excomunhão. Quando o papa morreu, em 1303, Filipe IV interferiu na escolha de seu sucessor, impondo o nome de um papa francês, Clemente V, e forçou a transferência da sede da Igreja de Roma para a cidade de Avignon, no sul da atual França. Tal episódio iniciou o período que foi denominado por contemporâneos como **Cativeiro de Avignon**, em referência ao texto bíblico do cativeiro dos hebreus na Babilônia no século VI a.C.

De 1303 a 1377, os papas submeteram-se à autoridade do rei da França. Em 1378, dois papas foram eleitos: um em Roma e outro em Avignon. Essa divisão ficou conhecida como **Cisma do Ocidente** e só terminou no começo do século XV.

Para unificar o poder político na França, Filipe IV precisou enfrentar o poder local, exercido pelos senhores feudais, e o poder universal, representado pela Igreja.

O Palácio dos Papas, na cidade de Avignon, França. Trata-se de uma das maiores construções em estilo gótico. Seis conclaves, ou seja, eleições papais, foram realizadas nesse palácio, que foi sede da Igreja católica por quase setenta anos. Foto de 2015.

A Guerra dos Cem Anos

O processo de centralização política do Estado francês foi temporariamente suspenso com a eclosão da **Guerra dos Cem Anos** (1337-1453). Foram os historiadores do século XIX que deram esse nome ao conflito, que se estendeu por um período de mais de cem anos, intercalado por épocas de paz.

O conflito teve início logo após a morte do rei da França, Carlos IV Capetíngeo. Como não deixou herdeiros, o rei da Inglaterra, Eduardo III, sobrinho por parte de mãe do rei morto, decidiu reivindicar o trono francês para si. Valendo-se de uma antiga lei que determinava que o trono só poderia ser assumido por um descendente da linhagem masculina — conhecida como **Lei Sálica** —, os franceses coroaram um primo de Carlos IV, Filipe de Valois, com o título de Filipe VI, dando início à dinastia Valois.

A essa **questão sucessória** juntaram-se outras disputas, especialmente a **questão flamenga**. O condado de Flandres, que hoje corresponde basicamente à Bélgica e aos Países Baixos, era um domínio político francês que mantinha fortes ligações comerciais com a Inglaterra. Em meio a disputas e interesses, a revolta dos flamengos contra o rei da França, que contou com o apoio inglês, precipitou a confrontação militar entre os dois reinos.

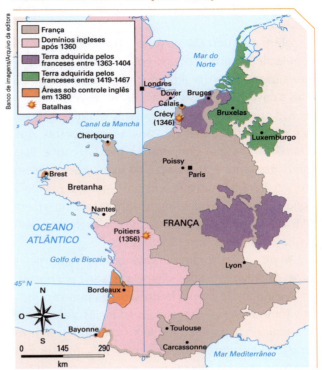

A Guerra dos Cem Anos (1337-1453)

Adaptado de: ATLAS da história do mundo. São Paulo: Folha de S.Paulo, 1995. p. 140.

Na gravura, combate entre franceses e ingleses em 1346, em Crécy, França, a primeira grande batalha da Guerra dos Cem Anos. Antes da formação dos exércitos nacionais, a força militar dos senhores feudais era formada por cavaleiros, vassalos e servos.

O mundo às vésperas do século XVI

Para enfrentar os ingleses, o rei francês precisava ampliar seu exército. Mas, para ampliá-lo, era preciso recorrer à nobreza – à qual foi obrigado a fazer certas concessões.

Além da guerra, a peste e a fome assolavam a população. As pressões dos nobres sobre os camponeses para aumentar a produção acentuaram ainda mais a crise que piorava as condições de vida no campo. Isso provocou revoltas populares no norte da França e nas proximidades de Paris. Essas revoltas, que foram lideradas por camponeses, ficaram conhecidas como *jacqueries* – abreviação da expressão francesa *Jacques bonhomme*, que, em português, equivale a "João-ninguém". A mais importante delas ocorreu em 1358 e ficou marcada por invasões de castelos e pelo assassinato de senhores feudais.

As *jacqueries* foram duramente reprimidas pelas forças da ordem, encabeçadas pelo Estado e por nobres.

A períodos de vitórias francesas seguiram-se outros de vitórias inglesas, chegando o rei inglês a assumir o trono francês. A partir do século XV, contudo, os franceses obtiveram vitórias decisivas contra os ingleses, em uma forte ofensiva liderada por uma mulher: Joana d'Arc.

Filha de camponeses humildes, ela se dizia enviada por Deus para guiar os franceses na expulsão do exército inglês. Participou decisivamente de diversos combates dos quais os franceses saíram vitoriosos.

Após ter sido capturada e aprisionada pelos ingleses, em 1430, Joana d'Arc foi acusada de heresia e condenada à morte na fogueira por um tribunal eclesiástico.

A guerra continuou até 1453, quando os franceses expulsaram os ingleses definitivamente de seu território. A Guerra dos Cem Anos foi decisiva para a definição das fronteiras da França.

Ilustração de Joana d'Arc para um manuscrito do século XV. Na França, o culto nacional a Joana d'Arc recebeu um grande impulso no início do século XX. Em 1923, Joana foi canonizada e, anos depois, tornou-se padroeira da França. De heroína, ela passou a ser considerada santa católica, capaz de expiar os pecados.

A iluminura ao lado, presente na obra *Crônicas*, de Jean Froissart, do século XIV, representa a *jacquerie* em Meaux, França, ocorrida em 1358.

O reino inglês

No início do período medieval, a Inglaterra foi ocupada por povos germânicos, principalmente por anglos e saxões. Na sucessão do rei anglo-saxão Eduardo, o Confessor (c. 1003-1066), que não deixou herdeiros, abriu-se uma disputa pelo trono. Em 1066, os normandos – vindos do norte da atual França – invadiram a Inglaterra. Chefiados por Guilherme, o Conquistador (1028-1087), duque da Normandia e primo de Eduardo, os normandos derrotaram os anglo-saxões na Batalha de Hastings. Guilherme assumiu o trono da Inglaterra, fundando a **dinastia Normanda**.

Sob essa dinastia, desenvolveu-se um eficiente sistema administrativo para cobrança de impostos e um forte exército foi criado. Guilherme, que reinou entre 1066 e 1087, dividiu o reino em condados, os *shires*, controlados pela nobreza e fiscalizados por funcionários da Coroa, os chamados *sheriffs*.

Em 1154, a dinastia Normanda foi substituída pela **Plantageneta**, cujo primeiro rei foi Henrique II (1154-1189). Para fortalecer seu poder, Henrique estabeleceu a justiça real e a ***Common Law***, um conjunto de leis a ser aplicado em todo o território.

O sucessor de Henrique II, Ricardo I, ou Ricardo Coração de Leão, que governou entre 1189 e 1199, envolveu-se em várias campanhas militares, participando, inclusive, da Terceira Cruzada. Sua constante ausência contribuiu para enfraquecer o poder real na Inglaterra.

A insatisfação da nobreza com a monarquia atingiu seu ponto culminante no reinado de seu irmão e sucessor, **João Sem-Terra** (que governou entre 1199 e 1216).

Incapaz de obter o apoio da população, João Sem-Terra enfrentou a revolta da nobreza, que o obrigou a assinar, em 1215, um documento conhecido como **Magna Carta**, segundo o qual o rei só poderia criar novos impostos ou alterar leis com a aprovação do Grande Conselho. A Magna Carta limitou muito o poder real na Inglaterra, retardando o processo de centralização política.

Por décadas, o Grande Conselho ficou sob controle da nobreza e do clero; a burguesia só foi admitida em 1265. Sua existência e funcionamento podem ser encarados como o embrião do atual Parlamento inglês.

Na Guerra dos Cem Anos, os ingleses obtiveram vitórias iniciais importantes, mas passaram por dificuldades internas durante o conflito. Assim como na França, rebeliões camponesas, a peste e o prolongamento da guerra contribuíram para acirrar os ânimos da população.

Logo após o término da Guerra dos Cem Anos, em meados do século XV, desencadeou-se uma sangrenta disputa pela sucessão do trono inglês que afetaria ainda mais a nobreza. Essa disputa ficou conhecida como a **Guerra das Duas Rosas** (1455-1485). Ela foi assim chamada por causa das rosas que faziam parte do brasão das duas famílias envolvidas na disputa, York e Lancaster. O conflito fragilizou a nobreza, abrindo caminho para a centralização política do país.

Representação alegórica da rosa de Tudor em manuscrito inglês de 1516. A rosa vermelha, à direita, simboliza os Lancaster, e a rosa, à esquerda, os York. Em destaque, no centro, a rosa de Tudor, criada ao término da Guerra das Duas Rosas, com a união dos dois emblemas, em razão do casamento de Henrique Tudor (descendente da família Lancaster e coroado Henrique VII) e Elizabeth de York.

O mundo às vésperas do século XVI

Leituras

A crítica da desigualdade

John Ball (c. 1338-1381) foi, ao lado de Wat Tyler (?-1381), o líder de uma rebelião camponesa de destaque, ocorrida na Inglaterra em 1381. Leia a seguir um trecho de um texto escrito por Jean Froissart (1337-1405), um importante cronista da França medieval, no qual ele conta como as pregações de John Ball eram repletas de denúncias contra as injustiças sociais do período.

> [...] No tempo passado tinham sido induzidos e lançados nessas loucuras por um exaltado sacerdote da Inglaterra, oriundo do condado de Kent, chamado John Ball, o qual, pelas suas loucas palavras, tinha estado várias vezes nas prisões do arcebispo de Cantuária. Porque esse John Ball tinha por costume, aos domingos, após a missa, quando todo o mundo saía da Igreja, pregar na praça reunindo todo o povo à sua volta e dizendo: Boa gente, as coisas não podem ir e não vão bem na Inglaterra até que os bens sejam comuns, até que não exista nem vilão nem gentil-homem e até que todos sejamos iguais. Esses, aos quais chamamos senhores, em que são maiores do que nós? Por que o têm merecido? Por que nos mantêm em servidão? E se todos procedemos de um pai e de uma mãe, de Adão e de Eva, como podem dizer e demonstrar que são mais senhores do que nós, a não ser porque nos obrigam a ganhar e a trabalhar para conseguir o que eles gastam? Vão vestidos de veludo e de seda e de petrigris, enquanto nós andamos vestidos de maus tecidos. Eles têm vinho, espécies e bom pão, enquanto nós somente temos centeio, palha e bebemos água. Eles descansam em formosas mansões enquanto nós temos o sofrimento, o trabalho, a chuva e o vento nos nossos campos; e é através de nós e do nosso trabalho que recebem as suas benesses. Chamam-nos de servos e castigam-nos se não realizamos rapidamente o serviço que nos pedem, e não temos nenhum soberano ao qual apresentar as nossas queixas e que queira escutar e defender os nossos direitos. Vamos procurar o rei que é jovem (Ricardo III). Mostremos a ele a nossa servidão e digamos-lhe que queremos que as coisas sejam de outra maneira ou, caso contrário, nós buscaremos o remédio [...].
>
> Chroniques de Jean Froissart. Apud: PEDRERO-SÁNCHEZ, Maria Guadalupe. *História da Idade Média:* textos e testemunhas. São Paulo: Unesp, 2000. p. 205.

Portugal e Espanha

Inicialmente povoada por iberos, celtas e lígures, a península Ibérica foi invadida pelos árabes no século VIII. A formação de dois Estados na região, Portugal e Espanha, durante a Baixa Idade Média, esteve estreitamente vinculada à **Guerra de Reconquista** dos territórios ocupados pelos muçulmanos.

Com a invasão islâmica, os cristãos só conseguiram manter reinos independentes ao norte da península, na região montanhosa das Astúrias. Foi dali que partiu o movimento da Reconquista, iniciado no século XI.

Os reinos de Leão, Navarra, Castela e Aragão organizaram-se durante esse processo de Reconquista. Castela e Aragão anexaram os demais reinos e, em 1479, se uniram por meio do casamento de seus monarcas, Fernando de Aragão (1452-1516) e Isabel de Castela (1451-1504), que ficaram conhecidos como Reis Católicos.

A Reconquista ibérica

Adaptado de: SELLIER, J.; SELLIER, A. *Atlas de los pueblos de Europa occidental*. Madrid: Acento, 1998. p. 60.

Essa união real deu origem ao Estado centralizado espanhol, que, no entanto, só se consolidou com a conquista de Granada, último reduto árabe no sul da península, e a consequente expulsão dos **mouros**, em 1492.

Quanto a Portugal, suas origens remontam à doação de terras feita pelo rei Afonso VI de Leão (1047-1109) a Henrique de Borgonha (1035-1074), nobre francês participante da Guerra de Reconquista. As terras doadas correspondiam ao **condado Portucalense**.

A independência desse feudo em relação ao Reino de Leão foi conquistada em 1139, após muitas disputas familiares, sob a liderança de Afonso Henriques (1109-1185), filho de Henrique de Borgonha.

A **dinastia de Borgonha** (1139-1383) teve início com a coroação de Afonso Henriques, primeiro rei de Portugal. Henriques deu prosseguimento à guerra contra os muçulmanos, expandindo as fronteiras do reino para o sul. As novas terras conquistadas foram doadas a nobres guerreiros, mas o rei não lhes concedeu a posse hereditária sobre elas. Desse modo, em Portugal evitou-se a formação de uma nobreza proprietária e autônoma, mantendo-se a hegemonia da autoridade real.

A integração da costa portuguesa ao desenvolvimento comercial europeu do final da Idade Média, por sua vez, favoreceu a consolidação da burguesia mercantil do novo reino. A rota marítima que ligava o Mediterrâneo ao norte da Europa ganhou mais importância a partir do século XIV, quando a insegurança gerada pelas guerras e pela peste que assolava o continente levou os europeus à busca de novos entrepostos comerciais.

mouros: habitantes da antiga Mauritânia, no norte da África; designação para as populações árabe-berberes muçulmanas provenientes dessa região e que ocuparam a península Ibérica.

Litografia de 1839 que retrata dom Afonso Henriques.

As principais rotas comerciais europeias no fim da Idade Média

Adaptado de: DUBY, Georges. *Atlas histórico mundial*. Madri: Debate, 1989. p. 54-55.

O mundo às vésperas do século XVI

A dinastia de Avis

Em 1383, o último rei da dinastia de Borgonha, Fernando I, morreu e não deixou herdeiros diretos. À sua morte seguiu-se uma acirrada disputa sucessória.

Parte da nobreza apoiava a entrega da Coroa portuguesa ao genro do falecido rei, que era também o rei de Castela, representante de uma política eminentemente feudal. Contra ela se opuseram os comerciantes, aliados a setores populares, sob a liderança de dom João de Avis.

Após a derrota castelhana na Batalha de Aljubarrota (1385), dom João de Avis foi coroado rei de Portugal. Conhecido como **Revolução de Avis**, o movimento garantiu a independência de Portugal e deu origem à **dinastia de Avis** (1385-1582).

A nova dinastia caracterizou-se pela aproximação entre os interesses da monarquia e os da burguesia mercantil: os comerciantes pretendiam ampliar seus mercados e o rei desejava se fortalecer por meio da cobrança de impostos sobre o florescente comércio. Essa aliança de interesses acabou desencadeando em Portugal o processo conhecido como **Expansão Marítima**, a partir do século XV.

Batalha de Aljubarrota, iluminura produzida no século XV por Jean de Wavrin (c. 1398-c. 1474).

Vivendo naquele tempo

Pobres e miseráveis no mundo europeu

A formação das monarquias e a centralização do poder provocaram diversos conflitos políticos e instabilidades no cenário social europeu. Essas transformações atingiram diretamente a vida dos setores mais populares.

Nessa sociedade desigual, onde a riqueza produzida era expropriada à força pela ordem senhorial e religiosa, a maioria da população vivia nos limites da pobreza, que se acentuava ainda mais nos tempos de guerra e nas crises agrícolas.

No campo, muitos camponeses e servos abandonavam suas terras para escapar da miséria e da violência dos senhores. Esses ex-camponeses muitas vezes se juntavam a grupos que habitavam bosques e florestas e saqueavam os viajantes nas estradas.

Nas cidades e vilas, a maioria dos trabalhadores pobres vivia de atividades sazonais, mal remuneradas e insuficientes para garantir a sobrevivência. Os espaços urbanos concentravam miseráveis, doentes físicos e mentais e inúmeros mendigos e ociosos que não encontravam condições materiais para sobreviver.

Essas pessoas alimentavam-se de restos e sobras, moravam em habitações **insalubres** e contavam apenas com atos de caridade.

Essa atmosfera de pobreza e violência produzia revoltas e motins que explodiam no campo e na cidade, intensificando a instabilidade social e aumentando a repressão contra os pobres. Entre os séculos XIV e XVI, inúmeras leis transformavam a pobreza e a mendicância em crime e exigiam que os pobres estivessem vinculados a algum senhor.

Em Portugal, no ano de 1375, uma lei decretada pelo rei dom Fernando estabelecia que "só poderão mendigar aqueles que pela sua idade e estado não puderem trabalhar, segundo certificado que as autoridades locais passarão por alvará; todos os demais pedintes, vadios, ociosos, serão constrangidos a trabalhar", sob pena de serem açoitados e, posteriormente, expulsos do Reino, porque "El Rei mandava e queria que ninguém fosse vadio".

insalubres: que não fazem bem para a saúde.

Leituras

O Islã na península Ibérica

O texto a seguir, retirado de uma dissertação acadêmica produzida em 2004, trata da presença islâmica na península Ibérica e do importante papel dos comerciantes árabes naquela região. Ele ainda dá pistas sobre a influência da cultura árabe na região.

[...] Estas estradas, *bordejadas* por **marcos miliários** e que constituíram um dos mais poderosos meios da dominação romana, iriam novamente desempenhar a sua função, agora em favor dos exércitos muçulmanos e, sobretudo, em prol do estabelecimento de importantes rotas comerciais que possibilitaram o intercâmbio de produtos, de conhecimentos, de bens e de cultura.

Assim, mais significativo que os próprios militares, que se espalham pelo território, é a presença constante destes comerciantes árabes que, graças à relação que a Ibéria sempre manteve com o Mediterrâneo e suas rotas mercantis, percorrem agora todo o **Al-Ândalus** e também o próprio **Garb**.

Este aspecto tornou-se decisivo na forma rápida como o Islã se propagou pela península Ibérica e na aceitação que teve nas comunidades que com ele tomavam conhecimento. O Islã é rapidamente absorvido pela população, que se arabiza e adota a língua, os ritos e a cultura árabe/berbere, isto quando não se converte à própria religião muçulmana (muladis). [...]

FERREIRA, Manuel dos Santos da Cerveira Pinto. *O Douro no Garb Al-Ândalus:* a Região de Lamego durante a presença árabe. Dissertação de mestrado em Patrimônio e Turismo. Portugal: Universidade do Minho, 2004. p. 44.

marcos miliários: sinais que marcam as distâncias nas estradas.
Al-Ândalus: nome dado pelos árabes à península Ibérica.
Garb: nome dado pelos árabes à parte ocidental da península Ibérica.

Vista do Alhambra, palácio construído na cidade de Granada, Espanha, a partir do século XIII. A construção foi utilizada pelos emires – governantes muçulmanos – na época em que os mouros dominavam o território que hoje corresponde ao sul da Espanha. Nesta foto, de 2015, também são visíveis construções que foram anexadas, a partir do século XVI, sob o domínio dos reis católicos.

A PESTE NEGRA
E A GRANDE FOME | SÉCULO XIV

A peste negra, também chamada peste bubônica, é uma doença contagiosa transmitida por pulgas de ratos. Ela recebeu esse nome por causa das manchas escuras que surgem no corpo das pessoas que a contraem. Inchaço nas axilas, virilha e pescoço é outro sintoma da doença. No século XIV, quando as condições de higiene eram precárias e a fome assolava a população europeia, a doença se espalhou rapidamente e matou cerca de 25 milhões de pessoas.

Iluminura presente em *Omne Bonum*, enciclopédia escrita por James le Palmer no século XIV. Repare nas manchas escuras representadas no rosto das pessoas, vítimas da peste negra.

E A FOME TAMBÉM SE FAZIA PRESENTE

No século XIV, a carestia assolou a população europeia, impulsionando ainda mais a mortalidade no continente, sobretudo da população mais pobre. Problemas climáticos, como chuvas abundantes ou secas prolongadas, além das pragas que assolavam os campos, afetavam drasticamente a colheita e a oferta de alimentos. Segundo o historiador brasileiro José Rivair Macedo, os períodos de fome não foram tão constantes entre os séculos XII e XIII. O mesmo não se pode dizer, contudo, do século XIV.

> [No século XIV] um período de dificuldades tomou conta da Europa. Após chuvas persistentes e rigores do clima, fomes brutais causaram o desespero e a morte de inúmeras pessoas.
>
> As dificuldades naturais e a consequente diminuição da produção trouxeram um círculo de calamidades: mortalidade, subnutrição e falta de resistência dos sobreviventes.
>
> Nos anos 1315-1316, praticamente toda a Europa, da Espanha até a Rússia, da Itália até a Inglaterra, sofreu com a diminuição da produção de alimentos.
>
> Nesses dois anos, nas cidades de Ypres e Bruges, da rica região de Flandres (atual Bélgica), morriam de 150 a 190 pessoas por semana. [...] Na mesma época, na cidade de Estrasburgo, na Alemanha, a fome era tão grande que, segundo os escritores da época, o povo comia crianças e até mesmo os cadáveres de condenados.
>
> [...]

MACEDO, José Rivair. *Os movimentos populares na Idade Média*. São Paulo: Moderna, 1994. p. 31-32.

Afresco do século XIV que ilustra uma das sete obras de misericórdia corporais, de acordo com a Igreja católica: dar de comer a quem tem fome.

A doença teve origem na China e alcançou Constantinopla em pouco mais de uma década. Acredita-se que o avanço do contágio pelo Mediterrâneo deu-se via navios de comerciantes de Gênova, provenientes de Constantinopla. Em poucos anos, a doença irradiou-se rapidamente pelo continente europeu.

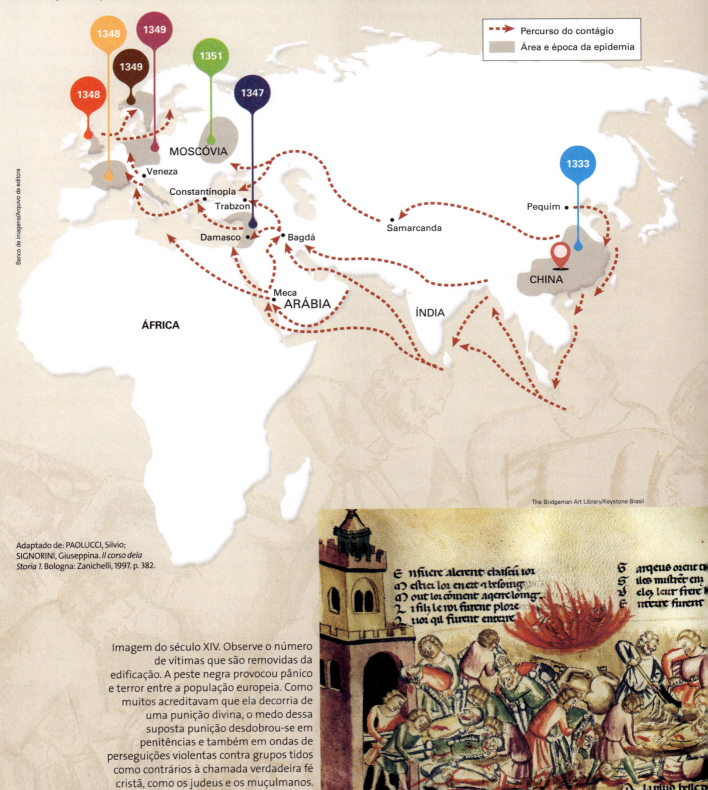

Adaptado de: PAOLUCCI, Silvio; SIGNORINI, Giuseppina. *Il corso dela Storia 1*. Bologna: Zanichelli, 1997. p. 382.

Imagem do século XIV. Observe o número de vítimas que são removidas da edificação. A peste negra provocou pânico e terror entre a população europeia. Como muitos acreditavam que ela decorria de uma punição divina, o medo dessa suposta punição desdobrou-se em penitências e também em ondas de perseguições violentas contra grupos tidos como contrários à chamada verdadeira fé cristã, como os judeus e os muçulmanos. Essas perseguições, conhecidas como *progroms*, provocaram terríveis massacres de homens, mulheres e crianças.

O mundo às vésperas do século XVI

3 O mundo não europeu por volta de 1500

Como vimos, no século VIII o Império Islâmico estendia-se do rio Indo, na Ásia Ocidental, até a península Ibérica, incluindo o norte da África e regiões do sul da Europa, como as ilhas de Córsega e Sicília. Nesse período expansionista e no sentido de orientar as campanhas militares e as atividades comerciais em tão vasto império, os geógrafos árabes desenvolveram um intenso trabalho de estudo e mapeamento do mundo. Pouco a pouco, esse e outros conhecimentos difundiram-se por todo o Império Islâmico; inclusive pela península Ibérica, contribuindo, anos mais tarde, para o sucesso das navegações portuguesas e espanholas.

Foram também os árabes, cujo império chegou a abarcar parte do atual território indiano, que difundiram entre os europeus os nove algarismo que usamos, mais o zero, criados pelos indianos. É possível afirmar, inclusive, que, por volta do ano 1000, os árabes, os chineses e os indianos tinham mais acesso a conhecimentos — tanto técnicos como eruditos — que os europeus.

Índia, China e Japão

Por volta dos anos 1200, a região norte do território que hoje é a Índia estava parcialmente ocupada por Estados muçulmanos governados por sultões. O mais importante deles era o Sultanato de Délhi (1206-1526). O sul, em contrapartida, estava dividido em Estados hindus. Em 1526, o Sultanato de Délhi e outros Estados indianos foram absorvidos pelo Império Mogol (nome derivado de "mongol", pois Babur, seu fundador, seria descendente de Gêngis Khan). Os governantes desse império eram muçulmanos, mas a maioria da população seguia o hinduísmo.

Na Ásia central e na ocidental, o antigo Império Mongol, que chegara a dominar grande parte da China, foi dividido entre vários líderes, alguns dos quais adotaram o islamismo. A Ásia ocidental e o Oriente Médio se tornaram muçulmanos e dois novos impérios foram criados: o Império Persa, entre o golfo Pérsico e o mar Cáspio; e o Império Turco Otomano, sobre as ruínas do Império Bizantino, e que abarcaria regiões ainda mais extensas e se estenderia até o século XX.

Como vimos, o enfraquecimento do poder imperial, os ataques externos e o constante confronto com os muçulmanos nas fronteiras do Império Bizantino provocaram a sua desagregação. O antigo Império Romano do Oriente deixou de existir com a tomada de Constantinopla pelos turcos otomanos.

Na China, os imperadores governavam com a ajuda de funcionários chamados "letrados", recrutados por meio de concursos nos quais deviam demonstrar, entre outras habilidades, o conhecimento de milhares de caracteres da escrita chinesa. Os letrados, ou mandarins, não constituíam uma nobreza, já que esses concursos eram abertos a toda a população, mas aproveitavam sua influência para adquirir terras e poder.

Como já vimos também, a China foi governada pela dinastia Yuan, de origem mongol, entre 1279 e 1368. Sob essa dinastia, cresceram as trocas comerciais e culturais com outros povos. Entretanto, apesar da prosperidade, havia grande desigualdade social entre a maior parte da população servil, de origem chinesa, e os mongóis. Levantes populares e rebeliões se tornaram frequentes a partir de 1335.

Em 1368, Chu Yanchang (1328-1398), um dos líderes das contestações chinesas, conseguiu destronar os mongóis e estabelecer uma nova dinastia imperial, a **dinastia Ming** (1368-1644).

Sob a dinastia Ming, a recuperação agrícola e a continuada expansão comercial possibilitaram a expansão demográfica. Por volta de 1500, a China já havia superado a marca de 100 milhões de habitantes e tinha grandes cidades em seu território.

No fim do século XV, o Império Ming era um dos mais poderosos Estados do mundo: sua população era mais numerosa que a europeia e seu intenso comércio o ligava a diversas regiões asiáticas, africanas e oceânicas (da Oceania).

No século XVI, época das Grandes Navegações, os chineses entraram em contato com os portugueses que chegaram ao Oriente. Era o período do lucrativo comércio das especiarias.

Jarro de porcelana decorado com desenhos de carpas produzido entre 1522 e 1566, durante a dinastia Ming.

No século seguinte, teve início a última dinastia imperial chinesa, a **dinastia Manchu** ou Qing (1644--1911), estabelecida com a invasão dos manchus, povos do norte. No século XIX, as potências ocidentais dominaram e exploraram a China. A dinastia Manchu acabou sendo derrubada em 1911, quando foi proclamada a república. Em 1949, sob a liderança de Mao Tsé-Tung, implantou-se o socialismo e, nas últimas décadas, a China transformou-se numa das maiores potências mundiais.

Comércio chinês

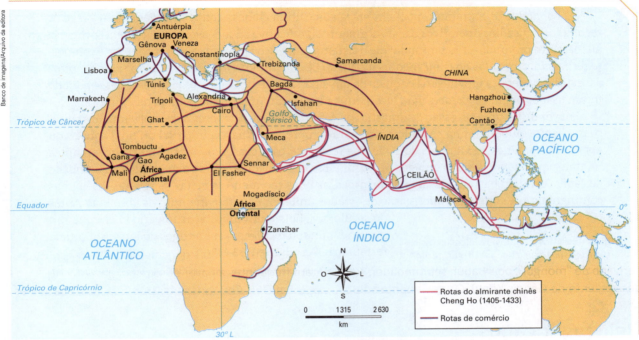

Adaptado de: BARRACLOUGH, Geoffrey. *Atlas da história do mundo*. 4. ed. São Paulo: Folha de S.Paulo, 1995. p. 150.

No Japão, localizado no extremo leste asiático, a sociedade era composta, sobretudo, de guerreiros e camponeses, e o poder político era disputado entre as grandes famílias (ou clãs). Era um chefe de clã quem governava no lugar do imperador, sob o título de *xogum*. Os guerreiros, chamados *samurais*, lhe deviam obediência.

Entre os japoneses, prevalecia a crença de que o imperador descendia do Sol e de que as almas dos mortos habitavam lugares da natureza considerados sagrados, como cachoeiras, rios e vulcões. Os japoneses foram muito influenciados pelo budismo, religião com a qual entraram em contato por intermédio dos chineses, mas a ele acrescentaram seus próprios deuses. E a escrita chinesa de ideogramas serviu de base para a criação de duas novas escritas próprias, a *hiranaga* e a *katakana*, fundamentais para o desenvolvimento da literatura no Japão.

Exímios artistas, os japoneses criaram uma original jardinagem artística, bastante prestigiada até hoje.

O teatro de marionetes, que também chegou ao Japão por intermédio dos chineses no século VIII, fez surgir os marionetistas, artistas que manipulam os bonecos e que fizeram dessa ocupação um ofício, apresentando-se de vila em vila. O espetáculo de marionetes requer altíssima precisão nos refinados movimentos gestuais e é ainda hoje bastante valorizado no Japão.

Apresentação de *bunraku*, tradicional teatro de marionetes japonês, em Osaka, Japão. Observe que mais de uma pessoa manipula cada boneco.

O mundo às vésperas do século XVI — 219

Leituras

Influência chinesa no Japão

O texto a seguir trata da importância da influência chinesa na cultura japonesa. Além disso, ele nos revela em que medida essa influência era, quase sempre, adaptada e modificada pelos japoneses, em virtude das particularidades e da cultura local.

[...] Foi no Japão, entretanto, que a interação da cultura chinesa com a sociedade nativa teve os resultados mais **idiossincráticos** e historicamente significativos. É inegável que a influência chinesa ali foi muito profunda – tão profunda que o sistema numérico básico atual dos japoneses é composto de palavras tomadas do chinês. Do século VII ao IX, a instituição imperial japonesa foi sob muitos aspectos uma réplica provinciana daquela da dinastia Tang; textos jurídicos japoneses desse período foram usados por historiadores para reconstruir a legislação Tang que se perdera na China. [...]

Em vez de ter uma sucessão de dinastias de estilo chinês, os japoneses desenvolveram um curioso dualismo: embora tenha se prolongado para sempre, sua dinastia imperial original conservou apenas as aparências exteriores do poder; na realidade, este passou para as mãos de governantes militares que vieram a ser chamados de xoguns. Em certa medida, isso se explica pela insularidade do Japão: estando bastante a salvo de invasões, as ilhas são menos sujeitas às severas disciplinas continentais que compelem à formação de Estados unitários e varrem instituições obsoletas. Antes do século XIX, houve um único e curto período em que um imperador tentou recuperar seus antigos poderes, a abortada restauração Kemmu de 1333-1336. [...]

COOK, Michael A. *Uma breve história do homem*. Rio de Janeiro: Jorge Zahar, 2005. p. 187.

idiossincráticos: relativos à idiossincrasia, característica específica, particular, de uma pessoa, de um grupo ou de uma cultura.

Reinos africanos

Na África, a região ao norte do Saara era habitada pelos berberes, povo que pouco a pouco se converteu ao islamismo. As maiores cidades daquela região eram Fez e Túnis.

Numerosas rotas comerciais cruzavam o Saara e ligavam a África do norte, muçulmana, aos reinos da África subsaariana. A rota Fez-Tombuctu era uma das mais percorridas por caravanas de mercadores e tuaregues, habitantes do deserto que descendem dos berberes norte-africanos.

Na África ocidental, o Reino de Gana, grande comerciante de ouro, sal e escravos, enfraqueceu-se bastante durante o século XII. Alguns estudiosos acreditam que isso ocorreu em razão de vários fatores: a concorrência na produção aurífera de outras áreas; o crescente ataque de vizinhos saqueadores; e o avanço da desertificação na região do **Sahel**.

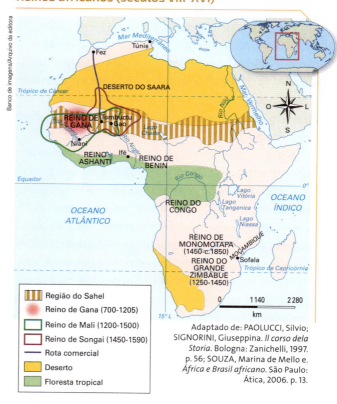

Reinos africanos (séculos VIII-XVI)

Adaptado de: PAOLUCCI, Silvio; SIGNORINI, Giuseppina. *Il corso della Storia*. Bologna: Zanichelli, 1997. p. 56; SOUZA, Marina de Mello e. *África e Brasil africano*. São Paulo: Ática, 2006. p. 13.

Sahel: faixa de terra situada entre o deserto do Saara, ao norte, e a floresta tropical, ao sul. Esta palavra vem do árabe e significa "margem", "litoral" – no caso, margem do Saara.

O declínio de Gana deu-se paralelamente à ascensão do **Reino do Mali**, que se consolidou por volta de 1230, quando o príncipe Sundiata Keita (c. 1217-c. 1255) subiu ao trono e fixou a capital do reino em Niani. Nessa época, a população e os governantes do Mali haviam se convertido ao islamismo.

No início do século XIV, esse reino alcançava a costa do Atlântico e o interior do Saara e controlava várias cidades e rotas comerciais transaarianas. As peregrinações de seus governantes a Meca, a terra sagrada dos muçulmanos, ficaram famosas especialmente pelo luxo e pela riqueza que ostentavam.

O Reino do Mali também se destacou pela fundação de mesquitas e centros de estudo que contavam com arquitetos trazidos do Oriente Próximo.

Já no final do século XIV, enfraquecido em decorrência de frequentes invasões e saques, o Reino do Mali foi sobrepujado pelo **Reino de Songai**, até então seu vassalo.

No enorme império que se tornou o Reino de Songai, as cidades de Gao e Tombuctu destacaram-se como grandes centros comerciais. Tombuctu ficou conhecida por ter um exército profissional, uma universidade (que atraía eruditos e poetas) e uma arrecadação sistemática de impostos. Contudo, esse reino se desestruturou no século XV devido a constantes ataques de outros povos do norte do continente e também dos portugueses, interessados no ouro e em várias outras mercadorias do comércio regional.

Mais ao sul, os iorubas construíram um próspero reino ao redor da cidade sagrada de **Ifé**, que contava com uma grande quantidade de artistas, responsáveis pela produção de belas esculturas de ébano, bronze e marfim.

Na costa oriental da África, a relação com a Índia era antiga, e várias cidades mercantes prosperavam, reunindo árabes, persas e indianos antes da chegada dos portugueses. Elas tinham um importante papel no comércio de escravos.

Já no sul do continente, o **Reino Monomotapa** substituiu o antigo **Reino do Zimbábue**, estendendo suas relações comerciais com o litoral de Sofala, em Moçambique, e estabelecendo um importante comércio de ouro com a Índia e a Pérsia. Suas cerimônias na corte do soberano impressionaram os portugueses, que foram, ao que parece, os primeiros europeus a conhecê-las.

Escultura em bronze encontrada na região da cidade de Ifé, na atual Nigéria, feita entre os séculos XIII e XIV.

América: incas e astecas

Na América do Sul, a partir do começo do século XV, os incas, já mencionados em capítulos anteriores, impuseram sua dominação a um grande conjunto de povos, construindo um vasto império que contava com aproximadamente 10 milhões de pessoas. Seus governantes cobravam tributos da população, que eram pagos em forma de trabalho. Entre eles prevalecia a crença de que o imperador era filho do Sol e, portanto, um deus na Terra.

Os incas se destacaram como engenheiros notáveis. Em plena cordilheira dos Andes, construíram uma rede de estradas com pontes suspensas sobre os vales. As ruínas de Machu Picchu ainda hoje provocam admiração nos milhares de turistas que as visitam anualmente.

O auge dessa civilização ocorreu entre 1438 e a chegada dos espanhóis à região, em 1531. Nesse período, o território do império chegou a atingir 4 mil quilômetros de extensão, abrangendo desde o atual Equador até o Chile e agrupando vários grupos étnicos.

Durante o reinado do imperador Pachacuti (c. 1400-c. 1471), que durou de 1438 a 1471, a cidade de Cuzco, então com cerca de 100 mil habitantes, tornou-se a capital do Império Inca.

Serpente de duas cabeças, um dos símbolos de Tlaloc, o deus da chuva entre os astecas. Em turquesa e datada entre os séculos XV e XVI, teria feito parte do tesouro ofertado pelo imperador Montezuma ao conquistador espanhol Hernán Cortez. Montezuma havia enviado esse presente a Cortez porque julgava que o espanhol fosse o deus Quetzalcóatl. Segundo uma profecia asteca, esse deus deveria chegar na forma de um homem barbado. Foto de 2011.

No Império Inca a sociedade era fortemente hierarquizada. Além de chefe militar, o imperador era o proprietário das terras, que eram administradas por funcionários locais (*curacas*). Eram os *curacas* que, em cada aldeia (*ayllu*), determinavam a organização do trabalho, o montante de impostos destinado ao imperador e a *mita*, que era o trabalho compulsório em obras públicas ao qual a população inca estava submetida.

Na agricultura, os incas utilizavam sistemas de irrigação e a técnica de terraceamento (terraços cultiváveis) nas encostas das montanhas andinas, garantindo a produção de excedentes.

Na Mesoamérica, por volta do século XII, começou a se deslocar um povo conhecido como mexica. Originários da região que hoje corresponde ao norte do México, pouco a pouco, instalaram-se na região do lago Texcoco, no planalto mexicano, próximo ao território dos antigos maias.

No começo do século XV, eles passaram a dominar outros povos da região e criaram um Estado que viria a ser chamado Império Asteca. Sua capital, Tenochtitlán (sobre a qual se localiza a atual Cidade do México), fundada em 1325, chegou a ter uma população estimada em 200 mil habitantes. Segundo relatos de espanhóis que a conheceram, tratava-se de uma cidade grandiosa.

Os astecas eram politeístas e sua religião baseava-se na prática de sacrifícios humanos. Estima-se que mais de 20 mil pessoas eram mortas anualmente em cerimônias públicas, realizadas ao ar livre.

Com uma população calculada entre 12 e 15 milhões de habitantes, o Império Asteca tinha uma estrutura política centralizada e exercia um rígido controle sobre os povos vizinhos, que lhes deviam tributos.

Nas aldeias predominava a posse comunal da terra, embora parte da produção fosse destinada ao Estado para sustentar o imperador – que se encontrava no topo do poder –, os militares, os funcionários administrativos e os sacerdotes. Como no Império Inca, o sistema predominante era o da servidão coletiva.

O Império Asteca foi destruído entre 1519 e 1521, com a invasão espanhola chefiada por Hernán Cortez (1485-1547), que liderou um exército de quinhentos espanhóis e cerca de 25 mil indígenas inimigos dos astecas.

O Império Inca resistiu um pouco mais, mas acabou sucumbindo também, no ano de 1572.

Para os povos nativos do continente, a chegada dos europeus e o início da colonização representaram a dizimação de sua população.

As ruínas de Machu Picchu dão uma ideia da grandiosidade do Império Inca. Construída durante o reinado de Pachacuti, a cidade de Machu Picchu era um importante centro religioso e astronômico, situado a 2 400 metros de altitude, próximo à Floresta Amazônica. É, desde 1983, considerada patrimônio mundial da Organização das Nações Unidas para a Educação, a Ciência e a Cultura (Unesco). Foto de 2013.

Construindo conceitos

Permanência e mudança

No cotidiano, frequentemente temos a sensação de que certos fenômenos permanecem, enquanto outros se transformam ou desaparecem. Por exemplo, a frequência à escola, ao longo de vários anos, ou os hábitos alimentares das famílias, especialmente nos encontros festivos, como os aniversários, são permanências. Por outro lado, o fim do período escolar, o falecimento de um familiar ou um novo emprego representam rupturas na nossa vida.

Para compreendermos as sociedades humanas, precisamos levar em conta as suas permanências e mudanças ao longo do tempo. Entretanto, é preciso lembrar que atividades econômicas, práticas sociais e ideias se transformam em ritmos diferentes. Mesmo um acontecimento como a descoberta da América pelos europeus, em 1492, não representa uma mudança completa, mas indica que certos aspectos se transformaram, enquanto outros permaneceram inalterados. Há, portanto, diferentes ritmos nas mudanças históricas: certos fenômenos transformam-se mais lentamente, outros surgem e desaparecem com rapidez.

Assim, é preciso compreender o ritmo das mudanças e identificar as permanências, entendendo a dinâmica histórica, isto é, o próprio movimento da História. Ao estudar determinada época, pode-se verificar a presença desses diferentes ritmos e durações.

As sociedades europeias no século XVI, por exemplo, ainda estavam submetidas às alterações climáticas que impactavam a produção de alimentos, visto que a agricultura e a pecuária dependiam basicamente das condições naturais. Portanto, os grupos humanos permaneciam dependentes do trabalho agrícola e dos fenômenos meteorológicos.

Em contrapartida, determinadas transformações econômicas estavam em curso desde o início da retomada do comércio e do crescimento das cidades, no século XIV, seguidos pela Expansão Marítima e pela conquista da América, no século XVI. Essa ampliação e acumulação da riqueza mercantil lentamente alterou as relações entre os grandes comerciantes e a aristocracia da terra. Essas mudanças seriam percebidas com maior intensidade apenas nos séculos XVIII e XIX, quando a burguesia assumiu o controle do Estado em países como a França e a Inglaterra.

Os Estados nacionais viviam um processo de centralização do poder e unificação de territórios caracterizado por guerras civis, alianças monárquicas e complôs da grande aristocracia. Em diversos países, esses acontecimentos alteravam o rumo da política, elevando ou derrubando dinastias, provocando conflitos sanguinários e curtos períodos de paz.

Como vemos, permanências e mudanças de média e de curta duração se entrelaçam no estudo das sociedades humanas. Por isso, sempre leve em conta que um capítulo em um livro de História representa, ao mesmo tempo, um estudo das rupturas e transformações históricas e uma reflexão sobre o que permanece inalterado na experiência humana no planeta.

A enxada, um dos instrumentos mais antigos inventados pelo ser humano, é amplamente utilizada na agricultura até os dias de hoje. Na imagem, trabalhador rural em Munhoz, Minas Gerais. Foto de 2015.

Atividades

1. Pesquise as instituições políticas do Brasil. Utilize *sites* e livros.
2. Com base em sua pesquisa, reflita sobre o momento político atual em que vivemos. Você consegue identificar uma permanência e uma mudança de curta duração em nossas instituições políticas?
3. Elabore um pequeno texto sobre esse tema e compartilhe-o com o restante da sala.

O mundo às vésperas do século XVI

Atividades

Retome

1. A fragmentação do poder político na Europa medieval beneficiava os grandes senhores de terra, mas contrariava os interesses de outros grupos sociais. Identifique esses grupos e explique por que a centralização política poderia favorecê-los.

2. Que relação teve a centralização política na França com a cobrança de tributos imposta pelo rei Filipe II no século XIII?

3. A partir do século XIV, abateu-se sobre a Europa uma profunda crise que abalou as estruturas feudais. Nesse contexto, a centralização do poder político trouxe algumas vantagens aos nobres. Quais?

4. Na França, o século XIV foi marcado por acirradas disputas de poder entre o rei Filipe IV, o Belo, e o papa de Roma. Essas disputas podem ser consideradas parte do processo de centralização do poder político no reino? Justifique.

5. Iniciado no começo da Baixa Idade Média, o processo de centralização política na França perdeu força no final da Idade Média. Como se explica essa reversão?

6. Se olharmos um mapa da Inglaterra, veremos várias divisões administrativas que levam o sufixo *shire*, como Yorkshire, Shropshire, Hampshire e Cheshire. O que significa *shire* e qual sua origem histórica?

7. Na Inglaterra, em 1215, João Sem-Terra foi obrigado a assinar a Magna Carta. Comente a importância desse documento.

8. Relacione a Guerra de Reconquista na península Ibérica à formação dos reinos de Portugal e da Espanha.

9. No século XIV, com a morte de dom Fernando de Borgonha, abriu-se uma profunda crise política em Portugal. Qual foi o desfecho dessa crise?

10. Estabelecida na região dos Andes, a civilização inca tinha como principal atividade econômica a agricultura. Explique como ela se desenvolvia, considerando o regime de trabalho e o de propriedade da terra.

Pratique

11. Leia com atenção o texto a seguir e responda às questões.

> [...]
> O sociólogo Max Weber afirmou, no início do século XX, que o Estado moderno se definiu a partir de duas características: a existência de um aparato administrativo cuja função seria prestar serviços públicos, e o monopólio legítimo da força. Weber defendia, dessa forma, que o Estado era o único que poderia empregar a violência legalmente, esta passando a ser um instrumento de controle da sociedade. Ele afirmou ainda que o processo histórico que constituiu o Estado conviveu com a expropriação dos meios de produção dos artesãos pelos possuidores do capital. Desse modo, o Estado seria então contemporâneo do capitalismo.
>
> A partir do surgimento do Estado nacional na Europa moderna, a historiografia começou a se questionar se o conceito de Estado deveria ser aplicado apenas a esse contexto histórico ou também aos períodos anteriores. Levantou-se, então, a seguinte questão: o Estado sempre existiu? Uma primeira corrente defende que o Estado é um conceito que deve ser aplicado só a partir do surgimento do Estado-nação, e não antes disso. Para os autores que pensam assim, o Estado é uma forma histórica recente, oriunda da concentração de poder de mando sobre determinado território por meio do monopólio da lei e dos serviços essenciais. Nessa abordagem, que segue a tese de Weber, autores como Denis Rosenfield afirmam que o Estado moderno é tanto a organização da sociedade em um governo autônomo quanto o aparelho que governa essa sociedade. No entanto, outros autores, como Michael Reale, acreditam que a caracterização do Estado como governo que organiza a sociedade equipara-o à Nação e, apesar de Estado e Nação estarem em conexão, são conceitos distintos. Esses autores definem o Estado como um aparato administrativo que executa funções só visíveis a partir da Idade Moderna. Assim, nem a pólis nem o Estado feudal — isso só para ficarmos nos Estados ocidentais — seriam realmente Estados. Por outro lado, uma segunda visão é aquela que discorda da tese de Weber. Para esses pensadores, que criticam a definição restritiva de Estado, se a pólis grega, por exemplo, tivesse um aparato administrativo que não se encaixasse nesse conceito, então os tratados políticos de Aristóteles não teriam serventia para o ocidente moderno e contemporâneo. Mas, pelo contrário, a tipologia que Aristóteles criou para as formas de governo, assim como suas ideias sobre Constituição, etc., tiveram e têm grande influência sobre os Estados ocidentais. Essa é a corrente que predomina atualmente, e hoje a maioria dos historiadores aceita que o Estado é uma categoria presente em diferentes épocas e sociedades.
> [...]
>
> SILVA, Kalina V.; SILVA, Maciel H. *Dicionário de conceitos históricos*. São Paulo: Contexto, 2008. p. 115-116.

a) Para Weber, o que define o Estado?

b) Os elementos que definem o Estado estiveram presentes em todas as sociedades que você estudou até aqui? Justifique sua resposta com exemplos.

c) O texto faz referência a duas correntes historiográficas que tratam de maneira distinta a aplicação do conceito de Estado. Identifique-as.

d) Procure em jornais ou revistas uma notícia que exemplifique a aplicação de um dos critérios que definem Estado para Weber. Depois, comente a notícia e aponte o motivo da escolha do recorte.

12. Ao lado, estão reproduzidos quatro mapas mostrando o processo de Reconquista da península Ibérica pelos cristãos. Para analisar os mapas, atente-se aos seguintes pontos:

    - observe as datas dos mapas;
    - procure localizar as áreas cristãs e mouras em cada mapa;
    - preste atenção na direção em que se dá a Reconquista;
    - observe as transformações ocorridas nos reinos cristãos;
    - observe as transformações ocorridas no território controlado pelos muçulmanos.

    Reconquista da península Ibérica

    Adaptados de: ATLAS histórico escolar. 7. ed. Rio de Janeiro: Fename/MEC, 1978; KINDER, H.; HILGEMANN, W. *Atlas histórico mundial*. 13. ed. Madri: Ediciones Istmo, 1985.

    a) De acordo com os mapas, qual processo político acompanha a Reconquista dos reinos cristãos?

    b) No século XII, é possível observar uma mudança importante na situação política dos territórios controlados pelos mouros. Identifique-a.

    c) No final do século XV, quantos reinos cristãos havia na península Ibérica? Nomeie-os.

    d) Releia o texto *Portugal e Espanha* no capítulo e explique como os reinos de Castela e Aragão deram origem ao Reino da Espanha no século XV.

    e) Faça uma pesquisa na internet e descubra o que aconteceu com o Reino de Navarra depois de 1492.

    f) Com base nas respostas anteriores, relacione o processo de formação da Espanha com o desenho do brasão da atual bandeira espanhola, reproduzido ao lado.

Analise uma fonte primária

13. A figura a seguir foi extraída do *Códice de Mendoza*, um código asteca, feito no século XVI por encomenda do primeiro vice-rei na Nova Espanha, dom Antonio de Mendoza, para enviar informações dos povos ameríndios ao rei espanhol Carlos I. No recorte, a imagem retrata a educação das crianças astecas. Procure observar com atenção os seguintes pontos:

    - o que distingue as personagens adultas das infantis;
    - o gênero das personagens representadas;
    - gestos, posições e expressões das personagens representadas;
    - as atividades realizadas pelas personagens.

O mundo às vésperas do século XVI

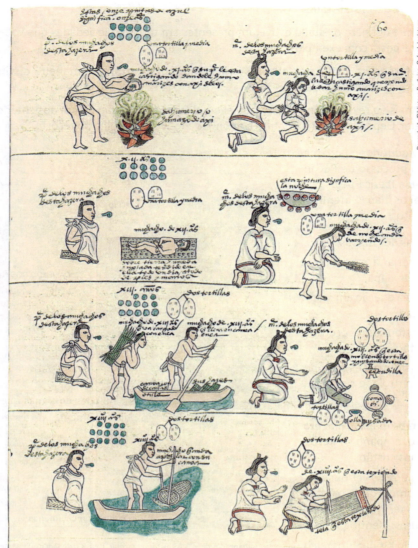

Códice de Mendoza, século XVI.

a) Com base em suas observações, quais informações é possível extrair desse documento? De que forma os astecas educavam seus filhos?

b) Em muitas civilizações o castigo físico foi usado para educar os jovens. No Brasil, esse tipo de punição está proibido nas escolas desde o final do século XIX, mas no ambiente doméstico ainda é muitas vezes empregado. Forme um grupo com mais dois colegas e pesquisem a opinião dos especialistas em educação sobre o uso da violência como método educativo.

14. O documento a seguir foi expedido por ordem do rei francês no ano de 1263. Leia-o e responda.

[...] Que ninguém possa fazer moeda semelhante àquela do rei, que não tenha uma dessemelhança evidente, que tenha de um lado a cruz e do outro a **pile**. Que tais moedas deixem de existir doravante.

Que nenhuma moeda seja aceita no reino, a partir da festa de São João, lá onde não há moeda própria, fora da moeda do rei, e que ninguém venda, compre e faça negócios senão com esta moeda. E a moeda do rei pode e deve correr no seu reino inteiro, sem oposição de outras moedas particulares que possam existir.

Que os **parisinos** e **torneses** não sejam rejeitados, nem mesmo quando desgastados, desde que se reconheçam, pela cruz e pelo cunho, que são realmente parisinos e torneses. E que ninguém possa danificar a moeda do rei, sob pena física e multa.

ORDENNANCES des rois de France de la troisieme race. Apud: PEDRERO-SÁNCHEZ, Maria Guadalupe. *História da Idade Média — textos e testemunhos*. São Paulo: Ed. da Unesp, 2000. p. 243.

pile: pilares que uniam duas torres de castelo.
parisinos e **torneses**: nomes de moedas reais.

a) Releia o texto *O reino francês*, p. 208, e faça uma pequena narrativa sobre o que estava acontecendo na França à época em que o documento foi escrito.
b) Que medida o documento instituía?
c) As ordens reais buscavam limitar o poder de qual grupo social? Por quê?
d) A quem a medida beneficiava?
e) Qual era a marca exclusiva da moeda real?
f) O documento sugere que o poder real já estava consolidado na época ou que ainda estava em construção?

Articule passado e presente

15. Com base na matéria a seguir, explique a charge reproduzida no final da página.

Por que é tão difícil falar sobre armas nos EUA

Em seu último discurso sobre o Estado da União, o presidente americano Barack Obama foi sutil ao tratar do controle de armas nos Estados Unidos. Diferente da última semana, quando fez um discurso emocionado contra a violência armada, seguido de um artigo no jornal *The New York Times* e um debate na emissora CNN, nesta terça-feira (12/01/16) Obama mal tocou no assunto e preferiu tratá-lo de forma simbólica: com uma cadeira vazia ao lado da primeira-dama, Michelle Obama, para representar as vítimas da violência armada.

O gesto mostra quão delicado é o tema e quão polarizados são os pontos de vista no país. Desde que anunciou medidas para intensificar o controle de armas nos Estados Unidos, driblando um intransigente Congresso de maioria republicana, políticos e grupos pró-armamento encamparam uma luta contra o que consideram ser uma investida do líder democrata para tomar as armas da população. [...]

Em pleno ano eleitoral, o ataque faz barulho justamente porque, de fato, grande parte dos americanos não cogita discutir a Segunda Emenda à Constituição, aprovada em 1791 para garantir o direito de manter e portar armas, em um contexto de luta pela independência do império britânico. De acordo com o centro de pesquisa Pew Research Center, atualmente metade da população acredita que proteger o direito de possuir armas é mais importante do que controlar a posse das mesmas. Outro estudo, publicado em 2014 pelo instituto Gallup, revelou que 63% dos americanos acreditam estar mais seguros com um revólver em casa.

[...]

As medidas propostas por Obama pretendem reforçar e ampliar a checagem de antecedentes dos compradores de armas em lojas, feiras ou pela internet. O governo promete ainda acelerar o processo de verificação do perfil do comprador e coibir a venda para condenados por crimes graves, de violência doméstica, dependentes de drogas e pessoas com problemas mentais. O objetivo é impedir que armas "caiam nas mãos erradas". [...]

Armamento

[...] Além da autodefesa, especialistas em violência nos EUA ressaltam que outros fatores levam a população a ser favorável ao porte de armas. Praticantes da caça, por exemplo, também não querem abrir mão do direito de comprar suas espingardas. O diretor do Centro de Pesquisa em Proteção da Universidade de Michigan, Marc Zimmerman, ressalta ainda a desconfiança de alguns grupos, especialmente no sul do país, sobre qualquer ação do governo federal. Ele lembra um episódio ocorrido há sete meses no vilarejo de Christoval, no Texas, quando moradores ficaram "em alerta" durante um treinamento militar na região, por receio de que o Exército pudesse tomar o estado e as armas dos cidadãos.

"Este receio é totalmente irracional", diz Zimmerman, observando que o governo nem teria como recolher as mais de 300 milhões de armas que se encontram nas mãos de civis atualmente. Ele ressalta ainda a força do *lobby* da Associação Nacional do Rifle (NRA) contra qualquer medida que possa interferir no comércio de armas.

Entusiastas pró-controle, por sua vez, afirmam que não por acaso estados americanos com leis mais restritivas com relação à aquisição de armas registram menores índices de morte por armas de fogo. Enquanto em 2013 o número de mortes no estado de Nova Iorque foi de 4,3 por cada 100 mil habitantes, o Alabama registrou 17,6 mortes por 100 mil. [...]

Por que é tão difícil falar sobre armas nos Estados Unidos. Deutsche Welle, correspondente Mariana Santos. *Carta Capital*, 18 jan. 2016. Disponível em: <www.cartacapital.com.br/internacional/por-que-e-tao-dificil-falar-sobre-armas-nos-eua>. Acesso em: 23 fev. 2017.

UNIDADE 4

Europa, de periferia a centro do mundo

Os capítulos desta unidade tratam do período compreendido entre meados do século XV e fins do século XVIII, tradicionalmente denominado Idade Moderna. Para os historiadores, foi a época em que alguns países do continente europeu conquistaram e exploraram territórios, para eles até então desconhecidos, e dominaram o comércio marítimo, fazendo com que a Europa fosse considerada o centro do mundo.

O cenário europeu, nessa época, passou por diversas transformações, entre elas a emergência da burguesia ligada a monarquias fortalecidas. Foi também um período de continuidades, como a manutenção do poder e dos privilégios dos senhores de terras, a nobreza. Foram tempos de grandes negócios e conhecimentos inovadores, mas também de escravização e de domínios metropolitanos.

Este mapa representa a rota da viagem realizada por Fernão de Magalhães, que circum-navegou a Terra no século XVI. Partindo de Sevilha, no ano de 1519, a expedição atravessou o estreito que une os oceanos Atlântico e Pacífico localizado ao sul do continente americano, e que, em homenagem ao navegador, passou a ser conhecido como estreito de Magalhães. O mapa foi elaborado por Battista Agnese no século XVI.

Saber histórico

Uma construção

História: recortes e escolhas

Como ponto de partida para os estudos desta unidade, vamos refletir sobre a construção do conhecimento histórico e sobre as escolhas e os procedimentos envolvidos nos estudos sobre a História.

Na produção do conhecimento histórico, o estudioso apropria-se do passado, escolhendo o que e como narrar. Assim, a história universal (ou mundial, ou geral) com que temos contato hoje é uma construção, baseada no trabalho intelectual de historiadores, filósofos e outros pesquisadores, muitos deles europeus. Esse trabalho foi feito, principalmente, durante a Idade Moderna e a Idade Contemporânea, em meio a um contexto que procurava afirmar a Europa como "centro" do mundo. A história do Brasil também é uma construção feita por estudiosos que se dedicaram a esse tema. Ela nasce, inicialmente, para legitimar a nação que se constituía no começo do século XIX.

Construindo a história do Brasil

Ao fazer uma história do Brasil, é impossível para o historiador trabalhar com todos os assuntos referentes a essa porção territorial que hoje conhecemos como Brasil. Ao optar por certo ponto de vista histórico, os estudiosos selecionam eventos e processos que consideram fundamentais. Desse modo, muitos outros ficam excluídos, em geral aqueles relacionados a grupos derrotados ou a projetos abandonados.

O grupo político cujo projeto saiu vitorioso na independência que instaurou o Império e livrou o Brasil do domínio português achava mais convincente assegurar que a nação já existia antes de ser independente — o que não é verdade. Para garantir essa versão dos fatos, os estudiosos designaram a região que viria a ser o Brasil de **Brasil colônia**, passando a ideia de que o período colonial seria o embrião da futura nação brasileira. No entanto, eles utilizavam ideias e modelos do momento em que viviam, referenciais que não existiam nem faziam sentido para aqueles que viveram nos séculos XVI, XVII e XVIII.

Luiz Souza/Fotoarena

Em meio ao processo de afirmação da nação brasileira que se constituía no século XIX, foi criado o Instituto Histórico e Geográfico do Brasil (1838). Os historiadores da independência (1822) e, algumas década depois, da república (1889), procuraram justificar a existência de uma nação no passado colonial. Na foto, de 2016, o prédio que abriga o IHGB, localizado no Rio de Janeiro (RJ).

O território que hoje constitui o Brasil, além de ter sido habitado por centenas de povos diferentes antes da chegada dos europeus, teve regiões que estiveram sob o domínio de outras metrópoles europeias (Espanha, Países Baixos, França) e outros países sul-americanos (Paraguai, Guiana Francesa, Bolívia). Além disso, foi mais do que uma colônia portuguesa: foi também Reino Unido a Portugal e Algarves e, ainda que por pouco tempo, já esteve dividido em mais de um país independente (durante a **Confederação do Equador** e a **Revolução Farroupilha**, por exemplo).

Todas essas possibilidades não se concretizaram, e o Brasil que conhecemos hoje é o resultado do sucesso de um dos projetos em jogo. Dessa forma, cometeríamos um grande erro se procurássemos compreender o passado de uma nação considerando somente o que ela se tornou. Estaríamos fazendo do presente o limitador absoluto do passado, desconsiderando as possibilidades não viabilizadas.

Europa como centro do mundo

Para o filósofo argentino Enrique Dussel (1934-), a Europa pode ser considerada uma "periferia" do mundo muçulmano até 1492, pois era inexpressiva, se comparada a ele. A Europa contava com poucas cidades, riqueza escassa, população relativamente pequena, artes e ciências submetidas ao domínio da Igreja. O Império Árabe, por sua vez, dominava as principais rotas de comércio do Velho Mundo, incluindo a do mar Mediterrâneo, e os conhecimentos náuticos; tinha ricas cidades e uma extensão territorial que atingia regiões da África, Ásia e Europa; além de artes, cultura e ciências relativamente mais exuberantes que as dos europeus.

Com as Grandes Navegações, que levaram à conquista de povos e territórios, até então desconhecidos dos europeus, e ao estabelecimento de rotas comerciais em vários pontos do planeta, a Europa deixou a condição de periferia e passou a ocupar um lugar cada vez mais central no cenário mundial. Nesse processo, Espanha e Portugal foram os primeiros reinos da Europa a ter a experiência moderna de colonizar outros povos.

A expansão do poder e da influência europeia representa uma característica importante da modernidade: de periferia do mundo muçulmano, a Europa passa a ser um "construtor de periferias". A América ibérica seria a primeira grande experiência de dominação sobre povos e terras que os europeus desconheciam até então.

Confederação do Equador: conflito ocorrido em 1824, contrário à centralização política imperial. Iniciou-se na província de Pernambuco e posteriormente envolveu várias outras províncias próximas.
Revolução Farroupilha: também denominada Guerra dos Farrapos, ocorreu nos territórios que hoje correspondem aos estados do Rio Grande do Sul e de Santa Catarina, entre 1835 e 1845. O movimento proclamou a República Rio-Grandense (RS) e a República Juliana (SC).

André Gonçalves/Shutterstock

Monumento dos Descobrimentos, em Lisboa, Portugal. Lado oeste da escultura. Foto de 2013.

Uma construção 231

Foi durante a Idade Moderna que a Europa passou a centralizar o poder mundial, condição que serviu para dar sustentação à teoria de que a História obedeceria a um movimento evolutivo, com a própria Europa ocupando o ápice dessa evolução. Segundo essa concepção, outros povos e civilizações só aparecem na narrativa histórica à medida que navegadores e comerciantes europeus atingem as terras em que vivem. Assim, o Brasil só entra em cena em 1500, com a chegada de Pedro Álvares Cabral às terras da América do Sul, que os habitantes do litoral chamavam de **Pindorama**.

O modelo construído com base nesse ponto de vista levou à conhecida periodização da História em Idade Antiga, Idade Média, Idade Moderna e Idade Contemporânea. De acordo com o historiador Jean Chesneaux (1922-2007):

> [Essa periodização] tem como resultado privilegiar o papel do Ocidente na história do mundo e reduzir quantitativa e qualitativamente o lugar dos povos não europeus na evolução universal. Por essa razão, faz parte do aparelho intelectual do imperialismo. Os marcos escolhidos não têm significado algum para a imensa maioria da humanidade: fim do Império Romano, queda de Bizâncio.
>
> CHESNEAUX, Jean. *Devemos fazer tábula rasa do passado?* Sobre a história e os historiadores. São Paulo: Ática, 1995. p. 95.

Ainda segundo Chesneaux, a própria expressão "tempos modernos" e, por extensão, a ideia de Idade Moderna refletem a tentativa da burguesia europeia de se definir como fator dinâmico da História, já que esse grupo social — fato que não se pode negar — esteve envolvido nas principais transformações desse período: desde a constituição dos Estados nacionais modernos até a transformação das monarquias absolutistas em monarquias constitucionais.

A ideia construída pelos europeus de que eles seriam o ápice da humanidade e o centro da História está ligada a concepções de desenvolvimento, de progresso e, mais recentemente, de ingresso no "Primeiro Mundo" ou "mundo desenvolvido". Segundo essa percepção equivocada, um povo, para atingir seus anseios, deve "desenvolver-se" ou "civilizar-se", isto é, deve imitar o modelo dos colonizadores. De muitas formas, essas ideias orientaram estudos sobre a história do Brasil, que ignoram, portanto, o fato de que somos uma síntese de diversas contribuições étnicas, culturais e políticas, e não uma mera continuidade do mundo europeu.

Além disso, a violência das guerras do século XX serviram de contraposição à ideia de progresso. A historiadora Gertrude Himmelfarb (1922-), criticando essa concepção, destacou que durante o século XX aprendemos que:

> [...] até mesmo as mais impressionantes descobertas científicas podem ser usadas da maneira mais grotesca; que uma política social generosa pode criar tantos problemas quanto os que soluciona; que até mesmo os mais benignos governos sucumbem ao peso morto da burocracia, enquanto os menos benignos mostram-se criativos na invenção de novos e horrendos modos de tirania; que as paixões religiosas se exacerbam num mundo crescentemente secular, as paixões nacionais, num mundo fatalmente interdependente; que os países mais avançados e poderosos podem tornar-se reféns de um bando de terroristas primitivos; que nossos mais amados princípios — liberdade, igualdade, fraternidade, justiça, mesmo paz — foram pervertidos e degradados de maneiras nem sonhadas por nossos antepassados. A cada passo somos confrontados por promessas quebradas, esperanças fenecidas, dilemas irreconciliáveis, boas intenções que se desviaram, escolhas entre males, um mundo à beira do desastre — tudo isto já virou clichê mas é verdadeiro demais e parece desmentir a ideia de progresso.
>
> HIMMELFARB, Gertrude. The new History and the old: critical essays and reappraisals. Cambridge: Harvard University Press, 1987. p. 155. Apud: CARDOSO, Ciro Flamarion. *Um historiador fala de teoria e metodologia*: ensaios. Bauru: Edusc, 2005. p. 22.

CAPÍTULO 11º As Grandes Navegações

Em 2014, o navegador brasileiro Amyr Klink (1955-) comemorou 30 anos de sua travessia pelo oceano Atlântico em um barco a remo. Na foto, de 1984, Klink a bordo do barco a remo de aproximadamente 5,9 metros, no qual partiu no dia 10 de junho, do porto de Lüderitz, na Namíbia, África. A viagem que durou 101 dias — Klink chegou à praia da Espera, na Bahia, no dia 18 de setembro — foi transformada em livro, intitulado *Cem dias entre céu e mar*, no ano seguinte.

Entre os séculos XV e XVI, navegadores europeus realizaram muitas viagens marítimas. Era o período das chamadas Grandes Navegações. A que valores, crenças e objetivos aqueles antigos navegadores se apegavam? Por que se lançaram ao mar?
Hoje, o que faria você encarar uma viagem a um local desconhecido: a recompensa por chegar ao seu destino ou o prazer de enfrentar um desafio? Que instrumentos e acessórios você levaria nessa viagem?

1 A caminho da unificação do mundo

No começo do século XVI, o mundo era um mosaico de civilizações e culturas. Destacavam-se a China, a Europa cristã, o Império Turco Otomano, uma África com forte presença islâmica ao norte e composta de diversos reinos ao sul. Na Índia, o Sultanato de Délhi seria substituído em pouco tempo pelo Império Grão-Mogol, islâmico, mais tolerante com o hinduísmo. No Sudeste Asiático, a cidade mercantil de Malaca exercia influência sobre toda a região. Na América, brilhavam os impérios inca e asteca.

Aos poucos, porém, a Europa assumiria o papel de **catalisador** de um processo histórico que levaria à integração de diversas civilizações em um mercado mundial.

Entretanto, não foram apenas as **Grandes Navegações** europeias as responsáveis por isso. Embora o comércio tenha existido desde épocas remotas, o capitalismo foi a "invenção" que permitiu (e exigiu) essa transformação mundial.

Mas o que é o capitalismo? Ele tem sido sempre o mesmo desde seu surgimento? A quem ele beneficia, e a quem prejudica? Nos próximos capítulos, vamos abrir algumas janelas para que você possa construir suas próprias respostas a essas perguntas.

> **catalisador**: substância que acelera a velocidade de uma reação química. No texto, a palavra é usada em sentido figurado.

2 Expansão marítima e navegação atlântica

O período entre a segunda metade do século XIV e o século XV foi marcado por adversidades na Europa. A Guerra dos Cem Anos entre a França e a Inglaterra (1337-1453), a peste negra e a desorganização da produção agrícola, que levou a um surto de fome, tiveram profundas consequências. Muitas rotas comerciais terrestres foram interrompidas, e a população do continente diminuiu significativamente.

A oferta de moeda se limitava cada vez mais na Europa, pois os metais preciosos eram enviados para o Oriente, em troca de especiarias e outros artigos de luxo, e as minas de ouro e prata do continente europeu se esgotavam. A falta de moeda prejudicava ainda mais o comércio.

Além disso, o monopólio da lucrativa rota mediterrânea das especiarias exercido pelas cidades italianas, especialmente Veneza, restringia a possibilidade de lucros de outras cidades europeias.

Esses fatores levaram o grupo mercantil europeu em formação a buscar novas alternativas para expandir o comércio. Uma delas foi a navegação atlântica, que originou o processo denominado pela historiografia **expansão marítima europeia**, também conhecido como Grandes Navegações.

A empreitada de navegar pelo desconhecido oceano Atlântico exigia grandes investimentos, que estavam muito além das possibilidades de qualquer cidade europeia isoladamente. Por isso, a expansão marítima foi um processo que se originou em reinos já unificados sob um poder centralizador. Esse poder adotava quase sempre a forma de monarquia centralizada.

Onde e quando

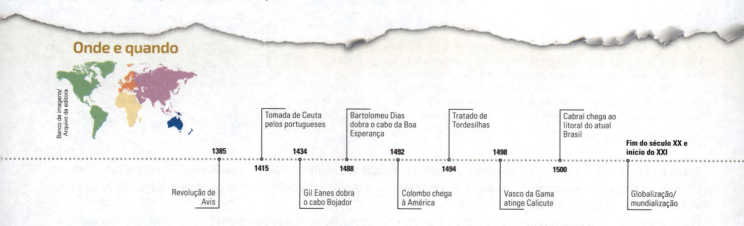

Mapa e linha do tempo ilustrativos. As regiões indicadas no mapa referem-se à configuração atual dos países a que pertencem hoje, e o espaço entre as datas não é proporcional ao intervalo de tempo.

As navegações portuguesas

A participação dos portugueses no comércio europeu ganhou impulso no início do século XV. A precoce centralização monárquica – com a **Revolução de Avis**, em 1385 –, que associou o poder político concentrado nas mãos do rei aos interesses do setor mercantil, teve papel decisivo na organização das Grandes Navegações portuguesas.

Esse contexto foi favorecido pelos estudos náuticos liderados por dom Henrique, o Navegador (1394-1460). Filho de dom João I (1357-1433), que liderou a Revolução de Avis, o infante dom Henrique atraiu para sua residência, em Sagres, na região do Algarve, navegadores, cosmógrafos, cartógrafos, mercadores e aventureiros. O conjunto de conhecimentos ali desenvolvidos viabilizou o projeto expansionista português, que deu início ao ciclo das Grandes Navegações.

Além do estímulo governamental, as viagens pelo oceano Atlântico contaram com o incentivo de grupos mercantis, interessados em ampliar sua área de atuação comercial, e também da Igreja, interessada na expansão do cristianismo. Os nobres também se envolveram nas expedições, interessados em conquistar novos domínios. O marco inicial dessa expansão foi a tomada de Ceuta, no norte da África, pelos portugueses, em 1415.

Pouco a pouco, o objetivo português de circundar o continente africano ganhou corpo. As expedições portuguesas avançavam a cada ano pela costa africana ocidental em direção ao sul.

Em 1488, o navegador Bartolomeu Dias (1450-1500) chegou ao cabo da Boa Esperança (que ele chamava de cabo das Tormentas), no extremo meridional da África, demonstrando a existência de uma passagem para o oceano Índico.

Em 1498, Vasco da Gama (c. 1460-1524) alcançou finalmente as Índias. Dois anos depois, partia a primeira grande frota destinada a fazer comércio em larga escala com o Oriente. Comandada por Pedro Álvares Cabral (c. 1467-1520), ela chegou também ao litoral da América, na atual costa do território brasileiro.

Principais rotas de exploração (1487-1597)

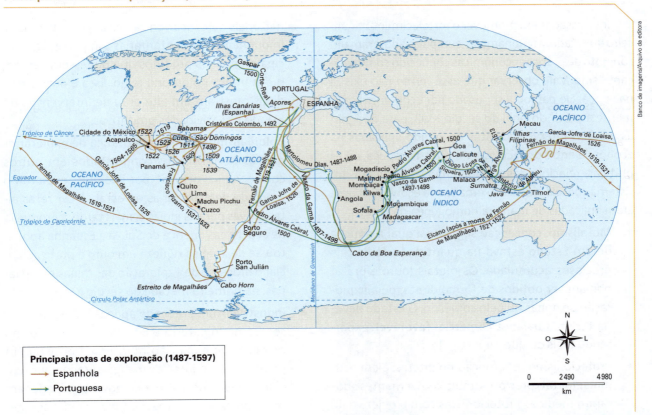

VICENTINO, Cláudio. *Atlas histórico: geral e Brasil*. São Paulo: Scipione, 2011. p. 90.

As navegações espanholas

Pouco antes de a expansão marítima portuguesa atingir o objetivo de chegar às Índias, os espanhóis atravessaram o Atlântico, chegando à América em 1492. O comandante da frota foi o navegador genovês, a serviço da Espanha, Cristóvão Colombo (1451-1506). A ideia era atingir o Oriente navegando em direção ao Ocidente.

Colombo chegou à América pensando ter alcançado as Índias. Por isso, chamou de "índios" os habitantes das novas terras. O engano só foi desfeito em 1504, quando o navegador Américo Vespúcio (1454--1512) afirmou tratar-se de um novo continente que, em sua homenagem, recebeu o nome de América.

A essa altura, portugueses e espanhóis detinham o monopólio das expedições oceânicas e já haviam decidido a partilha do mundo antes mesmo que outros povos começassem a se aventurar na navegação atlântica.

Em 1493, com a bênção do papa Alexandre VI (1431--1503), foi editada a *Bula Intercoetera*, substituída no ano seguinte pelo **Tratado de Tordesilhas**. Ambos estabeleciam uma divisão das terras já "descobertas e a descobrir" entre Espanha e Portugal. Como a bula privilegiava a Espanha, o tratado corrigiu a linha demarcatória, atendendo aos apelos dos portugueses.

O Tratado de Tordesilhas estipulava que todas as terras "já descobertas e a descobrir" a oeste do Meridiano de Tordesilhas (situado 370 léguas a oeste do arquipélago de Cabo Verde) pertenceriam à Espanha, enquanto as terras a leste seriam de Portugal.

O tratado foi rejeitado pelos demais Estados europeus e, durante muito tempo, ocorreram disputas pelos territórios recém-conquistados. O monarca francês Francisco I (1494-1547), por exemplo, chegou a dizer, em 1540, que "o Sol brilhava tanto para ele como para os outros" e que "gostaria de ver o testamento de Adão para saber de que forma este dividira o mundo..." (MOUSNIER, Roland. *História geral das civilizações*. Os séculos XVI e XVII. Livro 1. São Paulo: Difel, 1973. p. 163.).

3 O mercantilismo

Interessadas em promover o fortalecimento financeiro do Estado, as monarquias europeias adotaram um conjunto de práticas econômicas conhecido como **mercantilismo**. Vale observar que esse termo não existia na época. Ele passou a ser usado por economistas somente a partir do final do século XVIII, para designar as práticas intervencionistas do Estado aplicadas na economia entre os séculos XV e XVIII. Na época, essas práticas, relacionadas a seguir, não constituíam um sistema coeso de ideias ou uma teoria econômica nem eram aplicadas de maneira homogênea na Europa.

- **Metalismo**: concepção segundo a qual a riqueza de um Estado estava na quantidade de metais preciosos acumulada. Os metais (ouro e prata) podiam ser obtidos de forma direta, pela exploração de minas ou pelo comércio. O Estado deveria ter uma **balança comercial favorável**, exportando mais do que importando.
- **Protecionismo**: em função do interesse em acumular metais preciosos, muitos governantes adotaram medidas protecionistas com o objetivo de ampliar as exportações e proteger as empresas nacionais da concorrência estrangeira. Para isso, impunham barreiras tarifárias à importação, principalmente aos produtos que pudessem ser manufaturados no próprio reino. Essa e outras medidas mostram um alto grau de intervenção do Estado nas atividades produtivas.
- **Colonialismo**: implicava a prática de explorar riquezas de territórios conquistados em outros continentes. Portugal, por exemplo, explorou o mercado de especiarias ao estabelecer rotas alternativas para as Índias e, mais tarde, a produção de açúcar na América do Sul. Já a Espanha apoderou-se de imensa riqueza em ouro e prata ao iniciar o processo de exploração das minas americanas, na primeira metade do século XVI.
- **Industrialismo**: praticado apenas por alguns países, como Inglaterra e França, retardatários no processo de expansão marítima. Consistia em promover a produção de manufaturados, que rendiam bons impostos para o governo e poderiam ser exportados. Portugal e Espanha não se interessaram por essa prática.

4 Por que a China não descobriu a Europa?

O historiador italiano Scipione Guarracino lembra que, no início do século XIV, a China da dinastia Ming era a maior potência mundial, considerando sua estrutura político-administrativa sólida, seu aparato técnico-científico e o rápido desenvolvimento de suas estruturas econômicas e comerciais. Nessa época, a dinastia imperial também se empenhava intensamente na expansão marítima e comercial.

No século XV, os chineses realizaram grandes expedições marítimas, chegando a Calicute, na Índia, quase um século antes de Vasco da Gama. Além disso, estiveram no sul da África oriental e entraram pelo mar Vermelho, enquanto os portugueses começavam a se aventurar na costa do norte da África. Entretanto, por volta da década de 1440, a expansão marítima chinesa estagnou antes de contornar a África ou chegar ao mar Mediterrâneo ou a Portugal.

Para o historiador francês Pierre Chaunu (1923-2009) há indícios de que o motivo dessa estagnação foi, pelo menos em parte, a estrutura social chinesa. Por se tratar de uma "civilização vegetal", isto é, baseada em grãos, e com alta densidade populacional, a China dispendia grande parte dos recursos de que dispunha na agricultura. Isso dificultava a liberação de mão de obra para o trabalho nas florestas (indispensável para manter uma grande frota de navios de madeira) e para outras atividades produtivas não agrícolas.

Outro aspecto importante é que, desde a dinastia Han (séculos III a.C. a III d.C.), a China associava uma economia fundamentalmente agrícola com uma forte burocracia estatal. Com grande prestígio e renda elevada, essa burocracia não era hereditária, mas escolhida por concurso público e incluía, de modo geral, administradores, engenheiros e pessoas letradas. Assim, nem a propriedade privada nem a busca individual por riquezas tinham importância significativa na sociedade chinesa, cujo Estado resistia às iniciativas empreendedoras privadas. Os comandantes dos navios, por exemplo, eram funcionários do império, e não comerciantes sedentos de lucros — e este talvez seja mais um motivo para que a expansão marítima chinesa não tenha tido o ímpeto para continuar. Já os negociantes europeus contavam com o apoio do Estado e eram movidos pela ânsia de ampliar suas riquezas e expandir o comércio.

Foi durante o segundo reinado da dinastia Ming que a frota chinesa se expandiu, com a construção de centenas de *ba chuans* — navios feitos de madeira que podiam chegar a 135 metros de comprimento. Ao lado, representação de *ba chuan* chinês, em gravura do século XIX.

Construindo conceitos

Globalização, mundialização

Um vídeo produzido por um jovem com seu celular, na Coreia do Sul, pode ser disseminado pelo mundo em pouco tempo, por meio da internet e das redes sociais. Um calçado produzido na Malásia por uma empresa estadunidense pode ser comprado numa loja em Recife. Temos a percepção de que as distâncias espaciais diminuíram e que o tempo se acelerou. Um acontecimento em Tóquio, por exemplo, pode ser transmitido ao vivo para a cidade de Cuiabá, em Mato Grosso, ou tornar-se uma notícia veiculada, no mesmo dia, em diversos canais de televisão. Tudo muito próximo, muito rápido.

Dizemos, muitas vezes, que esses fenômenos são consequências da globalização ou do "mundo globalizado". Essas conexões entre culturas, pessoas e mercadorias parecem integrar o planeta numa grande comunidade interligada e interdependente. Esses aspectos da globalização são resultado do intenso desenvolvimento tecnológico dos meios de comunicação, das redes de computadores, dos satélites e cabos de fibras ópticas.

Mas o que fundamentou a globalização foram a expansão da produção e a circulação de mercadorias e moedas por todo o mundo, praticamente sem restrições legais ou obstáculos impostos pelos Estados nacionais.

Segundo alguns autores, a globalização surgiu mais claramente a partir da década de 1970, graças a uma série de medidas tomadas pelo governo dos Estados Unidos para dinamizar o mercado internacional e atenuar a crise econômica provocada pelos países que controlavam o comércio de petróleo. Essas medidas favoreceram a emissão de moedas (dólar, libra, peso, etc.) sem o controle exercido pelos Bancos Centrais de cada país, que definiam, até então, a entrada e a saída de moedas. Isso provocou um aumento significativo de papel-moeda em circulação pelo mundo e criou um sistema financeiro baseado na especulação.

Esse fenômeno contribuiu para ampliar e fortalecer a expansão industrial pelo planeta por meio das multinacionais. Fabricantes de computadores, eletrodomésticos, roupas, calçados e montadoras de carros, entre outras, espalharam-se pelo globo à procura de condições vantajosas para seus negócios, como matérias-primas abundantes e baratas, baixo nível de organização sindical dos trabalhadores, impostos reduzidos e leis ambientais menos rigorosas.

À medida que o poder dos bancos e das multinacionais aumentava, o poder dos Estados nacionais, sobretudo nos países subdesenvolvidos, diminuía. Consequentemente, as diferenças sociais e regionais se acentuaram, pois os Estados abriram mão do seu papel de regulador da economia e destinaram poucos investimentos em políticas sociais, como saúde, educação, habitação, entre outras.

A globalização provocou um processo no qual as mercadorias e as informações do sistema financeiro circulam rapidamente e sem barreiras. No entanto, as pessoas enfrentam ritmos mais lentos e mecanismos de controle que reduzem ou impedem a imigração. O controle de fronteiras, as leis em vigor contra imigrantes, os obstáculos para trabalhar ou estudar no exterior e o crescimento do preconceito contra estrangeiros em determinados países têm dificultado a circulação de milhões de seres humanos no presente.

Em razão da guerra civil e dos ataques do grupo terrorista Estado Islâmico na Síria, milhares de sírios buscaram refúgio em diferentes partes do mundo, principalmente na Europa. Entretanto, muitos países impediram a entrada dos refugiados, o que gerou uma onda de protestos mundial. Na foto, vemos um menino segurando um cartaz com os dizeres "bem-vindos refugiados da Síria", em manifestação ocorrida em outubro de 2015, em Sydney, na Austrália.

Richard Milnes/Demotix/Corbis/Fotoarena

Atividades

- Em grupos, organizem uma pesquisa sobre as notícias veiculadas pela mídia televisiva a partir dos procedimentos sugeridos:

  a) Definam de dois a três dias para cada um assistir a telejornais e identificar notícias relacionadas à globalização, com base em dois temas: as imigrações contemporâneas e os acontecimentos relacionados ao mercado financeiro.

  b) Individualmente, cada um registra a notícia e, depois, compartilha com a classe.

  c) Juntos, escolham um dos acontecimentos selecionados e façam uma pesquisa em *sites* na internet ou em livros. Depois, apresentem uma síntese do resultado da pesquisa para a classe.

Atividades

Retome

1. Como vimos neste capítulo, não foram somente os reinos europeus que organizaram e empreenderam viagens marítimas. Muitos outros povos já navegavam e conheciam técnicas de produção de embarcações, como os chineses.

    a) Cite algumas viagens marítimas realizadas pelos chineses.

    b) Por que, para o historiador Pierre Chaunu, citado neste capítulo, as viagens marítimas chinesas estagnaram no século XV? Você concorda com essa hipótese?

2. Qual foi o marco inicial das navegações portuguesas? E das espanholas?

3. Qual era o objetivo do documento chamado *Bula Intercoetera*? Qual é a diferença entre esse documento e o Tratado de Tordesilhas?

4. Qual o nome do conjunto de práticas econômicas adotadas pelos reinos europeus no período estudado? Relacione algumas características dessas práticas econômicas com os objetivos dos reinos europeus envolvidos na expansão marítima.

Pratique

5. A reportagem a seguir trata da produção de mapas no período da expansão marítima. Leia-a com atenção.

    > Os mapas são a mais antiga representação do pensamento geográfico. Registros mostram que eles existiam na Grécia antiga e no Império Romano, entre outras civilizações da Antiguidade. [...] Suas funções incluíam conhecer as áreas dominadas e as possibilidades de ampliação das fronteiras, demarcar territórios de caça e representar a visão de mundo que esses povos tinham. [...] Mais do que uma ferramenta de orientação e localização, os mapas se transformaram num recurso importante para a expansão das civilizações [...]. A Cartografia nunca foi uma ciência neutra, que representa exatamente o espaço ou a realidade. Por trás de todo mapa, há um interesse (político, econômico, pessoal), um objetivo (ampliar o território, melhorar a área agrícola, etc.) e um conceito (o direito sobre determinada região, o uso do solo, etc.). [...]
    >
    > MOÇO, Anderson; KALENA, Fernanda. A história dos mapas e sua função social. *Revista Nova Escola*. Disponível em: <http://revistaescola.abril.com.br/fundamental-2/historia-mapas-sua-funcao-social-636185.shtml>. Acesso em: 17 mar. 2017.

    a) O trecho da reportagem fala sobre algumas funções dos mapas. Identifique-as.

    b) Explique o significado da frase "A Cartografia nunca foi uma ciência neutra".

    c) No período da expansão marítima europeia, os mapas eram produzidos exclusivamente como ferramenta de localização? Por quê?

6. Vimos que, no século XV, navegantes portugueses realizaram viagens pela costa oeste do continente africano, alcançando o extremo meridional da África em 1488. E os africanos? Como os povos africanos se relacionavam com a exploração marítima? Leia o texto a seguir, reflita sobre o assunto e, depois, faça o que se pede.

    > [...] A navegação existia certamente desde muito tempo em todas as costas da África, e não há razão para se supor que os africanos refletissem menos que outros povos sobre as técnicas requeridas para vencer as dificuldades reais e consideráveis que o mar apresentava. A pesca, a cabotagem e as atividades desenvolvidas ao longo das costas, descritas pelos primeiros navegadores europeus, não deixam margem para dúvidas a esse respeito: uma certa parte do mar, tanto a leste quanto a oeste, era dominada pelos africanos. É verdade, porém, que o mar não ocupava lugar de destaque na economia ou na organização política dos poderes africanos. A África vivia dentro de si mesma: todos os centros de decisão econômica, política, cultural, religiosa situavam-se a longa distância das costas. [...]
    >
    > DEVISSE, Jean; LABIB, Shuhi. A África nas relações intercontinentais. In: *História geral da África*, IV – África do século XII ao XVI. 2. ed. Brasília: Unesco, 2010. p. 754-755.

    a) De acordo com o texto, é possível dizer que os diversos povos africanos localizados nas áreas próximas às costas litorâneas exerciam a navegação?

    b) De modo geral, que papel o mar ocupava nas decisões políticas e econômicas da maior parte das sociedades africanas?

    c) Quando o autor diz que "A África vivia dentro de si mesma", ele considera que todos os centros africanos de decisão estavam longe das costas litorâneas. Porém, ele pode estar se referindo também a algumas importantes atividades exercidas em diversas partes do interior do continente. Com base em seus conhecimentos, formule hipóteses sobre quais atividades seriam essas.

    d) Se você fosse um pesquisador na área de História e tomasse contato com as navegações realizadas por povos asiáticos e africanos, mudaria algo em sua narrativa acerca da expansão marítima dos séculos XV e XVI? Em caso positivo, o que você mudaria?

Analise uma fonte primária

7. A elaboração de mapas é uma atividade bastante antiga. Na Idade Média, essa produção ganhou fôlego entre os povos árabes, que, segundo estudos, foram os responsáveis por levar a bússola ao Ocidente. A expansão marítima dos séculos XV e XVI incentivou ainda mais a elaboração de mapas e cartas marítimas.

Mapa produzido em 1584 por Lucas Janszoon Waghenaer (c. 1533-1606), navegador e cartógrafo holandês. O mapa representa trecho do litoral de Portugal (na parte superior) e está em um atlas intitulado *Espelho do mar*. A obra também continha informações sobre correntes, marés, observação dos astros, distâncias e outros dados úteis à navegação.

a) Observe o mapa com atenção e identifique os elementos representados nele.
b) O que está sendo representado no oceano propriamente dito? Em sua opinião, por que o cartógrafo desenharia esses elementos no oceano?
c) Que informações inseridas neste mapa poderiam auxiliar os navegadores em suas viagens marítimas? Explique.
d) Quais são os elementos que compõem um mapa? Você consegue encontrar algum desses elementos representados neste mapa de Waghenaer? Em sua opinião, o que significa encontrar elementos que compõem um mapa da atualidade sendo representados em um mapa de 1584?

Articule passado e presente

8. Hoje, navegadores contam com muita tecnologia para realizar viagens. Instrumentos de navegação de última geração e inovações técnicas nas embarcações constituem pontos importantes para as expedições marítimas, sejam elas de caráter comercial, turístico ou científico. Sobre esse assunto, o navegador Amyr Klink considera que:

> [...] em mais de 20 anos de suas visitas à Antártida, ele nunca perdeu tripulantes ou sofreu quebras ou acidentes graves. Sorte? Ele não define assim. [...] Seus barcos – mais precisamente os três que levam o nome da cidade em que cresceu – são conhecidos e admirados por suas inovações, soluções técnicas criativas e inusitadas. Cascos de alumínio, refrigeração do motor através de convecção e modos de tintura mais eficientes são alguns dos exemplos. [...]
>
> Amyr Klink: "Detesto a palavra sucesso. Por mim, queimava todos os livros de autoajuda". *Época Negócios*, 16 set. 2014. Disponível em: <http://epocanegocios.globo.com/Inspiracao/Vida/noticia/2014/09/amyr-klink-detesto-palavra-sucesso-por-mim-queimava-todos-os-livros-de-autoajuda.html>. Acesso em: 14 abr. 2017.

a) Sob orientação do professor, organizem-se em grupos. Elaborem uma lista com os aparatos tecnológicos (para localização, comunicação, lazer, registro de imagem, etc.) que alguém, hoje em dia, poderia utilizar em viagens. Vocês podem levar em consideração qualquer tipo de viagem: marítima, aérea ou por estradas e rodovias.
b) Após a elaboração da lista, discutam a respeito da utilização de alguns desses aparatos tecnológicos no cotidiano de vocês.
c) Será que o uso que os jovens fazem dos aparatos tecnológicos no dia a dia se assemelha ao uso que um viajante (como Amyr Klink, por exemplo) pode vir a fazer desses aparatos? Ainda reunidos em grupos, reflitam sobre essa questão.
d) Anotem suas conclusões e apresentem-nas aos demais grupos. Em seguida, em uma roda de conversa com a sala toda, comentem o papel da inclusão digital na vida cotidiana de vocês.

CAPÍTULO 12° — A colônia portuguesa na América

Raoni Mituktire, líder dos indígenas Kayapó, na COP 21. A participação de lideranças indígenas brasileiras nessa conferência, que aconteceu em Paris, em dezembro de 2015, deu visibilidade à oposição desses povos à Proposta de Emenda Constitucional 215/00, segundo a qual a decisão sobre a demarcação de Terras Indígenas foi repassada ao Congresso Nacional. Os povos indígenas entendem que isso poderá levar ao fim das demarcações de Terras Indígenas no país e à instalação de empreendimentos como hidrelétricas e lavouras nessas áreas.

Um dos objetivos da COP 21 — XXI Conferência do Clima — foi promover, entre os países participantes, novos acordos para a diminuição dos gases de efeito estufa. Lideranças indígenas do Brasil e de outros países estiveram presentes na conferência e falaram ao grande público. Afinal, as Terras Indígenas têm participação efetiva no equilíbrio do planeta.

Hoje, com muita luta, os indígenas procuram espaço na sociedade. Será que as vozes desses povos foram ouvidas ao longo da história do Brasil?

1 A quem servia o projeto colonial?

A partir do século XV, a Coroa portuguesa estabeleceu colônias e entrepostos comerciais em territórios além-mar. No Atlântico, por exemplo, no arquipélago dos Açores e na ilha da Madeira; na África, em Cabo Verde, Angola, Guiné e Moçambique; na China, em Macau; na Índia, em Goa e Calicute.

A montagem da colônia portuguesa no atual território brasileiro foi parte de um projeto que se integrava à dinâmica política, social e econômica do desenvolvimento europeu da época. As vantagens da estruturação colonial ficaram evidentes: muito poder e riqueza para uma minoria; **clientelismo** e vantagens limitadas para alguns; opressão e sofrimento para a maioria.

No caso da colônia portuguesa na América, contudo, a exploração da "empresa colonial" não se restringiu aos produtos voltados para exportação ou apenas aos interesses metropolitanos. Durante o período colonial, houve também uma diversificação econômica e social, com o desenvolvimento de diferentes práticas econômicas voltadas para o consumo interno e para a efetiva ocupação das terras brasílicas.

Com tal quadro geral da colonização, de que maneira a história dessa ocupação pode ser contada pelos diversos grupos que compõem hoje a sociedade brasileira?

clientelismo: relação política ou econômica, na qual uma pessoa dotada de poder dá proteção a outras, em troca de apoio ou de serviços prestados.

2 De Cabral a Martim Afonso de Souza

A esquadra de Pedro Álvares Cabral chegou à América em abril de 1500. Nessa data os portugueses tomaram posse do território em nome do rei de Portugal, mas não iniciaram a colonização.

No início do século XVI, as novas terras ocupavam uma posição secundária para Portugal, que ainda não havia encontrado nelas metais preciosos ou produtos similares aos do rentável comércio afro-asiático, como ouro, marfim, especiarias, porcelanas, seda e escravizados. Os recursos de Portugal estavam todos voltados para o comércio oriental e sua principal preocupação com o território recém-conquistado era garantir sua posse, de modo a enfrentar as investidas de outros Estados europeus.

Já nos primeiros anos após a chegada de Cabral, a Coroa enviou expedições a seus territórios na América. A primeira delas chegou em 1501 e confirmou a existência de pau-brasil, madeira da qual se extraía um corante utilizado na Europa para tingimento de tecidos.

Em 1503, outra expedição fundou feitorias no litoral fluminense. Além de armazenar mercadorias, as feitorias também eram postos de defesa contra possíveis ataques de outros conquistadores. Em torno desses pequenos armazéns-fortalezas, cultivavam-se plantios e criavam-se animais para o sustento dos feitores e militares locais, de modo que eles se tornaram núcleos colonizadores.

Onde e quando

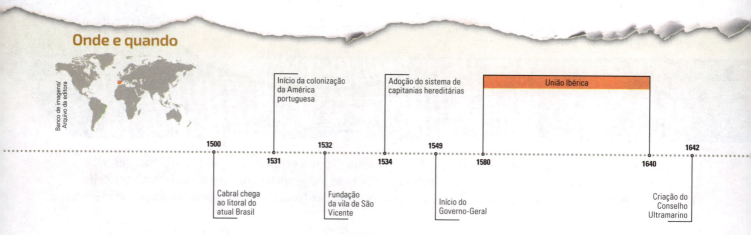

- 1500 — Cabral chega ao litoral do atual Brasil
- 1531 / 1532 — Início da colonização da América portuguesa; Fundação da vila de São Vicente
- 1534 — Adoção do sistema de capitanias hereditárias
- 1549 — Início do Governo-Geral
- 1580 – 1640 — União Ibérica
- 1642 — Criação do Conselho Ultramarino

Mapa e linha do tempo ilustrativos. As regiões indicadas no mapa referem-se à configuração atual dos países a que pertencem hoje, e o espaço entre as datas não é proporcional ao intervalo de tempo.

Capítulo 12

A Coroa enviou novas expedições para o mapeamento da costa dos novos territórios e estabeleceu o monopólio real sobre a exploração do pau-brasil.

Os indígenas passaram a trabalhar para os portugueses: eles realizavam o corte e o transporte das toras e, em troca, recebiam objetos vistosos, mas de pouco valor, como espelhos, miçangas e instrumentos de ferro. Depois, em troca de farinha, milho e indígenas aprisionados para serem escravizados, passaram a receber também armas de fogo, pólvora, cavalos e espadas. Esse tipo de **escambo** (troca direta de produtos) estimulou guerras intertribais, da mesma forma que ocorria na África.

Como a abundância do pau-brasil atraía navegadores estrangeiros, o governo português resolveu enviar expedições militares ao litoral entre 1516 e 1526.

O início da colonização

Os portugueses resolveram colonizar o território da América somente trinta anos depois da chegada de Cabral. Além de as invasões de outros europeus ameaçarem a posse do território, o comércio com o Oriente entrara em crise, o que reduziu os lucros de Portugal. O primeiro passo da Coroa portuguesa para efetivar a colonização foi enviar uma expedição comandada por Martim Afonso de Souza (c. 1490-1564).

Em 1531, Martim Afonso desembarcou na colônia trazendo homens, sementes, plantas, ferramentas agrícolas e animais domésticos. Detinha amplos poderes para procurar riquezas, combater invasores, policiar, administrar e povoar o território.

Além de organizar expedições de exploração para reconhecimento e busca de riquezas, ele dirigiu-se à foz do rio da Prata, no sul. Havia uma crescente presença de outros exploradores europeus na região, e seu objetivo era efetivar o domínio português. Lá, aprisionou alguns navios franceses.

Sua política colonizadora consistiu na distribuição de **sesmarias** (lotes de terra) aos portugueses que se dispusessem a cultivá-las, na plantação de cana-de-açúcar e na construção do primeiro engenho da colônia. Fundou, em 1532, as vilas de São Vicente e Santo André da Borda do Campo; a primeira no litoral e a segunda no interior do atual estado de São Paulo.

A fundação de São Vicente (1532), de Benedito Calixto, c. 1900 (óleo sobre tela). Feita sob encomenda da prefeitura de São Vicente entre o final do século XIX e início do XX, o quadro representa o desembarque de Martim Afonso de Souza no litoral onde fundaria a primeira vila do Brasil, a vila de São Vicente.

3. As capitanias hereditárias e os governos-gerais

O primeiro passo tomado para viabilizar a colonização na América foi a adoção do sistema de **capitanias hereditárias**, já utilizado pela Coroa portuguesa em Cabo Verde, na ilha da Madeira e no arquipélago dos Açores. Tratava-se da doação de largas faixas de terra a capitães-donatários, regulamentada pelas <u>Cartas de Doação e forais</u>.

Os donatários deveriam fundar vilas, nomear funcionários, distribuir sesmarias, aplicar a justiça, arrecadar impostos devidos à Coroa e defender seus domínios de ataques internos e externos. Deveriam ainda fazer cumprir o monopólio real do pau-brasil (denominado **estanco**) e do comércio colonial. As Cartas de Doação também estabeleciam que cabia à Coroa um quinto dos metais preciosos encontrados. Apesar de seus amplos poderes administrativos, o donatário era um mandatário do rei.

Entre 1534 e 1536, foram criadas 15 capitanias, com largura variando de 200 a 700 quilômetros; posteriormente, outras duas foram estabelecidas: uma na ilha de Trindade e outra na ilha de Itaparica. As capitanias que mais prosperaram foram a de São Vicente e, em especial, a de Pernambuco, cujo desenvolvimento foi favorecido por condições climáticas propícias ao cultivo de cana-de-açúcar, posição geográfica mais próxima à metrópole e política de povoamento adotada pelo donatário Duarte Coelho (1485-1554).

O sistema de capitanias hereditárias, porém, fracassou, sobretudo pela falta de recursos e de interesse dos donatários.

Em 1548, para fortalecer a administração colonial, o governo de Portugal criou uma nova forma de organização, chamada **Governo-Geral**. A administração colonial foi centralizada na figura do governador-geral, cujo poder se sobrepunha ao dos donatários.

Cabia ao governador-geral neutralizar possíveis ataques de indígenas, combatendo-os ou aliando-se a eles; reprimir invasores estrangeiros; fundar povoações; construir navios e fortes; garantir o monopólio real sobre o pau-brasil; incentivar o plantio de cana-de-açúcar; promover expedições para procurar metais preciosos; e defender os colonos. Seus auxiliares, encarregados das finanças, da defesa do local e da justiça, eram, respectivamente, o provedor-mor, o capitão-mor e o ouvidor-mor.

Tomé de Souza (1503-1579) foi o primeiro governador-geral e instalou-se, entre 1549 e 1553, em Salvador, no atual estado da Bahia. A ele seguiram-se Duarte da Costa, entre 1553 e 1558, e Mem de Sá, de 1558 a 1572.

> **Cartas de Doação e forais**: documentos jurídico-administrativos que estipulavam poderes, direitos e deveres. Nas Cartas constavam os privilégios, as regalias e os deveres dos donatários e nos forais os detalhes fiscais do sistema.

Duas visões da divisão da América portuguesa em capitanias hereditárias (1534-1536)

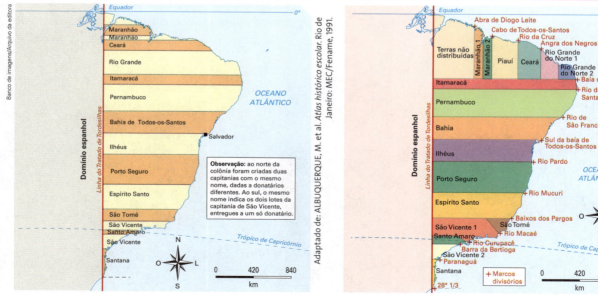

O mapa da esquerda foi concebido no século XIX pelo historiador Francisco Adolfo de Varnhagen (1816-1878). Nele, todas as capitanias estão representadas em faixas perpendiculares à linha do Tratado de Tordesilhas. O mapa da direita foi elaborado em 2013 pelo engenheiro e urbanista Jorge Pimentel Cintra. Nele, as capitanias setentrionais estão representadas em faixas paralelas à linha do Tratado de Tordesilhas.

Vivendo naquele tempo

Degredados: homens brancos e pobres

Em 1549, Tomé de Souza trouxe consigo cerca de 600 degredados para a América portuguesa. Tratava-se de um contingente expressivo em relação à população branca da colônia, estimada em 3 a 4 mil habitantes. Nos anos seguintes, novos grupos de degredados chegariam.

O degredo, ou expulsão para outras terras, era a pena imposta àqueles que, segundo as **Ordenações**, eram criminosos: desde assassinos e assaltantes até autores de pequenos furtos.

A maioria dos condenados ao degredo era composta de homens pobres ou de poucos recursos. As Ordenações *Manuelinas*, de 1521, e *Filipinas*, de 1603, definiam penas diferentes conforme a condição social do criminoso. Fidalgos e homens de posses, por exemplo, tinham penalidades mais brandas e até podiam pagar uma multa ao Estado.

Os degredados tiveram importante papel na ocupação do território no início da colonização. Segundo o antropólogo Darcy Ribeiro (1922-1997), foram eles que estabeleceram as primeiras formas de mestiçagem na formação do povo brasileiro.

[...] Primeiro, junto com os índios nas aldeias, quando adotam seus costumes, vivendo como eles, furando os beiços e as orelhas e até participando dos cerimoniais antropofágicos, comendo gente. Então aprendem a língua e se familiarizam com a cultura indígena. Muitos gostaram tanto, que deixaram-se ficar [...]. Outros formaram unidades apartadas das aldeias, compostas por eles, suas múltiplas mulheres índias, seus numerosos filhos, sempre em contato com a incontável parentela delas. [...]

RIBEIRO, Darcy. *O povo brasileiro*. A formação e o sentido do Brasil. 2. ed. São Paulo: Companhia das Letras, 1995. p. 83.

4. O projeto português de colonização

Até o século XVIII, a colonização foi empreendida com base na agricultura. A Coroa portuguesa recorreu ao cultivo da cana-de-açúcar para viabilizar a ocupação e o povoamento de sua colônia, pois até então, ao contrário do que ocorria na América espanhola, não haviam sido descobertos volumes significativos de metais preciosos.

Portugal conhecia o cultivo da cana-de-açúcar desde o século XIII, porém foi a partir do século XV que essa atividade cresceu e deixou de ser uma produção limitada e isolada. A mudança ocorreu com a instalação de engenhos na ilha da Madeira, outra colônia portuguesa, onde as técnicas de cultivo se desenvolveram.

Para financiar o empreendimento, os portugueses contaram com o apoio de mercadores e banqueiros de Flandres, também responsáveis pelo refino e pela distribuição do açúcar. Em relação à mão de obra, o trabalho era feito por africanos escravizados. A escravidão, há muito praticada pelos europeus na África, foi considerada uma instituição justa quando os portugueses começaram a escravizar os muçulmanos no norte do continente, vistos como infiéis pelos cristãos.

Os portugueses tiveram ainda o apoio da Igreja por meio de Bulas papais, como a *Dum diversas* (1452) ou a *Romanus pontifex* (1455), que lhe concediam o direito de conquista, saque e escravização para a expansão da fé católica.

Na América portuguesa, a mão de obra indígena foi largamente utilizada por meio de alianças e também da caça aos "índios bravos", cuja escravização era permitida com base no conceito de "guerra justa". Esse conceito legitimou o uso da força e a imposição de trabalhos forçados aos indígenas que resistissem à conversão ao cristianismo ou que fossem hostis aos colonos.

Colonos e **jesuítas**, amparados por uma legislação contraditória e variada, beneficiaram-se do trabalho compulsório das populações nativas. No entanto, mesmo nas regiões em que essa utilização foi comum, a dizimação cultural e física desses povos levou ao predomínio do trabalho escravo africano.

Ordenações: leis gerais do reino português.
jesuítas: sacerdotes da Companhia de Jesus, ordem religiosa criada na Europa em 1534. Na América, atuaram nas missões ou reduções, onde convertiam os nativos à fé católica. Opunham-se aos interesses dos colonos, pois defendiam a conversão e não a escravização dos indígenas.

A produção de açúcar

Depois que Martim Afonso de Souza trouxe as primeiras mudas de cana-de-açúcar e instalou, em 1534, a primeira unidade produtora de açúcar – o engenho dos Erasmos, em São Vicente –, os engenhos multiplicaram-se rapidamente pela costa da América portuguesa. Em 1570, havia 60 engenhos instalados no Brasil (23 em Pernambuco, 18 na Bahia, 8 em Ilhéus, 5 em Porto Seguro, 4 em São Vicente, 1 no Espírito Santo e 1 em Itamaracá). Em 1610, chegavam a 400.

A importância econômica do açúcar como principal riqueza colonial evidencia-se no valor de suas exportações. No período de apogeu da mineração, no século XVIII, era superior a 300 milhões de libras esterlinas, enquanto a mineração gerava um lucro de cerca de 200 milhões.

A produção de açúcar voltava-se especialmente para a exportação. No entanto, a cultura do açúcar criou um mercado interno e gerou técnicas de produção e hábitos alimentares, como o do consumo de seus derivados (melaço, rapadura, cachaça).

Ao lado da produção açucareira, outras lavouras e atividades econômicas movimentaram a economia colonial e o mercado interno. Muitas eram desenvolvidas como suporte à manutenção do engenho, como o plantio de milho, feijão, arroz e trigo; a criação de gado e outros animais; a produção de ferro e louças; etc.

No início da colonização e em certas regiões da América portuguesa, a agricultura tinha por base o latifúndio monocultor (grandes extensões de terras destinadas a uma cultura agrícola), escravista e exportador. Esse padrão de exploração agrícola é denominado **plantation** pelos estudiosos.

O território que hoje corresponde à região Nordeste, destacadamente o litoral de Pernambuco e da Bahia, concentrou a maior parte da produção de açúcar na colônia.

Os engenhos eram instalados em propriedades obtidas por doação, as sesmarias, e, em razão de seu caráter exportador, muitas vezes provocavam a falta de produtos básicos para o abastecimento da população. Essa demanda fez crescer a diversificação de atividades, com o desenvolvimento do **tropeirismo**, e o número de lavouras voltadas para abastecer o consumo colonial.

Um grande engenho chegava a ter 5 mil moradores. Era constituído de áreas florestais, fornecedoras de madeira; plantações de cana-de-açúcar; casa-grande, residência do proprietário, de sua família, dos agregados e também sede da administração; capela; e senzala, alojamento dos escravizados. Uma área era destinada à lavoura de subsistência, onde se cultivavam mandioca, milho e outros produtos. A moenda, a casa das caldeiras e a casa de purgar formavam a fábrica de açúcar, o engenho propriamente dito.

Com o desenvolvimento da economia açucareira e o aumento da população nos engenhos, a necessidade de alimentos e de outras mercadorias também aumentou. Pouco a pouco, homens e mulheres assumiram o exercício de diversas outras atividades, e isso ativou, de forma gradual, um nascente mercado interno de outros produtos.

> **tropeirismo**: relativo aos tropeiros, pessoas que se encarregavam de ocupações ligadas ao transporte terrestre de mercadorias para o comércio interno ou à condução de tropas de mulas e bois.

Engenho de Pernambuco, de Frans Post, século XVII (óleo sobre madeira). Em primeiro plano, as instalações de produção, o engenho propriamente dito.

A sociedade açucareira

No topo da sociedade açucareira estavam os proprietários das unidades agroexportadoras, os responsáveis pela produção açucareira. Os senhores de engenho tinham enorme prestígio social. Eram considerados um tipo de "nobre da terra", um membro da "açucarocracia", como definiu o historiador Evaldo Cabral de Mello.

Abaixo deles estavam os "senhores obrigados" ou lavradores de cana, agricultores que não possuíam instalações próprias para fabricar açúcar. Moíam a cana em um engenho próximo, pagando, em geral, com metade do açúcar obtido. Eram geralmente homens brancos, de ascendência lusitana, que tinham algum capital e haviam recebido as terras como recompensa por serviços prestados à Coroa, o que lhes garantia prestígio social e influência política.

O poder desses senhores expandia-se pelas vilas, dominando as câmaras municipais e muito da vida colonial. Refletia-se também no âmbito privado, já que eles eram obedecidos e temidos como chefes. Entretanto, o caráter tipicamente **patriarcal**, predominante entre as elites, nem sempre vigorou. Embora fosse esperado que as mulheres ficassem recolhidas em casa, administrando os trabalhos domésticos, muitas comandaram engenhos (especialmente as viúvas), outras estiveram à frente de atividades comerciais, e não foram raras as reações à dominação masculina com pedidos de separação.

O predomínio masculino e a sujeição feminina eram menos efetivos em outros grupos sociais, entre os quais existiam diferentes tipos de família. Havia a família dos africanos escravizados, dos indígenas, das concubinas que sustentavam seus filhos sozinhas, etc.

Para além da organização familiar típica dos senhores de engenho, havia um mosaico variado de estruturas familiares entre a população colonial. Às mulheres cabiam diferentes atuações, incluindo o comando de unidades econômicas produtivas.

Na sociedade dos senhores de engenho prevalecia uma rígida divisão social. A mobilidade social não era proibida, mas era pouco provável.

Os homens livres, como feitores, capatazes, padres, militares, comerciantes e artesãos, dedicavam-se a atividades complementares no engenho e nos poucos núcleos urbanos que havia nessa época.

Os africanos escravizados formavam a base econômica da sociedade açucareira e eram responsáveis por quase todo o trabalho da colônia, desde os serviços domésticos na casa-grande até o plantio e a colheita da cana-de-açúcar, a produção do açúcar, etc. Eram vigiados por um feitor, que lhes aplicava castigos físicos.

A relação econômica entre a metrópole e a colônia se caracterizou pela exportação de produtos primários, como o açúcar, e pela importação de artigos manufaturados. Os senhores de engenho, para sustentar sua opulência, mandavam vir roupas, alimentos e até objetos decorativos da Europa.

> **patriarcal**: refere-se a patriarca. Em uma sociedade patriarcal, como era a da colônia portuguesa na América, o chefe da família, que era o senhor de engenho, proprietário de terras, controlava e dominava a organização familiar. No contexto colonial, a família patriarcal não se restringia ao núcleo básico de pais e filhos, mas incluía também diversos agregados, como parentes, criados e escravizados.

Leituras

Novos olhares sobre a época colonial

Até a década de 1970, as análises historiográficas sobre a colonização da América portuguesa focavam-se nas relações metrópole-colônia. Nessa perspectiva, o traço fundamental da economia colonial eram a produção e o trabalho com vistas ao mercado externo e ao atendimento dos interesses da metrópole. No texto a seguir, a historiadora Cláudia Chaves destaca que novos enfoques têm chamado a atenção para a importância da produção interna e possibilitam perceber o curso do desenvolvimento das estruturas coloniais.

> [...] No final da década de [19]70 e início da década de [19]80, vários trabalhos foram publicados abordando a temática do mercado interno. Trabalhos esses, de base empírica, que se encarregaram de demonstrar a forte presença de relações de troca e a sua significação para o desenvolvimento interno da colônia. Trata-se agora de avaliar as especificidades do mercado interno brasileiro, as diversas modalidades em cada região e a sua integração com a sociedade local. [...]
>
> CHAVES, Cláudia Maria das Graças. *Perfeitos negociantes*: mercadores das minas setecentistas. São Paulo: Annablume, 1999. p. 32.

5 A União Ibérica (1580-1640)

Por razões dinásticas, a Espanha dominou Portugal e suas colônias de além-mar entre 1580 e 1640.

Com a morte do rei dom João III (1502-1557), dom Sebastião (1554-1578) subiu ao trono de Portugal. Como era menor de idade, até 1568 o governo foi exercido por dois regentes: sua avó, dona Catarina (1507-1578), e seu tio-avô, o cardeal dom Henrique (1512-1580). Em 1578, após ter governado Portugal durante dez anos, dom Sebastião morreu lutando contra os mouros na **Batalha de Alcácer-Quibir**, no norte da África.

Como não havia descendentes diretos do rei, a Coroa voltou às mãos do cardeal dom Henrique. Quando ele morreu, em 1580, um novo problema sucessório se instalou em Portugal. O rei da Espanha, Filipe II, neto de dom Manuel, o Venturoso (1469-1521), que por esse motivo reivindicava o trono português para si, invadiu o país, assumiu o trono e uniu os dois reinos. Iniciava-se assim a **União Ibérica**.

Na prática, o domínio espanhol sobre Portugal aboliu as determinações do Tratado de Tordesilhas, favorecendo o avanço dos colonos portugueses em direção ao interior, sobretudo na busca por metais preciosos.

A colônia portuguesa na América foi invadida diversas vezes por ingleses, franceses e flamengos. O envolvimento da Espanha em diversos conflitos militares na Europa colocou seus inimigos contra a colônia portuguesa.

Além disso, uma das medidas do governo espanhol durante esse período foi excluir os flamengos do negócio açucareiro da América portuguesa, em retaliação aos rebeldes que lutavam contra a dominação espanhola naquela região. Como o refino e o transporte do açúcar eram realizados por comerciantes flamengos de Antuérpia, Amsterdã e áreas vizinhas, a medida enfraqueceu a economia lusitana.

Nesse contexto, organizou-se um movimento pela restauração da autonomia de Portugal, liderado pelo duque de Bragança.

O domínio espanhol só terminou em 1640, quando o duque foi coroado rei de Portugal com o título de dom João IV (1604-1656), inaugurando a dinastia de Bragança.

Para combater as dificuldades econômicas herdadas do período anterior, o novo monarca intensificou a exploração dos territórios coloniais e reforçou sua administração, criando o **Conselho Ultramarino**, que ampliou a fiscalização da metrópole sobre a colônia. Essa medida, além de outras, gerou os primeiros conflitos entre os colonos insatisfeitos e a Coroa portuguesa.

> **Batalha de Alcácer-Quibir**: batalha em que dom Sebastião aliou-se ao sultão local, que lutava contra o exército marroquino comandado por seu tio, considerado por ele um usurpador do trono.

Retrato do rei Filipe II de Espanha, de Alonzo Sanchez Coelho, século XVI.

G. Costa/De Agostini Picture Library/The Bridgeman Art Library/Keystone/Museu Nacional de São Carlos, Cidade do México, México.

Os Países Baixos e a criação da República das Províncias Unidas

A região que hoje corresponde à Bélgica e aos Países Baixos viveu um grande desenvolvimento comercial durante a Baixa Idade Média e o início da Idade Moderna. Os eixos urbanos de Antuérpia (Bélgica) e Amsterdã (Países Baixos) destacavam-se, primeiro, como entrepostos comerciais de especiarias, cereais e madeira, e, depois, também de açúcar.

A partir dos anos 1560, a luta pela independência da região, que era dominada pela Espanha, intensificou-se, sobretudo, entre os protestantes de Amsterdã, que se tornou um dos principais centros da guerra pela independência.

Em 1581, foi proclamada a República das Províncias Unidas. Em resposta, Filipe II excluiu os flamengos do negócio açucareiro da América portuguesa.

O conflito e também o sucesso dessa emancipação atraiu boa parte dos comerciantes de Antuérpia e outras áreas vizinhas, regiões que continuaram sob domínio da Espanha.

6 A administração portuguesa e os poderes locais

Em 1572, a metrópole decidiu dividir a administração da colônia entre dois governadores: um em Salvador e outro no Rio de Janeiro. Seis anos depois, contudo, o governo foi novamente unificado. Em 1621, durante a União Ibérica, realizou-se mais uma divisão administrativa da colônia, dessa vez entre o Estado do Maranhão e Grão-Pará (com capital em São Luís e depois em Belém) e o Estado do Brasil, com capital em Salvador. Depois de 1640, tornou-se cada vez mais comum o uso do título de vice-rei em lugar de governador-geral.

No decorrer do século XVIII, as antigas capitanias hereditárias transformaram-se pouco a pouco em **capitanias da Coroa**, por meio da compra, por falta de herdeiros ou, ainda, por não estarem efetivamente ocupadas.

O governador-geral da colônia e os governadores das capitanias contavam com tropas regulares e profissionais compostas de **milícias** e **ordenanças**. As milícias eram uma força auxiliar formada por homens da população urbana, que não recebiam remuneração e prestavam serviço obrigatório. As ordenanças eram organizadas sempre que necessário, reunindo toda a população masculina em condições físicas e idade entre 18 e 60 anos. Essa organização militar ajudou a impor as diretrizes metropolitanas e a viabilizar a exploração da colônia.

Na administração da América portuguesa, ocupavam papel secundário os senados das câmaras municipais, que reuniam os administradores de vilas, povoados e cidades responsáveis pelas questões políticas, administrativas, judiciárias, fiscais, monetárias e militares no âmbito local. Os vereadores que compunham as câmaras eram todos grandes proprietários de terras, conhecidos como "homens bons". Somente eles podiam votar e ser votados. A presidência da câmara cabia a um juiz, chamado juiz de fora, se nomeado pela autoridade régia, e juiz ordinário, quando eleito pelos demais vereadores. A maioria da população, portanto, não participava da administração.

Em 1763, a capital do Estado do Brasil foi transferida para o Rio de Janeiro.

Leituras

Os indígenas e os 500 anos: a festa da exclusão

O texto a seguir denuncia atos de violência e discriminação contra indígenas brasileiros, em abril de 2000, durante as comemorações dos 500 anos da chegada dos portugueses ao território que hoje corresponde ao Brasil.

[...] Difícil de acreditar, mas os herdeiros dos primeiros habitantes da Terra de Vera Cruz não tiveram lugar nem vez na festa oficial dos 500 anos do descobrimento, em abril do ano passado [ano 2000]. Eles foram hostilizados pelo governo do estado da Bahia e pelo Ministério do Esporte e Turismo – os organizadores da festa.

Mais de 3 mil índios se deslocaram de várias aldeias do país até a área indígena de Coroa Vermelha, a 20 quilômetros de Porto Seguro. O centro de convergência foi a I Conferência Indígena, realizada na semana das comemorações do descobrimento, para tratar sobre o futuro dos índios brasileiros.

Os índios discordavam das comemorações dos "não índios" e deixaram claro que, para eles, não se tratava de "descobrimento", mas sim de "dominação". Tentaram manifestar esse sentimento e foram impedidos. A Polícia Militar da Bahia, com um contingente de 6 mil homens, foi truculenta e exerceu forte poder de repressão.

No início de abril os policiais destruíram, no meio da noite, um monumento-resistência que os índios Pataxó estavam erguendo na praia de Coroa Vermelha. Seria um mapa da América do Sul, feito em relevo de cimento, sobre o qual estaria a escultura de um casal indígena e onde os participantes da Conferência depositariam suas oferendas. Segundo a Associação Nacional de Ação Indigenista (Anai), com sede na Bahia, a vontade do ex-ministro de Esporte, Rafael Grecca, seria de construir no mesmo local um monumento que lembrasse uma caravela. [...]

ÍNDIOS continuam lutando pela aprovação de seu Estatuto. Disponível em: <www.comciencia.br/reportagens/501anos/br08.htm>. Acesso em: 15 mar. 2017.

1. Identifique a comemoração realizada na ocasião.
2. Em sua opinião, por que os diversos povos indígenas discordavam da comemoração "oficial" que estava sendo realizada em 2000?

Atividades

Retome

1. A colonização da América portuguesa não teve início em 1500.

   a) Por que isso aconteceu?

   b) Que atividades a Coroa portuguesa realizou nas terras que hoje compreendem o Brasil até 1530, aproximadamente?

   c) O que aconteceu por volta de 1530?

2. Antes de ser implantado nas terras da América portuguesa, o sistema de capitanias hereditárias já era utilizado pelo governo de Portugal em algumas de suas colônias, como Açores, Cabo Verde e Madeira.

   a) Em que consistia esse sistema?

   b) Relacione as atribuições e os direitos dos donatários ao projeto de colonização empreendido pela Coroa portuguesa na América.

   c) Com o posterior fracasso do sistema de capitanias, o governo de Portugal criou outro instrumento para dar continuidade à administração colonial de suas terras na América. Que instrumento era esse? Como era seu funcionamento?

3. O que caracterizava o tipo de exploração agrícola chamado de *plantation*? É possível dizer que a *plantation* servia aos interesses da Coroa portuguesa na América? Por quê?

Pratique

4. Vimos que algumas mulheres residentes na América portuguesa nos primeiros tempos da colonização podiam desempenhar diferentes papéis. Para refletir mais sobre o assunto, leia os dois textos a seguir. O primeiro trata de Ana Pimentel, esposa de Martim Afonso, que assumiu a administração da capitania de São Vicente quando o marido deixou a América portuguesa para exercer o cargo de capitão-mor da armada da Índia. O segundo foi escrito pela historiadora brasileira Mary Del Priore para a apresentação do livro *História das mulheres no Brasil*.

Texto 1

[...] A incumbência de administrar a capitania foi passada a Ana Pimentel, através de uma procuração datada de 3 de março de 1534.

Em 1536, em cumprimento a seu mandato, Ana fez uma carta de doação de sesmaria para Brás Cubas, que só tomou posse efetiva das terras em 1540. [...]

[Ana] autorizou, a pedido de Brás Cubas, o acesso dos colonos ao planalto paulista, onde se encontravam terras mais férteis e um clima mais ameno do que no litoral. [Em 1546] a Câmara da vila de Santos fez uma petição para o donatário que Ana representava para construir uma cadeia na localidade.

Providenciou o cultivo de laranja na capitania, de modo a combater o escorbuto [...].

Para tanto fez vir mudas de laranjeira de Portugal. É-lhe atribuída, também, a introdução do cultivo do arroz, do trigo e da criação de gado na região.

O papel de Ana Pimentel na administração da capitania não mereceu da história oficial o reconhecimento devido e os méritos recaem geralmente sobre seu marido, que é um dos primeiros nomes que os livros de história lembram como tendo grande importância na construção do Brasil colonial. [...]

SCHUMAHER, Schuma; BRAZIL, Érico Vital (Org.). *Dicionário mulheres do Brasil*: de 1500 até a atualidade. Rio de Janeiro: Jorge Zahar, 2000. p. 64.

Texto 2

[...] fazer a história das mulheres brasileiras significa apresentar fatos pertinentes, ideias, perspectivas não apenas para especialistas de várias ciências – médicos, psicólogos, antropólogos, sociólogos, etc. – como também para qualquer pessoa que reflita sobre o mundo contemporâneo, ou procure nele interferir. Esta é, afinal, uma das funções potenciais da história.

Não nos interessa, aqui, fazer uma história que apenas conte a saga de heroínas ou de mártires: isto seria de um terrível anacronismo. Trata-se, sim, de enfocar as mulheres através das tensões e das contradições que se estabeleceram em diferentes épocas, entre elas e seu tempo, entre elas e as sociedades nas quais estavam inseridas. Trata-se de desvendar as intricadas relações entre a mulher, o grupo e o fato, mostrando como o ser social, que ela é, articula-se com o fato social que ela também fabrica e do qual faz parte integrante. As transformações da cultura e as mudanças nas ideias nascem das dificuldades que são simultaneamente aquelas de uma época e as de cada indivíduo histórico, homem ou mulher. [...]

PRIORE, Mary Del (Org.). *História das mulheres no Brasil*. 10. ed. São Paulo: Contexto, 2015. p. 9.

a) Identifique, de acordo com o primeiro texto, algumas das ações de Ana Pimentel na administração da capitania de São Vicente.

b) Relacione as ações de Ana Pimentel ao projeto de colonização da Coroa portuguesa.

c) Para a autora do segundo texto, qual seria uma das principais funções da História?

d) Você sabe o que é anacronismo? Por que, para Mary Del Priore, contar exclusivamente a saga de mulheres "heroínas ou mártires" resultaria em um "terrível anacronismo"?

e) Para a autora do texto 2, qual seria a melhor maneira de produzir a história sobre as mulheres?

f) Com base em seus conhecimentos e considerando suas respostas aos itens anteriores, responda: o tratamento dado a Ana Pimentel pela História oficial estaria de acordo com o defendido pela autora do texto 2? Explique.

Analise uma fonte primária

5. André João Antonil (1649-1716) foi um religioso italiano. Veio para a América portuguesa em 1681, onde se tornou professor de retórica e reitor do Colégio da Bahia entre os anos 1706 e 1709. Em 1711, publicou *Cultura e opulência do Brasil por suas drogas e minas*, um relato detalhado sobre a economia colonial. Leia, a seguir, trechos de sua obra.

> **Capítulo I: Do cabedal que há de ter o senhor de um engenho real.**
>
> O ser senhor de engenho é título a que muitos aspiram, porque traz consigo o ser servido, obedecido e respeitado de muitos. E se for, qual deve ser, homem de cabedal e governo, bem se pode estimar no Brasil o ser senhor de engenho, quanto proporcionalmente se estimam os títulos entre os fidalgos do Reino.
> [...]
> Servem ao senhor do engenho, em vários ofícios, além dos escravos de enxada e fouce que têm nas fazendas e na moenda, e fora os mulatos e mulatas, negros e negras de casa, ou ocupados em outras partes, barqueiros, canoeiros, calafates, carapinas, carreiros, oleiros, vaqueiros, pastores e pescadores. Tem mais, cada senhor destes, necessariamente, um mestre de açúcar, um banqueiro e um contrabanqueiro, um purgador, um caixeiro no engenho e outro na cidade, feitores nos partidos e roças, um feitor-mor do engenho, e para o espiritual um sacerdote seu capelão, e cada qual destes oficiais tem soldada.
> [...]
>
> O que tudo bem considerado, assim como obriga a uns homens de bastante cabedal e de bom juízo a quererem antes ser lavradores possantes de cana, [...] do que ser senhores de engenho por poucos anos, com a lida e atenção que pede o governo de toda essa fábrica [...].
>
> **Capítulo IX: Como se há de haver o senhor do engenho com seus escravos.**
>
> Os escravos são as mãos e os pés do senhor do engenho, porque sem eles no Brasil não é possível fazer, conservar e aumentar fazenda, nem ter engenho corrente. [...]
>
> ANTONIL, André João. *Cultura e opulência do Brasil por suas drogas e minas*. 3. ed. Belo Horizonte: Itatiaia/Edusp, 1982. (Coleção Reconquista do Brasil). Disponível em: <www.dominiopublico.gov.br/download/texto/bv000026.pdf>. Acesso em: 15 mar. 2017.

a) De acordo com Antonil, por que muitos desejavam ser senhor de engenho?

b) Explique o significado da frase: "[...] bem se pode estimar no Brasil o ser senhor de engenho, quanto proporcionalmente se estimam os títulos entre os fidalgos do Reino".

c) Qual era a posição social dos lavradores de cana? Por que Antonil diz que alguns homens de "bom juízo" preferem ser lavradores de cana em vez de senhores de engenho?

Articule passado e presente

6. Você viu que o projeto colonial português na América oprimiu os povos indígenas, que foram utilizados no trabalho de extração do pau-brasil, chegaram a ser escravizados e sofreram com as doenças transmitidas pelos europeus e com as migrações forçadas. Porém, a resistência indígena sempre se fez presente. Para refletir mais sobre o assunto, faça as atividades propostas.

a) Leia novamente o texto na página de abertura deste capítulo, observe a imagem e retome sua legenda. Que ações e que iniciativas indígenas são mostradas ali? Quais seriam, em sua opinião, as principais demandas dos povos indígenas atuais?

b) Na atualidade, que instrumentos os povos indígenas do Brasil e do mundo possuem para fazer com que suas vozes sejam ouvidas? Como esses povos podem agir para participar do cenário político nacional e internacional?

c) Que tal conhecer outra forma de iniciativa indígena? Consulte o *site* criado e mantido por lideranças indígenas do povo Ikpeng, que hoje vive e trabalha no Parque Indígena do Xingu (MT). (Disponível em: <www.ikpeng.org>. Acesso em: 15 mar. 2017.)

CAPÍTULO 13
A diáspora africana

Alice Vergueiro/Folhapress

No dia 20 de novembro de 2016, centenas de manifestantes se reuniram na Avenida Paulista, em São Paulo, para participar da Marcha da Consciência Negra. No Brasil, o Dia da Consciência Negra é celebrado na data em que Zumbi dos Palmares foi morto na luta contra a dominação escravista. Na foto, mulheres levam faixa com os dizeres: "Mulheres negras, resistir é preciso!".

Entre os séculos XVI e XIX, milhares de homens e mulheres africanos foram trazidos, na condição de escravizados, para diversas regiões do atual Brasil. Obrigadas a abandonar sua terra de origem, essas pessoas tiveram de se adaptar a uma nova vida e a uma nova cultura.

Qual teria sido a consequência da escravidão moderna para as sociedades africana e brasileira? E hoje, quais são os vestígios e marcas desse processo em nossa realidade?

1 Deslocamentos populacionais forçados

Calcula-se que, entre os séculos XVI e XIX, 12,5 milhões de pessoas tenham sido retiradas da África, submetidas a uma verdadeira **diáspora** durante o período de escravidão na América.

Na atualidade, há outros fatores que obrigam as populações a se deslocar de uma região para outra. É o caso de conflitos armados entre povos e de guerras civis em um mesmo país. Grande parte desses conflitos tem ocorrido na África e no Oriente Médio.

Não se pode deixar de considerar a estreita relação entre esses conflitos atuais que têm ocorrido em vários países da África e a exploração e a opressão a que foram submetidos os africanos desde o século XVI.

No Brasil, as cicatrizes do sistema escravista na história contemporânea são enormes, embora nem sempre evidentes. As formas de discriminação, a má remuneração do trabalho braçal e as dívidas sociais com os descendentes das populações africanas escravizadas são alguns aspectos dessa história.

Como já vimos, a África, além de ser o berço da humanidade, abrigava reinos, impérios, cidades-Estado e rotas comerciais, que envolviam uma intensa e complexa atividade humana. No início do século XV, quando os africanos entraram em contato com os europeus, grande parte da África estava integrada à civilização islâmica, sobretudo as populações ao norte e a leste do continente.

Na porção norte, predominavam povos de maioria semita, descendentes de tribos berberes e árabes. Essa região era ocupada por grupos de língua afro-asiática, resultado da mescla do idioma árabe com línguas africanas.

Na África subsaariana — ao sul do deserto do Saara —, a presença negra era dominante e muitos grupos já estavam convertidos ao islamismo. Ali floresciam diversas culturas, como as dos achantis, iorubas, dinkas, adalis e somalis. E a região central era ocupada por povos bantos, como fantes, bacongos e bosquímanos.

diáspora: deslocamento de grandes grupos populacionais, em geral forçado ou incentivado.

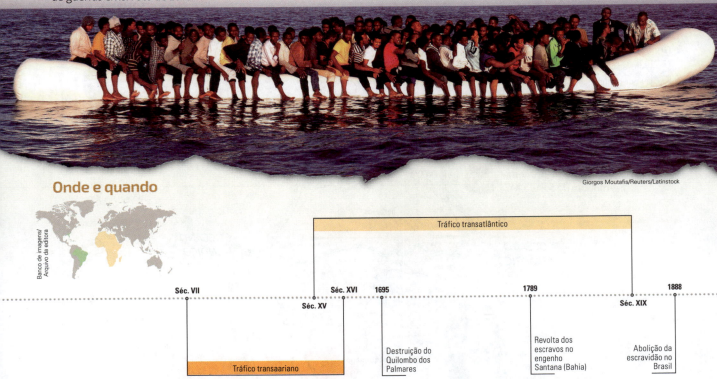

Embarcação superlotada de imigrantes africanos é encontrada perto da costa da Líbia, no mar Mediterrâneo. A Líbia, apesar de também viver um conflito interno, é um dos países mais procurados por aqueles que partem em direção à Europa, tentando fugir de guerras civis. Foto de 2016.

Onde e quando

- Séc. VII — Tráfico transaariano
- Séc. XV
- Séc. XVI — Tráfico transatlântico
- 1695 — Destruição do Quilombo dos Palmares
- 1789 — Revolta dos escravos no engenho Santana (Bahia)
- Séc. XIX
- 1888 — Abolição da escravidão no Brasil

Mapa e linha do tempo ilustrativos. As regiões indicadas no mapa referem-se à configuração atual dos países a que pertencem hoje, e o espaço entre as datas não é proporcional ao intervalo de tempo.

A diáspora africana

2 A África antes dos europeus

Entre os diversos povos que viviam na África no final do século XV, nem todos foram vítimas diretas do tráfico negreiro, mas a escravidão mudou a história do continente, gerando o que muitos chamam de **diáspora africana** – a transferência em massa de africanos para outras regiões do mundo, sobretudo para a América.

Em muitos reinos africanos, a estrutura do Estado estava apoiada em comunidades aldeãs, nas quais a população trabalhava seguindo princípios ancestrais. Eram comuns formas de trabalho coletivo e de propriedade comunitária da terra para a prática da agricultura e da pecuária.

A escravidão não era novidade entre os africanos quando começou a ser praticada em larga escala pelos europeus. Em alguns grupos, os prisioneiros de guerra eram escravizados; em outros, esse era um recurso para garantir o pagamento de dívidas ou punir crimes graves. Mas a dimensão que os europeus deram a essa prática provocou um imenso desequilíbrio na sociedade, na cultura e na economia dos povos africanos.

De acordo com o historiador brasileiro Alberto da Costa e Silva (1933-), pouco se sabe sobre as várias formas com que se apresentava a escravidão na África de 1500.

[...] É muito provável que prevalecessem na maior parte da África – uma África rural e pouco urbanizada, com uma profusão de cidades-Estado e de vilarejos regidos por formas desconcentradas de mando – os tipos de escravidão que tinham por principais objetivos aumentar o número de dependentes de cada linhagem e favorecer a fome de honra, prestígio e poder dos chefes de família, em sociedades de competição extremamente aberta, por não se terem ainda cristalizado classes e grupos de *status*.

Nesses sistemas, o escravo vivia, em geral, com a família do dono e labutava ao seu lado, cumprindo as mesmas tarefas, e ao lado dos filhos, das mulheres, das filhas e das noras do senhor, pois, sendo escravo, nele não se distinguia o sexo na divisão de trabalho. Seu destino era corrigir a escassez de mão de obra e ampliar o número de dependentes de seu amo. Era estimulado a ter filhos. Estes, fossem de casais escravos ou oriundos do matrimônio ou da concubinagem entre homem livre e mulher cativa, pertenciam ao senhor, mas, tal qual uma pessoa escravizada em criança, quase nunca eram vendidos. Seus rebentos ou netos ou bisnetos acabavam por ser assimilados à linhagem do dono, perdendo, assim, com o tempo, a condição servil. [...]

COSTA E SILVA, Alberto da. *A enxada e a lança*: a África antes dos portugueses. Rio de Janeiro: Nova Fronteira, 1996. p. 636.

A África no final do século XV

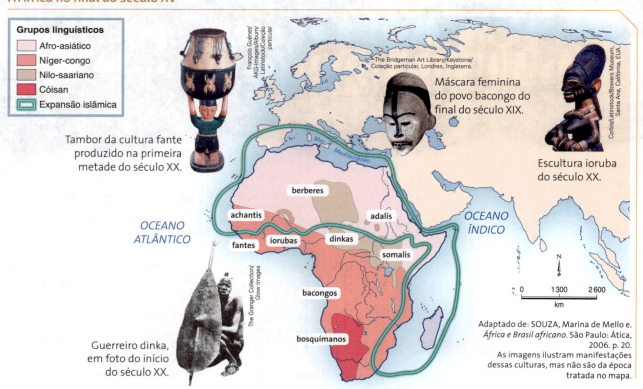

Tambor da cultura fante produzido na primeira metade do século XX.

Máscara feminina do povo bacongo do final do século XIX.

Escultura ioruba do século XX.

Guerreiro dinka, em foto do início do século XX.

Grupos linguísticos
- Afro-asiático
- Níger-congo
- Nilo-saariano
- Cóisan
- Expansão islâmica

Adaptado de: SOUZA, Marina de Mello e. *África e Brasil africano*. São Paulo: Ática, 2006. p. 20.
As imagens ilustram manifestações dessas culturas, mas não são da época tratada no mapa.

3. A escravidão moderna na economia mundial

O contato com os europeus desequilibrou de forma profunda as relações que existiam anteriormente no continente africano. Alguns grupos se especializaram em fazer guerra com o objetivo único de capturar prisioneiros e vendê-los ao comércio de escravizados. Se antes a escravidão era uma consequência dos conflitos, a partir do início do século XV passou a ser a causa deles; e o escravizado, que antes era uma presa de guerra, passou a ser uma mercadoria negociável no mercado atlântico.

Os europeus formaram uma classe especial de comerciantes – os traficantes de escravizados – e lucraram muito com o escravismo moderno.

No início, grande parte dos africanos escravizados pelos portugueses era comprada na costa da Guiné, sendo quase todos da etnia sudanesa ocidental. "Guiné" era o termo usado para denominar uma região que abrangia a embocadura do rio Senegal até o rio Orange. Depois, o centro do comércio deslocou-se para o Reino do Congo, mais ao sul, e, posteriormente, para o Reino de Angola.

A enorme diversidade étnica dos escravizados que eram comprados nos portos africanos decorria não só do próprio processo de apresamento, mas também do interesse dos senhores de escravos. Ao mesclar africanos escravizados de diferentes etnias, cada uma com seu idioma e seus costumes, o proprietário buscava impedir a integração entre os cativos e dificultar a organização de resistências.

Em Angola, o tráfico negreiro, somado a outros fatores, provocou um grande declínio demográfico. Mas isso não impediu que os portugueses continuassem a obter a maioria de seus escravizados dessa região, que era por eles controlada. Além disso, a falta de concorrência estrangeira em Angola tornava a atividade ali ainda mais lucrativa.

Ao longo dos séculos, o tráfico negreiro teve várias rotas, que se intensificaram ou se enfraqueceram. A maior parte das rotas para a América portuguesa trazia africanos oriundos da África ocidental.

Principais rotas do tráfico de africanos escravizados (século XVI-século XIX)

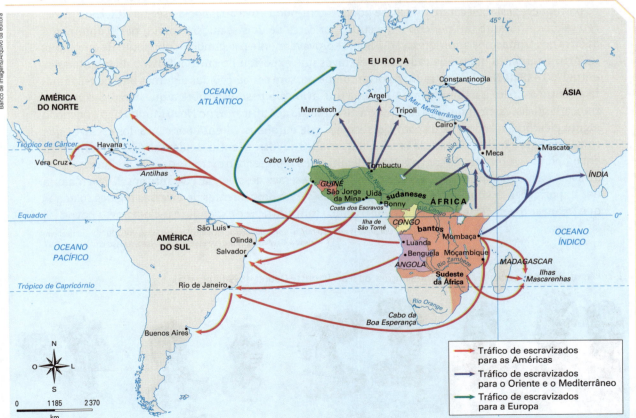

Adaptado de: DUBY, Georges. *Grand atlas historique*. Paris: Larousse, 1978. p. 258; ELTIS, David; RICHARDSON, David. *Atlas of the Transatlantic Slave Trade*. New Haven: Yale University Press, 2010.

A diáspora africana 255

Estima-se que 14,5% dos embarcados morriam na travessia do Atlântico e cerca de 26% eram classificados como crianças — um índice jamais registrado em outras migrações.

Em *A escravidão no Brasil*, de 1981, o historiador Jaime Pinsky ressalta que a brutalidade da captura e do transporte em **navios tumbeiros**, aliada ao ritmo intenso de trabalho ao qual eram submetidos após o desembarque, resultava na morte de cerca de 40% dos africanos escravizados nos primeiros seis meses. Por esse e outros motivos, a escravidão moderna pode ser colocada ao lado dos grandes genocídios da humanidade.

navios tumbeiros: embarcações que transportavam os africanos escravizados. 'Tumbeiro' vem de 'tumba', referência à morte de muitos deles durante as longas viagens a que eram submetidos.

Negra da Bahia, de Marc Ferrez, 1884 (fotografia).

Leituras

De onde vieram os africanos

Leia o texto do historiador estadunidense David Eltis (1940-) sobre as regiões que mais forneceram escravizados para o tráfico atlântico.

[...] Embora Uidá, na Costa dos Escravos, fosse outrora considerado o porto negreiro mais movimentado no continente africano, atualmente julga-se que ele tenha sido superado por Luanda, na África Centro-Ocidental, e Bonny, no golfo de Biafra. Luanda sozinha despachou cerca de 1,3 milhão de escravos, e estes três portos mais ativos juntos foram responsáveis por 2,2 milhões de partidas de escravos. Em cada um desses portos, o tráfico assumiu características específicas e seguiu perfis temporais bastante distintos. Luanda já participava ativamente do tráfico de escravos na década de 1570, quando os portugueses estabeleceram uma base por lá, e continuou ativa ao longo do século XIX. Uidá forneceu escravos durante um período mais curto, por cerca de dois séculos, e foi um porto dominante apenas nos trinta anos anteriores a 1727. Bonny, provavelmente o segundo maior ponto de embarque na África, forneceu quatro de cada cinco escravos que exportou no curto intervalo de oitenta anos entre 1760 e 1840. Não é de estranhar, portanto, que possam ser percebidas algumas ligações sistemáticas entre a África e as Américas. À medida que avança a pesquisa sobre a questão das conexões transatlânticas, vai ficando mais claro que a distribuição dos africanos no Novo Mundo não é de modo algum aleatória, tal como se dá com a distribuição de europeus. Oitenta por cento dos escravos que rumaram para a região sudeste do Brasil foram levados da África Centro-Ocidental. A Bahia comerciou em proporções semelhantes com o golfo do Benim. Cuba representa o extremo oposto: nenhuma região africana forneceu mais de 28 por cento da população escrava dessa região. Quanto aos EUA, a maioria das importações se situa entre esses dois extremos, sendo provenientes de diversas regiões costeiras que foram se diversificando à medida que o tráfico com a África se expandia e incluía novos povos. [...]

ELTIS, David. *Um breve resumo do tráfico transatlântico de escravos*. Emory University, 2007. Disponível em: <www.slavevoyages.org/assessment/essays#>. Acesso em: 16 mar. 2017.

Escravas africanas provenientes de diferentes nações, de Jean-Baptiste Debret, 1839 (litografia).

Os escravizados na América

Indígenas também foram escravizados na América portuguesa. Porém, nos centros mais dinâmicos da economia colonial, a mão de obra logo passou a ser predominantemente de origem africana.

Na América portuguesa, a escravidão africana prevaleceu em áreas voltadas para a economia agroexportadora, como no nordeste açucareiro e, no século XVIII, também em áreas interioranas voltadas para a mineração. Em outras regiões, como no sudeste, até o século XVIII, e no norte, até o século XIX, a escravidão indígena foi mais intensa.

Muitas explicações já foram dadas para o predomínio da escravidão africana nos centros mais dinâmicos da economia colonial, mas a interpretação mais consolidada hoje sustenta que o tráfico negreiro se tornou um bom negócio para comerciantes, sobretudo portugueses e ingleses, integrando-se facilmente ao sistema comercial que abrangia quase toda a margem atlântica da América portuguesa.

Para o historiador Fernando Novais (1933-), que em 1978 publicou *Estrutura e dinâmica do antigo sistema colonial*, o tráfico de africanos escravizados para as colônias foi, ao lado do comércio de especiarias orientais, da produção de açúcar e da mineração, uma das atividades econômicas mais rentáveis da Idade Moderna. A intensa luta pelo controle dos portos africanos em que se realizava esse comércio é uma das evidências de sua importância.

Outro tema que ocupa os historiadores que estudam a escravidão no Brasil durante o período colonial é a utilização da mão de obra indígena. No passado, alguns sustentaram que a escravidão africana havia sido adotada porque os indígenas mostraram-se inadaptados para o trabalho na lavoura. Fernando Novais, no entanto, argumenta que a dispersão dos indígenas pelo território dificultava seu apresamento e transporte. Além disso, a mão de obra indígena foi substituída pela africana apenas em certas áreas do litoral e não em toda a colônia.

Mais uma vez, portanto, a questão econômica não pode ser deixada de lado: o tráfico negreiro era uma importante atividade comercial. Nesse sentido, o historiador brasileiro Luiz Felipe de Alencastro (1946-) destaca os fatores estruturantes que colocaram o sistema escravista à frente.

> [...] Mesmo não sendo impossível, a acumulação proporcionada pelo trato de escravos índios se mostrava incompatível com o sistema colonial. Esbarrava na esfera mais dinâmica do capital mercantil (investido no negócio negreiro), na rede fiscal da Coroa (acoplada ao tráfico atlântico africano), na política imperial metropolitana (fundada na exploração complementar da América e da África portuguesa) e no aparelho ideológico de Estado (que privilegiava a evangelização dos índios). [...]
>
> ALENCASTRO, Luiz Felipe de. *O trato dos viventes*: formação do Brasil no Atlântico Sul. São Paulo: Companhia das Letras, 2000. p. 126-127.

Por fim, para discutir a implantação da escravidão na América portuguesa, é preciso ressaltar que a opção por imigrantes e pelo uso do trabalho assalariado não existia no contexto do sistema colonial. Com tanta abundância de terras e a relativa facilidade de obtê-las, os imigrantes desejariam eles mesmos tornarem-se pequenos proprietários, em vez de trabalharem para outros.

Escravos lavando diamantes, de Johan Baptist von Spix e Karl Friedrich Phillip Martius, c. 1817-1820. O uso de mão de obra africana escravizada era fundamental em áreas voltadas para a mineração.

Na América espanhola, o comércio de escravizados era submetido a um rígido controle do tesouro real, que controlava quantos eram introduzidos nas colônias e por eles cobrava impostos. No início, apenas dois portos estavam autorizados a receber africanos: Cartagena, na Colômbia, e Vera Cruz, no México. Depois, o rei da Espanha liberou o comércio de escravizados vindos da África.

Entre os séculos XVI e XVII, mais de meio milhão de africanos escravizados foram levados à região do Caribe, onde também se desenvolveu a economia açucareira. Os espanhóis, que praticamente não se envolveram no tráfico negreiro, compravam os africanos escravizados de traficantes de outras metrópoles.

Entretanto, foi entre o século XVIII e a metade do XIX, época da transição colonial para países americanos independentes, que chegaram à América mais de quatro quintos dos africanos escravizados. Nesse período, em razão do crescimento das atividades produtivas, uma grande quantidade de escravizados aportou no sul da América do Norte, época da formação dos Estados Unidos da América. A região do Caribe e áreas de colonização portuguesa e inglesa foram de longe as maiores importadoras de africanos escravizados.

Os escravizados na economia da América portuguesa

Diversos fatores determinaram a generalização, a partir do século XVI, do trabalho escravo africano na América portuguesa. Abalada pela desarticulação de sua economia de subsistência, submetida ao trabalho forçado nas lavouras e frequentemente vitimada por doenças adquiridas no contato com os brancos, a população indígena se reduzia. Muitos fugiam para o interior ou morriam lutando. Além disso, havia a oposição dos jesuítas contra a escravização dos indígenas, que levou os colonos a voltar-se cada vez mais para os africanos. Mediante pagamento, a Coroa cedia às companhias particulares o *assiento*, o direito de explorar o tráfico negreiro.

Na África, enquanto isso, o tráfico provocava grande desestruturação. As guerras intertribais passaram a ser estimuladas pelos traficantes. Os que não morriam eram escravizados pelos vencedores e vendidos nos portos. Os chefes locais, denominados **sobas**, passaram a capturar outros africanos e a negociá-los com os traficantes em troca de fumo, tecidos, cachaça, armas, joias, vidros e outros produtos.

Os africanos escravizados que sobreviviam à travessia do Atlântico eram desembarcados e vendidos nos principais portos da colônia, como Salvador, Recife e Rio de Janeiro, completando a ligação entre o centro fornecedor de mão de obra (África) e o centro produtor de açúcar (América portuguesa). Para a Bahia dirigiram-se principalmente os sudaneses, capturados no território que hoje corresponde à Nigéria, ao Daomé e à Costa do Marfim; enquanto os bantos, aprisionados mais ao sul, nos atuais territórios de Angola, Moçambique e Congo, iam para Pernambuco, Minas Gerais e Rio de Janeiro.

A luta pela liberdade

Durante todo o período que durou a escravização dos africanos e seus descendentes na América portuguesa, registraram-se atos de resistência, negociação e rebeldia, como tentativas de assassinato de feitores e senhores, fugas, abortos, suicídios.

Muitos escravizados fugidos abrigavam-se em **quilombos**, comunidades negras livres organizadas em locais de difícil acesso, geralmente nas zonas de mata fechada. O **Quilombo dos Palmares**, estabelecido no começo do século XVII na então capitania de Pernambuco, foi o mais importante deles na resistência à escravidão.

Palmares era uma comunidade autossuficiente que chegou a abrigar mais de 20 mil escravizados fugidos dos engenhos. O sucesso da organização era uma ameaça aos donos de terra, pois estimulava o desejo de liberdade de seus escravizados e a formação de novos quilombos.

Quilombo dos Palmares, de Seth, c. 1930-1940. A área em que se desenvolveu o Quilombo dos Palmares, na serra da Barriga, é hoje o Parque Memorial Quilombo dos Palmares – fruto de uma luta de mais de 25 anos do movimento negro brasileiro.

Em 1678, um dos líderes da comunidade, Ganga Zumba (c. 1630-1678), firmou um acordo com o governador da capitania de Pernambuco, dom Pedro de Almeida. Tratava-se de uma tentativa de pôr fim às guerras travadas com os portugueses, que já duravam mais de setenta anos.

O acordo garantia liberdade às pessoas nascidas em Palmares, e a concessão de terras no norte do atual estado de Alagoas. Mas ele dividiu os palmarinos, e, nas lutas que se seguiram no quilombo, Ganga Zumba foi envenenado pelos dissidentes. Com sua morte, o controle de Palmares passou para as mãos de Zumbi (1655-1695).

Após diversos cercos malsucedidos, uma expedição realizada em 1694 e liderada pelo bandeirante paulista Domingos Jorge Velho (1641-1705) destruiu o que restava do quilombo. O líder Zumbi reorganizou a luta com os que haviam conseguido fugir, mas foi morto em 20 de novembro de 1695. No Brasil essa data é, atualmente, celebrada como o **Dia da Consciência Negra**.

Além dos quilombos, houve outras formas de enfrentamento, como a que ocorreu no engenho de Santana, na Bahia, em 1789. Em uma demonstração de força, um grupo liderado pelo escravizado Gregório Luís se uniu e parou a produção de açúcar por dois anos — eles assassinaram o **mestre de açúcar** e se apoderaram das ferramentas do engenho. O grupo apresentou um tratado com algumas condições para que voltassem a trabalhar. Segundo o historiador Clovis Moura (1925-2003), o movimento provavelmente foi sufocado quando, após uma cilada armada pelo proprietário da fazenda, o líder e outros rebeldes foram aprisionados.

Zumbi, de Antônio Parreiras, de 1927 (óleo sobre tela). Zumbi é considerado o herói da luta dos africanos contra a dominação escravista no Brasil. Foi contra o acordo de 1678, assinado por Ganga Zumba, porque ele concedia direitos de liberdade a apenas parte dos palmarinos. Rejeitou diversos outros acordos similares propostos pelas autoridades metropolitanas.

mestre de açúcar: supervisor responsável pelo controle de toda a produção no engenho.
tarrafa: rede de pesca.

Leituras

O tratado proposto pelos escravizados

Leia a seguir algumas das reivindicações e exigências do grupo de escravizados que se organizou e se rebelou no engenho de Santana em 1789.

[...] Meu senhor, nós queremos paz e não queremos guerra; se meu senhor quiser paz há de ser nessa conformidade, se quiser estar pelo que nós quisermos, a saber.

Em cada semana nos há de dar os dias de sexta-feira e de sábado para trabalharmos para nós não tirando um destes dias por causa do dia santo.

Para podermos viver nos há de dar rede, **tarrafa** e canoas. [...]

Os atuais feitores não os queremos, faça eleição de outros com a nossa aprovação. [...]

Poderemos plantar nosso arroz onde quisermos, e em qualquer brejo, sem que para isso peçamos licença, e poderemos cada um tirar jacarandás ou qualquer pau sem darmos parte para isso.

A estar por todos os artigos acima, e conceder-nos estar sempre de posse da ferramenta, estamos prontos para servirmos como dantes, porque não queremos seguir os maus costumes dos mais Engenhos.

Poderemos brincar, folgar, e cantar em todos os tempos que quisermos sem que nos impeça e nem seja preciso licença. [...]

REIS, João José; SILVA, Eduardo. *Negociações e conflito*: a resistência negra no Brasil escravista. São Paulo: Companhia das Letras, 1989. apêndice 1, p. 123-124. (Adaptado).

TRÁFICO TRANSATLÂNTICO
Embarque e desembarque de africanos escravizados

Com a expansão marítima e o colonialismo na América, o tráfico de africanos escravizados foi uma das mais rentáveis atividades comerciais a partir do século XV. Com a alta demanda de mão de obra nas colônias, o tráfico transatlântico gerava altíssimos lucros, garantindo *status* e riqueza aos pioneiros desse comércio. As condições das viagens dos africanos escravizados nos navios tumbeiros eram terríveis. Além da falta de água potável e dos espaços pequenos e insalubres, os cativos sofriam maus-tratos, estavam expostos a doenças altamente transmissíveis, como a varíola, e eram mal alimentados. Mortes eram frequentes no decorrer da viagem, como revelam os dados de embarque e desembarque de africanos escravizados entre os séculos XVI e XIX, disponibilizados pelo projeto *Voyages – The Trans-Atlantic Slave Trade Database*.

Na América portuguesa, os principais portos envolvidos no tráfico transatlântico até o século XVII foram os da Bahia e do Recife. A partir do século XVIII, o do Rio de Janeiro passou a ser o principal porto de desembarque.

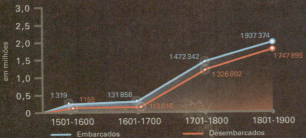

Africanos escravizados embarcados/desembarcados na América portuguesa

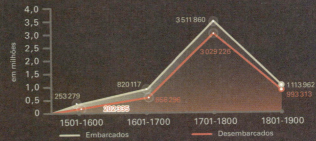

Africanos escravizados embarcados/desembarcados na América espanhola

Fonte de dados: Projeto *Voyages – The Trans-Atlantic Slave Trade Database*. Disponível em: <http://slavevoyages.org/>. Acesso em: 15 fev. 2017.

Atividades

Retome

1. No século XVI, a escravidão era uma instituição conhecida entre diversas sociedades do continente africano. Porém, a escravidão na África era diferente daquela que passou a ser realizada pelos europeus.

    a) Como era o funcionamento da escravidão entre algumas sociedades da África?

    b) Quanto ao funcionamento do sistema escravista implantado pelos europeus a partir do século XVI, qual era a principal característica desse sistema e em que ele se diferenciava da escravidão que existia na África antes?

2. Explique em que consistiu a chamada diáspora africana e de que maneira esse fenômeno transformou a organização social de várias localidades do continente.

3. Os africanos escravizados — tanto na América portuguesa como no Brasil independente — sempre lutaram, de uma maneira ou de outra, contra a escravidão. Dê exemplos das formas de luta dos escravizados.

Pratique

4. Leia com atenção os dois textos a seguir. O primeiro é do historiador brasileiro Alberto da Costa e Silva e trata das pesquisas a respeito da influência africana na língua portuguesa falada no Brasil. O outro é parte de uma entrevista concedida por Yeda Pessoa de Castro, etnolinguista que realizou extensas pesquisas sobre a presença de línguas africanas no Brasil.

Texto 1

[...] Em 1789, no primeiro dicionário monolíngue do idioma português, Antônio Morais e Silva já identificava várias palavras de origem africana, como *batucar*, *cafuné*, *malungo* e *quiabo*, de uso corrente entre os brasileiros. Ao longo do século XIX e nas três décadas do seguinte, não faltaram vozes a chamar a atenção para a presença africana no português do Brasil, mas [...] essa participação era considerada ainda menor do que a do tupi e outras línguas ameríndias. [...]

A situação começara a mudar em 1933, com o aparecimento de *O elemento afro-negro na língua portuguesa*, de Jacques Raimundo, e principalmente deste livro, *A influência africana no português do Brasil*. O autor, Renato Mendonça, era um rapaz de 21 anos [...].

Renato Mendonça arrolava cerca de 350 palavras de proveniência africana que se haviam infiltrado no português do Brasil [...]. Essa influência africana [...] não se reduzia ao enriquecimento lexical: ela se estendia à fonética, à morfologia, à sintaxe, à semântica, ao ritmo das frases e à música da língua. [...]

COSTA E SILVA, Alberto da. Apresentação. In: MENDONÇA, Renato. *A influência africana no português do Brasil*. Brasília: Funag, 2012. Disponível em: <http://funag.gov.br/loja/download/983-Influencia_Africana_no_Portugues_do_Brasil_A.pdf>. Acesso em: 16 mar. 2017.

Texto 2

[...]

RH — Por que a participação da família africana é tão importante?

YPC — Durante três séculos, a maior parte dos habitantes do Brasil falava línguas africanas, sobretudo línguas angolanas, e as falas dessas regiões prevaleceram sobre o português. Antes se ignorava essa participação, se dizia que o português do Brasil ficou assim falado devido ao isolamento, à predominância cultural e literária do português de Portugal sobre os falantes negros africanos [...].

RH — No que resultou a combinação dessas línguas [português arcaico e línguas do grupo bantu]?

YPC — As línguas do grupo bantu não têm grupos consonantais, não têm uma sílaba fechada por consoante. O resultado é que nosso português é riquíssimo em vogais, afastado do português lusitano, muito baseado nas consoantes. O baiano fala cantando? Todo brasileiro fala cantando — aliás "cantano", porque a gente sempre evita consoantes. A parte sonora da palavra é a vogal, e nós fazemos questão de cantar. No futebol nós dizemos "gou", em Portugal dizem golo, para acentuar a consoante. Nossa língua é vocalizada, nós colocamos vogais até mesmo onde elas não existem. [...] Fui ver a estrutura silábica do português arcaico e a formação silábica e o processo fonológico das línguas faladas em Angola e no Congo, e reparei numa extrema coincidência: é o mesmo tipo de estrutura silábica: consoante-vogal-consoante-vogal o tempo inteiro. Houve o mesmo tipo de encontro do português arcaico com essas línguas, que eram faladas majoritariamente no Brasil. [...]

SCARRONE, Marcello. A língua portuguesa que falamos é culturalmente negra. Entrevista com Yeda Pessoa de Castro. *Revista de História da Biblioteca Nacional*, 1º maio 2015. Disponível em: <www.revistadehistoria.com.br/secao/entrevista/yeda-pessoa-de-castro>. Acesso em: 20 jan. 2017.

a) Conforme comentado no texto 1, a influência africana no português do Brasil abrange muitas outras partes da gramática, não somente o léxico. O que significa isso?

b) Que outras partes da gramática do português falado no Brasil foram influenciadas pelas línguas africanas? Faça uma pesquisa em *sites* e em livros e, depois, compartilhe suas descobertas com os colegas.

c) Para Yeda Pessoa de Castro, entrevistada no texto 2, por que o português falado no Brasil tem diferenças em relação ao português falado em Portugal? Para essa pesquisadora, quais são as diferenças entre o português falado no Brasil e aquele falado em Portugal?

d) Como vimos, transformações no português arcaico aconteceram em decorrência da colonização e das trocas culturais entre portugueses, indígenas e africanos. Hoje em dia, quais seriam os motivos para a transformação de um idioma? Cite alguns motivos e justifique-os.

Analise uma fonte primária

5. Mahommah G. Baquaqua foi um ex-escravizado que, no século XIX, escreveu uma autobiografia. Nativo de Zooggoo, na África Central, Baquaqua chegou ao Brasil na condição de escravizado em 1845. Em 1847, ele fugiu para os Estados Unidos, onde conseguiu viver em liberdade. A seguir, alguns trechos de sua autobiografia.

> [...] Quando estávamos prontos para embarcar, fomos acorrentados uns aos outros e amarrados com cordas pelo pescoço e assim arrastados para a beira-mar. O navio estava a alguma distância da praia. Nunca havia visto um navio antes e pensei que fosse algum objeto de adoração do homem branco. [...] Fui então colocado no mais horrível de todos os lugares [...].
>
> Durante minha viagem no navio negreiro, consegui aprender um pouco de português com aqueles homens que mencionei antes e, como meu senhor era um português, podia compreender muito bem o que ele queria e lhe dei a entender que faria tudo o que ele precisava tão bem quanto me fosse possível, e ele pareceu bastante satifeito com isso. [...]
>
> Apud: LARA, Sílvia H. Biografia de Mahommah G. Baquaqua. *Revista Brasileira de História*. São Paulo. v. 8, n. 16, mar./ago., 1988, p. 269-283. Disponível em: <www.anpuh.org/revistabrasileira/view?ID_REVISTA_BRASILEIRA=25>. Acesso em: 16 mar. 2017.

a) A qual etapa do comércio de indivíduos escravizados Baquaqua faz referência? Explique, utilizando elementos do texto.

b) Baquaqua também faz referência ao momento em que conversou com seu senhor, quando já estava no Brasil. Em sua opinião, a ação de Baquaqua pode ser considerada uma espécie de "estratégia" para sua sobrevivência? Em que essa estratégia lhe seria útil?

Articule passado e presente

6. Para refletir mais sobre como a atual sociedade brasileira lida com sua história de escravidão, observe a charge e leia o trecho de reportagem a seguir.

Angeli/Acervo do artista

> [...] Em uma década, o IBGE [Instituto Brasileiro de Geografia e Estatística] constatou crescimento na proporção de universitários na faixa etária de 18 a 24 anos – de 32,9%, em 2004, para 58,5%, em 2014 –, com destaque para o recorte por cor ou raça, de acordo com os critérios de classificação do instituto.
>
> Do total de estudantes pretos ou pardos de 18 a 24 anos, 45,5% estavam na universidade no ano passado [2014]. Há dez anos, essa proporção era de 16,7%. Entre os brancos, também houve aumento – de 47,2%, em 2004, para 71,4%, em 2014. [...]
>
> ANDRADE, Hanrrikson de. Cresce nº de mulheres chefes de família e de jovens negros universitários. *UOL Notícias*, 4 dez. 2015. Disponível em: <http://noticias.uol.com.br/cotidiano/ultimas-noticias/2015/12/04/cresce-n-de-mulheres-chefes-de-familia-e-de-jovens-negros-na-universidade.htm>. Acesso em: 16 mar. 2017.

a) Qual é a crítica social apresentada na charge do artista Angeli? Relacione essa crítica aos conteúdos estudados neste capítulo.

b) De acordo com os dados da reportagem, o que tem acontecido com parte dos estudantes negros brasileiros de 18 a 24 anos de idade?

c) Com base em suas reflexões, escreva um parágrafo relacionado à charge e ao trecho de reportagem.

CAPÍTULO 14º — Arte, tecnologia e cristianismo em transformação

L'Osservatore Romano

Papa Francisco e os cardeais que o elegeram na Capela Sistina, em março de 2013. O teto da capela é adornado por afrescos do artista renascentista Michelangelo Buonarroti. No local, onde ocorre o processo de escolha dos papas da Igreja católica, existem nove painéis que representam importantes passagens bíblicas, pintados entre 1508 e 1512.

Renascimento é o nome dado ao movimento artístico e cultural que surgiu entre os séculos XIV e XVI na península Itálica e depois se espalhou para outras localidades da Europa. Hoje, grande parte das obras de arte renascentistas encontra-se em exposição em diversas galerias e museus. Já a Reforma religiosa foi um amplo movimento de dissidências religiosas cristãs que deu origem a diversas Igrejas protestantes e também provocou mudanças na Igreja liderada pelo papado romano.

Você já se perguntou por que obras renascentistas, como a retratada na imagem acima, são tão famosas? Sabe se atualmente as diversas Igrejas cristãs estão buscando aproximações, entendimentos, ou não?

1 Arte, tecnologia e religião

A arte, a tecnologia e a religião fazem parte do universo cultural de um povo ou de um conjunto de povos. Trata-se de um conceito amplo de cultura, em que esses elementos se integram.

De maneira simplificada, tecnologia é o conjunto de conhecimentos relacionados aos meios, aos instrumentos e/ou aos métodos empregados em uma atividade produtiva, como plantar, colher e fabricar ferramentas.

Além de produzir bens para satisfazer suas necessidades básicas, o ser humano também cria manifestações simbólicas na tentativa de expressar seus sentimentos e emoções diante da vida. Nessas manifestações se situam as expressões artísticas.

Existe a arte pictórica, que busca reproduzir a aparência do que é visível (a pintura realista, por exemplo), e existe a arte que interpreta e representa o que se capta do mundo como sua essência (como as pinturas e esculturas abstratas). Todas as culturas produzem tecnologia e arte e expressam características próprias de sua época e sociedade.

Na Europa, a efervescência artística dos séculos XIV, XV e XVI coincidiu com a crise interna que a Igreja católica enfrentava – provocada pela desmoralização de parte do clero: abusos e poder excessivo contradiziam explicitamente as pregações moralizadoras que defendiam.

O foco neste capítulo é esse impulso artístico e cultural que também envolveu a Igreja, provocando dissidências e mudanças. Vejamos primeiro o movimento denominado Renascimento e depois as Reformas religiosas.

2 A efervescência cultural europeia: o Renascimento

A expansão comercial promoveu o fortalecimento da burguesia, que passou a ter um papel cada vez mais importante na definição dos rumos econômicos, políticos, culturais e religiosos da sociedade europeia. A hegemonia dos valores da nobreza e da Igreja começou a ser alterada a partir dos séculos XV e XVI.

O movimento artístico e cultural que floresceu na península Itálica a partir do século XIV ficou conhecido como **Renascimento** ou **Renascença**. Ele pode ser caracterizado como uma tendência cultural laica – isto é, não eclesiástica – que se estendeu até o século XVI.

O Renascimento recebeu essa denominação por pretender fazer "renascer" a Antiguidade clássica: o pensamento e as criações dos antigos gregos e romanos. Esse termo foi criado pelos próprios renascentistas. Muitos estudiosos consideram que o primeiro a registrar a palavra com tal sentido tenha sido o pintor e arquiteto italiano **Giorgio Vasari** (1511-1574).

Davi, de Michelangelo Buonarroti, 1501-1504 (escultura em mármore).

Onde e quando

- c. 1310 — Publicação de *A divina comédia*, de Dante Alighieri
- c. 1450 — Gutenberg cria a prensa de tipos móveis
- c. 1485 — Botticelli finaliza *Nascimento de Vênus*
- c. 1503 — Da Vinci começa a pintar *Mona Lisa*
- c. 1504 — Michelangelo finaliza *Davi*
- 1516 — Publicação de *Utopia*, de Thomas Morus
- 1517 — Publicação das *95 teses*, de Lutero
- 1534 — Ato de Supremacia (Inglaterra)
- 1536 — Fundação da Companhia de Jesus (Espanha)
- 1542 — Publicação de *Instituição da religião cristã*, de Calvino
- 1564 — Convocação do Concílio de Trento
- 1572 — Publicação do *Index*
- 1618 — Noite de São Bartolomeu (França)
- 1633 — Galileu é preso e julgado pela Inquisição
- 1618-1648 — Guerra dos Trinta Anos

Mapa e linha do tempo ilustrativos. As regiões indicadas no mapa referem-se à configuração atual dos países a que pertencem hoje, e o espaço entre as datas não é proporcional ao intervalo de tempo.

Inspirados pela Antiguidade clássica, os renascentistas rejeitavam os valores feudais, a ponto de considerarem o período medieval uma "idade das trevas". Vale lembrar, porém, que, ao contrário dessa opinião, a Idade Média foi um período bastante rico culturalmente. Além disso, o Renascimento não foi um completo rompimento com o mundo medieval. Representações de temas religiosos e de festividades populares em obras renascentistas remetem à Idade Média, por exemplo.

Também é possível observar as transformações de outros elementos medievais nesse período. Os **menestréis** e os trovadores, por exemplo, figuras populares da Idade Média, absorveram e disseminaram os novos padrões artísticos e influenciaram outros artistas.

menestréis: músicos e poetas que, no período medieval, percorriam os povoados para se apresentar.

Leituras

O belo e o artista na Idade Média

No texto a seguir, o historiador Jacques Le Goff procura valorizar a produção artística e o papel do artista medievais.

[...] Se há um campo em que a novidade do Renascimento parece inegável, é o da arte. [...] E o leitor que houver meditado ou refletido a partir de outras obras dedicadas à arte medieval [...] ficará convencido, ao contemplar uma igreja românica ou uma catedral gótica, que essa época não só produziu obras-primas artísticas, mas estava comovida pelo sentimento do belo e pelo desejo de expressá-lo, de criá-lo e de oferecê-lo a Deus e à humanidade.

A Idade Média produziu obras-primas em abundância, principalmente num campo que infelizmente é pouco visível para a maioria das pessoas: a iluminura.

Ela também criou o artista, que não é simplesmente um artesão perito em trabalhos manuais, mas um homem inspirado pela vontade de produzir o belo, que a isso se dedica a vida, que faz disso muito mais que uma profissão, um destino, e que adquire na sociedade medieval um prestígio do qual arquitetos, pintores, escultores – que aliás, frequentemente eram anônimos – não desfrutavam. [...]

GOFF, Jacques Le. *A história deve ser dividida em pedaços?* São Paulo: Unesp, 2015. p. 87-88.

Origens e características do movimento

Uma característica central do Renascimento foi o **humanismo**, pensamento filosófico que valoriza o ser humano, considerando-o a criação privilegiada de Deus. Tal característica está relacionada à ideia de que a humanidade é o centro do Universo. Esse **antropocentrismo** opôs-se ao **teocentrismo** medieval, que tinha Deus como centro de todas as coisas e concebia o ser humano como uma criatura corrompida pelo pecado.

No período renascentista, valorizava-se o ser humano como ser racional, isto é, dotado de um dom quase divino, a **razão**, e por isso mesmo capaz de interpretar e conhecer a natureza. A criatividade e a genialidade eram considerados atributos que corroboravam a ideia de que o ser humano foi feito à imagem e semelhança do Criador.

O **naturalismo**, o **hedonismo** e o **neoplatonismo** também são características do movimento. O naturalismo prega a volta à natureza; a filosofia hedonista defende o prazer individual como o único bem possível; e o neoplatonismo propõe uma elevação espiritual, uma aproximação de Deus por meio da interiorização, da busca espiritual, em detrimento de qualquer desejo material.

O Renascimento surgiu e atingiu maior expressividade na península Itálica, região na qual o desenvolvimento comercial foi precoce. Nessa época, as cidades italianas eram grandes centros mercantis, com destaque para os portos de Gênova e de Veneza, embora houvesse outras cidades importantes como Florença, Milão e Roma. Vale lembrar que a península Itálica não constituía um Estado unificado, como a França ou a Inglaterra, e se encontrava dividida em várias cidades e pequenos Estados.

A riqueza dessas cidades possibilitou o surgimento dos **mecenas**, pessoas ricas que patrocinavam produções artísticas e científicas. Ao mesmo tempo, essa riqueza atraiu sábios bizantinos, herdeiros das tradições greco-romanas, que fugiam da crescente pressão dos turcos otomanos que avançavam sobre Constantinopla.

Além disso, os vestígios materiais da antiga civilização romana existentes em toda a península serviram de fonte de inspiração para todos os renascentistas.

3. Arte e literatura na península Itálica

O precursor do Renascimento literário na península Itálica foi o toscano **Dante Alighieri** (1265-1321), com a obra *A divina comédia*. Trata-se de um poema épico dividido em três partes: Inferno, Purgatório e Paraíso. Esses seriam os lugares para onde a alma poderia ir após a morte, de acordo com a crença católica. Esse simbolismo é usado para tratar da vida humana, suas fraquezas, seus limites, seus erros e acertos. Dante escreveu o poema no dialeto toscano (linguagem popular do norte da península, semelhante ao italiano contemporâneo), e não em latim. Além disso, o poema é estruturado com rimas alternadas em todos os versos ao longo da obra.

Conterrâneo de Dante, **Petrarca** (1304-1374) transformou suas emoções e hesitações em tema de uma de suas principais obras, *O cancioneiro*. Nos vários **sonetos** que a compõem, ele trata dos seus sentimentos relacionados ao amor não correspondido por uma jovem mulher, fato verídico de sua vida.

> **sonetos**: poemas compostos de 14 versos.
> **ascetismo**: no contexto da Igreja cristã medieval, significa ter autodisciplina, voltar-se para as orações, o espiritual, rejeitando prazeres mundanos.

O florentino **Giovanni Bocaccio** (1313-1375), autor de *Decameron*, contos satíricos que criticam o **ascetismo** medieval, também merece destaque.

Entre os séculos XV e XVI, sistematizou-se o uso do dialeto toscano na literatura. Poemas de autores, como **Ariosto** (1474-1533) e **Torquato Tasso** (1544-1595), e obras de historiadores e estrategistas políticos, como **Nicolau Maquiavel** (1469-1527) e **Franscesco Guiciardini** (1483-1540), destacaram-se nesse período.

Em Florença, dois grandes expoentes da nova pintura se destacaram no século XV: **Masaccio** (1401-1428) e **Sandro Botticelli** (1445-1510). Botticelli, por exemplo, acreditava que a arte era uma expressão ao mesmo tempo espiritual, religiosa e simbólica. Sua busca pela beleza atingiu o ápice com a obra *Nascimento de Vênus*. Mais do que sugerir o amor físico, a estonteante beleza do corpo de Vênus remete à pureza.

Leonardo da Vinci (1452-1519), originário de Vinci, na região da Florença, dedicou-se a vários ramos do conhecimento. Como pintor, criou duas das mais conhecidas e reproduzidas obras de arte do Ocidente: *Mona Lisa* e *A Última Ceia*.

Mona Lisa (ou *A Gioconda*), de Leonardo da Vinci, c. 1503 (óleo sobre madeira).

Retrato de Dante Alighieri, de Sandro Botticelli, c. 1495 (têmpera sobre madeira).

Rafael Sanzio (1483-1520) ficou conhecido como o "pintor das madonas" por ter representado a Nossa Senhora, mãe de Jesus para os cristãos, em várias de suas produções. Entre suas obras, destacam-se os <u>afrescos</u> pintados em aposentos da residência papal, na cidade de Roma, como a obra *Escola de Atenas*.

Michelangelo Buonarroti (1475-1564), considerado por muitos o "gigante do Renascimento", foi escultor e pintor, responsável pelos monumentais afrescos da Capela Sistina, também em Roma. Essas pinturas representam passagens da *Bíblia*, especialmente a criação do mundo e de Adão. No fundo da capela, ocupando toda uma parede, encontra-se um afresco representando o *Juízo Final*.

> **afrescos**: pinturas em paredes e tetos previamente revestidos com um preparado especial. A pintura é feita sobre o revestimento ainda úmido, fresco, para que este fique embebido com a tinta.

Madona com menino, de Rafael Sanzio, c. 1505 (óleo sobre madeira).

4 Renascimento além das artes

A ampliação da gradual independência em relação a dogmas e proibições religiosas também gerou mudanças no desenvolvimento de outras áreas do conhecimento, notadamente da Física, da Astronomia, da Matemática e da Biologia.

O chamado **renascimento científico** rompeu com o monopólio da Igreja na explicação do mundo e da natureza, que predominou no período medieval, abrindo caminho para explicações racionais baseadas na observação, na experimentação e na formulação de hipóteses. Contrariando a teoria defendida na época pela Igreja, segundo a qual a Terra é o centro do Universo – **teoria geocêntrica** ou **geocentrismo** –, a ideia de que o Sol é que está no centro do Universo – chamada **heliocentrismo** – foi aceita definitivamente entre os séculos XVI e XVII. Essa teoria, proposta por **Nicolau Copérnico** (1473-1543), foi defendida por **Giordano Bruno** (1548-1600) e **Galileu Galilei** (1564-1642).

Essas novas ideias, porém, provocaram reações violentas por parte da Igreja. Giordano Bruno foi condenado e queimado vivo pela Inquisição por defender ideias heréticas, como a de que a Terra e os planetas orbitam em torno do Sol. Galileu também foi julgado e considerado culpado em um caso notório: ele foi obrigado a negar publicamente suas ideias de que a Terra girava em torno do Sol. (Histórias nunca confirmadas contam que ele teria murmurado *"Eppur si muove"*, ou seja, "E, no entanto, ela se move".)

A imposição de dogmas de fé sobre questões científicas gerou medo e revolta entre os homens ligados às pesquisas e ao conhecimento. Somente em 1992, sob o papado de João Paulo II, a Igreja católica retratou-se publicamente em favor de Galileu.

Outros nomes de destaque na astronomia foram **Tycho Brahe** (1546-1601) e **Johannes Kepler** (1571-1630). Foi este último quem chamou a atenção para o movimento elíptico dos astros.

5 Uma cultura urbana

A cultura renascentista, um dos marcos iniciais da Idade Moderna, foi sobretudo urbana. Seu viés racional influenciou a construção de edifícios elegantes e funcionais e também o modo de pensar o espaço da cidade. O artista é também arquiteto e planeja o prédio e seu entorno: a praça, o monumento no centro da praça, a circulação das pessoas, a paisagem urbana.

A tendência de pensar a cidade ideal se desenvolveu e deu origem a um movimento denominado "utopista". Dele fizeram parte **Thomas Morus** (1478-1535), autor de *Utopia*, **Francis Bacon** (1561-1626), que escreveu *Nova Atlântida*, e **Tommaso Campanella** (1568-1639), autor de *Cidade do Sol*. Segundo o historiador Nicolau Sevcenko (1952-2014):

> [...] essas utopias refletem modelos basicamente urbanos, dispostos numa arquitetura geométrica em que cada detalhe obedece a um rigor matemático absoluto. Nessas comunidades-modelo, a harmonia social deve ser uma derivação da perfeição geométrica do espaço público. Por trás desses projetos utópicos, o que se percebe é um desejo de abolição da imprevisibilidade da História e da violência dos conflitos sociais.
>
> SEVCENKO, Nicolau. *O Renascimento*. 17. ed. São Paulo: Atual, 1994. p. 24.

Em meio a utopias e novas construções, o papel das cidades passou por transformações. Os castelos, por exemplo, que foram durante a Idade Média centros de refúgio e defesa, passaram a ser utilizados como espaços de lazer e residência e a contar com novos mobiliários, jardins e cuidados.

Na península Itálica, a invasão do rei da França, Carlos VIII, em 1494, acabou com a autonomia de várias cidades e repúblicas italianas e impôs o poder monárquico sobre as liberdades por elas conquistadas desde o final da Idade Média.

O pensador florentino **Nicolau Maquiavel** (1469-1527), autor de *O príncipe*, percebeu a nova relação de forças e abandonou a defesa da república, passando a pregar a necessidade de um governo forte e centralizado nas mãos de um príncipe astuto e virtuoso.

No aspecto artístico, a nova situação política das repúblicas italianas ajudou Roma a se sobrepor a Florença e se tornar o principal núcleo de produção cultural no século XVI. As dependências da sede da Igreja passaram a ser locais privilegiados de apreciação dessa nova produção cultural.

A cúpula da Catedral Santa Maria del Fiore, em Florença, foi projetada por Filippo Brunelleschi (1377-1446). Brunelleschi é considerado um dos mais importantes arquitetos do Renascimento. Foto de 2014.

O Renascimento
em outras regiões da Europa

Outras regiões europeias, além da península Itálica, vivenciaram intensas produções culturais, especialmente a partir do século XVI. À influência das cidades italianas se juntaram os efeitos das viagens marítimas e o contato com outras culturas do Novo Mundo, a impressão e a difusão de obras literárias, possibilitadas pela invenção dos tipos móveis, e o quadro histórico-cultural específico de cada região. Cada produção assumiu características estéticas e filosóficas próprias, em consonância com as particularidades das tradições locais.

- **1385** — Hubert van Eyck (†1426)
- **1390** — Jan van Eyck (†1441)
- **1445** — Sandro Botticelli (†1510)
- **1450** — Hieronymus Bosch (†1516)
- **1452** — Leonardo da Vinci (†1519)
- **1465** — Gil Vicente (†1536)
- **1466** — Erasmo de Roterdã (†1536)
- **1471** — Albrecht Dürer (†1528)
- **1475** — Michelangelo (†1564)
- **1478** — Thomas Morus (†1535)

Artes plásticas

Na região de Flandres, destacaram-se Pieter Brueghel e os irmãos Jan e Hubert van Eyck, que representaram temas do cotidiano da sociedade, incluindo festas populares e homens do povo. Entretanto, o mais singular dos pintores renascentistas dessa região foi Hieronymus Bosch, cujas obras representavam cenas fantásticas e oníricas. Na Espanha renascentista, a obra de Domenico Theotokopoulos, mais conhecido como El Greco, destacou-se por suas linhas nervosas e explosivas. E no Sacro Império Romano-Germânico, Albrecht Dürer e Hans Holbein foram os principais nomes da pintura renascentista.

Provérbios neerlandeses, de Pieter Brueghel, 1559.

Autorretrato, de Albrecht Dürer, 1500.

Literatura

Os principais nomes do Renascimento inglês estão na literatura. Além de Thomas Morus, autor de *Utopia*, destacou-se o dramaturgo William Shakespeare, que, em suas peças, como *Hamlet*, *Romeu e Julieta* e *Otelo*, criou personagens dotados de grande profundidade psicológica, abordou dilemas e paixões da alma humana e debruçou-se sobre questões existenciais ainda atuais em nosso tempo. Outro grande nome da literatura foi o espanhol Miguel de Cervantes, autor de *Dom Quixote de la Mancha*, que é uma sátira aos valores da cavalaria medieval. Em Portugal, a mais notável obra renascentista foi escrita por Luís Vaz de Camões: *Os lusíadas* é considerada a maior epopeia já escrita em língua portuguesa. O teatro satírico de Gil Vicente, com linguagem simples e direta, também merece destaque.

Humanismo

Na região de Flandres, o humanista Erasmo de Roterdã buscou esclarecer questões religiosas usando uma linguagem menos rebuscada do que seus antecessores. Em *Elogio da loucura*, denunciou alguns abusos da Igreja e a imoralidade do clero. Na França, Rabelais explorou as possibilidades do humanismo em *Gargântua* e *Pantagruel*, exaltando o ser humano e criticando a Igreja. Montaigne, em sua obra *Ensaios*, expôs seu ideal de equilíbrio: o sentimento de estar em harmonia com o Universo, aceitando-o como ele é.

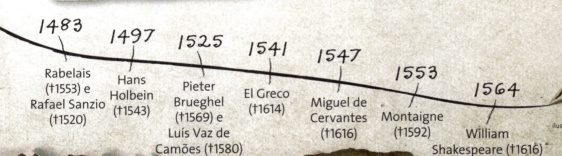

1483 — Rabelais (†1553) e Rafael Sanzio (†1520)
1497 — Hans Holbein (†1543)
1525 — Pieter Brueghel (†1569) e Luís Vaz de Camões (†1580)
1541 — El Greco (†1614)
1547 — Miguel de Cervantes (†1616)
1553 — Montaigne (†1592)
1564 — William Shakespeare (†1616)

A linha do tempo é meramente ilustrativa e indica a data de nascimento (e morte) de alguns dos principais artistas do Renascimento europeu.

Cristo expulsa os comerciantes do templo de El Greco, c. 1600.

Retrato de Erasmo de Roterdã, de Hans Holbein, c. 1525 (óleo sobre madeira).

Para saber mais

Arte e tecnologia na Índia após as Grandes Navegações europeias

Para compreender melhor o período que você está estudando, é importante olhar além, para fora das fronteiras europeias, e perceber outras formas de convívio com a arte e a tecnologia. A Índia é um bom exemplo.

No século XVI, os portugueses estabeleceram um entreposto comercial na Índia. Depois de cem anos controlando o comércio na região, começaram a perder espaço para outros comerciantes, como holandeses, ingleses e, mais tarde, franceses.

Na Índia não ocorreu um processo repentino de intensas mudanças culturais e tecnológicas como as que aconteceram na Europa a partir do século XIV. Muitos dos conhecimentos técnicos com os quais os europeus entraram em contato nessa região eram milenares. Enquanto os europeus valorizavam instrumentos e métodos mais modernos, rápidos e lucrativos, os indianos procuravam manter funcionando os métodos e artefatos adequados ao meio ambiente e à sociedade.

Um dos exemplos mais significativos foi a agricultura. Aos olhos dos europeus, os arados utilizados em algumas regiões da Índia eram toscos e ineficientes. Os ingleses tentaram impor seus arados de ferro, grandes e pesados. Nos lugares em que conseguiram fazer isso, o trabalho agrícola ficou mais extenuante, tanto para os seres humanos como para os animais, além de menos produtivo.

O complexo sistema agrícola da região de Malabar e Gujarat, por exemplo, que à primeira vista poderia parecer "primitivo", na verdade era adaptado ao tipo de solo, pois mantinha sua fertilidade. Além disso, o cultivo envolvia a proximidade e a sucessão de diversas plantas, num equilíbrio que mantinha o solo fértil, arejado e não endurecido pelos efeitos do clima.

A tecelagem indiana também foi subestimada. Até 1700, a Índia era o principal exportador de produtos têxteis do mundo, seguida pela China, ou seja, mesmo em plena Revolução Industrial inglesa, era a Índia que produzia a maior variedade de produtos têxteis. Não por acaso, o desenvolvimento da indústria de tecidos na Europa foi precedido pelo aproveitamento de técnicas indianas. Porém, ao contrário dos europeus, que usavam cada vez mais teares mecânicos com mão de obra pouco qualificada, as regiões têxteis da Índia empregavam uma grande massa de tecelões, a maioria com grande habilidade manual, tanto para tecer quanto para pintar os tecidos.

Também no campo da Medicina os indianos se destacaram: antes dos europeus, já concebiam a existência de microrganismos e utilizavam a inoculação para imunizar as pessoas — por exemplo, contra a varíola.

O caso do aço é igualmente significativo. Na Índia, técnicas de obtenção de aço já eram conhecidas desde a Antiguidade. Apenas no início do século XIX os ingleses conseguiram reproduzir técnicas semelhantes para a produção de aço de alta qualidade.

Em meados do século XIX, o governo britânico ampliou sua presença na Índia. Aboliu a Companhia das Índias Orientais, que até então administrava o comércio da região, e submeteu a Índia ao controle da Coroa britânica, nomeando um governador-geral.

A partir de então, a Índia deixou de ser um lugar de passagem ou de instalação de feitorias para se tornar parte do Império Britânico. Para dominá-la, tornava-se necessário conhecer melhor sua cultura. Assim, multiplicaram-se as expedições e estudos que, hoje, constituem fontes importantes para o conhecimento da maneira indiana de pensar a relação entre o modo de vida, a cultura, as manifestações artísticas e as soluções tecnológicas.

Album/akg-images/Latinstock/Biblioteca Britânica, Londres.

Aquarela indiana de 1873, representando um homem em um tear.

6 O contexto da Reforma: o cristianismo em transformação

As grandes transformações pelas quais a Europa passou no começo da Idade Moderna não se limitaram às esferas artística e cultural. A Igreja também sofreu um formidável abalo com a chamada **Reforma religiosa** e o surgimento de diversas outras Igrejas que, embora cristãs, divergiam de certos procedimentos, valores e orientações da sede papal de Roma.

Desde o final da Idade Média, a formação das monarquias centralizadas fragilizou as relações entre os reis e a Igreja. Como vimos, além do domínio espiritual sobre a população, o clero detinha sólido poder político-administrativo sobre os reinos. Roma — isto é, o papa — recebia tributos feudais provenientes das vastas extensões de terra controladas pela Igreja em toda a Europa. Com o advento dos Estados centralizados essa prática passou a ser questionada pelos monarcas.

Além disso, a Igreja enfrentava problemas com parte da burguesia ascendente, já que a mentalidade religiosa da época considerava a usura pecado e defendia o "justo preço" das mercadorias, isto é, a comercialização dos produtos sem a obtenção de lucros abusivos.

Ao mesmo tempo, ela passava por uma crise interna, provocada pela desmoralização de parte do clero. Embora condenassem a usura e desconfiassem do lucro, muitos os praticavam de forma constante. O comércio de bens eclesiásticos, o uso da autoridade para garantir privilégios, o desrespeito ao celibato e até a venda de cargos não eram raros na Igreja. Mas o maior escândalo, talvez, fosse a venda de **indulgências**.

As indulgências eram uma velha prática da Igreja e originalmente consistiam em penitências atribuídas pelo clero aos fiéis, que deveriam cumpri-las para compensar seus pecados. No final da Idade Média, porém, esse conceito foi distorcido e as penitências foram substituídas por pagamentos a religiosos.

usura: cobrança de juros por empréstimos.

A Reforma luterana

O grande rompimento religioso teve início no território da atual Alemanha, então dominado pelo Sacro Império Romano-Germânico. A Igreja era ali particularmente poderosa, possuindo cerca de um terço do total das terras. A nobreza local, por essa razão, estava ansiosa por diminuir a influência do clero.

A Reforma teve início com **Martinho Lutero** (1483-1546), membro do clero e professor da Universidade de Wittenberg. Ele pregava a teoria agostiniana da predestinação, negando os jejuns e outras práticas apregoadas pela Igreja.

Em 1517, Lutero insurgiu-se contra a venda de indulgências, escrevendo um documento conhecido como as **95 teses**, que radicalizava publicamente suas críticas à Igreja e ao próprio sumo pontífice. Em 1520, o papa Leão X condenou o monge por meio de uma bula, que exigia sua retratação, ameaçando-o de excomunhão.

Na Praça do Mercado (MarktPlatz) da cidade alemã de Wittenberg, há três estátuas: no centro, está a de Martinho Lutero, retratada na foto, ladeada pelas estátuas dos também reformadores Melanchthon (1497-1560) e Bugenhagen (1485-1559). Foto de 2013.

Lutero queimou a bula em público, agravando a situação. Estabeleceu-se então uma verdadeira crise política, na qual a nobreza do Sacro Império Romano-Germânico se dividiu: uma parte a favor do papa e outra a favor de Lutero.

Em 1521, o imperador **Carlos V** (1500-1558) convocou uma assembleia na cidade de Worms, conhecida como <u>Dieta</u> **de Worms**, na qual Lutero foi julgado e considerado herege.

Acolhido por parte da nobreza, Lutero passou a se dedicar à tradução da Bíblia do latim para o alemão e a desenvolver os princípios da nova corrente religiosa, que passaram a ser professados em algumas regiões do império. Com essa expansão, os nobres alemães e o imperador Carlos V aceitaram que eles continuassem a ser professados nessas localidades, mas não nas regiões que ainda permaneciam católicas.

Contudo, em 1529, na **Dieta de Spira**, as autoridades imperiais decidiram impor aos seguidores de Lutero o respeito a direitos e propriedades das autoridades católicas, além de proibições. Isso motivou protestos, razão pela qual os cristãos reformistas passaram a ser denominados **protestantes**.

No ano seguinte, em 1530, na cidade de Augsburgo, teólogos luteranos apresentaram uma declaração redigida por **Filipe Melanchthon** com o registro de suas convicções, que fundamentou a doutrina luterana.

Eis os principais pontos da chamada **Confissão de Augsburgo**:
- o princípio da salvação pela fé, e não pelas obras;
- a livre leitura da Bíblia, vista como único dogma da nova religião — daí a importância de tê-la traduzida para o idioma comum do povo;
- a extinção do clero regular, do celibato clerical e das imagens religiosas;
- a manutenção de apenas dois sacramentos: o batismo e a eucaristia;
- a utilização do alemão, em lugar do latim, nos cultos religiosos;
- a negação da transubstanciação (ideia de que o pão e o vinho se transformam no corpo e no sangue de Cristo durante o culto religioso) e a aceitação da consubstanciação (ideia de que o pão e o vinho representam, e não se transformam, o corpo e o sangue de Cristo);
- a separação do poder espiritual do temporal, respeitando as autoridades seculares do Sacro Império.

Ao subordinar a Igreja às autoridades seculares, Lutero atraiu a simpatia de grande parte da nobreza alemã, ampliando o apoio à nova doutrina. Por outro lado, as ideias de Lutero inspiraram as revoltas camponesas de 1525, nas quais se destacaram os **anabatistas**.

Nesse contexto, o rompimento com a autoridade religiosa foi visto também como uma possibilidade de ruptura com as amarras da estrutural feudal. Entre os revoltosos, havia vários padres partidários de Lutero, que se espalharam pelo Sacro Império, invadindo castelos, confiscando terras e assaltando cidades.

Lutero condenou violentamente as rebeliões camponesas e anabatistas, pregando a utilização da força para exterminá-las. Com o respaldo de Lutero, que pregava "contra as hordas salteadoras e assassinas dos camponeses", as autoridades seculares reprimiram violentamente os revoltosos. Estima-se que mais de 100 mil camponeses tenham sido mortos nesses confrontos. Um dos líderes do movimento, o pároco **Thomas Müntzer** (1489-1525), foi brutalmente torturado e morto após a derrota de seus seguidores, em 1525.

> **Dieta**: no caso, assembleia legislativa ou de ordem religiosa de alguns países.

Em 2010, a Praça do Mercado de Wittenberg foi tomada por cerca de 800 estatuetas coloridas de Martinho Lutero. De plástico e nas cores vermelha, verde, azul e preta, as peças foram criadas pelo artista plástico alemão Ottmar Hoerl (1950-) para substituir a estátua que se encontrava em reforma.

A Reforma calvinista

Na Suíça, separada do Sacro Império Romano-Germânico desde 1499, a Reforma protestante teve início em 1529, sob a liderança do sacerdote e teólogo **Ulrich Zwinglio** (1484-1531). As reações à nova doutrina provocaram uma violenta guerra civil, na qual o próprio Zwinglio foi morto, em 1531.

Pouco depois, em 1536, chegou a Genebra o francês **João Calvino** (1509-1564), intelectual humanista contestador dos valores e práticas da Igreja católica, fato que o fez ser expulso da França. Em território suíço, Calvino logo passou a divulgar suas ideias, fundando uma nova corrente religiosa.

As ideias de Calvino fundamentavam-se no princípio da **predestinação absoluta**, segundo o qual todos os homens estavam sujeitos à vontade de Deus, mas apenas alguns destinados à salvação eterna, desde o nascimento. O sinal da graça divina estaria em uma vida plena de virtudes, como o trabalho diligente, a sobriedade, a ordem e a parcimônia.

diligente: dedicado, ativo.
parcimônia: contenção nos gastos, austeridade.

> [...] Da mão de Deus tens tu o que possuis. Tu, porém, deverias usar de humanidade para com aqueles que padecem necessidades. És rico? Isso não é para teu bel-prazer. Deve a caridade faltar por isso? Deve ela diminuir? Não está ela acima de todas as questões do mundo? Não é ela o vínculo da perfeição? [...]
>
> CALVINO, João. Sermão CXLI sobre Dt 24,19-22. *Opera Calvini*, tomo XXVIII, p. 204.

Inspirado em Lutero, Calvino considerava a Bíblia a base da religião e julgava a existência do clero regular como supérflua, desnecessária. Também criticava o culto às imagens e admitia apenas os sacramentos da eucaristia e do batismo.

Por exaltarem características individuais mais próximas dos valores burgueses, as ideias de Calvino expandiram-se por toda a Europa — mais rapidamente até do que as do próprio Lutero. Na França, os calvinistas foram chamados de **huguenotes**; na Inglaterra, de **puritanos**; e na Escócia, de **presbiterianos**.

Leituras

Os anabatistas e os menonitas

Liderados por um discípulo de Lutero, o pároco Thomas Müntzer, os anabatistas formaram um grupo religioso composto, sobretudo, de camponeses. Eles defendiam a extensão da Reforma no plano social, por meio da coletivização dos bens. Considerados uma ameaça à nobreza que apoiava Lutero, sofreram forte repressão até serem definitivamente derrotados em 1525.

Dos anabatistas descendem os menonitas atuais. Tal denominação deriva do nome do ex-pregador católico holandês Menno Simons (1496-1561), que se tornara batista, isto é, a favor de que o batismo fosse ministrado apenas aos crentes adultos e não aos recém-nascidos.

[Menno Simons] Organizou, na Suíça, o chamado Movimento da Reforma Radical, cujos princípios são: a autoridade suprema da Bíblia, o batismo com base na profissão de fé consciente, o pacifismo, a recusa do juramento ou do uso de armas e a separação total entre Igreja e Estado.

Desde os tempos de Carlos V, passando por Lutero [...] e até Stalin, os menonitas — assim como todos os anabatistas — foram vítimas de constantes perseguições que causaram a morte de centenas de milhares de pessoas. Seus quatro séculos de história caracterizam-se por um movimento migratório constante — da Holanda para a Alemanha, e depois para a Polônia, Ucrânia, Sibéria, Canadá, Estados Unidos, México e América do Sul (Bolívia, Brasil, Uruguai e Paraguai). Calcula-se, atualmente, que existam 700 mil menonitas (batizados) no mundo (o que significa vários milhões de pessoas, com suas famílias). Desse total, mais de 350 mil vivem nos Estados Unidos (entre eles, os *amish*), onde fica a sede de sua organização mundial: o Comitê Central Menonita. [...]

CASSEN, Bernard. Quatro séculos de perseguições. *Le Monde diplomatique*. ago. 2001. Disponível em: <http://diplo.org.br/2001-08,a6>. Acesso em: 16 mar. 2017.

A Reforma anglicana

Na Inglaterra, a Reforma protestante foi desencadeada pelo rei **Henrique VIII** (1491-1547), que obteve com ela vantagens políticas. O pretexto do monarca para romper com a Igreja católica foi a recusa do papa em conceder a anulação de seu casamento com Catarina de Aragão (1485-1536), do qual não resultara nenhum herdeiro homem. O impasse, além disso, o impedia de se casar com Ana Bolena (1507-1536), uma dama da corte.

Em resposta à recusa do papa, o rei proclamou-se chefe da Igreja inglesa e, em 1534, publicou o **Ato de Supremacia**, criando a **Igreja anglicana**. Excomungado pelo papa, reagiu, confiscando os bens da Igreja.

Inicialmente, a Igreja anglicana permaneceu muito semelhante à católica tanto na doutrina como no cerimonial. Apenas no governo de **Elizabeth I** (1533-1603), filha de Henrique VIII e Ana Bolena, é que a Igreja anglicana consolidou uma doutrina em que se combinam fundamentos católicos, como o culto cerimonial e a estrutura eclesiástica, e princípios calvinistas, como a valorização da justificação pela fé, além da negação da autoridade papal.

Para saber mais

Olhares sobre as razões da Reforma

Em seu livro *Nascimento e afirmação da Reforma*, de 1989, o historiador Jean Delumeau (1923-) analisa as razões da Reforma religiosa e rejeita algumas das interpretações históricas tradicionais, como a que enfatiza os abusos da Igreja. Essa tese sustenta a ideia de que os reformadores teriam deixado a Igreja porque a instituição estava repleta de devassidão e impurezas. Para Delumeau, porém, essa interpretação é insuficiente, pois os abusos da Igreja não eram novidade. Além disso, a Reforma católica não conseguiu trazer de volta aqueles que haviam abraçado o protestantismo.

Outra explicação tradicional que o historiador critica é a marxista. Segundo ele, para Karl Marx (1818-1883) as religiões são "filhas do seu tempo", mais precisamente, filhas da economia, mãe universal das sociedades humanas. Portanto, na concepção marxista, a Reforma seria "filha" de uma nova forma de economia, a capitalista, que teve plena ascensão no século XVI.

Para Delumeau essa tese não explica por que a península Itálica, região de grande prosperidade econômica no início do século XVI, ligada ao comércio mercantil, permaneceu católica. Buscando outra explicação, o historiador se debruça sobre a mentalidade europeia daquela época, ressaltando a existência de um cristianismo popular, mais íntimo, em meio a um mundo de pestes, fome, guerras, superstições e medo. Desse modo, o individualismo que se afirmava com o Renascimento se somava ao desejo de muitos fiéis por uma teologia mais adequada, de um movimento pela promoção da cristianização que os líderes protestantes souberam atender.

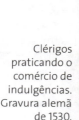

Clérigos praticando o comércio de indulgências. Gravura alemã de 1530.

7 A Reforma católica

A expansão das doutrinas protestantes pela Europa gerou uma reação da Igreja, que procurou reverter o quadro. Além de atuações contrárias à difusão do protestantismo, denominadas **Contrarreforma**, buscou moralizar o clero, com medidas que compuseram a **Reforma católica**.

Uma iniciativa pioneira foi a fundação, em 1534, da Companhia de Jesus, ordem religiosa criada pelo ex-soldado espanhol **Inácio de Loyola** (1491-1556). Organizados e submetidos a uma rígida hierarquia e a uma disciplina quase militar, os **jesuítas**, ou "soldados de Cristo" como foram chamados, esforçaram-se em combater o protestantismo por meio do ensino e da expansão da fé católica. Daí derivou o projeto de catequese.

Em 1542, o papa Paulo III convocou o **Concílio de Trento**, que reafirmou os princípios católicos. Algumas medidas moralizadoras começaram a ser tomadas, como a proibição da venda de indulgências e a criação de escolas para a formação de eclesiásticos.

No Concílio, também ficou estabelecido o fortalecimento do **Tribunal do Santo Ofício da Inquisição**. Foi criado também o *Index*, lista de livros proibidos pela Igreja. Dele faziam parte quaisquer obras consideradas contrárias aos princípios da fé, incluindo livros científicos e as Bíblias protestantes.

Nas décadas seguintes, a Inquisição condenou à tortura e à morte milhares de pessoas na Europa e nas colônias de além-mar.

Para saber mais

O Tribunal do Santo Ofício da Inquisição

Criada para perseguir e condenar aqueles que eram considerados hereges pela Igreja católica, a Inquisição foi oficializada em 1231. Na transição para a Idade Moderna, ela deixou de ser subordinada diretamente ao papado, como era na Idade Média, e estabeleceu vínculos políticos com as monarquias.

Na Espanha, Fernando de Aragão e Isabel de Castela recorreram à Inquisição para perseguir mouros e cristãos-novos — como ficaram conhecidos os judeus convertidos à fé católica. Essa perseguição levou à expulsão dos judeus da Espanha em 1492.

A Inquisição na península Ibérica, que não se resumia à perseguição de mouros e cristãos-novos — seu controle alcançava toda a população —, foi considerada uma das mais violentas da Europa. Foi extinta apenas no século XIX.

A tortura foi amplamente utilizada pela Inquisição desde o período medieval, bem como o confisco de bens, a exposição pública e, em casos mais graves em que não havia confissão ou arrependimento, a morte, geralmente na fogueira. Ao lado, detalhe de gravura do século XVI, representando a execução de condenados à morte na fogueira pela Inquisição em Guernsey, ilha próxima ao atual território francês.

8 Efeitos das Reformas na América

As Reformas tiveram profundas consequências no continente americano. Na América do Norte, por exemplo, a colonização teve o suporte dos protestantes. Em contrapartida, nas colônias espanhola e portuguesa, onde a Igreja católica fortaleceu sua hegemonia, impedindo por muito tempo a penetração das Igrejas reformadas, o protestantismo não prosperou.

A Companhia de Jesus, que chegou à colônia portuguesa em 1549, foi a principal força catequizadora na porção sul do continente. Entretanto, a obra de cristianização dos nativos das Américas portuguesa e espanhola contou também com outras ordens religiosas, além dos jesuítas, como observa a historiadora Sônia Siqueira.

> [...] A obra capital da Igreja na América espanhola foi a conversão dos índios a um cristianismo sumário, primeiro e decisivo passo no sentido da europeização. O clero secular, desconhecedor das línguas indígenas, não se entregou à grande obra missionária. Mas as ordens religiosas — franciscanos, dominicanos, agostinhos — desempenharam no trabalho de conversão dos indígenas um papel capital antes que os jesuítas viessem ocupar o lugar de vanguarda nos séculos XVII e XVIII. [...]
>
> SIQUEIRA, Sônia. *A inquisição portuguesa e a sociedade colonial.* São Paulo: Ática, 1978. p. 32.

Em seu trabalho missionário, os jesuítas entraram muitas vezes em conflito com outros setores da sociedade colonial. Um exemplo disso foram as desavenças entre eles e os sertanistas, especialmente os bandeirantes da Vila de São Paulo, interessados em escravizar os indígenas das missões, onde viviam reunidos e estavam catequizados. Como já estavam adaptados ao trabalho agrícola e à manufatura, pela disciplina que lhes era imposta nos aldeamentos jesuíticos, esses indígenas eram mais valiosos do que os demais.

O historiador Pierre Chaunu (1923-2009) fez uma reflexão a esse respeito, referindo-se à América hispânica.

> [...] Os jesuítas exerceram sobre os índios de suas missões uma proteção vigilante mas muitas vezes tirânica, forçados a viver em aldeias (*reduciones*) e a trabalhar aí a terra; castigados como crianças com punições corporais, eram mais os súditos de pequenas teocracias do que propriamente do rei da Espanha. À frente de milícias índias, os jesuítas das célebres missões do Paraguai repeliam os assaltos dos caçadores de escravos, os bandeirantes paulistas. [...]
>
> CHAUNU, Pierre. *História da América Latina.* São Paulo: Difusão Europeia do Livro, 1964. p. 37.

Além da ação evangelizadora a Contrarreforma também significou a retomada da Inquisição. Na América espanhola, a Inquisição foi instaurada por um decreto real de 26 de janeiro de 1509, mas os primeiros tribunais hispano-americanos entraram em funcionamento em 1570, em Lima, e em 1571, no México.

Na América portuguesa, ao contrário do que ocorreu nas colônias espanholas, não foi instalado um Tribunal do Santo Ofício. Aqui, a ação da Inquisição assumiu a forma de "visitações do Santo Ofício" e consistia na vinda de inquisidores de Portugal à colônia para promover procedimentos e processos inquisitoriais nas vilas, sob a jurisdição do Tribunal de Lisboa. Para ser processada, bastava que uma pessoa fosse acusada de heresia, judaísmo, bigamia, feitiçaria, etc.

Quando da abertura de um processo, o acusado seguia para Lisboa, onde ficava preso e era submetido a interrogatórios, frequentemente acompanhado de sessões de tortura para que confessasse seu "crime". A máquina inquisitorial na América portuguesa resultou, conforme aponta o historiador Ronaldo Vainfas (1956-), no seguinte balanço:

> [...] 1074 presos, sendo 776 homens e 298 mulheres; 48% deles e 77% delas eram cristãos-novos acusados de judaizar [...]. Vinte homens e duas mulheres da Colônia foram queimados em Lisboa, todos por judaizar. Dentre eles, o dramaturgo carioca Antônio José da Silva (1739) e a octogenária Ana Rodrigues, matriarca do engenho de Matoim. A velha sinhá embarcou para Lisboa acompanhada de uma escrava e morreu no cárcere em 1593. Nem assim ela escapou da fogueira. O Santo Ofício desenterrou seus ossos para queimá-los em auto de fé, no Terreiro do Paço.
>
> VAINFAS, Ronaldo. O que a Inquisição veio fazer no Brasil? *Revista de História da Biblioteca Nacional*, n. 73, out. 2011. p. 21.

Em menos de uma década de existência o Santo Ofício lusitano estendeu-se por todo o território brasileiro. Mas documentos mostram que, apesar desse domínio, o controle da Igreja sobre a mentalidade e as práticas dos colonos não era total.

Em 1591, quando ocorreu a primeira visita do Santo Ofício às terras brasileiras, foram abertos diversos processos contra pessoas denunciadas por desacatar santos, clérigos e sacramentos, cometer práticas sexuais proibidas e realizar atos de feitiçaria. A Inquisição conclamava a população a denunciar os autores desses "crimes", cujos bens eram confiscados pela Igreja. Em meio a essa "caça", muitas pessoas foram denunciadas por vingança pessoal ou por praticar rituais de cura indígenas. Isso indica que tudo podia ser visto como pecaminoso ou criminoso pela Inquisição.

9 As guerras religiosas na Europa

As mudanças no cristianismo europeu não foram assimiladas pacificamente. As Reformas provocaram guerras religiosas entre os próprios cristãos.

Muitos soberanos aproveitaram-se do ambiente de disputas provocado pelas Reformas para afirmar seu poder e reduzir ou eliminar a concorrência do poder temporal da Igreja católica, como o fez o monarca inglês Henrique VIII. Quando o soberano era católico, geralmente promovia perseguições contra os protestantes.

No Sacro Império Romano-Germânico, por exemplo, a **Paz de Ausgburgo**, assinada em 1555, assegurava o princípio *cujus regis ejus religio*, ou seja, "cada príncipe com sua religião". Mas, entre 1618 e 1648, os vários principados que constituíam o império tornaram-se um verdadeiro campo de batalha entre cristãos na chamada **Guerra dos Trinta Anos**.

Na França, sob as ordens da rainha-mãe, Catarina de Médicis (1519-1589), os protestantes foram assassinados em massa na **Noite de São Bartolomeu**, como ficou conhecida a noite de 23 para 24 de agosto de 1572. A liberdade de culto só foi estabelecida no reino francês no final do século XVI.

Em Portugal e na Espanha, assim como na península Itálica, o protestantismo não encontrou terreno favorável para desenvolver-se.

O massacre de São Bartolomeu, de François Dubois, c. 1572-1584.

Dialogando com a Arte

Leonardo da Vinci: gênio do Renascimento

Leonardo da Vinci é considerado um dos mais importantes artistas do Renascimento. No entanto, ele foi um polímata, isto é, um indivíduo cujos conhecimentos e habilidades não estão restritos a uma única área das ciências ou das artes. Para usar termos atuais, seria preciso dizer que ele foi matemático, engenheiro, inventor, anatomista, biólogo, botânico, astrônomo, geólogo, escultor, arquiteto, pintor, poeta e músico.

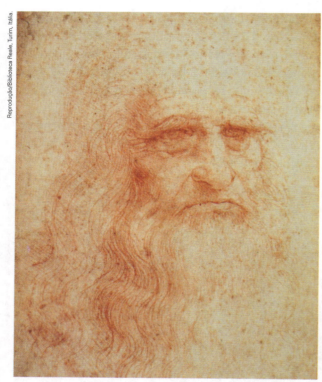

Autorretrato, de Leonardo da Vinci, c. 1510.

Relatos de contemporâneos dizem que Da Vinci era um homem de curiosidade incansável e dotado de um forte senso prático para criar ou projetar novas invenções. Muitos estudiosos atuais o definem como o maior gênio conhecido do Ocidente e o consideram o modelo do artista moderno, por ter encarnado o espírito renascentista da unidade do conhecimento humano.

Muito do que se sabe sobre as ideias e invenções de Da Vinci tem origem em anotações que ele fez em cadernos ao longo de sua vida. São cerca de 13 mil páginas com textos e desenhos. Nessas anotações, ele utilizou um método de escrita invertida. Até hoje não se sabe se essa escrita, chamada **especular**, era uma estratégia para confundir possíveis plagiadores ou se consistia em uma forma mais fácil para escrever.

Em seus escritos, ele registrou descobertas que articulavam arte, ciência e tecnologia, anotações banais e também reflexões filosóficas, esboços de animais, de formações rochosas e de estruturas arquitetônicas, entre outros assuntos que o interessavam.

Da Vinci só recebeu o devido reconhecimento quando seus cadernos foram descobertos e estudados. Na sua época, ele foi conhecido por seus trabalhos artísticos e suas invenções.

As invenções

Uma parte expressiva dos registros deixados por Da Vinci refere-se a diversos tipos de invenção, como máquinas, armamentos e engrenagens. Vários desses inventos revelavam um conhecimento científico e uma capacidade técnica muito à frente do seu tempo.

Além de ser considerado o precursor de diversas invenções modernas, como a bicicleta, o helicóptero, a calculadora, o uso de energia solar, a ponte giratória, o equipamento de mergulho e o paraquedas, Da Vinci desenvolveu inúmeros estudos sobre mecânica, hidráulica, e óptica, por exemplo, que se tornaram relevantes para o desenvolvimento científico nos séculos seguintes.

Ainda não foi comprovado se o protótipo de bicicleta que aparece reproduzido acima é, de fato, de Da Vinci, uma vez que o esboço do desenho traz a assinatura de seu pupilo, Salai. Mas, de acordo com o historiador Luca Paola, é muito provável que o aprendiz tenha apenas copiado o modelo encontrado na oficina do inventor.

Da Vinci era particularmente fascinado pela possibilidade de o ser humano voar. Esse interesse o levou a realizar diversos estudos sobre o voo dos pássaros e a desenvolver engenhocas que levantassem voo, como um helicóptero, ou simplesmente planassem, como uma asa-delta. Desenhado em torno de 1493, o helicóptero ou "parafuso aéreo" de Da Vinci, por exemplo, foi concebido para "perfurar" o ar e subir rapidamente, impulsionado pela força daqueles que o operassem.

Ele também tinha muito interesse em armas e armamentos. Além de aperfeiçoar a catapulta e o canhão utilizados na época, Da Vinci inventou equipamentos bélicos que seriam aprimorados nos séculos seguintes, como a metralhadora e o tanque de guerra. Um dos seus estudos referia-se à criação de um "carro-ceifador". Tratava-se de uma espécie de carroça com imensas lâminas rotativas fixadas em suas laterais. Ao ser puxada por cavalos em um campo de batalha, as lâminas "ceifariam" os soldados inimigos. Outro se referia à enorme máquina de arremessar flechas, também chamada besta ou balestra. Com 25 metros de comprimento e seis rodas de sustentação, essa arma de guerra seria capaz de lançar flechas (e outros projéteis) através de um arco semiautomático.

Apesar de todo o brilhantismo da invenção de Da Vinci, no final do século XV não se sabia ainda que o ser humano é incapaz de produzir energia suficiente para superar a força da gravidade e levantar uma máquina utilizando sua própria força.

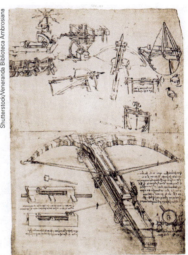

Em 2010, uma versão funcional da balestra gigante de Da Vinci foi construída em uma série televisiva estadunidense, quase meio milênio depois de sua criação.

Atividades

- Vamos construir um protótipo ou uma maquete de uma das invenções de Leonardo da Vinci? Para isso, organizem-se em pequenos grupos de até cinco alunos e, com a orientação do professor, façam o que se pede.

  a) Escolham uma das invenções de Da Vinci. Vocês podem pesquisar outros inventos dele, além dos que foram apresentados aqui.

  b) Pesquisem em livros ou na internet o funcionamento da invenção escolhida. Procurem fotos e descrições que ampliem o conhecimento do grupo sobre o assunto. Vocês podem também procurar *sites* que apresentem experiências de outras escolas que tenham feito uma atividade semelhante.

  c) Com a ajuda do professor, planejem a construção. Vocês devem levar em conta a escolha dos materiais apropriados para a tarefa; o tempo destinado à execução do protótipo ou da maquete; etc.

  d) Construam o protótipo ou a maquete.

  e) Elaborem uma pequena apresentação escrita e oral sobre o que foi construído. Compartilhem a produção de vocês com os outros grupos da sala e, se possível, com o restante da comunidade escolar. Vocês podem, por exemplo, montar uma exposição em um local acessível da escola, para que todos possam aprender mais sobre os inventos de Da Vinci.

Atividades

Retome

1. O movimento cultural e artístico desenvolvido na Europa entre os séculos XIV e XVI é conhecido como Renascimento. Em que período o termo foi criado e por que ele foi usado para designar esse movimento?

2. É possível afirmar que o Renascimento rompeu completamente com os valores da Idade Média? Por quê?

3. Identifique as principais características do Renascimento e explique-as.

4. Por que o Renascimento teve origem na península Itálica? Em sua resposta, procure explicar, também, por que é possível dizer que o Renascimento foi uma cultura urbana.

5. Ao longo do século XVI, a Igreja católica enfrentou situações de crise. Esse cenário, em algumas partes da Europa, abriu caminho para a Reforma protestante.

    a) Identifique as causas dos conflitos ideológicos que colocavam, de um lado, a Igreja católica e, de outro, a monarquia centralizada e a burguesia ascendente na Europa.

    b) Elenque os principais fatores que configuraram a crise interna da Igreja católica.

6. A Reforma protestante teve início com Martinho Lutero, na região do Sacro Império Romano-Germânico. Desse modo, em 1517 tinha início a chamada Reforma luterana.

    a) Em que consistia o documento produzido por Lutero, conhecido como *95 teses*?

    b) Por que a doutrina de Lutero passou a ser aceita por parte da nobreza alemã?

7. A Reforma calvinista teve origem na Suíça, com a atuação de João Calvino. Explique o fundamento de **predestinação absoluta**. Em seguida, cite os demais pontos de sua doutrina.

8. Após o surgimento das doutrinas protestantes em diversos pontos da Europa, a Igreja católica organizou medidas contra os protestantes e mudanças na própria Igreja, na tentativa de reverter aquele cenário.

    a) Qual foi o nome dado a essas medidas contra os protestantes e como são chamadas as mudanças na própria Igreja?

    b) Quais foram as medidas tomadas pela Igreja católica para colocar em prática essa reação?

    c) A lista de livros proibidos pela igreja, o *Index*, trazia obras consideradas "perigosas", ou seja, contrárias à fé cristã. Entre essas obras, estavam as de alguns estudiosos da ciência, que você conheceu neste capítulo. Por que as obras desses estudiosos foram consideradas "perigosas" pela Igreja católica?

Pratique

9. O texto a seguir foi escrito por Ernst Gombrich (1909-2001), historiador da arte. Leia-o e depois responda ao que se pede.

> [...] Entre os artistas florentinos da segunda metade do século XV [...] encontrava-se o pintor Sandro Botticelli [...]. Um de seus quadros mais famosos não representa uma lenda cristã, mas um mito clássico: o nascimento de Vênus. [...] O cliente que encomendou a pintura de Botticelli para a sua casa de campo era membro da rica e poderosa família dos Medici. Ou ele mesmo ou um dos seus eruditos amigos explicou provavelmente ao pintor o modo como os antigos tinham representado Vênus surgindo do mar. [...]
>
> GOMBRICH, E. H. *A história da arte*. 16. ed. Rio de Janeiro: LTC, 1999. p. 263-264.

Nascimento de Vênus, de Sandro Botticelli, c. 1483. Botticelli conciliou os valores cristãos com os do paganismo.

O texto de Gombrich apresenta algumas situações típicas do Renascimento presentes na produção de Sandro Botticelli, no momento em que o artista produzia a obra *Nascimento de Vênus*. Que situações são essas? Identifique-as, relacionando-as aos valores e às ideias do Renascimento.

10. O texto a seguir trata da construção de conhecimentos nas áreas de Astronomia e de Cosmologia durante o Renascimento.

> [...] Nicolau Copérnico (1473-1543) rompeu com esta concepção [geocêntrica] ao propor um novo modelo, no qual a Terra estaria em movimento e o Sol ocuparia o centro da esfera celeste. Com isso, Copérnico instaurou a separação entre a natureza e a divindade, nascendo a visão moderna, com a percepção de sua autonomia em relação a Deus. [...]
>
> GODINHO, Rosemary de Sampaio. Renascimento: uma nova concepção de mundo através de um novo olhar para a natureza. *DataGramaZero. Revista de Informação*. v. 13, n. 1, fev. 12. Disponível em: <www.brapci.ufpr.br/brapci/v/a/11716>. Acesso em: 17 abr. 2017.

a) Como se caracterizava a visão geocêntrica do Universo dominante durante a Idade Média?

b) A partir de estudos como o de Nicolau Copérnico, qual foi a mudança na visão a respeito do Universo? De que modo os seres humanos passaram a conceber o Universo e que lugar a divindade ocuparia nessa nova teoria?

Analise uma fonte primária

11. O documento conhecido como *95 teses* foi afixado por Martinho Lutero na porta da Igreja de Wittenberg, no dia 31 de outubro de 1517.

Leia, a seguir, algumas das teses do documento. Depois, responda às questões.

> [...]
> 21. Erram, portanto, os pregadores de indulgências que afirmam que a pessoa é absolvida de toda pena e salva pelas indulgências do papa.
>
> 22. Com efeito, ele não dispensa as almas no purgatório de uma única pena que, segundo os cânones, elas deveriam ter pago nesta vida.
>
> 23. Se é que se pode dar algum perdão de todas as penas a alguém, ele, certamente, só é dado aos mais perfeitos, isto é, pouquíssimos.
>
> 24. Por isso, a maior parte do povo está sendo necessariamente ludibriada por essa magnífica e indistinta promessa de absolvição da pena.
>
> [...]
> 43. Deve-se ensinar aos cristãos que, dando ao pobre ou emprestando ao necessitado, procedem melhor do que se comprassem indulgências.
>
> [...]
> 47. Deve-se ensinar aos cristãos que a compra de indulgências é livre e não constitui obrigação.
>
> [...]
>
> *95 teses de Lutero*. Igreja Evangélica de Confissão Luterana no Brasil. Disponível em: <www.dominiopublico.gov.br/pesquisa/DetalheObraForm.do?select_action=&co_obra=2703>. Acesso em: 16 mar. 2017.

a) As indulgências vendidas pela Igreja católica na época em que Lutero elaborou suas críticas serviriam, de acordo com o clero, para diminuir o tempo que uma pessoa passaria no purgatório, após a morte, antes de ir definitivamente para o céu. Desse modo, as pessoas procuravam comprar indulgências na tentativa de garantir que seus pecados fossem perdoados. Na opinião de Lutero, expressa em suas *95 teses*, os conhecimentos do clero a respeito da religião e do que aconteceria após a morte eram suficientes para justificar a venda de indulgências?

b) Releia a tese 24 e comente qual é a ironia contida na frase de Lutero.

c) Para Lutero, o que a venda de indulgências causava ao povo? Qual deveria ser o caráter da venda de indulgências, segundo esse religioso?

Articule passado e presente

12. Apesar de antigo, o ato de retratar pessoas tornou-se bastante intenso no Renascimento. Muitos burgueses encomendavam retratos de si mesmos aos artistas com a intenção de valorizar sua posição social. Alguns artistas também realizavam autorretratos, talvez na tentativa de serem eternizados ao longo da História.

Hoje, temos diferentes formas de fazer retratos: não só com pintura e desenho, mas também com câmeras fotográficas e celulares. A "cultura do retrato" tem se fortalecido cada vez mais, especialmente a partir dos anos de 2010, quando o uso de *smartphones* se disseminou. Todos os dias podemos fotografar nossos amigos e familiares. Além disso, o ato de fotografarmos a nós mesmos tornou-se tão comum que, no final de 2013, a palavra em inglês *selfie* foi eleita a "palavra do ano" pelo *Dicionário Oxford*.

a) Reflita sobre isso e escreva uma redação. Em seu texto, você deve comentar e elaborar hipóteses para as seguintes questões:
- O que move as pessoas hoje a fazer tantas fotos de si mesmas?
- Será que por trás do ato de nos registrarmos em *selfies* estão presentes, de alguma forma, aspectos dos valores, ideias e hábitos que os humanistas europeus propagavam durante o Renascimento?

b) Lembre-se de utilizar, em sua redação, as seguintes expressões:
- individualismo;
- antropocentrismo;
- valorização do eu;
- tecnologia;
- arte.

c) Compartilhe sua redação com os colegas e o professor. Conversem sobre as redações, discutindo as diferentes opiniões expressas nos textos da turma.

13. Um artista contemporâneo publicou a charge a seguir em 2014. Explique que valores da atualidade foram usados pelo chargista para representar, com humor, a produção da tela *Mona Lisa*.

Na charge, Leonardo da Vinci diz: "Podemos tentar pelo menos uma pose em que você esteja sorrindo em vez de fazendo 'biquinho de pato'?!".

14. Leia os trechos de reportagens a seguir e interprete a tirinha. Depois responda ao que se pede.

Texto 1

Formalmente, o Brasil é visto como um país de paz religiosa. Este consenso ideológico, no entanto, é desafiado quando observamos religiões sendo, cotidianamente, discriminadas por adeptos de outros grupos religiosos e excluídas das políticas públicas do Estado. Neste contexto, religiões de ancestralidades africanas são os mais frequentes alvos, indicando que a intolerância religiosa é, sim, uma questão a enfrentar grandes desafios na sociedade brasileira. [...]

BELCHIOR, Marcela. No Brasil, intolerância religiosa nega e tenta inibir cultura mestiça. *Rede Brasil Atual*, 30 maio 2015. Disponível em: <www.redebrasilatual.com.br/cidadania/2015/05/no-brasil-intolerancia-religiosa-nega-cultura-mestica-4514.html>. Acesso em: 16 mar. 2017.

Texto 2

Com exceção das Américas, os conflitos religiosos internos aumentaram no mundo em 2012 até alcançar o nível mais elevado dos últimos seis anos, segundo estudo divulgado [...] pelo instituto norte-americano *Pew Research Center*.

Um terço dos 198 países analisados experimentou em 2012 altos ou muito altos níveis de confrontos religiosos, tais como violência sectária, terrorismo ou assédio [...]. O maior aumento ocorreu no Oriente Médio e África do Norte [...].

Cristãos e muçulmanos, que constituem mais da metade da população mundial, foram estigmatizados em muitos países. Muçulmanos e judeus sofreram as maiores hostilidades dos últimos seis anos, assegura o documento. [...]

Estudo mostra aumento de conflitos religiosos no mundo. *Folha de S.Paulo*, 14 jan. 2014. Disponível em: <www1.folha.uol.com.br/mundo/2014/01/1397725-estudo-mostra-aumento-de-conflitos-religiosos-no-mundo.shtml>. Acesso em: 16 mar. 2017.

a) Releia os trechos das duas reportagens e aponte semelhanças e diferenças entre os conflitos religiosos da atualidade com os conflitos que ocorreram após a época da Reforma. Justifique sua análise.

b) Escreva um comentário em defesa do respeito e da tolerância religiosa no Brasil e no mundo. Imagine que seu texto alcançará leitores de todas as partes do Brasil. Para auxiliá-lo no raciocínio, considere o conteúdo da tirinha.

CAPÍTULO 15
A formação das monarquias europeias modernas

Cerimônia de abertura dos trabalhos legislativos do ano de 2015 na Inglaterra. O evento ocorreu na sede do Parlamento britânico, o Palácio de Westminster, em Londres. Essa cerimônia conta com a presença do chefe de Estado, membros da família real e do Parlamento, além de convidados de várias partes do país.

Todos os anos, uma cerimônia marca o início dos trabalhos do Parlamento na Inglaterra. Tradicionalmente, o chefe de Estado — o rei ou a rainha — faz um discurso no qual estabelece a agenda do governo para o novo ano legislativo. O que esse evento pode nos dizer acerca do respeito do chefe de Estado (neste caso específico, a rainha Elizabeth II) ao poder do Parlamento? E sobre os limites do papel administrativo da monarquia?

1 Política e moral do Estado moderno

Entre os séculos XVI e XVII, as monarquias europeias evoluíram rapidamente para uma forma de Estado ainda mais centralizado, em que o soberano detinha um poder quase absoluto. No chamado **absolutismo monárquico**, o governante estava sempre inclinado a agir em benefício de sua própria autoridade, praticando o autoritarismo e até a violência, de modo a fazer prevalecer a "razão de Estado".

Nem por isso esse poder, chamado **absolutista**, era ilimitado. Apesar de toda a sua autoridade, o rei não podia dispor arbitrariamente de seus súditos ou de suas propriedades. Também não podia desrespeitar as tradições e os costumes da sociedade, pois acima da "razão de Estado" estavam as "leis de Deus", defendidas pela Igreja e geralmente acatadas pela população.

Antes mesmo dessa concentração de poderes nas mãos do soberano, alguns teóricos do início da Idade Moderna já clamavam por Estados fortes, centralizados, chefiados por reis cujo poder fosse incontestável e livre de amarras limitadoras — como as que eram impostas pela Igreja.

Nicolau Maquiavel (1469-1527), Thomas Hobbes (1588-1679) e Jacques-Bénigne Bossuet (1627-1704) são alguns dos teóricos que procuraram dar legitimidade conceitual ao absolutismo monárquico.

Os pensadores do absolutismo monárquico

Nicolau Maquiavel foi um dos primeiros a justificar o poder centralizado dos reis. Defensor da unidade italiana, criticava a fragmentação política vigente e a rivalidade entre as cidades da península Itálica. Em sua obra *O príncipe*, ele propunha a separação entre **moral** e **política**, vistas como esferas inconciliáveis (pelo menos no que se refere à forma como a Igreja concebia o poder político, isto é, atrelado a princípios cristãos). A política, para ele, deveria tornar-se autônoma e independente tanto da religião como da moral.

Para Maquiavel, a vontade do soberano deveria estar acima de tudo para afirmar sua autoridade e garantir o pleno funcionamento do Estado. Mesmo assim, ele não formulou uma teoria geral destinada a legitimar o absolutismo. Isso seria feito posteriormente, por pensadores dos séculos XVI e XVII, que viam nessa forma de poder uma necessidade universal, imposta por um contrato entre os homens ou por um desígnio de Deus.

Retrato de Nicolau Maquiavel, de Santi di Tito, século XVI.

Onde e quando

Linha do tempo:
- 1215 — Magna Carta
- 1509-1547 — Reinado de Henrique VIII da Inglaterra
- 1513 — Publicação de *O príncipe*, de Maquiavel
- 1556-1598 — Reinado de Filipe II da Espanha
- 1558-1603 — Reinado de Elizabeth I da Inglaterra
- 1572 — Noite de São Bartolomeu
- 1598 — Édito de Nantes
- 1643-1715 — Reinado de Luís XIV da França
- 1651 — Publicação de *Leviatã*, de Hobbes
- 1688-1689 — Revolução Gloriosa / Declaração de Direitos (*Bill of Rights*)
- 1709 — Publicação de *Política retirada da Sagrada Escritura*, de Bossuet

Mapa e linha do tempo ilustrativos. As regiões indicadas no mapa referem-se à configuração atual dos países a que pertencem hoje, e o espaço entre as datas não é proporcional ao intervalo de tempo.

Outro importante pensador desse período foi o inglês **Thomas Hobbes**. Em sua obra *Leviatã*, publicada em 1651, ele articulou um sistema lógico e coerente para justificar a necessidade de um governo absolutista.

Para Hobbes, o Estado absolutista representava a superação do "estado de natureza", no qual se vivia em situação de guerra permanente, de todos contra todos. Por causa do egoísmo inerente ao ser humano (daí sua maldade), segundo ele, a sociedade teria uma tendência ao caos ou à desarticulação, pois os indivíduos estariam dispostos a destruir uns aos outros para satisfazer seus interesses. Foi essa sua concepção que deu origem à afirmação "O homem é o lobo do homem".

O pensador defendia que, dotados de razão, os seres humanos tentavam superar esse caótico "estado de natureza" original, formando a sociedade civil e estabelecendo um contrato, segundo o qual todos os indivíduos cederiam seus direitos a um governo forte e centralizado na figura do soberano. Dessa forma, a sociedade deveria renunciar à liberdade em nome da sua própria sobrevivência.

Na França, o bispo **Jacques-Bénigne Bossuet** concordava com Hobbes sobre a necessidade de um poder altamente concentrado nas mãos de um soberano, mas dele discordava sobre a origem desse poder, legitimando-o de outro modo.

Bossuet expôs suas ideias em *Política retirada da Sagrada Escritura*, publicada postumamente em 1709. Na obra ele afirma que o poder real estaria próximo de Deus. Essa proximidade permitiria que as decisões do rei fossem, graças à inspiração divina, infalíveis. Sua autoridade, portanto, emanaria de Deus, e não de um contrato. Para Bossuet, o direito divino seria o fundamento do poder real, aquilo que lhe daria legitimidade.

Segundo alguns historiadores, o governante que mais se serviu das ideias de Bossuet foi o francês Luís XIV (1638-1715). Outros, contudo, destacam que o caráter sagrado atribuído aos monarcas e à realeza remete à formação das monarquias medievais. Nessa perspectiva, Luís XIV teria apenas dado continuidade a tradições já existentes.

Como afirmou o historiador francês Marc Bloch sobre os reis franceses e ingleses **taumaturgos**:

> [...] na história das doutrinas políticas (como em todas as outras espécies de história) convém não levar muito a sério o corte tradicional que, obedecendo aos humanistas, costumamos fazer do passado da Europa nas proximidades de 1500. O caráter sagrado dos reis, tantas vezes afirmado pelos escritores medievais, permanece nos tempos modernos uma verdade que se mostra sem cessar. [...]

BLOCH, Marc. *Os reis taumaturgos*: o caráter sobrenatural do poder régio, França e Inglaterra. São Paulo: Companhia das Letras, 1993. p. 233.

taumaturgos: autores de milagres.

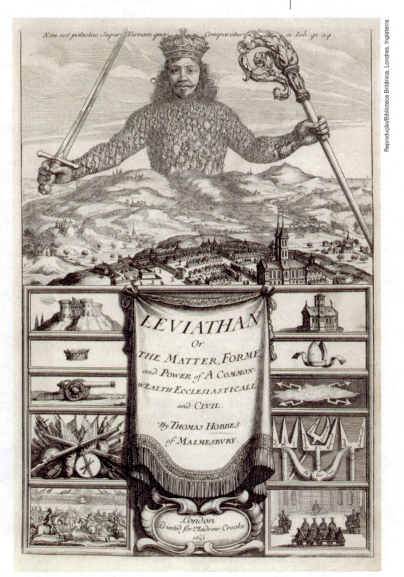

Detalhe de fac-símile da primeira edição de *Leviatã*, de Thomas Hobbes, publicada em 1651.

2 Luís XIV e o absolutismo na França

A França foi o país onde o centralismo monárquico da Idade Moderna se desenvolveu de maneira mais marcante. O processo, iniciado na Baixa Idade Média, foi interrompido pela Guerra dos Cem Anos (1347-1453) e retomado no século XVI, em um contexto marcado por disputas religiosas.

No governo de Carlos IX (1550-1574), intensificaram-se as lutas entre a burguesia calvinista (chamada de *huguenote* na França) e a nobreza católica. O ponto máximo foi a **Noite de São Bartolomeu**, em 1572, em que milhares de huguenotes foram mortos.

Após a matança, os conflitos continuaram e culminaram no assassinato do rei Henrique III (1551-1589). O descendente por direito da Coroa era Henrique IV (1553-1610), huguenote da família Bourbon. Em meio aos confrontos, ele se converteu ao catolicismo e deu início à **dinastia de Bourbon**.

Henrique IV avançou na pacificação do país, especialmente após decretar a liberdade de culto aos protestantes em 1598, por meio do **Édito de Nantes**. Atribui-se a ele a frase "Paris bem vale uma missa", dita no momento de sua conversão ao catolicismo. Pela frase, entende-se que Henrique IV se converteu movido por interesses pessoais, e não por convicções religiosas. Com o édito, os conflitos religiosos no país arrefeceram e a aliança entre o rei e a burguesia foi retomada.

Luís XIII (1601-1643), sucessor de Henrique IV, delegou as tarefas do governo a um ministro todo-poderoso, o cardeal **Richelieu** (1585-1642), que procurou transformar a França em uma potência continental na Europa.

Richelieu envolveu a França em uma guerra contra a dinastia Habsburgo, a chamada Guerra dos Trinta Anos (1618-1648). Católica, essa dinastia governava o Sacro Império Romano-Germânico e pretendia ser hegemônica na Europa. Essa pretensão chocava-se com os interesses da França, da Suécia e dos Países Baixos (Holanda). Apesar de católica, a França não hesitou em se aliar aos holandeses calvinistas contra o Sacro Império. Richelieu justificou essa aliança alegando que as "razões de Estado" estavam acima de quaisquer outras considerações.

A sucessão de Luís XIII coube a **Luís XIV** (1638-1715), que, assessorado pelo ministro **Jules Mazarin** (1602-1661), conseguiu vencer a **Fronda**, um grupo de nobres contrários ao centralismo. Eliminada a resistência, Luís XIV governou com grande poder e luxo. O Palácio de Versalhes, que se tornaria a sede da monarquia francesa, foi construído sob seu reinado, e a frase "O Estado sou eu" é a ele atribuída.

Com seu ministro **Jean-Baptiste Colbert** (1619-1683), Luís XIV lançou as bases do mercantilismo francês, ao promover a navegação marítima em busca de colônias e manufaturas, desse modo, favorecendo a burguesia.

O ápice do absolutismo, porém, foi também o auge de suas contradições. Ao mesmo tempo que garantia privilégios para a nobreza e promovia a expansão dos negócios mercantis e manufatureiros, também dificultava a atuação política da burguesia. Luís XIV chegou a revogar o Édito de Nantes, para promover perseguições, sempre e quando julgasse necessário.

Seus sucessores, Luís XV (1710-1774) e Luís XVI (1754-1793), testemunharam o início do declínio da França e a ascensão da Inglaterra como potência europeia. Os gastos excessivos da Corte e o envolvimento em várias guerras comprometeram as finanças do Estado e ameaçaram a manutenção do regime absolutista.

Retrato de Luís XIV, de Hyacinthe Rigaud, c. 1700 (óleo sobre tela). Observe como o chamado Rei Sol é retratado com símbolos de sua soberania: a coroa, o cetro de ouro, a espada e o manto real com a flor-de-lis (símbolo da monarquia francesa) bordada em fios de ouro.

3. A monarquia inglesa

A centralização política na Inglaterra foi frustrada em 1215 com a promulgação da **Magna Carta**, que limitava o poder real, submetendo-o ao controle do Grande Conselho — que deu origem ao Parlamento inglês. Mas a primazia dos poderes locais, dos barões ingleses, sobre o do monarca começou a ser ameaçada com os custos da Guerra dos Cem Anos. A Guerra das Duas Rosas (1455-1485), que foi provocada pela disputa do trono inglês, enfraqueceu ainda mais a nobreza. O conflito teve fim com a ascensão de Henrique VII ao poder, que inaugurou a **dinastia Tudor**.

Sob o reinado de Henrique VIII (1491-1547), o Estado centralizado inglês ganhou forma e foi criada a Igreja anglicana. Henrique VIII foi sucedido por sua filha, Maria I (1516-1558), que, durante seu breve reinado de 1553 a 1558, restaurou o catolicismo na Inglaterra. O anglicanismo foi restabelecido por sua irmã, Elizabeth I, que governou de 1558 a 1603.

Elizabeth colocou em prática uma política mercantilista agressiva: autorizou a construção de uma poderosa frota e a exploração de colônias na América. Atacou o império colonial espanhol, invadindo suas colônias e saqueando seus navios. Em resposta, a maior marinha da época, a chamada **Invencível Armada** de Filipe II, atacou a armada inglesa. No entanto, os ingleses saíram vitoriosos.

Sem deixar herdeiros, Elizabeth I foi sucedida por Jaime I (1566-1625), que deu início à **dinastia Stuart**. Suas origens escocesas levaram-no a unificar os dois reinos.

Nesse período, estava em andamento uma importante transformação econômica, que começara no final da Idade Média: os **cercamentos** de terras agrícolas. Antigas propriedades autossuficientes, que produziam itens variados, passaram a se especializar na produção de um único produto destinado ao mercado. O caso mais comum era a criação de ovelhas para extração de lã, matéria-prima das rentáveis manufaturas têxteis. Em menor escala, plantava-se trigo.

Assim, terras comunais, antes usadas coletivamente pela população rural, passaram a ser cercadas e exploradas em benefício de um único grande proprietário, de origem nobre, que empregava pouca mão de obra.

Muitos camponeses, que ficaram sem acesso às terras em que antes viviam, transferiram-se para as cidades, onde passaram a ter uma vida precária.

Graças à concentração de riqueza decorrente dos cercamentos, grande parte da aristocracia inglesa se "aburguesou", sobrepondo-se ao rei.

Retrato da Armada de Elizabeth I, de autoria desconhecida, c. 1588 (óleo sobre madeira).

A Revolução Gloriosa

Como vimos, o centralismo político inglês tinha bases frágeis, uma vez que a Magna Carta limitava o poder real e submetia-o às elites representadas no Parlamento. Para reverter essa situação e aumentar o poder real, os Stuart procuraram acentuar os aspectos católicos do anglicanismo. Uma parte da burguesia, contudo, passou a defender as características calvinistas da doutrina anglicana, fortalecendo o grupo dos puritanos, e a questionar o poder real.

Esses desentendimentos acentuaram-se e, em 1640, sob o governo de Carlos I (1600-1649), desencadeou-se uma guerra civil na Inglaterra. De um lado, os "cavaleiros", partidários do rei, da dinastia Stuart; do outro, os "cabeças redondas", partidários do Parlamento, foco da reação puritana e burguesa contra a monarquia absolutista.

Lideradas por **Oliver Cromwell** (1599-1658), puritano e membro da <u>Câmara dos Comuns</u>, as tropas do Parlamento obtiveram diversas vitórias. O rei foi derrotado e condenado à morte por decapitação. Cromwell proclamou a República, chamada **Commonwealth**, e passou a governar com poderes ditatoriais, garantidos pelo exército. Em 1653, invadiu o Parlamento, dispersando os membros que se opunham ao seu centralismo. Recebeu o título vitalício de Lorde Protetor da Inglaterra, Irlanda e Escócia.

Atendendo diretamente aos interesses mercantis da burguesia, Cromwell decretou os **Atos de Navegação**: leis que protegiam os comerciantes ingleses e estimulavam o desenvolvimento naval, visando enfrentar a poderosa concorrência holandesa.

Após a morte de Cromwell, em 1658, a Inglaterra passou por um período de grande instabilidade. Richard Cromwell (1626-1712), seu filho, não conseguiu conter a reação monárquica e antipuritana, que restaurou a monarquia Stuart, em 1659, com a coroação de Carlos II (1630-1685).

Entretanto, em 1688, **Jaime II** (1633-1701), sucessor de Carlos II, foi afastado do poder pelo Parlamento. A burguesia vitoriosa instalou no trono um novo monarca, o protestante **Guilherme de Orange** (1650-1702), holandês de origem e casado com a filha mais velha do monarca deposto. Coroado com o título de Guilherme III, o novo rei assinou a **Declaração de Direitos** (*Bill of Rights*), por meio da qual o rei deveria se submeter ao controle do Parlamento.

Garantiam-se, assim, os fundamentos da monarquia constitucional inglesa e também a autonomia do judiciário, a liberdade de imprensa e a proteção à propriedade privada. Definiu-se ainda que novas taxações deveriam ser aprovadas pelo Parlamento. O **Ato de Tolerância** garantiu liberdade religiosa a todos os protestantes. Esse processo ficou conhecido como **Revolução Gloriosa** (1688-1689).

> **Câmara dos Comuns**: ao lado da Câmara dos Lordes, é uma das duas casas que compõem o Parlamento na Inglaterra. Criada no século XIV, era formada principalmente por representantes da burguesia, enquanto na Câmara dos Lordes estavam os representantes da nobreza e do alto clero.

A execução do rei Carlos I da Inglaterra (1600-1649) retratada por uma testemunha ocular, de John Weesop, c. 1649 (óleo sobre tela).

Para a Inglaterra, a Revolução Gloriosa teve a mesma importância da Revolução Francesa para o restante da Europa, cem anos depois. Isso significa que, desde o século XVII, a Inglaterra tinha um governo oficialmente obrigado a respeitar as liberdades individuais e comprometido com o enriquecimento da classe dos homens de negócios, o que explica, em parte, o notável desenvolvimento econômico do país nos duzentos anos seguintes.

Em outros Estados europeus, a ordem absolutista firmou-se segundo especificidades regionais, a exemplo da Prússia, com a família dos Hohenzollern; da Áustria, com os Habsburgo; e da Rússia, com os Romanov.

4 Filipe II e o absolutismo na Espanha

Filipe II (1527-1597), que reinou de 1556 a 1598, pode exemplificar o Estado centralizado espanhol. Exercendo uma política sucessória e expansionista, governou sobre vários outros reinos, incluindo Portugal, durante a União Ibérica.

Seu reinado foi marcado pelo autoritarismo e pela intolerância religiosa em larga escala. Ele chegou a expulsar judeus, muçulmanos e protestantes da Espanha, proprietários de grandes capitais, em prejuízo da própria economia do país. No afã de promover o catolicismo, ele impulsionou a Inquisição, por meio de ações dentro e fora da Espanha, como a censura a publicações de todo tipo. Entretanto, pesquisas de historiadores em fontes que se referem à intimidade do rei, como cartas trocadas entre familiares, mostram uma imagem diferente daquela que se poderia esperar de um governante conhecido por sua intolerância e seu autoritarismo.

> Surpreendente também para um homem frequentemente acusado de ser obcecado pela religião, as cartas eram totalmente livres de religiosidade (inclusive as cartas às filhas). Filipe II mencionava as funções da Igreja naturalmente, mas o tom era totalmente secular, sem efusões de sentimento piedoso. Livres tanto de didatismo quanto de beatice, as cartas têm um frescor e uma espontaneidade únicos em cartas reais.
>
> CHACON, Vamireh. *A grande Ibéria*: convergências e divergências de uma tendência. São Paulo: Unesp; Brasília: Paralelo 15, 2005. p. 117.

Filipe II permaneceu três anos em Lisboa, onde governou seu império. Durante a União Ibérica (1580--1640), a América portuguesa foi inserida com destaque na estratégia mundial do soberano, que ordenou, por exemplo, a construção de uma cidade na Paraíba, em um dos pontos do território mais próximos da África: Cidade Real de Nossa Senhora das Neves, em seguida denominada Filipeia de Nossa Senhora das Neves, atual João Pessoa.

O grande obstáculo às pretensões expansionistas de Filipe II foi a Inglaterra, que, durante o governo de Elizabeth I, derrotou suas forças marítimas, frustrando suas intenções de anexar o território inglês, o qual tinha comandado por um curto período ao casar-se com a rainha Maria I.

Entrada alegre, de autoria desconhecida, c. 1619 (óleo sobre tela). Registro da entrada triunfal de Felipe II da Espanha em Lisboa, na ocasião da união das Coroas na península Ibérica.

Atividades

Retome

1. Nicolau Maquiavel foi um dos primeiros pensadores a justificar o poder centralizado dos reis. Para ele, o que significava a separação entre moral e política?

2. Para Thomas Hobbes, o Estado absolutista garantiria a superação do "estado de natureza". Explique o que era esse "estado de natureza" e como a sua superação se relacionava com o Estado absolutista.

3. Para o bispo francês Jacques-Bénigne Bossuet, de onde vinha a autoridade do rei?

4. Qual foi o papel da Magna Carta, documento de 1215, no processo de centralização política da Inglaterra?

5. O absolutismo na Europa assumiu características diversas nos diferentes reinos do continente. Porém, ao contrário do que o nome "absoluto" indica, os monarcas não agiam arbitrariamente. Por quê?

Pratique

6. Os acontecimentos da Revolução Gloriosa de 1688-1689 garantiram o estabelecimento da monarquia constitucional na Inglaterra. Na ocasião, Guilherme III e sua esposa, Maria II, aceitaram a Declaração de Direitos (*Bill of Rights*) feita pelo Parlamento inglês e, em abril de 1689, eles foram coroados monarcas. Leia, a seguir, alguns trechos da Declaração de Direitos de 1689 para responder às questões.

> [...] Os Lordes espirituais e temporais e os membros da Câmara dos Comuns declaram, desde logo, o seguinte:
> Que é ilegal a faculdade que se atribui à autoridade real para suspender as leis ou seu cumprimento.
> Que, do mesmo modo, é ilegal a faculdade que se atribui à autoridade real para dispensar as leis ou o seu cumprimento [...].
> Que é ilegal toda cobrança de impostos para a Coroa sem o concurso do Parlamento, sob pretexto de prerrogativa, ou em época e modo diferentes dos designados por ele próprio. [...]
> Que o ato de levantar e manter dentro do país um exército em tempo de paz é contrário à lei, se não proceder autorização do Parlamento. [...]
> Que os discursos pronunciados nos debates do Parlamento não devem ser examinados senão por ele mesmo, e não em outro Tribunal ou sítio algum. [...]
> Que é indispensável convocar com frequência os Parlamentos para satisfazer os agravos, assim como para corrigir, afirmar e conservar as leis. [...]
>
> Declaração de Direitos, 1689 (*Bill of Rights*). Disponível em: <www.dhnet.org.br/direitos/anthist/decbill.htm>. Acesso em: 16 mar. 2017.

a) O que o documento diz sobre a autoridade do rei em relação às leis?

b) De acordo com o documento, qual seria o papel do Parlamento em relação à cobrança de impostos e à manutenção do exército na Inglaterra?

c) O que você diria sobre a relação entre o rei e o Parlamento na Inglaterra após a Revolução Gloriosa?

d) Defina o termo "monarquia constitucional", que foi a forma de governo inaugurada na Inglaterra após a Revolução Gloriosa.

Analise uma fonte primária

7. Observe o retrato de Luís XIV a seguir. Ele foi produzido quando o monarca tinha 17 anos, por volta de 1653.

Retrato de Luís XIV como Júpiter, de Charles François Poerson, 1655 (óleo sobre tela).

a) Esta obra é um retrato mitológico de Luís XIV. O jovem rei foi representado com os atributos do deus greco-romano Júpiter. Que elementos no cenário dessa imagem indicam a presença de valores da mitologia greco-romana?

b) Por que, para Luís XIV, era interessante ser associado a um deus? De que forma essa associação se relacionava com as características gerais do absolutismo francês?

8. O texto a seguir foi extraído da obra *Leviatã*, de Thomas Hobbes. Leia-o com atenção para responder às questões.

> [...] Diz-se que um Estado foi instituído quando uma multidão de homens concordam e pactuam, cada um com cada um dos outros, que a qualquer homem ou assembleia de homens a quem seja atribuído pela maioria o direito de representar a pessoa de todos eles (ou seja, de ser seu representante), todos sem exceção, tanto os que votaram a favor dele como os que votaram contra ele, deverão autorizar todos os atos e decisões desse homem ou assembleia de homens, tal como se fossem seus próprios atos e decisões, a fim de viverem em paz uns com os outros e serem protegidos dos restantes homens.
>
> É desta instituição do Estado que derivam todos os direitos e faculdades daquele ou daqueles a quem o poder soberano é conferido mediante o consentimento do povo reunido.
>
> Em primeiro lugar, na medida em que pactuam, deve entender-se que não se encontram obrigados por um pacto anterior a qualquer coisa que contradiga o atual. Consequentemente, aqueles que já instituíram um Estado, dado que são obrigados pelo pacto a reconhecer como seus os atos e decisões de alguém, não podem legitimamente celebrar entre si um novo pacto no sentido de obedecer a outrem, seja no que for, sem sua licença.
>
> Portanto, aqueles que estão submetidos a um monarca não podem sem licença deste renunciar à monarquia, voltando à confusão de uma multidão desunida, nem transferir sua pessoa daquele que dela é portador para outro homem, ou outra assembleia de homens. Pois são obrigados, cada homem perante cada homem, a reconhecer e a ser considerados autores de tudo quanto aquele que já é seu soberano fizer e considerar bom fazer. Assim, a dissensão de alguém levaria todos os restantes a romper o pacto feito com esse alguém, o que constitui injustiça. [...]

HOBBES, Thomas. *Leviatã*. Disponível em: <www.arqnet.pt/portal/teoria/leviata_18cap.html>. Acesso em: 16 mar. 2017.

a) Thomas Hobbes foi o primeiro filósofo moderno a desenvolver uma teoria do contrato social. Transcreva um trecho do texto no qual fica evidente a defesa que o autor faz do contratualismo.

b) De acordo com Hobbes, é legítima a rebelião dos governados contra o governante? Por quê?

c) Em *Política retirada da Sagrada Escritura*, Bossuet escreve que "Deus protege todos os governos legítimos, qualquer que seja a forma em que estão estabelecidos: quem tentar derrubá-los não é apenas um inimigo público, mas também um inimigo de Deus". Essa ideia concorda ou diverge da concepção de governo de Hobbes? Justifique.

Articule passado e presente

9. Na abertura deste capítulo, você observou a foto da cerimônia de abertura dos trabalhos do Parlamento britânico. Observe a imagem novamente e, em seguida, responda ao que se pede.

a) O que mais chamou sua atenção naquela imagem? Por quê?

b) Com qual aspecto estudado neste capítulo aquela imagem se relaciona? Explique.

c) Hoje, o Parlamento britânico é composto de três partes: Câmara dos Lordes, Câmara dos Comuns e o monarca. O primeiro-ministro e os membros do Parlamento tomam as decisões que afetam a vida política da população inglesa, nas mais diversas áreas (saúde, transportes, educação, meio ambiente, moradias, diplomacia, etc.). O poder da rainha, de fato, se resume às chamadas prerrogativas reais. Pesquise em jornais, revistas e *sites* da internet o que são essas prerrogativas reais e que funções a rainha da Inglaterra exerce, de fato, na atualidade.

10. Em abril de 2015, uma empresa realizou uma pesquisa de opinião com a população da Inglaterra. Nela, 2 020 pessoas responderam à pergunta "Você acha que o país deveria continuar sendo uma monarquia, tendo um monarca como chefe de Estado, ou deveria se tornar uma república?". Cerca de 70% optaram pela continuação da monarquia, aproximadamente 20% responderam que o país deveria se tornar uma república, e os 10% restantes disseram não saber.

a) Com base nos resultados da pesquisa, o que é possível dizer a respeito da relação entre a população atual da Inglaterra e a monarquia?

b) O que esses resultados podem nos informar sobre a presença da História e das tradições na identidade da população inglesa?

A formação das monarquias europeias modernas

CAPÍTULO 16° Expansão territorial, diversidade econômica e resistência indígena na América portuguesa

Hélio Nobre/Acervo do fotógrafo

Crianças da etnia Jenipapo-Kanindé na aldeia Lagoa Encantada, em Iguapé, Ceará, em foto de 2006. De acordo com o Instituto Socioambiental, esse grupo é descendente dos Payaku, que, no século XVI, ocupavam grandes áreas nos atuais estados do Ceará e do Rio Grande do Norte. A demarcação de suas terras teve início em 1997. Em 2010, a população dos Jenipapo-Kanindé era de 302 pessoas. Os antigos Payaku, assim como praticamente todos os grupos indígenas do atual Nordeste brasileiro, tiveram sua trajetória marcada por invasões territoriais, guerras contra os colonizadores europeus e deslocamentos forçados.

Não é de hoje que atividades agrícolas, pecuaristas ou mineradoras ameaçam as terras indígenas. No passado, essa expansão chegou a dizimar grande parte da população indígena que habitava o atual território brasileiro. Será que essas atividades ainda constituem ameaça às populações indígenas do país?

1 Incursões estrangeiras

Desde a chegada de Cabral, o domínio português sobre sua colônia na América foi ameaçado por outros países europeus. Nem mesmo a instauração dos Governos-Gerais em 1549 conseguiu afastar as incursões estrangeiras — estas, ao contrário, aumentaram nos séculos XVI e XVII. A União Ibérica (1580-1640), período em que Portugal e suas colônias passaram a integrar as posses da Espanha, ampliou a atração para o Brasil.

Franceses e holandeses, sobretudo, eram, à época, considerados inimigos dos castelhanos, já que eram rivais à hegemonia da Espanha. Na França, por exemplo, o Estado espanhol apoiava e intervinha nas guerras de religião em favor dos católicos contra os huguenotes.

Mesmo antes da União Ibérica, a presença francesa foi frequente no litoral, ligada à exploração do pau-brasil. Ainda em 1555, os franceses fundaram uma colônia no Rio de Janeiro, denominada **França Antártica**. Ali habitavam índios Tamoio e Maracajá. Estes últimos, por sua rivalidade com os Tamoios, deslocaram-se para o Espírito Santo. Acredita-se que uma parte do grupo tenha originado os Temiminó, cujo líder, Arariboia, aliou-se aos portugueses na luta pela expulsão dos franceses da baía de Guanabara.

Sob o comando de Arariboia, os indígenas ajudaram o governador-geral do Rio de Janeiro, Estácio de Sá, a recuperar a região e a fundar, em 1565, a cidade de São Sebastião do Rio de Janeiro, que hoje é a capital do estado. Com isso, os Temiminó garantiam também a derrota de seus antigos inimigos, os Tamoio, que haviam apoiado os franceses na guerra, e a reconquista de seu território. Esse é apenas um dos exemplos de rivalidade intertribal.

A exemplo de franceses e portugueses — ou holandeses e espanhóis —, que viviam em confronto por domínios além-mar, os diferentes grupos indígenas que habitavam o atual território brasileiro mantinham hostilidades entre si e souberam aproveitar as incursões estrangeiras para obter vantagens.

Como observou a historiadora Maria Regina Celestino de Almeida, os nativos não ficaram à disposição dos colonizadores,

> [...] nem com eles colaboraram por ingenuidade e tolice. [...] Colaborar com os europeus e aldear-se podia significar, portanto, uma forma de resistência adaptativa, através da qual os povos indígenas buscavam rearticular-se para sobreviver o melhor possível no mundo colonial. Em vez de massa amorfa, simplesmente levada pelas circunstâncias ou pela prepotência dos padres, autoridades e colonos, os índios agiam por motivações próprias, ainda que pressionados por uma terrível conjuntura de massacres, escravizações e doenças. [...]

ALMEIDA, Maria Regina Celestino de. Identidades étnicas e culturais: novas perspectivas para a história indígena. In: ABREU, Marta; SOIHET, Rachel (Org.). *Ensino de História*: conceitos, temáticas e metodologia. 2. ed. Rio de Janeiro: Casa da Palavra, 2009. p. 29-30.

No caso do conflito ocorrido entre franceses e portugueses pela posse da baía de Guanabara, os Tamoio juntaram-se aos franceses e os Temiminó aos portugueses, segundo seus próprios interesses.

Os franceses foram expulsos definitivamente do Rio de Janeiro pelo então governador-geral Mem de Sá em 1567. Mas em 1612, em plena União Ibérica, tentaram estabelecer uma nova colônia no Maranhão, a **França Equinocial**, sem sucesso.

Onde e quando

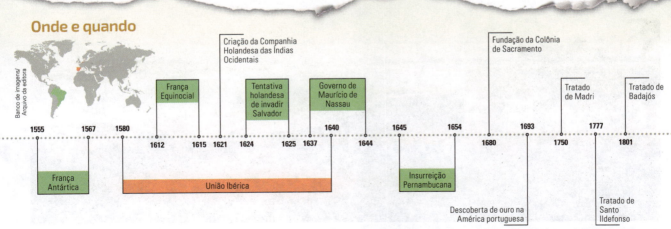

Mapa e linha do tempo ilustrativos. As regiões indicadas no mapa referem-se à configuração atual dos países a que pertencem hoje, e o espaço entre as datas não é proporcional ao intervalo de tempo.

Expansão territorial, diversidade econômica e resistência indígena na América portuguesa

O Brasil holandês

Em decorrência da união das Coroas ibéricas, os holandeses estenderam a hostilidade que tinham em relação à Espanha, que dominava a região dos Países Baixos, às colônias do Império Português. Em 1621, criaram a **Companhia Holandesa das Índias Ocidentais**, destinada a controlar o comércio do açúcar brasileiro, do qual já participavam, e apossar-se dos domínios ibéricos na costa americana e africana.

Em 1630, depois de uma tentativa frustrada de invadir Salvador (1624-1625), os holandeses organizaram uma grande expedição que atacou a principal área açucareira da América portuguesa, a região de Olinda e Recife, onde permaneceram por quase 25 anos.

O domínio holandês estendeu-se do litoral do atual Maranhão até o território que hoje corresponde a Sergipe: em 1641, a Holanda dominava sete das 14 capitanias da América portuguesa.

O conde **Maurício de Nassau** (1604-1679) foi nomeado para administrar a possessão holandesa na América e permaneceu no cargo entre 1637 e 1644. Preocupado em normalizar a produção açucareira da região, Nassau conseguiu a colaboração de muitos senhores de engenho, concedendo-lhes empréstimos que permitiram o aumento da produtividade. Ele também trouxe artistas e cientistas da Europa, concedeu liberdade de religião e modernizou a cidade do Recife.

Os últimos anos de Nassau no Brasil foram de muitas dificuldades: à queda do preço do açúcar no mercado europeu, somaram-se a perda de safras provocada por incêndios, pragas, inundações e a falência de muitos senhores.

Apesar das adversidades, a Companhia das Índias Ocidentais determinou a cobrança integral das dívidas dos senhores de engenho, com juros elevados. Nassau foi contrário às medidas e acusado de mau uso de recursos. Com a saída de Nassau, que entregou o cargo e voltou à Europa, os conflitos entre os senhores de engenho e a Companhia aumentaram.

Antes mesmo de Nassau deixar o Brasil, a luta havia se intensificado no Maranhão, culminando com a expulsão dos holandeses de São Luís. A insurreição alastrou-se atingindo Pernambuco, onde eclodiu um movimento responsável por expulsar os holandeses definitivamente da região, a chamada **Insurreição Pernambucana** (1645-1654).

Inicialmente o movimento não contou com a ajuda de Portugal. Ele só ganhou apoio e reforços metropolitanos depois das primeiras vitórias.

Vista da Cidade Maurícia e do Recife, de Frans Post, 1657 (óleo sobre madeira).

A luta, que tinha o negro **Henrique Dias** (?-1662) e o indígena **Filipe Camarão** (1580-1648) entre seus líderes, fortaleceu-se com a adesão dos senhores de engenho.

Filipe Camarão liderou o grupo potiguar que optou por manter-se fiel aos portugueses — houve potiguares que apoiaram os holandeses. A mais memorável vitória do grupo liderado por ele foi na **Batalha de Guararapes**, em 1648, na qual também lutaram os negros libertos comandados por Henrique Dias.

Por sua bravura e liderança, o chefe potiguar recebeu do rei espanhol Filipe III a comenda de cavaleiro da Ordem de Cristo, o direito de usar o título de dom antes do nome, além de um brasão de armas e de um soldo de capitão-mor dos índios. Henrique Dias recebeu fazendas e dinheiro e também alforria para seus comandados.

Os holandeses foram obrigados a aceitar a derrota e a assinar a **Paz de Haia**, em 1661. Com intermediação inglesa, reconheceram os domínios coloniais lusos em troca de uma indenização. Simultaneamente, estreitavam-se os vínculos entre Portugal e Inglaterra.

Expulsos da América portuguesa, os holandeses implantaram a empresa açucareira em seus domínios coloniais nas Antilhas, cuja produção passou a concorrer com o açúcar brasileiro.

A entrada do açúcar antilhano no mercado provocou queda no preço do produto, o que levou à primeira crise da economia colonial e à perda da supremacia econômica do nordeste.

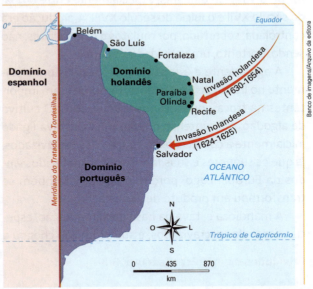

O Brasil holandês (1624-1654)

Adaptado de: *Istoé*. Brasil — 500 anos: atlas histórico. São Paulo: Grupo de Comunicação Três S.A., 1998. p. 18.

O legado holandês

A presença holandesa no nordeste da América portuguesa deixou um legado cultural extenso e importante, e Recife foi a cidade colonial que mais se beneficiou desse legado. Além de monumentos arquitetônicos — como palácios, residências e pontes —, obras de arte — como as pinturas de **Frans Post** (1612-1680) e de **Albert Eckhout** (1610-1666) — e outros registros de artistas, cientistas e cartógrafos, sobrenomes como Buarque de Holanda e Wanderley também fazem parte desse legado. Este último, com o tempo, acabou se popularizando como prenome no Brasil.

2 Expansão territorial e diversificação das atividades econômicas

A subordinação à metrópole não impediu certo dinamismo nas relações econômicas e comerciais na colônia. Houve até mesmo um comércio direto com áreas que não pertenciam à América portuguesa, como a do rio da Prata, no sul do continente, além de regiões africanas, como Angola, Costa da Mina e Moçambique, e asiáticas, como Goa e Macau.

Vários comerciantes que aqui residiam negociavam diretamente com os traficantes de africanos escravizados. O comércio interno de alimentos, a cobrança de impostos em nome da Coroa e a concessão de empréstimos também reforçavam esse dinamismo. Muitos desses comerciantes enriqueceram e compraram terras e escravizados, conquistando maior prestígio na sociedade colonial.

O cultivo de produtos como mandioca, arroz, milho, tabaco ou algodão eram atividades tão importantes como a produção de aguardente e de rapadura. Havia, portanto, outras atividades econômicas na colônia além da empresa açucareira.

O tabaco, produzido principalmente na Bahia, era uma importante moeda de troca no comércio de africanos escravizados, chegando a representar a segunda maior receita de exportação agrícola da colônia. Sua importância econômica e o fato de seu cultivo exigir menos terra e mão de obra atraíram inúmeros lavradores para a região da Bahia, especialmente entre o final do século XVII e o início do século XVIII. A produção era controlada, sobretudo, por mulatos e negros livres, não sendo, portanto, uma atividade da elite.

A aguardente e a rapadura, produzidas principalmente no litoral de São Vicente, também eram importantes na troca por africanos escravizados. O cultivo de algodão, mais intenso no Maranhão, estava ligado inicialmente à confecção das roupas dos escravizados, já que os senhores e suas famílias usavam tecidos vindos da Europa. Logo, porém, o algodão também se transformou em produto de exportação.

A mandioca estava na base da alimentação, especialmente dos escravizados, e sua produção chegou a ser imposta aos senhores para evitar crises alimentares, que poderiam afetar a população e comprometer o projeto colonizador.

A pecuária e a procura por **drogas do sertão** provocaram o deslocamento de muitos colonos para o interior. Foram, assim, decisivas para a ocupação de regiões distantes do litoral e para a ampliação das fronteiras da colônia.

Nesses deslocamentos, em que os colonos enfrentavam muitas dificuldades, era comum levarem indígenas como guias. Para se alimentar, costumavam saquear plantações indígenas ou então plantar alguns gêneros alimentícios para colher na volta da expedição. Com o tempo, os habitantes dos povoados passaram a se fixar próximo às trilhas abertas, oferecendo pouso e alimentação para os colonos e seus animais.

> **drogas do sertão**: termo que se refere a determinadas especiarias que eram encontradas no sertão da América portuguesa. Entre elas, estão o cacau, a canela, a castanha-do-pará, o guaraná e o urucum. Esses produtos não existiam na Europa e, por isso, tinham valor comercial.

Atividades econômicas (século XVIII)

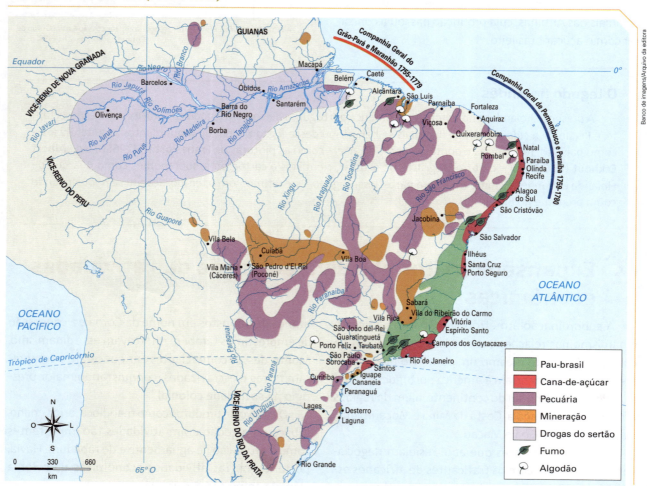

Adaptado de: CAMPOS, Flávio de; DOLHNIKOFF, Miriam. *Atlas História do Brasil*. 3. ed. São Paulo: Scipione, 2002. p. 15.

A ocupação do nordeste e da região amazônica

Inicialmente, a pecuária se desenvolveu nas cercanias dos engenhos, como atividade complementar da empresa açucareira. A criação de gado, além de abastecer os engenhos e as vilas de carne e de couro — utilizado na confecção de roupas, calçados, móveis e outros utensílios —, fornecia a força motriz necessária para mover as moendas e transportar o açúcar.

Pouco a pouco, porém, essa atividade deixou o litoral, adentrando o território, e se transformou em um importante fator de ocupação do sertão nordestino. Como a **criação extensiva**, com o gado solto nas terras, requeria novas pastagens, já no século XVII a atividade dos vaqueiros alcançava as capitanias do Ceará e do Maranhão, ao norte, e as margens do rio São Francisco, mais ao sul. Nessas regiões, surgiram importantes fazendas de gado, chamadas **currais**. A pecuária deslocou-se para o interior do nordeste em busca de melhores pastagens, e também para evitar que os animais destruíssem os canaviais. Essa atividade econômica era exercida principalmente por trabalhadores livres, que, em geral, recebiam como pagamento uma cria para cada quatro animais criados ao longo de cinco anos. As dificuldades geradas pela crise açucareira atraíram muitos colonos de estratos sociais inferiores para a pecuária. Em contraste com a empresa do açúcar, essa atividade permitia maior mobilidade social.

No início do século XVIII, as demandas de alimentos e de transporte da região mineradora no centro-sul impulsionou a pecuária no nordeste e no sul da colônia.

O combate à presença estrangeira, especialmente durante a União Ibérica, foi outro fator de ocupação do nordeste e da região amazônica. As fortificações construídas pelas expedições militares, organizadas para combater incursões estrangeiras, transformaram-se em importantes cidades.

Na região amazônica, por exemplo, o Forte de Belém, criado em 1616, durante a União Ibérica, passou a ser uma importante base de defesa do acesso fluvial às minas de prata espanholas da região do Peru. Em 1621, por decisão do rei da Espanha, foi criado o Estado do Maranhão, que começava no Ceará, próximo do cabo São Roque, e ia até a fronteira setentrional do Pará, ainda indefinida.

A região amazônica também foi ocupada por jesuítas, que fundaram dezenas de aldeias de catequese. Contudo, a coleta de drogas do sertão (cacau, baunilha, guaraná, ervas medicinais e aromáticas) foi a principal base econômica para a ocupação da Amazônia. Essa coleta era administrada pelos jesuítas, que utilizavam o conhecimento e a mão de obra indígenas. Uma das motivações para a exploração das drogas nativas foi a perda de espaço dos portugueses no comércio de especiarias da Ásia.

Como em outros lugares da colônia, a ocupação do interior do nordeste e da região amazônica encontrou resistência entre os nativos. Entretanto, nem todos eram hostis aos colonizadores: muitos se aliaram à Coroa, combatendo "estrangeiros" e outros grupos indígenas.

Vista aérea da Fortaleza da Barra do Rio Grande, conhecida por Forte dos Reis Magos, no Rio Grande do Norte. Fotografia de 2014.

A ocupação do nordeste e da região amazônica (séculos XVI–XVIII)

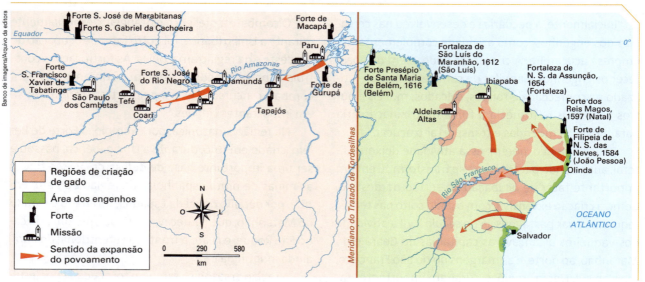

Adaptado de: *IstoÉ*. Brasil – 500 anos: atlas histórico. São Paulo: Grupo de Comunicações Três S.A., 1998. p. 18.

Leituras

Um contexto histórico e geográfico diversificado

O texto a seguir trata de como a colonização portuguesa encarava a atual região amazônica e explica por que o uso do termo "Amazônia", para nos referirmos aos séculos XVII, XVIII e XIX, é anacrônico e bastante problemático.

[...] A importância de pensar as distintas apropriações econômicas do território [amazônico] é indispensável para refletir sobre o que poderíamos chamar de "riscos da amazonização". É claro que existe uma realidade geográfica que podemos reconhecer como floresta Amazônica. Entretanto, no século XVII (e no século XVIII também) a colonização portuguesa pensava essa região a partir de uma perspectiva político-administrativa que abrangia um território mais vasto que a Amazônia propriamente dita. Era o Estado do Maranhão e Pará, que em meados do século XVIII se transforma em Estado do Grão-Pará e Maranhão. Essa unidade administrativa do império português compreendia, em finais do século XVII, regiões tão diferentes como o Rio Negro, em plena floresta, e a capitania do Piauí, semiárida em parte do seu território, onde o gado havia se tornado a principal atividade econômica. [...]

Ao fazer uma "história amazônica" no período colonial, não estaríamos projetando no passado uma lógica espacial que é fundamentalmente contemporânea? Esta lógica se tornou hegemônica no século XX, quando o território brasileiro foi dividido em regiões, entre elas a região Norte, e quando se criou a Amazônia Legal. O termo Amazônia não existe na documentação do século XVII nem do século XVIII. Isso é um indicativo de uma concepção espacial, ao menos para os portugueses, que pensava a região a partir de pressupostos diferentes dos nossos. Isso não quer dizer que a fundação do Estado do Maranhão criou uma realidade geográfica – e esse argumento vale também para o século XX –, mas que a criação do Estado do Maranhão imprimiu um sentido à ocupação da região. Esse sentido incorporou os vetores de uma ocupação militar, missionária e sertanista, mas também agrupou vetores decorrentes da fundação de vilas, da doação de capitanias, da distribuição de sesmarias e da experimentação agrícola.

[...] Escrever a história do território do Estado do Maranhão e Pará significa, então, compreender a sua heterogeneidade. [...]

CHAMBOULEYRON, Rafael. Plantações, sesmarias e vilas. Uma reflexão sobre a ocupação da Amazônia seiscentista. *Nuevo Mundo Mundos Nuevos*, Debates, 2006. Disponível em: <https://nuevomundo.revues.org/2260>. Acesso em: 3 abr. 2017.

1. De acordo com o texto, qual foi a perspectiva adotada pela Coroa portuguesa para pensar a região que hoje definimos como "amazônica"?
2. Por que o autor do texto questiona a possibilidade de fazer uma "história amazônica"?

A expansão bandeirante

A pobreza da inicialmente próspera capitania de São Vicente levou à organização de expedições cujo objetivo era procurar riquezas no interior da colônia ou capturar nativos para escravizar ou vender como escravos.

No início, as chamadas **entradas** ou **bandeiras** visavam obter mão de obra apenas para as pequenas lavouras de São Vicente e regiões próximas.

> [...] O nome entrada foi largamente utilizado no período colonial para designar tanto a penetração em terras do inimigo quanto o próprio caminho por onde se dava esta ação. O termo estava diretamente relacionado com a interiorização da conquista, o que justifica a frequência da sua utilização na América portuguesa. Bandeira, termo preferido pela historiografia da primeira metade do século XX, era menos empregado nos séculos XVII e XVIII. [...]
>
> SANTOS, Marcio Roberto Alves. A conquista dos sertões. In: *Revista de História da Biblioteca Nacional*, n. 120, set. 2015, p. 54.

No período da União Ibérica, quando os holandeses ocuparam os principais portos de embarque de africanos escravizados, a colônia ficou sem receber novos carregamentos de escravizados — com exceção de Pernambuco, que também estava sob domínio holandês.

Como a procura por mão de obra era cada vez maior no nordeste açucareiro, as bandeiras passaram a suprir essa demanda. Muitas bandeiras atacaram as missões jesuíticas constituídas no oeste e no sul da colônia. Os indígenas aculturados e catequisados nas missões tinham um valor de venda mais alto, por estarem mais adaptados ao trabalho agrícola segundo o modelo europeu.

A atividade apresadora de indígenas entrou em declínio com o fim da União Ibérica e a retomada do comércio de africanos escravizados. As bandeiras passaram a atacar então aldeias de nativos insubmissos e de ex-escravizados que viviam em quilombos.

Das **bandeiras de contrato**, como eram chamadas essas expedições, destacaram-se as lideradas por Domingos Jorge Velho, responsável, como vimos, pela destruição do que restava do Quilombo dos Palmares, em fins do século XVII. O bandeirante também liderou as forças que venceram a resistência dos **Cariri** e Janduí, em uma série de conflitos conhecida como **Guerra dos Bárbaros**.

> **Cariri**: constituía a principal família de línguas indígenas do nordeste da colônia portuguesa. Essa designação também é utilizada para denominar grupos locais ou etnias que praticam uma dessas línguas.

Conflitos como a Guerra dos Bárbaros e a chamada **Confederação dos Cariris** têm sido revistos por historiadores da atualidade, como indica o texto a seguir.

> [...] Quando falamos em "Guerra dos Bárbaros" nos referimos aos conflitos dos povos generalizados como Tapuia do sertão nordestino. A própria documentação colonial, quando fala de sublevações indígenas, utiliza esta denominação. Segundo [o historiador Pedro] Puntoni, "a Guerra dos Bárbaros foi igualmente tomada pela historiografia como uma confederação das tribos hostis ao Império Português, um genuíno movimento organizado de resistência ao colonizador". [...]
>
> No Nordeste, especialmente no Rio Grande do Norte e no Ceará, a Confederação dos Cariris, embora muito menos falada, quase destruiu, em seus fundamentos, a colonização lusa. Ela pegou de surpresa muitos capitães-mores do interior, que [...] não conseguiram esboçar qualquer reação contra estes indígenas, num primeiro momento. [...]
>
> Depois das batalhas, os prisioneiros mais fortes eram exterminados a ferro frio, as mulheres e as crianças eram escravizadas e enviadas para as fazendas para indenizar os proprietários de terra dos custos da "guerra justa". [...]
>
> KRAISCH, Adriana Machado Pimentel de Oliveira. Os índios tapuias do Cariri paraibano no período colonial: ocupação e dispersão. Disponível em: <www.yumpu.com/pt/document/view/12819442/os-indios-tapuias-do-cariri-paraibano-no-periodo-ceres-caico>. Acesso em: 3 abr. 2017.

O bandeirismo e o ataque às missões jesuíticas (século XVII)

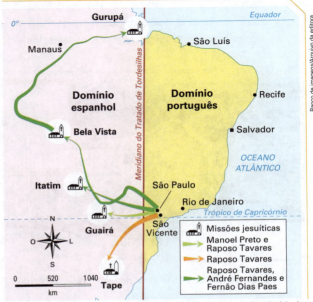

Adaptado de: CAMPOS, Flávio de; DOLHNIKOFF, Miriam. *Atlas História do Brasil*. São Paulo: Scipione, 2006. p. 17.

Expansão territorial, diversidade econômica e resistência indígena na América portuguesa

Em busca do ouro

As mais importantes bandeiras foram, contudo, as de procura por metais preciosos, incentivadas pela metrópole. O financiamento de expedições que partiram da região que hoje corresponde ao estado de São Paulo resultou na descoberta de ouro no atual território de Minas Gerais, e depois nos estados de Mato Grosso e Goiás, e deu início à atividade mineradora na colônia.

Os bandeirantes instalaram-se na área que viria a constituir o estado de São Paulo por meio de acordos com os povos nativos, que envolviam a união dos colonos com mulheres indígenas.

Com os indígenas, os bandeirantes aprenderam a sobreviver na mata e a fazer guerra contra outros povos nativos, visto que a guerra era um evento importante do universo indígena.

Portugueses, estrangeiros e colonos de diversas partes do Brasil, apelidados pelos paulistas de emboabas, foram atraídos para a região das minas. Lá entraram em conflito armado com bandeirantes descobridores das jazidas, que acabaram sendo expulsos da região. Dirigiram-se então para a região central da colônia; em 1719, Pascoal Moreira Cabral descobriu ouro em Cuiabá e, em 1722, Bartolomeu Bueno Filho achou riquezas em Goiás.

Leituras

Mulheres paulistas do período colonial

Com base em pesquisas recentes, a reportagem reproduzida a seguir traz novas informações sobre as atribuições das mulheres paulistas no período colonial. O texto mostra que, ao contrário do que alguns historiadores propagavam, a mulher desempenhava um importante papel na sociedade colonial.

[...] Boas esposas e mães de família, quase sempre recolhidas aos seus lares. [...] Essa era a imagem estereotipada das mulheres paulistas do período colonial que muitos historiadores repetiram em suas obras durante muito tempo. [...] Enquanto os maridos e filhos cuidavam dos negócios comerciais ou seguiam sertões adentro, à caça de indígenas e à procura de ouro nas bandeiras, elas simplesmente cuidavam das coisas do lar. [...] Tudo parecia encaixar-se claramente. Homens e mulheres teriam vivido em universos totalmente separados, com papéis sociais opostos. [...]

Pesquisas recentes têm demonstrado outra realidade, muito diferente da tradicional. [...]

Uma vez casadas, essas mulheres adquiriam sua importância social básica, que era gerar filhos do marido, e também gerenciar ao lado dele as propriedades do casal, que deveria se firmar dali em diante como uma unidade econômica. [...] Gerenciar o lar, portanto, extrapolava administrar simplesmente a casa, e passava por controlar todo um cotidiano produtivo nas propriedades, assim como toda a escravaria. Eram tarefas que as esposas realizavam ao lado dos maridos, ou mesmo sozinhas, quando eles se ausentavam por longos períodos, nas bandeiras. [...] Era desejável, portanto, que elas soubessem administrar e tomar decisões importantes, pois ficavam investidas de poder para representar seus maridos em pendengas judiciais, casar e dotar filhos. [...] Nessas ocasiões, elas firmavam matrimônios que implicavam criar ou aprofundar alianças com outras famílias de destaque na vila, o que poderia lhes trazer muitas vantagens políticas e facilitar a sobrevivência. Também podiam ampliar relações comerciais, diversificar a produção doméstica, quitar dívidas ou fazer empréstimos, adquirir mais escravos, enfim, agir como seus maridos agiriam se estivessem em casa. [...]

DIAS, Madalena Marques. As bravas mulheres do bandeirismo paulista. Disponível em: <www2.uol.com.br/historiaviva/reportagens/as_bravas_mulheres_do_bandeirismo_paulista.html>. Acesso em: 11 jan. 2017.

Mapa da capitania de São Vicente, de João Teixeira Albernaz, 1631.

A conquista do sul

Apesar de terem dizimado muitos grupos indígenas e submetido grande parte deles à escravidão, é inegável o papel das bandeiras na ocupação e no povoamento do interior do território. Os bandeirantes ampliaram as fronteiras da colônia portuguesa para além dos limites estabelecidos no Tratado de Tordesilhas, fundaram povoados e deram início à exploração mineradora.

Com a extensão do domínio português pelo sul do continente, em 1680, foi criada a Colônia de Sacramento, atual cidade de Colônia no Uruguai, com o objetivo de dominar a fronteira ao sul e garantir a posse portuguesa sobre o estuário do rio da Prata. Próxima à cidade de Buenos Aires, a Colônia do Sacramento desafiava os espanhóis, que escoavam sua produção mineradora de Potosí, na atual Bolívia, pelo rio da Prata. A presença portuguesa na região contou com o apoio da Inglaterra, interessada no comércio do rio da Prata.

Para sustentar a dominação lusa sobre o sul, criaram-se as **estâncias**, grandes fazendas de gado cujo êxito foi favorecido pelo mercado consumidor da região das minas e pelas condições naturais dos **pampas**, planície coberta de excelente pastagem característica da região.

A pecuária sulista desenvolveu a produção de **charque**, carne-seca durável, que aos poucos tornou-se a base da economia da região.

Após a anulação dos limites impostos pelo Tratado de Tordesilhas durante a União Ibérica, novos tratados foram estabelecidos para resolver as contínuas disputas entre espanhóis e portugueses no sul da colônia: o Tratado de Madri foi assinado em 1750 e o de Santo Ildefonso, em 1777. Somente em 1801 o Tratado de Badajós definiu as fronteiras do sul do Brasil, em uma configuração bem próxima da indicada no Tratado de Madri.

> **charque**: carne bovina salgada e desidratada para conserva.

Definições das fronteiras brasileiras

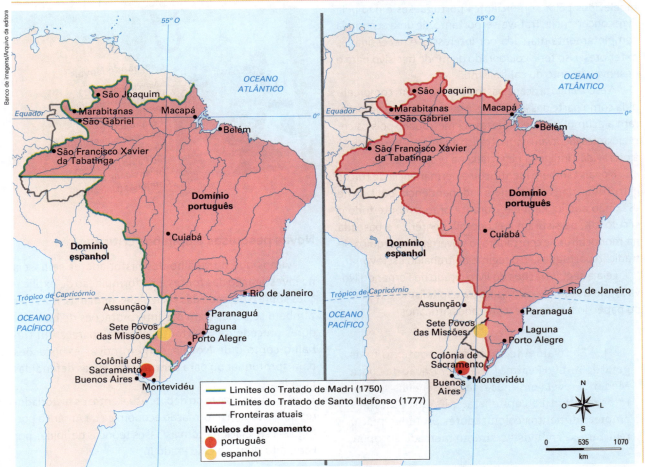

Adaptado de: CAMPOS, Flávio de; DOLHNIKOFF, Miriam. *Atlas História do Brasil*. São Paulo: Scipione, 2006. p. 16.

Pontos de vista

Historiadores do sistema colonial: Fernando Novais e Luiz Felipe de Alencastro

Grande parte das concepções sobre as relações entre a colônia portuguesa na América e sua metrópole foi elaborada pelo historiador **Fernando Novais**.

No livro *Portugal e Brasil na crise do antigo sistema colonial (1777-1808)*, apresentado como tese de doutorado em 1973 e publicado em 1979, Novais expôs uma nova visão sobre a história da formação econômica do país, baseada nas teorias de **Caio Prado Jr.** (1907-1990). Ambos analisaram as características específicas da realidade brasileira colonial, a dinâmica do colonialismo português e as condições da economia europeia, produzindo uma visão mais integrada do processo histórico.

Para Novais, porém, a colonização estava diretamente ligada ao enriquecimento da Coroa portuguesa e, de modo geral, à concentração de riqueza nos países capitalistas centrais. Ele definiu o chamado "exclusivo metropolitano", isto é, o monopólio comercial como mecanismo central de dominação que permitia à Coroa atingir seus objetivos. Para isso, os preços das mercadorias eram estabelecidos pelos comerciantes portugueses e não pela livre concorrência. Tratava-se, portanto, de uma economia completamente marcada por interesses e necessidades exteriores. Isso teria colaborado de modo decisivo para o desenvolvimento do capitalismo.

A escravidão africana passou a ser também compreendida como parte das atividades econômicas que propiciaram a acumulação de riquezas na metrópole, pois os comerciantes lucravam com o tráfico atlântico – em oposição à escravidão indígena negociada na própria colônia.

Novais também identificou a permanência de traços estruturais da colônia que a independência política de 1822 não aboliu. Para ele, durante praticamente todo o século XIX, persistiram a economia periférica e baseada na monocultura exportadora, o governo monárquico de tradição portuguesa e o regime de trabalho escravo.

Leia a seguir trechos do livro citado de Fernando Novais, que tratam de colonização e capitalismo e também do papel do tráfico de escravizados africanos.

> [...] Efetivamente, inserida no contexto mais geral do Antigo Regime [...], a colonização da Época Moderna revela em seus traços essenciais seu caráter mercantil e capitalista; queremos dizer, os empreendimentos colonizadores promovem-se e realizam-se com vistas, sim, ao mercado europeu, mas, tendo em consideração a etapa em que isto se dá, a economia europeia assimila esses estímulos coloniais acelerando a acumulação primitiva por parte da burguesia comercial. A aceleração da acumulação primitiva configura, pois, o sentido último da colonização moderna. [...]
>
> [...] o tráfico negreiro, isto é, o abastecimento das colônias com escravos, abria um novo e importante setor do comércio colonial, enquanto o apresamento dos indígenas era um negócio interno da colônia. [...] Paradoxalmente, é a partir do tráfico negreiro que se pode entender a escravidão africana colonial, e não o contrário. [...]
>
> NOVAIS, Fernando. *Portugal e Brasil na crise do antigo sistema colonial (1777-1808)*. São Paulo: Hucitec, 2005. p. 40 e 105.

Fernando Novais
Nascimento: 1933
Formação: Historiador
Profissão: Pesquisador e professor universitário na Universidade de São Paulo (USP) e na Universidade de Campinas (Unicamp)

Novas pesquisas e opiniões críticas

Vimos que o trabalho dos historiadores se baseia na investigação das fontes e na formulação de explicações sobre o passado das sociedades humanas. Mas eles também se beneficiam das interpretações de historiadores precedentes. Portanto, quando aparece um trabalho como o de Novais, surgem novas explicações para aprofundar ou para contrariar as ideias defendidas por ele.

Assim, boa parte do debate atual entre os historiadores que estudam a formação econômica da América portuguesa se relaciona com as bases teóricas definidas por Fernando Novais e Caio Prado Jr.

Entre as várias linhas de pesquisa, duas são bastante importantes para um entendimento mais profundo sobre o país. A primeira delas aponta para um aspecto pouco valorizado na obra de Novais: a dinâmica do mercado interno, isto é, as possibilidades de produção e circulação de riqueza na colônia. Os autores ligados a esses estudos, como **João Luis Fragoso** e **Manolo Florentino**, acreditam que havia uma forte ligação (e não uma oposição) entre o comércio e a atividade agrícola, integrando setores das elites. Segundo eles, os grandes mercadores reinvestiam a riqueza produzida pelo comércio colonial em terras e escravizados ou em atividades bancárias na própria colônia. Isso contrariava a concepção de que toda a riqueza era extraída do território colonial e aplicada na metrópole.

A segunda linha de pesquisa cresceu em virtude dos estudos do historiador **Luiz Felipe de Alencastro**, particularmente do que foi publicado no livro *O trato dos viventes*, de 2000. Segundo ele, é preciso estudar o Império Português e as relações comerciais estabelecidas com a África, especialmente o tráfico de escravizados, para entender a formação econômica do Brasil até o século XIX. Desse ponto de vista, o olhar do historiador se deslocava da relação direta entre colônia e metrópole e passava a analisar as relações complexas do comércio internacional. Esses estudos analisavam, em particular, as chamadas "trocas atlânticas", que envolviam um mercado de abastecimento de mão de obra escravizada e de mercadorias para todo o continente americano.

No trecho a seguir, Alencastro explica de que modo os resultados de sua pesquisa o conduziram a uma conclusão diferente daquelas defendidas por Novais.

[...] Este é, precisamente, o ponto central de todo o meu trabalho. A impossibilidade em que se encontrava a economia brasileira de emancipar-se dos mercados africanos e do espaço colonial português no Atlântico até 1850 — ou seja, antes e depois da Independência — levou-me a reconsiderar a ideia de "crise do sistema colonial", a centralidade de 1808 na história política e econômica brasileira, a gênese do Estado nacional brasileiro e a periodização do século XIX, como está indicado nas últimas páginas do livro. [...]

ALENCASTRO, Luiz Felipe de. Comentário do autor publicado na *Revista Novos Estudos*, Cebrap, São Paulo. n. 59, março 2001. p. 219.

Luiz Felipe de Alencastro

Nascimento: 1946
Formação: Historiador e cientista político
Profissão: Professor emérito da Universidade Paris-Sorbonne

Um jantar brasileiro (ou *O jantar no Brasil*), de Jean-Baptiste Debret, c. 1820.

Expansão territorial, diversidade econômica e resistência indígena na América portuguesa

Atividades

Retome

1. No século XVI, os franceses invadiram as terras da América portuguesa em duas ocasiões. Em que locais eles se estabeleceram e quais foram as consequências dessas invasões?

2. Posteriormente, no século XVII, os holandeses se estabeleceram nas terras que hoje compreendem o Brasil, dominando, por certo período, áreas do atual Nordeste.
    a) Por que os holandeses optaram por ocupar aquela área?
    b) Quem foi o administrador do domínio holandês na América portuguesa? Cite feitos de seu governo.
    c) Explique, em linhas gerais, o que foi a Insurreição Pernambucana.
    d) Por que, depois da década de 1660, os lucros da produção de açúcar no nordeste da colônia diminuíram?

3. Com base nas ideias apresentadas na seção *Pontos de vista* e também ao longo do capítulo, cite algumas atividades que demonstram a existência de certo dinamismo econômico e comercial na América portuguesa.

4. Observe o mapa "A ocupação do nordeste e da região amazônica (séculos XVI-XVIII)". Explique de que modo a pecuária promoveu a ocupação do sertão.

5. Agora observe o mapa "O bandeirismo e o ataque às missões jesuíticas (século XVII)" e responda.
    a) Quais eram os principais objetivos das entradas ou bandeiras?
    b) De acordo com as informações do mapa, de onde partiam as bandeiras?
    c) Por que grande parte das bandeiras atacava missões jesuíticas, como é mostrado no mapa?
    d) Ao observar o trajeto das rotas mostradas no mapa, explique a relação entre as atividades das bandeiras e a expansão do território português na América.

Pratique

6. Como vimos, as bandeiras procuravam riquezas, capturando e escravizando indígenas, destruindo quilombos e descobrindo metais preciosos. A versão histórica de glorificação desses aventureiros surgiu no século XIX. O viajante francês Saint-Hilaire (1779-1853), que esteve no Brasil entre 1816 e 1831, escreveu sobre a expansão interiorana dos paulistas, enfatizando sua coragem e referindo-se a eles como "uma raça de gigantes". Outros historiadores seguiram pelo mesmo caminho, exaltando os feitos dos bandeirantes, transformando-os em homens cultos, ricos e "heróis da pátria". Contudo, considerando-se que, do século XVI ao XVIII, o Brasil ainda era português, essa ideia de "heróis nacionais" não se sustenta. Além disso, os bandeirantes eram violentos, escravizavam indígenas e atacavam e destruíam quilombos e missões jesuíticas. Por fim, ao contrário do mito construído, os bandeirantes não eram homens ricos. Alguns deles haviam sido pequenos lavradores e buscavam mão de obra escrava indígena; outros, pequenos comerciantes em busca de fortuna rápida.

    a) Para discutir "o mito dos heróis bandeirantes", reúna-se com mais dois colegas. Leiam o texto e observem a imagem a seguir.

    > [...] Domingos Jorge Velho foi representado segundo os cânones dos retratos monárquicos de tradição francesa. A pose clássica de Luís XIV foi referida e reelaborada pelo pintor paulista, sem que tal aspecto fosse questionado, ou mencionado, por nenhum de seus interlocutores. [...]
    >
    > MARINS, Paulo César Garcez. Nas matas com pose de reis: a representação de bandeirantes e a tradição da retratística monárquica europeia. *Revista do IEB*, n. 44, fev. 2007. p. 77-104. Disponível em: <www.revistas.usp.br/rieb/article/view/34563>. Acesso em: 3 abr. 2017.

Retrato de Domingos Jorge Velho, de Benedito Calixto, 1903 (óleo sobre tela).

b) Benedito Calixto (1853-1927) produziu esse retrato do bandeirante Domingos Jorge Velho em 1903, ou seja, muito tempo depois do período em que o retratado viveu. De acordo com o texto de Paulo César Garcez Marins, esse retrato segue os "cânones dos retratos monárquicos de tradição francesa". Que argumento ele usa para justificar essa afirmação?

c) Comparem o retrato de Domingos Jorge Velho com o retrato de Luís XIV na página 288 deste volume. Em que posição os dois personagens foram retratados?

d) Há alguma semelhança entre os dois retratos (nas vestimentas, no enfoque, na atitude do retratado)? Expliquem.

e) Com base na comparação entre as duas imagens, realizada por vocês, expliquem qual teria sido a intenção de Benedito Calixto ao produzir o retrato do bandeirante Domingos Jorge Velho.

Analise uma fonte primária

7. Entre os artistas que faziam parte da comitiva de Maurício de Nassau, no período da ocupação holandesa de Pernambuco, estava Albert Eckhout, pintor e desenhista. Echkout permaneceu no nordeste entre 1637 e 1644. Nesse período, realizou registros artísticos da fauna e da flora do local e produziu diversos retratos dos habitantes da região.

O retrato ao lado apresenta uma mulher indígena do grupo Tupi. Para analisá-lo, é importante ter em mente o contexto em que ele foi produzido e a mentalidade europeia a respeito dos indígenas no século XVII.

Durante muito tempo, os colonizadores dividiram os indígenas da América portuguesa em dois grupos genéricos. Os chamados de Tupi viviam no litoral e tinham maior contato com os portugueses. Já os chamados de Tapuia viviam no interior e tiveram menos contato com os colonizadores. Para os europeus, esses indígenas eram "agressivos", "bravos". Os Tapuia eram pejorativamente chamados de "bárbaros".

> [...] "Tapuias", para os tupis, eram todos os não tupis. Diferiam destes não só pela língua, mas por habitarem o sertão, o interior. Como os colonizadores se instalaram primeiro no litoral, foi com os tupis que se comunicaram e se misturaram antes. Por mais que também se dividissem em vários povos, alguns deles agressivos, os tupis eram os índios "conhecidos". Já os tapuias eram "os outros". [...]
>
> GERONAZZO, Soraya. Muro do demônio. Disponível em: <www.repositorio.ufc.br/bitstream/riufc/3348/1/2007_Dis_SGAraujo.pdf>. Acesso em: 4 maio 2017.

Índia Tupi, de Albert Eckhout, 1641.

a) Observe a imagem feita por Eckhout, intitulada Índia Tupi. Faça uma pequena descrição da imagem, explicando de que modo a mulher indígena foi retratada.

b) Considerando as diferenciações entre "tupis" e "tapuias" impostas pelos colonizadores, o que os objetos e a vestimenta da mulher Tupi podem indicar?

c) O que é mostrado no cenário da pintura (especialmente na paisagem à esquerda)? Qual teria sido a intenção do artista ao colocar esse cenário em uma obra retratando uma mulher Tupi?

d) Considerando suas respostas aos itens anteriores, em que medida esta obra de Albert Eckhout poderia refletir o imaginário europeu a respeito dos indígenas?

Articule passado e presente

8. Neste capítulo você estudou aspectos da expansão da colonização na América portuguesa e acompanhou a história de alguns grupos indígenas nesse processo. Você analisou, também, uma obra de arte de Albert Eckhout, que representa um indígena pelo olhar de um europeu. Agora, vamos refletir sobre como as populações indígenas brasileiras, na atualidade, estão conseguindo se representar e/ou estão sendo representadas. Leia a notícia a seguir e observe a imagem.

> A pioneira banda de rap Bro Mc's formada por índios da etnia Guarani Kaiowá denuncia com combativas rimas em guarani e português os problemas da aldeia localizada em terras ameaçadas pelo desmatamento ilegal.
>
> Quatro jovens nativos provenientes de um pequeno povoado próximo à cidade de Dourados, em Mato Grosso do Sul, começaram em 2008 a contar os conflitos cotidianos em uma região tomada pela poda ilegal que compromete a forma de vida ancestral.
>
> A ideia surgiu para canalizar as reivindicações e os conflitos da comunidade nativa da maior reserva urbana do Brasil, segundo explicaram os integrantes [...].
>
> CARNERI, Santi. Banda indígena do Mato Grosso do Sul faz *rap* sobre problemas da aldeia. 17 dez. 2013. Disponível em: <http://noticias.uol.com.br/ultimas-noticias/efe/2013/12/17/banda-indigena-do-mato-grosso-do-sul-faz-rap-sobre-problemas-da-aldeia.htm>. Acesso em: 3 abr. 2017.

O artista Fabio de Oliveira Parnaiba, conhecido como Cranio, tem se destacado no cenário do grafite brasileiro e mundial. Ele optou por utilizar, como símbolo de sua produção, a figura de um indígena brasileiro, pintado em tons de azul. Seus trabalhos são reconhecidos mundialmente e Cranio tem grafites exibidos não só na cidade de São Paulo mas também em Londres, Berlim e Los Angeles. Na imagem, o desenho de um índio declamando versos da canção "Diário de um detento", de autoria do grupo brasileiro de *rap* Racionais MC's.

a) O que os jovens indígenas citados no texto da notícia fazem para se representar e para serem ouvidos? O que eles pretendem mostrar ou denunciar?

b) Cranio, o autor da imagem acima, representa o indígena no ambiente urbano. Em sua opinião, o que esse artista pretende mostrar ou denunciar?

c) Com base na notícia e na imagem do grafite, responda: Em sua opinião, qual é a importância da representatividade e da comunicação visual nas lutas e denúncias indígenas?

CAPÍTULO 17º
Sistema colonial em movimento

Rubens Chaves/Pulsar Imagens

Ouro Preto recebeu o título de Monumento Nacional em 1933. Em 1938, por seu conjunto urbanístico e arquitetônico, a cidade foi tombada pelo Instituto do Patrimônio Histórico e Artístico Nacional (Iphan). Em 1980, passou a ser considerada Patrimônio Cultural da Humanidade pela Organização das Nações Unidas para a Educação, Ciência e Cultura (Unesco). Foto de 2015.

Muitas cidades do atual estado de Minas Gerais surgiram no período da exploração do ouro, no século XVIII. Por que cidades como Ouro Preto, retratada acima, se formaram nesse período naquela região? Qual teria sido o papel das cidades no período da exploração do ouro? E por que essas cidades, ao longo do século XX, tornaram-se exemplos de patrimônio cultural a serem preservados?

309

1 Estruturas de poder e sociedade colonial

Em alguns aspectos da colonização empreendida na América, houve uma transposição de mecanismos político-administrativos que vigoravam na Europa. Nos territórios sob dominação portuguesa, por exemplo, eram as câmaras municipais portuguesas que governavam nas vilas e cidades.

Com o desenvolvimento da colonização, esses mecanismos foram se ajustando às necessidades da Coroa e dos grupos locais, que, em busca do estabelecimento de seus interesses e de sua autoridade, negociavam cargos, favorecimentos e recompensas.

Desentendimentos e resistências estiveram presentes nesse período, muitas vezes colocando em risco a ordem vigente e trazendo à tona projetos alternativos de poder e de sociedade. A contestação à ordem nem sempre partiu das camadas subalternas, formadas por africanos escravizados, indígenas e pessoas livres e pobres; em alguns momentos, resultou da ação de setores das elites coloniais. Muitas vezes, ao expressarem seu descontentamento em relação a aspectos da administração colonial, tentavam conseguir apoio popular às suas demandas, buscando manobrar forças sociais também descontentes.

2 Mineração: interiorização e urbanização da América portuguesa

Cartas, crônicas e relatórios de época registram que os europeus que chegaram à América tinham algo que os povos nativos chamavam de "sede de ouro". Na América portuguesa, as primeiras descobertas significativas de ouro estão ligadas à expansão bandeirante e datam do final do século XVII. A notícia da descoberta de ouro e também de diamantes, tão esperada desde 1500, atraiu para a região das minas milhares de habitantes da metrópole e colonos de outras regiões da colônia, cuja população passou de 300 mil habitantes no final do século XVII para 3,3 milhões no final do século XVIII.

Os exploradores que se dirigiram para a região das minas passaram a habitar as vilas que se formavam próximas às áreas de mineração, estimulando o comércio e a diversificação de atividades econômicas.

A ocupação e o povoamento da região mineradora, em áreas dos atuais estados de Minas Gerais, Goiás e Mato Grosso, alteraram o caráter predominantemente rural da colonização, provocando mudanças significativas na estrutura colonial.

O desenvolvimento de um novo eixo econômico, que deslocou o interesse da metrópole da costa litorânea nordestina para o centro-sul da colônia, determinou a transferência da capital da América portuguesa, de Salvador para o Rio de Janeiro, em 1763.

A abertura de estradas e caminhos que ligassem a região das minas ao porto do Rio de Janeiro para o escoamento do ouro propiciou também a intensificação do comércio interno, fundamental ao abastecimento da região mineradora. O transporte de mercadorias feito por tropas de mulas, conduzidas por tropeiros, impulsionou a integração econômica entre as regiões da colônia e a consolidação do crescente mercado interno.

Favorecido pelo grande crescimento populacional e pela geração de riqueza provocados pela exploração mineradora, o mercado consumidor se ampliou. Essa ampliação, por sua vez, estimulou a importação de artigos manufaturados, a produção interna de alimentos e a criação de gado.

Onde e quando

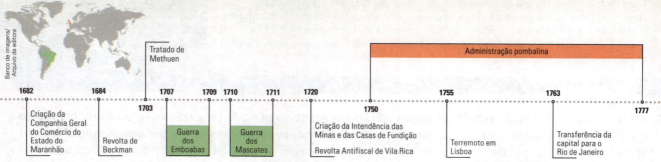

Mapa e linha do tempo ilustrativos. As regiões indicadas no mapa referem-se à configuração atual dos países a que pertencem hoje, e o espaço entre as datas não é proporcional ao intervalo de tempo.

Leituras

Uma outra sociedade

O ouro encontrado na região das minas passou a circular entre as pessoas comuns, inclusive entre os escravizados. Embora a sociedade colonial fosse marcada por profundas desigualdades, essa circulação da riqueza gerada com a mineração tornou possível certa mobilidade social e o surgimento de um setor médio produtivo, composto de homens livres.

O texto de Eduardo França Paiva a seguir aborda essa "outra sociedade" que se formou na região das minas, destacando o papel das mulheres nesse universo.

[...] O ouro, de início, fomentou as mudanças, mas não foi ele o único elemento responsável por elas. Já nas primeiras décadas de ocupação das terras das Minas Gerais, gente de variada origem tentou fazer fortuna não apenas minerando, mas plantando roças e criando animais, oferecendo serviços de todo tipo e, sobretudo, praticando algum comércio. Nas vilas e arraiais das Minas tudo isso existiu, e nunca os escravos estiveram excluídos dessas possibilidades. Ruas, vielas, chafarizes e becos hospedaram milhares e milhares de **escravos de ganho**, de negras de tabuleiro, de coartados – cativos que pagavam sua alforria em parcelas, durante três ou quatro anos – e de **forros**. Enquanto alguns sobreviviam a duras penas, outros, e não foram poucos, conseguiam ganhar dinheiro, com o qual compravam a liberdade, casas, roupas, ferramentas de trabalho, joias e também escravos.

As mulheres ocuparam lugar destacado nesse mundo urbano colonial. Quando escravas, várias conheciam, além de autonomia, alguma fortuna. Depois de libertas, muitas outras ascendiam social e economicamente [...].

Ignácia Ribeira, forra, moradora no arraial do Pompeu em 1777, possuía uma venda de secos e molhados, um escravo, ouro lavrado em barra, um colar de corais e tinha pago uma quantia avultada por sua liberdade: cerca de 300 mil réis. Izabel Pinheira, angolana, morreu viúva, no arraial da Roça Grande, em 1741, possuindo sete escravos que ficaram alforriados e coartados no testamento deixado por ela. [...].

Cada vez mais a nova historiografia demonstra que essas mulheres não eram exceções nem gente alienada. Elas não lutaram contra a escravidão dos irmãos de cor e de raça, mas, ao atuarem no dia a dia, ajudaram a constituir uma sociedade diferente.

PAIVA, Eduardo França. As outras Chicas da Silva. *Aventuras na história*. São Paulo: Abril, 2004. Disponível em: <http://origin.guiadoestudante.abril.com.br/aventuras-historia/outras-chicas-silva-433508.shtml>. Acesso em: 3 abr. 2017.

Moeda portuguesa de ouro, cunhada no Brasil e que equivalia a 4 mil réis, século XVIII.

escravos de ganho: escravizados que trabalhavam por conta própria no setor do comércio e deviam dar uma parte de seus ganhos ao senhor.
forros: ex-escravizados que obtiveram sua liberdade por meio de compra ou por decisão de seu senhor.

1. Comente o papel das mulheres na região das minas, relacionando suas trajetórias às possibilidades de mobilidade social surgidas naquele período.

2. Você reparou que o título do texto de Eduardo França Paiva é "As outras Chicas da Silva"? Você sabe quem foi Chica da Silva e qual foi seu papel na sociedade colonial da região das minas? Em caso negativo, faça uma pesquisa para conhecer mais sobre a trajetória de Francisca da Silva de Oliveira. Depois, compare a trajetória de Chica com a história das mulheres citadas no texto de Eduardo França Paiva.

3. Com base em suas respostas aos itens anteriores, explique por que Eduardo França Paiva escolheu o título "As outras Chicas da Silva" para seu texto.

O auge da extração de ouro

Em sua primeira fase, a atividade mineradora exigia poucos investimentos, de forma que quase todos podiam participar da extração aurífera. As técnicas de **faiscação** e **garimpagem**, que consistiam na retirada do ouro encontrado em rios e barrancos, demandavam escassos recursos e pouca mão de obra. Mais tarde, quando a exploração se consolidou, estruturaram-se grandes unidades exploradoras — as **lavras** —, que demandavam maiores investimentos para as escavações e grande número de escravizados.

Apesar de contar com a presença de homens livres e forros, a mineração foi realizada majoritariamente por africanos escravizados. Estes eram obrigados a entregar determinadas quantidades de ouro a seus senhores; em troca, alguns chegavam a ser alforriados, como recompensa.

Por causa dos acidentes e das doenças a que estavam sujeitos nas lavras, os cativos tinham baixa expectativa de vida, e não trabalhavam mais de doze anos nessa atividade. Como as fugas eram constantes, apesar de serem violentamente combatidas pela elite colonizadora, um grande número de quilombos surgiu nas regiões mineradoras no período.

Para administrar a região das minas, a metrópole criou, em 1720, a **Intendência das Minas**, subordinada diretamente a Portugal. A Intendência controlava de perto a exploração aurífera e era responsável pela distribuição dos lotes a serem explorados — que eram denominados **datas** e variavam de acordo com o número de escravizados do minerador — e pela cobrança do **quinto** — imposto sobre o ouro encontrado.

O contrabando, contudo, era intenso. Para coibi-lo, a Coroa criou, em 1720, as **Casas de Fundição**. A partir de então, todo ouro encontrado nas minas ou nos garimpos deveria ser fundido em barras, e a circulação do ouro em pó e em pepitas foi proibida, pois facilitava o contrabando. Na fundição do metal, o quinto pertencente ao governo português já era extraído. O pagamento era comprovado com a emissão de um certificado, e a barra recebia um sinete com a marca da Coroa.

Escravizados na extração de diamantes, de Carlos Julião, século XVIII. Na exploração de diamantes havia uma fiscalização metropolitana mais rigorosa. O aumento populacional advindo da migração metropolitana, atraída pela economia mineradora, foi acompanhado da intensificação do tráfico negreiro.

Leituras

Um Barroco de traços peculiares

A arquitetura barroca é um exemplo da arte que se desenvolveu na região das minas, e, assim como a música, foi influenciada tardiamente pelo Barroco europeu, mas manteve traços próprios. Entre os maiores artistas do Barroco brasileiro estão o pintor, entalhador e dourador **Manoel da Costa Athaide**, o mestre Athaide (1762-1830), e o também entalhador, escultor e arquiteto **Antônio Francisco Lisboa**, o Aleijadinho (1730-1814). As obras de Aleijadinho, filho de uma escravizada com um construtor português, estão espalhadas por várias cidades de Minas Gerais.

[...] Os modelos barrocos europeus se aclimatam e se desenvolvem no Brasil ao longo do século XVIII, resvalando em soluções rococó – mais leves, simples e suaves – nas vilas e cidades de Minas Gerais a partir de 1760. Aí, as construções perdem suas feições monumentais, e os templos adquirem toques intimistas e dimensões reduzidas. A decoração em pedra-sabão constitui outro traço peculiar e original do barroco mineiro, que se expande por diversos núcleos de mineração da colônia. A vida urbana de Vila Rica (elevada à categoria de cidade em 1714 e batizada Ouro Preto em 1897) abriga uma população heterogênea, um intenso comércio e diversos tipos de artes: música, literatura (os integrantes da Arcádia), arquitetura, pintura e escultura. A predominância de mestiços nas artes plásticas mineiras, nesse período, é explicada em função da relativa liberdade desse segmento na obtenção de serviços que não podem ser feitos nem pelos escravos, nem pelos brancos, que não realizam trabalhos manuais. É nesse ambiente urbano que surgem novos profissionais, como o Aleijadinho, cujo aprendizado se dá pela prática no canteiro de obras, na elaboração de riscos, na escultura em pedra-sabão e na talha de altares. O contato com artistas mais experientes é outro fator decisivo na formação do artista: além de seu pai, Manuel Francisco Lisboa, ele se beneficia das relações com João Gomes Batista (desenhista e medalhista), e com José Coelho de Noronha e Francisco Xavier de Britto (entalhadores). [...]

Verbete *Igreja de São Francisco de Assis (Ouro Preto, MG)*. Disponível em: <www.itaucultural.org.br/AplicExternas/enciclopedia_IC/indes.cfm?fuseaction=marcos_texto&cd_verbete=4093>. Acesso em: 4 maio 2017.

Igreja de São Francisco de Assis, em Ouro Preto, Minas Gerais, projetada e ornamentada com esculturas e talhas atribuídas a Aleijadinho. O forro da nave da igreja foi pintado por mestre Athaide. Foto de 2015.

Baruc, profeta esculpido em pedra-sabão no século XVIII por Antônio Francisco Lisboa, o Aleijadinho. É uma das esculturas que ornamentam o pátio externo do santuário do Bom Jesus de Matosinhos, em Congonhas, Minas Gerais.

Sistema colonial em movimento — 313

O declínio da extração de ouro

Remessas de metais preciosos da colônia para a metrópole aliviaram, durante certo tempo, as dificuldades financeiras da Coroa portuguesa, decorrentes das relações comerciais desfavoráveis que Portugal mantinha na Europa e dos gastos excessivos com os luxos da Corte.

Já na segunda metade do século XVIII, porém, a extração de ouro na colônia começou a apresentar sinais de declínio, provocado pelo uso de técnicas rudimentares e também pelo próprio esgotamento das jazidas.

O governo português determinou então que o quinto mínimo seria de 100 arrobas de ouro (equivalente a 1 468,9 quilos) anuais para todos os municípios. Se o quinto recolhido no ano não atingisse o valor mínimo, a diferença seria completada pela **derrama**, cobrança compulsória feita por soldados metropolitanos autorizados a invadir casas e confiscar bens e propriedades, para completar o valor do imposto. A medida, que entrou em vigor na década de 1770, provocou conflitos e insatisfações na colônia.

Enquanto isso, em Portugal, os termos do **Tratado de Methuen**, o chamado **Tratado dos panos e vinhos**, assinado em 1703, inviabilizavam o desenvolvimento industrial do país, por obrigá-lo a importar manufaturados ingleses. Na Inglaterra, as riquezas obtidas do Império Português impulsionaram o desenvolvimento econômico e ampliaram o poderio dos banqueiros, dos comerciantes e dos primeiros industriais.

Exportações e população na América portuguesa

Nos gráficos a seguir, estão representados os principais produtos de exportação entre 1650 e 1800 e o crescimento demográfico na América portuguesa entre 1700 e 1800.

Em relação às exportações, observe que o açúcar, apesar da crise pela qual a empresa açucareira passou na segunda metade do século XVII, nunca deixou de ser uma atividade econômica significativa na colônia. Note também que, após a descoberta de ouro em Minas Gerais (1693), em Cuiabá (1719) e em Goiás (1725), houve um significativo aumento nas exportações de ouro.

Exportação (em milhões de libras esterlinas)

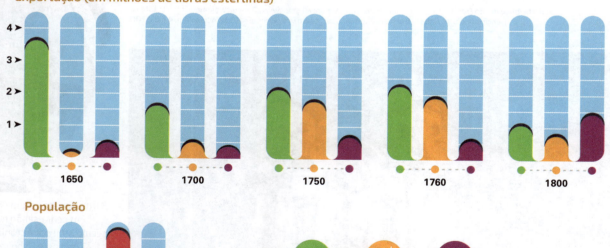

População

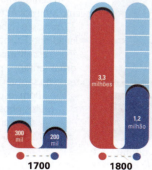

 Açúcar Ouro OUTROS Pau-brasil, couro, tabaco, algodão, etc.

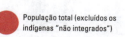 População total (excluídos os indígenas "não integrados") População de escravizados

Adaptado de: *IstoÉ Brasil – 500 anos*: atlas histórico. São Paulo: Três, 1998. p. 18.

3 A crise portuguesa e o reforço do controle colonial

Portugal reforçou continuamente a fiscalização e o controle sobre a atividade mineradora. Contudo, o ouro da América portuguesa não foi suficiente para reequilibrar as finanças do reino, comprometidas com a crise da empresa açucareira e com o *deficit* de sua balança comercial com a Inglaterra.

Enquanto isso, ideias contrárias ao colonialismo mercantilista cresciam em diversos países da Europa, e mesmo em certas regiões da América. O conjunto dessas ideias deu forma a um movimento que estudaremos nos próximos capítulos e que ficou conhecido como **Iluminismo**. Esse movimento condenava o absolutismo, a intolerância religiosa e a intervenção do Estado na economia. Em contrapartida, defendia a reorganização da sociedade segundo uma lei fundamental e suprema, a Constituição, que garantiria liberdade política e econômica aos indivíduos, cabendo ao Estado apenas cuidar da segurança e do aprimoramento da população.

Na América colonial, os ideais iluministas chegavam principalmente por meio dos filhos da elite, que realizavam seus estudos universitários na Europa. Esses ideais contribuíram para firmar os anseios emancipacionistas que culminaram na independência das colônias americanas nos séculos XVIII e XIX. Também inspiraram os participantes da Revolução Francesa, de 1789, cujos desdobramentos alterariam substancialmente o panorama sociopolítico ocidental.

A administração pombalina

Em Portugal, foi o **marquês de Pombal**, ministro do rei dom José I (1714-1777) a partir de 1750, que percebeu a dependência econômica do país em relação à Inglaterra. Preocupado em reequilibrar a deficitária balança comercial portuguesa, de um lado, buscou maior eficiência administrativa e desenvolvimento econômico no reino e, de outro, reforçou as práticas mercantilistas impostas à sua principal colônia. Suas iniciativas marcaram o chamado **despotismo esclarecido** na América.

Pombal expulsou os jesuítas da América portuguesa, rompendo a autonomia de que desfrutavam perante a Coroa. Confiscou propriedades da ordem e transferiu para o Estado a responsabilidade sobre o ensino, que era, até então, praticamente um monopólio da Companhia de Jesus.

Pombal também extinguiu a escravidão indígena, em 1757, e incorporou algumas aldeias, na forma de vilas, à administração portuguesa. Suprimiu a distinção entre "cristãos-velhos" e cristãos-novos, dada a importante atuação socioeconômica dos judeus, tanto na metrópole como em suas colônias. Em Portugal, buscou fomentar a produção manufatureira, mas sem sucesso.

As dificuldades econômicas do reino decorrentes do declínio da extração do ouro na América portuguesa e das dívidas contraídas com a Inglaterra agravaram-se com o terremoto que destruiu a cidade de Lisboa, em 1755. Como precisava de recursos para investir na reconstrução da cidade, Pombal recorreu ao aumento de tributos e ao estabelecimento de monopólios, na colônia, que favorecessem os produtos portugueses. Ele extinguiu as capitanias hereditárias, transformando-as em capitanias da Coroa e criando companhias de comércio, como a do Estado do Grão-Pará e Maranhão (1755-1778). Foi também sob a administração pombalina que se realizou a primeira derrama (1762-1763) e, pouco depois, estabeleceu-se o controle da metrópole sobre a exploração de diamantes.

Marquês de Pombal, de L. M. van Loo, 1766. Como déspota esclarecido, dom José I serviu-se do marquês de Pombal — como se tornou conhecido o ministro Sebastião José Carvalho e Melo (1699-1782), conde de Oeiras —, que combinou o absolutismo dos Braganças e os interesses das antigas elites metropolitanas com o racionalismo iluminista.

Pombal deixou o ministério após a morte de dom José I, em 1777, e muitas de suas realizações, como a criação das companhias de comércio, foram anuladas por seus opositores. A rainha Maria I (1734-1816), que governou de 1777 a 1816, foi a principal responsável por tais mudanças, entre elas a proibição de manufaturas na colônia pelo **Alvará de 1785**.

Nesse período, houve a retomada de atividades agrícolas, na colônia, beneficiadas pela procura por produtos tropicais, como algodão e tabaco, impulsionada pela Revolução Industrial inglesa. O tradicional fornecedor de algodão à Europa eram os Estados Unidos, que no final do século XVIII estavam envolvidos em sua guerra de independência. Com isso, a produção algodoeira do Brasil ganhou espaço no mercado internacional. A exportação brasileira de tabaco, produzido principalmente no Recôncavo Baiano, também aumentou, devido ao crescimento do tabagismo na Europa.

Acrescente-se que, no final do século XVIII, o açúcar brasileiro ganhou novo impulso no comércio internacional com a interrupção da produção nas Antilhas, provocada por insurreições de escravizados.

4 Rebeliões na colônia portuguesa

Os movimentos coloniais de revolta surgidos a partir do século XVII não reivindicavam a independência política. Eram manifestações contrárias a algumas medidas metropolitanas que prejudicavam os interesses dos colonos de certas regiões. Serviram, contudo, para evidenciar a diferença, e mesmo o antagonismo, entre os interesses de setores da população colonial e os da metrópole.

Revolta de Beckman

Em 1682, foi criada a Companhia Geral do Comércio do Estado do Maranhão, para incentivar a produção local – o Maranhão era uma região pobre cuja economia baseava-se na pequena lavoura e na exploração das drogas do sertão – e também controlar os atritos entre fazendeiros e religiosos em torno da escravização dos indígenas.

A companhia venderia aos habitantes do Maranhão artigos europeus, como azeite, vinhos e tecidos, e deles compraria produtos locais, como algodão, açúcar, madeira e drogas do sertão, para comercializar na Europa. Ela também deveria fornecer à região 500 africanos escravizados por ano, como fonte alternativa à mão de obra indígena. Mas os preços cobrados pela companhia eram abusivos. Além disso, ela não cumpria os acordos, como o fornecimento de cativos.

Liderados pelo fazendeiro **Manuel Beckman**, em 1684 os colonos tomaram São Luís, expulsaram os representantes da companhia e também os jesuítas da cidade e ocuparam o governo do Maranhão por quase um ano.

O movimento conhecido como **Revolta de Beckman** foi reprimido, e seus líderes, Manuel Beckman e **Jorge Sampaio**, enforcados. Os fazendeiros, porém, depois de comprovar suas queixas, conseguiram extinguir a Companhia Geral do Comércio do Estado do Maranhão em 1685.

Mapa do Maranhão, de João Teixeira Albernaz, século XVII.

Guerra dos Emboabas

Na região das minas, no início do século XVIII, eclodiu um conflito que ficou conhecido como **Guerra dos Emboabas** (1707-1709). De um lado estavam os bandeirantes paulistas descobridores das primeiras jazidas de ouro e, de outro, os emboabas, como eram chamados os "forasteiros" que afluíram para a região.

Em 1709, com o objetivo de pacificar a região e melhorar sua administração, o governo português separou a capitania de São Paulo e Minas Gerais da capitania do Rio de Janeiro. Expulsos da zona mineradora, os bandeirantes partiram em busca de ouro na direção dos atuais estados de Goiás e de Mato Grosso.

Guerra dos Mascates

Em Pernambuco, a expulsão dos holandeses e a crise que se seguiu colocaram a aristocracia rural da vila de Olinda em dificuldades econômicas. Entretanto, essa elite ainda controlava a vida política da capitania, por meio de sua câmara municipal, à qual estava submetido o povoado do Recife.

Enquanto Olinda predominava politicamente, Recife tornava-se o principal centro econômico de Pernambuco, em razão do intenso comércio praticado pelos portugueses ali residentes, apelidados de mascates. Os comerciantes, que obtinham grandes lucros com sua atividade, passaram a emprestar dinheiro a juros altos aos olindenses empobrecidos.

A emancipação do Recife de povoado a vila independente, obtida por pressão dos comerciantes portugueses em 1709, revoltou os olindenses e deu início ao conflito que ficou conhecido como **Guerra dos Mascates** (1710-1711). O governador de Pernambuco nomeado pela Coroa, **Félix José Machado**, manteve a autonomia do Recife – que, no ano seguinte, foi transformado em sede administrativa da capitania. Vencidos na disputa, cerca de 160 líderes olindenses foram presos e vários deles enviados ao exílio.

Revolta antifiscal de Vila Rica

A decisão metropolitana de proibir a circulação de ouro em pó e de exigir que todo minério fosse entregue às Casas de Fundição para ser transformado em barras e tributado provocou a rebelião de 2 mil mineradores na região de Vila Rica, atual Ouro Preto, em 1720. Muitos revoltosos foram presos e um dos líderes, **Filipe dos Santos** (c. 1680-1720), foi enforcado e esquartejado. As autoridades metropolitanas aplicavam essa forma de punição para desencorajar novas rebeliões. As Casas de Fundição mantiveram-se nas áreas mineradoras, assim como o domínio português na região das minas.

Vila Rica, de Johann Moritz Rugendas, século XIX (gravura). No século XVIII, Vila Rica (atual Ouro Preto) era um dos focos de tensão nas relações cada vez mais conflituosas entre a metrópole portuguesa e a colônia.

Atividades

Retome

1. Em que medida a exploração de ouro na região das minas modificou o caráter essencialmente rural da colonização na América portuguesa? Que outras mudanças a mineração trouxe ao cotidiano da região das minas? Explique.

2. Certa mobilidade social tornou-se possível na região das minas, dando origem, ali, a outra sociedade se comparada com o restante da América portuguesa. Que fatores promoviam essa mobilidade social? Caracterize-a, dando exemplos.

3. Explique o que era a derrama e por que ela provocava insatisfação entre os moradores das minas.

4. Relacione a crise econômica pela qual Portugal passava, em meados do século XVIII, com a decisão da Coroa portuguesa de reforçar o controle sobre a exploração do ouro em sua colônia da América. Depois, responda: Essa intensa fiscalização foi suficiente para reequilibrar suas finanças?

Pratique

5. No texto a seguir, o historiador Luciano Figueiredo aborda a presença de mulheres no comércio das vilas e cidades da região das minas. Leia-o com atenção e depois faça o que se pede.

> [...] As vendas eram quase sempre o lar de mulheres forras (alforriadas) ou escravas que nelas trabalhavam no trato com o público. [...] As mulheres congregavam em torno de si segmentos variados da população pobre mineira, muitas vezes prestando solidariedade a práticas de desvio de ouro, contrabando [...] e articulação com quilombos. [...]
>
> FIGUEIREDO, Luciano. Mulheres nas Minas Gerais. In: PRIORE, Mary Del (Org.). *História das mulheres no Brasil*. 10. ed. São Paulo: Contexto, 2015. p. 145-146.

a) Em outra passagem do texto, o autor afirma que as autoridades locais fiscalizavam e controlavam as atividades desses estabelecimentos, que eram vitais para o abastecimento das vilas e cidades da região das minas. Com base no texto que você acabou de ler, explique por que essa fiscalização e esse controle ocorriam.

b) Por que havia uma grande quantidade de quilombos na região das minas?

6. Leia, a seguir, trecho escrito por Lilia Schwarcz e Heloisa Starling. Depois, responda às questões.

> [...] Quem conseguiu chegar às Minas Gerais depois de uma jornada pontilhada de perigos sabia o que queria: amealhar ouro fácil, em grande quantidade [...]. Deslumbrados ante a abundância do metal precioso que faiscava por todo lado e na sofreguidão de sempre buscar novos filões, os mineiros esqueceram-se do principal: ouro não se come.
>
> Foi um desastre. Entre 1697 e 1698, 1700 e 1701, e em 1713, sem plantar roçados de mandioca, feijão, abóbora e milho suficientes para o número de pessoas que continuava afluindo às Minas, os moradores das Minas morriam de fome com as mãos cheias de ouro [...]. Para escapar da fome, os mineiros aprenderam ligeiro a engolir qualquer coisa: cães, gatos, ratos, raízes de paus, insetos, cobras e lagartos. [...]
>
> SCHWARCZ, Lilia Moritz; STARLING, Heloisa Murgel. *Brasil*: uma biografia. São Paulo: Companhia das Letras, 2015. p. 115.

a) Para Lilia Schwarcz e Heloisa Starling, o que significa dizer que as pessoas que se dirigiram à região das minas se esqueceram de que "ouro não se come"?

b) No período inicial de exploração das minas, o que faltava na região para garantir a sobrevivência dos trabalhadores?

7. O Barroco é um estilo artístico que floresceu na península Itálica no século XVI e, em seguida, difundiu-se para outras regiões da Europa. No século XVIII, ele foi adaptado na América portuguesa, onde conquistou características próprias.

a) Faça uma pesquisa em livros de arte ou em *sites* de museus, por exemplo, e levante as principais características do Barroco europeu.

b) Considerando as informações coletadas em sua pesquisa, relacione os aspectos da arte barroca mineira que se diferenciou do estilo barroco europeu. Se necessário, retome a leitura do texto "Um Barroco de traços peculiares".

c) Por fim, responda: Que relação há entre a atividade mineradora em Minas Gerais e o desenvolvimento do Barroco na região?

Analise uma fonte primária

8. Manoel da Costa Athaide nasceu na cidade de Mariana. É considerado um importante expoente do Barroco mineiro, juntamente com Aleijadinho e outros artistas do mesmo período. Executou muitas pinturas em forros e em tetos de igrejas. Observe as imagens a seguir e depois faça o que se pede.

Entre as obras mais conhecidas e destacadas de Manoel da Costa Athaide estão as pinturas da Igreja de São Francisco de Assis de Ouro Preto, Minas Gerais, realizadas entre 1801 e 1812. Ao lado, detalhes da pintura localizada no forro da nave da igreja.

a) Identifique o tema dos dois detalhes da pintura de mestre Athaide.
b) Procure se lembrar de imagens com temas semelhantes a esse, que você possa ter visto em livros, em museus ou em *sites*. Que diferenças existem entre os traços fisionômicos dos personagens dessas imagens, já vistas por você, em relação aos traços dos personagens pintados por mestre Athaide?
c) Explique as peculiaridades dos traços de mestre Athaide, levando em conta as características do Barroco mineiro. Se necessário, retome a leitura do texto "Um Barroco de traços peculiares".

Articule passado e presente

9. A vida urbana na região das minas tornou-se bastante intensa com a exploração do ouro. Hoje, cidades mineiras como Ouro Preto são preservadas e contam um pouco da história daquele período, vista nas antigas ruas e ladeiras com paralelepípedos, nos casarios e nas igrejas. Diversos atores sociais, em especial agentes do poder público (equipes da prefeitura e dos governos estadual e federal), protagonizaram o processo de tombamento de Ouro Preto no início do século XX.

a) Em 1951, o poeta Carlos Drummond de Andrade (1902-1987) publicou a obra *Claro enigma*. Há uma seção do livro, chamada "Selo de Minas", com poemas dedicados às cidades históricas de Minas Gerais. Leia ao lado trecho de um desses poemas.
b) Quando Drummond escreveu esse poema, qual seria o principal problema enfrentado pela cidade de Ouro Preto?
c) Por que Drummond diz que "As paredes [...] viram fugir o ouro"? O que isso significa? Encontre neste capítulo uma explicação para esse verso de Drummond.
d) Apesar do tom de denúncia do poeta em meados do século XX, hoje Ouro Preto tem conseguido manter e preservar seu centro histórico sem descaracterizá-lo?
e) Pense sobre a cidade onde você vive. Os edifícios históricos são preservados? Há ações e projetos para sua preservação? As mudanças urbanas são realizadas de modo ordenado ou desordenado?
f) Com base em suas reflexões, escreva um poema ou uma letra de *rap* que aborde as paisagens, a história e a configuração urbana de sua cidade.

Morte das casas de Ouro Preto

Sobre o tempo, sobre a taipa,
a chuva escorre. As paredes
que viram morrer os homens,
que viram fugir o ouro,
que viram finar-se o reino,
que viram, reviram, viram,
já não veem. Também morrem.
[...]

ANDRADE, Carlos Drummond de. Morte das casas de Ouro Preto. In: *Claro enigma*. São Paulo: Companhia das Letras, 2012. (*e-book*)

CAPÍTULO 18 — A colonização espanhola e inglesa da América

A Nação Navajo é um Estado soberano semiautônomo, localizado em áreas que hoje correspondem aos atuais estados de Utah, Arizona e Novo México, nos Estados Unidos, e que conta com aproximadamente 300 mil membros. Entre as instituições da Nação Navajo estão um sistema jurídico, um legislativo e um executivo, além de escolas e serviços de saúde. A Nação Navajo não possui uma Constituição, mas conta com uma série de códigos que definem sua organização social. Hoje, porém, a maior parte de seus membros sofre com o desemprego e a falta de oportunidades. Na imagem, Festival da Nação Navajo durante o Pow Wow, competição de dança que reúne indígenas e não indígenas para homenagear a cultura dos povos nativos da América do Norte. Foto de 2014.

Os processos de colonização das Américas inglesa e espanhola foram marcados por impactos nos modos de vida da população indígena. É possível que os traumas da colonização ainda persistam para os povos nativos americanos?

1 A conquista e a ocupação da América

A conquista da América significou a dizimação de grande parte dos povos nativos do continente. No processo, os conquistadores europeus revelaram uma grande intolerância em relação aos diferentes modos de viver e de ver o mundo desses povos. Essas diferenças culturais e ideológicas geraram choques violentos e múltiplas formas de dominação e de resistência. Vimos alguns desses aspectos na América conquistada pelos portugueses, e agora veremos nas áreas conquistadas pela Espanha e pela Inglaterra.

A integração da América ao contexto europeu ocorreu por meio do colonialismo mercantilista. Foi estabelecido um conjunto de normas entre metrópoles e colônias que regulamentou suas relações, chamado por muitos de **pacto colonial**. Segundo essas normas, as metrópoles exerceriam o monopólio sobre tudo o que as colônias importassem ou exportassem – o **exclusivo comercial**. Elas também estabeleciam que, enquanto a colônia se dedicava à produção de gêneros agrícolas e à extração de recursos naturais, a metrópole se concentrava no comércio, que era uma atividade mais lucrativa. Dessa forma, a ideia de "pacto" aqui não deve ser compreendida como um acordo entre as partes; o chamado pacto colonial era, antes, uma relação de subordinação.

2 A América espanhola

Os espanhóis viram na América um vantajoso comércio colonial, fundamental para a manutenção e prosperidade de um Estado centralizado e forte. Submetendo os indígenas e explorando seu trabalho, exterminaram grande parte das populações nativas.

Durante séculos, várias culturas haviam se desenvolvido no continente. Calcula-se que, em fins do século XV, perto de 100 milhões de indígenas, pertencentes a diversos grupos étnicos, ocupavam a América. Na Mesoamérica, região que vai do México à Costa Rica, sucederam-se civilizações, como a dos olmecas, a dos toltecas, o Império Teotihuacán e as sociedades maia e asteca.

Por volta do século XII, na região da cordilheira dos Andes, nos territórios dos atuais Peru e Bolívia, diversos grupos quíchuas foram reunidos sob o vasto **Império Inca**. Liderados por um imperador que, além de chefe militar, era considerado um deus na Terra, o "filho do Sol", os incas conheceram seu auge entre os séculos XV e XVI, até a chegada dos espanhóis à região, em 1531.

Alguns anos antes, a morte do imperador inca **Huayna Cápac** (1464-1527) havia originado uma violenta disputa entre seus dois filhos, **Huascar** (c. 1491-1533) e **Atahualpa** (c. 1502-1533), que abalou o poder central do império. Foi em meio a esse quadro que, sob o comando de **Francisco Pizarro** (c. 1476-1541), as tropas espanholas, vistas como aliadas de Huascar, capturaram Atahualpa, em Cajamarca. Na mesma época, os exércitos de Atahualpa prenderam Huascar, em Cuzco.

Essa situação insólita em que Huascar era prisioneiro de Atahualpa, que, por sua vez, era prisioneiro de Pizarro, durou quase um ano. Em 1533, Huascar foi assassinado e Atahualpa, condenado à morte por Pizarro.

Onde e quando

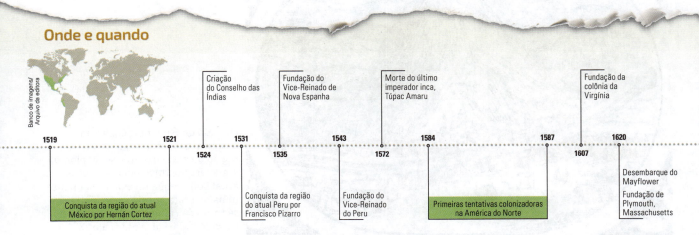

Mapa e linha do tempo ilustrativos. As regiões indicadas no mapa referem-se à configuração atual dos países a que pertencem hoje, e o espaço entre as datas não é proporcional ao intervalo de tempo.

Os incas resistiram fortemente à dominação espanhola por mais de 40 anos, até a morte de seu último imperador, **Túpac Amaru** (1545-1572).

Na península de Iucatã, região sudeste do atual México, a **civilização maia** teve seu apogeu entre os séculos III e X. Organizava-se em cidades-Estado, cujo domínio político e social, de caráter hereditário, era exercido por uma elite religiosa e militar. Em torno dos centros urbanos, havia aldeias de camponeses submetidos à servidão coletiva.

Com mais de dois milhões de habitantes, a civilização maia foi responsável pela criação de um sofisticado sistema de escrita e desenvolveu diversos calendários. Pouco se sabe sobre as causas de seu declínio. Suas cidades foram abandonadas antes mesmo da chegada dos espanhóis à região.

A **civilização asteca** foi a mais grandiosa da Mesoamérica e chegou a reunir uma população estimada em 15 milhões de habitantes. Tinha por capital a cidade de Tenochtitlán, que corresponde à atual Cidade do México, fundada em 1325. A sociedade asteca foi conquistada pelos espanhóis comandados por **Hernán Cortez** (1485-1547), entre 1519 e 1521.

O processo de colonização

A expansão da fé católica por meio da conversão dos indígenas foi utilizada por espanhóis e portugueses como justificativa para a colonização da América. Até o final do século XVI, os espanhóis já haviam subjugado o Império Inca e a civilização asteca, por meio da força e por ganância.

Além de se aproveitarem, como fizeram os portugueses, das chamadas rivalidades ou hostilidades intertribais, os espanhóis faziam uso de cavalos e armas de fogo, até então desconhecidos na América. As doenças europeias — como sarampo, gripe e varíola —, para as quais o organismo dos nativos não tinha defesa imunológica, também foram responsáveis pelo extermínio da população.

Durante os séculos XVI e XVII, os espanhóis se concentraram na extração de metais preciosos — ouro e prata dos atuais México, Peru e Bolívia —, o que denotava o caráter de exploração das colônias hispânicas. Com a transferência das riquezas coloniais para a metrópole espanhola, cumpriam-se os objetivos das práticas mercantilistas.

Para explorar as minas, os espanhóis adotaram a *mita*, uma forma de trabalho que já existia no Império Inca. Sob a *mita*, os indígenas eram retirados de sua comunidade e obrigados a extrair minérios para os conquistadores em troca de uma remuneração irrisória.

> [...] Os índios entravam nas profundidades, e ordinariamente eram retirados mortos ou com cabeças e pernas quebradas [...]
>
> A *mita* era uma máquina de triturar índios. O emprego do mercúrio para extração de prata por amálgama envenenava tanto ou mais do que os gases tóxicos do ventre da terra. Fazia cair o cabelo, os dentes, e provocava tremores incontroláveis. [...]
>
> GALEANO, Eduardo. *As veias abertas da América Latina*. 28. ed. Rio de Janeiro: Paz e Terra, 1989. p. 52.

Quando os espanhóis chegaram à América, encontraram uma vasta região de prata e ouro a ser explorada. A gravura ilustra a região de Potosí, na atual Bolívia, que revelou uma imensa mina de prata, motivo pelo qual logo se tornou a cidade mais populosa do Novo Mundo, entre os séculos XVI e XVII.

Além da exploração mineira, o comando metropolitano também distribuiu terras aos colonizadores, formando as **haciendas**, típicas da região que corresponde ao atual Chile e de algumas áreas mexicanas. As *haciendas* eram grandes propriedades, trabalhadas por nativos, nem sempre dedicadas à monocultura. Assim como na América portuguesa, também na América espanhola surgiram outras formas de propriedade agrícola, muitas dedicadas ao consumo interno da área colonial.

Outra forma de exploração do trabalho foi a *encomienda*. Por meio desse sistema, administradores coloniais distribuíam, em nome do rei da Espanha, o direito de explorar o trabalho dos indígenas. Em troca, os *encomenderos*, que eram obrigatoriamente espanhóis estabelecidos na América, deveriam oferecer uma educação cristã aos indígenas.

O uso da mão de obra indígena arruinou a estrutura comunitária dos povos nativos. Vitimados pelas péssimas condições de trabalho a que eram submetidos, milhões de nativos morreram. As estimativas mais conservadoras calculam 10 milhões de mortos, e as mais pessimistas falam em algumas dezenas de milhões, só no período de instalação do poder espanhol. A exploração sistemática do trabalho indígena ao longo da colonização agravou ainda mais esse quadro.

Além dos indígenas, que estavam submetidos à *mita* e à *encomienda*, havia um número limitado de africanos escravizados, em sua maioria concentrados na região do Caribe.

Leituras

A denúncia de Las Casas

A violência dos espanhóis contra os nativos, tidos por eles como inferiores, é descrita pelo frade dominicano espanhol **Bartolomé de Las Casas** (1484-1566) no texto reproduzido a seguir.

> [Os espanhóis] entravam nas vilas, burgos e aldeias, não poupando nem as crianças e os homens velhos, nem as mulheres grávidas e parturientes, e lhes abriam o ventre e as faziam em pedaços como se estivessem golpeando cordeiros fechados em seu redil. Faziam apostas sobre quem, de um só golpe de espada, fenderia e abriria um homem pela metade, ou quem, mais habilmente e mais destramente, de um só golpe lhe cortaria a cabeça, ou ainda sobre quem abriria as entranhas de um homem de um só golpe. Arrancavam os filhos dos seios da mãe e lhes esfregavam a cabeça contra os rochedos. [...] Faziam certas forcas longas e baixas, de modo que os pés tocavam quase a terra, um para cada treze, em honra e reverência de Nosso Senhor e de seus doze Apóstolos (como diziam) e, deitando-lhes fogo, queimavam vivos todos os que ali estavam presos. Outros, a quem quiseram deixar vivos, cortaram-lhes as duas mãos e assim os deixavam. [...]

LAS CASAS, Bartolomé de. *O paraíso destruído*: brevíssima relação da destruição das Índias. 6. ed. Porto Alegre: L&PM, 1996. p. 30.

Detalhe de *Trabalhando nas minas de prata de Potosí*, de Theodore de Bry, século XVI (gravura).

A colonização espanhola e inglesa da América

A administração colonial

Logo no início, os conquistadores com a função de efetivar a dominação receberam da Coroa o título de *adelantados* e vários privilégios. Mas, com o sucesso do empreendimento, todo o gerenciamento da colonização passou a ser feito na Espanha, a cargo da **Casa de Contratação** (1503). Em 1511, foram criadas as **Audiências**, com o objetivo de fiscalizar os colonos; e, em 1524, o **Conselho das Índias**, responsável pelas decisões administrativas e pela escolha dos administradores coloniais, os **chapetones**.

Em 1535, foi fundado o primeiro vice-reinado, o **Vice-Reinado de Nova Espanha**, e, em 1543, o **Vice-Reinado do Peru**. Mais tarde, este último foi subdividido em Peru, Nova Granada e Prata. Completando os vice-reinados, existiam as **Capitanias Gerais**, sob o controle do Conselho das Índias.

Na colônia, cada *ayuntamiento* — um tipo de câmara municipal que fiscalizava os colonos e as propriedades públicas, mais tarde denominado *cabildo* —, se responsabilizava pela administração das cidades.

Os grandes proprietários de terras nascidos na Espanha ou descendentes de espanhóis nascidos na América, os *criollos*, formavam a elite colonial espanhola. Politicamente, detinham um espaço de atuação em âmbito local, uma vez que exerciam o controle sobre as câmaras municipais. Outras autoridades completavam a ordem administrativa colonial.

A atividade comercial e a arrecadação de impostos eram realizadas pela Casa de Contratação, que, para melhor controlar o comércio colonial, instituiu o regime de **porto único**. Por esse regime, somente um porto espanhol — de início o de Sevilha, onde ficava a sede da instituição — faria o comércio com a América. No Novo Mundo, os portos autorizados a realizar o comércio externo com a metrópole eram os de Veracruz (México), Porto Belo (Panamá) e Cartagena (Colômbia).

A América espanhola (séculos XVI-XVIII)

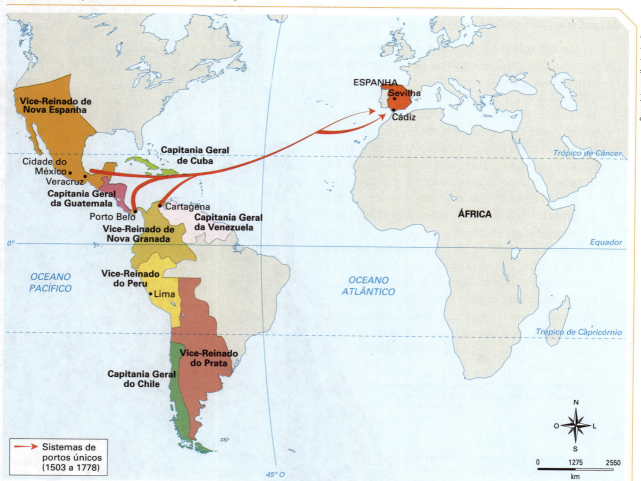

Adaptado de: ATLAS da história do mundo. São Paulo: Folha de S.Paulo, 1995. p. 161.

A apropriação do espaço urbano

Na conquista da América, os espanhóis não fizeram uso apenas da violência física, contaram também com vários outros mecanismos para subjugar as populações nativas. À imposição da fé cristã e dos hábitos europeus juntaram-se a destruição de objetos, templos e ídolos indígenas, além da renomeação das terras e locais tomados pelos conquistadores.

Na porção que lhes coube do continente, os espanhóis encontraram cidades sofisticadas, cuja área central era dominada por templos e palácios do governo, sede de um poder ao mesmo tempo político e religioso.

A apropriação dos monumentos religiosos pelos espanhóis era dotada de importante aspecto simbólico. É bem conhecida a iniciativa de Hernán Cortez, conquistador dos astecas, de plantar uma cruz no alto do principal templo em forma de pirâmide de Tenochtitlán, capital do império. Dessa forma ele dava à conquista um sinal visível e aparentemente incontestável, no centro do espaço urbano.

A fundação de cidades na América espanhola desenvolveu-se precocemente, quando comparada com o processo de urbanização na colônia portuguesa. Segundo o historiador Richard Morse (1922-2001), a fundação de uma cidade era um ato litúrgico, que santificava a terra recém-apropriada. Mais do que um mero exercício de cartografia, o planejamento urbano era um veículo para o transplante de uma ordem social, política e econômica, e exemplificava o "corpo místico" que estava no centro do pensamento político ibérico.

O plano em grade – quadriculado, com ruas se cruzando em ângulo de noventa graus, na forma de um tabuleiro de xadrez – foi usado em larga escala na América espanhola. Essa disposição, segundo a qual o centro do quadrilátero era ocupado pela praça central (ou das armas), refletia um projeto burocrático de simetria e de ordem. Na praça central, encontravam-se a igreja, o palácio do governo e a prisão.

Leituras

A construção do conceito de América Latina

O nome **América Latina** tornou-se popular para designar o território das colônias conquistadas, predominantemente, por metrópoles cujas línguas oficiais eram uma variação do **latim** (português, espanhol e francês). O texto abaixo trabalha a concepção de América Latina para além de seu nome. Confira-o.

[...] desde a segunda metade do século XIX, por iniciativa do colombiano José Maria Torres Caicedo, América Latina é o nome como passou a ser designada a parte desse continente [no qual] nos cabe viver. Não **olvidemos** que os espanhóis designavam essa região por Índias Ocidentais que, diga-se de passagem, abrangia uma vasta região que ia desde o Caribe, passava por México e Peru e suas áreas adjacentes, e ia até as Filipinas, terra de Filipe [...].

Assim, o nome América foi enunciado pelas elites *criollas* para se afirmar com/contra as metrópoles europeias, a geografia aqui servindo para afirmar uma territorialidade própria que se distinguia das metrópoles europeias, e o nome América Latina afirmado por José Maria Torres Caicedo, com seu poema *Las Dos Américas*, publicado em 1856, para nominar o que Bolívar já havia denunciado em 1826 contra a Doutrina Monroe (1823), inscrevendo assim a distinção entre uma América Anglo-saxônica e uma Latina que, mais tarde, levaria José Martí a falar de "nuestra América". Enfim, um anti-imperialismo precoce distingue as duas Américas.

Ora, América Latina ainda é uma América que se vê europeia – latina – e, com isso, silencia outros grupos sociais e nações que longe estavam da latinidade, a não ser sofrendo seus desdobramentos imperiais que tão marcadamente caracterizam a tradição eurocêntrica. Afinal, nos dirá Walter Mignolo, foi a latinidade e não a africanidade ou a indianidade que se impôs como nome do subcontinente. [...]

olvidemos: esqueçamos.

PORTO-GONÇALVES, Carlos Walter; PEREIRA, Edir Augusto Dias. De América Latina, de Abya Yala, de América Mestiça, de América *Criolla* e de suas contradições. In: *ALAI – América Latina en Movimiento*, 23 set. 2009. Disponível em: <www.alainet.org/es/node/136544>. Acesso em: 4 abr. 2017.

3. A América inglesa

A ocupação inglesa da América distinguiu-se da colonização ibérica em vários aspectos. Na América do Norte, o processo de colonização ocorreu mais tarde – a partir, principalmente, do fim do século XVI – e teve um caráter parcialmente espontâneo. Além disso, as próprias características físicas do litoral norte-americano eram diferentes, por se tratar de uma região não tropical e sem metais preciosos.

Na Inglaterra, foi a rainha **Elizabeth I** (1558-1603) que estimulou a construção naval e o comércio marítimo, no contexto da política mercantilista. A Coroa também apoiava a presença de <u>corsários</u> ingleses no litoral do Caribe, onde saqueavam galeões espanhóis repletos de metais preciosos.

Quando os ingleses se lançaram à conquista colonial, no início do século XVII, a América tropical já era explorada por portugueses e espanhóis. E quando eles chegaram à porção norte do continente, as regiões que hoje correspondem ao Arizona, à Flórida e ao Novo México já eram territórios da Espanha.

A criação de companhias de comércio na Inglaterra, nas quais o Estado apoiava a burguesia nacional, fortaleceu o grupo que tomaria a frente da colonização do Novo Mundo.

Fatores políticos – como a derrota da nobreza feudal por Henrique VII e Henrique VIII – e culturais – como o desenvolvimento de uma pequena burguesia com forte iniciativa econômica associada ao individualismo espiritual da teologia protestante – também foram importantes para a colonização da América inglesa. A Inglaterra ofereceu poucos recursos para promover a colonização, exigindo muito empenho dessa pequena burguesia.

Os crescentes conflitos políticos e religiosos na Inglaterra estimularam a emigração de protestantes, como os puritanos e os *quakers*. Outro estímulo ao fluxo populacional para a América foi o processo de **cercamento** das propriedades agrícolas inglesas, que gerou grande excedente demográfico. Expulsas do campo e sem espaço na economia urbana, muitas vítimas dos cercamentos rumaram para o Novo Mundo.

As primeiras tentativas colonizadoras ocorreram entre 1584 e 1587, quando três expedições inglesas foram enviadas à América do Norte, sob o comando do corsário britânico **Walter Raleigh** (1554-1618). Por conta da violenta reação dos povos nativos, elas resultaram em fracasso. Somente em 1607, com a fundação da colônia da Virgínia, explorada por uma companhia de comércio, iniciou-se uma era de viabilidade econômica para a ocupação e a exploração da região.

> **corsários**: assaltantes do mar cuja ação de pirataria era legitimada por uma Carta de Corso, documento pelo qual o governo de seu país o autorizava a atacar e saquear embarcações de países inimigos. Os piratas, em contrapartida, agiam por conta própria, sem a proteção do Estado.

Representação do desembarque de Walter Raleigh, acompanhado de soldados e colonos, na Virgínia, em 1584, do artista estadunidense Howard Davie, 1915 (litografia).

As Treze Colônias inglesas

Na região da Virgínia, os primeiros núcleos de produção se dedicaram ao cultivo de tabaco, produto largamente consumido na Europa. Mais tarde, também produziram arroz, algodão e anil (corante natural obtido das plantas do gênero *Indigofera*). Outras colônias do sul, como Geórgia, Carolina do Norte, Carolina do Sul e Maryland, também se transformaram em grandes centros de produção agrícola.

As colônias do sul têm sido chamadas genericamente de **colônias de exploração**, por terem apresentado características semelhantes às da América portuguesa, ou seja, economia baseada no regime de *plantation*.

A colonização não se deu de maneira uniforme em todos os territórios e apresentou características bastante diferentes mais ao norte, em regiões como Connecticut, Massachusetts, Rhode Island e New Hampshire. Nessas regiões concentrava-se grande parte dos colonos que emigraram por sofrerem perseguição religiosa na Inglaterra.

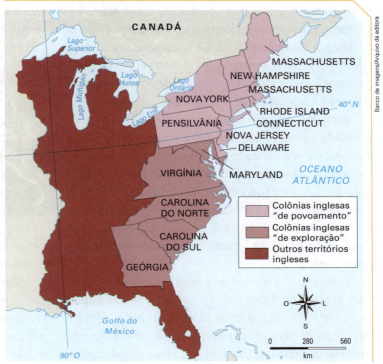

As Treze Colônias no fim do século XVIII

Adaptado de: FRANCO JR., Hilário; ANDRADE FILHO, Ruy de O. *Atlas História geral*. São Paulo: Scipione, 2000. p. 41.

plantation: latifúndio monocultor em regime de trabalho escravo e cuja produção estava voltada para o mercado externo.

Representação de *plantation* de algodão localizada no Mississípi, do artista William Aiken Walker, século XIX (litografia).

O primeiro grupo destacado proveniente da Inglaterra desembarcou do navio Mayflower em 1620 e fundou a cidade de Plymouth, em Massachusetts. Mais tarde, esse núcleo original, conhecido como **Nova Inglaterra**, participou do comércio triangular entre a América, a Europa e a África: ali, os comerciantes fabricavam rum, com o melaço que obtinham nas Antilhas, para trocá-lo por africanos escravizados que eram vendidos nas colônias do sul e do Caribe.

No norte, a economia se baseava na pequena propriedade rural familiar. Embora houvesse trabalho escravo, ele era utilizado em menor escala do que no sul. A produção agrícola era diversificada e estava voltada para o mercado interno. Nas cidades, crescia a construção naval de embarcações destinadas ao comércio marítimo. Por todas essas características, as colônias dessa região foram chamadas de **colônias de povoamento**.

Entre o norte e o sul, as colônias centrais — Nova York, Pensilvânia, Nova Jersey e Delaware —, cuja população era formada por imigrantes de diversas regiões da Europa, dedicavam-se em sua maior parte à agricultura. Havia nessa região tanto pequenas propriedades como grandes latifúndios.

É importante observar que não se pode fazer uma separação tão rígida entre as colônias de povoamento e as de exploração. Na América inglesa, assim como na América portuguesa e na espanhola, houve iniciativas de formação de núcleos de povoamento, nos quais a produção estava voltada para o consumo interno, e também de núcleos cuja produção estava voltada para o mercado externo e era baseada na mão de obra escrava.

A grande diferença consistiu na forma como as Coroas metropolitanas se impuseram no processo de colonização. No caso da América do Norte, a Coroa inglesa não exerceu uma fiscalização colonial intensiva no século XVII, em boa medida por causa de conturbações políticas internas, como a Revolução Puritana de 1641, a guerra civil que se seguiu e a posterior Revolução Gloriosa (1688-1689). Sem um forte controle tributário, os colonos da América inglesa puderam se dedicar a várias atividades produtivas e desfrutar de liberdade econômica e religiosa.

Mantendo poucos laços políticos e econômicos com a Inglaterra, as colônias do norte, sobretudo, desenvolveram uma produção manufatureira e um comércio cada vez mais intensos e diversificados. A construção naval progrediu, tornando possível uma articulação maior entre as colônias e a obtenção de itens externos, por meio do chamado comércio triangular que envolvia o Caribe, a África e a Europa.

O regime de *plantation* e o comércio triangular entre América, Europa e África

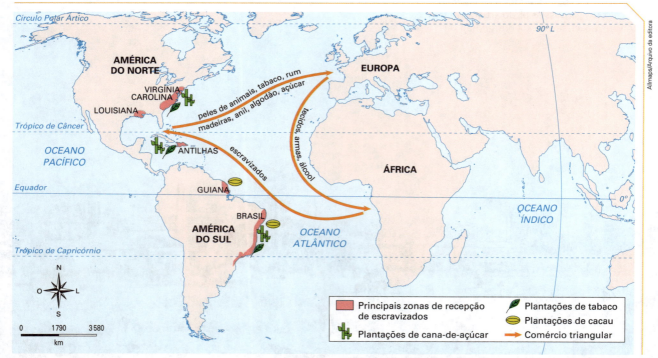

Adaptado de: KINDER, Hermann et al. *The Anchor Atlas of World History*. New York: Doubleday, 1974. p. 220-224.

Vivendo naquele tempo

A vida dos primeiros colonos

Em meados de 1620, os primeiros colonos ingleses aportaram na América. Eram 102 passageiros, todos calvinistas. Nas décadas seguintes, outras embarcações trouxeram novos colonos que tinham, em geral, o mesmo propósito – reconstruir suas vidas no Novo Mundo livres da perseguição religiosa que os oprimia na Inglaterra.

A travessia do Atlântico era perigosa, mas o grande desafio começava, de fato, depois da chegada: deslocar-se do porto até as áreas rurais, construir casas, cuidar dos animais e das plantações, organizar a vida social e religiosa, fortalecer a comunidade por laços de matrimônio, amizade e negócios.

Além disso, era preciso resistir aos ataques indígenas, cujas terras haviam sido invadidas. Em certas situações, houve o estabelecimento de acordos e relações diplomáticas, especialmente nos primeiros anos, quando os colonos ainda eram minoria e não aparentavam riscos para os povos indígenas.

O primeiro Dia de Ação de Graças, que é celebrado até hoje nos Estados Unidos, teria reunido, no ano de 1621, os peregrinos recém-chegados e os povos nativos em torno de uma refeição. A tradição de reservar um dia para agradecer as boas colheitas era comum entre os puritanos ingleses.

A organização das famílias dos primeiros colonos era patriarcal, isto é, centrada no poder do pai e/ou do marido. As mulheres eram responsáveis pelo trabalho doméstico e pela produção de diversos artefatos de uso cotidiano, como roupas e utensílios domésticos. Os filhos trabalhavam nas lavouras e ajudavam nas criações de animais.

A família era o centro das relações sociais e religiosas nas comunidades, especialmente as rurais, por isso, a maioria das mulheres se casava e acabava submetida ao controle dos maridos. As crianças eram introduzidas no mundo adulto por volta dos sete anos, quando aprendiam a ler e escrever e começavam a aprender algum ofício, em geral, seguindo a profissão do pai.

O trabalho era um princípio fundamental para a religião puritana, por isso, nas colônias não havia muito espaço para o lazer. Ainda assim, muitas comunidades organizavam festas coletivas, geralmente, associadas à construção de algum celeiro ou prédio público, como uma igreja ou um armazém para os grãos.

Pesquisas recentes têm demonstrado que muitos colonos exploravam o trabalho escravo, especialmente em áreas urbanas e portuárias, como Nova York. Os escravizados, a maioria africanos vindos do comércio com o Caribe, realizavam as tarefas consideradas pesadas, mas também exerciam funções específicas, como as de carpinteiro, ferreiro e padeiro.

O primeiro Dia de Ação de Graças, de Jean Leon Gerome, 1863 (óleo sobre tela). Essa narrativa, de que o primeiro Dia de Ação de Graças teria acontecido em 1621 e reunido indígenas e peregrinos, transformou-se em um dos mitos de fundação dos Estados Unidos. Entretanto, é importante salientar que esse encontro não foi tão harmonioso como a imagem sugere: devido a doenças trazidas pelos europeus, milhares de indígenas morreram, e suas terras foram sistematicamente usurpadas pelos recém-chegados.

Atividades

Retome

1. Muitos estudiosos deram o nome de pacto colonial ao conjunto de normas que organizou as relações entre colônias e metrópoles. Por que a concepção de pacto, naquele contexto, pode ser relacionada à ideia de subordinação?

2. Ao longo dos séculos XVI e XVII, a colonização espanhola da América foi marcada pela extração de metais preciosos em grande escala. Quais eram as formas de trabalho adotadas pelos espanhóis? Em que medida essas formas de trabalho destruíram as formas de vida das populações nativas?

3. Qual era a função da Casa de Contratação? Explique quais eram as medidas que esse órgão tomava para controlar o comércio nas colônias americanas.

4. Considerando as particularidades da colonização inglesa da América, relacione o cenário econômico, político e religioso da Inglaterra no século XVII ao processo de deslocamento populacional para a América do Norte.

5. Hoje, os estudiosos consideram que não se pode fazer uma separação tão rígida entre colônias de exploração e colônias de povoamento, já que atividades econômicas variadas eram exercidas em todas as colônias. De todo modo, havia aspectos que diferenciavam as colônias mais ao norte do território inglês na América das colônias do sul. Que aspectos eram esses? Por que essas colônias do norte receberam a denominação de colônias de povoamento?

Pratique

6. Os trechos a seguir foram escritos pelo filósofo e linguista búlgaro Tzvetan Todorov (1939-2017). Todorov estudou a conquista da América (especialmente das regiões do atual México e do Caribe) com base na perspectiva do encontro de culturas e da noção do "outro", daquele que é estranho ou diferente. Leia com atenção.

> [...] O que Cortez quer, inicialmente, não é tomar, mas compreender; são os signos que interessam a ele em primeiro lugar, não os referentes. Sua expedição começa com uma busca de informação e não de ouro. A primeira ação importante que executa [...] é procurar um intérprete [...]
>
> É graças a esse sistema de informação, perfeitamente funcional, que Cortez consegue perceber rapidamente, e em detalhes, a existência de divergências internas entre os índios — fato que, como vimos, tem papel decisivo para a vitória final. Desde o início da expedição, está atento a qualquer informação desse gênero. [...]
>
> TODOROV, Tzvetan. *A conquista da América*: a questão do outro. 3. ed. São Paulo: Martins Fontes, 2003. p. 143, 148.

a) Na visão de Todorov, em que o conquistador espanhol Hernán Cortez, ao chegar à América, estava interessado? O que ele fez para alcançar seu objetivo?

b) Considerando as ideias de Todorov, como a compreensão a respeito dos indígenas americanos contribuiu para a conquista?

7. Na conquista da região que hoje corresponde ao México, a indígena Malinche (c. 1496-1529) teve papel significativo. Malinche foi uma das vinte escravizadas indígenas entregues pelo povo de Tabasco aos conquistadores espanhóis, em 1519. Com o tempo, ela aprendeu o espanhol, o que fez com que se tornasse intérprete e guia de Hernán Cortez. Hoje, Malinche é vista como uma das poucas mulheres de destaque na história da conquista do México pelos espanhóis.
Reúna-se com um colega para pesquisar a história de Malinche e as diferentes interpretações que a sociedade mexicana atual faz de sua trajetória. Escrevam um relatório com as informações encontradas e compartilhem-no com o restante da sala.

8. O texto a seguir foi escrito pelo historiador brasileiro Leandro Karnal e trata da educação formal nas colônias inglesas da América do Norte. Leia-o com atenção e responda ao que se pede.

> [...] A educação formal adquiriu um caráter todo especial nas colônias. A existência de muitos protestantes colaborou para isso. Uma das origens da Reforma religiosa na Europa tinha sido a defesa da livre interpretação da Bíblia. Tal como Lutero traduzira a Bíblia para o alemão e os calvinistas para o francês em Genebra, os ingleses tinham várias versões do texto na sua língua [...]
>
> Essa preocupação levou a medidas bastante originais no contexto das colonizações da América. É certo que em toda a América espanhola houve um grande esforço em prol da educação formal. A universidade do México havia sido fundada em 1553 e havia similares em Lima e em quase todos os grandes centros coloniais hispânicos. No entanto, um sistema tão organizado de escolas primárias e a preocupação de que todos aprendessem a ler e escrever é algo mais forte nas colônias protestantes do Norte.
>
> Em 1647, Massachusetts publica uma lei falando da obrigação de cada povoado com mais de cinquenta famílias em manter um professor. [...] A educação será feita e paga por membros da comunidade.
>
> [...] Com essa preocupação, não é difícil imaginar o surgimento de várias instituições de ensino superior nas 13 colônias. Até 1764, estabeleceram-se nas colônias sete instituições de ensino superior. [...]

> O grande interesse pela educação tornou as 13 colônias uma das regiões do mundo onde o índice de analfabetismo era dos mais baixos [...]. Ainda assim, é inegável que havia mais alfabetizados brancos homens e ricos do que mulheres, negros, indígenas e pobres. [...]
>
> KARNAL, Leandro et al. *História dos Estados Unidos*: das origens ao século XXI. São Paulo: Contexto, 2015. p. 47-50.

a) Que fator pode ter contribuído para o incentivo da educação formal nas colônias inglesas?

b) Ao comparar a educação formal na América espanhola e na América inglesa, a que conclusões o historiador chega?

c) Mesmo com a grande preocupação pela educação na América, havia pessoas que eram excluídas desse sistema? Comente utilizando argumentos do texto.

Analise uma fonte primária

9. John White (c. 1540-1593) foi um artista inglês que esteve na América do Norte entre 1584 e 1587. As aquarelas pintadas por ele constituem um registro das impressões dos europeus sobre a América do Norte no final do século XVI. Observe a imagem.

Gravura de John White, c. 1590.

a) O que está sendo representado? O que os indígenas estão fazendo e qual é o ambiente retratado?

b) Com base nos elementos visuais dessa obra, que mensagem você diria que o artista desejava passar a respeito dos povos americanos? Por quê?

Articule passado e presente

10. O Oscar é um evento que a Academia de Artes e Ciências Cinematográficas de Los Angeles, na Califórnia, promove para premiar as melhores produções cinematográficas de cada ano. Recentemente a cerimônia foi criticada pela ausência de mulheres, afrodescendentes e indígenas entre os indicados ao prêmio. Assim, abriu-se um importante debate sobre a representatividade no Oscar.

Mas essa discussão não é nova. Em 1973, **Marlon Brando** (1924-2004), premiado por sua atuação no filme *O Poderoso Chefão*, fez um protesto para mostrar sua indignação quanto ao tratamento dado aos indígenas americanos pela indústria cinematográfica de Hollywood. Segundo o ator, a indústria cinematográfica era responsável por degradar e ridicularizar a imagem das populações indígenas. Na ocasião, Brando não compareceu à cerimônia de entrega do Oscar e, em seu lugar, enviou a atriz e ativista indígena **Sacheen Littlefeather** (1946-) – que leria um discurso feito por Brando a favor dos povos indígenas, mas foi impedida pela organização do evento.

Sacheen Littlefeather na cerimônia do Oscar de 27 de março de 1973.

a) Relacione a crítica formulada por Marlon Brando com a história geral dos povos indígenas da América do Norte.

b) Escreva um comentário sobre a sua opinião no debate a respeito da representatividade dos povos indígenas no cinema e na televisão. Reflita sobre o tema, pensando em todos os filmes e em todas as produções televisivas que você já viu, nacionais ou estrangeiras (seriados, novelas, desenhos animados, etc.). Leve em consideração a forma como os povos indígenas, tanto no Brasil como em outros países da América, são retratados nessas produções.

A colonização espanhola e inglesa da América

CAPÍTULO 19
O "Século das Luzes" e a independência das Treze Colônias

Visitante no pavilhão holandês durante a Feira de Livros em Frankfurt, Alemanha, outubro de 2016.

O Iluminismo se originou na Europa ao longo do século XVIII. Esse conjunto de ideias defendia a busca por novas práticas de organização política e econômica. Valorizava o uso da razão e da ciência e afirmava, em linhas gerais, que todos poderiam ter acesso ao conhecimento. Para os pensadores do Iluminismo, o conhecimento deveria sempre estar aberto a críticas e colaborar para um contínuo progresso da humanidade. A difusão dos livros aumentou sensivelmente no século XVIII, já que eles se tornaram meios para a propagação das ideias iluministas. De que forma, hoje, é realizado o acesso ao conhecimento? Será que os diversos meios de transmissão de conhecimento estão disponíveis a todos?

1 O surgimento do Iluminismo

O auge dos Estados modernos centralizados significou também o ponto alto de suas contradições no século XVIII. As tensões envolvendo monarcas, nobres, burgueses, camponeses e população urbana geraram uma situação pré-revolucionária na Europa.

A partir de meados do século XVIII, a burguesia equipou-se com ideias para questionar o poder dos monarcas absolutistas e criar uma nova ordem política. Esse conjunto de ideias, o **Iluminismo**, teve notável influência sobre as lutas revolucionárias do final do século.

É importante notar que o termo "iluminismo" justifica a expressão "Século das Luzes", comumente usada para se referir a esse período. Também vale observar que a ideologia do Iluminismo foi incorporada pela burguesia, mas não foi utilizada exclusivamente por ela, já que nem toda a nobreza era avessa às suas propostas e muitas delas eram atraentes para as camadas populares. Basta lembrar que essas ideias estimularam atuações populares rurais e urbanas e que vários pensadores iluministas eram nobres, e não burgueses.

Os principais teóricos do movimento

O pensador inglês **John Locke** (1632-1704) costuma ser considerado um precursor do movimento. Locke rejeitava a teoria do "direito divino dos reis" e questionava o absolutismo. Em sua obra *Segundo tratado sobre o governo civil*, defende a ideia de que os homens são portadores de direitos naturais, como a vida, a liberdade e a propriedade; para garanti-los, os homens criaram os governos. Ainda segundo Locke, por meio de um "contrato" que se estabelece entre governante e governados, o governante recebe, com o consentimento da maioria dos governados, a autoridade e o dever de garantir tais direitos.

Como vimos, a ideia de um "contrato" entre governante e governados já havia sido proposta por Thomas Hobbes, que é considerado por muitos o principal teórico dos governos centralizados modernos, por ter elaborado todo um sistema lógico e coerente para explicar a necessidade do chamado Estado absolutista. Ao contrário do que Hobbes propunha, no entanto, Locke defendia o direito de resistir à tirania. Para Locke, se o governante violasse o contrato, visando obter vantagens em proveito próprio, a sociedade teria o direito de destituí-lo.

Retrato de John Locke, de Godfrey Kneller, de 1704 (óleo sobre tela). Locke envolveu-se com a Revolução Gloriosa e foi um dos principais ideólogos do liberalismo.

Onde e quando

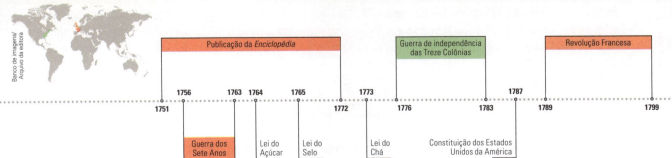

Mapa e linha do tempo ilustrativos. As regiões indicadas no mapa referem-se à configuração atual dos países a que pertencem hoje, e o espaço entre as datas não é proporcional ao intervalo de tempo.

Em seu livro *Cartas inglesas*, **Voltaire** (1694-1778) criticou a Igreja e os resquícios da servidão feudal. Ao mesmo tempo, acreditava que a livre expressão era um dos direitos naturais do homem e condenava firmemente a censura. Uma frase atribuída a Voltaire resume a sua postura iluminista: "Posso não concordar com uma única palavra do que dizeis, mas defenderei até a morte o direito de dizê-la.". Voltaire também criticava a guerra e rejeitava a ideia de revolução, acreditando que as reformas realizadas por monarcas, sob orientação dos filósofos, poderiam resultar em governos "esclarecidos". Durante sua vida, procurou aproximar-se de alguns reis absolutistas, como os da Prússia e da Rússia, sugerindo reformas. O movimento reformista inspirado nas ideias iluministas recebeu o nome de **despotismo esclarecido**.

Retrato de Voltaire, de Nicholas Largilliere, 1718.

Outro teórico iluminista que também defendeu a ideia de contrato foi **Jean-Jacques Rousseau** (1712-1778). Em sua obra *O contrato social*, manifestou sua crença na liberdade dos homens, uma vez que, por meio de sua livre vontade, criavam as leis e organizavam a sociedade. Acreditava, além disso, que todos os homens nasciam iguais.

Rousseau foi um grande defensor da democracia, não como a compreendemos hoje, associada a eleições e ao voto universal, mas como expressão da vontade geral da população. Criticava o racionalismo excessivo, que, a seu ver, reprimia os indivíduos: o conhecimento e a felicidade dependeriam, em grande parte, de cultivar e expressar os sentimentos.

Suas ideias, rejeitadas pela alta burguesia por conta das críticas ao racionalismo, ao elitismo governamental e à opulência, tiveram forte influência nos setores médios e populares, sobretudo nos momentos mais radicais da Revolução Francesa.

Retrato de Jean-Jacques Rousseau, de Maurice Quentin de la Tour, 1753.

Charles-Louis de Secondat (1689-1755), o **barão de Montesquieu**, autor de *O espírito das leis*, propunha a divisão dos poderes em três instâncias independentes entre si: Executivo, Legislativo e Judiciário. Dessa forma, o governante seria um simples executor da vontade da sociedade, conforme as leis redigidas por um corpo de legisladores e julgadas pelos tribunais, o que limitaria o poder absolutista dos reis. Montesquieu também pregava a necessidade de um conjunto de leis que expressassem os valores da sociedade e que fossem obedecidas por todos, até pelos governantes: seria a **Constituição** de um Estado. Em *Cartas persas*, denunciou os abusos do poder autoritário e os excessos cometidos no reinado de Luís XIV.

Retrato do barão de Montesquieu, de autoria desconhecida, 1728.

Enciclopédia

Os filósofos **Diderot** (1717-1783) e **D'Alembert** (1713-1784) foram os responsáveis pela compilação e publicação da *Enciclopédia*, obra monumental dividida em 35 volumes que constituiu uma tentativa de reunir, de forma sistemática, todo o conhecimento humano acumulado até então, conforme entendido pelos iluministas. A empreitada contou com 130 colaboradores – Voltaire, Montesquieu e Rousseau estavam entre eles.

A obra divulgava valores como a substituição da fé pelo racionalismo; o estímulo à ciência; o deísmo (crença em Deus como força impulsionadora do Universo); e também a ideia de contrato entre governantes e governados. Sua publicação enfrentou resistência e pressão de grupos aliados ao Antigo Regime, chegando a ser condenada pelo papa Clemente XIII.

Mesmo expressando divergência de opiniões entre seus autores, a *Enciclopédia* foi fundamental como instrumento divulgador dos ideais liberais para a política e para a economia.

Liberais e fisiocratas: os economistas do Iluminismo

Os pensadores iluministas produziram duas correntes de interpretação da economia das nações: a **fisiocracia** e o **liberalismo**. Este último logo passou a ser aceito como "verdade" econômica.

A escola fisiocrata despontou como crítica às concepções mercantilistas dominantes. Os fisiocratas consideravam a terra — e não o acúmulo de metais preciosos — a única fonte de riqueza. Para eles, o comércio e a atividade manufatureira eram apenas meios de transformar e fazer circular essa riqueza.

Os economistas franceses **Quesnay** (1694-1774), **Gournay** (1712-1759) e **Turgot** (1727-1781) se destacaram entre os fisiocratas. Ao defender o fim das regulamentações que limitavam a atividade econômica, Gournay cunhou a expressão "*Laissez faire, laissez passer, le monde va de lui même*" — que em português significa "Deixem fazer, deixem passar, o mundo vai por si mesmo".

O maior expoente do liberalismo econômico foi o escocês **Adam Smith** (1723-1790), que condenava a intervenção do Estado na economia. Para ele, o trabalho, e não o comércio ou a terra, era a única fonte de riqueza. Em sua obra *Uma investigação da natureza e das causas da riqueza das nações*, Smith defendeu que a economia funcionava pelas suas próprias leis, sem precisar da intervenção do governo. A concorrência, a divisão do trabalho e o livre-comércio permitiriam a satisfação dos diferentes interesses individuais dos homens livres, conduzindo, como uma "mão invisível", a melhores resultados (aumento do progresso, da produtividade, etc.).

Para saber mais

Progresso e tecnologia: do culto à crítica

Um dos fundamentos do Iluminismo foi a crença na razão e no progresso, apoiada no avanço das ciências. Leia o que escreveu a esse respeito a historiadora Ana Rosa Cloclet da Silva.

[Os filósofos iluministas] identificavam-se como indivíduos de livre pensar, portadores de uma "missão a cumprir" — o esclarecimento e a difusão de "verdades úteis", capazes de impulsionar a sociedade rumo ao progresso — este fenômeno do Setecentos revelou-se plural, destituído de qualquer suposto caráter de uniformidade, harmonia [...], comportando desde um sentido revolucionário — inaugurado pelos "homens de 1789" [durante a Revolução Francesa] e que fundamentou as experiências liberais e democráticas modernas — até a possibilidade histórica do Reformismo, sendo este o resultado de sua assimilação nos países católicos e de regimes absolutistas, como era o caso de Portugal. [...]

SILVA, Ana Rosa Cloclet da. Ilustração, história e ecletismo: considerações sobre a forma eclética de se aprender com a história no século XVIII. *História da Historiografia*. n. 4, mar. 2010. p. 76. Disponível em: <www.historiadahistoriografia.com.br/revista/article/view/137/80>. Acesso em: 4 abr. 2017.

Essas ideias também serviram de base para as ações "civilizadoras" das sociedades ocidentais nos séculos XIX e XX.

Em meados do século XX, porém, surgiram críticas ao Iluminismo entre alguns pensadores. Eles contestaram a ideia de progresso e a validade da tecnologia para a história da humanidade. Esses pensadores eram principalmente filósofos e cientistas sociais ligados à Escola de Frankfurt, na Alemanha, como Theodor Adorno (1903-1969) e Max Horkheimer (1895-1973). Mais tarde, na segunda metade do século XX, pensadores conhecidos como "pós-modernos" também fizeram críticas ao Iluminismo.

[...] Nas últimas décadas do século XX surgiu outra corrente filosófica contrária ao Iluminismo, a pós-modernidade. Criticando o predomínio das sociedades ocidentais sobre o mundo e a imposição de seus valores a todas as culturas em contato com os ocidentais, os pós-modernos passaram a criticar a supremacia do cientificismo e do progresso. O culto ao progresso entrou em decadência nos meios intelectuais e os limites entre razão, senso comum e religiosidade começaram a ser repensados. Apesar disso, a estrutura de pensamento predominante no Ocidente continua a ser derivada do Iluminismo, e alguns autores atuais, inclusive, pregam a revalorização dos princípios iluministas. [...]

SILVA, Kalina Vanderlei. *Dicionário de conceitos históricos*. São Paulo: Contexto, 2006. p. 212.

O despotismo esclarecido

Na Europa, no final do século XVIII, diversos reis absolutistas, assessorados por ministros "esclarecidos", realizaram reformas de cunho iluminista. Essas reformas buscavam atenuar as tensões entre eles e a burguesia, por meio da modernização dos reinos, do aumento da eficiência administrativa do Estado e do incentivo à educação, com a criação de escolas públicas e o apoio às academias literárias e científicas. Com essas medidas, os monarcas buscavam garantir uma sobrevida ao Estado absolutista.

As reformas procuraram acomodar os interesses da nobreza e da burguesia locais às novas práticas mercantilistas e recuperar as finanças dos reinos, de modo que pudessem enfrentar as concorrências inglesa e francesa. Além desse aspecto econômico, as reformas buscaram estimular as artes e a cultura.

O despotismo esclarecido, como ficou conhecida essa ordenação política-econômica, tinha uma contradição fundamental: se, por um lado, os reis estavam dispostos a realizar reformas, por outro, não iriam tolerar limitações ou perda de poder. Assim, embora a burguesia local tenha recebido bem as reformas, ela passou a exigir mudanças políticas consideradas inaceitáveis pelos monarcas.

Os principais déspotas esclarecidos foram: José II, da Áustria (1741-1790); Catarina II, da Rússia (1729-1796); Frederico II, da Prússia (1712-1786); dom José I, de Portugal (1714-1777); e Carlos III, da Espanha (1716-1788).

Quanto às demais monarquias europeias, a inglesa, como já vimos, havia se submetido à autoridade do parlamento burguês em 1688, com a Revolução Gloriosa. Na França, contudo, os reis não cederam às reformas. Com isso, as relações entre os vários setores da sociedade francesa se deterioraram cada vez mais.

Nas últimas décadas do século XVIII, a independência dos Estados Unidos e o triunfo da Revolução Francesa fizeram com que as ideias iluministas deixassem de ser meras propostas e passassem a fundamentar um sistema político conhecido como liberalismo político. Tal sistema se consolidaria em grande parte do Ocidente a partir do início do século XIX.

Para saber mais

O Iluminismo e reflexões sobre a educação dos jovens

Na Rússia, durante o governo de Catarina II, foi organizada a primeira escola destinada à educação de moças, o chamado Instituto Smolny. A princípio, somente jovens da nobreza eram aceitas na instituição. Com o passar do tempo, jovens burguesas também passaram a estudar no local.

Muitas vezes, a educação de moças com poucos recursos era patrocinada por um benfeitor. A instituição, fundada em 1764, funcionava como um colégio interno. Jovens, com idades entre 9 e 18 anos, aprendiam Francês, História, Ética, Filosofia, Direito Internacional, Artes e Ciências. Apesar de, na época, não existir um sistema de educação oficial na Rússia, o governo de Catarina se preocupava em investigar e colocar em prática teorias educacionais formuladas em outros países. O Instituto Smolny funcionou nesses moldes até a Revolução Russa de 1917.

A existência de uma instituição como essa mostra que o pensamento iluminista também se voltava para teorias a respeito da educação de jovens. O filósofo Rousseau, por exemplo, elaborou uma espécie de sistema de educação, abarcando desde a infância até a idade adulta do indivíduo. Sua obra *Emílio* é considerada, hoje, um tratado de Filosofia fundamental, pelo impacto que ela causou na pedagogia moderna.

Retrato de Catarina II, de Fedor Stepanovich Rokotov, 1770 (óleo sobre tela). Catarina II foi protetora de Diderot e leitora de outros enciclopedistas.

2 A fundação dos Estados Unidos da América

A primeira aplicação efetiva dos ideais iluministas ocorreu nas colônias inglesas da América do Norte, com a organização política de um novo país.

Como vimos, no início da colonização o controle inglês sobre suas Treze Colônias foi brando. As revoluções inglesas no século XVII e o envolvimento da Inglaterra em guerras europeias contribuíam para essa situação. Livres de uma fiscalização colonial intensiva, as colônias conquistaram expressivo desenvolvimento econômico, tanto as do sul agroexportador como as do norte, onde havia intensa atividade comercial e manufatureira.

A expansão econômica das colônias do norte chegou a fazer concorrência aos produtos ingleses no comércio de longa distância com o Caribe, a África e a própria Europa. Mas, com os progressos da Revolução Industrial durante o século XVIII, o reino inglês lançou-se em busca de novos mercados consumidores — e sua busca incluía as Treze Colônias.

Aos poucos, o Parlamento inglês foi lançando as bases de uma legislação voltada para a cobrança de impostos na América. A **Guerra dos Sete Anos** (1756-1763), travada contra a França, acelerou o processo, ao desequilibrar as finanças do Estado inglês. Além disso, a decisão inglesa de manter um exército regular permanente na colônia, em cujo território o conflito também se desenrolou, serviu de pretexto para a cobrança de impostos sobre os colonos.

A nova política inglesa em relação às suas colônias, além de comprometer a autonomia de que sempre gozaram, contrariava os princípios iluministas de liberdade e autodeterminação. Os conflitos tornaram-se constantes.

Em 1764, a Inglaterra lançou uma lei, a **Lei do Açúcar** (*Sugar Act*), que taxava todos os carregamentos de açúcar que não fossem provenientes das Antilhas inglesas. A determinação prejudicava diretamente os interesses dos colonos, que obtinham o melaço, matéria-prima para a produção de rum, das colônias do Caribe.

No ano seguinte, o governo inglês, visando ampliar a arrecadação, estabeleceu que todo material impresso publicado nas colônias deveria receber um selo vendido pela metrópole, criando a **Lei do Selo** (*Stamp Act*). Inconformados, os colonos reuniram-se em um congresso em Nova York, o Congresso da Lei do Selo. Além de rejeitar o novo imposto, decidiram repudiar qualquer relação com a metrópole, incluindo a comercial, enquanto as Treze Colônias não tivessem representação no Parlamento inglês. A lei foi revogada em 1766.

Em 1773, foi elaborada a lei por meio da qual a comercialização do chá passou a ser monopolizada pela Companhia das Índias Orientais, sediada em Londres. A **Lei do Chá** (*Tea Act*), como ficou conhecida, intensificava o controle sobre a venda do produto, excluindo os norte-americanos do comércio do chá britânico. A medida provocou, mais uma vez, violenta reação contra a metrópole. Em dezembro daquele mesmo ano, colonos disfarçados de indígenas ocuparam três navios ingleses, ancorados no porto de Boston — o mais movimentado das Treze Colônias, localizado na colônia de Massachusetts —, e jogaram seu carregamento de chá ao mar. O episódio ficou conhecido como **Festa do Chá de Boston** (*Boston Tea Party*).

Como reação, no ano seguinte, o Parlamento britânico promulgou uma série de **leis intoleráveis**: o porto de Boston ficaria fechado enquanto os colonos não pagassem a indenização cobrada pela carga de chá perdida e a colônia de Massachusetts seria ocupada por tropas inglesas. Determinou-se também o controle militar inglês sobre o território a oeste das Treze Colônias, impedindo assim a expansão territorial dos colonos.

Indignados com as leis intoleráveis, naquele mesmo ano de 1774, representantes dos colonos reuniram-se na Filadélfia, no **Primeiro Congresso Continental**, e decidiram boicotar os produtos metropolitanos. No ano seguinte, no **Segundo Congresso**, decidiram pela separação em relação à Inglaterra.

> **Guerra dos Sete Anos**: conflito provocado pela disputa econômica e colonial entre a França e a Inglaterra na América do Norte e em outros territórios. Boa parte dos indígenas das colônias inglesas aliou-se aos franceses. A Inglaterra venceu o conflito e apoderou-se do território colonial francês a oeste das Treze Colônias. Sua economia, contudo, foi abalada.

Selo emitido durante a Lei do Selo, em 1765.

O "Século das Luzes" e a independência das Treze Colônias

A independência das Treze Colônias

Em 4 de julho de 1776, foi publicada a **Declaração de Independência dos Estados Unidos da América**. O documento foi elaborado por **Thomas Jefferson** (1743-1826), com a colaboração de **Benjamin Franklin** (1705-1790) e **John Adams** (1735-1826), entre outros, e inspirava-se fortemente nas ideias iluministas.

George Washington (1732-1799) foi encarregado de organizar um exército para enfrentar a reação metropolitana e garantir a autonomia. Esse exército contou com o apoio da França, da Espanha e, posteriormente, da Holanda. No conflito, destacaram-se as tropas francesas comandadas pelo **Marquês de La Fayette** (1757-1834).

Após diversos confrontos, os ingleses se renderam na **Batalha de Yorktown**, em 1781. A rendição deu início às negociações que culminariam com a assinatura do **Tratado de Paris**, na França, em 1783. Por meio desse tratado, a Inglaterra reconheceu a independência das Treze Colônias que, pouco depois, passaram a se chamar **Estados Unidos da América**.

A formação do novo Estado

Ao final da guerra de independência, outro Congresso se reuniu na Filadélfia para redigir a Constituição do novo Estado. Durante o evento, dois grupos apresentaram propostas: os **republicanos**, de Thomas Jefferson, e os **federalistas**, de **Alexander Hamilton** (c. 1755-1804) e George Washington.

Os republicanos defendiam a instauração de um poder central fraco e a concessão de grande autonomia aos estados, que, na prática, seriam como treze países independentes. Já os federalistas acreditavam na necessidade de um poder central forte, para garantir a união permanente dos estados. A solução encontrada e incorporada à Constituição de 1787 foi a criação de uma **República federativa**, dotada de um poder central forte, mas que atribuía relativa autonomia aos estados-membros. Nascia assim os Estados Unidos da América.

Adotou-se o sistema presidencialista, cabendo a George Washington o primeiro mandato de presidente. Fiel aos princípios iluministas de Montesquieu, o novo país estabeleceu a divisão política entre os poderes: Executivo, Legislativo e Judiciário.

A participação política ficava restrita aos proprietários e comerciantes em geral, tradicionalmente homens livres e brancos. Eles eram os únicos que tinham direito ao voto. Mulheres, indígenas e negros estavam excluídos das decisões políticas. A escravidão não foi abolida.

Bastante concisa, com apenas sete emendas (ou artigos), a Constituição de 1787 permanece em vigor acrescida de 27 emendas.

Com a revolução no território norte-americano, a ideia de que a república estava destinada a ser instaurada apenas em pequenos territórios sucumbiu. O exemplo da república estadunidense, instaurada em um grande território, ganhou seguidores na Europa, especialmente na França, então às vésperas do movimento revolucionário de 1789.

Localizado em Keystone, no estado de Dakota do Sul, EUA, o monte Rushmore tem esculpidos os rostos de quatro presidentes dos Estados Unidos da América. Da esquerda para a direita: George Washington, Thomas Jefferson, Theodore Roosevelt e Abraham Lincoln. Foto de 2016.

Construindo conceitos

Moderno, modernização, modernidade

Você já percebeu que as palavras também têm história? Muitas vezes, utilizamos palavras em nosso cotidiano sem nem ao menos conhecer sua origem ou seu significado original. Em outras ocasiões, uma palavra usada por nossos avós ou por nossos pais, em décadas distantes, assumem novos significados na atualidade.

Vamos conhecer como se deu a construção dos termos **moderno**, **modernização** e **modernidade**.

Atualmente, a palavra "moderno" é utilizada com muita frequência e com diferentes sentidos. Ela aparece especialmente em *slogans* de propagandas. Anúncios impressos, televisivos ou que circulam pela internet procuram associar produtos à ideia de "moderno": um conceito moderno de lazer ou uma loja moderna são expressões que parecem dizer "um lazer mais interessante" ou uma "loja com excelentes produtos". Também é comum ouvirmos falar em "uma forma moderna de governar", "uma cidade moderna". Nesses casos, a palavra "moderno" também assume um sentido positivo: "uma forma melhor de governar", "uma cidade boa para viver". No entanto, os conceitos de moderno, modernização e modernidade foram construídos ao longo da história e surgiram em diferentes contextos.

Até o século XVII, **moderno** era praticamente sinônimo de "tempo presente" e poderia, inclusive, representar a ideia de valorização do passado. No Renascimento, por exemplo, os modernos eram os artistas que se inspiravam nos conhecimentos da Antiguidade greco-romana, em oposição ao pensamento medieval.

A partir do final do século XVII, sob influência do Iluminismo, o termo moderno passou a ser utilizado para indicar práticas sociais e ideias consideradas novas e melhores, mais evoluídas e apropriadas. Tudo que era antigo tornou-se ultrapassado e inadequado.

Enquanto essa noção de moderno se fortalecia ao longo dos séculos XIX e XX, as ideias de progresso e desenvolvimento tecnológico se tornavam centrais no pensamento científico europeu. Um equipamento "moderno" ou uma prática social "moderna" tornaram-se sinônimos de uma melhoria inquestionável para as sociedades humanas.

A noção de **modernização**, que surgiu nessa atmosfera de expansão do capitalismo, é utilizada para designar um conjunto de ações para se tornar moderno, isto é, para atingir um determinado nível de desenvolvimento técnico considerado adequado. Em geral, a modernização foi um modo de imposição de um modelo econômico dos países ricos sobre as antigas colônias e os países pobres, afinal, tornar-se moderno significava reproduzir os padrões econômicos e culturais europeus. Nesse contexto, o contrário de moderno era "atrasado".

Já a noção de **modernidade** surgiu como resposta estética às transformações culturais provocadas pelo desenvolvimento do capitalismo desde o século XVIII. Atribui-se ao poeta e crítico literário Charles Baudelaire (1821-1867) o uso do conceito "modernidade". No artigo *O pintor da vida moderna*, de 1863, Baudelaire afirma que a modernidade deveria ser um "estado de espírito" capaz de romper com os modelos da Antiguidade e incorporar os valores estéticos antigos na arte do presente.

Durante o século XX, essa noção de modernidade associada à busca pelo transitório se intensificou, transformando a arte moderna em uma incessante procura pelo novo. A convergência entre o acelerado desenvolvimento tecnológico e as rápidas transformações no gosto estético provocou mudanças na percepção do tempo moderno. Assim, somos constantemente estimulados a nutrir interesse por tudo o que é novo e original, pois tudo o que é novo passa a ter um valor positivo em si mesmo.

Atividades

- Para refletir mais sobre os significados de "moderno" e sobre o que é considerado "velho" ou "novo" em nossa sociedade, reúnam-se em duplas ou trios e sigam o roteiro a seguir.

    a) Pesquisem peças publicitárias (escritas ou audiovisuais) que apresentem um novo produto.

    b) Escolham uma peça e identifiquem quais são as qualidades que ela atribui ao produto divulgado.

    c) Investiguem também como esse produto era fabricado e vendido anteriormente.

    d) Organizem as informações levantadas pelo grupo em um pequeno texto e apresentem-no para a classe, junto com o material publicitário coletado.

Atividades

Retome

1. Entre os principais teóricos do Iluminismo estão Locke, Voltaire, Montesquieu e Rousseau. Retome as ideias de cada um desses teóricos expostas neste capítulo, e, em seguida, escolha pelo menos dois elementos presentes no pensamento de cada um deles que expressem, de forma sintética, o movimento iluminista.

2. Como era a relação existente entre as ideias do liberalismo econômico e as concepções gerais do Iluminismo? Elabore um comentário sobre o assunto.

3. Por que alguns monarcas absolutistas europeus, como Catarina II, da Rússia, José II, da Áustria, e dom José I, de Portugal, entre outros, foram chamados de déspotas esclarecidos? Ao elaborar sua resposta, explique a relação desses monarcas com as ideias iluministas.

4. Inicialmente, o controle inglês sobre suas colônias na América do Norte era brando. Porém, no século XVIII, o governo procurou aumentar a cobrança de impostos dos colonos que viviam na América. Por quê?

5. Por que as leis promulgadas pelo governo inglês, no século XVIII, contrariavam a autonomia até então presente nas colônias da América do Norte?

Pratique

6. Leia trechos da obra *Do contrato social*, de Rousseau. Depois, responda ao que se pede.

   > [...] Renunciar à sua liberdade é renunciar à sua qualidade de homem, aos direitos da humanidade, e até a seus deveres. [...] Tal renúncia é incompatível com a natureza do homem, e tirar toda liberdade da sua vontade é tirar toda moralidade das suas ações.
   > [...]
   > O que o homem perde pelo contrato social é sua liberdade natural e um direito ilimitado a tudo o que o tenta e que ele pode alcançar. O que ele ganha é a liberdade civil e a propriedade de tudo o que possui.
   > [...]
   >
   > ROUSSEAU, Jean-Jacques. *Do contrato social*. São Paulo: Penguin Companhia, 2011.

   a) De acordo com o texto, para Rousseau, qual é a relação do homem com a liberdade?

   b) Qual seria a melhor maneira, segundo Rousseau, de garantir a liberdade aos homens em uma sociedade?

   c) Em sua obra *Do contrato social*, Rousseau articulou princípios políticos que estabelecem normas para o convívio dos homens em sociedade. Nessa obra, o pensador também disse que a liberdade civil era limitada pela vontade geral. O que seria essa "vontade geral"? Para responder, lembre-se do contexto sociopolítico em que o Iluminismo se originou.

7. Leia com atenção a tirinha a seguir. Depois, resolva as atividades propostas.

Tirinha dos personagens Calvin e Haroldo. O artesão e ourives Paul Revere (1735-1818), citado no último quadrinho, participou da guerra de independência dos Estados Unidos. Sua atuação como mensageiro nas batalhas de Lexington e Concord, realizada com sucesso em razão de suas cavalgadas noturnas, é considerada símbolo de patriotismo.

   a) Que parte do diálogo levou Calvin a associar a Declaração de Independência dos Estados Unidos à distribuição de presentes? Explique.

   b) A fala de Calvin, no último quadrinho, expressa uma visão individualista ou coletiva a respeito da data comemorativa em questão? Por quê?

Analise uma fonte primária

8. A Declaração de Independência dos Estados Unidos da América foi publicada em 4 de julho de 1776. Leia um trecho desse documento e depois faça o que se pede.

[...] Consideramos estas verdades como evidentes por si mesmas, que todos os homens são criados iguais, dotados pelo Criador de certos direitos inalienáveis, que entre estes estão a vida, a liberdade e a procura da felicidade. Que a fim de assegurar esses direitos, governos são instituídos entre os homens, derivando seus justos poderes do consentimento dos governados; que, sempre que qualquer forma de governo se torne destrutiva de tais fins, cabe ao povo o direito de alterá-la ou aboli-la e instituir novo governo, baseando-o em tais princípios e organizando-lhe os poderes pela forma que lhe pareça mais conveniente para realizar-lhe a segurança e a felicidade. [...] quando uma longa série de abusos e usurpações, perseguindo invariavelmente o mesmo objeto, indica o desígnio de reduzi-los ao despotismo absoluto, assistem-lhes o direito, bem como o dever, de abolir tais governos e instituir novos Guardiães para sua futura segurança. [...]

Declaração de Independência dos Estados Unidos da América. 1776. Disponível em: <www.uel.br/pessoal/jneto/gradua/historia/recdida/declaraindepeEUAHISJNeto.pdf>. Acesso em: 4 abr. 2017.

a) Explique em que medida as ideias iluministas estiveram presentes no processo de independência das Treze Colônias.

b) Releia o trecho e identifique pelo menos três passagens que podem se relacionar com princípios do Iluminismo. Justifique sua resposta.

Articule passado e presente

9. Os filósofos iluministas Diderot e D'Alembert organizaram a produção e a publicação da *Enciclopédia* no século XVIII. Entre 1751 e 1782, diversos volumes foram publicados em cidades da França, da Itália e da Suíça. Reúna-se com um colega e leiam, a seguir, um fragmento do verbete "Autoridade política", elaborado por Diderot para essa enciclopédia.

[...] Nenhum homem recebeu da natureza o direito de comandar os outros. A liberdade é um presente do céu, e cada indivíduo da mesma espécie tem o direito de usufruir dela tão logo tenha o uso da razão. Se a natureza estabeleceu alguma autoridade, é a do poder paterno; mas este poder tem seus limites, e, no estado de natureza, ele terminaria logo que os filhos tivessem condições de se conduzir. Qualquer outra autoridade tem origem diferente da natureza. Se examinarmos bem, veremos que a autoridade política tem origem em uma destas duas fontes: a força e a violência daquele que dela se apoderou ou o consentimento daqueles que a ela se submeteram através de um contrato [...].

DIDEROT, Denis; D'ALEMBERT, Jean Le Rond. Tradução de Maria das Graças de Souza. *Verbetes políticos da* Enciclopédia. São Paulo: Discurso Editorial; Ed. da Unesp, 2006. p. 37.

a) Elaborem um comentário sobre o contexto social e político em que a *Enciclopédia* de Diderot e D'Alembert foi produzida.

b) Uma enciclopédia impressa ou virtual (disponível na internet) é feita, hoje, em que contexto social, econômico e político?

c) Agora, vocês vão fazer um trabalho investigativo e de comparação. Hoje, temos acesso aos mais diversos tipos de enciclopédia. Vocês com certeza já utilizaram uma dessas obras em pesquisas escolares. Mas até que ponto a *Enciclopédia* dos iluministas, feita no século XVIII, pode se aproximar das enciclopédias de hoje?

Para fazer essa reflexão, sigam o roteiro abaixo:

- consultem enciclopédias da atualidade, impressas (se possível, pesquisem na biblioteca da escola) e virtuais (sugestões: <https://pt.wikipedia.org> e <http://escola.britannica.com.br>; acessos em: 4 abr. 2017);

- pesquisem um mesmo termo em todas as enciclopédias da atualidade (sugestões: "autoridade"; "política"; "Iluminismo"; "conhecimento");

- comparem os textos dos verbetes das enciclopédias atuais que vocês consultaram com o texto do verbete "Autoridade política", elaborado por Diderot no século XVIII. Na opinião de vocês, em qual enciclopédia o estilo de texto é mais reflexivo? Em qual o texto é mais neutro? Em qual enciclopédia o texto é mais informativo?

d) Agora, considerando as pesquisas de vocês e as respostas aos itens anteriores, escrevam um relatório identificando as diferenças e as semelhanças entre a *Enciclopédia* do século XVIII e as enciclopédias dos dias atuais.

UNIDADE 5

O longo século XIX

Nesta unidade, estudaremos um período que alguns historiadores chamam de o longo século XIX. Ele tem como marco inicial a Revolução Francesa, que ocorreu entre os anos 1789 e 1799, e se encerra no início da Primeira Guerra Mundial, em 1914.

Mesmo situada cronologicamente no final do século XVIII, as implicações dessa revolução são apontadas como o ponto de partida de uma série de acontecimentos e mudanças que afloraram durante esse longo período de 125 anos, que se estendeu até o início do século XX.

Gravura de autoria desconhecida do século XVIII que representa a marcha das mulheres para Versalhes. Longe de ser insignificante, a participação das mulheres na Revolução Francesa foi destacada por muitos estudiosos. Elas estiveram presentes nas frentes de luta e também em jornadas e agitações populares.

Saber histórico

Discutindo o século XIX

A importância dos processos na produção do conhecimento histórico

A Europa do século XIX foi marcada pelo vendaval revolucionário iniciado com a Revolução Francesa e pelas guerras napoleônicas que se seguiram e derrubaram diversas monarquias. Passado o momento inicial de restauração dessas monarquias, a burguesia liberal e os movimentos populares impuseram limites cada vez mais estreitos aos monarcas.

Em termos econômicos e sociais, o século foi também marcado pela consolidação da burguesia, pela efetivação da industrialização e pela expansão imperialista – que desembocaria na Primeira Guerra Mundial.

Na produção do conhecimento histórico, a importância de cada processo só se torna evidente quando os historiadores analisam detalhadamente os fatores que o causaram, suas consequências e os desdobramentos que provocou na sociedade. O conhecimento histórico, ao ser produzido, depende do olhar do historiador e das circunstâncias políticas, ideológicas e sociais em que ele está inserido. São essas circunstâncias que o sensibilizam para considerar este ou aquele fato motivador do processo.

Para entender melhor como o conhecimento histórico pode ser produzido segundo interesses e pontos de vista diversos, vamos considerar três grandes processos que estudaremos nos capítulos que tratam da Revolução Industrial, da Revolução Francesa e da Independência da América ibérica.

A *tomada da Bastilha*, de Jean-Pierre Houël, c. 1789 (óleo sobre tela). A produção de imagens sobre um evento como esse contribui para reforçar determinados posicionamentos históricos.

Leituras da Revolução Francesa

Os primeiros pesquisadores que se dedicaram a estudar a Revolução Francesa reconheceram que havia um vínculo entre os fatos ocorridos na França, a partir de 1789, e as mudanças que, depois dessa data, afloraram no continente europeu e no mundo. No século XIX e mesmo no século XX, a Revolução Francesa acabou sendo tomada como modelo para os que lutavam contra as estruturas dominantes.

No final da década de 1980, um grupo de historiadores passou a relativizar a importância da Revolução Francesa e a contradizer a opinião vigente, incluindo a dos teóricos marxistas, ao afirmar, em linhas gerais, que, com ou sem revolução, a França teria tido o mesmo desenvolvimento político.

Apesar dos mais de 200 anos que nos separam da Revolução Francesa, ainda hoje há divergências entre aqueles que a estudam. Além de ser um elemento de referência para os diversos posicionamentos políticos, ela é um exemplo de quanto o passado participa do presente, mediado pela memória e pela ciência histórica, e de como é necessário continuar a estudá-lo.

As independências do Brasil

Ao falar da independência do Brasil, é muito comum associá-la à imagem de dom Pedro I proclamando-a com uma espada na mão, como a representou Pedro Américo em sua tela do final do século XIX, *Independência ou morte*. Essa imagem, tão arraigada na mentalidade dos brasileiros, é resultado de escolhas feitas por historiadores e outros estudiosos ao longo dos séculos XIX e XX.

Na realidade, não houve um momento específico em que a ex-colônia portuguesa na América tenha se tornado uma nação. Houve um período no qual diversas atitudes resultaram na fundação de um Império Brasileiro reconhecido por outras nações. A escolha de uma data ou de um fato para marcar essa passagem foi, portanto, arbitrária e *a posteriori*, refletindo o que se quis valorizar naquele momento.

Em 1822, os vários personagens envolvidos no processo tinham diferentes opiniões sobre qual acontecimento seria o mais significativo para simbolizar a independência: alguns defendiam o dia 1º de agosto, quando dom Pedro convocou uma Assembleia Constituinte; outros, o dia 6 de agosto, quando o príncipe reivindicou a condição de "reino irmão" de Portugal para o Brasil; ou, ainda, o dia 12 de outubro, quando dom Pedro foi aclamado imperador do Brasil. O dia 7 de setembro só passou a fazer parte das datas nacionais em 1826, quando, diante da desconfiança que havia sobre o seu desejo de reunificar as Coroas do Brasil e de Portugal, dom Pedro I sentiu a necessidade de se afirmar e se negar essa intenção. A data comemorada até hoje surgiu, assim, do interesse político em apresentar dom Pedro I como grande responsável pela independência, colocando em segundo plano os demais atores e acontecimentos.

A independência da ex-colônia portuguesa na América resultou da vitória de um dos vários projetos pensados entre o final do século XVIII e o início do século XIX. Outros caminhos, que não se identificavam com a criação de um império ou com a liderança de um português, poderiam ter sido tomados. A Conjuração Mineira, a Revolta dos Alfaiates e a Confederação do Equador são alguns exemplos que não podem ser reduzidos a "momentos" do processo de independência. Além de haverem defendido objetivos diferentes, eles foram derrotados.

Leituras da Revolução Industrial

Por muito tempo, as grandes mudanças tecnológicas ocorridas no sistema produtivo europeu a partir do final do século XVIII foram atribuídas à aplicação de avanços científicos em novas invenções e também à disponibilidade de matérias-primas para a indústria.

Nessas interpretações, além de aparecer como motivo central de todas as mudanças, a tecnologia aparece como uma força autônoma capaz de transformar, por si só, toda a cadeia de produção. A crítica que se faz a essas explicações baseia-se no fato de que a tecnologia não pode explicar todas as transformações envolvidas, pois sua aplicação ao sistema produtivo ocorreu em ritmos diferentes nas várias partes do mundo. Portanto, se a tecnologia fosse fator determinante, a mudança teria tido mais ou menos a mesma intensidade em todos os lugares; mas não foi o que aconteceu.

O processo de industrialização inglês, por exemplo, foi muito mais acelerado que o francês, mas foi mais lento que o estadunidense, iniciado posteriormente.

A explicação está não só nas novas técnicas, como o sistema de fábrica, mas também nas formas de adaptação cultural das sociedades a essas técnicas. Muitos historiadores argumentam que o sistema de fábrica não foi introduzido apenas por razões de eficiência, mas por ser adequado à necessidade dos capitalistas de controlar a mão de obra. Outros pesquisadores afirmam que foram as questões de hierarquia e poder social que estimularam as mudanças tecnológicas e organizacionais da produção, levando ao sistema fabril.

Nas indústrias, os operários não precisavam mais dominar a fabricação completa do produto, pois executavam apenas uma tarefa dentro da cadeia de produção. Além de garantir eficiência, o método de divisão de trabalho trazia enormes benefícios aos empresários capitalistas, como o aumento expressivo na quantidade de produtos finalizados aliado à redução dos custos com trabalhadores não especializados. A chegada das máquinas nas fábricas impôs um ritmo veloz à produção, permitindo a dispensa de muitos trabalhadores. Entrava-se, assim, na época da maquinofatura.

A Revolução Industrial continua sendo um tema bastante significativo para nós, que vivemos em um mundo convulsionado por rápidas e profundas mudanças tecnológicas provocadas pela informática, pela robótica, pela biotecnologia, pelas telecomunicações, etc., às quais se somam ainda os desdobramentos socioambientais decorrentes dos padrões de produção e de consumo vigentes em nossa sociedade.

Imaginechina/Corbis/Fotoarena

Em 2016, os resíduos eletrônicos descartados chegaram a mais de 49 milhões de toneladas. Estudos e iniciativas da ONU estimam que esse total tenha chegado a 65,4 milhões de toneladas em 2017. Estados Unidos e China são, atualmente, os países que mais geram esse tipo de lixo. O Brasil lidera na América Latina, seguido pelo México. Na foto de 2013, televisores descartados empilhados em um pátio de Zhuzhou, na China.

CAPÍTULO

20º Uma era de revoluções

Os protestos realizados em diversas cidades do Brasil entre abril e julho de 2013 mobilizaram milhares de pessoas. Inicialmente, o objetivo dos grupos que deles participavam era protestar contra o aumento das tarifas de ônibus. Ao ganhar destaque na mídia, essas manifestações cresceram e se tornaram multifacetadas, passando a expressar diferentes posicionamentos. Na foto, protestos na cidade de São Paulo, em junho de 2013.

A Revolução Francesa, um dos assuntos abordados neste capítulo, estendeu-se de 1789 a 1799. Ao longo desse processo revolucionário, que rompeu com as antigas estruturas sociais e políticas, os interesses em jogo variaram, mudaram e até se modificaram.
Será que é possível encontrar hoje movimentos sociais como o dessa revolução, que, além de multifacetados, apresentem significados diferentes para setores distintos da sociedade? E, por falar em Revolução Francesa, que conceitos de revolução você conhece?

1 Processos revolucionários

Na Europa, as últimas décadas do século XVIII contemplaram mudanças na economia, na política e no cotidiano.

Na Inglaterra, a **Revolução Industrial** criou um modelo de sociedade cujas realizações pareciam não ter limites. Mas, enquanto para a burguesia essas mudanças traziam riqueza e ascensão social, para os trabalhadores elas representavam pobreza e exploração.

Na França, a persistência do absolutismo monárquico continuava gerando tensões entre a burguesia e o Estado aristocrático. Ao mesmo tempo, os entraves ao desenvolvimento econômico, aliados a outros fatores, colocaram os setores mais pobres em uma situação insustentável.

A **Revolução Francesa** foi feita em nome de alguns princípios, como liberdade, igualdade e fraternidade, além do direito à propriedade. Mas esses princípios tinham significados diferentes para os diversos setores sociais que dela participaram. Para alguns, a propriedade era condição para a liberdade; para outros, a propriedade inviabilizava a liberdade e a fraternidade.

2 A Revolução Industrial

O processo de desenvolvimento capitalista, intensificado nos séculos XVI e XVII pela revolução comercial, estava, a princípio, ligado à circulação de mercadorias. A partir da segunda metade do século XVIII, contudo, a produção em larga escala, por meio da **mecanização industrial**, iniciada na Inglaterra, passou a ser o principal motor desse processo.

A perspectiva de lucros motivou o desenvolvimento técnico da produção, e o aumento dos lucros ampliou o capital investido em novas tecnologias, provocando grandes mudanças, de ordem tanto econômica quanto social, que levaram ao desaparecimento de relações e práticas feudais ainda existentes e ao completo predomínio dos valores capitalistas.

O início do processo industrial inglês resultou, em parte, do capital acumulado durante os séculos XVII e XVIII. Nesse período, a Inglaterra conseguiu formar uma extensa rede comercial, graças ao seu poderio naval. Como vimos, a vitória inglesa contra a até então Invencível Armada espanhola, em 1558, impulsionou a construção desse poderio, alavancado com os Atos de Navegação de 1651, que defendiam os comerciantes ingleses.

O Tratado de Methuen, de 1703, assinado com Portugal, também contribuiu para esse contexto ao abrir o mercado português, e o de suas colônias, para os manufaturados ingleses. Acrescentem-se a existência de grandes jazidas de carvão mineral e de minério de ferro no solo britânico e uma grande população desempregada nas cidades, expulsa do campo pelos processos de cercamento.

O cenário que propiciou a industrialização da Inglaterra também era favorável porque seu principal concorrente na Europa, a França, havia sido superado na Guerra dos Sete Anos (1756-1763). Contando com uma frota mercante cada vez maior, passo a passo, a Inglaterra consolidou sua supremacia mundial, tornando-se, já no início do século XIX, a maior potência econômica.

Onde e quando

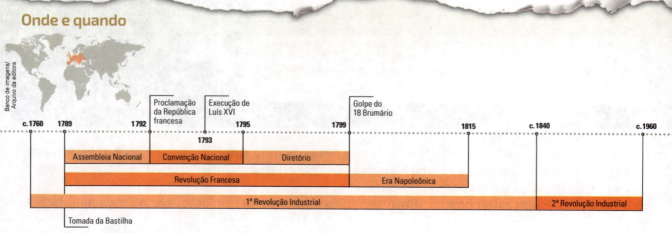

Mapa e linha do tempo ilustrativos. As regiões indicadas no mapa referem-se à configuração atual dos países a que pertencem hoje, e o espaço entre as datas não é proporcional ao intervalo de tempo.

Politicamente, a Inglaterra havia sepultado o absolutismo após a Revolução Gloriosa, em 1688, quando se estabeleceu a supremacia do Parlamento e inaugurou-se o Estado liberal inglês. Controlado pelo Parlamento, o governo estava comprometido com o enriquecimento da burguesia — pré-requisito para a plenitude capitalista que se instalaria com as maquinofaturas. A própria aristocracia inglesa, por não dispor de privilégios como dispunha a francesa, viu com simpatia as atividades comerciais e industriais, dedicando-se a elas muitas vezes.

Ao longo do século XIX, a Revolução Industrial alcançou outros países, chegando à Bélgica, à França e, posteriormente, à Itália, à Alemanha, à Rússia, aos Estados Unidos e ao Japão. Essa expansão estimulou uma grande corrida imperialista por novos mercados coloniais, indispensáveis para garantir acesso a matérias-primas e escoamento da produção, e, como consequência, o contínuo crescimento de capital, que caracteriza o sistema capitalista. Como estudaremos mais adiante, essa corrida por mercados envolveu conflitos de interesses entre as nações, que culminaram na Primeira Guerra Mundial (1914-1918).

Novas formas de trabalho

Na estrutura socioeconômica, a industrialização consumou a separação definitiva entre o capital, representado pelos capitalistas, donos dos meios de produção, e o trabalho, representado pelos assalariados. Na maior parte dos casos, eliminou-se a antiga organização corporativa da produção utilizada pelos artesãos.

Os trabalhadores, que já não eram donos de seus meios de produção (matérias-primas, ferramentas, máquinas), passaram a viver daquilo que ainda lhes pertencia: sua força de trabalho, transformada em mercadoria e explorada ao máximo. Para enfrentar o quadro social da nova ordem industrial, os trabalhadores passaram a se associar em organizações como os sindicatos.

A industrialização estabeleceu a supremacia burguesa na ordem econômica segundo a qual toda estrutura produtiva voltava-se aos interesses de lucro da burguesia. Ao mesmo tempo, acelerou o êxodo rural, o crescimento urbano e a formação da classe operária — ou **proletariado**. Inaugurava-se uma nova época, na qual a política, a ideologia e a cultura gravitariam entre dois polos: a burguesia industrial e o proletariado.

Vista matinal de Coalbrookdale, Shropshire, de William Williams, 1777. As chaminés que começaram a mudar o cenário rural da Inglaterra eram mais que simples marcas na paisagem: tratava-se de símbolos de uma ampla revolução produtiva e social.

Os avanços tecnológicos

Os inventos que marcaram a Revolução Industrial na Inglaterra ganharam maior capacidade quando passaram a ser acoplados à **máquina a vapor**, criada pelo inglês Thomas Newcomen (1664-1729), em 1712, e aperfeiçoada pelo matemático e engenheiro James Watt (1736-1819), em 1765. Com a sofisticação das máquinas, houve aumento na produção e maior geração de capital, que, por sua vez, era reaplicado em novas máquinas. A mecanização, que teve início no setor têxtil, alcançou o metalúrgico, impulsionando a produção em série.

Entre as principais invenções mecânicas do período, destacam-se a **máquina de fiar**, de James Hargreaves (1720-1778), o **tear hidráulico**, de Richard Arkwright (1732-1792), e o **tear mecânico**, de Edmund Cartwright (1743-1823). Em comum, essas máquinas tinham o fato de aumentarem muito a produção e diminuírem drasticamente a necessidade de mão de obra.

A utilização do vapor como força motriz também beneficiou os transportes e as comunicações. Em 1805, o estadunidense Robert Fulton (1765-1815) revolucionou a navegação marítima com o **barco a vapor**, e, em 1814, George Stephenson (1781-1848) idealizou a **locomotiva a vapor**. Mas os primeiros trens só começaram a circular na década de 1830.

Além disso, o uso do vapor nas comunicações desenvolveu a impressão de jornais, revistas e livros e favoreceu a difusão cultural, abrindo caminho para o surgimento de novas técnicas e invenções.

Assim, a Revolução Industrial alterou completamente a organização e as relações de trabalho. Para aumentar os lucros, elevou-se a **especialização do trabalho**, o que resultou na <u>alienação</u> do trabalhador em relação a sua atividade. Enquanto na Antiguidade ou na Idade Média o artesão conhecia todo o processo de produção, realizando ele mesmo todas as etapas, o novo operário perdeu o controle do conjunto da produção. Passou a ser responsável por apenas uma parte do ciclo produtivo de uma mercadoria, ignorando os procedimentos técnicos envolvidos. Além disso, ao receber um salário em troca da atividade mecânica realizada, o operário alienava seu trabalho aos capitalistas, transformando-o em mercadoria sujeita ao mercado.

> **alienação**: conceito aplicado por Karl Marx e segundo o qual o trabalho especializado que caracterizou a industrialização "alienou" o operário, ou seja, separou-o do produto de seu trabalho. O trabalhador, desse modo, em vez de realizar-se pelo trabalho, se desumanizava, exercendo suas tarefas mecanicamente.

Ilustração da máquina de fiar de James Hargreaves. A industrialização da segunda metade do século XVIII teve início com a mecanização do setor têxtil, cuja produção dispunha de amplos mercados nas colônias inglesas e não inglesas.

3 A Revolução Francesa

As ideias da Revolução Industrial, assim como as da Revolução Francesa, disseminaram efeitos por todos os continentes. Segundo o historiador britânico Eric Hobsbawm (1917-2012), a Revolução Francesa foi o primeiro movimento ocorrido entre os cristãos a influenciar os povos islâmicos, que incorporaram noções como as de pátria e de liberdade.

Na França de meados do século XVIII, o poder do rei **Luís XVI** (1754-1793) ainda se alicerçava na teoria do direito divino dos reis. Embora existisse um Conselho Consultivo com representantes de várias camadas sociais, a chamada **Assembleia dos Estados-Gerais**, ele raramente era acionado – sua última convocação ocorrera em 1614.

Em meio à crise financeira do reino, provocada por uma série de fatores – desordem administrativa, gastos com a Corte, custos de guerras, como a Guerra dos Sete Anos e a da independência dos Estados Unidos, por exemplo –, a autoridade do rei passou a ser questionada pela população. Na tentativa de solucionar a crise e aumentar a receita orçamentária, o Estado impôs tributos e adotou medidas fiscais e comerciais, prejudicando o povo e os negócios.

A ascensão econômica da burguesia, assim como o progresso econômico apregoado pelos teóricos liberais, esbarrava nos regulamentos, proibições e taxações ditados pelo Estado absolutista. Portanto, era imperativo eliminar as práticas mercantilistas.

Embora o papel econômico da burguesia fosse essencial para o Estado, ela não tinha influência política suficiente e era marginalizada socialmente. Essa situação decorria da **organização estamental** da sociedade francesa, dividida em três estados. A **burguesia** era bastante heterogênea (composta de banqueiros, profissionais liberais, funcionários públicos e comerciantes) e fazia parte do terceiro estado ao lado das **camadas populares** (artesãos, trabalhadores manuais, *sans-culottes* e camponeses). Era esse terceiro estado que sustentava, basicamente, a sociedade, já que o primeiro e o segundo estados, o **clero** e a **nobreza**, respectivamente, tinham o privilégio da isenção de tributos.

Charge francesa de 1789 que representa a organização estamental da sociedade às vésperas da Revolução Francesa. Nela, o terceiro estado, formado pela burguesia e pelas camadas populares, aparece carregando nas costas o clero (primeiro estado) e a nobreza (segundo estado).

Sans-culottes: os agitadores

[...] O termo *sans-culottes*, referido às pessoas que usavam calças compridas em vez dos calções até o joelho da gente rica, foi originariamente aplicado num sentido puramente social aos pequenos comerciantes, assalariados e vagabundos, quer da cidade, quer do campo. Durante a revolução, o termo passou a ser mais geralmente aplicado aos indivíduos politicamente ativos dessas classes, e o seu âmbito alargou-se com a inclusão dos agitadores mais radicais daquele período, independentemente do respectivo estrato social. Ativos tanto na Comuna de Paris (a designação que foi dada ao novo governo local da cidade) como nas sessões, os *sans-culottes* iriam constituir a base de poder em que os políticos populares haviam de firmar as suas exigências de uma política radical. [...]

MCCRORY, Martin; MOULDER, Robert. *Revolução Francesa para principiantes*. Lisboa: Dom Quixote, 1983. p. 67.

Sans-culotte, gravura anônima do século XVIII.

A luta da aristocracia

As difíceis condições socioeconômicas vividas pela população francesa na década de 1780 causaram revoltas cada vez mais violentas nas cidades e no campo. A situação agravou-se a partir de 1786, quando o governo de Luís XVI reduziu as taxas alfandegárias de produtos têxteis e metalúrgicos ingleses, prejudicando a incipiente indústria francesa. Era a contrapartida para a entrada do vinho francês na Inglaterra, decorrente do Tratado Eden-Rayneval.

A concorrência dos produtos ingleses provocou falências, diminuição de salários e desemprego, arruinando o comércio nacional. Enquanto isso, secas e inundações prejudicavam a produção agrícola da França, elevando o preço de produtos essenciais e fomentando ainda mais a insatisfação geral.

À crise econômica somava-se a crise política, provocada pela sucessiva demissão de ministros, que tinham seus projetos reformistas barrados pela intransigência da aristocracia. Quando, por exemplo, o ministro das Finanças de Luís XVI, **Charles Alexandre Calonne** (1734-1802), propôs a cobrança de impostos da nobreza e do clero, a aristocracia revoltou-se em muitas províncias, e a medida foi abandonada. A elite não admitia perder seus privilégios e direitos feudais para sanear a crise socioeconômica nacional.

A crise política agravou-se, e Calonne se demitiu. Para seu lugar, Luís XVI nomeou **Jacques Necker** (1732-1804), que o convenceu a convocar a Assembleia dos Estados-Gerais para maio de 1789.

Em 5 de maio de 1789, quando se abriu a sessão dos Estados-Gerais no Palácio de Versalhes, os interesses antagônicos dos grupos sociais ali representados entraram em choque. O terceiro estado exigiu a substituição da tradicional votação por estado — na qual cada um dos estados tinha direito a apenas um voto — pelo voto por cabeça. O direito de cada representante a um voto favoreceria o terceiro estado, que poderia contar com o apoio dos deputados da **nobreza togada** e do baixo clero e, assim, alcançar a maioria na Assembleia dos Estados-Gerais.

Diante da impossibilidade de conciliar os interesses dos representantes da Assembleia, Luís XVI tentou dissolvê-la, impedindo a entrada dos deputados na sala de sessões. Os representantes do terceiro estado rebelaram-se e invadiram a sala do jogo da pela (espécie de tênis em quadra coberta), onde permaneceram reunidos. Juraram que não se dispersariam enquanto não dessem à França uma Constituição. Em 9 de julho, declararam-se em **Assembleia Nacional Constituinte**.

Luís XVI tomou medidas enérgicas para enfrentar a Assembleia. Demitiu Jacques Necker e, para seu lugar, nomeou o conservador barão de Breteuil (1730-1807). Enquanto isso, formava-se em Paris uma milícia burguesa, a Guarda Nacional, para resistir ao rei e liderar a população civil, que começava a se armar.

No dia 14 de julho, em Paris, uma multidão invadiu a fortaleza da **Bastilha**, onde eram encarcerados os inimigos da realeza: foi o estopim da rebelião, que se alastraria para o restante da França. A Bastilha, mais do que uma prisão, era um símbolo do poder absolutista, e sua queda sinalizava o enfraquecimento desse poder.

No campo, onde os privilégios da aristocracia eram maiores, os camponeses invadiram e incendiaram castelos e mataram nobres. Esse período se tornou conhecido como **Grande Medo**.

nobreza togada: burgueses que adquiriram o título de nobres.

Luís XVI, de Joseph Duplessis, 1777 (detalhe).

A Assembleia Nacional (1789-1792)

Diante dos fatos, Luís XVI aceitou a Assembleia Nacional Constituinte, mas exigiu que a nobreza e o clero também participassem.

A primeira etapa da Revolução Francesa, conhecida como Assembleia Nacional, aboliu os privilégios feudais e aprovou a **Declaração dos Direitos do Homem e do Cidadão**, que estabelecia a igualdade de todos perante a lei, o direito à propriedade privada e o direito de resistência à opressão.

Os bens da Igreja foram confiscados e transformaram-se em lastro para a emissão de uma nova moeda, os *assignats*. A **Constituição Civil do Clero**, aprovada em julho de 1790, determinou que os padres deveriam ser subordinados ao Estado, no papel de funcionários públicos – o que gerou manifestações de protesto e resistência entre os membros do clero.

lastro: garantia para o valor do dinheiro emitido pelo governo.

Em 1791, a Assembleia Nacional proclamou a primeira Constituição da França, estabelecendo a monarquia constitucional como forma de governo, na qual o rei exerceria o poder Executivo, limitado pelo poder Legislativo. Os deputados seriam eleitos a cada dois anos por aqueles que tivessem uma renda mínima estabelecida.

Essas e outras medidas que se seguiram – como a proibição de greves e de associações de trabalhadores, de um lado, e a eliminação dos privilégios aristocráticos, de outro – mostravam que a França estava sob comando burguês.

Na Assembleia Nacional, a disputa política era acirrada. De um lado, estavam os **girondinos**, que representavam a alta burguesia e propunham uma política moderada. Eram assim chamados em referência à região de Gironda, no sul da França, de onde vinha a maioria de seus componentes.

Procissão dos integrantes do clero que não obedeceram à Constituição Civil do Clero (grupo geralmente denominado clero refratário), em caricatura do século XVIII. Observe como o chargista ridicularizou os participantes da procissão, representando-os com enormes narizes.

Do outro lado, estavam os **jacobinos**, cujo nome estava ligado ao convento dos frades jacobinos, onde os parisienses revolucionários se reuniam. Os jacobinos inicialmente faziam parte da ala moderada, mas, depois de 1792, transformaram-se no principal elo entre os membros radicais da Assembleia e o movimento popular, que ganhava cada vez mais força nas ruas, conferindo ao termo uma conotação cada vez maior de radicalismo político.

Com o avanço do processo revolucionário, muitos membros da nobreza fugiram para o exterior, buscando apoio em outros Estados para restaurar o absolutismo na França. Ainda em 1791, os monarcas absolutistas da Europa, temerosos dos efeitos da irradiação das ideias revolucionárias, assinaram a Declaração de Pillnitz, na qual ameaçavam invadir a França, para restaurar a dignidade da monarquia francesa.

Naquele mesmo ano, Luís XVI e sua família tentaram fugir para o Império Austríaco, mas foram presos na cidade fronteiriça de Varennes e reconduzidos a Paris. O plano de Luís XVI era unir-se aos nobres exilados e invadir a França com o apoio de exércitos estrangeiros, em um golpe contrarrevolucionário.

Enquanto o exército absolutista, que tinha em suas fileiras muitos nobres emigrados, marchava em direção à França, cresciam as dificuldades econômicas do governo revolucionário, que se viu obrigado a emitir grandes quantidades de *assignats*. A especulação e a inflação descontroladas que essa medida impulsionou acirraram ainda mais os ânimos revolucionários, principalmente entre os *sans-culottes*, que exigiam medidas radicais.

Em meio a essas tensões, os jacobinos proclamaram "a pátria em perigo" e forneceram armas à população. Formou-se assim um exército popular, que enfrentou o exército dos emigrados e prussianos e o conteve às portas de Paris, na **Batalha de Valmy**. Acusado de traição por colaborar com os invasores, o rei foi preso.

Nesta gravura anônima do século XVIII, Luís XVI é apanhado em flagrante durante a desastrada fuga do casal real.

A Convenção Nacional (1792-1795)

Em setembro de 1792, foi eleita uma nova instituição legislativa, a **Convenção Nacional**. Ela substituiu a Assembleia Legislativa, que, por sua vez, havia substituído a Assembleia Nacional Constituinte no ano anterior.

Os girondinos desejavam consolidar as conquistas burguesas, estancar a revolução e evitar a radicalização. Os deputados da **Planície** ou **Pântano** eram burgueses sem posição política previamente definida. Os jacobinos, que formavam o partido da Montanha — pois se colocavam na parte mais alta da sala de sessões —, eram representantes da pequena burguesia, além de outras facções revolucionárias, como a do **Clube dos *Cordeliers***. Era a Montanha que liderava os *sans-culottes*, defensores de uma revolução mais profunda.

Nas reuniões da Convenção, os deputados girondinos sentavam-se à direita da mesa da presidência; os jacobinos, à esquerda; e os da Planície ou Pântano, ao centro, na parte mais baixa. Cada uma dessas partes era denominada segundo sua localização.

De início, o comando da Convenção coube aos girondinos. Porém, com a descoberta de documentos secretos de Luís XVI que mostravam ligações deste com o rei da Áustria, os girondinos se dividiram. Alguns defendiam o indulto ao rei, e outros, a pena de morte por traição, juntando-se aos montanheses articulados com as manifestações populares.

Em janeiro de 1793, Luís XVI foi guilhotinado na Praça da Revolução, em Paris. Vários países europeus, como Áustria, Prússia, Países Baixos, Espanha e Inglaterra, temendo a difusão do exemplo francês, formaram a **Primeira Coligação** contra a França. Encabeçando o movimento, a Inglaterra financiou exércitos continentais para conter a ascensão burguesa na França, sua concorrente nos negócios europeus.

Internamente, a tensão persistia com as crises econômicas e as divisões políticas, aglomerando insatisfações que resultaram em violentos levantes antirrepublicanos regionais, como a **Revolta da Vendeia**, no oeste da França.

> **Clube dos *Cordeliers***: facção revolucionária mais radical do que os jacobinos. Seus principais líderes eram Georges Danton (1759-1794), Jean-Paul Marat (1743--1793), Jacques Hébert (1757-1794) e Camille Desmoulins (1760-1794). Muitos de seus representantes foram executados na guilhotina a mando do governo jacobino.

Gravura de autoria anônima representando a execução de Luís XVI na guilhotina, em 1793. A gravura foi uma arma de combate e um instrumento pedagógico na França revolucionária.

Em junho de 1793, os jacobinos tomaram o comando da Convenção, prendendo os líderes girondinos. Era o início da **Convenção Montanhesa** (1793-1794).

Em virtude do predomínio da atuação popular, esse período caracterizou-se como o mais radical de toda a Revolução Francesa. Ainda em 1793, foi aprovada a Constituição do Ano I, que estabeleceu o sufrágio universal masculino e a democratização.

Os jacobinos dirigiam o país por meio do **Comitê de Salvação Pública**, responsável pela administração e pela defesa externa da França, de início comandado por Georges Danton. Havia também o **Comitê de Salvação Nacional**, que cuidava da segurança interna, e o **Tribunal Revolucionário**, que julgava os opositores à revolução e aos jacobinos.

Durante o governo montanhês, a radicalização política chegou ao auge e muitos opositores foram guilhotinados, acusados de apoiar o rei. Quando, em julho de 1793, Jean-Paul Marat, o ídolo dos *sans-culottes*, foi assassinado por uma girondina, Charlotte Corday (1768-1793), os ânimos se exaltaram ainda mais.

Considerado excessivamente moderado, Danton foi posto de lado pelo político Maximilien de Robespierre (1758-1794). Iniciava-se, assim, o período do **Terror**, que vigorou entre setembro de 1793 e julho de 1794, quando milhares de pessoas foram perseguidas, acusadas e executadas: jacobinos radicais, girondinos, integrantes do clero e da aristocracia, como foi o caso da ex-rainha, Maria Antonieta.

O fim do governo jacobino

As crescentes cisões entre os revolucionários dentro da Convenção desagregavam o poder dos jacobinos. Liderados por Jacques Hébert, os **radicais** pregavam a ampliação das prisões e execuções. Os **indulgentes**, no outro extremo e sob a liderança de Danton, desejavam conter a revolução e acabar com as prisões e execuções.

Como ambos os grupos competiam com Robespierre, ele ordenou, entre março e abril de 1794, a execução de seus líderes e de muitos de seus partidários, perdendo com isso parte do apoio popular ligado especialmente a Danton. As dificuldades econômicas e militares, somadas à insegurança da população provocada pelas sucessivas execuções, fizeram Robespierre perder ainda mais o prestígio como líder nacional.

A burguesia aproveitou a situação e se reorganizou. Em julho de 1794, retomou o comando da Convenção, derrubando os líderes da Montanha numa sessão que se tornou conhecida como **Golpe do Termidor**, em referência ao mês do calendário republicano, adotado em 1793. Robespierre e alguns de seus seguidores foram guilhotinados. Os representantes do Pântano assumiram o comando da revolução e devolveram o governo da França à burguesia.

A chamada **Convenção Termidoriana** (1794-1795) foi curta, mas permitiu a reativação do projeto político burguês, com a anulação de várias decisões montanhesas. Nas ruas de Paris, jovens das elites burguesas assaltavam os clubes republicanos, perseguindo, intimidando e executando líderes dos *sans-culottes*. Essa ação repressiva ficou conhecida como **Terror Branco**.

Em 1795, a Convenção elaborou uma nova Constituição – a Constituição do Ano III –, que restabelecia o critério censitário para as eleições legislativas, marginalizando grande parcela da população. O poder Executivo seria exercido por um **Diretório**, formado por cinco membros eleitos pelos deputados.

Realizações do governo montanhês

O governo montanhês adotou medidas administrativas que favoreciam a população, como a lei que tabelava os preços dos gêneros alimentícios, a chamada Lei do Preço Máximo; a venda pública e a preços baixos de bens que haviam pertencido à Igreja e a nobres emigrados; a criação do ensino público e gratuito; e a abolição da escravidão nas colônias.

Os montanheses também se empenharam em acabar com a supremacia da religião católica e do clero, desenvolvendo um culto revolucionário fundado na razão e na liberdade. A Catedral de Notre-Dame, em Paris, por exemplo, foi transformada no Templo da Razão, e o domingo, que deriva do latim *die dominicus* e significa "dia do Senhor", foi abolido do calendário republicano. Além disso, os meses desse novo calendário francês foram renomeados de acordo com os ciclos agrícolas e da natureza: brumário, por exemplo, derivava do francês *brumas* (nevoeiro); e termidor, do grego *therme* (calor).

Para saber mais

A *Marselhesa*

Em 1792, o compositor Claude Joseph Rouget de Lisle (1760-1836) escreveu uma canção com o intuito de encorajar as tropas francesas na guerra contra a Áustria. Sua letra trazia à tona os princípios de igualdade, liberdade e fraternidade, que se tornaram símbolo da nova nação em construção. Após sua primeira apresentação, a canção se popularizou entre o exército francês.

Intitulada inicialmente *Chant de guerre pour l'armée du Rhin* (Canto de guerra para o exército do Reno), a canção ganhou um novo nome ao ser entoada pelo batalhão que voltava da cidade de Marselha, passando a ser conhecida como *Marselhesa*. Em 1795, ela foi declarada hino nacional francês.

A seguir, leia alguns trechos traduzidos do hino.

Avante, filhos da Pátria,
O dia da Glória chegou.
O estandarte ensanguentado da tirania
Contra nós se levanta.
Ouvis nos campos rugirem
Esses ferozes soldados?
Vêm eles até nós
Degolar nossos filhos, nossas mulheres.
Às armas cidadãos!
Formai vossos batalhões!
Marchemos, marchemos!
Nossa terra do sangue impuro se saciará!
[...]

Que! essas multidões estrangeiras
Fariam a lei em nossos lares!
Que! as falanges mercenárias
Arrasariam nossos fiéis guerreiros (bis)
Grande Deus! por mãos acorrentadas
Nossas frontes sob o jugo se curvariam
E déspotas vis tornar-se-iam
Mestres de nossos destinos!

Estremeçam, tiranos! e vocês pérfidos,
Injúria de todos os partidos,
Tremei! seus projetos parricidas
Vão enfim receber seu preço! (bis)
Somos todos soldados para combatê-los,
Se nossos jovens heróis caem,
A França outros produz
Contra vocês, totalmente prontos para
                    [combatê-los!
[...]

Amor Sagrado pela Pátria
Conduza, sustente nossos braços vingativos.
Liberdade, querida liberdade
Combata com teus defensores!
Sob nossas bandeiras, que a vitória
Chegue logo às tuas vozes viris!
Que teus inimigos agonizantes
Vejam teu triunfo e nossa glória.

Tradução da Embaixada francesa no Brasil. Disponível em:
<www.ambafrance-br.org/A-Marselhesa>. Acesso em: 19 abr. 2017.

1. Na Copa do Mundo de Futebol realizada em 2014, no Brasil, Karim Benzema, principal jogador do time francês, se recusou a cantar o hino de seu país. Em depoimento, Benzema se declarou filho de imigrantes e acusou o hino francês de xenofobia. O jogador não é o primeiro a problematizar a canção em um estádio de futebol. Jogadores franceses importantes, como Zinédine Zidane e Christian Karembeu, já teceram também fortes críticas à letra do hino francês. Identifique no hino elementos que poderiam justificar a crítica feita por Benzema.

2. Nos últimos anos, o Estado Islâmico assumiu uma série de atentados realizados na França. Esses ataques provocaram um aumento de registros de xenofobia no país. Ao mesmo tempo, várias notícias de eventos e coberturas esportivas afirmavam que os cidadãos franceses se emocionavam ao cantar o hino após os atentados. Elabore um comentário sobre o assunto, procurando relacionar esses atentados à *Marselhesa* e ao que você estudou até aqui.

Tarker/Bridgeman Images/Keystone Brasil/Museu Carnavalet, Paris, França.

Detalhe de gravura feita em 1792: tropas francesas marchando ao som da *Marselhesa*.

O Diretório e a instalação do Consulado (1795-1799)

O Diretório caracterizou-se pela supremacia girondina, que sofria oposição dos jacobinos, à esquerda, e dos realistas, à direita. Os realistas eram os defensores da monarquia que desejavam o retorno dos Bourbon.

Além de ameaças estrangeiras e levantes populares internos, o Diretório enfrentou golpes realistas. Em 1796, ocorreu a **Conspiração dos Iguais**, um movimento dos *sans-culottes* liderado por **François Nöel Babeuf** (1760-1797), também conhecido pelo pseudônimo Graco, que condenava a propriedade privada e lutava por uma "ditadura dos humildes".

Enquanto isso, o exército francês acumulava vitórias contra as forças absolutistas da Europa – que, em 1799, formaram a **Segunda Coligação** contra a França revolucionária. Destacou-se nesse contexto a figura de um jovem militar brilhante e habilidoso, Napoleão Bonaparte (1769-1821).

Os girondinos, necessitando consolidar a república burguesa contra as ameaças internas, aliaram-se a Bonaparte e, sob seu comando, promoveram o **Golpe do 18 Brumário** (que corresponde ao dia 9 de novembro de 1799).

O Diretório foi substituído por uma nova forma de governo, o **Consulado**, formado por três representantes, entre os quais Napoleão. O poder, na realidade, concentrou-se nas mãos desse jovem militar, que ajudou a consolidar as conquistas burguesas da revolução.

Em dez anos, de 1789 a 1799, a França passou por profundas modificações políticas, sociais e econômicas. A aristocracia do Antigo Regime perdeu seus privilégios, o que libertou os camponeses dos antigos laços que os prendiam aos nobres e ao clero. Nas cidades também desapareceram as amarras feudais do corporativismo, que limitavam as atividades da burguesia, e criou-se um mercado de dimensão nacional.

A Revolução Francesa foi a alavanca que levou a França em definitivo para o capitalismo. Isso só foi possível pelas mudanças sociais e políticas que ela estabeleceu. Foi essa a herança mais importante deixada pelos revolucionários franceses às nações de todo o mundo.

Leituras

Manifesto dos iguais

Babeuf defendia o fim das desigualdades e o estabelecimento do bem-estar para todos. Sylvain Marèchal (1750-1803), jornalista e amigo de Babeuf, redigiu para os conjurados o Manifesto dos iguais.

Povo da França!

Durante quinze séculos, viveste escravo e, portanto, infeliz. Há seis anos, mal respiras, à espera da independência, da felicidade e da igualdade.

A igualdade, primeiro voto da natureza, primeira necessidade do homem, e principal laço de qualquer associação legítima! Povo da França, não foste mais favorecido que as outras nações que vegetam nesse globo desafortunado! Sempre e por toda a parte, a pobre espécie humana, entregue a antropófagos mais ou menos hábeis, foi joguete de todas as ambições, pasto de todas as tiranias. Sempre e por toda a parte, os homens foram ninados ao som de belas palavras. Desde tempos imemoriais, repetem-nos hipocritamente que os homens são iguais; e, desde tempos imemoriais, a mais aviltante e a mais monstruosa desigualdade pesa insolentemente sobre o gênero humano. Desde que as sociedades civis existem, o mais belo **apanágio** do homem é reconhecido, sem contradição, mas não pode se realizar nem uma única vez; a igualdade não foi mais do que uma linda e estéril ficção da lei. Agora que é exigida por uma voz mais forte, respondem-nos: "Calai-vos, miseráveis. A igualdade de fato não passa de uma **quimera**. Contentai-vos com a igualdade condicional: sois todos iguais perante a lei". Canalha, que queres mais? O que nos falta? Legisladores, governantes, ricos proprietários, escutai.

Somos todos iguais, não é? Esse princípio permanece inconteste, porque, a menos que seja louco, ninguém diria a sério que é noite quando é dia.

Pois bem! Exigimos viver e morrer iguais, assim como nascemos. [...]

apanágio: vantagem, privilégio.
quimera: fantasia, utopia.

MARÈCHAL, Sylvain. Manifesto dos iguais. Apud VOVELLE, Michel. *A Revolução Francesa (1789-1799)*. São Paulo: Ed. da Unesp, 2012. p. 59-60.

Leituras

As mulheres na Revolução Francesa

Em sua obra *A Revolução Francesa (1789-1799)*, o historiador Michel Vovelle afirmou que a presença política das mulheres na Revolução Francesa estava longe de ser insignificante, pois, assim como os homens, elas estavam nas jornadas e agitações populares, nas Sociedades Fraternas, nas atividades dos clubes e nos escritos reivindicando igualdade política. Às vezes, obtendo o apoio de autoridades revolucionárias. Não foram poucos casos do pleno engajamento feminino nas frentes de lutas. Abaixo, acompanhe alguns exemplos destacados pela historiadora Tania Machado Morin.

[...] "Não fiz a guerra como mulher, fiz a guerra como um bravo!", declarou Marie-Henriette Xaintrailles em carta ao imperador Napoleão Bonaparte (1769-1821). Indignada por lhe recusarem pensão de ex-combatente do Exército "porque era mulher", ela lembrou que, quando fez sete campanhas do Reno como ajudante de campo, o que importava era o cumprimento do dever, e não o sexo de quem o desempenhava.

Madame Xaintrailles não foi um caso isolado. Em 1792, quando a França declarou guerra à Áustria, voluntárias se alistaram no Exército para lutar ao lado dos homens contra as forças da coalizão austro-prussiana que ameaçavam invadir o país. Muitas se apresentaram com identidades falsas e disfarçadas de homem. Além de conseguirem se alistar, protegiam-se do risco da violência sexual. [...]

Não se conhece o número exato de mulheres-soldados durante o período revolucionário francês (1789-1799). Há oitenta casos registrados nos arquivos parlamentares, militares e policiais, e informações biográficas esparsas sobre apenas quarenta e quatro. Entretanto, existem muitas referências em imagens e testemunhos da época. [...] As irmãs Fernig, com 17 e 22 anos, foram exceções: eram nobres, e combateram vestidas de homem no Exército do general Dumouriez (1739-1823), na fronteira da atual Bélgica. Fora da batalha, passeavam com roupas de mulher e carabina ao ombro. Tornaram-se heroínas nacionais. [...]

Chamam [a] atenção as descrições sempre exaltadas dos feitos marciais das soldadas. A impressão é que elas foram mitificadas para figurar no panteão dos exemplos patrióticos de que a Revolução tanto precisava no dramático ano II — no calendário revolucionário, setembro de 1793 a setembro de 1794. Nesse período marcado pela radicalização política do terror, a nação também enfrentava a guerra externa, guerra civil, inflação, penúria e revoltas urbanas. O exemplo das guerreiras podia inspirar os cidadãos.

De todo modo, as soldadas encarnavam as virtudes republicanas. Não era pouco. Por essa razão, Liberté Barreau e Rose Bouillon figuravam na *Coletânea de ações heroicas e cívicas dos republicanos franceses*, publicada em 30 de dezembro de 1793. [...] Sacrificaram-se pela pátria sem esquecer as virtudes de seu sexo. Eis aí o grande mérito. Numa República marcada por apelos à moral, as mulheres-soldados contribuíram com um modelo de comportamento feminino positivo. [...]

MORIN, Tania Machado. Revolução Francesa e feminina. *Revista de História da Biblioteca Nacional*, 8 dez. 2010. Disponível em: <www.revistadehistoria.com.br/secao/artigos/revolucao-francesa-e-feminina>. Acesso em: 26 out. 2015.

Les Tuileries, 20 juin 1792, de Alfred Elmore, 1860 (óleo sobre tela). Na imagem, Maria Antonieta, a rainha da França na época da Revolução Francesa, é representada à direita com seus filhos, durante a invasão popular do Palácio das Tulherias, em junho de 1792.

Construindo conceitos

Revolução

Em muitos filmes estadunidenses que retratam a História é comum que determinadas mudanças políticas ou sociais se resolvam a partir de poucos acontecimentos narrativos. Por exemplo, em *O patriota* (dir. Roland Emmerich, 2000), as guerras de independência dos Estados Unidos são apresentadas em poucas batalhas, e logo se chega ao desfecho do conflito (e do filme). Isso ocorre porque os filmes de ficção exigem que os roteiros dramáticos sigam um ritmo, determinando que os eventos apresentados sempre contemplem ambições, anseios e influências diretas aos personagens.

Ao contrário do que é representado nos filmes, as transformações das sociedades humanas ocorrem em ritmos e intensidades diferentes e contam com a participação direta e indireta de sujeitos sociais muito diversos. Os historiadores e cientistas sociais utilizam certos conceitos que sintetizam e tentam explicar essas diferentes mudanças. Um dos mais importantes é o conceito de *revolução*.

De modo geral, *revolução* refere-se a uma mudança brusca e profunda, como a Revolução Francesa (1789), a Revolução Haitiana (1794-1801) ou a independência dos Estados Unidos (1776), também caracterizada como uma revolução.

Utilizamos o conceito de *revolução* para explicar também transformações econômicas e técnicas que tiveram grande impacto sobre a humanidade ou sobre determinadas sociedades. Alguns pesquisadores, por exemplo, consideram que a Revolução Neolítica, isto é, a passagem do nomadismo para o sedentarismo foi a mais importante transformação da história humana. Esse processo durou milhares de anos e não pode ser identificado como um evento de curta duração, como as revoluções políticas, mas representou uma radical transformação na experiência das primeiras comunidades de *Homo sapiens*.

Na História moderna, as transformações provocadas pelo desenvolvimento industrial na Inglaterra, a partir do final do século XVIII, também têm sido caracterizadas como Revolução Industrial. Novamente, não se trata de um fenômeno breve, mas de uma profunda mudança que impactou a Europa e, consequentemente, os séculos XIX e XX.

Em virtude das diferentes concepções, o conceito de *revolução* é utilizado frequentemente ao lado de um adjetivo que o caracteriza. As revoluções políticas estão associadas ao país de origem, como a Revolução Mexicana (1919), à data em que eclodiram, como as chamadas Revoluções de 1848, ou são definidas pelos grupos sociais envolvidos, como a Revolução Puritana. Podemos falar também em revolução científica, tecnológica, agrícola, econômica, religiosa ou, simplesmente, em revolução social. Houve ainda a chamada revolução sexual ou comportamental, que transformou as concepções sobre sexo, gênero e relacionamento afetivo no Ocidente, entre as décadas de 1960 e 1970.

Passeata feminista em Washington, Estados Unidos, realizada no contexto da revolução sexual. Foto de 1970.

Atividades

- *O patriota*, citado no início dessa seção, e *Revolução* (dir. Hugh Hudson, 1985) são filmes que tratam da independência dos Estados Unidos, contemplando diferentes concepções sobre esse processo histórico. Se possível, assista aos dois filmes.

    a) Anote o que julgar interessante a respeito dessas obras.
    b) Leve suas anotações para a classe e, com a orientação do professor, debata com seus colegas sobre o modo como cada filme representa a Revolução Americana de 1776.

Atividades

Retome

1. Diversos fatores econômicos, políticos e sociais impulsionaram o processo de desenvolvimento industrial na Inglaterra.

    a) Explique de que forma os Atos de Navegação e o Tratado de Methuen colaboraram para o início do processo industrial no século XVIII.

    b) Qual é a relação entre a industrialização inglesa, o aumento populacional nas cidades e o processo de cercamentos?

    c) Por que é possível afirmar que o fim precoce do absolutismo inglês abriu caminho para o desenvolvimento das atividades comerciais e industriais na Inglaterra?

2. Observe novamente a charge localizada na página 351 deste capítulo. Com base no que está sendo representado nela e em seus conhecimentos, explique como a sociedade francesa estava organizada às vésperas da revolução de 1789. Em sua resposta, identifique o papel e a situação da burguesia naquele contexto social.

3. Em maio de 1789, o governo francês convocou a Assembleia dos Estados-Gerais. A sessão foi aberta no Palácio de Versalhes em 5 de maio daquele ano. Sobre o episódio, responda ao que se pede:

    a) A Assembleia dos Estados-Gerais não se reunia desde 1614. Por que ela foi instalada em 1789?

    b) Os membros do terceiro estado exigiram qual mudança no sistema de voto durante a Assembleia de 1789? Qual foi a reação de Luís XVI diante dessa exigência?

    c) Segundo o historiador francês Michel Vovelle, o Juramento do Jogo da Pela de 20 de junho de 1789, ocorrido no contexto da Assembleia dos Estados-Gerais, "é um ato verdadeiramente revolucionário, pode-se dizer fundador, que muda tudo". (VOVELLE, Michel. *A Revolução Francesa explicada à minha neta*. São Paulo: Ed. da Unesp, 2007. p. 30). Explique essa afirmação.

4. Cite as principais decisões tomadas na Assembleia Nacional Constituinte, entre 1789 e 1791.

5. Por que a tomada do comando da Convenção Nacional pelos jacobinos, em junho de 1793, inaugurou o período mais radical da Revolução Francesa?

6. Explique o papel da burguesia no processo revolucionário a partir de julho de 1794.

7. A chamada fase do Diretório, entre 1795 e 1799, foi marcada pela supremacia dos girondinos. Essa fase terminou com o Golpe do 18 Brumário. Em que medida esse golpe consolidou as conquistas burguesas ao longo do processo revolucionário?

Pratique

8. O texto a seguir faz parte de uma das obras do historiador britânico Eric Hobsbawm. Leia-o e depois faça as atividades propostas.

    > [...] Saber se a Revolução Industrial deu à maioria dos britânicos mais ou melhor alimentação, vestuário e habitação, em termos absolutos ou relativos, interessa, naturalmente, a todo historiador. Entretanto, ele terá deixado de apreender o que a Revolução Industrial teve de essencial, se esquecer que ela não representou um simples processo de adição e subtração, mas sim uma mudança social fundamental. Ela transformou a vida dos homens a ponto de torná-los irreconhecíveis. Ou, para sermos mais exatos, em suas fases iniciais ela destruiu seus antigos estilos de vida, deixando-os livres para descobrir ou criar outros novos, se soubessem ou pudessem. Contudo, raramente ela lhes indicou como fazê-lo. [...]
    >
    > HOBSBAWM, Eric J. *Da Revolução Industrial inglesa ao imperialismo*. Rio de Janeiro: Forense-Universitária, 1983. p. 74.

    a) Por que Hobsbawm diz que a Revolução Industrial não representou um simples processo de "adição e subtração"?

    b) Hobsbawm considera que, em suas fases iniciais, a Revolução Industrial "destruiu" antigos modos de vida. Em relação à organização da produção, que tipo de organização ou de relação de trabalho ela "destruiu"? Ao responder, compare o tipo de trabalho realizado pelo artesão da Idade Média e o trabalho feito pelo operário moderno.

    c) Em sua opinião, a forma de trabalho que passou a ser empregada na época da Revolução Industrial caracterizava-se por ser mais rápida ou mais lenta do que a anterior? Por quê?

9. O historiador estadunidense Robert Darnton produziu diversos estudos sobre a França no século XVIII e sobre os aspectos culturais ligados ao processo revolucionário. Leia, a seguir, um trecho de um de seus livros.

> [...] Imaginem um mundo sem telefone, rádio, televisão, no qual a única maneira de comover a opinião numa escala nacional é o tipo móvel. Imaginem esse mundo explodindo. Fragmenta-se em milhares de pedaços. Um grupo de homens tenta ajuntá-los numa nova ordem, começando com uma Declaração dos Direitos do Homem e continuando com novos modelos para uma Constituição, uma administração, a Igreja, a moeda, o calendário, o mapa, pesos e medidas, formas de tratamento e a própria linguagem. Em cada estágio desse processo, usam a mesma ferramenta básica: a prensa tipográfica. Sem a imprensa, podem conquistar a Bastilha, mas não podem derrubar o Antigo Regime. Para tomar o poder têm que tomar a palavra e difundi-la – através de jornais, almanaques, panfletos, cartazes, estampas, partituras de canções, papelaria, jogos de cartas, cartões de racionamento, papel-moeda, qualquer coisa que leve algo impresso e se imprima nas mentes de 26 milhões de franceses, muitos deles encurvados pela pobreza e pela opressão, muitos imersos em profunda ignorância, muitos incapazes de ler a declaração de seus direitos. Quando os revolucionários agarraram a alavanca da prensa e a fizeram baixar nos tipos travados na fôrma, enviaram um novo fluxo de energia através do corpo político. A França voltou à vida, e a humanidade se assombrou. [...]
>
> DARNTON, Robert. Introdução. In: DARNTON, Robert; ROCHE, Daniel (Org.). *A revolução impressa*: a imprensa na França, 1775-1800. São Paulo: Edusp, 1996. p. 15-16.

a) Quando o historiador afirma que a única maneira de comover a opinião na França do século XVIII, numa escala nacional, era com o "tipo móvel", a que ele se refere?

b) Robert Darnton faz uma análise diferenciada da Revolução Francesa, inserindo um elemento novo e importante para entender o processo. Que elemento é esse?

c) Para esse historiador, de que modo esse novo elemento poderia influenciar os rumos do processo revolucionário? Dê exemplos.

d) Um novo calendário foi adotado em meio ao processo revolucionário da França. Com base em suas reflexões, responda: Por que os líderes do governo francês, em 1792, tiveram a ideia de montar um novo calendário para a França?

Ao responder, utilize em seu texto as ideias de Robert Darnton.

Analise uma fonte primária

10. Ao longo da Revolução Industrial, a mão de obra de mulheres e de crianças foi intensamente explorada. Essas pessoas enfrentavam longas jornadas de trabalho nas fábricas e recebiam baixos salários. Leia, a seguir, parte do depoimento que Michael Ward, um médico residente em Manchester, na Inglaterra, concedeu aos membros do governo inglês em 1819. Depois, faça as atividades propostas.

> [...] No último verão eu visitei três fábricas de algodão [e não pude] ficar mais do que dez minutos na fábrica sem arfar [ficar sem ar] para respirar. Como é possível que aquelas pessoas, que ficam lá por doze ou quinze horas, aguentem essa situação? Se levarmos em conta a alta temperatura e a contaminação do ar, é algo que me surpreende [...].
>
> Quando eu era cirurgião numa enfermaria, acidentes eram muito comuns; mãos e braços de crianças ficavam presos nas máquinas [...]. No último verão eu visitei a escola da rua Lever. O número de crianças naquela ocasião, que estudava na escola e também trabalhava nas fábricas, era 106. [...] Dessas, havia 47 crianças [machucadas por acidentes nas fábricas]. [...]
>
> Depoimento de Michael Ward, médico que foi entrevistado pelo Parlamento Britânico em 25 de março de 1819. Disponível em: <http://spartacus-educational.com/IRward.htm>. (Texto traduzido.) Acesso em: 19 abr. 2017.

a) De acordo com o texto, como os ambientes internos das fábricas de algodão se caracterizavam?

b) Com base no depoimento, caracterize a situação das crianças que trabalhavam nas fábricas.

c) Hoje, as sociedades democráticas possuem instrumentos de proteção às crianças quanto à exploração do trabalho infantil e aos trabalhadores expostos a riscos em sua atividade profissional? Que instrumentos seriam esses? Dê exemplos.

Articule passado e presente

11. A Declaração dos Direitos do Homem e do Cidadão, aprovada no curso da Revolução Francesa, transformou radicalmente as relações políticas e sociais existentes até então. Suas ideias e seus valores influenciaram outros povos ao redor do mundo. A noção de igualdade perante a lei e a justiça, especialmente, era algo inteiramente novo e transformador. Leia dois artigos dessa declaração apresentados a seguir. Observe as imagens de manifestações atuais e, então, faça as atividades propostas.

[...]
Artigo 3. Todos os homens são iguais, por natureza e perante a lei.
Artigo 4. A lei é a expressão livre e solene da vontade geral e é a mesma para todos [...].

Declaração dos Direitos do Homem e do Cidadão, agosto de 1789 (votada em junho de 1793). In: MATTOSO, Katia M. de Queirós (Org.). *Textos e documentos para o estudo da história contemporânea*: 1789-1963. São Paulo: Hucitec/Edusp, 1977. p. 26.

Manifestação realizada pelo Greenpeace no encontro das águas dos rios Negro e Solimões, próximo a Manaus, Amazonas. Foto de 2015.

Marcha mundial das mulheres, realizada em São Paulo, em agosto de 2013.

Parada do Orgulho LGBT em Istambul, na Turquia. Foto de 2013.

a) Movimentos e ações sociais aparecem diariamente nos noticiários, nos programas de rádio e nas redes sociais. As fotos acima mostram algumas reivindicações de diferentes grupos da atualidade, em várias partes do mundo. Identifique o grupo ou movimento presente em cada foto e explique os objetivos e as reivindicações de cada um deles.

b) Agora, reflita sobre as questões abaixo e, a seguir, escreva um pequeno parágrafo com suas conclusões.
- A noção de igualdade perante a lei e a justiça ainda está presente em nossos dias?
- Qual é a importância da noção de diversidade nos dias de hoje? É possível dizer que a diversidade complementa nossa ideia atual de igualdade?

Uma era de revoluções

CAPÍTULO 21
Europa: de Napoleão à restauração

Mulheres participam de passeata no Dia Internacional da Mulher, na França, protestando contra a violência de gênero. Na placa em destaque lê-se: "Parem os assassinatos de mulheres". Foto de 2015.

Napoleão Bonaparte chegou ao governo da França em 1799 e saiu em 1815. Entre os atos de seu governo, destacou-se a promulgação do Código Civil Napoleônico, em 1804. Tratava-se de um conjunto de leis que estabelecia deveres e direitos aos cidadãos franceses e assegurava a igualdade de todos perante a lei, mas considerava as mulheres "civilmente incapazes".

Passados mais de 200 anos da promulgação do Código Civil Napoleônico, muita coisa mudou, inclusive o papel da mulher na sociedade. Na atualidade, os códigos civis asseguram os mesmos direitos a homens e mulheres?

1. A ascensão do general Bonaparte

A trajetória de Napoleão Bonaparte só foi possível, de certa forma, porque a Revolução Francesa transformou decisivamente as relações sociais na Europa. Até então, quase todos os grandes conquistadores, como Júlio César ou Carlos Magno, tinham origem real ou nobre.

Napoleão não descendia de família aristocrática ou abastada e começou no Exército com a patente de cabo – uma das mais baixas da carreira militar. Em poucos anos, contudo, ele se tornou general, conseguindo – em grande parte, por mérito próprio – dominar quase toda a Europa.

Os rumos da Revolução Francesa e as divisões revolucionárias impuseram um clima de insegurança à França, enfraquecendo o poder do Diretório. A burguesia ressentia-se dessa instabilidade e ansiava pela paz – fundamental para o progresso dos negócios.

Bonaparte era a escolha lógica dos burgueses para liderar uma reação – que se concretizou no Golpe do 18 Brumário, em 1799. Sua chegada ao poder, portanto, deu-se em meio à expansão revolucionária na França e às guerras que as monarquias europeias mantinham contra o país, temerosas dessa expansão.

O Consulado (1799-1804)

O Golpe do 18 Brumário, que conduziu Napoleão ao poder, dissolveu o Diretório e o substituiu pelo Consulado. Formado por três cônsules, tratava-se de uma instituição com características aparentemente republicanas, mas cujo poder estava centralizado em Napoleão.

Além do apoio militar e da burguesia (comerciantes, industriais e financistas), Napoleão obteve o suporte popular, principalmente das populações rurais, após a distribuição de terras confiscadas da Igreja ou de nobres emigrados durante a Revolução. Esses três grupos constituíam a sua base de poder.

As prioridades do Consulado eram enfrentar as ameaças externas e reorganizar a economia e a sociedade francesas.

Para sanear as finanças, deterioradas pelo longo período de guerras, em 1800, fundou-se um banco estatal, o Banco da França, e criou-se um novo padrão monetário, o franco, em lugar dos *assignats* emitidos durante a Revolução. A indústria e a produção agrícola foram estimuladas por financiamentos.

Em 1801, o governo francês reatou as relações com a Igreja, por meio de um acordo assinado com o papa.

Retrato de Napoleão, de François Gérard, 1803.

Onde e quando

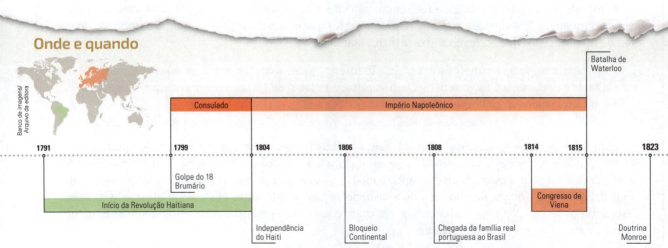

Mapa e linha do tempo ilustrativos. As regiões indicadas no mapa referem-se à configuração atual dos países a que pertencem hoje, e o espaço entre as datas não é proporcional ao intervalo de tempo.

Europa: de Napoleão à restauração

No ano seguinte, elaborou-se uma nova Constituição, que dava mais poderes a Napoleão: como primeiro-cônsul, ele passou a deter o controle do poder Executivo por dez anos, e os demais cônsules tornaram-se simples conselheiros.

A centralização político-administrativa permitiu a Napoleão escolher os ministros e os membros do Conselho de Estado, órgão cuja função era preparar os projetos de lei. De decreto em decreto, anulou discórdias e ameaças de golpe, restabelecendo a ordem no país.

Em 1804, promulgou-se o **Código Civil Napoleônico**. Inspirado no Direito Romano, esse conjunto de leis assegurava a igualdade de todos perante a lei e o direito à propriedade privada, mas proibia o direito de greve e a formação de sindicatos, garantindo, assim, as conquistas burguesas. Ele também restabeleceu a escravidão nas colônias francesas. O Código Civil Napoleônico exerceu influência em toda a Europa e tornou-se uma referência jurídica em todo o Ocidente capitalista.

Também foi elaborada uma reforma no ensino, que tornou a educação responsabilidade do Estado. Criaram-se internatos responsáveis pela formação dos futuros oficiais do Exército e ocupantes de altos cargos civis, os liceus, e escolas de Direito, Política e Técnica Naval, para valorizar o ensino superior.

Três anos depois de ter sido proclamado primeiro-cônsul vitalício, em 1801, Napoleão recebeu o título de imperador e foi coroado Napoleão I.

A coroação de Napoleão, de Jacques-Louis David, 1806-1807. Encomendada por Napoleão, a obra representa o momento em que o imperador, já consagrado, coroa sua esposa imperatriz.

O Direito da Mulher na França: do Código Napoleônico ao Código Civil de 2013

Apesar de ter se tornado modelo e referência para diferentes governos, o Código Civil Napoleônico considerava as mulheres "civilmente incapazes". Isso significava que elas estavam submetidas à autoridade do pai e/ou do marido. Leia o que escreveu a esse respeito Marvin Perry.

> [...] Atribuindo às mulheres uma condição inferior à dos maridos em questão de propriedade, adultério e divórcio, o Código refletia tanto a atitude pessoal de Napoleão como a opinião geral da época com respeito às mulheres e à estabilidade da família. [...]
>
> PERRY, Marvin. *Civilização ocidental*: uma história concisa. 4. ed. São Paulo: WMF Martins Fontes, 2015. p. 341.

Com o passar do tempo, o Código Civil da França sofreu diversas alterações, para que as leis pudessem se adaptar às novas demandas sociais. Em 1970, por exemplo, a ideia de que o marido seria o "chefe" da família foi eliminada do Código: ambos os cônjuges, marido e mulher, passaram a ser responsáveis pela direção do grupo familiar. Em 2013, o Código incorporou a possibilidade de casamento entre pessoas do mesmo sexo. Além disso, entre os séculos XIX e XX, várias outras leis foram criadas para garantir condições igualitárias entre homens e mulheres no mercado de trabalho.

2 O Império Napoleônico (1804-1815)

A prosperidade resultante das reformas promovidas por Napoleão marcou os primeiros anos do império. Mas havia muitos enfrentamentos externos que o ameaçavam. Até 1815, formaram-se sete coligações contra a França, em geral, comandadas pela Inglaterra, que disputava com a França novos mercados consumidores para seus produtos industrializados. Os demais países, em sua maioria, eram monarquias centralizadas que temiam os reflexos da Revolução Francesa sobre sua estabilidade política. Assim, por razões econômicas ou políticas, a França via-se cercada por diversos inimigos.

As forças napoleônicas, superiores em terra, não conseguiram vencer os britânicos no mar, quando tentaram invadir a Inglaterra, na chamada Batalha de Trafalgar. Contudo, os exércitos do imperador derrotaram a **Terceira Coligação** na decisiva Batalha de Austerlitz, em 1805. Vitorioso, Napoleão decretou a extinção do Sacro Império Romano-Germânico e o substituiu pela **Confederação do Reno**. Com isso, muitos principados alemães ficaram sob o domínio francês.

A hegemonia francesa sobre o continente europeu, entretanto, dependia da neutralização da maior potência econômica da época: a Inglaterra. Para enfraquecê-la, em 1806, Napoleão decretou o **Bloqueio Continental**, pelo qual os aliados da França e os países a ela submetidos ficavam proibidos de manter relações econômicas com a Inglaterra, sob a pena de serem invadidos pelas tropas napoleônicas.

Entre os anos de 1806 e 1809, Napoleão venceu outras coligações e, pelas regiões conquistadas, disseminou os princípios liberais da Revolução Francesa e o Código Civil, derrubando velhas estruturas aristocráticas.

Na Espanha, o imperador francês destituiu o rei Fernando VII (1784-1833) e colocou seu irmão José Bonaparte (1768-1844) para governar, o que provocou resistência por parte do povo espanhol.

Portugal, cujo governo desobedeceu ao Bloqueio Continental, também sofreu a intervenção francesa. A forte ligação econômica que o país mantinha com os ingleses impedia o príncipe regente, dom João, de romper as relações comerciais com a Inglaterra. Diante da ameaça de invasão, a família real portuguesa partiu para a América portuguesa em novembro de 1807.

> **Terceira Coligação**: aliança entre o Império Austríaco, o Reino de Nápoles, o Império Russo e a Suécia, em apoio à Inglaterra, com o objetivo de conter o expansionismo do Império Francês.

O Império Napoleônico na Europa

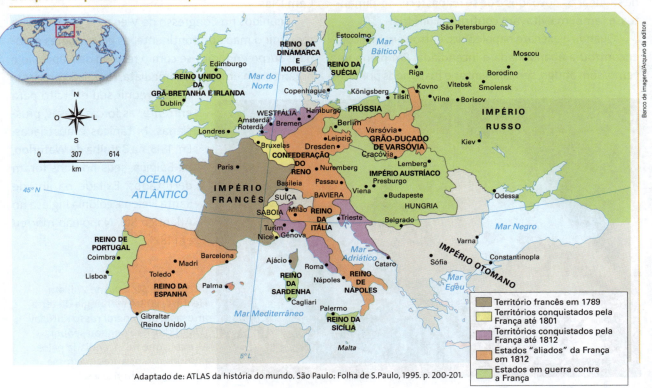

Adaptado de: ATLAS da história do mundo. São Paulo: Folha de S.Paulo, 1995. p. 200-201.

Europa: de Napoleão à restauração 367

O fim do império

O Império Francês começou a apresentar sinais de desgaste já no início do século XIX. A resistência de povos conquistados, como a luta dos ibéricos contra o domínio francês, e o fracasso das tropas napoleônicas na Rússia contribuíram para o declínio da hegemonia francesa na Europa.

Além disso, como a economia da França não tinha capacidade de substituir a da Inglaterra nas relações comerciais do continente, o Bloqueio Continental acabou se revelando outro fracasso. Para a Rússia, por exemplo, ele significou um verdadeiro desastre econômico, pois o país exportava matéria-prima para a construção naval da Inglaterra, além de outros produtos. Diante do estrangulamento da economia russa, o czar Alexandre I (1777-1825), desprezando as ameaças de Napoleão, reabriu os portos russos aos ingleses.

Inconformado, em 1812, Napoleão reuniu um exército de mais de 600 mil homens para atravessar toda a Europa central e marchar sobre a Rússia, em sua mais audaciosa e trágica campanha militar. Para enfrentar o imenso poderio do exército francês, os russos utilizaram a tática da **terra arrasada**: soldados e civis abandonavam os povoados que se encontravam na iminência de serem invadidos, destruindo tudo o que pudesse ser útil ou valoroso para o inimigo. Dessa forma, os russos abatiam o ânimo dos franceses, impedindo-os de saquear os povoados e de se reabastecer de alimentos, e também evitavam confrontos diretos.

Quando o exército napoleônico entrou em Moscou, encontrou-a abandonada e incendiada. Em pleno inverno, sem abrigo, sem alimentos e fustigados por ataques-surpresa, os homens de Bonaparte iniciaram a retirada, o que permitiu aos russos assumir a ofensiva.

Napoleão voltava para a França com menos de 100 mil soldados e desmoralizado, e ainda tinha de enfrentar o restante da Europa, que se mobilizara contra ele. Esgotado, o imperador francês sofreu diversas derrotas.

Formara-se a **Sexta Coligação**, composta de Prússia, Inglaterra, Rússia e Império Austríaco, cujas forças derrotaram o exército napoleônico na **Batalha das Nações**, em Leipzig, em outubro de 1813. Em março do ano seguinte, os vitoriosos obrigaram Napoleão a assinar o **Tratado de Fontainebleau**, por meio do qual abria mão do trono francês. Em troca, ele receberia uma pensão de 2 milhões de francos anuais e plena soberania sobre a ilha de Elba, onde deveria exilar-se.

Com seu afastamento, restabeleceu-se a dinastia Bourbon na França, e Luís XVIII (1755-1824), irmão de Luís XVI, guilhotinado durante a Revolução, foi coroado. Em março de 1815, porém, Napoleão deixou a ilha de Elba e desembarcou na França com 1 200 soldados. Ainda popular entre os militares, foi recebido por eles e pela população francesa festivamente, enquanto marchava em direção a Paris.

Luís XVIII fugiu para a Bélgica, e Napoleão assumiu novamente o poder. Seu governo, porém, durou pouco mais de três meses, período conhecido como **Os Cem Dias**.

Reunidos no Congresso de Viena, na Áustria, para redefinir o mapa do continente, os governantes europeus surpreenderam-se com o retorno de Napoleão e organizaram uma reação imediata. Napoleão precisou, então, reunir seu exército para enfrentar as forças russas, prussianas, britânicas e austríacas. Em 1815, na **Batalha de Waterloo**, na Bélgica, seus homens foram derrotados. Exilado na ilha de Santa Helena, colônia inglesa no Atlântico Sul, Napoleão morreu em 1821.

Incêndio de Moscou, de William Heath, c. 1812. A estratégia da terra arrasada, do general russo Kutuzov (1745-1813), não poupou sequer Moscou, que foi incendiada pelos próprios russos antes que fosse tomada pelos franceses.

3. Reflexos da Revolução na América: o caso do Haiti e o do Brasil

Enquanto o processo revolucionário francês acontecia na Europa, uma revolução de escravizados eclodiu em uma das mais ricas colônias do Caribe, que então se encontrava sob o domínio francês.

Em 1492, quando Cristóvão Colombo ocupou a ilha de São Domingos, onde hoje é o Haiti, chamou-a de Hispaniola. Os povos nativos da região, os arauaques, chamavam a ilha de Haiti (Ayiti), que em seu idioma significa "terra alta, montanhosa".

Durante o século XVII, em meio às disputas coloniais entre as potências europeias, a França ocupou a parte ocidental da ilha, que se transformou em um dos principais polos de produção de açúcar. Devido ao sistema de *plantation* adotado na ilha, no final do século XVII, a sociedade colonial haitiana era composta de apenas 5% de brancos (ricos proprietários de terra, homens livres pobres e suas famílias); 10% de negros livres e mestiços ricos e pobres; e 85% de escravizados.

Em 1791, inspirados pelas ideias revolucionárias francesas, escravizados, ex-escravizados e mestiços uniram-se para lutar contra o domínio da pequena elite branca que subjugava a maioria da população. O desdobramento do levante resultou na abolição da escravidão na colônia caribenha francesa.

Liderado por **Toussaint Louverture** (1743-1803), um ex-escravizado, o movimento prosseguiu, mesmo com a repressão dos exércitos napoleônicos. Preso, Louverture foi deportado para a França, onde morreu na prisão, em 1803. Um ano depois, sob o comando de **Jacques Dessalines** (1758-1806), outro ex-escravizado, o movimento proclamou a independência do Haiti. Dessalines foi coroado imperador da primeira nação negra independente da história americana.

Em 1806, com o assassinato de Dessalines, o Haiti adotou o regime republicano. Apenas em 1825, em troca de uma indenização de 150 milhões de francos, o rei francês Carlos X (1757-1836) reconheceu a independência do país.

O movimento revolucionário haitiano estimulou a resistência de muitos africanos escravizados e de seus descendentes contra a exploração herdada da época colonial. Além disso, a notícia dessa revolução e de seus líderes negros espalhou-se pela América, gerando pânico entre os senhores de escravos e esperança entre os africanos cativos. No Brasil, principalmente na cidade do Rio de Janeiro, há registros de que a figura de Dessalines, considerado herói por muitos, foi tatuada no corpo de diversos africanos escravizados.

Como vimos, a família real, acompanhada de milhares de funcionários da Corte e membros da nobreza portuguesa, partiu para a América portuguesa, após desobedecer ao Bloqueio Continental de Napoleão. Com isso, o Brasil tornou-se o centro político-administrativo do Império Português, e a cidade do Rio de Janeiro, a sede da monarquia portuguesa.

Gravura do século XVIII representando cena da revolta liderada por Toussaint Louverture, na ilha de São Domingos, em 1791.

Em janeiro de 1808, antes de chegar à cidade do Rio de Janeiro, dom João desembarcou em Salvador e logo decretou a **abertura dos portos**. A medida derrubava as limitações comerciais que caracterizavam o exclusivo colonial — segundo o qual a colônia só poderia comerciar com a metrópole —, autorizando, portanto, a importação de produtos vindos de outros países que mantivessem relações amigáveis com Portugal. Em razão das fortes ligações econômicas que os portugueses mantinham com os ingleses, a medida beneficiava diretamente a Inglaterra. No mês seguinte, a esquadra deixou Salvador, levando dom João e sua Corte para o Rio de Janeiro.

Ainda em 1808, dom João revogou o Alvará de 1785, que proibia a instalação de manufaturas e indústrias no Brasil. Isso, entretanto, não foi suficiente para promover o início da industrialização na colônia, pois era impossível concorrer com o preço dos produtos ingleses.

Procurando ampliar ainda mais sua participação na economia da colônia, a Inglaterra pressionou Portugal a assinar os **tratados de 1810**, que estabeleciam a taxação privilegiada de 15% sobre os produtos ingleses vendidos no Brasil, 16% sobre as mercadorias portuguesas e 24% sobre as dos demais países.

Além de vantagens econômicas, os ingleses conquistaram outros benefícios, como o direito de serem julgados por juízes ingleses, caso cometessem crimes dentro do Império Português. Também foi concedido aos protestantes ingleses o direito à liberdade de culto em terras portuguesas, até então proibido. Como o governo português dependia da proteção britânica para conter a ameaça napoleônica, na prática seus interesses ficaram subordinados aos da Inglaterra.

Transformado na capital do Império Português, o Rio de Janeiro ganhou ares de capital europeia, com a instalação de órgãos públicos, como ministérios e tribunais, e a criação da Casa da Moeda e do Banco do Brasil. Foram fundados também o Jardim Botânico, as escolas de Medicina da Bahia e do Rio de Janeiro, o Teatro Real, a Imprensa Régia, a Academia Real Militar, a Academia Real de Belas-Artes e a Biblioteca Real, que estimularam a produção artística, científica e cultural da colônia.

Em represália contra a invasão de Portugal, dom João declarou guerra à França e ordenou a invasão da Guiana Francesa em 1809, devolvendo-a aos franceses apenas em 1817, após a restauração da monarquia na França. Aproveitando-se das guerras de independência na América espanhola, suas tropas também invadiram o território ao sul do atual estado do Rio Grande do Sul, anexado ao Império Português com o nome de Província Cisplatina. Em 1828, essa região tornou-se independente do Brasil e passou a se chamar República Oriental do Uruguai.

Vista do Largo do Palácio no dia da aclamação de dom João VI, de Debret, início do século XIX. Ao chegar ao Brasil, dom João ainda não era rei, pois sua mãe, a rainha dona Maria I, ainda estava viva, embora sofresse de problemas mentais, razão pela qual seu filho governava como príncipe regente. Ele foi aclamado rei, com o título de dom João VI, em 1818, após a morte da rainha.

④ A restauração da Europa

Quando Napoleão Bonaparte retornou e reassumiu o poder na França, as grandes potências europeias encontravam-se reunidas na Áustria para restabelecer a situação política anterior à Revolução Francesa na Europa.

Interrompido durante os Cem Dias, o **Congresso de Viena** era presidido pelo representante do Império Austríaco, o príncipe Metternich (1773-1859), e contava com a presença de Alexandre I (1777-1825), da Rússia, de Frederico Guilherme III (1770-1840), da Prússia, do duque de Wellington (1769-1852) e, depois, do visconde Castlereagh (1769-1822), da Inglaterra, e de Talleyrand (1754-1813), da França, além de representantes de outros Estados.

Reunido novamente após a derrocada final de Napoleão, em 1815, o Congresso de Viena pautou-se por dois princípios básicos. Um deles era o da **legitimidade**, cujo objetivo era restaurar as dinastias e fronteiras nacionais que vigoravam nos Estados europeus antes da Revolução Francesa. O outro era o do **equilíbrio europeu**. Por meio desse princípio, os líderes de Viena dividiram entre si territórios de Estados mais fracos, como Polônia e Itália, além da França derrotada, com a justificativa de buscar uma organização política e econômica equilibrada no continente.

A Inglaterra foi a grande beneficiada com a partilha colonial, pois obteve novos territórios no além-mar. A Rússia ficou com a maior parte da Polônia. A península Itálica foi totalmente dividida. A Suíça tornou-se um Estado neutro. A Prússia adquiriu parte da Polônia e da região do rio Reno. O Império Austríaco apoderou-se de uma terceira parte da Polônia e do norte da península Itálica. Os Países Baixos incorporaram a Bélgica.

Ainda no Congresso de Viena, o Império Russo, o Reino da Prússia e o Império Austríaco formaram a **Santa Aliança**, proposta pelo czar Alexandre I. Sob o pretexto de proteger a paz, a justiça e a religião no continente, a nova aliança objetivava lutar contra manifestações nacionalistas e liberais, como os movimentos de independência das colônias. Vários fatores conjugados, porém, desagregaram os planos estabelecidos e tornaram a Santa Aliança inoperante.

No período em que liderou a França e comandou seus exércitos, Napoleão disseminou pelo continente conquistas sociais e políticas da Revolução Francesa. Com isso, aqueles que o derrotaram, ao tentarem a restauração do Antigo Regime, esbarraram em outro perfil histórico da Europa.

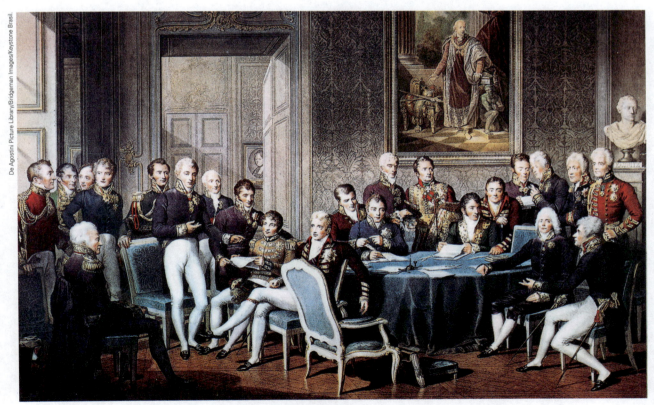

O Congresso de Viena, de Jean-Baptiste Isabey, 1815. Obra que representa os participantes do congresso.

Além disso, a Revolução Industrial também já se espalhara por vários países, fortalecendo valores burgueses, liberais e nacionalistas e consolidando o capitalismo. Como os princípios do Antigo Regime, restabelecidos em 1815, representavam entraves à nova sociedade, a Santa Aliança não recebeu o apoio da Inglaterra, que era então a maior potência do continente, e foi engolida pelas revoltas liberais que eclodiam na Europa e na América.

A expansão de mercados consumidores era importante para a Inglaterra industrializada, que apoiava movimentos de independência nas colônias americanas, defendendo o **princípio da não intervenção**. Essa atitude contrariava os interesses da Santa Aliança, que propunha a manutenção do domínio colonial e o envio de tropas às regiões que se rebelassem.

Em uma demonstração de que os tempos haviam mudado e de que tentativas de recolonização não seriam admitidas, em 1823, os Estados Unidos lançaram a **Doutrina Monroe**, cujo lema era "A América para os americanos".

O nacionalismo emergiu também na Europa, impulsionando a independência da Grécia, que em 1822 conquistou sua emancipação do Império Turco Otomano. Na França, em 1830, estabeleceu-se novamente um governo liberal, com a queda da dinastia Bourbon e a ascensão da família Orléans. Ao mesmo tempo, a Bélgica proclamava sua independência dos Países Baixos.

Desmoronavam-se, assim, as principais conquistas do Congresso de Viena e rompiam-se os laços que sustentavam a Santa Aliança.

Charge sobre a Doutrina Monroe, que pressupunha a extensão da influência dos Estados Unidos a todo o continente americano, descartando a tradicional ingerência europeia.

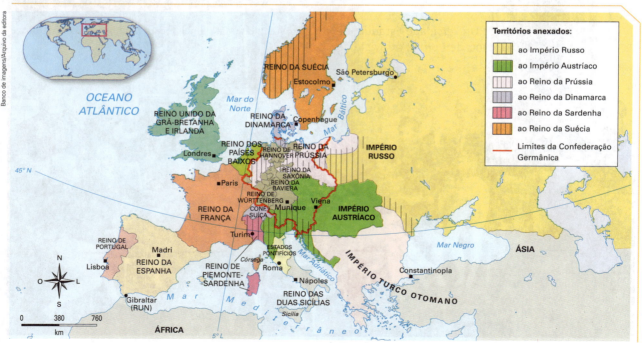

A Europa do Congresso de Viena (1815)

Adaptado de: ATLANTE storico De Agostini. Novara: Istituto Geografico De Agostini, 2005. p. 94.

Atividades

Retome

1. Por que alguém como Napoleão Bonaparte, que não tinha origem aristocrática, teve a chance de ascender ao poder na França, justamente nos momentos finais do século XVIII?

2. Cite algumas das reformas iniciais estabelecidas pelo Consulado, pouco depois de Napoleão chegar ao poder na França.

3. O Código Civil Napoleônico foi promulgado em 1804. Para diversos historiadores, esse documento consagrava os grandes princípios da Revolução Francesa. Explique por que isso acontecia.

4. Observe novamente o mapa intitulado "O Império Napoleônico na Europa".

    a) Quais eram os Estados que se encontravam em situação de guerra contra as forças francesas no início do século XIX?

    b) Compare o tamanho original do território do Império Francês em 1789 com as áreas dos Estados aliados e dos territórios conquistados pela França até 1812. Com base nessa comparação visual, escreva um comentário a respeito do poderio da França naquele momento.

5. Explique a relação entre o Bloqueio Continental e a partida da família real portuguesa para sua colônia da América, em 1807.

Pratique

6. Em 2011, Márcia Abreu, professora do Departamento de Teoria Literária da Universidade Estadual de Campinas (Unicamp), concedeu uma entrevista ao *Jornal da Unicamp*. Nela, a estudiosa fala sobre suas pesquisas a respeito da fundação da Imprensa Régia na ocasião da chegada da família real às terras que hoje formam o Brasil, em 1808. Leia um trecho da entrevista.

> [...] **Jornal da Unicamp** – Quando os primeiros livros começaram a ser efetivamente impressos no Brasil?
>
> **Márcia Abreu** – Os primeiros livros começaram a ser produzidos em 1808 mesmo. Quando dom João VI chegou, ele logo percebeu que não conseguiria administrar todo o reino se não tivesse uma tipografia perto de si. Então, ele mandou instalar rapidamente os equipamentos tipográficos, que vieram com ele nas naus. [...] A ideia de dom João era imprimir documentos oficiais: editais, avisos, ordens régias, etc. No tempo livre, a tipografia poderia produzir para terceiros. Logo, algumas pessoas começaram a encomendar publicações. Em 1808, começaram a ser impressas obras poéticas e, em 1810, começaram a ser produzidos os primeiros romances.
>
> **Jornal da Unicamp** – Que tipos de livros eram publicados nesses primórdios?
>
> **Márcia Abreu** – Isso é um caso interessante porque, quando pensamos em literatura, logo nos ocorrem as altas obras da literatura erudita. Isso também foi publicado no início. Mas um livreiro chamado Paulo Martim logo percebeu que ele poderia ganhar dinheiro com a atividade e passou a publicar pequenos romances em folhetos muito finos. Então, essa primeira tipografia produziu ao mesmo tempo documentos oficiais e literatura popular, republicando títulos que circulavam em Portugal e possivelmente fariam sucesso aqui. [...]
>
> **Jornal da Unicamp** – Ou seja, pelo que a senhora está dizendo, o brasileiro demonstrou interesse pelo livro desde logo. É isso?
>
> **Márcia Abreu** – Essa pergunta é interessante. Muitas pessoas dizem que não há interesse pelo livro no Brasil. [Porém,] rapidamente as tipografias se espalharam pelo país. [Havia] tipografias em Pernambuco, Paraíba, Manaus, Rio Grande do Sul, já no século XIX. Ou seja, assim que se tornou possível, as pessoas começaram a se movimentar para instalar tipografias em seus municípios [...].
>
> **Jornal da Unicamp** – Esse dado não parece ter conexão com a avaliação atual de que o brasileiro lê pouco.
>
> **Márcia Abreu** – Quando falamos de baixo índice de leitura no Brasil de hoje, isso não é totalmente correto. A gente fala isso como um chavão, que vai sendo repetido. [No Brasil, há] fenômenos de vendagem com milhões de exemplares vendidos. [...] Então, a gente tem que analisar os dados com muito cuidado. Dizer que no Brasil ninguém quer ler não explica o sucesso no país [de] *best-sellers*. No Brasil, o livro de fato ainda é caro para boa parcela da população, mas as pessoas encontram formas de ter acesso aos livros. [...]
>
> FILHO, Manuel Alves. Entrevista com Márcia Abreu. 200 anos de história do livro no país. *Jornal da Unicamp*. Campinas, 21 a 27 de novembro de 2011, ano XXV, n. 514. Disponível em: <www.unicamp.br/unicamp/unicamp_hoje/ju/novembro2011/ju514_pag67.php>. Acesso em: 19 abr. 2017.

a) Identifique as atividades que a Imprensa Régia realizou e a sua importância no governo de dom João no Brasil.

b) Diversos pesquisadores consideram que a Imprensa Régia foi "peça-chave na nova arquitetura que se montava [e] faria as vezes da 'propaganda de Estado': sem ela, mal se tomaria conhecimento, neste vasto território, da quantidade de mudanças que ocorriam naquele exato momento e das outras tantas que estavam por vir". (SCHWARCZ, Lilia Moritz; AZEVEDO, Paulo César de; COSTA, Angela Marques da. *A longa viagem da biblioteca dos reis*: do terremoto de Lisboa à Independência do Brasil. São Paulo: Companhia das Letras, 2002. p. 254.)

A visão desses pesquisadores a respeito da Imprensa Régia se aproxima, se distancia ou complementa a visão de Márcia Abreu, cuja entrevista você acabou de ler? Explique.

c) Que conexão o entrevistador faz entre o passado e o presente? Com base em que informações ele faz essa conexão?

d) Retome a leitura da última resposta de Márcia Abreu. Pensando em seu cotidiano, na escola, em casa, na convivência com seus amigos e seu grupo familiar, responda: Você concorda ou não com o posicionamento da entrevistada? Justifique.

Analise uma fonte primária

7. Ao longo de sua permanência no poder, Napoleão Bonaparte foi representado em muitas charges, também chamadas, por alguns historiadores, de ilustrações caricaturais. A representada abaixo, produzida em 1813, é um exemplo dessas charges.

O exterminador cossaco, de William Elmes, 1813.
O personagem à esquerda diz: "Eu vou exterminá-lo, seu pequeno francês [...]". O personagem menor, à direita, diz: "Morte e fúria! Estou me queimando de raiva. Esses medonhos [...] cossacos destruíram minhas esperanças".

a) A que se refere o termo "cossaco"? Para descobrir, leia o texto abaixo.

> O russo *kozak* vem do turco *kazak*, cujo significado original era "homem livre". "Eles foram um dos povos que formaram a Rússia", diz o historiador Osvaldo Coggiola, da USP. [...]
>
> Quem foram os cossacos? *Mundo estranho*. Disponível em: <http://mundoestranho.abril.com.br/materia/quem-foram-os-cossacos>. Acesso em: 19 abr. 2017.

b) Que episódio da trajetória napoleônica a charge representa? Como você chegou a essa conclusão?

c) Identifique quem é Napoleão na charge e por que ele foi representado dessa maneira. Para complementar sua resposta, explique os desdobramentos e os resultados do episódio representado.

d) Ao observar a charge como um todo, você diria que o artista que a produziu era aliado ou inimigo de Napoleão? Por quê?

e) Busque em *sites* ou em jornais impressos um exemplo de charge política produzida na atualidade, no Brasil ou em qualquer lugar do mundo. Escreva um comentário, seguindo este roteiro:
- Identifique o evento satirizado na charge.
- Explique de que forma o humor foi utilizado para criticar o evento retratado.
- Estabeleça algumas semelhanças ou diferenças entre a charge pesquisada por você e a charge sobre Napoleão, analisada nesta atividade.

Articule passado e presente

8. Vimos que o Código Civil Napoleônico assegurava a igualdade de todos perante a lei, mas considerava as mulheres "civilmente incapazes". Agora, vamos refletir sobre como a legislação brasileira vigente considera as mulheres. Será que, ao contrário do Código Civil Napoleônico, ela garante direitos civis às mulheres?

Leia os artigos destacados a seguir e, depois, escreva um comentário sobre a atual situação legal das mulheres no Brasil.

> [...] Art. 1.642. Qualquer que seja o regime de bens, tanto o marido quanto a mulher podem livremente:
>
> I — praticar todos os atos de disposição e de administração necessários ao desempenho de sua profissão [...];
>
> II — administrar os bens próprios [...].
>
> Art. 1.643. Podem os cônjuges, independentemente de autorização um do outro:
>
> I — comprar, ainda a crédito, as coisas necessárias à economia doméstica;
>
> II — obter, por empréstimo, as quantias que a aquisição dessas coisas possa exigir. [...]
>
> *Código Civil brasileiro*. Disponível em: <www.planalto.gov.br/ccivil_03/leis/2002/L10406.htm>. Acesso em: 19 abr. 2017.

> [...] Art. 5º Todos são iguais perante a lei, sem distinção de qualquer natureza, [...] nos termos seguintes:
>
> I — homens e mulheres são iguais em direitos e obrigações, nos termos desta Constituição [...].
>
> *Constituição da República Federativa do Brasil*. Disponível em: <www.planalto.gov.br/ccivil_03/Constituicao/Constituicao.htm>. Acesso em: 19 abr. 2017.

CAPÍTULO 22º
As independências na América ibérica

Torcedores do Chile na final da Copa América de 2015. No último jogo do campeonato, a seleção chilena enfrentou a Argentina, no Estádio Nacional de Santiago, Chile, no dia 4 de julho de 2015. Os chilenos venceram os argentinos por 4 a 1, na disputa de penalidades máximas.

Ao longo do século XIX, o território da América colonizado pelas metrópoles ibéricas fragmentou-se em uma porção de novos países independentes. Será que existem semelhanças entre os processos de independência da América espanhola e da América portuguesa? Será que nós, brasileiros, conhecemos a nossa história e a de nossos vizinhos latino-americanos?

1 A América ibérica e seus processos de independência

Entre as últimas décadas do século XVIII e as primeiras do XIX, quase todas as colônias europeias na América conquistaram sua independência. À Declaração de Independência das Treze Colônias (1776), seguiram-se a Revolução Haitiana (1791-1804), a independência da Argentina (1810-1816), do Chile (1818), do México (1821), do Peru (1821), do Brasil (1822), e assim por diante. Portanto, nesta e na próxima década, os países latino-americanos que se formaram após esse processo estarão realizando ou programando seus eventos comemorativos do **bicentenário da independência**.

Além de terem rompido com as amarras metropolitanas em um mesmo contexto, os atuais países latino-americanos carregam uma grande proximidade de origem colonial e espacial. Ainda assim, muito pouco do reconhecimento dessas bases comuns tem prevalecido entre os latino-americanos, como aponta o historiador inglês Leslie Bethell (1937-).

[...] nem os intelectuais hispano-americanos e brasileiros, nem os governos hispano-americanos e brasileiros consideravam o Brasil parte da "América Latina" — expressão que se referia somente à América Espanhola — pelo menos até a segunda metade do século XX, quando os Estados Unidos e o resto do mundo exterior começaram a pensar o Brasil como parte integrante de uma região chamada "Latin America". Mesmo agora, os governos brasileiros e os intelectuais brasileiros, exceto talvez da esquerda, continuam sem convicção profunda de que o Brasil é parte da América Latina. [...]

BETHELL, Leslie. O Brasil e a ideia de "América Latina" em perspectiva histórica. *Estudos Históricos*, Rio de Janeiro, 2009. Disponível em: <www.scielo.br/scielo.php?script=sci_arttext&pid=S0103-21862009000200001>. Acesso em: 19 abr. 2017.

Considerando esse quadro, não têm sido raros os olhares distanciados que os nossos vizinhos da América do Norte vêm direcionando ao Brasil e aos demais países ibero-americanos. Com isso, surgem, muitas vezes, apontamentos com forte carga preconceituosa para caracterizar o comportamento dos habitantes da América ibérica.

Refletir sobre a formação dos atuais Estados nacionais hispano-americanos e compará-la com o processo de independência do Brasil pode ampliar nosso conhecimento e nossa compreensão em relação a esses nossos vizinhos.

Integrante da comunidade boliviana residente em São Paulo celebrando os 190 anos da independência da Bolívia no Memorial da América Latina. Foto de 2015.

Onde e quando

Mapa e linha do tempo ilustrativos. As regiões indicadas no mapa referem-se à configuração atual dos países a que pertencem hoje, e o espaço entre as datas não é proporcional ao intervalo de tempo.

2 O cenário das independências

Enquanto as Treze Colônias lutavam por independência, as metrópoles ibéricas continuavam envolvidas em práticas mercantilistas e colonialistas que dificultavam o livre-comércio e o desenvolvimento manufatureiro, condições fundamentais para a autonomia econômica.

Na Espanha, por exemplo, as medidas tomadas por Carlos III em seu reinado (1759-1788) fortaleceram as regras do comércio monopolista e intensificaram o combate ao contrabando de manufaturas inglesas. Essa rivalidade com a Inglaterra levou o rei espanhol a apoiar os revolucionários norte-americanos na guerra de independência.

As consequências dessas medidas metropolitanas foram o aumento do custo de vida nas colônias e a crescente insatisfação entre os colonos. Diversas rebeliões eclodiram na América hispânica contra os espanhóis e seu domínio, organizadas tanto por *criollos* como por indígenas e africanos escravizados. A **Rebelião de Tupac Amaru**, no Vice-Reinado do Peru, destacou-se nesse contexto.

Na América portuguesa, a independência do Brasil também não ocorreu da noite para o dia. Desde o final do século XVIII, existiram movimentos de ruptura com a metrópole, muitos deles influenciados pelo Iluminismo, pela Independência dos Estados Unidos e pela Revolução Francesa, como foi o caso da **Conjuração Mineira** e o da **Conjuração Baiana**.

Nesse quadro geral, as diversas rebeliões que eclodiram na América ibérica, entre as últimas décadas do século XVIII e as primeiras do XIX, de um lado, revelavam o esgotamento do sistema colonial e, de outro, expressavam os vários projetos de independência.

Algumas rebeliões latino-americanas do século XVIII

Organizado pelos autores desta obra.

A Rebelião de Tupac Amaru (1780)

Estima-se que, no início do século XIX, a população total da América espanhola era de aproximadamente 22 milhões de habitantes. Destes, mais da metade, cerca de 12 milhões, era indígena. O restante era constituído de: **mestiços**, descendentes de espanhóis e nativos (cerca de 6 milhões); *criollos*, filhos de espanhóis nascidos na América (3 milhões); **negros escravizados** (aproximadamente 800 mil); e *chapetones*, espanhóis nascidos na metrópole (cerca de 300 mil).

Os *chapetones* ocupavam altos cargos da administração colonial e viviam em permanente confronto com as elites *criollas*. Os membros das elites hispano-americanas guiavam-se pelos ideais iluministas e, embora não cogitassem mudanças na estrutura socioeconômica das colônias, eram partidários da independência e do livre-comércio. Para eles, a Coroa espanhola restringia os setores produtivos e limitava o acesso aos cargos administrativos e políticos. Por isso, desejavam romper com a metrópole.

A independência das colônias interessava também à Inglaterra, uma vez que eliminaria as barreiras monopolistas comerciais e abriria novos mercados para seus produtos industrializados. Foi nesse contexto que eclodiu a Rebelião de Tupac Amaru.

Desde o início da dominação espanhola, revoltas indígenas foram constantes na América. Mas no século XVIII, época de expansão das ideias iluministas e de uma crescente fiscalização metropolitana sobre a colônia, os confrontos entre os habitantes da colônia e as autoridades da metrópole se intensificaram.

Como vimos, os espanhóis utilizavam o trabalho indígena em larga escala desde o início da colonização. Eles recorriam aos **caciques** ou **curacas**, que comandavam os chefes dos *ayllu* (as aldeias), para garantir a subordinação dos nativos na região dos Andes. Esses chefes indígenas colaboravam na manutenção da estrutura colonial em troca de alguns benefícios, como redução de tributos ou dispensa do trabalho compulsório.

Foi um curaca, porém, que liderou uma das maiores revoltas da América espanhola, reagindo contra a tributação imposta por autoridades metropolitanas. Seu nome era José Gabriel Condorcanqui Noguera (1738-1781) e ele dizia descender de Tupac Amaru, líder inca do século XVI que resistiu à conquista espanhola.

Condorcanqui estudou em escolas eclesiásticas e na Universidade de São Marcos (em Lima, no Peru), onde foi influenciado pelo Iluminismo. Adotou o nome de Tupac Amaru II e obteve o apoio de muitos *criollos* contra as autoridades metropolitanas e a elite branca de Lima. A rebelião foi deflagrada em 1780, com o enforcamento de um *chapetone*, e se irradiou por várias regiões. Dezenas de milhares de indígenas, mestiços, escravizados e alguns colonos empobrecidos radicalizaram o projeto inicial da rebelião.

O movimento foi duramente reprimido. Tupac Amaru II foi capturado e executado violentamente: seu corpo foi esquartejado após a decapitação, e seus restos foram enviados para diversas regiões do Vice-Reinado do Peru para servir de advertência. Após sua execução, vários de seus familiares também foram mortos em praça pública. Ainda assim, a rebelião prosseguiu por mais dois anos, resultando em aproximadamente 80 mil mortos.

Conjuração Mineira (1789)

Poucos anos depois da eclosão da Rebelião de Tupac Amaru no Vice-Reinado do Peru, um grupo de colonos começou a se reunir secretamente em Vila Rica para conspirar contra o governo português e preparar uma insurreição. A maior parte deles pertencia à alta sociedade mineira. Alguns eram recém-chegados da Europa, onde haviam entrado em contato com ideias iluministas.

No grupo, destacavam-se os poetas Cláudio Manuel da Costa (1729-1789), Inácio José de Alvarenga Peixoto (1742-1792) e Tomás Antônio Gonzaga (1744-1810), e o alferes Joaquim José da Silva Xavier (1746-1792), conhecido como Tiradentes, um dos poucos participantes de origem modesta.

Os rebeldes reivindicavam um governo republicano, tomando a Constituição dos Estados Unidos como modelo. Restrito à região das minas e do Rio de Janeiro, o movimento defendia a independência da região e a transformação de São João del-Rei na capital do novo país. Também defendia a obrigatoriedade do serviço militar e o apoio à industrialização. Nada ficou definido quanto à escravidão, pois a maioria dos conjurados possuía terras e muitos escravizados.

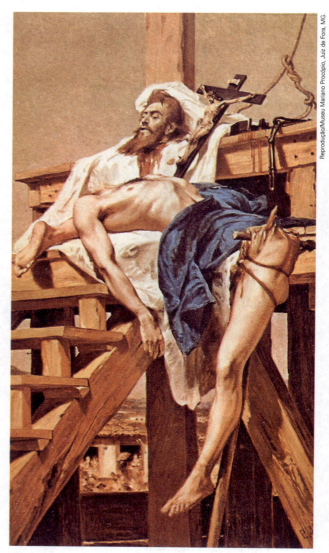

Tiradentes esquartejado, de Pedro Américo, 1893. A transformação de Tiradentes em herói nacional e mártir só aconteceu no período republicano, quando se exaltou a atuação dos líderes da conjuração.

A iminência de uma derrama em Vila Rica, no início de 1789, acelerou a revolta. Como vimos, a derrama era a cobrança que obrigava a população da região das minas a entregar parte de seus bens para completar o quinto mínimo anual estipulado pela Coroa.

Os líderes do movimento, então, decidiram prender o novo governador, o visconde de Barbacena (1754-1830), no início da cobrança. Para isso, esperavam contar com o apoio da população. Tiradentes deveria ir ao Rio de Janeiro para divulgar o movimento e obter apoio, armas e munições. Mas a rebelião não aconteceu.

Alguns de seus participantes, como Joaquim Silvério dos Reis (1756-1819), denunciaram os planos em troca do perdão de suas dívidas pessoais. O visconde de Barbacena suspendeu a derrama, em fevereiro de 1789, e determinou a prisão dos conspiradores. Em julho, o poeta e advogado Cláudio Manuel da Costa foi encontrado morto na prisão, cujo edifício é hoje a Casa dos Contos, em Ouro Preto. Morte por suicídio ou a mando do governador por conhecer vínculos de muitos da elite econômica com a conjuração? Uma questão que continua ainda hoje dividindo a opinião de historiadores.

Em 1792, alguns dos envolvidos foram exilados nas colônias portuguesas na África e proibidos de retornar ao Brasil. Apenas Tiradentes assumiu a responsabilidade pela revolta. Foi condenado à morte e enforcado em 21 de abril de 1792, no Campo de São Domingos, no Rio de Janeiro. Seu corpo foi esquartejado e seus membros distribuídos pelas cidades onde estivera buscando apoio. Sua cabeça foi exposta publicamente em Vila Rica para intimidar possíveis conspiradores e evitar novas rebeliões.

Conjuração Baiana (1798)

Alguns historiadores consideram a Conjuração Baiana a mais popular das rebeliões coloniais. Ela contou com a participação de homens livres pobres, entre eles artesãos e alfaiates, e por isso é também conhecida como **Rebelião dos Alfaiates**.

A transferência da capital da colônia para o Rio de Janeiro, em 1763, acarretou dificuldades econômicas para a ex-capital, a cidade de Salvador, onde vivia uma população miserável e sobrecarregada de tributos, que frequentemente contestava a exploração exercida pela metrópole. A Independência dos Estados Unidos, a Revolução Francesa e a Revolução Haitiana provocaram a propagação dos ideais de liberdade, igualdade e fraternidade, empolgando parte da população de Salvador, sobretudo escravizados, ex-escravizados e artesãos.

Para incitar a população, em 12 de agosto de 1798, os rebeldes distribuíram panfletos que pregavam o levante geral do povo. Esses panfletos, distribuídos e afixados em diversos pontos da cidade, destacavam questões como os critérios de ascensão social e a liberdade de comerciar com outras nações.

Indícios obtidos na análise da **devassa** então realizada apontam que, em seus encontros secretos, os rebeldes discutiam princípios revolucionários e uma possível conspiração contra as autoridades lusas. Indicam também que eles contavam com a participação de alguns membros da pequena elite baiana e, principalmente, com representantes das camadas pobres da população de Salvador.

Os conspiradores demandavam a formação de um governo republicano, democrático e independente de Portugal. Reivindicavam também a liberdade de comércio e o aumento dos soldos dos militares. Além disso, expunham a influência dos ideais revolucionários franceses ao propor a fundação de uma "República Bahiense".

Um dos panfletos espalhados por Salvador dizia:

> [...] Animai-vos povo bahiense que está para chegar o tempo feliz da nossa Liberdade: o tempo em que todos seremos irmãos: o tempo em que todos seremos iguais. [...]
>
> RUY, Affonso. *A primeira revolução social brasileira (1798)*. São Paulo: Companhia Editora Nacional, 1978. p. 68.

O movimento foi violentamente reprimido pelo governador da Bahia, que ordenou a prisão de todos os envolvidos. Muitos dos participantes mais pobres foram condenados a penas mais duras. Alguns receberam castigos corporais e outros, como os alfaiates João de Deus Nascimento (1771-1799) e Manuel Faustino dos Santos Lira (1775-1799) e os soldados Lucas Dantas (1774-1799) e Luís Gonzaga das Virgens e Veiga (1761-1799), foram enforcados e esquartejados. Também houve envolvidos que foram inocentados e outros que tiveram suas penas revogadas.

> **devassa**: averiguação, inquérito. Os Autos da Devassa são os inquéritos judiciais abertos pelas autoridades coloniais e imperiais para apurar responsabilidades em rebeliões.

Leituras

Inconfidência ou conjuração?

Recentemente a historiografia brasileira começou a problematizar o uso dos termos "inconfidência" e "conjuração". No trecho a seguir, a historiadora Maria de Fátima Gouvêa comenta a questão.

[...] O termo inconfidência tem sido utilizado pela historiografia para caracterizar os movimentos de contestação à metrópole ocorridos no Brasil em fins do século XVIII. Cabe distinguir, porém, os termos inconfidência e conjuração, muitas vezes tratados como sinônimos: inconfidência se associa à ideia de traição e infidelidade ao soberano e à metrópole, ao passo que conjuração espelha melhor a perspectiva dos colonos, levados a urdir conspirações em defesa de seus interesses. De todo modo, tenham sido inconfidências ou conjurações, foram movimentos inseridos nos contextos da crise do sistema colonial. [...]

GOUVÊA, Maria de Fátima Silva. Inconfidência Mineira. In: VAINFAS, Ronaldo (Dir.). *Dicionário do Brasil colonial*. Rio de Janeiro: Objetiva, 2000. p. 301.

Leia agora um texto que apresenta outro olhar sobre a questão, escrito pelo historiador Ronaldo Vainfas (1956-).

[...] Inconfidência ou conjuração? Dá quase no mesmo, pois a primeira significa "infidelidade ao príncipe", e a segunda, conspiração contra ele.

Prosseguindo com os dilemas vocabulares, é válido dizer história brasileira sem que houvesse o Brasil como nação no final do século XVIII? Claro que sim, deixando os preciosismos de lado, sobretudo neste caso. Porque a Inconfidência Mineira, além de esboçar, na época, alianças com outras capitanias, foi tema impactante na construção da memória nacional. Memória, história e historiografia: dimensões do conhecimento que seguem juntas, rivalizando desde sempre.

Basta lembrar que, no século XIX, em meio à construção do Estado imperial, a Inconfidência nem sequer era considerada tema relevante e, no campo da memória, não tinha valor para a caracterização da identidade brasileira. O século XIX era tempo de Império, e a dinastia reinante era a mesma do século XVIII, em Portugal, a Casa de Bragança, contra a qual se insurgiram os inconfidentes. Melhor silenciar.

[...] Mas a importância da Inconfidência só foi reconhecida após 1889, sobretudo pelo Estado, empenhado em reconstruir a memória nacional à luz dos valores republicanos. [...]

VAINFAS, Ronaldo. O livro a respeito do livro que inspirou Tiradentes. *Folha de S.Paulo*, 13 out. 2013. Disponível em: <www1.folha.uol.com.br/ilustrissima/2013/10/1355181-o-livro-a-respeito-do-livro-que-inspirou-tiradentes.shtml>. Acesso em: 19 abr. 2017.

Revolução Pernambucana (1817)

Em 1817, ocorreu outra rebelião na América portuguesa, desta vez na capitania de Pernambuco. Com ideias de liberdade e independência, a população se revoltava contra mais um aumento de impostos.

A elevação de tributos para custear as despesas da Corte, que chegara às terras do atual Brasil em 1808, somava-se à insatisfação com a baixa dos preços do algodão e do açúcar, produzidos na capitania. Grupos populares e a camada média da população, que reunia padres, militares, comerciantes e intelectuais, desejavam maior autonomia e a instalação de uma república em Recife.

Em março de 1817, os revoltosos tomaram alguns quartéis, derrubaram o governador e decretaram a extinção de alguns impostos e também o aumento do soldo dos militares. Além desses decretos, instituíram a liberdade de imprensa e de religião e a igualdade entre os cidadãos. A **Lei Orgânica**, publicada pelo governo republicano como uma Constituição, garantia a igualdade de direitos e de propriedade, incluindo o direito de possuir escravizados. Esse último ponto da lei tranquilizava a elite local, mas desagradou a alguns de seus líderes, que defendiam o fim da escravidão.

O movimento conquistou adeptos em Alagoas, na Paraíba e no Rio Grande do Norte, mas rachou internamente. Foi derrotado por uma violenta repressão das tropas portuguesas vindas da Bahia e do Rio de Janeiro. Seus participantes foram presos e alguns, executados sem julgamento. Em 19 de maio de 1817, o movimento estava extinto.

3. As guerras de independência na América espanhola

Como vimos, em 1808, após invadir a península Ibérica, Napoleão depôs os reis espanhóis Carlos IV e seu filho, Fernando VII (1784-1833). Nas colônias da América espanhola, esses acontecimentos ensejaram um movimento que exigia a autonomia das colônias em relação à metrópole. Organizados em *cabildos* (câmaras municipais), os *criollos* depuseram as autoridades metropolitanas e assumiram a administração colonial instalando **juntas governativas**.

Em 1814, porém, com o início da derrocada de Napoleão, Fernando VII voltou ao trono espanhol e reimplantou o absolutismo. Na tentativa de controlar novamente as colônias, anulou a autonomia conquistada pelos *criollos* no autogoverno dos *cabildos*.

Embora os primeiros movimentos de independência tenham sido frustrados, seus ideais se fortaleceram entre os colonos. Entre 1817 e 1825, ocorreu uma revolução que libertou a maioria dos países latino-americanos. Seus principais líderes foram **Simón Bolívar** (1783-1830) e **José de San Martín** (1778-1850).

Simón Bolívar, "o Libertador", como ficou conhecido, exemplifica bem os ideais da elite *criolla*. Nascido na Capitania Geral da Venezuela, comandou a luta pela libertação de diversas regiões da América do Sul. Defendia uma América Latina livre, unida e republicana.

San Martín tinha os mesmos ideais de independência de Bolívar, mas era a favor da monarquia constitucional.

Simón Bolívar em monumento na cidade de Washington D.C., nos Estados Unidos.

América do Sul

O Paraguai constituiu uma República em 1813, chefiada pelo *criollo* **Gaspar Francia** (1776-1840). A República das Províncias Unidas do Rio da Prata (atual Argentina) proclamou sua independência em 1816, sob a liderança de **Manuel Belgrano** (1770-1820) e San Martín.

Em 1817, San Martín, à frente de 5 mil soldados, atravessou a cordilheira dos Andes e uniu suas tropas às de **Bernardo O'Higgins** (1778-1842), líder da luta pela independência do Chile, que foi conquistada em fevereiro de 1818, após as batalhas de Chacabuco e Maipú. O'Higgins foi escolhido para exercer a presidência da nova república.

Enquanto San Martín avançava no sentido sul-norte em direção ao Peru, acompanhado pelo mercenário inglês lorde **Cochrane** (1775-1860), Bolívar também avançava, porém no sentido norte-sul, libertando com seus exércitos – e o apoio dos governos inglês e estadunidense – a Venezuela (1817), a Colômbia (1819) e o Equador (1821). Nesse mesmo ano de 1821, San Martín alcançou e libertou Lima, no Peru, que era o principal centro de resistência espanhola.

No ano seguinte, as forças de Bolívar e de San Martín encontraram-se em Guayaquil, no Equador. Depois desse encontro, em que tomou conhecimento da proposta republicana de Bolívar, San Martín desistiu de seu projeto monárquico. A independência do Peru foi obtida definitivamente em 1824.

A Província Cisplatina, incorporada ao Brasil desde 1821, tornou-se um Estado independente em 1828, com o nome de República Oriental do Uruguai.

Além do apoio dos governos inglês e estadunidense, a distância e a situação interna da metrópole foram outros fatores que favoreceram os rebeldes em sua luta pela independência. A eclosão da Revolução Liberal (1820-1823) na Espanha desestabilizou o governo espanhol e dificultou o envio de tropas contrarrevolucionárias para a América.

México e América Central

A primeira tentativa de emancipação política no México – na época, Vice-Reinado da Nova Espanha – ocorreu em 1810. Ela se distinguiu da maioria dos movimentos da América espanhola por ter sido uma iniciativa das massas populares e por seu caráter predominantemente rural.

O padre **Miguel Hidalgo** (1753-1811), o padre **Morelos** (1765-1815) e o militar **Vicente Guerrero** (1782-1831) sucederam-se na liderança da insurreição. Opositores à aristocracia fundiária, eles deram ênfase às reformas sociais, propondo o fim da escravidão e a igualdade de direitos.

Os ideais populares divergiam dos propósitos das elites *criollas* mexicanas, quase sempre atreladas aos *chapetones*, que controlavam a maior parte das áreas rurais. Para os mestiços e os indígenas, que representavam 80% dos 6 milhões de habitantes da região, a luta pela independência era também a luta contra as grandes propriedades fundiárias controladas pela aristocracia.

Enviado pelo vice-rei para lutar contra os rebeldes mexicanos, **Agustín Itúrbide** (1783-1824) acabou se aliando ao líder insurreto Guerrero em 1821. Juntos, eles formularam o **Plano de Iguala**, que proclamava a independência do México, a igualdade de direitos entre *criollos* e espanhóis, a supremacia da religião católica e o respeito à propriedade e instaurava um governo monárquico. A coroa foi oferecida a Fernando VII, que sofria forte oposição dos liberais na Espanha. Tal convite apenas confirmava que o projeto de independência em curso atendia aos interesses das mesmas elites que haviam dominado o México na fase colonial (*criollos, chapetones* laicos e o alto clero).

Em 1822, Itúrbide declarou-se imperador, mas foi deposto em 1824 por forças políticas que proclamaram a república. Entretanto, a estrutura agrária e social que mantinha a maioria da população submetida ao controle das elites permaneceu a mesma.

A América Central, inicialmente unida ao México, proclamou sua independência em 1824, formando as Províncias Unidas da América Central. A partir de 1838, contudo, a região se fragmentou em pequenas repúblicas autônomas: Guatemala, Honduras, El Salvador, Nicarágua e Costa Rica.

Independência da América espanhola

Adaptado de: FRANCO JR., Hilário; ANDRADE FILHO, Ruy de O. *Atlas história geral*. São Paulo: Scipione, 2000. p. 52.

O projeto de Bolívar e a fragmentação da América Latina

Quando quase toda a América Latina já estava independente, Bolívar tentou concretizar seu ideal de unidade política no **Congresso do Panamá**, realizado em 1826. Na reunião, ele defendeu a formação de alianças entre os Estados hispano-americanos, a criação de uma força militar comum e a abolição da escravidão, entre outras medidas. Seu projeto de solidariedade continental, contudo, encontrou a oposição de ingleses, de estadunidenses e das próprias oligarquias locais. Sem unidade, os novos Estados latino-americanos, apesar de politicamente independentes, ficaram vulneráveis à hegemonia econômica das potências mundiais — sobretudo da Inglaterra e dos Estados Unidos. Assim, atendendo aos interesses do desenvolvimento capitalista, continuaram a fornecer matérias-primas e a consumir produtos industrializados.

No âmbito político, chefes locais, em geral líderes oriundos das forças militares mobilizadas pelos *criollos* nas guerras de independência, passaram a disputar o poder em suas respectivas regiões. Comandantes carismáticos e autoritários, esses chefes ficaram conhecidos como **caudilhos**.

4 O período joanino e a independência do Brasil

As ideias e as transformações que marcaram a chamada era das revoluções, entre o fim do século XVIII e o início do século XIX, também marcaram o processo histórico que levou à independência do Brasil.

Esse processo foi acelerado pela transferência da Corte e da família real portuguesa para a América, em 1808. Como vimos, dom João transformou o Rio de Janeiro em sede do Império Português. Isso implicou mudanças, como a reestruturação urbana e administrativa da colônia e a criação de empregos para as elites portuguesas (funcionários graduados, aristocratas, oficiais, diplomatas, etc.).

Nesse contexto, atraídas pela vida pública e pela atuação política na Corte, as elites coloniais (latifundiários e grandes negociantes) passaram a vivenciar novos comportamentos e convenções.

Em dezembro de 1815, o Brasil foi elevado à categoria de **Reino Unido de Portugal e Algarves**, legitimando a permanência do rei em território americano. Essa mudança também possibilitou a participação portuguesa no Congresso de Viena. A medida atendeu às aspirações e aos interesses dos brasileiros, mas desagradou aos portugueses.

Em Portugal, a população enfrentava crescentes dificuldades econômicas e a intervenção militar inglesa. Os portugueses haviam vencido as tropas invasoras napoleônicas graças ao apoio dos ingleses, mas, dada a ausência da família real, na prática, Portugal passou a ser governado pelo marechal-general inglês lorde Beresford (1768-1854).

Nesse contexto, em 1820, na cidade do Porto, eclodiu um movimento conhecido como **Revolução Liberal** – ou **Revolução do Porto**. Seus líderes defendiam mudanças na estrutura do reino, segundo princípios liberais europeus. Para isso, convocaram as **Cortes portuguesas** para a criação de uma Constituição que pusesse limites aos poderes reais. Exigiam também o afastamento do lorde Beresford e o imediato regresso de dom João VI, a quem impunham o juramento de obediência à nova Constituição.

Receoso de perder a Coroa, dom João VI voltou para Portugal com a família real e a Corte, em abril de 1821, deixando seu filho, dom Pedro, como príncipe regente do Brasil.

Entretanto, as Cortes, que procuravam assegurar a hegemonia portuguesa no Império Português, propunham a anulação da autonomia administrativa da ex-colônia e exigiam o regresso imediato do príncipe regente – o qual, alegavam, precisava completar sua formação cultural.

> **Cortes portuguesas**: ou Cortes Gerais Extraordinárias e Constituintes da Nação Portuguesa, assembleia criada durante a Revolução do Porto. Era formada por deputados eleitos em todo o Império Português para redigir uma Constituição para Portugal.

A regência de dom Pedro e a proclamação da independência

No Brasil, ao sentirem que a autonomia da ex-colônia estava ameaçada, pessoas favoráveis à independência formaram o **Partido Brasileiro**. Apesar do nome, a organização não tinha as características que um partido político de nossos tempos tem – era apenas um agrupamento de pessoas que lutavam em defesa de interesses comuns. Além de brasileiros, o partido contava com membros portugueses que tinham vínculos econômicos com o Brasil. Esse grupo representava basicamente os interesses de proprietários rurais, burocratas e comerciantes.

Em sua oposição às exigências das Cortes portuguesas, o Partido Brasileiro entregou a dom Pedro um documento com cerca de 8 mil assinaturas, que pedia a permanência do príncipe regente. O grupo alegava que o Brasil perderia a autonomia administrativa conquistada se dom Pedro retornasse a Portugal, como desejavam as Cortes.

Ao receber o documento, o príncipe concordou em permanecer no Brasil. Esse dia, 9 de janeiro de 1822, ficou conhecido como **Dia do Fico** e significou mais um avanço em direção ao rompimento com Portugal.

Diante da decisão de dom Pedro, as tropas portuguesas que haviam permanecido no Rio de Janeiro ameaçaram bombardear a cidade caso ele não acatasse as ordens das Cortes. Em resposta, o príncipe regente forçou seu comandante, o general Avilez (1785-1845), a abandonar a capital. Seguiu-se uma demissão em massa dos ministros portugueses, o que levou dom Pedro a organizar um novo ministério, formado só por brasileiros, sob a chefia de **José Bonifácio de Andrada e Silva** (1763-1838).

Em maio de 1822, o novo ministério estabeleceu o **Cumpra-se**, decreto que instituía que as ordens de Portugal só seriam executadas dentro do território brasileiro com a expressa autorização do príncipe regente. Em junho, dom Pedro convocou uma **Assembleia Constituinte**, tornando cada vez mais inevitável um confronto com Portugal. Em agosto, enquanto visitava a província de São Paulo, chegaram novas ordens de Lisboa, que anulavam as suas decisões e exigiam seu imediato regresso, sob a ameaça de envio de tropas portuguesas ao Brasil.

Na tarde do dia 7 de setembro, ao voltar de Santos e ler as notícias recém-chegadas da Corte e também as considerações feitas por sua esposa, dona Leopoldina (1797-1826), e por José Bonifácio, o príncipe decidiu proclamar o Brasil independente de Portugal.

Depois de enfrentar as tropas portuguesas sediadas em território brasileiro, que se opunham à independência, dom Pedro foi coroado imperador do Brasil, com o título de Pedro I.

O processo de independência foi dirigido pela aristocracia e contou com a participação popular apenas nos enfrentamentos contra as tropas portuguesas. A conquista da emancipação formalizou a separação política entre Brasil e Portugal, mas não modificou a estrutura produtiva, tampouco a social, da ex-colônia. A libertação das amarras coloniais não teve impacto na vida de indígenas, afro-brasileiros e colonos pobres, pois o predomínio socioeconômico e político da aristocracia rural foi mantido. Os interesses das elites agrárias foram garantidos e a escravidão continuou a ser a base da economia brasileira. Os privilégios ingleses e a dependência econômica em relação a eles também permaneceram. Contudo, como as elites não eram politicamente homogêneas e não tinham um projeto claro para a nova nação, era preciso discutir a construção do Estado brasileiro.

Independência ou morte (ou *O grito do Ipiranga*), de Pedro Américo, 1888 (óleo sobre tela). A respeito dessa obra, a historiadora Cecília Helena de Salles Oliveira considera que a presença de tantos oficiais de branco (e penacho na cabeça) não seria possível em 1822, já que dom Pedro organizaria sua guarda meses depois. Ela também explica que a "declaração" de independência não foi um evento público, como o quadro parece mostrar, e que dom Pedro não estaria em um belo cavalo, mas, sim, em um burrico.

Leituras

As mulheres nas lutas pela independência

As mulheres tiveram uma importante presença nas lutas pela independência política da América Latina. Juana Azurduy de Padilla, por exemplo, nascida na atual Bolívia, em 1780, tinha origem indígena. Ela participou da guerra de libertação como militar, chegando a obter a patente de tenente-coronel.

No texto a seguir, a historiadora Maria Ligia Coelho Prado discute essa participação das mulheres, destacando as diferentes e variadas funções que exerceram durante os conflitos.

[...] Quando se fala em exército, nesse período, imaginamos sempre homens marchando a pé ou a cavalo, lutando. Esquecemo-nos de que as mulheres, muitas vezes com filhos, acompanhavam seus maridos-soldados; além disso, como não havia abastecimento regular das tropas, muitas trabalhavam – cozinhando, lavando ou costurando – em troca de algum dinheiro [...].

[Havia, ainda,] a presença não apenas de mulheres que seguiam ao lado de seus companheiros, mas de várias mulheres soldados que pegaram em armas para conseguir a libertação das colônias. [...]

Há variadas narrativas sobre outro tipo de participação das mulheres, por exemplo, as que trabalhavam como mensageiras, levando informações para os insurgentes. [...]

[...] ressalte-se que, a despeito dessa atuação bastante significativa, o empenho oficial para o reconhecimento de algumas dessas mulheres como "fundadoras da pátria" foi pequeno e esporádico. As homenagens públicas ou a instituição de datas nacionais comemorativas não aconteceram. Nesse particular, os mais importantes símbolos femininos nacionais continuam a ser as Nossas Senhoras, desde a de Guadalupe [...] até a de Aparecida.

Entretanto, é possível encontrar vestígios concretos que lembram a atuação dessas mulheres. O mais destacado, nesse particular, parece ser a homenagem à boliviana Juana Azurduy de Padilla. O aeroporto de Sucre leva seu nome e lá também se encontra uma estátua que a representa montada a cavalo [...]. Seu reconhecimento oficial torna-se mais evidente quando lembramos que Azurduy é o nome tanto de uma província do departamento de Chuquisaca como de sua capital. [...] La Pola também ganhou uma estátua em Bogotá que a mostra sentada, de olhos vendados, antes da execução pelos realistas. Sua efígie aparece na nota de dois pesos colombianos. [...]

PRADO, Maria Ligia Coelho. A participação das mulheres nas lutas pela independência política da América Latina. *América Latina no século XIX* – tramas, telas e textos. São Paulo: Edusp, 1999. p. 34-50.

Estátua de Juana Azurduy de Padilla, localizada no aeroporto de Sucre, na Bolívia. Foto de 2015.

1. De que maneira se dava a participação das mulheres nas guerras de independência da América espanhola?
2. É possível dizer que a história oficial reconheceu a atuação dessas mulheres?
3. Você diria que é comum que mulheres públicas, que tenham participado de eventos da história de uma cidade, de uma região ou de um país, sejam representadas da forma como Juana foi retratada na estátua? Justifique sua opinião.

Leituras

Simbologias históricas – uma obra de Diego Rivera

Diego Rivera (1886-1957), artista plástico mexicano, foi um dos mais importantes pintores do Muralismo Mexicano. Observe abaixo a reprodução do mural *A Guerra de Independência do México*.

O texto, a seguir, escrito pelo estudioso Camilo de Mello Vasconcellos, procura explicar os detalhes da imagem de Rivera, indicando o significado de diversos elementos e relacionando a presença de alguns deles às intenções que o autor teve ao produzir a obra. Leia-o com atenção.

[...] Neste mural, Rivera retrata alguns personagens da Guerra de Independência [do México], iniciada em 1810, por meio da representação pictórica dos líderes de maior vulto desse fato histórico: Hidalgo e Morelos, de um lado, ocupam o centro desta cena, enquanto, no canto esquerdo, o Imperador Itúrbide aparece com um peso negativo, aliás o único a ser representado com esta conotação. Deste grupo central, o padre Hidalgo é o personagem principal que carrega na sua mão direita uma corrente quebrada, simbolizando a liberdade, a ruptura, o fim do domínio colonial, enquanto em sua mão esquerda sustenta um estandarte com a imagem da Virgem de Guadalupe. Ao lado de Hidalgo está o padre José María Morelos, o principal general e ideólogo da Guerra. Morelos aponta seu braço para a direita, em direção ao futuro, gesto este acompanhado por um estranho personagem situado mais abaixo, que se encontra vestido com uma armadura e uma planta de milho a seus pés como símbolo da terra e que está carregando uma espada em sua mão direita e uma espingarda na esquerda. Da mesma forma que Morelos, este personagem indica, com sua espada, a direção do futuro [...].

O ponto principal do monumento é a águia que sustenta em seu bico uma serpente apoiada sobre um pé de *nopales* [cacto], que simboliza a fundação de Tenochtitlán. Desta maneira, Rivera se apoia na arqueologia para reforçar o mito que funda a identidade cultural mexicana e serve de vínculo tangível entre o México moderno e seu passado remoto [...]. O discurso que este símbolo traz refere-se ao mito de origem e a sede do poder político contemporâneo. Este inclusive é o símbolo da atual bandeira mexicana. [...] Visualmente se estabelece então uma poderosa fonte de legitimidade política. [...]

> VASCONCELLOS, Camilo de Mello. As representações das lutas de independência no México na ótica do muralismo. Diego Rivera e Juan O'Gorman. *Revista de História*, n. 153, dez. 2005. p. 283-304.

A Guerra de Independência do México, de Diego Rivera, 1929-1935. Em seus diversos murais pintados no Palácio Nacional, no México, Rivera procurou abarcar a história mexicana desde seus mitos de origem às projeções do futuro.

1. Em *A Guerra de Independência do México*, Rivera organizou as figuras da composição em uma sequência cronológica. Que parte da pintura representa a história colonial mexicana? Que parte representa a história mais recente?

2. Vários elementos da obra interagem entre si para que a história mexicana seja mostrada como uma história de lutas. Indique pelo menos três desses elementos.

Atividades

Retome

1. Aponte uma diferença marcante entre o processo de independência da América portuguesa e o processo de independência das colônias da América espanhola. Depois, explique as principais razões para essa diferença.

2. Comente a estrutura de organização social da América espanhola no início do século XIX, antes dos movimentos de independência. Em seu comentário, identifique o grupo social que desejava a independência e explique seus motivos.

3. Explique por que as revoltas indígenas na América espanhola eram frequentes.

4. Identifique os objetivos da Conjuração Mineira e as ideias que inspiraram o movimento.

5. Identifique os principais objetivos da Conjuração Baiana de 1798.

6. As conjurações Mineira e Baiana ocorreram em 1789 e em 1798, respectivamente. Por sua vez, a Revolução Pernambucana ocorreu em 1817, em um contexto político e econômico com algumas diferenças em relação ao cenário do final do século XVIII.

    a) Em 1817, o que havia de novo no poder político estabelecido na América portuguesa em relação à organização política do final do século XVIII?

    b) De que modo a situação política e econômica vivida pelos colonos na capitania de Pernambuco em 1817 influenciou os objetivos da Revolução Pernambucana? Que outros fatores também provocavam a insatisfação dos colonos?

Pratique

7. Diversos historiadores se dedicaram e ainda se dedicam a estudar os processos que levaram à independência do Brasil. Esse é um tema extremamente rico e as diferentes possibilidades de interpretação dos eventos e dos rumos tomados pelos grupos sociais à época enriquecem a construção do conhecimento histórico. A cada geração de historiadores, surgem novos questionamentos e novas análises, que muitas vezes se complementam.

    a) Reúna-se com um colega. Vocês vão ler cinco pequenos trechos escritos por historiadores brasileiros a respeito da independência do Brasil. Será que todos eles apresentam as mesmas opiniões sobre o tema? Antes de iniciar a reflexão, leiam os textos atentamente.

Texto 1

[...] Conforme deveria ser bem sabido, nossa independência política, mais do que um evento, foi um processo. Como tal, ela não se iniciou nem se completou em 1822. Suas raízes remontam ao final do século XVIII, e suas ramificações se estendem, pelo menos, até o começo da década de 1830, quando, com a abdicação do primeiro imperador, o Brasil desvinculou-se de vez da antiga metrópole. [...]

LAPA, José Roberto do Amaral; SZMRECSÁNYI, Tamás (Org.). Apresentação. In: *História econômica da independência e do Império*. 2. ed. São Paulo: Hucitec/Associação Brasileira de Pesquisadores em História Econômica/Edusp/Imprensa Oficial, 2002. p. VII.

Texto 2

[...] Os estudos até agora publicados [década de 1970] permitem estabelecer as linhas básicas que devem nortear a análise do movimento da independência; fenômeno que se insere dentro de um processo amplo, relacionado, de um lado, com a crise do sistema colonial tradicional e com a crise das formas absolutistas de governo e, de outro lado, com as lutas liberais e nacionalistas que se sucedem na Europa e na América desde os fins do século XVIII. [...]

COSTA, Emília Viotti. Introdução ao estudo da emancipação política. In: MOTA, Carlos Guilherme (Org.). *Brasil em perspectiva*. 19. ed. São Paulo: Difel, 1990. p. 66-67.

Texto 3

[...] Foi só mesmo depois de 1821 que começou a aparecer aqui uma imprensa realmente livre. Na Revolução Constitucionalista do Porto, em 1820, uma das primeiras medidas dos revolucionários foi a liberação da imprensa. Logo começaram a aparecer jornais e jornalistas das mais diversas extrações: radicais, conservadores, moderados, etc. Essa agitação ajudou a garantir o sucesso dos movimentos pelo Fico e pela independência. [...]

LUSTOSA, Isabel. Imprensa é "I" de Independência. *Folha de S.Paulo*, 1º jun. 2008. Disponível em: <www1.folha.uol.com.br/fsp/brasil/fc0106200810.htm>. Acesso em: 19 abr. 2017.

Texto 4

[...] Uma outra questão que não se levantava [entre os historiadores da década de 1970] era a de uma virtual participação popular no processo de independência, até então serenamente tida como um processo intraelites. Como negros e brancos pobres, escravos e libertos participaram ou não desse acontecimento? Este assunto, em particular, é polêmico e podemos dizer que não se avançou muito nas duas últimas décadas no conhecimento do papel das classes populares (escravos, libertos, homens livres pobres) no processo de independência. [...]

MALERBA, Jurandir. As Independências do Brasil: ponderações teóricas em perspectiva historiográfica. *História*, São Paulo, v. 24, n. 1, 2005. Disponível em: <www.scielo.br/scielo.php?script=sci_arttext&pid=S0101-90742005000100005>. Acesso em: 19 abr. 2017.

Texto 5

[...] O processo de autonomização do Brasil não se restringe ou esgota em 1822. [...]

SOUZA, Iara Lis Carvalho. *A Independência do Brasil*. Rio de Janeiro: Jorge Zahar, 2000. p. 11. (Coleção Descobrindo o Brasil).

b) Façam um relatório de leitura, identificando, para cada trecho, o nome do historiador e a opinião expressa por ele sobre a independência do Brasil.

c) Dois historiadores tecem comentários a respeito dos estudos realizados na década de 1970. Quem são eles? Seus comentários se assemelham ou se opõem? Por quê?

d) Três historiadores apresentam ideias bastante semelhantes a respeito da independência do Brasil. Indiquem que historiadores são esses e justifiquem a resposta.

e) Na opinião de vocês, qual é o trecho mais inovador em relação a tudo o que vocês já aprenderam sobre o tema? Por quê?

8. O historiador João Paulo G. Pimenta, ao comentar as pesquisas recentes que analisam a independência do Brasil, considerou o seguinte:

[...] Creio poder afirmar que, atualmente, nenhum estudioso da independência seria capaz de ignorar a necessidade de inserir seu objeto de estudo em uma temporalidade que confira centralidade, pelo menos, aos acontecimentos de 1808; já a possibilidade de se ir além, para trás ou para frente, é uma questão em aberto. [...]

PIMENTA, João Paulo G. A independência do Brasil como uma revolução: história e atualidade de um tema clássico. In: *História da historiografia*, Ouro Preto, n. 3, p. 69, set. 2009. Disponível em: <www.historiadahistoriografia.com.br/revista/article/view/69>. Acesso em: 19 abr. 2017.

a) Segundo o historiador, que acontecimentos deveriam ser levados em conta ao se estudar a independência do Brasil? Explique a que se referem esses acontecimentos.

b) Retome as informações do capítulo e explique a afirmação do historiador, relacionando os acontecimentos citados por ele ao processo de independência do Brasil.

Analise uma fonte primária

9. Observe a imagem a seguir para responder às questões.

Cartaz do filme *Independência ou Morte*, lançado em setembro de 1972 e dirigido por Carlos Coimbra. Segundo pesquisadores, esse foi o filme mais assistido no Brasil no ano de seu lançamento. Durante muito tempo, foi reprisado na televisão e exibido nas escolas, sempre à época do 7 de setembro.

a) Identifique que personagem mereceu destaque na ilustração do cartaz.

b) Oitenta e quatro anos separam a produção desta imagem da obra de Pedro Américo reproduzida na página 384 deste volume. Compare as duas imagens, prestando atenção a seus elementos visuais. O que há de semelhante entre elas? O que há de diferente? A que conclusões você chega ao compará-las? Por quê?

c) Tanto o cartaz (e, necessariamente, o filme) como a obra de Pedro Américo foram produzidos muitos anos depois da independência do Brasil (1822). O filme é de 1972 e a pintura é datada de 1888. Para você, o que faz com que essas obras sejam consideradas fontes históricas?

10. A imagem a seguir foi feita em 1819 por Pedro José de Figueroa (c. 1770-1836), um artista nascido na atual Colômbia. Observe-a.

Bolívar com a América Índia, de Pedro José de Figueroa, 1819 (óleo sobre tela).

a) Identifique quem está sendo representado na imagem.
b) Segundo a historiadora Carla Mary da Silva Oliveira, nas representações da América, que surgem entre o final do século XVI e o início do século XVIII, "a mulher não está vazia de sentido". Considerando que essa pintura é uma alegoria e também o período em que ela foi feita, que sentido poderia ser dado especificamente à mulher nela representada? Por quê?

Articule passado e presente

11. Neste capítulo, você estudou o processo de independência das colônias da América espanhola. Mas, quando nos dedicamos a estudar ou pesquisar determinado assunto, percebemos que sempre há algo novo a ser descoberto. Leia o trecho a seguir e responda às questões propostas.

[...] Em época de Copa do Mundo, ressurge o estereótipo do argentino, [que] usa qualquer artimanha para vencer, pior adversário do Brasil. Contudo, essa rivalidade tem fundamento histórico ou é um mito midiático restrito ao folclore do futebol? Segundo historiadores, a suposta e encarniçada rivalidade entre brasileiros e argentinos pode não ser apenas um folclore, mas também não é tão grande como propagam alguns locutores e comentaristas esportivos.

A rivalidade entre brasileiros e "hermanos" é, inclusive, maior para nós do que para eles, acredita a historiadora Lívia Magalhães [...]. "Na verdade, o grande rival argentino, pelo menos no futebol, ainda é a Inglaterra, no imaginário social deles [...]", diz. "Acho que o Brasil compra mais isso, de que no futebol o grande inimigo é a Argentina, mas eles não nos consideram o primeiro rival."

[...] há muito tempo, nada nas relações político-econômicas [entre Brasil e Argentina] respalda qualquer motivo para uma rivalidade séria. [...]

[Porém], do lado brasileiro, incentivo midiático à rivalidade e até hostilidade por parte dos brasileiros é o que não falta [...].

MARETTI, Eduardo. Rivalidade de argentinos é maior com ingleses e uruguaios do que com brasileiros. *Rede Brasil Atual*, 13 jun. 2014. Disponível em: <www.redebrasilatual.com.br/politica/2014/06/rivalidade-de-argentinos-e-maior-com-ingleses-e-uruguaios-do-que-com-brasileiros-2740.html>. Acesso em: 19 abr. 2017.

a) O termo "estereótipo" tem origem grega: é formado pelos vocábulos *stereos* e *typos*, significando "impressão sólida". O estereótipo consiste em uma ideia, um conceito ou modelo atribuído a pessoas ou a grupos sociais, quase sempre sem nenhuma fundamentação teórica. Esse trecho de reportagem pretende desconstruir um estereótipo. Reflita sobre ele e responda: Será que o desconhecimento sobre algo (ou alguém) pode fortalecer estereótipos? Por quê?
b) Em um exercício de desconstrução do estereótipo do argentino, o autor do texto nos informa sobre quem colabora para "alimentar" esse estereótipo e cita elementos que o enfraquecem, ou seja, que são capazes de negá-lo. Releia a reportagem e explique de que maneira o autor do texto faz isso.
c) Neste capítulo, houve algum caso de desconstrução de estereótipos? Em caso afirmativo, explique qual era o estereótipo e como ele foi desconstruído.
d) Elabore uma reportagem nos mesmos moldes que a reportagem vista nesta atividade. Você vai escolher um estereótipo comumente encontrado em seu cotidiano e fazer o exercício de identificar quem colabora para "alimentá-lo". Em seu texto, cite elementos capazes de enfraquecer ou negar esse estereótipo. Você pode pensar em algo próximo de sua realidade. Depois, compartilhe seu texto com o restante da sala.

CAPÍTULO 23
Novos projetos: liberalismo, socialismo e nacionalismo

ICP/AlamyLatinstock

Em 1936, cerca de 200 operários da indústria naval de Jarrow, uma cidade na Inglaterra, organizaram uma marcha em direção a Londres. Eles desejavam chamar a atenção das autoridades para um grave problema que enfrentavam: quase 70% deles estavam desempregados. O governo, porém, não tomou medidas práticas para resolver a situação. Essa escultura de bronze, localizada em Jarrow, celebra o episódio que ficou conhecido como A Marcha de Jarrow. Foto de 2015.

O período compreendido entre o final do século XVIII e o início do XIX foi marcado pelo surgimento de novas ideias e doutrinas, como o liberalismo, que já começamos a estudar, e o socialismo, que justificava ou questionava a ordem burguesa que então se estabelecia. O surgimento do movimento operário europeu também faz parte desse contexto. Será que alguma dessas ideias ou reivindicações operárias pode ser encontrada nas relações de trabalho do século XXI?

1 O pensamento liberal

As premissas do **liberalismo**, formuladas por Adam Smith no contexto do Iluminismo, podem ser assim resumidas: defesa da propriedade privada, do individualismo econômico e da liberdade de comércio, de produção e de contrato de trabalho (salários e jornada), sem controle do Estado ou pressão dos sindicatos.

Em sua obra *A riqueza das nações*, de 1776, Smith argumentava que a divisão do trabalho era essencial para o crescimento da produção e do mercado e que a livre concorrência forçaria o empresário a ampliar a produção, buscando novas técnicas, aumentando a qualidade do produto e baixando ao máximo os custos de sua fabricação.

> [...] O esforço natural de cada indivíduo para melhorar sua própria condição quando se permite que ele atue com liberdade e segurança constitui um princípio tão poderoso que, por si só, e sem qualquer outra ajuda, não somente é capaz de levar a sociedade à riqueza e à prosperidade, como também de superar uma centena de obstáculos impertinentes com os quais a insensatez das leis humanas com excessiva frequência obstrui seu exercício. [...]
>
> SMITH, Adam. *A riqueza das nações*: investigação sobre sua natureza e suas causas. São Paulo: Nova Cultural, 1996. v. II, p. 44.

O consequente decréscimo do preço final do produto, lançado no mercado segundo a lei natural da oferta e da procura, viabilizaria o sucesso econômico geral. O Estado deveria zelar somente pela propriedade e pela ordem, não lhe cabendo intervir na economia.

Ainda segundo Smith, a harmonização dos interesses individuais ocorreria por meio da mão invisível do mercado.

No caminho aberto por Adam Smith, surgiram outros teóricos do liberalismo clássico, como **David Ricardo** (1772-1823) e **Thomas Malthus** (1766-1834).

Malthus, em sua obra *Ensaio sobre o princípio da população* (1826), afirmava que a natureza impunha limites ao progresso material, já que a população cresceria em progressão geométrica e a produção de alimentos, em progressão aritmética. Para ele, a pobreza e o sofrimento eram inerentes à sociedade humana, ao passo que as guerras e as epidemias contribuíam para o equilíbrio temporário entre a produção e a população.

A **Lei dos Pobres**, votada pelo Parlamento inglês em 1834 e que determinava a centralização da assistência pública, foi reflexo das ideias de Malthus. De acordo com essa lei, as *workhouses* (ou "casas de trabalho"), que desde o século XVII abrigavam pobres e miseráveis, passavam a receber também os desempregados. Nelas, eles ficariam confinados, em condições precárias, à espera de trabalho. Esse sistema, ao mesmo tempo que retirava das ruas boa parte da população mais miserável e a mantinha sob controle, desestimulava o crescimento populacional e fornecia mão de obra barata ou quase escrava para a indústria nascente.

Havia muito tempo que os industriais, interessados em obter mão de obra barata, recrutavam mulheres e crianças — algumas com idade inferior a 8 anos — para trabalhar em troca de alojamento e comida. Em 1802, um decreto parlamentar determinou que crianças oriundas das *workhouses* não deveriam trabalhar mais de 12 horas diárias. Essa lei, a primeira a controlar o trabalho infantil nas indústrias, depois foi estendida a todas as crianças operárias.

Onde e quando

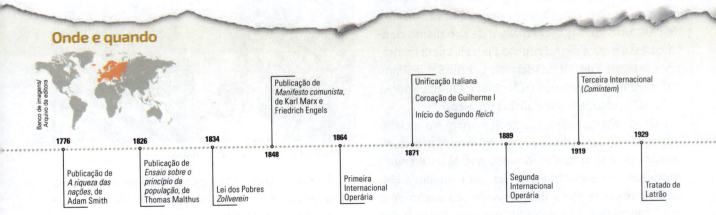

Mapa e linha do tempo ilustrativos. As regiões indicadas no mapa referem-se à configuração atual dos países a que pertencem hoje, e o espaço entre as datas não é proporcional ao intervalo de tempo.

Novos projetos: liberalismo, socialismo e nacionalismo

Vivendo naquele tempo

Crianças trabalhadoras

A Revolução Industrial provocou transformações sociais que atingiram diretamente a vida das crianças de famílias pobres tanto na Inglaterra como em outros países que passaram pelo mesmo processo. A oferta de trabalho nas fábricas ampliou o uso da mão de obra infantil em diversos setores da economia, como o têxtil.

O trabalho artesanal, baseado na destreza técnica e na força física do trabalhador adulto, foi substituído gradativamente por uma nova organização da produção, assentada em um sistema de máquinas que não exigia força nem saberes específicos. Para o seu manuseio, bastavam agilidade, rapidez e condicionamento. Por isso, na visão dos industriais, o trabalho infantil era, em muitos casos, mais vantajoso do que o adulto. Além disso, para os donos dos meios de produção, as crianças eram menos combativas e ofereciam menos resistência que os trabalhadores adultos.

Nos primeiros tempos da Revolução Industrial, a força de trabalho infantil era procurada nos orfanatos e nas casas de assistência, como as *workhouses*. Esses locais cediam as crianças para as fábricas em troca de dinheiro. Geralmente, havia um intermediário para essa transação. Ele preparava as crianças, controlava a disciplina entre elas e exigia elevada produtividade, pois, muitas vezes, recebia o pagamento de acordo com a produção de cada pequeno trabalhador.

As condições de trabalho das crianças nas primeiras indústrias eram, geralmente, análogas às dos escravizados. Elas eram obrigadas a cumprir jornadas de trabalho de 12 até 14 horas por dia, de segunda a sábado. Muitas vezes, nem recebiam salário; e, quando havia pagamento, o salário era precário.

Com o crescimento das cidades e da classe operária, os pais tornaram-se responsáveis pelo trabalho dos filhos. Era comum que um mesmo industrial contratasse a mão de obra de toda a família. Assim, ele conseguia pagar ainda menos pelo trabalho das crianças e da mulher. Em 1861, um censo realizado na Inglaterra apontou que 37% dos meninos e 21% das meninas, entre 10 e 14 anos de idade, já trabalhavam no país.

2 Propostas de transformações sociais

Em reação aos efeitos das crises sociais relacionadas à Revolução Industrial, surgiram correntes de pensamento como o **socialismo** e o **anarquismo**, que propunham transformações sociais e a construção de um mundo mais justo.

Socialismo

No *Manifesto comunista*, publicado em 1848, **Karl Marx** (1818-1883) e **Friedrich Engels** (1820-1895) esboçaram proposições e postulados de uma nova corrente de pensamento, a que chamaram de **socialismo científico**. Essa expressão foi cunhada por eles para contrapor sua teoria à de outros socialistas, como Saint-Simon (1760-1825), Robert Owen (1771-1858) e Charles Fourier (1772-1837), chamados **socialistas utópicos**.

Os socialistas utópicos acreditavam que o socialismo seria conquistado por meio de reformas e sentimentos de fraternidade, ao passo que Marx e Engels supunham ter encontrado as "leis" que regiam a História. Esse conceito foi desenvolvido posteriormente em *O capital* (1867), considerada por muitos estudiosos a obra mais importante de Marx.

Retrato de Karl Marx, produzido no século XIX.

Em seus escritos, Marx e Engels apresentavam uma interpretação socioeconômica da História, conhecida como **materialismo histórico**, e definiam os conceitos de luta de classes, mais-valia e revolução socialista.

Leia a seguir um trecho do *Manifesto comunista*.

> [...] A condição essencial da existência e da supremacia da classe burguesa é a acumulação da riqueza nas mãos dos particulares, a formação e o crescimento do capital; a condição de existência do capital é o trabalho assalariado. Este baseia-se exclusivamente na concorrência dos operários entre si. O progresso da indústria, de que a burguesia é agente passivo e inconsciente, substitui o isolamento dos operários, resultante de sua competição, por sua união revolucionária mediante a associação. Assim, o desenvolvimento da grande indústria socava o terreno em que a burguesia assentou o seu regime de produção e de apropriação dos produtos. A burguesia produz, sobretudo, seus próprios coveiros. Sua queda e a vitória do proletariado são igualmente inevitáveis. [...]
>
> MARX, K.; ENGELS, F. *O manifesto comunista*. Disponível em: <www.culturabrasil.pro.br/manifestocomunista.htm>. Acesso em: 19 abr. 2017.

Segundo o materialismo histórico, toda sociedade seria determinada, em última instância, por suas condições socioeconômicas, que constituiriam sua **infraestrutura**. Adaptadas a ela, as instituições, a política, a ideologia e a cultura comporiam a **superestrutura**.

A **luta de classes** seria o agente transformador da sociedade. O antagonismo entre dominadores e dominados — como senhores e servos na Idade Média, ou operários e burgueses no mundo contemporâneo — induziria às lutas e às transformações sociais e estaria relacionado à estrutura produtiva, especialmente à existência da propriedade privada.

O conceito de **mais-valia** corresponderia ao valor da riqueza produzida pelo operário que excederia o valor remunerado de sua força de trabalho e que seria apropriado pelos capitalistas. Tal fator, que caracterizaria a exploração dos operários, seria também um dado imprescindível para a acumulação de capital pela burguesia.

Contra a ordem capitalista e a sociedade burguesa, Marx considerava inevitável a ação política do operariado e defendia que a **revolução socialista** inauguraria a construção de uma nova sociedade. Em um primeiro momento, a **ditadura do proletariado** seria responsável pelo controle do Estado e pela socialização dos meios de produção, para eliminar a propriedade privada. Em uma etapa posterior, a meta seria o estabelecimento do **comunismo**, que representaria o fim de todas as desigualdades sociais e econômicas, incluindo o fim do próprio Estado.

Anarquismo

Outra corrente ideológica surgida no século XIX foi o anarquismo. Embora existam muitos teóricos anarquistas os que ficaram mais conhecidos foram **Pierre-Joseph Proudhon** (1809-1865) e **Mikhail Bakunin** (1814-1876).

Essa linha de pensamento propunha a supressão de toda e qualquer forma de Estado, defendendo a liberdade geral. Em sua obra *O que é a propriedade?* (1840), Proudhon criticava a ordem econômica e defendia os valores liberais, atacando os abusos do capitalismo. Ao mesmo tempo, enfatizava o respeito à pequena propriedade e sugeria a criação de cooperativas e também de bancos que concedessem empréstimos sem juros aos empreendimentos produtivos e crédito gratuito aos trabalhadores. Propunha uma sociedade de homens livres e iguais, sem classes e sem exploração. Para Proudhon, o Estado deveria ser destruído e substituído por uma "República de pequenos proprietários".

As propostas de Proudhon inspiraram principalmente o russo Mikhail Bakunin, que se tornou o líder do **anarquismo terrorista**. Para ele, a violência era a única forma de alcançar uma sociedade sem Estado e sem desigualdades, um novo mundo de felicidade e liberdade para os trabalhadores.

O anarquismo, também conhecido como **comunismo libertário**, e o marxismo coincidem quanto ao objetivo final: implantar o **comunismo**, estágio em que as divisões de classe, a exploração e o Estado seriam extintos. Para os marxistas, entretanto, para atingir essa meta, seria necessário passar por uma fase intermediária, socialista, sob o controle da ditadura do proletariado. Já para os anarquistas, o comunismo deveria ser instalado imediatamente.

Mikhail Bakunin em foto de Nadar, década de 1860.

3 Nacionalismo

O desenvolvimento capitalista e a insustentabilidade do Antigo Regime enfraqueceram as decisões do Congresso de Viena (1815). A partir da Revolução de 1830, que derrubou o governo absolutista na França, o liberalismo e o socialismo se estabeleceram como correntes ideológicas predominantes no mundo capitalista emergente.

O **nacionalismo** é mais um fenômeno que surgiu em plena "era das revoluções". Ele parte do princípio de que um povo tem o direito de se autogovernar e exercer sua soberania sobre um território, de forma autônoma. Nas colônias, desde as americanas até, mais tarde, as africanas e as asiáticas, esse princípio serviu para reivindicar a independência. Na Europa, dois exemplos de nacionalismo em ação foram os processos de unificação da Itália e da Alemanha.

A unificação italiana

Até o século XIX, a península Itálica estava fragmentada em vários ducados e reinos, alguns dominados pelo Império Austríaco. Os movimentos que resultaram na unificação italiana foram iniciados por grupos que viviam nesses territórios, imbuídos de forte sentimento nacionalista, despertado principalmente pelas divisões territoriais impostas pelo Congresso de Viena.

Entre os precursores do movimento pela unificação italiana destacaram-se, no início do século XIX, os carbonários — cujo nome está associado às cabanas dos carvoeiros, onde se encontravam secretamente. O grupo reunia monarquistas e republicanos, sem uma linha de ação definida, que atuavam em toda a península.

A partir das lutas de 1848, que veremos no próximo capítulo, destacaram-se os republicanos, liderados por **Giuseppe Mazzini** (1805-1872) e **Giuseppe Garibaldi** (1807-1882), e os monarquistas, chefiados por Camilo Benso, o **conde de Cavour** (1810-1861). Estes últimos tomaram a frente das lutas pela unificação aliando-se ao reino de Piemonte-Sardenha, Estado independente, industrializado e progressista, governado por **Vítor Emanuel II** (1820-1878).

No rastro das revoluções europeias de 1848, eclodiram rebeliões liberais, que demandavam reformas, em quase todos os reinos italianos. Entretanto, o movimento pela unificação italiana, enfraquecido por diversas derrotas para os austríacos, só voltou a ganhar força na década de 1860.

Entre os anos de 1859 e 1860, os "camisas vermelhas" de Garibaldi, forças populares republicanas que já haviam conquistado Parma, Módena, Toscana e parte dos **Estados Pontifícios**, libertaram a Sicília e o sul da Itália, territórios governados por Francisco II, monarca absolutista do ramo espanhol da família Bourbon. Entretanto, eram os monarquistas liberais e burgueses, instigados pelo jornal *Risorgimento*, que lideravam os movimentos de libertação no restante da península Itálica, sobretudo na República de Veneza e na parte não conquistada dos Estados Pontifícios. Assim, mesmo contrário à monarquia, Garibaldi apoiou Vítor Emanuel II para não dividir as forças italianas de unificação.

> **Estados Pontifícios**: territórios no centro da península Itálica pertencentes à Igreja católica.

Unificação italiana

Adaptado de: FRANCO JR., Hilário; ANDRADE FILHO, Ruy de O. *Atlas história geral*. São Paulo: Scipione, 2000. p. 59.

Legenda:
- Reino de Piemonte-Sardenha (1859)
- Anexações de 1859-1860, decorrentes da guerra contra a Áustria
- Territórios cedidos à França (1860)
- Territórios incorporados em 1861 em razão das campanhas de Garibaldi e de tropas piemontesas
- Anexação em 1866, decorrente da Guerra das Sete Semanas
- Anexação em 1870, decorrente da Guerra Franco-Prussiana
- Territórios pretendidos pela Itália e anexados em 1919
- Campanha de Garibaldi
- Campanha de tropas do Piemonte

Capítulo 23

Com a ajuda da França, o Piemonte anexou vários territórios italianos ao norte. Depois, também anexou Veneza. A partir das incursões italianas contra os Estados Pontifícios, a França retirou seu apoio, passando a defender o papado. Entretanto, as forças de unificação aproveitaram a conjuntura de guerra entre a França e a Prússia, em 1870, e invadiram a cidade de Roma, que foi declarada capital italiana.

Em janeiro de 1871, Vítor Emanuel II transferiu-se para Roma, completando o processo unificador. Pouco depois, um plebiscito consagrou a anexação. Essa "questão romana" só foi resolvida com o **Tratado de Latrão** (1929), assinado por Mussolini e pelo papa Pio XI, que criou o Estado do Vaticano.

Mesmo com a unificação italiana, algumas questões ficaram pendentes, como a das províncias setentrionais de Tirol, Trentino e Ístria, onde a população era predominantemente italiana, mas que estavam sob o domínio dos austríacos. A reivindicação dessas regiões, que formavam as províncias irredentas (não libertadas), foi uma das razões que levaram os italianos a entrar na Primeira Guerra Mundial para lutar contra a Áustria.

A unificação alemã

O Congresso de Viena anulou a Confederação do Reno e, em seu lugar, formou a **Confederação Germânica**, composta de 39 Estados soberanos e liderada pelo Império Austríaco – absolutista e de economia agrária. A Prússia, que era o Estado da Confederação mais desenvolvido industrialmente, pretendia edificar um grande Estado germânico. Por isso, opunha-se à liderança do Império Austríaco.

O passo inicial para a unidade pretendida pela Prússia foi dado em 1834, com a criação do *Zollverein*: união alfandegária que derrubou as barreiras aduaneiras entre os Estados alemães e proporcionou uma efetiva união econômica que dinamizaria o capitalismo alemão. Como fora deixada fora do *Zollverein*, a Áustria reagiu, ameaçando a Prússia de guerra e obrigando-a a recuar. O Império Austríaco recuperava sua supremacia na Confederação Germânica.

Em 1860, a Prússia iniciou um programa de modernização militar sustentado pela aliança da alta burguesia com os grandes proprietários e aristocratas. Tendo à frente o chanceler **Otto von Bismarck** (1815-1898) com uma estratégia de exaltação do espírito nacionalista alemão, reiniciavam-se as lutas pela unificação alemã.

Na Guerra das Sete Semanas (1866), desfez-se a Confederação Germânica, a Prússia saiu vitoriosa sobre a Áustria e organizou a Confederação Germânica do Norte.

A unificação da Alemanha, entretanto, encontrava obstáculos entre os Estados autônomos do sul, apegados às soberanias locais ou ainda sob a influência austríaca.

Na França, Napoleão III (1808-1873), sobrinho de Napoleão Bonaparte que foi imperador da França entre 1851 e 1870, opunha-se à unificação alemã, pois temia a emergência de uma grande potência em suas fronteiras orientais. O aguçamento das tensões ocorreu quando, em 1869, o trono espanhol ficou vago e o indicado a ele era um primo do *kaiser* Guilherme I, Leopoldo Hohenzollern. Por considerar a indicação um cerco da família Hohenzollern à França, Napoleão III vetou a sucessão.

Como Bismarck previa, os Estados do sul da antiga Confederação Germânica uniram-se aos do norte na guerra contra a França, vencendo-a na Batalha de Sedan. A unificação germânica estava completa. Em janeiro de 1871, Guilherme I foi coroado imperador do Segundo *Reich* (Império) na Sala dos Espelhos do Palácio de Versalhes, perto de Paris.

Com a unificação, a economia da Alemanha cresceu vertiginosamente, a ponto de, na virada do século XX, superar a Inglaterra na produção de aço. Seu desenvolvimento industrial colocou em risco a hegemonia britânica mundial e causou muitos atritos.

Confederação Germânica (1815)

Adaptado de: DUBY, Georges. *Atlas histórico mundial*. Madrid: Debate, 1989. p. 104.

4 O movimento operário e as Internacionais

No início do século XIX, além das condições sub-humanas de trabalho, os operários europeus enfrentavam grandes dificuldades. Durante as guerras do período napoleônico, o preço dos gêneros alimentícios subiu tanto que a fome se disseminou pelo continente. Além disso, o emprego de máquinas no processo produtivo obrigava-os a vender sua força de trabalho aos empresários a preços cada vez mais baixos, o que diminuía ainda mais seu poder aquisitivo.

Foi nesse contexto que os trabalhadores da indústria têxtil da Inglaterra reagiram, responsabilizando as máquinas pela situação de miséria em que viviam. Um movimento, supostamente liderado por um trabalhador de nome Ned Ludd, pretendia resolver o problema da miséria social com a destruição das máquinas industriais. Esse movimento ficou conhecido como **ludita** ou **ludismo**. A iniciativa, que causava grandes prejuízos aos donos de indústrias, foi reprimida com a pena de morte e a deportação dos envolvidos.

Segundo o historiador inglês E. P. Thompson (1924-1993):

> [...] podemos ver o movimento ludista como uma transição. Devemos encarar, através da destruição das máquinas, os motivos dos indivíduos que brandiam as marretas. Enquanto um "movimento do próprio povo", fica-se surpreendido não com seu atraso, mas com sua maturidade crescente.
> Longe de ser "primitivo", ele demonstrou alto grau de disciplina e autocontrole. [...] foi uma fase de transição em que as águas do sindicalismo, represadas pelas Leis de Associação, lutaram por irromper e se converter numa presença manifesta e explícita. [...]
>
> THOMPSON, E. P. Um exército de justiceiros. In: *A formação da classe operária inglesa*. 3. ed. Rio de Janeiro: Paz e Terra, 2002. v. 3, p. 179.

O descontentamento dos trabalhadores aumentava e prenunciava uma revolução social. Para catalisar as insatisfações e organizar a luta da classe operária, formaram-se as *trade unions* – as primeiras organizações trabalhistas, vistas como órgãos de ação criminosa pelos industriais.

Na década de 1830, as lutas trabalhistas na Inglaterra desembocaram no **cartismo**, movimento popular que reivindicava reformas trabalhistas, como a limitação da jornada, e também direitos políticos, como o sufrágio universal.

Na década de 1850, porém, as revoluções sociais frustradas de 1848 e a repressão do Estado abalaram o movimento operário.

A abertura da casa de reunião dos cartistas, de Harry Rutherford, c. 1960-1970.

O movimento só voltou a ganhar força em 1864, quando a Associação Internacional dos Trabalhadores, a **Primeira Internacional Operária**, foi fundada em Londres. Os primeiros encontros foram marcados pelas divergências entre marxistas, anarquistas e sindicalistas.

Em 1871, o conflito teórico entre Marx e Bakunin ganhou maior repercussão em meio aos acontecimentos da Comuna de Paris – que estudaremos no próximo capítulo. No ano seguinte, em um congresso em Haia, nos Países Baixos, Bakunin e seus seguidores anarquistas foram expulsos da Internacional, e, em 1876, a própria associação foi dissolvida, devido à divisão entre os trabalhadores.

Em uma nova investida trabalhista, foi fundada a **Segunda Internacional Operária**, em 1889. Com um sentido mais reformista e menos revolucionário, ela adotou os ideais da Social-Democracia Alemã, primeiro partido político socialista de grande expressão. Segundo esses ideais, o socialismo seria alcançado lentamente, por meio de reformas e do voto e pela via parlamentar. Mas a união dos trabalhadores foi breve.

No início do século XX, marxistas revolucionários, liderados pelo russo **Vladimir Lenin** (1870-1924) e pela polonesa **Rosa Luxemburgo** (1871-1919), opuseram-se aos moderados. As massas trabalhadoras dividiram-se ainda mais durante a Primeira Guerra Mundial (1914-1918), sepultando a Segunda Internacional.

Participantes do Congresso da Primeira Internacional Operária, reunidos em 1866.

Em 1919, em meio aos desdobramentos da Revolução Russa, formou-se a **Terceira Internacional**, em Moscou, que assumiu o nome de Internacional Comunista (ou *Comintern*) e seria o embrião dos partidos comunistas de todo o mundo. A partir de então, comunistas e socialistas separaram-se: enquanto os socialistas passaram a ser rotulados pelos comunistas de reformistas, os comunistas eram acusados de radicais e autoritários.

Festa em honra do II Congresso da Internacional Comunista na praça Uritsky, de Boris M. Kustodiev, 1921.

Atividades

Retome

1. O filósofo e historiador Norberto Bobbio (1909-2004) dizia que definir o liberalismo é algo difícil porque ele se manifestou "nos diferentes países em tempos históricos bastante diversos, conforme seu grau de desenvolvimento". (BOBBIO, Norberto; MATTEUCCI, Nicola; PASQUINO, Gianfranco. *Dicionário de política*. 11. ed. Brasília: Ed. da UnB, 1998. v. 1, p. 687.) Ainda assim, é possível analisar algumas das ideias de Adam Smith, considerado o principal teórico do liberalismo.

   a) Retome as informações do capítulo e comente as premissas do liberalismo desenvolvidas por Smith.
   b) Por que é possível dizer que o liberalismo servia para justificar a ordem burguesa?
   c) Explique qual seria, para Adam Smith, o papel reservado ao Estado.

2. Correntes de pensamento como o socialismo e o anarquismo surgiram no século XIX.

   a) Explique as principais diferenças entre o socialismo utópico e o socialismo científico.
   b) Identifique as ideias de Pierre-Joseph Proudhon e Mikhail Bakunin, teóricos do anarquismo. Ao responder, explique qual deveria ser, para eles, o destino do Estado.

3. Comente os princípios do nacionalismo e identifique a relação entre eles e os acontecimentos nas colônias americanas ao longo do século XIX, já estudados em capítulo anterior.

Pratique

4. Ao longo do tempo, diversos historiadores se dedicaram aos estudos sobre o nacionalismo. Eric Hobsbawm, por exemplo, considera que a ideia de um "sentimento nacionalista" não é algo natural, mas construído. Para ampliar as reflexões sobre esse assunto, leia o que escreveu Hobsbawm a esse respeito.

   > [...] Podemos, portanto, sem ir mais além no assunto, aceitar que, em seu sentido moderno e basicamente político, o conceito de nação é historicamente muito recente. [...]
   >
   > Nos dias de Mazzini, pouco importava para a maioria dos italianos se o *Risorgimento* tinha existido, de modo que, como Massimo d'Azeglio admitiu em sua famosa frase, "Nós fizemos a Itália, agora temos que fazer italianos". [...]
   >
   > HOBSBAWM, Eric J. *Nações e nacionalismo desde 1780*: programa, mito e realidade. Rio de Janeiro: Paz e Terra, 1990. p. 30 e 56.

   a) Explique por que Hobsbawm diz que "o conceito de nação é historicamente muito recente".
   b) Quais foram os dois exemplos de movimentos na Europa altamente influenciados pelo nacionalismo, no decorrer do século XIX? Explique, de forma sintética, quais foram os seus resultados.
   c) Hobsbawm cita uma frase atribuída ao político Massimo D'Azeglio (1798-1866), um dos mentores do processo de unificação italiana. Naquele contexto, o que significava dizer "fizemos a Itália" e "agora temos que fazer italianos"?

Analise uma fonte primária

5. Um dos livros mais conhecidos de Friedrich Engels é *A situação da classe trabalhadora na Inglaterra*, publicado pela primeira vez em 1845. A seguir, reproduzimos um trecho dessa obra. Leia-o com atenção, para responder às atividades propostas.

   > [...] Testemunhos provindos de fontes as mais diversas confirmam que as habitações operárias nos piores bairros urbanos, somadas às condições gerais de vida dessa classe, provocam numerosas doenças. [...] as doenças pulmonares são a consequência inevitável dessa condição habitacional e, por isso, são particularmente frequentes entre os operários. [...] a péssima atmosfera de Londres, em especial nos bairros operários, favorece ao extremo o desenvolvimento da tuberculose. [...] Além de outras doenças respiratórias [...] o grande rival da tuberculose, causador de devastações entre os operários, é o tifo. Segundo relatórios oficiais sobre as condições sanitárias da classe operária, esse flagelo universal é provocado pelo péssimo estado das habitações operárias, a má ventilação, a umidade e a sujeira. [...]
   >
   > ENGELS, Friedrich. *A situação da classe trabalhadora na Inglaterra*. São Paulo: Boitempo, 2010. p. 138. (Mundo do trabalho; Coleção Marx-Engels).

   a) Vimos algumas das transformações sociais causadas pela Revolução Industrial na vida dos trabalhadores, em especial das crianças operárias. Retome o trecho selecionado da obra de Engels e faça um comentário sobre as condições de vida dos operários em suas habitações, ou seja, em sua vida privada.
   b) Para realizar uma análise completa do trecho de Engels, é interessante fazer uma leitura voltada à questão da saúde. Dessa maneira, você será capaz

de ler a fonte de modo interdisciplinar e refletir sobre outros pontos que talvez não tenham ficado tão evidentes em sua primeira leitura.

- Para isso, pesquise sobre as duas doenças citadas por Engels: tuberculose e tifo. Se possível, consulte informações sobre elas (causas, formas de contágio e tratamento) nos seguintes *sites*: <https://agencia.fiocruz.br/tuberculose> e <http://drauziovarella.com.br/letras/t/tifo>. (Acesso em: 19 abr. 2017.)
- Com base em suas descobertas, procure explicar a relação dessas doenças com as condições de moradia dos operários.
- Cite pelo menos duas doenças que podem, hoje, ser relacionadas às más condições de moradia de parte da população urbana no Brasil. Justifique.

6. As gravuras de Gustave Doré (1832-1883) foram feitas quase trinta anos após a publicação da obra *A situação da classe trabalhadora na Inglaterra*. A seguir, reproduzimos uma das gravuras de Doré, que representa aspectos da vida na rua Wentworth, no bairro londrino de Whitechapel. Segundo pesquisadores, essa região abrigava grande parte do operariado urbano de Londres. Observe-a.

Gravura de Gustave Doré, século XIX.

- De que modo o artista representou os homens e as mulheres na cena? E as crianças? Elabore sua resposta explicando a relação entre a intenção do artista ao retratar a cena e o estilo de seu desenho.

Articule passado e presente

7. Na abertura deste capítulo, você observou a imagem de uma escultura que representa a chamada Marcha de Jarrow, realizada na década de 1930, na Inglaterra. Nessa ocasião, trabalhadores marcharam da cidade de Jarrow até Londres, com a intenção de reivindicar mais empregos e chamar a atenção para a situação em que viviam.

Em 2011, um grande grupo de jovens ingleses, enfrentando problemas semelhantes relacionados ao desemprego, fizeram uma marcha inspirada naquela feita na década de 1930. Observe a imagem:

Em novembro de 2011, jovens de diversas regiões da Inglaterra se uniram e organizaram uma marcha de Jarrow até Londres para chamar a atenção para a situação de desemprego em que grande parte dos jovens ingleses então se encontrava. Na faixa, os dizeres: "Marcha por empregos 2011. De Jarrow a Londres". Foto de 2011.

Em 2011, a taxa de desemprego na Inglaterra era de 8,1%. Dos 2,5 milhões de desempregados, cerca de 1 milhão era de jovens entre 16 e 24 anos. Quatro anos depois, em 2015, dados da imprensa britânica indicavam que a taxa de desemprego naquele país tinha baixado para 5,4%.

Atos simbólicos como esse, além de nos remeter às lutas trabalhistas estudadas neste capítulo, nos mostram que encontrar o primeiro emprego, quando se é jovem, nem sempre é fácil.

- Retome os conhecimentos que você adquiriu neste capítulo e reflita sobre o Brasil de hoje e sobre o mundo do trabalho.
- Depois, escreva uma redação a respeito das condições e dos desafios que jovens, como você, encontram quando procuram o primeiro emprego.

CAPÍTULO 24º A Europa e os Estados Unidos no século XIX

Operário na linha de montagem de uma fábrica de automóveis em Bochum, Alemanha. Embora remonte ao século XIX, esse modelo de produção em série ainda é muito utilizado nas fábricas. Foto de 2013.

Novas formas de produzir, novos produtos e invenções, novos ideais e novas lutas políticas deram o tom ao século XIX. Concepções a respeito do mundo do trabalho e da tecnologia surgiram naquele período agitado e transformaram a vida de homens e mulheres. Em que medida aquelas concepções se disseminaram e passaram a marcar a vida cotidiana de trabalhadores e trabalhadoras de todo o mundo? Será que o mundo do trabalho de hoje tem raízes nas concepções de trabalho do século XIX?

1) Um mundo em movimento – e crescimento

A consolidação do Estado liberal burguês e o avanço do capitalismo industrial firmaram-se como os principais eixos históricos do século XIX. Com eles, ganharam força as disputas por mercados internacionais, com ações imperialistas de dominação e imposições culturais, econômicas e políticas. As transformações sociais, por sua vez, impulsionaram novas correntes de pensamento, como as socialistas, assentadas em reivindicações por melhorias nas condições de vida das classes trabalhadoras.

Foi também a época do fortalecimento da ideia de nacionalidade, da construção de vínculos das pessoas com a região em que viviam, da sensação de pertencimento a uma coletividade delimitada pela língua e por costumes. Assim, o poderio dos Estados industriais, as lutas sociais, incluindo as disputas políticas e as unificações nacionais da Alemanha e da Itália, bem como a expansão imperialista, compuseram um amplo conjunto de fatores que fomentaram constantes e crescentes conflitos violentos, envolvendo os mais diferentes interesses e países.

Em meio a guerras, turbulência política e instabilidade econômica, muitos europeus que enfrentavam condições sociais adversas (desabastecimento, carestia, etc.) abandonaram seus países de origem em busca de novas oportunidades em outras terras.

Calcula-se que entre 1815 e 1914 cerca de 40 milhões de pessoas tenham emigrado da Europa em direção à América (Estados Unidos, Canadá, Brasil, Argentina) e à Oceania (Austrália, Nova Zelândia, Papua-Nova Guiné e outras ilhas).

No século XIX, a população mundial passou de aproximadamente 900 milhões para 1,6 bilhão de habitantes. Alguns estudiosos calculam que nesse período a população da África do Sul, Austrália, Nova Zelândia, Sibéria e países da América tenha aumentado de quase 6 milhões para 200 milhões.

Ilha de Ellis, situada no porto de Nova York, vista da plataforma de um navio. Ao longo do século XIX, o porto de Nova York foi a principal entrada de imigrantes nos Estados Unidos. Ainda hoje, a ilha é um símbolo da imigração para o país. Foto de cerca de 1900.

Onde e quando

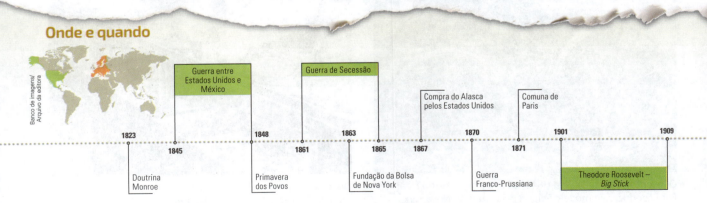

Mapa e linha do tempo ilustrativos. As regiões indicadas no mapa referem-se à configuração atual dos países a que pertencem hoje, e o espaço entre as datas não é proporcional ao intervalo de tempo.

A Europa e os Estados Unidos no século XIX — 401

A colonização da Austrália e da Nova Zelândia

A área hoje compreendida pela Austrália foi colonizada pelo ingleses. No século XVIII, o território foi utilizado como lugar para deportação de criminosos condenados. A partir de meados do século XIX, atraiu muitos colonos com suas pastagens, indústria de lã e, também, a corrida pelo ouro.

Calcula-se que, antes da chegada dos europeus, a população de aborígines, primeiros habitantes daquelas terras, era de aproximadamente 750 mil. Eles se dividiam em cerca de 500 grupos, que falavam aproximadamente 300 dialetos diferentes.

A chegada dos europeus resultou na extinção de tribos e dialetos. Atualmente, os descendentes dos aborígines representam algo próximo a 2% da população da Austrália, ou seja, cerca de 470 mil pessoas em um total de 24 milhões.

Como na Austrália, a colonização inglesa da Nova Zelândia provocou a dizimação da população nativa — no caso, os maoris, originários da Polinésia. Já no final do século XIX, a Nova Zelândia foi um dos primeiros países a praticar políticas públicas sociais, como aposentadoria e assistência médica, graças à grande presença de ativistas sindicais entre os britânicos que para lá imigraram.

2 A Segunda Revolução Industrial

Ao longo do século XIX a Revolução Industrial se expandiu pelo continente europeu, alcançou outros países, como Estados Unidos e Japão, e se acelerou.

Na segunda metade do século, ocorreram diversas inovações, como: a invenção da energia elétrica e do motor a combustão interna; o desenvolvimento do processo de transformação do ferro em aço; a ampliação das ferrovias e a expansão dos meios de transporte (automóvel, avião); a evolução dos meios de comunicação (telégrafo, telefone). Esse conjunto de inovações propiciou às sociedades da época uma nova dinâmica e ficou conhecido como **Segunda Revolução Industrial**.

Com o objetivo de obter maiores lucros, a especialização do trabalho foi intensificada. Além disso, a produção foi ampliada, passando-se a fabricar artigos em série, o que barateava o custo por unidade.

O inventor George Selden (1846-1922) e o empresário Henry Ford conduzem o modelo Selden pelas ruas de Nova York, Estados Unidos. Foto de 1895.

Operários trabalhando na linha de montagem do modelo T na Ford Motor Company, em Detroit, Estados Unidos. Foto de 1911.

As linhas de montagem contavam com esteiras rolantes pelas quais circulavam as partes do produto a ser montado para agilizar a produção e aumentar sua eficiência. Elas foram implantadas primeiro na indústria automobilística Ford, nos Estados Unidos. As esteiras conduziam o chassi do carro por toda a fábrica. Os operários distribuíam-se ao longo delas e montavam o carro com peças que chegavam a suas mãos em outras esteiras rolantes. Esse método de racionalização da produção em série foi chamado de **fordismo** e estava ligado ao princípio de que a empresa deveria dedicar-se a apenas um produto e dominar as fontes de matéria-prima.

O fordismo integrou-se às teorias do engenheiro estadunidense Frederick Winslow Taylor (1856-1915). Conhecidas em seu conjunto como **taylorismo**, elas propunham o aumento da produtividade por meio do fracionamento das etapas do trabalho e do controle dos movimentos das máquinas e dos homens no processo de produção.

Ford modelo T. Produzido entre 1908 e 1927, tornou-se um símbolo da produção em série na indústria automobilística. Foto de 1915.

A concentração do capital industrial

A expansão industrial resultou em um grande crescimento da produção e do consumo. Foi na segunda metade do século XIX que surgiram as primeiras grandes lojas, como a Harrod's, em Londres (1849), e a Bon Marché (1852) e a Le Printemps (1865), em Paris. Também surgiu a publicidade para as vendas. Contudo, o <u>crescimento</u> econômico capitalista, impulsionado pela industrialização, não foi linear, mas descontínuo, seguido de <u>crises</u> e <u>depressões</u>, como analisado pelo economista russo Nicolai Dmitrievitch Kondratieff (1892-1930) e depois pelo austríaco Joseph Alois Schumpeter (1883-1950). Observe o gráfico abaixo.

Nesse período, o sistema financeiro também se expandiu, dando maior importância ao sistema bancário, que, por sua vez, concentrava grandes volumes de capital.

Algumas estratégias foram desenvolvidas para evitar a concorrência entre as diversas empresas ou atenuar seus efeitos. Entre elas, destacam-se a formação de *holdings*, trustes e cartéis. Entenda o significado de cada uma dessas estratégias a seguir.

- **Holdings:** grandes empresas financeiras que controlam vastos complexos industriais por meio da propriedade da maioria de suas <u>ações</u>.
- **Trustes:** companhias que absorvem seus concorrentes ou estabelecem acordos entre si, dominando a produção de certas mercadorias, determinando os preços e monopolizando o mercado. Podem ser horizontais (com empresas do mesmo ramo) ou verticais (empresas de ramos diferentes).
- **Cartéis:** grandes empresas independentes, produtoras de mercadorias de um mesmo ramo, que se associam para evitar a concorrência, estabelecendo divisão de mercados e definindo preços.

Ciclos econômicos da industrialização

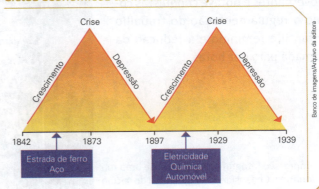

crescimento: fase de aumento da produtividade, contando com impulso e expansão das novas tecnologias.
crises: períodos de dificuldades econômicas.
depressões: períodos de queda da produção e de aumento do desemprego.
ações: papéis negociáveis na Bolsa de Valores que representam partes de uma empresa.

A Europa e os Estados Unidos no século XIX — 403

③ A Inglaterra no século XIX

Nas primeiras décadas do século XIX, a Inglaterra consolidou-se como a principal potência mundial, situação que vigorou até o início do século XX — não sem contestações e disputas. Depois da derrota de Napoleão Bonaparte, em 1815, os ingleses não encontraram rival suficientemente forte para ameaçar sua hegemonia internacional. O rápido crescimento industrial, a poderosa marinha mercante e o Estado solidamente estruturado garantiram o poderio dos britânicos.

Durante a maior parte do século XIX, o trono do **Reino Unido** foi ocupado pela rainha Vitória, que governou entre os anos de 1837 e 1901, adotando uma política marcadamente burguesa e impulsionadora do liberalismo. Essa fase ficou conhecida como **Era Vitoriana**.

O período vitoriano foi também uma época de grandes conquistas para os trabalhadores. Organizações como as *trade unions* venceram a resistência do empresariado e obtiveram sucessivas melhorias nas condições de trabalho (legislação trabalhista, redução da jornada de trabalho e melhores salários), além de maior espaço na vida política inglesa.

Em 1838, os operários ingleses dirigiram uma petição ao Parlamento, a **Carta do Povo**, na qual reivindicavam o sufrágio universal masculino, o voto secreto, o fim do critério censitário para votar e ser votado, a remuneração dos eleitos e eleições anuais. O documento foi rejeitado pelo Parlamento, mas inspirou o **cartismo**, movimento que pressionou os governantes e obteve conquistas como a regulamentação do trabalho infantil e feminino e a redução da jornada para dez horas.

Em 1858, os movimentos populares conquistaram o fim do censo eleitoral para a Câmara dos Comuns e, em 1867, a ampliação do direito de voto. Os trabalhadores rurais e as mulheres, contudo, só tiveram esse direito reconhecido posteriormente — as mulheres, por exemplo, apenas em 1918.

No final dos anos 1880, os sindicatos foram oficialmente reconhecidos. Após as eleições de 1906, as disputas e a busca pela ampliação dos direitos políticos e sociais fortaleceram o Partido Trabalhista, que havia sido formado por líderes sindicais em 1893.

> **Reino Unido**: agrupamento político que reúne a Inglaterra, a Escócia, o País de Gales e a Irlanda do Norte. Não deve ser confundido com Grã-Bretanha, a ilha em que se localizam a Inglaterra, a Escócia e o País de Gales.

Impressão fotográfica colorizada de uma rua londrina, Cheapside Street, no final do século XIX. Fotocromo de c. 1895.

Leituras

Papéis femininos

No texto a seguir, a historiadora Catherine Hall analisa a distinção dos papéis que deveriam ser assumidos por homens e mulheres nos espaços públicos e privados na Inglaterra do século XIX. A autora expõe, por exemplo, como papéis femininos estabelecidos pelas classes abastadas foram, em certa medida, adotados pelo operariado.

[...] Pode-se ver uma convergência entre as ideias dos evangélicos e as de alguns meios do operariado no desenvolvimento de uma política oficial, no decorrer da década de 1840, relativa ao trabalho das mulheres. Entre 1830 e 1840, os homens foram reconhecidos como cidadãos responsáveis, ao passo que as mulheres eram maciçamente reduzidas ao silêncio. A ideia então defendida [...] era que o homem devia receber um "salário familiar", uma quantia suficiente que lhe permitisse sustentar toda a sua família. [...] As reivindicações salariais em sindicatos de operários qualificados anunciam a ideia do "salário familiar". No entanto, não é o caso de ver aí uma aceitação irrestrita das ideias da burguesia, tratando-se antes de uma adaptação e uma reforma de um ideal específico de classe.

No começo da década de 1840, para tomar apenas um exemplo, o receio da burguesia quanto ao emprego de mulheres em ofícios incompatíveis com sua natureza manifestou-se com relação ao trabalho feminino nas minas. [...] Uma burguesa que trabalhasse para ganhar dinheiro não era feminina. No caso do trabalho das mulheres pobres, as normas eram um pouco diferentes. As mulheres podiam ter um ofício, se fosse um prolongamento do seu papel feminino "natural". Não se considerava inconveniente que as empregadas domésticas limpassem, cozinhassem e cuidassem das crianças. [...] Mas certos ofícios executados pelas mulheres eram considerados totalmente incompatíveis com a natureza delas, principalmente se fossem exercidos num ambiente misto. Uma mulher trabalhando em subterrâneos era a negação mais categórica da concepção de feminilidade sustentada pelos evangélicos. A comissão nomeada para investigar o trabalho infantil nas minas ficou assombrada e horrorizada ao ver as condições de trabalho das mulheres. Além do mais, elas trabalhavam ao lado de homens, sem estarem inteiramente vestidas como deveriam. Era uma afronta à moral pública, que ameaçava de ruína a família operária. [...]

[Os trabalhadores] Observavam que, se as mulheres dos donos das minas podiam ficar em casa, isso também devia valer para as suas. [...] O trabalho feminino era visto como uma ameaça ao setor, pois a presença das mulheres mantinha o baixo nível dos salários. Os mineiros tinham suas boas razões para preferir, em termos ideais, sustentar as necessidades de suas mulheres em casa. [...] Elas detestavam suas condições de trabalho, mas precisavam de dinheiro. Não foram ouvidas e, ao final de um dos maiores debates da década de 1840, os homens foram definitivamente reconhecidos como trabalhadores, e as mulheres como esposas e mães, por obra do Estado, da burguesia filantrópica e dos operários. [...]

HALL, Catherine. Sweet Home. In: *História da vida privada*: da Revolução Francesa à Primeira Guerra. São Paulo: Companhia das Letras, 1991. p. 79-82.

Interior de uma cabana de mineiros, de Godefroy Engelmann, 1829 (gravura).

4. A França no século XIX

Luís XVIII foi coroado em 1815, após a derrota de Napoleão em Waterloo. Esse soberano era irmão de Luís XVI, guilhotinado durante a Revolução Francesa. Uma nova Constituição estabeleceu na França um governo que combinava o absolutismo com um aparente liberalismo, voto censitário e cerceamento de direitos e da liberdade conquistados durante a Revolução Francesa. O sucessor de Luís XVIII, Carlos X, que reinou de 1824 a 1830, restabeleceu o absolutismo e restaurou os privilégios do clero e da nobreza. A forte oposição dos liberais a Carlos X mobilizou a sociedade, preparando o palco para a **Revolução Liberal de 1830**. Nesse ano, populares reagiram com levantes e barricadas nas ruas de Paris às decisões de Carlos X de suprimir a liberdade de imprensa e dissolver a Câmara. Carlos X abdicou do trono e exilou-se na Inglaterra.

A Revolução Liberal de 1830 representou o fim definitivo dos objetivos do Congresso de Viena, que buscava restaurar as dinastias e fronteiras nacionais que vigoravam no período anterior à Revolução Francesa. Além disso, a Revolução Liberal de 1830 deu início a um período de ideais progressistas que levariam às revoluções de 1848 e a diversos movimentos nacionalistas.

Um retrato da Revolução Liberal de 1830

Pintada pelo francês Eugène Delacroix em 1831, a tela *A Liberdade guiando o povo* celebra a revolução de julho de 1830, na qual diversos setores da população francesa se uniram para derrubar o rei Carlos X e derrotar suas tentativas de restaurar o absolutismo. A liberdade é representada por uma mulher, também símbolo da pátria: segura, protetora, generosa e maternal. As pessoas do povo seguem-na, como se aguardassem sua voz de comando. Nos detalhes percebem-se os últimos acontecimentos: confrontos armados, fumaça, corpos sem vida e personagens representativos — o cidadão (com o sabre erguido); o migrante rural (caído aos pés da figura feminina, de lenço vermelho na cabeça); o aluno parisiense, simbolizado pelo garoto com duas pistolas nas mãos, e, à esquerda, de cartola, o próprio pintor, que, não tendo participado do movimento, tenta, segundo ele mesmo, compensar a omissão autorretratando-se de arma em punho.

A Liberdade guiando o povo, de Eugène Delacroix, 1831 (óleo sobre tela).

Revoluções de 1848 e o Segundo Império

Com o fim da dinastia Bourbon, Luís Filipe de Orléans (1773-1850) subiu ao trono. Ele foi coroado em 1830, com o apoio da burguesia francesa, após os levantes com barricadas nas ruas de Paris. Graças a isso, Luís Filipe tornou-se conhecido como o "rei burguês" ou o "rei das barricadas". Sua posse representava um avanço liberal que repercutiu por toda a Europa, pois simbolizava o anseio das nações prejudicadas pelo Congresso de Viena.

Luís Filipe reformulou a Constituição, enfatizando o liberalismo: submeteu o poder do monarca à Carta, fortaleceu o Legislativo, aboliu a censura e determinou que o catolicismo deixaria de ser a religião oficial do país. Manteve, porém, o voto censitário, ignorando os interesses do proletariado.

Em fevereiro de 1848 teve início um movimento revolucionário com intensa mobilização popular e operária, ao qual a **Guarda Nacional** aderiu, provocando a abdicação de Luís Filipe. Esse movimento serviu de inspiração às populações de outros países da Europa que ansiavam por mudanças. A série de levantes que teve início a partir dele ficou conhecida como **Primavera dos Povos**.

Com a derrubada de Luís Filipe, a república que havia vigorado entre 1792 e 1804 voltou. O novo governo republicano proclamou o fim da pena de morte e o estabelecimento do sufrágio universal.

Em maio, contudo, ocorreram novos conflitos, decorrentes das divergências entre líderes operários e burgueses. Os operários, que reivindicavam medidas que garantissem os direitos à greve e ao trabalho e a limitação da jornada, saíram às ruas para protestar e foram violentamente reprimidos. O saldo dos confrontos foi de mais de 3 mil fuzilamentos e 15 mil deportações.

No mês de dezembro, Luís Bonaparte (1808-1873), sobrinho de Napoleão, foi eleito presidente com 73% dos votos. Muitos franceses viam nele a chance de voltar à glória e ao progresso da época do império.

Em 1851, contudo, o novo Bonaparte deu um golpe de Estado para perpetuar-se no poder. Fechou a Assembleia e, no ano seguinte, declarou-se imperador com o título de Napoleão III. Tinha início o **Segundo Império Francês** (1852-1870).

Durante o governo de Napoleão III, parques, bulevares e prédios elegantes foram construídos em Paris, a capital do Império. A cidade ainda sediou exposições internacionais, que divulgaram o progresso cultural e industrial de várias partes do mundo. Paris foi modelo de reforma urbana para muitas outras cidades. As principais críticas às reformas

> [...] recaíam sobre o excesso de gastos financeiros; a falta de habitações populares para os que foram desalojados; os transtornos causados com a transformação de Paris em um canteiro de obras; a denúncia de estratégia militar oculta [sob] as reformas (já que grandes avenidas inibiam motins populares); e o saudosismo em torno da velha cidade familiar que seria demolida. [...]
>
> TOURINHO, Adriana de Oliveira. A influência das reformas urbanas parisienses no Rio de Janeiro dos anos 20. Anais das jornadas de 2007, Programa de Pós-Graduação em História Social da UFRJ, p. 4. Disponível em: <http://revistadiscenteppghis.files.wordpress.com/2009/05/adriana-tourinho-a-influencia-das-reformas-urbanas-parisienses-no-rio-de-janeiro-dos-anos-20.pdf>. Acesso em: 16 maio 2017.

O historiador Eric Hobsbawm destaca:

> [...] para os planejadores de cidades, os pobres eram ameaça pública, suas concentrações potencialmente capazes de se desenvolver em distúrbios, deveriam ser impedidas e cortadas por avenidas e bulevares, que levariam os pobres dos bairros populosos a procurar habitações em lugares menos perigosos. [...]
>
> HOBSBAWM, Eric. J. A era do capital: 1848-1875. Rio de Janeiro: Paz e Terra, 1982. p. 224.

Caricatura de autoria de Richard & Doyle, 1847. Retrata Luís Filipe de Orléans, cuja ascensão representou o retorno da burguesia ao poder.

Guarda Nacional: força de segurança de natureza militar; na França, teve origem nas milícias formadas entre os populares durante a Revolução Francesa (1789).

Durante o governo de Napoleão III, a política externa francesa foi marcada pela ambiguidade: ao mesmo tempo que defendia a política das nacionalidades – ou seja, o princípio de que as nações deveriam ter seu próprio Estado –, tentava impor seu domínio sobre outras regiões. O imperador chegou a apoiar os unificadores italianos e, depois, diante da pressão do papa, retirou seu apoio.

As rivalidades com a Rússia levaram os governos da França e da Inglaterra a formar uma aliança para garantir a manutenção do Império Turco Otomano, ameaçado pela expansão russa nos Bálcãs, na Guerra da Crimeia (1854-1856).

Em outros casos, a política externa de Napoleão III revelou-se um verdadeiro desastre, como foi a intervenção francesa no México. Na década de 1860, com a ajuda do governo francês, os mexicanos depuseram o presidente Benito Juarez (1806-1872). Em seu lugar, os franceses impuseram Maximiliano de Habsburgo (1832-1867) como imperador. Maximiliano acabou fuzilado pela resistência mexicana em 1867.

O maior fracasso de Napoleão III ocorreu na Guerra Franco-Prussiana (1870-1871). Nesse conflito, a França enfrentou a Prússia, que liderava o processo de unificação da Alemanha. O último confronto ocorreu na Batalha de Sedan (1870), quando os franceses foram derrotados e o próprio Napoleão III, capturado pelos prussianos. Era o fim do Segundo Império. Pelo acordo de paz, os franceses perderam o território da Alsácia-Lorena, região rica em minérios, e tiveram de pagar uma pesada indenização. Esse acordo seria uma das principais causas da Primeira Guerra Mundial (1914-1918).

Retrato de Napoleão III, de Hipollyte Flandrin, 1862 (óleo sobre tela).

A aurora dos grandes ideais

Grande escritor do século XIX, Victor Hugo (1802-1885) considerava aquele século como a "aurora dos grandes ideais", o ponto de partida de uma era de felicidade para a humanidade. Em 1848, o escritor considerava Luís Bonaparte uma alternativa para resgatar a grandiosidade francesa da época napoleônica. Tempos depois, definiu Napoleão III como o "assassino da França", firmando-se como um de seus mais intransigentes opositores. Para ele, em contraste com Napoleão Bonaparte, que chamava de "o grande", Luís Bonaparte seria apenas "Napoleão, o pequeno".

O escritor Victor Hugo fotografado por seu filho Charles, em 1853.

A Terceira República e a Comuna de Paris

A queda de Napoleão III, em meio à Guerra Franco-Prussiana, levou à proclamação da **Terceira República** francesa. Foi o novo governo que assinou os termos de paz com os prussianos, recebidos como uma rendição pelos operários de Paris. Em resposta, em 18 de março de 1871, eles assumiram o poder na capital francesa, com o apoio da Guarda Nacional, e proclamaram a criação de um governo autônomo, a **Comuna de Paris**.

A Comuna foi uma administração municipal eleita pelo povo, formada por representantes de várias tendências políticas radicais. Em sua breve duração de 72 dias, ela declarou nulos os termos de paz, contra os quais se rebelara. Além disso, aboliu o alistamento obrigatório: a Guarda Nacional, formada por todos os cidadãos válidos de Paris, seria a única força militar permitida na cidade.

Essa administração praticou uma política de forte inspiração socialista, proclamando a igualdade civil entre homens e mulheres, suprimindo o trabalho noturno e criando pensões para viúvas e órfãos. Caracterizou-se como a primeira experiência histórica de autogestão democrática e popular.

A Comuna de Paris foi derrotada pelas tropas da Terceira República, apoiadas pelos alemães. A sangrenta repressão matou mais de 20 mil pessoas e expatriou outras 70 mil para a Guiana Francesa.

A Terceira República se estendeu até 1940, quando a França foi invadida por Hitler, durante a Segunda Guerra Mundial (1939-1945).

Album/akg-images/Latinstock

O governo da Comuna cabia a um conselho composto de 71 membros, mais da metade formada por operários (25) e artesãos (12). Além deles, participavam do Conselho vários intelectuais e especialistas e seis comerciantes. Na foto, de maio de 1871, a população de Paris armada.

5 Portugal e Espanha no século XIX

Na primeira metade do século XIX, Portugal enfrentou sucessivos abalos em seu poderio, começando pelas invasões napoleônicas e a independência do Brasil. Com a morte de dom João VI, a sucessão foi definida por meio de uma guerra civil que opôs dom Pedro (que havia abdicado do trono do Brasil) ao seu irmão dom Miguel. Dom Pedro apoiava as forças liberais, enquanto dom Miguel estava ligado aos setores que desejavam a centralização do poder político nas mãos de um soberano.

A guerra civil estendeu-se de 1832 a 1834, quando dom Pedro renunciou ao trono em favor de sua filha, dona Maria II, que foi então coroada. Derrotado, dom Miguel foi obrigado a exilar-se, embora continuasse reclamando o direito ao trono. Dom Pedro, que em Portugal foi o rei dom Pedro IV, morreu de tuberculose pouco depois, como um herói liberal – no Brasil, contudo, ficou marcado pelas atitudes centralizadoras.

Abalada por revoltas e instabilidades, a política portuguesa só se equilibrou na década de 1850, quando o Estado português pôde investir na modernização da economia do país. Durante esse período, o governo português manteve sua presença colonialista na África, impondo seu domínio em regiões como Angola e Moçambique.

A Espanha, assim como Portugal, foi invadida pelas tropas de Napoleão Bonaparte. Isso provocou a renúncia sucessiva de Carlos IV e Fernando VII, membros da dinastia Bourbon. José Bonaparte, irmão do imperador francês e nomeado rei da Espanha, não resistiu às guerrilhas espanholas, que contavam com o apoio britânico. As forças napoleônicas se desgastaram, e em 1814 a dinastia Bourbon foi restaurada.

Fernando VII reassumiu a Coroa como rei da Espanha. Em seu novo reinado, enfrentou diversos motins liberais e intervenções militares francesas, que desestabilizaram a vida política e econômica do país. Os movimentos separatistas se multiplicavam em suas colônias americanas, e as medidas de repressão empreendidas pelo governo espanhol apenas adiaram a independência definitiva de seus domínios na América.

O governo de Isabel II (1833-1868), que o sucedeu, não foi mais estável. Durante sua menoridade, o trono era continuamente ameaçado pelas pretensões de seu tio dom Carlos, que mesmo após a coroação da rainha continuou a disputa, com golpes, intrigas e escândalos.

A monarquia liberal foi consolidada, ainda que interrompida pela Primeira República, que durou de 1873 a 1874. As últimas décadas do século XIX foram marcadas pelo impulso industrial e pela perda de quase todas as colônias. Depois dos movimentos de independência no início do século XIX, a Espanha perdeu para os Estados Unidos o domínio sobre Cuba, Porto Rico, Guam (ilha da Micronésia) e Filipinas, na Guerra Hispano-Americana (1898).

6 Os Estados Unidos no século XIX

A organização política dos Estados Unidos realizou-se em meio aos debates entre duas tendências partidárias: a **republicana**, que desejava maior autonomia para os estados e que deu origem ao atual Partido Democrata, e a **federalista**, que defendia um governo central mais forte e que foi o embrião do atual Partido Republicano.

Ambas as tendências foram contempladas na Constituição de 1787, que instituiu uma República federativa presidencialista e assegurou a cada estado da federação o direito de ter sua própria Constituição. Isso garantia a autonomia dos estados e, ao mesmo tempo, a manutenção da unidade do país. O poder Executivo ficaria com o presidente eleito por seis anos, e o Legislativo, com a Câmara dos Representantes e o Senado. O poder Judiciário e a função de zelar pela Constituição caberia à Suprema Corte de Justiça.

Em 1789, George Washington, o primeiro presidente dos Estados Unidos, foi eleito pelo Congresso. Em seu mandato, consolidou-se o desenvolvimento comercial, industrial e financeiro do país, atraindo com isso um grande número de imigrantes europeus. Esse desenvolvimento, aliado ao crescimento demográfico, estimulou nas décadas seguintes a conquista de novos territórios na América do Norte e a ampliação da atuação econômica em todo o continente americano.

Na conquista de novos territórios, em especial na expansão para o oeste, a população indígena foi massacrada em intensos confrontos.

O expansionismo estadunidense, que ambicionava a região do Canadá, somado aos atritos comerciais, provocou uma nova guerra contra a Inglaterra (1812-1815). Ao final desse conflito, foram definidos os limites entre os Estados Unidos e o Canadá inglês.

A guerra despertou o sentimento nacionalista estadunidense com relação à unidade territorial e à ameaça que as potências europeias representavam para o crescente comércio entre os Estados Unidos e a América Latina. O nacionalismo foi expresso na **Doutrina Monroe** (1823), defendida pelo presidente James Monroe e resumida em sua mensagem ao Congresso: "A América para os americanos".

Em meados do século XIX, o país atingiu dimensões continentais, com a expropriação dos indígenas e a compra de áreas coloniais pertencentes a potências europeias – caso da Louisiana, que pertencia à França; da Flórida, domínio da Espanha; e do Alasca, comprado da Rússia. Além disso, foram anexados os territórios mexicanos do Texas, Califórnia, Novo México, Arizona, Utah e Nevada, após uma guerra entre Estados Unidos e México (1845-1848). Esse ideal de "dilatação das fronteiras" sustentava-se em parte na ideia do **Destino Manifesto**, segundo o qual Deus teria reservado um destino glorioso aos Estados Unidos.

A conquista da costa oeste deu aos Estados Unidos acesso direto aos cobiçados mercados da China e do Japão. A anexação da Flórida abriu caminho para o Golfo do México e o mar das Antilhas, pontos importantes para alcançar toda a América Latina.

Expansão territorial dos Estados Unidos

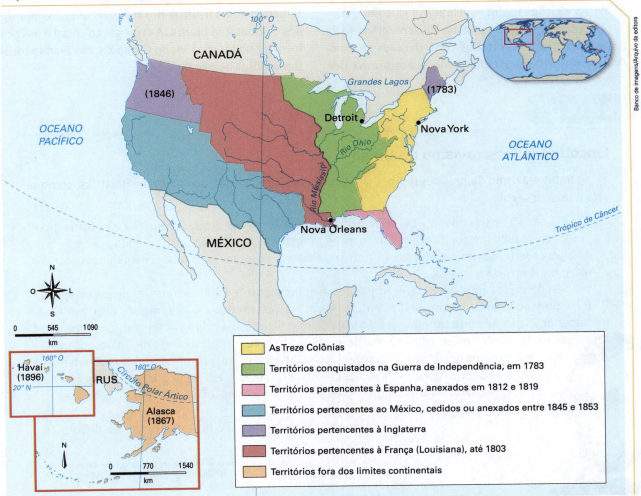

Adaptado de: FRANCO JR., Hilário; ANDRADE FILHO, Ruy de O. *Atlas História geral*. São Paulo: Scipione, 2000. p. 51.

A Guerra de Secessão

Ao mesmo tempo que o capitalismo se desenvolvia nos Estados Unidos, crescia a rivalidade entre os estados do norte, em que predominavam a indústria e o trabalho assalariado, e os do sul, onde prevaleciam a atividade agrícola exportadora e a mão de obra escravizada.

Por volta de 1860, a escravidão sulista era um entrave para os nortistas, que precisavam expandir seus mercados: a população escravizada não era compradora nem podia fazer parte do mercado interno. Para os sulistas, os escravizados eram a base da economia latifundiária. Tarifas de proteção contra os produtos estrangeiros eram outro ponto de discórdia, pois favoreciam as indústrias do norte e prejudicavam a exportação dos produtos agrários do sul.

Nas eleições de 1860, o debate sobre a escravidão foi a grande questão entre o candidato democrata **Stephen Douglas** (1813-1861), defensor da escravidão, e o republicano antiescravista **Abraham Lincoln** (1809-1865). As eleições foram vencidas por Lincoln.

Descontentes, os estados do sul separaram-se da União e formaram os **Estados Confederados da América**. Em resposta, os estados do norte atacaram e derrotaram as forças sulistas. Diferentemente dos estados do sul, os do norte eram autossuficientes. O conflito, conhecido como **Guerra de Secessão** (1861-1865), mobilizou cerca de 2,5 milhões de homens e provocou a morte de mais de 600 mil pessoas. O confronto foi o mais sangrento do século XIX.

A vitória dos nortistas consolidou a supremacia dos estados do norte; os estados do sul ficaram totalmente arrasados.

Em meio à guerra, o presidente Lincoln assinou um decreto que determinava a libertação dos escravizados nas áreas rebeldes. Após a vitória do norte, em 1865, o Congresso aprovou uma emenda à Constituição que proibia a escravidão em todo o país. Em 1868 e 1870, duas outras emendas à Constituição foram aprovadas: a primeira garantia igualdade jurídica a todos os cidadãos e a segunda, a XIV, o direito de voto a homens brancos e negros.

Na prática, porém, os 4,5 milhões de libertos continuaram a não usufruir dos mesmos direitos garantidos à população branca. A segregação social e política foi mantida até meados do século XX, motivando constantes lutas e radicalizações.

Leituras

Lincoln: o antiescravismo e a União

O antiescravismo do presidente Abraham Lincoln era questionado por sulistas e nortistas, como revela o texto a seguir.

> [...] A maior parte dos sulistas ficou irritada com a eleição de Lincoln, visto por eles como um verdadeiro abolicionista. Já alguns nortistas o viam como conservador, na medida em que não defendia abertamente uma luta para terminar com o regime escravista, embora o condenasse como um grande erro da humanidade.
>
> Seu discurso ambíguo e carregado de retórica foi capaz de administrar, por algum tempo, a forte pressão sofrida durante seu mandato. Afirmava, por exemplo, que a "raça branca" era sim superior. Dizia que não toleraria que algo fosse feito contra a escravidão nos territórios em que ela já existia, mas, ao mesmo tempo, que defenderia a todo custo os interesses da União, que invadiria estados que quisessem se separar e recolheria, da mesma forma, os direitos aduaneiros de importação nos estados que fossem a favor da secessão. O próprio Lincoln demonstrou suas expectativas ao afirmar que não esperava que a "casa" não caísse, mas que, ao menos, deixasse de ser dividida.
>
> O presidente pode ser considerado um antiescravista, mas nunca um abolicionista aberto e declarado. [...]

KARNAL, Leandro et al. *História dos Estados Unidos*: das origens ao século XXI. São Paulo: Contexto, 2008. p. 130-132.

O presidente Abraham Lincoln fotografado por Matthew Brady, em 1864.

Uma potência mundial emergente

O desenvolvimento industrial dos Estados Unidos colocou-o entre as maiores potências do mundo. Ao fim de um século de expansão territorial, o país contava com 45 estados — eram 16 em 1800 — e uma malha ferroviária que se estendia de costa a costa.

A prosperidade econômica estadunidense tornou o país ainda mais atrativo para a imigração europeia: a população dos Estados Unidos passou de pouco mais de 30 milhões de habitantes, em 1865, para mais de 90 milhões em 1914. Apesar desse grande crescimento demográfico, é importante destacar que, por causa da Guerra de Secessão e de seus desdobramentos internos, houve um fluxo de emigração. A maioria dos estadunidenses que imigraram para o Brasil, por exemplo, se fixaram no interior do atual estado de São Paulo, em cidades como Americana, Santa Bárbara D'Oeste e Piracicaba, e se tornaram pequenos proprietários de terra.

A consolidação do capitalismo nos Estados Unidos após a vitória dos estados do norte na Guerra de Secessão favoreceu seu expansionismo imperialista em direção à América Latina e à Ásia. No final do século XIX, o país invadiu o Havaí e anexou o arquipélago ao seu território. Também derrotou a Espanha na chamada Guerra Hispano-Americana, conquistando outros territórios no Pacífico, como Filipinas e Guam, e Porto Rico, no Caribe. Esse confronto atendeu aos interesses estadunidenses em relação ao açúcar e ao tabaco de Cuba.

A Doutrina Monroe e o Destino Manifesto serviram de base ideológica para que os Estados Unidos assumissem a tutela sobre o continente americano, especialmente sobre a América Central. Adaptados pelo presidente Theodore Roosevelt (1858-1919) no início do século XIX, os fundamentos da Doutrina Monroe tornaram-se conhecidos como **Corolário Roosevelt** e foram utilizados para justificar intervenções dos Estados Unidos — "os salvadores da América" — em outros países americanos. Era a política do *Big Stick* (expressão que poderia ser traduzida como "a política do grande porrete"). Essa política foi sintetizada na seguinte frase de Roosevelt: "Devemos falar macio, mas carregar um grande porrete". Entre as várias intervenções estadunidenses na América Latina, destacaram-se as efetuadas em Cuba, no Panamá e na Nicarágua.

A política do *Big Stick* foi definida por Roosevelt em uma mensagem dirigida ao Congresso em 1904:

O progresso da América, de John Gast, 1872 (óleo sobre tela).

> [...] Se uma nação demonstra que sabe como agir com adequada eficiência e decência em assuntos políticos e sociais, se mantiver a ordem e respeitar suas obrigações, não precisará temer uma interferência norte-americana. A injustiça crônica ou a impotência que resultam de um afrouxamento geral das regras de uma sociedade civilizada podem exigir, afinal de contas, na América ou em outro continente, a intervenção de uma nação civilizada — e, no hemisfério ocidental, a adesão dos Estados Unidos à Doutrina Monroe poderá vir a forçar os Estados Unidos, embora contra a sua vontade, em casos flagrantes de injustiça ou de impotência, a exercer um poder de polícia internacional. [...]

Disponível em: <www.ourdocuments.gov/doc.php?flash=old&doc=56>. Acesso em: 16 maio 2017. (Texto traduzido.)

Dialogando com a Biologia

Ciência em transformação

O século XIX foi marcado pela ampliação do pensamento científico e pelo desenvolvimento e surgimento de novas ideias em diversas áreas do conhecimento, como a Química, a Física, a Matemática, a Medicina e a Biologia. O uso industrial de petróleo e carvão mineral, entre outras novas fontes de energia, também estimulou uma série de transformações tecnológicas e inúmeras descobertas científicas surgiram no século XIX.

Alessando Volta (1745-1827) inventou a bateria em 1800. Michael Faraday (1791-1867) criou o motor elétrico em 1823 e, nas décadas seguintes, uma série de invenções possibilitou o uso da energia elétrica na iluminação pública.

Os estudos das células e dos tecidos orgânicos aprofundaram-se graças ao avanço de equipamentos de investigação, como o microscópio. Em 1860, Louis Pasteur (1822-1895), um químico francês, desenvolveu estudos que ajudaram a comprovar que doenças infecciosas são provocadas por microrganismos. Essa descoberta contribuiu para o avanço da Medicina, reduzindo a incidência de doenças provocadas pela falta de higiene pessoal em intervenções cirúrgicas. Os estudos de Pasteur também colaboraram para o desenvolvimento do estudo das vacinas e da imunização.

Na Física, os conceitos tradicionais de espaço, tempo e matéria foram reinventados graças a uma série de experiências e novas teorias. Os tubos de raios catódicos (usados posteriormente em lâmpadas e televisões) e raios X foram criados, e a radioatividade e o elétron foram descobertos.

No início do século XIX, os fogões a gás para uso doméstico foram aperfeiçoados. O capitão britânico George Manby (1765-1854) criou, em 1816, o extintor de incêndio. Diversas experiências com magnetismo levaram à criação da corrente elétrica. Em 1826, o francês Joseph Nicéphore Niépce (1765-1833) criou um processo químico que permitiu a invenção da fotografia.

Além desses, o revólver, a metralhadora, o cortador de grama, a lâmpada incandescente, a caneta-tinteiro, o éter analgésico, o barômetro, a máquina de escrever, a seringa hipodérmica, a montanha-russa, o papel higiênico, o telefone, a motocicleta, o automóvel, a escada rolante, o secador de cabelo, a garrafa térmica e o cinema são outros exemplos de invenções do século XIX.

Charles Darwin e a origem das espécies

O inglês Charles Darwin (1809-1882) não demonstrou grande interesse pelos estudos durante a juventude. No entanto, em 1831, por intermédio de um professor, Darwin integrou uma missão de investigação que iria atravessar o mundo a bordo de um veleiro, chamado Beagle. A viagem durou cinco anos e mudou para sempre sua vida e os rumos das ciências naturais. Durante a viagem, Darwin passou a estudar profundamente as semelhanças e as diferenças entre os animais de diversas ilhas e continentes, em especial do arquipélago de Galápagos, localizado na América do Sul.

De volta à Inglaterra, Darwin passou a analisar e classificar os exemplares coletados ao longo da viagem. Utilizando-se de um método hipotético-dedutivo, ele chegou a uma das mais revolucionárias descobertas sobre a origem da vida. Em 1859, ele publicou o livro *Sobre a origem das espécies através da seleção natural ou a preservação das raças favorecidas na luta pela vida*, também conhecido como *A origem das espécies*.

Nesse livro, um dos mais importantes da história da Biologia, Darwin defendeu a tese de que indivíduos de uma mesma espécie disputam entre si pela sobrevivência e que os mais bem adaptados têm melhores condições de vencer essa competição e deixar um número maior de descendentes.

Darwin construiu, assim, uma nova teoria, denominada **evolucionista**. Segundo ela, os seres vivos do planeta não seriam imutáveis, como defendia a concepção cristã, mas estariam em constante transformação. Assim, ele pôde provar que espécies atuais de plantas ou animais descendiam de outras, já extintas pela própria seleção natural, que impedia a continuidade de espécies incapazes de se adaptar à dinâmica do meio ambiente.

Ao aplicar essa teoria à espécie humana, Darwin chegou à conclusão de que o ser humano atual descendia de outras espécies de hominídeos e que havia um antepassado comum entre nós e os macacos. Essa ideia provocou um imenso abalo nas concepções religiosas, que eram aceitas e difundidas inclusive nos meios intelectuais.

A origem das espécies provocou intensa polêmica, dividindo a comunidade científica britânica e internacional. Darwin era atacado por inúmeros religiosos e defendido pelos naturalistas. Ele continuou suas pesquisas e publicações, mas raramente as defendia em público.

Charles Darwin, em fotografia de c. 1880.

Caricatura de Darwin, representado como um macaco, publicada na revista satírica *The Hornet*, na edição de 22 de março de 1871. Essa imagem demonstra o alcance das polêmicas e das críticas em torno do trabalho do cientista.

Atividades

- Organizem-se em grupos de cinco ou seis alunos para coletar informações sobre Charles Darwin e a obra que revolucionou as descobertas sobre a origem da vida, *A origem das espécies*.

    a) Pesquisem em livros e na internet:
    - a biografia do autor;
    - seu método de pesquisa;
    - as descobertas apresentadas no livro;
    - as repercussões do livro na época da sua publicação;
    - sua importância hoje;
    - as novas descobertas científicas baseadas nas descobertas de Darwin, etc.

    b) Anotem as fontes pesquisadas: podem ser trechos de livros, *sites* da internet, artigos de jornais e revistas, desenhos, ilustrações, caricaturas, etc. As imagens pesquisadas podem ser utilizadas na apresentação da pesquisa para o restante da turma.

    c) Com a orientação do professor, cada grupo vai organizar uma apresentação oral e na forma de painel para a classe ou para toda a escola, conforme indicação do professor.

Atividades

Retome

1. Muitos autores dão o nome de Segunda Revolução Industrial ao conjunto de transformações tecnológicas ocorridas a partir da segunda metade do século XIX. Caracterize esse período, explicando em que área essas transformações ocorreram.

2. Durante o período conhecido como Era Vitoriana (1837-1901), na Inglaterra, as condições de trabalho dos operários passaram por mudanças. Indique que mudanças foram essas e que ações, organizadas pelos próprios operários, levaram a essas transformações.

3. A Comuna de Paris, proclamada em março de 1871, foi uma experiência de autogestão democrática. Destaque características dessa breve forma de administração municipal que justifiquem e corroborem essa afirmação.

4. Por que é possível dizer que, em meados do século XIX, os estados do norte e os do sul dos Estados Unidos eram rivais? Relacione aspectos dessa rivalidade com a Guerra de Secessão, ocorrida entre 1861 e 1865.

Pratique

5. A Escola do Rio Hudson foi um movimento artístico estadunidense. Seu período de maior produção foi entre 1825 e 1880. Os artistas que participaram desse movimento eram, em parte, ligados às ideias do Romantismo. Leia o texto e observe a imagem.

> [...] Estes pintores representaram de forma impressionante o **wilderness** da jovem nação. Naquelas telas, o *wilderness* norte-americano foi apresentado como a singularidade norte-americana, diferente da decadente Inglaterra. Eles construíram uma arte nacionalista e constitutiva da identidade. [...]
>
> De qualquer forma, importava mais a Geografia que a História. Richard Hofstader, com muita propriedade, afirmou que "o tempo é a dimensão da História, mas a dimensão básica da imaginação norte-americana é o espaço. Os norte-americanos tratam de compensar o sentido de tempo de que careciam, por meio de um sentido amplo de espaço". [...]
>
> JUNQUEIRA, Mary A. Representações políticas do território latino-americano na Revista *Seleções*. *Revista Brasileira de História*, São Paulo, v. 21, n. 42, 2001. Disponível em: <www.scielo.br/scielo.php?script=sci_arttext&pid=S0102-01882001000300004>. Acesso em: 16 maio 2017.

a) Repare nos detalhes, na proporção entre os animais e a paisagem, nas luzes e nas cores. Depois, explique que sensações essa imagem causa em você.

b) Você concorda com as ideias da historiadora Mary A. Junqueira, que considera que uma obra como esta, exemplo da produção artística da Escola do Rio Hudson, pode ser associada à construção da identidade e do nacionalismo estadunidenses? Por quê?

wilderness: trata-se de uma palavra de difícil tradução. Pode significar "região selvagem", mas, nos Estados Unidos no século XIX, era um dos elementos básicos da construção da identidade e do nacionalismo estadunidenses e caracterizava um lugar amplo, de proporções gigantescas – quase um encontro com o divino.

Entre as montanhas da serra Nevada, de Albert Bierstadt, 1868. A serra Nevada é uma cordilheira situada no estado da Califórnia, com um pequeno trecho se estendendo pelo estado de Nevada.

6. Uma das telas reproduzidas neste capítulo, *A Liberdade guiando o povo*, foi pintada pelo artista francês Eugène Delacroix (1798-1863). Os textos a seguir o auxiliarão a fazer uma análise mais profunda dessa obra. Leia-os com atenção, observe novamente a imagem e faça o que se pede.

> [Eugène Delacroix] não tinha paciência para conversar a respeito de gregos e romanos [...]. Acreditava que, em pintura, a cor era muito mais importante do que o desenho, e a imaginação mais que o saber. [...]
>
> GOMBRICH, E. H. *A história da arte*. 16. ed. Rio de Janeiro: LTC, 1999. p. 505-506.

> [...] O século XIX foi agitado por fortes mudanças sociais, políticas e culturais [...]. Do mesmo modo, a atividade artística tornou-se mais complexa. [...] de modo geral, podemos afirmar que a característica mais marcante do Romantismo [nas artes plásticas] é a valorização dos sentimentos e da imaginação como princípios da criação artística.
>
> Ao lado dessas características mais gerais, outros valores compuseram a estética romântica, tais como o sentimento do presente, o nacionalismo e a valorização da natureza. [...]
>
> PROENÇA, Graça. *História da arte*. 17. ed. São Paulo: Ática, 2007. p. 175.

a) Com base nas informações dos textos, você diria que a obra *A Liberdade guiando o povo* faz parte do movimento artístico denominado Romantismo? Justifique sua resposta citando elementos da imagem.

b) Por que Gombrich afirma que Eugène Delacroix "não tinha paciência para conversar a respeito de gregos e romanos"? Lembre-se de outros estudos sobre movimentos artísticos que você viu neste volume para tentar compreender o que significa, para a arte, pensar em "gregos e romanos"?

Analise uma fonte primária

7. Entre 1837 e 1901 o Reino Unido foi governado pela rainha Vitória. A revista *Punch* era uma das várias publicações que circulavam naquele período. Essa revista semanal de humor e sátira foi fundada em 1841 e funcionou até 1992. Reabriu em 1996 e, em 2002, a publicação foi novamente fechada. De enorme influência no século XIX, a *Punch* publicava cartuns que faziam muito sucesso entre os britânicos. Observe um deles a seguir. Depois, faça o que se pede.

Cartum da revista *Punch* publicado em 1876. Na legenda, na parte inferior, lê-se: "Fotografando o primeiro filho".

a) A seção *Dialogando com a Biologia* deste capítulo nos informa sobre diversas invenções que surgiram ao longo do século XIX. A quais daquelas invenções esse cartum faz referência? Por sua vez, aquelas numerosas invenções fazem parte de qual contexto histórico? Explique.

b) Explique o humor contido no cartum e sua relação com a presença das tecnologias surgidas no século XIX na vida das pessoas comuns.

c) Você, com certeza, já se deparou com outros cartuns e charges também. Na seção *Atividades* do capítulo 21, por exemplo, há uma charge de 1813 produzida por um artista inglês. É muito comum que artistas e estudiosos da arte tracem diferenças entre **charge** e **cartum**. Ao observar o cartum desta atividade e a charge do capítulo 21, estabeleça algumas diferenças entre esses estilos. Se necessário, converse sobre esse assunto com o professor de Língua Portuguesa.

Articule passado e presente

8. Especialização do trabalho, linhas de montagem, esteiras rolantes, fordismo: todas essas formas de produção surgiram no século XIX. Observe a tirinha e reflita mais sobre esse tema.

Considerando os conhecimentos que você adquiriu neste capítulo, comente o humor contido na tirinha. Em sua sua resposta, explique em que consistem a "tecnologia do século XXI" e a "ideologia do século XIX", citadas no último quadrinho. Explique, também, por que o autor da tirinha traçou uma relação entre esses dois elementos.

CAPÍTULO 25º
A construção do Estado brasileiro

Fernando Vivas/Folhapress

Preparação para o início das comemorações da Independência, em Salvador (BA). O desfile de 2 de julho tem início no largo da Lapinha, seguindo até o Centro Histórico. Na foto, de 2 de julho de 2015, a carruagem da Cabocla, símbolo da data, na saída do Pavilhão 2 de Julho, na Lapinha.

Todos os anos, no dia 2 de julho, a população da Bahia comemora a independência do Brasil. Para os habitantes desse estado, a independência aconteceu em 2 de julho de 1823, e não no dia 7 de setembro de 1822. A Bahia é um dos exemplos a serem citados quando pensamos na montagem do Estado nacional após a proclamação da independência, em 1822, e nos conflitos envolvendo a consolidação da independência. Naquele período, diferentes projetos foram pensados para o Brasil, como veremos a seguir. E hoje, é possível pensar em outros projetos para o país?

1 Projetos para o Brasil

A construção do Estado nacional brasileiro estendeu-se pelo século XIX, após ter sido iniciada no governo do imperador dom Pedro I. Esse processo resultou de um projeto político vencedor composto de uma fração da monarquia portuguesa associada a proprietários rurais e comerciantes brasileiros. Entretanto, o arranjo logo começou a manifestar divergências. Além disso, outros projetos políticos, que não haviam sido contemplados na independência, também vieram à tona.

Enquanto os grandes proprietários rurais procuravam criar mecanismos políticos que garantissem sua perpetuação no poder, no lado oposto estava boa parte da população, que continuava excluída do Estado "nacional" monárquico brasileiro.

Compreender essa montagem é entender os mecanismos políticos de concentração de poder criados pelas elites. Possibilita também uma reflexão sobre o nosso tempo, especialmente quanto aos projetos para o Brasil dos nossos dias.

Além disso, é preciso destacar que o processo de emancipação e de construção do Estado "nacional" não foi pacífico e não envolveu um único projeto político, ao contrário do que algumas correntes da historiografia sustentaram durante certo tempo.

Um funcionário a passeio com sua família, de Jean-Baptiste Debret, 1839 (gravura). O Brasil independente continuava carregando as heranças coloniais da subordinação social. Observe a hierarquia representada nesta imagem: o funcionário, homem branco, à frente, seguido de sua família. Atrás, seus serviçais e escravizados.

Onde e quando

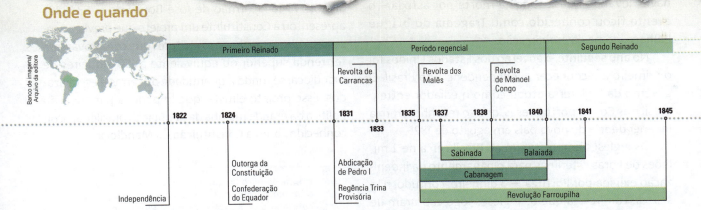

Mapa e linha do tempo ilustrativos. As regiões indicadas no mapa referem-se à configuração atual dos países a que pertencem hoje, e o espaço entre as datas não é proporcional ao intervalo de tempo.

A construção do Estado brasileiro 419

2 O Primeiro Reinado (1822-1831)

O Primeiro Reinado teve início com a proclamação da independência, que garantiu ao Brasil autonomia política.

Diferentemente do que ocorreu em outras ex-colônias americanas, que após longas lutas pela independência adotaram o regime republicano, no Brasil foi instituído o regime monárquico.

Nesse regime, a ordem socioeconômica da ex-colônia não sofreu alteração: a aristocracia seguiu dominando a política, e o latifúndio e o escravismo permaneceram.

O reconhecimento da independência

Para garantir a independência, dom Pedro expulsou as tropas portuguesas que se opunham à separação entre Brasil e Portugal e arrecadou impostos para reorganizar as milícias, comprar navios e contratar militares britânicos e franceses para lutar contra as forças metropolitanas.

O imperador contou com o apoio das elites formadas principalmente por altos funcionários públicos e membros da aristocracia rural.

Depois de as províncias do Rio de Janeiro, São Paulo, Minas Gerais, Santa Catarina e Rio Grande do Sul aderirem à independência com dom Pedro, seguiram-se as demais. Nas províncias do norte, na Bahia e na Cisplatina, contudo, houve grande resistência. Esses combates ficaram conhecidos como **guerras da independência**.

No Pará, por exemplo, um dos militares contratados, o oficial inglês John Pascoe Grenfell (1800-1869), subordinado a Thomas Cochrane (1775-1860), comandou a repressão local em 1823. Controlada a província, foram presos 254 civis e soldados, tidos como partidários de Lisboa. Grenfell encarcerou-os no porão de um navio, levando quase todos à morte por asfixia – o evento ficou conhecido como **Tragédia do brigue Palhaço**, nome da embarcação.

No ano seguinte, o governo dos Estados Unidos foi o primeiro a reconhecer a independência do Brasil. O governo da Inglaterra atuou como mediador entre o Brasil e as Cortes portuguesas, que só reconheceram a independência do novo país em agosto de 1825.

Os ingleses emprestaram ao Brasil cerca de 2 milhões de libras esterlinas para o pagamento da indenização exigida por Portugal – o dinheiro, contudo, não saiu de Londres, já que os ingleses logo cobraram de Portugal uma dívida no mesmo valor.

A ação mediadora do reino britânico permitiu-lhe reafirmar com o governo brasileiro, em 1827, os tratados de 1810. Assim, os produtos ingleses importados pelo Brasil continuaram com tarifas **aduaneiras** reduzidas. Depois da Inglaterra, outros governos da Europa e da América Latina reconheceram a independência do Brasil.

O baixo preço das mercadorias que ingressavam no Brasil desestimulava o desenvolvimento da produção industrial interna, provocando um crescente déficit no comércio internacional do país.

Essa situação fez com que o governo brasileiro recorresse a frequentes empréstimos, endividando-se cada vez mais e aumentando sua dependência econômica em relação à Inglaterra. Consolidava-se, assim, uma divisão das funções econômicas: o Brasil abastecia o mercado internacional de produtos primários e permanecia dependente do núcleo econômico capitalista, liderado pela Inglaterra.

A organização política do Estado

A organização do novo Estado coube a 90 deputados reunidos, em maio de 1823, em uma Assembleia Constituinte. A maioria deles (grandes proprietários de terra, membros da Igreja, juristas) defendia o estabelecimento de uma monarquia constitucional que garantisse os direitos individuais e limitasse os poderes do imperador. Não desejavam, contudo, promover alterações estruturais que afetassem o domínio aristocrático-escravista ou que dessem origem a um regime amplamente democrático.

Dois projetos elitistas de Constituição foram elaborados entre 1823 e 1824.

Em 1823, o deputado **Antônio Carlos de Andrada e Silva** (1773-1845), irmão de José Bonifácio (1763-1838), apresentou à Constituinte um projeto que previa a concessão do voto apenas aos eleitores que comprovassem ter renda superior ou equivalente a 150 alqueires de mandioca, segundo a quantidade de terras e escravizados. Esse projeto elitista, que impedia a participação política da grande maioria da população brasileira, ficou conhecido como a **Constituição da Mandioca**.

> **brigue**: veleiro de guerra, comum no século XIX.
> **aduaneiro**: referente a aduana ou alfândega, onde se cobram as taxas sobre as mercadorias importadas e exportadas.

Além do voto censitário, a Constituição da Mandioca estabelece a subordinação do Poder Executivo, exercido pelo imperador, e das Forças Armadas ao Poder Legislativo.

Ao propor a limitação do Poder Executivo, essa elite explicitava que seu projeto de país era diferente do defendido pelo imperador e por aqueles que o apoiavam.

Vendo seu poder limitado por essa proposta, dom Pedro dissolveu a Assembleia Constituinte e, em novembro de 1823, ordenou a prisão e o exílio dos irmãos Andrada. A seguir, nomeou um Conselho de Estado, formado por seis ministros e quatro personalidades políticas de sua confiança, brasileiros natos e juristas, para ajudá-lo a redigir a Constituição. Esta ficou pronta em março de 1824 e foi **outorgada**.

Entre outras determinações, a Carta estabelecia a monarquia hereditária, oficializava a religião católica, subordinava a Igreja ao controle do Estado e propunha uma nova divisão político-administrativa do território. As províncias passavam a ser governadas por presidentes nomeados pelo próprio imperador.

Como na Constituição da Mandioca, o voto era censitário. Tanto candidatos quanto eleitores deveriam comprovar determinada renda mínima anual, que variava conforme o cargo pretendido e a categoria de eleitor. Os eleitores de paróquia escolhiam os eleitores de província, responsáveis pela escolha dos deputados e senadores numa segunda eleição.

Considerando cidadãos todos os homens livres nascidos no Brasil ou naturalizados brasileiros, com igual acesso aos direitos civis, a Constituição de 1824 firmava diferenças quanto aos direitos políticos. Os cidadãos foram classificados em três grupos: os cidadãos passivos não alcançavam a renda suficiente para ter direitos políticos; os cidadãos ativos votantes tinham renda suficiente para votar, mas não para se candidatar; e os cidadãos ativos eleitores elegíveis tinham renda suficiente para votar e serem eleitos.

Combinando o constitucionalismo a mecanismos centralizadores, a Carta ainda estabelecia a separação do poder político em quatro poderes:

- **Executivo**, formado pelo imperador e por ministros de Estado, responsáveis pela execução das leis;
- **Legislativo**, constituído por Câmara de Deputados e Senado, encarregados da elaboração das leis;
- **Judiciário**, exercido por juízes e tribunais, que zelariam pelo cumprimento das leis e julgariam os infratores;
- **Moderador**, de atribuição exclusiva do imperador, que regularia os demais poderes.

> **outorgar**: dar, conceder. Uma lei outorgada é de autoria exclusiva do chefe do Executivo.

Coroação de dom Pedro como primeiro imperador do Brasil, de Jean-Baptiste Debret, 1828 (litografia).

Confederação do Equador: um outro projeto de país

A Constituição de 1824 restringia ou impedia a participação política dos grupos sociais menos favorecidos, mantendo a essência elitista da Constituição da Mandioca, mas diferenciando-se pela inclusão do Poder Moderador, exercido por dom Pedro.

O fechamento da Assembleia Constituinte e a imposição da Constituição de 1824 pelo imperador provocaram protestos em várias províncias, especialmente nas do nordeste do país. Além disso, crises como a do açúcar e do algodão, relacionadas à concorrência de outros produtores no mercado internacional, e os crescentes impostos determinados pelo governo central geraram um grande descontentamento na população.

Em Pernambuco, a população rebelou-se quando dom Pedro nomeou um novo presidente para a província. Os ideais republicanos da Revolução de 1817 ainda estavam vivos na memória dos pernambucanos; além disso, esse regime de governo estava sendo adotado em toda a América. Sob o comando do governador deposto, Manuel de Carvalho Paes de Andrade (c. 1774-1855), o movimento de caráter separatista, republicano e popular espalhou-se pela região, obtendo a adesão do Rio Grande do Norte, do Ceará, da Paraíba, de Alagoas e de Sergipe. Em outras províncias, como a do Piauí e a do Grão-Pará, também ocorreram manifestações de apoio.

Os rebeldes formaram a **Confederação do Equador**, extinguiram o tráfico negreiro e convocaram o recrutamento geral para enfrentar as tropas monárquicas.

Além de Paes de Andrade, os principais líderes do movimento foram Joaquim do Amor Divino Rabelo, mais conhecido como **Frei Caneca** (1779-1825), divulgador dos ideais republicanos em seu jornal, e **Cipriano Barata** (1762-1838), editor de vários jornais e veterano das insurreições de 1798, na Bahia, e de 1817, em Pernambuco.

Um dos participantes, o major Emiliano Felipe Benício Mundurucu, redigiu um manifesto por uma revolução de caráter radical, como a haitiana, atemorizando tanto aliados como inimigos da Confederação.

Para enfrentar os rebelados, dom Pedro acertou novos empréstimos com a Inglaterra. Os revoltosos foram brutalmente reprimidos, sofrendo ataques por terra e por mar. Dezesseis de seus líderes foram condenados à morte, mas a pena de enforcamento de Frei Caneca teve de ser mudada para a de fuzilamento: mesmo sob ameaça, os executores recusaram-se a enforcar o frade carmelita.

De vencedor a vencido: a abdicação de dom Pedro I

Os elevados gastos com a organização do Estado e a inexistência de uma significativa fonte nacional de recursos levaram o imperador a autorizar sucessivas emissões de dinheiro, desvalorizando a moeda circulante e produzindo crescente inflação. Em 1829, foi decretada a falência do primeiro Banco do Brasil.

A alta inflacionária barateava os produtos de exportação e encarecia as importações. Essa situação contribuiu para o aumento das hostilidades contra os portugueses, que controlavam boa parte do varejo e possuíam privilégios.

Confederação do Equador, confronto entre tropas rebeldes e forças legalistas na Batalha dos Afogados, Recife, 1824, representada em obra de Leandro Martins.

Reprodução/Instituto Histórico e Geográfico Brasileiro, Rio de Janeiro, RJ.

Sem um poder Legislativo até 1826, o governo autoritário de dom Pedro passou a descontentar a elite agrária e os grupos urbanos, desgastando as relações políticas entre eles. Muitos jornalistas, como Líbero Badaró (1798-1830) e Evaristo da Veiga (1799-1837), passaram a criticar a atuação do imperador. Em seus artigos, eles opunham-se ao autoritarismo do imperador e questionavam sua aproximação com os portugueses, acusando-o de antibrasileiro.

O governo, em contrapartida, passou a proteger a *Gazeta do Brasil*, jornal em que eram publicados textos de autoria do imperador criticando seus opositores. A *Gazeta* é considerada o primeiro jornal **subvencionado** na história da imprensa brasileira.

Duas situações agravaram a animosidade contra o imperador: a Guerra da Cisplatina e a Guerra da Sucessão Portuguesa.

A Cisplatina iniciou sua guerra de independência em 1825, contando com o apoio da Argentina, já independente, que desejava incorporá-la ao seu território. As sucessivas derrotas das forças brasileiras fizeram com que o governo imperial pedisse novos empréstimos aos bancos ingleses, o que aumentou a dívida externa do país e fragilizou a economia nacional. O conflito terminou em 1828, com a independência da província, que passou a constituir a República Oriental do Uruguai.

Em meio à Guerra da Cisplatina, a morte de dom João VI e a vacância do trono português reacenderam nos brasileiros o temor da recolonização. Pressionado, o imperador abdicou da Coroa portuguesa em favor de sua filha Maria da Glória (1819-1853), de 7 anos de idade. Até atingir a maioridade, ela seria substituída por um regente, seu tio dom Miguel I (1802-1866). Entretanto, dom Miguel proclamou-se rei de Portugal e dom Pedro reagiu, iniciando uma guerra contra o irmão, o que prejudicou os cofres brasileiros. Além das despesas, o recrutamento forçado de soldados provocou insatisfação e revolta entre a população mais pobre, que ansiava por melhores condições de vida. Enquanto isso, os enfrentamentos políticos no Brasil acirravam-se.

Em uma resposta violenta às críticas feitas ao imperador, seus aliados políticos assassinaram, em 1830, em São Paulo, o jornalista Líbero Badaró. Após esse episódio, manifestações contrárias ao despotismo imperial agitaram as províncias. Em Ouro Preto, Minas Gerais, o imperador foi recebido com faixas negras em sinal de luto pelo jornalista assassinado. Contudo, na volta ao Rio de Janeiro, ele foi recebido com manifestações de apoio organizadas por seus partidários, em sua maioria portugueses.

Em 13 de março de 1831, opositores do imperador saíram às ruas e entraram em confronto com seus partidários, que lhes atiravam garrafas e cacos de vidro; o incidente ficou conhecido como **Noite das Garrafadas**.

Para tentar se reconciliar com os brasileiros, dom Pedro nomeou um ministério liberal; mas era tarde demais para tal tentativa. Em seguida, destituiu o novo ministério e o substituiu por outro, de tendência centralizadora.

Com o apoio das tropas do Exército e da crescente movimentação popular, as pressões contra o imperador aumentaram. Em 7 de abril de 1831, ele se viu obrigado a abdicar do trono brasileiro em favor de seu filho dom Pedro de Alcântara, de apenas 5 anos de idade.

Dom Pedro embarcou para Portugal, onde enfrentou e venceu seu irmão dom Miguel, tornando-se o novo monarca português, com o título de dom Pedro IV. Em 1834, abdicou novamente do trono português em favor de sua filha, Maria da Glória, que passou a ser chamada Maria II.

A volta de dom Pedro a Portugal afastava definitivamente a ameaça de recolonização que assombrava o Brasil. Consolidada a independência, tinha início um período de transição política, em que, apesar das inúmeras manifestações contrárias, se concretizaria a hegemonia das elites agrária, comercial e burocrática.

subvencionado: que recebe ajuda ou incentivo, geralmente financeiro, do Estado.

O menino Pedro de Alcântara, de Armand Julien Pallière, c. 1830 (guache sobre papel). O herdeiro do trono do Brasil, com aproximadamente 4 anos de idade, é retratado brincando com um tambor de regimento.

3 Período regencial (1831-1840)

O período compreendido entre 1831 e 1840 é considerado por alguns historiadores como um dos mais agitados da história brasileira. Como dom Pedro de Alcântara era menor de idade, quando da abdicação de dom Pedro, decidiu-se que, em obediência à Constituição de 1824, o governo seria exercido por uma regência trina. Ainda segundo a Constituição, a eleição dos regentes deveria ser feita pela Assembleia Geral, que, naquele momento, estava em recesso.

Para contornar a situação, os deputados que estavam no Rio de Janeiro decidiram escolher uma regência provisória, até que os demais parlamentares retornassem à capital, e a eleição pudesse ser realizada.

A **Regência Trina Provisória**, formada por dois senadores e o brigadeiro Francisco de Lima e Silva (1785-1853), readmitiu o ministério demitido por dom Pedro e convocou eleições para escolher uma regência permanente — o que aconteceu em maio de 1831. Diogo Antônio Feijó (1784-1843) foi indicado para o Ministério da Justiça, tornando-se responsável por manter a ordem no país, reprimindo as crescentes rebeliões. Criou-se, logo no início do mandato, a **Guarda Nacional**, milícia formada por cidadãos ativos (brasileiros livres com posses), que passou a ser o principal instrumento do governo para reprimir levantes populares.

A concepção dessa organização paramilitar dos "cidadãos armados" ocorreu já no Primeiro Reinado, mas só se efetivou com a lei de 18 de agosto de 1831. Segundo o regulamento, ela era composta por todos os brasileiros entre 21 e 60 anos, desde que fossem "cidadãos ativos eleitores e elegíveis". Dessa forma, estava excluída a maioria da população. A Guarda Nacional só seria extinta em 1922.

O comando dessa milícia em cada município cabia a um **coronel**, patente geralmente vendida pelo governo a grandes fazendeiros ou comerciantes. Ao garantir, localmente, a ordem e os poderes existentes, eles assumiam papéis reservados ao Estado, ao mesmo tempo que defendiam seus interesses pessoais.

Durante a Regência, as elites dividiram-se em grupos, buscando preservar seus interesses e defender, cada qual, seu projeto para o Brasil. Surgiram três grupos políticos.

Os **restauradores**, também chamados **caramurus**, defendiam a volta de dom Pedro, eram favoráveis à centralização monárquica e contrários a reformas socioeconômicas. Esse grupo, liderado por José Bonifácio, era formado por comerciantes portugueses, militares conservadores e altos funcionários públicos.

Os **liberais moderados** ou **chimangos** opunham-se à volta do imperador, mas defendiam a ordem vigente, baseada no sistema monárquico e na escravidão. Também eram a favor da centralização do governo no Rio de Janeiro. Os principais líderes desse grupo eram membros da aristocracia rural que atuavam no governo regencial, como o padre Feijó, o jornalista Evaristo da Veiga e o político Bernardo Pereira de Vasconcelos (1795-1850).

O terceiro grupo, o de tendência mais radical no cenário político do período regencial, era o dos **liberais exaltados**. Defendiam a autonomia das províncias e a descentralização do poder imperial. Os integrantes mais radicais eram favoráveis ao fim da monarquia e à instauração da república, e suas propostas eram bem recebidas pelos setores menos favorecidos da sociedade. O grupo era composto por proprietários rurais, membros das classes médias urbanas e militares. O major do exército Miguel Frias (1805-1859) e o jornalista Cipriano Barata (1762-1838) estavam entre seus principais líderes.

Enquanto as elites se dividiam, em diversos setores da população cresciam as pressões por mudanças. Isso revela que, por baixo dos acordos que permitiram a continuidade do Império após a abdicação, outros projetos para o Brasil continuavam ativos.

Em 1834, o governo promulgou o **Ato Adicional**, estabelecendo alterações na Constituição de 1824 que procuravam conciliar as tendências políticas dos moderados com a dos exaltados. O ato também criava as Assembleias Legislativas Provinciais e substituía a Regência Trina pela Regência Una, cujo regente deveria ser eleito pelos eleitores de província. Além disso, suspendia o Poder Moderador até a maioridade do novo imperador.

Feijó, de orientação mais liberal e descentralizadora, foi regente de 1835 a 1837, e Araújo Lima (1793-1870), de caráter conservador e centralista, entre 1837 e 1840.

Durante os anos da Regência Una, surgiram duas forças políticas: o **Partido Liberal**, cuja base social era formada pela classe média urbana, clérigos e proprietários rurais do sul e do sudeste e de tendência denominada progressista; e o **Partido Conservador**, formado em sua maioria por grandes proprietários rurais, comerciantes, magistrados e burocratas, de tendência chamada regressista.

Os liberais eram favoráveis à manutenção da autonomia provincial conquistada com a criação das Assembleias Legislativas e apoiavam o governo Feijó. Os conservadores eram mais centralistas e se posicionavam contra qualquer questionamento à ordem social, política e econômica vigente.

Em 1840, os liberais, que lutavam para recuperar o poder, perdido com a regência de Araújo Lima, fundaram o **Clube da Maioridade**, para reivindicar a antecipação da maioridade do príncipe dom Pedro, na época com 14 anos. Eles defendiam que a presença do imperador no trono poderia por fim às revoltas regionais em curso, afastando o fantasma da fragmentação política e territorial do país.

De acordo com a Constituição de 1824, dom Pedro de Alcântara só poderia ser coroado aos 21 anos; mas uma modificação no Ato Adicional, de 1834, já havia reduzido a maioridade para 18 anos. Assim, em maio de 1840, os liberais apresentaram uma nova proposta à Câmara para antecipar o início do governo do príncipe. Essa manobra política ficou conhecida como Golpe da Maioridade e representou uma vitória da ala liberal — e também o fim do Período Regencial. No entanto, a tendência centralizadora que se manifestara no final da Regência permaneceu no período seguinte, conhecido como **Segundo Reinado**.

A coroação de dom Pedro II ocorreu em julho de 1841, no Rio de Janeiro.

Rebeliões regenciais

Sob as regências de Feijó e de Araújo Lima ocorreram diversas revoltas no país. As rebeliões questionavam a centralização política e o excesso de tributos, instituídos para organizar e manter o novo Estado. Também criticavam a situação de miséria em que se encontrava a maioria da população e reivindicavam liberdade e acesso às decisões políticas.

A Revolta de Carrancas (Minas Gerais, 1833)

Pouco conhecida, essa revolta tem chamado a atenção dos pesquisadores pelas penas aplicadas aos escravizados que se rebelaram. No total, foram 16 condenados à morte por enforcamento – o maior número durante todo o Império.

Considerada a maior revolta escrava da província de Minas Gerais, a Revolta de Carrancas instaurou um clima de terror na região, com a invasão das sedes das fazendas e a morte de fazendeiros e familiares.

O levante teve início na freguesia de Carrancas, que era então uma região estratégica, próxima das estradas que ligavam Minas Gerais às províncias de São Paulo e do Rio de Janeiro. Centrou-se nas fazendas da família Junqueira e ocorreu durante disputas políticas regionais entre restauradores e liberais moderados. Lutando contra a aplicação de castigos e por liberdade, a revolta teve como líder principal o escravizado **Ventura Mina**.

A Revolta dos Malês (Bahia, 1835)

Malê era um termo usado para designar os africanos muçulmanos que sabiam ler e escrever em árabe. De acordo com o historiador João José Reis, "o termo malê deriva de *imale*, que significa 'muçulmano' em iorubá". (REIS, João José. O sonho da Bahia muçulmana. *Revista de História*. Disponível em: <www.revistadehistoria.com.br/secao/dossie-imigracao-italiana/o-sonho-da-bahia-muculmana>. Acesso em: 31 jan. 2017.)

Na preparação do levante que ficou conhecido como Revolta dos Malês, escravizados muçulmanos, liderando grupos de escravizados de outras crenças, organizaram-se para tomar o poder em Salvador e instalar "uma Bahia só de africanos". Há quem afirme que um dos projetos do movimento era escravizar não apenas os brancos, mas também os mestiços, vistos como cúmplices dos senhores.

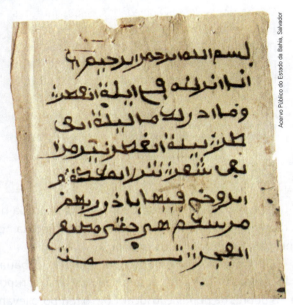

Os malês que participaram da revolta de 1835 utilizavam amuletos contendo textos do Alcorão em árabe, como este da imagem.

A rebelião durou alguns dias, nos quais não houve invasões, saques ou atentados. Mesmo assim, as forças do governo reprimiram a revolta com violência.

A repressão estancou a adesão ao levante em Salvador e impediu que os revoltosos realizassem seu plano de chegar até os engenhos e libertar os negros da zona rural. Derrotados, quase todos os africanos que aderiram à revolta, cerca de 600, foram punidos com rigor: alguns dos líderes foram executados, e os demais, castigados publicamente com açoites, prisões e deportações.

Assim como a Revolta de Carrancas em Minas, a Revolta dos Malês aumentou os temores de haitianismo na Bahia. Haitianismo era como o governo e as elites passaram a chamar os levantes de escravizados após a Revolução Haitiana.

[...] A todos consta que as doutrinas Haitianas são aqui pregadas com impunidade; que os escravos são aliciados com o engodo da liberdade, e concitados por espíritos vertiginosos, nacionais e estrangeiros, dentro e fora da província, para romper nas mesmas comoções, de que estão os da Bahia dando funestíssimo exemplo: que há na Corte Sociedades secretas que trabalham sistematicamente nesse sentido; que têm cofres para os quais contribui grande número de sócios de cor, livres e cativos; que desses cofres saem os subsídios com que se entretêm e mantêm emissários, encarregados de propagar doutrinas subversivas pelos escravos das fazendas de lavoura, onde se introduzem a título de mascates ou pombeiros! Os membros dessas Sociedades, e seus fautores, nacionais e estrangeiros, são indigitados pela voz pública... e todavia parece que a administração policial da Corte ou tudo ignora, ou estranhamente descuidada dorme sobre a cratera do vulcão! E entretanto o incêndio já lavra perto da porta! [...]

Aurora Fluminse, 27 de março de 1835. Apud ANDRADE, Marcos Ferreira de. Imprensa moderada e escravidão: o debate sobre o fim do tráfico e o temor do haitianismo no Brasil Regencial (1831-1835). Disponível em: <www.escravidaoeliberdade.com.br/site/images/Textos4/marcosferreiradeandrade.pdf>. Acesso em: 16 maio 2017.

Cabanagem (Grão-Pará, 1835-1840)

O ponto de partida da Cabanagem, ocorrida no Grão-Pará, foi a divisão da elite local em torno da nomeação do presidente da província.

O nome do movimento derivou das cabanas construídas na beira dos rios, em que viviam os grupos mais pobres da população local. Com o tempo, o levante também contou com a adesão de outros grupos da região, formados por indígenas e negros escravizados.

[...] eram os "Tapuias" (termo utilizado na Amazônia para os índios que já eram cristãos e mantinham contatos pacíficos com os brancos, à diferença dos "índios bravos"), os negros escravos, os grupos indígenas diversos e a população cabocla ribeirinha, sendo os "Tapuios" majoritários na revolta. Aliados a pequenos proprietários, foreiros e outros trabalhadores explorados [...] constituíram revoltas populares no norte do Brasil contra interesses políticos conservadores. As diferentes trajetórias sociais dos integrantes das revoltas determinaram as lutas e as contradições que marcaram as várias fases da Cabanagem. [...]

OLIVEIRA, João Pacheco de; FREIRE, Carlos Augusto da Rocha. A presença indígena na formação do Brasil. Brasília: Ministério da Educação, Secretaria de Educação Continuada, Alfabetização e Diversidade; LACED/Museu Nacional, 2006. p. 90.

A cidade de Belém, que, em meados do século XIX, era controlada por uma elite de comerciantes, formada sobretudo por portugueses, foi tomada pelos rebeldes. Ali, eles assumiram o governo da província e decidiram proclamá-la independente.

O movimento, de caráter predominantemente popular, fracassou pela traição de vários participantes e pela falta de consenso entre os líderes quanto aos rumos do governo da província.

A Cabanagem foi violentamente sufocada por tropas governamentais enviadas à região. A "pacificação" em 1840 custou a vida de aproximadamente 20% da população total da província.

Memorial da Cabanagem, em Belém (PA). A obra, de Oscar Niemeyer, foi inaugurada em 1985.

Revolução Farroupilha (Rio Grande do Sul, 1835-1845)

A Revolução Farroupilha foi uma tentativa de separar a província do Rio Grande do Sul do Império do Brasil. Também conhecida como Guerra dos Farrapos, foi a mais longa rebelião brasileira. Dela fizeram parte os estancieiros — fazendeiros de gado da região —, que lideravam as tropas, e a população pobre, que compunha a maioria do grupo insurgente. A Guerra dos Farrapos recebeu esse nome em função dessa população pobre, que vivia "em farrapos".

O levante teve início em 1835, quando Bento Gonçalves, filho de um estancieiro do Rio Grande do Sul, tomou a cidade de Porto Alegre e depôs o presidente da província.

Os rebeldes reivindicavam maior autonomia provincial e a redução dos tributos sobre o charque gaúcho, que os impedia de competir em igualdade com o charque da região do Prata. Outros subprodutos do gado, como o couro e o sebo, enfrentavam obstáculos semelhantes.

No ano seguinte, os revoltosos proclamaram a República Rio-Grandense, com sede na Vila Piratini. A revolta alastrou-se pelo sul do país, atingindo Santa Catarina, onde foi proclamada a República Juliana, com o auxílio de Davi Canabarro e Giuseppe Garibaldi, líder revolucionário italiano que participou ativamente do movimento.

Diante da repressão empreendida pelo governo central durante o Segundo Reinado, a rebelião entrou em declínio. O acordo de paz garantia anistia geral aos revoltosos e o atendimento de algumas reivindicações que originaram o conflito. Por sua importante atuação nesse período, o barão de Caxias recebeu o título de Pacificador do Império.

Sabinada (Bahia, 1837-1838)

Em Salvador, a revolta contra as dificuldades econômicas da província da Bahia expressava o descontentamento da população local contra as determinações do governo. O estopim foi o recrutamento forçado, em 1837, para lutar contra os participantes da Revolução Farroupilha no Rio Grande do Sul. A Sabinada defendia a liberdade dos escravizados "crioulos" (nascidos no Brasil) que apoiassem a revolução.

O nome do movimento teve origem em seu principal líder, o médico Francisco Sabino Barroso (1796-1846). Os revoltosos conquistaram o poder na província e proclamaram a **República Baiense**. Decidiram manter o governo republicano e independente até que o príncipe dom Pedro pudesse assumir o trono, o que deveria ocorrer em 1843.

As tropas regenciais, com a ajuda dos senhores de engenho da região do Recôncavo, fiéis ao governo do Rio de Janeiro, cercaram e venceram os revoltosos em Salvador, em 1838. Milhares foram aprisionados e executados, entre eles os líderes mais expressivos do movimento.

A Revolta de Manoel Congo (Paty do Alferes, 1838)

Outra revolta que merece destaque aconteceu, em 1838, em Paty do Alferes, nas imediações de Vassouras, na província do Rio de Janeiro: a Revolta de Manoel Congo.

Mais de duas centenas de escravizados fugiram das fazendas da região e enfrentaram as forças da Guarda Nacional e do Exército, sob o comando de Luís Alves de Lima e Silva (1803-1880). Vencidos após alguns dias de combate e resistência, 60 rebelados foram condenados a receber 50 açoites diários durante 13 dias e a andar com ferros no pescoço sob a vigilância de seu senhor. Por sua liderança, Manuel Congo foi condenado à forca e executado em novembro de 1839.

Balaiada (Maranhão, 1838-1841)

A economia maranhense na época da revolta enfrentava grandes dificuldades em razão da concorrência do algodão estadunidense no mercado internacional. A situação dos pobres e miseráveis da região só piorava. Estima-se que no século XIX os escravizados compusessem mais da metade da população da província.

Essa população pobre passou a contestar os privilégios dos grandes proprietários de terra e comerciantes portugueses e a exigir melhores condições de vida. O movimento logo se alastrou do Maranhão para o Piauí.

Os principais líderes rebeldes foram o vaqueiro Raimundo Gomes, o "Cara Preta"; Manuel dos Anjos Ferreira, o "Balaio" — fabricante de cestos cujo apelido inspirou o nome da revolta —; e o negro Cosme Bento, que liderou uma força de cerca de 3 mil escravizados. Os balaios, que chegaram a ocupar a Vila de Caxias, importante centro urbano da província, pretendiam tomar também a capital, São Luís.

O movimento foi derrotado pelas tropas do governo sob o comando do coronel Luís Alves de Lima e Silva, que, graças a essa vitória, recebeu o título de barão de Caxias. Cosme Bento foi enforcado e os negros rebelados foram novamente escravizados.

Leituras

Negros rebeldes em Minas Gerais

Nos textos a seguir, o historiador Marcos Ferreira de Andrade destaca a diversidade étnica e cultural dos participantes da Revolta de Carrancas e dá exemplos de como eles se aproveitaram das disputas políticas da elite regional.

[...] Os escravos da família Junqueira se apropriaram, a seu modo, do contexto de disputas entre a elite que estava colocado naquele instante. Apropriaram-se até mesmo dos apelidos que os membros da elite utilizavam para desqualificar ou enquadrar seus oponentes. O depoimento de Maria Joaquina do Espírito Santo, mulher parda, agregada e moradora na fazenda Bom Jardim, é revelador, nesse aspecto. O grupo de escravos, liderados por Ventura, que se dirigiu para aquela fazenda, na noite do dia treze, passou pela casa da testemunha. Depois de ameaçá-la, exigiu que lhes entregasse logo as espingardas que havia na casa. Um dos escravos que fazia parte do grupo, o preto Antônio Benguela, "pulava no seu terreiro e batia nos peitos dizendo para ela e seu companheiro: *Vocês não costumam falar nos caramurus, nós somos os caramurus, vamos arrasar tudo*". [...]

ANDRADE, Marcos Ferreira de. *Imprensa moderada e escravidão*: o debate sobre o fim do tráfico e temor do haitinismo no Brasil Regencial (1831-1835). Disponível em: <www.escravidaoeliberdade.com.br/site/images/Textos4/marcosferreiradeandrade.pdf>. Acesso em: 16 maio 2017.

[...] Dos 31 escravos indiciados no processo de insurreição de 1833, dos quais constam referência à origem, nove (29%) eram crioulos, 17 (54%) eram africanos procedentes da África Centro-Ocidental e dois, da África Ocidental. Embora a revolta de Carrancas contasse com a participação majoritária de escravos de origem africana, o envolvimento dos crioulos foi bastante significativo, sendo que dois deles foram processados como "cabeças" no crime de insurreição. [...]

A diversidade étnica e o número expressivo de crioulos em algumas propriedades dos Junqueira também não representaram um impedimento para que os escravos se tornassem "parceiros" e a experiência do cativeiro e a expectativa da liberdade parecem ter sido os elementos que contribuíram para a associação entre os cativos. [...]

ANDRADE, Marcos Ferreira de. *Rebeliões escravas no Império do Brasil*: uma releitura da revolta de Carrancas – Minas Gerais – 1833. Disponível em: <www.escravidaoeliberdade.com.br/site/images/Textos5/andrade%20marcos%20ferreira%20de.pdf>. Acesso em: 16 maio 2017.

4 Os excluídos dessa história

A grande mudança política representada pela independência não implicou transformações significativas na ordem social e econômica do novo Estado. Entre os setores marginalizados da sociedade, não houve mudanças expressivas, por exemplo, nas condições de vida dos negros, exceto pela participação de alguns em batalhões formados nas guerras de independência ou nas rebeliões regenciais. Muitos conseguiram conquistar a liberdade por sua participação nesses conflitos.

Os indígenas também continuaram fora de toda a movimentação política do Império. Eles eram considerados um obstáculo para o projeto almejado pelas elites, um grupo social "inferior" que atrapalhava as suas atividades econômicas.

José Bonifácio e alguns outros humanistas desejavam promover a integração do indígena à sociedade. Entretanto, os estudos e debates que ele promoveu não receberam muita atenção do Estado. Ao contrário, o recém-construído Estado nacional preferiu adotar políticas que incentivavam a imigração de europeus, intencionando, com isso, a "europeização" da população brasileira. Apenas no final do século XIX começou a ser questionada com mais vigor a ideia, até então predominante, de que negros e indígenas eram inferiores aos europeus.

Como vimos anteriormente, a atitude desses povos discriminados, contudo, não era de passividade. À margem das fronteiras da sociedade dominante, onde acabava o alcance do poder do Estado e dos proprietários, começavam terras distantes e relativamente livres para indígenas, negros e mestiços. Esses grupos promoviam saques, atacavam povoações e faziam emboscadas contra expedições governamentais. Os "brancos" viviam, assim, em constante alerta diante da ameaça de que essa contínua guerra socioétnica se espalhasse e destruísse a ordem estabelecida.

Em relação aos indígenas, dom Pedro I seguiu a política que seu pai, dom João VI, adotara no Brasil, empreendendo uma guerra de extermínio contra os Botocudo e os Caingangue. Outra prática de controle por eles utilizada, o aldeamento dos sobreviventes em colônias-presídio, resultou na morte da maioria dos confinados. Portanto, os levantes e confrontos de indígenas com a nascente civilização brasileira continuaram. Após a independência, os africanos e seus descendentes escravizados continuaram sendo a força produtiva: eram eles que realizavam todo tipo de trabalho braçal, considerado degradante na época. Segundo a mentalidade vigente, era considerado vergonhoso uma pessoa de boa posição social ser vista trabalhando, ou mesmo carregando alguma mercadoria ou objeto volumoso.

Com o crescimento das cidades, a figura do **escravizado de ganho** passou a ser muito comum. Tipicamente urbanos, esses escravizados desempenhavam vários serviços, até mesmo de higiene pessoal e saúde. Ao final do dia ou da semana, eles deviam entregar ao seu senhor — ou à sua senhora — a quantia de dinheiro recebida pelos serviços prestados a terceiros. Caso essa quantia ultrapassasse o valor estipulado, os escravizados podiam ficar com o excedente; mas, caso ficasse aquém do valor, eles recebiam castigos físicos severos.

Assim, apesar do risco dos castigos, a escravidão urbana permitia que o escravizado de ganho comprasse sua própria alforria, com o dinheiro economizado ao longo do tempo. Alguns forros, como eram chamados os alforriados, chegavam a comprar escravizados para alugar. Outros se tornaram oficiais nas Forças Armadas. Nesse caso, os forros lideravam apenas regimentos negros, pois os soldados brancos não aceitavam ser comandados por oficiais negros.

O fenômeno dos quilombos, iniciado no período colonial, continuou no Império. Longe de ser uma prática isolada de resistência, o ato de fugir e organizar comunidades fora do alcance do poder do Estado ou dos proprietários era mais frequente do que se supunha na época. Os dados citados pelo antropólogo Kabengele Munanga, nascido na República do Congo e radicado no Brasil, demonstram que os quilombos foram uma prática de resistência comum e constante, e que muitas comunidades remanescentes dos quilombos perduram até os dias atuais.

Em 2013, de acordo com dados da Fundação Cultural Palmares, havia mais de 2 600 comunidades remanescentes de quilombos no Brasil, espalhadas em pelo menos 24 estados. A população quilombola no país era superior a 1 milhão de pessoas: mais de 200 mil famílias, muitas das quais ainda lutam pelo reconhecimento oficial de suas terras. (Dados disponíveis em: <www.palmares.gov.br/wp-content/uploads/2015/09/QUADROGERAL.pdf>. Acesso em: 16 maio 2017.)

Como vimos, ocorreram várias revoltas de escravizados e, para enfrentá-las, o Código Criminal de 1830 previa a pena de morte para os líderes dessas insurreições, caracterizadas como tais sempre que reunissem vinte ou mais cativos em rebelião. Uma lei de junho de 1835, meses após a Revolta dos Malês, reforçou esse espírito punitivo, determinando julgamento sumário e forca para os que atentassem contra a vida de seus senhores, feitores e familiares. Mesmo sob essa forte ameaça, as revoltas de escravizados continuaram a ocorrer.

A constante vigilância das forças policiais contra negros e mestiços também levou a outras formas de organização não violentas durante o período regencial. Muitos negros aproveitavam as práticas do catolicismo para se reunir e se ajudar mutuamente, e ainda para preservar suas tradições africanas em irmandades e confrarias. Na confraria de Nossa Senhora do Rosário dos Pretos, por exemplo, nas províncias do nordeste do país, realizavam-se festas em que eram eleitos e coroados os reis do Congo.

Escravos de ganho, de Joaquim Cândido Guillobel, 1812 (aquarela). Note os pés descalços do escravizado representado pelo artista. O uso de sapatos era um indicador que diferenciava negros forros dos escravizados, proibidos de calçá-los.

A construção do Estado brasileiro 429

A construção da identidade como forma de resistência

A interação entre o colonizador europeu e os escravizados africanos na América portuguesa ocorreu tanto nas relações de trabalho como nas atividades que perpassavam o campo cultural. Dessas relações surgiram diversas manifestações, como a festa da coroação dos reis negros, realizada nos quilombos e nas irmandades.

Reis do Congo

Os reis do Congo, também conhecidos como reis negros, expressavam ligações simbólicas entre os afro-brasileiros, seus antepassados e as estruturas políticas africanas. Essas festas faziam referência às chefias ancestrais africanas e aos ritos de fidelização da comunidade para com seus reis e rainhas.

Coroação de um rei nos festejos de reis, de Carlos Julião, c. 1776 (aquarela).

Irmandades

As irmandades eram associações religiosas laicas que promoviam o culto e a assistência solidária entre seus integrantes no plano econômico e espiritual. Também buscavam prestar assistência a doentes, presos e desamparados. Membros das irmandades recebiam os donativos que iriam arcar com os custos das festas, dos cultos e de toda a assistência.

Coleta para manutenção da Igreja do Rosário por uma irmandade negra, de Jean-Baptiste Debret, 1839 (litografia).

A festa

A festividade era animada por instrumentos musicais africanos, como oboés e tambores, acompanhados por danças típicas. Os participantes seguiam o rei e a rainha, eleitos entre a comunidade, e marchavam dançando e cantando versos feitos para a ocasião. Os indicados ao trono podiam ser escravizados ou alforriados. As roupas do rei, da rainha e de sua corte eram muito coloridas, assim como as coroas, cetros e outras insígnias, símbolos do poder real, feitas de papelão e geralmente forradas com papel de cores vibrantes.

Festa de Nossa Senhora do Rosário, de Johann Moritz Rugendas (litografia presente na obra *Viagem pitoresca ao Brasil*, do início do século XIX).

Discriminação

As festividades realizadas pelas comunidades negras tiveram ora condenação, ora aceitação pela administração senhorial. Foram vistas com desconfiança, uma vez que permitiam comportamentos tradicionalmente proibidos aos escravizados, como a manifestação pública de danças e cantos. Em alguns casos, os cortejos de coroação de um rei negro, organizados pelas irmandades nas festas de seus santos padroeiros, eram aceitos como forma de promover a inclusão dos escravizados e aproximá-los da sociedade colonial.

Comemoração do Dia da Consciência Negra, na cidade do Rio de Janeiro. Foto de 2013.

Novas identidades

Nessa construção de novas identidades estão, por exemplo, os ajustes que as imagens dos santos do culto católico ganharam dos cultos afro-brasileiros, com significados e papéis semelhantes aos das imagens e objetos usados nas religiões tradicionais africanas.

> [...] Dessa forma, os elementos da cultura dominante de origem europeia, ao serem incorporados pelas comunidades afrodescendentes, receberam sentidos por elas criados. [...]

SOUZA, Marina de Mello e. *Catolicismo negro no Brasil*: Santos e Minkisi, uma reflexão sobre miscigenação cultural. *Afro-Ásia*, n. 28, p. 125-146, 2002. Disponível em: <https://portalseer.ufba.br/index.php/afroasia/article/view/21046>. Acesso em: 16 maio 2017.

Atividades

Retome

1. A historiografia atual considera que tanto o processo de emancipação política do Brasil como o de construção do Estado nacional brasileiro não foram pacíficos. Explique.

2. A respeito da Constituição outorgada em 1824:

   a) Caracterize-a, identificando seus principais pontos em relação à forma de governo do Brasil, à divisão administrativa e à organização do poder político.

   b) Que pontos mostravam a existência de uma tendência centralizadora por parte de dom Pedro I? Explique.

3. Por que a Confederação do Equador constituía "outro projeto de país"? Qual foi a reação do governo central diante desse movimento? Explique.

4. O que significava o "temor em relação ao haitianismo"? Em que contexto esse temor emergiu? Se necessário, releia o trecho do artigo publicado no *Aurora Fluminense*, em 1835, reproduzido neste capítulo, para responder à questão.

Pratique

5. Sobre "a montagem" do Estado nacional, leia os textos a seguir. Depois faça o que se pede.

   > [...] Ao contrário de uma versão predominante de modo difuso no senso comum [...], a independência do Brasil não foi uma dádiva nem se fez de forma pacífica [...]. Um dos episódios cruciais da História do Brasil neste momento foi a guerra da independência na Bahia que durou um ano e quatro meses, [...] envolvendo, somente do lado brasileiro, cerca de 10 mil combatentes de armas na mão [...].
   >
   > [...] a guerra da independência na Bahia [...] não se dava de forma maniqueísta entre dois campos homogêneos, o brasileiro e o português [...]. Mas foi um embate no qual se enfrentavam (e às vezes se aliavam), no interior do chamado campo brasileiro, pelo menos três grandes tendências ou grupos: os proprietários de terras, engenhos e escravos; os representantes do viés monárquico-absolutista e da centralização imperial; e os escravos que no interior do combate lutavam contra a escravidão. [...]
   >
   > MOREL, Marco. Prefácio. In: TAVARES, Luís Henrique Dias. *Independência do Brasil na Bahia*. Salvador: EDUFBA, 2005. p. 13, 16.

   > [...] Nas lutas pela independência, a participação de escravos e libertos foi extremamente significativa, tendo esse contingente se tornado um verdadeiro "partido negro", como enfatizam alguns historiadores, à frente dos quais João José Reis. Posicionados contra os portugueses, certamente por enxergarem a libertação do domínio lusitano como real possibilidade do fim do escravismo e do rompimento das barreiras raciais, eles entretanto tiveram, na Bahia assim como em todo o Brasil, suas expectativas frustradas. Por volta de 1835, para uma população de 65 500 habitantes, Salvador tinha cerca de 36 mil escravos (mais da metade africanos) [...].
   >
   > LOPES, Nei. *Enciclopédia brasileira da diáspora africana*. 4. ed. São Paulo: Selo Negro, 2011. (e-book.)

   a) Por que o historiador Marco Morel diz que a guerra de independência na Bahia não ocorria de modo "maniqueísta"? Que grupos se enfrentavam e às vezes se aliavam durante o conflito?

   b) Nei Lopes nos informa sobre o papel dos escravizado e libertos na Bahia, recrutados para lutar a favor da independência. Que interesse esses dois grupos tinham em lutar pela independência do Brasil?

   c) Você diria que os textos apresentam a mesma visão a respeito do papel dos escravizados nas lutas de independência na Bahia? Por quê?

6. Leia o texto a seguir, observe a imagem e faça as atividades propostas.

   > [...] nem todos os escravos barbeiros eram ambulantes. Existiam aqueles que desempenhavam a sua profissão instalados em lojas situadas em diversos pontos da cidade. Se bem que nestas lojas trabalhassem muitos negros libertos, pode-se dizer que um considerável número de escravos de ganho estava entre os seus empregados. A clientela desses barbeiros de loja era bastante variada e incluía muitos brancos e livres. Além de cortarem cabelo e fazerem barba, eles também ofereciam outros serviços a seus fregueses. Segundo Debret e o Reverendo Walsh, eram exímios cirurgiões e sangradores muito habilidosos com o bisturi, faziam aplicações de sanguessugas [...] e ainda arrancavam dentes. [...]
   >
   > Entre os indivíduos que tratavam das doenças dos escravos e da população livre pobre também estavam os curandeiros e os cirurgiões negros, muitos dos

quais cativos, aproveitados pelos seus senhores como escravos de ganho. [...] os cirurgiões especializavam-se na realização de sangramentos através das aplicações de ventosas, mas também receitavam alguns remédios à base de ervas a seus pacientes. [...]

SOARES, Luiz Carlos. O "povo de Cam" na capital do Brasil: a escravidão urbana no Rio de Janeiro do século XIX. Rio de Janeiro: Faperj/7 Letras, 2007. p. 132-133.

O cirurgião negro, de Jean-Baptiste Debret, 1826 (aquarela).

a) Como era a vida dos escravizados de ganho e por que eles recebiam esse nome?
b) Quem era a clientela das "lojas de barbeiro" e que serviços os escravizados que trabalhavam nesses estabelecimentos prestavam à população?
c) Ao observar a cena representada por Debret, procure identificar que serviço "o cirurgião negro" em questão está realizando. Depois, imagine que tipo de conhecimento ele precisava ter para exercer a função retratada na cena.

Analise uma fonte primária

7. Em 1836, os farroupilhas proclamaram a República Rio-Grandense, cuja capital passou a ser ser a Vila Piratini. O trecho a seguir faz parte do manifesto declarado e assinado por José Gomes de Vasconcelos Jardim (1773-1854), presidente da República Rio-Grandense durante a Guerra dos Farrapos.

Rio-grandenses, quebrou-se o cetro da tirania, com que desde largo tempo nos oprimia o Governo do Brasil. [...]

As bases do grande edifício social estão já levantadas; o resto depende de vossas virtudes, vossa constância, vosso nobre coração e vosso patriotismo. Sustentai pois vossa obra; conheça o mundo que os rio-grandenses são donos da liberdade, unamo-nos, caros compatriotas, para destruir os inimigos do nosso sossego e da nossa prosperidade.

A causa que defendemos é a causa da justiça contra a iniquidade, é a causa dos povos contra seus opressores, e enfim é a causa dos rio-grandenses livres contra os escravos de uma corte viciosa e corrompida. Unamo-nos outra vez, vos digo, e os pendões da República tremularão triunfantes em toda sua redondeza.

[...]

Palácio do Governo de Piratini, 6 de novembro de 1836. José Gomes de Vasconcelos Jardim.

Manifesto referente à proclamação da República Rio-Grandense. Disponível em: <www.efecade.com.br/1836-republica-rio-grandense>. Acesso em: 16 maio 2017.

a) A que espécie de tirania o manifesto se refere?
b) Relacione a frase "unamo-nos, caros compatriotas, para destruir os inimigos [...] da nossa prosperidade" às principais motivações farroupilhas.

Articule passado e presente

8. Após a independência política em relação a Portugal, diferentes projetos de país foram pensados no Brasil. Muitos deles foram combatidos pelo governo central, e, com o passar do tempo, a unidade do país foi garantida. Isso se fez, infelizmente, com a exclusão de alguns segmentos e de algumas demandas sociais. Pensar em novos projetos para um país ou para uma comunidade não é fácil. Para refletir mais sobre isso, analise a charge a seguir e, depois, faça o que se pede.

Charge de Laerte, publicada em 14 de outubro de 2014.

a) A que tipo de "mudança" a charge se refere?
b) Que elemento é usado por Laerte para fazer a crítica e garantir o humor? Explique.
c) Considerando o cenário brasileiro e os eventos que são noticiados todos os dias em reportagens e na mídia em geral, responda: Você concorda com a crítica feita na charge? Justifique sua resposta.
d) Se você e seus colegas fossem refletir sobre um possível "novo projeto" para o município em que vivem, ou seja, algo que pudesse melhorar a vida de seus habitantes, em que projeto vocês pensariam? Que ações e que elementos fariam parte dele? Façam uma lista com os principais tópicos do projeto.

A construção do Estado brasileiro 433

CAPÍTULO 26 — O Brasil no Segundo Reinado

Luiz Gama nasceu em Salvador no ano de 1830. Era filho de uma africana livre e de um português. Aos 10 anos de idade, foi vendido como escravizado por seu pai. Trabalhando como escravizado doméstico no Rio de Janeiro, ele aprendeu a ler e a escrever. Autodidata, após conquistar sua liberdade, estudou Direito e tornou-se rábula – pessoa que recebia autorização para exercer a advocacia sem possuir diploma. Ao falecer, em 1882, Luiz Gama era um dos maiores advogados abolicionistas do Brasil.

Em 2015, em uma homenagem póstuma e simbólica – e bastante elogiada pela imprensa –, Luiz Gama recebeu da Ordem dos Advogados do Brasil (OAB) o título de advogado. Um de seus tataranetos esteve presente na cerimônia.

A questão da abolição, a expansão do café e os conflitos externos na região do Prata foram algumas das marcas do Segundo Reinado no Brasil. Um período que, de forma geral, em um processo de favorecimento das elites, consolidou a centralização política no país.

Para diversos pesquisadores, o Brasil ainda "paga o preço" por ter sido escravista por mais de trezentos anos. O que você reconhece no Brasil contemporâneo como uma herança escravista? O que pode ser feito para nos livrarmos dela?

1. Aspectos gerais do Segundo Reinado

O **Segundo Reinado** teve início com a antecipação da maioridade de dom Pedro II, em 1840. Esse período pode ser considerado o apogeu da monarquia brasileira, representante dos interesses das elites.

Após o Golpe da Maioridade, dom Pedro II governou ora com o apoio do Partido Liberal, ora com o apoio do Partido Conservador — ou com o apoio de ambos, como no período da conciliação, entre 1853 e 1858. Em seu reinado, a centralização política, iniciada em 1837, permaneceu, e os movimentos sociais que colocavam a ordem monárquica ou a unidade territorial em risco foram "pacificados".

A manutenção da ordem socioeconômica colonial marcou a economia e a sociedade brasileiras durante o Segundo Reinado. Para isso, foi fundamental o apoio das elites escravistas exportadoras, principalmente a açucareira e a cafeeira. Entretanto, apesar de certa continuidade entre o período colonial e o Império, novas forças sociais emergiram a partir da segunda metade do século XIX, com o início da urbanização e da industrialização no país.

O cacau e a borracha, de alto valor comercial no mercado externo, destacaram-se na produção agrícola brasileira.

Ao mesmo tempo que o caráter elitista permanecia na esfera política, a economia tornava-se mais racional e produtiva. O sudeste tornou-se o novo polo econômico do país, com grande crescimento populacional e mudanças na estrutura etnossocial: a mão de obra escravizada foi gradualmente substituída pela assalariada, constituída basicamente de imigrantes.

Na contagem total da população entre as décadas de 1850 e 1880, o aumento progressivo do número de brancos e de pessoas livres revelava esse processo. Contudo, os trabalhadores imigrantes, assim como os escravizados e os homens livres e pobres da população, encontravam-se excluídos dos mecanismos de poder do Estado brasileiro e também da oportunidade de participar das riquezas do país.

Reprodução/*O Mequetrefe*, 9 jan. 1878.

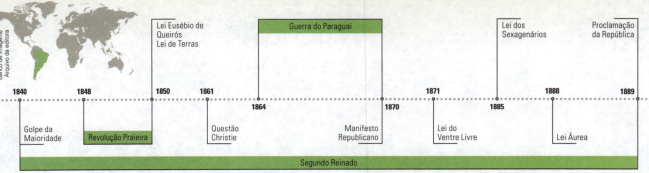

Com sua política diplomática, dom Pedro II sustentava e, ao mesmo tempo, manipulava os partidos Liberal e Conservador. Charge de 1878.

Onde e quando

- 1840 — Golpe da Maioridade
- 1848 — Revolução Praieira
- 1850 — Lei Eusébio de Queirós / Lei de Terras
- 1861 — Questão Christie
- 1864–1870 — Guerra do Paraguai
- 1870 — Manifesto Republicano
- 1871 — Lei do Ventre Livre
- 1885 — Lei dos Sexagenários
- 1888 — Lei Áurea
- 1889 — Proclamação da República

Segundo Reinado

Mapa e linha do tempo ilustrativos. As regiões indicadas no mapa referem-se à configuração atual dos países a que pertencem hoje, e o espaço entre as datas não é proporcional ao intervalo de tempo.

2 Economia cafeeira

Na Europa, o café era considerado bebida de luxo desde o século XVII. Entretanto, a produção brasileira só passou a ser realizada em larga escala e voltada para exportação no fim do século XVIII, quando a produção cafeeira entrou em crise nas colônias francesas.

Cultivado inicialmente em pequenas lavouras próximas ao Rio de Janeiro, o café logo atingiu a Zona da Mata mineira e parte do litoral fluminense. A crescente demanda do produto no mercado internacional fez com que o seu cultivo se espalhasse pelo território. Fixou-se no Vale do Paraíba, localizado entre as províncias do Rio de Janeiro e de São Paulo, e, a partir de 1870, alcançou o chamado Oeste paulista. Nessas regiões, o café encontrou solo e clima favoráveis para o seu desenvolvimento, transformando a província de São Paulo no principal centro produtor do país.

Nos anos 1880, além de já haver ultrapassado outros produtos — como açúcar, algodão, tabaco e couro — nas exportações brasileiras, o café do sudeste era responsável por 56% da produção cafeeira mundial.

A liderança do café na economia agroexportadora fez com que os chamados barões do café conquistassem grande importância na vida econômica e política do país. Fixaram-se nos elegantes arredores das cidades paulistas e fluminenses, onde se dedicavam a outras atividades, diversificando a economia nacional.

A rota do café no século XIX

Adaptado de: CAMPOS, Flavio de; DOLHNIKOFF, Miriam. *Atlas história do Brasil*. São Paulo: Scipione, 2002. p. 24.

Escravizados trabalham em fazenda de café no Vale do Paraíba. Foto de Marc Ferrez, c. 1882.

O início da industrialização no Brasil

Em 1842, o governo brasileiro não renovou o Tratado de Comércio de 1810, que estabelecia baixas tarifas alfandegárias para os produtos britânicos. Posteriormente, em 1844, decretou a **Tarifa Alves Branco**, que elevava para 60% o tributo sobre os produtos importados que contassem com similares nacionais e 30% para os produtos sem similares no país.

A decisão favoreceu o desenvolvimento manufatureiro interno. Além das novas taxas de importação, uma elevação no preço dos itens importados estimulou a implantação de indústrias no Brasil, sobretudo as do setor têxtil, para abastecer o mercado interno.

Em 1860, porém, pressionado pelos cafeicultores, o governo reduziu as taxas sobre os produtos importados, desestimulando os empreendimentos industriais.

Na segunda metade do século XIX, o maior empreendedor industrial brasileiro era Irineu Evangelista de Sousa (1813-1889), mais conhecido como **barão de Mauá**. Ele foi um dos homens mais ricos do país, com investimentos na construção naval e em bancos, ferrovias, companhias de água, luz e bondes e na instalação de cabos submarinos que ligavam, via telégrafo, o Brasil à Europa. No auge da chamada "era Mauá", o valor total dos ativos de suas empresas chegou a superar o orçamento do próprio Império.

Apesar de seu empreendedorismo, Mauá sofreu várias derrotas em face da política econômica do governo. A extinção da Tarifa Alves Branco, por exemplo, marcou o início de seu lento declínio.

A instalação de indústrias no Brasil, embora tenha significado uma certa modernização tecnológica, foi apenas um "surto", e não um verdadeiro processo de industrialização. Ela mudou as relações entre o país e as potências capitalistas da época (Inglaterra e Estados Unidos, sobretudo), mas não rompeu a dependência brasileira em relação a elas.

A modernização dos transportes

A modernização dos transportes esteve intimamente relacionada ao desenvolvimento econômico do Segundo Reinado. Estradas de ferro começaram a ser instaladas no Brasil para facilitar o escoamento da produção agrícola, unindo centros produtores aos portos, e para melhorar os sistemas de comunicação e transporte do Império. Em 1854, foi inaugurada a primeira estrada de ferro do Brasil: com 14 quilômetros de extensão, a Rio-Petrópolis, obra do barão de Mauá com o patrocínio de empresas inglesas, ligava a baía de Guanabara ao sopé da serra. Um ano depois, iniciou-se a construção da ferrovia Dom Pedro II, com recursos do governo e de diversos empresários brasileiros. Mais tarde rebatizada Central do Brasil, a ferrovia ligava o Rio de Janeiro a São Paulo.

Após a implantação da Estrada de Ferro Santos-Jundiaí (1867), em São Paulo, as ferrovias avançaram até a Zona da Mata mineira e pelo interior paulista.

Estrada de Ferro São Paulo-Rio Grande. Projetada em 1887 para interligar as províncias de São Paulo, Paraná, Santa Catarina e Rio Grande do Sul, essa via férrea foi construída entre os anos de 1897 e 1905 e inaugurada em 1910. Foto do início do século XX.

Coleção Kenney P. Funderburke/Forest History Society

3) Escravidão e mão de obra

O tráfico escravista era legal e amplamente praticado até o início do século XIX. Enquanto isso, o desenvolvimento capitalista, consolidado com a Revolução Industrial iniciada na Inglaterra, buscava a ampliação de seus mercados. Nesse contexto, a escravidão começou a ser considerada um obstáculo ao desenvolvimento do capitalismo, e as pressões pelo seu fim multiplicaram-se. Os ingleses lideravam as pressões internacionais.

Além das razões econômicas, o desenvolvimento e a consolidação de princípios liberais levaram diversos grupos a combater a escravidão por razões humanitárias.

> [...] O abolicionismo britânico tinha natureza cultural e política. Na vanguarda do movimento estavam ativistas que não abriam mão da crença na unidade do gênero humano, com destaque para os *quakers*, que rejeitavam o uso da violência com o mesmo empenho com que recusavam qualquer sacramento ou hierarquia eclesiástica. [...]
>
> FLORENTINO, Manolo. Sensibilidade inglesa. *Revista de História da Biblioteca Nacional*. Disponível em: <www.revistadehistoria.com.br/secao/capa/sensibilidade-inglesa>. Acesso em: 26 jan. 2017.

Logo após a independência, dom Pedro I assumira o compromisso de extinguir o tráfico negreiro até 1830, em troca do reconhecimento da emancipação política do Brasil pelo governo da Inglaterra. O acordo, aprovado pela Regência em 1831, não saiu do papel; tratava-se de uma lei "para inglês ver".

Empresas inglesas no Brasil, que controlavam mais da metade das exportações nacionais, apoiadas por militares e políticos, pressionavam o governo brasileiro. Em 1845, o Parlamento inglês aprovou uma lei pelo fim do tráfico e que legalizava a captura de qualquer navio negreiro, a chamada **Bill Aberdeen** – por ser da autoria do ministro George Hamilton-Gordon (1784-1860), conhecido como lord Aberdeen.

Incursões britânicas em águas territoriais brasileiras, e os conflitos que se seguiram, levaram à assinatura, em 1850, da **Lei Eusébio de Queirós**. Essa lei proibiu o tráfico atlântico de escravizados. Entretanto, o tráfico negreiro continuou a ser praticado ilegalmente.

As diversas formas de resistência dos escravizados, como fugas e rebeliões, associadas à pressão de amplos setores da população contrários à escravidão (Campanha Abolicionista) e ao estímulo à imigração de trabalhadores livres, foram decisivas para o fim do tráfico negreiro.

O fim do tráfico atlântico e o tráfico interprovincial

A Lei Eusébio de Queirós não extinguiu completamente o tráfico atlântico, que continuou ilegalmente, embora de forma bastante reduzida. Diante da necessidade de mão de obra, o tráfico interno – ou interprovincial – ganhou impulso.

No tráfico interno, as províncias do norte e do nordeste do país supriam com escravizados as lavouras de café do sudeste – sobretudo as das áreas de cultivo localizadas no Oeste paulista, que se firmaram após 1850. Esse fluxo também ocorria de certas áreas urbanas para as lavouras. Estimativas indicam que, em 1872, grande parte dos cativos do país concentrava-se nas regiões fluminenses e paulistas.

Observe, no gráfico ao lado, que houve aumento da importação de escravizados em anos anteriores à Lei Eusébio de Queirós.

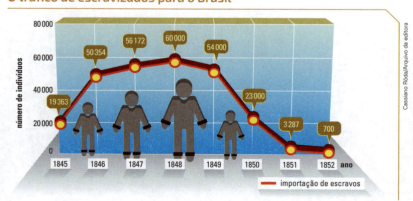

O tráfico de escravizados para o Brasil

Baseado em: HOLANDA, Sérgio Buarque de. *Raízes do Brasil*. Rio de Janeiro: José Olympio, 1956. p. 92.

Vivendo naquele tempo

Escravidão urbana

No Brasil oitocentista, as condições dos escravizados nos espaços urbanos eram geralmente menos rigorosas do que as vividas no cotidiano das fazendas de cana-de-açúcar e café. O escravizado urbano possuía certa autonomia que lhe permitia circular pelos espaços públicos da cidade e estabelecer relações com homens brancos pobres e outros escravizados.

Nas maiores cidades brasileiras, como Rio de Janeiro e Salvador, havia, basicamente, três tipos de escravizados: artesãos, de ganho e domésticos.

Os **escravizados artesãos** praticavam diferentes ofícios urbanos. Eram homens e mulheres que haviam aprendido uma profissão e, portanto, tinham algum reconhecimento numa sociedade desigual e escravista. Muitos trabalhavam nas oficinas de seus senhores, outros trabalhavam para terceiros, mas o que seria um salário era entregue ao proprietário do escravizado. Havia carpinteiros, pedreiros, construtores de móveis e de carruagens, joalheiros, litógrafos, alfaiates, sapateiros, cabeleireiros, costureiras, lavadeiras, cozinheiras e rendeiras, entre outras profissões.

Os **escravizados de ganho**, também conhecidos como **negros de ganho**, não tinham uma profissão específica. Realizavam a maior parte dos serviços urbanos, principalmente o transporte de pessoas em liteiras, redes ou cadeirinhas, o transporte de mercadorias e a venda de alimentos, bebidas e flores.

Muitas famílias de brancos pobres procuravam comprar pelo menos um escravizado para obter, por meio do trabalho dele, uma fonte de renda. Esses cativos passavam o dia nas ruas, onde ofereciam seus serviços, e depois entregavam uma quantia específica a seu senhor. Apesar do direito de guardar o excedente do que ganhavam nos negócios, os negros de ganho eram responsáveis pela própria alimentação e moradia.

As ruas eram seu espaço de sobrevivência, lazer e convívio, onde a vida social se realizava por meio de relações de solidariedade e interesses comuns.

[...] No trabalho, homens e mulheres criaram os chamados "cantos": locais da cidade, em geral esquinas, onde forros e escravos de mesmo ofício e nação ofereciam seus serviços.

Eram locais onde os mesmos escravos encontravam-se cotidianamente. Teciam objetos artesanais, como chapéus de palha, gaiolas de passarinho e objetos de couro, enquanto aguardavam sua clientela. Muitos destes "cantos" tornaram-se depois organizações de escravos. [...]

NERES, Júlio Maria; CARDOSO, Maurício; MARKUNAS, Mônica. *Negro e negritude*. São Paulo: Loyola, 1997. p. 83.

Os **escravizados domésticos** eram comuns não apenas nas casas das famílias mais ricas, mas também nas casas das camadas médias urbanas e mesmo das famílias com poucos recursos, que conseguiam ter, pelo menos, um escravizado em casa. Nesses espaços, eles eram responsáveis por todas as atividades domésticas: cozinhar, lavar, arrumar a casa, amamentar os filhos do senhor, dar banho e vestir seus senhores.

Os principais aspectos da escravidão urbana no Brasil foram representados por alguns viajantes europeus que participaram de missões artísticas no século XIX, como o francês Jean-Baptiste Debret (1768-1848) e Johann Moritz Rugendas (1808-1858), de origem alemã.

Barbeiros ambulantes, de Jean-Baptiste Debret, séc. XIX (litografia).

A chegada dos imigrantes

A difícil conjuntura europeia daquele período contribuiu para a vinda de imigrantes para o Brasil. A crise econômica e os efeitos de diversas guerras obrigaram camponeses de várias regiões da Europa a sair em busca de oportunidades em outros continentes.

A Itália e a Alemanha, que passavam por guerras de unificação nacional, foram os grandes "exportadores" de mão de obra para o Brasil. De lá vieram numerosos grupos de imigrantes, que se dirigiram principalmente para as províncias de São Paulo, Paraná, Santa Catarina e Rio Grande do Sul.

A primeira iniciativa importante de incentivo à imigração foi o **sistema de parceria**. Consistia em custear o transporte de trabalhadores europeus e de suas famílias até as fazendas e sustentá-los nos primeiros meses de permanência na propriedade. Instalados, os imigrantes deviam trabalhar no cultivo de café e de gêneros de subsistência. Ficavam com um terço dos lucros, cabendo o restante ao fazendeiro.

Os juros cobrados sobre a dívida inicial eram elevados (de até 12% ao mês) e os trabalhadores eram maltratados pelos fazendeiros, habituados ao sistema escravista. A remuneração paga pelo café cultivado era muito baixa. Em algumas fazendas, ocorreram revoltas de colonos que exigiam a quitação de suas dívidas ou melhores condições de trabalho e maior remuneração.

Um desses conflitos foi a **revolta de Ibicaba** ou **revolta dos parceiros** (1856-1857), em Limeira, no interior da província de São Paulo. Nessa região, os colonos incumbiram o suíço Thomas Davatz (1815-1888), mestre-escola da fazenda, de apresentar uma lista de reivindicações ao proprietário, o senador Nicolau Pereira de Campos Vergueiro (1778-1859). Davatz foi demitido durante as negociações e voltou para a Suíça, onde escreveu um livro detalhando as condições de trabalho e acusando os fazendeiros de tratarem os colonos como escravos. A repercussão da revolta contribuiu para que a Suíça e a Prússia proibissem a emigração de trabalhadores para o Brasil, que só foi retomada em 1870.

Ao mesmo tempo, no Brasil, avançava a **Campanha Abolicionista**. Em reação, o governo imperial adotou o sistema de imigração subvencionada pelo Estado, que substituiu o sistema de parceria, regulamentando as relações entre fazendeiros e trabalhadores.

Reprodução/Memorial do Imigrante, São Paulo, Brasil.

Imigrantes europeus na Hospedaria dos Imigrantes, na cidade de São Paulo. Nesse prédio, hoje se encontra o Museu da Imigração do estado de São Paulo. Foto de 1890.

Para saber mais

Lei de Terras

Com a entrada maciça de imigrantes no país, a possibilidade de surgirem pequenas propriedades com mão de obra familiar e voltadas para o mercado interno incomodava os latifundiários. Pressionado, o governo aprovou uma lei que dificultava o acesso de imigrantes recém-chegados, libertos e homens livres às terras, principalmente às mais produtivas.

A **Lei de Terras**, de 1850, foi uma medida decisiva para conter o desvio da mão de obra livre para outras atividades que não a agroexportadora. A partir de então, as terras públicas só poderiam tornar-se propriedade privada por meio da compra, e não mais por doação ou posse. Com os preços propositadamente elevados, as terras tornaram-se inacessíveis à maioria da população.

Os vínculos da aristocracia econômica com o Estado imperial escravista estabeleceram uma quase monopolização dos recursos econômicos (terras, capitais e trabalho). As elites, especialmente a cafeeira, assumindo o controle político, garantiram e aumentaram seus lucros e suas fontes de poder, consolidando o caráter oligárquico que marcou todo o Segundo Reinado.

O processo abolicionista

O clima de discórdia que cercou o fim da escravidão foi um dos fatores que contribuíram para o enfraquecimento do Império. O movimento abolicionista confundia-se, em suas críticas ao Império, com o crescente republicanismo. Até o Exército brasileiro, fortalecido politicamente após a Guerra do Paraguai, tinha tendências abolicionistas.

O Brasil era o único país independente da América que ainda não abolira a escravidão. A legislação criada pelo governo imperial não conseguia aplacar o movimento abolicionista, particularmente forte na imprensa.

Já havia uma lei, de 1831, que proibia o tráfico de escravizados, mas esse comércio se intensificou até a promulgação da Lei Eusébio de Queirós, que tornou ilegal a importação de africanos para o Brasil.

Lei do Ventre Livre (1871)

Determinava que os filhos de mulheres escravizadas nascidos a partir daquela data seriam livres. Os escravistas protestaram e os efeitos da Lei do Ventre Livre foram reduzidos. A criança permaneceria sob a guarda do proprietário da mãe até atingir 8 anos de idade, quando o senhor escolheria se preferia receber uma indenização ou explorar o trabalho do escravizado "livre" até que ele completasse 21 anos.

A Lei do Ventre Livre pouco contribuiu para uma intensa e rápida libertação dos escravizados.

Lei dos Sexagenários (1885)

Libertava os escravizados de mais de 60 anos de idade, sob indenização e a exigência da prestação de serviços por mais alguns anos ao proprietário. A lei também transformava a proteção de escravizados fugidos em crime passível de prisão.

Como poucos escravizados atingiam os 60 anos, um número muito reduzido deles foi beneficiado pela lei. Os beneficiados quase sempre não estavam mais em condições de trabalhar. Sua libertação representava também a liberação dos custos de sua manutenção pelo proprietário.

Apesar de prever a extinção da escravidão em um prazo de 13 anos, a Lei dos Sexagenários intensificou a luta dos abolicionistas.

Movimento emancipacionista

A impossibilidade de controlar as cada vez mais frequentes fugas de escravizados também acelerou o processo de abolição. O aumento do número de fugas no fim do século XIX demonstra a participação dos escravizados no processo de abolição e caracteriza o emancipacionismo como precursor do abolicionismo.

Províncias como Ceará e Amazonas anteciparam-se ao governo imperial e aboliram a escravidão em seus territórios em 1884.

Os números da tabela ao lado mostram uma contínua queda da população escravizada no Brasil ao longo do século XIX.

Evolução da população escravizada no Brasil		
Data	Total de escravos	% da população
1817	1 930 000	50,5
1874	1 540 829	15,8
1887	723 419	5,0

Fonte: VAINFAS, Ronaldo (Dir.). *Dicionário do Brasil imperial (1822-1889)*. Rio de Janeiro: Objetiva, 2002. p. 17-18.

Antonio Luiz Ferreira/Coleção Dom João de Orleans e Bragança/Acervo Instituto Moreira Salles

Em 1888, a princesa Isabel (1846-1921), que governava interinamente o país, assinou a Lei Áurea, decretando a libertação de todos os escravizados no Brasil. Na foto, de 1888, comemoração pelo fim da escravidão no Campo de São Cristóvão, no Rio de Janeiro.

4 Evolução política

Os dois principais grupos políticos do Império, o Partido Conservador e o Partido Liberal, não apresentavam diferenças substanciais em seus projetos para o país. Com pequenas discordâncias, ambos aceitavam e defendiam a estrutura oligárquica, imperial e escravista da sociedade brasileira, divergindo apenas na forma de mantê-la. Isso explica a alternância desses grupos no controle do governo imperial.

Em 1847, após algumas situações de confronto entre os partidos Conservador e Liberal, que chegaram a envolver eleições ilegítimas, as chamadas "eleições do cacete", estabeleceu-se o **parlamentarismo** no Brasil. Esse sistema foi chamado por alguns historiadores de **parlamentarismo às avessas**.

Na Inglaterra, onde nasceu o parlamentarismo, o primeiro-ministro, chefe de governo, advinha do partido que tinha maioria no Parlamento, o que determinava a subordinação do Poder Executivo ao Legislativo. No Brasil, ao contrário, o Presidente do Conselho de Ministros, espécie de primeiro-ministro, era escolhido pelo imperador, em uma clara sujeição do Legislativo ao Poder Moderador.

Além de centralizador, esse sistema era oligárquico, apoiado no critério censitário e na exclusão dos escravizados, bem longe de ser um sistema político representativo da sociedade brasileira.

Em 1853, estabeleceu-se uma **conciliação** partidária em um novo ministério, formado por liberais e conservadores. A estabilidade proporcionada por esse arranjo durou até 1858, quando a emergência de novos setores sociais ligados ao café e posteriormente os efeitos da Guerra do Paraguai impediram a manutenção da conciliação. O revezamento entre liberais e conservadores no poder predominou até o final do Império.

Além disso, alguns integrantes do Partido Liberal passaram a exigir reformas sociais mais profundas, como ampliação do direito de voto, maior autonomia das províncias e abolição gradual da escravidão. Muitos deles deixaram o Partido Liberal e fundaram o **Partido Republicano**, em 1870. A partir de então, começava o processo que culminaria na Proclamação da República, em 15 de novembro de 1889.

Convenção de Itu, de J. Barros, 1873 (óleo sobre tela).

O republicanismo

Em 1870, a imprensa do Rio de Janeiro publicou o Manifesto Republicano, elaborado por integrantes de uma dissidência radical do Partido Liberal. Pouco tempo depois, foi fundado o Partido Republicano e, em 1873, o Partido Republicano Paulista. No mesmo ano, um grupo de grandes cafeicultores paulistas aderiu ao movimento republicano na Convenção de Itu.

O Oeste paulista era o centro mais dinâmico da economia do país. Entretanto, o poder econômico dos cafeicultores não encontrava contrapartida na política, uma vez que o Império era excessivamente centralizado no Rio de Janeiro. A elite burocrática imperial era, em grande parte, proveniente de outras áreas do país (nordeste e região fluminense), portanto desvinculada dos interesses ligados à cafeicultura paulista.

Um dos ideais dos cafeicultores era conquistar maior autonomia para as províncias. Conscientes de que qualquer mudança no quadro institucional do Império geraria resistências na burocracia estatal e que, portanto, era impossível conquistar mais autonomia sob o Império, abraçaram a luta pela República.

A aliança entre oficiais do Exército, cafeicultores paulistas e setores médios urbanos possibilitou o republicanismo, observado passivamente pela Igreja.

A Revolução Praieira (Pernambuco, 1848-1850)

A última das rebeliões provinciais ocorreu em Pernambuco, em 1848. A **Revolução Praieira** (1848-1850) foi o desfecho de um longo ciclo revolucionário pernambucano, após o qual a região se reinseriu na ordem política do Império.

O movimento recebeu esse nome porque o jornal divulgador dos ideais dos revoltosos tinha sua sede na rua da Praia, no Recife. Em 1848, os rebeldes publicaram nesse jornal o Manifesto ao Mundo, no qual expunham suas principais reivindicações: voto livre e universal, liberdade de imprensa, garantia de trabalho, nacionalização do comércio (ainda controlado pelos portugueses), independência dos poderes e extinção do Poder Moderador. Contavam com o apoio de senhores de engenho ligados ao Partido Liberal, e entre seus principais líderes estavam o capitão **Pedro Ivo** (1811-1852) e o general **Abreu e Lima** (1794-1869), que pregavam a divisão das fortunas.

As difíceis condições econômicas e sociais da província de Pernambuco, acentuadas pela concentração de terras nas mãos de poucos proprietários, desencadearam a Revolução Praieira. Ela ocorreu simultaneamente à **Primavera dos Povos**, conjunto de revoluções populares que eclodiram na Europa e em regiões da América em 1848. Apesar de seus êxitos iniciais, a rebelião foi derrotada pelas tropas governamentais em 1850.

5 Política externa

A instauração do parlamentarismo e a conciliação partidária que se seguiu na década de 1850 garantiram a concretização do regime imperial. Foi o auge da dominação oligárquica no Segundo Reinado.

Com o projeto político imperial consolidado, a partir da segunda metade do século XIX, a atenção do governo se voltou para a política externa, marcada por conflitos na região do Prata, no extremo sul do país, e atritos diplomáticos com a Inglaterra.

A Questão Christie (1863)

Os empréstimos frequentes realizados junto ao governo inglês criaram uma forte dependência econômica em relação à Inglaterra. Durante o Segundo Reinado, porém, o Brasil obteve alguma autonomia, graças às crescentes exportações de café — e também à entrada de capitais de países que viviam a Segunda Revolução Industrial.

A hegemonia dos produtos ingleses no Brasil, já ameaçada com a industrialização de outros países, como França, Prússia e Estados Unidos, foi diretamente afetada com a aprovação da Tarifa Alves Branco, que revogava o Tratado de Comércio de 1810. Em resposta, como vimos, o Parlamento inglês aprovou a *Bill Aberdeen*, autorizando a apreensão de qualquer navio utilizado no tráfico atlântico de escravizados. A questão do tráfico de escravizados era mais um elemento de tensão para a já instável relação entre os países na segunda metade do século XIX.

As relações diplomáticas entre os governos do Brasil e da Inglaterra agravaram-se em 1860, quando o embaixador inglês no Rio de Janeiro, William Dougal Christie (1816-1874), abusou de sua autoridade para acobertar dois marinheiros de seu país que tinham assassinado um agente alfandegário. O fato foi publicado em jornais cariocas e deu margem a diversos protestos.

Em 1861, um novo incidente precipitou as desavenças entre os países. O navio inglês Prince of Wales naufragou no litoral do Rio Grande do Sul e teve sua carga roubada. Em resposta, Christie exigiu que um oficial inglês acompanhasse as investigações e que o governo brasileiro indenizasse seu país pela perda.

No ano seguinte, mais um incidente. Marinheiros ingleses, embriagados e em trajes civis, foram presos por promover arruaças nas ruas do Rio de Janeiro. Apesar de terem sido soltos, depois de identificados como militares, Christie exigiu a demissão dos policiais envolvidos na prisão e um pedido de desculpas oficial do governo brasileiro.

Diante da recusa do Brasil em cumprir as exigências britânicas, Christie ordenou que navios de guerra ingleses aprisionassem cinco navios brasileiros ancorados no porto do Rio de Janeiro. A decisão resultou em diversas manifestações contra a Inglaterra.

Em 1863, o imperador dom Pedro II rompeu relações diplomáticas com a Inglaterra. Era o desfecho da **Questão Christie**. As relações foram reatadas em 1865, quando os ingleses apresentaram desculpas oficiais ao governo brasileiro pela atitude do embaixador.

Conflitos na região do rio da Prata

O Brasil envolveu-se em conflitos armados na região do rio da Prata por diversas vezes. As disputas territoriais, o empenho imperial em garantir a livre navegação nos rios da bacia do Prata, para assegurar o acesso a algumas províncias, e a tentativa de impedir o surgimento de um Estado rival nas fronteiras do sul foram algumas das razões para o seu envolvimento nesses conflitos.

A emancipação política do Vice-Reinado do Prata, no início do século XIX, fragmentou a região platina em três países: Argentina, Paraguai e, mais tarde, Uruguai, inicialmente anexado ao Brasil (província Cisplatina).

O porto argentino de Buenos Aires dominava o estuário do Prata e controlava o fluxo de mercadorias na região. Após a independência, contudo, a Argentina passou por um período de disputas internas entre os federalistas, que exigiam mais autonomia para as províncias, e os unitaristas, favoráveis à centralização do Estado em Buenos Aires.

O Uruguai, por sua vez, foi incorporado ao Brasil como província, entre os anos 1816 e 1828, quando, com apoio argentino e mediação inglesa, conquistou sua independência política.

Mesmo após a independência do Uruguai, a fraqueza dos Estados platinos recém-formados favorecia a influência brasileira, que defendia a liberdade de navegação nos rios da região, garantindo a forte presença comercial da Inglaterra.

Porém, a ocorrência de confrontos armados entre facções uruguaias, argentinas e gaúchas motivaram a primeira intervenção significativa do Brasil na região, entre 1851 e 1852. Dom Pedro II ordenou a intervenção em Montevidéu e Buenos Aires, depondo os governantes Oribe e Rosas e substituindo-os por Rivera, no Uruguai, e Urquiza, na Argentina.

A partir de 1863, contínuas disputas entre os partidos Blanco e Colorado no Uruguai e a interferência frequente de pecuaristas gaúchos na política platina agravaram mais uma vez a situação no Prata. O Uruguai, nessa época, era governado pelo *blanco* Aguirre, com o apoio do presidente paraguaio Solano López, criador de uma respeitável marinha fluvial e de um forte Exército em seu país.

As tropas imperiais brasileiras, com o apoio do líder colorado Venâncio Flores, derrubaram Aguirre e empossaram Flores em 1864. O pretexto dessa intervenção foi a recusa do presidente Aguirre em indenizar os fazendeiros gaúchos pelos prejuízos causados pelos ataques uruguaios às suas fazendas.

Conflitos na região do rio da Prata

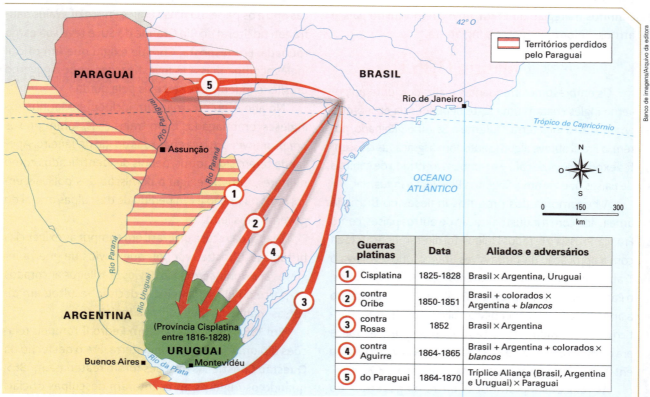

Adaptado de: CAMPOS, Flávio de; DOLHNIKOFF, Miriam. *Atlas história do Brasil*. São Paulo: Scipione, 2002. p. 37.

A Guerra do Paraguai (1864-1870)

As razões desse conflito, também chamado de **Guerra da Tríplice Aliança** ou **Guerra Grande**, são bastante diversas.

Independente desde 1811, o Paraguai tinha alcançado certo desenvolvimento econômico ao longo do século XIX, destoando dos outros países latino-americanos. Durante os governos de José Francia (1811-1840) e Carlos López (1840-1862), erradicou-se o analfabetismo no país. Fábricas, indústrias siderúrgicas, estradas de ferro e um eficiente sistema de telégrafo surgiram. A população paraguaia tinha emprego e um bom padrão alimentar.

Entretanto, segundo o historiador Francisco Doratioto,

> [...] é equivocada a apresentação do Paraguai como um Estado onde haveria igualdade social e educação avançada. A realidade era outra e havia uma promíscua relação entre os interesses do Estado e os da família López, a qual soube se tornar a maior proprietária "privada" do país enquanto esteve no poder.
>
> [...] é fantasiosa a imagem construída por certo revisionismo histórico de que o Paraguai pré-1865 promoveu sua industrialização a partir de "dentro", com os próprios recursos, sem depender dos centros capitalistas, a ponto de supostamente tornar-se ameaça aos interesses da Inglaterra no Prata. Os projetos de infraestrutura guarani foram atendidos por bens de capital ingleses e a maioria dos especialistas estrangeiros que os implementaram era britânica. [...]

DORATIOTO, Francisco. *Maldita guerra*: nova história da Guerra do Paraguai. São Paulo: Companhia das Letras, 2002.

Nesse momento de algum sucesso socioeconômico e de certa autonomia internacional, Solano López (1827-1870), que assumiu o governo paraguaio em 1862, teria dado início a uma política militar expansionista na região. Segundo essa versão, Solano López pretendia ampliar o território do país, anexando, para isso, regiões da Argentina, do Uruguai e do Brasil (como o Rio Grande do Sul e o Mato Grosso). Obteria, assim, acesso ao Atlântico, o que considerava essencial para o sucesso do desenvolvimento econômico paraguaio.

A guerra, portanto, teria sido motivada pela agressão paraguaia, que obrigou o Império de dom Pedro II a reagir. Porém, foi o intervencionismo da política externa brasileira na região do Prata que colaborou para criar uma situação potencialmente explosiva.

O estopim para o conflito foi a intervenção brasileira no Uruguai e a reação de Solano López a ela. Contando com um Exército mais numeroso do que o brasileiro, López tomou a ofensiva ao ordenar o aprisionamento do navio brasileiro Marquês de Olinda, no rio Paraguai. A resposta brasileira foi o imediato rompimento de relações diplomáticas, seguida do revide paraguaio e da declaração de guerra.

Colocando-se na ofensiva, o Paraguai invadiu o Mato Grosso e o norte da Argentina. Em reação, os governos do Brasil, Argentina e Uruguai criaram a **Tríplice Aliança** contra Solano López.

No início, o Paraguai obteve algumas vitórias, mas não resistiu a uma guerra prolongada. Além de contarem com uma população mais numerosa que a do Paraguai, os integrantes da Tríplice Aliança tinham o apoio inglês, por meio de empréstimos para equipar e manter seus Exércitos.

A vitória brasileira sob o comando do almirante Barroso na **Batalha do Riachuelo**, em 1865, levou à destruição da frota paraguaia. A partir daí, a Tríplice Aliança passou a controlar os rios, principais meios de comunicação da bacia Platina, até a vitória definitiva, em 1870.

As causas da guerra: um tema polêmico

Existem diversas visões sobre as causas da Guerra do Paraguai. Algumas delas seriam:

- a ocupação do Uruguai pelo Império brasileiro, que impunha riscos para o equilíbrio do Prata, enquanto o Paraguai defendia a livre navegação nos rios (versão paraguaia);
- a agressão militar por parte do Paraguai (na invasão do Mato Grosso e Corrientes); o despotismo e as ambições políticas de López;
- os interesses econômicos da Inglaterra, que pretendia submeter o modelo econômico autossustentável do Paraguai e conseguir sua abertura aos produtos ingleses;
- fatores como a persistência da indefinição das fronteiras, a inabilidade da diplomacia paraguaia, a imposição da hegemonia regional do Brasil e da Argentina, etc., conforme apontam as pesquisas historiográficas mais recentes.

O Paraguai resistiu cerca de cinco anos a uma guerra que devastou seu território, desestruturou sua economia e aniquilou sua população. Acredita-se que o conflito, aliado à política genocida adotada pelos governos da Tríplice Aliança contra a população paraguaia, tenha provocado a morte de mais de 90% dos homens com mais de 20 anos. Entre os sobreviventes, predominavam idosos, crianças e mulheres.

O número total de mortos na Guerra do Paraguai, mais de 300 mil pessoas, só é inferior, na América, ao da Guerra de Secessão nos Estados Unidos.

Do lado brasileiro, estima-se um total de 40 mil mortos — a maioria, negros e mestiços. Além disso, a guerra provocou um endividamento do Brasil com o governo inglês e o fortalecimento do Exército brasileiro — que, até então, praticamente inexistia.

Leituras

Soldados indígenas na Guerra do Paraguai

O Brasil foi o país que mais forneceu soldados às tropas da Tríplice Aliança. Por meio de um decreto imperial de 1865, foram criados os corpos dos **Voluntários da Pátria**. Estimulados por vantagens de soldo e gratificações oferecidas aos cidadãos entre 18 e 50 anos que se alistassem, populares engrossaram as tropas brasileiras, ultrapassando rapidamente o total estimado pelo governo (10 mil voluntários).

Como boa parte da elite resistia em ir para a guerra, o governo decretou, em novembro de 1866, que os escravizados que se apresentassem voluntariamente para lutar obteriam a liberdade ao final do conflito. Por esse motivo, muitos se alistaram; mas outros foram obrigados a ir para a guerra no lugar dos filhos de seus senhores. Esses soldados recrutados à força ficaram conhecidos como **voluntários a pau e corda**.

Além dos escravizados, outro grupo se destacou em meio aos confrontos. No texto a seguir, a historiadora Rosely Batista Miranda de Almeida destaca a atuação dos indígenas brasileiros na Guerra do Paraguai, apontando quais interesses os fizeram participar do conflito ao lado do Império brasileiro.

[...] Não foram só as forças armadas do Império que deram ao Brasil a vitória no maior conflito bélico jamais ocorrido na América do Sul. Pesquisas já mostraram que gente do povo, mulheres, escravos e ex-escravos também tiveram atuação marcante na Guerra do Paraguai. De todas essas minorias combatentes, a participação dos índios era menos conhecida. Hoje se sabe que eles atuaram no conflito como verdadeiros soldados, e foram considerados "bravos auxiliares" por oficiais do nosso Exército. Existem muitos relatos sobre gestos heroicos de soldados indígenas que fazem jus aos elogios, como, por exemplo, o de grupos avançando de peito nu, numa demonstração de extrema coragem, para desalojar soldados paraguaios escondidos nas matas que eles tão bem conheciam. Ou de pelotões indígenas realizando com êxito a missão de observar os movimentos do inimigo ou de trazerem de volta aos seus destacamentos soldados desertores e escravos fugidos.

Nessas ações, não eram movidos propriamente por patriotismo ou sentimento semelhante, mas sobretudo pelos interesses dos grupos a que pertenciam. Os índios que habitavam as terras da Província de Mato Grosso, ao se tornarem soldados, queriam, antes de mais nada, ver pelas costas, fora de seu território e longe de sua vista, o soldado inimigo, que traria para o seu povo morte e destruição. Ao defenderem o Exército imperial, acreditavam estar defendendo também sua gente e resguardando o seu espaço. Por isso os paraguaios eram considerados inimigos comuns [...].

ALMEIDA, Rosely Batista Miranda de. Bravos Guerreiros. *Revista de História da Biblioteca Nacional*. 23 abr. 2008. Disponível em: <www.revistadehistoria.com.br/secao/artigos/bravos-guerreiros>. Acesso em: 26 jan. 2017.

O campo de Uruguaiana, de Candido Lopez, 1865.

6 O fim do Império

Apesar de persistir na busca de conciliação com os grupos oligárquicos, dom Pedro II não conseguiu impedir que novos conflitos de interesse surgissem em meio às grandes transformações econômicas e sociais pelas quais passava o Império brasileiro na segunda metade do século XIX. Divergências entre as elites enfraqueceram a monarquia.

Um fator de desgaste do Império foi a questão do fim da escravidão. Outro foi o atrito com a Igreja. Os conflitos, conhecidos como **Questão Religiosa**, tiveram sua origem no regime do padroado, por meio do qual o imperador controlava a hierarquia eclesiástica e o conjunto do clero. Além de poder nomear bispos, ele tinha o direito de ratificar ou não o cumprimento das ordens do papa no país (dar o "beneplácito", a autorização).

A bula papal que impedia membros da maçonaria de pertencer aos quadros da Igreja foi rejeitada pelo imperador, que era maçom. A maior parte dos religiosos permaneceu fiel a dom Pedro II, porém os bispos de Olinda e de Belém não. O imperador puniu os bispos "rebeldes", processando-os e condenando-os à prisão com trabalhos forçados.

Vários membros da Igreja consideraram a punição severa demais e opuseram-se à monarquia. A Igreja não chegou a conspirar contra o poder de dom Pedro II, mas ficou evidente que o clero não o apoiaria se fosse ameaçado.

Ao mesmo tempo, em fins do século XIX, setores do Exército começaram a assumir posições cada vez mais críticas em relação ao governo imperial.

Após a Guerra do Paraguai, as Forças Armadas passaram a atrair muitos jovens provenientes de classes menos abastadas. Estavam interessados na carreira de oficial, que garantia a perspectiva de ascensão profissional (e, portanto, social) quase exclusivamente por méritos próprios. As escolas militares ganharam importância, com destaque para a Escola Militar da Praia Vermelha, no Rio de Janeiro.

Atritos entre oficiais do Exército e políticos civis, chamados pejorativamente de "casacas", tornaram-se comuns. O controle que o poder civil exercia sobre os militares e o pouco interesse que o governo imperial tinha no Exército, destinando-lhe baixos soldos, lentas promoções e poucos investimentos, foram fatores que acentuaram esses atritos. Alguns oficiais assumiram posições radicalmente contrárias às da monarquia, chegando a defender a abolição da escravidão e a instauração da república.

Nas escolas militares crescia a influência da teoria criada pelo francês **Auguste Comte** (1798-1857) — o **positivismo**. Ela defendia a ordem baseada na "aliança" com o progresso e assumia uma postura tida como científica diante dos fenômenos da natureza e da sociedade. No Brasil, caberia às Forças Armadas, influenciadas por tais ideias, garantir a ordem para viabilizar o progresso, que seria concretizado com a instalação da república.

Em 1883, o tenente-coronel Sena Madureira manifestou-se pela imprensa contra as reformas no sistema de aposentadoria militar. Após sua punição, o governo proibiu declarações dos militares na imprensa sobre qualquer assunto relacionado à política.

No ano seguinte, Madureira manifestou apoio aos jangadeiros que lutavam pela libertação dos escravizados no Ceará. Dessa vez, o governo determinou que o oficial fosse detido e transferido do Rio de Janeiro para o Rio Grande do Sul, o que gerou grande inquietação entre os oficiais.

Em 1886, nova declaração de Madureira teria acarretado mais uma punição, não fosse a recusa de seu superior, o marechal Deodoro da Fonseca, em repreendê-lo, em um claro ato de insubordinação. Esse atrito entre o Exército e o Estado ficou conhecido como **Questão Militar**.

A Questão Religiosa representou um sério abalo no já enfraquecido Império. A charge de Angelo Agostini, publicada em cerca de 1886 na *Revista Illustrada*, mostra o rompimento entre Estado e Igreja.

Os choques com o Exército, no contexto da Questão Militar, ajudaram a precipitar o fim do Império. Na charge de Angelo Agostini, publicada em cerca de 1886 na *Revista Illustrada*, o marechal Deodoro da Fonseca, que se recusou a punir Sena Madureira, é deposto pelo gabinete ministerial do cargo de presidente e comandante de armas do Rio Grande do Sul.

Já sem o apoio dos militares e da Igreja, dom Pedro II perdeu, por fim, o suporte das aristocracias agrárias do nordeste e do sul que ainda sustentavam seu governo. A abolição da escravidão em 13 de maio de 1888 provocou o afastamento desses grupos, enfraquecendo o regime monárquico. A Lei Áurea foi vista por eles como uma traição do governo.

No final de 1888, na tentativa de salvar a monarquia, dom Pedro II nomeou Afonso Celso de Oliveira Figueiredo, o visconde de Ouro Preto, para o cargo de primeiro-ministro. Ouro Preto lançou um projeto de reformas políticas em grande parte inspiradas nas ideias republicanas. O Parlamento, cujos deputados tentavam ainda manter seus privilégios, recusou o projeto. A recusa desencadeou uma crise que culminou com o fechamento da Assembleia Legislativa e a convocação de novas eleições.

Os republicanos aproveitaram a crise para divulgar o boato de que o governo iria reprimir violentamente os oficiais do Exército e prender Deodoro da Fonseca e Benjamin Constant, militar positivista e crítico feroz do regime.

Na noite de 14 de novembro de 1889, unidades militares estacionadas em São Cristóvão, no Rio de Janeiro, se rebelaram. Na manhã do dia seguinte, os rebeldes marcharam em direção ao centro da capital do Império, sob o comando de Deodoro, e, segundo algumas versões, depuseram o ministério. Na tarde do mesmo dia, na Câmara Municipal do Rio de Janeiro, José do Patrocínio declarava a Proclamação da República.

Ausente do Rio de Janeiro, por estar em tratamento de saúde na cidade de Petrópolis, dom Pedro II foi instado a sair do país pelo novo governo, presidido por Deodoro da Fonseca. Na madrugada de 17 de novembro, acompanhado pela família real, ele embarcou para a Europa. Era o fim da monarquia no Brasil.

Declaração da República, de Frias A. da Silveira (litografia). Dom Pedro II recebe a declaração de que o Brasil deixara de ser monarquia para tornar-se uma república.

Atividades

Retome

1. Ao longo do século XIX, o café tornou-se um dos principais produtos de cultivo no Brasil.
   a) Relacione o cultivo de café no Oeste paulista com o tráfico interno de escravizados, que ganhou impulso a partir de meados do século XIX.
   b) Quem eram os barões do café e qual era sua relação com a diversificação da economia do Brasil?
2. Identifique e comente os fatores que levaram à queda do tráfico de escravizados para o Brasil a partir da segunda metade do século XIX.
3. Explique em que consistia a Lei de Terras de 1850. Relacione a aprovação dessa lei com a crescente dificuldade que os pequenos proprietários passaram a ter no momento de tentar adquirir terras no Brasil.
4. Retome as informações sobre a Guerra do Paraguai neste capítulo e releia o boxe que trata das causas desse conflito latino-americano do século XIX (p. 445).
   a) A Guerra do Paraguai é um tema polêmico e recebeu, ao longo do tempo, diferentes interpretações. Cite uma versão da causa da guerra ligada aos interesses brasileiros e outra ligada aos interesses paraguaios. Comente-as e responda: Você diria que essas versões são antagônicas? Por quê?
   b) Comente algumas das consequências desse conflito tanto para o Paraguai como para o Brasil.

Pratique

5. Angelo Agostini (1843-1910) foi um artista e desenhista italiano que fixou residência no Brasil, no século XIX. Em São Paulo, publicou jornais como *Diabo Coxo* (entre 1864 e 1865) e *Cabrião* (entre 1866 e 1867). Depois, mudou-se para o Rio de Janeiro, onde fundou, em 1868, a revista *Aurora Fluminense*.

> [...] Mais tarde, em 1876, iniciou sua própria *Revista Illustrada*, o periódico de maior duração, tiragem e importância do Segundo Reinado. Foi quando Agostini atingiu o auge de sua trajetória artística e política, destacando-se no panorama da vida nacional por empunhar a caricatura, o riso e a sátira como armas de combate. Exerceu então influência efetiva na formação da opinião pública [...].
>
> CAGNIN, Antonio Luiz. In: *Diabo Coxo*: São Paulo, 1864-1865. São Paulo: Edusp, 2005. p. 17.

Observe as duas charges a seguir, publicadas na *Revista Illustrada* em 1882, e responda às questões propostas.

Charge da *Revista Illustrada* número 314, de 1882. Na publicação original, era acompanhada pela legenda: "O estado moral do nosso país pede quanto antes a execução desse monumento cujo projeto apresentamos". Na base da estátua, lê-se: "Aqui repousa o progresso político e social do Império. Povo, orai por ele!"

Capa da *Revista Illustrada* número 317, de 1882. Na publicação original, era acompanhada pela legenda: "Viagem imperial e astronômica ao mundo das estrelas".

a) Quem é o personagem principal representado nas duas charges?
b) Na primeira charge, qual é a crítica que Agostini pretendia fazer ao governo do Brasil? De que modo o artista consegue atingir seus objetivos?

c) Em dezembro de 1882, ocorreu um dos trânsitos de Vênus, que corresponde à passagem astronômica do planeta Vênus diante do Sol. Nessa passagem, quando Sol, Vênus e Terra estão alinhados, Vênus oculta uma pequena parte do disco solar. Dom Pedro II se interessava muito por esse tipo de fenômeno e procurou observá-lo. Na sua opinião, as charges abordam esse interesse do imperador de maneira positiva ou negativa? Por quê? Justifique sua resposta com elementos das charges.

d) Com base no que foi estudado neste capítulo, escreva um parágrafo relacionando a imprensa brasileira e os rumos do Império brasileiro no final do século XIX.

Analise uma fonte primária

6. Leia o trecho a seguir, que apresenta um texto escrito por Luiz Gama, publicado no *Radical Paulistano* em 1869.

> [...] Em vista do movimento abolicionista que se está desenvolvendo no império, a despeito [...] dos inauditos desplantes do seu imoral governo, começam de acautelar-se (*sic*) os corrompidos mercadores de carne humana.
>
> As vozes dos abolicionistas têm posto em relevo um fato altamente criminoso e assaz defendido, há muitos anos, pelas nossas indignas autoridades. É o fato que a maior parte dos escravos africanos existentes no Brasil foram importados depois da lei proibitiva do tráfico promulgado em [7 de novembro de] 1831. Começam [...] amedrontados pela opinião pública, os possuidores de africanos livres a vendê-los para lugares distantes dos de sua residência.
>
> Da [...] província de Minas Gerais, acaba, um sr. Antonio Gonçalves Pereira, de enviar para esta província os africanos Jacinto e sua mulher para serem aqui vendidos, isto porque é ali sabido e muito se falava ultimamente, que tais africanos foram importados há 20 anos!...
>
> Podemos afirmar que em idênticas circunstâncias existem muitos africanos nesta cidade, com conhecimento das autoridades, que são as principais protetora[s] de crime tão horroroso.
>
> E mais afirmamos, que o governo de S. M. o Imperador tem dado a essas autoridades instruções secretas, para que não tomem conhecimento das reclamações que em tal sentido lhes forem feitas!...
>
> Deverão os amigos da humanidade, os defensores da moral cruzar os braços diante de tão abomináveis delitos? [...]
>
> GAMA, Luiz. *Radical Paulistano*, 30 set. 1869. Apud: FERREIRA, Ligia Fonseca. Luiz Gama: um abolicionista leitor de Renan. Disponível em: <http://dx.doi.org/10.1590/50103-40142007000200021>. Acesso em: 16 maio 2017.

a) Quem são os "corrompidos mercadores de carne humana" citados no texto de Luiz Gama e por que, na época em que o texto foi escrito, eles começavam a se "acautelar"?

b) Qual é a lei citada por Luiz Gama em seu texto e em que consistia essa lei? O que as "vozes dos abolicionistas" diziam a respeito dela?

Articule passado e presente

7. Em 2010, o historiador brasileiro Luiz Felipe de Alencastro escreveu um artigo para a imprensa em que tratava da Lei de 1831, referente ao fim do tráfico de escravizados. Leia um trecho do artigo, em que Alencastro se refere aos comerciantes de escravizados daquele período como "sequestradores", e depois faça o que se pede.

> [...] Tenho para mim que esse pacto dos sequestradores constitui o pecado original da sociedade e da ordem jurídica brasileira. Firmava-se o princípio da impunidade e do **casuísmo** da lei. Consequentemente, não são só os negros brasileiros que pagam o preço da herança escravista. [...]
>
> Nascidas no século 19, as arbitrariedades engendradas pelo escravismo submergiram o país inteiro. Por essa razão, ao agir em sentido contrário, a redução das discriminações que ainda pesam sobre os negros consolidará nossa democracia. [...]
>
> ALENCASTRO, Luiz Felipe de. Racismo e cotas. Caderno Mais! *Folha de S.Paulo*, 7 mar. 2010. Disponível em: <www1.folha.uol.com.br/fsp/mais/fs0703201009.htm>. Acesso em: 16 maio 2017.

a) Considerando o contexto da Lei de 1831, a que "impunidade" o historiador se refere?

b) Por que, para Alencastro, "não são só os negros brasileiros que pagam o preço da herança escravista"? Nesse trecho, que instituição brasileira o autor considera que também "paga esse preço"? Por quê?

c) O texto de Luiz Felipe de Alencastro foi escrito em 2010. Você acha que, apesar disso, o tema continua atual? Considerando a sua realidade e a do país em que vivemos, algo mudou em relação aos problemas apontados pelo historiador em seu texto? Explique.

> **casuísmo**: nesse contexto, o termo refere-se a um tipo de comportamento interesseiro, enganador e falso, ou seja, um tipo de discurso que não leva em consideração o bem comum ou coletivo.

CAPÍTULO 27º Neocolonialismo na África e na Ásia

Mike Lutchings/Reuters/Latinstock

Em março de 2015, estudantes da Universidade do Cabo, na África do Sul, iniciaram um movimento pela derrubada da estátua de Cecil Rhodes (1853-1902). Rhodes foi um colonizador britânico que participou das práticas imperialistas do governo da Inglaterra em seus domínios na África, e os estudantes daquela universidade desejavam a retirada de sua estátua do *campus* desde a década de 1950.

O movimento, que passou a se chamar *Rhodes Must Fall* (ou "Rhodes deve cair") e conseguiu que a estátua fosse removida em abril de 2015, foi mantido pelos estudantes e transformado em instrumento de combate ao racismo dentro da universidade.

Ao longo do século XIX, durante o processo de expansão imperialista, os países europeus industrializados promoveram a partilha do continente africano e de territórios do continente asiático, passando a dominar e a explorar aquelas áreas. A ideia de uma suposta "superioridade europeia", que então predominava, foi uma das bases ideológicas daquele processo. De onde vinha essa ideia? Por que se acreditava que havia culturas superiores e culturas inferiores? Você acha que um povo pode se julgar superior a outro?

1 Práticas imperialistas

Impregnada de uma visão eurocêntrica, a historiografia do Ocidente quase sempre tratou como irrelevante a história de outras regiões. Essa visão, que considera a Europa o eixo do movimento civilizatório e evolutivo, foi sendo construída desde a Antiguidade, época em que a região mediterrânea era definida como o centro do mundo.

Poucos eram os que consideravam africanos e asiáticos como seres humanos iguais aos europeus, diferentes apenas nos aspectos étnico e cultural. Durante a Idade Média, a cor negra foi associada ao pecado e ao demônio. Povos asiáticos também eram vistos pelos europeus com estranhamento e desconfiança, embora com certo fascínio por sua cultura tão distinta.

Esse sentimento de superioridade foi uma das marcas da violência exercida pelos europeus contra povos de outros continentes na formação de impérios coloniais durante a Idade Moderna, quando a Europa passou a centralizar o poder econômico, político e militar mundial.

As práticas imperialistas intensificaram-se na segunda metade do século XIX, protagonizadas pelos países europeus industrializados. Entre 1884 e 1885, Inglaterra, França, Alemanha e outros doze países partilharam o continente africano e boa parte do território da Ásia em uma conferência realizada em Berlim. Nessa mesma época, os Estados Unidos e o Japão também adotavam práticas imperialistas em suas regiões de influência.

Diferentemente do **colonialismo** do século XVI, cuja meta era a obtenção de especiarias, gêneros tropicais e metais preciosos no continente americano, o **neocolonialismo** do século XIX, motivado pelo capitalismo industrial e financeiro, procurava mercados consumidores de produtos manufaturados e fornecedores de matérias-primas (como ferro, cobre, petróleo, manganês, trigo e algodão), territórios para instalar parte de seu excedente populacional e novas áreas de investimento de capitais. Por meio dessas conquistas, garantiam-se impostos e contingentes para os exércitos imperialistas.

Outro aspecto característico do impulso imperialista do século XIX foi a conquista de bases estratégicas para a segurança do comércio marítimo.

As disputas por áreas coloniais estimularam o **armamentismo**, o que levou à formação de blocos de países rivais e ao desenvolvimento de uma conjuntura tensa e propícia a um conflito em grande escala.

Charge do final do século XIX representando o colonizador britânico Cecil Rhodes, que personificou as ambições inglesas no continente africano.

Onde e quando

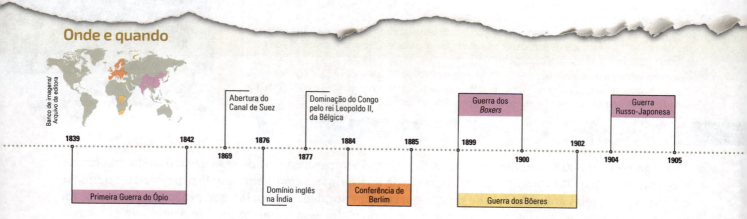

Mapa e linha do tempo ilustrativos. As regiões indicadas no mapa referem-se à configuração atual dos países a que pertencem hoje, e o espaço entre as datas não é proporcional ao intervalo de tempo.

2 A marca do colonialismo na África

Por séculos, prevaleceu a mentalidade de enquadrar os africanos num grau inferior da escala evolutiva, a mesma que classificava os vários povos em civilizados e primitivos. Para os europeus, a suposta "selvageria" dos povos da África era quase sempre relacionada às condições naturais do continente.

Difundia-se também a crença de que a identidade daqueles povos seria determinada por traços físicos ou biológicos, e não por sua história. Segundo essa ideia, os africanos eram incapazes de produzir cultura e história. Esse argumento serviu aos escravagistas e aos imperialistas do século XIX, que recorreram ao discurso de "civilizar" a África para justificar suas ações.

Além dos indisfarçáveis interesses de conquista, exploração e dominação, esse discurso tradicional ignorou as diversidades e características próprias dos povos africanos, decorrentes de milênios de história.

Não é possível entender a África atual sem o tráfico de escravizados, que teve o Brasil como um dos principais destinos. Ao mesmo tempo, é preciso destacar que os primeiros abolicionistas foram os próprios escravizados, com sua permanente resistência e constantes revoltas. A resistência dos cativos africanos à escravidão assumiu as mais variadas formas, apesar das limitadas possibilidades de sucesso e das violentas punições.

Além das ações de resistência individual, houve diversas revoltas coletivas, como mostram vários documentos. Fugas ocorriam após o aprisionamento, durante as marchas dos libambos (colunas de escravizados amarrados), nos mercados e portos de embarque, onde eram empurrados para os tumbeiros (navios negreiros), durante as viagens e nos desembarques. Nas unidades escravistas, a situação não era diferente, com a organização de quilombos e revoltas.

Durante a Idade Moderna, os portugueses e outros europeus ocuparam militarmente regiões costeiras da África, usando-as como base para o comércio de ouro, marfim e, sobretudo, escravizados. Porém, até o século XIX, eles não avançaram para o interior do continente.

Com a expansão industrial, as potências europeias lançaram-se vorazmente sobre a África, dividindo-a em regiões e estabelecendo fronteiras artificiais, conforme o desfecho de suas disputas imperialistas. A divisão do continente africano foi estabelecida na **Conferência de Berlim**, realizada entre novembro de 1884 e fevereiro de 1885. Diante da grande resistência de populações locais, os colonizadores buscavam aliados, estimulando discórdias entre as etnias.

Partilha da África (séculos XIX-XX)

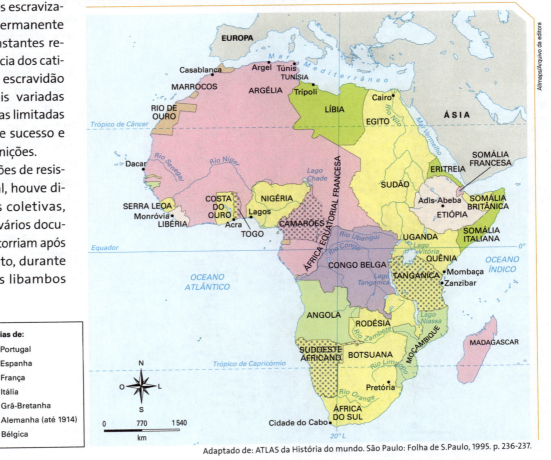

Adaptado de: ATLAS da História do mundo. São Paulo: Folha de S.Paulo, 1995. p. 236-237.

Os conquistadores justificaram sua expansão com um discurso segundo o qual os africanos eram incapazes de governar a si próprios e, por isso, precisavam dos europeus para seu próprio bem, para superar o estágio de "barbárie" e chegar à "civilização". Esse seria o "fardo do homem branco", ou seja, cuidar de povos "inferiores" para que estes progredissem e aceitassem o cristianismo. Essa é uma das fontes mais importantes do racismo contemporâneo e tem na sua base o interesse econômico nas riquezas dos povos colonizados.

Em 1869, os interesses econômicos europeus levaram à abertura do canal de Suez, ligando o mar Mediterrâneo ao mar Vermelho. Com isso, já não era preciso contornar a África para chegar à sua costa leste e ao Oriente.

A resistência das populações colonizadas não se fez esperar. Na Argélia, as forças armadas do chefe muçulmano Abd el-Kader resistiram ao exército francês por dez anos. No Senegal, a conquista francesa desencadeou diversas ações de resistência, o mesmo ocorrendo com o Reino Axanti. No Saara, os nômades tuaregues, montados em camelos, mostraram ser guerreiros difíceis de vencer. Na África do Sul, colonos bôeres (descendentes de holandeses) resistiram aos ingleses e chegaram a um acordo, dividindo o país com eles e criando um sistema de segregação racial. O Reino da Etiópia enfrentou os italianos e conseguiu manter sua soberania por meio de um tratado no qual fazia diversas concessões.

Os europeus tiveram a seu favor a nova onda de inovações tecnológicas da Segunda Revolução Industrial. Desde o quinino (substância química tomada para prevenir a malária, doença comum na África), passando pelas estradas de ferro e pelo telégrafo, até as armas mais eficientes e baratas, a tecnologia tornou a expansão colonial sobre a África e a Ásia viável e lucrativa.

O Congo Belga (atual República Democrática do Congo) foi o exemplo mais impressionante de desestruturação social e de perda de vidas na África colonizada. Em 1877, o rei Leopoldo II (1835-1909), da Bélgica, criou na África o Estado Independente do Congo, em uma área que havia adquirido como propriedade particular. Ali, a violência foi associada não apenas à repressão às rebeliões, mas também à exploração sistemática de riquezas como o marfim e a borracha.

Com um discurso "humanitário", a política do rei Leopoldo provocou milhões de mortes entre os africanos que lutavam contra a dominação. Essa população enfrentou uma violência física e cultural que talvez só tenha encontrado precedente na conquista e exploração da América. Em 1908, pressões internacionais forçaram o rei Leopoldo a entregar suas possessões privadas no Congo ao governo belga.

Já no antigo Sudão (hoje Sudão e Sudão do Sul), o domínio do Reino Unido encontrou constantes resistências e revoltas, como a chefiada por Muhammad Ahmed bin'Abd Allah, seguida pela efetiva ocupação em 1898 pelos britânicos.

África atual (2017)

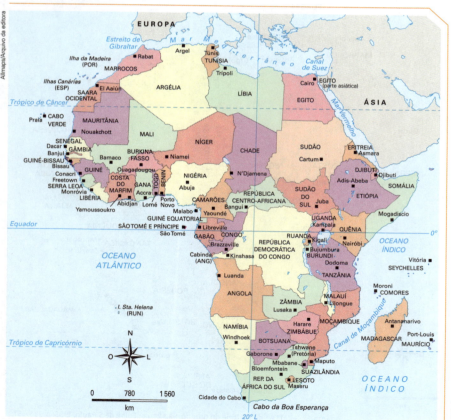

Adaptado de: ONU. Estados-membros. *Atlas of global development*. 2. ed. Glasgow: Collins; Washington, D. C.: The World Bank, 2009. p. 6-7.

Leituras

Missão civilizadora

No texto a seguir, o historiador francês Marc Ferro (1924-) procura desconstruir o discurso "civilizador", destacando os reais interesses das potências europeias sobre os povos da África e da Ásia a partir de meados do século XIX.

[...] Os glorificadores da expansão conseguiram fazer triunfar a ideia, hoje ainda viva em vários setores da vida econômica, de que a expansão ultramarina era o objetivo final da política, tendo sido os ingleses, entre outros, os primeiros a associar os benefícios do imperialismo ao triunfo da civilização, esse grande feito dos "povos superiores". No momento em que os avanços da ciência e o sucesso do darwinismo asseguravam aos mais dotados a tarefa de espalhar pelo mundo os benefícios do progresso, os ingleses se julgavam necessariamente destinados, em essência, a realizar essa tarefa. "Eu acredito nesta raça", dizia Joseph Chamberlain em 1895. Graças ao seu avanço, ao seu *savoir-faire* [expressão francesa que significa "saber fazer"], os ingleses se encarregavam de civilizar o mundo, "este fardo do homem branco". Os franceses, movidos pela doutrina das Luzes e pelo brilho da Revolução de 1789, julgavam sobretudo estar cumprindo uma missão libertadora [...]. Ademais, ao considerarem os indígenas como crianças, eram levados por suas convicções, republicanas ou não, a julgar que, educando-os, eles se civilizariam. Portanto, resistir-lhes era dar provas de selvageria.

Ora, essa ideia de civilização não era neutra. A história e o direito ocidental haviam codificado os fundamentos dela: princípio e formas da propriedade, modalidades de transmissão das heranças, legislação aduaneira, liberdade dos mares, etc. Assim, um conceito cultural, a civilização, e um sistema de valores tinham uma função econômica precisa. Aqueles que não se conformassem a essas regras de direito tornavam-se delinquentes, criminosos, e, portanto, passíveis de punição. [...]

FERRO, Marc (Org.). *O livro negro do colonialismo.* Rio de Janeiro: Ediouro, 2004. p. 22-23.

Litografia colorida, de G. Dascher, criada para decorar a capa de cadernos escolares franceses, c. 1900. Ela representa a dominação da França sobre suas colônias. No alto, em francês, lê-se: "As colônias francesas"; no escudo da figura feminina: "Progresso, civilização, comércio".

Pontos de vista

Cheikh Anta Diop: um historiador africano

Cheikh Anta Diop foi um dos principais intelectuais africanos do século XX, graças aos seus estudos sobre a história do continente e, em especial, sobre a importância das culturas negras para o desenvolvimento das sociedades humanas.

Membro de uma família aristocrática da etnia wolof, foi para Paris em 1946, aos 23 anos de idade, para estudar Física e Química. Lá também iniciou estudos em História e Ciências Sociais. Em 1951, apresentou uma tese na Universidade de Paris que tratava da importância da cultura negra na formação do Egito antigo, mas a instituição a recusou.

Em 1954, contudo, Diop publicou o livro *Nações negras e cultura*, em que, baseado no estudo do fenótipo dos antigos egípcios (como cor da pele, tipo de cabelo, nariz e lábios), nas informações antropológicas sobre o papel do matriarcado e nos achados arqueológicos, ele argumentava que a cultura egípcia era uma cultura negra.

O estudo alcançou grande repercussão e provocou debates acalorados, pois contrariava as concepções europeias que atribuíam papel secundário aos povos negros. Diop, junto a outros intelectuais africanos na Europa, tornou-se membro atuante do **pan-africanismo**, movimento político que defendia a unidade dos países africanos em oposição à dominação imperialista.

No ano de 1960, obteve o título de doutor em História e concluiu seus estudos em Física Nuclear no Laboratório de Química do Collège de France, uma das instituições mais renomadas da França. No mesmo ano, retornou ao Senegal para ministrar aulas na Universidade de Dacar, instituição que, atualmente, leva o seu nome.

Ainda em 1960, quando o Senegal tornou-se independente da França, Diop participava da criação de um partido político, o **Bloco das Massas Senegalesas**, liderado por Léopold Sédar Senghor (1906-2001). Senghor foi um dos mais célebres escritores pan-africanistas e tornou-se presidente do país naquele ano, permanecendo no poder até 1980.

Para além de sua atuação política, Cheikh Anta Diop fundou, em 1966, o primeiro laboratório de datação de fósseis por meio do radiocarbono. A partir de amostras da pele de múmias egípcias, encontrou novas evidências que corroboraram sua tese. No mesmo ano, durante o I Festival das Artes Negras, em Dacar, Diop foi considerado o escritor que mais teria influenciado o pensamento africano do século XX.

Nos anos 1970, integrou o comitê científico que dirigiu, pela Unesco (Organização das Nações Unidas para a Educação, a Ciência e a Cultura), a coleção *História Geral da África*, publicada em oito volumes e em diversos idiomas, incluindo o português. Diop escreveu o capítulo sobre a origem dos egípcios.

Cheikh Anta Diop
Nascimento: 1923, Thieytou, Senegal
Morte: 1986, Dacar, Senegal
Formação: historiador, antropólogo, físico nuclear e político

História, racismo e luta política

Até sua morte, em 1986, Diop publicou diversos livros sobre história e cultura negras. Neles, criticava as concepções eurocêntricas e revelava novas evidências sobre a importância da África para o desenvolvimento da humanidade. Foi uma figura pública essencial à construção de uma identidade africana, baseada em pesquisas solidamente comprovadas.

O movimento pan-africanista, desde a década de 1930, impulsionou a afirmação de uma unidade africana e formulou críticas às visões racistas de alguns intelectuais europeus. Muitos ativistas eram poetas e escritores que se tornaram, posteriormente, líderes políticos nos seus países de origem.

Diop não produziu apenas uma crítica ideológica à dominação colonial, mas sistematizou uma teoria inovadora, fundamentada em vasta pesquisa histórica e arqueológica, que levou os especialistas europeus e estadunidenses a reconsiderarem a maioria de suas conclusões sobre o Egito antigo e, portanto, sobre a importância e a influência das culturas negras para a formação de civilizações mediterrâneas, como a greco-romana.

No trecho a seguir, Diop explica a importância da cultura egípcia para os povos africanos.

> [...] A estrutura da realeza africana, em que o rei é morto, real ou simbolicamente, depois de um reinado de duração variável – em torno de oito anos –, lembra a cerimônia de regeneração do faraó, através da festa de Sed. Os ritos de circuncisão [...], o totemismo, as cosmogonias, a arquitetura, os instrumentos musicais, etc., também são reminiscências do Egito na cultura da África Negra. A Antiguidade egípcia é, para a cultura africana, o que é a Antiguidade greco-romana para a cultura ocidental. A constituição de um *corpus* de ciências humanas africanas deve ter isso como base. [...]

DIOP, Cheikh Anta. Origem dos antigos egípcios. In: MOKHTAR, Gamal (Ed.). *História Geral da África II*. África Antiga. 2. ed. Brasília: Unesco, 2010. p. 32.

A partir de vestígios arqueológicos, de esculturas e objetos antigos, Diop sintetizou suas conclusões sobre a origem negra (negroide) do povo egípcio e indicou que pessoas representadas como "brancas" (semitas ou indo-europeias) eram caracterizadas como estrangeiras ou prisioneiras.

> [...] as representações dos homens do período proto-histórico, e mesmo do período dinástico, são absolutamente incompatíveis com a ideia de raça egípcia difundida entre os antropólogos ocidentais. Onde quer que o tipo racial autóctone esteja representado com alguma clareza, ele é nitidamente negroide. Em parte alguma elementos indo-europeus ou semitas são representados como homens livres, nem mesmo como cidadãos comuns a serviço de um chefe local. Eles aparecem invariavelmente como estrangeiros submetidos. As raras representações encontradas trazem sempre marcas inequívocas de cativeiro: mãos atadas atrás das costas ou amarradas sobre os ombros. Uma estatueta protodinástica representa um prisioneiro indo-europeu com uma longa trança, de joelhos e as mãos atadas ao corpo. As características do próprio objeto mostram que ele devia ser o pé de um móvel e representava uma raça conquistada. A representação é, com frequência, deliberadamente grotesca, como ocorre com outras figuras protodinásticas, mostrando indivíduos com o cabelo trançado à maneira que Petrie denomina rabo de porco (*pigtail*). Na tumba do rei Ka (I Dinastia), em Abidos, Petrie encontrou uma plaqueta representando um indo-europeu cativo, acorrentado, com as mãos atrás das costas. Elliot-Smith acha que o indivíduo representado é um semita. [...]

DIOP, Cheikh Anta. Origem dos antigos egípcios. In: MOKHTAR, Gamal (Ed.). *História Geral da África II*. África Antiga. 2. ed. Brasília: Unesco, 2010. p. 9.

Escultura em ébano, gesso e ouro representando a rainha egípcia Tiye, esposa de Amenhotep III e mãe de Akhenaton, XVIII dinastia, c. 1403-1365 a.C.

3 O colonialismo europeu na Ásia

O território asiático também despertou o interesse dos países europeus. A Rússia, por exemplo, expandiu seus domínios sobre a região siberiana e, em seguida, em direção ao sul do continente. A Grã-Bretanha, por sua vez, transformou a Índia na "joia da Coroa", mas também estendeu seu controle sobre a Birmânia, a Malásia e Hong Kong, na China. Já a França avançou sobre o sudeste asiático, em áreas dos atuais Vietnã, Laos e Camboja, na chamada União Indochinesa. Outros países europeus controlaram a Indonésia (Países Baixos), Timor (Portugal) e Filipinas (Espanha).

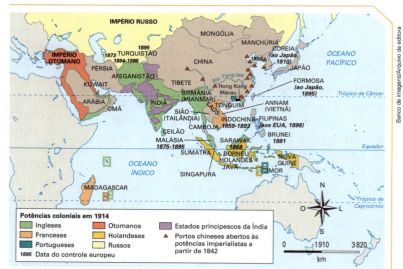

Adaptado de: VICENTINO, Cláudio. *Atlas histórico*: geral e Brasil. São Paulo: Scipione, 2011. p. 136.

China: Guerra do Ópio e a Guerra dos *Boxers*

O grande crescimento demográfico ocorrido na China em meados do século XIX atraiu o interesse das potências imperialistas para o país, que desejavam explorar esse seu mercado consumidor. Essa dominação se realizou por meio de várias guerras, entre as quais a Guerra do **Ópio** (1839-1842), também chamada de **Primeira Guerra do Ópio**.

Até o século XVIII, o ópio era utilizado pelos chineses como medicamento. Os ingleses, que produziam grandes quantidades dessa droga em seus domínios indianos e desejavam vender parte de sua produção para a China, disseminaram o vício entre os chineses.

Diante dos malefícios que o entorpecente causava à população, as autoridades chinesas reagiram em 1839, obrigando o representante britânico a entregar cerca de 20 mil caixas de ópio, que foram destruídas.

O episódio provocou uma guerra, vencida pela Inglaterra, que utilizava navios de aço, movidos a vapor, contra as embarcações chinesas, de madeira. Derrotada, a China foi obrigada a abrir cinco de seus portos ao livre-comércio e a entregar a ilha de Hong Kong à Inglaterra.

Anos depois, sob o pretexto de vingar o assassinato de um missionário francês, um exército franco-inglês, apoiado por estadunidenses e russos, ocupou a capital chinesa, Pequim. Iniciava-se a **Segunda Guerra do Ópio**, que durou de 1856 a 1860. O governo chinês foi obrigado a abrir mais sete portos ao comércio internacional – inclusive o de ópio – e também a aceitar embaixadas europeias e missões cristãs em seu território. Algumas décadas depois, foi a vez da investida japonesa sobre a China.

A **Guerra dos *Boxers*** foi outro grande conflito imperialista que atingiu a China. Os *boxers* ("punhos fechados", em tradução livre) eram chineses nacionalistas radicais que queriam libertar o país da dominação das potências europeias. Em 1900, organizaram uma grande rebelião em que morreram cerca de duzentos estrangeiros, entre os quais um embaixador alemão.

Em represália, uma força expedicionária internacional, composta de ingleses, franceses, alemães, russos, japoneses e estadunidenses, invadiu a China, subjugando o país e obrigando as autoridades a reconhecer todas as concessões já realizadas às potências imperialistas.

Em 1911, o Partido Nacionalista Chinês – Kuomintang –, sob a liderança de Sun Yat-sen, derrubou a monarquia e proclamou a república. Essa recém-proclamada república, contudo, não conseguiu superar os entraves ao desenvolvimento autônomo chinês, causado sobretudo pela presença imperialista no país.

> **Ópio**: droga viciante, extraída da papoula; tem propriedades anestésicas.

A Era Meiji no Japão

Em 1854, os Estados Unidos organizaram uma investida militar contra o Japão. Ameaçados por navios de guerra, os japoneses foram obrigados a reabrir seus portos, fechados desde o século XVII, ao comércio internacional.

A abertura comercial japonesa deu início à europeização do país, que passou por profundas transformações econômicas, militares, técnicas e científicas. Ao mesmo tempo, esse processo despertou o nacionalismo entre os japoneses e fomentou a oposição ao xogum, que havia permitido essa abertura. (Nessa época, era o xogum quem governava o Japão, embora o poder fosse exercido formalmente pelo imperador.)

Apoiado pelos clãs rivais do xogunato, o imperador Mutsuhito (1868-1912) centralizou o governo em suas mãos e, em 1868, inaugurou uma nova fase na história do Japão: a era do industrialismo e da modernização, que ficou conhecida como **Era Meiji**.

Durante a Era Meiji, o imperador Mutsuhito mudou a capital de Kyoto para Tóquio, transferiu os complexos industriais do Estado para poderosos grupos financeiros – os *zaibatsu* – e iniciou a expansão imperialista, conquistando vários domínios no continente asiático e ilhas do Pacífico.

O Japão industrializou-se rapidamente. Ao mesmo tempo, empreendeu uma política imperialista contra os chineses. Em 1894, declarou guerra à China, com o objetivo de se apoderar da Manchúria.

Também interessada na região, a Rússia opôs-se à expansão japonesa, o que deu início, em 1904, à chamada **Guerra Russo-Japonesa**. Pelo Tratado de Portsmouth, assinado no ano seguinte, a Rússia se rendeu à supremacia japonesa sobre a China.

A expansão japonesa

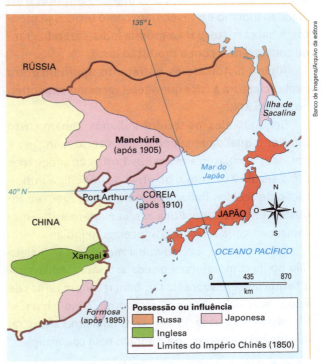

Adaptado de: PAOLUCCI, Silvio; SIGNORINI, Giuseppina. *Il corso della storia 3*: Il novecento. Bologna: Zanichelli, 1997. p. 98.

O desenvolvimento econômico japonês desdobrou-se no expansionismo imperialista. A guerra contra a China, em 1894-1895, definiu a redivisão de forças no Extremo Oriente, esbarrando na Rússia czarista. Acima, gravura de Yoshu, 1894, que representa o ataque japonês a Ping-Yang, na China.

Neocolonialismo na África e na Ásia

Imperialismo na Índia

Da mesma forma que a China, a Índia foi arruinada pelo imperialismo inglês, depois de haver prosperado sob o domínio parcial do Império Mogol — quando o soberano Muhammad Akbar (que reinou de 1556 a 1605) estimulou a agricultura, construiu estradas e fortaleceu o artesanato. Porém, a Revolução Industrial destruiu seu comércio, pois os ingleses compravam o algodão indiano e o revendiam como tecidos já prontos, a baixo custo, para a própria Índia, fazendo grande concorrência com a produção local.

Alguns historiadores, entretanto, apontam outra explicação para a crise que a tecelagem indiana sofreu no século XIX.

Segundo eles, os tecidos indianos tinham custo inferior e qualidade superior à dos tecidos ingleses. Por isso, a Inglaterra elevou as tarifas alfandegárias até o século XIX, com o objetivo de impedir a importação de tecidos indianos e, assim, proteger sua indústria têxtil. Essa política, e não exatamente a mecanização, teria arruinado a tecelagem indiana.

Seja como for, é certo que a mecanização inglesa não podia competir com a seda artesanal indiana, de alta qualidade, e sobre ela também recaíram tarifas de importação da Inglaterra. Dessa forma, a indústria têxtil indiana foi levada à falência. O equilíbrio ancestral da vida e da economia foi rompido pela colonização.

Nos séculos XVIII e XIX, em razão das imposições inglesas e da consequente desestruturação de sua economia local, a miséria espalhou-se pela região, provocando a morte pela fome de cerca de 50 milhões de indianos.

A dominação de territórios indianos pelos ingleses começou em 1608 com uma empresa privada, a Companhia Inglesa das Índias Orientais, que estabeleceu entrepostos comerciais nas principais cidades costeiras e, em seguida, foi ocupando territórios.

No final do século XIX, grupos indianos revoltaram-se e empreenderam uma guerra contra os ingleses. Foi o Levante Indiano de 1857, conhecido como **Guerra dos Sipaios** (denominação da milícia nativa que servia aos britânicos), iniciado nas unidades militares contra os oficiais ingleses.

O movimento foi reprimido com extrema violência. Mais tarde, em 1876, o primeiro-ministro britânico Benjamin Disraeli transformou a Índia em parte do Império Britânico. Na ocasião, a rainha Vitória foi coroada com o título de imperatriz da Índia.

No final do século XIX, a Inglaterra controlava, além da Índia, a Birmânia (atual Mianmar) e regiões vizinhas, como o Tibete e o Afeganistão. Avançava também sobre o Pacífico, a Austrália e as ilhas vizinhas, numa cadeia de pontos estratégicos.

Em 1900, os domínios britânicos constituíam o maior império colonial do mundo. Temendo a competição de outras potências imperialistas, o Reino Unido criou a *British Commonwealth of Nations* (Comunidade Britânica de Nações). Existente até hoje, a *Commonwealth*, como é conhecida, compõe-se de países que, depois de conquistar a autonomia política, continuaram unidos por interesses comerciais e diplomáticos comuns, como é o caso de Austrália, África do Sul e Canadá.

Carestia e epidemias na Índia colonial inglesa

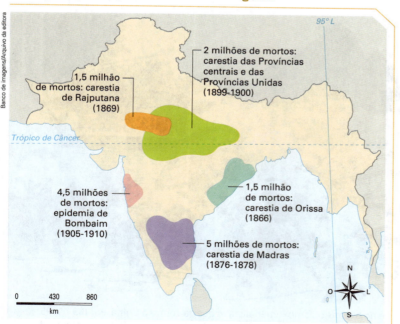

Adaptado de: CAMERA, Augusto; FABIETTI, Renato. *Elementi di storia XVIII e XIX secolo*. Bologna: Zanichelli, 1997. p. 979.

Construindo conceitos

Colonização, neocolonialismo, descolonização, pós-colonialismo

A expansão europeia a partir do século XVI produziu relações internacionais marcadas pela violência e pelo desequilíbrio do poder. O domínio técnico superior de artefatos e armamentos de fogo, além da disposição dos Estados centralizados europeus para confrontos, submeteram povos e civilizações na América, na África e na Ásia.

Entre os séculos XVI e XVIII, prevaleceu um tipo de dominação caracterizado pela exploração das riquezas minerais e agrícolas do continente americano, associada ao uso do trabalho compulsório de indígenas e africanos. Esse processo foi denominado **colonização**, em que os territórios conquistados passavam a ser considerados colônias, isto é, terras ocupadas e anexadas pelos Estados conquistadores (metrópoles).

Em fins do século XVIII e início do XIX, esse modelo de dominação de territórios além-mar entrou em crise devido à expansão do capitalismo europeu e do crescimento dos interesses políticos das elites coloniais. No período, dezenas de guerras e movimentos pela independência eclodiram em toda a América: nas Treze Colônias, em 1776; no Haiti, em 1804; no Paraguai, em 1811; na Argentina, em 1816; no Brasil, em 1822; etc.

Apesar de as novas nações latino-americanas terem conquistado a emancipação política, elas ainda mantiveram relações econômicas desiguais e dependentes de suas antigas metrópoles europeias, ou mesmo da Inglaterra, a grande potência do século XIX.

Para manter o ritmo da expansão industrial, era preciso buscar novas fontes de matérias-primas e recursos naturais, de preferência, com custos reduzidos. Isso levou as nações mais ricas da Europa a fortalecer o controle econômico sobre a América e a estabelecer novas colônias e zonas de influência nos continentes africano e asiático. Esse processo, iniciado em meados do século XIX, é chamado de **neocolonialismo**.

A partir de meados do século XX, o processo de **descolonização** do continente africano começou, graças a dois fenômenos distintos. O primeiro refere-se ao crescimento das manifestações políticas africanas contra a dominação europeia, por meio de diversas formas de ação, que incluíam a formação de guerrilhas, a fundação de partidos políticos e o ativismo intelectual. O segundo fenômeno foi a eclosão da Segunda Guerra Mundial, em 1939, que desestabilizou o controle militar europeu sobre o continente e fortaleceu as lutas pela independência. No fim dessa guerra, em agosto de 1945, muitos países africanos e asiáticos tornaram-se independentes do domínio europeu.

A obra *Orientalismo*, de 1978, do crítico literário e ativista político de origem palestina Edward Said (1935-2003), foi o ponto de partida para uma nova teoria cultural, chamada **pós-colonialismo**. Said defende, entre outras questões, que o Ocidente havia construído uma imagem tão poderosa dos países africanos e asiáticos que a própria noção de "Oriente" era uma invenção das potências ocidentais.

Charge publicada no periódico parisiense *Le Petit Journal*, em 1898, representando a partilha da China. Da esquerda para a direita: Inglaterra (rainha Vitória), Alemanha (William II), Rússia (Nicolau II), França (Marianne) e Japão (Mutsuhito). Ao fundo, desesperado, o imperador chinês.

Atividades

1. Em grupos de três ou quatro alunos, consultem *sites* e revistas para selecionar informações e opiniões sobre as relações entre o Brasil e os países do mundo na atualidade: O Brasil pode ser considerado uma potência que controla outros países ou é um país controlado por outras potências? De que maneira?
2. Elaborem uma pequena síntese sobre o assunto discutido e, em seguida, apresentem-na para a classe.

Atividades

Retome

1. Explique as diferenças entre o colonialismo do século XVI e o neocolonialismo do século XIX.

2. Observe novamente a charge que representa o britânico Cecil Rhodes (p. 452).

    a) Rhodes foi um homem de negócios que realizou inúmeros investimentos no continente africano, sobretudo na área da mineração. Ele também planejou uma estrada de ferro que ligaria Cairo, no Egito, a Cabo, na África do Sul, obra nunca realizada. O que a posição de Cecil Rhodes na charge pode indicar?

    b) O que Cecil Rhodes segura em suas duas mãos? Explique de que forma esse elemento se relaciona com os desejos expansionistas das potências europeias do século XIX.

Pratique

3. Leia dois textos escritos por historiadores. Depois, resolva as atividades propostas.

> [...] A partilha do país somali, praticamente terminada em 1897, desprezou os interesses legítimos das populações e as privou da liberdade e da independência. [...] Os chefes e os sultões somalis estavam particularmente inquietos com tantas usurpações, que tinham efeito desastroso sobre seu poder político. Eles jamais cederam de boa graça a sua soberania e, de fato, encabeçaram numerosos levantes contra as forças europeias e etíopes durante o período da partilha.
>
> Conscientes das rivalidades existentes entre as potências europeias, os chefes somalis tentaram jogar umas contra as outras. Assinaram tratados com esta e aquela potência colonial, na esperança de que a prática diplomática lhes resguardasse a independência. Por exemplo, assinaram numerosos tratados com os ingleses, nos quais lhes concediam pouca coisa. [...] Mas os tratados não preencheram o objetivo, pois as potências europeias [...] acabaram por acertar pacificamente o seu litígio na região.
>
> Além desse esforço diplomático, certos clãs somalis pegaram em armas para salvaguardar a soberania. Os ingleses tiveram de enviar quatro expedições: em 1886 e 1890, contra os Issa; em 1893, contra os Habar Guerhajis; e em 1895, contra os Habar Awal. Os italianos também sofreram pesadas perdas: em 1887, um destacamento de soldados italianos foi massacrado em Harar e, em 1896, uma coluna de 14 homens foi aniquilada pelos Bimal. [...]
>
> IBRAHIM, Hassan Ahmed (Com base numa contribuição de Abbas Ibrahim Ali). Iniciativas e resistência africanas no nordeste da África. In: *História geral da África VII*. África sob dominação colonial, 1880-1935. 2. ed. Brasília: Unesco, 2010. p. 73; 93-94.

> [...] Em resumo, praticamente todos os tipos de sociedade africana resistiram, e a resistência manifestou-se em quase todas as regiões de penetração europeia. Podemos aceitar isso como um fato que não mais precisa de demonstração.
>
> [...] a resistência apresenta gritantes diferenças de intensidade de uma região para outra. Na Rodésia do Norte (atual República de Zâmbia), houve movimentos de resistência armada, mas em nada comparáveis, em amplitude e duração, aos organizados na Rodésia do Sul (atual República do Zimbábue), os quais, por sua vez, não se podem comparar, do ponto de vista da "organização", aos movimentos de resistência contra os portugueses no vale do Zambeze. Faltam-nos, é certo, estudos regionais comparativos mais precisos. [...]
>
> RANGER, Terence O. Iniciativas e resistência africanas em face da partilha e da conquista. In: *História geral da África VII*. África sob dominação colonial, 1880-1935. 2. ed. Brasília: Unesco, 2010. p. 54.

a) O que Terence Ranger diz sobre a resistência africana à exploração colonial no século XIX?

b) Com base no texto de Hassan Ahmed Ibrahim, explique que formas de resistência foram organizadas durante a partilha da Somália. Depois, com base em seus conhecimentos, dê exemplos de outros locais do continente africano onde ocorreram resistências à exploração colonial.

c) Hassan Ahmed Ibrahim também cita outra forma de resistência, diferente da luta armada. Que tipo de resistência era essa?

d) Explique por que Hassan Ahmed Ibrahim diz que "A partilha do país somali, praticamente terminada em 1897, desprezou os interesses legítimos das populações e as privou da liberdade e da independência".

4. Em 1902, foi publicada a obra *O coração das trevas*, do escritor britânico Joseph Conrad (1857-1924). Considerada um grande clássico da literatura mundial, narra a viagem de barco realizada por um inglês contratado por uma companhia belga para encontrar, no então Congo Belga, certo comerciante de marfim. Tudo leva a crer que o enredo se passa no rio Congo. O livro mostra a opressão e a violência da exploração colonial. Leia um trecho a seguir.

> [...] Às vezes chegávamos a um posto muito perto da margem, preso nas fímbrias do desconhecido, e os homens brancos correndo para fora de um casebre em ruínas, com gestos largos de alegria, surpresa e boas-vindas, pareciam muito estranhos – parecia que um feitiço os mantinha ali cativos. A palavra "marfim" ecoava pelo ar por um instante – e lá seguíamos nós, de novo, no silêncio, pelas extensões desertas do rio, dobrando as curvas mansas, entre os altos muros de nosso curso sinuoso reverberando com pancadas surdas a batida compassada da roda na popa. [...]
>
> CONRAD, Joseph. *O coração das trevas*. São Paulo: Abril, 2010. p. 63. (Clássicos Abril Coleções, v. 25).

a) Quais eram as características da exploração colonial no então Congo Belga? Que monarca era responsável por organizar essa exploração?

b) O autor cita um dos principais produtos explorados pelos belgas na África. Que produto era esse? Por que era tão valorizado e como era usado? Existia algum impacto ambiental em sua exploração? Qual? Pesquise em *sites* para responder às questões.

Analise uma fonte primária

5. Observe a charge a seguir e faça o que se pede.

THE BOXERS.
UNCLE SAM (*to the obstreperous Boxer*). "I occasionally do a little boxing myself."

Charge de William A. Rogers publicada em 1900 na revista estadunidense *Harper's Weekly*. Na legenda lê-se: "Os boxeadores. Tio Sam diz 'Eu também pratico boxe de vez em quando'".

a) A charge faz referência a um dos conflitos imperialistas ocorridos no período estudado neste capítulo. Que conflito é esse? Que elementos da charge justificam sua resposta?

b) Que nação é representada por Tio Sam? O que ele traz nas mãos?

c) Escreva um comentário sobre o conflito representado na charge e de que modo os elementos nas mãos de Tio Sam simbolizam as ambições das nações vencedoras.

Articule passado e presente

6. Em 2014, o escritor moçambicano Mia Couto (1955-) concedeu uma entrevista a um jornal brasileiro. Leia um trecho dessa entrevista a seguir.

> [ZH Caderno PrOA] O racismo é uma realidade no Brasil, e tem aparecido especialmente nos estádios de futebol, com casos de torcedores jogando banana para um árbitro negro e gritando "macaco" para jogadores negros.
> [...]
> Como fugir dessa armadilha da "raça"?
> [Mia Couto] Há várias maneiras. Um componente do racismo é que ele olha a raça para não ver a pessoa. É preciso fazer valer as histórias de cada um, acima da identidade racial. Não é a raça que produz o racismo, é o racismo que produz a raça.
> [...]
>
> DUARTE, Letícia. Entrevista com Mia Couto. *ZH Caderno PrOA*, 2014. 7 set. Disponível em: <http://zh.clicrbs.com.br/rs/noticias/proa/noticia/2014/09/mia-couto-o-grande-crime-do-racismo-e-que-anula-em-nome-da-raca-o-individuo-4591914.html>. Acesso em: 16 maio 2017.

a) Que casos graves de racismo no Brasil a entrevistadora apresenta como exemplos? Em sua opinião, em que outras situações é possível verificar a existência de racismo no Brasil contemporâneo?

b) O termo "raça" praticamente já não é mais aceito pelos estudiosos, uma vez que, biologicamente, não há diferenças suficientes entre os seres humanos para justificar uma possível separação por raças. O termo "etnia" é o mais utilizado na atualidade. De todo modo, Mia Couto toca no assunto e utiliza a palavra "raça" para discutir o racismo. Explique o que Mia Couto quis dizer com a frase "Não é a raça que produz o racismo, é o racismo que produz a raça".

c) Este capítulo discutiu uma das fontes do racismo contemporâneo. Explique a conexão entre o tema deste capítulo e o racismo contemporâneo.

UNIDADE 6
Para entender o século XX

A primeira metade do século XX foi marcada por acontecimentos que resultaram em milhões de vítimas: as revoluções Mexicana (1910) e Russa (1917); a Primeira Guerra Mundial (1914-1918); a Crise de 1929; a Segunda Guerra Mundial (1939-1945). Várias outras guerras, não menos violentas, marcaram a segunda metade do século. Para o historiador inglês Eric Hobsbawm, o século XX foi "o mais mortífero de toda a História documentada".

O período, contudo, não foi somente de mazelas e tensões. Foi um século de avanços nas relações entre os povos e de grandes transformações nas condições de vida das pessoas. A criação de novos meios de transporte e comunicação modificou a percepção das pessoas sobre o tempo e o espaço. Avanços na Química, na Medicina e na Microbiologia possibilitaram a conservação mais eficaz de alimentos e a cura de muitas doenças. Tudo isso somado ao crescimento da população em grandes cidades e à sua submissão a longas jornadas de trabalho alteraram hábitos, tradições e relações interpessoais.

Operários alemães trabalhando em linha de montagem de motores na cidade de Hannover. Foto de 1928.

Saber histórico

Discutindo o século XX

1) A História mais veloz do que antes

A partir do século XX, a rapidez com que os acontecimentos se sucedem nos dá a sensação de que vivemos um período de "aceleração" da História. Isso se deve à importância que todos esses fatos têm para o entendimento do mundo atual. Ou seja, a partir do século XX, os eventos que modificam a realidade sucedem-se mais velozmente do que antes.

Fatores de aceleração da História

- **Boa parte do mundo urbanizou-se rapidamente no século XX:** o ritmo de vida passou a ser acelerado em razão do aumento da velocidade da produção econômica, da divulgação de informações e do transporte de mercadorias e pessoas; bem diferente do ritmo do mundo antigo, majoritariamente rural, no qual o tempo histórico era regido pelos ciclos do Sol, da Lua, das estações do ano, enfim, do tempo da natureza.
- **A população mundial cresceu enormemente:** no fim do século, havia no planeta mais de 6 bilhões de habitantes. Com mais pessoas, houve um número maior de eventos importantes. Também existia mais gente interessada e capacitada em registrá-los, narrá-los e comentá-los.
- **O número de historiadores (profissionais ou não) e as fontes à disposição também aumentaram:** a informática auxiliou no resgate de informações sobre o passado e multiplicou a quantidade de acervos documentais, ampliando as fontes de trabalho dos historiadores.
- **Os interesses da pesquisa mudaram:** aceitam-se hoje novos temas, novos objetos de estudo e novas abordagens para explicar, comparar, compreender modos de vida, crenças, soluções econômicas de diferentes sociedades — e de parcelas específicas da sociedade, como as mulheres, os operários, os migrantes, etc. — em épocas e locais diferentes.

2) O socialismo e as guerras

O século XX foi marcado por dois eventos considerados fundamentais para o entendimento das relações político-ideológicas, sociais e econômicas entre os povos: a **Primeira Guerra Mundial** e a **queda da União Soviética e do socialismo no Leste Europeu**.

Ao fim da Segunda Guerra, que durou de 1939 a 1945, o mundo foi praticamente dividido em dois blocos de países: um deles, sob influência dos Estados Unidos; o outro, sob liderança da União Soviética. Durante cerca de 50 anos, as duas superpotências entraram em confronto sempre de forma indireta (apoiando os respectivos aliados em conflitos locais) e mantiveram o mundo sob a tensão de uma guerra nuclear que parecia iminente. Esse período ficou conhecido como **Guerra Fria**, cujo fim, em 1989, deu início a uma **Nova Ordem Mundial**.

Todos esses eventos geraram muitos fatos a serem narrados e analisados. A escolha do que se vai ou não estudar (seleção) e a forma como se vai estudar (abordagem) tornaram-se questões ainda mais complexas.

③ A História em múltiplos focos

O surgimento de um espaço para a versão dos derrotados é uma mudança historiográfica que não pode ser atribuída a um único autor ou tendência nem a um momento exato. Mas a Segunda Guerra Mundial contribuiu para essa nova perspectiva.

No século XX, as descolonizações na África e na Ásia, bem como o fim do poder absoluto dos conquistadores europeus, também colaboraram para mudar a forma de escrever e explicar a História. Afinal, os povos que se constituem como nações soberanas têm a necessidade de relembrar o período em que foram dominados para dar um sentido ao processo de libertação e de construção nacional. Estimulavam a revisão do passado, com estudiosos adotando novas posturas e atitudes diante dos outros e de si mesmos.

Em diversos países, e particularmente no Brasil, vários grupos oprimidos passaram a buscar, a escrever e a valorizar suas histórias: os negros nas sociedades (aberta ou veladamente) racistas, as mulheres nas sociedades patriarcais e machistas, os trabalhadores, as minorias étnicas, homens e mulheres com diferentes orientações sexuais, etc.

Desse modo, várias transformações na maneira de compreender a História como ciência exigiram que ela fosse construída e ensinada de novas formas. Em termos políticos, a emergência das reivindicações de operários, trabalhadores rurais, negros e mulheres, entre outros sujeitos históricos, propiciou novos focos para se conhecer o passado. Isso também contribuiu para a valorização de diferentes fontes de informação.

Se até o início do século XX a produção histórica explicava o desenvolvimento das nações por meio daqueles que detinham o poder, no período posterior isso mudou. Novas interpretações passaram a valorizar os subalternos, como os escravizados e os marginalizados. Assim, o cotidiano e a trajetória desses grupos, seus hábitos, suas crenças e seus posicionamentos ideológicos passaram a ser estudados pelos historiadores. Criavam-se, desse modo, elementos para que a humanidade fosse compreendida de forma mais complexa e abrangente.

Manifestação pró-candidatura de Natércia da Cunha Silveira em 1933, ano em que as mulheres conquistaram o direito de voto para a Assembleia Nacional Constituinte.

CAPÍTULO

28º Um mundo em guerra (1914-1918)

Wolfgang Rattay/Reuters/Latinstock

Milhares de pessoas fugindo de áreas em conflito buscam refúgio nos países europeus. Em reação, alguns grupos contrários à imigração vêm se organizando nesses países. Na foto, de 2016, centenas de simpatizantes do movimento Pegida (Patriotas Europeus contra a Islamização do Ocidente) participam de uma manifestação na cidade de Colônia, no oeste da Alemanha. Além de bandeiras da Alemanha, cartazes com a frase "Rapefugees not welcome", um jogo de palavras para acusar os refugiados de estupro, eram exibidos por alguns manifestantes.

O nacionalismo é um importante fator presente na Primeira Guerra Mundial, tanto em suas origens como nos acordos assinados para que o conflito chegasse ao fim. Esse sentimento é expresso por pessoas que se identificam com o território onde nasceram ou com tradições, hábitos e idiomas herdados de seus antepassados. De que maneira esse sentimento tem alimentado, até hoje, a rivalidade entre diferentes países?

1 Marcas da guerra

Neste capítulo, o foco é a Primeira Guerra Mundial (1914-1918), que mobilizou mais de 60 milhões de combatentes. Foi chamada de Grande Guerra até 1939, quando outro conflito de proporções ainda maiores fez com que ela passasse a ser chamada de Primeira Guerra Mundial. Para vários historiadores, esse conflito representou o começo efetivo do século XX.

Cerca de 9 milhões de pessoas morreram e 20 milhões foram feridas. Os sobreviventes tiveram de lidar com o luto, a fome, os ferimentos e as doenças. Os efeitos demográficos dessas mortes acompanharam a Europa por várias décadas.

Ainda hoje, em algumas regiões que foram palco de confrontos, há áreas de acesso proibido ou impróprias para plantação. Existem também áreas em que a vegetação não cresce por causa da contaminação do solo e dos lençóis freáticos provocada pelo uso de armas químicas. Granadas, bombas e minas não detonadas ainda são encontradas em algumas regiões.

Diante desse quadro, ficam as seguintes reflexões:
- O conflito entre as nações que se enfrentaram referia-se a interesses de suas populações ou apenas de alguns de seus grupos sociais e políticos?
- O ônus do conflito armado que se originou pelas disputas coloniais foi pago apenas por seus beneficiários ou por toda a população?

Soldados em campo devastado na Bélgica. Foto de agosto de 1917.

Onde e quando

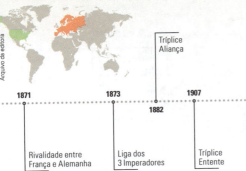

Mapa e linha do tempo ilustrativos. As regiões indicadas no mapa referem-se à configuração atual dos países a que pertencem hoje, e o espaço entre as datas não é proporcional ao intervalo de tempo.

Um mundo em guerra (1914-1918) 469

2. A política de alianças

No final do século XIX, boa parte do mundo era dominada pelas potências europeias, sobretudo pela Inglaterra. Entretanto, a hegemonia inglesa começava a enfrentar problemas, pois alemães e estadunidenses estavam à sua frente na produção de aço e na exploração de ferro, matérias-primas fundamentais para a indústria.

Nos Estados Unidos, os setores químico, elétrico e automobilístico se desenvolviam consideravelmente. Na Alemanha, a indústria bélica prosperava desde 1900 com o programa naval, que visava conquistar um império colonial tardio, despertando a rivalidade britânica.

A Inglaterra era responsável por mais da metade do total de capitais investidos em várias partes do mundo e constituía o maior império colonial. Era também uma das maiores potências militares do início do século XX. Contudo, sua hegemonia era ameaçada por outros países imperialistas interessados numa redivisão colonial, sobretudo na África e na Ásia.

A derrota francesa na Guerra Franco-Prussiana (1870-1871) acarretou a perda da região da Alsácia-Lorena para a Alemanha, o que despertou um espírito de revanche entre os franceses. Em contrapartida, a Alemanha, desde sua unificação, fundamentou sua política externa no isolamento da França, criando um sistema internacional de alianças político-militares que cerceassem o revanchismo francês.

Em 1873, o chanceler alemão Otto von Bismarck (1815-1898) instaurou a **Liga dos Três Imperadores**, da qual faziam parte a Alemanha, a Áustria e a Rússia. Entretanto, as divergências entre a Rússia e a Áustria com relação à região dos Bálcãs, originadas do apoio russo às minorias eslavas da região, que almejavam a independência, acabaram com essa aliança em 1878. Em 1882, o *Reich* (império) alemão aliou-se ao Império Austro-Húngaro e à Itália para formar a **Tríplice Aliança**.

A França conseguiu sair do isolamento em 1894, ao firmar um pacto militar com a Rússia. Em 1904, a Inglaterra se aproximou da França, formando o bloco **Entente Cordiale**, para defender seus interesses comuns no plano internacional. A partir de então, as hostilidades foram esquecidas para que os dois países enfrentassem um inimigo comum: a Alemanha. A adesão da Rússia à Entente Cordiale originou a **Tríplice Entente**. Assim, passavam a existir na Europa dois blocos antagônicos, a Tríplice Aliança e a Tríplice Entente, que aceleraram a corrida armamentista.

A posição da Itália diante dos blocos era dúbia. Embora fizesse parte da Tríplice Aliança, tinha sérios conflitos com o Império Austro-Húngaro e chegou a assinar acordos secretos de não agressão com a Rússia e com a França, países da Tríplice Entente.

A política de alianças: preparação para a guerra

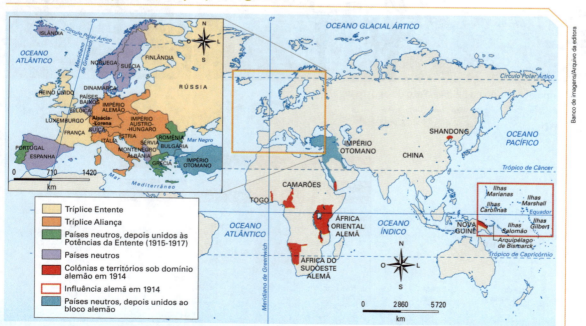

Adaptado de: CAMERA, Augusto; FABIETTI, Renato. *Elementi di storia XX secolo*. Bologna: Zanichelli, 1999. v. 3, p. 1169.

3) A questão balcânica

Situada no sudeste da Europa, a região dos Bálcãs engloba países como a Albânia, a Bulgária e a Grécia, entre outros. Em fins do século XIX, com o enfraquecimento e o desmembramento do Império Turco Otomano, uma intensa disputa entre as grandes potências por seus territórios ganhou força. A intervenção imperialista internacional na região, polarizada pela Tríplice Entente e pela Tríplice Aliança, e as lutas nacionalistas dos diversos povos que faziam parte do Império Turco originaram sérias crises locais e internacionais.

Pretendendo controlar a região entre os mares Negro e Egeu, passando pelos Bálcãs, o governo da Rússia defendia o **pan-eslavismo** (união dos **povos eslavos**) e apoiava a independência das minorias nacionais. Sua intenção era unificar os povos eslavos balcânicos e garantir sua influência sobre as novas nações. Do outro lado estavam os interesses do Império Austro-Húngaro, protetor do Império Turco, e da Alemanha, que planejava construir a estrada de ferro Berlim-Bagdá para ter acesso às áreas petrolíferas do golfo Pérsico, região de hegemonia inglesa.

O ideal de unificação eslava, encabeçado pela Sérvia e que resultaria na **Grande Sérvia**, tornou-se mais distante quando as regiões da Bósnia e da Herzegovina foram tomadas do domínio turco e anexadas à Áustria-Hungria, em 1908. Desse modo, os sérvios tinham agora de lutar contra os impérios Turco e Austro-Húngaro para conquistar sua unidade. Nos anos seguintes, essa situação provocou agitações nacionalistas na região, promovidas pela Sérvia com apoio russo.

Atentado em Sarajevo

Em 1914, o arquiduque Francisco Ferdinando (1863-1914), herdeiro do trono austro-húngaro, viajou a Sarajevo, capital da Bósnia, com o objetivo de acompanhar manobras militares e afirmar a força da monarquia austro-húngara. Contudo, ele foi assassinado por terroristas bósnios em 28 de junho de 1914, num atentado planejado pela organização secreta sérvia Mão Negra, contrária ao domínio austríaco. Em represália, o governo austríaco deu um ultimato à Sérvia, com uma série de exigências que feriam a soberania do país. Os sérvios não cederam às exigências.

Em resposta, o Império Austro-Húngaro declarou guerra à Sérvia em meados de 1914. Imediatamente, a Rússia pronunciou-se a favor da Sérvia e, a partir de então, o sistema de alianças foi ativado, resultando na entrada de Alemanha, França e Inglaterra (além da Rússia) no conflito, que se generalizou.

Povos balcânicos e vizinhos

> **povos eslavos**: pertencem originariamente ao grupo indo-europeu: russos, ucranianos, sérvios, croatas, eslovenos, tchecos, eslovacos, morávios, poloneses, entre outros. A fixação de grupos eslavos e outros povos na região balcânica favoreceu a diversidade de nacionalidades e lutas autonomistas, contribuindo para transformá-la em foco de disputas.

Adaptado de: ATLAS da história do mundo. São Paulo: Folha de S.Paulo, 1995. p. 210.

4 O desenvolvimento do conflito

No esforço de guerra, todos os cidadãos das nações envolvidas em idade de combate foram recrutados para participar tanto do exército quanto da produção industrial, principalmente de armamento.

Pode-se dizer que o conflito teve duas fases: em 1914, houve a **guerra de movimento** e, de 1915 em diante, a **guerra de trincheiras** ou de **posição**.

A primeira estava relacionada ao **Plano Schlieffen**, que previa a mobilização de boa parte do exército alemão para invadir o território francês, pela Bélgica e pela Alsácia-Lorena, e render Paris ao final de seis semanas.

Alcançado tal objetivo, os alemães acreditavam que estariam livres para enfrentar os russos, direcionando suas tropas para o ataque e a invasão daquele país.

A invasão da Bélgica serviu de pretexto para a Inglaterra declarar guerra à Alemanha, e a marcha dos exércitos alemães em direção a Paris surpreendeu as tropas francesas. Do lado leste, uma ofensiva russa inesperada, ainda em 1914, obrigou as forças alemãs a se dividirem, deslocando tropas para a região da Prússia Oriental. A França, beneficiando-se do apoio inglês, conteve o ataque alemão na Batalha do Marne, em setembro do mesmo ano.

Cenário da Primeira Guerra Mundial (1914-1918)

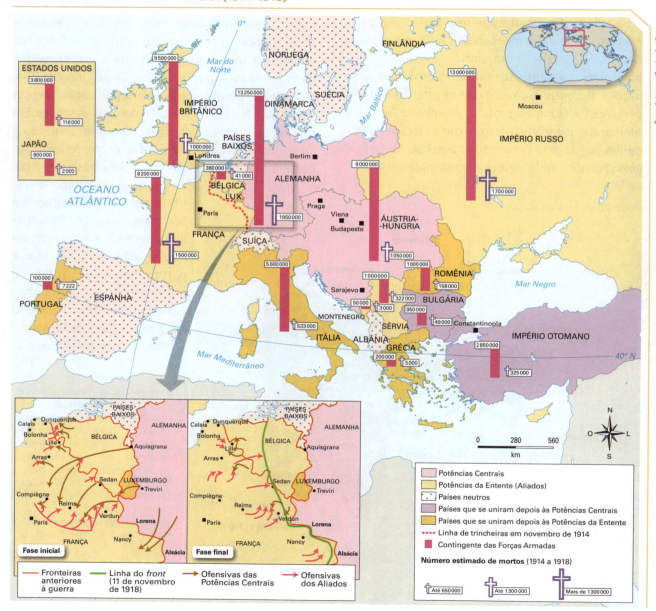

Adaptado de: ATLAS da história do mundo. São Paulo: Folha de S.Paulo, 1995. p. 248-249.

Com o fracasso da guerra de movimento, teve início a guerra de posição ou de trincheiras, na qual os soldados combatiam dentro de valas escavadas no chão. Outras potências entraram no conflito, colocando-se ao lado da **Tríplice Entente** (França, Inglaterra e Rússia): Japão (1914), Itália (1915), Romênia (1916) e Grécia (1917). Ao lado das **Potências Centrais** (Alemanha e Áustria-Hungria) colocaram-se o Império Turco Otomano (1914) e a Bulgária (1915).

Enquanto na frente ocidental a guerra entrava na fase das trincheiras, na frente oriental ocorria uma sequência de vitórias alemãs, como na Batalha de Tannenberg, na qual 100 mil russos foram aprisionados.

Em 1916, em Verdun, frustrou-se nova ofensiva alemã contra a França. Ali, por nove meses, combateram cerca de 2 milhões de soldados dos dois lados, dos quais 976 mil morreram, sem que houvesse avanço ou recuo na frente de batalha.

O ano de 1917, ao contrário, foi marcado por acontecimentos decisivos para a guerra. As contínuas derrotas russas aceleraram a queda da autocracia czarista, culminando nas revoluções de 1917, que resultaram na instauração do regime socialista. Com a ascensão do novo governo, concluiu-se o **Tratado de Brest-Litovski**, de 1918, que oficializava a saída dos russos da guerra.

Também em 1917, a Alemanha intensificou o bloqueio marítimo à Inglaterra, objetivando interromper seu abastecimento. Até então, os Estados Unidos se mantinham neutros, embora fornecessem alimentos e armas aos países da Entente. Sentindo-se ameaçados pela agressividade marítima alemã, usaram como pretexto o afundamento do transatlântico Lusitânia, que resultou na morte de dezenas de passageiros estadunidenses, para declarar guerra contra as Potências Centrais.

A entrada dos Estados Unidos na guerra, em 1917, com seu imenso potencial industrial e humano, reforçou o bloco liderado pela Inglaterra e pela França, que passou a obter sucessivas vitórias contra os alemães a partir de 1918. Movimentos populares na Alemanha e a rendição em massa de soldados alemães aceleraram o desmoronamento do Segundo *Reich* alemão e do Império Austro-Húngaro.

A derrota das Potências Centrais diante da superioridade econômico-militar dos Aliados, como eram denominadas as Potências da Entente, acarretou a renúncia do *kaiser* alemão e a assinatura do armistício, em novembro de 1918.

O cessar-fogo foi conseguido por meio de um plano de paz (intitulado **14 pontos de Wilson**) formulado pelo presidente estadunidense Woodrow Wilson (1856-1924), que pregava "uma paz sem vencedores".

As características da guerra

Para a época em que ocorreu, a Primeira Guerra Mundial teve uma duração incomum. Inicialmente, os países envolvidos esperavam uma guerra de movimento, rápida, na qual as tropas se deslocassem e conquistassem outro território. No entanto, nenhuma potência conseguiu vantagem suficiente para sobrepor-se à outra e vencer o conflito. Assim, passou a prevalecer uma guerra de posição, em que o objetivo era não perder terreno e buscar, pouco a pouco, a conquista dos territórios inimigos, o que tornou as trincheiras a marca registrada da Primeira Guerra Mundial.

A extensão territorial do conflito também merece destaque. Pela primeira vez, todos os grandes países da Europa entravam em guerra ao mesmo tempo. O conflito foi resultado do sistema de "paz armada", que juntava o armamentismo com alianças que se estendiam pelos continentes com base em interesses comuns entre os governantes dos países. A África foi envolvida na Grande Guerra, pois a maior parte do seu território era composta de colônias europeias. Na Ásia, o governo japonês viu mais vantagens em participar do conflito do que em se manter neutro e declarou guerra à Alemanha, interessado nas bases alemãs na China. Os chineses, por sua vez, entraram na guerra, pelo menos nominalmente, para não se inferiorizarem diante do Japão. O Império Turco Otomano foi arrastado para a guerra ao lado da Áustria e da Alemanha.

Em termos de intensidade, a Primeira Guerra Mundial pode ser considerada a primeira experiência de **"guerra total"**, aquela que exige que todos os habitantes de um país e todas as suas forças se voltem para sustentar as tropas com recursos materiais e humanos. Como os Estados envolvidos no conflito passaram a dirigir a economia para o esforço nacional de guerra, atingir a economia e a produção do inimigo passou a ser uma estratégia. O resultado foi um elevado número de mortes de civis. O conflito também impulsionou o avanço tecnológico bélico e utilizou recursos psicológicos: bombardeava-se a população civil nas cidades distantes dos *fronts* para abater o moral dos adversários. Infelizmente, essa prática tornou-se comum nas guerras do século XX.

Trincheiras da morte

Retrato mais marcante da Primeira Guerra Mundial, as linhas de trincheiras surgiram em setembro de 1914. Barrados perto de Paris e decididos a não retroceder, os alemães iniciaram a escavação de valas ao longo de toda a frente de combate. Os aliados responderam fazendo o mesmo, e em poucos meses as linhas de trincheiras estenderam-se da Suíça até o litoral norte da França, por mais de 600 quilômetros. Os dois lados tentavam quebrar a guarda do oponente com ataques e contra-ataques em massa, o que criava entre eles uma faixa de lama e cadáveres com 300 metros de extensão, a "terra de ninguém". Viver nas trincheiras era uma mistura de miséria, coragem e horror.

TRINCHEIRAS

As trincheiras tinham cerca de 2,30 m de profundidade por 2 m de largura. Eram revestidas por sacos de areia para amortecer o impacto de balas e estilhaços. Se o inimigo tomasse a primeira linha, os defensores recuavam para outras.

ARMAS QUÍMICAS

Os exércitos utilizaram dezenas de milhares de toneladas de gás de diferentes agentes tóxicos durante a guerra. Essas armas foram responsáveis pela morte de 90 mil soldados e cerca de 1,2 milhão de enfermos. Alguns soldados preferiam abandonar a trincheira e serem fuzilados a enfrentar a nuvem do letal gás mostarda acumulado nas valas.

ARAME FARPADO

Para retardar os ataques, uma rede de arame farpado, com até 30 m de largura, era instalada à frente das trincheiras. Enquanto os soldados lutavam para cruzar o emaranhado de fios, eram vítimas fáceis de atiradores inimigos.

Construindo conceitos

Guerra total

Até o século XIX, os conflitos armados entre as nações eram travados em campos de batalha distantes das áreas urbanas. A população civil observava a guerra a distância, recebendo notícias por parentes e amigos militares envolvidos no conflito ou pela imprensa escrita. A partir da Primeira Guerra Mundial esse quadro ganhou novos contornos, que foram analisados pelo historiador Eric Hobsbawm (1917-2012) em seu livro *Era dos extremos: o breve século XX – 1914-1991*, publicado em 1994.

> [...] essa guerra, ao contrário das anteriores, tipicamente travadas em torno de objetivos específicos e limitados, travava-se por metas ilimitadas. Na Era dos Impérios a política e a economia se haviam fundido. A rivalidade política internacional se modelava no crescimento e competição econômicos, mas o traço característico disso era precisamente não ter limites. [...] Mais concretamente, para os dois principais oponentes, Alemanha e Grã-Bretanha, o céu tinha de ser o limite, pois a Alemanha queria uma política e posição marítima globais como as que então ocupava a Grã-Bretanha, com o consequente relegamento de uma já declinante Grã-Bretanha a um *status* inferior. [...]
>
> [...] de 1914 em diante, as guerras foram inquestionavelmente guerras de massa. [...] Mesmo em sociedades industriais, uma tão grande mobilização de mão de obra impõe enormes tensões à força de trabalho, motivo pelo qual as guerras de massa fortaleceram o poder do trabalhismo organizado e produziram uma revolução no emprego de mulheres fora do lar: temporariamente na Primeira Guerra Mundial, permanentemente na Segunda.
>
> Também neste caso, as guerras do século XX foram guerras de massa, no sentido de que usaram, e destruíram, quantidades até então inconcebíveis de produtos durante a luta. [...]
>
> Mas a produção também exigia organização e administração – mesmo sendo seu objetivo a destruição racionalizada de vidas humanas de maneira mais eficiente, como nos campos de extermínio alemães. Falando em termos mais gerais, a guerra total era o maior empreendimento até então conhecido do homem, e tinha de ser conscientemente organizado e administrado.

HOBSBAWM, Eric. *Era dos extremos*: o breve século XX – 1914-1991. São Paulo: Companhia das Letras, 1995. p. 37, 51-52.

A noção de guerra total ainda se mantém nos dias de hoje no horizonte dos conflitos entre os povos, nos quais a destruição com frequência ultrapassa os agentes militares. Isso é mostrado na televisão e nos jornais, que trazem notícias e imagens de cidades bombardeadas, evasão de refugiados, populações aterrorizadas e centenas de perdas humanas.

Cartaz estadunidense de 1917. Nele, Tio Sam, um dos símbolos dos Estados Unidos, convoca voluntários para a guerra: "Eu quero **você** para o Exército dos EUA. Aliste-se na estação de recrutamento mais próxima".

Atividades

- Em dupla, façam uma busca em alguns *sites* de notícias e procurem informações sobre conflitos internacionais em curso.

    a) Selecionem um desses conflitos e desenvolvam uma pesquisa mais aprofundada sobre as origens e as razões do conflito, os países envolvidos, os territórios e as regiões que sofreram algum tipo de ataque.

    b) Organizem essas informações num painel e apresentem para a classe.

5 Os tratados de paz: sementes de uma nova guerra

Com o fim das operações militares, os vitoriosos reuniram-se em 1919 no Palácio de Versalhes, nos arredores de Paris, para as decisões do pós-guerra.

As conversações resultaram no **Tratado de Versalhes**, que considerou a Alemanha culpada pela guerra e criou uma série de determinações que visavam enfraquecê-la e desmilitarizá-la.

Esse tratado estabeleceu a devolução da Alsácia-Lorena à França e o acesso da Polônia ao mar por uma faixa de terra que atravessava a Alemanha e desembocava no porto livre de Dantzig, o "corredor polonês". A Alemanha perdeu todas as suas colônias ultramarinas e parte de seu território. Perdeu também o direito de manter artilharia e aviação e passou a ter um exército limitado a 100 mil homens. Além disso, ficou proibida de construir navios de guerra. Por fim, foi obrigada a indenizar as potências aliadas pelos danos causados, em um total aproximado de 30 bilhões de dólares, valor que foi renegociado na década de 1920 até ser extinto em 1932.

O Tratado de Versalhes também oficializou a criação da **Liga das Nações**, um fórum internacional que pretendia garantir a paz mundial, o que não se concretizou.

Por discordar de muitas das decisões de Versalhes, o governo estadunidense preferiu assinar um acordo de paz com o governo alemão em separado.

Também em 1919, o Império Austro-Húngaro foi desmembrado pelo **Tratado de Saint Germain**. O governo da Áustria foi obrigado a reconhecer a independência da Polônia, da Tchecoslováquia e da Hungria e a criação do Reino dos Sérvios, Croatas e Eslovenos (que, em 1929, adotaria o nome de Iugoslávia). Dessa forma, perdeu a saída para o mar e a maior parte de seus domínios. Com a Hungria foi assinado o **Tratado de Trianon** e com a Bulgária, o **Tratado de Neuilly**.

Os acordos assinados entre 1919 e 1921 selaram a desintegração territorial dos impérios Austro-Húngaro e Turco Otomano (**Tratado de Sèvres**, depois reformado pelo **Tratado de Lausanne**), e o Império Alemão foi extinto por uma revolução em novembro de 1918.

As novas nações europeias

Adaptado de: BARRACLOUGH, Geoffrey. *Atlas da história do mundo*. São Paulo: Times Books/Folha de S.Paulo, 1995. p. 240-241.

Um mundo em guerra (1914-1918) 477

Os tratados também determinaram o início da consolidação da independência de novos Estados, cujas soberanias foram ratificadas pelas populações envolvidas por meio de plebiscitos. Tais países passaram a integrar as novas áreas de atuação dos interesses das potências vencedoras.

Essas potências conseguiram manter suas possessões na África e na Ásia, onde, na década de 1920, fortaleceu-se a supremacia econômica e financeira dos Estados Unidos. Vinte anos mais tarde, essa supremacia seria contestada pelo revanchismo alemão, que não havia morrido em Versalhes nem nos acordos posteriores.

Leituras

As mulheres e a guerra

Com o deslocamento de milhões de homens para o *front* e a necessidade de assegurar o ritmo da produção industrial, as mulheres foram obrigadas a assumir postos de trabalho nas fábricas, o que acabou favorecendo sua emancipação. Elas também estavam presentes nas frentes de combate, apesar de em geral não lutarem nas batalhas.

[...] Para as mulheres que procuravam envolvimento direto na guerra, a profissão tradicionalmente feminina da enfermagem oferecia a maior oportunidade. Todos os países beligerantes empregavam enfermeiras em hospitais de campanha junto às linhas de frente, bem como em um número cada vez maior de hospitais na frente interna. Algumas serviam sob comando militar direto, em entidades como o Serviço de Enfermagem Militar Imperial da Grã-Bretanha e o Corpo de Enfermeiros do Exército dos Estados Unidos. [...]

Na Grã-Bretanha, a enfermagem continuava sendo o único caminho para o serviço militar feminino até a criação, em 1917, do Serviço Real Naval Feminino e do Corpo de Exército Auxiliar Feminino [...].

Além de casos isolados, as mulheres não serviam em combate, exceto na Rússia, que montou 15 batalhões de mulheres sob o governo provisório [...]

Desde o início da guerra, a mudança do papel das mulheres foi mais evidente na Grã-Bretanha. [...] Em março de 1915, a Câmara de Comércio criou o Registro de Mulheres para o Serviço de Guerra [...]. O registro logo passou a incluir 124 mil mulheres, que assumiram empregos em repartições públicas, bases militares e hospitais, bem como no setor privado. As mulheres costumavam receber bem menos que os homens pelo mesmo trabalho, principalmente nas fábricas de munição, onde elas começaram a aparecer em maior número após a expansão da indústria de munições sob a direção de Lloyd George. [...]

A França teve menos êxito em recrutar trabalhadoras durante a guerra, em parte por causa de generosos "auxílios-separação" que o governo dava a esposas e filhos de homens convocados pelo exército. [...] Em outubro de 1915, as indústrias de guerra francesas registravam apenas 75 mil operárias, a maioria das quais já havia trabalhado antes [...]

Com milhões de homens retirados da vida civil em agosto de 1914, e milhões mais convocados depois, as mulheres representavam uma maioria crescente da população na frente interna. [...]

SONDHAUS, Lawrence. *A Primeira Guerra Mundial*: história completa. São Paulo: Contexto, 2013.

Mulheres trabalham em fábrica de munições, que era propriedade do Estado, na Inglaterra. Foto de 1917.

Horace Nicholls/Acervo do Museu Imperial da Guerra, Londres.

Atividades

Retome

1. No início do século XX, a Inglaterra era a maior potência capitalista. Contudo, sua hegemonia vinha sendo abalada pelo crescimento econômico de dois países concorrentes. Identifique-os e explique o crescimento desses dois países.

2. A passagem do século XIX para o século XX foi marcada pela formação de dois poderosos blocos militares na Europa.
   a) Quais eram esses blocos?
   b) Que países europeus compunham cada uma dessas alianças militares e que interesses as motivavam?

3. Uma questão central na geopolítica da Europa no início do século XX foi o conflito nos Bálcãs. Explique-a.

4. A Primeira Guerra Mundial (1914-1918) teve duas fases: a primeira foi caracterizada pelo deslocamento de tropas; e a segunda, pela guerra de trincheiras.
   a) Qual é a relação da primeira fase do conflito com o Plano Schlieffen, colocado em prática pelos alemães?
   b) Descreva a guerra de trincheiras.

5. Releia as condições impostas à Alemanha ao final da Primeira Guerra e indique por que elas não favoreciam a concretização de um clima de paz na Europa.

Pratique

6. Observe a imagem a seguir. Depois, resolva as atividades propostas.

Litografia produzida na França entre 1914 e 1918. Na publicação original, lia-se na legenda: "Alsacianos e lorenos são franceses!".

a) Qual era a situação das regiões da Alsácia-Lorena no período em que a gravura foi publicada?

b) Quais atrativos possuía a Alsácia-Lorena que justificassem as disputas por seus territórios? Pesquise em enciclopédias, livros ou *sites*.

c) Na gravura, a Alsácia-Lorena é corporificada como uma mulher. Descreva-a, atentando para suas vestimentas, expressão facial, atitude e postura corporal.

d) A gravura dá alguma pista do que ocasionou o aprisionamento da Alsácia-Lorena? Explique.

e) Observe o mapa a seguir, no qual estão identificados os dialetos falados na região da Alsácia-Lorena no século XIX. Com base nele, podemos afirmar que os habitantes da região apresentavam identidade inquestionavelmente francesa? Por quê?

Dialetos na região da Alsácia-Lorena no século XIX

Adaptado de: ATLAS Wenker Digital (DiWA). Disponível em: <www.diwa.info>. Acesso em: 13 mar. 2017.

Um mundo em guerra (1914-1918) **479**

Analise uma fonte primária

7. Observe a imagem a seguir. Trata-se de um pôster britânico, divulgado logo após o final da Primeira Guerra Mundial. No topo, lemos "Uma vez alemão – sempre alemão!". Na base, "Lembre-se! Cada alemão empregado significa um britânico ocioso. Cada artigo alemão vendido significa um artigo britânico encalhado". No centro, a cruz de uma cova estampa o nome da enfermeira Edith Cavell, fuzilada pelos alemães e considerada internacionalmente uma heroína da Primeira Guerra.

Pôster divulgado na Inglaterra pela British Empire Union após o término da Primeira Guerra Mundial, propagando o antigermanismo.

a) Ao final da guerra, qual era a imagem do povo alemão disseminada por seus adversários? Elabore sua resposta utilizando elementos do pôster.
b) Relacione o pôster acima ao acirramento da concorrência entre as potências industrializadas europeias no século XX.
c) O pôster pode ser visto como uma antecipação do espírito que nortearia a assinatura do Tratado de Versalhes? Explique.

Articule passado e presente

8. A notícia a seguir foi publicada em outubro de 2010, na revista *História Viva* e trata da quitação da dívida imposta à Alemanha pelo Tratado de Versalhes em 1919. Leia a matéria e responda às questões que a acompanham.

> Como todos sabem, a Primeira Guerra Mundial terminou em 1918. Mas não para a Alemanha. Só no dia 3 deste mês o país quitou a dívida que contraiu após assinar o Tratado de Versalhes, acordo imposto em 1919 pelas nações vencedoras que determinou o pagamento de uma quantia para reparação dos danos causados pelos germânicos durante o conflito.
>
> Entre outras coisas, o acordo obrigava a Alemanha a abrir mão de uma série de territórios conquistados nas décadas anteriores à Grande Guerra e a pagar aos Aliados uma indenização de 269 bilhões de marcos, valor equivalente a 96 toneladas de ouro. Essas imposições levaram o país à falência na década de 1920 e criaram o cenário ideal para a ascensão do partido de Hitler. Para muitos historiadores, não haveria nazismo se não fosse a miséria dos germânicos no pós-Primeira Guerra.
>
> Segundo o jornal alemão *Der Spiegel*, o pagamento dessa dívida foi interrompido durante os anos do nazismo e renegociado várias vezes durante o último século. A última proposta de parcelamento do débito foi elaborada logo após a queda do Muro de Berlim, quando o país recém-unificado concordou em pagar um montante equivalente a 125 milhões de euros em prestações anuais. A primeira foi cobrada em 3 de outubro de 1990 e só agora, 92 anos após o fim da Primeira Guerra, os germânicos se livraram da dívida centenária.
>
> ALEMANHA quita dívida da Primeira Guerra. *História Viva*. Disponível em: <www2.uol.com.br/historiaviva/noticias/alemanha_quita_divida_da_primeira_guerra.html>. Acesso em: 13 mar. 2017.

a) De acordo com o texto, como se explica a quitação da dívida alemã ter demorado tanto tempo?
b) A punição imposta à Alemanha após a Primeira Guerra teve que resultados para a Europa?
c) Hoje a Alemanha é a maior credora da Grécia, país que integra a União Europeia e que atravessa profunda recessão. O governo alemão tem se mostrado bastante resistente diante das tentativas do governo grego em negociar sua dívida. Considerando os desdobramentos da assinatura do Tratado de Versalhes, você acha que o governo da Alemanha deveria negociar a dívida grega ou deve ser inflexível e cobrar do governo da Grécia o que ele deve? Justifique.

CAPÍTULO 29º A Revolução Russa

Monumento *O operário e a camponesa*, o mais célebre trabalho da escultora Vera Mukhina. A obra foi exibida pela primeira vez no pavilhão da União Soviética na Exposição Internacional de Artes, Ofícios e Ciências de Paris, inaugurada em 1937. Depois da exposição, ela foi instalada em Moscou, na Rússia, onde está até hoje. Foto de 2015.

Nos anos iniciais da Revolução Russa, a participação dos trabalhadores do campo e da cidade nos acontecimentos foi grande e intensa. O reconhecimento de sua importância política e econômica se expressava em monumentos como o da foto acima, que homenageia tanto o operário urbano como o trabalhador rural, homens e mulheres, apresentados em condição de igualdade. Será que essa intenção de igualdade se estabeleceu de fato no cotidiano da população? E no mundo atual, como se considera a questão da igualdade?

1 A Rússia como eixo revolucionário

A Primeira Guerra Mundial teve profundas implicações para o Império Russo. As seguidas derrotas e o avanço alemão minaram o governo dos czares (imperadores) que, em março de 1917, acabou sendo deposto. O novo governo revolucionário manteve a Rússia na guerra contra o bloco alemão, sem conseguir reverter o fracasso nas frentes de batalha.

Em novembro de 1917, eclodiu a Revolução Socialista, também conhecida como Revolução Russa, que implantou uma nova forma de organização social e política, inspirada nas ideias socialistas surgidas no século XIX. Além da novidade de forçarem uma ruptura social e política inédita, fundando o primeiro país socialista do mundo, os desdobramentos dessa revolução se refletiram internacionalmente por todo o século XX.

De um lado, o sucesso da revolução originou a União das Repúblicas Socialistas Soviéticas (URSS), fundada com a Constituição de 1923, que em pouco mais de duas décadas chegou à condição de superpotência mundial, disputando com os Estados Unidos a hegemonia do cenário político internacional. De outro, o movimento revolucionário não obteve êxito em criar uma sociedade efetivamente igualitária como pretendia, não mantendo coerência em relação a seus princípios iniciais.

Vista da Catedral de São Basílio na praça Vermelha, em Moscou, Rússia. Foto de 2014.

Onde e quando

- **1917** — Queda do czar; Instalação do governo menchevique; Revolução bolchevique (outubro)
- **1921** — Implantação da NEP; Guerra civil Brancos × Vermelhos
- **1923** — Instituição da URSS
- **1924** — Morte de Lenin; Disputas entre Trotski e Stalin
- **1928** — Início dos planos quinquenais

Mapa e linha do tempo ilustrativos. As regiões indicadas no mapa referem-se à configuração atual dos países a que pertencem hoje, e o espaço entre as datas não é proporcional ao intervalo de tempo.

2. A corrosão do czarismo russo

No início do século XX, diversos aspectos presentes na Rússia – boa parte deles decorrente de valores herdados do Antigo Regime – chocavam-se com o capitalismo emergente. Mantendo uma estrutura que carregava muitos componentes típicos do mundo feudal, a sociedade russa não mostrava o dinamismo de outras sociedades capitalistas. A grande maioria da população vivia no campo. A nobreza, detentora de títulos honoríficos, possuía a maior parte das terras férteis e explorava o trabalho dos camponeses, que viviam em situação próxima à servidão. Os monarcas da **dinastia Romanov**, no poder desde 1613, governavam o país seguindo um regime absolutista, tendo o apoio da nobreza, dos oficiais do exército e do clero – a elite russa.

A partir do final do século XIX, alguns czares adotaram políticas modernizadoras. Entre elas, a abolição da servidão e o incentivo aos investimentos estrangeiros para impulsionar a industrialização. No entanto, a modernização industrial aumentava o contraste entre a estrutura semifeudal que sustentava o czar e as cidades modernizadas. Paralelamente, anarquistas e marxistas difundiam suas ideias entre as populações urbanas e rurais, enquanto grandes greves operárias eclodiam já no começo do século XX.

Não era só a classe trabalhadora que se mostrava insatisfeita. Nas cidades, as camadas médias urbanas e a burguesia emergente também reivindicavam mudanças. Nesse contexto, o czarismo já não dispunha do apoio social de que desfrutara anteriormente. Para agravar seu desgaste, o fracasso do czar Nicolau II na Guerra Russo-Japonesa (1904-1905), ao disputar a Coreia e a região da Manchúria, incentivou forças de oposição a intensificar pressões contra o despotismo dos Romanov.

A primeira evidência de impasse político ocorreu em janeiro de 1905, em frente ao Palácio de Inverno, em São Petersburgo. Nesse episódio, que ficou conhecido como **Domingo Sangrento**, uma manifestação pacífica pedia a convocação de uma Assembleia Constituinte e a implantação de regras trabalhistas, mas foi violentamente reprimida, com centenas de pessoas dizimadas por tropas do exército e da polícia.

Para o Pentecostes, de Sergey Alekseevich Korovin, 1902 (óleo sobre tela). Nessa obra, estão representados camponeses russos, que no início do século XX ainda viviam em condições típicas da ordem feudal.

Depois disso, uma onda de protestos e conflitos espalhou-se pelo Império Russo, resultando em uma greve geral e em levantes militares, como o do **encouraçado Potemkin**. As agitações populares, tanto de operários da indústria como de camponeses, estimularam a formação de conselhos de trabalhadores — **sovietes**, em russo — em várias regiões da Rússia. Diante das crescentes manifestações, o czar lançou o **Manifesto de Outubro**, prometendo a instauração de uma monarquia constitucional e parlamentar.

A Duma de Estado

Em 1906, Nicolau II cumpriu a promessa de instaurar uma **Duma**, um parlamento destinado a redigir uma Constituição. Controlada por representantes das elites, a Duma ficou submetida à autoridade do czar, que aumentou os próprios poderes por meio de decretos. No entanto, as críticas dos parlamentares levaram-no a dissolver o órgão.

Entre os opositores do czarismo, destacaram-se várias agremiações político-ideológicas, como os *narodnikis* (populistas), os anarquistas (partidários das ideias de Mikhail Bakunin) e, principalmente, os social-democratas (marxistas). Além desses grupos, havia também o Partido Constitucional Democrata (KD, em russo), formado por liberais que reivindicavam reformas em nome de setores da burguesia e das classes médias.

Os social-democratas dividiram-se, a partir de 1903, em duas facções. Liderados por Gheorghi Plekhanov (1856-1918) e Julius Martov (1873-1923), os **mencheviques** argumentavam que a Rússia ainda não possuía condições para a revolução socialista e que era preciso promover o desenvolvimento do capitalismo sob a liderança da burguesia para, só então, lutar pelo socialismo.

Do outro lado, liderados por Vladimir Ilitch Ulianov, o Lenin (1870-1924), a outra facção era a dos **bolcheviques**. Eles propunham a formação de uma "ditadura democrática de operários e camponeses" como primeiro passo para a revolução socialista.

> **mencheviques**: grupo social-democrata minoritário, na Rússia do início do século XX; o nome tem origem no termo russo *menshe*, que significa "menos".
> **bolcheviques**: grupo social-democrata russo majoritário; o nome tem origem no termo russo *bolshe*, que significa "mais".

O encouraçado Potemkin foi construído em 1898 e serviu à Marinha russa até 1918. Em 1905, na cidade de Odessa, marinheiros se rebelaram contra a tirania de seus comandantes e assumiram o controle do navio. A população de Odessa apoiou a revolta, mas as tropas do governo esmagaram o movimento com violência desmedida. Em 1925, para relembrar os vinte anos da revolta, o cineasta Serguei Eisenstein (1898-1948) realizou o filme *O encouraçado Potemkin*. Na foto, de 1905, marinheiros amotinados a bordo do Potemkin.

O colapso do czarismo

Integrante da Tríplice Entente, a Rússia lutou ao lado da Inglaterra e da França durante a Primeira Guerra Mundial. O conflito, porém, agravou as contradições sociais e políticas internas.

As sucessivas derrotas diante do poderio militar alemão, pelas quais o czar foi responsabilizado, foram acompanhadas de deserções em massa de soldados na frente de batalha, favorecendo a organização das oposições.

> [...] As baixas russas aproximavam-se de cerca de 2 milhões de mortos, 2,5 milhões de feridos e 5 milhões de prisioneiros de guerra. [...]
> BUSHKOVITCH, Paul. *História concisa da Rússia*. São Paulo: Edipro, 2014. p. 313.

No final de 1916, após a conquista de boa parte de seu território pelos alemães, a Rússia estava militarmente aniquilada e economicamente desorganizada. Sua população convivia com o desabastecimento e a escassez de gêneros básicos.

Em fevereiro de 1917, sucessivas greves e manifestações, apoiadas por motins de soldados e marinheiros, particularmente na capital russa, provocaram a queda de Nicolau II, enquanto os conselhos de trabalhadores, soldados e marinheiros, os **sovietes**, ressurgiam por toda parte, como durante a revolução de 1905.

3 A República da Duma

Em março de 1917, foi instalada a República da Duma, sob a chefia de um nobre politicamente moderado, o príncipe Lvov (1861-1925), sobre o qual pesava a influência de **Alexander Kerensky** (1881-1970), líder do Partido Socialista Revolucionário.

Kerensky só assumiu efetivamente o poder da Duma em julho de 1917, com a renúncia de Lvov, e manteve a Rússia na guerra, atendendo aos compromissos e ligações com a burguesia que o apoiava. Esses compromissos eram rejeitados pelos bolcheviques.

Liderados por **Vladimir Lenin** e **Leon Trotski** (1879-1940), os bolcheviques ganharam popularidade com as **Teses de Abril**. Sintetizadas na plataforma de "Paz, pão e terra", as teses propunham a saída da Rússia do conflito, a divisão das grandes propriedades entre os camponeses e a regularização do abastecimento interno. Sob o lema "Todo o poder aos sovietes", Trotski recrutou trabalhadores bolcheviques dos sovietes para formar uma milícia revolucionária em Petrogrado, a **Guarda Vermelha**.

Lenin anuncia suas Teses de Abril no Palácio Tauride, em São Petersburgo. Foto de 1917.

Trotski discursa para tropas da Guarda Vermelha. Foto de 1925.

Leituras

Às vésperas da revolução

O clima de radicalização na Rússia às vésperas da revolução foi relatado pelo jornalista estadunidense John Reed (1887-1920) no livro *Os dez dias que abalaram o mundo*. Leia um trecho.

[...] Nós, americanos, custávamos a crer que a luta de classes fosse capaz de gerar ódios tão intensos. Vi oficiais da frente norte que preferiam abertamente uma catástrofe militar a qualquer entendimento com os comitês de soldados. O secretário da seção dos cadetes de Petrogrado garantiu-me que o descalabro econômico geral era parte de um plano organizado para desmoralizar a revolução aos olhos das massas. Um diplomata aliado, cujo nome prometi não revelar, confirmou o que me dissera o oficial. Soube ainda que muitas minas de carvão perto de Khárkov tinham sido incendiadas e inundadas por seus próprios donos, e que muitos engenheiros de fábricas têxteis, antes de abandoná-las em poder dos operários, destruíram suas máquinas. Empregados ferroviários haviam sido igualmente surpreendidos por trabalhadores quando inutilizavam suas locomotivas.

Grande parte da burguesia preferia os alemães à revolução. Nesse número, contava-se o próprio Governo Provisório, que não escondia mais seu ponto de vista. [...]

REED, John. *Os dez dias que abalaram o mundo*. São Paulo: Círculo do Livro, 1984. p. 32.

1. O texto de John Reed é um exemplo de jornalismo literário. Pesquise as principais características desse gênero textual.
2. Com base em sua pesquisa e na leitura do texto acima, você diria que o relato feito por John Reed sobre a Revolução de Outubro foi imparcial? Justifique.
3. As características do jornalismo literário prejudicam o uso desse tipo de texto como fonte documental para o estudo da História? Justifique.

4 Revolução Bolchevique

Em 7 de novembro de 1917, os bolcheviques tomaram de assalto os departamentos públicos e o Palácio de Inverno, em Petrogrado. Destituíram o Governo Provisório e em seu lugar criaram o Conselho de Comissários do Povo. Pelo calendário juliano, em vigor na Rússia, era o dia 25 de outubro, daí o nome **Revolução de Outubro**, dado à insurreição bolchevique.

Derrubado o governo de Kerensky, os bolcheviques divulgaram o primeiro documento oficial da revolução, "Apelo aos trabalhadores, soldados e camponeses", que transferia todo o poder aos sovietes. No comando do Conselho estavam Lenin, como presidente, e Trotski, como encarregado dos negócios estrangeiros.

O governo Lenin (1917-1924)

De início, o novo governo nacionalizou as indústrias e os bancos estrangeiros, redistribuiu as terras no campo e firmou um armistício com a Alemanha, o Tratado de Brest-Litovski. Para sair do conflito, a Rússia teve de abrir mão de alguns territórios (Estônia, Letônia, Lituânia, Finlândia, Ucrânia e Polônia).

As mudanças nas estruturas tradicionais de poder, entretanto, ativaram a oposição dos mencheviques e czaristas (que passaram a ser chamados de **russos brancos**). Com o apoio das Potências Aliadas, que receavam a propagação da revolução socialista pelo mundo, as duas facções mergulharam o país numa sangrenta guerra civil, que só terminou em 1921, com a vitória da Guarda Vermelha, organizada e comandada por Trotski.

Durante a guerra civil, o governo de Lenin adotou como política econômica o **"comunismo de guerra"**, caracterizado pela centralização da produção e pela eliminação da economia de mercado, típica do capitalismo. Seu objetivo era conseguir recursos para enfrentar o cerco internacional e a guerra contra os russos brancos e seus aliados europeus. O confisco da produção agrícola pelo Estado e as requisições forçadas fizeram desaparecer os procedimentos de compra e venda de produtos, tornando desnecessário até o uso de moeda.

Em 1921, apesar da vitória bolchevique sobre os russos brancos e aliados, surgiram sérias crises de abastecimento, além de revoltas camponesas provocadas pelo confisco da produção agrícola. Para evitar o colapso total da economia após a guerra civil, Lenin instituiu a **Nova Política Econômica (NEP)**, que combinava princípios socialistas com elementos capitalistas, estimulando a pequena manufatura privada, o pequeno comércio e a venda livre de produtos pelos camponeses nos mercados. Pretendia, dessa forma, motivar a produção e garantir o abastecimento.

Lenin justificava a inserção de componentes capitalistas na economia russa sob a alegação de que eram necessários para fortalecê-la e, desse modo, possibilitar a instauração do regime socialista. Segundo ele, era "dar um passo atrás para dar dois passos à frente". A NEP durou até 1928 e permitiu a recuperação parcial da economia soviética, reativando setores fundamentais, como a indústria, a agricultura e o comércio.

Em contraste com a relativa liberalização econômica, consolidou-se o centralismo do governo em regime de partido único, o **Partido Comunista Russo** — nome assumido pelo partido bolchevique a partir de 1918. Cinco anos depois, como resultado de um acordo de união das diferentes regiões do antigo Império Russo, foi instituída a **União das Repúblicas Socialistas Soviéticas (URSS)**. Com a mudança, em 1925, o ex-partido bolchevique passou a se chamar **Partido Comunista da União Soviética (PCUS)**.

Com a morte de Lenin, em 1924, o poder soviético foi disputado por **Leon Trotski**, chefe do Exército, e **Josef Stalin (1878-1953)**, secretário-geral do Partido Comunista. Trotski defendia a revolução permanente, difundindo o socialismo pelo mundo. Stalin pregava a consolidação interna da revolução, a estruturação de um Estado forte e a implantação do "socialismo em um só país". Na disputa, Stalin saiu vitorioso e, nos anos seguintes, marginalizou Trotski e seus seguidores até eliminá-los.

Vladimir Ilitch Lenin comandou a Revolução Bolchevique e foi o primeiro presidente da Rússia socialista. Foto sem data.

A União das Repúblicas Socialistas Soviéticas (URSS) em 1923

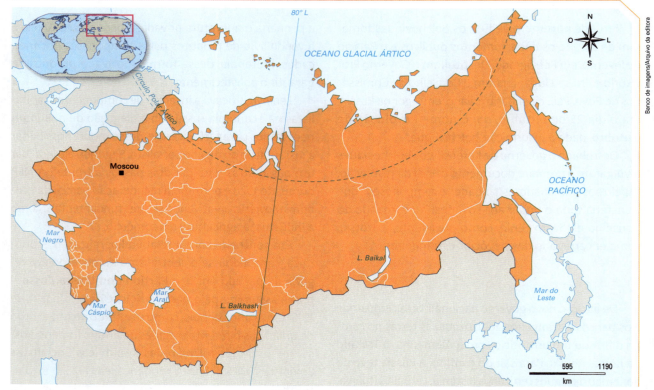

Adaptado de: DUBY, Georges. *Atlas historique*. Paris: Larousse, 2006. p. 151.

5 O governo Stalin (1924-1953)

A partir de 1928, sob o novo comando de Stalin, a economia soviética viveu a socialização total, com a abolição da NEP e a instauração dos **planos quinquenais**, que objetivavam modernizar e industrializar a União Soviética. O primeiro deles, implementado no mesmo ano, estava voltado para o aumento da produção de maneira global, com o estímulo à industrialização, sobretudo na área da indústria pesada (siderurgia, maquinaria, etc.).

No meio rural, foi feita a coletivização agrícola, com duas formas de estabelecimento rural: os *sovkhozes* (fazendas estatais) e os *kolkhozes* (cooperativas).

Na década de 1930, ao ser implantado o segundo plano quinquenal, já se notavam os efeitos positivos do primeiro plano: a indústria de base crescera aproximadamente sete vezes em relação a 1928, e a indústria de bens de consumo, quatro vezes.

O terceiro plano quinquenal, iniciado em 1938, visava desenvolver a indústria especializada, sobretudo a indústria química, mas não pôde ser colocado em prática devido à eclosão da Segunda Guerra Mundial (1939-1945).

Setor público e privado na Rússia (1922-1931)

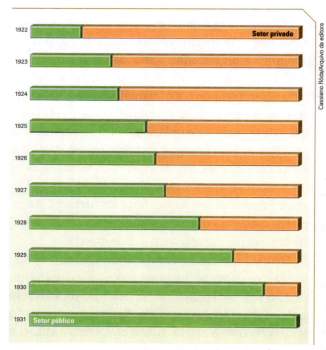

Adaptado de: CAMERA, Augusto; FABIETTI, Renato. *Elementi di storia – XX secolo*. Bologna: Zanichelli, 1999. p. 1273.

No plano político, Stalin consolidou seu poder assumindo integralmente o controle do Partido Comunista, transformado no poder máximo que supervisionava todos os sovietes. Subordinada ao partido estava a polícia política, organização chamada inicialmente de *Cheka* e, em 1922, transformada em GPU, Administração Política do Estado, sob a chefia de Stalin.

Centralizando todo o poder do Estado soviético, Stalin livrou-se da oposição de Trotski, exilando-o em 1929. Mais tarde, principalmente entre 1936 e 1938, reafirmou sua autoridade ao afastar todos os potenciais opositores, recorrendo para isso a julgamentos simulados, condenações, expulsões do partido e punições – processos que ficaram conhecidos como **expurgos de Moscou**.

Sem alarde ou protestos, que eram abafados pelo medo, muitos líderes revolucionários e cidadãos comuns foram aprisionados, executados ou mandados para prisões em regiões remotas, como a Sibéria.

Mesmo fora da União Soviética, Trotski continuou a criticar os processos de Moscou, até ser assassinado em 1940, no México, por um agente da polícia política soviética.

Na década de 1940 todos os líderes bolcheviques que dirigiram a revolução ao lado de Lenin haviam sido mortos a mando de Stalin.

Nos anos 1930, a consolidação do governo fascista de Benito Mussolini (1883-1945), na Itália, e a ascensão do governo nazista de Adolf Hitler (1889-1945), na Alemanha, provocariam uma alteração substancial na política mundial. O pacto anti-**Komintern**, assinado entre Japão, Itália e Alemanha, em 1936, tornava-se um desafio não só à existência de um país sob o regime comunista, mas também ao movimento operário internacional.

> **expurgos**: ou expurgações, o mesmo que afastar pessoas por não aceitarem doutrinas políticas ou religiosas de seu grupo.
> **Komintern**: abreviatura, em alemão, para Internacional Comunista (ou Terceira Internacional), criada em Moscou em 1919 para coordenar a ação dos partidos comunistas no mundo inteiro.

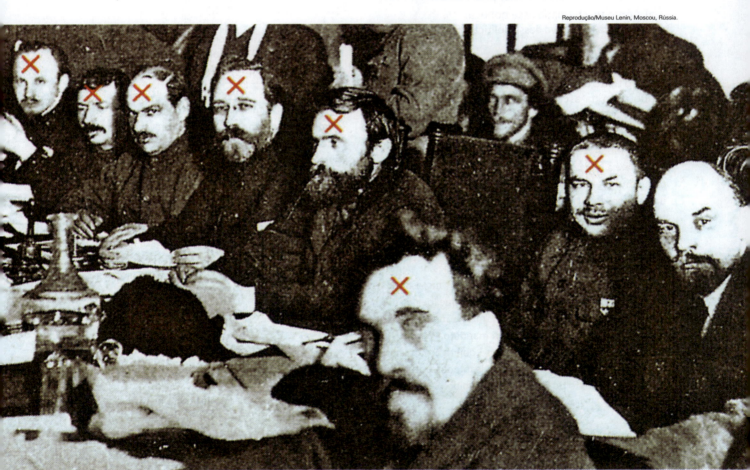

Reprodução/Museu Lenin, Moscou, Rússia.

Foto tirada na reunião do IX Congresso do PCUS, em 1920. Todas as pessoas assinaladas, no primeiro plano, foram vítimas dos expurgos de Moscou. O único não assinalado no primeiro plano é Lenin.

A Revolução Russa 489

Atividades

Retome

1. Que fatores forçaram o czar Nicolau II a lançar o Manifesto de Outubro? Qual era o teor desse documento?

2. Às vésperas de eclodir a Revolução Russa, várias agremiações político-ideológicas haviam se organizado contra o czar, como os *narodniks*, os anarquistas, o Partido Constitucional Democrata e os social-democratas. Em 1903, estes últimos se dividiram em duas facções. Identifique-as e compare as posições políticas que cada uma passou a defender.

3. Após o colapso do czarismo em 1917, foi instalada a República da Duma, na Rússia. Contudo, o novo governo frustrou muitas das expectativas populares. Como essa frustração afetou o cenário político russo?

4. Logo após a vitória bolchevique na guerra civil contra o Exército Branco, Lenin adotou uma política com algumas características liberais, como o estímulo à pequena manufatura privada e a permissão para que os camponeses vendessem seus produtos no mercado.
   a) Como foi chamada essa política?
   b) Qual era o objetivo dessa política adotada por Lenin?

Pratique

5. Leia o texto a seguir do historiador Daniel Aarão Reis, que trata da ascensão de Josef Stalin ao poder na União Soviética.

> [...] As mutações ocorridas na União Soviética nos anos 1930, e até a morte de J. Stalin, corresponderam a um salto gigantesco – uma sociedade agrária tornou-se urbana, um tempo de alterações bruscas, embaralhamento de referências [...].
>
> Nessas circunstâncias, J. Stalin terá imaginado que um meio seguro para a consolidação de seu poder pessoal seria exatamente tornar inseguras as condições de poder de todos os demais dirigentes. E provocar, incessantemente, por meio dos expurgos, mudanças que lhe permitiriam constituir camadas absolutamente independentes e, em consequência, fiéis ao seu mandato.
>
> Encontrou terreno fértil para esse objetivo naqueles milhões de pessoas que ascendiam, devotados, entusiasmados no contexto do processo objetivo de plebeização do poder.
>
> [...]
>
> E as tradições remotas, acumuladas, dos czares-paizinhos, protetores, severos, mas justos. E do Estado poderoso, capaz de lidar com as ameaças históricas, bem reais, como a invasão nazista evidenciou.
>
> J. Stalin apostou alto, e com sucesso, na mobilização dessas referências. Criador, contribuiu para criá-las, mas também foi delas, e da sociedade, criatura.
>
> Pode ser triste, mas não é menos verdadeiro. Nem sempre os seres humanos preferem liberdade à segurança. [...]
>
> REIS, Daniel Aarão. Stalin, stalinismo e sociedade soviética. In: ROLLEMBERG, Denise; QUADRAT, Samantha V. (Org.). *A construção social dos regimes autoritários*: legitimidade, consenso e consentimento no século XX – Europa. Rio de Janeiro: Civilização Brasileira, 2010. p. 112-113.

a) De acordo com o historiador Daniel Aarão Reis, em que contexto Stalin se firma como líder da URSS?
b) Que recurso Stalin usou para afirmar e consolidar seu poder pessoal?
c) As tradições políticas russas favoreceram ou prejudicaram a concentração de poder nas mãos de Stalin? Justifique.

Analise uma fonte primária

6. Leia a seguir um trecho de um texto publicado no dia 7 de abril de 1917 no jornal *Pravda*, assinado por Lenin, líder bolchevique da Revolução Russa.

> Apresento aqui estas teses em meu próprio nome, unicamente acompanhadas de muito breves comentários explicativos; no meu relatório, encontram-se desenvolvidas com bastante mais pormenor:
>
> I. Na nossa atitude em relação à guerra – que, por parte da Rússia, continuou a ser incontestavelmente uma guerra imperialista de saque, mesmo sob o novo governo de Lvov e companhia, em razão de seu caráter capitalista – não será tolerada, por mínima que seja, nenhuma concessão a uma política defensiva revolucionária.
>
> O proletariado consciente só pode dar seu consentimento a uma guerra revolucionária, que justifique realmente a defesa dos ideais revolucionários, sob as seguintes condições:
>
> a) Passagem do poder para o proletariado e para os setores mais pobres do campesinato, próximos do proletariado;
> b) Renúncia efetiva, e não verbal, de toda anexação;
> c) Ruptura total com os interesses do Capital; [...]
>
> VI. Quanto ao programa agrário, a tomada de decisões deve recair nos sovietes de deputados de trabalhadores agrícolas. Todas as terras dos latifundiários serão confiscadas.

Da mesma forma, nacionalizar-se-ão todas as terras do país e serão postas à disposição dos sovietes locais de deputados de trabalhadores agrícolas e camponeses e criar-se-ão outros, formados por camponeses pobres. Transformação de todos os grandes domínios (com uma extensão de 100 a 300 hectares, tendo em conta as condições locais e outras, de acordo com a decisão dos comitês locais) em exploração-modelo, colocando sob controle dos deputados dos trabalhadores agrícolas e funcionando por conta da coletividade. [...]

Discursos que mudaram o mundo. São Paulo: Folha de S.Paulo, 2010. p. 16-17.

a) No contexto revolucionário russo, quem eram os bolcheviques e que ideias defendiam?
b) O que eram os sovietes?
c) De acordo com o trecho do documento, qual era a posição de Lenin em relação à participação da Rússia na Primeira Guerra? Desenvolva a resposta com base em elementos do texto.
d) De acordo com o texto, como Lenin pretendia resolver as enormes desigualdades sociais existentes nas áreas rurais da Rússia?

Articule passado e presente

7. A matéria a seguir foi publicada na *Gazeta Russa* em 24 de outubro de 2013 e trata dos serviços de saúde públicos oferecidos na Rússia. Leia-a atentamente e, em seguida, responda às questões propostas.

Os problemas de desigualdade social na saúde pública russa

Desigualdade e injustiça na saúde pública costumam andar juntas na maioria dos países, onde a qualidade do atendimento médico depende amplamente da condição financeira do paciente.

Na era soviética, o governo acreditava que o sistema de saúde pública gratuito teria plena capacidade de eliminar qualquer desigualdade entre os pacientes, o que levou à adoção do conceito de assistência médica para todos, que inicialmente trouxe bons resultados no combate de muitas doenças infecciosas, redução da quantidade de casos de tuberculose, assim como no controle de epidemias.

Porém, com o passar do tempo, o sistema de saúde gratuito soviético transformou os médicos, a elite da sociedade, em trabalhadores comuns das "fábricas de saúde".

Os próprios hospitais, sem direito de exercer qualquer atividade comercial, dependiam do orçamento federal [...].

Do outro lado, os pacientes não podiam exercer os seus principais direitos protegidos pela legislação da maioria dos países desenvolvidos [...].

Saúde pública na Rússia após a reforma

Com as reformas do sistema de saúde no final da década de 1980 e do início dos anos 1990, foi introduzido o conceito de serviços pagos, uma maneira de distribuição de bens mais justa. No entanto, com esta novidade, os serviços gratuitos não deixaram de existir. Uma nova lei de saúde pública aprovada em 2011 dividiu os serviços prestados pelos hospitais em obrigatórios gratuitos, que não poderiam deixar de existir devido a uma grande quantidade de cidadãos com baixa renda, cuja maioria era de terceira idade, e adicionais, a serem pagos pelo próprio paciente.

Liudmila [...], viúva há dez anos, é uma gerente aposentada que tinha ótima remuneração no passado [...].

Recentemente, uma doença oncológica a pegou de surpresa e Liudmila procurou o atendimento médico gratuito. "Estou internada em um hospital que oferece tratamento e todas as refeições de graça. [...] "A única dificuldade é continuar o tratamento em casa após receber alta, pois os medicamentos não são oferecidos pelo governo. Assim que adoeci, passei a ser considerada uma deficiente, o que me dá direito a ter um pequeno aumento na minha aposentadoria. No entanto, ela não é suficiente. Não imagino o que faria se não tivesse a minha poupança", acrescenta ela.

Vale ressaltar que as reformas trouxeram certas melhorias à saúde pública da Rússia. De acordo com estimativas do Ministério da Saúde e Desenvolvimento Social, os centros médicos russos oferecem a maior parte dos tratamentos e serviços disponíveis no mercado internacional. [...]

Além disso, a nova legislação prevê a proteção dos direitos de pacientes, tais como o direito de saber o próprio diagnóstico, as informações referentes ao tratamento disponível, incluindo a possibilidade de aceitá-lo ou recusá-lo, assim como o direito de manutenção do sigilo e direito de escolher qualquer profissional e instituição de saúde pública.

SMIRNOVA, Larissa. Os problemas de desigualdade social na saúde pública russa. *Gazeta Russa*. 24 out. 2013. Disponível em: <http://gazetarussa.com.br/sociedade/2013/10/24/os_problemas_de_desigualdade_social_na_saude_publica_russa_22451>. Acesso em: 14 mar. 2017.

a) Qual foi o objetivo do governo soviético quando decidiu criar um sistema público de saúde?
b) De acordo com a matéria, que problemas enfrentava o sistema de saúde soviético antes do fim da URSS?
c) O que mudou no sistema público de saúde da Rússia depois do fim da URSS?
d) No início do capítulo, você refletiu sobre as distorções ocorridas nos ideais revolucionários depois que o socialismo foi implantado na Rússia. Tomando por base o sistema de saúde, que hipóteses você levanta para explicar essa distorção?

CAPÍTULO 30
Brasil: a implantação da república

Vista do Museu do Amanhã, um dos ícones arquitetônicos da operação urbana de requalificação da região portuária do Rio de Janeiro, conhecida como Porto Maravilha e criada em 2009. Foto de 2017.

A derrubada da monarquia, com a Proclamação da República, não contou com a participação popular. Apesar da origem da palavra — república vem do latim: *res* = coisa; *publica* = de todos —, a instalação da república foi um arranjo político da elite e reservou às massas um papel secundário, de figuração. E hoje? A república avança no sentido de ser uma ordem política de todos os brasileiros?

1) O fim da monarquia e o início da república

As últimas décadas do século XIX e as iniciais do século XX compreendem um período que ficou conhecido como **Belle Époque** (Bela Época). A expressão exprime a euforia causada pela crença no avanço ininterrupto do progresso, na modernidade e na supremacia completa da burguesia. Esses sentimentos sofreram um forte abalo com a Primeira Guerra Mundial e com a Revolução Russa.

No Brasil, periferia dos centros mundiais de desenvolvimento econômico do período, ansiava-se por mudanças e assistia-se ao colapso da monarquia. Em 15 de novembro de 1889, um golpe liderado pelos militares pôs fim ao poder de dom Pedro II e instaurou a **república**, uma forma de governo cujos ideais estiveram presentes no Brasil em vários movimentos políticos desde a época colonial.

Na sua estrutura, república pressupõe uma forma de governo voltada para o bem comum, em favor da coletividade, pautando-se pelo respeito às instituições, às finanças e a todo patrimônio físico e cultural do país ou de sua coletividade.

Neste capítulo, vamos compreender as propostas de república defendidas pelos diferentes atores que se envolveram nessa nova forma de governo e como os interesses políticos e econômicos da elite agrária, um dos segmentos da sociedade, se impuseram. Trataremos, portanto, dos acontecimentos políticos e econômicos da montagem da **República Oligárquica**, dentro de um período mais extenso chamado de **Primeira República**, demarcado pelos anos de 1889 e 1930, fase em que setores sociais oligárquicos mantiveram o controle do poder no país.

Dessa forma, veremos que a ideia de um governo voltado para o bem comum ficou pelo caminho, mas continuou viva entre aqueles que lutaram contra ou ficaram de fora do governo republicano instituído.

Reprodução da capa do *Correio do Povo* com manchete anunciando a Proclamação da República. (Atenção: as palavras estão grafadas conforme as regras ortográficas vigentes na época de publicação.)

Onde e quando

Sistema monárquico	República da espada	República oligárquica
1822 — Independência	1889 — Proclamação da República	1894 — Eleição presidencial direta ... 1930 — Fim do governo de Washington Luís

Mapa e linha do tempo ilustrativos. As regiões indicadas no mapa referem-se à configuração atual dos países a que pertencem hoje e o espaço entre as datas não é proporcional ao intervalo de tempo.

Brasil: a implantação da república

2. Deodoro da Fonseca e a instalação da república

Campanhas republicanistas já se intensificavam pelo país desde a década de 1870, por iniciativa de militares, jornalistas, advogados e cafeicultores. Na década de 1880, a pressão pela abolição da escravidão, defendida por muitos republicanistas, ampliou a adesão à causa, sem, no entanto, contagiar toda a população brasileira.

Em quase todas as capitais de províncias do país, comícios, jornais e partidos faziam críticas à monarquia e ao imperador, defendendo um governo organizado a partir dos interesses da sociedade e não da família imperial e da nobreza brasileira. Porém, entre os vários grupos republicanistas, havia divergências ideológicas e também quanto à forma como a república deveria ser implantada no país.

Houve conversas entre alguns republicanistas, civis e militares em torno da ideia de depor o imperador durante a cerimônia de abertura da Assembleia Geral do Império, marcada para o dia 20 de novembro de 1889. Porém, alguns civis resolveram antecipar os acontecimentos e fizeram circular boatos de que havia uma ordem de prisão do governo contra o tenente Benjamin Constant e o marechal Deodoro da Fonseca. Isso impulsionou Deodoro a reagir antecipadamente.

Na manhã do dia 15 de novembro, liderando aproximadamente 600 soldados, o marechal seguiu em marcha até o quartel-general do Exército, no Campo de Santana, no Rio de Janeiro, onde representantes do governo imperial estavam reunidos em caráter de urgência por conta de rumores sobre uma mobilização militar contra o Império. Lá, Deodoro destituiu o visconde de Ouro Preto, chefe do gabinete de ministros. A princípio, o marechal esperava indicar ao imperador nomes para um novo ministério. Porém, a articulação de civis republicanistas, como Silva Jardim e José do Patrocínio, o convenceu de que a monarquia deveria ser abolida.

Na tarde daquele mesmo dia, sob a liderança de José do Patrocínio, o fim da monarquia e a Proclamação da República foram anunciados oficialmente na Câmara Municipal da cidade do Rio de Janeiro. À noite, foi empossado em caráter provisório o marechal Deodoro da Fonseca, liderando um grupo de sete ministros escolhidos entre militares e civis.

Nenhuma reação imediata em defesa da monarquia foi notada ao longo daquele dia. Segundo Aristides Lobo, um republicanista, também não houve apoio na forma de participação popular.

O primeiro ministério do Brasil

Aristides Lobo
(1838-1896)

Era membro do Partido Republicano e signatário do *Manifesto Republicano de 1870*, cujo teor influenciou a fundação do Partido Republicano Paulista, em 1873. Foi nomeado para o Ministério do Interior.

Deodoro da Fonseca
(1827-1892)

Foi chefe do gabinete provisório. Militar de alta patente, não defendia a república, mas havia se indisposto com o imperador quando da punição de militares por defenderem direitos políticos.

Eduardo Wandenkolk
(1838-1902)

Foi chefe de esquadra e membro de alta patente da Marinha, aliado do marechal Deodoro nas questões militares que indispuseram as Forças Armadas e o imperador. Não defendia a república. Foi nomeado ministro da Marinha.

Manuel Ferraz Campos Sales
(1841-1913)

Foi signatário do *Manifesto Republicano de 1870* e um dos fundadores do Partido Republicano Paulista, em 1873. Deu apoio à queda do regime monárquico pelos militares. Foi nomeado para o Ministério da Justiça e chamado para garantir o apoio dos cafeicultores paulistas.

Defendiam uma república de caráter liberal, baseada na autonomia dos estados e na implantação de uma república federativa; a divisão dos três poderes e a separação entre Igreja e Estado. Tinham restrições quanto à ampla participação popular nas eleições. Partidários: proprietários de terras paulistas, juristas e jornalistas que se inspiravam na república federalista dos Estados Unidos, entre outros.

Partidário do ideal positivista, defendia uma ditadura de intelectuais civis, tidos como capazes de promover o progresso da nação. Esse pensamento foi bastante disseminado no Rio Grande do Sul e nos estados do nordeste.

Fotografias: *Revista Illustrada*/Fundação Biblioteca Nacional, Rio de Janeiro, RJ.

[...] Eu quisera poder dar a esta data a denominação seguinte: 15 de Novembro, primeiro ano de República; mas não posso infelizmente fazê-lo. O que se fez é um degrau, talvez nem tanto, para o advento da grande era. [...]

Por ora, a cor do Governo é puramente militar, e deverá ser assim. O fato foi deles, deles só, porque a colaboração do elemento civil foi quase nula. O povo assistiu àquilo bestializado, atônito, surpreso, sem conhecer o que significava. Muitos acreditaram seriamente estar vendo uma parada. [...]

LOBO, Aristides. Acontecimento único. *Diário Popular*, São Paulo, 18 nov. 1889. Apud: CARONE, Edgard. *A Primeira República:* texto e contexto. Rio de Janeiro, Difel, 1969. p. 288-289.

Primeiras medidas republicanas

Entre as medidas tomadas na noite de 15 de novembro de 1889, merecem destaque:
- a expulsão da família real do país, determinada no mesmo dia do golpe e comunicada ao imperador no dia seguinte;
- a proclamação de uma república federativa como forma de governo;
- a transformação de cada província em estado;
- o não reconhecimento de qualquer governo local que fosse contrário à república.

O mesmo decreto permitia ao governo reprimir qualquer resistência monarquista.

Ainda nos primeiros meses do governo provisório foram convocadas eleições para uma Assembleia Constituinte, a ser empossada no primeiro aniversário da Proclamação da República, com a função de preparar a primeira Constituição republicana, a partir de um projeto apresentado pelo governo provisório. Porém, para participar, os eleitores precisavam saber ler e escrever, exigência que substituía as restrições censitárias determinadas nos anos finais da monarquia.

Alguns atos reformistas não aguardaram a instalação da Assembleia Constituinte e foram instituídos antes do primeiro aniversário da Proclamação da República, como: a separação entre Igreja e Estado, a liberdade de culto; a secularização dos cemitérios e a regularização do registro civil para nascimento, casamento e óbito.

No plano econômico-financeiro, o ministro Rui Barbosa instituiu, em janeiro de 1890, medidas para enfrentar a falta de dinheiro no mercado e promover a industrialização. Era uma tentativa de preparar o país para um volume maior de investimentos e tornar a atividade produtiva mais dinâmica.

Quintino Bocaiuva
(1836-1912)
Junto com Aristides Lobo e Manuel Ferraz Campos Sales, era um dos signatários do *Manifesto Republicano de 1870*. Foi nomeado para o Ministério das Relações Exteriores.

Demétrio Ribeiro
(1853-1933)
Era um positivista civil, contrário à centralização do governo, como defendiam os militares da mesma linha ideológica. Apoiava uma república federativa. Foi nomeado para o Ministério da Agricultura.

Defendiam o ideal positivista de república, dirigida por uma ditadura militar, e a separação entre o Estado e a Igreja. Seus partidários acreditavam que essa forma de governo seria responsável pelo progresso do país, pela proteção dos direitos dos cidadãos e pela implementação de políticas sociais que beneficiariam os trabalhadores.

Benjamin Constant
(1836-1891)
Foi tenente-coronel e atuou como professor na Escola Militar da Praia Vermelha, no Rio de Janeiro, favorecendo a propagação do ideal positivista entre os jovens da corporação. Foi nomeado para o Ministério da Guerra.

Rui Barbosa
(1849-1923)
Foi membro do Partido Liberal e defensor de reformas do regime monárquico. Identificava-se com o teor do *Manifesto Republicano de 1870*, porém não participou da campanha republicanista. Foi nomeado para o Ministério da Fazenda.

Partidários da monarquia ou de uma monarquia reformada. Aderiram ao movimento republicanista às vésperas do golpe de 15 de novembro.

Tais medidas, ao mesmo tempo que criavam novas expectativas para o país, afetavam diversos interesses envolvendo os negócios dos cafeicultores, dos comerciantes importadores e exportadores e o custo de vida das classes trabalhadoras.

Entre as medidas adotadas estavam: aumento do volume de dinheiro a ser emitido, destinado às atividades produtivas; instituição de leis que facilitassem a criação de <u>sociedades anônimas</u> industriais e organizassem o comércio de ações na Bolsa de Valores; redução das taxas de importação para equipamentos e matérias-primas; aumento dos impostos sobre a importação de produtos industrializados.

O sucesso inicial das providências econômicas de Rui Barbosa foi logo revertido. Seis meses após a adoção das primeiras medidas, a economia mergulhou em uma profunda crise – que ficou conhecida como **encilhamento**. Essa crise estava relacionada, principalmente, com o descontrole da quantidade de dinheiro emitido, o que levou a uma forte desvalorização da moeda, causando um aumento no custo de vida e inúmeros casos de falência. A suspensão de créditos internacionais e a crise monetária em um dos principais bancos financiadores ingleses também contribuíram para o agravamento da situação.

Ao longo do primeiro ano de governo provisório, foram muitas as críticas de adversários e mesmo de membros do governo às dificuldades econômicas e ao autoritarismo do presidente. As nomeações de militares para chefiar governos estaduais, bem como as frequentes práticas de <u>nepotismo</u> e favoritismo por parte do governo provisório, eram sempre reprovadas pela oposição. Outro alvo de desaprovação era a política de concessão de direitos para emissão de dinheiro, fato que contribuiu para o afastamento de Rui Barbosa.

> **sociedade anônima**: empresa cuja propriedade é dividida em cotas (ações), que representam, cada uma delas, uma fração do capital. Ao serem negociadas na Bolsa de Valores, as cotas são adquiridas por pessoas, denominadas acionistas, que passam a ser proprietárias de uma parte da empresa. Esses acionistas, por sua vez, têm direito a ganhos periódicos proporcionais à lucratividade da empresa e à quantidade de ações que possuem.
> **nepotismo**: favorecimento a parentes por parte do poder público.

Charge de Angelo Agostini, publicada em junho de 1890. Trata-se de uma alegoria prévia, pois a Constituição, que está sendo entregue à Pátria pelas mãos de Deodoro da Fonseca, só foi promulgada em fevereiro de 1891. A legenda diz: "A Pátria recebe das mãos do governo republicano a sua Constituição política".

A primeira Constituição

A eleição para a Assembleia Constituinte ocorreu em meio às turbulências na área econômica, no segundo semestre de 1890, e a posse da Assembleia se deu em novembro.

Após três meses de discussão, a Assembleia aprovou uma Constituição de caráter liberal, inspirada na constituição estadunidense, demonstrando a força dos republicanistas liberais.

No documento, percebe-se a valorização de alguns direitos individuais e a falta de mecanismos que pudessem promover igualdades sociais.

Eis alguns destaques da nova Constituição.

- Confirmação da instituição de uma república federativa, constituída por estados, que passaram a ter grande autonomia financeira, administrativa e jurídica. O texto determinava que os estados redigissem sua própria Constituição e organizassem sua força pública armada e instituições judiciárias. Também lhes era dado o direito de fazer empréstimos internacionais, de administrar os recursos provenientes de impostos sobre exportação da produção de seu estado e de cobrar impostos interestaduais, entre outros.

A Constituição.
A Pátria recebe das mãos do governo republicano a sua Constituição política.

- Instituição do regime presidencialista, com mandato de quatro anos, e dos poderes Executivo, Legislativo e Judiciário independentes entre si.
- Instituição do voto direto para a escolha dos cargos do Executivo e do Legislativo, tanto no âmbito federal como no estadual.
- Garantia da liberdade de associação, de reunião e do direito ao voto. Porém, foram mantidas as mesmas restrições que vigoraram na escolha dos membros da Constituinte: apenas homens alfabetizados acima de 21 anos tinham direito ao voto.
- Garantia do direito à propriedade.
- Confirmação da liberdade de culto, da secularização dos cemitérios e do reconhecimento do casamento civil.
- Garantia de ensino laico nas escolas públicas.

Porém, nenhum artigo fazia menção ao direito à educação, um dos requisitos defendidos pelos positivistas. A Constituição, portanto, não previa mecanismos para que a maioria da população alcançasse o direito ao voto. Ao restringir a participação política a uma pequena parcela da população masculina, garantiam-se condições para que os interesses privados se sobrepusessem aos interesses coletivos, o que traía o espírito republicano.

Com a promulgação da Constituição, os membros da Assembleia Constituinte passaram a compor o Congresso Nacional. De acordo com as disposições transitórias da Carta, o órgão se encarregaria de eleger o presidente e o vice-presidente. A nova Constituição também permitia que tais cargos fossem escolhidos separadamente.

A disputa se deu entre duas chapas. Uma delas encarnava a permanência da autoridade militar no comando da república: contava com o próprio marechal Deodoro da Fonseca como candidato à Presidência e o almirante Eduardo Wandenkolk como candidato à Vice-Presidência. A outra era constituída pelo civil Prudente de Morais (1841-1902), cafeicultor paulista e um dos fundadores do Partido Republicano Paulista, como candidato à Presidência, e pelo marechal Floriano Peixoto (1839-1895), candidato a vice.

O resultado, no entanto, trouxe mais instabilidade para o país: Deodoro foi eleito presidente, mas para a Vice-Presidência venceu o candidato da chapa adversária – e com o triplo de votos.

O primeiro vice-presidente do Brasil já manifestara simpatia por um governo de militares desde os eventos que indispuseram parte do Exército e o governo imperial. Floriano Peixoto foi responsável pelas tropas militares da Corte e da província do Rio de Janeiro, no último gabinete do Império, chefiado pelo visconde de Ouro Preto. Todos os comandantes de armas das províncias também estavam subordinados a ele. Diante do envolvimento de vários oficiais no golpe do dia 15 de novembro, Floriano preferiu favorecer a queda da monarquia.

Eleitores, elegíveis e eleitos para a Constituinte

As normas estabelecidas para qualificar os eleitores e os elegíveis para a Assembleia Constituinte foram determinadas ainda nos primeiros meses do governo provisório. Elas restringiam a participação política de grande parte da população.

Para ser eleitor, era preciso ler, escrever e ter mais que 21 anos. Mulheres e soldados de baixa patente – geralmente oriundos das camadas mais pobres da população – estavam excluídos. Quanto aos analfabetos, somente aqueles que se cadastraram como eleitores durante a reforma eleitoral ocorrida em 1881 poderiam votar.

Um decreto de fevereiro de 1890 estabelecia que, para ser eleito, era obrigatório atender às condições de eleitor e ter a idade mínima requerida (28 anos para deputado e 35 para senador). O decreto proibia ainda a candidatura de clérigos e religiosos em geral, além de governadores, chefes de polícia, comandantes de armas e de magistrados que estivessem no exercício de seu cargo.

No total, foram eleitos 205 deputados e 63 senadores. Entre os eleitos, havia os republicanos convictos e aqueles que aderiram à causa após a Proclamação da República.

Os políticos escolhidos para integrar a Assembleia Constituinte tinham um perfil claramente conservador, sobre o qual pairavam os ecos da escravidão, das desigualdades socioeconômicas e dúvidas quanto ao modelo de república; 128 deles eram bacharéis, muitos dos quais representantes das classes senhorial e proprietária de terras; 55 eram militares, oriundos dos centros urbanos e dos setores médios da população; 38 eram monarquistas convictos que haviam exercido cargos na monarquia decaída.

Leituras

Diferentes visões para as primeiras medidas econômicas

Até recentemente, prevaleceu na historiografia brasileira uma visão negativa sobre a política econômica adotada por Rui Barbosa, que resultou na crise do encilhamento.

Parte dessa visão foi construída pelo visconde de Taunay na obra *O encilhamento: cenas contemporâneas*. Essa obra, lançada em 1893, associou o processo de negociações, especulações, ganhos e perdas junto à Bolsa de Valores do Rio de Janeiro ao termo **encilhamento**. Utilizado no universo das corridas de cavalo, ele designa o ato de ajustar com cintas a sela ou a carga sobre o animal. Mas também pode se referir ao momento prévio das corridas de cavalo, em que ocorrem apostas para o páreo. Observe a charge de Agostini reproduzida abaixo.

Quase cem anos depois, o historiador José Murilo de Carvalho relacionou um comportamento individual dos investidores à especulação, diferente daquele notado no período monárquico. Para esse autor, "o encilhamento trouxe uma febre de enriquecimento a todo custo", fazendo aparecer "o espírito aquisitivo, solto de qualquer **peia** de valores éticos, ou mesmo de cálculo racional que garantisse a sustentação do lucro a médio prazo".

Desde então, alguns pesquisadores têm se dedicado a revisar os dados e as análises disponíveis e a elaborar diferentes conclusões sobre a crise – sem, contudo, deixar de apontar alguns de seus efeitos negativos.

Segundo a economista Hildete Pereira, apesar da inflação e da especulação financeira,

> [...] muitas das companhias surgidas naqueles dias sobreviveram e se tornaram prósperos empreendimentos industriais. O exemplo mais notável foi o das companhias têxteis, cujo capital integralizado na Bolsa de Valores do Rio de Janeiro mais que dobrou, entre maio e novembro de 1890. Em São Paulo, de fevereiro a julho de 1890, surgiram mais de duzentas sociedades anônimas, e em agosto do mesmo ano foi fundada a Bolsa de Valores daquele estado. Certamente a política de Rui acelerou o processo de formação de capital, e a notável expansão do crédito proporcionou volume de capital para novas indústrias têxteis, sobretudo no Rio de Janeiro.

MELO, Hildete Pereira. A primeira crise. In: *Revista de História da Biblioteca Nacional*. Rio de Janeiro, 19 set. 2007. Disponível em: <www.revistadehistoria.com.br/secao/capa/a-primeira-crise>. Acesso em: 13 fev. 2017.

peia: impedimento, obstáculo.

Charge de Angelo Agostini, de 1890, que representa uma crítica ao programa monetário empreendido por Rui Barbosa no início da república.

3. A república por um fio... de espada

O mandato constitucional de Deodoro da Fonseca vigorou de fevereiro até novembro de 1891, quando ele renunciou. Nesse período, vários ministros da Fazenda não conseguiram contornar os problemas econômicos desencadeados na crise do encilhamento, aprofundando a crise econômica do país. Além disso, a postura autoritária do presidente, com intervenções militares nos estados e o cerceamento da liberdade de imprensa, ampliou seu desgaste.

No Congresso, a condução do governo desagradava republicanistas liberais e parte dos positivistas. Isso reduziu o número de políticos que ainda o apoiavam.

O vice-presidente, por sua vez, articulado com a bancada de republicanistas de São Paulo, mantinha-se afastado do presidente.

Em sua última cartada no poder, Deodoro decretou, no início de novembro de 1891, a dissolução do Congresso e a vigência de um **estado de sítio**. Essa situação lhe concedia poderes especiais para deportar seus opositores para regiões longínquas do território nacional.

A resistência a tais medidas foi articulada por parlamentares, militares e parte da população urbana, com o apoio de Floriano Peixoto.

Além de enfrentar uma greve de ferroviários, Deodoro viu a capital federal ficar sob a mira de canhões de navios da Marinha atracados na baía da Guanabara, em uma clara oposição de tropas da Armada, liderada pelo almirante **Custódio de Melo (1840-1902)** — episódio que ficou conhecido como **Primeira Revolta da Armada**.

Nesse cenário de pressão, o presidente renunciou ao cargo em 23 de novembro. Com o apoio dos deputados e senadores, Floriano Peixoto foi empossado, assumindo o compromisso de preservar a república federativa e de restabelecer a ordem constitucional.

O governo Floriano Peixoto

O mandato de Floriano Peixoto durou de novembro de 1891 a novembro de 1894. Seu governo ficou marcado pela radicalização de grupos partidários do novo governo e também de opositores, em meio ao agravamento das condições econômicas — que afetavam tanto trabalhadores como empresários.

Nesse tenso cenário, o presidente Floriano, com o apoio do Congresso, recorreu ao estado de sítio duas vezes e reprimiu manifestações e revoltas com rigor e violência. O fato de Deodoro e Floriano serem membros do Exército e exercerem seus mandatos de forma autoritária, principalmente ao enfrentar opositores, reforçou no imaginário brasileiro a denominação desse período como **República da Espada**.

Logo de início, a legitimidade da posse de Floriano foi questionada por adversários civis e militares. Alegavam que a Constituição determinava novas eleições em caso de renúncia ou de vacância do cargo de presidente antes de completar dois anos de mandato. Floriano, por sua vez, defendia sua permanência no cargo com uma interpretação diferente dessa mesma lei. Ele alegava que a determinação constitucional se aplicava aos mandatários que tivessem sido escolhidos em eleições diretas e não — como era seu caso — eleitos indiretamente pelo Congresso.

A manifestação mais contundente contra Floriano ocorreu em abril de 1892, quando 13 militares do Exército e da Armada pediram, em um manifesto, seu afastamento e a realização de eleições. O presidente deteve os envolvidos e simpatizantes, incluindo jornalistas e escritores. Entre os detidos, estavam republicanos de longa data, como os escritores José do Patrocínio e Olavo Bilac (1865-1918) e o ex-ministro Eduardo Wandenkolk.

A Revolta Federalista e a Segunda Revolta da Armada

Em fevereiro de 1893, um confronto armado de grandes proporções eclodiu no Rio Grande do Sul. Conhecido como **Revolta Federalista**, o confronto se alastrou para os estados de Santa Catarina e Paraná, tornando-se uma guerra civil. Sua origem foi fruto de divergências ideológicas entre grupos da antiga oligarquia gaúcha que disputavam o poder. A revolta envolveu tropas do governo federal e exércitos privados arregimentados pelas forças adversárias da região.

Os federalistas — conhecidos como **maragatos** — tiveram como líder **Gaspar Silveira Martins (1835-1901)**. Martins nasceu na fronteira entre o Rio Grande do Sul e o Uruguai, foi ministro do Império e também membro do Partido Liberal, que dominou o estado nos últimos anos da monarquia. Era contra o republicanismo positivista e a favor de uma república parlamentarista.

> **estado de sítio**: medida extrema de restrição de liberdades e direitos individuais, decretado pelo chefe de Estado em casos de grave instabilidade institucional interna ou de guerra externa.

Antigos colegas liberais monarquistas, como os generais João Nunes da Silva Tavares (1818-1906) e Gumercindo Saraiva (1852-1894), juntaram-se a ele. Para o confronto, muitos soldados foram arregimentados no Uruguai, onde as lideranças tinham contatos com grupos políticos que defendiam causas semelhantes naquele país.

Do outro lado, posicionaram-se os republicanos positivistas — também conhecidos como **pica-paus** — liderados por **Júlio de Castilhos** (1860-1903), ex-presidente do Rio Grande do Sul. Fundador do Partido Republicano Rio-grandense, Castilhos participou ativamente da implantação da república no estado e da elaboração da Constituição estadual — que se caracterizava por uma forte tendência positivista e autoritária, centrada na figura do presidente.

Castilhos manifestou apoio a Deodoro da Fonseca no episódio do fechamento do Congresso. Depois disso, sob pressão, teve que renunciar ao governo do Rio Grande do Sul. A princípio, aquele apoio o afastara do marechal Floriano Peixoto. Porém, a presença de Gaspar Silveira Martins (1835-1901), um antigo monarquista na luta política, fez com que Floriano apoiasse militarmente Castilhos no decorrer do conflito. Ao lado de Júlio de Castilhos também se destacaram o senador republicanista Pinheiro Machado (1851-1915) e vários grupos populares que se organizaram em todo o estado.

A Revolta Federalista foi extremamente violenta, com um grande número de pessoas fuziladas e degoladas — por isso, o confronto também ficou conhecido como **Revolução da Degola**. A violência praticada por ambos os lados atingia tanto chefes políticos como partidários anônimos.

O confronto teve grande mobilização de homens armados que atuaram até o início de 1895, além de tropas oficiais do Exército e da Armada.

A formação de exércitos privados para resolver questões políticas era uma prática comum dos grandes proprietários rurais. Também chamados de coronéis, estes se apoiavam sobre uma extensa clientela, constituída de homens sem posses, que se colocavam à disposição em troca de contribuição financeira e material.

No segundo semestre de 1893, com a luta em andamento, o grupo dos federalistas contou com o apoio de parte das tropas da Armada brasileira, que novamente se rebelava contra o governo federal, chefiado por um membro do Exército.

Para alguns estudiosos, o confronto entre membros da Marinha e do Exército nestes anos iniciais da república revelava um conflito de classes. Na época, a Marinha brasileira, que tinha elementos oriundos de famílias da aristocracia, era mais conservadora. Muitos de seus almirantes e oficiais de patentes mais altas eram monarquistas. O Exército, por sua vez, era composto de pessoas de diferentes camadas sociais, vindas de extratos mais baixos da sociedade. Desde a década de 1880, abrigava membros com posicionamentos de caráter transformador.

A demissão do almirante Custódio de Melo (1840--1902), então ministro da Marinha, e a prisão do almirante Eduardo Wandenkolk, críticos e contrários a Floriano, provocaram uma reação da Armada.

Em setembro, navios de guerra sob o comando de Custódio de Melo e do almirante Saldanha da Gama (1846-1895) foram posicionados na baía de Guanabara, com seus canhões apontados para a cidade do Rio de Janeiro, repetindo a estratégia de 1891 e dando origem à **Segunda Revolta da Armada**. Dessa vez, os revoltosos defendiam novas eleições, com Custódio de Melo sendo considerado um candidato declarado à Presidência.

O couraçado *Aquidaban*, em foto de 1893, aproximadamente. Esse era um dos quinze navios de guerra tomados pelo almirante Custódio de Melo, em 6 de setembro de 1893. O couraçado foi usado na defesa de Santa Catarina, quando a capital Desterro estava sob domínio das tropas rebeldes.

O marechal Floriano Peixoto resistiu à ameaça e decretou estado de sítio na cidade do Rio de Janeiro, suspendendo as liberdades civis e de imprensa. A capital federal foi bombardeada várias vezes ao longo do mês de setembro. Na imprensa, florianistas e opositores se enfrentavam.

A ofensiva rebelde se estendeu até março de 1894, quando a falta de água, alimentos e munição nas embarcações, além da ameaça de bombardeio vinda de navios de guerra estadunidenses, especialmente enviados a pedido de Floriano, levou uma parte dos revoltosos à rendição e a solicitar asilo em dois navios portugueses. Outra parte foi para o sul se juntar ao grupo de federalistas e continuar sua luta contra o governo federal. Alguns se juntaram aos federalistas que estavam em Desterro, capital de Santa Catarina, onde havia sido instituída uma república autônoma desde setembro de 1893.

Ao longo de todo o ano de 1894, cresceu a ofensiva sobre as tropas federalistas. Nessa época, o governo federal contava também com navios estrangeiros, arrendados especialmente para esse confronto.

Desterro foi retomada em abril e 180 federalistas foram fuzilados. O estado do Paraná, cuja capital, Curitiba, estava sob o domínio dos revoltosos, também foi retomado na mesma época. No conflito, militares e civis que lutaram ao lado dos revoltosos foram fuzilados. Entre os mortos, estavam membros da elite local e grandes proprietários de terras, alguns deles portadores de títulos de nobreza do Império. O mesmo aconteceu no Rio Grande do Sul.

Os grupos também travaram uma luta simbólica, manipulando as narrativas divulgadas em jornais e em correspondências entre comandantes. O episódio de maior destaque ocorreu após a vitória dos governistas em Desterro. Em outubro de 1894, por iniciativa da elite republicana local, a Assembleia Legislativa alterou o nome da cidade para Florianópolis, em homenagem ao presidente.

A vitória das tropas federais e castilhistas em 1895 fortaleceu o ideal republicanista positivista no Rio Grande do Sul. Ao reassumir o governo, Júlio de Castilhos manteve a mesma Constituição autoritária e positivista que havia sido um ponto de discórdia com os federalistas. No âmbito federal, o jacobinismo florianista, revelado pelos batalhões constituídos de civis armados, preservou acesa a chama da participação direta da população na defesa da forma de governo.

Leituras

Maragatos x pica-paus

Durante a Revolta Federalista, os federalistas foram chamados de maragatos e os republicanos — ou **castilhistas** — de pica-paus. No texto a seguir, o historiador Renato Mocellin explica a origem dos termos.

castilhistas: partidários do governador Júlio de Castilhos, contra o qual lutavam os federalistas.

[...] Os federalistas receberam de seus inimigos o apelido de "maragatos". A origem do termo é controvertida. Porém, ao que tudo indica, a palavra originou-se no Uruguai, de onde partiu Gumercindo Saraiva, chefiando um grupo de uruguaios conhecidos como "maragatos", por serem descendentes de espanhóis vindos da região de La Maragatería. Os castilhistas passaram a usar o termo de forma pejorativa, identificando os federalistas como invasores estrangeiros e mercenários.

Aos castilhistas atribuiu-se o apelido de "pica-paus", pois usavam roupas azuis e quepe vermelho [daí a associação com o pássaro]. O símbolo dos "maragatos" era um lenço vermelho, enquanto o dos "pica-paus" era um lenço branco. [...]

MOCELLIN, Renato. *Federalista*: a revolução da degola. São Paulo: Ed. do Brasil, 1989. p. 17.

Autoria desconhecida/Biblioteca Nacional do Uruguai, Montevidéu.

Da esquerda para a direita, Gumercindo Saraiva é o terceiro sentado. É também o único que está sem o lenço vermelho no pescoço, que identificava os maragatos e os diferenciava dos pica-paus, cujo símbolo era um lenço branco. Foto de 1893.

Brasil: a implantação da república 501

Os batalhões de jacobinos florianistas

Durante seu governo, Floriano Peixoto desfrutou de elevada popularidade entre setores pobres dos centros urbanos, principalmente do Rio de Janeiro. Logo no início de seu mandato, articulado com a administração da capital federal, adotou várias medidas para enfrentar o alto custo de vida.

O presidente também era popular entre oficiais de baixa patente e soldados do Exército. Essa popularidade aumentou principalmente depois que ele se posicionou contra Deodoro no episódio do fechamento do Congresso. Ao tomar posse e restabelecer a vigência da Constituição, Floriano dizia agir em nome dos cidadãos e de setores das Forças Armadas que defendiam a república.

Durante a Segunda Revolta da Armada, a propaganda governista estimulou civis a formarem batalhões armados e a atuarem ao lado do Exército e das forças públicas que apoiavam o governo. Esses agrupamentos civis eram conhecidos como **batalhões patrióticos** e muitos voluntários se consideravam jacobinos florianistas, associando o ideal de luta popular ao apoio dado ao marechal.

Ao final do conflito, no entanto, o governo não estimulou a dissolução dos batalhões. Manteve-os de prontidão para lutar contra os federalistas, deslocando-os do Rio de Janeiro para o sul.

A desmobilização dos batalhões só aconteceu sob o governo Prudente de Morais. Alguns jacobinistas chegaram a tentar articular um golpe para destituí-lo da Presidência. Diante da dificuldade em efetivá-lo, o jacobinista florianista Deocleciano Martyr se envolveu em um atentado frustrado contra a vida do presidente, em 1897. Foi condenado à prisão e seu batalhão foi desativado. Aos poucos, todo o movimento sucumbiu.

Leituras

Jacobinos florianistas: de patrióticos a arruaceiros

A existência e o estímulo aos batalhões de voluntários não era unanimidade na sociedade brasileira. Segundo a historiadora Amanda Mussi Gomes, havia quem discordasse da militarização da população e do fortalecimento de grupos considerados radicais em termos de posicionamento político.

> [...] tratamento que os contemporâneos dispensavam aos jacobinos brasileiros não pode ser reputado apenas ao desconhecimento das diferenças entre estes e os seus precursores franceses. Tratava-se, antes, de desqualificar as ideias e estratégias de ação dos jacobinos na capital federal, através da sua associação simbólica a um modelo histórico considerado negativo porque radical, autoritário e fracassado.
>
> [...] O vocábulo [jacobinos] era apropriado como sinonímia de "republicanos sinceros e leais" por parte dos agentes que tomavam para si a designação. Já os seus desafetos políticos mobilizavam a mesma forma lexical com as acepções de "exaltados", "arruaceiros", "desordeiros" e, no limite, "terroristas". [...] Em razão dos sentidos atribuídos ao vocábulo jacobinos, muitos combatentes e ex-combatentes voluntários buscaram inicialmente afastar de si a alcunha, pois não queriam ser definidos como "desordeiros", uma vez que se julgavam "mais moderados espíritos" [...].

GOMES, Amanda Mussi. Jacobinos: abordagem conceitual e performática. In: *Cantareira*. Revista eletrônica dos graduandos e pós-graduandos em História da Universidade Federal Fluminense (UFF), v. 12a, 2008. Disponível em: <www.historia.uff.br/cantareira/v3/wp-content/uploads/2013/05/e13a01.pdf>. Acesso em: 13 fev. 2017.

Charge de Angelo Agostini, de 1892, que representa uma crítica ao governo Floriano Peixoto, acompanhada pela legenda: "A Esfinge: resolva-me ou te devoro". Para enfrentar os gastos relacionados à Segunda Revolta da Armada, o governo teve que emitir dinheiro, o que afetou a política monetária do país.

4. A oligarquia chega à Presidência

Demorou mais de vinte anos, desde a divulgação do *Manifesto do Partido Republicano Paulista*, em 1873, para que a elite agrária conseguisse assumir o governo federal.

A candidatura de um civil paulista foi acertada durante as revoltas da Armada e Federalista. O escolhido foi **Prudente de Morais** (1841-1902), para um pleito em que não houve adversários.

Com a eleição de Prudente de Morais, ascendia ao poder o ideal de uma república civil e liberal, em parte já garantida pela Constituição. No entanto, era preciso desmobilizar a população armada e desmilitarizar os cargos públicos e as chefias de estados, além de conquistar o apoio dos oficiais do Exército e da Armada. Também coube à gestão de Prudente de Morais negociar o fim dos conflitos entre federalistas e castilhistas, no sul do país, o que exigiu de seu governo habilidade política para alcançar a paz e, ao mesmo tempo, neutralizar os oficiais florianistas.

A mudança de posicionamento do governo federal em relação à jovem oficialidade e, principalmente, aos jacobinistas dos batalhões patrióticos gerou a principal resistência ao mandato de Prudente de Morais. Entre 1895 e 1897, comícios e protestos nas ruas com grande adesão popular eram frequentes, principalmente na cidade do Rio de Janeiro.

Sem o marechal Floriano Peixoto à frente do governo, os jacobinistas se posicionavam contra o mandato civil e a política antimilitar em curso. Ampliando o discurso crítico, protestavam também contra a alta do custo de vida e, com um tom claramente nacionalista, recriminavam abertamente os portugueses que controlavam o pequeno comércio e as propriedades alugadas para classes populares.

Os ânimos da população se acirraram ainda mais em março de 1897, com a chegada da notícia ao Rio de Janeiro da terceira derrota das tropas do Exército contra o arraial de Canudos, no sertão da Bahia, e a morte do comandante das tropas, Moreira César. Para os moradores da capital federal, informados por órgãos elitistas e preconceituosos da imprensa, o arraial e seus moradores eram uma resistência monarquista que deveria ser destruída.

A perda de um líder militar florianista e o receio do retorno da monarquia motivaram os jacobinistas a armar um atentado contra o presidente, que, como vimos, saiu ileso. A partir de então, a perseguição àqueles militares patrióticos intensificou-se, ajudando a diminuir a mobilização popular.

Após ter patrocinado a destruição do arraial e atuado para desmobilizar a força política que vinha das ruas, Prudente de Morais viabilizou sua sucessão, com a eleição de **Campos Sales** (1841-1913), que seria responsável pela consolidação da **República Oligárquica**. Com Campos Sales, cujo mandato durou de 1898 a 1902, foram implantados mecanismos que fortaleciam o poder dos governadores e das lideranças políticas municipais e distritais, os já citados coronéis. Estes, mais próximos do dia a dia das comunidades, estavam diretamente ligados ao controle dos votos nas eleições.

Política dos governadores, coronelismo e voto de cabresto

Na crença de que a direção de um processo político deveria ser conduzida por poucos, e de que o Executivo era o mais importante dos três poderes, Campos Sales concebeu um arranjo político em que o presidente da República pudesse ter o apoio do Legislativo.

O arranjo ficou conhecido como **política dos governadores**. Por meio de articulações políticas e reformas eleitorais, Campos Sales instituiu uma ordenação pela qual os governadores se comprometiam a influenciar as eleições legislativas para garantir a escolha de candidatos alinhados aos interesses do Executivo federal. Em troca, o Executivo federal não interferiria na condução da política estadual, abandonando as práticas de seus antecessores.

Como parte desse arranjo, Campos Sales apoiou alterações na forma como os votos dados aos candidatos às cadeiras do Legislativo federal eram validados. Validar votos era uma prerrogativa da Câmara dos Deputados, por meio de uma comissão específica denominada **Comissão de Verificação de Poderes**. Com a nova proposta, esse controle passou a ser exercido por um nome político afinado com o presidente da República. Isso possibilitou a "degola", ou seja, o não reconhecimento de adversários eleitos. Assim, buscava-se evitar surpresas ou objeções vindas de grupos de oposição que conseguiam se eleger em algumas localidades.

É importante ressaltar que tal arranjo político se apoiava na vigência do voto em aberto e na possibilidade de fraudes que dificilmente seriam averiguadas. O voto em aberto por si só fragilizava os eleitores. No momento da eleição, cada eleitor manifestava a sua opção diante dos mesários das seções eleitorais, responsáveis pelos registros em atas. Estes, por sua vez, eram escolhidos pelas Câmaras de Vereadores, sendo, portanto, comprometidos com os grupos dominantes locais.

Assim, registros de votos eram forjados, adulterados e eliminados na ata de eleição de cada mesa. Ao serem encaminhados para a Comissão de Verificação instalada na Câmara dos Deputados, os resultados poderiam ser aceitos ou impugnados ("degola"), de acordo com o posicionamento político dos verificadores.

Com tais regras eleitorais, os municípios se tornaram espaços privilegiados do jogo político do período. Em diversas localidades do país, práticas de disputa e controle dos votos foram fortalecidas. Nesse cenário, os eleitores e os chamados coronéis eram protagonistas.

O prestígio dos coronéis junto à população tornou-se moeda de troca durante as eleições. Na estrutura federativa criada pela Constituição, os coronéis dependiam das autoridades do estado para que recursos públicos fossem empregados em sua área de projeção, bem como para que atuassem no preenchimento dos cargos públicos locais. Nessas circunstâncias, os pactos entre os grupos políticos locais e os presidentes de estado eram inevitáveis.

Proprietários de terras, comerciantes e médicos que angariavam grande apoio popular também agiam para controlar os eleitores, mesmo que não tivessem o título de coronel. Esse controle era exercido por meio de práticas **clientelistas**, como a distribuição de **gêneros de primeira necessidade** e dinheiro e promoção do desenvolvimento local em troca de apoio eleitoral. Essa forma de controle dos votos ficou conhecida como **voto de cabresto**.

Disputas entre coronéis da mesma localidade eram frequentes, seja pelo poder político local, seja pelas fontes de riqueza, como terras, minas e animais. A violência se disseminava com a formação das milícias armadas nas comunidades. A população em geral era envolvida nessas disputas e obrigada a se posicionar diante dos grupos para garantir sua sobrevivência. Ao longo da Primeira República, o governo federal interferiu em muitos estados, na tentativa de diminuir as tensões.

Esses mecanismos que possibilitavam tal cenário somente foram modificados após 1930. Tempo suficiente para que essas práticas políticas autoritárias se enraizassem na sociedade e adiassem a implantação de uma democracia abrangente e plena e de uma república efetivamente voltada para os interesses coletivos.

> **clientelistas**: referente a clientelismo, uma prática política que consiste na troca de favores entre detentores de poder e eleitores.
> **gêneros de primeira necessidade**: produtos considerados indispensáveis para a subsistência, como pão, leite, farinha e carne.

O voto de cabresto retratado pelo traço do chargista Alfredo Storni. Revista *Careta*, Rio de Janeiro, 1927.

A economia na República Oligárquica

Ao assumir a Presidência da República e ter o poder civil consolidado com a política dos governadores, as oligarquias do país passaram a dominar a maioria dos canais de exercício de poder, envolvendo as esferas federal, estadual e municipal. Porém, grupos oligárquicos, cujas bases estavam nos estados, eram maioria. E a importância entre eles variava de acordo com a relevância da atividade econômica com a qual estavam envolvidos.

Entre o fim do século XIX e o início do século XX, ao mesmo tempo que havia uma forte e dinâmica atividade cafeeira, que se estendia entre São Paulo, Rio de Janeiro e Minas Gerais, também despontava a exportação da borracha, extraída dos seringais da Floresta Amazônica, fortalecendo a burguesia comercial estabelecida no Amazonas e no Pará. Havia, ainda, produções voltadas para o consumo interno do país, como a de gado, no estado do Rio Grande do Sul; de mate, no Paraná; e de algodão e açúcar, em estados como Bahia, Pernambuco e Paraíba.

Todos esses interesses estavam representados no Congresso Nacional, onde havia também alguns defensores da atividade industrial. O setor que não estava presente no Congresso era o das classes trabalhadoras.

O peso da atividade cafeeira na economia do país ampliava o poder das bancadas paulista e mineira, que conseguiam impor seus interesses – e seus candidatos à Presidência: durante a Primeira República foram eleitos seis presidentes paulistas e três mineiros. Não é à toa que a população passou a se referir à capacidade persuasiva das duas bancadas com o termo **política do café com leite**. (O café referia-se à produção do estado de São Paulo e o leite à de Minas – embora o estado também fosse o segundo maior produtor de café.)

Nesse período, predominou na América Latina, e particularmente no Brasil, o investimento de capital inglês e, em menor quantidade, capital francês, alemão, belga e estadunidense. Esses recursos entraram com finalidades distintas, como empréstimos ao governo republicano, investimentos para a implantação da rede ferroviária, para a modernização dos portos e melhoria de grandes centros urbanos, e em forma de equipamentos para indústrias surgidas desde o final do século XIX.

A atividade cafeeira e os interesses nacionais

Durante toda a Primeira República, o país se manteve dependente da atividade agrícola, especialmente da exportação de café, sua principal fonte de divisas.

No começo da última década do século XIX, a alta dos preços do café no mercado internacional provocou uma grande expansão dessa cultura. Outro importante fator para esse crescimento foi a grande oferta de crédito, que era utilizado no financiamento de novos cafezais e no desenvolvimento das estradas de ferro, necessárias para transportar os grãos da zona rural aos portos.

Nessa época, São Paulo tinha uma elevada arrecadação sobre a exportação de seu principal produto. Isso possibilitava ao governo paulista subsidiar, por exemplo, a política de imigração.

Entre 1896 e 1897, Estados Unidos e Europa, os principais importadores do café brasileiro, passavam por uma recessão que afetou diretamente a exportação do produto. A oferta se tornou abundante para um mercado reduzido, provocando a queda do preço do café.

Com a diminuição na exportação, a quantidade de dinheiro estrangeiro que entrava no país também caiu. Esse dinheiro pagava a importação de gêneros alimentícios, utilizados no abastecimento de grandes cidades, máquinas para as indústrias que se formavam e dívidas contraídas com bancos estrangeiros. Com a queda nas importações, diminuía, além disso, a arrecadação do governo federal, cuja principal receita vinha de impostos sobre essas transações.

Por volta de 1898, o Brasil estava à beira de um colapso financeiro. Além das dificuldades com as exportações e importações, ainda havia problemas decorrentes da política monetária do início da década.

Com elevada dívida externa e grandes gastos governamentais, o governo federal recorreu a credores internacionais para negociar um novo empréstimo. Devido ao elevado valor, de aproximadamente 10 milhões de libras esterlinas, foi dada como garantia a renda obtida pelo Brasil em todas as alfândegas existentes no país. Além disso, o governo brasileiro também se comprometeu a não tomar novos empréstimos por quatro anos e a reduzir a quantidade de papel-moeda em circulação. O acordo em questão, conhecido pela expressão em inglês *funding loan*, foi fechado nos últimos meses do mandato de Prudente de Morais, com o consentimento de Campos Sales, o sucessor eleito.

Ao tomar posse, o novo presidente implantou as medidas acordadas, reduziu os gastos governamentais, diminuiu os recursos para obras públicas e aumentou os impostos, principalmente sobre os produtos de consumo. No conjunto, as medidas reduziram a inflação e também a atividade produtiva no país, gerando uma **recessão**. No entanto, também ajudaram a aliviar as contas do país, ao adiar o pagamento das dívidas e restringir a capacidade de importação, diminuindo os gastos em moeda estrangeira.

Por mais que a elevação de impostos e a queda da atividade econômica tenham atingido quase todas as classes sociais do país, os mais humildes eram os mais afetados, tanto nos centros urbanos como na zona rural.

> [...] Entre 1898 e 1904, o pagamento pela saca do café caiu de 90 mil-réis para 60 mil-réis e, pela colheita, de 680 mil-réis para 450 mil-réis. Os salários urbanos eram mais baixos: em 1900 uma lavadeira recebia por volta de mil-réis diários e os subalternos da Diretoria Geral da Saúde Pública, aproximadamente 75 mil-réis mensais. A situação dos marinheiros era extremamente crítica: em 1910 uma primeira classe (a mais alta hierarquia da categoria), com todas as gratificações, recebia aproximadamente 15 mil-réis mensais. [...] [No] Rio de Janeiro e São Paulo, a crise habitacional era crônica e os aluguéis, exorbitantes. [...]
>
> ARIAS NETO, José Miguel. Primeira República: economia cafeeira, urbanização e industrialização. In: FERREIRA, Jorge; DELGADO, Lucilia de Almeida Neves (Org.). *O Brasil republicano* – O tempo do liberalismo excludente: da Proclamação da República à Revolução de 1930. 6. ed. Rio de Janeiro: Civilização Brasileira, 2013. v. 1. p. 215.

Entre 1902 e 1906, durante o governo do presidente **Rodrigues Alves** (1848-1919), os preços do café no mercado internacional continuaram a cair – consequência da crescente produção não acompanhada do aumento no consumo. Os cafeicultores e governadores dos três estados produtores (SP, MG, RJ) se mobilizaram, então, para criar mecanismos que valorizassem o produto. Reunidos em 1906 na cidade paulista de Taubaté, assinaram um acordo que ficou conhecido como **Convênio de Taubaté**.

O acordo definia um plano de ação com os seguintes termos:

- compra e estocagem do café excedente pelo Estado. A medida visava regular a oferta do produto para elevar o preço da saca a níveis desejáveis;
- negociação de empréstimos externos para custear a compra e a estocagem;
- arrecadação de porcentagem sobre cada saca exportada para o pagamento do empréstimo;
- criação, por parte do governo federal, de mecanismos que pudessem manter o câmbio desvalorizado;
- imposição de taxas sobre novas plantações;
- investimento em propaganda no exterior para aumentar o consumo de café.

A proposta não recebeu o apoio do presidente, que considerava a política de desvalorização monetária inadequada. Porém, obteve a aceitação do sucessor eleito, **Afonso Pena** (1847-1909), empossado ainda em 1906 e que governou até 1909.

As medidas desejadas pelo convênio foram adotadas e o principal objetivo foi alcançado: entre 1906 e 1913, o preço do café ficou em patamares rentáveis, garantindo grandes lucros, que foram distribuídos de forma desigual entre fazendeiros e agentes estrangeiros.

recessão: redução da atividade econômica com queda da produção e elevação do desemprego.

Interior de oficina de seleção e ensacamento de grãos de café, em Santos, São Paulo. Inicialmente, essa atividade era realizada por prestadores de serviço autônomos, em oficinas com equipamentos movidos a energia elétrica. No início do século XX, ela passou a ser executada pelas próprias casas exportadoras, o que aumentou o seu poder de controle sobre a comercialização. Foto do início do século XX.

Quando o programa de valorização do café foi instituído, em 1906, os grupos estrangeiros estavam em melhores condições para comprar a produção e retê-la por longos períodos, adiantando aos produtores os ganhos que poderiam obter quando liberassem os estoques. Como controlavam a liberação para conseguir o melhor preço, eram eles que acumulavam a maior porcentagem dos lucros obtidos com a cafeicultura.

O sucesso da valorização do café manteve o setor em expansão, apesar de os termos acordados em Taubaté e aprovados no Congresso instituírem mecanismos de redução da produção que não foram cumpridos.

Em outras fases de superprodução de café, em 1917 e 1918 e entre 1921 e 1923, governos dos estados produtores aproveitaram-se do alinhamento político com presidentes e bancadas no Congresso para implantar dois outros programas de valorização. A fim de manter elevada a renda do cafeicultor, a partir de 1924 foi instituído um programa permanente de valorização. Isso durou até a quebra da Bolsa de Valores de Nova York, em 1929.

Financistas e comerciantes controlam os lucros da cafeicultura

A participação de empresas ou bancos estrangeiros no comércio de exportação do café brasileiro remonta aos anos 1870. Nessa época, o telégrafo permitia aos comerciantes estrangeiros instalados no Brasil acompanhar as oscilações dos mercados europeu e estadunidense antes de negociar o preço do café no mercado nacional.

Cabia às empresas estrangeiras adquirir o café dos fazendeiros e colocá-lo no mercado internacional, adiantando, às vezes, recursos para que a fazenda e seu proprietário mantivessem suas atividades. Até o início do século XX, essa etapa contava com a participação de agentes intermediários chamados **comissários**. Esses agentes repassavam empréstimos de bancos nacionais aos fazendeiros, que empregavam o dinheiro nas atividades de cultivo. Em troca, recebiam a produção, que era preparada para a exportação (os melhores grãos eram selecionados e ensacados por terceiros) e repassada a um comerciante exportador, mediante uma comissão sobre o valor da venda.

No entanto, com a crise econômica dos primeiros anos da república, grande parte dos bancos nacionais e comissários faliram. No auge da crise do preço do café, no início dos anos 1900, muitos fazendeiros procuraram as casas exportadoras para negociar diretamente a entrega da produção.

Riqueza para ostentar e modernizar

Durante o período em que vigorou a política de valorização do café, as importações brasileiras aumentaram consideravelmente, favorecidas pela entrada de capitais provenientes da cafeicultura e da exportação da borracha.

Além de importar bens de consumo, parte significativa das divisas foi utilizada para ampliar os investimentos em ferrovias, portos e melhorias nas áreas urbanas. Outro setor amplamente beneficiado pela entrada de capitais foi o industrial.

Com os lucros obtidos, no início do século XX, alguns fazendeiros construíram palacetes em áreas urbanizadas, onde era possível ostentar seu poder financeiro e seu *status* social. A má distribuição de riqueza tornava-se cada vez mais visível.

Nessa mesma época, cidades paulistas como Campinas e Ribeirão Preto, próximas da próspera zona cafeeira, receberam melhorias urbanísticas: grandes edifícios, teatros e mansões foram construídos, seguindo tendências arquitetônicas europeias.

Na cidade de São Paulo, por exemplo, a área mais antiga e central manteve-se como espaço destinado a serviços, bancos e comércio. Os fazendeiros se instalaram em mansões localizadas em novos bairros cortados por ruas e avenidas largas e iluminadas, longe das áreas em que a população mais pobre vivia.

Em Minas Gerais, para demarcar a era de prosperidade econômica e modernidade, a elite local determinou, em 1893, que o antigo arraial denominado Curral del Rei passaria a sediar a nova capital do estado.

Em 1897, após quatro anos de obras, o arraial ganhou a feição de uma cidade moderna, Belo Horizonte, a primeira totalmente planejada em nosso país.

A nova capital contava com edifícios públicos para sediar as repartições e ruas iluminadas com lâmpadas elétricas, sem nenhum vestígio das antigas construções. A população que antes habitava o arraial ficou sem lugar nesse projeto modernizador. Acabou sendo deslocada para além dos limites que demarcavam o perímetro da nova capital, em locais sem as benfeitorias que caracterizavam os bairros recém-construídos.

A cidade do Rio de Janeiro também passou por grande transformação, principalmente na região portuária, local de entrada das mercadorias e dos visitantes. O local era ocupado por velhos casarões degradados, onde a numerosa população pobre vivia em condições sanitárias precárias. Para as autoridades, a região era uma ameaça permanente à saúde e à segurança.

O presidente Rodrigues Alves promoveu uma grande reforma, englobando o porto e seu entorno, ampliando a sua capacidade de embarque e desembarque, e transformando a região em local de passeio para as classes mais abastadas. Investiu, ainda, em uma ampla ação sanitarista a fim de livrar a cidade de focos de difteria, varíola e febre amarela.

Os antigos casarões foram demolidos – processo conhecido como "**bota-abaixo**" – e a população pobre foi deslocada, sob muito protesto e resistência, pois não era indenizada nem recebia um local alternativo de moradia. Essa população acabou se instalando nas encostas dos morros no entorno da região, de forma mais precária ainda. O autoritarismo do poder público, apoiado pelas elites e intelectuais, resultou na imposição de um novo padrão urbanístico que passou a conviver com as favelas que então se formaram.

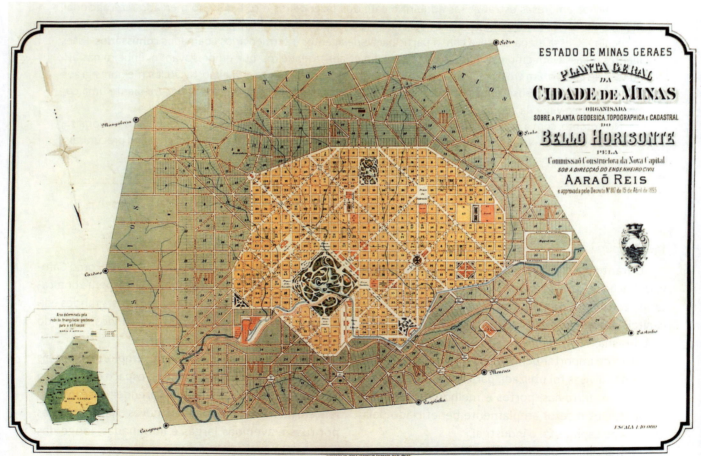

Planta geral da cidade de Belo Horizonte em 1895. Originalmente, a avenida do Contorno delimitava a área urbana da nova capital do estado. Mas o intenso desenvolvimento da cidade fez com que a urbanização ultrapassasse os limites do projeto muito antes do esperado.

Leituras

Os significados da avenida Central

A inauguração da avenida Central, um dos principais carros-chefe da reforma urbanística pela qual passou a cidade do Rio de Janeiro no início do século XX, alterou o hábito e o comportamento das classes mais abastadas da capital. Por meio de artigos da época, o historiador Nicolau Sevcenko constatou que ela se transformou em palco para o desfile de trajes e comportamentos que reproduziam padrões europeus. Um ano antes de sua inauguração, porém, o escritor Lima Barreto fez registros pouco entusiasmados sobre a região em seus cadernos pessoais.

[...] Ontem, ao sair da secretaria, passei pela rua do Ouvidor e não vi a Palhares. Acho-a curiosa por causa do mestiçamento que nela há, disfarçado pelos cuidados meticulosos da *toilette*: perfumes, pomadas, pós, etc. Isso aborreceu-me mais do que estava aborrecido e na botica tive sono. Saí e tomei um bonde e fui à Prainha. A rua está outra, não a conheci bem. Se os prédios fossem mais altos, eu me acreditaria em outra cidade. [...] Entretanto, como vêm já de boa administração essas modificações, acredito que o Rio, o meu tolerante Rio, bom e relaxado, belo e sujo, esquisito e harmônico, o meu Rio vai perder, se não lhe vier em troca um grande surto industrial e comercial; com ruas largas e sem ele, será uma aldeia pretensiosa de galante e distinta, como é o tal de São Paulo.

BARRETO, Lima. *Diário íntimo*. Disponível em: <www.dominiopublico.gov.br/download/texto/bn000066.pdf>. Acesso em: 13 fev. 2017.

[...] As revistas mundanas e os colunistas sociais da grande imprensa incitavam a população afluente para o desfile de modas na grande passarela da avenida, os rapazes no rigor **smart** dos trajes ingleses, as damas exibindo as últimas extravagâncias dos tecidos, cortes e chapéus franceses. A atmosfera cosmopolita que desceu sobre a cidade renovada era tal que, às vésperas da Primeira Guerra Mundial, as pessoas ao se cruzarem no grande bulevar não se cumprimentavam mais à brasileira, mas se repetiam uns aos outros: "*Vive la France!*". Como corolário, as pessoas que não pudessem se trajar decentemente, o que implicava, para os homens, calçados, meias, calças, camisa, colarinho, casaco e chapéu, tinham seu acesso proibido ao centro da cidade. Mais que isso, nas imediações, as tradicionais festas e hábitos populares, congregando gentes dos arrabaldes, foram reprimidos. [...]

SEVCENKO, Nicolau. O prelúdio republicano, astúcia da ordem e ilusões do progresso. In: _____ (Org.). *História da vida privada no Brasil*. Volume 3: República: da *Belle Époque* à Era do Rádio. São Paulo: Companhia das Letras, 2012. p. 26-27.

Início das obras para a construção da avenida Central, em 1904, na cidade do Rio de Janeiro.

Avenida Central em fins de 1905, na cidade do Rio de Janeiro.

smart: elegante, em inglês.

A industrialização se acelera com os lucros da cafeicultura

A boa fase da economia cafeeira acabou favorecendo também o desenvolvimento da atividade industrial no país.

A estabilidade dos lucros permitiu que o setor mantivesse o incentivo à imigração europeia nos estados produtores e à construção das estradas de ferro. Isso favoreceu o aumento populacional, o desenvolvimento de novos núcleos urbanos ao redor das estações ferroviárias e a interligação de áreas que antes ficavam afastadas e isoladas.

Muitos dos milhares de imigrantes vindos para o Brasil a partir dos anos 1880 se estabeleceram em cidades, principalmente do sul e do sudeste, e não em fazendas. Isso provocou um aumento na mão de obra disponível para outras atividades produtivas e um crescimento do mercado de gêneros de primeira necessidade.

Entre 1889 e 1896 já havia ocorrido um surto de crescimento industrial, decorrente das medidas de Rui Barbosa que favoreceram esse setor. Nessa época, grandes fábricas de tecidos de algodão foram implantadas na Bahia, em Pernambuco e no Maranhão. Em outras regiões do nordeste e do sudeste, surgiram também indústrias de sacaria, tecidos de lã e fósforos.

A partir de 1906, num período de altos lucros do setor cafeeiro, fazendeiros, empresários do comércio exportador e alguns bancos buscaram diversificar os investimentos. Desse modo, eles passaram a investir no setor industrial, importando maquinário e equipamentos para geração de energia. A tabela a seguir mostra o crescimento do número de indústrias no Brasil entre 1907 e 1920.

Número de indústrias no Brasil

Ano	Nº de empresas	Nº de operários
1907	3 258	149 018
1920	13 336	275 512

Fonte: SILVA, Sérgio. *Expansão cafeeira e origens da indústria no Brasil*. 8. ed. São Paulo: Alfa-Ômega, 1995. p. 72.

Em geral, eram indústrias de dois tipos: as que transformavam alguns produtos naturais para serem exportados, como as de refinação de açúcar ou de beneficiamento do algodão, e aquelas que produziam mercadorias para consumo do dia a dia das populações de baixa renda, como tecidos baratos, chapéus, bebidas, etc. Parte do capital também era investida na construção de pequenas hidrelétricas e linhas de transmissão de energia para alimentar as fábricas.

Como não havia uma rede de transporte que cobrisse todo o território nacional, a produção industrial se concentrou nos estados de maior povoamento e onde o sistema ferroviário estava presente, como Rio de Janeiro, São Paulo, Rio Grande do Sul, Minas Gerais, Pernambuco e Ceará.

Operárias em fábrica de tecidos na cidade de Uruguaiana, Rio Grande do Sul. Foto de 1916.

Apesar do crescimento industrial no Brasil, até a década de 1930 as oligarquias agrárias, principalmente a cafeeira, tinham grande poder de decisão no âmbito federal e estadual. Portanto, não houve incentivos significativos para a industrialização no país. Os poucos congressistas entusiastas da industrialização frequentemente reclamavam dos altos impostos sobre a importação de maquinário, em uma época em que máquinas não eram produzidas no país, e da falta de restrições à importação de mercadorias que concorriam com as nacionais ou que poderiam ser fabricadas aqui.

A falta de máquinas transformou-se em um grande impasse para a indústria nacional entre 1914 e 1919, quando, com a eclosão da Primeira Guerra Mundial, a importação de máquinas e mercadorias diminuiu. O conflito criava a possibilidade de as indústrias brasileiras ampliarem a produção para substituir a importação em queda, mas os empresários esbarravam na dificuldade de importar as máquinas necessárias para isso.

Mesmo assim, a atividade industrial se expandiu ao longo da Primeira República. As fábricas ajudavam a transformar o cenário físico e social dos locais onde se instalavam. Nos arredores das fábricas, a população aumentava e, consequentemente, novas demandas surgiam: moradias, escolas, vias de circulação, redes de abastecimento, espaços de passeio e diversão, atendimento médico e instituições capazes de garantir o convívio e a segurança das pessoas. O aumento do número de operários nas fábricas trouxe, ainda, uma ampliação do número de associações sindicais que se mobilizavam na luta por melhores condições de salário e de trabalho.

A borracha também tem seu valor

Os anos iniciais da república também foram marcados pela valorização da borracha no mercado internacional, o que favoreceu de forma excepcional a extração de látex que já existia na Amazônia. Nessa época, aquela era a única região no mundo onde se encontrava a seringueira *Hevea brasiliensis*, da qual se extraía matéria-prima da melhor qualidade.

A partir dos anos 1830, as aplicações da borracha foram ampliadas com a descoberta da **vulcanização**, nome dado ao processo químico que aumentava sua resistência e durabilidade. Quando o processo foi aprimorado, no início dos anos 1900, a borracha passou a ser amplamente utilizada na fabricação de pneus para a indústria de automóveis, que estava em crescimento.

O Brasil foi o principal fornecedor do produto para a indústria europeia por aproximadamente seis décadas. No entanto, a extração de látex no interior da Floresta Amazônica era feita de maneira rudimentar. Mesmo no período de maior exportação e lucro, entre 1880 e 1910, época em que o país chegou a atender, aproximadamente, 75% da demanda internacional, as técnicas empregadas eram as mesmas utilizadas pelos indígenas de tempos anteriores.

Como a mão de obra local era insuficiente para atender a grande demanda pelo produto, os governos dos estados produtores de borracha investiram em propaganda e subsídios para estimular a vinda de brasileiros de outros estados para aumentar a capacidade de produção. A região recebeu muitos trabalhadores, principalmente do nordeste, onde a estiagem e as dificuldades da economia exportadora em crise estimulavam a migração. Milhares de nordestinos adentraram a floresta, geralmente trabalhando para os **seringalistas**, os proprietários dos seringais.

Os seringueiros trabalhavam em jornadas de até 16 horas, concentradas principalmente entre maio e novembro, época de poucas chuvas. Eles coletavam o látex das árvores e, no final do dia, o defumavam, para coagulá-lo e torná-lo vendável. Esse produto final era entregue ao dono do seringal que, por sua vez, o levava a estabelecimentos comerciais localizados em Manaus e em Belém, responsáveis pela exportação. A Inglaterra era o principal destino da borracha. De lá, era distribuída para outras praças da Europa e para os Estados Unidos. Foto de 1910.

A penetração de nordestinos em larga escala os levou a ocupar regiões da Amazônia pertencentes à Bolívia, gerando uma crise diplomática. Para resolver a questão, autoridades brasileiras e bolivianas firmaram um acordo em 1903, o chamado **Tratado de Petrópolis**. Na negociação, acertou-se a posse brasileira do atual Acre e a cessão de um território brasileiro que facilitasse aos bolivianos o acesso a afluentes do rio Amazonas e, por meio deles, ao oceano Atlântico.

No auge da lucratividade, grupos estrangeiros interessaram-se pela atividade e logo se fizeram presentes no processo de extração. Como ocorria com a cafeicultura, os comerciantes adiantavam recursos aos donos dos seringais, que se comprometiam a entregar-lhes toda a produção.

Os seringalistas, por sua vez, exigiam dos seringueiros elevada quantidade de látex coagulado, forçando-os a jornadas extenuantes e a relações de trabalho violentas que, muitas vezes, assemelhavam-se à escravidão.

Os donos dos seringais e empresários do comércio da borracha, que ficavam com a maior parte dos lucros, viviam luxuosamente em Manaus ou Belém, ostentando riqueza e *status* social. Como a atividade gerava elevadas somas de dividendos para a receita dos estados, suas capitais foram submetidas a reformas que trouxessem para as margens da floresta um pouco do estilo urbano e estético europeu.

Poucos esforços, contudo, foram feitos para proteger a atividade da concorrência internacional. Os envolvidos na atividade atuavam como se ela fosse permanente, em razão, especialmente, da grandeza da floresta.

Por volta de 1913, as experiências do governo inglês de adaptar a seringueira brasileira no continente asiático começaram a se mostrar economicamente viáveis. Logo, os primeiros carregamentos de borracha asiática chegaram ao mercado europeu.

Aos poucos, os investidores ingleses foram abandonando as atividades no Amazonas para participar da produção no Ceilão e em Cingapura. Os holandeses logo começaram a produzir borracha nas colônias da Malásia, de Bornéu e Java. Nesses locais, as empresas que até então se dedicavam a financiar a atividade passaram a participar também da produção, desde o cultivo até a coagulação, além de cuidarem do transporte e da comercialização na Europa e nos Estados Unidos. A produção nessas regiões logo se tornou bem mais lucrativa do que a brasileira.

No começo da década de 1910, o governo federal tentou valorizar e racionalizar a produção de borracha. A iniciativa contou com o apoio de produtores e governantes. No entanto, os poucos projetos que surgiram não mobilizaram esforços financeiros suficientes para atender às necessidades de uma atividade que entrava em rápida decadência.

A importância da borracha no volume total de exportações brasileiras ajuda a entender essa situação. Entre 1890 e 1910, a borracha nunca representou mais de 28% do total de produtos exportados pelo país. No mesmo período, o café representava, em média, mais de 60%. À medida que a borracha perdia posição no mercado internacional, o café, por sua vez, atingia elevados preços graças às medidas de valorização do produto que estavam sendo adotadas. Nesse cenário, as elites cafeeiras mantiveram-se refratárias a qualquer atividade que afetasse os ganhos e os interesses da principal economia do país.

O Teatro Amazonas é uma das expressões da *Belle Époque* tropical. Na mesma época da sua inauguração em Manaus, no final do século XIX, bondes elétricos também foram implantados na capital amazonense.

Vivendo naquele tempo

Mulheres imigrantes

O papel das mulheres imigrantes foi fundamental para a estabilidade de novas relações sociais que se constituíam em território estrangeiro, especialmente em áreas urbanas como São Paulo.

Cabia às mulheres as atividades domésticas tradicionais, como lavar roupas, cozinhar, limpar a casa, cuidar dos filhos e de todo o funcionamento do cotidiano da família. Mesmo as mulheres que arrumavam emprego no setor fabril não podiam abandonar suas responsabilidades domésticas, ainda que pudessem contar com a ajuda do marido e dos filhos.

Como muitas famílias eram de origem rural, elas reproduziam parte dos seus conhecimentos e práticas no espaço urbano, cultivando hortas e criando pequenos animais, como galinhas e porcos. Assim, muitas mulheres ainda produziam hortaliças, cuidavam da criação de animais e vendiam o excedente para ampliar a renda da família. Era bastante comum que mulheres conduzissem carrinhos de mão pelas ruas da cidade, oferecendo seus produtos de porta em porta.

As mulheres também eram as principais responsáveis pela construção de elos sociais e redes de solidariedade entre vizinhos e, particularmente, entre "patrícios", isto é, imigrantes de mesma origem. Desde o momento em que a família se estabelecia em determinado bairro, cabia às mulheres encontrar os melhores lugares para fazer compras, estabelecer contatos amistosos, encontrar apoio e ajuda na criação dos filhos, enfim, descobrir como "se virar" numa cidade diferente e nem sempre hospitaleira.

Além disso, elas também mantinham vivas as tradições familiares e as práticas culturais de origem. Essas tradições e práticas podiam ser observadas tanto na vida cotidiana – no preparo dos alimentos e na manutenção dos pequenos gestos religiosos, por exemplo – quanto na vida em comunidade, na organização de festas na vizinhança, em casamentos ou em comemorações religiosas. Também participavam ativamente da vida política por meio de organizações sindicais de tradição anarquista.

Mesmo em uma sociedade de forte tradição patriarcal, onde os espaços de poder e participação feminina eram controlados e restritos, as mulheres ocuparam funções essenciais ao estabelecimento de milhões de imigrantes que atravessaram o Atlântico em busca de uma vida melhor.

Imigrantes russas no interior do estado de São Paulo. Foto de 1905.

Atividades

Retome

1. Pesquise em um dicionário os diversos significados das palavras "província" e "estado". Identifique aqueles que se relacionam com o tema deste capítulo. Qual é a relação entre a transformação de províncias em estados e o estabelecimento de uma república federativa no Brasil?

2. Em outubro de 1894, Desterro, capital do estado de Santa Catarina, assistiu ao desfecho sanguinário de um conflito armado.
   a) Identifique os dois lados em confronto e explique por que eles se encontravam naquele estado.
   b) Por que cada um desses grupos lutava?
   c) Qual é a relação entre o desfecho dos confrontos e a mudança do nome da cidade para Florianópolis?

3. Nos últimos anos do século XIX, o Brasil assistiu à formação dos batalhões patrióticos. O que eram esses grupos e por quem eles foram formados?

4. Durante a República Oligárquica, as elites agrárias manipulavam as eleições para se manter no poder. De que modo presidentes, governadores e chefes políticos locais, os coronéis, se auxiliavam mutuamente nesse processo?

5. Explique o que era a política do café com leite.

6. Na historiografia brasileira, as medidas tomadas no Convênio de Taubaté ficaram conhecidas como um mecanismo de "privatização dos lucros e socialização dos prejuízos". Explique por quê.

7. De que maneira o ministro Rui Barbosa incentivou a produção industrial no Brasil? Quais foram as consequências das medidas adotadas por ele?

8. Escreva um texto relacionando a expansão da cafeicultura com o desenvolvimento das indústrias no sudeste do país.

Pratique

9. Um mesmo evento histórico pode ser narrado de diferentes maneiras, de acordo com o ponto de vista e os interesses do narrador. Pinturas históricas, como as reproduzidas a seguir, são narrativas visuais de acontecimentos considerados importantes. Observe-as com atenção e, depois, faça o que se pede.

Proclamação da República, de Benedito Calixto, 1893 (óleo sobre tela).

Proclamação da República, de Oscar Pereira da Silva, 1889 (óleo sobre tela).

a) Compare as duas imagens, considerando a representação do espaço, das pessoas presentes na cena e dos protagonistas do evento.

b) Descreva as pessoas que aparecem na parte inferior da tela de Oscar Pereira da Silva (cor, idade, sexo, origem social). Que ator político elas representam? Como elas se relacionam com a cena do centro da imagem?

c) Alguns dias após a proclamação da República, o republicano Aristides Lobo mostrou-se desapontado com a maneira como o novo regime foi estabelecido. As imagens de Oscar Pereira da Silva e Benedito Calixto concordam ou discordam do texto de Aristides Lobo (página 495)?

10. Observe a charge abaixo, publicada na revista carioca *Careta* no mês de janeiro de 1909.

CARETA
GUIGNOL

1) São dignos de lastima todos aquelles que pretendem uma cadeira no Senado ou na Camara.
Curvam-se diante do mais réles pé rapado;

2) percorrem os mais desconhecidos recantos dos diversos districtos, implorando votos a troco de uma garrafa de cerveja.

3) Si o eleitor é pobre e não dispõe do material decorativo a que o vulgo denomina *vestuario*, o candidato,

4) como a fada da Gata Borralheira, faz apparecer desde um par de botinas de bezerro até um chapeu de feltro.

5) Os pequeninos maltrapilhos, não são eleitores, mas como o voto do papá é necessario, o candidato distribue, sorridente, alguns nikeis de tostão.

6) De quando em vez, surge a figura sinistra do taverneiro, que exhibe uma conta aberta por um eleitor em perspectiva.

7) Nas vesperas do pleito, o pretendente, durante a madrugada, percorre o bairro em que reside, estendendo pelos muros os seus cartazes.

8) Eis-nos em plenas eleições. Um adversario politico paga a um qualquer *Tres de Ouros* e o *Tres de Ouros* arrebata o telhado do deputado em projecto.

9) Passam-se dias. Reune-se a junta apuradora e quando o resultado chega ao publico, o candidato nota desoladamente a ausencia de seu nome entre os dos venturosos reconhecidos.

a) Que práticas eleitorais típicas da Primeira República são representadas na charge?
b) Com base no que você estudou no capítulo, levante hipóteses para explicar por que o candidato, apesar dos esforços, não venceu as eleições.
c) É possível afirmar que o candidato em questão é um coronel? Justifique sua resposta.
d) Aponte semelhanças e diferenças entre o processo eleitoral da República Oligárquica e o processo eleitoral que ocorre no Brasil na atualidade.

Analise uma fonte primária

11. Leia com atenção a carta a seguir. Ela foi publicada pelo industrial brasileiro Jorge Street no *Jornal do Comércio*, do Rio de Janeiro, em 1912.

> Um estudo, mesmo rápido, relativamente a isenções concedidas a artigos importados que passaram pela Alfândega do Rio de Janeiro, revela **incontinente** quão injusto fostes para com os industriais vossos patriotas, especialmente para com os que se dedicam à fabricação de artigos manufaturados para consumo. [...] É claro que o capital estrangeiro merece todo o apoio e garantia quando vem ao Brasil em procura de normal aplicação, porém, igual tratamento e maior incentivo deve receber o capital brasileiro. Assim prestigiado o esforço nacional, não se teria a lamentar a frequente desnacionalização de empresas que, nascidas brasileiras, podiam e deviam continuar realmente nacionais. A indústria fabril brasileira tem direito a essa justiça. Ela compõe, realmente, uma enorme parte da riqueza do país; é um grande patrimônio que, aos filhos desta terra, cabe corajosa e francamente defender, porque esse patrimônio traduz uma força econômica genuinamente brasileira, porque <u>os capitais que formaram e servem à indústria fabril do país estão em mãos brasileiras</u>.
>
> Jorge Street, Carta aberta ao ilustre deputado Dr. Homero Batista. *Jornal do Comércio*, 11 dez. 1912.

incontinente: sem demora.

a) Qual medida é criticada por Jorge Street? Quem seria prejudicado por ela? Por quê?

b) Releia atentamente o texto "A industrialização se acelera com os lucros da cafeicultura", na página 510. Com base nele, explique a frase sublinhada na carta de Jorge Street.

c) Que medidas são defendidas por Street em sua carta?

d) O que o industrial acredita que poderia ser evitado com as medidas que ele defende?

Articule passado e presente

12. O fragmento a seguir foi extraído de uma entrevista do professor de Geografia Urbana Alvaro Ferreira (Uerj). Leia-o e, em seguida, responda às questões.

> **A gentrificação, hoje percebida de forma intensa no centro do RJ, em especial a zona portuária, está presente na história da cidade. [...]**
>
> De fato, esse processo não é novo. [...] Cabe, aqui, fazer um breve esclarecimento acerca da expressão gentrificação, que nasce do termo inglês *gentrification*, cunhado por Ruth Glass (em 1963) para esclarecer o repovoamento, por famílias de classe média, que vinha acontecendo em bairros desvalorizados de Londres na década de 1960, levando à transformação do perfil dos moradores. Atualmente, usa-se gentrificação para falar da "revitalização", da "recuperação" ou da "requalificação" (seja lá qual for a expressão usada) de locais degradados a partir de iniciativas públicas e privadas. A questão é que após o investimento em infraestrutura, há uma maior valorização do lugar; assim, observamos que os antigos moradores não resistem ao encarecimento do local, tendo que buscar outra área com custo de vida mais baixo. Se, inicialmente, a gentrificação ligava-se ao mercado residencial, o enobrecimento dos lugares acabou incorporando áreas de lazer com complexos culturais voltados também para o turismo. Assim, o geógrafo belga Mathieu Van Criekingen (2007) define dois tipos de gentrificação – residencial e de consumo – que levam à produção glamurizada do espaço através da maior sofisticação dos ambientes. A mídia exerce importante papel ao promover esses locais, ajudando a criar um discurso hegemônico acerca do lugar, que contribui cada vez mais para a atração de consumidores.
>
> *História, natureza e espaço*, v. 3, n. 1, 2014 (on-line). Disponível em: <www.e-publicacoes.uerj.br/index.php/niesbf/article/view/19545/0>. Acesso em: 13 fev. 2017.

a) O que é gentrificação? Quais são os objetivos de seus agentes e que efeitos ela traz para a população?

b) A palavra "gentrificação" deriva do inglês *gentry* (nobre). Que outra palavra derivada dessa mesma raiz o entrevistado usa para se referir a esse processo?

c) O entrevistado afirma que "esse processo [de gentrificação] não é novo". Com base no conteúdo do capítulo, aponte semelhanças e diferenças entre as reformas urbanas ocorridas no Rio de Janeiro durante a Primeira República e o atual processo de gentrificação discutido pelo autor.

d) Quais são os tipos de gentrificação mencionados pelo entrevistado? O projeto Porto Maravilha, apresentado na abertura deste capítulo, se enquadra em algum desses tipos? Justifique sua resposta.

e) A gentrificação contradiz a noção de administração republicana, que deveria zelar pela coisa pública?

CAPÍTULO 31
Brasil: por fora da ordem oligárquica

Imobilizados por faixas de interdição, estudantes protestam na avenida Paulista, na cidade de São Paulo, contra um projeto de reorganização escolar promovido pelo governo estadual. O projeto previa a transferência de muitos alunos para escolas distantes de seus endereços residenciais. Foto de 2015.

Ao longo dos anos 1920, os opositores da ordem oligárquica costumavam dizer que o governo brasileiro tratava a questão social como "caso de polícia". Passados quase cem anos, é possível afirmar que os movimentos sociais que reivindicam direitos no Brasil são tratados pelo Estado de acordo com os direitos dos cidadãos estabelecidos pela Constituição em vigor?

1 República para quem?

A ordem política implantada a partir da Proclamação da República no Brasil revelou o caráter elitista daqueles que tomaram o poder e passaram a exercê-lo.

O direito ao voto praticamente exclusivo aos homens alfabetizados, conforme definido na Constituição de 1891, era um exemplo desse elitismo. Outro era a política dos governadores, arranjo político criado a partir de 1898 pelo governo Campos Sales. Com ela, o poder das oligarquias nos estados foi reforçado, revigorando antigas relações de dependência e coerção entre proprietários de terras e trabalhadores, letrados e iletrados, elegíveis e eleitores.

A manutenção dos latifúndios como fonte de poder econômico e político, as práticas trabalhistas que se assemelhavam à escravidão e o elevado número de analfabetos na sociedade reforçaram as desigualdades entre as elites e a maioria da população. A situação era ainda mais acentuada nas regiões interioranas distantes dos grandes centros. A modernidade e o progresso propagados pelos republicanistas não chegaram à grande maioria dos brasileiros.

Neste capítulo vamos nos concentrar em algumas das manifestações de caráter popular que ocorreram tanto nas cidades como nos sertões do país. A população brasileira não continuou assistindo aos acontecimentos de maneira "bestializada", como teria ocorrido no dia da Proclamação da República, segundo a visão de Aristides Lobo.

2 Sertanejos: os casos de Canudos, Contestado e Juazeiro

Para além das grandes cidades litorâneas que se desenvolveram desde os tempos da colonização, o interior do Brasil era, no final do século XIX, um vasto território cuja população recebia pouca atenção por parte das elites. Predominava entre intelectuais e classes dirigentes a valorização da Europa e dos europeus, tidos como estágio superior da civilização. Inversamente, prevalecia o desprezo pelas tradições e pela formação étnica do nosso povo, derivadas da interação entre africanos, afrodescendentes, indígenas e europeus.

A diversidade cultural se manifestava de diferentes formas, adaptadas às condições naturais de cada região. Assim, eram variados os hábitos alimentares, as formas de moradia, as relações com a natureza, as práticas religiosas. O **sincretismo** cultural era intenso e revelava a identidade das populações dos vários sertões brasileiros.

Em três eventos específicos, parcelas dessa população interiorana enfrentaram as forças sociais que desrespeitavam seus direitos. Essas populações estavam unidas pela identidade socioeconômica, por uma religiosidade própria e pelo fato de estarem sujeitas à violência e ao preconceito. Esse cenário revela o distanciamento existente entre essas populações e a república implantada.

> **sincretismo**: mistura, fusão de diferentes vertentes culturais.

Onde e quando

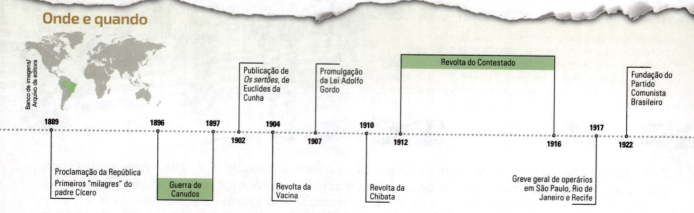

Mapa e linha do tempo ilustrativos. As regiões indicadas no mapa referem-se à configuração atual dos países a que pertencem hoje e o espaço entre as datas não é proporcional ao intervalo de tempo.

Antônio Conselheiro e a resistência de Canudos (1896-1897)

O interior do país vivia em condições muito diferentes daquelas das grandes cidades litorâneas e constituía um terreno fértil para o surgimento de líderes messiânicos. Eles não eram clérigos oficiais. Seus ensinamentos combinavam tradições católicas com crenças populares, caracterizando uma religiosidade peculiar, identificada por alguns estudiosos como **catolicismo rústico**.

Antônio Vicente Mendes Maciel, conhecido como **Antônio Conselheiro** (1830-1897), foi um desses pregadores. Atuou no sertão dos estados da Bahia, Sergipe, Pernambuco e Ceará. Ele pregava sermões, conduzia rezas e mobilizava comunidades para a construção de igrejas e reformas de cemitérios. A denominação de conselheiro nasceu dos conselhos que dava a seus seguidores, geralmente homens e mulheres pobres, trabalhadores de latifúndios, que viviam em regiões castigadas por longos períodos de seca.

Por volta de 1882, as andanças e pregações do beato foram proibidas pelo arcebispo da Bahia, que seguia orientações da Igreja para reprimir rituais e crenças que não fossem recomendados pela Santa Sé e controlar quem agisse em nome dela. Passados cinco anos sem que a atuação de Antônio Conselheiro enfraquecesse, o arcebispo recorreu ao presidente da província.

As tensões se agravaram em 1893, quando Antônio Conselheiro e seus seguidores se rebelaram contra a cobrança de impostos em Bom Conselho, município localizado no sertão baiano. Eles queimaram em praça pública os editais que regulavam os impostos e manifestaram-se contra a república. Tropas policiais baianas foram enviadas para conter a revolta e acabaram sendo derrotadas pelos sertanejos, o que intensificou a oposição de autoridades municipais, políticos e coronéis.

Além das tropas de repressão, a oposição a Conselheiro e seus seguidores também contava com os jornais. Desse modo, o ponto de vista de quem fazia a repressão ao movimento era sempre divulgado. Nas páginas do jornal baiano *Diário de Notícias*, um correspondente que cobria os acontecimentos publicou o seguinte:

> [...] não agradou-me, nem houve pessoas de senso que aprovasse o hábito dele [Antônio Conselheiro] nas suas práticas atacar a República e o próprio governo, se dizendo monarquista e a fazer elogios à família imperial, objeto que só deveria ser lembrado como uma recordação histórica.
>
> [...] Ora, bem se vê que dessa forma tornou-se um homem pernicioso, e em completa negação do que fora ensinado por Jesus Cristo, que sempre mandava que fossem respeitadas as leis humanas [...]
>
> Faça ideia, meu caro, quem poderá em sua fazenda ou casa suportar, por um dia que seja, esse exército de malandros, vagabundos e até criminosos.

Diário de Notícias, 7 jun. 1893. Apud: NOVAIS FILHO, Joaquim Antonio. *Antônio Conselheiro na mira da imprensa baiana (1876-1897)*. In: VIII Encontro Nacional de História da Mídia. Guarapuava – PR, 2011. p. 7. Disponível em: <http://goo.gl/V8lBtb>. Acesso em: 14 fev. 2017.

Ainda em 1893, Antônio Conselheiro e um grupo de seguidores se fixaram em uma fazenda abandonada, no sertão da Bahia, às margens do rio Vaza-Barris. Estava instalado o **arraial de Canudos**, como ficou conhecido o local para o qual afluiu enorme população sertaneja. Com aproximadamente 25 mil habitantes, Canudos foi uma das maiores comunidades do estado.

No arraial foram construídos escolas, armazéns, depósito de armas e igrejas. A terra era de todos e os moradores criavam animais e praticavam agricultura para a subsistência. As casas eram pequenas, de **pau a pique**. Eventualmente, trocavam produtos com comunidades vizinhas e, quinzenalmente, contra as ordens do arcebispo, o arraial recebia a visita do vigário da localidade mais próxima, para ministrar missas e batizados. A convivência entre os habitantes da comunidade era pautada por uma moral rígida. Severas punições eram aplicadas em caso de furto e violência sexual.

Para os conselheiristas, o arraial era a Terra Prometida, o lugar onde se salvariam dos problemas do mundo. Já para os proprietários rurais, aquela comunidade reduzia a oferta de mão de obra, pois muitos lavradores preferiam a vida em Canudos ao trabalho nas fazendas.

Gravura de Antônio Conselheiro reproduzida em *Breve notícia sobre o célebre fanático Antônio Conselheiro*, panfleto publicado em Pernambuco em 1897.

pau a pique: técnica de construção que usa trama feita com ripas de madeira ou bambu entrelaçadas e barro.

Brasil: por fora da ordem oligárquica 519

O alto clero da região, por sua vez, via-se incapaz de persuadir os moradores a abandonar a comunidade. Nem mesmo as forças políticas locais interferiam na vida de Canudos, fazendo do arraial um núcleo à parte de uma realidade marcada pelo coronelismo e pelo latifúndio.

A existência de Canudos desagradava a elite, mas faltava um pretexto para sua eliminação. Em 1896, conselheiristas compraram, em Juazeiro, madeira para a construção de uma igreja no arraial. Mesmo tendo sido paga antecipadamente, a mercadoria não foi entregue pelos comerciantes, que seguiam instruções das autoridades locais e do Estado. Os membros do arraial de Canudos se mobilizaram para retirar o material à força. Era o pretexto esperado. Sabendo da intenção dos conselheiristas, o prefeito de Juazeiro solicitou ao governador o envio de tropas para enfrentá-los. O clima se acirrou após um embate armado, do qual os sertanejos de Canudos saíram vitoriosos.

Ao longo de 1897, Antônio Conselheiro e seus seguidores enfrentaram mais três forças militares enviadas pelo governo local, com reforços de soldados de vários estados, comandantes e armamentos do Exército. Mesmo mal armados, a resistência dos sertanejos foi favorecida pelo conhecimento que tinham da região, o que facilitava seus deslocamentos, e de como lidar com o clima seco. No entanto, a fome e a sede ajudaram a enfraquecê-los diante das tropas oficiais.

O arraial foi derrotado em outubro de 1897, quando o quarto batalhão de soldados comandado pelo Exército cercou, bombardeou e incendiou a comunidade, matando quase toda a população.

Antônio Conselheiro foi degolado e sua cabeça enviada para a Faculdade de Medicina da Bahia, a pedido da própria instituição, que acreditava que seu comportamento pudesse ser explicado por algum aspecto de seu cérebro. Os poucos sobreviventes do massacre renderam-se em condições precárias, famintos, feridos e assustados.

Pelos testemunhos sobre Canudos, percebe-se que a existência do arraial e a ação de Antônio Conselheiro não eram estratégias para combater a república, por mais que não a apoiassem. Os sertanejos viviam na simplicidade que o meio, a cultura e as condições lhes permitiam, seguindo uma crença própria que se pautava fortemente nos ensinamentos católicos. A existência do arraial, porém, foi vista como ameaça por diferentes grupos sociais. As páginas dos jornais fizeram com que a comunidade parecesse um foco de resistência monarquista e sinal de atraso cultural, portanto obstáculo para o progresso do país.

O pouco que restou das construções do arraial foi encoberto pelas águas do açude Cocorobó, em 1969, no represamento do rio Vaza-Barris. Mesmo assim, as ruínas reaparecem nas épocas de longas secas, quando o nível de água do açude fica mais baixo.

O caso do cangaço

No sertão nordestino existiram, além de beatos como Antônio Conselheiro, bandos armados na passagem do século XIX para o século XX. Conhecidos como **cangaceiros**, esses bandos participavam de disputas coronelistas regionais e saqueavam cidades e fazendas. João Calangro, que atuava no sertão do Ceará na primeira década republicana, e Virgulino Ferreira da Silva (1898-1938), o Lampião, que atuou a partir dos anos 1920, são dois exemplos conhecidos de cangaceiros.

Flávio de Barros/Museu da República, Rio de Janeiro, RJ.

Rendição de conselheiristas às tropas do Exército. Repare nos soldados ao fundo e nas expressões assustadas das mulheres e crianças que compunham o grupo. Foto de Flávio de Barros.

Os testemunhos de Canudos

São poucas as fontes existentes para estudar os eventos em torno do arraial de Canudos e de seu líder, Antônio Conselheiro.

O próprio beato deixou alguns manuscritos, entre sermões e discursos, que foram localizados sob os escombros do arraial. Dentre os discursos destaca-se um em que o motivo do ódio à república é explicado. Para Conselheiro, essa forma de governo era um "grande mal para o Brasil", pois era "opressora da Igreja e dos fiéis". Estudiosos consideram que esse trecho pode se referir à separação entre o Estado e a Igreja. No discurso, ainda condena a república por ter introduzido o casamento civil, tratando de um assunto que, a seu ver, era exclusivo da Igreja.

Outra fonte importante são os textos publicados em jornais baianos e sergipanos sobre a atuação de Conselheiro, ainda nos anos 1870 e 1880, e a cobertura jornalística das campanhas militares feita pelos periódicos regionais e das capitais do sudeste. Vale destacar que a maioria dos jornais regionais era de pessoas ligadas a grupos políticos que disputavam o poder. Isso determinava o tom utilizado para descrever os acontecimentos, a fim de pressionar, elogiar ou criticar o governante diante dos fatos. Os textos dos jornais ajudaram a população das capitais a formar uma ideia do sertão e do seu povo e, assim, se posicionar diante do que ocorria em Canudos.

O texto a seguir foi publicado ainda na época do Império, em uma edição de novembro de 1874 do jornal sergipano *O rabudo*. Ele trata da crescente influência do beato no interior da Bahia.

[...] Pedimos providências a respeito: seja esse homem capturado e levado à presença do Governo Imperial, a fim de prevenir os males que ainda não foram postos em prática [...]. Dizem que ele não teme a nada, e que estará a frente de suas ovelhas. Que audácia! O povo fanático sustenta que nele não tocarão; já tendo se dado casos de pegarem em armas para defendê-lo. Para qualquer lugar que ele se encaminha segue-o o povo em tropel, e em número fabuloso: acha-se agora em Rainha dos Anjos, da Província da Bahia, erigindo um Templo. [...]

Apud: NOVAIS FILHO, Joaquim Antonio. *Antonio Conselheiro na mira da imprensa baiana (1876-1897)*. In: VIII Encontro Nacional de História da Mídia. Guarapuava – PR, 2011. p. 3. Disponível em: <http://goo.gl/V8lBtb>. Acesso em: 14 fev. 2017.

Existem também os registros fotográficos feitos por Flávio de Barros, autor das únicas imagens do arraial e de seus moradores. Barros produziu essas fotografias enquanto acompanhava um dos batalhões do Exército, entre setembro e outubro de 1897. Nelas, é possível observar a aridez da região, as condições de moradia em Canudos, os diversos batalhões mobilizados na última ofensiva contra o arraial e a fisionomia dos sertanejos capturados pelos soldados.

No entanto, o testemunho mais importante foi escrito pelo engenheiro e jornalista Euclides da Cunha (1866-1909). Ele acompanhou a última expedição do Exército e a destruição do povoado enquanto trabalhava como correspondente do jornal *O Estado de S. Paulo*. Depois que seus relatos sobre o conflito foram publicados nas páginas do periódico, Euclides dedicou-se a escrever *Os sertões*, lançado em 1902.

Detalhe de foto feita pelo fotógrafo Flávio de Barros em que se vê parcialmente o arraial. Observe as pequenas casas de pau a pique em que moravam os habitantes de Canudos.

Leia, no trecho a seguir, as considerações que ele fez sobre a postura que os republicanistas tinham em relação àquela comunidade. Repare, também, nos termos utilizados para qualificar Conselheiro e seus seguidores.

[...] Vivendo quatrocentos anos no litoral vastíssimo, em que **palejam** reflexos da vida civilizada, tivemos de improviso, como herança inesperada, a República. Ascendemos, **de chofre**, arrebatados na caudal dos ideais modernos, deixando na penumbra secular em que jazem, no âmago do país, um terço da nossa gente. Iludidos por uma civilização de empréstimos; respingando, em faina cega de copistas, tudo o que de melhor existe nos códigos orgânicos de outras nações, tornamos, revolucionariamente, fugindo ao **transigir** mais ligeiro com as exigências da nossa própria nacionalidade, mais fundo o contraste entre o nosso modo de viver e o daqueles rudes patrícios mais estrangeiros nesta terra do que os imigrantes da Europa. Porque não no-los separa um mar, separam-no-los três séculos...

E quando pela nossa imprevidência inegável deixamos que entre eles se formasse um núcleo de maníacos, não vimos o traço superior do acontecimento. Abreviamos o espírito ao conceito estreito de uma preocupação partidária. Tivemos um espanto comprometedor ante aquelas aberrações monstruosas; e, com arrojo digno de melhores causas, batemo-los a carga de baionetas, reeditando por nossa vez o passado, numa entrada inglória, reabrindo nas paragens infelizes as trilhas apagadas das bandeiras...

Vimos no agitador sertanejo, do qual a revolta era um aspecto da própria rebeldia contra a ordem natural, adversário sério, **estrênuo** paladino do extinto regime, capaz de **derruir** as instituições nascentes. [...]

CUNHA, Euclides da. *Os sertões*. 1902. Disponível em: <www.dominio publico.gov.br/download/texto/bn000153.pdf>. Acesso em: 14 jun. 2017.

palejam: tornam-se pálidos.
de chofre: de forma súbita.
transigir: chegar a um acordo.
estrênuo: valente.
derruir: destruir, desmoronar.

Revolta do Contestado (1912-1916)

No sul do país, os sertanejos que viviam na fronteira dos estados de Santa Catarina e do Paraná também enfrentaram tropas militares, resistindo por muitos meses à violência promovida pelas oligarquias e pelo governo federal.

Após a Proclamação da República, as áreas desocupadas do país passaram a ser jurisdição do governo central. Parcelas dessas terras foram transferidas para os coronéis alinhados aos governadores, o que reforçava as alianças oligárquicas.

O principal motivo do movimento conhecido como Revolta do Contestado foi a questão da posse e do uso de terras. Grupo de rebeldes, incluindo crianças, sendo preso durante o conflito. Foto de 1912-1916.

Naquela região, no entanto, parte das terras estava ocupada por posseiros, pequenos criadores de gado e lavradores que ali viviam livremente. Mas, com a transferência das terras para os coronéis, esses grupos passaram à condição de intrusos, sujeitos à perseguição de jagunços.

No final do século XIX, as primeiras propriedades foram demarcadas. Essas terras eram ocupadas por sertanejos e algumas aldeias indígenas, e nelas se praticava a atividade extrativista de mate e a criação de gado, cuja produção era exportada para outros estados. No entanto, como a região não tinha limites definidos, ela se tornou foco de uma intensa disputa entre coronéis e chefes das oligarquias. Sua jurisdição era contestada pelos **mandatários** dos estados de Santa Catarina e Paraná, daí a denominação da revolta: Contestado.

A tensão se agravou nos anos iniciais do século XX, quando o governo brasileiro concedeu à Brazil Railway Company, do empresário estadunidense Percival Farquhar, uma vasta área para a construção da linha ferroviária que ligaria São Paulo ao Rio Grande do Sul. No acordo, estipulou-se que a companhia se tornaria proprietária de 15 quilômetros de área ao lado de cada margem da ferrovia, sem considerar a população que ali habitava.

As obras duraram de 1906 a 1910 e chegaram a empregar entre 4 mil e 8 mil trabalhadores, muitos deles recrutados em outros estados. Ao final dos trabalhos, foram demitidos e abandonados pela empresa. Sem fonte de renda e sem moradia, os ex-trabalhadores engrossaram a população sem-terra da região.

Em 1911, uma subsidiária da mesma empresa adquiriu outra extensa área de Floresta de Araucárias, com o objetivo de exportar a madeira ali existente. Investindo em máquinas modernas e em novos ramais ferroviários para ligar a região ao porto, no litoral de Santa Catarina, a Southern Brazil Lumber and Colonization Company transformou-se na maior e mais produtiva serraria da América do Sul, arruinando a vida de pequenos serradores, posseiros e indígenas existentes na região.

No dia a dia da população rural, a formação de comunidades religiosas deu origem à liderança de monges, ou padres não beatificados pela Igreja, que rezavam pelos doentes, benziam o gado, casavam e batizavam as pessoas, sem serem membros da hierarquia da Igreja católica. Desde o final do século XIX ganhou fama o **monge João Maria**, tido como enviado por Deus e com poder de curar os doentes, que atuava pelo interior do sul do Brasil.

Quando desapareceu, em 1908, sem deixar vestígios, seus seguidores passaram a acreditar que ele retornaria a qualquer momento, de forma gloriosa e salvadora.

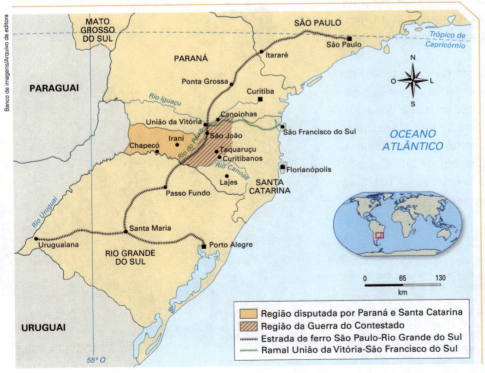

A Guerra do Contestado (1912-1916)

mandatários: governantes, autoridades civis, militares e toda a burocracia que acomoda a ordem governamental estatal.

Adaptado de: MACHADO, Paulo Pinheiro. Tragédia anunciada. *Revista de História*. Rio de Janeiro, 1º out. 2012. Disponível em: <http://goo.gl/LbFLcF>. Acesso em: 14 fev. 2017.
VALENTINI, Delmir José. *Atividades da Brazil Railway Company no sul do Brasil*: a instalação da Lumber e a Guerra na região do Contestado: 1906-1916. 2009. Tese (Doutorado em História) – Faculdade de Filosofia e Ciências Humanas – PUC-RS, p. 108. Disponível em: <https://goo.gl/qBDkOq>. Acesso em: 14 fev. 2017.

Essa crença, de cunho **sebastianista**, intensificou o caráter místico de João Maria.

Por volta de 1912, as dificuldades sociais e econômicas provocadas pelos empreendimentos estrangeiros se intensificaram na região. Nesse contexto, surgiu outro monge que se apresentava como sucessor de João Maria.

Ex-soldado, desertor do Exército, o novo líder utilizou seus conhecimentos para organizar seus seguidores e instituir um grupo especial para treinar militarmente os sertanejos. Esse grupo era encarregado de liderar as rezas e administrar os rituais de devoção a José Maria. Com o tempo, pessoas em busca de proteção, como antigos posseiros, agora expulsos de suas terras, ex-trabalhadores das ferrovias e até criminosos refugiados no sertão, se juntaram a eles.

José Maria e seus seguidores inicialmente se estabeleceram em Taquaruçu, município localizado na porção catarinense da área contestada. Os sertanejos assentaram-se sob a tutela do coronel Henrique de Almeida, inimigo do coronel Francisco Albuquerque, a quem a região estava subordinada oficialmente. Essa situação acirrou a disputa política local. Albuquerque acionou as forças militares do estado para dispersar o grupo, que se deslocou para um lugarejo próximo, situado no estado do Paraná.

No estado vizinho, uma força policial também foi mobilizada para dispersar os sertanejos. Ao longo dos quatro anos seguintes, ocorreu uma série de confrontos armados. Os seguidores de José Maria resistiram, mesmo após a morte de seu líder, no primeiro combate contra a polícia do Paraná.

A população sertaneja acreditava que o conflito era uma guerra santa. Essa crença fez com que o número de revoltosos se ampliasse ao longo dos anos. Novos líderes assumiram o posto de José Maria, mantendo mobilizado um grande contingente de pessoas.

Os confrontos armados duraram até 1916. Cerca de 6 mil sertanejos perderam a vida em diversas batalhas. Muitos deles foram degolados pelas forças militares.

sebastianista: relativo à crença no retorno de um líder capaz de salvar uma população de seus infortúnios, que ficou conhecida como sebastianismo. O termo surgiu no final do século XVI, quando dom Sebastião, rei de Portugal, desapareceu na batalha de Alcácer-Quibir.
comunhão: na missa católica, é o momento em que se celebra a ressurreição de Cristo. O fiel recebe das mãos de um padre uma hóstia, pequena rodela feita de farinha de trigo e água, que representa o corpo de Cristo.

Os devotos de Juazeiro e padre Cícero (1889-1934)

O vilarejo de Juazeiro, no interior do Ceará, região marcada por longos períodos de seca, foi palco de outro episódio que mostra como o fervor religioso da população pode influenciar diversos acontecimentos.

O **padre Cícero Romão Batista** (1844-1934) atuava no vilarejo desde 1872, gozando de grande apreço e popularidade junto à população local. Segundo os devotos de padre Cícero, um milagre teria ocorrido em 1889, ano da Proclamação da República e de intensa seca no sertão. Eles afirmavam que, em várias ocasiões, a hóstia teria se transformado em sangue no momento da **comunhão**, na boca da beata Maria de Araújo (1862-1914). O acontecimento foi negado pelas instituições eclesiásticas, que encararam o episódio como fruto de fanatismo e imaginação.

Aos poucos, o caso foi atraindo a atenção de fiéis da região, o que aumentou o fluxo de romeiros à paróquia do padre Cícero. Eles acreditavam que o contato com os vestígios desse suposto milagre pudesse aliviar problemas do espírito e do corpo.

As divergências sobre a veracidade dos acontecimentos levaram o bispo a suspender a atuação do padre. Porém, os milagres já estavam consolidados na devoção popular.

Coronel Floro Bartolomeu e padre Cícero. Foto sem data.

As crescentes romarias para Juazeiro deram um novo dinamismo social e econômico à localidade. Para os fiéis, a negação do milagre e a condição de miséria da região representavam forças negativas que o padre Cícero deveria enfrentar. Mesmo suspenso de suas atividades, o padre atendia a todos dentro dos preceitos e valores do catolicismo, sem ministrar os sacramentos para os quais não estava autorizado.

Padre Cícero interferia junto aos fazendeiros e comerciantes da região para conseguir ajuda para os sertanejos. Introduziu o cultivo da maniçoba, da qual se extraía látex para a fabricação de borracha, colaborando para diversificar a fraca economia local. Ao longo dos anos 1900, seu poder de influência o tornou uma força política importante, levando-o a se envolver e se posicionar nos embates entre coronéis do vale do Cariri, onde Juazeiro se localiza.

Com a ajuda da população e de forças políticas locais, padre Cícero atuou de forma intensa na independência de Juazeiro em relação a Crato, da qual era subdistrito. Após a separação, padre Cícero foi nomeado o primeiro prefeito da cidade, em 1911.

Em 1914, Cícero apoiou as forças políticas locais na instituição de uma Assembleia Estadual em Juazeiro, paralela à oficial. O novo órgão fazia intensa oposição ao governo de Franco Rabelo (1851-1940).

O ato de rebeldia de padre Cícero se completou com a eleição de um governo não oficial, chefiado por Floro Bartolomeu (1876-1926), líder político de Juazeiro. Rabelo respondeu enviando uma ofensiva à cidade, composta de tropas policiais e cangaceiros. A população juazeirense recebeu a bênção do padre Cícero para defender a cidade. Após um mês de tensões, as forças de Juazeiro seguiram para Fortaleza, exigindo a renúncia do governador. A saída de Rabelo do governo do Ceará fortaleceu a projeção política de Bartolomeu e do padre.

Padre Cícero faleceu em 1934. Mas, diferentemente do que ocorreu com os seguidores de Antônio Conselheiro ou de José Maria, no Contestado, o alinhamento político de padre Cícero com as forças coronelistas do estado permitiu a perpetuação de um catolicismo próprio, que se assemelhava ao **milenarismo**. Os fiéis acreditavam que a cidade de Juazeiro era a Terra Santa onde Cristo reviveria para salvar a humanidade. Os supostos milagres ocorridos seriam o sinal desse retorno. Tal devoção, no entanto, foi mantida sob controle, servindo de apoio às elites políticas e latifundiárias.

A literatura popular tem registrado frequentemente esses fatos da história religiosa do nordeste, como neste poema de Dias Gomes (1922-1999).

> Quem for para o Juazeiro
> Vá com dor no coração
> Visitar Nossa Senhora
> E o padre Cícero Romão.
> Que meu Padrim é um Santo
> Isso tá mais que provado
> Basta atentar nos milagres
> Que ele tem realizado.
> O primeiro foi ter feito
> Em certa manhã pacata
> Isso já faz tanto tempo
> Nem me lembro bem a data
> A hóstia virar sangue
> Na boca de uma beata

Apud: SANTANA, Manoel Henrique de Melo. *Padre Cícero do Juazeiro*: condenação e exclusão eclesial à reabilitação histórica. Alagoas: Ufal, 2009. p. 32.

milenarismo: doutrina religiosa que acreditava que Jesus Cristo retornaria à Terra no ano 1000 para dar início a um reinado que duraria mil anos.

Igreja católica: perdão a padre Cícero

A Igreja católica anunciou em dezembro de 2015 o perdão a padre Cícero, respondendo a uma solicitação feita em 2006 pelas autoridades eclesiásticas brasileiras. Muitos acreditam que tal decisão possibilita a canonização do padre e sua futura santificação, desejo de milhares de devotos que o veneram no Brasil.

Na cidade de Juazeiro, hoje Juazeiro do Norte, romarias, festividades e rituais em homenagem a padre Cícero atraem aproximadamente 2,5 milhões de pessoas por ano, movimentando atividades de serviços e de produção de adereços e lembranças e contribuindo para o incremento comercial.

3 Movimentos sociais urbanos

Nas primeiras décadas da República, perto de 70% da população brasileira vivia em áreas rurais. Nesse mesmo período houve um crescimento acentuado das cidades, decorrente de diversos fatores. Ainda na década de 1890, os impactos da abolição ajudaram a deslocar parte dos ex-escravizados para as regiões urbanizadas. Os longos períodos de seca no sertão nordestino também provocaram grandes deslocamentos para as cidades e para a região da Amazônia.

Outro fator relevante nesse processo foi o crescimento da atividade industrial. À medida que novas fábricas eram instaladas, aumentava o número de ofertas de trabalho, atraindo trabalhadores nacionais e imigrantes. Entre 1890 e 1920, mais de 3,5 milhões de imigrantes entraram no Brasil. Além de europeus, em 1908 chegou a primeira leva de japoneses.

Boa parte dos imigrantes chegava ao Brasil para trabalhar na lavoura. No entanto, muitos abandonavam as fazendas e se dirigiam às cidades, pelas condições precárias de trabalho e em razão de pagamentos incertos e irrisórios. Alguns nem chegavam à área cafeeira, preferindo se instalar nos centros urbanos, para trabalhar em oficinas e indústrias.

O crescimento urbano não se restringiu à capital federal, mas ocorreu também em outras cidades dos estados de São Paulo, Minas Gerais e, em menor quantidade, Paraná, Santa Catarina e Rio Grande do Sul.

A diversidade de pessoas, origens e culturas gerava uma mescla de costumes e tradições que era malvista pelos administradores públicos, que acreditavam que a mestiçagem era um fator negativo para o desenvolvimento da população. Por sua vez, a instabilidade da economia brasileira provocava constantes aumentos no preço dos alimentos e no custo da moradia e dos transportes, aprofundando a pobreza dos segmentos mais necessitados que viviam nas cidades.

A frequente ocorrência de delitos e brigas indicava a necessidade de policiamento mais ostensivo. Práticas de controle e disciplina baseadas em ideais raciais e higienistas foram instituídas, recaindo sobre a população de pobres, negros e estrangeiros. Nesse quadro, as elites oligárquicas decidiram pela modernização de suas principais cidades, sem considerar os interesses da maioria da população pobre. Foi o que aconteceu em Belo Horizonte, Rio de Janeiro e São Paulo, como vimos no capítulo anterior. No mesmo ano da inauguração de Belo Horizonte, a capital planejada de Minas Gerais, ocorreu também o massacre de Canudos, o que expõe as intenções e visões das oligarquias republicanas.

Nesse contexto, os direitos sociais e políticos não faziam parte das medidas implantadas pelos primeiros governantes da república. Não havia políticas voltadas para atender às demandas da população nem canais para que ela pudesse ser representada politicamente. Assim, ocorreram diversos movimentos populares na República Oligárquica que expressavam as tensões existentes na sociedade brasileira.

A seguir destacaremos dois eventos pontuais desse período e um movimento mais duradouro, de organização e mobilização de trabalhadores, que perdura até a atualidade: o dos operários das fábricas e oficinas.

A Revolta da Vacina (1904)

Em outubro de 1904, um grande número de pessoas ocupou as ruas da região central do Rio de Janeiro em repúdio à vacinação obrigatória. Essa medida foi instituída pelo poder público para combater a varíola e a febre amarela, doenças que, junto com a peste bubônica, a difteria e a tuberculose, assolavam a população da cidade e os estrangeiros que chegavam ao país pelo porto. Essas doenças tinham um impacto negativo para a economia e para a imagem da cidade no exterior.

A vacinação obrigatória era parte de um projeto do médico sanitarista **Oswaldo Cruz** (1872-1917), designado pelo presidente da República, Rodrigues Alves, para erradicar as doenças da capital federal. Além dele, também foram nomeados o engenheiro **Lauro Müller** (1863-1926), responsável pelas reformas no porto da cidade, e o urbanista **Pereira Passos** (1836-1913), encarregado da reurbanização da região central, que incluía a abertura da avenida Central.

Os três concordavam em remover os moradores da região próxima ao porto, onde a avenida Central seria aberta. Naquela área vivia uma população mais pobre, constituída de famílias de ex-escravizados, migrantes vindos de lavouras decadentes ou trabalhadores ligados às atividades portuárias. Moravam em casebres e antigos casarões degradados transformados em cortiços, vivendo em condições precárias. Para os reformadores, essa população e suas moradias eram empecilhos para a segurança, para a qualidade sanitária e para a ordem pública da cidade.

Os moradores da região afetada pela reforma não foram indenizados nem realocados em outros endereços. Eles se instalaram nas encostas dos morros ao redor do centro da cidade, ou em cortiços e hotéis baratos localizados fora da área desapropriada, vivendo em condições ainda mais insalubres. A reação da Administração da Saúde da cidade foi promover a vacinação de toda a população.

A ação contou com batalhões de agentes de saúde, acompanhados de força policial, que visitavam as novas moradias e os albergues. Se encontrassem riscos sanitários, os agentes estavam autorizados a exigir a desocupação e, eventualmente, solicitar a demolição do imóvel, sem nenhuma oferta de ajuda aos moradores.

Isso desencadeou um processo de resistência dos desalojados contra agentes e policiais. A população ocupou a área em reforma, usando o material das obras para se armar e se proteger, e resistiu ao ataque por dez dias. As forças oficiais contaram com o apoio de soldados do Exército e das forças policiais dos estados de Minas Gerais e São Paulo.

Durante a revolta, a imprensa noticiava algumas consequências do conflito: o fechamento de estabelecimentos, a interrupção do trânsito, a depredação de bondes, edifícios e lampiões. As forças oficiais foram autorizadas a prender quem não conseguisse comprovar residência ou emprego permanente, o que atingia grande parte da população pobre da cidade. Quase a metade dos 945 detidos tinha antecedentes criminais e, por isso, foram deportados para a Amazônia. Houve ainda 23 mortos e vários feridos.

Outros segmentos sociais de oposição ao presidente, como monarquistas e republicanistas jacobinistas, aproveitaram-se da revolta popular e participaram do movimento. A violenta reação da população foi vista pelas autoridades e elites como uma manifestação da ignorância popular, que não enxergava os benefícios da ciência e do progresso. Para eles, assemelhava-se à resistência de Canudos e, por isso, parecia um foco contra a república, devendo ser reprimida.

Em nome da moral e da segurança pública, a população negra e pobre já estava proibida, naqueles anos iniciais de 1900, de realizar nas ruas rituais religiosos e se manifestar com cantorias, batuques, danças e capoeira. O desalojamento e a vacinação obrigatória ampliaram ainda mais seu descontentamento. A luta empreendida pelos revoltosos não reivindicava maior participação nas decisões do governo. Contudo, era uma forma de se fazer ouvir diante do autoritarismo do Estado, uma expressão de resistência de uma população sofrida que percebia que não estava sendo integrada ao projeto modernizador.

Manifestação popular contra a vacinação obrigatória instituída por Oswaldo Cruz. Na foto, de 1904, bonde tombado na esquina da praça da República com a rua da Alfândega, no centro do Rio de Janeiro.

A Revolta da Chibata (1910)

Em 22 de novembro de 1910, um fato ocorrido no Brasil ganhou as primeiras páginas da imprensa do país e do exterior: aproximadamente 2 mil marinheiros tomaram o controle de três encouraçados e um **cruzador** da Marinha brasileira, em plena baía de Guanabara.

A rebelião, liderada por **João Cândido Felisberto** (1880-1969), apelidado de Almirante Negro, estava sendo planejada havia algum tempo. O movimento foi inspirado na luta de marujos britânicos, ocorrida em 1909, contra os maus-tratos a que também estavam submetidos, e na revolta a bordo do encouraçado russo Potemkin, ocorrida em 1905.

Os marinheiros brasileiros protestavam contra as péssimas condições de alojamento e de alimentação, mas, principalmente, contra a vigência de um antigo regimento disciplinar que autorizava que fossem castigados com a chibata. Essa punição podia ser empregada até mesmo em casos de infrações leves. A situação dos marinheiros brasileiros, em plena república, lembrava as condições de vida e de trabalho dos tempos da escravidão: a grande maioria deles era de homens negros e pobres e seus comandantes eram oficiais brancos.

No dia seguinte à tomada das embarcações, um pedido pelo fim dos castigos físicos e pela anistia aos marinheiros rebelados foi encaminhado ao presidente da República. Os revoltosos ameaçavam bombardear a capital federal caso o pedido não fosse atendido. O governo, o Congresso e a Marinha discordavam sobre o que fazer. Para muitos, como o episódio representava uma quebra da hierarquia da corporação, os marinheiros envolvidos deveriam ser punidos.

Diante da demora de uma decisão, os marinheiros bombardearam algumas instalações da Armada e o Palácio do Catete, o que apressou a aceitação das exigências pelo governo. Os navios foram entregues no dia 27 de novembro, pondo fim à rebelião.

Dois dias depois, no entanto, alguns marinheiros que participaram da revolta foram expulsos da corporação. Em resposta, os marinheiros se rebelaram novamente, dessa vez na ilha das Cobras. O comando da Marinha agiu rapidamente, bombardeando a fortaleza e matando boa parte dos amotinados. Quase todos os sobreviventes ao bombardeio foram aprisionados e torturados. Os que resistiram à tortura foram levados para o Acre. Muitos deles foram fuzilados no caminho.

João Cândido foi um dos poucos sobreviventes. Expulso da Marinha, passou a viver em condições de penúria até o fim da vida, em 1969.

> **cruzador**: navio de guerra, menor que o encouraçado e com boa mobilidade.

Marinheiros envolvidos na Revolta da Chibata são escoltados para a prisão. Foto de 1910.

Para saber mais

Em memória ao Almirante Negro

A luta de João Cândido e dos demais marinheiros ficou esquecida por muitos anos, apesar dos esforços ocorridos nas décadas de 1930 e de 1960 para resgatar esse episódio, quando um livro e alguns poucos artigos jornalísticos trataram do assunto.

Em meio à ditadura civil-militar iniciada em 1964, um filme sobre a Revolta da Chibata começou a ser produzido. Alguns depoimentos chegaram a ser filmados, mas foram logo abandonados após a intensificação da repressão. Nos anos 1970, Aldir Blanc e João Bosco lançaram a música "O mestre-sala dos mares", exaltando o caráter heroico da revolta e de seu líder, a quem o título homenageava. Em 1985, a canção se tornou enredo de uma escola de samba.

Atualmente, uma estátua de João Cândido, voltada para o mar, está instalada na Praça XV, na região central da cidade do Rio de Janeiro. Foi nessa praça que ele passou décadas vendendo peixe, depois de ser expulso da Marinha. A corporação chegou a anistiá-lo, por decreto, em 2008, porém, não aceitou sua reintegração, mesmo depois de morto.

Estátua em homenagem a João Cândido localizada na praça XV, no centro da cidade do Rio de Janeiro. Foto de 2016.

Movimento operário

Até 1907, aproximadamente, o Rio de Janeiro era a cidade que mais tinha indústrias no país, seguida por São Paulo. Ambas concentravam 46% do capital investido no setor, empregando 39% dos trabalhadores de indústrias. Ainda na mesma década esse cenário se inverteu, e São Paulo assumiu a liderança, passando a ter um número maior de fábricas em funcionamento, operários empregados e dinheiro investido.

Das indústrias instaladas, aproximadamente 10% empregavam mais de 500 pessoas e usavam máquinas movidas a energia elétrica. As demais, porém, eram menores, empregando de 4 a 50 pessoas cada uma, muitas delas funcionando com maquinaria ou ferramentas manuais ou movidas a carvão.

Ao longo da República Oligárquica, o número de mobilizações e greves de trabalhadores aumentou. Não existiam leis que os protegessem, e seu trabalho era intensamente explorado. Com essas manifestações, o operariado obteve algumas conquistas importantes: descanso semanal, direito a férias, regulamentação do trabalho infantil e feminino e assistência ao trabalhador em casos de acidentes. No entanto, essa fase continuou marcada pela baixa remuneração e pelas diferenças salariais entre homens, mulheres e crianças, pela existência de ambientes insalubres, pelo assédio contra as trabalhadoras e pela repressão policial em caso de mobilização trabalhista.

Nessa época, diversos tipos de sindicato foram criados. Os mais comuns eram aqueles que reuniam trabalhadores com uma mesma qualificação, como tipógrafos, sapateiros, padeiros e marceneiros. Eram trabalhadores especializados, com elevado poder de negociação, pois era difícil encontrar outras pessoas com seus conhecimentos. A partir de 1917, os sindicatos que reuniam trabalhadores das grandes fábricas, independentemente da especialização, passaram a ter bastante importância no cenário de lutas por direitos.

Brasil: por fora da ordem oligárquica 529

Além da repressão policial, geralmente acionada nos casos de comício e de greves que paralisavam fábricas ou até mesmo regiões de uma cidade, leis foram instituídas para enfraquecer a mobilização de trabalhadores. Dentre elas, a **Lei Adolfo Gordo**, de 1907, que regulamentava a expulsão de estrangeiros que comprometessem a segurança nacional e a tranquilidade pública. Uma mudança, aprovada em 1913, ampliava as possibilidades de expulsão de estrangeiros envolvidos com a militância operária. Como no setor industrial predominavam trabalhadores imigrantes de diversas nacionalidades, essa lei dificultou sua mobilização.

Os diversos sindicatos usavam panfletos e jornais como instrumento de conscientização e informação. Muitos desses impressos eram escritos em italiano ou espanhol para atingir um número maior de pessoas.

Entre as diversas correntes políticas que se disseminaram entre as entidades trabalhistas, duas se destacaram, porém em épocas diferentes: o anarcossindicalismo e o Bloco Operário e Camponês.

O **anarcossindicalismo** foi adotado por diversos sindicatos e foi a corrente dominante em três congressos operários ocorridos nos anos 1906, 1913 e 1920. Combinava elementos do pensamento anarquista com a questão da luta de classes, conforme a visão dos socialistas. Não acreditando que fosse possível transformar a realidade capitalista e a condição do operário por meio de leis e representações políticas, os anarcossindicalistas defendiam a ação direta dos trabalhadores contra aqueles que os exploravam e oprimiam. Na prática, isso significava a adoção de greves como principal instrumento de luta.

A greve geral ocorrida em junho e julho de 1917 foi uma das lutas mais emblemáticas promovidas pelos trabalhadores durante a República Oligárquica. Foi deflagrada pelos operários de uma das maiores fábricas têxteis de São Paulo, mas acabou atingindo outras categorias e municípios vizinhos. Em seu ápice, envolveu cerca de 43 mil trabalhadores.

A motivação para a greve foram as extensas jornadas de trabalho e os baixos salários. Durante esse período, a indústria brasileira produzia a pleno vapor para abastecer os mercados interno e externo, ainda na esteira dos efeitos da Primeira Guerra Mundial, que diminuiu a importação de artigos manufaturados, aumentando a produção das indústrias brasileiras e os lucros de seus proprietários.

Operários de fábrica na cidade de São Paulo. Foto de 1910.

Nesse contexto de alta produtividade, ligas operárias e sindicatos estavam se reorganizando após um breve período de enfraquecimento das mobilizações. Desde o início de 1917, nas cidades e nos bairros onde se concentrava o maior número de fábricas e trabalhadores, eram comuns comícios e pequenas paralisações contra contratação de menores de idade, jornadas noturnas e baixos salários numa época de elevado custo de vida.

A greve começou em junho daquele ano, no **Cotonifício** Crespi, localizado em um bairro industrial de São Paulo. Inicialmente, contou com 400 operários, mas logo se espalhou para outras indústrias têxteis da vizinhança. Trabalhadores de outros setores e outras categorias também aderiram ao movimento, e a greve passou a atingir aproximadamente 9 500 trabalhadores somente nos bairros fabris da zona leste da cidade. O movimento não se restringia à paralisação da produção, incluía **piquetes** e interceptação de cargas que saíam ou chegavam das fábricas. Essas estratégias colocaram as forças públicas da cidade contra os trabalhadores.

Em meados de julho, a morte do espanhol José Gimenez Martinez, sapateiro e militante anarquista, em confronto com a polícia, levou milhares de trabalhadores ao seu enterro. Dois dias depois, mais um operário e uma criança morreram em situação semelhante, aumentando a agitação e o número de greves.

Com as mortes, a cidade foi paralisada, tornando a situação crítica para os empresários e o poder público. Nessa circunstância, foi criado um **Comitê de Defesa do Proletariado**, reunindo sindicalistas de várias tendências. Unidos, eles conseguiram articular negociações com os empresários e as forças de segurança do estado de São Paulo. Em um documento assinado entre as partes, ficaram acordados o direito de reunião, aumentos salariais e a libertação dos operários e militantes presos em manifestações e confrontos.

O retorno à normalidade se deu aos poucos. Alguns empresários não aceitaram os termos do acordo e buscaram novas negociações com os trabalhadores de suas indústrias.

Nos meses seguintes, entusiasmados com a força demonstrada pelos operários naqueles dias de julho, vários sindicatos e ligas operárias foram fundados ou refundados, em São Paulo e em outras cidades do estado.

> **Cotonifício**: local em que se produzem tecidos de algodão; manufatura.
> **piquetes**: quando, nas greves, grupos de trabalhadores interditam a entrada do local de trabalho.

Trabalhadores no cortejo fúnebre de José Gimenez Martinez, no centro da cidade de São Paulo. Foto de 1917.

Também no ano de 1917, 50 mil trabalhadores participaram de uma greve na cidade do Rio de Janeiro. A manifestação foi fortemente reprimida pela polícia. Em setembro, os trabalhadores do Recife iniciaram um movimento de paralisação, exigindo jornada de oito horas, melhores condições de trabalho e abolição do trabalho infantil.

Em 1919, uma grande greve voltou a acontecer em São Paulo, e também no Rio de Janeiro, em Porto Alegre, Salvador e Recife.

Nos anos 1920, ao mesmo tempo que a ideologia comunista continuou em expansão junto aos trabalhadores, houve a intensificação da ação do Estado a fim de enfraquecer o movimento operário e inibir a ação de seus militantes.

O comunismo tomou força no cenário brasileiro com a criação do **Partido Comunista Brasileiro** (PCB), em 1922, no Rio de Janeiro. Para os comunistas, além das greves, a representação política dos trabalhadores era uma estratégia de luta. A adesão a este ideário foi lenta e bastante criticada. No entanto, em razão das dificuldades no avanço das conquistas trabalhistas após a grande greve de 1917 e a repressão que se seguiu contra os trabalhadores, os anarcossindicalistas passaram a perder as disputas pela direção de associações e sindicatos para as chapas comunistas. O PCB foi colocado na ilegalidade entre 1922 e 1927, mas lançou diversas candidaturas a postos do Legislativo e à presidência da República nas eleições de 1930 por meio de uma associação denominada **Bloco Operário e Camponês**.

Leituras

Mulheres anarquistas em São Paulo

Leia o texto a seguir, que trata do papel das mulheres operárias nas primeiras décadas do século XX no Brasil na luta por melhores condições de trabalho nas fábricas e por outros direitos.

A condição de opressão da mulher em geral foi tema da imprensa anarquista por jornalistas, escritoras e educadoras que se destacaram pela atuação em defesa da causa feminina. No início do século XX, Ernestina Lesina, anarquista, dedicada à defesa das mulheres operárias, foi uma das fundadoras do jornal operário *Anima Vita* em São Paulo. Considerada uma brilhante oradora junto aos trabalhadores, defendeu a emancipação das mulheres e da classe operária. Participou da formação da Associação de Costureiras de Sacos, em 1906, lutando pela redução da jornada de trabalho e pela organização sindical. Este fato de as mulheres trabalhadoras terem tido um papel decisivo nas greves de 1901 a 1917, denunciando os maus-tratos e exploração das costureiras e têxteis, foi digno de registro. Outra mulher de destaque na luta dos trabalhadores foi Maria Lopes; operária paulista, juntamente com outras anarquistas, como Teresa Carini e Teresa Fabri, assinou, em 1906, um *Manifesto às trabalhadoras de São Paulo*, publicado no jornal anarquista *A terra livre*, incentivando as costureiras a denunciarem as condições degradantes de vida, as longas jornadas de trabalho e os baixos salários.

MINARDI, Inês M. Trajetória de luta: mulheres imigrantes italianas anarquistas. Disponível em: <www.anpuhsp.org.br/sp/downloads/CD%20XIX/PDF/Autores%20e%20Artigos/Ines%20M.%20Minardi.pdf>. Acesso em: 14 fev. 2017.

Reprodução da capa de uma edição de 1906 do jornal anarquista *A terra livre*.

Atividades

Retome

1. Leia o fragmento a seguir e faça o que se pede.

> [...] Iludidos por uma civilização de empréstimos; [...] tornamos [...] mais fundo o contraste entre o nosso modo de viver e o daqueles rudes patrícios mais estrangeiros nesta terra do que os imigrantes da Europa. Porque não no-los separa um mar, separam-no-los três séculos [...].
>
> CUNHA, Euclides da. *Os sertões*. 1902. Disponível em: <www.dominiopublico.gov.br/download/texto/bn000153.pdf>. Acesso em: 14 jun. 2017.

a) A que o escritor Euclides da Cunha se refere quando fala em "civilização de empréstimos"?

b) Quem são os "rudes patrícios" citados por Euclides da Cunha? A que grupo histórico o autor os compara?

c) A quem se refere o sujeito oculto ("nós") da primeira frase do fragmento?

d) Os "três séculos" que separam Euclides da Cunha dos "rudes patrícios" se referem a um tempo cronológico? Justifique sua resposta.

2. Aponte duas semelhanças e duas diferenças entre as guerras do Contestado e de Canudos.

3. Aponte os fatores culturais, sociais, políticos e econômicos que propiciaram a elevação do padre Cícero à condição de líder político local.

Pratique

4. O fragmento abaixo é parte de um discurso proferido por Nympha de Vimnar durante a Jornada Internacional da Mulher Operária, em 4 de abril de 1926.

> [...] Em geral a mulher operária sob o regime capitalista é duplamente sacrificada.
>
> Ainda que trabalhe 8 horas na fábrica ou ateliê, ela em chegando à casa (geralmente desconfortável), apesar de fatigada, além das exigências do companheiro por vezes indelicado, encontrará novos afazeres não menos fatigantes que instintivamente será forçada a fazer.
>
> [...]
>
> A mulher na oficina, trabalhando tanto quanto o homem, sofre a injustiça capitalista de receber a metade do salário. O patrão aproveitando-se da inconsciência das operárias procura substituir os homens por elas, a fim de pagar menos, obtendo as mesmas vantagens como se fossem homens.
>
> E a operária, na inconsciência crassa, auxilia o seu algoz, traindo lamentavelmente os seus companheiros obreiros. Não há maior inimigo da operária que o capitalista.
>
> Fingindo desconhecer os seus esforços sobre-humanos, ele exige da mulher a prática de trabalhos fatigantes, obrigando a posições forçadas no período de gestação, concorrendo para o aniquilamento do novo rebento e acarretando graves consequências para a sua saúde e bem-estar físico. [...]
>
> Não pomos em dúvida o efeito ocasionado pela situação econômica pouco favorável. Mas o atraso industrial, a falta de instrução e disciplina, o menosprezo do homem para levar suas companheiras às reuniões, muito têm concorrido para o retardamento do conhecimento das vantagens adquiridas pelo regime comunista. [...]
>
> E em verdade seja permitido dizer, as nossas mulheres não sofrem somente a opressão capitalista, elas são vítimas das próprias mulheres, que, longe de coadjuvarem, ainda procuram tolher os seus ingentes esforços, esquecendo que, desse modo, vêm concorrer para o seu próprio mal, dificultando o auxílio espontâneo. [...]
>
> Quando a natureza dota a mulher proletária com traços de rara perfeição e formosura, o capitalista, zombando mais uma vez, vem com os seus milhões comprar aquela mulher como compraria um lindo cão ou outro animal de raça. Não raras vezes ela vai para o trono capitalista e lá se torna mais déspota que o seu comprador ou senhor.
>
> Infeliz dela, se não puder fugir à finalidade e quiser concorrer para auxiliar os seus ex-companheiros de luta. Em pouco tempo será repudiada e considerada a louca que só a ação do **desquite** poderia afastá-la do lar [...].
>
> Somente nós, operárias do Brasil, é que sob uma nostalgia doentia, dormimos o sono do esquecimento enquanto **denodadas** companheiras russas, inglesas, francesas, italianas, alemãs, norueguesas, trabalham para os P.C. tomando parte em suas reuniões, comentando as vantagens do comunismo e gozando os seus benefícios. [...] Que esses exemplos frisantes da elevação feminina sirvam de estímulo para despertar da letargia em que se encontram as nossas camaradas, eis o nosso mais ardente desejo. [...]
>
> *A Classe Operária*. São Paulo, 1º maio 1926.

desquite: separação judicial na qual bens e corpos são separados, mas o laço matrimonial permanece.
denodadas: valentes, corajosas.

a) Por que a autora afirma, no início do texto, que a mulher operária é duplamente sacrificada?

b) Segundo a autora, quais são os dois principais algozes dos quais a mulher operária é vítima? Por quê?

c) Na visão da autora, que fator faz com que a mulher operária se submeta a essas condições? Qual é a solução que ela vislumbra para resolver o problema?

d) O texto enumera uma série de dificuldades enfrentadas pela mulher operária. Quais delas você acha que ainda são sentidas pelas trabalhadoras nos dias de hoje? Quais foram superadas?

Analise uma fonte primária

5. O documento abaixo, atribuído ao monge João Maria, foi publicado no jornal *O Estado*, de Florianópolis, Santa Catarina, em 4 de novembro de 1915. Teria sido encontrado no reduto de Pedras Brancas, um dos lugares de refúgio dos sertanejos de Contestado. Leia-o e faça o que se pede.

> Precisa que a Irmandade saibam que esta guerra santa que é guiada pela minha vontade não é a Guerra de S. Sebastião. A qual ainda falta muitos anos para começar. Esta é a guerra que eu falava a 30 anos passados da liquidação dos limites dos Estados de Santa Catarina e Paraná. Como sabem todos aqueles que tiveram a felicidade de convelsar comigo que sempre disse que havia de vencer Sta. Catarina pelo motivo seguinte:
> 1) porque tem o nome de uma Santa muito milagrosa e protegida de S. Sebastião.
> 2) porque sendo menor em terras não se pode e nem se deve tirar de quem tem menos para dar ao mais rico que este é o ponto principal da religião de Deus.
> 3) porque foi no tempo da revorta para o sertão de Santa Catarina que eu mandei a irmandade com **ajutório** desta santa; era o único lugar onde a irmandade acharam sucego e agasalhos;
> 4) porque é onde se acha situado o divino e encantado serro que se chama Taió que eu pretendo repartir com todos os irmãos que até aqui tem trabalhado com fé e corage e com resignação;
> 5) porque é enfim o único lugar onde a irmandade poderá escapar quando começar a falada guerra de S. Sebastião e quem morar neste Estado ficará livre das pestes e mais castigos horríveis que Deus mandará contra os ereges. Espero tão bem a restauração da monarquia que já não veio devido às faltas e aos pecados dos irmãos e fica revogada para a volta de dom Luiz de Bragança que foi a Jerusalém ao santo sepulcro visitar sinais da ressurreição de Jesus Cristo.

a) Reescreva o texto adaptando-o à norma culta da língua portuguesa.

b) O texto atribuído ao monge João Maria fala de duas guerras, uma histórica e outra mítica. Identifique-as, indicando seus contextos.

c) Que relação o monge estabelece entre essas duas guerras?

d) É possível identificar no documento a tendência política do monge João Maria? Justifique sua resposta com elementos do texto.

e) Depois de ter sido encontrado, o texto atribuído a João Maria foi veiculado num jornal catarinense de grande circulação. Levante hipóteses para explicar os objetivos de sua publicação. Justifique sua resposta.

Articule passado e presente

6. Em 1909, estudantes da conceituada Faculdade de Direito do Largo de São Francisco, em São Paulo, organizaram o Congresso Brasileiro de Estudantes. Na ocasião, solicitaram à Secretaria da Justiça e Segurança Pública de São Paulo a presença de força policial para cuidar da segurança do evento. O secretário, contudo, negou o pedido, alegando que

> [...] uma reunião daquele caráter, pela educação e posição social das pessoas que nela tomam parte, e pela presença de estrangeiros de distinção que a ela vieram assistir, prescinde da presença da polícia.
>
> Parecer da Secretaria da Justiça e Segurança Pública, ordem 3169. Apud: SANTOS, Marco Antonio Cabral dos. *Paladinos da ordem*: polícia e sociedade em São Paulo na virada do século XIX ao XX. Tese de Doutorado, FFLCH-USP, São Paulo, 2004.

a) Que argumentos o secretário utiliza para negar o pedido dos estudantes?

b) Por dedução, que tipo de evento necessitaria da presença da polícia, na visão do secretário? Por quê?

c) Com base nas respostas anteriores e no conteúdo deste capítulo, responda: o policiamento urbano, na época em que o texto foi escrito, seguia princípios republicanos?

d) Observe novamente a imagem de abertura do capítulo. Você acredita que, se os estudantes fossem da rede privada, a reação policial seria diferente? Na sua opinião, o critério "posição social" influenciou a atuação policial naquele momento?

e) Em sua opinião, a atuação policial nos centros urbanos brasileiros segue, hoje, preceitos republicanos?

ajutório: ajuda.

CAPÍTULO 32º
A Crise de 1929 e o nazifascismo

Manifestantes protestam nas ruas de Londres, em 19 de março de 2016. No cartaz azul, lê-se: "Eu sou azul. Eu sou igual a você". No cartaz vermelho e amarelo, as palavras de ordem são: "Luta contra o racismo e a islamofobia". Trata-se de um dos vários eventos que aconteceram na Europa naquele ano, como resposta às manifestações populares a favor da expulsão dos refugiados estrangeiros e dos muçulmanos daquele continente.

A intolerância foi uma das marcas do nazismo implantado na Alemanha no período entreguerras. Naquele momento, seguidores do regime político totalitário liderado pelo Partido Nazista de Adolf Hitler discriminaram judeus, homossexuais, ciganos e pessoas com deficiência. Amplos setores da população alemã foram coniventes com o aprisionamento e o assassinato dessas minorias nos campos de concentração sob comando do governo alemão. A postura da intolerância ainda é latente no mundo contemporâneo. Intolerância racial, social e ideológica. O que colabora para que isso ainda ocorra? E como podemos combater tanta intolerância?

1. Política e crise econômica no sistema capitalista

Desde a Baixa Idade Média, com o desenvolvimento do comércio, mercadorias e capitais são negociados nas Bolsas de Valores. Nelas, os investidores buscam lucro, por meio da compra e venda de papéis (ações) que representam frações do capital de empresas. A aplicação de capitais e a venda ou compra rápida de ações, com o objetivo de lucro na oscilação dos preços, firmam vínculos profundos com crescimento econômico e crises por todo o mundo.

O sistema capitalista convive com crises econômicas cíclicas desde o século XIX. Em 2007-2008, o mundo assistiu a mais uma crise financeira com consequências globais, a pior desde a quebra da Bolsa de Nova York, em 1929.

Com as crises, a atuação do Estado ganha força. Um dos principais debates do século XX ocorreu em torno de qual deveria ser o papel do Estado na economia: ele deve intervir ou não? Qual é a relação entre as crises econômicas e a ascensão das propostas autoritárias?

Na contemporaneidade, fascismo e nazismo são termos muito utilizados para fazer referência a situações marcadas pela violência, pelo autoritarismo e pela intolerância. Este capítulo, que abrange o período entreguerras (1919-1939), aborda a **Grande Depressão**, que abalou a economia capitalista mundial, e a implantação de **regimes totalitários** em países europeus, como o **fascismo** na Itália e o **nazismo** na Alemanha.

2. A crise da Bolsa de Nova York e a Grande Depressão

Terminada a Primeira Guerra Mundial, os Estados Unidos se destacaram no capitalismo mundial: de maior devedor (3 bilhões de dólares), tornaram-se o maior credor (11 bilhões de dólares). Em 1918, mais de um terço da produção industrial mundial estava nos Estados Unidos; em 1929 esse percentual chegava a mais de 42%. O país também continuava a atrair imigrantes: entre os anos 1900 e 1910, entraram cerca de 9 milhões de europeus. A prosperidade econômica, entretanto, apresentava contradições que se tornavam cada vez maiores.

Após os dois mandatos do presidente democrata **Woodrow Wilson** (1856-1924), os seus sucessores, até 1932, foram do Partido Republicano. Fiéis defensores do liberalismo econômico e do isolacionismo, eles se recusavam a intervir em assuntos internacionais que não envolvessem o continente americano. Não ratificaram, por exemplo, o Tratado de Versalhes e não participaram da Liga das Nações, deixando aos europeus a tarefa de solucionar os conflitos ocorridos na Europa.

Coerentes com essa política isolacionista, os governos republicanos aprovaram diversas leis restritivas à migração a partir de 1921, reduzindo drasticamente a entrada de estrangeiros no país. Ao mesmo tempo, deixaram de adotar medidas que resolvessem as crescentes contradições do desenvolvimento econômico.

Seus líderes argumentavam que as dificuldades que surgiam na economia do país seriam resolvidas pelo próprio mercado, o qual teria uma tendência à racionalidade e à superação dos problemas econômicos, não cabendo ao Estado interferir na ordem econômica. Contudo, o desenvolvimento econômico não foi acompanhado por aumento nos salários e na renda dos trabalhadores.

Onde e quando

Mapa e linha do tempo ilustrativos. As regiões indicadas no mapa referem-se à configuração atual dos países a que pertencem hoje, e o espaço entre as datas não é proporcional ao intervalo de tempo.

A explosão da crise e o *New Deal*

A estagnação salarial, incompatível com o crescimento da produtividade, acentuou a desigualdade na distribuição da renda — apenas 5% da população detinham um terço da renda do país — e impossibilitava o aumento do consumo para a maioria dos estadunidenses. A dificuldade para expandir o consumo interno, enquanto a produção do país aumentava, resultou numa grande estocagem de mercadorias.

A intensa atividade econômica nos Estados Unidos também impulsionou, a partir de 1928, a especulação financeira por meio da compra e venda de ações de grandes empresas na Bolsa de Valores de Nova York. Em meados de 1929, o valor das ações quadruplicou e cada vez mais investidores foram atraídos pela possibilidade de enriquecer facilmente.

A prosperidade econômica, contudo, tinha um limite físico. Por um lado, o mercado interno não acompanhava a expansão industrial, por causa da desigualdade na distribuição da renda. Por outro, os países europeus se recuperavam da Primeira Guerra Mundial e buscavam importar menos produtos estadunidenses.

Assim, a superprodução agrícola e industrial gerava uma estocagem cada vez maior devido ao subconsumo, enquanto a especulação financeira crescia mais e mais — o preço das ações estava muito acima de seu valor real, baseado apenas na confiança de que esses papéis continuariam se valorizando e não nos lucros obtidos com as vendas da produção.

Entretanto, o presidente **Herbert Hoover** (1874-1964), que governou os Estados Unidos entre 1929 e 1933, mantinha sua posição liberal, recusando uma intervenção estatal para estancar ou reverter a situação.

A crise explodiu em 24 de outubro, quando muitas pessoas tentaram vender suas ações e não encontraram compradores, o que provocou uma redução drástica dos preços. Os investidores, atemorizados, tentavam livrar-se dos papéis, originando uma avalanche de ofertas de ações que derrubou ainda mais os preços. Esse dia ficou conhecido como **Quinta-feira Negra**.

Do dia para a noite, empresários prósperos tornaram-se donos de papéis sem nenhum valor. Nos meses seguintes, a desordem econômica espalhou-se e atingiu profundamente toda a sociedade estadunidense, da indústria à agricultura. A queda da renda real dos agricultores até 1932 foi superior a 50%; consequentemente, diversos bancos do sul e do meio-oeste dos Estados Unidos quebraram.

No conjunto, 85 mil empresas faliram, 4 mil bancos fecharam e cerca de 12 milhões de trabalhadores ficaram desempregados. Foi um período de pobreza e fome, não só nos Estados Unidos.

Índices da crise de 1929

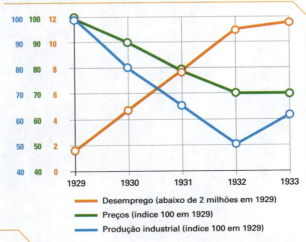

- Desemprego (abaixo de 2 milhões em 1929)
- Preços (índice 100 em 1929)
- Produção industrial (índice 100 em 1929)

Adaptado de: CAMERA, Augusto; FABIETTI, Renato. *Elementi di storia 3*. Bologna: Zanichelli, 1999. p. 1374.

Evolução da Bolsa de Nova York

Adaptado de: CAMERA, Augusto; FABIETTI, Renato. *Elementi di storia 3*. Bologna: Zanichelli, 1999. p. 1374.

A crise de 1929 abalou o mundo inteiro, exceto a União Soviética, fechada em si mesma e orientada segundo os planos quinquenais. A difusão da crise contou com dois fatores básicos: a redução das importações pelos Estados Unidos, que afetou duramente os países que dependiam de seu mercado consumidor (o café brasileiro é um exemplo), e o repatriamento de capitais estadunidenses investidos em outros países.

Em meio à crise econômica, o Partido Democrata derrotou os republicanos nas eleições presidenciais em 1932. Eleito presidente, uma das primeiras providências de **Franklin Delano Roosevelt** (1882-1945) foi limitar o liberalismo econômico, intervindo na economia por meio do *New Deal* ("novo acordo"), plano elaborado por um grupo de renomados economistas e baseado nas teorias do economista inglês John Maynard Keynes (1884-1946).

Com o *New Deal*, o liberalismo de Adam Smith cedeu lugar ao **keynesianismo**, que defendia a intervenção do Estado para controlar o desenvolvimento da economia, de modo a combater crises e garantir empregos e direitos sociais. Roosevelt determinou grandes emissões monetárias, inflacionando deliberadamente o sistema financeiro; fez grandes investimentos estatais, como hidrelétricas; estimulou uma política de empregos por meio de obras públicas, entre outras medidas, o que promoveu o consumo e possibilitou a progressiva recuperação da economia.

O Produto Interno Bruto (PIB) dos Estados Unidos, que caíra de US$ 103,7 bilhões para US$ 56,4 bilhões em 1932, recuperou-se lentamente, chegando a US$ 101,3 bilhões em 1939.

Em vigor desde 1919, a Lei Seca, que proibia a produção e a comercialização de bebidas alcoólicas nos Estados Unidos, foi revogada em 1933, sob o governo Roosevelt. Com a crise da Bolsa e a Grande Depressão, os partidários da revogação da lei alegavam que a liberalização dessa atividade econômica geraria novos empregos no país. Na foto, de quando a lei ainda estava em vigor, barril de cerveja confiscado é derramado em uma boca de lobo.

Desempregados em fila para receber refeições gratuitas em Nova York. Os efeitos da crise de 1929 podiam ser vistos em cenas como essa nas ruas das principais cidades dos Estados Unidos. Foto de 1930.

O revezamento das políticas econômicas

A política keynesiana da busca do pleno emprego para estimular as economias em recessão foi posteriormente adotada em outros países industrializados e serviu de base para as políticas de bem-estar social desenvolvidas pelos países capitalistas, o *Welfare State* (Estado de Bem-Estar Social), expressão que entrou em uso a partir dos anos 1940. O keynesianismo predominou no cenário econômico internacional até o final dos anos 1970, quando a liberdade de mercado voltou a ganhar prestígio, defendida por teóricos como Friedrich von Hayek (1899-1992) e por membros da escola monetarista de Chicago, como Milton Friedman (1912-2006) e Robert Lucas.

A política econômica liberal foi adotada pela primeira-ministra britânica Margaret Thatcher (1925-2013) e pelo presidente estadunidense Ronald Reagan (1911-2004), entre outros políticos conhecidos como **neoliberais**.

A partir de 2008, em virtude da crise econômica internacional originada em parte das políticas neoliberais de não controle da economia pelo Estado, reacendeu-se o debate entre defensores do neoliberalismo e do keynesianismo. Desta vez, ao contrário do que ocorrera nos meses seguintes à crise de 1929, governos de muitos países optaram por intervir na economia para tentar diminuir os efeitos dessa crise.

3 O ideário nazifascista

O nazifascismo caracterizou-se por ser um movimento essencialmente nacionalista, antidemocrático, antioperário, antiliberal e anticomunista. Sua ascensão na Europa ocorreu no período entreguerras, no contexto da crise dos países europeus desencadeada pelos efeitos da Primeira Guerra e pela quebra da Bolsa de Nova York, em 1929.

Na Alemanha, o movimento foi representado por **Adolf Hitler** (1889-1945), cujo livro *Mein Kampf* (*Minha luta*), publicado em 1925, serviu como base teórica de seu governo. A Itália foi outro polo do movimento, liderado por **Benito Mussolini** (1883-1945), que ascendeu ao governo em 1922.

Em outros países, regimes políticos semelhantes ao nazifascismo também foram adotados, como o **franquismo** na Espanha e o **salazarismo** em Portugal.

Esses novos governos representaram uma reação nacionalista às frustrações resultantes da Primeira Guerra Mundial e um modo de fortalecer o Estado, além de atender às aspirações de estabilidade diante de ameaças revolucionárias da esquerda e, sobretudo, diante da instauração do socialismo na União Soviética.

A doutrina nazifascista caracterizava-se basicamente pelos seguintes pontos:

- **totalitarismo**, em que o Partido Fascista ou Nazista confundia-se com o Estado, formando a síntese das aspirações nacionais;
- **nacionalismo**, que defendia a subordinação do indivíduo aos interesses da nação;
- **idealismo**, que acreditava no poder transformador de ideias e convicções;
- **romantismo**, que negava a razão como solucionadora dos problemas nacionais, defendendo que somente a fé, o autossacrifício, o heroísmo e a força seriam capazes de superar as dificuldades;
- **autoritarismo**, que pregava como indiscutível a autoridade do líder – o *Duce* (na Itália) ou o *Führer* (na Alemanha);
- **militarismo**, que possibilitaria a salvação nacional por meio da luta e da guerra;
- **anticomunismo**.

No caso alemão, havia ainda o **antissemitismo**, isto é, a perseguição racista aos judeus, justificada por afirmações de que a derrota alemã na Primeira Guerra Mundial teria sido causada por uma traição de judeus marxistas e de que os judeus eram uma ameaça à formação da "grande raça ariana alemã". A máxima nazista era: *Ein Volk, ein Reich, ein Führer* (Um povo, um império, um líder).

Na Itália, o fascismo baseava-se no **corporativismo**: o povo, produtor de riquezas, organizava-se em corporações sindicais que governavam o país por meio do Partido Fascista, que se confundia com o próprio Estado. Ao contrário da visão marxista dos comunistas, negava-se a oposição entre classes na estrutura social, e o Estado corporativo deveria harmonizar os interesses conflitantes do capital e do trabalho por meio dos próprios quadros das corporações.

Hitler e Mussolini contaram com o capital financeiro e o apoio da alta burguesia na edificação do Estado totalitário. No caso nazista, foi representado pela tradicional família Krupp, dona de indústrias no ramo de aço, munições e armamentos; e, na Itália, pela Confederação Geral da Indústria, pela Associação dos Bancos e pela Confederação da Agricultura.

Pôster do filme *O eterno judeu*, de 1937, que pregava o antissemitismo.

O fascismo italiano

A Primeira Guerra Mundial deixou para a Itália enormes perdas financeiras e humanas e nenhum ganho territorial. Além do caos econômico – causado pela inflação, pelo alto índice de desemprego e pela paralisação de diversos setores produtivos –, o governo italiano via-se também impotente em meio à agitação política e social revolucionária das esquerdas, com sucessivas greves e ocupações de fábricas e terras.

O governo parlamentar, composto pelo Partido Socialista e pelo Partido Popular, não chegava a um acordo quanto às grandes questões políticas, gerando impasses e impopularidade. Diante desse quadro de instabilidade, as elites do país passaram a apoiar a atuação das *squadre d'azione* (expressão italiana que significa "comandos de ação"), milícias armadas formadas pelos **camisas-negras**, membros do Partido Fascista criado por Benito Mussolini em 1919. Dois anos depois, os fascistas elegeram o maior número de representantes no Parlamento.

Em 1922, apoiado na crise parlamentar e na ideia da "mediocridade democrática", Mussolini organizou a **Marcha sobre Roma**: 50 mil camisas-negras, vindos de todas as regiões da Itália, dirigiram-se para a capital, exigindo o poder. O rei Vítor Emanuel III cedeu à pressão, e o líder fascista assumiu o cargo de primeiro-ministro.

Em 1924, por meio de eleições fraudulentas, os fascistas ganharam maioria parlamentar. A oposição, liderada pelo deputado socialista Giacomo Matteotti (1885-1924), denunciou as irregularidades eleitorais, mas foi calada pela repressão generalizada, que culminou no sequestro e assassinato do deputado.

No ano seguinte às eleições, Mussolini passou a ser chamado de **Duce** (guia), com o respaldo da Confederação Geral da Indústria, da polícia política fascista (Ovra) e de tribunais especiais, que julgavam e condenavam os dissidentes do regime. Concretizou-se, assim, um Estado totalitário.

Mussolini saúda milhares de manifestantes na Praça da Vitória, em Gênova, Itália. Foto de 1938.

[...] para o fascista, tudo está no Estado, nada de humano ou espiritual existe fora do Estado. Nesse sentido, o fascismo é totalitário, e o Estado fascista, síntese e unidade de todo o valor, interpreta, desenvolve e dá potência à vida integral de um povo. [...]

MUSSOLINI, Benito. A doutrina do fascismo, 1930. In: VVAA. *Temas de História* 12. Porto: Porto Editora, [s.d.]. p. 244.

Na prática, os focos de oposição eram eliminados, a imprensa e a licença de advogados antifascistas eram suprimidas.

Em 1929, Mussolini ganhou também o apoio do clero ao assinar o **Tratado de Latrão**, que solucionava a antiga Questão Romana. Pelo tratado, o papa Pio XI (1857-1939) reconhecia o Estado italiano, e Mussolini, a soberania do Vaticano. O catolicismo tornou-se a religião oficial da Itália.

Centrado numa intensa propaganda de massa e na proibição de greves, o governo fascista obteve sucessos na agricultura e na indústria até que a depressão mundial de 1929 mergulhou o país novamente em uma crise.

Para superá-la, Mussolini intensificou a produção de armamentos e buscou novas conquistas territoriais, apoiado na ideia de restaurar o Império Romano. Na África, invadiu a Abissínia (atual Etiópia) e associou-se aos governos da Alemanha e do Japão em diversas agressões internacionais.

> **Questão Romana**: conflito entre a Igreja católica e o Estado italiano. Surgiu com a conquista de Roma na Unificação Italiana, em 1871. O papa Pio IX não reconheceu a perda dos territórios e considerou-se "prisioneiro" no Vaticano.

O nazismo alemão

Assim como o fascismo italiano, o nazismo alemão emergiu da derrota na Primeira Guerra Mundial e das condições impostas à Alemanha pelo Tratado de Versalhes. Com o final da guerra, o regime monárquico da Alemanha foi substituído pela **República de Weimar** (1918-1933), que herdou uma grave crise socioeconômica.

Em 1923, os governantes da República de Weimar decidiram cancelar os pagamentos impostos pelo Tratado de Versalhes. Em represália, os franceses invadiram o Vale do Ruhr, importante região mineradora e siderúrgica da Alemanha. Apoiados pelo presidente socialista Friedrich Ebert (1871-1925), mineradores e operários dessa região entraram em greve, negando-se a trabalhar para os franceses. Para sustentar o movimento, o Parlamento alemão autorizou a emissão de papel-moeda. O resultado foi uma espiral inflacionária, que chegou a atingir o índice de 32 400% ao mês.

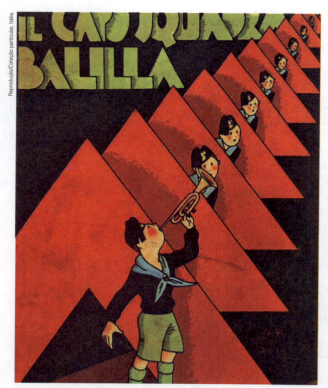

Alguns exemplos da propaganda fascista na imprensa. Na primeira imagem, página de um livro escolar italiano de 1931, mostrando uma criança fazendo a saudação fascista. O texto diz: "Benito Mussolini ama muito as crianças. As crianças da Itália amam muito o *Duce*. Viva o *Duce*!". Na segunda imagem, capa de livro italiano de 1932, cujo título é *O grupo-líder Balilla*. Balilla era uma organização fascista de crianças entre 8 e 14 anos.

Em 1929, após a quebra da Bolsa de Valores de Nova York, a situação econômica e social da Alemanha se agravou, aumentando o número de desempregados e os índices de inflação. (No final de 1923, um pãozinho de 50 gramas, que em 1918 custava 63 marcos, valia 21 bilhões de marcos.) Na foto, de 1931, unidade móvel do exército atende aos pobres fornecendo refeição gratuitamente nas proximidades de Berlim.

Alguns anos antes, em 1919, em Munique, um pequeno grupo de ultranacionalistas, entre os quais estava Adolf Hitler, fundara um partido totalitário – nos moldes do fascismo italiano – que adotou o nome de **Partido Nacional-Socialista dos Trabalhadores Alemães** (Nationalsozialistische Deutsche Arbeiterpartei), popularmente chamado de **nazi**. Com forte apelo ao sentimento nacional diante das dificuldades do pós-guerra, o novo grupo ganhou cada vez mais adeptos. Para intimidar os opositores, os nazistas atuavam com uma polícia paramilitar, as **Seções de Assalto (SA) – os camisas-pardas**.

Diante do agravamento da situação socioeconômica e da ineficiência do governo, Hitler e seus seguidores tentaram assumir o poder em novembro de 1923. Numa cervejaria de Munique, proclamaram o fim da República de Weimar. Embora todos tivessem sido presos, ganharam ampla publicidade pelo país.

O *Putsch* de Munique ("golpe", em alemão), como o evento ficou conhecido, pareceu, por seu fracasso, o fim do nascente Partido Nazista. Foi, no entanto, apenas um recuo momentâneo na escalada nazista, que contaria mais tarde com circunstâncias propícias a seu reerguimento definitivo.

Na prisão, Hitler escreveu *Mein Kampf*, obra em que desenvolveu os fundamentos do nazismo:

- a ideia pseudocientífica da existência de uma raça "pura", a **raça ariana** – que seria descendente de um grupo indo-europeu mais "puro";
- o nacionalismo exacerbado;
- o totalitarismo;
- o anticomunismo;
- o antissemitismo;
- o conceito de **espaço vital** (*Lebensraum*), domínio de territórios indispensáveis ao desenvolvimento do povo alemão, inclusive com a conquista da Europa oriental.

O nazismo ganhou impulso com a Grande Depressão, iniciada com a quebra da Bolsa de Valores de Nova York, em 1929. Em 1932, muitos dos 6 milhões de desempregados alemães engrossavam as fileiras do Partido Nazista, ao lado de ex-soldados, jovens estudantes e agricultores, descontentes com o governo democrático de Weimar. Outros, porém, alinhavam-se aos grupos políticos de esquerda, fato que amedrontou a elite e a classe média alemãs, que viram na proposta nazista a salvação nacional.

As tropas das SA passaram a agir livremente, e a popularidade nazista se impôs. Em 1932, nas eleições para o Parlamento, os nazistas conquistaram 230 cadeiras (em 1930, eram aproximadamente 30) e, em 1933, com a crise do sistema parlamentarista, o presidente **Hindenburg** (1847-1934) ofereceu a Hitler o cargo de chanceler.

O líder nazista, então, se lançou contra a oposição. Em uma farsa, provocou um incêndio no Parlamento e atribuiu-o a um suposto golpe dos comunistas. Assim, justificou a instalação da ditadura totalitária, e os líderes das esquerdas foram presos em áreas de confinamento vigiadas, os **campos de concentração**.

Nesses lugares e nos **campos de extermínio**, muitos opositores do regime nazista e milhões de judeus foram assassinados, no genocídio conhecido como **Holocausto**.

Para sustentar o poder hitlerista, foram criadas a **Gestapo** – polícia secreta do Estado – e as **Seções de Segurança (SS)**, polícia política do partido, bem-treinada, disciplinada e fiel ao líder.

No dia 21 de março de 1933, Hitler proclamou o **Terceiro *Reich*** ("império"), sucessor do Sacro Império Romano-Germânico (962-1806) e do Império dos *Kaiser* Hohenzollern (1871-1919). Com a morte de Hindenburg, em 1934, Hitler acumulou a função de presidente e a de chanceler, adotando o título de ***Führer*** (líder).

Hitler extinguiu os partidos políticos, os jornais de oposição, os sindicatos e suspendeu o direito de greve. Em junho de 1934, no episódio conhecido como **Noite dos Longos Punhais**, eliminou vários líderes das SA que divergiam de sua autoridade absoluta. Cerca de 70 líderes e 5 mil outros nazistas foram mortos por soldados do exército, pelas SS e pela Gestapo.

A propaganda nazista ficou a cargo de **Joseph Goebbels** (1897-1945), que conquistou o apoio da maioria da nação. Toda a sociedade alemã foi envolvida no programa nazista do Terceiro *Reich*: das crianças aos adultos; nas escolas e nas instituições, todos eram induzidos a filiar-se à Juventude Hitlerista ou ao Partido Nazista.

A nazificação da Alemanha completou-se com o armamentismo e o total militarismo, que reativaram o desenvolvimento econômico baseado na indústria bélica. A militarização do país visava à expansão territorial e à conquista do "espaço vital", o que viria a constituir o estopim de um novo conflito mundial.

Adolf Hitler saúda multidão de trabalhadores de uma fábrica alemã. Foto de 1933.

Leituras

A população alemã diante do Holocausto

A campanha racista dos nazistas propunha a purificação racial por meio do extermínio dos judeus. Para cumprir o plano de genocídio denominado "solução final", os campos de concentração foram multiplicados. No texto a seguir, o historiador brasileiro Jorge Ferreira discute o envolvimento da população alemã no Holocausto.

[...] tanto na Alemanha quanto nos países invadidos sabia-se que os judeus eram enviados em vagões ferroviários para algum lugar. Mas sabiam para onde e para o quê? É verdade que não houve ordem explícita de Hitler ou de Goebbels para o extermínio – argumento muito utilizado pelos "revisionistas". Mas não foi preciso. O nazismo tomou uma infinidade de medidas que, isoladas e justapostas, permitiu que os alemães ignorassem, ou desejassem ignorar, o que estava acontecendo [...]. A compartimentação das atividades que envolviam o extermínio, desde o ponto de partida ao de chegada, assegurava que um profissional não soubesse a exata função do outro. Mas como os ferroviários poderiam desconhecer o destino dos passageiros amontoados nos vagões, os trabalhadores químicos não perceber para que fabricavam o gás *cyklon*, os juristas, os funcionários, os policiais, entre tantas outras categorias, ignorar a finalidade de suas funções? Sabemos que o nazismo tornou as câmaras de gás um segredo de Estado, mas a estratégia não impediu que milhares de pessoas conhecessem, ou ao menos suspeitassem, de sua existência. Se o número dos "executores diretos" do extermínio é calculado entre 300 mil e 400 mil pessoas, os "indiretos", sem dúvida, são multiplicados em muitas vezes. Portanto, pelo menos na Alemanha, é difícil garantir que "poucos sabiam". [...]

FERREIRA, Jorge. Problematizando a Segunda Guerra Mundial. *Tempo*, v. 1, n. 1, 1996, p. 193. Disponível em: <www.historia.uff.br/tempo/resenhas/res1-2.pdf>. Acesso em: 14 mar. 2017.

cyklon ou zyklon: produto à base de ácido cianídrico, cloro e nitrogênio usado inicialmente como pesticida e depois como o gás que provocou as mortes nos campos de concentração alemães, durante a Segunda Guerra Mundial.

Húngaros de ascendência judaica chegam a Auschwitz-Birkenau, um complexo de campos de concentração e extermínio localizado na Polônia. Repare na estrela de Davi, identificação obrigatória que os judeus deveriam portar. Foto de 1944.

Dialogando com a Educação Física

A Educação Física e as práticas esportivas

A Educação Física, como prática social organizada, remonta às primeiras sociedades humanas que, por diversas razões, desenvolveram exercícios físicos de forma consciente. Na China antiga, por exemplo, a Educação Física voltava-se à preparação militar dos indivíduos mas também era praticada com fins terapêuticos e para a formação moral e religiosa.

Nos Estados nacionais modernos, a prática de exercícios físicos foi sistematicamente aperfeiçoada. Ligada à saúde e ao bem-estar individual e social e integrada à educação desde a infância, essa atividade passou a cumprir papéis variados: instrumento para fortalecer a força física, treinamento para atividades esportivas e preparação para a ação militar.

Em fins do século XIX, os Jogos Olímpicos, originários da Grécia antiga, foram atualizados, com o objetivo de promover a integração entre as nações, por meio de uma competição esportiva que incluía nove modalidades diferentes. Na época, as práticas esportivas associadas à educação escolar e ao fortalecimento espiritual e moral já eram amplamente difundidas em todo o mundo, devido ao surgimento de organizações da sociedade civil e à iniciativa dos próprios governos e Estados.

Corpos treinados para a guerra

A ascensão dos regimes fascistas na Europa, a partir da década de 1920, promoveu o incentivo às práticas esportivas, especialmente para crianças e jovens. A introdução de uma Educação Física militarizada nas escolas deveria colaborar para a formação do espírito guerreiro e nacionalista que unificaria a nação em torno do grande líder, tanto na Itália fascista quanto na Alemanha nazista.

Além disso, as organizações de juventude nazifascista tinham por finalidade educar moral e fisicamente os seus integrantes, por meio de inúmeras atividades coletivas, como acampamentos, competições esportivas e paradas militares. A higiene e a saúde, assim como a força, a coragem e a disciplina eram cultuadas como qualidades dos verdadeiros seguidores do regime.

As atividades físicas tinham clara orientação militar e serviam para fortalecer a musculatura dos braços e das pernas, por meio da prática de exercícios de agachamento, polichinelos, flexões e abdominais. Eram praticadas em agrupamentos ordenados, em que meninos e meninas, uniformizados e organizados em filas, realizavam as atividades no mesmo ritmo.

A partir dos seis anos de idade, os meninos da Itália fascista e da Alemanha nazista eram submetidos ao treinamento militar. Carregavam nos ombros réplicas de armas de fogo em madeira, para marchar, correr, mirar ou se posicionar no chão com postura de tiro.

A pesquisadora Cristina Souza da Rosa, ao analisar o regime fascista na Itália de Mussolini, destaca:

> [...] As atividades físicas proporcionavam um controle sobre o próprio corpo estimulando o domínio dos centros nervosos e melhorando o uso da energia. O controle e o conhecimento do corpo eram fundamentais para a formação de um soldado, que, com isto, teria ciência dos seus limites e da sua capacidade física e mental. [...]
>
> ROSA, Cristina Souza da. Pequenos soldados do fascismo: a educação militar durante o governo de Mussolini. *Antíteses*, v. 2, n. 4, jul.-dez. 2009, p. 629. Disponível em: <www.uel.br/revistas/uel/index.php/antiteses/article/view/2704>. Acesso em: 15 mar. 2017.

Registro de desfile da Juventude Hitlerista em evento do Partido Nazista alemão em 1933. Jovens carregam bandeiras com a suástica estampada enquanto os demais participantes fazem a saudação nazista.

Força física, forma moral

Na Alemanha, os currículos escolares foram reestruturados assim que Hitler chegou ao poder. A Educação Física foi uma das grandes preocupações do *Führer*, considerada um poderoso instrumento para fortalecer o corpo e o caráter dos indivíduos da "raça ariana".

O ideal de beleza nazista impunha a remodelação dos corpos segundo os padrões estéticos supostamente inspirados nos gregos, considerados o modelo de civilização pelo *Führer*.

Esse corpo remodelado não representava apenas o indivíduo, mas o "corpo coletivo" da nação. Por isso, os jogos e torneios, as paradas militares e as diversas apresentações de atividades físicas eram eventos públicos organizados como cerimônias de Estado.

Os Jogos Olímpicos de 1936, realizados em Berlim, foram considerados a ocasião ideal para o regime nazista demonstrar a suposta "superioridade ariana". Seguindo os ideais de imponência e grandiosidade do regime de Hitler, áreas de lazer foram renovadas e um novo estádio olímpico foi construído para sediar as competições.

A abertura dos Jogos Olímpicos e as diversas competições contaram com participação massiva de público que atendia ao chamado do *Führer*, ele mesmo presente em diversos eventos.

A cineasta alemã Leni Riefenstahl (1902-2003), encarregada pelo regime de documentar os Jogos, lançou, dois anos depois, *Olympia*, filme que transformou os atletas olímpicos e as modalidades esportivas em espetáculo audiovisual. No entanto, a sua aproximação com o nazismo e a presença marcante de Hitler no documentário transformaram *Olympia* num filme de propaganda nazista. Posteriormente, tanto a cineasta como a sua obra produzida no período foram muito criticadas e Riefenstahl permaneceu no ostracismo por muitos anos.

A Alemanha liderou os Jogos Olímpicos: levou 36 medalhas de ouro, seguida dos Estados Unidos, com 24, e da Hungria, com 10. Contudo, a vitória germânica não serviu totalmente à ideologia da superioridade racial nazista graças a Jesse Owens (1913-1980), atleta negro estadunidense que conquistou quatro medalhas de ouro. A sua conquista não questionou apenas a ideologia nazista, mas também o racismo e as políticas e práticas segregacionistas dos Estados Unidos no período.

Jogadores da seleção alemã de futebol fazem a saudação nazista em partida contra a seleção inglesa nos Jogos Olímpicos de 1936.

Atividades

Em grupos, reflitam e discutam sobre as questões a seguir.

1. O espírito competitivo de várias práticas esportivas contribui para intensificar os conflitos e as tensões da sociedade?
2. De que forma as práticas esportivas colaboram para a valorização da diversidade e o respeito às diferenças?
3. A criação dos Jogos Paralímpicos, em 1960, contribuiu para a divulgação das práticas esportivas de pessoas com deficiência? Justifique.
4. Como um evento esportivo poderia ser realizado na própria escola com o propósito de integrar os alunos, fortalecer as relações de amizade e companheirismo e combater possíveis preconceitos?

Atividades

Retome

1. Entre 1921 e 1932, a Presidência dos Estados Unidos foi controlada pelo Partido Republicano, que defendia a não intervenção do Estado na economia e rejeitava a participação do governo em assuntos internacionais que não envolvessem a América. De que maneira essas posições refletiram na política externa e na economia estadunidenses?

2. Enumere os fatores que contribuíram para a eclosão da recessão econômica dos Estados Unidos a partir de 1929, conhecida como Grande Depressão.

3. A recuperação da economia estadunidense foi resultado das políticas adotadas pelo presidente democrata Franklin Delano Roosevelt, a partir de 1932. Que medidas foram lançadas para superar a crise econômica que assolava os Estados Unidos?

4. Apesar de haver diferenças entre as realidades alemã e italiana depois da Primeira Guerra Mundial, fatores semelhantes favoreceram a ascensão dos regimes nazista e fascista nos dois países. Identifique-os.

Pratique

5. Leia o texto a seguir com atenção e responda às questões que o acompanham.

> [...] As cifras sobre os campos de concentração até hoje são incertas. Calcula-se em dezoito milhões o número de pessoas que passaram pelos campos, das quais onze milhões teriam sido **imoladas**. Somente os judeus chegaram a ser quase seis milhões. Os fuzilamentos eram comuns, mas, aos poucos, o uso do gás foi sendo introduzido e "apreciado" como o meio mais eficaz de extermínio. Em Chelmno, somente em dezembro de 1941, em vagões que disfarçavam câmaras de gás, as SS assassinaram 150 mil judeus, obrigando comandos, formados inclusive por judeus, a realizar o serviço sujo. Em seguida, esses judeus eram também executados. Em Lublin, métodos semelhantes foram utilizados. Em Subibor, 250 mil judeus pereceram. Em Treblinka, fala-se em 700 ou 800 mil vítimas, sendo 80 mil delas remanescentes da insurreição do Gueto de Varsóvia.
>
> [...]
>
> Auschwitz criou um complexo industrial, dirigido pelas SS. Com o apoio de empresas como IG-Farben, trinta e nove outros campos de trabalho eram-lhe dependentes. Os campos eram plurifuncionais, mas guardavam designações outras. Alguma diferença se estabelecia entre eles: em 1942, a mortalidade média alcançava 60% nos campos de trabalho e 100% nos campos de extermínio.
>
> [...]
>
> O trabalho forçado, como instrumento de produção e de extermínio, tem levado muitos autores a tomarem os campos como enormes reservas de mão de obra para a economia de guerra. Hannah Arendt registra depoimentos de sobreviventes sobre a inutilidade e a ineficiência dos trabalhos nos campos. Se se levar em conta essa possível racionalidade do trabalho nos campos de concentração, diz a autora, como entender que massas de trabalhadores utilizassem escassa e preciosa matéria-prima e construíssem dispendiosas fábricas para seu próprio extermínio? Ou então, considerando a necessidade de transporte, como pensar na prioridade concedida a prisioneiros judeus, ao invés de soldados alemães e armas de guerra necessárias às frentes de combate? Para completar o quadro, sabia-se que autoridades militares mostravam incompreensão diante das ordens secretas de eliminação dos operários judeus, necessários à manutenção da produção da indústria de guerra, que seriam substituídos por operários "arianos" sem a mesma qualificação profissional.
>
> O irracionalismo racista antecede e orienta a política de trabalho para os prisioneiros do regime. O mercado "excedente" de mão de obra era principalmente capturado entre os trabalhadores estrangeiros obrigados a trabalhar na Alemanha. Em 1944, os trabalhadores estrangeiros chegariam a mais de cinco milhões, ganhando metade dos salários dos trabalhadores alemães. Graças a seu trabalho, Speer, ministro dos Armamentos, conseguiu elevar a produção ainda em 1944, já sob intensa ação destrutiva dos bombardeios aliados. [...]
>
> LENHARO, Alcir. *Nazismo*: o triunfo da vontade. São Paulo: Ática, 1986. p. 80-82.

imoladas: mortas em sacrifício.

a) De acordo com o texto de Alcir Lenharo, uma notável transformação aconteceu nos campos de concentração entre o início e o final da Segunda Guerra. Identifique essa transformação.

b) Por que Alcir Lenharo defende que os campos de concentração nazistas eram guiados pela irracionalidade?

Analise uma fonte primária

6. Observe a imagem abaixo e responda às questões.

Pôster de propaganda nazista, datado de 1932. No topo, está escrito: "Estamos construindo!". Embaixo, à esquerda, sob a indicação "Nossos tijolos", aparecem listados: "Trabalho", "Liberdade" e "Pão". Do lado direito, sob a indicação "Projetos dos outros", lemos nos papéis levantados pelos personagens menores: "promessas, mentiras, desemprego, degradação social, corrupção, terror e redução dos serviços".

a) Compare o personagem à esquerda do pôster com os personagens à direita. Que diferença você destacaria entre eles?
b) Que significado pode ser atribuído à imagem dos tijolos empilhados?
c) Analise a imagem do pôster e explique por que a propaganda nazista pareceu tão atraente para a população alemã.

Articule passado e presente

7. Leia o artigo a seguir. Depois, responda às questões.

[...] a internet, como qualquer tecnologia, não é – em si – boa ou má. O uso que fazemos dela é o que define seu caráter. [...] Mas poucas pessoas têm consciência de que, na rede, as informações também podem ser manipuladas e que elas passam, a todo instante, por filtros automáticos que podem incidir profundamente sobre a formação da opinião.

[...]

Considere-se ainda que, além disso, na internet o fluxo de informações é contínuo, ininterrupto. Logo, se temos um fluxo permanente e se as informações que recebemos são filtradas, então a consequência é que teremos diante de nossos olhos, em pouco tempo, um volume imenso de informações sobre um mesmo assunto. No caso de uma mesma opinião, o efeito será o de consolidar uma visão de que "tá todo mundo dizendo isso".

Além disso, a recepção de um grande volume de informação a respeito de um mesmo tema termina por gerar uma sensação de urgência em relação a determinadas questões. Diversos estudos já demonstram como esses mecanismos incidem sobre o comportamento das pessoas em processos eleitorais, em campanhas publicitárias e mobilizações sociais. [...]

Então, quando as pessoas são levadas a participar de alguma polêmica, muitas vezes adotam um comportamento explosivo, replicando informações em grande quantidade em suas próprias redes, contribuindo para o sentimento coletivo de urgência e eliminando o tempo da reflexão. E como os filtros agem mecanicamente retirando boa parte do conteúdo contrário, o resultado pode ser o estabelecimento de um consenso artificial e perigoso. [...]

Compreender a dinâmica de funcionamento das redes sociais digitais e seus filtros é algo indispensável à adoção de uma postura crítica e equilibrada diante das polêmicas reproduzidas diariamente pela internet. Talvez estejamos tratando de um dos maiores desafios da democracia no século XXI. [...]

WU, Vinicius. *Radicalismos e intolerância na rede*: os riscos do ciberativismo. Disponível em: <http://leituraglobal.org/radicalismos-e-intolerancia-na-rede-os-riscos-do-ciberativismo/>. Acesso em: 15 mar. 2017.

a) Na visão do autor, que mal existe no fato de a internet oferecer um fluxo contínuo de informações filtradas e, muitas vezes, do mesmo tema?
b) Na sua opinião, como a internet poderia ajudar a promover o debate de ideias e a combater a intolerância na sociedade?

CAPÍTULO 33º

Brasil: a crise da República Oligárquica

Alex de Jesus/O Tempo/Agência Estado

Integrantes do Movimento Sem Terra (MST) marcham em Belo Horizonte, Minas Gerais, reivindicando reforma agrária. Foto de 2015.

Ao longo dos anos 1920, o poder das oligarquias de São Paulo e Minas Gerais enfrentou forte oposição, tanto das oligarquias de outros estados quanto de setores urbanos. Em 1930, essa oposição pôs fim à chamada república do café com leite. Mas será que a mudança política pôs fim à estrutura fundiária que sustentava o poder oligárquico no Brasil? E hoje? Ainda existem muitos latifúndios no país?

1 A sociedade brasileira em transformação

De 14 milhões de habitantes em 1890, a população brasileira saltou para 27 milhões em 1920 e, em 1930, para 33 milhões de habitantes. Esse crescimento foi seguido de uma forte urbanização.

As capitais dos estados cresciam rapidamente e algumas transformaram-se em metrópoles, como a do Rio de Janeiro e a de São Paulo. O país deixava de se assemelhar a uma grande fazenda sob o controle dos coronéis, como diziam os críticos da ordem oligárquica.

Apesar de a maioria da população ainda ser rural, a vida urbana trazia novos personagens, inventos, hábitos e costumes, como o telefone, o teatro, o rádio, o futebol, o automóvel e o avião.

O Teatro Municipal do Rio de Janeiro, inaugurado em 1909, é um exemplo do ritmo veloz de crescimento pelo qual o Brasil passava: entre 1910 e 1930, ele abrigou 595 espetáculos líricos.

Também é ilustrativo dos novos tempos urbanos que o primeiro samba, gravado em 1916, tenha o título "Pelo telefone". Trata-se de uma composição de Ernesto dos Santos, o Donga, com letra do jornalista Mauro de Almeida.

Outro registro dos novos ares foi a introdução do futebol, atribuída a Charles William Miller (1874-1953), um paulistano filho de um engenheiro escocês que teria trazido o esporte para o Brasil em 1894. Inicialmente, o futebol era praticado no país como diversão e entretenimento da elite, como destacava a revista *Sports* em agosto de 1915:

> [...] o futebol é um esporte que só deve ser praticado por pessoas da mesma educação e cultivo.
>
> [Se formos] obrigados a jogar com um operário [...] a prática do esporte torna-se um suplício, um sacrifício, mas nunca uma diversão.
>
> Apud: FRANCO JÚNIOR, Hilário. *A dança dos deuses*: futebol, cultura, sociedade. São Paulo: Companhia das Letras, 2007. p. 63.

Contudo, enquanto eram criadas ligas de futebol que agregavam clubes de elite, surgiam também times improvisados por setores populares, apesar de dificuldades como preconceito, indisponibilidade de gramados, custo dos uniformes, chuteiras e bolas, etc. Aos poucos, esses times foram ganhando seu espaço e o envolvimento da população com o esporte cresceu.

O clima de mudanças também chegou ao ensino. Em 1920 o presidente **Epitácio Pessoa** (1865-1942), que governou entre 1919 e 1922, criou, por decreto, a primeira universidade brasileira — a Universidade do Rio de Janeiro, reunindo as antigas faculdades de Medicina, Engenharia e Direito. Aos poucos, novas faculdades foram incorporadas a ela, como a Faculdade de Filosofia e a Escola de Belas Artes, ampliando assim a oferta de cursos superiores no Brasil. No entanto, esses poucos núcleos universitários continuaram predominantemente restritos a uma pequena parcela da população.

Foi também sob o governo de Epitácio Pessoa que aconteceu a primeira transmissão radiofônica oficial no Brasil. No dia 7 de setembro, o discurso de abertura que o presidente fez na inauguração da Exposição Internacional do Centenário da Independência foi transmitido para algumas cidades do Rio de Janeiro e de São Paulo. A transmissão prosseguiu com trechos da ópera *O Guarani*, de Antônio Carlos Gomes (1836-1896), apresentada no Teatro Municipal do Rio de Janeiro. A partir de então, o rádio se transformou em um importante meio de comunicação e integração nacional.

Onde e quando

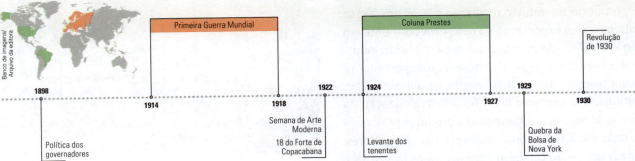

Mapa e linha do tempo ilustrativos. As regiões indicadas no mapa referem-se à configuração atual dos países a que pertencem hoje, e o espaço entre as datas não é proporcional ao intervalo de tempo.

A Semana de Arte Moderna de 1922

Em fevereiro de 1922, em sintonia com as mudanças em curso, foi realizada em São Paulo a **Semana de Arte Moderna**. O objetivo do evento era apresentar inovações artísticas desenvolvidas na Europa. Artistas brasileiros mostraram ao público obras de arte influenciadas por elas. Ao mesmo tempo, esses artistas valorizavam a cultura nacional e desenvolveram uma arte com características próprias, distinta da europeia. A Semana de Arte Moderna contou com conferências, leituras de poemas, apresentações musicais e uma exposição de artes plásticas.

As reações da sociedade ao evento variaram bastante. Algumas pessoas elogiaram os novos valores estéticos. Outras, mais tradicionais, escandalizaram-se e condenaram a proposta, vaiando e até mesmo atirando objetos nos artistas.

Entre os principais artistas modernistas estavam os poetas **Oswald de Andrade** (1890-1954), **Mário de Andrade** (1893-1945) e **Cassiano Ricardo** (1894-1974), os pintores **Anita Malfatti** (1889-1964) e **Di Cavalcanti** (1897-1976) e o músico **Heitor Villa-Lobos** (1887-1959).

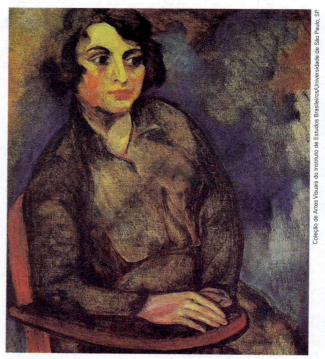

A estudante russa, de Anita Malfatti, 1915 (óleo sobre tela). A obra foi exibida no saguão do Teatro Municipal de São Paulo durante a Semana de Arte Moderna.

2 Novos personagens e a ordem oligárquica

Mesmo com as dificuldades que o produto vinha encontrando, o café continuava sendo a principal fonte de recursos para o Brasil. Enquanto isso, porém, a atividade industrial crescia de modo significativo, especialmente desde a Primeira Guerra Mundial. Em 1920, existiam no país mais de 13 mil fábricas, com mais de 275 mil operários, que ansiavam por direitos trabalhistas e por melhores condições de trabalho.

Os novos grupos, ligados à industrialização e à urbanização (a burguesia industrial, o operariado e os grupos médios urbanos), apresentavam reivindicações distintas, de acordo com seus interesses.

A burguesia industrial cresceu graças aos lucros obtidos com a exportação do café, especialmente em São Paulo. Fica claro, então, que o crescimento industrial estava atrelado às oligarquias agroexportadoras, e os interesses desses dois setores geralmente eram comuns. Um exemplo disso foi a desvalorização da moeda brasileira, que barateou os produtos brasileiros no mercado internacional e favoreceu os cafeicultores. A desvalorização também beneficiava os industriais, tornando os produtos importados mais caros e, consequentemente, aumentando a produção interna de bens de consumo não duráveis, como tecidos e alimentos industrializados. Em contrapartida, porém, tornava o preço de máquinas muito alto, inviabilizando investimentos industriais.

Operários de uma tecelagem em Salto, São Paulo. Foto de 1920, aproximadamente.

Já para os grupos médios urbanos, a desvalorização da moeda, a elevação dos preços internos e as fraudes eleitorais eram motivos de insatisfação e crítica. Esses grupos pediam a instituição do voto secreto e a moralização do processo eleitoral. O operariado pressionava para obter melhores condições de vida e de trabalho, além de maior participação política. A partir de 1922, o recém-fundado **Partido Comunista do Brasil** (PCB) passou a disputar com os anarquistas o controle de organizações e movimentos operários, acabando por assumir sua liderança.

No ano de 1922, as eleições presidenciais foram tensas. As oligarquias que não eram de São Paulo ou Minas Gerais há muito tempo manifestavam posição contrária à continuidade do pacto político em curso. Nessas eleições, elas se opuseram à candidatura de **Artur Bernardes** (1875-1955), formando a **Reação Republicana**, que lançou a candidatura de **Nilo Peçanha** (1867-1924).

Na campanha eleitoral, a publicação de duas cartas com comentários desrespeitosos aos militares no jornal *Correio da Manhã*, do Rio de Janeiro, ganhou destaque. Essas cartas ficaram conhecidas como "**cartas falsas**" e eram atribuídas a Artur Bernardes, que negava a autoria.

Artur Bernardes foi eleito, com respaldo da política dos governadores. Porém, as denúncias de fraudes no processo eleitoral e as críticas do ex-presidente marechal **Hermes da Fonseca** (1855-1923) ao então presidente Epitácio Pessoa aumentaram a tensão. Pessoa determinou a prisão de Fonseca e o fechamento do Clube Militar, provocando diversas rebeliões em unidades do Exército.

Foto dos fundadores do Partido Comunista do Brasil (PCB). De pé, da esquerda para a direita: Manuel Cendón, Joaquim Barbosa, Astrojildo Pereira, João da Costa Pimenta, Luís Pérez e José Elias da Silva. Sentados, da esquerda para a direita: Hermogênio Silva, Abílio de Nequete e Cristiano Cordeiro.

O movimento tenentista e a resistência oligárquica

A década de 1920 foi marcada por diversos levantes militares liderados por jovens oficiais de baixa patente, principalmente tenentes e capitães. A maioria tinha origem nas camadas médias da população e acreditava que cabia ao Exército moralizar a política e derrubar a República Oligárquica. Defendiam o voto secreto, o ensino obrigatório e reformas políticas e sociais. Suas rebeliões serviram para diminuir ainda mais o poder da oligarquia paulista, atraindo a simpatia dos opositores do governo.

A rebelião de um grupo de oficiais no forte de Copacabana, em 5 de julho de 1922, foi o primeiro movimento encabeçado pelos tenentes contra a posse do recém-eleito presidente Artur Bernardes.

Os quartéis do Distrito Federal que se rebelaram logo foram controlados pelas forças de Epitácio Pessoa. A tropa sediada no forte de Copacabana foi a última a se render. Depois de serem duramente atacados, os poucos rebeldes que permaneceram em luta saíram marchando pelas ruas; muitos foram mortos a tiros. Apesar do desfecho, o episódio dos **18 do Forte de Copacabana**, como ficou conhecido, trouxe imensa popularidade ao movimento dos tenentes.

A revolta não impediu que Artur Bernardes tomasse posse. Para enfrentar as agitações políticas, ele decretou estado de sítio várias vezes em seu governo, ordenando prisões arbitrárias, censura à imprensa e repressão policial.

Em janeiro de 1923, menos de três meses após a posse, a **Revolução Gaúcha** explodiu no Rio Grande do Sul.

Um ano antes, Antônio Augusto Borges de Medeiros (1863-1961), herdeiro de Júlio de Castilhos no Partido Republicano Rio-grandense (PRR), saíra vitorioso nas eleições estaduais pela quarta vez. Uma ampla aliança das oligarquias gaúchas dissidentes lançou a candidatura de Joaquim Francisco de Assis Brasil (1857-1938) para concorrer com Borges de Medeiros, que era aliado de Artur Bernardes. Borges foi reeleito; a oposição contestou e denunciou a existência de fraude.

No dia da posse de Borges teve início um movimento revolucionário que tentou derrubá-lo, mas ele se manteve no poder após diversos combates. Em dezembro de 1923, Borges teve de firmar o **Pacto de Pedras Altas**. Segundo esse acordo, ficavam proibidas as reeleições no estado após seu mandato.

Brasil: a crise da República Oligárquica

Muitos dos oposicionistas a Borges de Medeiros faziam parte do Exército ou tinham ligações com os tenentes.

Em 1924, no segundo aniversário do Levante do Forte de Copacabana, os tenentes voltaram a se rebelar, dessa vez nos estados de São Paulo, Sergipe e Amazonas. As rebeliões do norte e do nordeste foram rapidamente sufocadas.

Em São Paulo, tropas de revoltosos comandados pelo general gaúcho Isidoro Dias Lopes (1865-1949), e com participação do major Miguel Costa (1885-1959) e dos tenentes Joaquim Távora (1881-1924) e Eduardo Gomes (1896-1981), sobrevivente do episódio dos 18 do Forte de Copacabana, ocuparam vários pontos estratégicos da capital paulista. Entre as reivindicações apresentadas estavam o voto secreto, a obrigatoriedade do ensino primário e a deposição do presidente da República.

Os **pelotões patrióticos** — tropas fiéis ao governo, soldados do Exército, da força pública do estado e tropas armadas pelos coronéis e comerciantes — atacaram os rebelados. Após três semanas de batalhas, com diversos bombardeios sobre a cidade de São Paulo, os tenentes decidiram retirar-se para o interior. Cerca de seis mil soldados rebeldes dirigiram-se para a região de Foz do Iguaçu, no sudoeste do Paraná, e formaram um destacamento que ficou conhecido como **Coluna Paulista**.

Em outubro de 1924, cerca de 2 mil soldados gaúchos rebelados, liderados pelo capitão **Luís Carlos Prestes** (1898-1990), deixaram o Rio Grande do Sul e dirigiram-se para Guaíra, no Paraná, para se juntarem à Coluna Paulista. Parte desses soldados estava descontente com o governo de Borges de Medeiros e com o Pacto de Pedras Altas.

Após se reunirem em 1925, os dois grupos decidiram percorrer o interior do país sob o comando de Prestes. O objetivo deles era uma revolta popular contra o governo. Reunindo cerca de 1500 homens, a **Coluna Prestes**, como ficou conhecida, percorreu mais de 24 mil quilômetros.

Contudo, eles não receberam o apoio popular que esperavam. No nordeste, cangaceiros foram contratados e armados por coronéis e membros do governo para combater os rebeldes. Por fim, os frequentes ataques das tropas do governo, de jagunços e coronéis debilitaram a Coluna Prestes. Em 1927, parte dela, sob o comando de Siqueira Campos, se retirou para o Paraguai. Outro grupo, sob o comando de Prestes, dirigiu-se para a Bolívia. Nessa época, 800 homens faziam parte da coluna.

A Coluna Prestes

Adaptado de: BUENO, Eduardo. *Brasil*: uma história. São Paulo: Leya, 2010. p. 312.

A foto, de 1922, registra um dos últimos momentos do movimento que ficou conhecido como os 18 do Forte de Copacabana. À frente, da esquerda para a direita, os tenentes Eduardo Gomes, Siqueira Campos e Newton Prado e o civil Otávio Correia.

3) A Revolução de 1930

De acordo com o arranjo político do café com leite, a sucessão de Artur Bernardes coube a **Washington Luís** (1926-1930), carioca de nascimento com carreira política em São Paulo. Em 1929, já no final de seu governo, o país foi atingido pela crise provocada pela queda da Bolsa de Valores de Nova York.

Desde o final da Primeira Guerra Mundial, os Estados Unidos eram o principal comprador e financiador da produção de café no Brasil. Com a crise, os negócios foram interrompidos, derrubando o preço do café e causando o fechamento de fábricas, desemprego e queda nos salários. A crise, que afetava a economia no final do governo de Washington Luís, passou a influenciar a sucessão presidencial.

A decisão do presidente de apoiar o paulista **Júlio Prestes** (1882-1946) para sua sucessão, em vez do candidato mineiro Antonio Carlos Ribeiro de Andrada (1870-1946), como previa a regra oligárquica, provocou o fim da aliança entre o Partido Republicano Paulista (PRP) e o Partido Republicano Mineiro (PRM), piorando a situação.

Contrária à sucessão de Júlio Prestes, a oposição formou uma coalizão contra o governo federal, com a criação da **Aliança Liberal**, que reunia várias oligarquias, como as dos estados de Minas Gerais, do Rio Grande do Sul e da Paraíba. Também contou com o apoio dos tenentes, que supostamente eram contrários à ordem oligárquica e agora estavam unidos à Aliança Liberal. Esta também atraiu a simpatia de outros grupos sociais descontentes, como o Partido Democrático (PD), fundado em 1926 em São Paulo. O PD era composto, em sua maioria, por membros da classe média urbana que defendiam a moralização da política por meio do voto secreto obrigatório. A Aliança Liberal lançou o gaúcho **Getúlio Vargas** (1882-1954) como candidato à Presidência, tendo o paraibano **João Pessoa** (1878-1930) como vice. Júlio Prestes foi eleito por meio de fraudes e da prática do voto de cabresto.

Inicialmente, grande parte da oposição aceitou o resultado das eleições. Mas o assassinato de João Pessoa, provocado por conflitos pessoais e disputas em seu estado, a Paraíba, deu início a um movimento político-militar que pôs fim à República Oligárquica. Organizado por tenentes e políticos derrotados nas eleições, ficou conhecido como **Revolução de 1930**, nome dado por seus líderes e apoiadores.

Charge publicada na revista *O Malho*, em fevereiro de 1930. Ela acompanhava um editorial intitulado *Os dois extremos*. Em cima, temos os retratos do ex-presidente Washington Luís e do candidato governista Júlio Prestes. Embaixo, temos Getúlio Vargas (sob a forca) e seu candidato a vice, João Pessoa, representados de forma satirizada.

O movimento começou no dia 3 de outubro de 1930, quando revoltas armadas foram iniciadas simultaneamente no Rio Grande do Sul e em Minas Gerais, sob a liderança de Getúlio Vargas e Juarez Távora (1898-1975), respectivamente. Apesar da resistência nos estados de São Paulo, Rio de Janeiro, Bahia e Pará, o presidente Washington Luís foi deposto em 24 de outubro de 1930. Em seu lugar assumiu uma **junta pacificadora**, que entregou o poder a Getúlio Vargas em 3 de novembro de 1930.

Tinha início um novo momento na história republicana brasileira, conhecido como **República Nova**, em oposição à República Oligárquica ou Primeira República (grande parte dos historiadores, porém, convencionou chamar o novo período de **Era Vargas**).

Os acontecimentos de 1930 deram origem a diversas interpretações historiográficas. As mais tradicionais acreditam que o ano da Revolução de 1930 marcou o fim do poder das oligarquias. Outras análises, entretanto, afirmam que a chegada de Vargas ao poder não representou uma ruptura histórica e sim um reordenamento das elites em oposição aos movimentos sociais e aos interesses da população, que cada vez se mostrava mais atuante e exigente. A frase "Façamos a revolução antes que o povo a faça", atribuída ao governante de Minas Gerais e "revolucionário" de 1930, Antonio Carlos Ribeiro de Andrada, dá sustentação a essa visão.

Segundo outra interpretação, a "revolução" teria sido um golpe composto por civis e militares que não representou um rompimento radical. De acordo com o jurista e sociólogo Evaristo Moraes Filho,

> [...] 30 não significou nenhum rompimento radical com o passado, nem remoto nem recente. As lideranças empresariais passaram intactas para o novo regime, como viria a acontecer igualmente com as lideranças operárias colaboracionistas e com as oligarquias estaduais. Tontearam um pouco, mas não chegaram a ir à lona; logo refeitas, retomaram as rédeas dos seus interesses, das suas associações ou de seus domínios regionais.

GOMES, Ângela de Castro. Prefácio. In: ____. *Burguesia e trabalho*: política e legislação social no Brasil – 1917-1937. Rio de Janeiro: Campus, 1979. p. 15.

Ao chegar à cidade do Rio de Janeiro, as tropas "revolucionárias" gaúchas, num gesto simbólico, amarraram seus cavalos no obelisco da avenida Rio Branco. Começava a Era Vargas. Foto de 1930.

Leituras

Luís Carlos Prestes e Juarez Távora: posicionamentos diferentes

Luís Carlos Prestes criticou a união entre os tenentistas e as oligarquias dissidentes. Ele se recusou a apoiar o movimento e redigiu um manifesto contra a Aliança Liberal. Abaixo, reproduzimos um trecho desse documento, de maio de 1930, e, na sequência, a resposta do líder tenentista Juarez Távora.

> [...] Não nos enganemos. Somos governados por uma minoria que, proprietária das terras, das fazendas e latifúndios e senhora dos meios de produção e apoiada nos imperialismos estrangeiros que nos exploram e nos dividem, só será dominada pela verdadeira insurreição generalizada, pelo levantamento consciente das mais vastas massas das nossas populações dos sertões e das cidades.
>
> Contra as duas vigas-mestras que sustentam economicamente os atuais oligarcas, precisam, pois, ser dirigidos os nossos golpes – a grande propriedade territorial e o imperialismo anglo-americano. Essas são as duas causas fundamentais da opressão política em que vivemos e das crises econômicas sucessivas em que nos debatemos.
>
> O Brasil vive sufocado pelo latifúndio, pelo regime feudal da propriedade agrária, onde se já não há propriamente o braço escravo, o que persiste é um regime de semiescravidão e semisservidão.
>
> [...] O governo dos coronéis, chefes políticos, donos da terra, só pode ser o que aí temos: opressão política e exploração impositiva. [...]

Apud: FAORO, Raimundo. *Os donos do poder*. 11. ed. São Paulo: Globo, 1995. p. 680.

> Discordo do último manifesto revolucionário do Gal L. C. Prestes. [...] Não creio na exequibilidade da revolução desencadeada pela massa inerme do proletariado. [...] A revolução possível no Brasil terá [...] de continuar a apoiar-se nos mesmos meios em que tem sido alicerçada até aqui [...] Deverá haver, assim, lugar em suas fileiras [...] para o burguês e para o proletário. Mas não creio que lá cheguemos, adotando o exotismo dos conselhos de operários, marinheiros e soldados, que nos aconselha o Gal. L. C. Prestes. [...] Creio, sim, no equilíbrio e excelência de um regime baseado na representação proporcional de todas as classes [...] erigido em regulador imparcial de suas dependências e interesses recíprocos [...], seguindo a diretriz já apontada por Alberto Torres [...] ou por um caminho paralelo, que busque as novas tendências e necessidades [...] do nosso meio.

Apud: *Nosso século*. São Paulo: Abril, 1985. v. 5. p. 36.

Luís Carlos Prestes. Foto da década de 1930.

Juarez Távora. Foto de 1930.

Brasil: a crise da República Oligárquica

Atividades

Retome

1. Quais foram os grupos urbanos que mais reivindicavam direitos e criticavam o regime oligárquico no Brasil dos anos 1920? Que fatores propiciaram o fortalecimento desses grupos? A que eles aspiravam?

2. A respeito do movimento tenentista:
   a) Quem eram seus integrantes?
   b) Que propostas defendiam?
   c) Quais foram os principais levantes protagonizados pelo movimento? Indique onde, quando e por que ocorreram, bem como os seus resultados.

3. Sobre a Coluna Prestes:
   a) O que foi e quais eram seus objetivos?
   b) Quem a integrou?
   c) Como foi derrotada?

Pratique

4. Leia o fragmento a seguir, escrito pelo geógrafo Gilmar Mascarenhas de Jesus, que relaciona, entre outros temas, industrialização, operariado e futebol. Em seguida, faça o que se pede.

> [...] em 1902, os paulistas organizam o primeiro campeonato de futebol no Brasil. No mesmo ano, surgem os primeiros campos de várzea, que logo se espalham pelos bairros operários; e já em 1908/1910 a várzea paulistana congregava vários e concorridos campeonatos, de forma que São Paulo não é apenas pioneira nacional no futebol "oficial", mas também (e sobretudo) no "futebol popular". É nesta cidade que, não por acaso, surge em 1910 aquele que, dentre os grandes clubes do futebol brasileiro, foi o primeiro a se formar a partir de uma base popular: o Sport Clube Corinthians Paulista.
>
> Inicialmente, o futebol varzeano era tomado como desordem, encontro de vadios a ser disciplinado ou mesmo perseguido pela polícia. A imprensa de época estabelece uma clara distinção entre o futebol das elites, elegante e bem organizado, e o futebol varzeano, como se fossem modalidades e práticas sociais completamente diferentes e até mesmo opostas. O próprio Corinthians encontrou grande resistência para ingressar na liga oficial da cidade. Por volta de 1920, entretanto, a atividade já havia se disseminado a tal ponto que não havia como reprimi-la. A difusão do futebol enquanto prática popular de entretenimento se insere na própria formação da classe operária paulistana, como elemento de sua cultura. Certamente, o grande número de imigrantes e operários contribuiu para a rápida popularização do futebol em São Paulo. Nas palavras de Fátima Antunes:*
>
> [...] A cidade vivia intensamente a experiência do trabalho fabril e passava a conhecer a necessidade imperativa de sociabilidade e lazer; sobretudo aos domingos. Os clubes de várzea mantinham equipes de futebol e promoviam atividades sociais. [...]
>
> [...] O fato de esta cidade concentrar um crescente número de estabelecimentos industriais favoreceu a difusão do "futebol de fábrica", incentivado pelas próprias empresas, como forma de cooptação do trabalhador, fazendo-o vestir a camisa da empresa. [...]
>
> JESUS, Gilmar M. Várzeas, operários e futebol: uma outra Geografia. *GEOgraphia*. Niterói, v. 4, n. 8, p. 88-89.

*ANTUNES, Fátima Martin. *Futebol de fábrica em São Paulo*. Dissertação de Mestrado. São Paulo: FFLCH-USP, 1992. p. 92.

a) Que relações o autor estabelece entre a industrialização de São Paulo e a popularização do futebol nessa cidade?

b) Em que medida a prática do futebol refletia os conflitos sociais que marcaram o Brasil da Primeira República?

c) O que é várzea? Com base em seus conhecimentos de Geografia, levante hipóteses sobre os fatores topográficos e econômicos que teriam levado os clubes operários paulistanos a se estabelecer nessa região.

Analise uma fonte primária

5. Observe as duas obras reproduzidas a seguir.

Cena de família de Adolfo Augusto Pinto, de Almeida Júnior, 1891 (óleo sobre tela).

Família, de Tarsila do Amaral, 1925 (óleo sobre tela).

a) Qual é a principal semelhança entre as duas pinturas?
b) Aponte as principais diferenças entre as duas obras no tocante ao uso de cores, contrastes, nuances, formas, representação do espaço. Que efeitos esses recursos produzem?
c) Com base na comparação acima, aponte as inovações introduzidas pelo Modernismo na pintura brasileira.
d) Compare as famílias representadas em cada obra (número de membros, disposição hierárquica no espaço, vestimenta, afazeres, origem étnica e social, ambiente em que se encontram, etc.). Além das pessoas, que elementos são usados para representar as famílias? Que adjetivos você usaria para qualificar cada uma delas?
e) É possível afirmar que a ruptura produzida pelo Modernismo se restringiu à linguagem? Justifique sua resposta.

Articule passado e presente

6. Neste capítulo, você estudou a Primeira República e os diferentes movimentos que lutaram contra a hegemonia das oligarquias do poder político no Brasil. Leia o texto a seguir, que trata da permanência das oligarquias na América Latina na atualidade e as suas consequências sociais.

> [...] Somente no México, onde ocorreu uma revolução burguesa a exemplo das revoluções europeias, e nos países que se dirigiram ao socialismo – Cuba e Nicarágua – as oligarquias foram violentamente arrancadas do poder. Nos outros países, elas permaneceram como grupo subordinado das classes dominantes nacionais, mas cujas propriedades são até hoje intocáveis.
>
> [...] pode-se afirmar que, na imensa maioria dos países da América Latina, as "forças da permanência" estão presentes quando ao estudar essas sociedades conclui-se que os aspectos mais visíveis da realidade desses países são as desigualdades sociais, a pobreza, a persistência da exclusão, a violência política e social, etc.
>
> A permanência da exclusão social comprova-se, por exemplo, quando os informes econômicos dão conta de que no Brasil aproximadamente um terço de toda a população não participa da economia capitalista, não forma parte do mercado de trabalho e tampouco do mercado consumidor. Estas cifras estão presentes em muitos países da América Latina em maior ou menor grau, o que atesta a permanência de características do sistema social oligárquico, que simplesmente excluía parte da população dos benefícios sociais. [...]
>
> A segregação à qual está submetida grande parte do povo latino-americano também está relacionada com a manutenção da tradição oligárquica, principalmente no que se refere ao preconceito racial. Ainda que de forma velada, na maioria dos países latino-americanos, as elites dominantes mantêm a concepção da superioridade da raça branca frente ao mundo indígena ou africano. E a apologia da mestiçagem, efetuada inclusive por pensadores progressistas como o mexicano José Vasconcelos, tende a redobrar a discriminação contra as minorias nacionais.
>
> A existência de grandes desigualdades regionais também é fruto de uma permanência da tradição oligárquica. As regiões que acumularam capitais através do setor primário-exportador, e que foram privilegiadas no contexto político do sistema oligárquico, foram as que mais cresceram e se industrializaram e que seguem liderando grande parte das riquezas do país, dando origem a fortes atritos. No Brasil, esta região é o Sudeste cafeeiro; na Argentina, o porto de Buenos Aires; no Chile, a região mineradora, assim como no Peru e no México. [...]
>
> Outro problema recidivo é o da dependência estrutural. Apesar das grandes discussões acerca da teoria da dependência, este fenômeno obviamente não desapareceu e constitui-se como uma das mais fortes características de nossas sociedades. [...]
>
> WASSERMAN, Claudia. A manutenção das oligarquias no poder: as transformações econômico-políticas e a permanência dos privilégios sociais. In: *Estudos Ibero-Americanos*. Porto Alegre: PUC-RS, v. XXIV, n. 2, dez. 1998.

a) Segundo a autora, de que modo as oligarquias latino-americanas foram afastadas do poder no início do século XX?
b) Que características atuais das sociedades latino-americanas a autora relaciona às "forças da permanência" da tradição oligárquica?
c) O texto foi escrito há quase 20 anos. É possível afirmar que a avaliação da realidade latino-americana feita pela autora continua válida para o Brasil? Justifique sua resposta.

CAPÍTULO 34º
Brasil: a Era Vargas

Sessão da Câmara dos Deputados em 26 de abril de 2017 para a votação da reforma trabalhista, em Brasília.

Criada em 1943, durante a Era Vargas, a Consolidação das Leis do Trabalho (CLT) regeu as relações entre patrões e empregados no Brasil por mais de setenta anos, tendo sofrido poucas alterações ao longo desse tempo. Nos últimos anos, porém, diversos projetos de lei propuseram mudanças radicais na CLT. Adaptação aos novos tempos? Retrocesso nos direitos sociais? Qual é a sua opinião sobre o tema?

1 Vargas à frente do governo

A Revolução de 1930 viabilizou-se com o apoio das oligarquias dissidentes que participaram da Aliança Liberal. A mobilização dos tenentistas, com Getúlio Vargas à frente, foi decisiva para destituir o presidente Washington Luís e impedir a posse de Júlio Prestes. Vargas contou também com os anseios de grupos sociais urbanos que exigiam mudanças políticas.

A estabilização do país ocorreu durante o entreguerras, período de turbulência política e de ascensão dos regimes totalitários na Europa.

O início do governo Getúlio Vargas foi dedicado a resolver os efeitos da crise econômica mundial, iniciada em 1929. Isso teve de ser feito levando em conta os interesses das oligarquias e das elites industriais.

Outras exigências faziam parte desse emaranhado de interesses: as dos tenentistas, que desejavam a centralização do Estado e mudanças no sistema eleitoral; as dos setores médios urbanos, que queriam conquistar espaços e direitos; as dos operários, que lutavam por conquistas trabalhistas; e as da população rural, em busca de melhores condições de vida e inclusão social. O setor rural, que representava mais de 68% da população brasileira em 1940, tinha grande peso.

Para encarar o desafio de superar a crise econômica, Vargas organizou um Estado centralizado e desenvolvimentista, sobrepondo-se ao predomínio da oligarquia cafeeira nas questões políticas.

Vargas também buscou o apoio de vários grupos sociais. Entre os integrantes do movimento tenentista, aqueles que defendiam reformas mais profundas, como Luís Carlos Prestes, foram desconsiderados, silenciados ou presos. Outros, simpatizantes das propostas fascistas que ganhavam força na Europa, fundaram as **Legiões Revolucionárias**, com membros em vários estados. Esses grupos apoiavam o governo de Vargas e atraíam segmentos populares.

A burguesia industrial e os grupos médios urbanos, inicialmente relutantes em apoiar o governo, em poucos anos juntaram-se a Getúlio.

Nos dias seguintes à tomada do poder, apareceram as primeiras demandas paulistas, especialmente do **Partido Democrático (PD)**. Porém, como veremos, da breve oposição nos anos iniciais, os paulistas passaram a apoiar o regime, assim como as oligarquias agrárias não ligadas à cafeicultura. Todos tinham a expectativa de obter maior participação nas decisões governamentais, especialmente na área econômica.

A **oligarquia cafeeira**, a princípio oposta a Vargas por ter perdido o controle político, continuou tendo seus interesses econômicos atendidos pelo novo governo. Para amenizar os efeitos da crise mundial de 1929, o Estado comprava a produção excedente de café e a destruía. Isso diminuía a oferta do produto e garantia seu preço no mercado internacional. Entre 1930 e 1937 foram destruídos quase 80 milhões de sacas.

Em seu governo, Getúlio Vargas promoveu uma ampla reforma na legislação trabalhista. Entre as mudanças, estavam a legalização e o controle dos sindicatos. Criou também um conjunto de leis voltadas para atender os anseios dos trabalhadores e mediar os conflitos entre empregados e patrões. Com essas medidas, Vargas conseguiu o apoio de parte do operariado.

Foram quinze anos seguidos de governo Vargas, com grandes transformações econômicas. Entre elas, destaca-se o forte impulso industrial e urbano. Como veremos, Vargas ainda voltaria ao poder em 1951.

Onde e quando

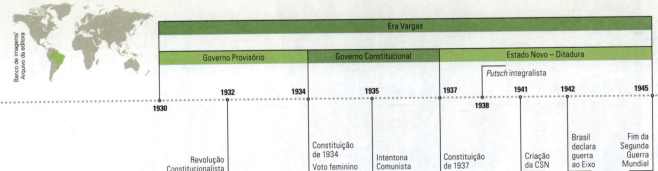

Mapa e linha do tempo ilustrativos. As regiões indicadas no mapa referem-se à configuração atual dos países a que pertencem hoje, e o espaço entre as datas não é proporcional ao intervalo de tempo.

Brasil: a Era Vargas

Além de sua influência na história brasileira, Getúlio Vargas deixou um imenso manancial de fontes historiográficas. O professor Pedro Cezar Dutra Fonseca, do Departamento de Ciências Econômicas da Universidade Federal do Rio Grande do Sul, aponta:

[...] O fato de estar quase sempre à frente dos acontecimentos, desde líder estudantil, na primeira década do século 20, até seu segundo governo, na década de 1950, possibilita que jornais e revistas constituam preciosa fonte de pesquisa, com entrevistas, artigos, opiniões, críticas, discursos reproduzidos na íntegra ou em excertos.

Por outro lado, seus discursos mais importantes, desde a campanha presidencial de 1929, estão praticamente publicados, fruto da propaganda do Estado Novo. Neste período, muitas dessas obras eram fartamente distribuídas. Só a coleção *A nova política do Brasil*, com discursos e entrevistas principalmente da década de 1930, perfaz 11 volumes; e *O governo trabalhista do Brasil*, com material referente aos anos 50, compreende mais 4 volumes com mais de 2 mil páginas. Além destes, há outras publicações [...], as quais possibilitam uma riqueza ímpar de fontes para o estudo de seu pensamento. O fato de ter sido eleito membro da Academia Brasileira de Letras certamente contribuiu para este legado, pois a mesma tinha por hábito publicar toda a obra de seus imortais. Objeto de crítica pela oposição, hoje o vasto material enriquece o conhecimento histórico da chamada "Era Vargas".

FONSECA, Pedro Cezar Dutra. *As fontes do pensamento de Vargas e seu desdobramento na sociedade brasileira*. Disponível em: <http://professor.ufrgs.br/pedrofonseca/files/as_fontes_do_pensamento_de_vargas_e_seu_desdobramento_na_sociedade_brasileira.pdf>. Acesso em: 16 fev. 2017.

Getúlio Vargas assumindo o poder no Palácio do Catete, na cidade do Rio de Janeiro, em outubro de 1930.

2. Vargas e o Governo Provisório (1930-1934)

Na liderança da Revolução de 1930, Getúlio Vargas assumiu o poder e tomou medidas centralizadoras: suspendeu a Constituição em vigor e fechou o Congresso Nacional, as Assembleias Estaduais e as Câmaras Municipais. Também substituiu os governantes estaduais por pessoas de sua confiança, em geral tenentes — os chamados **interventores** —, exceto no estado aliado de Minas Gerais.

Vargas criou ainda dois novos ministérios: o da Educação e Saúde Pública e o do Trabalho, Indústria e Comércio. Regulamentou direitos trabalhistas, como a limitação da jornada de trabalho a 8 horas diárias e férias anuais remuneradas de 15 dias. Além disso, proibiu o emprego de mulheres e crianças no período noturno e em locais insalubres.

A Revolução Constitucionalista de 1932

Como vimos, diversos interesses estavam envolvidos na Revolução de 1930. Nesse cenário, a nomeação por Getúlio do tenentista pernambucano João Alberto Lins de Barros (1897-1955) como interventor no estado de São Paulo aguçou as críticas dos paulistas. Os cafeicultores do Partido Republicano Paulista (PRP) e os membros do PD exigiam um governante civil — Pedro de Toledo (1860-1935) — no lugar de João Alberto. Também buscavam diminuir a centralização do poder presidencial e demandavam uma nova Constituição no lugar da que havia sido suspensa em 1930.

Em fevereiro de 1932, o PRP e o PD uniram-se formando a **Frente Única Paulista (FUP)**. Por sua vez, Vargas buscou ampliar sua base de legitimidade instituindo por decreto, no mesmo mês, um novo **Código Eleitoral** para o país: o sistema de eleição passava a funcionar por sufrágio universal direto, voto secreto e representação proporcional. Todos os brasileiros alfabetizados, maiores de 21 anos, incluindo as mulheres, seriam eleitores.

Contudo, os ânimos dos paulistas continuavam acirrados. Manifestações a favor da elaboração de uma nova Constituição e contra o intervencionismo do governo federal multiplicavam-se em São Paulo. Em uma delas, em maio de 1932, quatro estudantes foram mortos: Martins, Miragaia, Dráusio e Camargo. As iniciais de seus nomes, **MMDC**, transformaram-se em símbolo da luta dos paulistas por uma nova Constituição.

Em 9 de julho de 1932, teve início um levante armado em São Paulo contra o governo federal, sob a liderança de membros da FUP e de militares. O movimento contou com o apoio da força pública do estado e da imprensa, que convocou o povo à luta por meio de uma intensa propaganda em jornais, revistas e emissoras de rádio.

Passeata em apoio à causa paulista na cidade de São Paulo. Foto de 1932.

[...] No começo da mobilização dos "voluntários", que se reuniam na Faculdade de Direito do Largo de São Francisco desde a manhã do dia 10, a sensibilidade popular formulou outra interpretação da sigla MMDC: 'mata mineiro, degola carioca', numa clara demonstração do regionalismo como atitude característica das estruturas políticas e ideológicas. [...]

ABREU, Marcelo Santos de. Regionalismo e ação simbólica: a Revolução de 1932 como drama social. *Locus: Revista de História*, Juiz de Fora, v. 36, n. 1, p. 163-179. 2013. Disponível em: <http://locus.ufjf.emnuvens.com.br/locus/article/view/2791/2024>. Acesso em: 16 fev. 2017.

Mais de 200 mil homens alistaram-se nas forças constitucionalistas, incluindo voluntários de outros estados, como Rio de Janeiro, Paraná e Pará. A população participou do esforço de guerra com a doação de "ouro para o bem de São Paulo", como era dito na campanha. As mulheres tiveram importante atuação, servindo de enfermeiras ou costurando uniformes para os combatentes.

O governo federal, por sua vez, contou com a ajuda de batalhões de diversos estados aliados. O conflito se encerrou após uma série de derrotas dos constitucionalistas, que se renderam em setembro de 1932.

Arrecadação de ouro para a Revolução, na praça do Patriarca, na cidade de São Paulo, 1932.

Leituras

A Revolução Constitucionalista além dos memorialistas

Muitas das diversas publicações existentes sobre a Revolução Constitucionalista apresentam uma versão heroica dos fatos. Leia a seguir algumas observações do historiador Marcelo Santos de Abreu sobre esse assunto.

[...] É certo que a Revolução Constitucionalista não foi um movimento da "**plutocracia**" apenas, ou da "oligarquia", mas esteve muito longe da unanimidade que atravessava "todas as classes sociais" pretendida por seus memorialistas. Da mesma forma, [...] a "união sagrada dos paulistas" não era apenas a unidade em torno de um "ideal", mas uma coalizão das frações da classe dominante ou das facções da elite política tão débil quanto aquela que levara Getúlio Vargas ao poder em 1930. De fato, a história representada no memorialismo aproxima-se do mito uma vez que insistia em ressaltar a coesão social resultante de uma crise.

Esta análise preliminar do memorialismo revolucionário e da historiografia crítica torna evidente que a produção da história em qualquer registro é análoga à dinâmica da memória social, feita de lembrança e esquecimento. E que a preocupação de narrar, mobilizando os recursos da memória para configurar um testemunho ou da razão para elaborar uma interpretação crítica dos acontecimentos socialmente relevantes, é feita de menção e silêncio. [...]

ABREU, Marcelo Santos de. *A Revolução Constitucionalista de 1932*: memorialismo, historiografia, produção do silêncio. Disponível em: <http://revistadiscenteppghis.files.wordpress.com/2009/05/marcelo-abreu-a-revolucao-constitucionalista-de-1932_-memorialismo--historiografia-producao-do-silencio.pdf>. Acesso em: 16 fev. 2017.

plutocracia: sistema de governo em que o poder é exercido pelo grupo mais rico. O termo vem do grego (*ploutos*: 'riqueza'; *kratos*: 'poder').

A Constituição de 1934

Com a vitória sobre os paulistas, Vargas adotou uma atitude conciliatória e convocou eleições para escolher parlamentares encarregados de elaborar uma nova Constituição. Nessas eleições, ocorridas em maio de 1933, mulheres puderam votar e ser votadas pela primeira vez na história brasileira.

> [...] o novo Código Eleitoral [...] permitiu que fosse eleita a primeira parlamentar de nossa história. Assim, no dia 13 de março de 1934, uma voz feminina se fez ouvir, pela primeira vez, no plenário do Palácio Tiradentes, sede da Câmara dos Deputados e dos trabalhos da Assembleia Constituinte. Tratava-se de Carlota Pereira de Queirós, uma médica paulista e primeira deputada federal do Brasil, eleita pelo voto popular: "Além de representante feminina, única nesta Assembleia, sou, como todos os que aqui se encontram, uma brasileira, integrada nos destinos do seu país e identificada para sempre com os seus problemas." [...]

CÂMARA dos Deputados. *Mulher e cidadania:* 80 anos do voto feminino. Disponível em: <www2.camara.leg.br/a-camara/conheca/museu/exposicoes-2012/mulher-e-cidadania-80-anos-do-voto-feminino>. Acesso em: 16 fev. 2017.

Os parlamentares eleitos formaram a Assembleia Constituinte, que iniciou os trabalhos em novembro de 1933. A nova Constituição foi promulgada em julho de 1934. Suas principais características eram:

- manutenção do regime federativo e presidencialista e da separação dos três poderes (Executivo, Legislativo e Judiciário);
- extinção do cargo de vice-presidente;
- voto secreto e eleições diretas para os poderes Executivo e Legislativo da União, dos estados e dos municípios;
- voto feminino;
- regulamentação de várias leis trabalhistas;
- criação do mandado de segurança para defender o cidadão contra abusos do Estado;
- ensino primário obrigatório e gratuito.

Após a promulgação da Constituição, a Assembleia Constituinte transformou-se em Câmara dos Deputados. Uma de suas atribuições era eleger o novo presidente da República. Getúlio Vargas foi o escolhido para um mandato de quatro anos, sem direito à reeleição.

Instalação da Assembleia Constituinte de 1934, da qual participou a deputada Carlota Pereira de Queirós (1892-1982), primeira mulher a ocupar um cargo no Legislativo federal brasileiro.

3 O Governo Constitucional (1934-1937)

Quando Getúlio Vargas assumiu o cargo de presidente constitucional em julho de 1934, cresciam no cenário internacional os extremismos políticos e ideológicos, bem como o poderio estatal, o intervencionismo e o armamentismo. Nos Estados Unidos, o presidente Franklin Roosevelt colocava em prática as medidas do *New Deal* para enfrentar a depressão em curso. Na Europa, o fascismo e o nazismo se consolidavam.

No Brasil também ocorria forte polarização. Simpatizantes do totalitarismo em avanço na Europa, o presidente e alguns de seus ministros aproximaram-se dos regimes fascistas de Mussolini, na Itália, e de Hitler, na Alemanha. Além disso, diversos projetos políticos ganhavam apoio das populações urbanas.

Em outubro de 1932, Plínio Salgado (1895-1975), um ex-deputado do PRP, fundou a **Ação Integralista Brasileira (AIB)**. Inspirada no fascismo, a organização era apoiada por grandes proprietários, empresários, membros da classe média, parte do operariado e oficiais das Forças Armadas. Seus integrantes pregavam a criação de um Estado integral, isto é, uma ditadura nacionalista de partido único, e a luta contra o comunismo. Com o lema "Deus, Pátria e Família", o discurso integralista atraiu milhares de pessoas.

Dois anos depois, comunistas, socialistas e liberais democratas uniram-se na **Aliança Nacional Libertadora (ANL)**, que era formada por membros da classe média, do operariado e das Forças Armadas, a maioria de baixa patente. A organização pregava a reforma agrária, o estabelecimento de um governo popular democrático, a nacionalização de empresas estrangeiras e a suspensão definitiva do pagamento da dívida externa.

A ANL atraiu milhares de adeptos em todo o país. Porém, suas críticas ao governo federal e a defesa de um governo popular com características comunistas serviram para Getúlio Vargas declará-la ilegal em julho de 1935, com base na **Lei de Segurança Nacional**.

> **Lei de Segurança Nacional**: conjunto de normas que determina quais atitudes e práticas são consideradas crimes contra a segurança nacional e suas respectivas penas. Foi aprovada como Lei nº 38 em abril de 1935 e, no ano seguinte, ganhou ainda maior rigor com o Tribunal de Segurança Nacional.

Como os fascistas italianos e os nazistas alemães, os integralistas também tinham uma organização paramilitar. Seus paramilitares eram apelidados de "galinhas-verdes", por causa do uniforme com camisa verde. Possuíam como símbolo o Σ (sigma, décima oitava letra do alfabeto grego) e faziam a saudação "Anauê!" com o mesmo gesto de braço estendido utilizado por extremistas de direita na Europa. Na foto, produzida na década de 1930, crianças e mulheres integralistas em Matão, São Paulo.

Em novembro de 1935, os comunistas liderados por Luís Carlos Prestes, que também era líder da ANL, tentaram promover uma revolução, denominada posteriormente **Intentona Comunista**. O objetivo da revolta era derrubar Getúlio Vargas e instaurar o comunismo no Brasil. A revolta foi rapidamente sufocada pelo governo federal, que decretou estado de sítio no país.

Muitos líderes da Intentona foram perseguidos, presos e torturados. Prestes foi preso em 1936 e condenado a nove anos em regime solitário. Derrotado, o levante comunista serviu como pretexto para Vargas endurecer o regime, obter do Congresso a aprovação de medidas de exceção, como o **estado de guerra**, e ampliar a repressão.

> **Intentona**: plano insensato ou revolta frustrada.
> **estado de guerra**: situação que prolonga a vigência do estado de sítio, aumentando seu alcance e possibilitando o início de mobilização militar visando a operações de guerra.

Leituras

Levante potiguar

O texto a seguir fala sobre o levante potiguar, ocasião em que, durante alguns dias, em 1935, a cidade de Natal e outras cidades do interior do Rio Grande do Norte testemunharam uma revolta organizada pelos grupos comunistas.

[...] Natal amanheceu tranquila naquele sábado, 23 de novembro de 1935. A capital do Rio Grande do Norte tinha, então, uma população de 40 mil habitantes. [...] A calmaria daquele dia começou a ser perturbada com a chegada de uma carta do chefe da Região Militar para o comandante do 21º Batalhão de Caçadores (BC). Nela, o general Manuel Rabello autorizava a dispensa de praças suspeitos de participação em assaltos a bondes.

A notícia da expulsão de quase 30 soldados causou silenciosa revolta no quartel. À tarde, militares do 21º BC reuniram-se com dirigentes do Partido Comunista Brasileiro (PCB) estadual para examinar a situação. Às 19h30, no mesmo quartel, o cabo Giocondo Alves Dias, o sargento Quintino Clementino de Barros e o soldado Raimundo Francisco de Lima, muito bem armados, renderam o oficial de dia: "O senhor está preso, em nome de Luís Carlos Prestes".

Dominado, o quartel foi aberto para os civis que apoiavam o movimento. [...] No dia seguinte, domingo, Natal já estava integralmente sob controle dos insurretos.

[...]

A conquista do interior do estado passou para a ordem do dia, com a formação de três colunas de combatentes. [...] a primeira deveria seguir em direção a Mossoró; a segunda, até a divisa do Rio Grande do Norte com a Paraíba; e a última, para a cidade de Goianinha.

Os revolucionários ocuparam 17 dos 41 municípios potiguares e, quando possível, entregaram o poder a personalidades locais ligadas à Aliança Nacional Libertadora (ANL).

[...]

O plano insurrecional contava com o apoio da Internacional Comunista (IC), que enviou alguns de seus assessores – Olga Benário entre eles – para o Brasil. A ação começaria com levantes militares a serem acompanhados pela mobilização de trabalhadores em greve em todo o território nacional.

Em princípio, no dia 23 de novembro, o PCB de Natal procurou convencer os militares subalternos do 21º BC a não se rebelar. Argumentou que ainda não era o momento. Ante a inevitabilidade do levante, os comunistas dele participaram e se tornaram os seus dirigentes. No dia 24, militares sublevaram-se em Recife, sendo vencidos um dia depois.

Pegos de surpresa pelo levante na capital do Rio Grande do Norte, a direção nacional do partido e os agentes da IC decidiram colocar em marcha movimentos no Distrito Federal e em alguns estados. Só conseguiram levar o plano adiante no Rio de Janeiro, sendo vencidos no fim da manhã do dia 27.

[...]

MATTOS, Marco Aurélio Vannucchi L. de. Levante potiguar. *História Viva*. São Paulo: Segmento, ano VI, n. 62. p. 68, 70 e 71. [s.d].

Vargas e o golpe

O mandato constitucional de Vargas deveria se estender até maio de 1938. Três candidatos se apresentaram no início de 1937 para disputar a sucessão: Armando de Salles Oliveira (1887-1945), ex-governador de São Paulo, lançado pelas elites paulistas; o escritor paraibano José Américo de Almeida (1887-1980), aparentemente apoiado pelo Presidente, e o líder integralista Plínio Salgado. Mas Getúlio não estava disposto a deixar a Presidência, e um golpe de Estado foi arquitetado, com o auxílio dos generais Eurico Gaspar Dutra (1883-1974) e Góis Monteiro (1891-1963).

O pretexto para o golpe foi a apresentação de um documento que anunciava uma insurreição comunista, com um plano para tomar o poder, assassinar as principais lideranças políticas do país e incendiar as igrejas. No entanto, esse "documento" era falso. A farsa, montada por alguns militares integralistas e membros do governo, ficou conhecida como **Plano Cohen**, pois o autor do suposto plano de ação seria um comunista chamado Bela Cohen.

Para justificar a prisão de opositores e a censura à imprensa, a farsa foi divulgada em outubro de 1937. No dia 10 de novembro de 1937, Getúlio determinou o fechamento do Congresso Nacional e dos legislativos estaduais e municipais, suspendeu a realização das eleições presidenciais, extinguiu os partidos políticos e revogou a Constituição de 1934. Era a instalação do chamado **Estado Novo** (1937-1945).

Leituras

Tempos de governos "fortes"

No texto a seguir, o historiador brasileiro Boris Fausto apresenta aspectos do período entreguerras, no qual a implantação de regimes autoritários teve início na Europa.

[...] No mundo dos anos 1930, parecia não haver lugar para os liberais. O fenômeno da implantação de regimes autoritários começara a ocorrer na Europa, após a Primeira Guerra Mundial, com a ascensão do fascismo na Itália, em 1922. A crise aberta de 1929 iria potencializar essa tendência, na medida em que a suposta agonia do capitalismo vinha acompanhada da suposta agonia de seu correlato – a liberal-democracia. Os problemas da sociedade e do sistema político pareciam residir no individualismo; na política partidária, que fragmentava o organismo de uma nação; nos parlamentos ineficientes e representativos de interesses mesquinhos.

A resposta para esses problemas, oscilando entre o autoritarismo e o totalitarismo, tinha alguns traços básicos comuns: a crença nos governos "fortes", significando o reforço do poder do Estado, encarnado no Executivo e personificado por uma figura dominante central; a recusa a admitir como natural a diversidade de opiniões, um malefício a ser combatido com o cerceamento da liberdade de expressão; a crença na capacidade dos técnicos, a serviço da eficiência do governo, em detrimento da ação dos políticos; a opção pela representação de interesses na forma corporativa, sob o guarda-chuva do Estado, e a consequente descrença na representação política individual, expressa no sufrágio universal. [...]

FAUSTO, Boris. *Getúlio Vargas*: o poder e o sorriso. São Paulo: Companhia das Letras, 2006. p. 69-70.

Tropas do Exército cercam o Senado em 10 de novembro de 1937, dia do golpe do Estado Novo.

4. Vargas e a ditadura do Estado Novo (1937-1945)

Logo após o golpe, entrou em vigor uma nova Constituição, elaborada pelo ministro da Justiça, Francisco Campos (1891-1968), e inspirada nas Constituições fascistas da Itália e da Polônia – daí seu apelido, a **Polaca**.

No livro *Memórias do cárcere* (1953), o escritor Graciliano Ramos (1892-1953), com ironia cáustica, afirmou que o Estado Novo era o "nosso pequenino fascismo tupinambá". Porém, mesmo sendo autoritário e centralizador, o Estado Novo foi distinto dos regimes nazifascistas europeus. Ele não integrava um partido político nem tinha certa legitimação por meio de uma visão histórica: restaurar o Império Romano, no caso de Mussolini, ou a ideia do Terceiro *Reich*, no caso de Hitler.

A Carta de 1937 foi outorgada por Vargas e nunca entrou plenamente em vigor, pois precisava ser referendada por um plebiscito que não ocorreu, de modo que o presidente governou por meio de **decretos-lei**.

Em dezembro de 1937, Getúlio decretou o fechamento de todos os partidos políticos do país – até mesmo da Ação Integralista Brasileira. Os integralistas romperam com Vargas e tentaram um golpe de Estado em 1938, atacando o Palácio da Guanabara, residência do presidente (*Putsch* integralista). Com a chegada de reforços militares, líderes e participantes do movimento integralista foram presos, encerrando a tentativa de golpe.

O Departamento de Imprensa e Propaganda (DIP)

Getúlio Vargas preocupou-se com a propaganda oficial do governo desde sua chegada ao poder no Governo Provisório. Em 1931, criou o Departamento Oficial de Publicidade e, em 1934, o Departamento de Propaganda e Difusão Cultural. O objetivo desses órgãos era divulgar uma imagem positiva do governo.

Já durante o Estado Novo, o órgão da propaganda transformou-se no Departamento Nacional de Propaganda (DNP) e, em 1939, no **Departamento de Imprensa e Propaganda** (**DIP**). Além de insistir numa imagem positiva do governo, o DIP também garantia o apoio da opinião pública e censurava os meios de comunicação (emissoras de rádio, jornais, livros, cinema) que fizessem oposição ao governo.

Em 1938, o governo lançou o programa *Hora do Brasil*, veiculado pela Rádio Nacional, emissora de propriedade do Estado brasileiro. Durante uma hora, eram divulgadas notícias positivas do governo, intercaladas com música brasileira. O programa existe até hoje, renomeado como *A voz do Brasil*.

A propaganda governamental e o culto à personalidade de Vargas eram feitos também por meio da imprensa, do cinema e de manifestações públicas organizadas em dias comemorativos, como o Primeiro de Maio – data que homenageia os trabalhadores. Nessas cerimônias, era proibida a utilização de bandeiras, hinos e outros símbolos estaduais. Somente os emblemas nacionais eram permitidos, a fim de reforçar a unidade do país e evitar manifestações federalistas.

Novos símbolos foram criados para reforçar a identidade do povo brasileiro, que passou a ser caracterizado pela mestiçagem. Foram valorizados elementos da cultura popular, como o samba, exaltado como o mais brasileiro dos ritmos, e também a capoeira, reconhecida como esporte nacional. Foram instituídas ainda datas cívicas, como o Dia da Raça (4 de setembro), e difundido o culto à Nossa Senhora da Conceição Aparecida, santa mestiça e padroeira do Brasil.

> **decretos-lei**: leis impostas pelo presidente da República.

A exemplo dos regimes totalitários da Europa, Vargas investiu em propagandas que o exaltavam durante o Estado Novo (1937-1945).

A repressão durante o Estado Novo

Durante o Estado Novo, Vargas utilizou a polícia política comandada por Filinto Müller (1900-1973), um notório admirador do nazismo, para reprimir as pessoas que se opunham ao seu governo ditatorial.

Intelectuais e artistas foram perseguidos, como o historiador Caio Prado Jr. (1907-1990), o pintor Di Cavalcanti (1897-1976) e os escritores Graciliano Ramos, Jorge Amado (1912-2001) e Érico Veríssimo (1905-1975). Trabalhadores, líderes sindicais e militantes de organizações de esquerda foram presos e torturados. Muitos opositores ao regime foram mortos.

Merece destaque também o caso de Olga Benário Prestes (1908-1942), mulher de Luís Carlos Prestes. Presa em 1936, judia alemã de nascimento e agente soviética no Brasil, Olga foi deportada, grávida, para a Alemanha nazista, onde ficou presa em um campo de concentração. Poucos anos depois da prisão, em 1942, foi assassinada na câmara de gás do campo de Ravensbrück.

Primeira página do jornal *O Imparcial* anuncia a deportação de Olga Benário em 29 de agosto de 1936.

Vargas e os trabalhadores

Getúlio Vargas mostrou-se hábil na aproximação com os trabalhadores urbanos, fortalecendo o poder do Estado e dando atenção à política trabalhista. Entre as leis trabalhistas criadas durante o seu governo destacam-se a implementação do salário mínimo e a **Consolidação das Leis do Trabalho (CLT)**, que unificou toda a legislação trabalhista existente no Brasil.

A CLT estabeleceu descanso semanal remunerado, férias, décimo terceiro salário, carteira de trabalho, licença-maternidade e aposentadoria, entre outros direitos. Com várias alterações, ela tem regulamentado as relações entre patrões e empregados no país.

Apresentado como "pai dos pobres", Vargas mantinha um rígido controle dos trabalhadores por meio da submissão dos sindicatos ao Ministério do Trabalho. As lideranças escolhidas para o comando dos sindicatos eram pessoas fiéis ao regime. Foram apelidadas de **pelegos**, pois, da mesma forma como a pele com a lã do carneiro é usada sobre o dorso do cavalo para diminuir o atrito com a sela, os pelegos eram responsáveis por amortecer as pressões dos trabalhadores sobre o governo e os patrões.

Assim, de um lado Vargas atendia às reivindicações dos trabalhadores, aproximando-se das camadas populares, e de outro inviabilizava um movimento sindical independente. Acrescente-se que os sindicatos passaram a receber os recursos de um "imposto sindical", obrigatório a todos os trabalhadores e equivalente a um dia de trabalho por ano.

A respeito das relações entre o governo Vargas e os trabalhadores, a historiadora Ângela de Castro Gomes nos fornece uma nova análise, com base em um depoimento.

[...] No pós-1930 havia um processo de controle dos trabalhadores, sem dúvida, mas havia também um processo de negociação, que eu queria ressaltar. Entrevistei para a minha tese o Seu Hílcar Leite, um gráfico comunista e depois **trotskista**, que me disse: "Eu ia para a porta da fábrica falar mal do Getúlio e quase apanhava. Os trabalhadores adoravam o Getúlio!".

> **trotskista**: relativo à corrente de esquerda formada pelos seguidores das ideias de Leon Trotsky (1879-1940), que criticava o modelo soviético stalinista.

Ora, dizer que se vivia um processo de manipulação dos trabalhadores, que eram todos enganados durante tanto tempo, era algo insatisfatório para mim. Essas pessoas seriam completamente desprovidas de discernimento? Ou, afinal, tinham uma lógica em seu comportamento político que deveríamos encontrar e respeitar? Os trabalhadores, quando "gostam" de Vargas, entendem que há ganhos nessa negociação, e vão explorar essa possibilidade. [...]

GOMES, Ângela de Castro. Liberdade não é de graça. Entrevista à *Revista de História da Biblioteca Nacional*, 30 mar. 2007. Disponível em: <www.revistadehistoria.com.br/secao/entrevista/angela-de-castro-gomes>. Acesso em: 16 fev. 2017.

Comemoração do Primeiro de Maio, com desfile de trabalhadores levando a bandeira nacional e o retrato de Vargas na cidade do Rio de Janeiro. Foto de 1942.

Leituras

Populismo: conceito ou insulto?

A aproximação de Vargas com as camadas populares configurou uma prática apelidada de **populismo**. O termo é tomado muitas vezes como um insulto, uma referência a um governante que engana multidões para manter-se no poder.

O populismo espalhou-se pela América Latina depois da Crise de 1929 e teve como seus maiores representantes Getúlio Vargas, no Brasil, e Juan Domingo Perón, na Argentina. O texto a seguir, do historiador Jorge Ferreira, apresenta uma reflexão sobre o termo.

[...] Há um grupo de historiadores convencidos de que populismo é realmente mais um insulto que um conceito teórico. É como chamar alguém de fascista, que não significa que se esteja acusando, estritamente, de seguidor do regime fascista. Tudo não passa de um termo usado para desqualificar o oponente. Populismo vem servindo para definir coisas muito diferentes. Cabe tanto um Getúlio Vargas quanto um Ademar de Barros, Jânio, Jango, JK, trabalhistas, até Fernando Collor de Mello. Não existe um conceito teórico que junte coisas tão distintas assim. Populista é sempre o adversário.

[...] [a ideia de que o populista é aquele que engana o povo com promessas] foi uma construção dos liberais derrotados e, depois, das esquerdas revolucionárias. Para os liberais, eles só poderiam ter perdido porque alguém se deixou ludibriar. Para as esquerdas, que queriam primazia nos movimentos populares, os populistas eram todos os demais, inclusive outros ramos marxistas. Além da direita e da esquerda, juntaram-se nessa poderosa aliança a universidade, tentando dar uma consistência teórica à definição, e a imprensa, difundindo e popularizando a caracterização. O princípio, totalmente improvável, é da existência de uma multidão de tolos, um bando de idiotas, a seguir um líder malicioso e poderosíssimo. Um sujeito capaz de enganar milhões e milhões de pessoas durante décadas. É uma afirmação da mesma família daquela outra: 'O povo brasileiro não sabe votar'. As multidões apoiaram Vargas e outros governos ditos populistas por entender que ganhavam com isso, melhoravam de vida. Preferiam esse projeto ao outro, batido nas urnas. O conceito de populismo não é uma coisa que sempre existiu, um dado como o sol e a chuva. É uma invenção humana, com história. [...]

FERREIRA, Jorge. Todos populistas. *Revista Época*. Rio de Janeiro: Globo, 22 set. 2009. Disponível em: <http://revistaepoca.globo.com/Revista/Epoca/0,,EDR51181-6060,00.html> Acesso em: 16 fev. 2017.

Vargas e a economia

Durante o Estado Novo, a industrialização foi bastante estimulada pelo governo, por meio de uma **política de substituição de importações**, com créditos e medidas protecionistas. Para o desenvolvimento da economia, prevaleceu o intervencionismo, com coordenação e planejamento do Estado. Esse tipo de atuação era tendência mundial na época, tanto no mundo capitalista como no socialista, negando o liberalismo.

Com o início da Segunda Guerra Mundial, em 1939, as importações de produtos industrializados sofreram muitas restrições, exigindo um aumento de sua produção no Brasil. O governo estimulou a implantação de novas fábricas e a ampliação das já existentes. Foram criadas também grandes empresas estatais de **indústria de base**, indispensáveis ao desenvolvimento dos demais setores industriais. Surgiram assim a Companhia Siderúrgica Nacional (CSN), em Volta Redonda, RJ, e a Companhia Vale do Rio Doce, em Itabira, MG, para a extração e o processamento de minérios.

Outro destaque foi a criação do **Conselho Nacional do Petróleo**, em 1938, para controlar a exploração e o fornecimento desse produto e seus derivados. O primeiro poço petrolífero foi perfurado na Bahia, em 1939.

> **indústria de base**: ramos industriais que produzem bens que são absorvidos por outras indústrias, como máquinas ou matéria-prima. Temos como exemplo a metalurgia, a siderurgia e a petroquímica.

Para saber mais

Miséria e religiosidade no sertão

O meio rural brasileiro, que reunia mais de 68% da população, segundo o Censo de 1940, pouco tinha mudado desde as primeiras décadas da república. Problemas como seca, miséria e condições desumanas de trabalho persistiam. Foi nesse quadro que na região do Crato, cidade do sertão do Ceará, o beato negro José Lourenço, seguidor do padre Cícero Romão Batista, instalou uma comunidade religiosa, **Caldeirão da Santa Cruz do Deserto**. No final dos anos 1920, a comunidade passou a atrair inúmeros migrantes.

Não faltaram acusações, já no início dos anos 1930, de que o Caldeirão seria uma nova Canudos, que formava um arraial de fanáticos e comunistas, além de acumular armas e munição e de ser uma ameaça ao Estado. Elites regionais, clérigos católicos, a imprensa cearense e as autoridades federais se opunham à comunidade.

Em setembro de 1936, a comunidade foi fortemente atacada por uma expedição das Forças Armadas, que deixou centenas de mortos. O beato José Lourenço conseguiu escapar, refugiando-se com algumas famílias na serra do Araripe.

Continuamente perseguidos, em 1937 foram atacados por terra e por ar, com metralhadoras e bombas, e totalmente dispersados. O beato José Lourenço escapou mais uma vez, falecendo na cidade de Exu, Pernambuco, em 1946. A estimativa do número de mortos varia de acordo com as fontes, indo de 200 a mil pessoas.

Na mesma época, os últimos bandos de cangaceiros foram encurralados ou abandonaram a luta. Lampião, o mais famoso deles, foi morto pela polícia alagoana em 1938.

Mulheres, crianças e idosos capturados durante o ataque à comunidade Caldeirão da Santa Cruz do Deserto, em 1936.

A deposição de Vargas

A participação do Brasil na Segunda Guerra Mundial criou uma situação contraditória que acabou enfraquecendo o governo: o mesmo Estado que lutava contra os nazifascistas mantinha um regime ditatorial. Foi nesse contexto que a oposição a Vargas ganhou força.

Em outubro de 1943, políticos e empresários de Minas Gerais publicaram o **Manifesto dos Mineiros**, exigindo eleições gerais e a elaboração de uma nova Constituição. Censura e pressões se seguiram até o início de 1945, quando Vargas estabeleceu a data para novas eleições: 2 de dezembro de 1945.

Além dessa, outras conquistas democráticas foram alcançadas no Brasil, como a libertação de presos políticos e o retorno de exilados. Foram organizados também novos partidos para a disputa eleitoral, entre os quais se destacavam:

- a **União Democrática Nacional (UDN)**: de cunho liberal, reunia principalmente industriais, banqueiros, grandes proprietários, membros da classe média e da imprensa. Lançou a candidatura à Presidência do brigadeiro Eduardo Gomes, ex-tenentista;
- o **Partido Social-Democrático (PSD)**: formado basicamente pelos interventores estaduais e pela burocracia estatal que apoiava Getúlio;
- o **Partido Trabalhista Brasileiro (PTB)**: composto de setores do movimento sindical controlados por Getúlio Vargas. A coligação PTB-PSD lançou a candidatura do general Eurico Gaspar Dutra, ex-ministro da Guerra;
- o **Partido Comunista do Brasil (PCB)**: retirado da ilegalidade, agregava os movimentos de esquerda. Tinha Yedo Fiúza como candidato à Presidência.

Entre os trabalhadores urbanos, a popularidade do presidente continuava alta e diversas manifestações de rua pediam sua candidatura à Presidência. Com o lema "Queremos Getúlio", o movimento **queremista** se espalhou por todo o país.

Temendo que Getúlio tramasse um novo golpe para se manter no poder, membros do alto escalão das Forças Armadas, liderados pelos generais Góis Monteiro e Eurico Gaspar Dutra, depuseram o presidente em 29 de agosto de 1945. A presidência foi ocupada por José Linhares, ministro do Supremo Tribunal Eleitoral. As eleições foram realizadas na data prevista e deram vitória a Dutra.

Comício queremista no Largo da Carioca, na cidade do Rio de Janeiro, em 1945.

Brasil: a Era Vargas

Vivendo naquele tempo

Culturas urbanas no Rio de Janeiro

O rápido crescimento do Rio de Janeiro e a efervescência política provocada pela Revolução de 1930 transformaram radicalmente as práticas culturais urbanas, nas décadas de 1930 e 1940. A industrialização acelerada, a imigração europeia e o aumento populacional do Rio de Janeiro propiciaram o surgimento de atividades de lazer e cultura relacionadas ao cinema, ao teatro e aos espetáculos noturnos.

A ampliação da escolaridade, ainda que restrita aos setores médios, estimulou o mercado editorial, que se diversificou com a publicação de jornais, revistas e livros. Revistas semanais ilustradas, como *O Cruzeiro*, *Fon Fon* e *Careta*, circulavam a preços populares em bancas de rua, oferecendo notícias, análises políticas, curiosidades e muitas imagens.

O rádio era o grande veículo de comunicação de massa, popularizado graças ao desenvolvimento tecnológico e industrial que barateou os aparelhos. Todos os dias, as principais emissoras, como a Mayrink Veiga, a Rádio Nacional e a Tupi, transmitiam episódios de radionovela e programas de calouros. Programas de música ao vivo também contavam com a presença de grandes intérpretes e compositores, como Francisco Alves (1898-1952), Dalva de Oliveira (1917-1972), Vicente Celestino (1894-1968), entre outros.

A indústria cultural nascente se diversificava, associada às tendências dos países centrais. Artistas e intelectuais brasileiros conviviam com cineastas, dramaturgos e pintores europeus e estadunidenses.

O Rio de Janeiro se tornava uma "vitrine" do país, internacionalmente conhecido graças às suas belezas naturais e à sua efervescência cultural. Novas salas de cinema e teatro eram inauguradas, surgiam revistas especializadas na vida das celebridades. Os hábitos de consumo de bens duráveis e eletrodomésticos dominavam os desejos dos setores médios.

A cidade se modernizava em meio a intensas contradições sociais e tensões raciais na vida cotidiana. Por um lado, o espaço público tornava-se o grande cenário da vida cultural carioca; por outro, os salões de festa e os clubes fechados ofereciam lazer para as elites e a classe média alta em busca de distinção social. A população pobre e negra vivia nos morros e nas regiões mais afastadas, em habitações inadequadas, ocupava os piores empregos e sofria com diversas formas de discriminação.

Assim, a modernidade se constituiu na contradição entre, de um lado, as novidades e transformações da cultura de massas e, de outro, as desigualdades e exclusões da velha sociedade aristocrática e colonial.

O cineasta estadunidense Orson Welles (1915-1985) durante o Carnaval no Rio de Janeiro, em 1942.

Atividades

Retome

1. Em que medida o contexto internacional dos anos 1930 favoreceu a ascensão de Getúlio Vargas ao poder?

2. O que foi a Revolução Constitucionalista de 1932? Quais foram seus resultados e desdobramentos? É possível afirmar que se tratou de uma revolução, considerando-se o significado histórico do termo?

3. É possível afirmar que os conflitos no campo, característicos da Primeira República, foram superados na Era Vargas? Justifique sua resposta.

4. Aponte semelhanças e diferenças entre o Estado Novo e os regimes nazifascistas europeus.

5. Que relações podem ser estabelecidas entre o fim da Era Vargas e o término da Segunda Guerra Mundial?

Pratique

6. Vimos que os direitos da mulher e o seu papel na sociedade foram alvo de intensos debates nos anos 1920. Mas quais foram os desdobramentos da chamada "questão feminina" durante a Era Vargas? Leia os fragmentos de texto a seguir para refletir sobre o assunto.

> [...] O ano de 1932 foi, certamente, um marco para as mulheres brasileiras, que conquistaram diversos direitos, tanto políticos, quanto sociais. O Código Eleitoral estipulou o direito de voto para as mulheres e diversos decretos introduziram avanços inegáveis na legislação trabalhista, favorecendo a população feminina que laborava na indústria e no comércio: concessão do direito à licença-maternidade; proibição do trabalho da mulher grávida durante quatro semanas antes e após o parto; direito da mulher em período de aleitamento a descansos diários; [etc.] [...].
>
> Contudo, [...] algumas das medidas de proteção às mulheres revelavam uma intencionalidade que ultrapassava o mero desejo de consolidar a presença da população feminina no mundo do trabalho. A proibição do trabalho noturno às mulheres, e também em atividades consideradas insalubres ou perigosas, significava, na prática, estabelecer uma reserva de mercado aos homens, muitos dos quais clamavam pela restrição do emprego feminino, de modo a que estas não ocupassem vagas que pertenceriam aos chefes de família. Além desse aspecto, a medida possuía um cunho moralizante, dado que a presença feminina nas ruas, após o pôr do sol, poderia dar margem a certas liberdades, principalmente no campo sexual. Na prática, a proibição do trabalho noturno significou a demissão de um grande número de mulheres, principalmente em bares e restaurantes. Em 1933, garçonetes protestavam contra a perda dos seus empregos, alegando que a medida implantada configurava um "falso protecionismo". [...] A proibição do exercício de atividades insalubres e perigosas às mulheres só se justificava pelo desejo de preservar seus corpos para a função gestacional, dado que não poderia haver outra explicação para os homens serem autorizados a exercer funções vedadas à população feminina, abrangendo empregos que lidassem com: perigo de acidentes e de envenenamento, necessidade de trabalho atento e prudente, poeira e vapores nocivos (Anexo ao Decreto n. 21.417A, 17/05/1932). [...]
>
> OSTOS, Natascha Stefania Carvalho de. A questão feminina: importância estratégica das mulheres para a regulação da população brasileira (1930-1945). *Cadernos Pagu*, n.39, jul-dez. 2012, p. 327-333.

a) Por que o ano de 1932 foi importante para as mulheres brasileiras?

b) As conquistas femininas ocorridas nos anos 1930 atendiam às demandas de movimentos sociais bastante ativos no Brasil. Que movimentos eram esses?

c) Que advertência a autora do texto faz em relação a essas conquistas?

Analise uma fonte primária

7. Leia a seguir o trecho de uma carta escrita pelo colono Manoel Dias de Menezes, do núcleo colonial de São Bento, na estrada Rio-Petrópolis, ao presidente Getúlio Vargas, em 22 de novembro de 1940.

> [...] No momento, justamente em que V. Ex.ª está sacrificando sua própria vida, o seu repouso pelos longínquos sertões do Brasil, em prol do bem-estar do pobre do pequeno agricultor, aqui em Itaguaí, no lugar denominado mazomba, os pequenos agricultores estão sendo até despejados discricionariamente, sem direito de espécie alguma. Em uma partida local, há um árabe que se diz proprietário de uma grande área de terras (montanhas), que tem alguns terceiros que já perderam por completo o estímulo de trabalhar, porque é exigida a terça pelo modo mais humilhante, pois o árabe, que se chama Moisés Abrahão, ainda aplica nos tempos que atravessamos o sistema da chibata!

> [...] São tão pacatos esses pobres homens que receiam dizer qualquer cousa sobre seus prejuízos, porque acham que há conivência das autoridades com o tal árabe, enfim, eles contam com a proteção de V. Ex.ª [...]. Enquanto V. Ex.ª procura nos amparar como se fôssemos seus próprios filhos, as autoridades competentes do local consentem o que lá se está passando. [...]
>
> Apud: REIS, José Roberto Franco. *Não existem mais intermediários entre o governo e o povo*: correspondências a Getúlio Vargas: o mito e a versão. Tese (Doutorado em História). Campinas: IFCH-Unicamp, 2002, p. 66, 154, 284-5.

a) Qual é o objetivo do autor da carta?
b) O que o documento revela acerca das relações de trabalho no mundo rural, durante a Era Vargas?
c) Retire do documento uma passagem que reforça o paternalismo de Vargas.
d) Uma das características do populismo é a relação direta do governante com o governado, sem intermediação de instituições ou do próprio Estado. Aponte dois elementos da carta que atestem o caráter populista do governo Vargas.

Articule passado e presente

8. Leia a seguir um trecho de uma entrevista com Benjamin Steinbruch, presidente interino da Federação das Indústrias do Estado de São Paulo na época em que a entrevista foi concedida (2014).

> **O senhor sempre fala na flexibilização de leis trabalhistas. Fala que é necessário acompanhar a experiência de outros países do mundo sobre esse tema. Objetivamente, quais alterações pontuais o senhor acha que são necessárias e urgentes na área da regulação do emprego?**
>
> Eu acho que, como você bem sabe, nós estamos numa lei que é da época de Getúlio Vargas, que foi de vanguarda naquele momento e que nos serviu até hoje. Agora, o Brasil mudou. As condições de emprego mudaram. Então a gente tem que se adaptar a uma nova realidade, se possível ainda de vanguarda.
>
> **Fale um item da CLT [Consolidação das Leis de Trabalho] que deveria ser eliminado ou alterado, e de que forma.**
>
> O custo do emprego não pode ser o dobro [do salário]. Porque você paga para o empregado x, você tem 2x de custo indireto. Tem que ser flexível.
>
> **Vamos lá. Fundo de Garantia do Tempo de Serviço [FGTS]: isso deve ser mantido ou deve ser eliminado?**
>
> Não, eu acho que os direitos devem ser mantidos. O que você tem que fazer é flexibilizar a lei trabalhista.
>
> **Mas, como?**
>
> A jornada pode ser flexível, a idade pode ser flexível (a idade de o empregado poder trabalhar).
>
> **Trabalhar mais jovem?**
>
> Trabalhar mais jovem, em condições ideais. A gente pode ter por parte do empregador e do empregado uma convergência de interesse. A gente hoje está engessado, está penalizando tanto o empregador quanto o empregado.
>
> [...]
>
> **Mas o senhor enxerga algum Congresso (porque isso teria que ser aprovado pelo Congresso, porque está na lei), algum Congresso — Câmara e Senado — aprovando uma redução do horário legal de almoço?**
>
> Se for vontade dos empregados, por que não? Será que o pessoal gosta de ficar uma hora para almoçar sendo que pode almoçar em meia hora, e essa meia hora podia ser aproveitada para voltar antes para casa? Será que não é mais legal para ele voltar antes para casa do que ficar uma hora sem ter o que fazer porque a lei exige que tenha esse tempo determinado de almoço? Eu estou falando isso em benefício do empregado também, entendeu?
>
> **Mas o senhor está falando num item que realmente teria algum benefício, talvez, para o empregador. Mas ainda assim, em relação ao que você paga de INSS [Instituto Nacional do Seguro Social], os vales (transporte, alimentação), Fundo de Garantia [do Tempo de Serviço], um terço de férias, todos esses direitos, o senhor acha que algum deles deveria ser facultativo entre patrão e empregado? Ou não, você acha que devem ser mantidos na lei?**
>
> Eu acho que pode ser negociado.
>
> **Quais?**
>
> Todos. Porque tem que ver se o empregado quer também, entendeu? Se você propõe para o empregado, por exemplo, se reduzir metade dos direitos que ele tem e outra metade vai para o bolso dele, eu te garanto que os empregados vão querer que metade vá para o bolso. Então tem um espaço enorme. O custo é muito grande, e o empregado não tem o benefício equivalente.
>
> Disponível em: <http://tvuol.uol.com.br/video/integra-da-entrevista-com-benjamin-steinbruch-57-min-04024C9B3764C4915326>. Acesso em: 16 fev. 2017.

a) Que críticas o empresário Benjamin Steinbruch faz à CLT?
b) Que mudanças ele propõe na legislação?
c) Muitos críticos da CLT afirmam que ela é ultrapassada, pois foi lançada durante a Era Vargas. Em sua opinião, as dificuldades enfrentadas pelos trabalhadores nos anos 1930, as quais a CLT procurou minimizar, são muito diferentes das atuais? Justifique sua resposta.

CAPÍTULO 35º
A Segunda Guerra Mundial (1939-1945)

Ilia Yefimovich/Getty Images

Na imagem, instalação no Museu e Memorial de Auschwitz-Birkenau, na Polônia, mostra roupas de prisioneiros que estiveram naquele campo de concentração durante a Segunda Guerra Mundial. Esse museu foi criado em 1947 e recebe, anualmente, visitantes do mundo todo. Foto de 2015.

A Segunda Guerra Mundial foi um conflito de grandes proporções que envolveu diversas nações do planeta. Além das batalhas que deixaram cidades em ruínas, essa guerra foi marcada pelo extermínio de milhões de pessoas de grupos sociais minoritários nos campos de concentração da Alemanha nazista. Quais teriam sido as intenções do governo nazista ao construir campos de concentração? Por que é importante, hoje, que tragédias como essa sejam relembradas e discutidas em museus e memoriais, como esse, construído na Polônia?

1 Justificando a guerra

Durante as guerras, é comum que cada lado em confronto "demonize" o inimigo para convencer sua população de que a guerra é legítima. Dessa forma, o conflito torna-se, simbolicamente, uma luta do bem contra o mal, da civilização contra a barbárie, e assim por diante.

Tal discurso costuma encobrir os interesses reais – geralmente econômicos e políticos – por trás da guerra. Entre os jornalistas, costuma-se repetir a frase "Na guerra, a primeira vítima é a verdade", atribuída ao dramaturgo grego Ésquilo (c. 525 a.C.-456 a.C.) e também ao senador estadunidense Hiram Johnson (1866-1945) e ao jornalista Harold Thomas Henry Carter (1898-1944).

A Segunda Guerra Mundial foi um conflito no qual as atrocidades cometidas por um dos lados (especialmente o da Alemanha nazista) foram muito impactantes. O massacre sistemático e organizado de minorias, como judeus, ciganos, homossexuais, etc., em campos de extermínio é um exemplo.

É interessante pensar até que ponto o bloco vencedor do conflito também não cometeu atrocidades. Essa constatação não serve para minimizar os crimes praticados pelo regime nazista e muito menos para estabelecer uma contabilidade baseada em quem teria matado mais ou menos. Porém, é importante pensar que a guerra quase sempre resulta em barbárie, e que a eventual "justiça" de um conflito armado não pode servir para encobri-la.

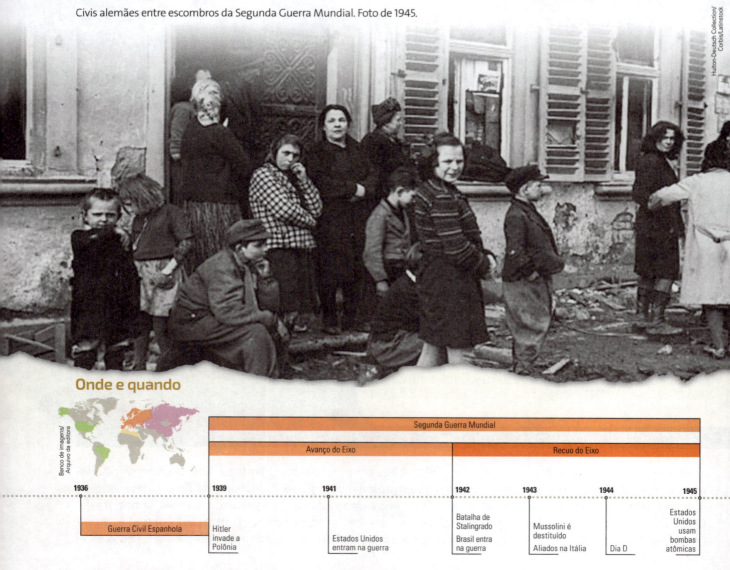

Civis alemães entre escombros da Segunda Guerra Mundial. Foto de 1945.

Onde e quando

Mapa e linha do tempo ilustrativos. As regiões indicadas no mapa referem-se à configuração atual dos países a que pertencem hoje, e o espaço entre as datas não é proporcional ao intervalo de tempo.

2 A guerra reaparece no horizonte

Os efeitos da crise mundial de 1929 exacerbaram os conflitos originados do Tratado de Versalhes (1919). A reação às condições de paz disseminou um forte sentimento nacionalista na Alemanha e na Itália, que culminou no totalitarismo nazifascista. Para evitar um confronto, líderes políticos da França e da Inglaterra adotaram uma política de concessões. A **política de apaziguamento**, contudo, não foi suficiente para garantir a paz internacional.

A **Liga das Nações**, na prática, revelou-se um órgão frágil, com pouca força para mediar e evitar a emergência de novos conflitos. Assim, as pequenas nações – lesadas em seus direitos territoriais e políticos – ficaram à mercê dos Estados mais fortes.

Na Ásia, em 1931 o Japão invadiu a Manchúria (região da China) e avançou pelas ilhas do Pacífico. Na África, a Itália tomou a Abissínia (atual Etiópia) em 1935. Na Europa, a Alemanha reincorporou o Sarre (1935) e ocupou militarmente a Renânia (1936), zonas da fronteira com a França, desmilitarizadas pelo Tratado de Versalhes. Para evitar confrontos, algumas nações europeias foram tolerantes com essas ações de força.

A falência da Liga das Nações e da paz internacional administrada por ela se confirmava a cada novo movimento expansionista dos Estados totalitários que ascenderam no período entreguerras.

Na Espanha, o general Francisco Franco (1892-1975) chegou ao poder logo após vencer as forças republicanas na **Guerra Civil Espanhola** (1936-1939). Durante esse conflito, Hitler e Mussolini apoiaram militarmente as tropas de Franco e puderam testar novos armamentos produzidos por seus países, consolidando o **Eixo Berlim-Roma**.

O Japão logo se uniria aos alemães e italianos, formando com eles o **Eixo Roma-Berlim-Tóquio**. Em 1936, os três países assinaram o **Pacto Anti-Komintern**, que visava combater o comunismo internacional.

A primeira manifestação significativa da expansão nazista na Europa ocorreu na Áustria, anexada ao Terceiro *Reich* em 1938, na operação conhecida como **Anschluss**, aprovada pela maioria da população austríaca. A meta seguinte era a região dos Sudetos, pertencente à Tchecoslováquia, sob o pretexto de que a região contava com um grande contingente de alemães.

Uma mulher de Cheb, Tchecoslováquia, faz a saudação nazista em prantos diante da invasão das tropas alemãs. Foto de 1938.

Autoridades da Inglaterra e da França reuniram-se, então, com Hitler e Mussolini. Para evitar um confronto geral, concordaram que os nazistas anexassem os Sudetos, ampliando o território da Alemanha em direção ao leste. Em troca, o governo alemão comprometia-se a não realizar nenhuma nova anexação sem o consentimento franco-britânico, confirmando a política de apaziguamento. Esse tratado ficou conhecido como **Acordo de Munique** (1938).

A Alemanha cobiçava tomar o "corredor polonês", faixa de terra que atravessava o norte do país e dava à Polônia acesso ao mar, em Dantzig (Gdansk em polonês). Em 1939, Hitler e Stalin assinaram o **Pacto Germano-Soviético**, no qual a União Soviética aceitava não se opor a uma invasão da Polônia pela Alemanha, e esta última garantia não reagir a uma invasão da Finlândia pelos soviéticos. Dessa forma, diferenças ideológicas, políticas e sociais entre o nazismo e o socialismo soviético ficaram relegadas a segundo plano.

Hitler invadiu a Polônia em 1º de setembro de 1939, e os governos da Inglaterra e da França reagiram. Iniciava-se a Segunda Guerra Mundial.

A expansão territorial da Alemanha nazista

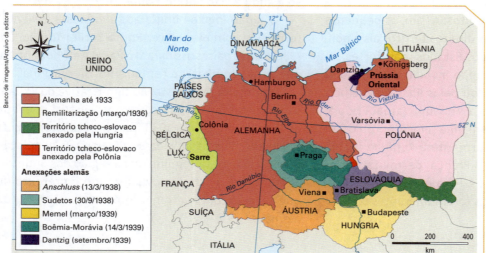

Adaptado de: ATLAS da história do mundo. São Paulo: Folha de S.Paulo, 1995. p. 265.

3 O desenvolvimento do conflito

Em poucos dias, as tropas polonesas foram destruídas e o país foi ocupado pelos nazistas. Conforme combinado no Pacto Germano-Soviético, o governo alemão aceitou a ocupação soviética de territórios poloneses a leste, além dos estratégicos Estados bálticos. Em 1940, o governo soviético ordenou a execução de milhares de prisioneiros de guerra poloneses, no episódio conhecido como **Massacre de Katyn**.

Em abril de 1940, as tropas alemãs prosseguiram com a **Blitzkrieg** ("guerra-relâmpago"), estratégia que empregava maciçamente veículos blindados (as divisões Panzer) e aviões (Luftwaffe – Força Aérea Alemã) visando a vitórias rápidas. O avanço militar nazista foi fulminante: em pouco tempo, a Alemanha ocupou a Dinamarca, a Noruega, os Países Baixos e a Bélgica.

Paris, a capital francesa, foi ocupada pelos nazistas em junho de 1940. Seguiu-se a rendição da França, com a ocupação militar do país pelos alemães e o estabelecimento de um regime "fantoche" na cidade de Vichy, no centro-sul do país. O marechal Pétain, herói da Primeira Guerra Mundial, chefiava o regime pró-alemão de Vichy.

Enquanto isso, o território da Inglaterra enfrentava bombardeios da aviação alemã. No norte da África, os ingleses rebatiam os ataques da Itália. Os italianos tentavam tomar o controle do Canal de Suez para romper as ligações da Inglaterra com suas colônias. Italianos e alemães atacaram também a Grécia e a Iugoslávia, controlando os Bálcãs.

Em junho de 1941, Hitler desrespeitou o pacto com Stalin e ordenou a invasão da União Soviética (Operação Barbarossa). Depois de um ataque-surpresa, os alemães obtiveram rápidas vitórias nas primeiras batalhas travadas em território soviético, com as tropas nazistas alcançando os subúrbios de Moscou, a capital soviética.

580 Capítulo 35

Inicialmente, o exército soviético pouco pôde fazer para deter o avanço dos invasores, mas sua força numérica, o vasto território e a resistência das tropas e da população civil reverteram esse cenário. A partir do final de 1941, e principalmente em 1942, os alemães experimentaram duras e decisivas derrotas.

No Pacífico, crescia a tensão entre os governos dos Estados Unidos (que até então mantinham sua neutralidade em relação ao conflito) e do Japão, especialmente após a ocupação japonesa da Indochina. Em 7 de dezembro de 1941, os japoneses atacaram **Pearl Harbor**, base naval estadunidense no Pacífico Sul. No dia seguinte, o Congresso dos Estados Unidos declarou guerra ao Japão, oficializando o confronto no Pacífico.

Um dos aspectos mais controversos da participação dos Estados Unidos na guerra foi o tratamento dado à população estadunidense de origem japonesa. Desconfiando de sua lealdade, o governo deteve milhares de pessoas em campos de internamento durante o conflito. A população estadunidense de origem alemã ou italiana não sofreu o mesmo tipo de tratamento durante a Segunda Guerra, sugerindo que a detenção de nipo-estadunidenses teve fundamento racista.

Até o início de 1942, a Alemanha, a Itália e o Japão dominaram a guerra, conquistando regiões da Europa, África e Ásia. A partir de então, iniciou-se a derrocada do Eixo Roma-Berlim-Tóquio.

O confronto entre nazistas e soviéticos na **Batalha de Stalingrado** (atual Volgogrado) durou vários meses e levou ao aniquilamento da ofensiva alemã em fevereiro de 1942. Iniciou-se assim o avanço soviético contra a Alemanha e formou-se a **primeira frente aliada**, que marcharia em direção a Berlim.

No Egito, em 1943, um exército anglo-estadunidense derrotou as tropas do Eixo na **Batalha de El Alamein**. A vitória deu aos aliados o controle do Mediterrâneo e possibilitou o desembarque de tropas na Itália, abrindo uma **segunda frente aliada** de avanço sobre a Alemanha. Em setembro do mesmo ano, a Itália se rendeu depois de o rei italiano destituir Benito Mussolini do poder. No mês seguinte, o novo governo italiano declarou guerra à Alemanha.

O Dia D: forças aliadas desembarcam na Normandia, costa noroeste francesa, abrindo a terceira frente de avanço contra a Alemanha. Na foto, desembarque de soldados estadunidenses na praia de Omaha, em junho de 1944.

A **terceira frente aliada** foi criada a partir do **Dia D**, em 6 de junho de 1944, quando mais de 100 mil soldados ingleses e estadunidenses desembarcaram nas praias da Normandia, no norte da França, na **Operação Overlord**. Pouco depois, Paris foi libertada, enquanto as três frentes convergiram sobre a Alemanha.

A primeira frente aliada foi a primeira a chegar a Berlim, dando o golpe final sobre o Terceiro *Reich*. Em 1º de maio de 1945, a bandeira vermelha da União Soviética foi hasteada no alto do Reichstag, o antigo Parlamento alemão. Hitler e Mussolini morreram poucos dias antes da rendição final (8 de maio), em circunstâncias dramáticas: o *Duce* foi morto por populares em Milão e o *Führer* suicidou-se em Berlim.

No Oriente, o conflito persistiu por mais dois meses. Os Estados Unidos avançaram progressivamente, cercando o Japão, e passaram a dominar o conflito no Pacífico. Em agosto de 1945, os estadunidenses lançaram um novo e poderoso artefato bélico sobre duas cidades japonesas: a bomba atômica. A rendição incondicional do Japão foi obtida em 19 de agosto e oficializou o final da Segunda Guerra Mundial.

Leituras

O ataque nuclear

No dia 6 de agosto de 1945, às 8 horas e 16 minutos, o bombardeiro estadunidense Enola Gay lançou sobre Hiroxima a primeira bomba atômica. Três dias depois, foi a vez de Nagasáqui. Essa arma foi idealizada pelo físico Robert Oppenheimer (1904-1967), como parte do projeto Manhattan. Seu uso pôs fim à Segunda Guerra Mundial e deu início à ameaça atômica sobre a humanidade.

[...] A escuridão da última hora da noite foi subitamente interrompida por um clarão intenso e ofuscante, seguido de uma estranha e silenciosa rajada de calor. Formou-se uma imensa nuvem em formato de cogumelo, subindo gradualmente 12 km em direção à atmosfera. A aterrorizada face esquelética de Oppenheimer estava consciente das palavras do Bhagavad-Gita que lhe vinham à mente:

Transformei-me na Morte,
A destruidora de mundos. [...]

STRATHERN, P. *Oppenheimer e a bomba atômica*. Rio de Janeiro: Zahar, 1998. p. 70.

Nagasáqui, agosto de 1945. Centenas de milhares de pessoas foram exterminadas em instantes.

O Brasil na Segunda Guerra Mundial

Inicialmente, o presidente Getúlio Vargas não definiu a posição do governo brasileiro: ora pendia para os Aliados, ora para o Eixo, acompanhando as tendências de seus auxiliares mais próximos no início da guerra.

Em 11 de junho de 1940, Vargas pronunciou um discurso saudando o sucesso nazista enquanto a Alemanha ocupava e rendia a França. Temerosos, os Estados Unidos intensificaram as tentativas de aproximação com o Brasil. Em setembro, autorizaram um empréstimo de 20 milhões de dólares ao governo brasileiro, para a construção da usina siderúrgica de Volta Redonda. A decisão forçou uma definição de Vargas, que acabou favorável aos Aliados.

Ainda que os Estados Unidos tivessem permanecido em posição de neutralidade até dezembro de 1941, sua participação no conflito era considerada inevitável. Portanto, um dos objetivos da diplomacia do país foi garantir o apoio de todo o bloco americano aos Aliados. No caso do Brasil, esse apoio foi conseguido também com o empréstimo para a siderúrgica.

Em janeiro de 1942, o Brasil rompeu relações diplomáticas com os países do Eixo, e em agosto declarou guerra, após o afundamento de diversos navios por submarinos alemães. Após a declaração de guerra, iniciou a preparação de um contingente militar para enviar à Europa. A **Força Expedicionária Brasileira (FEB)** foi organizada, com o recrutamento de aproximadamente 25 mil homens. Entre julho de 1944 e o final da guerra, a FEB e a FAB (Força Aérea Brasileira) participaram da campanha da Itália.

Apesar de as lutas terem sido travadas contra tropas alemãs de segunda linha, mal equipadas e desabastecidas, tratava-se de uma tropa latino-americana que combatia num conflito muito intenso, em território europeu. Considerando essas condições, seu desempenho foi bastante satisfatório.

4 Balanço da guerra e a partilha do mundo

A Segunda Guerra Mundial deixou um saldo devastador: um custo material superior a 1 bilhão e 300 milhões de dólares (em dólares de 1945, mais valorizados do que os de hoje), mais de 30 milhões de feridos e mais de 50 milhões de mortos. Cerca de 6 milhões de judeus morreram em campos de concentração nazistas, onde ocorria o assassinato em massa de prisioneiros, incluindo o uso de câmaras de gás e fornos crematórios.

O grau de destruição material do conflito foi inédito. Grandes cidades da Alemanha e do Japão foram devastadas por ataques aéreos arrasadores. Centenas de milhares de civis morreram nesses bombardeios. Foi a primeira vez que a população civil foi colocada em larga escala na linha de frente da guerra. O ponto culminante de tais práticas foi o ataque nuclear ao Japão.

Antes do término do conflito, as grandes potências firmaram acordos sobre seu encerramento. O primeiro deles ocorreu na **Conferência de Teerã**, no Irã, em novembro de 1943, da qual participaram Josef Stalin, da União Soviética, Winston Churchill, da Inglaterra, e Franklin Roosevelt, dos Estados Unidos. Decidiu-se que as forças anglo-estadunidenses interviriam na França, completando o cerco à Alemanha, juntamente com as forças orientais soviéticas. Essa decisão se concretizou no desembarque dos Aliados na Normandia.

Deliberou-se também sobre a divisão da Alemanha e sobre as fronteiras da Polônia. Os governantes dos Estados Unidos e da Inglaterra reconheceram ainda a fronteira soviética no Ocidente, com a anexação da Estônia, da Letônia, da Lituânia e do leste da Polônia.

Depois de Teerã, os chefes de Estado das grandes potências se reuniram em Yalta, na União Soviética. Da esquerda para a direita, sentados: Churchill, Roosevelt e Stalin. Foto de 1945.

Em fevereiro de 1945, realizou-se a **Conferência de Yalta**, na Crimeia. Novamente reunidos, Roosevelt, Churchill e Stalin discutiram a criação da **Organização das Nações Unidas (ONU)**. Foi também nessa reunião que se estabeleceu a divisão da Coreia em áreas de influência soviética e estadunidense.

Em agosto, realizou-se nos subúrbios de Berlim a **Conferência de Potsdam**. Com a rendição alemã, Stalin, Harry Truman (sucessor de Roosevelt) e Clement Attlee (sucessor de Churchill) criaram o Tribunal de Nuremberg para julgar os crimes de guerra, e estabeleceram a desmilitarização da Alemanha.

A principal medida, contudo, foi a divisão da Alemanha em quatro **zonas de ocupação**: inglesa, francesa, estadunidense e soviética. A cidade de Berlim, na zona soviética, também foi dividida em quatro partes. Em 1949, o conjunto das zonas inglesa, francesa e estadunidense deu origem à **Alemanha Ocidental (República Federal da Alemanha)**, capitalista. Nesse mesmo ano, a zona soviética originou a **Alemanha Oriental (República Democrática Alemã)**, socialista.

A divisão da Alemanha em quatro zonas de ocupação (1945-1949)

Adaptado de: DUBY, Georges. *Grand atlas historique*. Paris: Larousse, 2004.

5 A Europa no pós-guerra

Depois de 1945, as grandes potências não só conservaram seus exércitos como desenvolveram ainda mais a indústria bélica. Com o término da Segunda Guerra Mundial, a Europa deixou de ser o eixo do poder mundial e Washington e Moscou tornaram-se os novos centros, reativando o confronto entre capitalismo e socialismo.

Nas décadas seguintes, o planeta seria marcado pela **Guerra Fria**, um período de insegurança dominado pela polarização entre os países capitalistas, liderados pelos Estados Unidos, e os países socialistas, capitaneados pela União Soviética.

Os Estados Unidos despontaram como uma nação superior a qualquer outra em recursos materiais, financeiros e tecnológicos, detentora da bomba atômica e do domínio nuclear. O país tinha ainda a vantagem de não ter sofrido a devastação da guerra em seu território.

Para a União Soviética, a outra superpotência, era importante igualar-se aos Estados Unidos na área de armamentos bélicos para que sua versão do socialismo, acentuadamente autoritária, perdurasse. Tendo saído da guerra com um saldo catastrófico, o país tinha como metas prioritárias a reconstrução nacional e a corrida nuclear. Em 1949, alcançava parte de seus objetivos ao lançar sua primeira bomba atômica.

A prosperidade das duas décadas posteriores à guerra promoveu grandes avanços sociais, com a incorporação de projetos social-democratas reformistas em vários países capitalistas industrializados. Essas reformas criaram na Europa ocidental o **Estado de Bem-Estar Social**, uma nova configuração social que combinava o capitalismo com extensas redes de proteção aos trabalhadores e estabelecia uma distribuição de renda mais justa e equitativa. Do outro lado, os governos que se alinharam ao bloco comunista tiveram que se sujeitar à interferência direta do governo soviético em diversas ocasiões.

Charge de Jean Plantu representando o enfrentamento entre as duas potências hegemônicas do período da Guerra Fria.

Um caso distinto ocorreu na Iugoslávia. Sob o comando de **Josip Broz Tito** (1892-1980), líder guerrilheiro da resistência à ocupação alemã, o governo iugoslavo pretendia formar uma Federação dos Bálcãs, composta de Albânia, Bulgária, Grécia, Hungria, Iugoslávia e Romênia, com Estados livres e baseados no desenvolvimento regional autônomo. Esse projeto contestava a hegemonia da União Soviética, que condenou o regime de Tito, rompendo com a Iugoslávia em 1950. A partir de então, a Iugoslávia assumiu uma posição neutra no conflito Leste-Oeste, aproximando-se dos países não alinhados do Terceiro Mundo.

De origem croata, Tito firmou o centralismo estatal sob o controle de um partido único e conseguiu harmonizar a convivência das diversas etnias do país, estabelecendo, em 1970, a presidência rotativa entre as seis repúblicas iugoslavas: Eslovênia, Croácia, Bósnia-Herzegovina, Sérvia, Montenegro e Macedônia.

Com sua morte, em 1980, emergiram várias manifestações de descontentamento, que se ampliaram com as transformações que ocorriam no Leste Europeu, na crise do <u>socialismo real</u>. No início da década de 1990, os desentendimentos entre os grupos étnicos acentuaram-se e desembocaram em sangrenta guerra civil, opondo as repúblicas antes formadoras da Iugoslávia.

Na região alemã ocupada por França, Inglaterra e Estados Unidos (Alemanha Ocidental a partir de 1949), a recuperação econômica contou com a ajuda do **Plano Marshall**, anunciado em 5 de junho de 1947 pelo secretário de Estado estadunidense George Marshall (1880-1959) e destinado a reconstruir a devastada Europa ocidental por meio de grandes investimentos.

No Extremo Oriente, o Japão foi ocupado pelos Estados Unidos (1945-1952). Os *zaibatsu* – fortes grupos econômicos – foram dissolvidos e, com eles, a grande propriedade e as indústrias bélicas, como parte do plano de desmilitarização. Além disso, em 1947 foi imposta ao Japão uma Constituição parlamentar que limitava os poderes do imperador Hiroíto.

A Europa aderiu à nova bipolarização mundial. Países da Europa ocidental, como Inglaterra, França e Itália, se alinharam com os Estados Unidos. Já nos países da Europa oriental, houve a instalação e o fortalecimento de regimes comunistas.

Por causa do avanço socialista no Extremo Oriente a partir da década de 1950, com o triunfo da Revolução Chinesa de 1949, a política de ocupação do Japão foi alterada, visando à reabilitação do país, que passou a ser aliado dos Estados Unidos. Entre 1955 e 1956, a produção industrial japonesa dobrou em relação ao período anterior à guerra. Seu desenvolvimento econômico quase ininterrupto consolidou a economia japonesa como uma das mais fortes do mundo no final do século XX.

> **socialismo real**: socialismo típico dos países comandados pelos partidos comunistas no pós-guerra. A palavra "real" foi introduzida na expressão para indicar as profundas diferenças entre o socialismo definido por Marx e Engels e o totalitarismo burocrático imposto pelo stalinismo à União Soviética e ao restante do bloco comunista.

O marechal Tito discursa para a população da cidade de Skopje, na então Iugoslávia, hoje pertencente à Macedônia, em outubro de 1953.

A Organização das Nações Unidas

Criada para substituir a ineficiente Liga das Nações, a organização foi oficialmente fundada em 24 de outubro de 1945, com a missão de manter a paz e a segurança internacionais, promover a cooperação entre os povos na busca de soluções para problemas econômicos, sociais, culturais e humanitários e assegurar o respeito aos direitos humanos e às liberdades fundamentais. Apesar disso, desde sua criação, a ONU não conseguiu solucionar satisfatoriamente alguns dos grandes conflitos internacionais.

Os integrantes das tropas multinacionais de manutenção da paz, que atuam em zonas de conflito armado após a aprovação do Conselho de Segurança, são conhecidos como "capacetes azuis". Na foto, soldados da Força de Segurança da ONU nas Filipinas, em 2013.

Rouelle Umali/Xinhua Press/Corbis/Latinstock

Conselho de Segurança

O órgão mais importante da ONU é composto de cinco membros permanentes, com direito de veto – os países Aliados na Segunda Guerra Mundial: Estados Unidos, Rússia (antes de 1991 era a União Soviética), Reino Unido, França e China –, e de outros dez membros eleitos para mandatos de dois anos pela **Assembleia Geral**, segundo critério de divisão regional equitativa.

O direito de veto das grandes potências limitou o caráter da ONU, retirando a credibilidade que ela deveria ter como uma organização que representa todos os países do mundo.

Na segunda metade do século XX, teve início uma ampla discussão sobre a reformulação do Conselho de Segurança, com a possível inclusão de novos membros.

> **Assembleia Geral**: órgão que conta com a participação de todos os Estados-membros (193) para discutir assuntos relacionados à paz, à segurança, ao bem-estar e à justiça no mundo. Sua função é apenas consultiva.

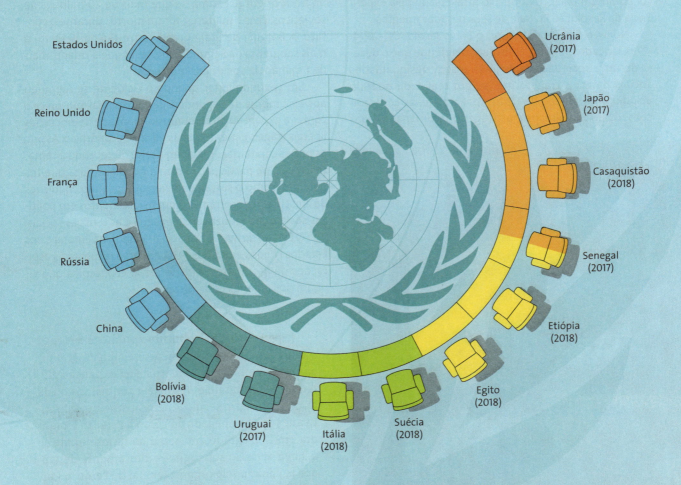

O Conselho em 2017

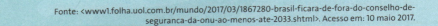

Fonte: <www1.folha.uol.com.br/mundo/2017/03/1867280-brasil-ficara-de-fora-do-conselho-de-seguranca-da-onu-ao-menos-ate-2033.shtml>. Acesso em: 10 maio 2017.

Pontos de vista

Um balanço do século XX

Um dos acontecimentos históricos mais relevantes e extraordinários do século XX foi a Revolução Russa, a qual suscitou uma infinidade de debates acalorados entre intelectuais, estudantes universitários e até nos meios operários. Até fins da década de 1980, a referência ao mundo soviético ou ao comunismo provocava discussões intensas sobre as vantagens e desvantagens de um regime político distinto do capitalismo. Com a historiografia não foi diferente.

Inúmeros historiadores que se dedicaram ao estudo do século XX produziram reflexões sobre o papel, a importância e o legado da Revolução Russa. Eric Hobsbawm, por exemplo, um dos mais notáveis historiadores do Ocidente, construiu um balanço do século atravessado pela experiência da Revolução Russa e de seus desdobramentos.

No livro *Era dos extremos: o breve século XX – 1914- -1991*, lançado em 1994, Hobsbawm defende que o desejo de uma sociedade mais justa e sem desigualdades sociais pareceu transformar-se em realidade quando eclodiu a Revolução de Outubro. Para ele, as contradições, os erros políticos e as tragédias humanas vividas durante as décadas em que o regime soviético se manteve expressaram as tentativas de construção de uma nova sociedade, uma utopia que marcou gerações ao longo do século XX.

Além disso, Hobsbawm afirma em sua obra que a Revolução Russa impôs desafios ao mundo capitalista e, contraditoriamente, foi responsável por suas transformações, graças aos eventos que resultaram no fim da Segunda Guerra Mundial.

Em primeiro lugar, quando o nazismo se tornou uma força militar com poder para controlar o planeta, foram os soviéticos que barraram o avanço de Hitler e impuseram as primeiras grandes derrotas ao exército alemão, no *front* oriental. Estima-se que mais de 20 milhões de soviéticos, civis e militares, foram mortos durante o conflito. A Batalha de Stalingrado, entre 1942 e 1943, foi a mais sangrenta da Segunda Guerra; naquela cidade, mais de 1 milhão de soviéticos morreram.

Em segundo lugar, quando o Ocidente se reergueu dos escombros da Segunda Guerra Mundial, era preciso conter a expansão do comunismo, diante de democracias liberais frágeis e mergulhadas na crise econômica. Assim, os países capitalistas reagiram à crise oferecendo alternativas reais de participação com a ampliação dos direitos políticos, como o sufrágio universal, e criando condições de crescimento econômico com investimentos em políticas sociais que reduzissem a miséria e as tensões sociais.

O Estado de Bem-Estar Social, surgido na Europa e nos Estados Unidos, nos anos 1950, era uma resposta às aspirações de igualdade e prosperidade econômica que vinham dos regimes comunistas.

Soldado soviético hasteia a bandeira da URSS em Berlim, em maio de 1945.

> [...] A Revolução de Outubro produziu de longe o mais formidável movimento revolucionário organizado na história moderna. Sua expansão global não tem paralelo desde as conquistas do islã em seu primeiro século. Apenas trinta ou quarenta anos após a chegada de Lenin à Estação Finlândia em Petrogrado, um terço da humanidade se achava vivendo sob regimes diretamente derivados [...] do modelo organizacional de Lenin, o Partido Comunista. [...]
>
> HOBSBAWM, Eric. *Era dos extremos*: o breve século XX – 1914-1991. São Paulo: Companhia das Letras, 1995. p. 62.

A tragédia do Estado soviético

Historiador marxista e militante comunista desde a juventude, Hobsbawm avalia que o atraso econômico, o Estado autoritário e burocrático e o isolamento político da URSS, intensificado a partir da década de 1950, foram alguns dos fatores que conduziram a revolução para sua própria derrota.

> [...] a experiência soviética foi tentada não como uma alternativa global ao capitalismo, mas como um conjunto específico de respostas à situação particular de um país imenso e espetacularmente atrasado, numa conjuntura histórica particular e irrepetível. O fracasso da revolução em outros lugares deixou a URSS comprometida em construir sozinha o socialismo, num país onde, pelo consenso universal dos marxistas em 1917, incluindo os russos, as condições para fazê-lo simplesmente não estavam presentes. A tentativa de construir o socialismo produziu conquistas notáveis [...], mas a um custo humano enorme e inteiramente intolerável, e daquilo que acabou se revelando uma economia sem saída e um sistema político em favor do qual nada havia a dizer. [...]
>
> HOBSBAWM, Eric. *Era dos extremos*: o breve século XX – 1914-1991. São Paulo: Companhia das Letras, 1995. p. 481.

Eric Hobsbawm

Nascimento: 1917, Alexandria, Egito.
Morte: 2012, Londres, Inglaterra.
Formação: historiador.
Profissão: professor de História na Universidade de Londres.

Um liberal interpreta a Revolução

Vários intelectuais liberais e conservadores também analisaram a Revolução Russa e produziram interpretações distintas e, em certa medida, opostas a de pensadores marxistas, como Hobsbawm. Entre eles, o historiador francês François Furet se destaca pela repercussão do seu livro *O passado de uma ilusão: ensaio sobre a ideia comunista no século XX*, publicado em 1995.

Na obra, Furet analisa as derrotas do comunismo, a "ilusão" do título, e a vitória do capitalismo, avaliado como um regime liberal e democrático. O historiador viu a ascensão do regime comunista como a história de um desejo (uma ideia ilusória) que se transformou num pesadelo totalitário, tão devastador quanto o nazifascismo. Ele interpretou a experiência soviética e suas tentativas de expansão comunista como uma curta desventura diante da vitória final do liberalismo, a partir de 1989, visto por ele como um mundo pautado nos direitos humanos e nas leis de mercado.

Ao analisar a Revolução Russa, François Furet fez ainda um balanço da sua própria geração de intelectuais que se formou sob a presença marcante da URSS, entre as décadas de 1940 e 1950. Enquanto Hobsbawm se envolveu com as potencialidades surgidas da experiência soviética, Furet optou por um silêncio prudente.

> [...] Havia o mito da Rússia, do Exército Vermelho, um mito que aliás nos cegou, porque efetivamente ficamos cegos diante de todas as evidências. Aceitamos ingenuamente uma série de mentiras sobre o mundo soviético. Os mais prudentes de nós – foi o meu caso – felizmente não escreveram nesse período. Se eu o tivesse feito, teria escrito um monte de bobagens. Não sei realmente se não escrevi porque era jovem ou porque tinha uma espécie de bloqueio inconsciente. [...]
>
> CAMARGO, Aspásia. O historiador e a História: um relato de François Furet. *Estudos Históricos*, Rio de Janeiro, n. 1, 1988. p. 145.

François Furet

Nascimento: 1927, Paris, França.
Morte: 1997, França.
Formação: historiador.
Profissão: jornalista, professor na Escola de Estudos Avançados em Ciências Sociais (França) e na Universidade de Chicago (EUA).

Atividades

Retome

1. Explique o significado da política de apaziguamento e comente seu papel na manutenção da paz mundial, bem como o da Liga das Nações, na década de 1930.

2. Explique em que consistia a expansão territorial da Alemanha nazista, no período imediatamente anterior à Segunda Guerra Mundial, e qual é a relação entre esse processo e o conflito mundial iniciado em setembro de 1939.

3. Para entender o desenvolvimento da Segunda Guerra Mundial, em especial a partir de 1942, é comum estudarmos as características das frentes aliadas.
   a) Até 1942, que nações estavam dominando o conflito?
   b) Identifique as três frentes aliadas, formadas a partir de 1942, explicando, de forma sintética, o papel de cada uma no conflito.

4. Com o fim da Segunda Guerra Mundial e a vitória dos Aliados, realizaram-se algumas conferências, como a de Yalta e a de Potsdam. Comente as principais medidas estabelecidas nessas conferências.

Pratique

5. O depoimento a seguir foi escrito pelo jovem Edward Niesobski, aos 16 anos, em 1939. Edward registrou em seu diário alguns acontecimentos do início da Segunda Guerra Mundial. Leia o texto e faça as atividades propostas.

> [...] 19 de setembro de 1939
> Fui para a escola de bonde vestindo um uniforme limpo (tive de voltar a pé e amanhã terei de ir a pé, sem dinheiro para o bonde). São 15 moças e 18 rapazes, de ambos os ginásios. Tivemos três aulas, o mesmo que ontem. Revisão, basicamente. [...]
> Às cinco da tarde, ouvi Hitler no rádio. Ele falava de "*die befreite Stadt Danzig*" [em alemão, "a cidade liberada de Danzig"] depois de uma ovação da multidão. O discurso mostrou que ele não merece sua fama de grande estadista. Ele se agitava, gritava, insultava, implorava, adulava, mas sobretudo mentia e mentia. Mentiu que a Polônia tinha começado a guerra, mentiu sobre a perseguição aos alemães na Polônia ("*Barbaren!*"). Mentiu sobre suas lindas intenções pacíficas, etc. Começou então uma enfiada de insultos contra as autoridades polonesas [...]. Falou da injustiça do Tratado de Versalhes [...]. No fim, falou de suas boas relações com a Rússia (?...) e da impossibilidade de um conflito germano-russo. [...]
> [...]
> 22 de setembro de 1939
> A cidade não mostra indícios de que haja uma guerra; é a volta à normalidade. As escolas estão abertas novamente desde 11 de setembro. Há muitos cartazes alemães nos muros e bandeiras de Hitler por toda parte. Sinto-me um estranho em meu próprio país. Não há muita comida [...] e as pessoas passam horas na fila da batata. [...]
>
> WALLIS, Sarah; PALMER, Svetlana (Org.). *Éramos jovens na guerra*: cartas e diários de adolescentes que viveram a Segunda Guerra Mundial. Rio de Janeiro: Objetiva, 2013. p. 26-27.

   a) O jovem Edward vivia com sua família no interior da Polônia. Com base nas datas do diário, explique o que ocorria na Polônia naquele período.
   b) Que meio de comunicação era utilizado pelas pessoas que queriam obter notícias sobre a guerra?
   c) O que significa dizer que Hitler falava, em seu discurso, sobre a "injustiça do Tratado de Versalhes"? Se necessário, retome outros capítulos deste volume para responder.
   d) Por que Hitler disse, no discurso ouvido pelo jovem Edward, que a Alemanha nazista tinha "boas relações com a Rússia" de então? Essas "boas relações" tiveram continuidade? Por quê?
   e) Ainda de acordo com as datas do diário, Edward estava certo ao dizer que sua cidade, na Polônia, estaria vivendo uma "volta à normalidade"? Por quê?

6. Leia, a seguir, parte de uma entrevista que uma revista de jornalismo científico realizou com Shozo Motoyama, historiador especializado em História da Ciência.

> [...] **ComCiência** — O senhor acha que é possível afirmar que existe um impulsionamento cíclico entre guerra e ciência?
> **Motoyama** — Não há dúvida de que, se observarmos a história, existe uma interfecundação entre a ciência e a guerra. [...]
> As guerras testam e aplicam, de uma maneira muito urgente e emocional, necessidades que são atendidas pela aplicação da ciência e, com isso, é possível haver um aperfeiçoamento posterior que

permita que a ciência e a tecnologia se desenvolvam ainda mais. A [Segunda Guerra Mundial] demonstrou que o computador era possível [...].

O mesmo pode-se dizer com relação à bomba atômica. Em 1920, mesmo os grandes cientistas não acreditavam na possibilidade da aplicação da energia nuclear para objetivos práticos. [...] Vinte anos depois já existia uma aplicação para algo lamentável, a bomba atômica. Isso fez com que houvesse uma corrida para a utilização da energia nuclear para fins pacíficos [...]. Todo esse desenvolvimento na parte tecnológica e na aplicação da ciência poderia ser obtido sem essa mediação da guerra. O que acontece na guerra é que o financiamento se torna farto [...].

Para Shozo Motoyama, sociedade deve discutir o desenvolvimento de armas. *ComCiência*, 10 jun. 2002. Disponível em: <www.comciencia.br/dossies-1-72/entrevistas/guerra/motoyama.htm>. Acesso em: 28 mar. 2017.

a) Segundo o trecho, qual é a opinião do historiador sobre a relação entre guerra e ciência? Explique.
b) Depois de tratar da tragédia da bomba atômica, o historiador considera que esforços em pesquisas descobriram usos pacíficos para a energia nuclear. Dê um exemplo desse uso e explique-o.
c) Para o historiador, o desenvolvimento da ciência e da tecnologia poderia ser feito sem a guerra?

Analise uma fonte primária

7. Observe a charge a seguir e faça as atividades propostas.

Nas montanhas italianas
O EXPEDICIONÁRIO – Que 'negócio' é este? ... Tu é 'Vasco'?
J. C.

a) Levando em conta o título da charge ("Nas montanhas italianas"), explique o contexto da Segunda Guerra Mundial que está sendo representado. Ao elaborar sua resposta, explique quem eram os expedicionários.
b) Qual é o humor contido na charge? Explique.

Articule passado e presente

8. Reúna-se com um colega e leiam o trecho de reportagem a seguir.

[...] Cerca de 300 sobreviventes de Auschwitz regressam nesta terça-feira [27 de janeiro de 2015] ao lugar onde viveram um dos piores horrores da história humana, para advertir contra a repetição de um crime semelhante, 70 anos depois da libertação do campo nazista pelo exército soviético, em 27 de janeiro de 1945. [...]

Trata-se do maior e mais mortífero campo de extermínio e de concentração nazista e o único preservado tal como foi abandonado pelos alemães que fugiram do Exército Vermelho. Outros campos de concentração nazistas na Polônia, como Sobibor, Treblinka ou Belzec, foram destruídos completamente pelos alemães para eliminar as provas. [...]

Após 70 anos, últimos sobreviventes não esquecem horrores de Auschwitz. *G1*, 27 jan. 2015. Disponível em: <http://g1.globo.com/mundo/noticia/2015/01/apos-70-anos-ultimos-sobreviventes-nao-esquecem-horrores-de-auschwitz.html>. Acesso em: 21 mar. 2017.

a) Retomem o capítulo 32, "A Crise de 1929 e o nazifascismo", e expliquem a origem dos campos de concentração na Alemanha nazista.
b) Com base no trecho da reportagem, o campo de concentração de Auschwitz acabou sendo preservado. O que as autoridades nazistas fizeram com os outros campos de concentração, após 1945? Por quê?
c) Escrevam um texto sobre a importância dos testemunhos dos sobreviventes de Auschwitz para as sociedades atuais. Complementem o texto com as impressões e o significado da instalação observada na imagem de abertura deste capítulo.

Charge de J. Carlos publicada na revista *Careta*, de 23 de dezembro de 1944. O expedicionário encontra um soldado alemão condecorado com a Cruz de Ferro (uma condecoração militar comum à época no Exército da Alemanha).

UNIDADE 7

Da Guerra Fria ao século XXI

Após a Segunda Guerra Mundial, seguiu-se o período da Guerra Fria, época em que o mundo viveu sob forte tensão decorrente das disputas entre Estados Unidos e União Soviética, países com grandes arsenais nucleares. Entretanto, a difícil manutenção da paz foi acompanhada de relativa prosperidade nos países centrais, seguida da formação de uma periferia mundial empobrecida, o chamado Terceiro Mundo. A derrocada da União Soviética em 1991 criou uma situação nova e instável, marcada pela globalização e pelo ressurgimento de lutas nacionalistas, pela ascensão do fundamentalismo religioso e por atos de terrorismo, pelo aumento das migrações e de refugiados pelo mundo.

Em 13 de novembro de 2015, uma série de atentados terroristas do Estado Islâmico ocorreu em Paris, na França. Cerca de 150 pessoas foram mortas e centenas ficaram feridas. Na imagem, homenagem às vítimas em um dos locais dos ataques, a casa de espetáculos Bataclan. No cartaz, lê-se: "Eu sou muçulmana e contra o terrorismo". Foto de 2015.

Saber histórico

O nosso tempo

1 A crise do eurocentrismo

Do século XV até o século XIX, a violência do colonialismo e do imperialismo das potências europeias contra os habitantes da África, da Ásia, da América e da Oceania era explicada como uma tarefa civilizadora que devia ser cumprida pelos povos "mais desenvolvidos".

Pretendia-se, com isso, ensinar aos povos dessas regiões que eles deveriam seguir o exemplo "superior" e "civilizado" dos europeus, imitando seus modelos morais, políticos, religiosos e econômicos.

No século XX, esse argumento começou a ser desmontado principalmente durante as guerras mundiais, nas quais os povos "civilizados" empreendiam matanças em escala nunca vista antes.

No início da segunda metade do século XX, a Europa, arrasada pela guerra, deixou de ser o principal centro político e econômico do mundo e tornou-se zona de influência dos Estados Unidos e da União Soviética, os dois polos hegemônicos da Guerra Fria.

Para além dessa bipolaridade, ganhou força o movimento pela emancipação política e econômica de um Terceiro Mundo, composto de países que pretendiam não se alinhar aos Estados Unidos ou à União Soviética, protagonistas da Guerra Fria. Esse movimento teve início em 1955, na **Conferência Afro-Asiática**, realizada na cidade indonésia de Bandung. Conhecido como **Movimento dos Países Não Alinhados**, era liderado pelos governos do Egito, da Índia e da Indonésia.

As nações que compunham esse bloco haviam sido libertadas recentemente do domínio imperialista e nelas predominavam pobreza, dívidas financeiras e outros impasses. Situadas principalmente abaixo da linha do equador, elas lançaram novas questões e desafios para a história ao manter viva a luta pela própria soberania.

2 O relativismo cultural

A difusão da ideia de **relativismo cultural**, criada pelo antropólogo alemão Franz Boas (1858-1942) nas primeiras décadas do século XX, contribuiu para a crise do eurocentrismo. Segundo essa ideia, é impossível medir o valor de uma ou de várias culturas com base nos valores de apenas uma delas.

Boas negava, assim, a hierarquia entre culturas, a visão de que todas as culturas evoluíam em etapas, progredindo das mais primitivas às mais avançadas até alcançar o topo da evolução, representado pela civilização ocidental. Em outras palavras, ao assumir a diversidade, o relativismo cultural estabelece que qualquer crença ou atividade humana deve ser interpretada nos termos de sua própria cultura. Para Boas, a civilização não é um valor absoluto, mas relativo.

O relativismo cultural foi uma das bases da Organização das Nações Unidas (ONU), entidade internacional criada em 1945 que busca integrar todas as nações, promover o diálogo, evitar novas guerras e solucionar os grandes problemas humanitários.

3 A sociedade de consumo e o meio ambiente

O analista de vendas Victor Lebow articulou uma solução que se tornaria norma para o sistema todo. Ele disse: "Nossa enorme economia produtiva exige que façamos do consumo nosso modo de vida, que transformemos a compra e o uso de bens em rituais, que busquemos nossa satisfação espiritual, a satisfação do nosso ego, no consumo. Precisamos que as coisas sejam consumidas, destruídas, substituídas e descartadas em um ritmo cada vez mais acelerado". O conselheiro econômico do presidente Eisenhower afirmou: "A finalidade principal da economia americana é produzir mais bens de consumo".

Mais bens de consumo? Não é providenciar cuidados médicos, educação ou transportes seguros, sustentabilidade ou justiça? Bens de consumo?

LEONARD, Annie. Traduzido de *Story of stuff*: referenced and annotated script. Disponível em: <http://storyofstuff.org/wp-content/uploads/movies/scripts/Story%20of%20Stuff.pdf>. Acesso em: 31 mar. 2016.

Após a Segunda Guerra, os governos dos países centrais, sobretudo dos Estados Unidos, estudavam formas de impulsionar a economia. A organização da extração de matérias-primas, a industrialização e a distribuição de bens materiais passaram progressivamente a se articular à lógica do consumo e do descarte rápido. A cultura de massa encarregou-se da parte ideológica dessa tarefa.

O Brasil entrou nessa lógica durante a década de 1970, com o chamado **milagre econômico** do governo militar. Entretanto, a desigualdade na distribuição de renda mantinha os benefícios da sociedade de consumo restritos às classes média e alta. Mais recentemente, nos últimos anos, diante do ensaio de redução das desigualdades, a parcela de brasileiros envolvidos no consumismo expandiu-se.

Com a globalização, quase toda a economia mundial passou a buscar os altos padrões de consumo dos Estados Unidos. Isso nos levou a um impasse ambiental, pois os recursos do planeta são finitos e, caso esses padrões de consumo sejam adotados por todos os países, estarão esgotados daqui algum tempo.

Kuni Takahashi/Bloomberg/Getty Images

A publicidade estimula o consumo exagerado, motivando consumidores a descartar aparelhos eletrônicos e eletrodomésticos e substituí-los por novos modelos. O descarte desses aparelhos tornou-se um sério problema ambiental. Na foto, de 2015, monitores usados são postos à venda à beira de uma estrada em Nova Délhi, Índia.

Outro grande dilema dos nossos dias é a aparente contradição entre a preservação da natureza e a necessidade de sustentar o crescimento econômico. Para superá-lo, foi criado o conceito de **desenvolvimento sustentável**, considerado fundamental para o crescimento econômico com base em novos modelos de desenvolvimento e em fontes de energia que não degradem o meio ambiente. No entanto, objetivos como a diminuição do uso de combustíveis fósseis, a redução das emissões de CO_2 e a preservação de recursos naturais nos continentes e nos oceanos ainda se chocam com os interesses de consumo das sociedades centrais e dos países em desenvolvimento.

4 Novos sujeitos na política

O debate político e os projetos nacionais e internacionais pretendiam ser válidos para toda uma sociedade ou conjunto de sociedades. Entretanto, principalmente nos anos 1960, tais projetos pareciam não mais resolver questões "pontuais", cujas soluções eram sempre adiadas.

O inconformismo impulsionou o ativismo pelos direitos de negros, mulheres, homossexuais, estudantes, minorias étnicas e outros grupos sociais. A mobilização contra a guerra e contra a opressão disseminou comportamentos e valores morais, com críticas ao poder autoritário dos pais sobre os jovens, à desigualdade de direitos entre homens e mulheres, aos valores machistas, etc.

Nessa época, debates sobre temas como a história das mulheres, a história dos vencidos, enfim, a história "vista de baixo", como ficou conhecida, ganhou força na historiografia. A pesquisa histórica desses temas foi reforçada, procurando-se demonstrar a importância desses personagens no processo histórico.

As mobilizações contra a Guerra do Vietnã, a expansão do feminismo e a luta do movimento negro por direitos civis são exemplos de questões que marcaram os anos 1960. Na foto, de 1968, jovens marcham pelas ruas de Londres em protesto contra a Guerra do Vietnã.

5 A história imediata e os desafios de nosso tempo

Durante muito tempo, os historiadores acreditaram que, para escrever a história de determinado tema, era necessário estar distante dele no tempo. Segundo esse ponto de vista, com o historiador isento de qualquer tipo de paixão ou interesse, seria possível escrever uma história imparcial. O debate historiográfico, porém, mostrou que a pretendida neutralidade do historiador em relação a seu objeto de estudo não era possível. Mais do que isso, as conclusões dos historiadores deixaram de ser entendidas como verdades definitivas e indiscutíveis.

Nas últimas décadas, a História tem considerado a possibilidade de tornar o tempo presente, os acontecimentos e seus desdobramentos mais imediatos, um objeto de análise e interpretação. Assim, o envolvimento pelas interrogações do nosso tempo e a noção de que a História não é uma ciência do passado, mas sim a ciência das sociedades no tempo, favoreceram o surgimento da corrente de pensamento denominada **história imediata** ou **história do tempo presente**. Além de estudar a relação dos acontecimentos contemporâneos com o passado, essa corrente analisa também os acontecimentos que estão sendo vivenciados e que influenciam as condições de existência da humanidade no mesmo momento em que o historiador realiza seus estudos. Claro que levando em conta os necessários cuidados diante de opiniões e emoções do tempo presente.

Em um mundo da explosão dos meios de comunicação, das imagens quase instantâneas, das redes sociais, dos portais de notícias e da rede mundial de computadores (www, abreviatura de *World Wide Web*), têm prevalecido, de um lado, a promoção do conhecimento, da cidadania, das mobilizações políticas e, de outro, a difusão de notícias inverídicas, ambíguas, enganosas, inventadas (*fake news* ou notícias falsas) ou derivadas de interesses de grupos ou indivíduos.

Já se proclamou até que vivemos tempos da "pós-verdade", ou da "verdade alternativa", expressões que reforçam a premência da reflexão, da desconfiança analítica, da capacitação crítica para a qual o conhecimento histórico tem muito a contribuir.

Milhares de pessoas se mobilizaram em várias cidades brasileiras contra o aumento das tarifas de ônibus, trem e metrô. Foto de junho de 2013 em São Paulo (SP).

CAPÍTULO 36º O mundo da Guerra Fria

Após meio século de antagonismo político, Cuba e Estados Unidos retomaram relações diplomáticas em julho de 2015. Em 2016, o então presidente estadunidense Barack Obama realizou uma visita à ilha com o intuito de retomar relações comerciais e turísticas com os cubanos e dar fim ao bloqueio econômico imposto àquele país. Na foto, de 2016, cartaz afixado em rua de Havana dá as boas-vindas a Obama.

A Guerra Fria refere-se ao período de confronto indireto entre Estados Unidos e União Soviética, superpotências que emergiram após o fim da Segunda Guerra Mundial. Diferenças ideológicas entre capitalismo e socialismo fizeram com que outros países se alinhassem a uma ou a outra superpotência. Focos de tensão do período, como a Revolução Cubana e a Guerra da Coreia, têm relação direta com esse cenário.

Entre 20 e 22 de março de 2016, o então presidente dos Estados Unidos, Barack Obama, visitou oficialmente Cuba. Considerado histórico, o evento recebeu muita atenção da mídia internacional, de pesquisadores e historiadores. Por que essa visita foi "histórica"? E o sucessor de Obama, Donald Trump, ampliou ou conteve essa aproximação? De que forma?

1 O rompimento da aliança

Os Estados Unidos e a União Soviética terminaram a Segunda Guerra Mundial como aliados. Sua atuação conjunta contra o Eixo foi decisiva para livrar a Europa do nazifascismo. Entretanto, as relações entre os países se deterioraram rapidamente e se transformaram em um embate de fundo ideológico.

"Capitalismo" e "socialismo" eram antagônicos em sua forma de entender o mundo, as liberdades individuais, a economia de mercado, as finalidades da ordem política mundial e os métodos de atuação para alcançá-las.

Neste capítulo, estudaremos o período da Guerra Fria, denominação usada por especialistas a partir de 1947 para se referir à disputa entre as duas superpotências mundiais, que duraria até o fim da União Soviética, em 1991.

2 O início da tensão mundial

Em março de 1947, o presidente estadunidense **Harry Truman** (1884-1972) fez um discurso no qual afirmou que os Estados Unidos defenderiam as nações livres contra ameaças "totalitárias". No mesmo ano, seu secretário de Estado, **George Marshall** (1880-1959), lançou o **Plano Marshall**, programa de investimentos e recuperação econômica para os países europeus em crise após a guerra.

Esse oferecimento estendeu-se aos países do Leste Europeu libertados do nazismo pelo exército da União Soviética, nos quais partidos comunistas haviam tomado o poder. Entretanto, os governos dos países que desejassem receber essa ajuda precisavam se abrir para os investimentos estadunidenses. Essa condição não foi aceita pelos países do Leste Europeu. Somente a Iugoslávia, que se libertou dos nazistas sem a intervenção do exército soviético e rompeu com Stalin em 1948, recebeu investimentos do Plano Marshall.

Para a União Soviética, o Plano Marshall era uma tentativa de diminuir sua esfera de influência na Europa.

Em resposta, foram criados o **Kominform**, organismo encarregado de coordenar a ação dos partidos comunistas europeus, e o **Comecon**, uma réplica do Plano Marshall para os países socialistas, voltado para sua integração econômico-financeira.

Na Alemanha, as zonas de influência inglesa, francesa e estadunidense foram unificadas e recebiam investimentos do Plano Marshall.

Em 1948, diante da recuperação econômica da parte ocidental da Alemanha, a União Soviética impôs um bloqueio terrestre à cidade de Berlim, que, embora ficasse na zona de influência soviética, também havia sido dividida pelas potências vencedoras ao final da guerra.

> **Kominform**: sigla de *Kommunistítcheskaia Informátsia*, ou Comitê de Informação dos Partidos Comunistas Operários.
> **Comecon**: sigla de *Council for Mutual Economic Assistance*, ou Conselho para Assistência Econômica Mútua.

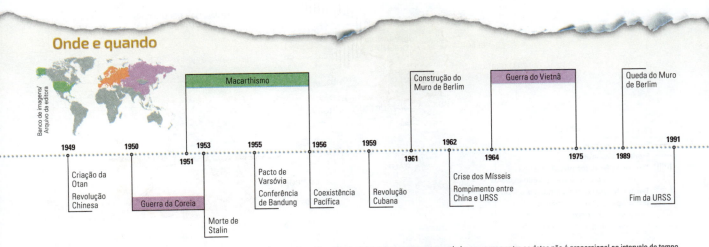

Onde e quando

Mapa e linha do tempo ilustrativos. As regiões indicadas no mapa referem-se à configuração atual dos países a que pertencem hoje, e o espaço entre as datas não é proporcional ao intervalo de tempo.

A resposta foi o abastecimento da parte capitalista da cidade por via aérea. Essa situação acirrou os ânimos e criou grande tensão internacional. No ano seguinte, foram instituídas a Alemanha Ocidental — República Federal da Alemanha — e a Oriental — República Democrática Alemã.

Em agosto de 1961, o **Muro de Berlim** foi construído pelos governos da União Soviética e da Alemanha Oriental. Separando os dois lados da cidade, ele se tornou um emblema da divisão alemã e da Guerra Fria. Sua derrubada, em 1989, constituiria o marco simbólico do final desse período. A reunificação da Alemanha ocorreu em seguida, em 1990.

Outros fatos significativos somaram-se à crescente tensão internacional do período. Um deles foi a criação, em abril de 1949, da **Organização do Tratado do Atlântico Norte (Otan)**, aliança político-militar dos países ocidentais que opôs toda a Europa ocidental à União Soviética. Em 1955, a União Soviética instituiu o **Pacto de Varsóvia**, aliança militar dos países socialistas. A bipolarização mundial avançava e se consolidava.

Em 1949, a tensão foi ampliada com a Revolução Chinesa e a explosão da primeira bomba atômica soviética. No ano seguinte, iniciava-se a Guerra da Coreia (1950-1953), um dos ápices da Guerra Fria.

Nesse conflito, a União Soviética e a China apoiaram a Coreia do Norte, socialista, que lutava contra a Coreia do Sul, apoiada pelas potências ocidentais. A divisão entre os dois países continua até hoje.

O Muro de Berlim foi um dos principais símbolos da Guerra Fria. Na foto, de 1961, pessoas procuram ver amigos e parentes do outro lado do muro, ainda em construção.

Divisão da Alemanha após a Segunda Guerra Mundial

Adaptado de: DUBY, Georges. *Atlas historique mondial*. Paris: Larousse, 2007.

3 A Revolução Chinesa

A república, proclamada em 1911, quase nada pôde fazer diante das potências imperialistas que controlavam diversas regiões da China desde o século XIX. Além do domínio internacional, o governo republicano, liderado por Sun Yat-sen (1866-1925), do Partido Nacionalista (**Kuomintang**), sofria pressões dos chefes militares locais pela autonomia de suas regiões.

No início da década de 1920, o governo do Kuomintang contou com o apoio do **Partido Comunista Chinês (PCC)**. Em 1925, porém, Chiang Kai-shek (1887-1975) assumiu o comando das tropas do Kuomintang e iniciou uma política agressiva contra o PCC. Após derrotas nas cidades de Xangai e Pequim, os comunistas, liderados por **Mao Tsé-tung** (1893-1976) e Chu Teh (1886-1976), retiraram-se para o sul do país, onde organizaram bases de apoio entre os camponeses.

Em 1931, tropas do Japão invadiram a Manchúria, no norte da China, onde estabeleceram um Estado-satélite, o **Manchukuo**. O Kuomintang passou a sofrer dupla pressão: do imperialismo japonês e da ameaça do avanço comunista no interior do país.

Em 1934, os nacionalistas lançaram uma grande campanha militar contra os comunistas. Para fugir das tropas do Kuomintang, o **Exército Popular de Libertação**, liderado por Mao, percorreu 10 mil quilômetros a pé, até o norte do país. Esse episódio é conhecido como **Longa Marcha** (1934-1935). Dos 100 mil homens que a iniciaram, restaram 9 mil.

Diante do avanço japonês, em 1937 o Kuomintang e o PCC fizeram um acordo que priorizava o combate ao inimigo externo. Até o final da Segunda Guerra Mundial, essa frente única deu ao PCC o controle de parte do exército chinês.

Após a derrota do Japão na Segunda Guerra Mundial, Chiang Kai-shek decretou uma mobilização nacional para eliminar definitivamente o "perigo vermelho". Para isso, contava com recursos militares e financeiros dos Estados Unidos, enquanto a União Soviética deixava o Exército Popular de Libertação sem apoio.

Depois de três anos de guerra civil, em janeiro de 1949 o exército do PCC chegou vitorioso a Pequim, e em outubro a **República Popular da China** foi proclamada. Membros do Kuomintang refugiaram-se na Ilha de Formosa (atual Taiwan), onde instalaram o governo da China Nacionalista, que recebeu apoio estadunidense. Ao mesmo tempo, o governo dos Estados Unidos isolou a China, negando-lhe reconhecimento diplomático e intercâmbio econômico até a década de 1970.

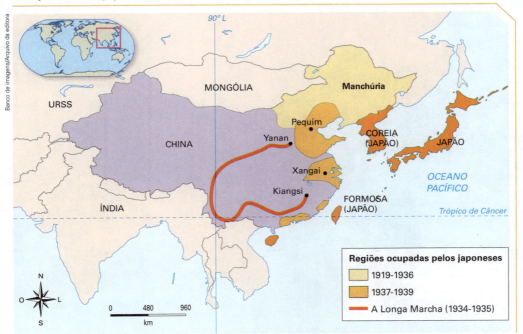

O imperialismo japonês na China e a Longa Marcha

Adaptado de: BARRACLOUGH, G. (Ed.). *The Times Concise Atlas of World History*. London: Times Books, 1986. p. 122-123.

4 A Guerra da Coreia

Durante a Segunda Guerra Mundial, para acelerar a rendição japonesa e para que suas tropas desocupassem o território da Coreia, determinou-se que o paralelo 38° Norte seria o limite geográfico para atuação militar de soviéticos e estadunidenses.

Quando a guerra terminou, no entanto, esse limite transformou-se em divisão real, surgindo dois Estados coreanos: a **República da Coreia**, ao sul, sob domínio de tropas dos Estados Unidos, e a **República Popular Democrática da Coreia do Norte**, sob ocupação soviética.

A região tornou-se área de sucessivos conflitos armados, devido às divergências político-ideológicas entre os dois Estados e à tensão gerada pela Guerra Fria. A vitória dos comunistas liderada por Mao Tsé-tung na China, no final de 1949, motivou os coreanos do norte a invadir o Estado do sul, em 1950, visando à unificação territorial da Coreia.

Na ONU, os Estados Unidos e seus aliados consideraram a Coreia do Norte agressora e intervieram para conter seu avanço. Os governos da China e da União Soviética apoiaram os norte-coreanos, deixando evidente a bipolarização na região. Diante do risco de uma guerra indesejada, as potências envolvidas forçaram iniciativas para obtenção de um acordo de paz.

A morte do líder soviético Stalin, em março de 1953, abriu espaço para mudanças na política externa soviética. A eleição do novo presidente estadunidense, o republicano **Dwight Eisenhower** (1890-1969), também acelerou as negociações para um armistício.

Finalmente, em 27 de julho de 1953, foi assinado o **armistício de Panmunjon**, que restabeleceu a fronteira sobre o paralelo 38° Norte e aproximou a União Soviética e os Estados Unidos. Encerrava-se a fase crítica.

Para a Coreia, entretanto, a manutenção da divisão em Norte e Sul preservou o clima de confrontação e atritos fronteiriços ao longo das décadas seguintes.

Enquanto a Coreia do Sul, com investimentos e tecnologia estrangeira, ascendeu à posição de **Tigre Asiático**, a Coreia do Norte manteve sua estrutura política e econômica fechada, mesmo após o colapso da União Soviética. Nos últimos anos, com o governo Kim Jong-un, a Coreia do Norte tem oscilado entre uma aproximação com a Coreia do Sul e uma retórica agressiva, especialmente com sua política armamentista nuclear, que é condenada pela comunidade internacional.

> **Tigre Asiático**: denominação atribuída a um conjunto de países da Ásia que na década de 1980 apresentaram um desenvolvimento elevado e repentino, com economias voltadas para a exportação. Faziam parte do grupo: Hong Kong, Coreia do Sul, Cingapura e Taiwan.

Refugiados se deslocam após soldados estadunidenses tomarem Inchon, importante cidade portuária localizada, hoje, na Coreia do Sul. Foto de 1950.

5 Os Estados Unidos e a União Soviética durante a Guerra Fria

O armamentismo e a tensão crescente entre os blocos capitalista e socialista, que caracterizavam a Guerra Fria, sofreram uma reversão parcial em 1953, com a morte do ditador soviético Josef Stalin, a política do presidente estadunidense Dwight Eisenhower e o armistício de Panmunjon. Instaurou-se então um período de aproximação entre os governos da União Soviética e dos Estados Unidos, conhecido como **Coexistência Pacífica**. Esse período teve início com uma série de reuniões entre os dirigentes das duas superpotências para acordos sobre a limitação de armamentos.

Em 1955, a **Conferência de Bandung**, na Indonésia, reuniu 23 países asiáticos e seis africanos com o objetivo de criar um novo bloco político de âmbito global. Esses países, independentes mas economicamente subdesenvolvidos (o chamado **Terceiro Mundo**), foram denominados **Não Alinhados**, porque eram partidários do não alinhamento a uma das duas superpotências. Como meta prioritária, assumiram o desenvolvimento econômico para superar dificuldades sem se envolver na bipolarização Estados Unidos-União Soviética.

No bloco socialista, após a morte de Stalin, **Nikita Kruschev** (1894-1971) assumiu o poder e iniciou um processo de **desestalinização**, alterando profundamente a política interna e externa da União Soviética. Ele foi o grande responsável pela política de Coexistência Pacífica.

Embora servisse como canal de entendimento no mundo organizado em dois blocos, a Coexistência Pacífica não pôs fim aos conflitos entre capitalismo e comunismo. A aproximação entre estadunidenses e soviéticos e até mesmo a paz mundial foram ameaçadas por novos focos de tensão: a Guerra do Vietnã, a descolonização do continente africano, a Revolução Cubana, a invasão da Hungria pelos soviéticos e o rompimento da União Soviética com a China.

Os estadunidenses de 1945 a 1968

Com a morte de Franklin Roosevelt em 1945, o vice-presidente, Harry Truman, assumiu a liderança dos Estados Unidos. Foi em seu governo que teve início a Guerra Fria.

Difundiu-se então por todo o país a ideia de que qualquer oposição ao governo era sinal de antiamericanismo ou comunismo, produto de sabotagem e traição nacional. À frente dessa histeria política, estava o senador **Joseph McCarthy** (1908-1957), do qual deriva a palavra **macarthismo**, sinônimo de intolerância.

Plateia ouve pronunciamento durante a Conferência de Bandung, na Indonésia, em 1955.

O macarthismo difundiu-se por todo o país, com julgamentos e condenações de muitos intelectuais, cineastas, escritores e artistas. Vários deles, entre os quais Charles Chaplin (1889-1977), foram obrigados a sair do país devido às perseguições. Seu auge foi com o casal judeu Ethel e Julius Rosenberg, que foi preso, julgado e executado, em 1953, sob acusação de passar segredos da bomba atômica aos soviéticos. Ele só se extinguiu por volta de 1956, durante o governo de Dwight Eisenhower.

Eleito em 1952 pelo Partido Republicano, Eisenhower foi reeleito em 1956. Na política externa, oscilou entre o enfrentamento da Guerra Fria e a prática da Coexistência Pacífica. Comandou uma política agressiva contra os soviéticos, estabelecendo pactos militares com países alinhados contra o comunismo. Ao mesmo tempo, retomou relações com o governo soviético, que originaram os primeiros acordos do pós-guerra.

Eisenhower promoveu a construção de mísseis e estimulou a exploração espacial, a fim de ultrapassar os soviéticos, que em 1957 lançaram o primeiro satélite artificial da Terra, o Sputnik. Além disso, recebeu Nikita Kruschev em 1959, nos Estados Unidos, para conversações confidenciais e amigáveis.

Os Estados Unidos viram a vitória de Fidel Castro (1926-2016) em Cuba, em 1959, como uma nova ameaça no contexto da Guerra Fria. A revolução liderada por ele anulava a tradicional hegemonia estadunidense na ilha – grande produtora de açúcar e de tabaco (charutos) e apreciado local turístico.

Nas eleições presidenciais de 1960, o republicano **Richard Nixon** (1913-1994) foi vencido pelo candidato do Partido Democrata, **John F. Kennedy** (1917-1963), que assumiu a Presidência em janeiro de 1961. No mesmo ano, Fidel Castro proclamou a adesão de Cuba ao socialismo.

O governo dos Estados Unidos respondeu com o rompimento das relações diplomáticas com o governo cubano e colocou em prática um plano de invasão à ilha, elaborado pela Agência Central de Inteligência (CIA). Um grupo de exilados cubanos e mercenários estadunidenses desembarcou na **baía dos Porcos**, em Cuba, para derrubar Fidel Castro. A invasão, entretanto, fracassou, e Kennedy foi obrigado a assumir pessoalmente a responsabilidade da ação.

Kennedy temia novos episódios de rebeldia na América Latina, onde o descontentamento causado pelo subdesenvolvimento e pelas graves dificuldades econômicas era evidente. Criou, então, a **Aliança para o Progresso**, um programa de ajuda econômica aos países do continente, que garantia a supremacia das ideias, e dos valores e interesses estadunidenses na região.

O presidente John F. Kennedy, momentos antes de ser atingido por uma bala que o mataria, em Dallas (Texas), no dia 22 de novembro de 1963. Esse crime nunca chegou a ser totalmente esclarecido: conspiração ou ato isolado de um delinquente?

Em 1962, o governo dos Estados Unidos decretou um bloqueio econômico a Cuba, impedindo que países de sua esfera de influência comerciassem com a ilha. No mesmo ano, satélites estadunidenses revelaram que mísseis soviéticos apontados para os Estados Unidos estavam sendo instalados na ilha a cerca de 160 quilômetros de distância.

Ameaçando invadir Cuba, o governo estadunidense exigiu a retirada dos mísseis. Esse incidente ficou conhecido como a **crise dos mísseis**.

Diante de sua gravidade e de possíveis consequências, Kruschev, que assumira compromissos de defesa dos cubanos, preferiu recuar, desmontando as rampas de lançamento dos mísseis. Em 1963, Estados Unidos e União Soviética assinaram vários acordos que incluíam a proibição de novos testes nucleares.

Na política interna, Kennedy adotou medidas voltadas para o bem-estar da população nas áreas de educação e saúde e tornou ilegal a discriminação racial. Sua carreira política foi encerrada em 22 de novembro de 1963, ao ser baleado durante uma visita oficial à cidade de Dallas, no Texas.

O vice-presidente **Lyndon Johnson** (1908-1973) assumiu o governo e foi reeleito para o período de 1964 a 1968. Durante o seu mandato, manteve uma atitude ofensiva contra o comunismo e envolveu os Estados Unidos na **Guerra do Vietnã** (1964-1975), chegando a enviar mais de 500 mil soldados para a região. Essa participação provocou grandes manifestações de protesto contra a guerra e o intervencionismo do governo estadunidense no Sudeste Asiático.

Ainda no governo Kennedy, as manifestações do movimento negro contra o racismo se intensificaram, sob a liderança do pastor **Martin Luther King** (1929-1968). Desde o final da década de 1950, suas pregações reuniam milhares de simpatizantes e sobrepuseram-se às organizações radicais, como a liderada por **Malcolm X** (1925-1965) e a dos Black Panthers (Panteras Negras).

Luther King seguia a doutrina do indiano Mahatma Gandhi (1869-1948), que defendia a desobediência civil e a não violência como meios de obter conquistas sociais.

Boicote aos meios de transporte exclusivos dos brancos, no sul do país, movimentos políticos de intelectuais e de sindicatos, e marchas pelos direitos civis foram alguns dos recursos usados pelo movimento negro em sua luta. Pouco a pouco, o movimento ganhou a adesão da maioria branca, e algumas decisões favoráveis foram obtidas nos tribunais.

Martin Luther King, líder do movimento contra a segregação racial e pela igualdade de direitos civis da população negra dos Estados Unidos, ganhou o prêmio Nobel da Paz em 1964 e foi assassinado em 1968. Foto de 1963 em Washington (EUA).

Vivendo naquele tempo

A nova classe média estadunidense

As transformações econômicas e sociais no pós-guerra mudaram significativamente a estrutura social dos países capitalistas, especialmente a dos Estados Unidos, cujo crescimento econômico foi favorecido pela Segunda Guerra Mundial.

O desenvolvimento das cidades e a multiplicação dos polos industriais, dos setores de produção de energia e de beneficiamento de alimentos alteraram significativamente as relações de trabalho que existiam até então. A taxa de emprego nos setores administrativos e de serviços aumentou, com a ampliação de possibilidades de trabalho para cuidar de papéis, dinheiro ou pessoas.

Essas mudanças, além de ampliarem os setores médios urbanos, transformaram suas práticas sociais, seus valores e seu cotidiano. De um lado, eles se diferenciavam da classe de trabalhador que vivia da produção direta de mercadorias; de outro, não eram parte das elites industrial e financeira. A vida da nova classe média era regida pela lógica do trabalho, pelas possibilidades de ascensão econômica e, principalmente, pelas regras de etiqueta social.

A classe média que surgiu em meados do século XX trabalhava em bancos, lojas de departamento, empresas de publicidade e de turismo, nos serviços hospitalares e de saúde, nos setores educacional e cultural, na administração de portos, rodovias, sistemas de transporte urbano, etc. Em geral, eram empregados de grandes corporações, que seguiam estruturas hierárquicas reconhecidas e aceitas, com padrões de comportamento que definiam salários, promoções e dispensas.

As roupas, o modo de vida, a organização da família, as ideias políticas, as práticas religiosas, tudo era observado e avaliado por todos. Costumes ou valores incomuns eram censurados e vistos como fracasso, enquanto os indivíduos de sucesso eram os que seguiam o rumo da ascensão social, identificado como correto e válido.

Wright Mills (1916-1962), um importante sociólogo estadunidense, caracterizou essa nova classe média usando a expressão "colarinho branco", em virtude do uso cotidiano do paletó e gravata, que a distinguia dos trabalhadores de macacão. Segundo ele:

[...] O homem de colarinho branco do século vinte nunca foi independente como o fazendeiro costumava ser, nem tão esperançoso de uma grande chance como o antigo homem de negócios. Ele é sempre o homem de alguém, da corporação, do governo, do exército, e ele é visto como o homem que não cresce. O declínio do empreendedor livre e o crescimento do empregado dependente no cenário americano ocorreram em paralelo com o declínio do indivíduo independente e o crescimento do pequeno homem no imaginário de seu povo. Em um mundo povoado por forças grandes e feias, o homem do colarinho branco é prontamente identificado como possuidor de todas as supostas virtudes da pequena criatura. Ele pode estar na parte de baixo do mundo social, mas ele é, ao mesmo tempo, grato por ser de classe média. [...]

MILLS, Wright. *A nova classe média*. Rio de Janeiro: Jorge Zahar, 1969. p. 32.

Anúncio publicitário dos anos 1950 com imagem representativa de uma família da classe média estadunidense tradicional. Marido, esposa e crianças saem contentes da igreja no domingo. No cartaz, lê-se: "Construam uma vida mais sólida e rica... Rezem juntos todas as semanas".

Os soviéticos de 1945 a 1964

Após a Segunda Guerra Mundial, a União Soviética teve de enfrentar dois grandes desafios: sua própria reconstrução econômica e social e a consolidação de sua liderança no bloco comunista, que passava a englobar os países do Leste Europeu.

O país recuperou o nível de produção anterior à guerra com os planos quinquenais de 1946-1950 e 1951-1955. O setor bélico recebeu os maiores investimentos e a indústria pesada desenvolveu-se, enquanto a produção de bens de consumo foi relegada a segundo plano.

Entretanto, a sociedade soviética, cada vez mais concentrada em núcleos urbanos graças à industrialização, mobilizava-se por melhorias no padrão de vida. Os soviéticos exigiam variedade de bens de consumo e mais autonomia, que contrastava com o centralismo stalinista.

Desde os anos 1930, Josef Stalin eliminara divergentes e opositores a seu poder por meio de expurgos, execuções sumárias, prisões e outras formas de repressão. Essa prática levou à expulsão ou à execução de mais de 1 milhão de pessoas dos partidos comunistas nos países que integravam o bloco socialista.

Após a morte de Stalin, em março de 1953, ocorreu a disputa pela liderança soviética. O vencedor foi **Nikita Kruschev** (1894-1971), que assumiu o cargo de secretário-geral do Partido Comunista. Em 1958, tornou-se primeiro-ministro e governou até 1964, quando foi afastado. Sua liderança foi marcada pelo início do processo de "desestalinização", quando ele denunciou os crimes de Stalin no **XX Congresso do Partido Comunista da União Soviética** (**PCUS**), em 1956.

Kruschev propunha a descentralização política, certa liberalização cultural e a elevação do bem-estar social como táticas para alcançar a eficiência econômica e tecnológica. Essa política garantiu aos soviéticos o pioneirismo na corrida espacial. Em 1957 os soviéticos lançaram o primeiro satélite artificial, o Sputnik, e em 1961 realizaram o primeiro voo espacial tripulado. Assim, provaram que também produziam tecnologia sofisticada.

Além de promover a **Coexistência Pacífica**, o líder soviético flexibilizou as relações com seus aliados do bloco comunista. Exemplo disso foi a aceitação da política de Josip Broz Tito (1892-1980) da Iugoslávia, que propunha uma via diferente de desenvolvimento do socialismo.

Stalin mobilizou todos os recursos da economia soviética, articulando a produção rural coletivizada e o desenvolvimento industrial. Foi esse impulso econômico que sustentou a posição de grande potência mundial da União Soviética nas duas primeiras décadas do período da Guerra Fria. Desde o início dos anos 1930, ele ordenou a perseguição de adversários políticos e estimulou o culto à personalidade, exemplificado pelo cartaz acima, de 1933, que o mostra como condutor da União Soviética. À direita, em russo, lê-se impresso: "O capitão do país dos sovietes nos conduz de vitória em vitória".

No XX Congresso do Partido Comunista da União Soviética, em Moscou, Kruschev condenou o culto à personalidade, a repressão política e o autoritarismo de Stalin, além de afirmar que "as prisões em massa faziam mal ao país e à causa do progresso socialista". Na foto de 1956, dirigentes do partido ouvem a fala de Kruschev.

A "desestalinização" era reflexo de transformações sociais profundas que começavam a ocorrer não só na superpotência comunista, mas também em outros países do Leste Europeu. Em 1956, a agitação política no mundo socialista cresceu descontroladamente.

Na Polônia, após uma insurreição de trabalhadores em Poznán, o líder Wladyslaw Gomulka (1905-1982), destituído do governo e preso no período stalinista, foi reconduzido ao poder.

Na Hungria, trabalhadores, estudantes e intelectuais se rebelaram contra a dominação soviética em uma revolução de caráter socialista. Para apaziguá-los, Mátyás Rákosi (1892-1971) foi substituído na direção do Partido Comunista por Imre Nagy (1896-1958), que, representando os anseios populares de democratização e autonomia, tentou retirar o país do Pacto de Varsóvia. Em resposta, tropas soviéticas invadiram a Hungria, em novembro de 1956, ocuparam Budapeste e, após a morte de aproximadamente duzentos húngaros, derrubaram Nagy, colocando János Kádár (1912-1989) no cargo de primeiro-ministro.

Nos discursos, entretanto, Kruschev defendia o respeito às diferentes vias para o socialismo, elogiando o não alinhamento e a neutralidade, procurando, dessa forma, aproximar-se dos países do Terceiro Mundo.

Enquanto isso, a China, sob a liderança de Mao Tsé-tung, firmou sua autonomia opondo-se à Coexistência Pacífica e acusando as reformas de Kruschev de "revisionismo" e traição aos princípios socialistas.

As **divergências sino-soviéticas** cresceram, manifestando-se em conflitos de fronteira e em acusações mútuas. Em 1959, os países romperam o acordo nuclear e, no ano seguinte, a União Soviética retirou a ajuda econômica e técnica aos chineses. Esse conflito deu fim ao projeto de unidade socialista comandada pelos soviéticos, desgastando o poder de Kruschev.

As relações capitalismo-socialismo sofreram novo abalo em 1962, com a crise dos mísseis, que quase precipitou uma guerra total. Na tentativa de reverter a tensão internacional em 1963, Kruschev e Kennedy assinaram vários acordos, que incluíam a proibição de novos testes nucleares.

Após a destituição de Kruschev do poder, em 1964, o governo soviético ficou a cargo de uma *troika* (triunvirato) formada por **Leonid Brejnev** (1906-1982), secretário-geral do partido, Alexey Kossygin (1904-1980), presidente do Conselho de Ministros, e Nikolai Podgorny (1903-1983), presidente do Soviete Supremo. O poder retornava assim à linha centralista da era stalinista na União Soviética.

A intervenção militar soviética encerrou o curto período de liberalização socialista húngara. População sobe em tanque soviético em rua de Budapeste, durante a Revolução Húngara. Foto de 1956.

Para saber mais

Tensões sino-soviéticas

Em 1957, a União Soviética firmou compromisso de fornecer armas nucleares aos chineses. Dois anos depois, no contexto da política de Coexistência Pacífica, esse compromisso foi rompido. A atitude soviética foi muito criticada pelos chineses, para os quais o imperialismo dos Estados Unidos continuava ameaçador. Em represália, em 1960 a União Soviética retirou seus conselheiros técnicos da China.

A política de priorização da produção de bens de consumo e de desestalinização do regime adotada por Kruschev distanciava ainda mais os partidos comunistas dos dois países. Naquele momento, os chineses desenvolviam a indústria de base, e Mao Tsé-tung era venerado como o grande guia chinês, tornando-se alvo da crítica ao culto da personalidade feita a Stalin pelo líder soviético.

Em 1962, as relações sino-soviéticas romperam-se, quando o PCC acusou Kruschev e o PCUS de "revisionistas", ou seja, de modificarem as teses marxistas originais, distanciando-se do socialismo puro.

Em 1969, as relações entre a China e a União Soviética haviam se deteriorado de tal forma que entre os dois países socialistas havia apenas algumas modestas transações econômicas e questões diplomáticas de rotina. Progressos na reaproximação entre eles ocorreram somente a partir de 1986.

A partir dos anos 1970, o governo chinês aproximou-se dos Estados Unidos. Essa política possibilitou o seu ingresso na ONU em 1971 e a visita do presidente Richard Nixon à China no ano de 1972.

Cartaz chinês de 1967 criticando a política de Kruschev. O conflito sino-soviético derivava de divergências ideológicas e afetava questões políticas e econômicas dos dois países.

6 O socialismo na China

Assim que conquistou o poder da China, em 1949, o **Partido Comunista Chinês** (**PCC**) promoveu a nacionalização das indústrias e a reforma agrária no país, para enfrentar as dificuldades econômicas, agravadas com a Guerra da Coreia (1950-1953).

Anunciado em 1953, o primeiro plano quinquenal priorizou a indústria pesada. Em 1955, a coletivização da agricultura acelerou-se com a organização de 1 milhão de cooperativas. O aumento dos salários, contudo, não acompanhou o aumento da produtividade industrial.

Ao perceber que o desenvolvimento socialista estava aquém das exigências sociais e ameaçava o governo do PCC, Mao Tsé-tung proclamou a liberalização política interna, com o objetivo de obter maior envolvimento popular. A iniciativa permitiu o aparecimento de críticas aos abusos dos funcionários do partido e a atuação de oposicionistas contrários ao centralismo planificado. Associada ao lema "Que 100 flores desabrochem, que 100 escolas de pensamento rivalizem entre si", a abertura política foi chamada de **Movimento das 100 Flores** (1956).

A iniciativa foi encerrada quando se transformou em ameaça ao governo e fugiu ao controle do PCC. Seguiram-se prisões e programas de "reeducação" de intelectuais e ativistas considerados "direitistas". Mao justificou-se dizendo que o Movimento das 100 Flores pretendia "fazer as serpentes saírem de suas tocas". Tratava-se, portanto, de uma armadilha para reprimir dissidentes do regime comunista.

Em 1958, o governo chinês lançou seu ambicioso segundo plano quinquenal, com o programa de reformas chamado **Grande Salto para a Frente**. Promoveu-se a industrialização acelerada do país e a formação de gigantescas unidades agrícolas conhecidas como **comunas populares**. Algumas dessas unidades reuniam 100 mil pessoas.

O Grande Salto teve resultados limitados mesmo com a mobilização geral da população — inclusive de intelectuais e estudantes que foram convocados a trabalhar no campo — e com o crescimento da produção rural em 65%.

Como as relações sino-soviéticas tornaram-se mais difíceis, as dissidências e a oposição interna ao PCC se intensificaram. Em resposta a seus adversários na cúpula do PCC, em meados da década de 1960, Mao Tsé-tung iniciou a expulsão de opositores políticos do governo. A chamada **Revolução Cultural** envolveu toda a população chinesa.

Os *dazibaos*, jornais murais públicos feitos por populares, espalharam-se pelo país, divulgando o movimento que, em pouco tempo, se transformou numa luta pelo poder empreendida pelo grupo maoísta.

Sustentado pelo Exército Popular de Libertação, o grupo maoísta opunha-se à facção de Liu Shaoqi (1898--1969) e Deng Xiaoping (1904-1997), adversários de Mao dentro do Partido Comunista Chinês. Ambos foram perseguidos e presos.

Durante a Revolução Cultural, multiplicaram-se as organizações revolucionárias, como a Guarda Vermelha, inspiradas na obra *Pensamento de Mao Tsé-tung*, também conhecida como *Livro vermelho*. Nela, firmavam-se as ideias de reeducação socialista, críticas ao burocratismo, fidelidade a Mao e permanente alerta contra o inimigo.

Entre 1967 e 1968, consolidou-se a autoridade de Mao, que expulsou do partido seus opositores, entre os quais Deng Xiaoping. Mao sobrepôs-se até mesmo ao PCC, transformando-se no líder máximo nacional, a quem chamavam de "o grande timoneiro". Sua morte, em 1976, abriu a disputa pelo poder na China.

Meninos e meninas leem cópias do *Livro vermelho*, de Mao Tsé-tung. Foto divulgada pela agência oficial de comunicações da China, em 1968.

A China pós-Mao

Em 1977, Deng Xiaoping foi reabilitado ao partido, tornando-se o novo líder do governo. Lançou um programa de reformas que promoveu o desenvolvimento do país com medidas de liberalização da economia — como a criação de **Zonas Econômicas Especiais**, abertas à instalação de empresas estrangeiras —, que atraíram para a China uma onda de investimentos externos.

A liberalização da economia, contudo, não foi acompanhada de ações que diminuíssem o poder monolítico do Partido Comunista.

Manifestação da Guarda Vermelha na província de Ning Xian. A Guarda Vermelha era constituída basicamente de jovens mobilizados para divulgar o pensamento de Mao Tsé-tung e combater aquilo que se opunha à China idealizada pelo líder. Na foto, da década de 1960, exemplares de *dazibaos* afixados nas paredes.

Essa contradição atingiu seu ápice entre abril e junho de 1989, com a ocupação popular da **Praça da Paz Celestial**, em uma série de manifestações no centro de Pequim.

Liderados por estudantes, os manifestantes exigiam liberdade de expressão e de imprensa e a democratização do país. Em resposta, o governo reprimiu o movimento com violência. No dia 3 de junho, tanques de guerra e tropas do exército invadiram a praça e atiraram contra a multidão. Estima-se que o número de pessoas mortas tenha chegado a 7 mil.

Na segunda década do século XXI, sob o comando de Xi Jinping (1953-), cujo mandato iniciou-se em março de 2013, a China tem consolidado sua abertura ao sistema capitalista, combinando-a com a ordem comunista herdada da Revolução de 1949: os chineses podem ter os próprios negócios; a economia do país está aberta a investimentos estrangeiros; há mais vínculos com o circuito de negócios internacionais; admite-se o consumismo; a população tem liberdade para viajar ao exterior.

A abertura econômica do país contrapõe-se à estrutura política baseada no regime de partido único e ao controle estatal das comunicações, da censura e da repressão às manifestações populares — que desde o final da década de 1980 reivindicam a democratização da China.

O sucesso econômico chinês confirmou-se com a admissão do país na Organização Mundial de Comércio (OMC) em novembro de 2001 e o ingresso de empresários no PCC.

As reservas internacionais chinesas passaram de US$ 819 bilhões em 2005 para mais de US$ 4 trilhões em 2013. Nesse período, as taxas anuais de crescimento econômico foram superiores a 7,5%. Assim, a China tornou-se a segunda maior economia e a maior potência comercial do mundo. Porém, em 2016, as reservas internacionais caíram para US$ 3 trilhões e o crescimento econômico foi de 6,7%, o menor desde 1990. Esses números mostram a recente desaceleração econômica chinesa, que tem afetado a economia internacional nos últimos anos.

A violenta repressão à ocupação da Praça da Paz Celestial por estudantes e trabalhadores, em 1989, valeu ao governo de Deng Xiaoping a condenação internacional. Acima, imagem de vídeo na qual um estudante solitário tenta barrar o avanço de tanques com seu próprio corpo, em protesto contra o autoritarismo do governo em Pequim.

7 A Revolução Cubana

A independência cubana, em 1898, logo esbarrou na política do *Big Stick*, criada pelo governo dos Estados Unidos para que o país pudesse intervir na América Latina.

Nos termos dessa política, os Estados Unidos exigiram que a **Emenda Platt** fosse incluída na Constituição cubana de 1901, dando início à tutela estadunidense sobre a ilha. Além de ceder aos Estados Unidos a região da baía de Guantánamo, ainda hoje uma base estadunidense em solo cubano, o país ficou sob ameaça constante de invasão e sujeito a governos ditatoriais subservientes aos Estados Unidos, como o de **Fulgêncio Batista** (1901-1973).

Na década de 1950, entretanto, a oposição à ditadura cresceu consideravelmente. Em 1956, um movimento armado, liderado por **Fidel Castro** (1926-2016), **Camilo Cienfuegos** (1932-1959) e **Ernesto "Che" Guevara** (1928-1967) instalou-se nas montanhas de Sierra Maestra.

Apoiado pelos camponeses e utilizando táticas de guerrilha, o movimento cresceu rapidamente e ocupou várias cidades e povoados de Cuba.

Em 31 de dezembro de 1958, Fulgêncio Batista, derrotado, fugiu do país para a República Dominicana.

A política de mudanças adotada pelo governo revolucionário a partir de 1959 chocava-se com os interesses dos Estados Unidos. A realização da reforma agrária e a nacionalização das refinarias de açúcar, usinas e indústrias — a maior parte pertencente a estadunidenses — levaram o governo dos EUA a suspender a importação do açúcar cubano. Em resposta, Cuba passou a vender seu açúcar a um novo mercado consumidor: o soviético.

Com a ligação de Cuba ao bloco soviético, os Estados Unidos começaram a tomar medidas radicais contra o país. Em 1961, Fidel anunciou formalmente que Cuba passava a ser um país socialista, e os Estados Unidos tentaram derrubar seu governo com a malsucedida invasão da baía dos Porcos. Logo depois, a ilha se tornou importante ponto estratégico para a União Soviética, que tentou ali instalar os mísseis que deram origem à crise dos mísseis de 1962.

Ainda em 1962, Cuba foi expulsa da Organização dos Estados Americanos (OEA), sob a acusação de que disseminava a subversão pelo continente.

A crise dos mísseis de 1962

Adaptado de: HISTOIRE-Géographie. Paris: Hatier, 1991. p. 115.

Foi nessa época que John Kennedy lançou para a América Latina a **Aliança para o Progresso**.

Isolada no continente, embora o México continuasse a manter relações diplomáticas com a ilha, Cuba passou a apoiar os movimentos guerrilheiros que eclodiam em diversos pontos da América Latina. "Che" Guevara, ex-ministro de Cuba, participou pessoalmente da guerrilha na Bolívia, onde foi morto em outubro de 1967.

Em contraponto a essa ofensiva cubana, o governo dos Estados Unidos reforçava o isolamento da ilha com o bloqueio econômico, ao mesmo tempo que apoiava golpes militares no continente. Vários governos ditatoriais foram estabelecidos na tentativa de conter a expansão do socialismo na América Latina.

A Revolução Cubana constituiu uma forma de enfrentar a miséria e a opressão causadas pelo subdesenvolvimento sem recorrer ao alinhamento com os Estados Unidos. Após 25 anos do início da revolução, o governo cubano, apesar das dificuldades enfrentadas, diminuiu o desemprego e a miséria entre a população, e o analfabetismo foi erradicado do país.

As mudanças políticas e sociais no Leste Europeu e a derrocada da União Soviética, ocorridas entre 1989 e 1991, fortaleceram a pressão popular por reformas na política cubana, como a abertura política e o fim do partido único, controlado pelos irmãos Castro.

A retração econômica do Leste Europeu, provocada pelo esfacelamento da União Soviética, levou os dirigentes comunistas cubanos a tentar, em meados da década de 1990, um reformismo econômico e uma aproximação com a comunidade internacional discordante do bloqueio imposto pelo governo dos EUA. Assim, o lema revolucionário "socialismo ou morte" foi substituído por "queremos capital, e não capitalismo". Outro mecanismo adotado foi o incremento do turismo, para atrair divisas que pudessem recuperar a economia do país.

Nos últimos anos, vigorou em Cuba uma política pendular entre o isolamento e a reaproximação do governo com a comunidade internacional (especialmente Estados Unidos e União Europeia). Nesse contexto, o intercâmbio comercial e os financiamentos externos concedidos ao país cresceram. Apesar disso, dissidências internas e a oposição à ordem política, seguidas de repressão e prisões, evidenciam a permanência de uma estrutura fechada e antidemocrática, motivo de críticas e de entrave à maior integração de Cuba ao circuito dos negócios e da política internacional.

Em 2006, Fidel Castro afastou-se do poder por problemas de saúde, e seu irmão, **Raúl Castro** (1931-), assumiu o governo. Em julho de 2015, ele e o então presidente dos Estados Unidos, **Barack Obama** (1961-), reataram as relações diplomáticas entre os países. Em março do ano seguinte, Obama visitou a ilha. Contudo, no início de 2017, o novo presidente estadunidense, **Donald Trump** (1946-), dava sinais de que não manteria essa reaproximação.

Fidel Castro, à direita, conversa com "Che" Guevara. Foto de 1959.

Os então presidentes de Cuba e dos Estados Unidos, Raúl Castro e Barack Obama, cumprimentam-se durante a primeira visita de Obama à ilha. Foto de 2016.

Atividades

Retome

1. Explique o que foi o Plano Marshall. Em seguida, responda: para o governo soviético, o que essa medida significava? O governo soviético tomou alguma medida a partir do estabelecimento do Plano Marshall?

2. Relacione a divisão da Alemanha e a construção do Muro de Berlim à situação ideológica internacional estabelecida após a Segunda Guerra Mundial.

3. Em que consistiu o processo de desestalinização na União Soviética e qual foi o papel de Nikita Kruschev nesse processo?

4. O Partido Comunista Chinês (PCC) chegou ao poder na China em 1949.
   a) Identifique e comente pelo menos três medidas do governo socialista na China entre as décadas de 1950 e 1960.
   b) Relacione o processo de desestalinização e o distanciamento entre os governos da China e da União Soviética.

5. Com base no texto do capítulo e no mapa "A crise dos mísseis de 1962", explique no que consistiu essa crise.

Pratique

6. Os dois textos a seguir tratam de aspectos gerais da Guerra Fria. Leia-os e responda às questões propostas.

> [...] O Estado de Segurança Nacional, a aliança da Otan, a Guerra Fria que durou 40 anos, todos foram criados sem o consentimento da população americana, que nem sequer chegou a ser consultada. Houve, é claro, eleições durante esse período crucial, mas Truman-Dewey, Eisenhower-Stevenson, Kennedy-Nixon tinham a mesma opinião no tocante à conveniência de, primeiro, inventar-se um inimigo de muitos tentáculos, o comunismo [...]; e, depois, para combater tanto mal, instalar um Estado guerreiro permanente em casa, com [...] uma polícia secreta para vigiar os "traidores" nativos, como ficaram sendo conhecidos os poucos inimigos do Estado de Segurança Nacional.
> Seguiram-se 40 anos de guerras insensatas que geraram uma dívida de US$ 5 trilhões, que beneficiou enormemente a indústria aeroespacial [...].
>
> VIDAL, Gore. As diversões imperiais. Caderno Mais! *Folha de S.Paulo*, 7 dez. 1997. Disponível em: <www1.folha.uol.com.br/fsp/1997/12/07/mais!/7.html>. Acesso em: 22 mar. 2017.

> [...] A Guerra Fria tornou-se "quente" quando os Estados Unidos intervieram na dividida Coreia, em 1950 [...].
> Com duração de três anos, a guerra foi enormemente sangrenta, matando ou ferindo 140 mil soldados americanos e três vezes esse número entre os coreanos do Norte e seus aliados chineses. Dois milhões de civis morreram no conflito, que terminou com a mesma divisão territorial que havia no início, uma tradução precisa da Guerra Fria como um todo. [...]
>
> PURDY, Sean. Planejando a ordem pós-guerra e a Guerra Fria. In: KARNAL, Leandro et al. *História dos Estados Unidos*: das origens ao século XXI. São Paulo: Contexto, 2015. p. 229.

a) Quem seriam os "poucos inimigos do Estado de Segurança Nacional" nos Estados Unidos na época da Guerra Fria, citados no texto de Gore Vidal?

b) Que nome se deu à política de vigilância e perseguição a esses "inimigos", pelo próprio governo estadunidense, na década de 1950? Como essa política afetou a sociedade e a cultura dos Estados Unidos de então?

c) Para Sean Purdy, quando a Guerra Fria tornou-se "quente"? Por quê?

d) Por que Sean Purdy diz que a divisão territorial da Coreia era uma "tradução precisa da Guerra Fria como um todo"?

Analise uma fonte primária

7. Observe a imagem ao lado e faça o que se pede.

Capa da revista estadunidense *Time*, publicada em 6 de dezembro de 1968. Na parte inferior, lê-se: "Corrida pela Lua".

a) A que nacionalidade pertence cada astronauta representado na imagem?

b) Por que eles foram representados correndo em direção à Lua? Eles estão correndo juntos ou competindo entre si? Explique.

c) Por que a corrida espacial passou a ser importante no período da Guerra Fria?

Articule passado e presente

8. A Revolução Cubana foi um dos focos de tensão da Guerra Fria. Depois de muito tempo de antagonismo, Cuba e Estados Unidos retomaram as relações diplomáticas em 2015. Será que isso trouxe mudanças na política, na economia e no cotidiano dos cubanos? Para entender melhor a atual situação de Cuba, reúna-se com um colega e façam as atividades propostas.

   a) Observem as fotos a seguir.

Para o jovem cubano Jurangel, que em 2016 tinha 25 anos de idade, a visita de Obama a Cuba também foi positiva. Em suas palavras, foi "espetacular". Foto de 23 de março de 2016, em Havana, Cuba.

A cubana Paloma Duarte tinha 18 anos em 2016. Para ela, a visita do presidente Barack Obama a Cuba, realizada naquele ano, foi positiva, já que promoveu a abertura de um canal de comunicação entre Cuba e Estados Unidos (algo importante, já que Paloma tem muitos familiares morando nos Estados Unidos). Foto de 23 de março de 2016, em Havana, Cuba.

   b) Pesquisem a situação atual de Cuba, procurando responder:
   - Em que consistia, em detalhes, o bloqueio (ou embargo) imposto a Cuba pelos Estados Unidos em 1962 e que consequências ele trouxe para a sociedade cubana?
   - Que mudanças passaram a ocorrer em Cuba a partir de 2006, com Raúl Castro?
   - De que modo os jovens encararam a retomada de relações diplomáticas entre Cuba e Estados Unidos, em 2016? As reações foram todas positivas ou houve grupos da população cubana que se posicionaram contra essa retomada? E as gerações cubanas mais velhas, como reagiram aos acontecimentos de 2016?
   - Com o governo do presidente Donald Trump, como caminham as relações entre os dois países?

   c) Levantem dados em *sites* de agências de notícias e de órgãos oficiais para a elaboração de uma pequena reportagem. Nela vocês deverão relacionar a história de Cuba ao contexto da Guerra Fria e fazer um comentário a respeito da situação atual de Cuba e também sobre as particularidades de se realizar um estudo acerca de um processo tão atual. Para isso, retomem os conhecimentos sobre a chamada história imediata, abordado no *Saber histórico* desta unidade. Compartilhem a reportagem com o restante da classe.

CAPÍTULO 37
Brasil no período da Guerra Fria: da democracia à ditadura

Em 2014, movimentos sociais e grupos de familiares ligados às vítimas da repressão durante a ditadura militar organizaram atos em diversas cidades do país para lembrar os 50 anos do golpe civil-militar e protestar contra a violação de direitos humanos ocorrida naquele período. Na foto, ato realizado em 31 de março de 2014 no antigo prédio do Destacamento de Operações de Informação — Centro de Operações de Defesa Interna (Doi-Codi), órgão subordinado ao Exército e responsável pela repressão durante a ditadura. No ato, familiares e torturados seguram fotos de vítimas da repressão durante a ditadura militar.

Entre 1946 e 1964, o Brasil passou por um período democrático em que os debates políticos, a modernização dos meios de comunicação e o crescimento urbano se fizeram presentes. Porém, em 1964, um regime ditatorial foi implantado no Brasil: iniciava-se o período de governos militares, que só terminou em 1985. O que ocorreu para que, depois daquele período democrático, tivesse início um regime ditatorial? Que consequências os regimes ditatoriais trazem a um país e a sua população? Hoje, de que maneira nós, cidadãos brasileiros, lidamos com as heranças da ditadura?

1 O Brasil no cenário do pós-Segunda Guerra Mundial

Em 1945, após o término da Segunda Guerra Mundial, a ditadura do Estado Novo chegou ao fim. Com a abertura democrática, houve uma nova organização dos partidos políticos e a garantia da liberdade de expressão.

Além do crescimento urbano e industrial, o período foi marcado pela modernização dos meios de comunicação, destacando-se o início das transmissões de televisão em 1950, com a TV Tupi de São Paulo.

Esses avanços, contudo, não foram acompanhados de mudanças que diminuíssem as desigualdades sociais ou alterassem as péssimas condições de vida da maioria da população. Vale ressaltar que, no censo de 1960, 45% dos 70 milhões de brasileiros moravam em cidades, situação que seria invertida no início dos anos 1970.

Anúncio de televisor publicado na revista *O Cruzeiro*, em setembro de 1950.

2 A experiência democrática

No final de 1945, as eleições realizadas no Brasil deram a vitória ao general **Eurico Gaspar Dutra** (1883-1974). No mundo, iniciava-se a Guerra Fria. Nesse contexto, grandes debates políticos mostravam diferentes propostas para o país enfrentar suas dificuldades econômicas e sociais.

A **corrente nacionalista** defendia um Estado forte e independente e restrições ao capital estrangeiro. A **corrente liberal** era favorável a um vínculo maior com o capitalismo internacional, sobretudo com países como os Estados Unidos, e à abertura do mercado interno a produtos e capitais estrangeiros. A **corrente comunista**, menos numerosa, propunha maior participação do Estado, reestruturação da ordem social e política e maior aproximação com o bloco soviético. Prevaleceram, ao final, o **alinhamento** e a **dependência** brasileira em relação aos Estados Unidos e aos países do bloco capitalista, porém sob um discurso nacionalista.

Com o acirramento das posições políticas e sociais e a polarização da sociedade, o regime democrático foi suprimido novamente. Em 1964 foi instalado um regime ditatorial, que duraria até 1985.

Onde e quando

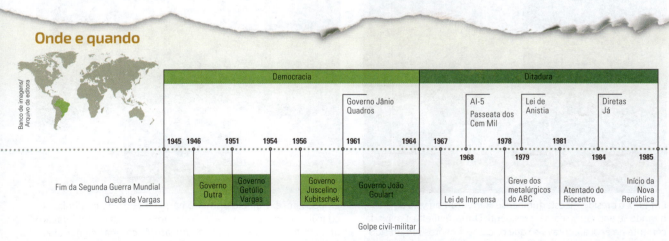

Mapa e linha do tempo ilustrativos. As regiões indicadas no mapa referem-se à configuração atual dos países a que pertencem hoje, e o espaço entre as datas não é proporcional ao intervalo de tempo.

Brasil no período da Guerra Fria: da democracia à ditadura

De Dutra a Vargas (1946-1954)

Dutra assumiu a presidência em janeiro de 1946. O início de seu governo foi marcado pela posse da **Assembleia Nacional Constituinte**, encarregada de elaborar uma nova Constituição para o Brasil. Promulgada ainda em 1946, a Carta restabeleceu a democracia, a organização do Estado em três poderes (Executivo, Legislativo e Judiciário) e a autonomia dos estados e municípios, colocando fim ao centralismo político que caracterizou a Era Vargas. Manteve, no entanto, a exclusão do direito de voto aos analfabetos (mais da metade da população), inúmeras restrições ao direito de greve e a não incorporação dos trabalhadores do campo à legislação trabalhista.

Na área econômica, Dutra deu orientação liberal ao seu governo, afastando-se da política nacionalista de Vargas. Com a abertura do mercado aos produtos importados, as reservas nacionais em moedas estrangeiras acumuladas durante a Segunda Guerra Mundial esgotaram-se. Em 1948, foi anunciado o **Plano Salte**, abreviatura de Saúde, Alimentação, Transporte e Energia, considerados setores prioritários. O plano só foi aprovado pelo Congresso em 1950, no final do mandato de Dutra, e abandonado pelo governo seguinte. Assim, foi implementado apenas em parte.

Aderindo ao clima da Guerra Fria, o governo Dutra estreitou relações com os Estados Unidos e, em 1947, rompeu relações diplomáticas com a União Soviética.

Esse posicionamento acabou provocando um recuo na frágil e recente democracia brasileira. O governo decretou a ilegalidade do Partido Comunista Brasileiro (PCB), cassando o mandato de deputados, senadores e vereadores do partido que haviam sido eleitos em 1945. Além disso, o governo também ordenou a intervenção estatal em mais de 400 sindicatos.

Getúlio Vargas foi vitorioso nas eleições para a sucessão de Dutra em outubro de 1950. Ele candidatou-se pelo Partido Trabalhista Brasileiro (PTB) e com o apoio do Partido Social Democrático (PSD). Assim, o **"pai dos pobres"**, como ficou conhecido, reassumia a Presidência do Brasil em janeiro de 1951, mas, desta vez, democraticamente. Sua atuação política junto às camadas mais carentes do país, no estilo populista, foi decisiva para sua vitória.

Em 1947, o presidente estadunidense Harry Truman veio ao Brasil, quando se encontrou com o presidente Dutra, à direita. Em piada corrente na época, contava-se que os cumprimentos teriam sido: "How *do* you *do*, *Du*tra?". "How *tru* you *tru*, *Tru*man?".

Em 1955, foi extraído o primeiro barril de petróleo na Bahia. A criação da Petrobras e a adoção de uma política de exploração de petróleo foi o resultado de uma ampla campanha popular, cujo mote era "O petróleo é nosso!".

Com a volta de Getúlio Vargas, o governo retomou a corrente nacionalista, com o Estado atuando de maneira intervencionista e paternalista.

As importações foram restringidas e os investimentos estrangeiros foram limitados, o que dificultou as remessas de lucros de empresas transnacionais para seus países de origem.

Para incentivar a indústria nacional, em 1952, foi criado o **Banco Nacional de Desenvolvimento Econômico (BNDE)** e, no ano seguinte, a **Petrobras**, empresa estatal com o monopólio da exploração e refino do petróleo no Brasil. Foi proposta também a criação da **Eletrobras**, uma empresa para controlar a geração e a distribuição de energia elétrica.

Vargas nomeou **João Goulart (1919-1976)** ministro do Trabalho, em 1953, para enfrentar as reivindicações e a onda de greves. Sob a orientação do presidente, o novo ministro propôs, em janeiro de 1954, dobrar o valor do salário mínimo, que recuperou seu valor em relação à crescente inflação.

Em fevereiro, 42 coronéis e 39 tenentes-coronéis emitiram um manifesto – o **Manifesto dos Coronéis** – criticando o governo, o aumento do salário mínimo e as desordens que corriam pelo país. Entre eles estava o coronel **Golbery do Couto e Silva (1911-1987)** e vários outros militares que, mais tarde, seriam protagonistas da ditadura iniciada em 1964.

Em resposta, Getúlio demitiu o ministro da Guerra, o general Espírito Santo Cardoso, e acordou com Goulart a sua demissão, acalmando os ânimos dos militares. Contudo, no feriado de 1º de maio de 1954, o presidente anunciou o aumento de 100% do salário mínimo, conquistando ainda mais apoio dos trabalhadores.

A política populista de Vargas atraiu a oposição de liberais, como membros da União Democrática Nacional (UDN) – partido político de orientação liberal –, oficiais das Forças Armadas e empresários, especialmente os ligados aos interesses estrangeiros.

Em 5 de agosto de 1954, o jornalista **Carlos Lacerda (1914-1977)**, um dos principais oponentes de Vargas, dono do jornal *Tribuna da Imprensa*, sofreu um atentado no qual morreu seu segurança, o major da Aeronáutica Rubens Vaz (1922-1954). O episódio ficou conhecido como o **atentado da rua Toneleros**. As investigações apontaram a participação de **Gregório Fortunato (1900-1962)**, chefe da guarda pessoal de Getúlio. Isso acirrou os ânimos dos oposicionistas, desdobrando-se numa grande campanha pela renúncia de Vargas. Grande parte dos meios de comunicação uniu-se à campanha, alimentando e impulsionando o aprofundamento da crise.

Pressionado, Vargas suicidou-se em 24 de agosto de 1954, deixando uma carta-testamento:

> [...] Tenho lutado mês a mês, dia a dia, hora a hora, resistindo a uma agressão constante, incessante, tudo suportando em silêncio, tudo esquecendo, renunciando a mim mesmo, para defender o povo que agora se queda desamparado. Nada mais vos posso dar a não ser o meu sangue. Se as aves de rapina querem o sangue de alguém, querem continuar sugando o povo brasileiro, eu ofereço em holocausto a minha vida. Escolho este meio de estar sempre convosco [...].
>
> Lutei contra a espoliação do Brasil. Lutei contra a espoliação do povo. Tenho lutado de peito aberto. O ódio, as infâmias, a calúnia não abateram o meu ânimo. Eu vos dei a minha vida. Agora ofereço a minha morte. Nada receio. Serenamente dou o primeiro passo no caminho da eternidade e saio da vida para entrar na história.
>
> [...]

Apud: DEL PRIORE, Mary et al. *Documentos de história do Brasil*: de Cabral aos anos 90. São Paulo: Scipione, 1997. p. 98-99.

Com o suicídio de Getúlio, o vice-presidente **Café Filho (1899-1970)** assumiu o poder.

A notícia da morte de Getúlio Vargas e a divulgação de sua carta-testamento estimularam manifestações populares por todo o país. Jornais pró-oposição, diretórios da UDN e a embaixada dos Estados Unidos no Rio de Janeiro foram invadidos e depredados. Milhares de pessoas choraram diante de seu caixão. Na foto, de 1954, pessoas acompanham o velório realizado no Palácio do Catete, no Rio de Janeiro.

Nas eleições de outubro de 1955, **Juscelino Kubitschek de Oliveira** (1902-1976), candidato pela coligação PSD-PTB, teve uma vitória apertada sobre Juarez Távora (1898-1975), candidato apoiado pela UDN. Na época os eleitores votavam separadamente para presidente e vice. João Goulart, ex-ministro do Trabalho de Vargas, venceu a eleição para a Vice-Presidência.

Inconformados com esse resultado, UDN e militares tramavam um golpe, com apoio discreto de Café Filho e outros ministros, mas esbarraram no legalista ministro da Guerra, o general **Henrique Teixeira Lott** (1894-1984).

A saída de Café Filho da Presidência por problemas de saúde ocasionou a transferência do cargo ao presidente da Câmara dos Deputados, **Carlos Luz** (1894-1961), aliado da UDN. Este, mais favorável aos golpistas, tentou se livrar do legalista Lott, que reagiu e o depôs. O cargo foi então entregue ao presidente do Senado, **Nereu Ramos** (1888-1958), que governou até a posse de JK, como ficou conhecido, em janeiro de 1956.

De JK a Jango (1956-1964)

O governo JK foi marcado pelo desenvolvimentismo. Apoiando-se no **Plano de Metas**, divulgado com o *slogan* **50 anos em 5**, Juscelino prometia desenvolver o país em tempo recorde priorizando investimentos em setores de energia, indústria, educação, transporte e alimentos. Para alcançar as metas, o governo favoreceu a entrada de capitais estrangeiros e a presença de empresas transnacionais no país. Esse modelo abandonava o nacionalismo do período Vargas e aderia ao **capitalismo internacional**.

Como resultado dessa política, fábricas de caminhões, tratores, automóveis e produtos farmacêuticos foram instaladas no Brasil. Destacam-se também a construção das hidrelétricas de Furnas e Três Marias; e a pavimentação de milhares de quilômetros de estradas.

Grandes mudanças ocorriam em diversos setores e no dia a dia de muitas cidades e regiões.

> [...] a partir de 1958, os brasileiros viram se materializar nas ruas e estradas duas novidades: o DKW-Vemag, que apesar de barulhento era o primeiro automóvel a sair de fábrica com 50% de peças nacionais, e a Rural Willys, o primeiro carro também nacional com tração nas quatro rodas. [...]
>
> SCHWARCZ, Lilia Moritz. *Brasil*: uma biografia. São Paulo: Companhia das Letras, 2015. p. 416.

Passaram a fazer parte dos hábitos dos brasileiros o consumo de produtos industriais, como eletrodomésticos (máquina de lavar roupas, rádio de pilha, etc.) e peças de vestuário com tecidos sintéticos (náilon, *ban-lon*, acrílico, napa, etc.), entre outros. Na música, surgiu a bossa nova, um novo estilo de tocar e cantar samba com influência do *jazz*, juntando-se aos tangos, boleros, valsas e sambas de então. No futebol, 1958 foi o ano da conquista do primeiro campeonato mundial.

Todas essas mudanças, no entanto, ocorriam nas regiões mais urbanizadas do país. As desigualdades sociais e as carências básicas continuavam a existir. As áreas rurais, que ainda reuniam a maioria da população brasileira, sequer tinham a proteção de uma legislação trabalhista.

Juscelino, ao lado do então vice-presidente João Goulart, durante a inauguração de Brasília, em 21 de abril de 1960.

A maior obra do governo JK foi a construção de **Brasília**, a nova capital federal, planejada pelo urbanista **Lúcio Costa** (1902-1998) e pelo arquiteto **Oscar Niemeyer** (1907-2012). A cidade foi inaugurada em 21 de abril de 1960. Localizada no Planalto Central, estava bem distante das cidades do Rio de Janeiro e de São Paulo, os principais centros de pressão popular da época.

A abertura da economia brasileira ao capital estrangeiro e os vários empréstimos contraídos junto às instituições estrangeiras deixaram o país numa séria crise financeira. Em 1960, a inflação chegou a 25% ao ano.

Nas eleições de 1960, a coligação PSD-PTB indicou o marechal Henrique Teixeira Lott para concorrer à Presidência e João Goulart à Vice-Presidência. Na oposição, a UDN e outros partidos menores apoiaram a candidatura do ex-governador de São Paulo, **Jânio Quadros** (1917-1992). Seu candidato à Vice-Presidência era Mílton Campos (1900-1972), ex-governador de Minas Gerais. Jânio pregava uma limpeza na vida política nacional com o combate à corrupção.

Como votava-se separadamente para os cargos, Jânio Quadros foi eleito presidente e João Goulart, vice-presidente.

Jânio Quadros adotou a vassoura como símbolo de campanha, alegando que com ela varreria a corrupção. Na foto, de 1960, mulheres manifestam-se a favor de sua eleição, em São Paulo.

O breve governo Jânio

Como presidente, Jânio Quadros primou pela ambiguidade. Na economia atuou de forma mais próxima aos conservadores liberais: cortou gastos e congelou salários em meio à contínua elevação do preço dos produtos. Na política externa, por outro lado, aproximou-se da esquerda: reatou relações diplomáticas com países socialistas a fim de ampliar mercados e condecorou o argentino Ernesto "Che" Guevara, então ministro da Economia em Cuba, com a Ordem do Cruzeiro do Sul. Essa atitude provocou reações contrárias, inclusive do próprio partido do presidente.

Em 25 de agosto de 1961, após sete meses de governo, Jânio renunciou. Ao que parece, sua expectativa era aproveitar o temor de setores da sociedade diante da possibilidade de João Goulart assumir a Presidência, pois o vice era considerado comprometido com as causas trabalhistas, para exigir plenos poderes. Naquele momento, João Goulart estava na China Popular, em missão de governo.

A renúncia, porém, foi aceita imediatamente, e o presidente da Câmara dos Deputados, **Ranieri Mazzilli** (1910-1975), assumiu a Presidência temporariamente, até a posse de João Goulart.

João Goulart e a crise política

A renúncia de Jânio Quadros amplificou as divergências entre as forças políticas. Alguns ministros militares e políticos da UDN, contrariando a Constituição, tentaram impedir a posse de João Goulart. O novo presidente era visto como um herdeiro de Getúlio Vargas e acusado de simpatizante da esquerda. Em sua defesa, Leonel Brizola (1922-2004), então governador do Rio Grande do Sul, lançou a **Campanha da Legalidade**, conquistando o apoio de boa parte da população brasileira.

A posse de João Goulart, popularmente conhecido como **Jango**, ocorreu somente após debates e negociações que levaram à alteração da Constituição. Por meio de uma emenda, em 2 de setembro de 1961, foi implantado o **parlamentarismo** no país. Tratava-se de um acordo para se evitar uma guerra civil: Jango assumiria a Presidência, mas o governo de fato ficaria a cargo do primeiro-ministro, escolhido pelo Congresso Nacional. Definiu-se também que, após algum tempo, o parlamentarismo deveria ser ratificado ou não por um plebiscito.

Em janeiro de 1963, o plebiscito sobre o parlamentarismo mobilizou o país.

O sistema político estava em vigência há pouco mais de um ano e era muito criticado e impopular. Com intensa campanha pelo seu fim, os brasileiros decidiram pela restauração do regime presidencialista.

Enquanto o presidencialismo era restabelecido, a situação econômica do país deteriorava-se. A inflação, que em 1962 atingira 52%, chegou aos 80% em 1963 e afetou gravemente o poder aquisitivo dos trabalhadores.

Para enfrentar a crise, o governo lançou o **Plano Trienal**, no final de 1962. Seu objetivo era conter a inflação e promover o desenvolvimento do país. No entanto, os efeitos do plano foram mínimos, principalmente quanto ao custo de vida. As pressões populares cresceram, levando Jango a defender amplas reformas nos setores agrário, administrativo, fiscal e bancário. Conhecidas como **reformas de base**, essas medidas foram vistas pelos seus opositores como uma ameaça à ordem liberal vigente.

Contra a inflação, foi criada a Superintendência Nacional do Abastecimento (Sunab), ligada ao governo e encarregada de controlar os preços dos produtos, interferindo, portanto, nos lucros dos produtores e comerciantes.

Para oferecer melhores condições de vida a milhões de trabalhadores rurais e ampliar a oferta de alimentos, uma proposta de **reforma agrária** nos latifúndios improdutivos foi apresentada ao Congresso. Os latifundiários, porém, não concordavam com os mecanismos de cálculo para se chegar aos valores das indenizações a serem pagas pelas terras, alegando grandes perdas caso fossem efetivamente aplicados.

Também foi polêmica a restrição da remessa de lucros das empresas estrangeiras para o exterior, proposta que teve oposição de grupos ligados ao capital internacional.

Diante de tantos embates, João Goulart aproximou-se de setores populares organizados por operários, camponeses, estudantes e militantes de esquerda, como o Comando Geral dos Trabalhadores (CGT), a União Nacional dos Estudantes (UNE), a União Brasileira de Estudantes Secundaristas (UBES), a Confederação dos Trabalhadores Agrícolas (CONTAG) e as Ligas Camponesas.

No lado oposto, contra Jango, os conservadores juntavam organizações sociais e políticas, como o Instituto de Pesquisas Econômicas e Sociais (IPÊS), o Instituto Brasileiro de Ação Democrática (Ibad), a Confederação Nacional das Indústrias (CNI) e a Federação das Indústrias de São Paulo (Fiesp).

Em comício realizado no dia 13 de março de 1964, no Rio de Janeiro, o presidente prometeu o aprofundamento das reformas para diversas entidades de trabalhadores e estudantes. Em resposta, os conservadores organizaram uma grande passeata em São Paulo com participação de setores da Igreja e do empresariado. Os participantes da **Marcha da Família com Deus pela Liberdade** declaravam-se contrários ao que chamavam de ameaça comunista.

Separação de urnas para contagem dos votos no plebiscito de 1963, que consultou a população brasileira sobre a permanência do parlamentarismo como sistema político.

João Goulart e sua esposa, Maria Teresa, no comício pelas reformas de base realizado na Central do Brasil, em 13 de março de 1964.

Leituras

A atuação do IPÊS

O Instituto de Pesquisas Econômicas e Sociais (IPÊS) reunia diretores de empresas multinacionais, jornalistas, intelectuais, militares e membros da elite do empresariado nacional contrários a Jango. Sua ação foi marcante nos debates sobre as reformas de base propostas pelo então presidente.

[...] Fundado oficialmente em 2 de fevereiro de 1962, no Rio de Janeiro, o IPÊS resultou da fusão de grupos de empresários organizados no Rio e em São Paulo e rapidamente ganhou a adesão das classes produtoras das outras unidades da federação.

[...] Associando as propostas do governo ao comunismo, a entidade utilizou os mais diversos meios de comunicação na defesa da "democracia" e da livre iniciativa. Publicou artigos nos principais jornais do país; produziu uma série de 14 filmes de "doutrinação democrática", apresentados em todo o país; financiou cursos, seminários, conferências públicas; publicou e distribuiu inúmeros livros, folhetos e panfletos anticomunistas, dentre os quais UNE, instrumento de subversão, de Sônia Seganfreddo, dirigido aos estudantes universitários, então tidos como um dos pilares da infiltração comunista.

O IPÊS também atuou no financiamento de outras entidades contrárias ao governo Goulart, tais como os Círculos Operários carioca e paulista, a Confederação Brasileira de Trabalhadores Cristãos, a Campanha da Mulher pela Democracia (Camde) do Rio, a União Cívica Feminina de São Paulo, o Instituto Universitário do Livro, e o Movimento Universitário de Desfavelamento. O IPÊS-RJ auxiliava igualmente a Associação de Diplomados da Escola Superior de Guerra.

[...] A participação do IPÊS na derrubada do governo Goulart, em 31 de março de 1964, pelos militares, foi preferencialmente resultado de um trabalho propagandístico. Todavia, isso não impediu que alguns de seus membros, individualmente, atuassem de maneira mais direta. O reconhecimento dos seus préstimos pelo regime militar ocorreu em 7 de novembro de 1966, quando foi declarado "órgão de utilidade pública" por decreto presidencial.

O IPÊS paulista foi completamente desativado em 1970, ao passo que o do Rio encerrou suas atividades em março de 1972.

PAULA, Christiane Jalles. O Instituto de Pesquisa e Estudos Sociais – IPÊS. Disponível em: <http://cpdoc.fgv.br/producao/dossies/Jango/artigos/NaPresidenciaRepublica/O_Instituto_de_Pesquisa_e_Estudos_Sociais>. Acesso em: 23 mar. 2017.

3 O golpe civil-militar e a montagem da ditadura

Desde o início de 1964, as propostas de reformas de base intensificaram as manifestações de apoio e de repulsa ao governo de João Goulart.

[...] Caso implementadas [as reformas de base], haveria um outro modelo de desenvolvimento. Desapareceria o latifúndio e o domínio dos capitais estrangeiros. Reformas revolucionárias.

Muita gente tinha medo. Haveria guerra civil? O país viraria uma imensa Cuba, dominada pelos comunistas? O catolicismo seria perseguido? As Forças Armadas sobreviveriam? As hierarquias tradicionais nos campos do saber e do poder seriam respeitadas?

As direitas trabalharam com eficácia estes medos. Não os inventaram, mas souberam explorá-los, exagerando-os. O medo do processo convulsivo acionou os mais destemidos – a minoria de golpistas que passou à ação – e paralisou as grandes maiorias, mesmo as que tinham alguma simpatia ou não eram hostis a Jango. Em grande medida, este fato explica a vitória, sem luta, dos golpistas. [...]

REIS, Daniel Aarão (Coord.). A vida política. In: *Modernização, ditadura e democracia*: 1964-2010. Rio de Janeiro: Objetiva, 2014. p. 85-86. (Coleção História do Brasil Nação, v. 5).

Em 31 de março, o alto escalão de oficiais do Exército, com apoio de vários governadores, como **Magalhães Pinto** (1909-1996), de Minas Gerais, **Carlos Lacerda**, da Guanabara, e **Adhemar de Barros** (1901-1969), de São Paulo, rebelou-se contra o governo. O primeiro passo coube ao general **Olímpio Morão Filho** (1900-1972) – o mesmo que, 27 anos antes, ainda capitão e integralista, havia forjado o famoso Plano Cohen.

Segundo o pesquisador e historiador Carlos Fico, os rebeldes contavam com a **Operação Brother Sam**, que incluía uma possível intervenção planejada pelo embaixador estadunidense **Lincoln Gordon** (1913-2009), em associação com as elites econômicas, políticas e militares. A operação contava com uma força-tarefa naval (porta-aviões, porta-helicópteros, contratorpedeiros) que atuaria nas costas brasileiras e entregaria armas, munições e combustível (quatro navios-petroleiros). O plano entraria em ação em março.

Entretanto, o golpe teve um desfecho rápido e sem lutas. Culminou com a deposição do presidente João Goulart, que deixou Brasília, em direção ao Rio Grande do Sul e, em seguida, ao Uruguai, onde pediu asilo. Já no dia 1º de abril, o embaixador Lincoln Gordon foi avisado de que não era mais necessário o apoio logístico dos Estados Unidos. Era o fim de uma experiência republicana reformista e o início de uma ditadura comandada por militares.

Após a deposição do presidente João Goulart, uma junta militar, formada pelo general Artur da Costa e Silva (1899-1969), pelo brigadeiro Francisco Correia de Melo (1903-1971) e pelo almirante Augusto Rademaker (1905-1985), foi instalada no poder. A primeira medida tomada por essa junta foi a decretação do **Ato Institucional nº 1 (AI-1)**. O decreto garantia amplos poderes ao Executivo, como cassar mandatos, suspender direitos políticos, aposentar funcionários civis e militares e decretar estado de sítio sem autorização do Congresso. Milhares de brasileiros foram atingidos pelos expurgos. Em seguida, o Alto Comando das Forças Armadas indicou para a Presidência o marechal **Humberto de Alencar Castelo Branco** (1897-1967).

Com o golpe de 1964, teve início uma série de governos militares que permaneceu no poder até 1985. Nesse período, as liberdades democráticas foram anuladas e os poderes Legislativo e Judiciário foram submetidos ao Executivo. Também foi uma época em que estados e municípios perderam sua autonomia, passando a ser simples executores das decisões federais. Já no primeiro ano do golpe,

> [...] 10 mil réus e 40 mil testemunhas foram submetidos a inquéritos que revelavam completo desprezo pelas regras da justiça. [...]
>
> SCHWARCZ, Lilia Moritz. *Brasil*: uma biografia. São Paulo: Companhia das Letras, 2015. p. 457.

Na área econômica, os governos militares promoveram a abertura do mercado ao capital internacional e às empresas estrangeiras, ampliando a internacionalização da economia. Essa ação foi acompanhada de certa estabilização financeira e crescimento acentuado.

Repressão policial à greve dos metalúrgicos do ABC, em São Bernardo do Campo (SP). Foto de 1980.

Em virtude dessas altas taxas de crescimento, esse período, sobretudo entre 1969 e 1973, ficou conhecido como **milagre econômico brasileiro**.

Para realizar grandes obras públicas, como a Transamazônica, a ponte Rio-Niterói, a usina hidrelétrica de Itaipu e as usinas nucleares de Angra dos Reis, os militares contaram com a entrada maciça de empréstimos externos. Grande volume de capital estrangeiro também chegou sob a forma de investimentos, que se destinaram aos setores mais dinâmicos da economia: às empresas privadas brasileiras, basicamente produtoras de bens de consumo não duráveis (como a têxtil e a alimentícia); às empresas multinacionais, voltadas principalmente para a produção de bens de consumo duráveis (como automóveis, máquinas e eletrodomésticos); e às empresas estatais (telecomunicações, energia, produção bélica, etc.).

Para apoiar a produção, o governo buscou, também, ampliar tanto o mercado consumidor externo, por meio da exportação, como o mercado consumidor interno, formado principalmente por profissionais liberais e executivos de empresas em expansão. Para garantir o custo da produção reduzido, os salários da grande maioria dos trabalhadores eram mantidos baixos.

Qualquer divergência, protesto ou manifestação contra a ditadura era visto como ameaça à segurança nacional. Assim, a repressão tornou-se o principal braço de sustentação do regime. Muitos opositores foram presos, exilados ou mortos. A tortura era amplamente utilizada como uma política de Estado.

O acesso e o domínio de informações eram considerados fundamentais no combate aos opositores. Para isso, o regime militar contou com diversos órgãos de informação e repressão, que vigiavam a vida pública e privada dos brasileiros. Entre eles estavam o Centro de Informação do Exército (Ciex), o Centro de Informações da Marinha (Cenimar), o Serviço Nacional de Informações (SNI), subordinado diretamente à Presidência da República, o Centro de Operações de Defesa Interna (Codi) e os Destacamentos de Operações de Informações (DOI).

Um dos órgãos mais violentos de repressão foi a **Operação Bandeirante** (**Oban**), financiada por empresários paulistas e executivos de multinacionais como Ford, Volkswagen, Ultragraz e Copersucar. A Oban coletava informações, realizava interrogatórios e operações de combate. O órgão era comandado pelo delegado da polícia civil paulista Sérgio Paranhos Fleury (1933-1979), até então ligado aos "esquadrões da morte", grupos ilegais que assassinavam criminosos comuns.

A ditadura militar teve um eficiente serviço de propaganda, voltado para despertar o patriotismo na população, com *slogans* como "Este é um país que vai pra frente"; "Ninguém segura este país"; "Brasil, potência do ano 2000"; "Brasil, ame-o ou deixe-o". A crescente influência da televisão, o mais importante meio de comunicação do período, foi fundamental para a eficácia dessas campanhas.

Para evitar a divulgação de notícias contrárias ao regime militar ditatorial, houve uma forte censura sobre a imprensa. A presença de **censores**, funcionários do governo encarregados de controlar o que seria publicado, era frequente nas redações de jornais e revistas. Periódicos paulistanos, como o *Jornal da Tarde* e *O Estado de S. Paulo*, chegaram a estampar receitas de bolo e poemas em suas páginas para substituir as notícias proibidas. Era uma forma de protesto.

Página do *Jornal da Tarde* que, no espaço reservado para a matéria que foi censurada, publicou receitas de doces na edição de 10 de maio de 1973.

Para saber mais

Anos Rebeldes

A década de 1960 foi marcada por vários movimentos sociais, protestos e mobilizações em todo o mundo, tanto em países capitalistas como socialistas. Por isso, esse período é chamado de **Anos Rebeldes**. Por toda parte, diferentes grupos exprimiam seus projetos para a sociedade e seu inconformismo com a situação daquele momento. Manifestavam-se pelos direitos de negros, de mulheres, de homossexuais, de estudantes, de minorias étnicas, entre muitos outros.

Nos Estados Unidos, a luta contra o conflito no Vietnã ganhou força. No início, acreditava-se que ele teria curta duração. Mas a guerra arrastou-se por muitos anos e envolveu praticamente toda a sociedade estadunidense. Também absorveu boa parte do orçamento do governo e mobilizou centenas de milhares de jovens para o alistamento.

Lutar contra a invasão do Vietnã tornou-se a bandeira dos movimentos de contestação ao conservadorismo da sociedade estadunidense, não só nos Estados Unidos como em todo o mundo.

Ao mesmo tempo, condenava-se também a repressão às tentativas de abertura democrática nos países socialistas, como a Primavera de Praga. Assim, apesar das intensas críticas ao capitalismo, os procedimentos do Estado soviético não eram aceitos sem contestação.

Além das práticas políticas, muitos desses movimentos criticavam, também, os comportamentos e valores morais, como o poder autoritário dos pais sobre os jovens, a desigualdade de direitos entre homens e mulheres, a subordinação feminina aos homens e aos valores machistas e as práticas racistas.

As mobilizações iam desde atuações políticas violentas até o pacifismo do movimento *hippie* (resumido no *slogan* "paz e amor"); das pichações à guerrilha; das lutas contra a discriminação racial dos negros ou pela emancipação feminina crescente aos protestos musicais.

Entre os jovens, difundia-se o uso da minissaia, dos cabelos compridos, das roupas coloridas, das pílulas anticoncepcionais. O discurso era de liberdade individual.

A música firmou-se como importante canal de protesto social. Os meios de comunicação, a indústria fonográfica e a organização de *shows* e festivais garantiam acesso de cantores e bandas vinculados a movimentos sociais e políticos a um público amplo. Explodia o *rock*, com uma nova forma de percepção do mundo, de expressão de sentimentos e comportamentos. Bandas como Beatles, Rolling Stones, The Doors e músicos como Jimi Hendrix, Janis Joplin, Joan Baez e Bob Dylan traduziam o novo momento e a discordância da juventude.

Foi também a época dos movimentos negros por garantia de direitos civis e pelo fim do racismo.

Paris, capital da França, transformou-se no centro de rebeldia dos estudantes e dos trabalhadores europeus contra o governo. Em maio de 1968, explodiu uma verdadeira revolução na cidade, com barricadas nas ruas e propostas para uma sociedade radicalmente livre, liderada por socialistas ou anarquistas.

A década de 1960, em especial o ano de 1968, tornou-se ícone por tudo que representou para lutas e conquistas sociais. Muitos a veem como uma época que não terminou, pelo fato de as promessas de paz, amor e liberdade contra a opressão e a alienação ainda não terem se concretizado.

No Brasil não foi diferente: os Anos Rebeldes também foram os anos da queda da democracia e da instalação da ditadura, com manifestações de estudantes, sindicatos e artistas.

Para ficar apenas no exemplo da música, foi a época em que se formou uma longa e rica lista de cantores e compositores que se manifestaram em atuações por todo o país. Por meio da arte mantiveram vivos os anseios por tempos de liberdade e de superação das iniquidades sociais. Entre tantos, pois a lista é imensa, estavam: Sérgio Ricardo, Zé Kéti, João do Vale, Nara Leão, Maria Bethânia, Edu Lobo, Marcos Valle, Paulo Sérgio Valle, Geraldo Vandré, Gilberto Gil, Caetano Veloso, Chico Buarque de Holanda, Billy Blanco, Jair Rodrigues, Elis Regina, Milton Nascimento, Ronaldo Bastos, Beto Guedes, Fernando Brant, Elton Medeiros, Silas de Oliveira, Raul Ellwanger, Taiguara, Paulinho da Viola, Vinicius de Moraes, Juca Chaves, Paulo César Pinheiro, Maurício Tapajós, o grupo Secos & Molhados, Benito di Paula, Eduardo Gudin, Gonzaguinha, Simone, Sirlan, Manduka, Raul Seixas, Ednardo, Belchior, João Bosco, Aldir Blanc, Francis Hime e Luiz Ayrão.

O governo Castelo Branco (1964-1967)

Castelo Branco autorizou inúmeras prisões, interveio em sindicatos e organizações populares e cassou direitos políticos de opositores. Também fechou o Congresso Nacional e criou o **Serviço Nacional de Informações (SNI)**. Decretou o **Ato Institucional nº 2 (AI-2)**, que estabeleceu eleições indiretas para a Presidência da República e extinguiu os partidos políticos existentes, que foram reunidos em duas novas legendas: a **Aliança Renovadora Nacional (Arena)**, aliada ao governo, e o **Movimento Democrático Brasileiro (MDB)**, supostamente de oposição.

Decretou também o **AI-3**, que determinou a eleição indireta para governadores, e o **AI-4**, que orientou a elaboração da nova Constituição. Outorgada em janeiro de 1967, a Carta incorporava os atos institucionais e atribuía hegemonia política ao Executivo.

Em 1967, a **Lei de Imprensa** instaurou a censura aos veículos de comunicação no país.

Na área econômica, o Brasil alinhou-se completamente com os Estados Unidos e criou facilidades para a entrada do capital estrangeiro. Um exemplo desse alinhamento foi o envio de tropas brasileiras à República Dominicana, juntando-se à intervenção militar estadunidense.

O governo Costa e Silva (1967-1969)

Para a sucessão de Castelo Branco, o Alto Comando Militar indicou o ministro da Guerra, marechal **Artur da Costa e Silva** (1899-1969). Com a economia em crescimento e a manutenção do congelamento dos salários dos trabalhadores, surgiram greves, como a de Contagem (MG) e a de Osasco (SP). Esta foi reprimida brutalmente, com cerco policial, seguido da atuação de soldados com metralhadoras e blindados.

Ainda no início do governo de Costa e Silva, os protestos de rua contra o regime ditatorial se intensificaram. Políticos cassados pela ditadura, estudantes e trabalhadores de diversas categorias aliaram-se. A **Frente Ampla**, por exemplo, nasceu de uma aliança entre Carlos Lacerda, Juscelino Kubitschek e João Goulart, que buscavam reunir a oposição contra a ditadura. Costa e Silva decretou sua ilegalidade e proibiu suas atividades.

Em 1968, foram constantes as manifestações estudantis exigindo a redemocratização do Brasil. O governo respondia aos protestos com repressão policial. Em março, o estudante Edson Luís de Lima e Souto foi assassinado durante a invasão militar de um restaurante universitário no Rio de Janeiro. Cerca de 50 mil pessoas acompanharam o trajeto de seu corpo até o cemitério, transformando o enterro em um ato político.

Durante protestos realizados em 1º de maio de 1968, no centro da capital paulista, manifestantes carregam cartazes em que pedem liberdade.

Brasil no período da Guerra Fria: da democracia à ditadura

Em outubro, foram presos centenas de estudantes e lideranças do movimento universitário que participavam do XXX Congresso da UNE em Ibiúna (SP).

Diante desse quadro, o regime acentuou o processo de fechamento político com a edição, em 13 de dezembro de 1968, do **Ato Institucional nº 5 (AI-5)**, pelo qual, entre outras medidas de exceção, o presidente poderia decretar o recesso do Congresso Nacional. O AI-5 foi a mais implacável de todas as leis da ditadura: suspendeu a concessão de *habeas corpus* e todas as garantias constitucionais, dando ao presidente militar o controle absoluto sobre o destino da nação. No mesmo dia, foi decretado o fechamento do Congresso por tempo indeterminado.

Iniciava-se o período de repressão mais intensa no país. Com os canais democráticos fechados, uma parcela da oposição partiu para o enfrentamento armado, com assaltos a bancos, sequestros e atentados. Nessas ações, exigia-se a libertação de presos políticos e procurava-se arrecadar fundos para o movimento. O esforço pouco adiantou. Alguns anos depois, os grupos de luta armada estavam derrotados, com muitos militantes mortos ou exilados. Quase todos os presos foram torturados.

Em agosto de 1969, Costa e Silva sofreu um derrame e ficou impossibilitado de exercer suas funções. O vice-presidente, o civil Pedro Aleixo (1901-1975), foi proibido pelos ministros militares de assumir a Presidência. Uma nova junta militar permaneceu no poder até outubro, quando eleições indiretas foram convocadas para escolher o novo presidente. O nome do general **Emílio Garrastazu Médici** (1905-1985), apresentado pelos chefes militares, foi aprovado pelo Congresso, reaberto para essa finalidade.

O governo Médici (1969-1974)

Durante o governo Médici, houve um elevado crescimento da economia, o chamado **milagre econômico**. **Antônio Delfim Netto** (1928-), então ministro da Fazenda, afirmava que era preciso "fazer crescer o bolo para depois dividi-lo". Era a justificativa para estabelecer políticas de favorecimento e concentração da renda.

O desenvolvimento econômico reforçou o apoio das classes beneficiadas pela política econômica do governo militar. No entanto, o período também foi caracterizado pela repressão e pela tortura, com forte censura aos meios de comunicação. A repressão era justificada pelo crescimento da luta armada contra o regime.

Mesmo depois do AI-5, alguns focos guerrilheiros foram formados para enfrentar a ditadura: o do Araguaia, no Pará, que foi descoberto em 1972 e destruído pelo Exército em 1975; o da Serra do Caparaó, em Minas Gerais, e o do Vale do Ribeira, em São Paulo, que foram derrotados rapidamente. Este último era chefiado pelo capitão **Carlos Lamarca** (1937-1971), que conseguiu fugir da repressão militar e acabou morto no sertão da Bahia. Outra figura que se destacou nessa forma de atuação armada foi **Carlos Marighella** (1911-1969), líder da Aliança Libertadora Nacional (ALN). Ele agia na região das grandes capitais e foi morto numa tocaia policial em São Paulo.

Entre as realizações do governo Médici, destacam-se a construção da rodovia Transamazônica, a conclusão de várias hidrelétricas e a criação da Telecomunicações Brasileiras (Telebrás) e do Instituto Nacional de Colonização e Reforma Agrária (Incra). Também foi aprovada uma emenda constitucional que ampliava os poderes do presidente, cujo mandato se estendeu de quatro para cinco anos.

Em Brasília, após a vitória do Brasil na Copa do Mundo de futebol realizada no México, Pelé levanta a taça Jules Rimet ao lado do presidente Emílio Garrastazu Médici. Foto de 23 de junho de 1970.

O governo Geisel (1974-1979)

O presidente eleito indiretamente para substituir Médici foi o general **Ernesto Geisel** (1907-1996). Em seu governo a economia nacional começou a mostrar sinais de dificuldades, associadas ao crescimento obtido à custa do capital estrangeiro. Entre essas dificuldades estavam a desigualdade social, a concentração de renda e o aumento da dívida externa, o que obrigou o pagamento de juros altíssimos, inviabilizando o crescimento do país. Assim, enquanto o país conquistava a décima posição na economia mundial, a qualidade de vida de boa parte da população brasileira continuava em níveis baixíssimos.

Esse quadro começou a se agravar com a crise internacional provocada pela alta dos preços do petróleo nos países produtores, ocorrida em 1972. Essa crise provocou sérios problemas no Brasil, que importava, aproximadamente, 80% do petróleo que consumia. A situação continuou se agravando em 1974, primeiro ano do governo Geisel, que passou a estimular o **Programa Nacional do Álcool** (**Pró-Álcool**), cujo objetivo era promover a utilização de uma fonte de energia alternativa ao petróleo. Foi também durante seu governo que teve início a construção de duas das maiores usinas hidrelétricas do mundo: Itaipu e Tucuruí.

Em 1974, o conservadorismo sofreu importantes derrotas fora do Brasil, como a renúncia do presidente estadunidense Nixon (provocada pelo caso Watergate) e a Revolução dos Cravos que depôs a ditadura em Portugal. Aqui, os impasses criados pelo modelo econômico dos militares deu margem para o crescimento da oposição e para o início de um processo de abertura política, lenta e gradual, que levaria à redemocratização do país.

A reação da sociedade às mortes por tortura do jornalista Vladimir Herzog, em outubro de 1975, e do operário Manuel Fiel Filho, em janeiro de 1976, foi decisiva para o processo de abertura política. Para iniciá-la, o presidente precisou afastar os militares da **linha dura** que se opunham a ela.

Em 1978, uma grande greve de metalúrgicos, liderada pelo líder sindical **Luiz Inácio da Silva**, o **Lula** (1945-), teve início na região do ABC, em São Paulo. Entre as reivindicações estavam melhores salários e a abertura política. Apesar da forte repressão, outras categorias profissionais aderiram ao movimento, demonstrando o desgaste do poder autoritário do governo militar. Antes do término de seu mandato, Geisel revogou o AI-5 e determinou a extinção da censura no Brasil.

> **ABC**: área com grande concentração de indústrias na região metropolitana de São Paulo, formada pelas cidades de Santo André, São Bernardo do Campo e São Caetano do Sul.

Metalúrgicos da Volkswagen do Brasil durante greve da categoria em São Bernardo do Campo, no ABC paulista, em maio de 1978.

O governo Figueiredo (1979-1985)

O general **João Batista Figueiredo** (1918-1999) foi escolhido para a sucessão de Geisel. A dívida externa brasileira ultrapassava os 100 bilhões de dólares e a inflação era superior a 250% ao ano. Greves e agitações políticas apareciam por toda a parte e a imprensa trazia à tona sucessivos escândalos financeiros envolvendo membros do governo.

Dando sequência ao processo de abertura política, o governo Figueiredo aprovou, em 1979, a **Lei de Anistia**. A partir de então, muitos presos políticos foram libertados e vários brasileiros exilados começaram a retornar ao país.

Outra medida de seu governo foi a reforma partidária, que extinguiu a Arena e o MDB e autorizou a formação de novos partidos políticos. A maioria dos integrantes da Arena passou a compor o **Partido Democrático Social** (**PDS**). O MDB deu lugar ao **Partido do Movimento Democrático Brasileiro** (**PMDB**) e diversas legendas surgiram, como o **Partido dos Trabalhadores** (**PT**), o **Partido Democrático Trabalhista** (**PDT**) e o **Partido Trabalhista Brasileiro** (**PTB**). O fim do bipartidarismo representou a ampliação das liberdades democráticas.

Foram ainda autorizadas eleições diretas para governadores, as primeiras desde 1967. Nas eleições realizadas em 1982, o PDS venceu em 12 estados, com um total de 18 milhões de votos, e a oposição venceu em dez estados, com 25 milhões de votos. O avanço da oposição também se confirmou no Legislativo: o governo deixou de ter a maioria na Câmara dos Deputados. Entretanto, ainda estava previsto que, em 1985, fosse realizada eleição indireta para o cargo de presidente da República.

Vários setores sociais e militares ligados à ditadura reagiram ao processo de abertura política com ataques a bancas de jornais que vendiam publicações da oposição e atentados a entidades civis. O mais sério foi o **atentado do Riocentro**, em 30 de abril de 1981. Nele, militares da linha dura pretendiam explodir duas bombas durante um festival de música em homenagem ao dia do trabalhador, e uma delas explodiu acidentalmente dentro de um carro, matando um oficial do Exército e ferindo outro. Esse evento marcou o fim dos embates dos militares da linha dura contra o processo de abertura.

No final de 1983, os partidos de oposição começaram uma campanha pela eleição direta para presidente da República. O movimento **Diretas Já** mobilizou o país em manifestações que chegaram a envolver milhares de pessoas, com o objetivo de pressionar o Congresso a aprovar uma emenda constitucional que reinstituía as eleições diretas para presidente. A emenda, porém, foi derrotada por 22 votos, numa sessão em que vários parlamentares não compareceram.

A escolha do novo presidente seria realizada, mais uma vez, indiretamente. Formou-se então uma aliança de políticos moderados favoráveis à abertura.

Dois civis concorreram à sucessão presidencial: **Tancredo Neves** (1910-1985), da Aliança Democrática, que reunia tanto opositores como colaboradores da ditadura, e **Paulo Maluf** (1931-), do PDS.

Tancredo Neves venceu, mas não tomou posse: foi hospitalizado às vésperas da cerimônia e faleceu em 21 de abril de 1985. A Presidência, então, foi assumida por seu vice, **José Sarney** (1930-), um aliado do regime militar.

O final do governo Figueiredo e a posse de José Sarney marcaram o fim do regime militar. Iniciava-se uma nova fase na vida política brasileira, denominada **Nova República**.

Em Brasília, durante manifestação pela anistia, em 1979, o senador Teotônio Vilela discursa em meio a faixas de protesto a respeito da Guerrilha do Araguaia, em que dezenas de guerrilheiros desapareceram. A verdade sobre o paradeiro dos combatentes começou a ser revelada a partir dos anos 1980.

Leituras

Quando terminou a ditadura?

No texto a seguir, o historiador brasileiro Daniel Aarão Reis discute o fim da ditadura e as diferentes teses sobre quando ele teria ocorrido.

[...] Na historiografia corrente, há um senso comum: a ditadura no Brasil acabou em 1985, com a posse do primeiro presidente civil, José Sarney. A ideia subjacente é que a ditadura foi apenas militar, o que os fatos, decididamente, não evidenciam. Desde a sua gênese, passando pelos vários governos, pela análise dos seus promotores e beneficiários, a ditadura nunca foi obra apenas das casernas. Assim, o referido senso comum é muito mais obra de memória do que resultado de pesquisa histórica.

Há outra tese, também sujeita a controvérsias: a ditadura teria permanecido até a aprovação da nova Constituição, em 1988. De fato, só então revogou-se o chamado entulho autoritário, ou seja, a legislação ditatorial que ainda regia inúmeros aspectos da vida social e política do país. Mas seria razoável afirmar que a sociedade brasileira vivia sob a ditadura até 1988? Há aí um claro exagero.

Se aceitarmos a ideia de que a ditadura é um estado de exceção, ou seja, a de que ela existe na medida em que toda e qualquer legislação pode ser editada, revogada ou ignorada pelo livre-arbítrio – exercício da vontade dos governantes –, a ditadura existiu no Brasil até o início de 1979, quando houve a revogação dos atos institucionais, através dos quais se fazia e se refazia a ordem jurídica.

Entretanto, a particularidade do caso brasileiro é que não se estabeleceu desde então um regime democrático. Já não havia ditadura. Mas não existia ainda democracia. E não haveria até 1988. Por esta razão, parece-me adequado chamar o período de 1979 a 1988 de "transição democrática". [...]

REIS, Daniel Aarão. A vida política. In: *Modernização, ditadura e democracia*: 1964-2010. Rio de Janeiro: Objetiva, 2014. p. 103. (Coleção História do Brasil Nação, v. 5).

Populares se reúnem na Cinelândia, no Rio de Janeiro, para acompanhar a votação da Emenda Dante de Oliveira, nome que recebeu a emenda pelas eleições diretas. Fotografia de 25 de abril de 1984.

Manifestações e passeatas contra a ditadura

Mesmo diante dos sucessivos Atos Institucionais, os opositores do regime saíam às ruas em manifestações públicas, que se transformavam em palco de enfrentamento com forças policiais. A Passeata dos Cem Mil, em 1968, no Rio de Janeiro, foi a maior dessas manifestações. Somente na década de 1980, com o movimento Diretas Já, ocorreriam passeatas maiores que as da época.

Entre os equipamentos-padrão utilizados pelas tropas de choque e pela cavalaria, encontravam-se capacetes e escudos para defesa e cacetetes para ataque. Disparadores de gás lacrimogêneo também eram empregados em larga escala. Sempre ao alcance das mãos estavam as armas de fogo, até mesmo aquelas capazes de disparar balas de borracha (que feriam sem matar).

Cavalaria do Exército ocupa as ruas de São Paulo em 1968.

As tropas de choque e a cavalaria das polícias militares estaduais eram encarregadas de lidar com as manifestações. Agiam com violência, visando dissolvê-las e deter os participantes mais exaltados. Progressivamente, a tecnologia das tropas de choque foi se sofisticando, com o emprego de carros blindados apelidados de "brucutus". Equipados com mangueiras de água de alta pressão, eram muito eficientes para dispersão de multidões.

"Brucutus" em São Paulo, em 1968.

Nas passeatas, faixas e cartazes traziam palavras de ordem contra a ditadura ("Abaixo a ditadura", "Pelo fim da censura", "Contra o imperialismo"). Em caso de confronto, os manifestantes arremessavam o que estivesse ao alcance das mãos: paus, pedras, tijolos. Em certos casos, eram empregados "coquetéis molotov" (garrafas de vidro contendo líquido inflamável – geralmente gasolina e óleo automotivo – e pavio de pano).

Manifestação estudantil na rua 25 de março, em São Paulo, 1977.

Atividades

Retome

1. Algumas correntes de pensamento influenciavam os debates políticos no Brasil pós-Segunda Guerra Mundial. Explique que correntes eram essas e qual delas prevalecia no cenário político brasileiro de então.

2. O governo Dutra foi o primeiro da experiência democrática vivida no Brasil entre 1946 e 1964. Comente se essa volta à democracia depois do Estado Novo se aproximou ou não das demandas sociais, citando algumas medidas desse governo e da Constituição de 1946.

3. Há uma marchinha chamada "Retrato do velho", composta por Haroldo Lobo e Marino Pinto e gravada em 1950 por Francisco Alves, que diz: "Bota o retrato do velho outra vez, bota no mesmo lugar". Com base no texto do capítulo e em seus conhecimentos, responda:

    a) A qual episódio da política brasileira se referem esses versos?

    b) Sintetize as realizações do governo Vargas, entre 1950 e 1954, explicando por que é possível dizer que esse governo seguia a corrente nacionalista.

4. O governo Juscelino Kubitschek foi marcado pelo Plano de Metas. Que características desse plano faziam com que as medidas desenvolvimentistas de seu governo fossem dirigidas, de forma geral, basicamente ao mundo urbano e modernizado?

5. Por que diversos setores da sociedade eram contrários às reformas de base do governo de João Goulart?

6. O golpe civil-militar de 1964 deu início a um período de ditadura, no Brasil, que durou até 1985.

    a) Nesse período, o que ocorreu com as liberdades democráticas dos cidadãos?

    b) Qual foi a relação dos governos militares, no Brasil, com o capital estrangeiro? Explique e dê exemplos.

Pratique

7. Neste capítulo, vimos que a bossa nova foi um estilo musical surgido nos tempos do governo JK. Para ampliar seus conhecimentos sobre o assunto, leia o trecho da reportagem a seguir.

> [...] Retomando a discussão sobre a maneira como os músicos da bossa nova concebem a modernidade e procuram ajustar a canção popular aos novos tempos, poderíamos dizer que o espírito da bossa nova é muito parecido com o dos projetos urbanísticos e arquitetônicos de Lúcio Costa (1902-1998) e Oscar Niemeyer relativos à criação da nova capital federal, no final dos anos [19]50. De um lado, pelo fato de todos conceberem a modernidade como o tempo do despojamento, que exige uma estética do "menos", fugindo do modelo do excesso. De outro, pelo fato de todos também se mostrarem afinados com o projeto desenvolvimentista do governo (1956-1961) do presidente Juscelino Kubitschek (1902-1976), que deu forma a esse projeto com a construção de Brasília.
>
> [...]
>
> Outra proposta estética a ser mencionada é a poesia concreta que, criada no final dos anos [19]50 pelos irmãos Augusto de Campos e Haroldo de Campos (1929-2003) e por Décio Pignatari, converge com o espírito despojado e moderno da bossa nova e da arquitetura de Niemeyer. Os poetas concretos pesquisavam a forma poética adequada ao mundo contemporâneo, encontrando-a em uma poesia mais visual e menos discursiva, já que a realidade do momento, segundo eles, exigiria objetividade e evitaria as soluções prolixas. [...]
>
> NAVES, Santuza Cambraia. Os 50 anos da bossa nova: uma estética despojada. *Ciência Hoje*, v. 41. n. 246, mar. 2008. p. 26. Disponível em: <www.santoandre.sp.gov.br/biblioteca/bv/hemdig_txt/100730001m.pdf>. Acesso em: 24 mar. 2017.

a) A que "novos tempos" a autora do texto se refere, logo na primeira frase? Explique.

b) Segundo o texto, o que a bossa nova e a arquitetura de Lúcio Costa e Oscar Niemeyer (na construção de Brasília) possuíam em comum?

c) Pesquisando livros ou na internet, ou considerando seus conhecimentos prévios, escreva um texto sobre as características do momento artístico em que manifestações culturais como a bossa nova, a poesia concreta e os edifícios públicos da cidade de Brasília estavam inseridas. No texto, explique de que forma elas fugiam do "modelo do excesso" citado por Santuza Cambraia Naves. Para isso, utilize trechos de canções da bossa nova e trechos de um poema concreto como exemplos.

Analise uma fonte primária

8. Leia, a seguir, o depoimento de André Almeida Cunha Arantes. Nos tempos da ditadura militar no Brasil, André era uma criança. Nesse trecho, ele nos informa sobre seu cotidiano e o de sua família em dois momentos: no ano de 1968 e no ano de 1976.

> [...] Tinha 3 anos [em 1968] e lá estávamos em mais uma situação estranha. Durante a noite, uns "amigos" de meus pais vieram nos buscar em nossa pequena casa que ficava no interior de Alagoas [...]. Nos levaram de jipe para um castelo (Policlínica da PM de Alagoas), em Maceió. Lembro que achei aquilo estranho. [...] Quando despertei no outro dia, estava em um quarto pequeno e cinza, cheio de grades.
> Mudamos algumas vezes de "endereço". Depois do "castelo" fomos para a Escola de Aprendizes de Marinheiro de Alagoas. Uma vez por dia descíamos para brincar em um pátio, cheio de lixo e ratos, que minha mãe apelidou carinhosamente de Jerry. O Jerry era o ratinho esperto de um desenho animado da época que vivia fugindo de seu algoz, o gato Tom. Como era pequeno, não percebi, mas o "Tom" tinha nos pegado. Estávamos detidos em uma prisão da marinha. [...]
> [Em 1976], eu e minha irmã fomos levados pelo meu tio para Belo Horizonte, onde moraríamos por um ano com minha avó materna, enquanto meu pai seguia sendo torturado e minha mãe foragida da repressão, em algum lugar que não sabíamos. [...]
>
> Filho do Zorro, por André Almeida Cunha Arantes (depoimento). In: *Infância roubada*: crianças atingidas pela ditadura militar no Brasil. Assembleia Legislativa, Comissão da Verdade do Estado de São Paulo. São Paulo: Alesp, 2014. p. 23. Disponível em: <www.al.sp.gov.br/repositorio/biblioteca Digital/20800_arquivo.pdf>. Acesso em: 24 mar. 2017.

a) Com base no texto do depoimento, quem seriam os "amigos" dos pais de André que foram buscá-los em determinada noite de 1968? Para onde André e sua família foram levados naquela ocasião?

b) Depois de sair do "castelo", para onde André e sua família foram? Por que ele diz que "Como era pequeno, não percebi, mas o 'Tom' tinha nos pegado"? Com base nessas informações, que atividades os pais de André exerciam nos tempos da ditadura?

c) Que medida o governo militar havia tomado em 1968? Será que essa medida passou a influenciar a situação da família de André?

d) O que ocorreu com o pai de André em 1976? Que outras formas o governo militar utilizava para controlar o poder e reprimir as ações da população?

Articule passado e presente

9. A Comissão Nacional da Verdade (CNV), instalada oficialmente em 16 de maio de 2012, investigou as violações de direitos humanos cometidas entre 1946 e 1988, no Brasil. A CNV concentrou esforços nas graves violações praticadas durante a ditadura militar (1964-1985). Formada por assessores e pesquisadores, ela ouviu testemunhas e vítimas e convocou agentes da repressão para prestar depoimentos.

Em outubro de 2014, a então presidente do Brasil, Dilma Rousseff, recebe o relatório final da Comissão Nacional da Verdade das mãos de seu coordenador, Pedro Dallari.

a) O relatório final dos trabalhos da CNV foi divulgado em dezembro de 2014. Reúna-se com um colega e façam uma pesquisa em jornais, revistas e na internet sobre os resultados do relatório final da CNV. Anotem suas descobertas.

b) Com base na pesquisa realizada e nos conteúdos vistos neste capítulo, escrevam uma carta. Imaginem que essa carta será endereçada a um parente de uma das vítimas da repressão durante a ditadura militar no Brasil. Escrevam a ele sobre a importância da CNV, sobre seus resultados e sobre como o resgate da memória das vítimas da repressão da ditadura é importante para a sociedade atual.

CAPÍTULO

38º Terceiro Mundo: descolonização e lutas sociais

PRAKASH SINGH/AFP

Durante a cerimônia de abertura da VIII Cúpula do BRICS, realizada em Goa, na Índia, o primeiro-ministro indiano, Narendra Modi, dá as boas-vindas ao então presidente do Brasil, Michel Temer. Em outubro de 2016, o primeiro-ministro da Índia hospedou os líderes dos países-membros do BRICS em uma cúpula que buscava impulsionar os laços comerciais e ajudar a superar os problemas econômicos do bloco.

Neste capítulo, você vai estudar alguns eventos relacionados à trajetória dos países do então chamado Terceiro Mundo, em especial ao longo da Guerra Fria. Esses países, na Ásia, na África, no Oriente Médio e na América Latina, empobrecidos pelo imperialismo dos séculos XIX e XX, viam sua importância econômica flutuar de acordo com os interesses em jogo, num contexto internacional dominado pelos Estados Unidos e pela ex-União Soviética. Hoje, qual é a situação econômica dos países do antigo Terceiro Mundo? Será que, no mundo pós-Guerra Fria, algo de concreto mudou?

1 A descolonização asiática e africana

A resistência ao colonialismo na África e na Ásia contou com o enfraquecimento europeu resultante da Segunda Guerra Mundial. Nos dois continentes, os povos já manifestavam seus anseios de independência e autogoverno. As potências coloniais europeias se opunham a eles, mas tanto a União Soviética quanto os Estados Unidos defendiam a autodeterminação dos povos colonizados, já que pretendiam atraí-los para suas respectivas esferas de influência.

Os movimentos pró-independência aconteceram em um contexto marcado pela Guerra Fria e pela complexidade das contradições imperialistas. Foi nessa época que diversas colônias africanas e asiáticas lutaram e conquistaram — por meios pacíficos ou conflitos armados — a tão desejada independência.

A Guerra Fria significou um estado de tensão permanente entre os blocos comunista, representado pela URSS, e capitalista, protagonizado pelos Estados Unidos, sem, porém, que houvesse um enfrentamento armado direto entre eles. Entretanto, a disputa entre as duas superpotências por áreas de influência em todo o mundo era intensa. Foi esse o motivo que tornou ex-colônias africanas e asiáticas espaços de confronto bélico.

Entre as décadas de 1950 e 1960, mais de quarenta países africanos e asiáticos conquistaram a independência. Reflexo, em primeiro lugar, da vontade de seus povos, mas também do abalo do poderio europeu, do apoio das Nações Unidas e dos interesses dos Estados Unidos e da União Soviética. Nascia a expressão **Terceiro Mundo**, criada em 1952 pelo sociólogo francês Alfred Sauvay (1898-1990), em referência ao terceiro estado francês na época da Revolução Francesa. Para ele, o Primeiro Mundo correspondia aos países capitalistas; o Segundo Mundo, aos países socialistas; e o Terceiro Mundo, aos países empobrecidos pela opressão colonialista.

Em 1955, em Bandung, na Indonésia, representantes de países que haviam recém-conquistado a independência participaram de uma conferência na qual declararam apoio às lutas anticoloniais e condenaram o racismo, as armas atômicas e a intervenção das superpotências nos assuntos internos das nações. Procurou-se também uma posição alternativa à bipolarização mundial entre Estados Unidos e União Soviética, o que, como vimos, ficou conhecido como **não alinhamento**.

Após a independência, que papel esses países do Terceiro Mundo desempenharam nas relações internacionais? Qual é o peso econômico desses países no mundo contemporâneo?

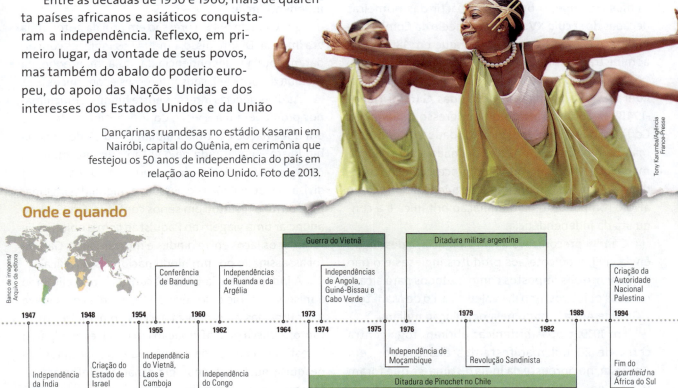

Dançarinas ruandesas no estádio Kasarani em Nairóbi, capital do Quênia, em cerimônia que festejou os 50 anos de independência do país em relação ao Reino Unido. Foto de 2013.

Onde e quando

- 1947 — Independência da Índia
- 1948 — Criação do Estado de Israel
- 1954 — Independência do Vietnã, Laos e Camboja
- 1955 — Conferência de Bandung
- 1960 — Independências de Ruanda e da Argélia
- 1962 — Independência do Congo
- 1964–1975 — Guerra do Vietnã
- 1973 — Independências de Angola, Guiné-Bissau e Cabo Verde
- 1974
- 1975
- 1976 — Independência de Moçambique
- 1976–1982 — Ditadura militar argentina
- 1979 — Revolução Sandinista
- 1989 — Ditadura de Pinochet no Chile (fim)
- 1994 — Criação da Autoridade Nacional Palestina; Fim do *apartheid* na África do Sul

Mapa e linha do tempo ilustrativos. As regiões indicadas no mapa referem-se à configuração atual dos países a que pertencem hoje, e o espaço entre as datas não é proporcional ao intervalo de tempo.

Terceiro Mundo: descolonização e lutas sociais

A luta pela independência na Ásia e na África

A independência dos países africanos e asiáticos

Adaptado de: PARKER, Geoffrey (Ed.). *Atlas da história do mundo*. São Paulo: Times Books/Folha de S.Paulo, 1995. p. 272-273.

Índia

O subcontinente indiano passou a integrar os domínios do império britânico a partir das primeiras décadas do século XVII, por intermédio da Companhia Inglesa das Índias Orientais, até que em 1858 a sua administração foi transferida para a Coroa britânica.

Na Índia, o processo de emancipação política foi liderado pelo advogado **Mohandas Gandhi** (1869--1948), ligado ao Partido do Congresso Indiano (ou Congresso Nacional Indiano), fundado em 1885 e de maioria hinduísta. Em 1906, foi criada a Liga Muçulmana, que também atuaria no processo de independência. A luta de Gandhi e seus seguidores tinha como alvo o rompimento da dominação britânica e a conquista da independência.

Gandhi preconizava a não violência, a desobediência civil, o boicote aos produtos ingleses e o não pagamento dos impostos como métodos para alcançar seus objetivos. Isso lhe valeu o título de Mahatma ("Grande Alma"), dado pela população indiana.

Em 1919, tropas britânicas abriram fogo contra cerca de 20 mil manifestantes desarmados, em Amritsar, no noroeste da Índia. Estima-se que foram mortas entre 380 e mil pessoas no massacre. A resposta de Gandhi foi um chamado à mobilização de toda a população em torno da luta pacífica pela independência.

Por volta de 1945, a pressão em prol da autonomia era imensa. Diante disso, em 1947 os ingleses concordaram com a independência da Índia, mantendo, na medida do possível, seus interesses econômicos.

As divergências internas entre **hindus** e **muçulmanos** promoveram a divisão do subcontinente indiano em duas nações, a União Indiana (Índia), de maioria hinduísta e governada pelo então primeiro-ministro Nehru, e o Paquistão, de maioria muçulmana. Essa divisão levou milhões de pessoas a migrar de um lugar para outro e resultou em sérios conflitos. Em 1948, ao anunciar uma viagem ao Paquistão com o objetivo de reforçar os laços entre hindus e muçulmanos, Gandhi foi assassinado por um hindu nacionalista radical.

A independência política, contudo, não eliminou a miséria: no início do século XXI, a Índia continuava a ser uma das mais pobres nações do planeta. Entretanto, a busca pela afirmação nacional levou o país a investir em centros de excelência especializados em pesquisa nuclear, tecnologia espacial e informática. Mesmo assim, os conflitos étnicos e religiosos, além da violência política, continuaram constantes no país.

Na Índia colonial, o sal, extraído dos mares indianos, era monopólio inglês. Gandhi, no centro, liderou um protesto pacífico ao caminhar cerca de 300 quilômetros até o mar para obter o produto. O movimento, conhecido por **Marcha do Sal**, tornou-se fundamental para a independência indiana. Foto de 1930.

Com uma população de cerca de 1,3 bilhão de habitantes, perto de 37% dela vivendo em situação de pobreza absoluta, a Índia ganhou destaque nos últimos anos devido ao seu contínuo crescimento econômico. Por essa razão, apesar de sua péssima distribuição de renda, o país foi incluído pelo economista inglês Jim O'Neill em um grupo de países cujo desenvolvimento econômico é considerado promissor. Esse grupo, segundo o economista, seria formado por Brasil, Rússia, Índia e China. Mais tarde, a África do Sul foi integrada ao grupo, que passou a ser chamado de BRICS.

Vietnã, Laos e Camboja

Situada a leste da Índia, uma região conhecida como Indochina, inicialmente colonizada pela França, foi ocupada pelo Japão durante a Segunda Guerra Mundial. A resistência popular à ocupação japonesa transformou-se em luta armada pela libertação nacional após o fim da guerra. **Ho Chi Minh** (1890-1969), líder comunista, fundou o Viet Minh, movimento pela libertação do Vietnã, que iniciou prolongada luta de guerrilhas contra a França, que havia voltado a dominar a região em 1945.

Na década seguinte, em 1954, os franceses foram derrotados pelo Viet Minh na **Batalha de Dien Bien Phu**, e obrigados a se retirar da região.

Na Conferência de Genebra, naquele mesmo ano, reconheceu-se a independência dos três países, Vietnã, Laos e Camboja, mas o Vietnã foi dividido em duas partes até que um plebiscito sobre a reunificação do país fosse realizado: o **Vietnã do Norte**, comunista, liderado por Ho Chi Minh, e o **Vietnã do Sul**, capitalista, governado por **Bao Dai** (1913-1997).

O plebiscito nunca aconteceu e, em 1955, um golpe militar no Vietnã do Sul, que contou com o apoio dos Estados Unidos, impôs um regime repressivo que decretou o cancelamento das eleições de 1960. Entre os opositores ao governo militar, havia um forte movimento armado, que contava com o apoio da população, chamado de vietcongue. Esse movimento cresceu, nutrido pelo Vietnã do Norte, e os Estados Unidos, preocupados com a expansão do comunismo na região, sustentaram o governo do Vietnã do Sul com milhares de soldados, aviões, armas de último tipo, com exceção de armas nucleares.

BRICS: acrônimo formado pela inicial do nome dos países, em inglês – Brasil, Rússia, Índia, China e África do Sul (South Africa).
Indochina: termo adotado pela França para se referir à colônia do Sudeste Asiático, situada entre as culturas indiana e chinesa, que compreendia os atuais países do Vietnã, Laos e Camboja.
vietcongue: (Viet Nam Cong Sam) comunistas do Vietnã, expressão criada em 1960 no Vietnã do Sul.

Terceiro Mundo: descolonização e lutas sociais

A impopularidade da guerra travada no Vietnã entre os estadunidenses e a dificuldade de obter uma vitória decisiva no campo de batalha levaram a uma retirada gradual das tropas da região. Finalmente, em 1975, a cidade de Saigon foi tomada pela guerrilha, encerrando formalmente a **Guerra do Vietnã** e unificando o país.

Além do Vietnã, **Laos** e **Camboja** também mergulharam na violência das disputas da Guerra Fria. No Camboja, o grupo guerrilheiro **Khmer Vermelho** assumiu o poder em 1975 e, sob a liderança de Pol Pot (1925-1998), radicalizou o extermínio de opositores, intelectuais e cidadãos comuns, deixando, segundo dados oficiais, 2,8 milhões de mortos e centenas de milhares de desaparecidos.

A divisão do Vietnã (1954)

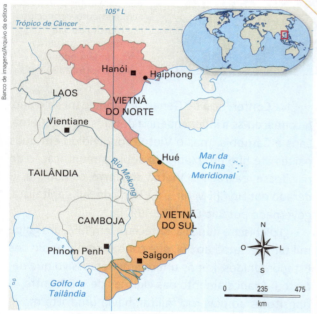

Adaptado de: SCALZARETTO, R.; MAGNOLI, D. *Atlas*: geopolítica. São Paulo: Scipione, 1996. p. 32.

Oriente Médio

Nos anos 1960, enquanto os movimentos guerrilheiros de libertação nacional sacudiam o Sudeste Asiático, no **Oriente Médio** era formada a **Organização para a Libertação da Palestina (OLP)**, movimento guerrilheiro que lutava pela formação de um Estado palestino. Para entender melhor o que ocorria na região (e ocorre até hoje), precisamos voltar algumas décadas.

Em 1947, a Organização das Nações Unidas (ONU) propôs a formação de dois Estados no território da Palestina, então sob administração inglesa: um judeu e outro árabe. Os dois povos reivindicavam aquele território, baseados em disputas milenares. Os judeus aceitaram a sugestão, mas os palestinos recusaram-na, argumentando que a região pertencia a eles. A recusa foi a senha para que a disputa entre judeus e árabes se acirrasse.

Em 1948, os ingleses, cujo império estava em declínio, retiraram-se definitivamente da região. No mesmo ano foi criado o **Estado de Israel**.

Os países árabes vizinhos (Egito, Iraque, Jordânia, Líbano e Síria) saíram em defesa dos palestinos, que se consideraram prejudicados pela partilha realizada pela ONU. Começava a **Primeira Guerra Árabe-Israelense** (1948-1949).

O conflito resultou na vitória de Israel, que conseguiu ampliar seu território, desencadeando um clima de permanente tensão na região.

A disputa árabe-israelense passou para a órbita da Guerra Fria com o apoio dado pelos Estados Unidos a Israel, o que forçou os países árabes a se aproximarem da União Soviética.

Em 1956, o Egito, governado por **Gamal Abdel Nasser** (1918-1970), nacionalizou o Canal de Suez, ligação vital entre o Mediterrâneo e o Índico-Pacífico.

Na foto, de 1972, crianças vietnamitas fogem de bombardeio de *napalm* (gasolina gelatinosa usada como bomba incendiária) da aviação estadunidense. Entre as crianças está Kim Pol Phuc, a menina nua. A fotografia ganhou o Pulitzer de Jornalismo de 1973, o prêmio máximo da categoria nos Estados Unidos.

Essa iniciativa levou França e Inglaterra a uma intervenção armada no país, com o apoio de Israel, cujas tropas tomaram a península do Sinai: foi a **Segunda Guerra Árabe-Israelense**.

A intervenção da ONU e o desejo das superpotências de não generalizar a guerra na região levaram à restauração da situação territorial anterior ao conflito.

Em 1967, o bloqueio de portos israelenses pelo Egito desencadeou a **Guerra dos Seis Dias** ou **Terceira Guerra Árabe-Israelense**. Em pouco tempo, tropas de Israel ocuparam o Sinai, a Faixa de Gaza e as colinas de Golã (pertencentes à Síria).

O prolongado domínio israelense sobre os territórios conquistados em 1967 gerou enorme insatisfação nos países árabes e engendrou uma nova guerra: a **Guerra do Yom Kippur** (o "Dia do Perdão" judaico) ou **Quarta Guerra Árabe-Israelense**, que eclodiu em 1973.

A iniciativa árabe de reconquista de alguns territórios foi logo detida. Mais uma vez, as pressões das superpotências encerraram o conflito, com a manutenção do domínio de Israel sobre os territórios ocupados em 1967.

Em 1979, o egípcio **Anuar Sadat** (1918-1981) e o israelense **Menachem Begin** (1913-1992) assinaram os **Acordos de Camp David**, nos Estados Unidos, com a mediação do então presidente Jimmy Carter (1924-), encerrando as disputas entre os países. Todavia, a questão palestina continuava, com a OLP lutando pela criação de um Estado independente.

Na foto, de 1948, membros da comunidade judaica em meio aos danos causados por ataques aéreos de forças iraquianas durante a Primeira Guerra Árabe-Israelense.

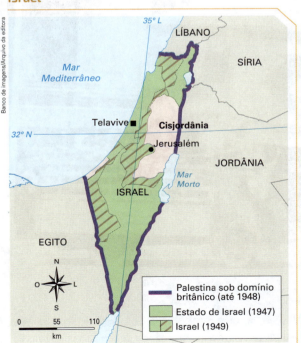

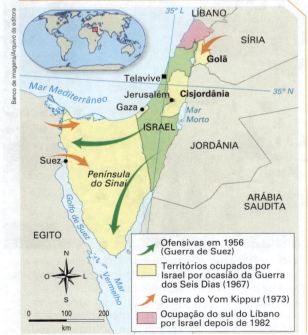

Adaptados de: DUBY, Georges. *Atlas histórico mundial*. Madrid: Debate, 1989. p. 213.

Durante a década de 1980, os conflitos continuaram, incluindo a ocupação israelense do sul do Líbano e as **intifadas** ("revolta das pedras") — conflitos de rua entre a população palestina e tropas israelenses — em territórios palestinos ocupados por Israel.

Em 1993, **Yitzhak Rabin** (1922-1995), primeiro-ministro de Israel, e **Yasser Arafat** (1929-2004), líder da OLP, assinaram um acordo segundo o qual a organização palestina reconhecia o Estado de Israel e renunciava à violência, enquanto Israel concedia autonomia aos palestinos em determinadas áreas da Faixa de Gaza e da Cisjordânia. Em decorrência do acordo, em 1994 foi criada a **Autoridade Nacional Palestina** (**ANP**), uma espécie de governo que foi presidido por Yasser Arafat até 2004, quando faleceu.

No final da primeira década do século XXI, muitos países reconheceram a existência de um Estado Palestino, formado pelos territórios da Faixa de Gaza e por porções da Cisjordânia. A atuação do presidente da ANP, **Mahmoud Abbas** (1935-), em busca de reconhecimento internacional, obteve algum sucesso, já que o Estado Palestino foi formalmente admitido pelo Vaticano, em 2015, sob o comando do papa Francisco. Os Estados Unidos e alguns países da Europa ocidental são contrários ao reconhecimento, enquanto continuam as rivalidades e os confrontos na região.

Argélia

No norte da África, a Argélia, colônia francesa desde 1830, obteve sua independência em 1962, após uma longa guerra, na qual os argelinos foram liderados pela **Frente de Libertação Nacional** (**FLN**). A luta contra os franceses ganhou impulso em 1954, quando a FLN desencadeou ataques em diversas regiões da colônia.

Diante da indecisão do governo francês em manter o domínio da região, o comandante militar francês em Argel, general Salan (1899-1984), passou a pressioná-lo, enviando tropas de paraquedistas para a ilha de Córsega, com o objetivo de preparar um eventual golpe em Paris.

Na França, a iminente ameaça militar levou ao poder o general De Gaulle (1890-1970) em 1958. De Gaulle foi líder da resistência francesa ao nazismo e era bastante prestigiado nas Forças Armadas. Ele afastou os militares golpistas e, depois de negociações com a FLN argelina, conhecidas também por **Acordos de Evian** – pactos que colocaram fim à guerra e abriram caminho para a independência –, e de uma consulta à população francesa por meio de um plebiscito, reconheceu a independência da Argélia.

Em 1962, formava-se a **República Democrática Argelina**, sob a liderança de Ahmed Ben-Bella (1916-2012).

Desde 2002, o governo israelense constrói, na divisa com a Cisjordânia, um muro de aproximadamente 350 quilômetros, para proteger de atentados terroristas assentamentos israelenses em territórios palestinos. Porém, o muro vem sendo condenado pela comunidade internacional, pois tem avançado sobre territórios palestinos e piorado as negociações de paz entre árabes e israelenses. Foto sem data.

Argelinos celebram a independência de seu país pelas ruas da capital, Argel. Foto de 1962.

Congo

Na África subsaariana, o Congo foi colônia da Bélgica até 1960, quando violentas manifestações populares obrigaram o governo belga a reconhecer sua independência. A ex-colônia passou então a se chamar **República do Congo**, tendo como presidente **Joseph Kasavubu** (1910-1969) e como primeiro-ministro **Patrice Lumumba** (1925-1961).

Logo após a independência do Congo, Katanga, uma de suas províncias, também se declarou independente. O movimento de emancipação, promovido por soldados e mercenários a serviço da companhia belga Union Minière, levou o país à guerra civil. Lumumba, que não conseguiu obter ajuda de tropas da ONU nem apoio da União Soviética para enfrentar os rebeldes, foi demitido por Kasavubu — aliado aos belgas e aos estadunidenses —, preso e assassinado por mercenários.

As disputas entre as várias facções rivais só foram contidas com a intervenção da ONU e com a entrega do cargo de primeiro-ministro, em 1964, a **Moisés Tshombe** (1919-1969), líder da independência de Katanga.

Em 1965, Tshombe foi derrubado por um golpe liderado por **Mobutu Joseph Désiré** (1930-1997), que implantou uma ditadura pessoal e permaneceu no poder até 1997, quando foi destituído. Nesse mesmo ano, o país, que mudara seu nome para **República do Zaire** em 1971, adotou a denominação **República Democrática do Congo**.

Na foto, Patrice Lumumba, símbolo da luta pela libertação congolesa, pouco antes de ser assassinado, em 1961.

Ruanda

Em Ruanda, a independência foi efetivada em 1962, depois de ter sido colonizada por Alemanha e Bélgica. Lá, as marcas da turbulenta descolonização no continente africano, como o grave subdesenvolvimento e a instabilidade institucional, refletiram-se, nos anos 1990, em disputas pelo poder por parte de dois grupos étnicos: hutus (90% da população) e tutsi. Decorrência de heranças coloniais que fomentaram disputas étnicas, os graves e sangrentos conflitos produziram milhões de mortos e refugiados.

Em 1994, milhares de pessoas foram mortas por membros do governo extremista e por milícias em Ruanda. Na foto, de 2014, coral se apresenta em Kigali, durante cerimônia que lembrou o 20º aniversário do genocídio.

O fim das colônias portuguesas na África

Um processo de independência diferente ocorreu nas colônias portuguesas. Em Portugal, a ditadura de **António de Oliveira Salazar** (1889-1970), iniciada nos anos 1930, conservou o país durante quarenta anos distante de avanços econômicos, políticos e sociais, retardando o processo de independência de suas colônias.

Em **Angola**, foi criado em 1956 o **Movimento Popular pela Libertação de Angola (MPLA)**, liderado por Agostinho Neto (1922-1979), que deu início à luta armada contra o colonialismo salazarista em 1961. Outras organizações de libertação também surgiram, como a **Frente Nacional de Libertação de Angola (FNLA)**, dirigida por Holden Roberto (1923-2007), e a **União Nacional pela Independência Total de Angola (Unita)**, chefiada por Jonas Savimbi (1934-2002).

Em 1974, a ditadura portuguesa foi derrubada pela **Revolução dos Cravos**, cujo governo promoveu o **Acordo de Alvor**, que reconheceu como necessária a independência de Angola e estabeleceu uma partilha de poder entre os três movimentos de libertação.

Em novembro de 1975, as três organizações proclamaram simultaneamente a independência das regiões por elas controladas no país. Teve início então uma guerra civil entre a FNLA, apoiada pelo Zaire; a Unita, com suporte da África do Sul e dos Estados Unidos; e o MPLA, de orientação marxista e com auxílio de Cuba e da União Soviética. Por controlar a capital, Luanda, e a maior parte do país, o MPLA criou uma estrutura governamental.

Mais de uma década depois, em 1992, o governo do MPLA promoveu eleições pluripartidárias, buscando o fim da guerra civil. Porém, **Jonas Savimbi**, da Unita, não reconheceu a vitória de **José Eduardo dos Santos**, do MPLA, que governava o país desde 1979, e a guerra civil recomeçou. Em fevereiro de 2002, Jonas Savimbi foi morto pelo exército angolano e, em abril, foi assinado um acordo de cessar-fogo na Assembleia Nacional, em Luanda.

O acordo, que prometia anistia e paz depois de 27 anos de guerra, foi apoiado pela nova liderança da Unita e pelo presidente José Eduardo dos Santos.

A Revolução dos Cravos derrubou a ditadura salazarista em abril de 1974, irradiando esperanças de liberdade para as colônias africanas. Na foto, de 1974, militares em Lisboa ostentam cravos – símbolo da Revolução – colocados por manifestantes em suas armas.

Reeleito para a Presidência do país em 2012, José Eduardo dos Santos anunciou apoio a seu sucessor, o ministro da Defesa José Lourenço, candidato nas eleições de 2017.

Em **Moçambique**, o processo de independência foi iniciado em 1962 pela **Frente de Libertação de Moçambique (Frelimo)**, de inspiração socialista, liderada por **Eduardo Mondlane** (1920-1969). Quando Mondlane foi assassinado, em 1969, **Samora Machel** (1933-1986) assumiu o comando do movimento. Com a Revolução dos Cravos, Portugal acelerou as negociações pela libertação dessa colônia, reconhecendo sua independência em 1975, com Machel na Presidência.

Governada por uma minoria branca e alinhada com os EUA nos anos 1980, a África do Sul procurou desestabilizar o governo socialista de Machel por meio da **Resistência Nacional Moçambicana (Renamo)**. Apesar da assinatura do **Acordo de Nkomati**, que estabeleceu a não agressão entre os países, os confrontos foram constantes. Com a morte de Machel, em 1986, o governo foi assumido por **Joaquim Chissano** (1939-), que depois, em 1994, ganhou as eleições multipartidárias e permaneceu na Presidência até 2005.

Na década de 1990 e nas seguintes, com a abertura do país, foram estabelecidos acordos entre o governo e os guerrilheiros para a pacificação de Moçambique. Com as eleições sucessórias, a Presidência coube a **Armando Guebuza** (1943-), de 2005 a 2015, e a **Filipe Nyusi** (1959-), em 2015, ambos da Frelimo.

Na **Guiné-Bissau** e em **Cabo Verde**, a luta contra o colonialismo português começou em 1961, sob a liderança de Amílcar Cabral (1924-1973), do **Partido Africano para a Independência da Guiné e Cabo Verde (PAIGC)**, assassinado em 1973. A independência da Guiné-Bissau foi, então, proclamada por **Luís Cabral** (1931-2009), embora só tenha sido oficializada em 1974, após a Revolução dos Cravos.

Em 1980, Cabo Verde separou-se da Guiné-Bissau. Na década de 1990, os dois países abandonaram o regime marxista de um só partido e ampliaram as liberdades políticas e econômicas. O pluripartidarismo e as eleições não puseram fim às dificuldades sociais e econômicas, muito menos às rivalidades e confrontos nas décadas seguintes. Em Cabo Verde, a aridez do solo e outras dificuldades agrícolas têm provocado forte movimento de emigração. Na Guiné-Bissau prevaleceram motins, atuação guerrilheira e deposição de presidentes.

Minas terrestres

A mina terrestre é um artefato enterrado no solo, que explode com a passagem de veículos ou pessoas, dificultando o avanço de forças inimigas. A ONU calcula que 23 mil civis (entre os quais muitas crianças) tenham sido mutilados por pisar acidentalmente em minas terrestres instaladas em Angola durante a guerra civil. A ameaça persiste até hoje, e não apenas em Angola, pois milhões de minas permanecem enterradas em diversas áreas de conflito no mundo, e nem sempre há registros de sua localização. Segundo o Serviço de Ação de Minas da ONU (UNMAS), em 2014, dez pessoas eram mortas ou mutiladas por uma mina terrestre a cada dia no mundo. Em 2016, o ex-secretário geral da ONU Kofi Annan e ministros de Relações Exteriores de vários países se empenharam em apoiar o **Tratado de Erradicação de Minas Terrestres** (Tratado de Otawa, 1997), com objetivo de livrar o mundo das minas até 2025.

Garota angolana, vítima de explosão de minas terrestres, aprecia cartaz de concurso de beleza destinado a jovens na mesma condição. O objetivo do concurso é colaborar para a elevação da autoestima das vítimas desses artefatos. Foto de 2008.

Secretário-geral e um dos fundadores do PAIGC, Amílcar Cabral aparece com uma criança no colo. Foto de 1973.

África do Sul: ascensão e queda do *apartheid*

Os primeiros europeus a colonizar a África do Sul foram os holandeses, que ali chegaram em meados do século XVII. Seus descendentes sul-africanos eram chamados de bôeres, ou africâneres. Após a **Guerra dos Bôeres** (1899-1902), entre ingleses e africâneres, da qual os primeiros saíram vencedores, a colônia passou para o domínio da Inglaterra.

Em 1910, formou-se a União Sul-Africana, fiel à Coroa britânica, que estabeleceu um regime segregacionista conhecido por *apartheid*. Em 1931, a União Sul-Africana tornou-se independente e passou a se chamar África do Sul.

Iniciado em 1913, o *apartheid* foi consolidado por meio de diversas leis, adotadas ao longo dos anos.

- 1913: o *Native Land Act* estabelecia que 92,5% das terras deveriam ficar com a minoria branca, enquanto apenas 7,5% delas seriam reservadas para a maioria negra (78% da população).
- 1923: o *Native Urban Areas Act* excluiu dos africanos a possibilidade de adquirir alguma propriedade urbana. Assim formaram-se as *townships*, zonas na periferia das cidades destinadas aos negros e separadas das áreas "nobres", reservadas aos brancos.
- 1949: tornou-se proibido o casamento inter-racial e estabeleceu-se que os negros só poderiam circular nas cidades portando passes especiais.
- 1950: o *Population Registration Act* classificou a população em três "grupos raciais". Os brancos (2,6 milhões ou 15,6% da população), os mestiços, (1,1 milhão ou 6,7% da população) e os negros (12,6 milhões, ou 77,3% da população). (O restante, 0,4%, correspondia a grupos minoritários.) Essa lei excluía os direitos políticos dos negros e imprimia características policiais ao regime.

A placa alerta, em africâner e inglês, que aquela área da praia e do mar é permitida apenas para pessoas brancas. Sinalizações segregando espaços eram comuns durante o regime do *apartheid*. Foto de 1988.

- 1951: foram criados os bantustões (*homelands*), zonas de residência negra.
- 1953: o *Public Safety Act* e o *Criminal Law Act* autorizaram a decretação do estado de emergência sempre que a minoria branca se sentisse ameaçada. Assim, tornou-se possível a suspensão das liberdades públicas e a condenação de pessoas consideradas "subversivas". Também proibiam o uso dos mesmos espaços públicos por brancos e negros (banheiros, bebedouros, escolas, praias, arquibancadas, etc.).

Em 1955, formas de resistência contra o *apartheid* foram estabelecidas no Congresso do Povo, do qual participaram os principais movimentos de luta, como o **Congresso Nacional Africano (ANO)**, o **Congresso Indiano da África do Sul (CIAS)**, o **Congresso dos Povos Mestiços (COM)** e o **Congresso Democrático (CD)**.

Em 21 de março de 1960, aconteceu o **Massacre de Shaperville**, quando forças de repressão da minoria branca atiraram contra uma multidão de negros. A chacina tornou-se símbolo da repressão policial (69 mortos entre estudantes, mulheres e crianças) e da luta por direitos.

O *apartheid* continuava atuando contra a maioria negra da população. Em 1971, foi proibida a concessão da cidadania sul-africana aos habitantes dos bantustões.

Um líder e símbolo da resistência negra no país foi **Nelson Mandela** (1918-2013). Preso em 1962, ele só foi libertado em 1990, como resultado das lutas e de uma campanha internacional contra o regime segregacionista da África do Sul. Quatro anos depois, foi eleito presidente da África do Sul. Terminava assim o *apartheid*.

Mandela morreu em 2013 e deixou para os sul-africanos um país mais pacificado e democrático. Além disso, transmitiu um legado de dignidade ao mostrar que uma convivência mais tolerante e harmônica entre os diferentes é possível.

Duas décadas após o fim do *apartheid*, o presidente **Jacob Zuma** (1942-), eleito em 2009, tinha pela frente um quadro de enorme desigualdade social. Segundo o economista Sampie Terreblanche, formou-se na África do Sul "uma elite negra de cerca de 2 milhões de pessoas e uma classe média de 6 milhões de pessoas. O fosso entre esses 8 milhões de negros ricos e os 20 milhões a 25 milhões de pobres cresceu perigosamente" (CESSOU, Sabine. Impasse social na África do Sul. *Le Monde Diplomatique Brasil*, fev. 2013. p. 25).

Em 2011, a África do Sul passou a integrar o BRIC, conjunto de países com potencial para formar grandes economias, criado dez anos antes sob o acrônimo BRIC (Brasil, Rússia, Índia e China).

Nelson Mandela discursa em comício em Soweto, um subúrbio de Johannesburgo, África do Sul. Foto de 1990.

2) Tensões e conflitos na América Latina

Apesar da independência política conquistada a partir do século XIX, os países da América Latina mantiveram laços de dependência econômica com as grandes potências capitalistas mundiais, de início principalmente com a Inglaterra e posteriormente com os Estados Unidos.

As forças tradicionais, defensoras do vínculo político-econômico com os grandes centros capitalistas, muitas vezes chocaram-se com as forças reformistas e nacionalistas e também com as de extrema-esquerda, num quadro que visava à reformulação das estruturas vigentes. Nesse cenário, ditaduras militares, governos pró-libertação, movimentos reformistas, revolucionários e guerrilheiros têm marcado o conturbado quadro político da América Latina desde o século XIX.

México

Após a proclamação da independência, em 1821, o México passou a viver um período de instabilidade política e dependência econômica. As condições sociais se deterioraram com a perda de quase metade de seu território, após a guerra travada contra os Estados Unidos, em 1848.

Adaptado de: BAYLAC, M. H. *Historie terminale*. Paris: Larouse Bordas, 1998. p. 193.

O intervencionismo, as disputas políticas e a crise econômica cresceram nas décadas seguintes. Na Presidência de **Benito Juarez** (1806-1872), entre 1858 e 1872, foi suspenso o pagamento dos juros a diversos empréstimos contraídos por governos anteriores. Em resposta, os portos mexicanos foram bloqueados pela França com apoio da Espanha e da Grã-Bretanha, que buscavam forçar o pagamento das dívidas. O passo seguinte foi a intervenção armada de Napoleão III da França, em 1861, época da Guerra de Secessão nos Estados Unidos.

Com a invasão, foi formado um governo chefiado pelo arquiduque austríaco **Maximiliano de Habsburgo** (1832-1867), coroado imperador do México. A resistência republicana contra Maximiliano, liderada por Benito Juarez, acabou fragilizando e derrotando esse prolongamento do Segundo Império da França na América. No avanço das forças republicanas, Maximiliano acabou preso e fuzilado em Querétano, em 1867.

A vitória de Benito Juarez, presidente de origem indígena zapoteca, não pôs fim às dificuldades mexicanas, tampouco às disputas políticas.

Na década seguinte, teve início a longa ditadura de **Porfirio Díaz** (1830-1915), que se estendeu de 1877 a 1880 e de 1884 a 1911. Nesse período se intensificaram a concentração fundiária e a entrada de elevadas somas de capital estrangeiro, voltado para a exploração dos recursos minerais e para o controle da produção de artigos de exportação. Para a população local, em sua grande maioria fixada nas áreas rurais, aumentaram a miséria e a dependência em relação aos grandes senhores.

No início do século XX, esse quadro impulsionou o crescimento da insatisfação popular, expressada em greves operárias nas cidades e revoltas na zona rural. Dessas lutas surgiram líderes, como **Pancho Villa (1878-1923)** e **Emiliano Zapata (1879-1919)**, que comandaram milhares de camponeses nas mobilizações por distribuição de terras via reforma agrária, em oposição aos latifundiários apoiados pela Igreja e pelas elites constituídas. Havia uma parte da elite, no entanto, sob o comando de **Francisco Madero (1873-1913)**, que era contrária a Porfirio Díaz. Essas forças se uniram aos exércitos revolucionários de Villa e Zapata e depuseram Porfirio Díaz em maio de 1911.

Entretanto, as camadas populares permaneceram insatisfeitas com as tímidas medidas sociais tomadas por Madero, que foi assassinado em 1913 e substituído pelo general **Victoriano Huerta (1850-1916)**, que reinstalou uma ditadura, ligada aos interesses dos Estados Unidos.

Pancho Villa voltou a lutar contra as forças federais, enquanto Zapata liderava no sul do país a revolução camponesa pela reforma agrária. As pressões levaram Huerta a renunciar em 1914 em favor de um governo constitucional liderado por **Venustiano Carranza (1859-1920)**.

Em 1917, foi promulgada a nova Constituição liberal do país e Carranza foi eleito presidente. Insatisfeitos com o não atendimento de suas reivindicações, especialmente a redivisão fundiária, os movimentos populares continuaram em luta. Mas perderam força, especialmente com o assassinato de Zapata em 1919 e o afastamento de Villa em 1920, seguido de seu assassinato em 1923. Assim, institucionalizou-se o projeto liberal.

Na década de 1930, mais de 80% das terras pertenciam a pouco mais de 10 mil pessoas. Entretanto, as manifestações nacionalistas e as reivindicações sociais encontraram no presidente **Lázaro Cárdenas (1895-1970)**, que governou entre 1934 e 1940, um representante que expropriou terras e companhias estrangeiras, nacionalizou o petróleo e estimulou a formação de sindicatos camponeses e operários.

Em janeiro de 1994, o México se integrou ao **Acordo Norte-Americano de Livre-Comércio (Nafta)**, associando-se aos Estados Unidos e ao Canadá em um mercado comum. No mesmo mês, ocorreu um levante do grupo armado **Exército Zapatista de Libertação Nacional (EZLN)**, que tomou várias cidades no estado de Chiapas, uma região empobrecida no sudeste do país.

Na foto, de 1915, os líderes populares Pancho Villa (no centro) e Emiliano Zapata (à sua direita) no palácio presidencial da Cidade do México.

Os zapatistas, como ficaram conhecidos, reivindicavam pão, saúde, educação, autonomia e paz para os camponeses da região. Liderados por um homem mascarado, conhecido como subcomandante Marcos, sublevaram-se contra o governo e denunciaram o Nafta como danoso ao povo do México.

No cenário político mexicano, chama a atenção a hegemonia do **Partido Revolucionário Institucional (PRI)**, o antigo Partido da Revolução Mexicana, que governou o país por 71 anos, até ser derrotado em 2000, quando **Vicente Fox** (1942-) venceu as eleições presidenciais pelo **Partido de Ação Nacional (PAN)**. Nas eleições de 2006, Felipe Calderón (1962-) elegeu-se presidente com o apoio de Fox, derrotando **Andrés Manuel López Obrador** (1953-), do **Partido da Revolução Democrática (PRD)**, em um clima de acusações de fraudes e contestações.

Depois de uma breve ausência, o PRI retornou ao poder com a vitória de **Peña Nieto** (1966-), empossado em dezembro de 2012. Em 2017, ainda sob seu governo, cresciam as divergências com os Estados Unidos, onde Donald Trump, defensor da revisão dos acordos do Nafta e da construção de muros na fronteira entre os dois países, se elegera presidente. Alguns analistas apontavam uma possível opção de Peña Nieto: maior integração do México com outros países latino-americanos.

Chile

Em 1970, **Salvador Allende** (1908-1973), da **Unidade Popular**, composta de socialistas e comunistas, substituiu **Eduardo Frei**, do Partido Democrata Cristão, cujo governo se caracterizava por um reformismo limitado. A vitória de Allende foi resultado de um longo período de lutas populares no Chile, de uma elaborada política de união das forças de esquerda e do enfraquecimento do bloco conservador no poder.

A vitória socialista estimulou a mobilização de grandes contingentes da população, com ocupações de terras e de fábricas que pressionavam o governo a avançar além de seus propósitos originais. Em resposta, as forças conservadoras conseguiram se rearticular e conspiravam contra o governo, o que provocou um clima de instabilidade social.

Com o avanço das esquerdas no Chile, os Estados Unidos, sob a Presidência de Richard Nixon, sentiram-se ameaçados, uma vez que o governo chileno nacionalizou diversas empresas estadunidenses, especialmente mineradoras. Os Estados Unidos responderam custeando campanhas que desestabilizaram o governo Allende, fortalecendo o desejo golpista da cúpula militar chilena.

Em 11 de setembro de 1973, as Forças Armadas chilenas, sob o comando do general **Augusto Pinochet** (1915-2006), promoveram um golpe de Estado, bombardeando o palácio presidencial, onde Allende resistiu até a morte.

Além de derrotar o exército mexicano e tomar a capital do estado de Chiapas, San Cristóbal de las Casas, o levante dos zapatistas, em janeiro de 1994, representou um sério revés à economia de mercado, fundamental para a integração neoliberal mexicana aos Estados Unidos e ao Canadá no quadro do Nafta. Na foto, de 2011, membros do EZLN em protesto no estado de Chiapas contra a violência e os altos níveis de criminalidade no país.

O diálogo entre o presidente dos Estados Unidos, Richard Nixon, e seu secretário de Estado, Henry Kissinger, reproduzido a seguir, é revelador sobre a presença estadunidense no golpe militar que derrubou o presidente chileno Salvador Allende, democraticamente eleito.

> [...] **Kissinger:** A coisa está se consolidando, e claro, os jornais... sangrando, porque um governo pró-comunista foi derrubado. No período de Eisenhower, seríamos heróis...
>
> **Nixon:** Bem, nós não... como você sabe, nossas mãos não aparecem nesse caso.
>
> **Kissinger:** Nós não fizemos. Quero dizer, nós os ajudamos... criamos as melhores condições possíveis. [...]
>
> Diário de Pernambuco. 30 maio 2004. p. B16.

Ao assumir o governo, Pinochet estabeleceu uma das ditaduras mais violentas da América Latina: mais de 60 mil opositores morreram ou desapareceram no Chile nos anos 1970, e 200 mil abandonaram o país por motivos políticos. Na década de 1980, pressões populares e internacionais sobre a ditadura chilena avolumaram-se.

Entre 1987 e 1988, diante da distensão nas relações internacionais e do esgotamento político interno, as pressões pela redemocratização tornaram-se irrefreáveis. Pinochet foi forçado a se afastar da chefia do governo e, em 1989, realizaram-se eleições presidenciais, vencidas por **Patrício Aylwin Azocar** (1918-2016), candidato da frente oposicionista **Acordo pela Democracia**, denominada **Concertación**.

Pinochet, contudo, continuou na chefia do Exército, deixando o cargo somente em 1998, quando assumiu uma cadeira de senador vitalício no Parlamento chileno.

Na economia, o país assumiu as receitas neoliberais, crescendo num ritmo bastante rápido. Com o fim da ditadura, continuou na mesma situação sob os governos que o sucederam. Um exemplo foi o sistema previdenciário implantado em 1981, um modelo privado de pensões baseado na capitalização individual. (No início de 2017, 91% da população recebia menos do que o equivalente a R$ 760 por mês de aposentadoria, o que motivava seguidas manifestações populares e estudos para sua alteração.)

Os avanços econômicos e a estabilidade financeira fizeram do Chile um dos países mais bem-sucedidos no cenário de globalização da economia capitalista, típica dos anos 1990 em diante.

Pinochet morreu em 2006, ano em que a Concertación elegeu o quarto presidente chileno desde o fim da ditadura, a socialista **Michelle Bachelet** (1951-). Em 2010, a Concertación perdeu as eleições para um candidato de centro-direita, mas em 2013 Bachelet tornou a ser eleita para a Presidência.

Salvador Allende (ao centro, de óculos), pouco antes de sua morte, no palácio presidencial de La Moneda, atacado pelos golpistas. Segundo documentos do governo estadunidense, levados a público em 2004, as frases trocadas entre o presidente Nixon e seu secretário de Estado, Henry Kissinger, mostram interesses e envolvimento dos Estados Unidos no golpe de Estado de 1973, que custou a vida de milhares de chilenos e derrubou o presidente Allende.

Países da América Central

Após a independência, a região central da América, que fizera parte do Vice-Reinado da Nova Espanha no período colonial, passou a se chamar Províncias Unidas da América Central. Em 1838, os interesses das elites locais, associados aos dos Estados Unidos e da Inglaterra, propiciaram a formação de diversos Estados autônomos na região: Guatemala, Honduras, El Salvador, Nicarágua e Costa Rica, alinhados especialmente aos Estados Unidos.

Para manter seus benefícios na região, os estadunidenses promoveram ali diversas intervenções armadas. Desprezando o princípio de não intervenção e autodeterminação dos povos, os Estados Unidos mantiveram a região sob seu controle.

Na década de 1970 e na seguinte, os movimentos populares ganharam força na América Central, colocando em risco a supremacia estadunidense. O principal exemplo dessa nova conjuntura foi a **Revolução Sandinista**, de 1979, na **Nicarágua**, que derrubou a ditadura de **Anastácio Somoza** (1925-1980). A posição de força dos Estados Unidos no país, entretanto, nunca foi abandonada.

Em 1990 o governo sandinista, de tendência socialista, promoveu eleições livres com a participação de diversos partidos, seguindo assim uma via diferente do caminho trilhado pela Revolução Cubana. Nessas eleições, o líder sandinista **Daniel Ortega** (1945-) foi derrotado por **Violeta Chamorro** (1925-), da **União Nacional Opositora** (**UNO**), partido pró-Estados Unidos. Daniel Ortega voltou ao poder ao ser eleito em 2006 e reeleito em 2012.

O **Canal do Panamá** era administrado pelos Estados Unidos desde sua inauguração, em 1914. Em 1977, um amplo movimento nacional pela sua retomada conseguiu com que o governo daquele país fizesse acordos, comprometendo-se a devolvê-lo até o ano 2000. Contudo, em 1989 o Panamá foi invadido por forças estadunidenses, que derrubaram o presidente **Manuel Antonio Noriega** (1934-2017), acusado de ligações com o tráfico internacional de drogas.

Noriega cumpriu 21 anos de prisão nos Estados Unidos e na França por narcotráfico e lavagem de dinheiro. Foi extraditado para o Panamá em dezembro de 2011, para cumprir pena de 20 anos por vários crimes, entre os quais o desaparecimento e o assassinato de opositores durante seu governo, que foi de 1983 a 1989.

Outra intervenção dos Estados Unidos ocorreu no **Haiti** em 1994, dessa vez para reempossar o presidente **Jean-Bertrand Aristide** (1953-), um padre católico democraticamente eleito, mas deposto por uma junta militar.

O terremoto que atingiu o Haiti em janeiro de 2010 causou a morte de mais de 200 mil pessoas e deixou mais de 300 mil feridos. Na foto, de abril de 2010, cerimônia de hasteamento da bandeira haitiana, diante do Palácio Presidencial, na capital Porto Príncipe.

A operação garantiu que Aristide cumprisse seu mandato até ser sucedido por **René Préval** (1943-2017), que, com as eleições de 2000, devolveu o cargo a Aristide. Contudo, em seu novo governo, Aristide não conseguiu reverter o quadro de dificuldades econômico-sociais nem acabar com a corrupção e a violência entre facções políticas.

Em 2004, Aristide foi deposto e o país mergulhou em confrontos armados, seguidos da intervenção de tropas estadunidenses e francesas, respaldadas pela Organização das Nações Unidas (ONU). Meses depois coube às tropas brasileiras a liderança das forças de paz da ONU — Missão de Estabilização das Nações Unidas no Haiti —, da qual também participaram militares de outros países latino-americanos, como Argentina e Chile. No início de 2006, foram realizadas eleições presidenciais, vencidas por René Préval, enquanto continuavam presentes os efetivos militares da ONU e a expectativa de um desenvolvimento concreto dessa que é a nação mais pobre das Américas e com o menor **Índice de Desenvolvimento Humano (IDH)** do continente.

No início de 2010, um forte terremoto abalou o Haiti, provocando grande devastação e perda de centenas de milhares de vidas, o que dificultou ainda mais o processo de reconstrução do país. A essas dificuldades somou-se a busca da normalização política, com a eleição de **Michel Martelly** (1961-) em 2011. Nas eleições presidenciais de 2016, venceu **Jovenel Moïse** (1968-), que assumiu em 2017.

Casos emblemáticos da América Latina

O duradouro estado de guerra na América Central reforçou o contínuo processo de empobrecimento e miséria, bastante comum em toda a América Latina, ativando por décadas a efervescência político-ideológica e o permanente desejo de mudanças. Ao considerar o conjunto formado por América Latina e Caribe, dados da **Comissão Econômica para a América Latina e o Caribe (Cepal)**, órgão vinculado à ONU, indicavam que, em 2015, o número de pobres em toda a região chegava a 175 milhões de pessoas, dos quais cerca de 75 milhões viviam em extrema pobreza.

Desde as últimas décadas do século XX, a situação de penúria da maioria da população, o desemprego, as taxas inflacionárias recordes que prevaleceram nos anos 1980 e 1990, além do sucateamento do parque industrial (envelhecimento e não reposição de maquinário; atraso tecnológico), exigiam políticas inovadoras para a região. À frente dos governos, subiram partidos reformistas e de centro que substituíram os regimes militares — muitos deles longos e violentos.

Muitas vezes, esses novos governos empenharam-se no saneamento econômico interno, na abertura dos mercados nacionais ao capitalismo internacional e na reformulação do papel do Estado na economia. Dessa forma, foram privatizadas empresas estatais e reduzidos os gastos públicos, especialmente aqueles voltados para políticas sociais, o que possibilitou um relativo sucesso econômico, porém quase sempre distante de uma política de bem-estar social. Em outras situações, porém sem abandonar grande parte dos vínculos com a ordem neoliberal do capitalismo internacional, enfatizaram as políticas sociais de geração de empregos e atendimentos às populações mais pobres, ao mesmo tempo que crescia a concentração de renda e o aumento do poder das megaempresas nacionais ou multinacionais.

Mães e Avós da Praça de Maio em Buenos Aires, em 2011. O movimento, criado por mulheres cujos filhos e netos foram assassinados e/ou sequestrados durante a ditadura militar na Argentina, entre 1976 e 1983, comemorou 40 anos em 2017. O regime militar argentino foi um dos mais violentos na América Latina.

Argentina

País que já desfrutou da condição de nação desenvolvida nas primeiras décadas do século XX, a Argentina perdeu pouco a pouco esse *status* e, durante a segunda metade do século, tornou-se exemplo de instabilidade política e crescentes dificuldades econômicas.

Em 1943, um golpe militar derrubou o governo conservador de Ramón Castillo (1873-1944), colocando no poder uma junta governativa, da qual era ministro do Trabalho o coronel **Juan Domingo Perón** (1895-1974). Nessa função, Perón ligou-se ao movimento sindical e passou a adotar medidas que beneficiavam os trabalhadores. Essa atuação, contudo, encontrou forte resistência entre os empresários, que passaram a pressionar o governo militar pela demissão de Perón.

No começo de outubro de 1945, Perón foi demitido e preso, mas, no dia 17, centenas de milhares de trabalhadores saíram às ruas de Buenos Aires exigindo sua libertação. Temendo uma rebelião popular, o governo cedeu e libertou o coronel, mais tarde promovido a general.

No ano seguinte, Perón foi eleito presidente da República e aprofundou sua política de benefícios aos trabalhadores. Reeleito em 1952, foi deposto por um golpe militar em 1955, curiosamente apoiado pelos Estados Unidos e pelo Partido Comunista, para o qual Perón não passava de um fascista. Uma vez fora do poder, Perón exilou-se na Espanha.

Mesmo exilado, Perón manteve intacta sua popularidade, tornando-se um verdadeiro mito entre os trabalhadores. Em 1973, Perón retornou a Buenos Aires e foi reeleito para a Presidência da República.

De idade avançada, faleceu no ano seguinte e foi sucedido por sua terceira esposa, a vice-presidente **Isabelita Perón** (1931-). Um novo golpe depôs Isabelita em 1976, iniciando uma violenta ditadura militar, marcada por sequestros de opositores, torturas, assassinatos e raptos de filhos de jovens ativistas políticos.

Estima-se em cerca de 30 mil o número de desaparecidos políticos no país. Em 2012, o movimento das **Mães e Avós da Praça de Maio** obteve êxito na Justiça com a condenação de várias autoridades a penas que variaram de 5 a 50 anos de prisão por atuações criminosas durante a ditadura militar.

Foi só com o fracasso na **Guerra das Malvinas** (1982), contra a Inglaterra, que o regime militar ruiu, devolvendo o governo aos civis. A Inglaterra detém até hoje a posse das ilhas Falklands, no Atlântico Sul.

A redemocratização do país foi efetivada com a eleição de **Raul Alfonsin** (1927-2009), em 1983, da **União Cívica Radical (UCR)**, cujo governo não conseguiu conter a crescente crise financeira e inflacionária. Em 1989, foi eleito seu sucessor, o peronista **Carlos Menem** (1930-), que implementou um plano econômico emergencial em 1991. Foi estabelecida a paridade do peso com o dólar, atrelando a moeda nacional à moeda estadunidense.

Em 1950, o presidente Juan Perón e sua esposa Eva (1919-1952) na sacada da Casa Rosada, sede do governo, em Buenos Aires. Evita, como ficou conhecida, conquistou os argentinos com sua política populista.

Também se adotou uma ampla política de privatizações de empresas estatais, em obediência aos princípios neoliberais em voga nos anos 1990. Com essa política, Menem se reelegeu em 1995.

Nas eleições presidenciais de 1999, o candidato de oposição **Fernando de la Rúa** (1937-), da UCR, venceu o candidato apoiado por Menem. O novo presidente adotou várias medidas de austeridade, gerando ainda mais desemprego e ampliando as dificuldades sociais.

Manifestações de protesto, saques e descontrole administrativo e financeiro aprofundaram a crise, levando De la Rúa a renunciar em dezembro de 2001. Após sucessivas renúncias dos chefes de Estado indicados para ocupar o cargo, o peronista **Eduardo Duhalde** (1941-) assumiu interinamente a Presidência até as eleições de 2003. O novo governo estabeleceu o fim do câmbio fixo, mas não obteve apoio significativo interno e muito menos das finanças internacionais.

Em 2003, Duhalde foi substituído pelo também peronista **Nestor Kirchner** (1950-2010), que procurou combater o caos financeiro e político, tendo alcançado relativo sucesso. Em 2006, por exemplo, a Argentina pagou integralmente sua dívida com o Fundo Monetário Internacional (FMI) e obteve expressivas taxas de crescimento do PIB, acima de 8%.

Em 2007, a Presidência passou a ser ocupada pela esposa de Nestor, **Cristina Kirchner** (1953-), igualmente peronista. Cristina governou com forte oposição e frequentes manifestações dos exportadores de bens agrícolas contra impostos e juros elevados, mas foi reeleita em 2011. Ela não foi bem-sucedida em seu segundo mandato e não conseguiu eleger seu candidato nas eleições presidenciais de 2015. Venceu o oposicionista **Mauricio Macri** (1959-), da coligação de centro-direita **Mudemos**.

Colômbia

Enquanto a Argentina se caracterizava pela polarização política entre peronistas e não peronistas e pela força do movimento sindical, a Colômbia era associada ao narcotráfico e ao movimento guerrilheiro de longa duração chamado **Forças Armadas Revolucionárias da Colômbia (Farc)**, cujas origens remontam a 1948.

O narcotráfico tornou-se um problema para o conjunto dos países latino-americanos nos anos 1990 e início do século XXI: seus "produtos", sobretudo a cocaína, movimentam centenas de bilhões de dólares por ano. Parte significativa dessa produção – estima-se que dois terços da produção mundial de cocaína – é originária da Colômbia. Segundo vários observadores, uma parcela dessa riqueza é utilizada para financiar as atividades guerrilheiras das Farc.

No final dos anos 1990, depois de décadas de guerra civil e dezenas de milhares de mortos, o governo colombiano do presidente **Andrés Pastrana** (1954-) – que começou em 1998 e terminou em 2002 – iniciou negociações com as Farc, na tentativa de pacificar o país. Sem avanços definitivos nos entendimentos e sob pressão dos Estados Unidos, em 2000 Pastrana pôs em andamento o **Plano Colômbia**, um programa de combate ao narcotráfico de mais de 1,3 bilhão de dólares.

De 2001 a 2006, com Pastrana e seu sucessor **Álvaro Uribe** (1952-), a nação continuou mergulhada na guerra civil, num impasse em que nem a guerrilha tinha condições de tomar o poder nem as forças governamentais tinham capacidade militar para derrotá-la, apesar da bilionária ajuda estadunidense.

Um aspecto fundamental do Plano Colômbia foi a novidade quanto à ingerência direta dos Estados Unidos na América do Sul, especialmente na área amazônica, o que pode vir a ser um perigoso precedente para sua ação militar na região. Entre as bases que passaram a ter presença estadunidense no norte da América do Sul estão as de Malambo, Palanquero e Apiay, esta última distante apenas 400 quilômetros da fronteira brasileira.

No combate aos guerrilheiros colombianos, o presidente Álvaro Uribe conseguiu a união do bloco conservador do país e reforçou a aliança com os Estados Unidos, o que provocou atritos com governos vizinhos de orientação esquerdista, como o de **Hugo Chávez** (1954-2013), da Venezuela, **Rafael Correa** (1963-), do Equador, e **Evo Morales** (1959-), da Bolívia. Quando deixou o governo, em 2010, sucedido por **Juan Manuel dos Santos** (1951-), o país de pouco menos de 50 milhões de habitantes tinha cerca de 20 milhões de colombianos vivendo na pobreza e 7,7 milhões em estado de indigência, um quadro de grandes desigualdades sociais, propício a confrontos entre a ordem conservadora e rebeliões guerrilheiras contestatórias.

Em 2014, Santos foi reeleito para mais um mandato presidencial, até 2018. Ele conseguiu um acordo de pacificação com as Farc, apesar dos votos contrários no plebiscito que foi realizado. Mesmo assim, continuou nos entendimentos da pacificação, recebendo o prêmio Nobel da Paz de 2016.

Leituras

As duas Colômbias

Em 2012, representantes do governo colombiano e chefes das Farc protagonizaram conversações nas cidades de Oslo, Noruega, e Havana, Cuba, visando pôr fim a um conflito que durava décadas e já havia deixado milhares de mortos. No texto a seguir, o jornalista brasileiro Mauro Santayana comenta a existência de dois "mundos" em um mesmo país.

[...] O país andino e amazônico carrega dura e emocionante história, no confronto secular entre os brancos, ricos e de alma europeia, e seu povo, quase todo mestiço, de face acobreada, seja pela origem amazônica ou pelas alturas frias da grande cordilheira. Até hoje, após tantos séculos de história, não foi possível fundir em um só caráter as duas etnias principais, a dos autóctones e a de origem europeia. Elas, ao longo da formação do país, tornaram-se classes sociais. A maioria absoluta é constituída dos pobres mestiços. Os mestiços acompanham uma ou outra visão de mundo.

As Farc, queiram ou não os políticos e intelectuais que têm dirigido o país, são a Colômbia predominantemente mestiça e pobre. A outra Colômbia é senhora das terras médias em que se produz o café – de excelente qualidade – e dos outros recursos nacionais. Grande parte dessa elite participa hoje da principal riqueza exportável da Colômbia, a das drogas.

A maconha, que foi a primeira delas, tem hoje participação marginal no comércio ilegal. A cocaína continua sendo o principal produto, tendo superado, segundo as estimativas, a receita da venda ao exterior do café – mas a heroína, refinada do ópio extraído da papoula, começa a crescer em importância econômica. [...]

SANTAYANA, M. A paz difícil e quase tardia. *Jornal do Brasil*. Rio de Janeiro, 4 set. 2012. Disponível em: <www.jb.com.br/coisas-da-politica/noticias/2012/09/04/colombia-a-paz-dificil-e-quase-tardia>. Acesso em: 27 mar. 2017.

Em novembro de 2016, o governo da Colômbia e as Farc anunciaram um novo acordo de paz, depois que um primeiro acordo foi rejeitado pela população do país em plebiscito realizado em outubro do mesmo ano. Na foto, de 12 de novembro, o chefe negociador das Farc, Iván Márquez (ao centro), e Humberto de la Calle (à direita), chefe negociador da Colômbia, apertam as mãos depois de assinar o novo acordo, em Havana, Cuba.

Atividades

Retome

1. Entre os diversos casos de emancipação política das antigas colônias localizadas na Ásia está a trajetória da Índia.

    a) Explique o papel de Gandhi no processo e identifique as estratégias usadas por ele e seus seguidores para lutar pela independência.

    b) Na atualidade, a Índia faz parte de qual grupo de países? Quais são as características desse grupo?

2. O conflito árabe-israelense constitui, até hoje, fator de desestabilização política e social no Oriente Médio.

    a) Quando o Estado de Israel foi criado e de que forma esse evento se relaciona com o desenvolvimento desse conflito?

    b) Qual vem sendo a posição do governo dos Estados Unidos ao longo das décadas?

3. O que os processos de independência de Angola, Moçambique, Guiné-Bissau e Cabo Verde têm em comum? Por quê?

4. Oficialmente, o *apartheid* na África do Sul foi abolido em 1994.

    a) Explique em que consistia o *apartheid* dando exemplos.

    b) Qual foi o papel de Nelson Mandela naquele contexto? Explique.

    c) Em sua opinião, que consequências um regime de *apartheid* pode trazer a um país e a seus habitantes?

5. Com base no conteúdo do capítulo, dê um exemplo de como a Guerra Fria influenciou o cenário político na América Latina, em especial ao longo da década de 1970.

Pratique

6. A expressão Terceiro Mundo foi criada em 1952 pelo sociólogo Alfred Sauvay. Sobre esse tema, leia o texto a seguir.

> O antigo conceito de "Terceiro Mundo" já não se aplica mais à nova economia global multipolar e é necessário um novo enfoque para levar em conta os interesses dos países em desenvolvimento, afirma Robert B. Zoellick, Presidente do Grupo Banco Mundial [instituição financeira internacional que fornece empréstimos para países em desenvolvimento].
>
> Em discurso [...], Zoellick afirmou que a crise econômica global de 2009 e o surgimento de países em desenvolvimento na economia global foram o dobre de finados do antigo conceito de Terceiro Mundo como entidade separada, tal como 1989 foi o fim do Segundo Mundo do Comunismo. [...]
>
> Embora a pobreza e os Estados frágeis tenham persistido como desafios a superar, os países em desenvolvimento cresceram a ponto de representar uma parcela cada vez maior da economia global e proporcionar uma importante fonte de demanda na recuperação da recente crise econômica global. Isso ocorreu não somente na China e na Índia, mas também no Sudeste Asiático, América Latina e Oriente Médio. A África poderá também um dia tornar-se um polo do crescimento global.
>
> Zoellick observou que, portanto, os países em desenvolvimento merecem maior reconhecimento na gestão do sistema global e que as soluções propostas em matéria de regulamentação financeira, mudança climática e gestão de crises devem refletir seus interesses. É importante reconhecer as implicações da nova economia mundial multipolar para a cooperação multilateral e resistir às forças gravitacionais que estão trazendo um mundo de Estados-nação de volta à busca de interesses mais estreitos, disse Zoellick. [...]
>
> O antigo conceito de "Terceiro Mundo" está ultrapassado, afirma Zoellick. *The World Bank*, 14 abr. 2010. Disponível em: <www.worldbank.org/pt/news/press-release/2010/04/14/old-concept-of-third-world-outdated-zoellick-says>. Acesso em: 27 mar. 2017.

a) Ao longo da Guerra Fria, o que as expressões Primeiro Mundo, Segundo Mundo e Terceiro Mundo abarcavam? Por que é possível dizer que o uso dessas expressões demarca uma regionalização típica da Guerra Fria?

b) Segundo o texto que você acabou de ler, de que maneira os estudiosos de hoje encaram o conceito de Terceiro Mundo? Por quê?

c) Que fatores, segundo o texto, foram o "dobre de finados" do antigo conceito de Terceiro Mundo? E qual seria o papel dos países em desenvolvimento no mundo de hoje?

Analise uma fonte primária

7. O trecho a seguir faz parte do comunicado final da Conferência de Bandung, realizada em 1955. Leia-o e faça as atividades propostas.

> Os povos da Ásia e da África estão atualmente animados por um sincero desejo de renovar seus contatos culturais e desenvolver novos, no quadro do mundo moderno. Todos os governos participantes confirmaram sua intenção de trabalhar para uma cooperação cultural mais estreita.
>
> A Conferência tomou nota do fato que a existência do colonialismo em numerosas regiões da Ásia e da África, qualquer que seja sua forma, impede a cooperação cultural, assim como o desenvolvimento das culturas nacionais.
>
> Algumas potências coloniais negaram aos povos coloniais os direitos fundamentais no campo da educação e da cultura, o que obstaculiza o desenvolvimento de sua personalidade, assim como as trocas culturais com outros povos asiáticos e africanos.
>
> Isto é particularmente verdadeiro no caso da Tunísia, da Argélia e do Marrocos, onde o direito fundamental dos povos de estudarem sua própria língua e sua própria cultura não está sendo respeitado.
>
> Discriminações semelhantes foram praticadas em certas regiões do continente africano contra outros povos.
>
> A Conferência considera que tal política equivale a um desafio dos direitos fundamentais do homem, atrasa o progresso cultural nesta região e impede a cooperação cultural no plano internacional. A Conferência condena essa negação dos direitos do homem no campo da educação e da cultura em algumas partes da Ásia e da África, através desta e outras formas de opressão cultural.
>
> Em particular, a Conferência condena o racismo como meio de opressão cultural.
>
> A Conferência afro-asiática examinou ansiosamente a questão de paz mundial e de cooperação. Tomou nota com profunda inquietação do estado de tensão internacional e do perigo de guerra atômica [...]
>
> Comunicado final da Conferência de Bandung: 1955. In: MATTOSO, Katia M. de Queirós (Org.). *Textos e documentos para o estudo da história contemporânea: 1789-1963.* São Paulo: Hucitec/Edusp, 1977. p. 201-202.

a) Que países organizaram a Conferência de Bandung e o que se pretendia com ela?

b) No trecho selecionado, vemos alguns fatores que explicam por que o colonialismo foi negativo para as regiões da Ásia e da África. Identifique esses fatores e explique-os.

c) Por que foi importante para a Conferência de Bandung condenar o racismo?

Articule passado e presente

8. Neste capítulo, estudamos alguns processos econômicos e políticos dos países do então chamado Terceiro Mundo, na Ásia, na África, no Oriente Médio e na América Latina. Vimos que, na atualidade, grande parte desse grupo de países é considerada "em desenvolvimento". Dentro desse amplo grupo, os países que compõem o BRICS se destacam. Para refletir mais sobre o assunto, observe a charge a seguir, publicada por um jornal dos Estados Unidos. Depois, responda ao que se pede.

Charge publicada no jornal estadunidense *The New York Times* em 22 de julho de 2014. No letreiro da janela, lê-se "Banco Mundial".

a) O que está sendo representado na charge? O que a charge revela a respeito do modo como a imprensa internacional enxerga o BRICS na economia global?

b) A charge foi produzida em 2014. Será que hoje o BRICS ainda continua na posição de destaque na economia global ou existe algum outro grupo de países que vem crescendo no cenário econômico internacional? Pesquise em revistas, jornais impressos e *sites* para descobrir e, em seguida, anote suas descobertas.

CAPÍTULO 39 — O fim da Guerra Fria e a Nova Ordem Mundial em construção

Trevor Collens/Agência France-Presse

Na foto, de 2015, pessoas tentam encontrar produtos com desconto em loja de departamentos nos Estados Unidos. Nesse país, a última sexta-feira de novembro, após o feriado de Ação de Graças, conhecida como *Black Friday*, é uma data em que o comércio em geral dá grandes descontos para todos os tipos de produto. Nesse dia, as atividades comerciais crescem muito, bem como o consumismo.

Com a desagregação da União das Repúblicas Socialistas Soviéticas (URSS) e o fim da Guerra Fria, os Estados Unidos se tornaram uma nação mundialmente hegemônica, um modelo de economia e sociedade. Mas será possível que todas as pessoas do mundo vivam e consumam como os estadunidenses? Como sustentar um modelo de crescimento infinito num mundo de recursos finitos? E qual é a relação entre esse modelo e as desigualdades sociais?

1 Os desafios da globalização

A mundialização capitalista foi acompanhada pela formação de grandes blocos de nações hegemônicas e conglomerados empresariais. Nesse processo, o gerenciamento econômico e as atuações governamentais foram atrelados a interesses acima dos nacionais, subordinando a política a uma economia mais ampla.

Com a globalização, ganharam força algumas questões e a divergência dos analistas.

Como conciliar políticas públicas relacionadas às questões sociais com os interesses do mercado? Isso seria possível ou essa conciliação se transformaria em uma barreira para a dinamização da economia? E se pensássemos ao contrário: deveriam as políticas públicas se direcionar para o desenvolvimento do mercado, baseado na livre concorrência? Seus resultados conseguiriam beneficiar toda a sociedade?

2 O fim da Guerra Fria

A década de 1970 caracterizou-se por acordos bilaterais entre os Estados Unidos e a União Soviética com o objetivo de limitar os riscos de uma guerra nuclear e amenizar conflitos. Foi a época da *détente* (distensão, em português), em que se destacaram os acordos da série **Salt** (*Strategic Arms Limitations Talks* ou Conversações sobre Limitações de Armas Estratégicas), que, entre 1972 e 1979, passaram a controlar o arsenal nuclear das duas superpotências.

No início da década de 1980, porém, o presidente dos Estados Unidos, **Ronald Reagan** (1911-2004), retomou a política de intimidação, acentuando a corrida armamentista com o projeto **Guerra nas Estrelas**. A Europa, temendo transformar-se em palco de uma guerra nuclear, pressionou a retomada dos encontros de cúpula entre os Estados Unidos e a União Soviética.

Enquanto isso, o dirigente soviético **Mikhail Gorbatchev** (1931-) estabelece uma política de reestruturação econômica (*perestroika*) e abertura democrática (*glasnost*) que remodelou o bloco socialista e alterou as relações internacionais.

Em novembro de 1987, Reagan e Gorbatchev, abrindo uma nova rodada de negociações sobre desarmamento, assinaram um acordo para a eliminação dos mísseis de médio alcance na Europa e na Ásia.

Em janeiro de 1988, o governo soviético anunciou o início da retirada de suas tropas do Afeganistão. No ano seguinte, os efeitos da *perestroika* e *glasnost* (que significa transparência) começaram a desmontar o bloco socialista.

No início dos anos 1990, aceleraram-se acordos de desarmamento nuclear, com o Tratado de Redução de Armas Estratégicas (Start); em 1991, o **Conselho de Assistência Econômica Mútua (Comecon)** e o Pacto de Varsóvia foram dissolvidos. Simultaneamente, tiveram início gestões para a remodelação da Organização do Tratado do Atlântico Norte (Otan).

Em dezembro de 1991, a União Soviética se desintegrou, dando lugar à **Comunidade de Estados Independentes (CEI)**, tendo a Rússia (Federação Russa) como principal herdeira da ex-superpotência em termos políticos, geopolíticos e econômicos.

Onde e quando

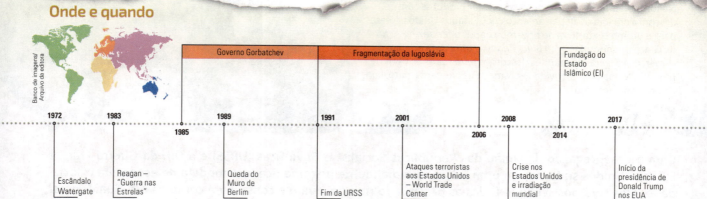

Mapa e linha do tempo ilustrativos. As regiões indicadas no mapa referem-se à configuração atual dos países a que pertencem hoje, e o espaço entre as datas não é proporcional ao intervalo de tempo.

Os Estados Unidos de 1968 ao século XXI

Após o assassinato do presidente John Kennedy e os dois mandatos de Lyndon Johnson, ambos do Partido Democrata, o governo dos Estados Unidos voltou às mãos do Partido Republicano, que elegeu e reelegeu **Richard Nixon** (1913-1994), respectivamente, em 1968 e 1972.

Na política externa, Nixon buscou a reaproximação com os países comunistas e iniciou mais um período de distensão, com a ajuda do secretário de Estado, Henry Kissinger. Assim, em 1972, assinou com os soviéticos o acordo **Salt I**, que limitava o uso de armas estratégicas, e viajou até a China para encontrar-se com Mao Tsé-tung. Com essa política, o governo estadunidense aproximava-se de uma potência rival e vizinha dos soviéticos.

Já quanto à longa **Guerra do Vietnã**, o governo Nixon enfrentou a pressão crescente da opinião pública dos Estados Unidos, favorável ao fim do conflito. Isso levou o presidente a retirar os soldados estadunidenses do Vietnã, oferecendo, em contrapartida, armamentos ao Vietnã do Sul – política denominada "vietnamização da guerra".

Ainda na política externa, os Estados Unidos não abriram mão de sua supremacia sobre os países subdesenvolvidos. Na América Latina, apoiaram o golpe de 1964 no Brasil e a derrubada, em 1973, do presidente chileno Salvador Allende, de tendência socialista, cujas reformas ameaçavam seus interesses econômicos.

O final do governo Nixon foi de dificuldades crescentes, decorrentes principalmente da elevação dos preços do petróleo, determinada desde 1973 pela **Organização dos Países Exportadores de Petróleo (Opep)**, dominada pelos países árabes.

Na política, o governo envolveu-se no **escândalo de Watergate**, iniciado em 1972. Membros do Partido Republicano – ao qual Nixon pertencia – foram surpreendidos tentando instalar um sistema de escuta para espionar os escritórios do Partido Democrata, no edifício Watergate, em Washington, quatro meses antes das eleições presidenciais.

Denunciado pelo jornal *Washington Post*, o caso atingiu Nixon e mobilizou toda a imprensa e a opinião pública do país. Comprovado seu envolvimento, o presidente renunciou para evitar o *impeachment*. A Presidência foi então ocupada pelo vice, **Gerald Ford** (1913-2006), que permaneceu no cargo de 1974 até 1976.

Eleito presidente pelo Partido Democrata em 1977, **Jimmy Carter** (1924-) fez acordos com os soviéticos, assinando o **Salt II** em 1979, e adotou uma política de defesa dos direitos humanos. Sua política internacional estimulou a redemocratização de países capitalistas governados por ditaduras e intensificou as críticas às limitações das liberdades públicas nos países comunistas.

Protesto contra a Guerra do Vietnã em Washington, nos Estados Unidos. Foto de 1967.

Carter mediou a **Conferência de Camp David**, em 1978, que deu origem a um tratado de paz entre o Egito, governado por Anuar Sadat (1918-1981), e Israel, dirigido por Menachem Begin (1913-1992). Os dois países estavam em guerra havia anos.

No final do governo Carter, emergiram diversas crises internacionais que abalaram o prestígio da administração democrata. No Irã, em 1979, o xá **Reza Pahlevi** (1919-1980), tradicional aliado dos Estados Unidos, foi derrubado por uma revolução, a chamada **Revolução Iraniana**. O novo líder do país, o aiatolá **Ruhollah Khomeini** (1902-1989), passou a pregar um nacionalismo religioso com posições radicalmente antiestadunidenses.

Na Nicarágua, também em 1979, a **Revolução Sandinista**, de inspiração socialista, acabou com o longo período de dominação da família Somoza, aliada histórica dos Estados Unidos.

Candidato à reeleição em 1980, Carter foi derrotado por **Ronald Reagan**. Tinha início um novo período de predomínio do Partido Republicano. Reagan permaneceu no poder por oito anos, durante os quais fez do **neoliberalismo** a base de sua política econômica.

Ao mesmo tempo, deu início a um sofisticado projeto bélico que visava proteger os Estados Unidos contra possíveis ataques inimigos com base na formação de um "escudo" de mísseis, o chamado projeto **Guerra nas Estrelas**, que não chegou a ser implantado.

Por causa das pressões europeias e da política instaurada pelo novo governante soviético, Mikhail Gorbatchev, o governo estadunidense reverteu a política de intimidação ao bloco socialista, retomando a distensão com a União Soviética. Em 1987, foram assinados acordos de desarmamento nuclear, ratificados na viagem de Reagan à União Soviética no ano seguinte.

Internamente, o país adotou, segundo os princípios do neoliberalismo, uma política de corte de gastos públicos, principalmente na área de bem-estar social, e de desregulamentação da economia, provocando desemprego e concentração de renda.

O sucessor de Reagan foi **George Herbert Walker Bush** (1924-), igualmente eleito pelo Partido Republicano, para o mandato de 1989 a 1993. Bush deu continuidade à política de entendimento com Gorbatchev, em meio à desmontagem dos regimes comunistas do Leste Europeu e ao desaparecimento da União Soviética, no início da década de 1990.

Reafirmando sua supremacia internacional, os Estados Unidos comandaram uma coalizão internacional de cerca de 30 países e, no início de 1991, desencadearam a **Guerra do Golfo** contra o Iraque. O conflito decorreu da invasão do Kuwait, em 1990, por tropas do Iraque, então governado por **Saddam Hussein** (1937-2006). Durou cerca de 40 dias e terminou com a derrota iraquiana.

Rua de Bagdá após bombardeio dos Estados Unidos. Durante a Guerra do Golfo, em 1991, o Iraque sofreu grandes perdas materiais e humanas.

Nas eleições de 1992, Bush foi derrotado pelo candidato do Partido Democrata, **Bill Clinton** (1946-), que assumiu em janeiro de 1993. Com Clinton, a economia dos Estados Unidos alcançou sucessivos índices de crescimento, o que favoreceu sua reeleição em 1996.

Nas eleições presidenciais de 2000, o partido de Clinton indicou **Albert Arnold Al Gore** (1948-) para concorrer contra o candidato do Partido Republicano, **George Walker Bush** (1946-), filho do ex-presidente Bush. Em uma apuração repleta de irregularidades, George W. Bush foi declarado vencedor.

Um dia que mudou o mundo

Em resposta ao envolvimento cada vez maior dos Estados Unidos nos conflitos da região do Oriente Médio, no dia 11 de setembro de 2001 terroristas islâmicos suicidas destruíram completamente dois grandes edifícios comerciais — as torres do World Trade Center — em Nova York e parte do Pentágono nos arredores de Washington. Os ataques, os maiores sofridos até então pelos Estados Unidos no próprio território, foram realizados por meio de aviões comerciais sequestrados e se voltaram contra símbolos do poderio econômico e militar dos EUA, deixando milhares de mortos e uma forte sensação de vulnerabilidade no país mais poderoso do mundo.

A reação do governo George W. Bush levou à primeira guerra declarada do século XXI, cujo alvo era um grupo terrorista fixado no Afeganistão (a Al-Qaeda) e apoiado por outro grupo radical islâmico que exercia poder naquele país, o **Talibã**.

O período de "guerra ao terror", iniciado em 2011, resultou na derrubada do governo Talibã no Afeganistão e na implantação de várias medidas policiais nos EUA destinadas a evitar novos atentados terroristas.

Um desdobramento dessas medidas foi a adoção da **Doutrina Bush**, sustentada na possibilidade de ação militar unilateral dos Estados Unidos em qualquer país do mundo, independentemente de leis e políticas internacionais, sempre sob a justificativa de "guerra ao terror". Segundo essa doutrina, a ameaça estaria no "eixo do mal" — Iraque, Irã e Coreia do Norte —, países que, segundo Bush, fabricavam armas de destruição em massa e patrocinavam o terrorismo internacional.

A partir de então, os Estados Unidos adotaram medidas agressivas e de endurecimento contra os rivais, como ameaças de guerra, especialmente contra o Iraque, e a transferência de prisioneiros de guerra do Afeganistão para a base estadunidense de Guantánamo, em Cuba (onde seriam vítimas de tortura, como denunciou a imprensa a partir de 2004).

Em março de 2003, sem o apoio da comunidade internacional e do Conselho de Segurança da ONU, mas com o auxílio de forças britânicas, os Estados Unidos invadiram o Iraque. O uso de armamentos sofisticados e de tecnologias de última geração provocou muitas mortes e destruição em larga escala.

No final de 2004, inspetores de armas dos Estados Unidos apresentaram ao Senado um relatório que denunciava a existência de armas proibidas no Iraque, qualificadas para destruição em massa. Depois de meses de investigação, nenhum vestígio do suposto arsenal foi encontrado, derrubando, assim, o principal pretexto para a invasão. Ainda assim, Bush foi reeleito presidente.

Na foto, as torres gêmeas do World Trade Center atingidas por dois aviões pilotados por terroristas islâmicos em 11 de setembro de 2001.

Em seu novo mandato, Bush manifestou intenção de intensificar a atuação no Iraque e de aprofundar a "guerra ao terror" fazendo ameaças a países rivais, como o Irã, a Coreia do Norte e, posteriormente, Cuba, considerados favoráveis ao "terror" e participantes do denominado "eixo do mal".

Preso em 2004, Saddam Hussein foi julgado, condenado à morte e executado por enforcamento em 2006, no Iraque.

Em dezembro de 2011, a guerra no Iraque foi oficialmente encerrada com um custo total estimado em torno de 1 trilhão de dólares, um saldo de mais de 4 mil soldados estadunidenses e 100 mil civis iraquianos mortos, além de dezenas de milhares de mutilados. A destruição do país servia de combustível para os conflitos entre facções iraquianas rivais, principalmente entre xiitas e sunitas, com seguidos atentados e inúmeras vítimas.

Para saber mais

A construção da crise no Afeganistão

Em razão de sua posição geográfica estratégica, o Afeganistão sempre foi área sujeita a invasões e disputas. Em 1973, o ex-primeiro-ministro Daoud Khan (1909-1978) chefiou um golpe de Estado que derrubou o rei Zahir Shah (1914-2007) e assumiu o poder. Khan proclamou a república, mas não conseguiu apaziguar as lutas de facções rivais. Em abril de 1978, o Partido Democrático Popular do Afeganistão, liderado por Mohamed Taraki (1917-1979), derrubou Daoud, que foi assassinado. Instalou-se então um regime de partido único inspirado na União Soviética e sujeito à crescente oposição de grupos islâmicos apoiados pelo Paquistão e pelo Irã e armados pelos Estados Unidos.

As lutas entre as facções políticas, étnicas e religiosas culminaram no fuzilamento de Taraki, em 1979, seguido da invasão de tropas da União Soviética. Como parte da política de reformas de Mikhail Gorbatchev, os soviéticos retiraram-se do país dez anos mais tarde, mas mantiveram o apoio (financeiro e bélico) ao governo de Mohammad Najibullahn (1947-1996). Entretanto, este foi obrigado a renunciar em 1992, quando grupos guerrilheiros tomaram Cabul, a capital do país.

Seguiram-se confrontos entre as facções políticas e islâmicas rivais, destacando-se o Talibã, milícia que efetivou sua supremacia no final da década de 1990, impondo ao país rígidas leis muçulmanas.

Em 1998, os Estados Unidos dispararam mísseis contra alvos no Afeganistão, sob a acusação de serem centros de apoio a ações terroristas internacionais, especialmente da Al-Qaeda, organização liderada por Osama bin Laden (1957-2011), milionário e fundamentalista islâmico de origem saudita que migrara para o Afeganistão, onde obtivera ajuda militar e financeira dos Estados Unidos no combate aos soviéticos durante a década de 1980.

Bin Laden fundou a Al-Qaeda (em português, "A Base") em 1990 e, no final dessa década, controlava uma ampla rede de ações em diversos países contra a "influência ocidental" e a interferência dos Estados Unidos no mundo islâmico.

Após os atentados de 11 de setembro de 2001, Osama bin Laden foi acusado pelas autoridades dos Estados Unidos de ser o articulador da ação, que deixou milhares de mortos em solo estadunidense. Bush declarou guerra aos terroristas da al-Qaeda e aos países que os abrigassem, exigindo do governo afegão a prisão de Bin Laden. O desdobramento da crise foi o bombardeio do Afeganistão pelos Estados Unidos e a derrubada do Talibã. Osama bin Laden foi morto em maio de 2011, numa operação militar dos Estados Unidos no Paquistão.

Nos anos seguintes, diversos atentados ocorreram no Afeganistão. No início de 2017, tais investidas eram reivindicadas por Talibãs ou pelo Estado Islâmico (EI) contra aeroportos, policiais, hospitais e membros da Cruz Vermelha.

Bush e Bin Laden em anúncio criado em 2004 por agência de publicidade para uma revista de grande circulação no Brasil. O anúncio representa o rosto desses líderes desenhado com palavras significativas.

O governo Barack Obama (2009-2017)

Nas eleições presidenciais de 2008, os estadunidenses elegeram o primeiro presidente negro da história do país. A vitória do democrata **Barack Hussein Obama** (1961-) foi uma surpresa em uma nação notoriamente racista.

Quando assumiu o cargo em 2009, além de herdar os efeitos da política internacional desastrosa de seu antecessor, Obama teve de enfrentar uma grave **crise econômica** iniciada um ano antes. O novo governo tentou reverter seus efeitos quanto a falências, quedas produtivas e desemprego, praticando um intervencionismo estatal na economia com a liberação de trilhões de dólares para empresas e setores em dificuldades.

Reeleito em 2012, em seu discurso de posse Barack Obama reforçou seu compromisso de recuperar a economia, adotar medidas diante das mudanças climáticas e buscar a paz, pelo diálogo, com outras nações. Entre as questões internas mais importantes estavam o desemprego (eram cerca de 12 milhões de desempregados em dezembro de 2012), corte de gastos e redução do *deficit* para equilibrar as contas públicas. No cenário internacional, destacavam-se a concorrência chinesa, os atritos com o Irã, a retirada de tropas do Afeganistão, o restabelecimento de relações diplomáticas com Cuba.

Foi também no segundo mandato de Barack Obama que a divulgação de informações pelo ex-técnico da Agência de Segurança Nacional (NSA) Edward Snowden (1983-) ganhou repercussão mundial. Suas denúncias revelaram a **espionagem** da NSA por meio de gravações de dados de acesso na internet e ligações telefônicas de milhões de pessoas, empresas, órgãos governamentais e das maiores autoridades de países como Brasil, Alemanha, França, México, Vaticano, etc. Com ampla divulgação, a atuação dos Estados Unidos recebeu condenação pública generalizada de governantes e da própria ONU.

O governo Donald Trump (2017-)

Para a sucessão de Barack Obama, os dois principais candidatos à Presidência eram a ex-secretária de Estado **Hillary Clinton** (1947-), pelo Partido Democrata, e o empresário bilionário **Donald Trump** (1946-), pelo Partido Republicano. Durante quase dois anos, a campanha de ambos foi acirrada e marcada por ataques pessoais. Contrariando as pesquisas, que indicavam a vitória de Hillary, Trump foi eleito em novembro de 2016.

Seu discurso agressivo contra imigrantes latinos, mulheres, negros e muçulmanos agradou uma parcela da população estadunidense que via nesse tipo de política um meio de fortalecer os Estados Unidos. Trump prometeu tornar a "América grande novamente", com propostas protecionistas e apelo ao nacionalismo dos cidadãos. Logo após a sua vitória, protestos populares ocorreram no país, organizados principalmente por mulheres, que se sentiram ofendidas com as declarações do presidente.

Muitos analistas encararam a eleição de Trump com reservas, sobretudo quanto ao seu descompromisso com a meta de diminuir o impacto da emissão de gases causadores do efeito estufa. Para Trump, o aquecimento global seria uma farsa.

Na política externa, outra medida controversa de Trump foi a de assinar uma ordem, em janeiro de 2017, para construir um muro na fronteira entre o México e os Estados Unidos, visando barrar a entrada de imigrantes. O presidente também tentou restringir a entrada de pessoas vindas de países de maioria muçulmana, como Iraque, Iêmen, Síria, Irã, Sudão, Líbia e Somália. Mas um juiz de Seattle bloqueou a ordem emitida por Trump, que recorreu da decisão, enviando um novo modelo de restrição, retirando o Iraque da lista. Cresceriam as incógnitas sobre o futuro da política estadunidense com Trump.

O então presidente Barack Obama (à direita) encontrou-se com o presidente eleito Donald Trump (à esquerda) no escritório oval da Casa Branca em Washington, em 10 novembro de 2016.

A União Soviética de 1964 ao século XXI

Em 1964, com a queda de **Nikita Kruschev** (1894-1971), ascendeu ao poder **Leonid Brejnev** (1906-1982), cujo governo retomou o centralismo político-administrativo, reprimindo as dissidências. Externamente, fez uso da força para impor a coesão do bloco comunista.

Essa retomada reforçou a máquina burocrática, afetando profundamente a produtividade soviética em relação ao Ocidente. A União Soviética e seus aliados perderam competitividade tecnológica, muito mais acentuada nos setores civis do que na indústria bélica.

Às dissidências respondeu-se com velhos métodos stalinistas, como medidas de força, prisões e trabalhos forçados. Muitos dissidentes ficaram famosos no Ocidente, como o físico nuclear Andrei Sakharov (1921-1989), prêmio Nobel da Paz de 1975, e o literato Alexander Solzhenitsyn (1918-2008), prêmio Nobel de Literatura em 1970.

Brejnev enfrentou a deterioração das relações com a China e sufocou a liberalização do regime socialista na Tchecoslováquia.

Em 1968, a **Tchecoslováquia** era governada por **Alexander Dubcek** (1921-1992), que desferiu reformas voltadas para um "socialismo humanizado", estimulando a criatividade artística e científica. Esse movimento ficou conhecido como **Primavera de Praga**. As lideranças stalinistas foram afastadas e procedeu-se à descentralização e à liberalização do sistema, com amplo apoio de operários, intelectuais e estudantes.

Esse reformismo, calcado na autonomia, esbarrava, entretanto, na conjuntura soviética e internacional do final da década de 1960. Brejnev revertia a desestalinização de Kruschev e, no plano externo, experimentava o endurecimento da relação com os Estados Unidos.

Incapaz de dialogar com o reformismo de Dubcek, o governo soviético ordenou a invasão da Tchecoslováquia por tropas do Pacto de Varsóvia, em 20 de agosto de 1968. Os dirigentes do movimento foram presos, enviados a Moscou e, mais tarde, expulsos do Partido Comunista da Tchecoslováquia.

Tais medidas de força intensificaram as crescentes críticas ao centralismo soviético. Em 1976, os partidos comunistas da Europa ocidental manifestaram sua oposição à tutela ideológica dos soviéticos e divulgaram um documento por meio do qual defendiam a passagem do socialismo para o capitalismo de maneira autônoma e independente do Partido Comunista da União Soviética (PCUS). Era a oficialização do **eurocomunismo**.

Na **Polônia**, já na década de 1980, as pressões pela participação do operariado no governo lideradas pelo **Solidariedade**, sindicato dirigido por Lech Walesa (1943-), reativaram a questão do **socialismo democrático**. Ganhando cada vez mais prestígio nacional e internacional, as atividades de Walesa e do Solidariedade acirraram as dificuldades nas relações Leste-Oeste.

Comparativamente às décadas de 1950 e 1960, a perda do ritmo produtivo da URSS — com diminuição das taxas de crescimento industrial e agrícola, da produtividade do trabalho, da renda *per capita* e do Produto Interno Bruto (PIB) — foi agravada pela queda da participação soviética no comércio mundial. O país deixou de exportar majoritariamente maquinário e meios de transporte, como fazia nos anos 1960, para vender cada vez mais matérias-primas, como gás e petróleo, os quais representavam, em 1985, perto de 53% das exportações soviéticas.

Na mesma época, 60% de suas importações eram basicamente de máquinas e produtos industrializados. O país procurou com isso satisfazer suas necessidades mais urgentes, segundo as determinações da *nomenklatura* (a alta burocracia soviética). Resolveu problemas localizados e obteve produtos importados e receitas imediatas, sem atacar com profundidade os impasses produtivos, o que tornou cada vez mais urgente uma alteração de rumos.

Após a morte de Brejnev, em 1982, aumentaram as dificuldades econômicas soviéticas, enquanto a ofensiva anticomunista do governo Reagan ganhava fôlego.

Em 1985, ascendeu ao poder o dirigente **Mikhail Gorbatchev**, que seria responsável por profundas alterações na política da União Soviética.

O governo Gorbatchev (1985-1991)

O novo governo lançou um amplo projeto de transformações, sintetizado nas expressões **perestroika** e **glasnost**. O plano previa mudanças na economia, na sociedade e até mesmo no socialismo, por meio da dinamização da produção e da democratização das estruturas políticas. No âmbito externo, Gorbatchev propôs a gradual desativação das armas nucleares até o ano 2000.

Em 1988, a União Soviética iniciou sua retirada do Afeganistão, finalizada no ano seguinte, depois de oito anos de árduo e desastroso enfrentamento contra a guerrilha apoiada por países vizinhos e financiada pelos Estados Unidos.

Começou na União Soviética uma fase de distensão profunda, a mais ampla desde o advento da Guerra Fria, o que indicou uma política de desaceleração da corrida armamentista, pelo menos no bloco do Leste.

Internamente, o ponto alto na política de Gorbatchev foi o fim do monopólio do poder pelo Partido Comunista da União Soviética, o que possibilitou o multipartidarismo e a definição de eleições diretas em todos os níveis para 1994. Ao mesmo tempo, nas 15 repúblicas que formavam a União Soviética, tais mudanças políticas estimularam movimentos nacionalistas, que lutavam por suas respectivas independências, o que colocou em risco a própria existência da unidade socialista estabelecida depois de 1945.

No plano econômico, ainda em 1990, a *perestroika* foi implantada para dinamizar a produção e o desenvolvimento. Assim, foram legalizadas as funções de artesãos e comerciantes e restabeleceu-se a propriedade privada no campo, embora com limites. Também se efetivou a abertura do país às empresas estrangeiras, facilitando a concessão de licenças.

O fim do socialismo no Leste Europeu

Nos demais países do bloco socialista, as mudanças iniciadas na União Soviética foram rapidamente assimiladas; ganhando dinamismo próprio, mudaram a face do Leste Europeu.

Na **Alemanha Oriental** (antiga República Democrática Alemã), **Erich Honecker** (1912-1994) foi destituído em outubro de 1989. Em novembro, caía o Muro de Berlim, dando início à reunificação da Alemanha.

Na **Polônia**, em abril de 1989, foi legalizado o **Solidariedade**. Em junho, o país passou a ser o primeiro do Leste Europeu a ter um governo de maioria não comunista. No ano seguinte, as reformas econômicas e democráticas avançaram e, em dezembro, o líder sindical **Lech Walesa** venceu as eleições presidenciais.

Na **Tchecoslováquia**, as manifestações pela democracia levaram à renúncia do dirigente **Milos Jakes** (1922-), acompanhada da abertura das fronteiras, e da adoção do pluripartidarismo e de eleições livres. Foi a época da **Revolução de Veludo**, assim chamada devido à forma pacífica das transformações.

As estruturas econômicas e políticas da União Soviética e dos países do Leste Europeu eram tão rígidas que as reformas de Gorbatchev provocaram sua implosão. Na foto, de 1987, o líder soviético é recebido com entusiasmo pelos cidadãos de Praga.

Alguns países do Leste Europeu em 1990

Adaptado de: DUBY, Georges. *Grand atlas historique*. Paris: Larousse, 2006.

Em 1991, teve início a privatização da economia. Em janeiro de 1993, o país foi dividido em duas repúblicas: a República Tcheca e a Eslováquia.

Na **Hungria**, em 1989, adotou-se o multipartidarismo, e o Partido Comunista mudou de orientação política, passando a se chamar Partido Socialista. Em seguida, o país deu início a uma ampla privatização da economia, permitindo também a entrada de capital estrangeiro.

Na **Romênia**, manifestações populares na cidade de Timisoara, que exigiam mudanças políticas e econômicas, foram reprimidas a tiros, causando milhares de mortes e dando início a uma revolta incontrolável. Em dezembro de 1989, o ditador **Nicolae Ceausescu** (1918-1989) e sua esposa, Elena (1916-1989), foram presos e executados sumariamente. No ano seguinte, realizaram-se eleições livres e gerais, seguidas de reformas econômicas.

Na **Iugoslávia**, em 1990, os comunistas foram derrotados nas eleições gerais em quatro das seis repúblicas que formavam o país. Mas, como venceram na Sérvia (a mais poderosa delas) e em Montenegro, mantiveram o controle político federal. Tal situação estimulou as lutas étnico-políticas e o anseio de independência das demais repúblicas (Eslovênia, Croácia, Bósnia-Herzegovina e Macedônia), desencadeando uma guerra civil.

Na **Bulgária**, o dirigente comunista **Todor Jivkov** (1911-1998) renunciou após 35 anos no poder. Nas eleições de novembro de 1991, a União das Forças Democráticas foi vitoriosa e estabeleceu o primeiro governo não comunista no país desde 1944.

A **Albânia** foi o último Estado do Leste Europeu a implementar mudanças liberalizantes. O país estava sob a ditadura stalinista, liderada por **Enver Hoxha** (1908-1985), que governou de 1946 a 1985. Em março de 1991, o Partido Comunista, rebatizado de Socialista, venceu as primeiras eleições livres do país, permitindo que se acelerassem as ligações com o Ocidente capitalista. Em meio a dificuldades econômicas, o Partido Democrata obteve a maioria dos votos nas eleições parlamentares de março de 1992, pondo fim ao tradicional controle comunista.

Em termos econômicos, a implosão do **socialismo real** desmontou as tradicionais estruturas do Leste Europeu, aumentando o desemprego, a inflação, as desigualdades sociais e os conflitos étnicos e políticos.

Guarda de fronteira da Alemanha Oriental cumprimenta uma mulher da Alemanha Ocidental através de um buraco no Muro de Berlim durante o período de reunificação. Foto de 1990.

A maior parte das novas posições empresariais, nos moldes ocidentais de um comando burguês, coube aos membros da tradicional burocracia e seus parentes, em íntima associação com empresários internacionais. A situação de crise da região representou incertezas quanto à solidez da ordem internacional que se estabelecia em substituição à Guerra Fria.

O fim da União Soviética

O governo Gorbatchev, que produziu em um curto período uma verdadeira revolução no bloco socialista, afetando e alterando por completo as relações políticas e econômicas nos âmbitos nacional e internacional, teve de enfrentar, dentro da União Soviética, a passividade e a inércia burocráticas. Esse entrave desorganizou a já limitada produção econômica soviética.

A administração de Gorbatchev enfrentou grande impopularidade em virtude basicamente de dois fatores: primeiro, a explosiva questão do separatismo nacionalista no interior das fronteiras dos países; segundo, e mais grave, a questão do desabastecimento interno, que provocou filas e manifestações e era ampliado pela sabotagem provocada pelas elites burocráticas que dirigiam a economia soviética, as quais se posicionaram contrárias às reformas.

Em agosto de 1991, membros dessa burocracia conservadora, aliados a um setor dos militares, afastaram Gorbatchev do poder com um golpe que visava reverter o quadro político-econômico da União Soviética, à beira do descontrole. **Boris Yeltsin** (1931-2007), presidente da principal república soviética, a Rússia, e líder dos radicais reformistas, convocou uma greve geral e obteve o apoio de milhares de civis e militares, que, mobilizados em frente ao Parlamento russo, derrotaram os golpistas.

Yeltsin transformou-se no principal líder político soviético, sobrepondo-se ao próprio Gorbatchev, que se viu obrigado a renunciar ao cargo de secretário-geral do PCUS e dissolver o partido, então acusado de ligações com os golpistas, ficando apenas com o enfraquecido cargo de presidente da União Soviética.

Em setembro de 1991, declarações unilaterais de independência das repúblicas bálticas (Estônia, Letônia e Lituânia), acompanhadas de distúrbios e conflitos com tropas soviéticas, levaram Gorbatchev a reconhecer oficialmente a soberania dos três Estados, que, em seguida, foram admitidos na ONU.

O golpe final contra Gorbatchev ocorreu em 8 de dezembro de 1991, quando Rússia, Ucrânia e Belarus assinaram o **Acordo de Minsk** (capital de Belarus), proclamando o fim da União Soviética e a criação da **Comunidade dos Estados Independentes (CEI)**, que, pouco depois, obteve a adesão de outras ex-repúblicas da ex-União Soviética. Em 25 de dezembro, Gorbatchev renunciou ao cargo de presidente da União das Repúblicas Socialistas Soviéticas, Estado que, naquele momento, já não existia.

Comunidade dos Estados Independentes – 1991

Adaptado de: DUFOR, Annie (Ed.). *Grand Atlas d'aujourd'hui*. Paris: Hachette, 2000. p. 56.

Leituras

Os efeitos do colapso da União Soviética

Em entrevista concedida pouco menos de uma década depois do colapso da União Soviética, o historiador britânico Eric Hobsbawm comentou os efeitos que o fim da URSS teve sobre a população russa.

> [...] O resultado foi um desastre completo. Se compararmos os efeitos positivos do colapso da União Soviética e de seu sistema político aos seus efeitos negativos, eu diria que estes últimos são incomparavelmente maiores. E isto certamente vale para a maioria dos russos. Muitos russos mais velhos dizem que preferiam retornar à década de 1970, sob o governo de Brejnev. Um sinal claro do desastre russo é o fato de que a Era Brejnev possa aparecer como uma época de ouro para os russos. No Ocidente, simplesmente não fazemos a menor ideia das dimensões da catástrofe humana que se abateu sobre a Rússia. Ela significa a inversão total de tendências históricas: a expectativa de vida da população masculina caiu dez anos ao longo da última década, e grande parte da economia reduziu-se à agricultura de subsistência. Não creio que tenha acontecido nada de similar no século XX.
>
> HOBSBAWM, Eric J. *O novo século*: entrevista a Antonio Polito. São Paulo: Companhia das Letras, 2000. p. 84.

Os ex-países socialistas na globalização capitalista

Após o fim da União Soviética, os ex-países socialistas viveram graves crises econômicas e políticas. A abertura de seus mercados ao capitalismo internacional e a desmontagem da ordem socialista favoreceram a emergência de uma elite econômica, uma nova "burguesia", em grande parte descendente das elites burocráticas que ocupavam os altos cargos administrativos no período anterior.

A crise socioeconômica que assolou a ex-União Soviética e os países do Leste Europeu, com inflação galopante e queda da produção nacional, somou-se, em algumas regiões, com confrontos étnico-políticos, destacando-se os conflitos da **Bósnia-Herzegovina**, da **Croácia** e de **Kosovo**, na ex-Iugoslávia; e os da **Chechênia**, na Rússia.

Em 1991, na Iugoslávia, as repúblicas da Croácia e da Eslovênia se declararam independentes, dando início a uma guerra civil. Em meio ao confronto, o Parlamento de Belgrado (capital da antiga Iugoslávia) criou a nova Iugoslávia, formada apenas por Sérvia e Montenegro.

Em fevereiro de 2003, a Iugoslávia deixou de existir oficialmente, passando a se chamar União da Sérvia e Montenegro. Em 2006, por meio de um plebiscito, decidiu-se pela completa separação entre Sérvia e Montenegro. Em 2008, Kosovo, uma província da Sérvia, também se separou, completando a fragmentação da ex-Iugoslávia.

A **Federação Russa**, em meio às mudanças políticas, aos conflitos étnicos e ao agravamento da crise socioeconômica, também teve de enfrentar a declaração de independência da Chechênia, de maioria muçulmana, na região do Cáucaso, em 1991. A capital, Grózni, e várias outras cidades mergulharam em violentos confrontos; nem mesmo um acordo de paz, assinado entre rebeldes e autoridades russas, conseguiu pacificar o território.

A divisão da Iugoslávia

Adaptado de: SIMIELLI, Maria Elena. *Geoatlas*. 32. ed. São Paulo: Ática, 2006. p. 67.

Em outubro de 1993, a sede do Parlamento da Federação Russa, em Moscou, foi atacada por tanques do exército russo, cumprindo ordens de Yeltsin.

Mesmo com a transformação da Chechênia em república "autônoma" – porém ainda parte integrante da Federação Russa – em 1996, a região continuou sendo um polo de frequentes conflitos separatistas. Em 1999, depois de vários atentados terroristas em diversas cidades russas, atribuídos a muçulmanos apoiados pela Chechênia, o governo de Moscou iniciou uma forte ofensiva militar contra o território rebelde, sem conseguir, no entanto, sua completa submissão.

Em 2002, novos atentados realizados por separatistas chechenos levaram o presidente **Vladimir Putin** (1952-), eleito em 2000, a convocar um plebiscito para março de 2003. De cada cem eleitores chechenos, 89 votaram a favor de uma nova Constituição, confirmando seu vínculo com a Federação Russa. Seguiram-se eleições para presidente (2004) e para o Parlamento (2005).

Várias outras regiões da Rússia também proclamaram sua independência, a exemplo da Tartária e do Dniester (na Moldávia). A diversidade étnica do país, no início do século XXI, foi o combustível para a instabilidade sociopolítica. A dificuldade para acordos de paz residia nessa ampla variedade étnica, que há séculos prevalece na região. Predominam os russos étnicos (85% da população), mas há diversos outros grupos minoritários distribuídos por seu vasto território, entre eles tártaros, ucranianos, chuvaques, bashquires, belarusianos, casaques, usbeques e ossétios, etc.

No plano político, o primeiro presidente da Federação Russa, Boris Yeltsin, enfrentou franca oposição parlamentar, o que o levou a fechar o Parlamento em 1993. Seguiram-se eleições que renovaram o Legislativo russo e a aprovação de uma nova Constituição.

Reeleito em 1996, Yeltsin sofreu forte oposição política e renunciou à Presidência em 31 de dezembro desse mesmo ano, quando assumiu Vladimir Putin, seu primeiro-ministro.

No final do século XX, a sociedade russa enfrentava grandes dificuldades: embora 99% da população fosse alfabetizada, 35% dela vivia abaixo da linha da pobreza; o índice de desemprego era de 12,4%; a inflação, de 40% ao ano; e o **mercado negro** movimentava 22% do produto interno bruto (PIB). Até mesmo Putin reconheceu: "Somos um país rico de gente pobre".

Em março de 2004, a imagem de autoridade firme de Putin no governo foi decisiva para que ele fosse reeleito, com 71% dos votos. Em 2008, Putin apoiou o candidato vitorioso à Presidência, **Dmitri Medvedev** (1965-), que o sucedeu. Ainda em 2008, Putin assumiu o cargo de primeiro-ministro de Medvedev.

Durante o governo Medvedev, foi retomado o crescimento da economia, em grande parte por causa das exportações de petróleo e seus altos preços no mercado internacional. Em 2012, Putin foi novamente eleito presidente, sucedendo Medvedev, que assumiu então o cargo de primeiro-ministro.

Em 2014, formou-se um novo polo de atrito entre a Rússia e o Ocidente. A Ucrânia, ex-República Soviética independente desde 1991, transformou-se em área de disputas.

mercado negro: conjunto de atividades ilegais, em geral de compra e venda de mercadorias sem pagamento de impostos; pode envolver mercadorias proibidas, como drogas ou armas, roubadas ou, ainda, produtos importados sem obedecer aos trâmites legais.

Manifestantes seguram as bandeiras da Rússia e da Crimeia durante ato pró-Rússia em Simferopol, na República da Crimeia, em março de 2014.

A intensificação de manifestações populares em Kiev, capital da Ucrânia, iniciadas no final de 2013, culminou na deposição do então presidente pró-Rússia **Viktor Yanukovych** (1950-) no início de 2014. Contudo, a região ucraniana da **Crimeia**, com a maioria da população de origem russa, decidiu, via plebiscito, pela independência da Ucrânia. Putin reconheceu a independência da Crimeia e incorporou a região à Federação Russa. Seguiu-se a reprovação dos governos dos Estados Unidos, da Europa e do Japão, que adotaram sanções econômicas e diplomáticas contra a Rússia. Além disso, outras regiões ucranianas de maioria russa passaram a negar o governo da Ucrânia e a buscar a integração com a Rússia.

A guerra civil na Síria se caracterizou como outro foco de tensão para os russos, com a atuação das potências ocidentais e do **Estado Islâmico**. Em 2016, a Rússia reforçou o apoio ao governo sírio de Bashar al-Assad, contrário aos países ricos do Ocidente, firmando-se como um importante participante nos jogos de força e de interesses na região.

Guerras, extremismo e o Estado Islâmico

O intervencionismo internacional acompanhou o crescimento dos confrontos entre grupos islâmicos extremistas e teve papel importante no processo. Entre os grupos, o que mais ganhou força foi o sunita liderado pelo jordaniano Abu al-Zarqawi, morto em 2006, sucedido na liderança por Abu Ayyub al-Masri e Abu Omar al-Baghdadi até 2010, quando também foram mortos, passando o comando a Abu Bakr al-Baghdadi. Atuante em seguidos atentados, o grupo atraiu muitos seguidores, principalmente de lideranças militares iraquianas, que viam a guerra civil na Síria como mais um campo de batalha e exposição de sua visão do mundo.

Em julho de 2014, esses sunitas radicais proclamaram a criação de um novo califado, com sede em Raqqa, denominado Estado Islâmico (EI, internacionalmente conhecido como ISIS), e com Baghdadi como "califa" de todos os muçulmanos. Visavam estabelecer no Oriente Médio uma ordem política islâmica e unitária, como aquela que surgira no século VII, onde é hoje a Arábia Saudita. Para o EI, os xiitas, que representam perto de 10% da população muçulmana, são considerados infiéis e inimigos, assim como grupos minoritários de outras etnias, bem como as potências intervencionistas na região.

O EI ganhou notoriedade internacional pela violência com que executa seus inimigos (degolando e crucificando) e pela arregimentação internacional de seguidores. No domínio de diversas regiões entre Iraque e Síria, o EI chegou a controlar áreas petrolíferas, com as quais obteve recursos para compra de equipamentos militares e armas. Financiamentos de Estados sunitas na luta contra o Irã, xiita, e recursos obtidos por sequestros foram outras formas de arrecadação do EI. Entre 2015 e 2017, membros do EI destruíram museus e peças arqueológicas de antigas civilizações da região, como a dos assírios, e foram responsáveis por diversos atentados terroristas, como a derrubada de um avião russo no Egito e atentados em Paris, Bruxelas e Londres, além de apoiar atuações no continente africano de grupos extremistas como o Boko Haram. Governos ocidentais, liderados pelos Estados Unidos, e também a Rússia têm buscado conter a expansão do EI com bombardeios localizados, no sentido de minar o poderio das forças armadas do declarado califado.

3. A Nova Ordem Mundial

Uma Nova Ordem Mundial ganhou força com o fim da Guerra Fria, sem a marca da anterior, caracterizada pela divisão Leste-Oeste, e sem o velho confronto entre os blocos capitalista e socialista. Essa ordenação, que compunha o que alguns preferiram chamar de **Nova Ordem Internacional**, passou a ter outras características, como a hegemonia da ordem capitalista.

O capitalismo, desde a segunda metade do século XX, ingressou em uma nova fase de desenvolvimento chamada de **Terceira Revolução Industrial**, baseada em uma dinâmica produtiva com sofisticada tecnologia, principalmente em **microeletrônica** — que envolve computação, comunicação e robótica —, biotecnologia e química fina.

Foram necessários mais investimentos em pesquisas e implementação tecnológica, cuja viabilização passou a depender principalmente de grandes conglomerados empresariais, detentores de enormes volumes de capital. Em tal situação, acentuaram-se os processos de fusões, aquisições e parcerias de empresas, exigindo, em contrapartida, grande retorno do investimento feito.

Isso passou a ser garantido, em parte, por lucros obtidos nos amplos mercados desprovidos de barreiras nacionais protecionistas. Paralelamente ao processo típico de concentração de capitais, procedeu-se à irradiação mundial dos negócios, globalizando mercados.

Na Ásia, surgiu outro componente dessa Nova Ordem Internacional: a emergência da China, cuja economia em constante crescimento a transformou em um dos mais dinâmicos eixos comerciais do mundo.

Contando com um Estado que é acionista majoritário das 150 maiores empresas do país, a China passou a ser a terceira maior economia mundial (seu PIB superou o da Alemanha), ficando atrás apenas dos Estados Unidos e do Japão entre 2007 e 2008. Apesar da crise internacional iniciada em 2008, o PIB chinês continuou em forte crescimento, o que fez do país a segunda maior economia mundial de 2010 a 2016.

Essa emergência da China, ligada aos demais países que compõem o BRICS, trouxe a novidade de uma importante forma de correlação de forças da economia mundial, diante do **G7**, tradicional e poderoso grupo dos sete países mais ricos da época final da Guerra Fria: Estados Unidos, Japão, Alemanha, Reino Unido, França, Canadá e Itália.

1917-1997 — A Revolução Russa tem 80 anos é o título desse cartaz que ilustra a abertura de um documentário de televisão francês.

O neoliberalismo e o "Estado mínimo"

Com o dinamismo de empresas ligadas a amplos mercados, a qualidade e o preço dos produtos, em meio à intensa competitividade, passaram a ser fatores decisivos para a garantia de lucratividade. Lentamente, em vários países do mundo, tomou corpo a tendência de queda das <u>reservas de mercado</u>, que foram criadas por meio de barreiras protecionistas, favoráveis a apenas alguns setores da economia.

Esse dinamismo impulsionou a expansão capitalista — e a consequente globalização, com a abertura dos mercados e a dinamização das comunicações — e beneficiou-se da queda do bloco soviético.

Integrada a esse quadro, ganhou intensidade a formação de blocos econômicos, associações regionais de livre-comércio, que derrubaram antigas barreiras protecionistas. Vários desses blocos nasceram na década de 1990: o North American Free Trade Agreement ou **Tratado Norte-Americano de Livre-Comércio** (**Nafta**), sob a liderança dos Estados Unidos e envolvendo o Canadá e o México; a **União Europeia**, tendo a economia alemã como a mais forte e dinâmica; o **Bloco do Pacífico**, sob a liderança do Japão; e o **Tratado Transpacífico**, que desde outubro de 2015 reúne os Estados Unidos, o Japão e mais dez países.

> **reservas de mercado**: barreiras protecionistas que dificultam ou impedem a importação de determinados tipos de produto.

Paralelamente às associações econômicas regionais, com diminuição ou eliminação dos protecionismos e atração de investimentos internacionais, estabeleceu-se a limitação dos gastos governamentais, com a prevalência da economia de mercado e a busca de um "Estado mínimo".

O fortalecimento do setor privado e a crise do Estado intervencionista ocorreram em conformidade com os preceitos do **neoliberalismo**, cujos principais defensores foram o austríaco **Friedrich Hayek** (1899-1992) e o estadunidense **Milton Friedman** (1912-2006). Um dos centros mais importantes das teorias neoliberais tem sido o departamento de economia da Universidade de Chicago, nos Estados Unidos, conhecido como Escola de Chicago, onde lecionava o próprio Milton Friedman, autor da obra *Capitalismo e liberdade*.

Todos os países que seguiram as orientações neoliberais implementaram políticas de venda de empresas estatais a empresários ou grupos privados. Essas **privatizações** ampliaram o espaço econômico dos grandes conglomerados e a subordinação dos Estados ao mercado internacional.

Sob Ronald Reagan e sucessores, o neoliberalismo foi bastante estimulado pelos Estados Unidos, com medidas que visavam influir na atuação de governos, organismos internacionais e grupos econômicos. Tais atuações ganharam a denominação de **Consenso de Washington**, expressão criada em novembro de 1989 pelo economista inglês John Williamson (1937-).

Durante os governos Thatcher (Inglaterra, de 1979 a 1990), Reagan (Estados Unidos, de 1981 a 1989) e Kohl (Alemanha, de 1982 a 1998), foram implementadas políticas neoliberais, que impulsionaram a economia de mercado, o livre-comércio e o colapso da ordem da Guerra Fria.

A adoção do Consenso de Washington envolveu também a redução dos gastos públicos com saúde, educação, previdência e outras políticas sociais, significando, para os países desenvolvidos, a desmontagem de boa parte do Estado de Bem-Estar Social e, para os chamados países em desenvolvimento ou emergentes, a piora das condições sociais.

Essa situação produziu extremos de pobreza para a maioria das populações e riqueza para um reduzido número de pessoas. Segundo a ONG Oxfam, no mundo apenas oito bilionários acumulavam em 2016 "a mesma quantidade de dinheiro que a metade mais pobre da população do planeta, ou seja, 3,6 bilhões de pessoas juntas" (*Folha de S. Paulo*, 14 jan. 2017. p. A14). Da mesma forma, ampliou-se o descompasso entre países e regiões no tocante à produção e ao usufruto das novas tecnologias.

A Terceira Revolução Industrial implicou, ainda, **desemprego**, como decorrência do uso de altas tecnologias produtivas (robótica, informatização, etc.) ou como resultado da reformulação e otimização da produção, incluindo o remanejamento e a demissão de funcionários.

Crise econômica de 2008

A crise de 2008 teve início no mercado financeiro e imobiliário dos Estados Unidos, em parte por causa da falta de regulamentação das atividades financeiras e seus ganhos.

Como antecedente, as baixas taxas de juros nos anos 2000 estimularam o consumo e o crescimento da oferta de crédito, servindo para financiar a compra de imóveis. Visando à expansão dos negócios imobiliários, as financeiras ampliaram empréstimos, até mesmo os de alto risco, a quem não tinha condições efetivas de honrar o pagamento. A elevação da taxa básica de juros (era 1% em 2004, passando a 5,25% em 2006) levou os compradores a enfrentar cada vez mais dificuldades no pagamento dos empréstimos.

Diante da situação, os bancos passaram a restringir os empréstimos, derrubando as compras de imóveis, bem como seus preços. Como as pessoas não podiam pagar as dívidas, os bancos credores passaram a se apropriar das casas compradas e não pagas. A partir de certo momento, porém, o aumento da oferta acentuou ainda mais a queda nos preços. Muitos bancos e agências de hipoteca decretaram falência. Rapidamente, a crise se propagou por outros países, provocando a queda das Bolsas de Valores no mundo todo.

Irradiando-se pelo mundo, a crise de 2008 – a maior desde a Grande Depressão de 1929 – reativou o intervencionismo estatal para conter colapsos econômicos ainda mais intensos e profundos.

Governos de diversos países promoveram políticas de salvação dos bancos que corriam o risco de falência.

Na Europa, a crise pôs em risco a Zona do Euro, ampliou o desemprego e as dificuldades sociais do continente. Nos anos seguintes à crise, Grécia, Portugal, Espanha e Itália enfrentaram grandes dificuldades econômicas. Os empréstimos da União Europeia a esses países foram condicionados a cortes de salários e de aposentadorias, privatizações e diminuição de gastos governamentais, até com demissão de funcionários.

Manifestantes protestam contra a proposta de socorro aos bancos no distrito financeiro de Nova York, nos Estados Unidos, durante a crise de 2008.

Leituras

O Reino Unido e o Brexit

Em junho de 2016, os cidadãos britânicos decidiram em um referendo que o Reino Unido deveria deixar a União Europeia. Após a aprovação do Parlamento, a rainha Elizabeth II assinou, em março de 2017, a lei que permitia o início desse processo. A vitória pela saída do bloco econômico europeu teve grande impacto mundial. Leia o texto a seguir para compreender melhor essa discussão.

[...] Em decisão histórica, que tem potencial para mudar o rumo da geopolítica mundial pelas próximas décadas, os britânicos decidiram em referendo deixar a União Europeia (UE). A opção de "sair" venceu a de permanecer no bloco europeu por mais de 1,2 milhão de votos de diferença, em resultado divulgado por volta das 3h desta sexta-feira (24).

A apuração foi divulgada por áreas de votação e a disputa, bastante acirrada. O "sair" começou à frente e chegou a ser ultrapassado pelo desejo de continuar na UE, mas logo retomou a liderança e foi abrindo vantagem até vencer com quase 51,9% dos votos. Foram 17 410 742 votos a favor da saída e 16 141 242 votos pela permanência. [...]

A União Europeia é uma união econômica e política criada após a 2ª Guerra Mundial. O bloco funciona como um mercado único, com livre circulação de pessoas, bens, serviços e capitais. Formado por Inglaterra, Escócia, Irlanda do Norte e País de Gales, o Reino Unido começou a fazer parte da União Europeia em janeiro de 1973.

O Reino Unido, no entanto, não faz parte da zona do euro – formada pelos países que têm o euro como moeda oficial. Dentre os 28 países do bloco europeu, 19 compartilham a moeda única. Os britânicos continuam usando a libra esterlina.

Até hoje, nunca um país-membro havia deixado a união política e econômica dos países que formam a União Europeia. Em 1975, houve um referendo muito parecido com o de agora no Reino Unido, mas venceu a permanência no bloco com larga vantagem: 67% dos votos.

Há forte preocupação de que o voto pela saída tenha o efeito dominó, com outros países organizando consultas similares. Marine Le Pen, da extrema direita francesa, afirmou que seu desejo é que cada país faça uma votação popular sobre a pertinência da União Europeia. [...]

O referendo dividiu não só a União Europeia, mas o próprio Reino Unido. Apesar da vitória do "sair", votaram pela permanência a Escócia (62%), a Irlanda do Norte (55,8%) e a região de Londres (59,9%). Todas as outras regiões da Inglaterra e o País de Gales votaram por "sair", com percentuais que variaram de 52,5% (País de Gales) a 59,3% (West Midlands). [...]

Reino Unido decide deixar União Europeia em referendo. Disponível em: <http://g1.globo.com/mundo/noticia/2016/06/reino-unido-decide-deixar-uniao-europeia-em-referendo.html>. Acesso em: 14 mar. 2017.

Norte e sul: desigualdades socioeconômicas e problemas ambientais

A globalização e suas políticas neoliberais, ao mesmo tempo que motivaram surtos de otimismo em alguns setores da sociedade, também atraíram críticas quanto a seus efeitos sociais e sobre o meio ambiente. Entre os aspectos mais criticados está o agravamento das desigualdades socioeconômicas em todo o mundo — que não se restringem às áreas periféricas dos centros dinâmicos capitalistas, mas se estendem até mesmo aos países centrais. Tanto os EUA como os países europeus têm registrado números significativos de bolsões de pobreza.

- Desde 2015, o 1% mais rico detinha mais riqueza que o restante do planeta.
- Atualmente, oito homens detêm a mesma riqueza que a metade mais pobre do mundo.
- Ao longo dos próximos 20 anos, 500 pessoas deixarão mais de US$ 2,1 trilhões para seus herdeiros — uma soma mais alta que o PIB da Índia, um país que tem 1,2 bilhão de habitantes.
- A renda dos 10% mais pobres aumentou cerca de US$ 65 entre 1988 e 2011, enquanto a do 1% mais rico aumentou cerca de US$ 11.800, ou seja, 182 vezes mais.
- Um diretor executivo de qualquer empresa do índice FTSE-100 ganha o mesmo em um ano que 10.000 pessoas que trabalham em fábricas de vestuário em Bangladesh.
- Nos Estados Unidos, uma pesquisa recente revela que, nos últimos 30 anos, a renda dos 50% mais pobres permaneceu inalterada, enquanto a do 1% mais rico aumentou 300%. (Fonte: <www.oxfam.org.br/sites/default/files/economia_para_99-sumario_executivo.pdf>. Acesso em: 29 mar. 2017.)

Um agravante importante na questão social é o **desemprego**. As estimativas apontam que o número final de desempregados em 2015 foi de 197,1 milhões, um volume superior em 27 milhões àquele de 2007, ano da pré-crise mundial.

A previsão para 2016 foi de um aumento de cerca de 2,3 milhões e para 2017, de outro 1,1 milhão, de acordo com um relatório da Organização Internacional do Trabalho (OIT).

Nos últimos anos, vários governantes buscaram combinar as políticas neoliberais com uma melhor distribuição da renda, temperando medidas que, se não reverteram por completo as desigualdades sociais, conseguiram melhorar o desenvolvimento econômico e a inclusão social, fazendo despencar as taxas de pobreza e miséria. Exemplos disso são alguns países do BRICS e da América Latina.

Outro exemplo dessa reversão, segundo o Banco Mundial, foi o indicador sobre o total da população que vivia com renda diária individual inferior a 1,25 dólar (o novo método para definir a linha de pobreza), o qual chegou a 1,39 bilhão de pessoas em 2005, 25% da população mundial, caindo para 1,29 bilhão em 2008. O principal responsável por essa diminuição foi a China. Mesmo assim, segundo a OIT:

> [...] Embora tenha havido uma diminuição nas taxas de pobreza, a taxa de declínio do número de trabalhadores pobres nas economias em desenvolvimento desacelerou e o emprego vulnerável ainda responde por mais de 46 por cento do emprego total no mundo, afetando quase 1,5 bilhão de pessoas. O emprego vulnerável é particularmente alto nos países emergentes e em desenvolvimento, atingindo entre metade e três quartos da população empregada nesses grupos de países, respectivamente, com picos no sul da Ásia (74 por cento) e na África Subsaariana (70 por cento).

OIT: Desemprego global projetado para aumentar em 2016 e 2017. Disponível em: <www.ilo.org/brasilia/noticias/WCMS_444594/lang--pt/index.htm>. Acesso em: 17 jun. 2017.

Idosa pede esmola ao lado de uma loja de luxo no centro de Madri, Espanha. Foto de 2015.

Outro desafio que tem causado preocupação relaciona-se ao agravamento dos problemas ambientais e ao aproveitamento dos recursos naturais, que parecem incompatíveis com o crescimento econômico mundial.

Um possível controle do problema exigiria uma atuação planetária, porém prevalecem uma insistente ausência de regras efetivas e a falta de ação coordenada de órgãos internacionais. Mesmo nas Conferências da ONU sobre Mudanças Climáticas, as chamadas COP, não há detalhadamente metas estabelecidas.

Não são poucos os estudiosos que insistem na não sustentabilidade do meio ambiente perante a dinâmica de nossa sociedade consumista. Um exemplo contundente são as mudanças climáticas como decorrência principalmente da queima de florestas e da utilização indiscriminada de combustíveis fósseis. Estima-se que a elevação da temperatura do planeta neste século, em razão do efeito estufa advindo principalmente da emissão de poluentes, será de 1,4 a 5,8 graus centígrados, ampliando o número e a dimensão de furacões, inundações e secas, provocando o degelo dos polos, a elevação dos oceanos e o desaparecimento de diversas ilhas e regiões costeiras. Segundo Nicolas Stern, ex-economista-chefe do Banco Mundial, as mudanças climáticas poderão resultar numa recessão econômica mundial jamais vista, com uma perda de cerca de 20% do Produto Bruto Mundial.

[...] O Japão já consome 7,1 vezes mais que os recursos disponíveis em seu território, a Grã-Bretanha, 3,5 vezes, e os Estados Unidos, 1,9. O Brasil, embora use menos recursos do que sua disponibilidade interna, consome mais que a média global disponível. Em 2050, afirma estudo da Global Footprint Network, o mundo precisará de recursos equivalentes ao dobro dos disponíveis na Terra.

[...]

Porque "o crescimento infinito é ilusão". Bem na linha que se propaga entre economistas de que já vivemos uma "crise de finitude de recursos", com o consumo global maior que a reposição. E crescerá ainda mais, com a população mundial — hoje pouco acima de 7 bilhões de pessoas e um acréscimo de 80 milhões por ano — chegando a mais de 9 bilhões em 2050.

Avanços em conceitos e recuos nas práticas. *Instituto Humanistas Unisinos*. Disponível em: <www.ihu.unisinos.br/noticias/523235-avancos-em-conceitos-e-recuos-nas-praticas-artigo-de-washington-novaes>. Acesso em: 17 jun. 2017.

Essas são questões que escapam às tradicionais divisões ideológicas, já que nem o capitalismo nem o socialismo se mostraram capazes de criar padrões de produção e consumo sustentáveis, tampouco matrizes energéticas compatíveis com as necessidades e as possibilidades do planeta.

Poluição lançada por uma grande usina, em Xangai. Os impactos causados pela poluição têm desencadeado sucessivos protestos na China. Foto de janeiro de 2010.

Norte da África e Oriente Médio em ebulição

O norte da África e o Oriente Médio têm mergulhado em seguidas rebeliões populares que depuseram governantes autoritários há muito tempo no poder. O movimento, apelidado pela mídia de **Primavera Árabe** por envolver diversos países islâmicos de língua árabe, começou na **Tunísia**, no final de 2010.

O estopim se deu com o episódio em que **Mohamed Bouazizi** (1984-2011), um comerciante local, ateou fogo no próprio corpo como forma de protesto pelo confisco de seus bens de trabalho pelas autoridades tunisianas no dia 17 de dezembro. Em janeiro de 2011, do funeral de Bouazizi em diante, o levante popular espalhou-se, derrubando o presidente **Zine El-Abidine Ben Ali** (1936-) e culminando em eleições legislativas e na formação de uma Assembleia Constituinte.

A contestação popular logo chegou ao **Marrocos**, levando o rei **Mohammed VI** (1963-) a liderar reformas políticas, eleições e o referendo de uma nova Constituição. No **Egito**, imensas manifestações populares e confrontos no Cairo e em outras cidades derrubaram o presidente **Hosni Mubarak** (1928-), abrindo disputas para uma nova ordenação política no país. Em 2012, foi eleito para a Presidência **Mohammed Mursi** (1951-), membro de uma organização político-religiosa, a Irmandade Muçulmana. Mursi foi deposto em 2013, em um levante militar que impôs uma ditadura no país.

Na **Líbia**, **Muamar Kaddafi** (1942-2011), no poder desde 1969, enfrentou violentamente as manifestações populares, mergulhando o país em uma guerra civil que culminou na intervenção da Otan, seguida da prisão e da execução de Kaddafi. Também na **Síria**, as manifestações contrárias ao regime do presidente **Bashar al-Assad** (1965-) dividiram o país, resultando numa sangrenta guerra civil.

As manifestações populares espalharam-se por vários outros países da região, com desdobramentos e reivindicações diversos, deixando pelo norte da África e pelo Oriente Médio rastros de incertezas quanto à democratização e à estabilização política.

Tais incertezas rearranjaram a composição das forças locais e internacionais em confronto. Exemplo dessa situação é o caso da Síria, que mergulhou em uma guerra civil com forte intervenção de guerrilheiros da Al-Qaeda, apoiados pela Arábia Saudita sunita (tradicional aliada dos Estados Unidos), pela Inglaterra, França e Turquia contra o governo de Bashar al-Assad. Em contrapartida, o governo sírio tem recebido o apoio do Irã, xiita, e do governo atual do Iraque, e passou a contar também com um aliado forte fora do Oriente Médio: a Rússia de Vladimir Putin. No início de 2017 estimava-se que mais de 400 mil sírios haviam sido mortos e cerca de 5 milhões, abandonado o país.

Sírios em campo de refugiados entre a Jordânia e a Síria esperam autorização para entrar no território jordaniano. Depois de meses preso na fronteira, o grupo foi finalmente autorizado a entrar no país. Autoridades jordanianas alegaram que foi necessário adotar novas medidas de segurança antes de permitir a entrada dessas pessoas no país, que já contava, naquela época, com mais de 1,4 milhão de refugiados. Foto de 2016.

Para saber mais

A crise dos refugiados no mundo atual

Nesse quadro de desigualdades e dificuldades, agravadas pela violência das guerras, os movimentos migratórios tiveram forte impulso. Foi o caso dos imigrantes africanos, sírios e de várias outras regiões em conflito.

Em 2014, segundo a Agência de Estatística da União Europeia (Eurostat), foram 562 mil solicitações de asilo para refugiados no continente. Em 2015, esse número passou para 1,25 milhão. Grande parte desses imigrantes saiu da Líbia em direção à Itália, fazendo uma travessia perigosa pelo mar Mediterrâneo. Outros tinham como destino a Espanha ou a Grécia.

Entre janeiro e março de 2017, esses três países receberam 19.653 pessoas; 525 morreram no caminho. No mesmo período de 2016, foram 152.701 indivíduos que fizeram esse percurso; com 788 mortos. Essa rota se tornou menos viável devido ao aumento da violência na Líbia.

De acordo com a Agência da ONU para Refugiados (ACNUR), existiam no mundo mais de 65,3 milhões de pessoas deslocadas por guerras e conflitos em 2015. Desse total, 12,4 milhões deixaram sua região de origem; 8,6 milhões mudaram-se para outro lugar; e 1,8 milhão de pessoas cruzaram as fronteiras.

Mais de 54% dos imigrantes de 2015 saíram da Síria (4,9 milhões), Afeganistão (2,7 milhões) e Somália (1,1 milhão).

Os locais que mais receberam imigrantes no mesmo ano foram a Turquia, o Paquistão e o Líbano. Na Europa, as zonas de maior entrada de imigrantes são a Itália e a Grécia.

A intensidade dos fluxos migratórios desdobrou-se em diversos impasses: humanitários, políticos e econômicos.

Muitos países têm se preocupado em reforçar a segurança de suas fronteiras, utilizando cercas de arame farpado e força policial para barrar a entrada de refugiados. Toda essa situação também reacendeu a questão da xenofobia, principalmente no Reino Unido, na França, na Áustria e na Alemanha — principal destino dos imigrantes — onde mais de 200 ataques xenófobos foram registrados somente em 2015.

População de refugiados no mundo (2015)

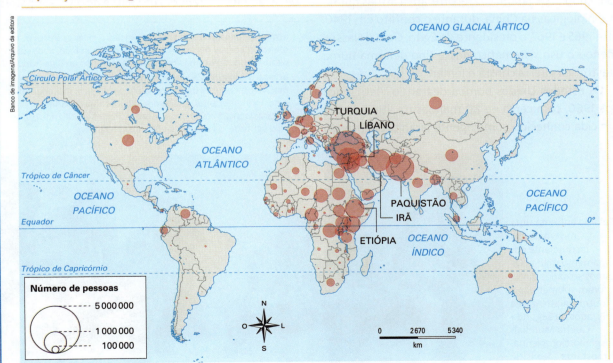

Agência da ONU para Refugiados (ACNUR). Disponível em: <www.unhcr.org/576408cd7#_ga=1.183745444.381779085.1489601752>. Acesso em: 8 jun. 2017.

Dialogando com a Química

A Química vai à guerra

Nos conflitos do século XX, a Alemanha foi o primeiro país a utilizar armas químicas em grande escala. Em 1915, o gás cloro provocou a morte de mais de 5 mil soldados britânicos e franceses que estavam nas trincheiras da Bélgica.

Formalizado em 1925, o **Protocolo de Genebra**, um acordo internacional, proibiu o uso de gases asfixiantes e tóxicos e de agentes bacteriológicos – embora não tenha proibido a posse e a fabricação deste tipo de artefato bélico. Inicialmente, o acordo foi respeitado pelos países europeus e pelos Estados Unidos durante a Segunda Guerra Mundial, visto que nenhum exército utilizou esse tipo de arma contra combatentes. Ainda assim, Hitler usou o Zyklon B, um composto gasoso letal à base de ácido cianídrico, no genocídio de milhões de judeus, ciganos e outros povos considerados inferiores pelo regime nazista.

Mais tarde, em 1935, o ditador Benito Mussolini utilizou gás de mostarda contra soldados na Abissínia, atual Etiópia. Os japoneses recorreram a armas químicas e biológicas na China, durante o conflito em 1940. Entre 1965 e 1967, o presidente do Egito, Gamal Nasser, ordenou o uso sistemático desse tipo de arma numa catastrófica guerra contra o Iêmen.

Os Estados Unidos bombardearam o Vietnã, nos anos 1960, com cerca de 80 milhões de litros de um herbicida conhecido como agente laranja, destruindo o meio ambiente e provocando enfermidades como câncer, doenças congênitas e neurológicas em cerca de 4 milhões de vietnamitas.

Em 1972, realizou-se a **Convenção sobre Armas Químicas**, cujos acordos previam a proibição, a posse, a produção e a transferência de armas químicas e biológicas. Atualmente, mais de 160 países confirmaram o acordo.

No entanto, Saddam Hussein empregou o uso de armas químicas contra iranianos, na Guerra do Iraque (1980-1988) e contra curdos, em março de 1988, matando cerca de 5 mil civis em um único ataque em território iraquiano.

Em 2003, com apoio do Reino Unido, os Estados Unidos iniciaram uma intensa operação militar de invasão do Iraque, afirmando que Saddam Hussein mantinha ativo um programa de construção de armas biológicas que contrariava os acordos internacionais. Havia fortes indícios de que o Iraque possuía armas químicas, como o VX, o gás de mostarda e o sarin, além de agentes biológicos, como o antraz.

Em agosto de 2013, o massacre de 1500 pessoas, consideradas rebeldes pelo governo sírio, provocou intenso debate e o repúdio da ONU e de diversos países.

---

armas químicas: conduzem substâncias tóxicas que provocam efeitos diversos no organismo vivo, como asfixia, irritações, distúrbios dos sistemas respiratório, nervoso ou digestório.

armas biológicas: são armas que transportam microrganismos vivos, como vírus, fungos e bactérias, que, disseminados pelo ar ou pela água, em campos de batalha ou cidades, provocam doenças contagiosas e letais. Pode ser utilizado o vírus da disenteria, da varíola, do tifo, da cólera, etc.

Pelotão enfrenta uma nuvem de gás lacrimejante em treinamento militar. Os mesmos soldados ainda foram submetidos a outros quatro gases utilizados na Segunda Guerra Mundial: fosgênio, cloropicrina, mostarda e lewisita. Nova Jersey, foto da década de 1940.

Bettmann/Getty Images

Armas de destruição em massa

Os acordos internacionais contra o uso de armas químicas e o repúdio da maioria dos países contra esse tipo de armamento relacionam-se a dois fatores. Em primeiro lugar, essas armas provocam mortes desumanas e degradantes, infligindo diversos tipos de reação que podem variar desde morte por asfixia em alguns minutos até doenças cancerígenas e congênitas, herdadas pelos filhos das pessoas afetadas pelos produtos químicos.

Além das questões que interferem diretamente na vida comum, existe também uma razão política para a condenação de armas de destruição em massa: qualquer país é capaz de desenvolver, produzir e utilizar armas químicas ou biológicas segundo seus interesses e vontades. Assim, no âmbito político, grandes potências perderiam o controle e a noção do poder de destruição que a posse dessas armas representa.

A questão se torna ainda mais emblemática ao pensar que o desenvolvimento de armas químicas não depende exclusivamente da ação militar coordenada, mas está mergulhada no próprio desenvolvimento da ciência. O cientista alemão Fritz Haber, que criou um meio para espalhar o gás cloro, em 1915, sobre a trincheira inimiga, recebeu, em 1918, o Prêmio Nobel de Química, por ter obtido a síntese da amônia, o que possibilitaria a criação dos fertilizantes químicos. O prêmio foi entregue sob protestos da comunidade científica, mas evidenciava que o desenvolvimento de inseticidas, herbicidas e outros produtos para o controle de pragas, como insetos, fungos e ervas daninhas, estava intimamente ligado às armas que poderiam matar também seres humanos.

Apesar da Convenção de Genebra, todos os países envolvidos na Segunda Guerra Mundial desenvolveram estratégias para defender a população civil de um possível ataque com armas químicas, especialmente o uso de gases tóxicos. Na foto, de 1941, crianças vestindo máscaras de gás em Londres.

Atividades

- Com a ajuda do(a) professor(a) de Química, faça uma lista das armas químicas e biológicas que foram utilizadas em conflitos militares do século XX. Depois, organize um grupo de trabalho com cinco ou seis integrantes para realizar duas pesquisas, segundo as orientações abaixo.
    a) Para a primeira pesquisa, procurem em *sites* e livros dados sobre agentes químicos e biológicos utilizados em contextos de guerra ou conflito civil.
    b) Na segunda pesquisa, busquem por campanhas pacifistas contra as guerras em geral e contra armas químicas, biológicas e nucleares.
    c) Criem uma propaganda contrária à guerra e ao uso desse tipo de armamento. A propaganda pode ser desenhada em um cartaz ou elaborada em algum programa de computador, fazendo uso de vídeos, fotos ou áudio.
    d) Preparem uma apresentação oral de, no máximo, cinco minutos, explicando como funciona o agente químico ou biológico pesquisado, que país ou empresa o desenvolveu e onde foi utilizado. Apresentem também as críticas e condenações públicas ao uso desse tipo de substância em guerras.
    e) Depois da apresentação oral de todos, façam uma exposição das propagandas pacifistas criadas pelos grupos.
    f) Ao final, façam um debate sobre os usos científicos da Química e da Biologia que poderiam contribuir para o desenvolvimento humano e colaborar para diminuir os conflitos militares.

Vivendo naquele tempo

Novos movimentos sociais

Com o fim da polarização entre os blocos capitalista e socialista, surgiram novas formas de luta e protesto, especialmente entre os jovens das grandes cidades do mundo. Inicialmente, inúmeros protestos surgiram contra os efeitos da globalização: destruição acelerada dos recursos naturais e do meio ambiente, aumento da desigualdade social, desemprego e perda de direitos sociais e intensificação de padrões de consumo de massa.

Em 18 de junho de 1999, organizaram-se as primeiras manifestações da **Ação Global dos Povos** em oposição ao encontro realizado na Alemanha, do Fundo Monetário Internacional. Em novembro do mesmo ano, novos protestos reuniram milhares de pessoas em Seattle, nos Estados Unidos, diante da Organização Mundial do Comércio. Eram os primeiros atos dos **movimentos antiglobalização**, organizados por jovens com inspiração anarquista, de grupos ecológicos e membros de partidos políticos, sindicatos e organizações sociais.

Diferentemente de movimentos sociais mais tradicionais, as ações antiglobalização não foram encabeçadas por líderes ou partidos, mas surgiram de pequenos grupos, os chamados "coletivos", organizados nas universidades, nos bairros e nas mais diversas práticas culturais.

As formas de protesto também se transformaram com o uso das redes sociais, permitindo maior abrangência comunicacional, unindo diferentes ideologias e tornando-se espaço de extrema importância para discussões, compartilhamento de ideias e debates políticos. A força das redes sociais em questões políticas ganhou o nome de **web-ativismo**, geralmente pautado por questões sociais que envolvem capitalismo, miséria, aborto, liberdade de expressão, controle das grandes mídias, diversidade sexual, destruição do meio ambiente, etc.

O uso das redes sociais não trouxe apenas a agilidade na comunicação, mas alterou também a forma como esses grupos se organizam e se manifestam — com cartazes bem-humorados, uso de *memes* — jargões viralizados no ambiente virtual —, roupas específicas, avatares personalizados, além de compartilhamentos de imagens e textos de caráter ideológico.

No Brasil, as manifestações de junho de 2013, articuladas por vários movimentos, entre eles o **Movimento Passe Livre (MPL)**, e por inúmeros grupos estudantis contra o aumento das tarifas do transporte público, comprovam o peso das redes sociais nos rumos políticos. No começo de 2016, as redes sociais também agitaram protestos contra o fechamento de escolas públicas, além de darem visibilidade aos anseios de parte da sociedade por reformas políticas.

Manifestação antiglobalização em Seattle, Washington. Foto de 1999.

Atividades

Retome

1. Qual é a relação entre o fim da Guerra Fria e a redemocratização dos países latino-americanos?

2. Aponte os fatores políticos e econômicos que levaram ao fim da União Soviética.

3. O início do século XXI foi marcado pela chamada "guerra ao terror". Responda:
   a) Qual evento a desencadeou?
   b) Qual a relação desse evento com a Guerra Fria?
   c) Quais foram os principais desdobramentos da "guerra ao terror"?

4. O que foi a Terceira Revolução Industrial? Cite três inovações tecnológicas que ela trouxe para o nosso dia a dia.

5. O que é globalização e como ela se manifesta na economia, na política e na cultura?

6. Que causas são defendidas pelos chamados novos movimentos sociais e quais são suas principais diferenças em relação aos movimentos sociais do século XX?

Pratique

7. Leia o texto a seguir e responda às questões.

> [...] Desde o início da Revolução Industrial, a partir de 1760, o homem aprendeu que retirar carvão, petróleo e gás natural, os chamados combustíveis fósseis, das profundezas da terra e queimá-los em condições controladas pode produzir trabalho mecânico. Esse processo pode ser utilizado no funcionamento de máquinas, como teares, motores, multiplicando a produção industrial. [...] Na década de 1980, ficou claro que a queima de combustíveis fósseis estava aumentando a concentração de gases de efeito estufa que auxiliam na estabilidade da temperatura de nosso planeta. O excesso desses gases na atmosfera estava fazendo o planeta aquecer. A partir daí, as mudanças climáticas globais causadas pelo homem começaram a despertar preocupação na comunidade científica, na população em geral e em nossos governantes. Inspiraram também uma série de conferências internacionais que mostravam a urgência de um tratado mundial de redução da queima de combustíveis fósseis para enfrentar o problema.
>
> [...]
> O Brasil exerceu papel de importante liderança nas discussões e negociações para a aprovação de dois instrumentos jurídicos que tratam do regime global das mudanças climáticas – a Convenção Quadro da ONU sobre Mudanças do Clima [1992] e o Protocolo de Kyoto [1997], ratificando-os e comprometendo-se a cumpri-los integralmente. O Protocolo citado obrigava os países desenvolvidos (Estados Unidos, Europa, Japão, entre outros) a reduzirem suas emissões por quantidades pequenas, enquanto isentava os países em desenvolvimento (tais como China, Brasil, África do Sul, entre outros) de qualquer redução. Não houve, entretanto, com o passar dos anos após a assinatura, qualquer redução de emissões pelos países desenvolvidos conforme se comprometeram. [...]
>
> JACOBI, Pedro Roberto et al. (Org.). *Temas atuais em mudanças climáticas*: para os ensinos fundamental e médio. São Paulo: IEE-USP, 2015. p. 8-10.

a) O que são mudanças climáticas e quais são suas causas?

b) É possível afirmar que o efeito estufa é produzido pelo homem? Justifique sua resposta com elementos do texto.

c) Que relações podem ser estabelecidas entre a percepção das mudanças climáticas, nos anos 1980, e os processos históricos ocorridos naquela década?

d) O Protocolo de Kyoto, assinado em 1997, propunha que apenas os países desenvolvidos reduzissem a emissão de gases do efeito estufa. Qual(is) o(s) pressuposto(s) dessa medida? Você concorda com ela?

e) Em 2015, foi realizada em Paris a Conferência da ONU sobre Mudanças Climáticas, a COP 21, da qual o Brasil fez parte. Pesquise quais foram as resoluções tomadas nessa conferência e avalie se ela beneficia igualmente países ricos e pobres.

Analise uma fonte primária

8. A campanha publicitária a seguir foi realizada em 2007 por uma famosa grife francesa especializada na confecção de bolsas e malas de viagem. Nela, Mikhail Gorbatchev observa, de dentro de uma limusine, o que resta do Muro de Berlim. A imagem é acompanhada do texto em inglês: *A journey brings us face to face with ourselves*. [Uma viagem nos põe frente a

frente com nós mesmos]. Para convencer Gorbatchev a participar da campanha, a grife fez uma doação à Cruz Verde Internacional, organização fundada e presidida por ele.

a) Que elementos históricos são destacados na imagem? Qual a relação entre eles?
b) A imagem é marcada por contrastes. Quais são eles?
c) A fotografia da campanha publicitária foi tirada por Annie Leibovitz, fotógrafa estadunidense conhecida por explorar a intimidade de celebridades. Como ela retrata Gorbatchev nessa foto e qual a relação entre o retrato e o texto que o acompanha?
d) Que efeito a campanha publicitária produz sobre a percepção da História?
e) A publicidade é bastante utilizada por historiadores como fonte histórica. Que período histórico essa peça publicitária documenta? O que ela revela sobre sua época?

Articule passado e presente

9. O texto que segue se refere a um dos principais problemas do século XXI, diretamente relacionado ao nosso futuro.

> [...] O termo **sociedade de consumo** é uma das inúmeras tentativas de compreensão das mudanças que vêm ocorrendo nas sociedades contemporâneas. Refere-se à importância que o consumo tem ganhado na formação e fortalecimento das nossas identidades e na construção das relações sociais. Assim, o nível e o estilo de consumo se tornam a principal fonte de identidade cultural, de participação na vida coletiva, de aceitação em um grupo e de distinção com os demais. Podemos chamar de consumismo a expansão da cultura do "ter" em detrimento da cultura do "ser". O consumo invade diversas esferas da vida social, econômica, cultural e política. Neste processo, os serviços públicos, as relações sociais, a natureza, o tempo e o próprio corpo humano se transformam em mercadorias. Até mesmo a política virou uma questão de mercado, comercializando a participação cívica e misturando valores comerciais com valores cívicos. Isto seria uma "vitória" do consumo como um fim em si mesmo. O consumo passa a ser encarado, mais do que um direito ou um prazer, como um dever do cidadão. Seja como for, o consumismo, que emergiu na Europa ocidental no século XVIII, vem se espalhando rapidamente para distintas regiões do planeta, assumindo formas diversas. O início do século XXI está sendo marcado por profundas inovações que afetam nossas experiências de consumo, como a globalização, o desenvolvimento de novas tecnologias de comunicação, o comércio através da internet, [...] a biotecnologia, o debate ambientalista, etc. Ao mesmo tempo, novos tipos de protestos e reações ao consumismo emergem, exigindo uma nova postura do consumidor. [...]
>
> *Consumo Sustentável:* manual de educação. Brasília: Consumers International/MMA/MEC/Idec, 2005. p. 16.

a) O que é sociedade de consumo e quando ela surgiu? Indique as causas de seu surgimento.
b) Se o consumismo existe há tanto tempo, por que ele só se tornou um problema na passagem do século XX para o XXI?
c) De acordo com o texto, "os serviços públicos, as relações sociais, a natureza, o tempo e o próprio corpo humano se transformam em mercadorias. Até mesmo a política virou uma questão de mercado, comercializando a participação cívica e misturando valores comerciais com valores cívicos". Dê exemplos de mercantilização de cada um dos elementos sublinhados.
d) Em sua opinião, se não houver mudanças na relação das sociedades com o consumo, como se desenha um possível futuro de vida para as próximas gerações?
e) Que novos hábitos podem ser cultivados para evitar a previsão feita no item anterior? Reúna-se com os colegas e criem cartazes com imagens e *slogans* que incentivem mudanças nos hábitos de consumo dos cidadãos.

CAPÍTULO 40 — Brasil e a reorganização democrática

Em 4 de junho de 2013, em Brasília, Distrito Federal, foi realizada uma reunião entre representantes do governo federal e 144 indígenas, a maioria pertencente ao povo Munduruku, que reivindicavam o direito de serem consultados sobre a construção da usina hidrelétrica de Belo Monte, no rio Xingu, no estado do Pará. Naquela ocasião, os indígenas alegaram que as obras causariam inúmeros impactos ambientais e comprometeriam diretamente a vida dos povos que viviam na região. Mesmo após uma série de discussões, a usina de Belo Monte foi inaugurada em maio de 2016.

Neste capítulo, você vai estudar o passado recente do Brasil. Vai entender de que maneira a transição democrática foi realizada a partir de 1985 e compreender que a consolidação da democracia no país não foi, e ainda não é, um processo simples. Será que hoje a democracia faz parte do cotidiano de todos os brasileiros? As práticas democráticas, bem como os direitos políticos e sociais, estão ao alcance de todos os grupos sociais e de todas as minorias?

1) Sobre o passado recente do país

Desde o fim da ditadura, em 1985, o Brasil vive seu mais longo período democrático. Ao longo desses pouco mais de trinta anos, as instituições foram testadas de forma constante, sobretudo pelos desafios provocados por uma sociedade bastante desigual. A mobilização popular esteve presente, tanto no meio rural como na área urbana, trazendo à tona as reivindicações de diversos grupos sociais. É possível dizer que, depois do fim do governo militar, a questão dos direitos dos sem-terra, dos trabalhadores urbanos e rurais, dos indígenas, dos quilombolas, dos povos da floresta, das mulheres, dos afrodescendentes, dos idosos e dos homossexuais teve de ser repensada pelos governantes por causa das pressões de sindicatos, partidos políticos progressistas e movimentos organizados.

No aspecto econômico, o período se iniciou sob crescente endividamento externo, inflação alta e diminuição do poder aquisitivo da população. Nos primeiros nove anos, diversos planos econômicos foram implantados até que a inflação e a dívida externa fossem controladas. No entanto, a atividade industrial do país diminuiu ao mesmo tempo que a agroexportação foi retomada com vigor.

Quanto à desigualdade social, somente no final da década de 2000 ocorreu uma pequena melhora na distribuição de renda. Esses avanços foram frutos de políticas sociais abrangentes, voltadas para a população mais pobre. No entanto, tais políticas passaram a ter menos recursos quando problemas políticos e financeiros ganharam força a partir de 2014.

Neste capítulo, vamos estudar as várias mudanças pelas quais o país passou nas três últimas décadas e analisar os impactos que tiveram na sociedade brasileira.

Trata-se de uma história muito recente, que ainda tem desdobramentos em nosso cotidiano. Provavelmente, você ou algum familiar foi testemunha de alguns dos eventos que ocorreram nesse período. É natural essa proximidade causar um posicionamento, uma opinião. No entanto, por meio dos procedimentos científicos usados no estudo da História, poderemos desenvolver um olhar mais crítico e avaliar a importância desse passado recente no presente e no futuro do país.

2) Transição democrática: esperança e apreensão

Em março de 1985, era possível perceber uma sensação de esperança e, ao mesmo tempo, de apreensão quanto ao futuro no país. Por um lado, a liberdade política fora restaurada com o fim da ditadura. Por outro, a crise econômica e financeira atingira a população de forma desigual, sendo mais severa para a classe trabalhadora.

Novos partidos políticos se consolidaram, e movimentos sociais de diversos segmentos se fortaleceram. Com o retorno da capacidade de mobilização e manifestação, a sociedade brasileira conseguiu manter-se no centro das decisões políticas. Foi nesse cenário que uma nova Constituição foi elaborada.

Onde e quando

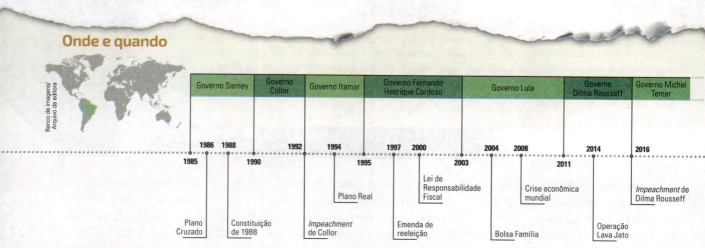

Mapa e linha do tempo ilustrativos. As regiões indicadas no mapa referem-se à configuração atual dos países a que pertencem hoje, e o espaço entre as datas não é proporcional ao intervalo de tempo.

A consolidação da democracia

Somente após a promulgação da nova Constituição, em 1988, uma série de instituições voltadas para a garantia de direitos dos cidadãos foi reintroduzida no cenário jurídico brasileiro. Este momento, no entanto, foi fruto de uma longa luta, iniciada na década anterior, pelo fim das leis autoritárias incorporadas à Constituição pela Emenda Constitucional n. 1, de 1969.

Desde o final dos anos 1970, diversos movimentos sociais reivindicavam, de forma cada vez mais intensa, a defesa de garantias à cidadania, a redemocratização do país e a necessidade de uma nova Carta constitucional. Naquele momento, organizações como a cúpula da Igreja católica, por meio do Conselho Nacional de Bispos do Brasil (CNBB), a Ordem dos Advogados do Brasil (OAB), a Sociedade Brasileira para o Progresso da Ciência (SBPC) e diversos sindicatos se reuniram para debater tais questões. Essas e outras entidades atuaram, cada uma à sua maneira, em busca de apoio da população brasileira.

Tancredo Neves (1910-1985), o candidato de oposição à Presidência, afirmou que convocaria uma Assembleia Constituinte se fosse eleito. Mas, como vimos, ele faleceu antes de tomar posse.

O vice-presidente, **José Sarney** (1930-), político que meses antes era dirigente do partido que apoiava a ditadura, assumiu o cargo. Tal situação gerou uma ampla mobilização dos partidos que formavam o novo governo. Liderado pelo deputado **Ulysses Guimarães** (1916-1992), do Partido do Movimento Democrático Brasileiro (PMDB), esse grupo defendia o início de uma fase efetivamente democrática.

Dessa forma, meses após a posse de Sarney, o Congresso e o presidente aprovaram as primeiras medidas que sinalizavam essa nova realidade. Entre elas estavam o direito de voto aos analfabetos, a restauração da eleição direta e a promessa de instalação de um **Congresso Nacional Constituinte**, cujos membros seriam escolhidos nas eleições marcadas para o ano seguinte.

O fato de toda a campanha eleitoral ter ocorrido sob os efeitos do **Plano Cruzado** (1986), um pacote econômico que buscava reduzir a inflação e dar estabilidade à economia brasileira, marcou profundamente a composição daquele Congresso.

Nos primeiros meses de vigência do plano, houve uma relativa valorização do salário do trabalhador e uma redução do custo de vida. Esses efeitos promissores favoreceram eleitoralmente o governo e seus aliados na disputa pelas cadeiras do Congresso.

O PMDB e seu aliado, o Partido da Frente Liberal (PFL), cujos integrantes apoiavam a ditadura, tiveram 431 parlamentares eleitos, alcançando uma ampla maioria (77%). As demais cadeiras foram divididas entre os representantes de partidos conservadores, como o Partido Trabalhista Brasileiro (PTB) e o Partido Democrático Social (PDS), e partidos de esquerda, como o Partido dos Trabalhadores (PT), o Partido Democrático Trabalhista (PDT), o Partido Comunista Brasileiro (PCB), o Partido Comunista do Brasil (PC do B) e o Partido Socialista Brasileiro (PSB).

A aliança entre PMDB e PFL foi se desfazendo ao longo dos meses e os congressistas passaram a se agrupar de acordo com suas tendências e opiniões sobre os temas discutidos. Os mais conservadores formaram um grande bloco, denominado **Centrão**, que se contrapôs a um grupo menor, articulado com movimentos populares e composto de integrantes dos partidos de esquerda e de parte dos eleitos pelo PMDB.

Após vitória no Colégio Eleitoral, Tancredo Neves discursa como presidente do Brasil, em 15 de janeiro de 1985, no Congresso Nacional. Tancredo foi eleito por meio de eleições indiretas, em disputa com Paulo Maluf.

Leituras

A ideologia presente nos trabalhos da Assembleia Constituinte

Os trabalhos da Constituinte foram iniciados em fevereiro de 1987 e foram marcados pela mobilização de diversos grupos, como trabalhadores, sindicatos, militares, representantes de multinacionais, bancos, empresas mineradoras, etc. Esses grupos procuravam apresentar propostas de temas a serem discutidos pelos congressistas e pressionavam os políticos nas deliberações em plenário.

O texto a seguir traz algumas informações sobre o contexto político e ideológico em que se realizaram esses trabalhos.

[...] O mundo assistia, em meados da década de 80, à ascensão do neoliberalismo – doutrina econômica que minimiza o papel do Estado – e à crise do socialismo, que teve seu desfecho em 1989, com o esfacelamento da União Soviética e a queda do muro de Berlim, com repercussão em vários outros países socialistas. Essa realidade produziu certa perplexidade em parcela da esquerda, que se atomizou durante a campanha, mas que se uniu durante os trabalhos da Assembleia, em torno das principais propostas nos campos social e econômico e no capítulo das garantias individuais.

Parte dos parlamentares chamados progressistas se voltou para temas que não constavam ou não eram tratados de forma específica no ideário da esquerda ortodoxa – como a questão ambiental e os direitos das minorias, assimilando até propostas de modernização do Estado de algum modo assemelhadas ao ideário social-democrata ou mesmo a aspectos do liberalismo, a exemplo da privatização de alguns setores da economia.

Essas questões eram debatidas em reuniões plenárias de categorias profissionais, partidos e assembleias universitárias. O debate das posições antagônicas às dos progressistas era favorecido pelo apoio dos empresários de comunicação, cujos veículos – rádios, TV e jornais – repercutiam, em maiores dimensões, as propostas em defesa da livre-iniciativa e de resistência aos avanços pretendidos pelas esquerdas. Com a Assembleia já instalada, os progressistas neutralizaram, de certo modo, os efeitos da ofensiva publicitária e dos *lobbies* dos conservadores, por meio de uma aguerrida pressão junto aos constituintes, nas galerias e nas comissões da Câmara e Senado, e em manifestações no gramado em frente ao Congresso.

Outro instrumento utilizado pelos progressistas para neutralizar a ofensiva dos representantes do poder econômico foram as emendas de iniciativa popular. De um total de 122, reunindo mais de 12 milhões de assinaturas, a grande maioria foi originária da mobilização de trabalhadores, estudantes e movimentos populares.

A discussão desses temas era permeada, até mesmo numa pequena parcela da direita, pela dicotomia Globalização × Nacionalismo/Mercado Interno, ou seja, pelo contraste entre os que defendiam a abertura do comércio e de outros setores da economia nos padrões da globalização em andamento e os que se mantinham fiéis ao ideário nacionalista, resistiam aos condicionamentos externos e propunham maior estímulo ao mercado interno como reação à tendência globalizante. [...]

SAMPAIO, Marcondes. *Há 25 anos era eleita a Assembleia Nacional Constituinte*. Disponível em: <http://goo.gl/xc7V8g>. Acesso em: 17 mar. 2017.

No início dos trabalhos da Constituinte, o sentimento popular era de apoio e confiança aos congressistas. Na foto, de 1987, componentes de escola de samba do Rio de Janeiro estendem faixa pela Constituinte durante o desfile de Carnaval daquele ano.

A Constituição de 1988

A nova Carta, promulgada em 5 outubro de 1988, trouxe uma série de avanços, principalmente em defesa dos direitos sociais e individuais. Contudo, também manteve elementos de uma ordem republicana elitista. Veja alguns destaques da Constituição de 1988:

- manutenção da divisão dos três poderes: Executivo, Judiciário e Legislativo, separados e independentes entre si;
- eleição direta para todos os cargos executivos e legislativos;
- introdução da eleição em dois turnos para presidente da República, governadores e prefeitos de cidades com mais de 200 mil habitantes;
- confirmação do voto obrigatório para eleitores entre 18 e 70 anos e facultativo para analfabetos, jovens entre 16 e 18 anos e pessoas com mais de 70;
- garantia do direito de greve e da liberdade sindical;
- direitos civis como: igualdade de todos perante a lei, igualdade entre homens e mulheres, liberdade de expressão, liberdade de associação e garantia de não submissão à tortura e ao tratamento desumano ou degradante;
- direitos sociais como: salário, proteção contra a demissão sem justa causa, seguro-desemprego e jornada de trabalho de 44 horas semanais, além de restrições ao trabalho de menores de 16 anos;
- direito de todos os cidadãos à educação e à saúde, serviços considerados dever do Estado;
- fim da censura prévia;
- capítulo especial dedicado à proteção ao meio ambiente;
- reconhecimento dos direitos das crianças, dos jovens e das pessoas com deficiência e garantia de sua proteção;
- reconhecimento dos direitos dos indígenas, incluindo suas tradições, sua organização social e a posse permanente dos territórios que tradicionalmente já ocupavam;
- reconhecimento do racismo como crime inafiançável, com pena de reclusão.

A Constituição de 1988 permitiu o fortalecimento da democracia e o avanço de direitos políticos, civis e sociais.

A complexidade de alguns temas, no entanto, exigia leis complementares, a fim de garantir maior discussão entre grupos sociais envolvidos. Dessa circunstância nasceram o **Estatuto da Criança e do Adolescente**, promulgado em 1990; o **Código de Defesa do Consumidor**, do mesmo ano; as **Leis de Diretrizes e Bases da Educação**, em 1996.

Desse conjunto também fazem parte a **Lei de Responsabilidade Fiscal**, de 2000, e a **Lei da Transparência**, de 2009, ambas referentes aos parâmetros e limites que governos federal, estaduais e municipais devem obedecer para a execução de seus respectivos orçamentos. Faz parte desse conjunto, ainda, a legislação específica referente à violência contra a mulher, expressa na **Lei Maria da Penha**, de 2006.

Plenário e mesa da Constituinte no dia da promulgação da Constituição de 1988.

A Constituição de 1988 também garantiu a organização e o funcionamento de órgãos autônomos, como o Ministério Público, responsável pela fiscalização de leis que defendem os interesses nacionais.

A vigência de uma Carta com essas características ajudou a consolidar um Estado de direito no país e colaborou para o amadurecimento político das forças sociais. De lá para cá, os problemas econômicos, sociais e políticos que surgiram têm sido enfrentados sem colocar em risco a democracia.

Alguns desses problemas tornaram-se casos emblemáticos, como: o processo de *impeachment* que levou à deposição do presidente Fernando Collor de Mello, em 1992; a cassação de mandatos de deputados responsáveis pela análise do orçamento da União, em 1993; a condenação de líderes partidários, parlamentares, membros do governo e empresários envolvidos com financiamento ilegal de campanhas políticas e suborno a congressistas, em eventos ocorridos entre 1998 e 2017.

Após a promulgação da Constituição de 1988, o número de denúncias, investigações e condenações de políticos e empresários cresceu em estados e municípios. Tais casos foram livremente divulgados pelos meios de comunicação e debatidos pela sociedade. A população se mobilizou em diversas ocasiões, ocupando ruas para manifestar sua opinião.

No mesmo período, no entanto, outros acontecimentos não foram devidamente julgados ou apurados, revelando a dificuldade das instituições e da sociedade em manter a igualdade plena de direitos. Entre vários exemplos, destacam-se os casos de violência cometida pelo Exército contra trabalhadores da Companhia Siderúrgica Nacional, em 1988, e pela Polícia Estadual do Pará contra trabalhadores sem-terra, em Eldorado dos Carajás (PA), em 1996; ou, ainda, as chacinas contra moradores de bairros de periferia e populações indígenas em cidades do Sudeste, Nordeste e Centro-Oeste. Somam-se a esses fatos o funcionamento precário da rede de escolas públicas em diversos municípios e estados brasileiros; a falta de serviços e médicos no sistema público de saúde; e o desvio de verbas públicas.

> **Estado de direito**: é a situação jurídica de um país em que os poderes públicos e a sociedade são regidos por normas e leis. Em um Estado de direito democrático, cabe necessariamente ao Estado a garantia da vigência da cidadania, ou seja, do conjunto de direitos civis, políticos e sociais.

Assembleia de trabalhadores da Companhia Siderúrgica Nacional, em 12 de novembro de 1988. Essa assembleia ocorreu dois dias depois que soldados do Exército mataram três operários durante a ocupação da siderúrgica. Apesar da repercussão internacional, os responsáveis nunca foram julgados.

Economia e desenvolvimento social

A retomada do crescimento econômico foi o principal objetivo dessa nova fase da república brasileira. Esperava-se, com isso, gerar mais empregos e melhorar as condições salariais e de vida da população. Buscava-se, ainda, enfrentar a inflação (cuja taxa havia alcançado 215% em 1984), reduzir os gastos públicos e evitar que o pagamento da dívida externa afetasse os investimentos para o desenvolvimento do país.

Para conter a inflação, reorientar o desenvolvimento e ajudar a restaurar a credibilidade do governo, foi desenvolvido o Programa de Estabilização da Economia.

Popularmente conhecido como **Plano Cruzado**, ele foi anunciado em 28 de fevereiro de 1986, sem ter sido discutido no Congresso. A população brasileira foi surpreendida com uma série de mudanças destinadas a combater a inflação, manter o crescimento econômico e valorizar o poder aquisitivo dos salários. Entre elas, destacaram-se:

- substituição do cruzeiro, a moeda vigente, por uma nova moeda, o cruzado, cuja unidade valia mil cruzeiros;
- congelamento do preço de produtos, tarifas, aluguéis e serviços. Os preços eram tabelados e controlados pelo governo federal;
- reajuste de salários pelo seu valor médio nos seis meses anteriores, acrescido de um abono;
- reajuste dos salários toda vez que a inflação atingisse a marca de 20%, estratégia que ficou conhecida como gatilho salarial.

Outros fatores que também afetavam a inflação, como custos de produção, impostos, subsídios para a atividade produtiva, dívida externa, taxas de juros e *deficit* público, não foram tratados nesse primeiro pacote. O plano, portanto, deveria ser complementado com outras medidas nos meses seguintes para efetivamente reorganizar a economia brasileira.

Os primeiros resultados foram positivos: em fevereiro de 1986, mês em que o plano foi anunciado, a inflação havia chegado a 15%; em abril o índice foi negativo, e próximo de zero nos meses seguintes. O aumento do poder aquisitivo dos salários levou a população a consumir produtos em maior quantidade e a adquirir produtos que antes eram inacessíveis. Isso deu grande popularidade ao presidente Sarney.

O congelamento dos preços, porém, não estimulou o aumento da produção para atender à nova demanda, o que provocou o desabastecimento de diversos itens. Essa situação afetava produtos básicos como leite, carne, remédios, além de combustíveis e automóveis. Para suprir a falta desse itens no mercado, o governo começou a importá-los.

Consumidora passa por prateleiras vazias em supermercado na cidade de São Paulo (SP), em 1986. Naquele ano, o congelamento dos preços estipulado pelo Plano Cruzado provocou uma grave crise de abastecimento no país.

Essa estratégia afetou diretamente as contas públicas, que já estavam deficitárias.

Além disso, empresários do setor produtivo e do comércio passaram a cobrar um ágio sobre o preço divulgado pelas tabelas do governo, na tentativa de compensar perdas e manter os lucros em um nível satisfatório. Essa medida favoreceu o retorno da inflação.

Para evitar esse aumento ilegal de preços, o governo conclamou a população a fiscalizar os estabelecimentos comerciais. Lojas e supermercados que não praticassem os preços tabelados deveriam ser denunciados aos órgãos fiscalizadores. Seus proprietários poderiam ser presos. Surgiram assim os **fiscais do Sarney**, termo que se popularizou em bótons e adesivos. Muitas pessoas mostravam-se orgulhosas em exercer essa função e se sentiam responsáveis pelo combate à inflação.

O governo decidiu adiar os ajustes necessários ao Plano Cruzado para depois das eleições para governadores e constituintes, ocorridas em novembro de 1986. Isso favoreceu os partidos da base aliada, o PMDB e o PFL, que conseguiram eleger muitos de seus candidatos. Dias depois das eleições, o governo implementou as medidas que haviam sido adiadas: aumentou tarifas de serviços das empresas estatais e descongelou os preços. No início do ano seguinte, decretou a suspensão do pagamento da dívida externa.

Em 1987, a inflação voltou aos índices anteriores ao Plano Cruzado, o que resultou na demissão da equipe econômica, liderada por Dílson Funaro, ministro da Fazenda.

O governo Sarney promoveu ainda mais dois planos de ajustes da economia. No entanto, nenhum deles conseguiu controlar a inflação e recompor as reservas cambiais de forma que o país pudesse renegociar a dívida externa e voltar a cumprir seus compromissos. Esses fatores levaram a uma drástica diminuição de investimentos estrangeiros.

Com tal quadro, os últimos anos do governo Sarney foram bastante impopulares. Greves de diversas categorias de trabalhadores foram organizadas em todo o território. Os índices registraram 1038% de inflação em 1988 e 1789% em 1989.

Além disso, houve denúncias de corrupção envolvendo membros dos ministérios e dos partidos que compunham a base do governo. No entanto, em decorrência da pressão feita por membros desses partidos, as investigações não foram realizadas pelo Congresso nem pelos órgãos policiais e de fiscalização.

As eleições para prefeito realizadas em 1988 mostraram a insatisfação da população com o governo Sarney. Os candidatos ligados aos partidos de oposição à Nova República, como PT, PDT, PSB e o recém-criado Partido da Social Democracia Brasileira (PSDB), cujos fundadores haviam saído do PMDB, venceram as eleições em dez das principais capitais do país.

Por sua vez, o PMDB, que em 1985 havia vencido em dezenove capitais, nessa eleição conseguiu eleger prefeitos em apenas quatro, mesmo número que o PFL.

> **ágio**: no comércio, valor cobrado a mais sobre o preço já conhecido.

Em todo o Brasil, consumidores munidos de tabelas de preços da Superintendência Nacional de Abastecimento e Preços (Sunab), órgão fiscalizador do governo, agiam como se tivessem poder de polícia. Foto de 1986, Rio de Janeiro (RJ).

Eleições diretas para presidente após a ditadura civil-militar

Distribuição de riqueza, combate à desigualdade social e à corrupção, controle da inflação, modernização do parque industrial, envolvimento do Estado no setor produtivo e no desenvolvimento social: esses foram alguns dos principais temas que marcaram as eleições presidenciais de 1989, as primeiras depois de 25 anos.

Vinte e dois candidatos concorreram, representando diversos projetos e ideais, mas nenhum deles quis o apoio do então presidente José Sarney.

O segundo turno foi disputado em novembro de 1989 entre **Fernando Collor de Mello**, do Partido da Reconstrução Nacional (PRN), que nessa fase da disputa teve o apoio de forças conservadoras da sociedade, incluindo partidos, associações civis e líderes empresariais, e **Luiz Inácio Lula da Silva**, do PT, que contou com a adesão de partidos de esquerda e movimentos sociais.

Fernando Collor de Mello (1949-), membro de uma família de proprietários de terras e emissoras de comunicação, deixou o governo de Alagoas para se candidatar. Apresentou-se à nação como representante dos descamisados, termo que usava para se referir à população pobre e humilde do país. Também se proclamava "caçador de marajás", referindo-se aos funcionários públicos que recebiam altos salários, que prometia demitir. Luiz Inácio Lula da Silva (1945-), por sua vez, defendia uma democracia com ampla participação dos trabalhadores na definição e condução de políticas públicas voltadas para o desenvolvimento social.

A campanha vitoriosa de Collor, de apelo midiático e que contou com o apoio financeiro de grandes empresas, conquistou as elites e setores da classe média que temiam o avanço político da esquerda. Conquistou também grandes parcelas da população urbana e rural que acreditaram nas promessas de mudanças rápidas e de melhorias nas condições de vida dos mais pobres. A vitória de Collor, no segundo turno das eleições, contou com 42,75% dos votos, enquanto Lula ficou com 37,86%.

3 Do Plano Collor ao Plano Real: ingresso no mundo globalizado

No dia da posse de Fernando Collor de Mello, outro plano econômico de grande impacto na sociedade brasileira foi anunciado.

O **Plano Collor**, como ficou conhecido, seguia os mesmos princípios do Plano Cruzado: adotava medidas destinadas a conter a inflação, como a mudança da moeda e o congelamento de preços e salários. Entretanto, na tentativa de evitar os problemas que haviam ocorrido com o Plano Cruzado, o novo plano retirou 80% do dinheiro em circulação no país. Para isso, o governo bloqueou parte dos depósitos em contas-correntes, cadernetas de poupança e aplicações financeiras de todos os brasileiros, com a promessa de devolver esse dinheiro em 18 meses, devidamente corrigido.

A retenção do dinheiro foi implantada sem aviso prévio à população, durante um feriado bancário, e teve impacto negativo sobre a economia, afetando trabalhadores, aposentados e empresários.

Nos meses seguintes, muitas empresas de pequeno e médio porte faliram, aumentando o número de desempregados. Além disso, o país perdeu sua capacidade de poupar, uma vez que os instrumentos de aplicação financeira e poupança perderam credibilidade. Projetos pessoais, como a compra de um imóvel, a reforma de uma casa ou a abertura de um novo negócio, foram abandonados.

Criticado pela sociedade, o confisco foi abolido aos poucos, mostrando a ausência de planejamento adequado, além de revelar procedimentos duvidosos, como o atendimento de alguns setores do empresariado, principalmente dos que mais pressionavam o governo para que liberasse os valores retidos.

Fernando Collor ainda implementou o processo de transformação do modelo de desenvolvimento da Era Vargas, sob a promessa de modernização do Brasil, por meio da diminuição do papel do Estado nas atividades produtivas e na regulação do mercado.

Sob pressão de órgãos de financiamento internacionais, como o FMI e o Banco Mundial, o governo passou a seguir o pensamento **neoliberal**, também adotado por outros países da América Latina em condições econômicas parecidas, dando início a um processo de redução da participação do Estado e de abertura do país para produtos e capitais estrangeiros.

As novas medidas visavam à privatização de empresas estatais, à diminuição da burocracia para a abertura de novos negócios e à redução de tarifas de importação, além de mudanças para atrair o investimento estrangeiro.

Até então muitos empresários brasileiros estavam acostumados com as políticas públicas que os protegiam da concorrência e lhes ofereciam subsídios para diminuir suas despesas. Após essas novas medidas, eles se viram em um cenário competitivo sem estarem preparados para isso.

A concorrência de produtos estrangeiros e mais baratos desestimulou a produção nacional, transformando muitas indústrias em empresas de importação. Isso afetou a cadeia produtiva e provocou a demissão de trabalhadores.

Para evitar um quadro de recessão e desemprego, o governo Collor alterou a equipe econômica e lançou medidas de congelamento de preços e salários, além de ajustes econômicos e fiscais. No entanto, essas ações não tiveram o resultado esperado.

A insatisfação popular e as críticas feitas à economia por vários setores da sociedade levaram o governo Collor a perder apoio político. Somaram-se a isso graves denúncias de **corrupção** envolvendo o presidente e o tesoureiro de sua campanha presidencial, Paulo César Farias (1945-1996), motivando uma mobilização popular contra o governo.

Após a apuração das denúncias pelo Congresso Nacional, Fernando Collor foi afastado do governo em dezembro de 1992 e substituído pelo vice, **Itamar Franco** (1930-2011), que governou até 1995.

Para saber mais

Pressões populares pelo *impeachment* do presidente Collor

Quando as denúncias de corrupção contra o presidente Fernando Collor de Mello passaram a ser investigadas, a partir de agosto de 1992, por uma Comissão Parlamentar de Inquérito (CPI) instalada no Congresso Nacional, tornou-se claro o funcionamento de um esquema de fornecimento de dinheiro por empresários ao ex-tesoureiro de sua campanha presidencial, em troca de favores do governo.

Jornais, revistas e programas de rádio e televisão passaram a promover investigações paralelas e a divulgar detalhes das operações, ampliando as informações obtidas pelos congressistas.

Diversas manifestações pelo *impeachment* do presidente tomaram as ruas ao longo do segundo semestre de 1992. Nesses eventos, destacaram-se os jovens, liderados pela União Nacional dos Estudantes (UNE) e por entidades estaduais de estudantes, que pintavam o rosto para manifestar seu repúdio à corrupção e ao governo. Esses jovens receberam o apelido de **caras-pintadas**. Juntaram-se a eles diversas entidades, como a OAB, a Central Única dos Trabalhadores (CUT) e a CNBB, além de partidos de esquerda, juristas, intelectuais e grande parte da população.

Ao fim das investigações, os parlamentares da CPI atestaram a ilegalidade dos atos de Collor, acusando-o de ter enriquecido com dinheiro obtido ilegalmente por Paulo César Farias. Coube aos membros da comissão recomendar o *impeachment* de Collor. O presidente, que já não contava com o apoio do Congresso, renunciou ao cargo. Porém, isso não evitou que os congressistas decidissem pela suspensão de seus direitos políticos por oito anos.

Estudantes caras-pintadas em manifestação pelo *impeachment* do presidente Fernando Collor de Mello em São Paulo (SP). Foto de 1992.

O governo Itamar Franco e o Plano Real

Nos primeiros meses de 1993, a inflação alcançou a casa dos 20% e a taxa do PIB continuou em queda, com o aumento do desemprego e dos índices de violência urbana.

Após nomear três ministros da Fazenda em poucos meses, Itamar Franco escolheu para o cargo o então ministro das Relações Exteriores, **Fernando Henrique Cardoso** (1931-). Cercando-se de uma equipe de economistas e alguns participantes dos planos econômicos anteriores, Cardoso formulou uma nova proposta cuja implantação seria gradativa. Dessa vez, o governo dizia que as mudanças viriam com divulgação e discussão prévias, sem surpresas para a população.

O Plano de Estabilização Econômica, popularmente conhecido como **Plano Real**, lidava com três aspectos: o equilíbrio das contas do governo e a modernização da administração pública, fatores considerados importantes para diminuir a inflação; a desvalorização da moeda, o que exigia recuperar o poder de compra sem gerar aumento de preços; e, por fim, a criação de uma nova moeda.

Para equilibrar as contas do governo, uma série de medidas foi proposta e aprovada pelo Congresso. Além do aumento de impostos, também foram implantados cortes no orçamento, limitação dos gastos com funcionários públicos e, no âmbito dos estados e municípios, mecanismos de controle dos orçamentos como critério para obtenção de novos empréstimos.

O plano também propunha intensificar a venda de empresas estatais que não estivessem ligadas às áreas da saúde, educação, justiça, segurança, ciência e tecnologia. A ideia era reduzir gastos e o tamanho do Estado, tentando promover o desenvolvimento de acordo com os parâmetros do **neoliberalismo**.

Os efeitos sobre o poder de compra da população foram imediatos e duradouros, o que levou ao aumento do consumo e, consequentemente, ao crescimento da atividade industrial.

Esse cenário favoreceu a candidatura de Fernando Henrique Cardoso à Presidência da República. Nas eleições de 1994, ele saiu vitorioso já no primeiro turno, com 54,3% dos votos.

A estabilidade econômica do país manteve a popularidade do presidente em alta – e seu prestígio junto aos congressistas também. Em 1997, foi aprovada a emenda constitucional que permitia a reeleição presidencial. Nas eleições de 1998, Fernando Henrique foi reeleito presidente, novamente no primeiro turno.

O então ministro da Fazenda, Fernando Henrique Cardoso, anuncia a nova moeda brasileira, o real, em entrevista coletiva no dia 30 de março de 1994.

O Brasil sob os efeitos do Plano Real

A gestão de Fernando Henrique Cardoso foi marcada pelo esforço em levar adiante a transformação do modelo de desenvolvimento, iniciado nos governos anteriores da Nova República. Ao conseguir a aprovação pelo Congresso Nacional das leis que suprimiam o monopólio do Estado sobre diversos setores de produção e serviços, o governo FHC acelerou o programa de **privatização** das empresas federais – estratégia que foi adotada por governantes de estados em relação a empresas estaduais.

As discussões em torno desse tema mobilizaram diversos setores da sociedade. O governo defendia a privatização de empresas de telecomunicações, de exploração de minérios e de siderúrgicas, alegando necessidade de haver mais investimentos para a modernização de serviços e produtos oferecidos, algo que, a seu ver, não seria possível garantir sob o gerenciamento público. Os opositores, diferentemente, acreditavam que tal saída tornava vulnerável a soberania do Estado brasileiro, por sujeitar setores estratégicos da economia aos interesses de grupos privados nacionais e estrangeiros.

Entre 1991 e 2002, 77 empresas federais e 55 estaduais foram privatizadas. Elas faziam parte de diversos setores, como siderúrgico, petroquímico, elétrico, ferroviário, bancário e de telecomunicações, mineração, fertilizantes, seguros e saneamento.

As vendas foram acompanhadas de protestos e denúncias. Além disso, a maioria das empresas foi privatizada por um valor abaixo do esperado. Mesmo sob denúncias, o governo conseguiu realizar seus objetivos.

Em sintonia com as mudanças econômicas e buscando atrair investimentos estrangeiros capazes de estimular a produção de mercadorias mais competitivas no mercado internacional, o governo manteve as taxas de juros internas elevadas. Ao mesmo tempo, estimulou a importação de produtos para preservar o real. Essas medidas, mantidas ao longo do primeiro mandato, não permitiam acúmulo de reservas cambiais, necessárias para equilibrar as contas públicas e o pagamento da dívida externa.

A situação se tornou ainda mais grave quando ocorreram fortes crises internacionais que afetaram a entrada de capitais no país. A principal delas se deu em 1998, na Rússia, momento em que as reservas cambiais brasileiras baixaram de 70 para 43 bilhões de dólares, forçando o governo a recorrer ao FMI para a negociação de um novo empréstimo internacional. Nessa época, o valor do real foi desvalorizado, mas as taxas de juros se mantiveram altas.

No âmbito dos direitos trabalhistas, medidas defendidas pelo governo federal e regulamentadas pelo Congresso foram instituídas, como as que conferiam maior flexibilização nas jornadas de trabalho e regulamentavam os contratos temporários, a fim de reduzir gastos com pagamento de horas extras e com dispensa de trabalhadores. Todavia, houve a ampliação de benefícios relacionados ao seguro-desemprego e incentivo aos programas de treinamento e atualização profissional, na perspectiva de auxiliar a recolocação daqueles que perdiam seus postos de trabalho.

A queda dos níveis de industrialização e o fechamento de empresas que não conseguiram se adequar à nova realidade marcada por altos custos e grande competitividade provocaram um crescimento nas taxas de desemprego.

Segundo dados do IBGE, ao longo dos dois mandatos do presidente FHC, a taxa média anual de desemprego aumentou de 8,3%, em 1995, para 12,2%, no final de 2002.

No aspecto social, o governo FHC concentrou investimentos em programas sociais elementares, como o de enfrentamento da pobreza. Ao mesmo tempo cortou outros, de forma a garantir o saldo positivo dos gastos públicos.

Das iniciativas realizadas em seu governo, teve destaque o programa **Comunidade Solidária**, pelo qual se descentralizava a administração de 20 programas designados à população mais pobre. Entre eles havia os que eram destinados à distribuição de alimentos (denominado **Bolsa Alimentação**), à instituição de agentes comunitários de saúde para trabalho preventivo e assistencial nas comunidades carentes e à distribuição de material escolar. De forma inédita, o governo instituiu o programa denominado **Bolsa Escola**, que consistia no pagamento de uma renda mínima a famílias pobres que mantivessem os filhos na escola.

Quanto às questões de terra, o governo procurou implantar um programa de reforma agrária após a ocorrência dos massacres de trabalhadores rurais em Corumbiara (RO), em 1995, e em Eldorado dos Carajás (PA), em 1996.

Manifestantes com faixas durante protesto contra a privatização da Companhia Siderúrgica Nacional (CSN), no centro do Rio de Janeiro, em 1993.

4) Tempos de ênfase na inclusão social

Luiz Inácio Lula da Silva venceu o segundo turno das eleições presidenciais de 2002, com 61,4% dos votos válidos. O candidato do PSDB, José Serra, obteve 38,6% dos votos. Quatro anos depois, um novo embate com um candidato do PSDB resultou na reeleição de Lula.

Nas duas eleições seguintes, em 2010 e 2014, **Dilma Rousseff** (1947-), ex-chefe da Casa Civil e ministra das Minas e Energia do governo Lula, venceu as eleições presidenciais, também pelo PT. Assim, de janeiro de 2003 a agosto de 2016, o país foi governado de forma a associar estabilidade econômica com diminuição das desigualdades sociais. Entre as medidas adotadas, destacaram-se:

- transferência de renda aos setores menos favorecidos da população;
- valorização do salário mínimo;
- manutenção de condições favoráveis ao mercado interno de trabalho;
- expansão da oferta de crédito para a população.

A transferência de renda foi feita por meio da ampliação de programas sociais implantados no governo Fernando Henrique e unificados sob o nome **Bolsa Família**. O funcionamento permaneceu o mesmo: pagamento mensal em dinheiro às famílias cuja renda mensal não atingisse um patamar mínimo estabelecido. Como contrapartida, exigia-se o comprometimento com algumas obrigações, como a manutenção dos filhos na escola e o cumprimento do calendário de vacinação.

O salário mínimo, parâmetro adotado em negociações de aumento salarial na iniciativa privada, passou a ser corrigido anualmente, a partir de 2006, com base na taxa de inflação e no crescimento do PIB dos anos anteriores. Com essa fórmula, a correção deixou de ser um índice controlado pelo governo, passível de pressão da sociedade, como se dava até então.

Também fizeram parte das iniciativas governamentais a ampliação do número de trabalhadores com carteira assinada e a diminuição do trabalho informal. Buscou-se, dessa forma, aumentar o número de pessoas com direitos trabalhistas assegurados (como férias, aposentadoria, seguro-desemprego, assistência, recolhimento de Fundo de Garantia do Tempo de Serviço — FGTS), ao mesmo tempo que se ampliou o número de contribuintes para o sistema de previdência social.

A expansão do crédito à população, por sua vez, ocorreu em diferentes frentes, privilegiando direitos básicos, como o de aquisição da casa própria e de acesso à formação universitária por meio de juros subsidiados e longos prazos para a quitação da dívida. Com um cenário favorável de crescimento, queda da taxa de desemprego e aumento do valor da renda, os bancos privados passaram a oferecer maior volume de crédito pessoal para o financiamento de bens, como automóveis, eletrodomésticos e eletrônicos. No conjunto, o consumo interno pelas camadas populares aumentou e a atividade econômica do país se manteve dinâmica.

Em 2008, a falência de um importante banco estadunidense deu início a uma crise financeira internacional, cujos efeitos foram sentidos não somente nos Estados Unidos, mas também na Europa. A comunidade internacional passou a temer o início de uma fase de depressão econômica mundial semelhante à crise que ocorreu após a quebra da Bolsa de Nova York, em 1929.

As mulheres são titulares do cartão que permite o saque do Bolsa Família na maioria dos casos. Isso garante a autonomia de muitas delas, permitindo a melhoria das condições de vida de seus filhos. Na imagem, beneficiárias fazem fila para sacar o benefício em uma agência bancária de Salvador (BA), após boatos sobre o cancelamento do programa. Foto sem data.

Brasil e a reorganização democrática

No Brasil, no entanto, uma série de fatores colaborou para que os impactos fossem menores inicialmente, apesar da imediata diminuição da atividade produtiva. Entre eles estavam uma situação financeira bastante favorável, fruto de um processo de acumulação de divisas, e uma reação imediata do governo brasileiro pautada na intensificação do incentivo ao consumo e na diminuição dos juros básicos para as operações financeiras. Outro aspecto favorável foi o fato de a China, um dos principais compradores de produtos brasileiros na época, ter sido pouco afetada pela crise, mantendo, assim, suas importações.

Em 2010, o PIB brasileiro teve um crescimento de 7,5%, um dos maiores índices do mundo, após um recuo registrado no ano anterior. No mesmo período, a taxa de desemprego diminuiu para 8% da população ativa em 2010.

Ao longo dos oito anos do governo Lula, os resultados econômicos foram satisfatórios, revelando até uma melhora nas condições sociais. Resultados como esses, porém, não foram obtidos durante a gestão de Dilma Rousseff, sua sucessora.

Eleita sob forte clima de otimismo, Dilma teve que administrar os índices de inflação, a taxa de juros e a carga tributária para manter a atividade produtiva. Como o país era dependente do mercado internacional, a queda dos níveis de exportação afetou o desempenho da economia. Diante disso e também para tentar combater a inflação, a partir de 2012 o governo promoveu a redução de parte dos impostos. Se, por um lado, a atividade exportadora voltou a crescer, por outro, a diminuição da arrecadação passou a afetar os investimentos públicos em áreas sociais e na infraestrutura. A médio prazo, os gastos governamentais ficaram maiores do que a arrecadação, levando a sérios problemas financeiros.

Em 2010 e, depois, em 2014, Dilma Rousseff venceu as eleições presidenciais. Na imagem, de 1º de janeiro de 2011, Dilma Rousseff, acompanhada do vice-presidente, Michel Temer, encontra o ex-presidente Lula, no alto da rampa do Palácio do Planalto, na cerimônia de posse.

Governo de coalizão e a corrupção

A governabilidade de Lula, que se elegeu com grande apoio popular em 2002, foi obtida graças a uma estratégia de alianças políticas com outros partidos para garantir apoio do Congresso Nacional nas reformas apresentadas.

Antes do final do primeiro mandato, porém, um dos integrantes da base aliada, o deputado Roberto Jefferson (1953-), do PTB, denunciou à imprensa a existência de um esquema de compra do apoio de deputados. O dinheiro era administrado por agentes ligados ao PT e arrecadado junto a empresas públicas e privadas, por meio de contratos de publicidade e desvios de dinheiro.

A denúncia foi base para uma investigação da Polícia Federal, cujos resultados embasaram a Ação Penal 470, movida pelo Ministério Público Federal. Durante julgamento da ação pelo Supremo Tribunal Federal, amplamente transmitido em todas as mídias em 2014, ficou-se sabendo que o esquema, também conhecido como **mensalão**, envolveu bancos públicos e privados, empresários, deputados e dirigentes do PT, PP, PTB, PR e PL. Quarenta acusados foram condenados à prisão por diferentes motivos, como corrupção, lavagem de dinheiro e gestão fraudulenta. Entre os condenados estavam integrantes do governo Lula, como José Dirceu (1946-), ex-chefe da Casa Civil.

Protestos e redes sociais: as jornadas de junho de 2013

Em junho de 2013, uma série de protestos teve início na cidade de Porto Alegre, onde havia sido decretado o aumento das tarifas do transporte público. Logo, as manifestações se espalharam para outras capitais, como Rio de Janeiro, São Paulo e Natal. Os atos eram convocados pelos ativistas do **Movimento Passe Livre**, organização constituída em 2005 com o propósito de lutar pelo transporte público gratuito.

As primeiras manifestações foram fortemente reprimidas pela polícia. Mas a atuação das forças policiais aumentou as tensões e estimulou novos protestos. Imagens fotografadas por celulares e informações disseminadas pelas redes sociais incentivaram a presença cada vez mais intensa de cidadãos nas ruas.

Em poucos dias, outras reivindicações foram surgindo. Cartazes revelavam o descontentamento da população com a baixa qualidade dos transportes públicos, mas também com a do sistema público de saúde e educação. A falta de moradia popular, a violência policial e os gastos excessivos com a Copa do Mundo de Futebol em 2014, no Brasil, também foram criticados pelos manifestantes. Esses temas foram se sobrepondo à questão do aumento das tarifas, que, a essa altura, diante de tantos protestos, já tinha sido suspensa em muitas cidades, como São Paulo, Rio de Janeiro, Aracaju, João Pessoa, Recife e Cuiabá. Mesmo assim, as manifestações não cessaram.

Os maiores atos ocorreram entre os dias 17 e 20 de junho, quando o governo federal, os governadores e a Presidência do Poder Legislativo procuraram dar uma resposta à população, lançando um pacto nacional de ação para enfrentar os temas identificados nas ruas. No entanto, apesar do empenho de muitos ministros e parlamentares, parte significativa das promessas não foi cumprida.

É possível observar semelhanças entre essas manifestações de 2013 e os movimentos populares ocorridos em outros países em 2011, como a **Ocupação de Wall Street**, em Nova York, a mobilização dos **Indignados**, na Espanha, e os protestos populares que compuseram a **Primavera Árabe**, em países como a Líbia e o Egito. Apesar de distintos em suas reivindicações, nota-se em todos eles o uso generalizado de celulares conectados à internet, com capacidade de formar uma ampla rede de transmissão de informação. Tal capacidade de comunicação, que funcionou à parte das mídias tradicionais, como jornais e revistas, colaborou para reunir até mesmo pessoas que nunca haviam se envolvido em manifestações políticas.

Brasília, Distrito Federal, 17 de junho de 2013. Teto do Congresso Nacional ocupado por manifestantes.

O governo Dilma e o *impeachment*

Ainda com a popularidade em alta, a presidente Dilma Rousseff conseguiu se reeleger em 2014. Porém, as primeiras iniciativas tomadas no início do segundo mandato indicavam que havia uma grave crise nas contas públicas, fato que não tinha sido exposto durante a campanha.

Desde os primeiros meses de 2015, o governo passou a apresentar ao Congresso Nacional uma série de mudanças econômicas e financeiras que poderiam ter impacto negativo no poder de compra da população, no regime de aposentadorias e nos programas sociais em curso.

Nesse cenário, a oposição ao governo passou a defender o afastamento da presidente, alegando que ela havia faltado com a verdade durante a campanha ao não apresentar aos eleitores a real situação financeira do país. A oposição ganhou força ao longo de 2015 e 2016, sendo liderada por parcelas do PMDB — partido do qual faziam parte o vice-presidente, **Michel Temer** (1940-), e diversos ministros de Estado —, do PSDB e por partidos de tendência liberal.

Diante de uma inflação crescente e do aumento das taxas de juros, os investimentos do setor privado foram diminuindo. O governo, por sua vez, tendo de administrar o *deficit* das contas públicas, também cortou gastos em investimentos. O desemprego cresceu, chegando a 10% no primeiro semestre de 2016. Um novo ciclo de recessão econômica ganhou impulso, colocando em risco a continuidade da política social-desenvolvimentista iniciada em 2003.

A situação econômica foi agravada por questões políticas à medida que foi se tornando público o esquema de corrupção na Petrobras, envolvendo empreiteiras, deputados e membros de diversos partidos. Entre os envolvidos nas investigações estavam o PT e outros partidos que apoiavam a presidente. As apurações, conduzidas pela Polícia Federal, receberam o nome de **Operação Lava Jato**, por causa da descoberta do uso de um posto de combustível e de lavagem de automóveis para movimentar recursos ilícitos, desviados de contratos da Petrobras.

As medidas impopulares do governo para enfrentar problemas de caixa, somadas às revelações de corrupção, deram início, em março de 2015, a grandes manifestações populares contra a presidente Dilma Rousseff e contra o próprio PT. Movimentos sociais, sindicatos e militantes de partidos de esquerda organizaram manifestações a favor do governo.

Após a perda do apoio da maior parte do Congresso Nacional, um processo de *impeachment* da presidente foi aberto em abril de 2016.

Em maio, Dilma foi afastada. Em agosto, perdeu o cargo. No dia 31, o vice-presidente, Michel Temer, foi empossado como o novo presidente da República.

Manifestantes protestam contra a presidente Dilma Rousseff, pedindo seu *impeachment*, às margens do rio Negro, em Manaus, Amazonas. Foto de 13 de março de 2016.

Manifestantes protestam contra o *impeachment* da presidente Dilma Rousseff no centro de Porto Alegre, Rio Grande do Sul. Foto de 31 de março de 2016.

5 O governo Michel Temer

O governo Temer começou sob um quadro de grande instabilidade política. O *impeachment* de Dilma, afastada por descumprir a Lei de Responsabilidade Fiscal, por meio das chamadas "**pedaladas fiscais**", foi motivo de grande repercussão em todo o país e até mesmo no exterior. Muito se falou sobre a legalidade ou não desse processo. O PT e parte de sua base aliada, movimentos sociais e de esquerda e parcela da população alegavam que havia ocorrido um golpe.

Após meses como presidente interino, Temer foi empossado em 31 de agosto de 2016. A partir de então, seu governo conseguiu a aprovação de algumas medidas, como:

- a Emenda Constitucional que limita os gastos públicos por 20 anos (a chamada PEC 55), estabelecendo um teto para os investimentos do Estado em todas as áreas;
- o projeto de reforma do Ensino Médio, que flexibiliza o currículo por áreas de conhecimento. A fundamentação caberia à **Base Nacional Comum Curricular** (**BNCC**) em que o estudante contaria com algumas disciplinas obrigatórias e outras optativas. Era apontada também a possibilidade de o aluno escolher o ensino técnico em vez do ensino tradicional;
- saque do dinheiro das contas inativas do Fundo de Garantia do Tempo de Serviço (FGTS) dos trabalhadores que tivessem pedido demissão até 31 de dezembro de 2015, na tentativa de injetar mais dinheiro na economia brasileira.

A oposição criticou algumas dessas medidas, alegando que a PEC 55 prejudicaria principalmente os setores mais pobres da população, uma vez que áreas como a saúde e a educação teriam seus gastos limitados. Já a reforma do Ensino Médio empobreceria a formação dos estudantes e ampliaria as desigualdades nessa área, já que as escolas públicas não teriam como ministrar as diversas **áreas formativas** propostas pelo governo. Muitos estudantes ocuparam escolas em todo o país para demonstrar seu descontentamento com essa reformulação.

Os governistas defendiam que o controle dos gastos federais era a forma de reequilibrar as contas do país, reduzir as taxas de juros e promover o crescimento econômico.

Sobre o chamado Novo Ensino Médio, a base do governo dizia que cada estado teria autonomia para decidir quais disciplinas seriam ofertadas de acordo com as possibilidades de suas escolas e que a BNCC garantiria uma uniformidade mínima no conteúdo estudado.

Outro ponto do governo Temer, alvo de muitas críticas, foi a **Reforma da Previdência**. Segundo as regras até então vigentes, homens a partir de 60 anos e mulheres a partir de 55 anos, com contribuição mínima de 15 anos, podiam requerer sua aposentadoria. A nova proposta, inicialmente, apontou a fixação da idade mínima de 65 anos para ambos os sexos e um período de contribuição de 25 anos. Para que o valor da aposentadoria correspondesse a 100% do benefício, seria necessário contribuir por um período de 49 anos.

Temer e sua equipe alegaram que a maior expectativa de vida dos brasileiros e a diminuição no número de jovens – base de sustentação do sistema previdenciário – justificavam as mudanças. De acordo com os analistas do governo, sem elas seria impossível manter o pagamento para todos os aposentados, uma vez que a previdência já vinha apresentando *deficit* ano após ano.

Contrários ao aumento do tempo de trabalho, milhares de trabalhadores e organizações sindicais saíram em protesto nos dias 15 de março e 28 de abril de 2017 em todo o país.

Enquanto isso, o nome de Michel Temer foi citado em alguns depoimentos de grandes empreiteiros investigados na Operação Lava Jato, que alegavam ter pago ao presidente e ao seu partido (PMDB) valores não declarados ao Tribunal Superior Eleitoral no financiamento da campanha eleitoral de 2014.

Em maio e junho de 2017, novas denúncias de corrupção multiplicaram as vozes contrárias à continuidade do governo Temer, ampliando a crise e a incerteza quanto ao rumo político nacional.

---

pedaladas fiscais: prática que consiste no atraso da transferência de recursos do Tesouro Nacional a bancos públicos e privados para quitar dívidas de benefícios sociais.

áreas formativas: no processo de reformulação do Ensino Médio, essas áreas seriam Linguagens e suas tecnologias; Matemática e suas tecnologias; Ciências da Natureza e suas tecnologias; Ciências Humanas e Sociais aplicadas e Formação técnica e profissional.

Brasil e a reorganização democrática

6. Cidadania: direitos sociais e ações afirmativas

Mesmo com uma trajetória histórica marcada pelo preconceito e pela violência, afrodescendentes, indígenas e mulheres conquistaram força política e passaram a lutar pela superação de injustiças sociais nas últimas décadas.

Reparando algumas injustiças contra os afrodescendentes

Em 1996, pela primeira vez no país um presidente assumiu publicamente a existência de práticas de discriminação racial no Brasil. Seis anos depois, o mesmo presidente instituiu o **Programa Nacional de Ações Afirmativas**, que estabelece cotas para afrodescendentes e mulheres como critério para contratação de servidores públicos federais e também de trabalhadores em empreiteiras que tenham contratos com o governo.

Em 2003, o governo Lula tornou obrigatória, por força de lei, a abordagem de conteúdos sobre a história da África e a cultura afro-brasileira na Educação Básica. O objetivo era permitir que as novas gerações conhecessem a diversidade étnica e os diferentes processos históricos ocorridos naquele continente, além de compreender como se desenvolveu, ao longo do tempo, a vida de africanos e afrodescendentes no país.

Também foram adotadas medidas para diminuir o desequilíbrio existente entre o número de jovens afrodescendentes e brancos no Ensino Superior. Para isso, tanto a União como os estados implantaram medidas de incentivo para que as universidades públicas adotassem programas de inclusão de estudantes pobres e afrodescendentes. Nesse sentido, as instituições federais e estaduais de todo o país incorporaram mecanismos de reserva de vagas destinadas a esses alunos, ao mesmo tempo que o governo estabelecia um programa federal de bolsa de estudos para garantir a permanência desses alunos nas instituições.

A adoção de cotas e a concessão de bolsas de estudo geraram intenso debate na sociedade. Seus defensores alegaram a urgência de reparar um histórico de opressão. Para eles, os números deixavam claro que a população afrodescendente tinha menor acesso aos estudos em instituições públicas. Seus opositores, em contrapartida, alegaram que as medidas feriam o princípio da não discriminação e do respeito à dignidade humana preconizado na Constituição. O assunto foi encerrado somente em 2012, quando o Supremo Tribunal Federal alegou que tais medidas eram constitucionais. No mesmo ano, foi sancionada a lei que instituiu a reserva de 50% das vagas das universidades federais do país para alunos de escolas públicas. Dessas vagas, um percentual deveria ser destinado a afrodescendentes e indígenas em número proporcional à quantidade de negros, pardos e indígenas existentes no estado em que a instituição estivesse situada.

Na década de 2000, a população afrodescendente também viu avanços em outra frente de luta: a posse da terra pelas comunidades quilombolas. Mesmo com a oposição de latifundiários e de seus representantes partidários no Congresso Nacional e nas Assembleias Legislativas estaduais, o assunto ganhou legitimidade e força jurídica no período da redemocratização do país.

A Constituição de 1988 prevê o dever do Estado de emitir os títulos de posse aos remanescentes das comunidades, mas somente onze anos após sua publicação tal direito foi posto em prática. A primeira iniciativa de regulamentação foi adotada pelo governo do Pará, sob pressão de comunidades quilombolas daquele estado. No âmbito federal, foi em novembro de 2003 que o governo estabeleceu as regras necessárias para o cumprimento da Constituição.

Até o início de 2017, 167 territórios quilombolas, em 16 estados, estavam devidamente documentados. Neles viviam aproximadamente 16,5 mil famílias, de um total de mais de 200 mil existentes no país, segundo estimativas de órgãos públicos e de organizações sociais que lidam com o tema (dados disponíveis em: <www.cpisp.org.br/terras/asp/terras_tabela.aspx>, acesso em: 18 mar. 2017).

Para os defensores da causa, a lentidão para a regularização estava relacionada com as excessivas regras burocráticas e a pouca estrutura dos órgãos competentes, atestando falta de empenho para a solução da posse de terra em favor dessa população.

> **Ações Afirmativas**: termo designado para políticas públicas ou iniciativas de empresas privadas destinadas a corrigir as desigualdades existentes na sociedade. As ações, em geral, buscam oferecer igualdade de oportunidades a todos, nos âmbitos econômico, cultural, político e social, e combater o preconceito e o racismo.

Para a população afrodescendente dos grandes centros urbanos, o período de 2003 a 2016 foi de poucos avanços na consolidação do fim do preconceito racial e da discriminação: ela continuou a receber salários mais baixos do que a população branca e a ocupar um número menor de cargos de chefia.

No âmbito da violência urbana, os jovens afrodescendentes eram as maiores vítimas de assassinatos. Segundo dados da CPI do Senado sobre o Assassinato de Jovens, em 2016 a cada 23 minutos um jovem negro entre 15 e 29 anos era assassinado. Segundo dados de 2014 do Sistema de Informações de Mortalidade do Ministério da Saúde, 30 mil jovens haviam morrido em 2012, sendo 77% deles negros. Nas cidades com mais de 100 mil habitantes, a probabilidade de um adolescente negro morrer assassinado era, aproximadamente, quatro vezes maior que a de um jovem branco.

Protesto de alunos da Universidade de São Paulo (USP) pela adoção de cotas para negros na instituição. Foto de 24 de junho de 2014.

E os indígenas foram à luta

Durante o processo de redemocratização do Brasil, as atividades econômicas do país centraram-se na exportação de produtos agropecuários e minerais e na implantação de uma infraestrutura facilitadora do escoamento desses produtos. Essas iniciativas ampliaram as disputas de territórios entre indígenas e empresários e induziram o governo brasileiro a atuar em favor das relações produtivas e lucrativas. Nesse sentido, os últimos anos têm registrado, por parte dos órgãos públicos, lentidão em demarcações de terras e assistência à população indígena.

Desde o início dos anos 1970, os indígenas de todo o país contam com o apoio de associações civis (indígenas e não indígenas) que surgiram em defesa da democracia e da autonomia de todos os povos, como a Comissão Pró-Índio e a Associação Brasileira de Antropologia, entre outras. Isso demonstra a articulação política dos povos indígenas que passou a vigorar a partir dessa década. Com isso, eles foram, aos poucos, vencendo o isolamento a que foram submetidos ao longo da História.

Do conjunto de entidades, destacou-se o **Conselho Indigenista Missionário (Cimi)**, ligado à CNBB. O Cimi visava ajudar os indígenas a se conscientizar de seus direitos e a buscar autonomia política, respeitando seu modo de vida, suas tradições e sua cultura. Para alcançar os objetivos, a instituição promoveu, entre 1974 e 1984, mais de 50 assembleias indígenas, reunindo povos de vários estados brasileiros para discutir os problemas de cada aldeia e também temas mais amplos e comuns a todos, como a questão da posse da terra e a relação dos indígenas com o Estado.

Nesse processo, surgiram importantes lideranças indígenas, como Antonio Tukano e Ailton Krenak, participantes da criação da **União das Nações Indígenas (UNI)**, em 1980, e Marcos Terena e Paulo Paiakã, articuladores de encontros dos **Povos da Amazônia**. Esses encontros foram organizados com o objetivo de discutir os grandes projetos governamentais destinados àquela região.

A mobilização indígena e o surgimento de outras associações nacionais e internacionais de apoio ao desenvolvimento dessas populações colaboraram para que a questão fosse contemplada na Constituição de 1988. A Carta reconhece a organização social, os costumes, as tradições, a língua e a cultura dos povos indígenas, além do direito deles sobre as terras que ocupavam.

No final da década de 1980, as discussões em torno da sobrevivência dos indígenas, do respeito às suas tradições, das demarcações de terra e dos impactos referentes à devastação da Floresta Amazônica não ficavam restritas ao país. Lideranças como Mario Juruna e o cacique Raoni, da etnia Kayapó, eram frequentemente convidadas para eventos na Europa e nos Estados Unidos para tratar desses temas, ajudando a atrair a atenção de personalidades internacionais à causa indígena, como o então presidente da França, François Mitterrand, o príncipe Charles, do Reino Unido, o papa João Paulo II e o cantor inglês Sting.

Em fevereiro de 1989, em Altamira, no Pará, ocorreu o **Primeiro Encontro dos Povos Indígenas do Xingu**, reunindo, aproximadamente, 3 mil pessoas. O evento buscava impedir o andamento do projeto de construção da usina de Belo Monte e de outras quatro usinas previstas para a região amazônica. O projeto do governo brasileiro resultaria na destruição de áreas da floresta, onde viviam diferentes etnias que não haviam sido ouvidas ou consultadas. O evento acabou atraindo a atenção de toda a sociedade brasileira e da mídia internacional.

O projeto da usina de Belo Monte voltou a ser discutido no primeiro governo Lula, com a intenção de fornecer energia a uma área de expansão econômica entre os estados do Pará, Mato Grosso e Tocantins. Sob pressão do movimento indígena, o projeto original foi modificado para amenizar os impactos sobre o meio ambiente: a área de floresta a ser inundada foi reduzida de 1 200 para 400 quilômetros quadrados.

Em 2011, as obras foram iniciadas, cercadas de denúncias feitas por seus opositores. Entre eles, estavam os povos da região, ambientalistas e cientistas, nacionais e internacionais. Os indígenas alegavam haver grupos nativos isolados nas proximidades do local da barragem, sujeitos ao extermínio. Afirmavam, ainda, que faltavam informações sobre os impactos que a usina teria na vida do rio e da mata, dos quais dependiam para sua sobrevivência. Por fim, criticavam o governo por não ter consultado as comunidades locais, como prevê a Constituição.

Apesar das incertezas e da resistência indígena, a usina começou a operar no primeiro semestre de 2016.

Situações semelhantes de desrespeito aos povos indígenas ocorreram no planejamento das usinas de Jirau e de Santo Antônio, ambas no rio Madeira, em Rondônia, e inauguradas em 2013.

Nos últimos anos, a população indígena tem convivido com a expansão do agronegócio e da exploração de minérios em áreas ocupadas que ainda não foram devidamente demarcadas pelo poder público. Aldeias em regiões onde mais se concentram populações indígenas, como Pará, Mato Grosso, Mato Grosso do Sul, Roraima e Rondônia, têm ficado sujeitas à violência de milícias armadas que agem a mando de latifundiários e mineradores. Entre 2003 e 2015, por exemplo, ocorreram 891 assassinatos de indígenas, muitos deles líderes da resistência ao avanço do agronegócio e da luta pela regularização de terras.

Em maio de 2013, indígenas ocuparam o local onde estava sendo construída a barragem da hidrelétrica de Belo Monte, no Pará. Apesar de não terem conseguido impedir a construção, os grupos forçaram o governo a fazer uma revisão completa do projeto.

Leituras

O feminismo e a luta das mulheres

No Dia Internacional da Mulher, celebrado todo dia 8 de março, milhares de pessoas saem às ruas para protestar contra o feminicídio, a discriminação e a desigualdade de direitos entre os gêneros. Movimentos feministas e simpatizantes da causa se unem em diversas cidades do país e do mundo. Em muitos locais, há greves e paralisações. Questões relacionadas ao direito da mulher também são levantadas, como a legalização do aborto no Brasil. Apesar do grande avanço que a Lei Maria da Penha representa, outras medidas precisam ser tomadas para diminuir a violência e a desigualdade que as mulheres enfrentam no dia a dia.

A reportagem a seguir trata do impacto do 8 de março de 2017.

> As mulheres param em todo o mundo neste 8 de março. Um protesto contra a opressão de gênero, mas também contra o avanço das políticas neoliberais e a redução de direitos sociais e trabalhistas. Uma realidade que é brasileira, mas é também latino-americana, norte-americana, europeia, asiática... Pelos propósitos, pela mobilização e o caráter mundial do evento será uma jornada histórica.
>
> O ativismo feminista tem se mostrado uma força pungente de resistência nestes tempos sombrios. Seja na denúncia dos crimes de ódio contra as mulheres na Argentina com o movimento *Ni Una A Menos*, seja na greve geral das polonesas para derrubar o projeto que proibiria o aborto no país, seja à frente das ocupações das escolas secundaristas no Brasil em oposição aos cortes de verbas públicas para a saúde e a educação promovidos pelo governo Temer.
>
> Ou tomando as ruas de centenas de cidades norte-americanas no último dia 21 de janeiro [de 2017] para denunciar a agenda conservadora do recém-empossado presidente Donald Trump, que põe em risco os direitos civis das minorias e dos imigrantes nos Estados Unidos. [...]
>
> No Brasil, a paralisação acontece num cenário evidente de desigualdade de gênero no mundo do trabalho. As mulheres trabalham em média 53,6 horas semanais, 7,5 horas a mais do que os homens. Noventa por cento das mulheres dizem realizar tarefas domésticas contra apenas 50% dos homens, proporção praticamente inalterada nos últimos 20 anos segundo o estudo Retrato das Desigualdades de Gênero e Raça no Brasil, divulgado no início da semana pelo Ipea.
>
> As barreiras de gênero e raça permanecem firmes. "Apesar de, proporcionalmente, o rendimento das mulheres negras ter sido o que mais se valorizou entre 1995 e 2015 (80%), e o dos homens brancos ter sido o que menos cresceu (11%), a escala de remuneração manteve-se inalterada em toda a série histórica: homens brancos têm os melhores rendimentos, seguidos de mulheres brancas, homens negros e mulheres negras. [...]
>
> A força do protesto deste 8 de março de 2017 se assenta na forma como o movimento feminista vem construindo sua relevância política e sua capacidade de mobilização nos últimos anos. Princípios como horizontalidade, organização fora das estruturas engessadas e pouco democráticas dos partidos, [...] simbiose entre a ação da juventude e a experiência das lutas do passado, e especialmente o entendimento de que a causa feminista está diretamente ligada ao combate à homofobia e ao preconceito racial e associada à luta de classes.

PORTELA, Laércio. 8 de março de 2017: uma jornada histórica do movimento feminista. *Marco Zero Conteúdo*. Disponível em: <https://marcozero.org/8-de-marco-de-2017-uma-jornada-historica-do-movimento-feminista>. Acesso em: 18 mar. 2017.

Mulheres protestam durante a manifestação do Dia Internacional da Mulher, realizada na Esplanada dos Ministérios, Brasília, no dia 8 de março de 2017.

Atividades

Retome

1. Em 1987, foi instaurada uma Assembleia Constituinte para elaborar uma nova Constituição para o Brasil.

    a) Caracterize o cenário político e econômico brasileiro daquele período.

    b) Por que é possível dizer que a Constituição, promulgada em 1988, trouxe uma série de avanços sociais para o país? Dê exemplos desses avanços.

2. Identifique alguns dos fatores que marcaram o governo Fernando Collor de Mello. Depois, explique por que esse governo gerou insatisfação entre a população brasileira.

3. O Plano de Estabilização Econômica, conhecido como Plano Real, teve início em 1994.

    a) Explique por que esse plano trouxe, naquele momento, estabilidade econômica ao país.

    b) Qual é a relação entre o Plano Real e a candidatura de Fernando Henrique Cardoso à Presidência da República em 1994?

4. Caracterize, de forma sintética, os dois mandatos de Lula, identificando e explicando as medidas relacionadas ao chamado social-desenvolvimentismo adotadas no período.

5. Cite uma das medidas aprovadas no governo Temer, relacionando os argumentos favoráveis e contrários a ela. Em seguida, produza um breve comentário com a sua opinião sobre o assunto.

Pratique

6. Como vimos, o período em que vivemos pode ser considerado um tempo de luta pela manutenção dos direitos já conquistados e um tempo em que a expansão de novos direitos a serem alcançados se faz importante. Para refletir sobre essa questão, leia os trechos da entrevista realizada com o sociólogo brasileiro Marcello Barra.

> **No Brasil, percebe-se uma polarização: uma relação de amor com o transporte privado (carro ou moto) e um certo desprezo quando se trata de transporte coletivo. Isso reflete a realidade?**
>
> Essa é uma questão bastante contraditória. De um lado, a sociedade capitalista e individualista prima pelo indivíduo sobre o todo, por isso, o transporte individual reflete, em parte, o modelo da sociedade em que vivemos. Existe a tendência de amor pelo aspecto individual e de desprezo pelo coletivo. Mas esse modelo individualista não consegue sobreviver, especialmente numa grande cidade. O automóvel individual começa a demandar horas para o deslocamento e torna-se parte importante do problema. E isso não é uma questão só brasileira. Há um consenso no meio acadêmico de que sem o transporte coletivo não há saída e as cidades serão foco de revoltas ainda maiores.
>
> **Nos países desenvolvidos, percebe-se a mesma fúria contra o transporte público?**
>
> Não nas mesmas dimensões. Na sociedade francesa, o transporte coletivo é consagrado como um direito, realizado de maneira mais plena. Lá, percebe-se que a revolta é contra os carros, o transporte individual. Aqui é contra o transporte público porque não é um direito consagrado e vigente, que funcione de maneira orgânica.
>
> **Faltam políticas públicas para o transporte público no Brasil?**
>
> A realidade é que não existem políticas públicas para o transporte no Brasil. Essa é a nossa realidade. É triste. Houve uma revolta que mobilizou a sociedade e teve resultados vazios. [...] Existe uma política de transporte, mas de transporte individual. Quando se dá incentivo às montadoras, quando se reduzem impostos sobre o consumo de veículos individuais, configura-se uma política do transporte individual. Mas não é uma política pública porque ela teria esse transporte como complemento, não como seu fator principal como percebemos hoje.
>
> Sem transporte de qualidade, cidades serão foco de revoltas ainda maiores, afirma sociólogo. In: *Revista NTU Urbano*. Ano III, n. 13, jan./fev. 2015. p. 9. Disponível em: <www.ntu.org.br/novo/upload/Publicacao/Pub635629598079065291.pdf>. Acesso em: 18 mar. 2017.

a) Segundo o sociólogo, que fatores fazem com que o transporte privado (carro ou moto) seja o tipo de transporte privilegiado no país?

b) Que consequências o uso intenso do transporte privado, em detrimento do transporte coletivo, pode trazer a uma cidade?

c) Quando o sociólogo diz "Houve uma revolta que mobilizou a sociedade e teve resultados vazios", a que revolta ele está se referindo? Cite algumas das reivindicações que apareceram no período de protestos a que o sociólogo faz referência e de que maneira elas se relacionam com o assunto da entrevista.

d) Em 2015, o Senado aprovou uma Proposta de Emenda Constitucional (PEC) para fazer com que o transporte coletivo se tornasse um direito social. O transporte coletivo, no Brasil, era anteriormente considerado serviço essencial. Pela PEC, o transporte coletivo (urbano e metropolitano) passou a fazer parte do Artigo 6º da Constituição Federal, como ocorre com educação, saúde, alimentação, trabalho, moradia, previdência social e outros direitos sociais. Qual é a importância de transformar o transporte coletivo em direito social, pela Constituição? Essa ação pode trazer melhorias ao transporte coletivo? Como?

e) Cite e explique outra Proposta de Emenda Constitucional e de que forma ela garante a expansão dos direitos dos grupos sociais aos quais ela se refere.

Analise uma fonte primária

7. Artistas e chargistas brasileiros vêm, há bastante tempo, retratando os mais importantes momentos políticos do Brasil. A charge a seguir, publicada em 2006, trata de alguns temas que estavam em pauta no período em que foi produzida. Observe-a e faça as atividades propostas.

HONRA AO MÉRITO

- Esta foi quando me safei da CPI dos Correios, esta outra, por ter me livrado da CPI do Mensalão e esta aqui, foi agora na dos Sanguessugas!

Charge criada pelo artista Angeli e publicada em 3 de dezembro de 2006.

a) Que grupo social está representado na charge?
b) Por que o autor da charge deu o título de "Honra ao mérito" à sua obra?
c) Explique o significado da sigla CPI. Depois, identifique e explique pelo menos uma das CPIs citadas na charge.
d) Que visão a charge transmite a respeito da política e dos políticos brasileiros? Você concorda com essa visão? Por quê?

Articule passado e presente

8. Para refletir um pouco mais a respeito dos debates sobre a usina de Belo Monte e sobre a construção de hidrelétricas de modo geral, leia os textos a seguir.

> O artigo 231 da Constituição Federal, relacionado aos direitos dos índios, determina que o aproveitamento de recursos hídricos em Terras Indígenas, aí incluídos os potenciais energéticos, só pode ser efetivado com a autorização do Congresso Nacional, ouvidas as comunidades afetadas.
>
> Especial Belo Monte. Um conjunto complexo de impactos socioambientais. *Instituto Socioambiental* (ISA). Disponível em: <https://site-antigo.socioambiental.org/esp/bm/isa.asp>. Acesso em: 18 mar. 2017.

> As hidrelétricas geram a maior parte da eletricidade do país hoje, e sua expansão é defendida pelo governo como única opção para gerar energia "limpa" e "firme" [...].
>
> [Para o ecólogo paraense Carlos Peres, professor da Universidade de East Anglia, no Reino Unido,] relatórios de impacto ambiental precisam ser melhorados, e "em muitos casos, esses projetos precisam ser cancelados" [...]. Para ele, a ameaça de extinção a uma espécie endêmica deveria ser razão para cancelar uma hidrelétrica. A demanda adicional de energia poderia ser suprida com novas fontes renováveis e, para a Amazônia, com pequenas centrais hidrelétricas.
>
> ANGELO, Claudio. Hidrelétricas causarão extinções, diz estudo. *Observatório do clima*, 17 mar. 2016. Disponível em: <www.observatoriodoclima.eco.br/hidreletricas-causarao-extincoes-diz-estudo>. Acesso em: 18 mar. 2017.

a) O que a Constituição Federal prevê em relação ao aproveitamento dos recursos hídricos em Terras Indígenas? Segundo as informações do capítulo e as notícias que você acompanha na mídia e nas redes sociais, será que aquilo que a Constituição diz está sendo cumprido na prática?

b) Qual é o principal argumento oficial do governo ao defender a expansão da construção de hidrelétricas?

c) Que argumentos o ecólogo paraense Carlos Peres, citado em um dos textos, usa para condenar a expansão da construção de hidrelétricas no Brasil e, em especial, na Amazônia?

Brasil e a reorganização democrática — 707

Enem e vestibulares

Unidade 1

1. (Enem) Segundo a explicação mais difundida sobre o povoamento da América, grupos asiáticos teriam chegado a esse continente pelo estreito de Bering, há 18 mil anos. A partir dessa região, localizada no extremo noroeste do continente americano, esses grupos e seus descendentes teriam migrado, pouco a pouco, para outras áreas, chegando até a porção sul do continente. Entretanto, por meio de estudos arqueológicos realizados no Parque Nacional Serra da Capivara (Piauí), foram descobertos vestígios da presença humana que teriam até 50 mil anos de idade. Validadas, as provas materiais encontradas pelos arqueólogos no Piauí:

a) comprovam que grupos de origem africana cruzaram o oceano Atlântico até o Piauí há 18 mil anos.

b) confirmam que o homem surgiu primeiramente na América do Norte e, depois, povoou os outros continentes.

c) contestam a teoria de que o homem americano surgiu primeiro na América do Sul e, depois, cruzou o estreito de Bering.

d) confirmam que grupos de origem asiática cruzaram o estreito de Bering há 18 mil anos.

e) contestam a teoria de que o povoamento da América teria iniciado há 18 mil anos.

2. (Enem)

Pintura rupestre da Toca do Pajaú (PI).

Disponível em: <www.betocelli.com>. Acesso em: 23 nov. 2015.

A pintura rupestre acima, que é um patrimônio cultural brasileiro, expressa:

a) o conflito entre os povos indígenas e os europeus durante o processo de colonização do Brasil.

b) a organização social e política de um povo indígena e a hierarquia entre seus membros.

c) aspectos da vida cotidiana de grupos que viveram durante a chamada Pré-História do Brasil.

d) os rituais que envolvem sacrifícios de grandes dinossauros atualmente extintos.

e) a constante guerra entre diferentes grupos paleoíndios da América durante o período colonial.

3. (Enem)

Substitui-se então uma história crítica, profunda, por uma crônica de detalhes onde o patriotismo e a bravura dos nossos soldados encobrem a vilania dos motivos que levaram a Inglaterra a armar brasileiros e argentinos para a destruição da mais gloriosa república que já se viu na América Latina, a do Paraguai.

CHIAVENATTO, J. J. *Genocídio americano*: a Guerra do Paraguai. São Paulo: Brasiliense, 1979. (Adaptado.)

O imperialismo inglês, "destruindo o Paraguai, mantém o *status quo* na América Meridional, impedindo a ascensão do seu único Estado economicamente livre". Essa teoria conspiratória vai contra a realidade dos fatos e não tem provas documentais. Contudo essa teoria tem alguma repercussão.

DORATIOTO. F. *Maldita guerra*: nova história da Guerra do Paraguai. São Paulo: Companhia das Letras, 2002. (Adaptado.)

Uma leitura dessas narrativas divergentes demonstra que ambas estão refletindo sobre:

a) a carência de fontes para a pesquisa sobre os reais motivos dessa guerra.

b) o caráter positivista das diferentes versões sobre essa guerra.

c) o resultado das intervenções britânicas nos cenários de batalha.

d) a dificuldade de elaborar explicações convincentes sobre os motivos dessa guerra.

e) o nível de crueldade das ações do exército brasileiro e argentino durante o conflito.

4. (UFCE)

A História humana não se desenrola apenas nos campos de batalha e nos gabinetes presidenciais. Ela se desenrola também nos quintais entre plantas e galinhas, nas ruas de subúrbios, nas casas de jogos, nos prostíbulos, nos colégios, nas usinas, nos namoros de esquinas.

Ferreira Gullar

No que refere ao fato histórico e à produção do conhecimento histórico, é correto afirmar que:

a) o fato histórico não tem que ser, necessariamente, um grande acontecimento; ele também se faz no cotidiano das pessoas.

b) a missão do historiador é, a partir dos documentos primários, estabelecer os fatos históricos e estudá-los em sua linearidade.

c) o trabalho do historiador é mostrar os fatos como realmente ocorreram, não cabendo uma abordagem crítica.

d) a nova História tem-se preocupado, basicamente, em gerar uma produção histórica objetivando contestar a interpretação marxista da História.

e) a História marxista enfoca fatos históricos protagonizados por "heróis", reforçando a ideologia da classe dominante.

5. (Ufscar-SP)

Aconteceu num debate, num país europeu. Da assistência, alguém me lançou a seguinte pergunta:

— Para si o que é ser africano?

Falava-se, inevitavelmente, de identidade *versus* globalização.

Respondi com uma pergunta:

— E para si o que é ser europeu?

O homem gaguejou. Ele não sabia responder. Mas o interessante é que, para ele, a questão da definição de uma identidade se colocava naturalmente para os africanos. Nunca para os europeus. Ele nunca tinha colocado a questão ao espelho.

COUTO, Mia. Apud HERNANDEZ, Leila Leite. *A África na sala de aula*: visita à História Contemporânea, 2005.

Segundo o texto, o autor:

a) valoriza a ideia de que existe uma identidade natural entre os povos europeus, favorecendo a globalização.

b) denuncia a ideia genérica, presente entre os europeus, de que há uma suposta identidade natural entre os africanos.

c) lembra o fato de que a Europa tem uma história de tendência à globalização, em função da ausência de conflitos entre seus Estados-nações.

d) defende a existência de uma essência natural do que é ser europeu e do que é ser africano.

e) indica os valores culturais e nacionais europeus e africanos como fundadores do processo de globalização.

6. (UFPB) As relações entre as explicações míticas e as científicas encontram, na origem da espécie humana, um dos pontos fundamentais e controvertidos.

Sobre tais explicações, leia as afirmativas:

I. O livro do Gênesis estabelece, sobretudo para as tradições religiosas judaico-cristãs, o mito do Éden, no qual viviam Adão, criado por Deus e feito à sua semelhança, e Eva, criada também por Ele a partir de uma costela de Adão. Desse casal, descenderiam todos os homens. Os partidários dessa explicação são chamados de criacionistas.

II. O livro *A origem das espécies*, de autoria do naturalista inglês do século XIX Charles Darwin, estabelece, nas tradições modernas, a consolidação de uma explicação científica sobre o aparecimento da vida e o surgimento do *Homo sapiens*, que seria resultado das mutações genéticas adaptativas de símios. Essa explicação ficou conhecida como evolucionista.

III. O conhecimento histórico, baseado nas concepções científicas, demarca o aparecimento da espécie humana no período Paleolítico ou Idade da Pedra Lascada, ao que se segue o período Neolítico ou Idade da Pedra Polida e depois o período da Idade dos Metais, que, reunidos, compõem a chamada Pré-História.

Está(ão) correta(s):

a) apenas I.
b) apenas II.
c) apenas I e II.
d) apenas II e III.
e) I, II e III.

7. (Ufscar-SP)

[...] Pré-História do Brasil compreende a existência de uma crescente variedade linguística, cultural e étnica, que acompanhou o crescimento demográfico das primeiras levas constituídas por poucas pessoas [...] que chegaram à região até alcançar muitos milhões de habitantes na época da chegada da frota de Cabral. [...] não houve apenas um processo histórico, mas numerosos, distintos entre si, com múltiplas continuidades e descontinuidades, tantas quanto as etnias que se formaram constituindo ao longo dos últimos 30, 40, 50, 60 ou 70 mil longos anos de ocupação humana das Américas.

FUNARI, Pedro Paulo; NOELI, Francisco Silva. *Pré-História do Brasil*. 2002.

Considerando o texto, é correto afirmar que:

a) as populações indígenas brasileiras são de origem histórica diversa e, da perspectiva linguística, étnica e cultural, se constituíram como sociedades distintas.

b) uma única leva imigratória humana chegou à América há 70 mil anos e dela descendem as populações indígenas brasileiras atuais.

c) a concepção dos autores em relação à Pré-História do Brasil sustenta-se na ideia da construção de uma experiência evolutiva e linear.

d) os autores descrevem o processo histórico das populações indígenas brasileiras como uma trajetória fundada na ideia de crescente progresso cultural.

e) na época de Cabral, as populações indígenas brasileiras eram numerosas e estavam em um estágio evolutivo igual ao da Pré-História europeia.

8. (UFPI) Nas últimas décadas o Piauí vem figurando como um tema obrigatório nas discussões sobre o primitivo povoamento do território americano, o que decorre, principalmente, dos achados arqueológicos da Serra da Capivara, no município piauiense de São Raimundo Nonato. Sobre esse assunto, assinale, nas alternativas a seguir, aquela que está **incorreta**.

a) Os municípios de São Raimundo Nonato, no Piauí, e de Central, na Bahia, detêm os mais antigos vestígios da presença humana na região Nordeste.

b) O acervo arqueológico de São Raimundo Nonato é administrado pela Fumdham – Fundação Museu do Homem Americano.

c) A arqueóloga Niède Guidon, personalidade mais conhecida entre os profissionais que atuam junto ao acervo arqueológico de São Raimundo Nonato, tem protagonizado, ao longo dos anos, vários conflitos e polêmicas com o governo do Piauí, com órgãos federais como o Ibama e até mesmo com nativos do município de São Raimundo Nonato.

d) Os achados arqueológicos de São Raimundo Nonato, no Piauí, assim como aqueles encontrados na Bahia, impõem uma revisão das teorias sobre o povoamento da América e não deixam dúvidas quanto à natureza autóctone do homem americano.

e) Hoje, apesar de ainda ser forte a tese do povoamento da América ter-se dado através do estreito de Bering, os estudiosos, a partir de acervos arqueológicos como os do Piauí, consideram seriamente a hipótese de múltiplas correntes de povoamento. Quanto à data da chegada dos primeiros povoadores, ainda há muitas controvérsias, não estando, em rigor, nada definitivamente estabelecido.

9. (UPE)

Na bacia do Rio São Francisco, nas paleolagoas conhecidas hoje como tanques, foram achados ossos de animais extintos da fauna pleistocênica, que conviveram com o homem em diversas áreas da região, como Salgueiro e Alagoinha, em Pernambuco. Pesquisas mais recentes assinalaram, também, a presença de megafauna, como o mastodonte e a preguiça-gigante, como é o caso da lagoa Uri de Cima em Salgueiro.

MARTIN, Gabriela; PESSIS, Anne-Marie. *Breve panorama da Pré-História do vale do São Francisco no Nordeste do Brasil*. Revista FUMDHAMentos, v. 1, n. 10, 2013, p. 14. (Adaptado.)

O trecho acima propõe uma leitura da História do Brasil, que se caracteriza pela:

a) presença essencial dos europeus no continente americano.

b) inexistência de exemplares da megafauna em território brasileiro.

c) carência de estudos paleoantropológicos e sítios arqueológicos no Nordeste.

d) antiguidade da presença humana no país, anterior à chegada dos portugueses.

e) existência de répteis de porte avantajado, popularmente conhecidos como dinossauros.

10. (Fuvest-SP)

Um elemento essencial para a evolução da dieta humana foi a transição para a agricultura como o modo primordial de subsistência. A Revolução Neolítica estreitou dramaticamente o nicho alimentar ao diminuir a variedade de mantimentos disponíveis; com a virada para a agricultura intensiva, houve um claro declínio na nutrição humana. Por sua vez, a industrialização recente do sistema alimentar mundial resultou em uma outra transição nutricional, na qual as nações em desenvolvimento estão experimentando, simultaneamente, subnutrição e obesidade.

ARMELAGOS, George J. Brain evolution, the determinants of food choice, and the omnivore's dilemma. *Critical Reviews in Food Science and Nutrition*, 2014. (Adaptado.)

A respeito dos resultados das transformações nos sistemas alimentares descritas pelo autor, é correto afirmar:

a) A quantidade absoluta de mantimentos disponíveis para as sociedades humanas diminuiu após a Revolução Neolítica.

b) A invenção da agricultura, ao diversificar a cesta de mantimentos, melhorou o balanço nutricional das sociedades sedentárias.

c) Os ganhos de produtividade agrícola obtidos com as revoluções Neolítica e Industrial trouxeram simplificação das dietas alimentares.

d) As populações das nações em desenvolvimento estão sofrendo com a obesidade, por consumirem alimentos de melhor qualidade nutricional.

e) A dieta humana pouco variou ao longo do tempo, mantendo-se inalterada da Revolução Neolítica à Revolução Industrial.

11. (PUC-SP)

As fugidias confissões que os inquisidores tentavam arrancar dos acusados proporcionam ao pesquisador atual as informações que ele busca – claro que com um objetivo totalmente diferente. Mas, enquanto lia os processos inquisitoriais, muitas vezes tive a impressão de estar postado atrás dos juízes para espiar seus passos, esperando, exatamente como eles, que os supostos culpados se decidissem a falar das suas crenças.

GINZBURG, Carlo. *O fio e os rastros*. São Paulo: Companhia das Letras, 2007. p. 283-284. (Adaptado.)

O texto aponta semelhanças entre a expectativa do inquisidor, que colhia os depoimentos daqueles que eram julgados pelo Santo Ofício, e a expectativa do pesquisador, que, séculos depois, analisa os processos inquisitoriais. O "objetivo totalmente diferente" de cada um deles pode ser assim caracterizado:

a) enquanto o inquisidor desejava salvar a alma do acusado, por meio da expiação de seus pecados, o pesquisador consegue descobrir, no depoimento, a verdade completa e absoluta sobre o período.

b) enquanto o inquisidor ampliava os limites da fé cristã, ao perdoar os erros do acusado, o pesquisador consegue identificar a fé superior do membro da Igreja e os pecados cometidos pelos réus.

c) enquanto o inquisidor pretendia obter, do acusado, uma confissão ou o reconhecimento de culpa, o pesquisador deseja encontrar, no processo, indícios que o ajudem a compreender aquela experiência histórica.

d) enquanto o inquisidor assumia uma atitude de tolerância e respeito perante o acusado, o pesquisador penetra indevidamente na intimidade dessas duas pessoas.

Unidade 2

1. (Enem) Ao visitar o Egito do seu tempo, o historiador grego Heródoto (484-420/30 a.C.) interessou-se por fenômenos que lhe pareceram incomuns, como as cheias regulares do rio Nilo. A propósito do assunto, escreveu o seguinte:

Eu queria saber por que o Nilo sobe no começo do verão e subindo continua durante cem dias; por que ele se retrai e a sua corrente baixa, assim que termina esse número de dias, sendo que permanece baixo o inverno inteiro, até um novo verão. Alguns gregos apresentam explicações para os fenômenos do rio Nilo. Eles afirmam que os ventos do noroeste provocam a subida do rio, ao impedir que suas águas corram para o mar. Não obstante, com certa frequência, esses ventos deixam de soprar, sem que o rio pare de subir da forma habitual. Além disso, se os ventos do noroeste produzissem esse efeito, os outros rios que correm na direção contrária aos ventos deveriam apresentar os mesmos efeitos que o Nilo, mesmo porque eles todos são pequenos, de menor corrente.

HERÓDOTO. *História*, livro II, 19-23. 2. ed. Chicago: Encyclopaedia Britannica, 1990. p. 52-53. (Adaptado.)

Nessa passagem, Heródoto critica a explicação de alguns gregos para os fenômenos do rio Nilo. De acordo com o texto, julgue as afirmativas abaixo.

I. Para alguns gregos, as cheias do Nilo devem-se ao fato de que suas águas são impedidas de correr para o mar pela força dos ventos do noroeste.

II. O argumento embasado na influência dos ventos do noroeste nas cheias do Nilo sustenta-se no fato de que, quando os ventos param, o rio Nilo não sobe.

III. A explicação de alguns gregos para as cheias do Nilo baseava-se no fato de que fenômeno igual ocorria com rios de menor porte que seguiam na mesma direção dos ventos.

É correto apenas o que se afirma em:

a) I.
b) II.
c) I e II.
d) I e III.
e) II e III.

2. (Enem)

O que implica o sistema da pólis é uma extraordinária preeminência da palavra sobre todos os outros instrumentos do poder. A palavra constitui o debate contraditório, a discussão, a argumentação e a polêmica. Torna-se a regra do jogo intelectual, assim como do jogo político.

VERNANT, Jean-Pierre. *As origens do pensamento grego*. Rio de Janeiro: Bertrand, 1992. (Adaptado.)

Na configuração política da democracia grega, em especial a ateniense, a ágora tinha por função:

a) agregar os cidadãos em torno de reis que governavam em prol da cidade.

b) permitir aos homens livres o acesso às decisões do Estado expostas por seus magistrados.

c) constituir o lugar onde o corpo de cidadãos se reunia para deliberar sobre as questões da comunidade.

d) reunir os exércitos para decidir em assembleias fechadas os rumos a serem tomados em caso de guerra.

e) congregar a comunidade para eleger representantes com direito a pronunciar-se em assembleias.

3. (Enem)

No período 750-338 a.C., a Grécia antiga era composta por cidades-Estado, como, por exemplo, Atenas, Esparta, Tebas, que eram independentes umas das outras, mas partilhavam algumas características culturais, como a língua grega. No centro da Grécia, Delfos era um lugar de culto religioso frequentado por habitantes de todas as cidades-Estado.

No período 1200-1600 d.C., na parte da Amazônia brasileira onde hoje está o Parque Nacional do Xingu, há vestígios de quinze cidades que eram cercadas por muros de madeira e que tinham até dois mil e quinhentos habitantes cada uma. Essas cidades eram ligadas por estradas a centros cerimoniais com grandes praças. Em torno delas havia roças, pomares e tanques para a criação de tartarugas. Aparentemente, epidemias dizimaram grande parte da população que lá vivia.

Folha de S.Paulo, ago. 2008. (Adaptado.)

Apesar das diferenças históricas e geográficas existentes entre as duas civilizações, elas são semelhantes, pois:

a) as ruínas das cidades mencionadas atestam que grandes epidemias dizimaram suas populações.
b) as cidades do Xingu desenvolveram a democracia, tal como foi concebida em Tebas.
c) as duas civilizações tinham cidades autônomas e independentes entre si.
d) os povos do Xingu falavam uma mesma língua, tal como nas cidades-Estado da Grécia.
e) as cidades do Xingu dedicavam-se à arte e à filosofia tal como na Grécia.

4. (Enem) O fenômeno da escravidão, ou seja, da imposição do trabalho compulsório a um indivíduo ou a uma coletividade, por parte de outro indivíduo ou coletividade, é algo muito antigo e, nesses termos, acompanhou a história da Antiguidade até o séc. XIX. Todavia, percebe-se que tanto o *status* quanto o tratamento dos escravos variou muito da Antiguidade greco-romana até o século XIX em questões ligadas à divisão do trabalho. As variações mencionadas dizem respeito:

a) ao caráter étnico da escravidão antiga, pois certas etnias eram escravizadas em virtude de preconceitos sociais.
b) à especialização do trabalho escravo na Antiguidade, pois certos ofícios de prestígio eram frequentemente realizados por escravos.
c) ao uso dos escravos para a atividade agroexportadora, tanto na Antiguidade quanto no mundo moderno, pois o caráter étnico determinou a diversidade de tratamento.
d) à absoluta desqualificação dos escravos para trabalhos mais sofisticados e à violência em seu tratamento, independentemente das questões étnicas.
e) ao aspecto étnico presente em todas as formas de escravidão, pois o escravo era, na Antiguidade greco-romana, como no mundo moderno, considerado uma raça inferior.

5. (Enem)

Durante a realeza, e nos primeiros anos republicanos, as leis eram transmitidas oralmente de uma geração para outra. A ausência de uma legislação escrita permitia aos patrícios manipular a justiça conforme seus interesses. Em 451 a.C., porém, os plebeus conseguiram eleger uma comissão de dez pessoas – os decênviros – para escrever as leis. Dois deles viajaram a Atenas, na Grécia, para estudar a legislação de Sólon.

COULANGES, F. *A cidade antiga*. São Paulo: Martins Fontes, 2000.

A superação da tradição jurídica oral no mundo antigo, descrita no texto, esteve relacionada à:

a) adoção do sufrágio universal masculino.
b) extensão da cidadania aos homens livres.
c) afirmação de instituições democráticas.
d) implantação de direitos sociais.
e) tripartição dos poderes políticos.

6. (Vunesp) Observe a figura.

Painel decorativo da Tumba de Senedjem (Egito, século XIII a.C.).

A respeito do contexto apresentado, é correto afirmar:

a) A imagem demonstra que os agricultores das margens férteis do rio Nilo desconheciam a escrita.
b) Ao contrário da economia da caça de animais, que exigia o trabalho coletivo, a agricultura não originava sociedades humanas.

c) A imagem revela uma apurada técnica de composição, além de se referir à economia e à cultura daquele período histórico.

d) Os antigos egípcios cultivavam cereais e desconheciam as atividades econômicas do artesanato e da criação de animais.

e) A imagem comprova que as produções culturais dos homens estão desvinculadas de suas práticas econômicas.

7. (UFMS) Sobre a Bíblia e a história dos hebreus, é correto afirmar que:

a) a Bíblia é, ao mesmo tempo, o livro cujas traduções estão mais espalhadas pelo mundo e, segundo alguns historiadores, um dos menos lidos de todos os *best-sellers*. Além de ser um livro sagrado, ela também é uma importante fonte de pesquisa para o conhecimento da história dos hebreus.

b) o povo hebreu, do qual a Bíblia é originária, desde seus primórdios manifestou total desprezo pelas suas tradições escritas. Isso significa que, para eles, a tradição oral teve mais importância na transmissão de conhecimentos e costumes, enfim, para a manutenção de sua identidade.

c) na Bíblia, a história dos hebreus começa em Gênesis, quando Moisés, um dos patriarcas, recebeu a ordem de deixar a sua terra natal para ir rumo à terra que Deus lhe mostrou para nela se estabelecer.

d) embora a Bíblia seja considerada um livro sagrado, ela não deve ser vista como um documento que possa ser estudado por historiadores, pois religião e ciência são diferentes esferas do conhecimento.

e) a Bíblia, composta pelo Antigo e pelo Novo Testamento, é considerada integralmente um livro sagrado para cristãos, judeus e mulçumanos.

8. (UFSC) Várias sociedades antigas se desenvolveram ao longo de rios. Sobre elas, assinale a(s) proposição(ões) correta(s).

(01) As antigas China e Índia também são consideradas sociedades hidráulicas e se favoreceram, respectivamente, dos rios Amarelo e Indo.

(02) A China antiga foi rica em pensadores, como Sun Tzu, Confúcio e Lao-Tsé. Uma obra conhecida até hoje e que foi produzida no seio dessa sociedade é o tratado militar *A arte da guerra*.

(04) A Mesopotâmia, região localizada entre os rios Tigre e Eufrates, foi assim batizada pelos gregos por ficar entre os dois rios.

(08) Vários povos formavam o que conhecemos por Mesopotâmia. Entre os principais, figuram aqueus, jônios, eólios e dórios.

(16) O Egito foi uma sociedade expansionista desde o período inicial de sua unificação política, o que levou aquela sociedade a estender suas conquistas até o território que hoje conhecemos como Paquistão.

(32) O ciclo agrícola proporcionado pelo rio Nilo se refletiu nas concepções mitológicas dos egípcios antigos.

9. (UPM-SP)

Frank Miller inspirou-se na verdadeira Batalha de Termópilas, ocorrida em 438 a.C., na Grécia, para escrever *Os 300 de Esparta*. A adaptação da história em quadrinhos de Miller foi levada ao cinema, em 2006, pelo diretor Zack Snyder, com o título *300*. A respeito do contexto das Guerras Médicas (500-479 a.C.), tema abordado no filme, assinale a alternativa correta.

a) O domínio e a expansão naval fenícia ameaçavam a hegemonia da Grécia sobre o mar Egeu, o que ocasionou a formação de uma aliança defensiva grega.

b) Desenvolvendo uma política imperialista, Atenas entrou em conflito com Esparta que, agrária e oligárquica, permaneceu fechada à expansão territorial.

c) O expansionismo persa, que já havia dominado cidades gregas da Ásia Menor e estabelecido o controle persa sobre rotas comerciais do Oriente, ameaçava a soberania da Grécia, tornando inevitável o conflito greco-pérsico.

d) Esparta, por priorizar a formação física e militar, cultivando no indivíduo o patriotismo incondicional ao Estado, liderou a ofensiva grega contra os assírios, que ameaçavam as instituições democráticas gregas.

e) O forte espírito militarista presente na cultura helenística e difundido em todas as pólis gregas permitiu que, no conflito contra os medos, a Grécia obtivesse a supremacia militar e se sagrasse vencedora.

10. (UPM-SP)

[...] andava pelas ruas e praças de Atenas, pelo mercado e pela assembleia indagando a cada um: "Você sabe o que é isso que está dizendo?", "Você sabe o que é isso em que você acredita?", [...] "Você diz que a coragem é importante, mas o que é a coragem?", "Você acredita que a justiça é importante, mas o que é a justiça?", [...] "Você crê que seus amigos são a melhor coisa que você tem, mas o que é a amizade?".

Suas perguntas deixavam seus interlocutores embaraçados, [...] descobriam surpresos que não sabiam responder e que nunca tinham pensado em suas crenças e valores [...]

[...] as pessoas esperavam que ele respondesse, mas para desconcerto geral, dizia: "Não sei, por isso estou perguntando". Daí a famosa frase: "Sei que nada sei".

Marilena Chaui

O texto relaciona-se com:

a) a criação dos princípios da Lógica, por Aristóteles, de maneira a formar uma ciência analítica: a Metafísica.
b) as tragédias de Sófocles, que tinham como tema dominante o conflito entre o indivíduo e a sociedade.
c) a obstinação do historiador Tucídides em descobrir as causas políticas que determinaram os acontecimentos históricos.
d) as preocupações de Eurípedes com os problemas do homem, suas paixões, grandezas e misérias.
e) a filosofia de Sócrates, voltada para as questões humanas, preocupada com as virtudes morais e políticas.

11. (UEG-GO) Leia o texto a seguir:

Ao vencer sua 13ª medalha de ouro em competições olímpicas individuais – 200 m medley – o americano Michael Phelps superou Leônidas de Rodes, um dos mais famosos atletas olímpicos da Antiguidade. Leônidas competiu nos jogos de 164 a.C. e conquistou a coroa de louros em três corridas – o estádio (cerca de 180 m), o diaulo (cerca do dobro do estádio) e na corrida hoplitódromo, na qual os participantes tinham que usar proteção nas pernas, elmo e escudo [...]. O recorde de Leônidas durou cerca de 2 160 anos, atravessando milênios, guerras e mudanças.

Disponível em: <www.bbc.com/portuguese/geral-37028519>. Acesso em: 1º set. 2016.

Os Jogos Olímpicos da Antiguidade surgiram de um acordo de paz travado em 776 a.C., na cidade de Olímpia, entre reis de diversas regiões da Grécia.

Comparando o contexto histórico dos feitos de Phelps ao de Leônidas destaca-se:

a) o aspecto pacifista dos jogos modernos, considerando-se que, a exemplo do que ocorria na Grécia Antiga, diversas guerras eram interrompidas durante o período dos jogos.
b) a transformação dos feitos realizados por atletas antigos em lendas, que, embora não possam ser provadas historicamente, inspiram novos praticantes das modalidades.
c) a manutenção de técnicas de treinamento utilizadas na Antiguidade, proporcionando aos atletas modernos a possibilidade de superar os grandes nomes do passado.
d) o caráter secular e nacionalista dos jogos modernos, uma vez que os atletas gregos competiam em nome de suas cidades-Estados e os jogos eram realizados em honra a Zeus.
e) o baixo investimento na formação de atletas observado nos últimos séculos, possibilitando que recordes se mantenham inalcançáveis durante milênios.

12. (FGV-SP)

[Desde o início do século XIV], no reino do Congo [...] moravam povos agricultores que, quando convocados pelo mani Congo, partiam em sua defesa contra inimigos de fora ou para controlar rebeliões de aldeias que queriam se desligar do reino. Aldeias (lubatas) e cidades (banzas) pagavam tributos ao mani Congo, geralmente com o que produziam: alimentos, tecidos de ráfia vindos do nordeste, sal vindo da costa, cobre vindo do sudeste e zimbos (pequenos búzios afunilados colhidos na região de Luanda que serviam de moeda). [...] o mani Congo, cercado de seus conselheiros, controlava o comércio, o trânsito de pessoas, recebia os impostos, exercia a justiça, buscava garantir a harmonia da vida do reino e das pessoas que viviam nele. Os limites do reino eram traçados pelo conjunto de aldeias que pagavam tributos ao poder central, devendo fidelidade a ele e recebendo proteção, tanto para os assuntos deste mundo como para os assuntos do além, pois o mani Congo também era responsável pelas boas relações com os espíritos e os ancestrais.

[...] O mani Congo vivia em construções que se destacavam das outras pelo tamanho, pelos muros que a cercavam, pelo labirinto de passagens que levavam de um edifício a outro e pelos aposentos reais que ficavam no centro desse conjunto e eram decorados de tapetes e tecidos de ráfia. Ali o mani vivia com suas mulheres, filhos, parentes, conselheiros, escravos, e só recebia os que tivessem nobreza suficiente para gozar desse privilégio.

SOUZA, Marina de Mello. *África e Brasil africano*. 2006.

A partir da descrição do reino do Congo, é correto afirmar que, nesse reino:

a) toda a organização administrativa estava voltada para a acumulação de riquezas nas mãos do soberano, que as redistribuía entre as aldeias mais leais e com maior potencialidade econômica.

b) o político e o sobrenatural estavam intimamente relacionados, além das semelhanças entre uma corte europeia e uma de um reino na África, porque ambas eram caracterizadas por hierarquias rígidas.

c) a ordem política derivava de uma economia voltada para a produção baseada no uso da mão de obra compulsória, por isso o soberano era o maior beneficiado com a captura de homens para serem escravizados.

d) a fragmentação do poder entre os chefes das aldeias e os conselheiros do soberano permitiu a consolidação de uma prática política pouco usual na África, na qual as decisões eram tomadas pelos moradores do reino.

e) a prevalência da condição tribal favoreceu sua dominação por outros povos africanos, mas especialmente pelos comerciantes europeus, interessados na exploração de metais amoedáveis.

13. (Uece) Atente ao seguinte enunciado:

Dividido em várias Satrápias, controladas pelo Sátrapa – um representante do imperador –, esperava-se, assim, um maior controle das vastas áreas do império, a adoção de uma moeda comum, assim como um sistema próprio de pesos e medidas deveria uniformizar o comércio na região, apoiado por uma vasta malha de estradas que conectavam as principais cidades.

Esse enunciado descreve características do Império:

a) Macedônio, que teve seu apogeu no governo de Alexandre, o Grande, e tinha sua capital na cidade de Babilônia.

b) Romano, que no governo de Adriano estabeleceu suas fronteiras finais que iam da Jordânia até a ilha da Bretanha.

c) Han, que controlou a China e expandiu suas terras da Indochina até a península da Coreia.

d) Persa ou Aquemênida, que em seu apogeu, sob o reinado de Dario I, dominou territórios na Ásia, África e Europa.

14. (UTFPR) O Museu do Louvre abriga a maior coleção de objetos da época dos faraós. Entre as peças mais famosas estão um punhal de marfim e sílex, datado de 3400 a.C., uma escultura de um escriba sentado trabalhando e uma esfinge de aproximadamente 4 000 mil anos atrás. Essas e outras riquezas saqueadas pelo exército de Napoleão em campanha no Egito, no final do século XVIII, ajudaram o homem moderno a desvendar um pouco dos valores e das crenças do homem antigo. Naquele contexto, assinale o que significavam as esfinges, esculturas de leão, com cabeça humana ou de falcão, que matavam os viajantes quando não decifravam o enigma que lhes propunham.

a) Eram os guardiães das riquezas dos nobres e ricos comerciantes.

b) Eram divindades protetoras dos templos e das pirâmides.

c) Eram sacerdotes responsáveis pelos cultos rituais aos deuses.

d) Eram a representação da guarda pessoal dos faraós.

e) Eram divindades protetoras dos escribas e dos artesãos.

Unidade 3

1. (Enem)

O café tem origem na região onde hoje se encontra a Etiópia, mas seu cultivo e consumo se disseminaram a partir da península Árabe. Aportou à Europa por Constantinopla e, finalmente, em 1615, ganhou a cidade de Veneza. Quando o café chegou à região europeia, alguns clérigos sugeriram que o produto deveria ser excomungado, por ser obra do diabo. O papa Clemente VIII (1592-1605), contudo, resolveu provar a bebida. Tendo gostado do sabor, decidiu que ela deveria ser batizada para que se tornasse uma "bebida verdadeiramente cristã".

THORN, J. *Guia do café*. Lisboa: Livros e livros, 1998. (Adaptado.)

A postura dos clérigos e do papa Clemente VIII diante da introdução do café na Europa ocidental pode ser explicada pela associação dessa bebida ao:

a) ateísmo.
b) judaísmo.
c) hinduísmo.
d) islamismo.
e) protestantismo.

2. (Enem)

Os cruzados avançavam em silêncio, encontrando por todas as partes ossadas humanas, trapos e bandeiras. No meio desse quadro sinistro, não puderam ver, sem estremecer de dor, o acampamento onde Gauthier havia deixado as mulheres e crianças. Lá, os cristãos tinham sido surpreendidos pelos muçulmanos, mesmo no momento em que os sacerdotes celebravam o sacrifício da Missa. As mulheres, as crianças, os velhos, todos os que a fraqueza ou a doença conservava sob as tendas, perseguidos até os altares, tinham sido levados para a escravidão ou imolados por um inimigo cruel. A multidão dos cristãos, massacrada naquele lugar, tinha ficado sem sepultura.

MICHAUD, J. F. *História das cruzadas*. São Paulo: Ed. das Américas, 1956. (Adaptado.)

Foi, de fato, na sexta-feira 22 do tempo de Chaaban, do ano de 492 da Hégira, que os franj [cruzados] se apossaram da Cidade Santa, após um sítio de 40 dias. Os exilados ainda tremem cada vez que falam nisso, seu olhar se esfria como se eles ainda tivessem diante dos olhos aqueles guerreiros louros, protegidos de armaduras, que espelham pelas ruas o sabre cortante, desembainhado, degolando homens, mulheres e crianças, pilhando as casas, saqueando as mesquitas.

MAALOUF, Amin. *As cruzadas vistas pelos árabes*. 2. ed. São Paulo: Brasiliense, 1989. (Adaptado.)

Avalie as seguintes afirmações a respeito dos textos anteriores, que tratam das cruzadas.

I. Os textos referem-se ao mesmo assunto — as cruzadas, ocorridas no período medieval —, mas apresentam visões distintas sobre a realidade dos conflitos religiosos desse período histórico.

II. Ambos os textos narram partes de conflitos ocorridos entre cristãos e muçulmanos durante a Idade Média e revelam como a violência contra mulheres e crianças era prática comum entre adversários.

III. Ambos narram conflitos ocorridos durante as cruzadas medievais e revelam como as disputas dessa época, apesar de ter havido alguns confrontos militares, foram resolvidas com base na ideia do respeito e da tolerância cultural e religiosa.

É correto apenas o que se afirma em:

a) I.
b) II.
c) III.
d) I e II.
e) II e III.

3. (Enem)

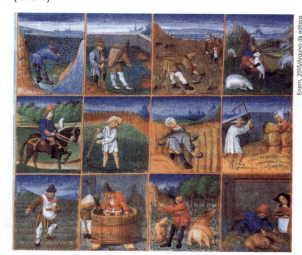

Calendário medieval, século XV.

Disponível em: <www.ac-grenoble.fr>. Acesso em: 10 maio 2012.

Os calendários são fontes históricas importantes, na medida em que expressam a concepção de tempo das sociedades. Essas imagens compõem um calendário medieval (1460-1475) e cada uma delas representa um mês, de janeiro a dezembro. Com base na análise do calendário, apreende-se uma concepção de tempo:

a) cíclica, marcada pelo mito arcaico do eterno retorno.
b) humanista, identificada pelo controle das horas de atividade por parte do trabalhador.
c) escatológica, associada a uma visão religiosa sobre o trabalho.
d) natural, expressa pelo trabalho realizado de acordo com as estações do ano.
e) romântica, definida por uma visão bucólica da sociedade.

4. (Enem)

A casa de Deus, que acreditam una, está, portanto, dividida em três: uns oram, outros combatem, outros, enfim, trabalham. Essas três partes que coexistem não suportam ser separadas; os serviços prestados por uma são a condição das obras das outras duas; cada uma por sua vez encarrega-se de aliviar o conjunto... Assim a lei pode triunfar e o mundo gozar da paz.

ALDALBERON DE LAON. Apud SPINOSA, F. *Antologia de textos históricos medievais*. Lisboa: Sá da Costa, 1981.

A ideologia apresentada por Aldalberon de Laon foi produzida durante a Idade Média. Um objetivo de tal ideologia e um processo que a ela se opôs estão indicados, respectivamente, em:

a) justificar a dominação estamental — revoltas camponesas.

b) subverter a hierarquia social – centralização monárquica.
c) impedir a igualdade jurídica – revoluções burguesas.
d) controlar a exploração econômica – unificação monetária.
e) questionar a ordem divina – Reforma Católica.

5. (Enem) A peste negra dizimou boa parte da população europeia, com efeitos sobre o crescimento das cidades. O conhecimento médico da época não foi suficiente para conter a epidemia. Na cidade de Siena, Agnolo di Tura escreveu:

> As pessoas morriam às centenas, de dia e de noite, e todas eram jogadas em fossas cobertas com terra e, assim que essas fossas ficavam cheias, cavavam-se mais. E eu enterrei meus cinco filhos com minhas próprias mãos [...] E morreram tantos que todos achavam que era o fim do mundo.
> DI TURA, Agnolo. The plague in Siena: an Italian chronicle. In: BOWSKY, William M. *The Black Death*: a turning point in history? New York: HRW, 1971. (Adaptado.)

O testemunho de Agnolo di Tura, um sobrevivente da peste negra, que assolou a Europa durante parte do século XIV, sugere que:

a) o flagelo da peste negra foi associado ao fim dos tempos.
b) a Igreja buscou conter o medo da morte, disseminando o saber médico.
c) a impressão causada pelo número de mortos não foi tão forte, porque as vítimas eram poucas e identificáveis.
d) houve substancial queda demográfica na Europa no período anterior à peste.
e) o drama vivido pelos sobreviventes era causado pelo fato de os cadáveres não serem enterrados.

6. (Enem)

> Quando ninguém duvida da existência de um outro mundo, a morte é uma passagem que deve ser celebrada entre parentes e vizinhos. O homem da Idade Média tem a convicção de não desaparecer completamente, esperando a ressurreição. Pois nada se detém e tudo continua na eternidade. A perda contemporânea do sentimento religioso fez da morte uma provação aterrorizante, um trampolim para as trevas e o desconhecido.
> DUBY, G. *Ano 2000*: na pista dos nossos medos. São Paulo: Ed. da Unesp, 1998. (Adaptado.)

Ao comparar as maneiras com que as sociedades têm lidado com a morte, o autor considera que houve um processo de:

a) mercantilização das crenças religiosas.
b) transformação das representações sociais.
c) disseminação do ateísmo nos países de maioria cristã.
d) diminuição da distância entre saber científico e eclesiástico.
e) amadurecimento da consciência ligada à civilização moderna.

7. (UFPB) A imagem abaixo está em um mosaico da igreja de San Vitale, na cidade de Ravena, na Itália. A figura é de influência cultural bizantina e representa o imperador Justiniano cercado de cortesãos.

Grandes impérios e civilizações: grande atlas da História universal. Tradução da edição espanhola das Edições del Prado. Edição 10, Fascículo 3, p. 40.

O Império Romano do Oriente tinha como capital Constantinopla. Originou-se da divisão do Império Romano em 395 d.C. e, no período medieval, passou a ser mais conhecido como Império Bizantino, perdurando cerca de mil anos, até 1453 d.C., quando foi dominado pelos turcos. A sua longa duração produziu uma civilização que deixou uma herança cultural com repercussões significativas até os dias atuais. Da herança cultural bizantina fazem parte:

I. O *Corpus Juris Civilis*, uma compilação da legislação e jurisprudência romanas e, também, bizantinas, base do direito civil moderno em muitos países.
II. A atitude iconoclasta, contra a adoração de imagens nas igrejas, contribuição de considerável influência sobre o catolicismo ocidental.
III. A religião cristã ortodoxa, decorrente do chamado Cisma do Oriente, devido a disputas político-religiosas com o Papado de Roma.
IV. A organização de uma cultura artística laica, desvinculada da religião, especialmente na pintura dos ícones e na arquitetura.
V. A separação entre Igreja e Estado, ardorosamente defendida pelos adeptos do Estado laico, concepção política decisiva na formação do Estado ocidental moderno.

8. (Ufpel-RS)

Texto I

Deus quis que, entre os homens, uns fossem senhores e outros, servos, de tal maneira que os senhores estejam obrigados a venerar e amar a Deus, e que os servos estejam obrigados a amar e venerar o senhor...

St. Laud de Angers. Documents d'Historie vivante. Apud FREITAS, Gustavo de. *900 textos e documentos de História.* Lisboa: Plátano, 1975. v. 1.

Texto II

Capítulos do projeto de concórdia entre os camponeses da Catalunha e seus senhores.

[...] VIII – que o senhor não possa dormir a primeira noite com a mulher do camponês:

Pretendem alguns senhores que, quando o camponês toma a mulher, o senhor há de dormir a primeira noite com ela, e, em sinal de senhorio, a noite em que o camponês deva contrair núpcias, a mulher, estando deitada, vem o senhor, sobe à cama, passando sobre a dita mulher e como isso é infrutuoso para o senhor e uma grande humilhação para o camponês, um mau exemplo e uma ocasião para o mal, pedem e suplicam que isso seja totalmente abolido.

PEDRERO-SÁNCHEZ, Maria Guadalupe. *História:* textos e testemunhas. São Paulo: Unesp, 2000.

Os documentos se referem às práticas do:

a) helenismo grego.
b) anglicanismo.
c) germanismo.
d) catolicismo medieval.
e) feudalismo europeu.

9. (UFCG-PB) A cultura medieval é marcada por diversos movimentos artísticos que ganharam visibilidade mediante diversas práticas. Na composição dessa identidade cultural medievalista, emergiram, na Baixa Idade Média, os goliardos.

A partir da leitura da imagem e dos seus conhecimentos sobre a temática, é correto afirmar que os goliardos:

I. Identificados como clérigos itinerantes ou estudantes boêmios, desenvolviam a arte musical cantando poemas sobre bebidas, amor e fortunas.
II. Diabolizavam o riso e sacralizavam a seriedade e a introspecção como fundamento da cultura e da etiqueta na Baixa Idade Média.
III. Compunham poemas que celebravam a sexualidade e criticavam tanto a tirania ideológica quanto as práticas religiosas e morais da Igreja.
IV. Identificavam-se com a cultura dos charivaris, ocasiões em que era comum incinerar sacos cheios de gatos, associados à Feitiçaria.
V. Recepcionavam os códigos culturais dos povos árabes, copiando destes o gosto pela música, dança e vestimentas orientais.

Estão corretas:

a) I e III.
b) IV e V.
c) I e II.
d) I, II e III.
e) III, IV e V.

10. (Ufes)

O conceito de realeza sagrada e maravilhosa atravessou toda a Idade Média sem nada perder de seu vigor, muito pelo contrário: todo esse tesouro de legendas, de ritos curativos, de crenças meio eruditas, meio populares, que constituía grande parte da força moral das monarquias não cessou de crescer [...] À primeira vista, o que parece estar em oposição à marcha geral dos acontecimentos é – no reinado dos primeiros capetíngeos, por exemplo – o caráter sagrado correntemente reconhecido à pessoa do rei, pois, na verdade a força da monarquia era então muito pequena e, na prática, os próprios reis eram frequentemente pouco respeitados pelos súditos. Ademais, o que deve surpreender o historiador dos séculos X e XI não é a fraqueza da realeza francesa, o surpreendente é que essa realeza tenha se mantido e tenha conservado suficiente prestígio para poder mais tarde, a partir de Luís VI, com a ajuda das circunstâncias, desenvolver rapidamente suas energias latentes e, em menos de um século, transformar-se em grande potência dentro e fora da França.

BLOCH, M. *Os reis taumaturgos.* São Paulo: Companhia das Letras, 1998. p. 187-188.

Dentre os fatores que propiciaram o fortalecimento da autoridade real, na França, durante a dinastia dos Capeto (987-1328), é correto afirmar que:

a) a aliança de Luís VI com o soberano plantageneta João Sem-Terra garantiu-lhe o apoio da nobreza inglesa contra o imperador do Sacro Império Romano-Germânico.

b) a criação do Parlamento de Paris, em substituição aos Estados Gerais, sob o reinado de Hugo Capeto, permitiu à realeza controlar de modo estrito a concessão de títulos de nobreza a membros do clero e da burguesia.

c) o abandono do direito romano, em prol das concepções jurídicas islâmicas, reforçou as pretensões dos capetíngeos em livrar o papado da tutela dos juristas italianos.

d) a atuação de Carlos Magno, membro mais ilustre da dinastia, imprimiu ao Império Capetíngeo estruturas administrativas eficazes, por intermédio dos condes e marqueses.

e) a crença nos poderes sobrenaturais dos monarcas capetíngeos, especialmente na sua capacidade de curar certos tipos de tumores, integrava uma mentalidade segundo a qual o rei era tido como uma entidade sagrada e inviolável.

11. (Vunesp)

As caravanas do Sudão ou do Níger trazem regularmente a Marrocos, a Tunes, sobretudo aos Montes da Barca ou ao Cairo, milhares de escravos negros arrancados aos países da África tropical [...] os mercadores mouros organizam terríveis razias, que despovoaram regiões inteiras do interior. Este tráfico muçulmano dos negros de África, prosseguindo durante séculos e em certos casos até os mais recentes, desempenhou sem dúvida um papel primordial no despovoamento antigo da África.

HEERS, Jacques. *O trabalho na Idade Média*.

O texto descreve um episódio da história dos muçulmanos na Idade Média, quando:

a) Maomé começou a pregar a Guerra Santa no Cairo como condição para a expansão da religião de Alá, que garantia aos guerreiros uma vida celestial de pura espiritualidade.

b) atuaram no tráfico de escravos negros, dominaram a África do Norte, atravessaram o estreito de Gibraltar e invadiram a península Ibérica.

c) a expansão árabe foi propiciada pelos lucros do comércio de escravos, que visava abastecer com mão de obra negra as regiões da península Ibérica.

d) os reinos árabes floresceram no sul do continente africano, nas regiões de florestas tropicais, berço do monoteísmo islâmico.

e) os árabes ultrapassaram os Pirineus e mantiveram o domínio sobre o reino Franco, até o final da Idade Média ocidental.

12. (Vunesp)

A Igreja foi responsável direta por mais uma transformação, formidável e silenciosa, nos últimos séculos do Império: a vulgarização da cultura clássica. Essa façanha fundamental da Igreja nascente indica seu verdadeiro lugar e função na passagem para o feudalismo. A condição de existência da civilização da Antiguidade em meio aos séculos caóticos da Idade Média foi o caráter de resistência da Igreja. Ela foi a ponte entre duas épocas.

ANDERSON, Perry. *Passagens da Antiguidade ao Feudalismo*. 2016. (Adaptado.)

O excerto permite afirmar corretamente que a Igreja cristã:

a) tornou-se uma instituição do Império Romano e sobreviveu à sua derrocada quando da invasão dos bárbaros germânicos.

b) limitou suas atividades à esfera cultural e evitou participar das lutas políticas durante o feudalismo.

c) manteve-se fiel aos ensinamentos bíblicos e proibiu representações de imagens religiosas na Idade Média.

d) reconheceu a importância da liberdade religiosa na Europa Ocidental e combateu a teocracia imperial.

e) combateu o universo religioso do feudalismo e propagou, em meio aos povos sem escrita, o paganismo greco-romano.

13. (Fatec-SP) No século VIII, tropas muçulmanas, lideradas pelo general Tarik, saíram do norte da África, atravessaram o mar Mediterrâneo pelo estreito de Gibraltar e conquistaram quase toda a península Ibérica. Sobre o período de domínio muçulmano na península Ibérica, é correto afirmar que:

a) contribuiu para a consolidação do feudalismo, isolando a Europa do restante do mundo e estimulando as pessoas a abandonarem as cidades.

b) o desenvolvimento mercantil provocou o crescimento de cidades como Córdoba e Toledo, atraindo poetas, letrados e músicos, estimulando o ambiente intelectual.

c) sua duração foi maior em Portugal do que na Espanha, reino do qual os muçulmanos foram expulsos pelos cruzados, cerca de trinta anos após a ocupação da península Ibérica.

d) durou aproximadamente meio século e foi marcado pela perseguição aos cristãos, pela obstrução das rotas mercantis e pela Peste Negra, que dizimou parte da população europeia.

e) consolidou o sistema escravocrata medieval, fechou universidades, desestimulou o desenvolvimento científico e proibiu manifestações literárias e musicais pagãs.

14. (Udesc) Em *A civilização feudal*, o historiador Jérôme Baschet escreveu que a:

> Idade Média convida, com particular acuidade, a uma reflexão sobre a construção social do passado.
>
> BASCHET, Jérôme. *A civilização feudal*: do ano mil à colonização da América. São Paulo: Globo, 2006. p. 26.

Tendo como referência a citação acima e o período da história, conhecido como Idade Média, assinale a alternativa **incorreta**.

a) O Iluminismo consolidou ideias como fragmentação política, fixação espacial, desordem, regressão e estagnação nas suas representações sobre o mundo medieval.

b) Os debates contemporâneos sustentam que fazem parte da dinâmica feudal o poder monárquico, a função militar e a presença de autoridade episcopal.

c) O fenômeno urbano na chamada Idade Média Central está associado ao desenvolvimento das atividades artesanais e comerciais.

d) O feudalismo foi uma categoria meramente econômica que designou o modo de funcionamento de toda a sociedade medieval na Europa.

e) A visão sobre o mundo medieval foi pautada por perspectivas do período no qual o historiador escreve, como exemplo, a idealização romântica produzida no século XIX.

15. (PUC-SP)

> No ano de 590, quando a peste e a fome devastam a Gália, um enxame de moscas faz enlouquecer um camponês de Berry enquanto este cortava lenha na floresta. Ele se transforma em pregador itinerante, vestindo peles de animais, acompanhado de uma mulher a quem chama de Maria, enquanto ele mesmo se faz passar por Cristo. Ele anuncia o futuro, cura os doentes. Segue-o uma multidão de camponeses, pobres e até mesmo padres. Sua atitude ganha logo um aspecto revolucionário. [...] O bispo do Puy manda assassiná-lo e, torturando a pobre Maria, consegue as confissões desejadas.
>
> LE GOFF, Jacques. *Por uma outra Idade Média*. Petrópolis: Vozes, 2013. p. 181-182.

O relato expõe traços de uma mentalidade que caracterizou o Ocidente medieval. Entre esses traços, pode-se mencionar:

a) a proliferação de heresias e a atitude tolerante, da parte dos líderes políticos e religiosos, ante as diferentes crenças.

b) o temor diante de fenômenos naturais e a visão, pelos setores hegemônicos, do campesinato como potencialmente perigoso.

c) a hegemonia do pensamento místico e a inexistência, entre os camponeses, de conhecimentos sobre a fauna e a flora.

d) o caráter violento das relações sociais e o desprezo, pelos setores eclesiásticos, em relação ao meio ambiente.

16. (ESPM)

> Um ano depois de terem saído das fronteiras da Arábia, em 633, os árabes já tinham atravessado o deserto e derrotado o imperador bizantino Heráclio, nas margens do rio Yarmuk; em três anos tinham tomado Damasco; cinco anos mais, Jerusalém; passados oito anos controlavam totalmente a Síria, a Palestina e o Egito. Em 20 anos, todo o Império Persa, até ao Oxus, tinha caído sob a espada árabe; em 30 era o Afeganistão e a maior parte do Punjab.
>
> PINTO, Jaime Nogueira. *O Islão e o Ocidente*: a grande discórdia.

A impressionante velocidade da expansão islâmica, tratada no texto, deve ser relacionada com:

a) a solidariedade entre os povos.

b) jejum do Ramadã.

c) *jihad* e Guerra Santa.

d) rituais da Ashura.

e) peregrinação a Meca.

Unidade 4

1. (Enem)

> De ponta a ponta, é tudo praia-palma, muito chã e muito formosa. Pelo sertão nos pareceu, vista do mar, muito grande, porque, a estender olhos, não podíamos ver senão terra com arvoredos, que nos parecia muito longa. Nela, até agora, não pudemos saber que haja ouro, nem prata, nem coisa alguma de metal ou ferro; nem lho vimos. Porém a terra em si é de muito bons ares [...]. Porém o melhor fruto que dela se pode tirar me parece que será salvar esta gente.
>
> Carta de Pero Vaz de Caminha. Apud MARQUES, A.; BERUTTI, F.; FARIA, R. *História moderna através de textos*. São Paulo: Contexto, 2001.

A carta de Pero Vaz de Caminha permite entender o projeto colonizador para a nova terra. Nesse trecho, o relato enfatiza o seguinte objetivo:

a) Valorizar a catequese a ser realizada sobre os povos nativos.
b) Descrever a cultura local para enaltecer a prosperidade portuguesa.
c) Transmitir o conhecimento dos indígenas sobre o potencial econômico existente.
d) Realçar a pobreza dos habitantes nativos para demarcar a superioridade europeia.
e) Criticar o modo de vida dos povos autóctones para evidenciar a ausência de trabalho.

2. (Enem) O texto abaixo reproduz parte de um diálogo entre dois personagens de um romance.

— Quer dizer que a Idade Média durou dez horas? – perguntou Sofia.
— Se cada hora valer cem anos, então sua conta está certa. Podemos imaginar que Jesus nasceu à meia-noite, que Paulo saiu em peregrinação missionária pouco antes da meia-noite e meia e morreu quinze minutos depois, em Roma. Até as três da manhã a fé cristã foi mais ou menos proibida. [...] Até as dez horas as escolas dos mosteiros detiveram o monopólio da educação. Entre dez e onze horas são fundadas as primeiras universidades.

GAARDER, Jostein. *O mundo de Sofia, romance da história da Filosofia*. São Paulo: Companhia das Letras, 1997. (Adaptado.)

O ano 476 d.C., época da queda do Império Romano do Ocidente, tem sido usado como marco para o início da Idade Média. De acordo com a escala de tempo apresentada no texto, que considera como ponto de partida o início da Era Cristã, pode-se afirmar que:

a) as Grandes Navegações tiveram início por volta das quinze horas.
b) a Idade Moderna teve início um pouco antes das dez horas.
c) o cristianismo começou a ser propagado na Europa no início da Idade Média.
d) as peregrinações do apóstolo Paulo ocorreram após os primeiros 150 anos da Era Cristã.
e) os mosteiros perderam o monopólio da educação no final da Idade Média.

3. (Enem)

É verdade que nas democracias o povo parece fazer o que quer; mas a liberdade política não consiste nisso. Deve-se ter sempre presente em mente o que é independência e o que é liberdade. A liberdade é o direito de fazer tudo o que as leis permitem; se um cidadão pudesse fazer tudo o que elas proíbem, não teria mais liberdade, porque os outros também teriam tal poder.

MONTESQUIEU. *Do espírito das leis*. São Paulo: Nova Cultural, 1997. (Adaptado.)

A característica da democracia destacada por Montesquieu diz respeito:

a) ao *status* de cidadania que o indivíduo adquire ao tomar as decisões por si mesmo.
b) ao condicionamento da liberdade dos cidadãos à conformidade com as leis.
c) à possibilidade de o cidadão participar no poder e, nesse caso, de ser livre da submissão às leis.
d) ao livre-arbítrio do cidadão em relação àquilo que é proibido, desde que ciente das consequências.
e) ao direito do cidadão de exercer sua vontade de acordo com seus valores pessoais.

4. (Enem)

No final do século XVI, na Bahia, Guiomar de Oliveira denunciou Antônia Nóbrega à Inquisição. Segundo o depoimento, esta lhe dava "uns pós não sabe de quê, e outros pós de osso de finado, os quais pós ela confessante deu a beber em vinho ao dito seu marido para ser seu amigo e serem bem-casados, e que todas estas coisas fez tendo-lhe dito a dita Antônia e ensinado que eram coisas diabólicas e que os diabos lha ensinaram".

ARAÚJO, E. *O teatro dos vícios*: transgressão e transigência na sociedade urbana colonial. Brasília: UnB/José Olympio, 1997.

Do ponto de vista da Inquisição:

a) o problema dos métodos citados no trecho residia na dissimulação, que acabava por enganar o enfeitiçado.
b) o diabo era um concorrente poderoso da autoridade da Igreja e somente a justiça do fogo poderia eliminá-lo.
c) os ingredientes em decomposição das poções mágicas eram condenados porque afetavam a saúde da população.
d) as feiticeiras representavam séria ameaça à sociedade, pois eram perceptíveis suas tendências feministas.
e) os cristãos deviam preservar a instituição do casamento recorrendo exclusivamente aos ensinamentos da Igreja.

5. (PUC-RJ)

Para o progresso do armamento marítimo e da navegação, que sob a boa providência e proteção divina interessam tanto à prosperidade, à segurança e ao poderio deste reino [...], nenhuma mercadoria será importada ou exportada dos países, ilhas, plantações ou territórios pertencentes à Sua Majestade, ou em possessão de Sua Majestade, na Ásia, América e África, noutros navios senão nos que [...] pertencem a súditos ingleses [...] e que são comandados por um capitão inglês e tripulados por uma equipagem com três quartos de ingleses [...], nenhum estrangeiro [...] poderá exercer o ofício de mercador ou corretor num dos lugares supracitados, sob pena de confisco de todos os seus bens e mercadorias [...].

Segundo Ato de Navegação de 1660. Apud DEVON, Pierre. *O mercantilismo*. São Paulo: Perspectiva, 1973. p. 94-95.

Por meio do Ato de Navegação de 1660, o governo inglês:

a) estabelecia que todas as mercadorias comercializadas por qualquer país europeu fossem transportadas por navios ingleses.

b) monopolizava seu próprio comércio e impulsionava a indústria naval inglesa, aumentando ainda mais a presença da Inglaterra nos mares do mundo.

c) enfrentava a poderosa França, retirando-lhe a posição privilegiada de intermediária comercial em nível mundial.

d) desenvolvia a sua marinha, incentivava a indústria, expandia o Império, abrindo novos mercados internacionais ao seu excedente agrícola.

e) protegia os produtos ingleses, matérias-primas e manufaturados, que deveriam ter sua saída dificultada, de modo a gerar acúmulo de metais preciosos no Reino Inglês.

6. (Vunesp)

Desde o começo até hoje a hora presente os espanhóis nunca tiveram o mínimo cuidado em procurar fazer com que a essas gentes fosse pregada a fé de Jesus Cristo, como se os índios fossem cães ou outros animais: e o que é pior ainda é que o proibiram expressamente aos religiosos, causando-lhes inumeráveis aflições e perseguições, a fim de que não pregassem, porque acreditavam que isso os impediria de adquirir o ouro e riquezas que a avareza lhes prometia.

Frei Bartolomeu de Las Casas. *Brevíssima relação da destruição das Índias*. 1552.

No contexto da colonização espanhola na América, é possível afirmar que:

a) existia concordância entre colonizadores e missionários sobre a legitimidade de sujeitar os povos indígenas pela força.

b) os missionários influenciaram o processo de conquista para salvar os índios da cobiça espanhola.

c) colonizadores, soldados e missionários respeitavam os costumes, o modo de vida e a religião dos povos nativos.

d) os padres condenavam as atitudes dos soldados porque pretendiam ficar com as riquezas das terras descobertas.

e) os missionários condenavam o uso da força e propunham a conversão religiosa dos povos indígenas.

7. (UFPR) Durante a Colônia, experimentou-se uma série de conflitos protagonizados por colonizadores e populações presentes no território. Um deles, denominado "Guerra Justa":

a) consistiu na invasão armada dos portugueses em territórios indígenas, com o objetivo de capturar o maior número de pessoas, incluindo mulheres e crianças, com a finalidade de escravizá-los.

b) foi um conflito bélico protagonizado pelos holandeses após a ocupação de Pernambuco por esses últimos.

c) tratava-se de guerras por conquistas de território realizadas entre os diversos grupos indígenas e nas quais os portugueses participavam, apoiando um grupo ou outro, dependendo dos seus interesses.

d) consistiu na invasão armada dos grupos indígenas aos assentamentos portugueses, com a finalidade de capturar invasores para serem comidos ritualmente.

e) foram guerras de retaliação que os portugueses realizavam em territórios ocupados pelos holandeses após serem atacados por eles.

8. (Uece) Leia atentamente os excertos a seguir:

Os escravos são as mãos e os pés do senhor de engenho, porque sem eles no Brasil não é possível fazer, conservar e aumentar fazenda, nem ter engenho corrente. E do modo com que se há com eles, depende tê-los bons ou maus para o serviço.

ANTONIL, André João. *Cultura e opulência do Brasil por suas drogas e minas*. Belo Horizonte. Itatiaia, 1982. p. 89.

A democracia no Brasil foi sempre um lamentável mal-entendido. Uma aristocracia rural e semifeudal importou-a e tratou de acomodá-la, onde fosse possível, aos seus direitos ou privilégios, os mesmos privilégios que tinham sido, no Velho Mundo, o alvo da luta da burguesia contra os aristocratas.

HOLANDA, Sérgio Buarque de. *Raízes do Brasil*. Rio de Janeiro: José Olímpio, 1984. p. 119.

Considerando os vários aspectos da formação social do Brasil, pode-se afirmar corretamente que os dois trechos tratam:

a) da inclusão do negro e do pobre no processo democrático que rompeu com os direitos e privilégios das classes dominantes.

b) da integração social ocorrida ainda na colonização com o processo de miscigenação étnica que tornou iguais todos os brasileiros.

c) da condição de exploração e exclusão a que estava sujeita uma parcela significativa da população brasileira em razão dos interesses das elites.

d) da perfeita inclusão dos negros libertos e da população pobre em geral na sociedade brasileira, com a criação da República e da democracia no Brasil.

9. (PUC-SP)

A presença africana está de tal maneira mesclada a formas de ser, fazer e viver europeias e ameríndias, que é difícil distinguir o que é puramente africano. O que é certo é que os nossos antepassados africanos trouxeram para o Brasil os conhecimentos e as técnicas que desenvolveram ao longo dos séculos.

COSTA E SILVA, Alberto. *A África explicada aos meus filhos*. Rio de Janeiro: Agir, 2008. p. 154-155.

Entre os conhecimentos citados no texto, é correto citar:

a) técnicas de navegação, como o barco a vela, e o desenvolvimento do sistema de irrigação por canaletas.

b) técnicas de preparação do solo, como as chinampas, e o domínio da escrita pictográfica.

c) técnicas de cultivo, como a coivara, e a edificação de grandes obras, como as pirâmides.

d) técnicas de extração de metais nobres, como o ouro, e o cultivo do quiabo e do dendê.

10. (Acafe-SC) A formação dos Estados modernos, o absolutismo monárquico e o mercantilismo caracterizaram a centralização política em várias partes da Europa, em oposição ao poder político descentralizado do sistema feudal. Nesse sentido é correto afirmar, **exceto**:

a) O mercantilismo foi caracterizado pelo controle estatal da economia e priorizava o domínio de colônias para fornecer matérias-primas e criar mercados consumidores para a metrópole.

b) O casamento de Fernando, herdeiro do trono de Aragão, com Isabel, do trono de Castela, consolidou a formação do território que corresponde à Espanha.

c) O processo de fortalecimento do poder real atingiu seu ápice com o absolutismo. O monarca passou a exercer o controle total sobre o comércio, as manufaturas e sobre a máquina administrativa.

d) As Guerras da Reconquista, ao expulsarem os muçulmanos da Europa, contribuíram decisivamente para a formação da monarquia francesa numa aliança com setores da nobreza.

11. (Udesc) Na obra *O queijo e os vermes*, o historiador Carlo Ginzburg conta a história de Domenico Scandella, vulgo Menocchio, um moleiro do norte da Itália que, no século XVI, foi considerado herege pela Igreja por afirmar que a origem do mundo estava na putrefação. Ao analisar o processo inquisitorial que trata do caso, Ginzburg chama a atenção para as peculiares opiniões de Menocchio sobre os dogmas da Igreja e para suas críticas ao seu poder excessivo: a Igreja chegou a controlar um terço das terras cultiváveis da Europa. Para o autor, dois grandes eventos históricos tornaram possível um caso como o de Menocchio: a invenção da imprensa e a Reforma.

Com base nas informações e nos estudos sobre a Idade Moderna europeia, analise as proposições.

I. A Reforma Protestante contribuiu para a uniformização das práticas e dos significados religiosos no século XVI.

II. O desenvolvimento da imprensa contribuiu para que pessoas comuns tivessem acesso a informações antes controladas pela Igreja católica.

III. A venda de indulgências pela Igreja católica foi um dos motivos que levou o monge Martinho Lutero a escrever suas 95 teses, criticando vários pontos da doutrina católica.

IV. Uma das medidas da Contrarreforma foi o retorno da Inquisição, que tinha como objetivo reprimir aqueles que não estavam seguindo a doutrina católica.

V. A censura exercida pela Igreja Católica Apostólica Romana foi determinante para a expansão do protestantismo na Itália e na península Ibérica.

Assinale a alternativa correta.

a) Somente as afirmativas II, III e IV são verdadeiras.

b) Somente as afirmativas I, III e IV são verdadeiras.

c) Somente a afirmativa IV é verdadeira.

d) Somente a afirmativa I é verdadeira.

e) Todas as afirmativas são verdadeiras.

12. (PUCC-SP) Os primeiros tempos da história dos Estados Unidos como nação independente foram marcados pela Declaração de Independência, que celebrava a legítima busca por oportunidades, prosperidade e felicidade por todas as famílias, apregoando valores que mais tarde seriam associados ao chamado "sonho americano". Corroborou, posteriormente, para a difusão desses valores, a:

a) implantação da Lei de Terras como medida prioritária após a independência, incentivando o assentamento das famílias de imigrantes em pequenos lotes adquiridos a preços simbólicos.
b) descoberta de ouro na Califórnia, que provocou uma onda desenfreada de migrações para o oeste, atraindo, inclusive, trabalhadores estrangeiros.
c) promulgação da Constituição dos Estados Unidos, composta por um conjunto de leis que asseguravam o fim da escravidão, o voto universal e o sistema federativo.
d) política de remoção indígena acompanhada da criação de reservas, conjuntamente à campanha de que o respeito à diversidade e a tolerância eram pilares da sociedade americana.
e) transposição das fronteiras ao sul, por meio da Guerra de Secessão, que resultou na anexação de metade do território antes pertencente ao México, despertando o entusiasmo da população pela política expansionista.

13. (PUCC-SP)

Um pensamento liberal moderno, em tudo oposto ao pesado escravismo dos anos 1840, pode formular-se tanto entre políticos e intelectuais das cidades mais importantes quanto junto a bacharéis egressos das famílias nordestinas que pouco ou nada poderiam esperar do cativeiro em declínio.

BOSI, Alfredo. *Dialética da colonização*. São Paulo: Companhia das Letras, 1992. p. 224.

Faz parte das características do pensamento liberal europeu, no século XIX, a defesa:

a) da liberdade de imprensa e de ações afirmativas visando à reparação estatal a grupos discriminados.
b) da distribuição equitativa de riquezas e do Estado de Bem-Estar Social.
c) do livre-cambismo e do direito à propriedade privada.
d) da liberdade de culto e do mutualismo.
e) da nacionalização dos meios de produção e da doutrina do Destino Manifesto.

Unidade 5

1. (Enem)

A economia solidária foi criada por operários, no início do capitalismo industrial, como resposta à pobreza e ao desemprego que resultavam da utilização das máquinas, no início do século XIX. Com a criação de cooperativas (de produção, de prestação de serviços, de comercialização ou de crédito), os trabalhadores buscavam independência econômica e capacidade de controlar as novas tecnologias, colocando-as a serviço de todos os membros da empresa. Essa ideia persistiu e se espalhou: da reciclagem ao microcrédito, já existem milhares de empreendimentos desse tipo hoje em dia, em várias partes do mundo. Na economia solidária, todos os que trabalham são proprietários da empresa. Trata-se da possibilidade de uma empresa sem divisão entre patrão e empregados, sem busca exclusiva pelo lucro e mais apoiada na qualidade do que na quantidade de trabalho, em convivência com a economia de mercado.

SINGER, Paul. A recente ressurreição da economia solidária no Brasil. Disponível em: <www.cultura.ufpa.br/itcpes/documentos/ecosolv2.pdf>. Acesso em: 28 out. 2015. (Adaptado.)

A economia solidária, no âmbito da sociedade capitalista, institui complexas relações sociais, demonstrando que:

a) a fraternidade entre patrões e empregados, comum no cooperativismo, tem gerado soluções criativas para o desemprego desde o início do capitalismo.
b) a rejeição ao uso de novas tecnologias torna a empresa solidária mais ecologicamente sustentável que os empreendimentos capitalistas tradicionais.
c) a prosperidade do cooperativismo, assim como a da pirataria e das formas de economia informal, resulta dos benefícios do não pagamento de impostos.
d) as contradições inerentes ao sistema podem resultar em formas alternativas de produção.
e) o modelo de cooperativismo dos regimes comunistas e socialistas representa uma alternativa econômica adequada ao capitalismo.

2. (Enem)

William James Herschel, coletor do governo inglês, iniciou na Índia seus estudos sobre as impressões digitais ao tomar as impressões digitais dos nativos nos contratos que firmavam com o governo. Essas impressões serviam de assinatura. Aplicou-as, então, aos registros de falecimentos e usou esse processo nas prisões inglesas, na Índia, para reconhecimento dos fugitivos. Henry Faulds, outro inglês, médico de hospital em Tóquio, contribuiu para o estudo da datiloscopia. Examinando impressões digitais em peças de cerâmica pré-histórica japonesa, previu a possibilidade de se descobrir um criminoso pela identificação das linhas papilares e preconizou uma técnica para a tomada de impressões digitais, utilizando-se de uma placa de estanho e de tinta de imprensa.

Disponível em: <www.fo.usp.br>. (Adaptado.)

Que tipo de relação orientava os esforços que levaram à descoberta das impressões digitais pelos ingleses e, posteriormente, à sua utilização nos dois países asiáticos?

a) De fraternidade, já que ambos visavam aos mesmos fins, ou seja, autenticar contratos.
b) De dominação, já que os nativos puderam identificar os ingleses falecidos com mais facilidade.
c) De controle cultural, já que Faulds usou a técnica para libertar os detidos nas prisões japonesas.
d) De colonizador-colonizado, já que, na Índia, a invenção foi usada em favor dos interesses da Coroa inglesa.
e) De médico-paciente, já que Faulds trabalhava em um hospital de Tóquio.

3. (Enem)

A África ocidental é conhecida pela dinâmica das suas mulheres comerciantes, caracterizadas pela perícia, autonomia e mobilidade. A sua presença, que fora atestada por viajantes e por missionários portugueses que visitaram a costa a partir do século XV, consta também na ampla documentação sobre a região. A literatura é rica em referências às grandes mulheres como as vendedoras ambulantes, cujo jeito para o negócio, bem como a autonomia e mobilidade, é tão típico da região.

HAVIK, P. Dinâmicas e assimetrias afro-atlânticas: a agência feminina e representações em mudança na Guiné (séculos XIX e XX). In: PANTOJA, S. (Org.). *Identidades, memórias e histórias em terras africanas*. Brasília: LGE; Luanda: Nzila, 2006.

A abordagem realizada pelo autor sobre a vida social da África ocidental pode ser relacionada a uma característica marcante das cidades no Brasil escravista nos séculos XVIII e XIX, que se observa pela:

a) restrição à realização do comércio ambulante por africanos escravizados e seus descendentes.
b) convivência entre homens e mulheres livres, de diversas origens, no pequeno comércio.
c) presença de mulheres negras no comércio de rua de diversos produtos e alimentos.
d) dissolução dos hábitos culturais trazidos do continente de origem dos escravizados.
e) entrada de imigrantes portugueses nas atividades ligadas ao pequeno comércio urbano.

4. (Enem)

O que ocorreu na Bahia de 1798, ao contrário das outras situações de contestação política na América portuguesa, é que o projeto que lhe era subjacente não tocou somente na condição, ou no instrumento, da integração subordinada das colônias no império luso. Dessa feita, ao contrário do que se deu nas Minas Gerais (1789), a sedição avançou sobre a sua decorrência.

JANCSÓ, I.; PIMENTA, J. P. Peças de um mosaico. In: MOTA, C. G. (Org.). *Viagem incompleta*: a experiência brasileira (1500-2000). São Paulo: Senac, 2000.

A diferença entre as sedições abordadas no texto encontrava-se na pretensão de:

a) eliminar a hierarquia militar.
b) abolir a escravidão africana.
c) anular o domínio metropolitano.
d) suprimir a propriedade fundiária.
e) extinguir o absolutismo monárquico.

5. (UFRN) Sobre a chamada Inconfidência Mineira, a historiadora Cristina Leminski afirmou:

Sem a derrama, o movimento esvaziava-se. Para a população em geral, se a derrama não fosse imposta, não fazia grande diferença se Minas era ou não independente. O movimento era fundamentalmente motivado por interesses, não por ideais [...]. A prisão dos homens mais eminentes de Vila Rica provocou [...] alvoroço na cidade [...] e o Visconde de Barbacena foi obrigado a admitir que a tentativa de manter sigilo sobre o processo seria inútil.

LEMINSKI, Cristina. *Tiradentes e a conspiração de Minas Gerais*. São Paulo: Scipione, 1994. p. 59-64.

O movimento do século XVIII abordado nesse fragmento textual relaciona-se com a:

a) pretensão das lideranças econômicas de Vila Rica, principais beneficiadas com a arrecadação tributária portuguesa.
b) repercussão da Revolução Francesa no seio da elite intelectual colonial da região aurífera nas Minas Gerais.
c) exploração tributária feita pela metrópole sobre os colonos portugueses, no contexto da crise do antigo sistema colonial.
d) revolta desencadeada pela decisão da Coroa de instalar as Casas de Fundição, com o propósito de cobrar o quinto.

6. (UFBA)

Por volta de 1830, a maioria dos países da América já tinha proclamado a independência. Entretanto, as diferenças entre eles eram bastante claras. Os Estados Unidos da América (EUA) começavam a se tornar o país mais industrializado do planeta. A América Latina continuava presa às pesadas heranças coloniais: predominavam as economias exportadoras de produtos primários, governos de latifundiários que olhavam com ar de superioridade para a multidão de governados de pele mais escura, grandes comerciantes que enriqueciam importando montanhas de produtos, de qualidade ou quinquilharias das fábricas inglesas, ausência de direitos para a maioria da população.

SCHIMIDT, 2005. p. 427.

Com base na análise do texto, associada aos conhecimentos sobre o imperialismo, pode-se afirmar:

(01) O imperialismo europeu do século XIX, em direção à América Latina, foi possível após estabelecer com os Estados Unidos acordos de limites de áreas a serem recolonizadas.

(02) As pesadas heranças coloniais referidas no texto explicam o limitado número de imigrantes europeus direcionados à Argentina e ao Brasil, no período de 1820 a 1880.

(04) Os Estados Unidos, ao se tornarem o país mais industrializado do planeta, reuniram condições econômicas e políticas para concretizar seu projeto imperialista, no século XX, em direção à América Latina.

(08) O olhar de superioridade dos governos de latifundiários em relação à multidão de governados de pele mais escura revela o fortalecimento dos desequilíbrios sociais, ampliados no contexto da dominação imperialista dos Estados Unidos.

(16) O número de imigrantes europeus com destino aos Estados Unidos se intensificou durante a Primeira Grande Guerra, devido à ruralização da economia europeia.

(32) O fortalecimento econômico do Brasil, nas três primeiras décadas do século XX, motivado pela política de substituição das importações, impediu a presença imperialista norte-americana no país, durante o período da Guerra Fria.

7. (Udesc) Sobre os movimentos sociais, sobretudo na Europa, formados na segunda metade do século XIX, assinale a alternativa correta.

a) Problemas sociais como mão de obra barata numerosa e jornada de trabalho de até dezesseis horas por dia indicavam a necessidade de organização e criação de entidades como associações de ajuda mútua e sindicatos.

b) Os anarquistas foram vitoriosos em quase todas as suas iniciativas de organização, e a maior expressão disso foi a formação do Estado Franco-Prussiano.

c) Os movimentos sociais do período buscaram melhorar as relações tranquilas que patrões e operários mantinham nas fábricas.

d) O trabalho infantil e a exploração da mão de obra não pertenciam mais à realidade europeia no período.

e) Os sindicatos criados no período receberam imediato apoio dos patrões, preocupados com a condição de vida de todos.

8. (Udesc) Em 25 de março de 1824, Dom Pedro I outorgou a Constituição Política do Império do Brasil. Em relação à Constituição de 1824, assinale a alternativa correta.

a) O texto constitucional foi construído coletivamente pela Câmara de Deputados, votado e aprovado em 25 de março de 1824. Expressava os interesses tanto do Partido Liberal quanto do Partido Conservador, para o futuro na nação que recém conquistara sua independência.

b) A Constituição de 1824 instaurava a laicidade no território nacional, extinguindo a religião católica como religião oficial do império e expressando textualmente que "todas as outras religiões serão permitidas com seu culto doméstico, ou particular em casas para isso destinadas, sem forma alguma exterior do templo".

c) A organização política instaurada pela Constituição de 1824 dividia-se em 4 poderes: Executivo, Legislativo, Judiciário e Moderador, sendo que este último determinava a pessoa do imperador como inviolável e sagrada.

d) A Constituição de 1824 determinou a cidadania amplificada e o direito ao voto para todos os nascidos em solo brasileiro, independentemente de gênero, raça ou renda.

e) A Constituição de 1824 promoveu, em diversos artigos, ideais de cunho abolicionista. Tais ideais foram respaldo para movimentos políticos posteriores, tais como a Revolta dos Farrapos e a Revolta dos Malês.

9. (Fuvest-SP)

Níveis *per capita* de industrialização, 1750-1913 (Reino Unido em 1900 = 100)

País	1750	1800	1860	1913
Alemanha	8	8	15	85
Bélgica	9	10	28	88
China	8	6	4	3
Espanha	7	7	11	22
EUA	4	9	21	126
França	9	9	20	59
Índia	7	6	3	2
Itália	8	8	10	26
Japão	7	7	7	20
Reino Unido	10	16	64	115
Rússia	6	6	8	20

FINDLAY, Ronald; O'ROURKE; Kevin. *Power and plenty*: trade, war, and the world economy in the second millennium. Princeton: Princeton University Press, 2007. (Adaptado.)

Com base na tabela, é correto afirmar:

a) A industrialização acelerada da Alemanha e dos Estados Unidos ocorreu durante a Primeira Revolução Industrial, mantendo-se relativamente inalterada durante a Segunda Revolução Industrial.
b) Os países do sul e do leste da Europa apresentaram níveis de industrialização equivalentes aos dos países do norte da Europa e dos Estados Unidos durante a Segunda Revolução Industrial.
c) A Primeira Revolução Industrial teve por epicentro o Reino Unido, acompanhado em menor grau pela Bélgica, ambos mantendo níveis elevados durante a Segunda Revolução Industrial.
d) Os níveis de industrialização verificados na Ásia em meados do século XVIII acompanharam o movimento geral de industrialização do Atlântico Norte ocorrido na segunda metade do século XIX.
e) O Japão se destacou como o país asiático de mais rápida industrialização no curso da Primeira Revolução Industrial, perdendo força, no entanto, durante a Segunda Revolução Industrial.

10. (UEG-GO) Leia o texto a seguir.

Árabes, turcos, mongóis, que sucessivamente invadiram a Índia, cedo ficaram indianizados, uma vez que, segundo uma lei eterna da história, os conquistadores bárbaros são eles próprios conquistados pela superior civilização dos seus súditos. Os britânicos foram os primeiros conquistadores superiores e, por conseguinte, inacessíveis à civilização hindu. Destruíram-na, rebentando com as comunidades nativas, arrancando pela raiz a indústria nativa e nivelando tudo o que era grande e elevado na sociedade nativa.

MARX, Karl. Apud PRAXEDES, Walter. Eurocentrismo e racismo nos clássicos da Filosofia e das Ciências Sociais. *Revista Espaço Acadêmico*, n. 83, abr. 2008. Disponível em: <www.espacoacademico.com.br/083/83praxedes.html>. Acesso em: 2 set. 2016.

O autor do texto citado foi Karl Marx (1818-1883), um dos mais destacados intelectuais da segunda metade do século XIX. Como documento histórico de uma época, o texto revela que:

a) o marxismo foi uma teoria que, apesar dos seus apelos socialistas, foi criada para defender os interesses colonialistas dos países capitalistas europeus.
b) o hinduísmo é uma religião sofisticada e "elevada", que garantiu a manutenção da identidade cultural hindu frente a todos os conquistadores.
c) a universal "lei eterna da história", apregoada pelo autor, retrata coerentemente a conquista de Roma pelos bárbaros e a invasão britânica na Índia.
d) a concepção eurocêntrica do autor, um homem de seu tempo, levou-o a ressaltar a superioridade cultural britânica frente à civilização hindu.
e) a dominação capitalista britânica não teve condições efetivas de desenvolver-se na Índia, em virtude da debilidade de sua indústria nativa.

Unidade 6

1. (Enem) A primeira metade do século XX foi marcada por conflitos e processos que a inscreveram como um dos mais violentos períodos da história humana. Entre os principais fatores que estiveram na origem dos conflitos ocorridos durante a primeira metade do século XX estão:

a) a crise do colonialismo, a ascensão do nacionalismo e do totalitarismo.
b) o enfraquecimento do Império Britânico, a Grande Depressão e a corrida nuclear.
c) o declínio britânico, o fracasso da Liga das Nações e a Revolução Cubana.
d) a corrida armamentista, o terceiro-mundismo e o expansionismo soviético.
e) a Revolução Bolchevique, o imperialismo e a unificação da Alemanha.

2. (Enem)

A depressão econômica gerada pela Crise de 1929 teve no presidente americano Franklin Roosevelt (1933-1945) um de seus vencedores. *New Deal* foi o nome dado à série de projetos federais implantados nos Estados Unidos para recuperar o país, a partir da intensificação da prática da intervenção e do planejamento estatal da economia. Juntamente com outros programas de ajuda social, o *New Deal* ajudou a minimizar os efeitos da depressão a partir de 1933. Esses projetos federais geraram milhões de empregos para os necessitados, embora parte da força de trabalho norte-americana continuasse desempregada em 1940. A entrada do país na Segunda Guerra Mundial, no entanto, provocou a queda das taxas de desemprego, e fez crescer radicalmente a produção industrial. No final da guerra, o desemprego tinha sido drasticamente reduzido.

EDSFORD, R. *America's response to the Great Depression*. Blackwell Publishers, 2000. (Tradução adaptada.)

Considerando o texto, conclui-se que:

a) o fundamento da política de recuperação do país foi a ingerência do Estado, em ampla escala, na economia.

b) a Crise de 1929 foi solucionada por Roosevelt, que criou medidas econômicas para diminuir a produção e o consumo.

c) os programas de ajuda social implantados na administração de Roosevelt foram ineficazes no combate à crise econômica.

d) o desenvolvimento da indústria bélica incentivou o intervencionismo de Roosevelt e gerou uma corrida armamentista.

e) a intervenção de Roosevelt coincidiu com o início da Segunda Guerra Mundial e foi bem-sucedida, apoiando-se em suas necessidades.

3. (Enem) Os regimes totalitários da primeira metade do século XX apoiaram-se fortemente na mobilização da juventude em torno da defesa de ideias grandiosas para o futuro da nação. Nesses projetos, os jovens deveriam entender que só havia uma pessoa digna de ser amada e obedecida, que era o líder. Tais movimentos sociais juvenis contribuíram para a implantação e a sustentação do nazismo, na Alemanha, e do fascismo, na Itália, Espanha e Portugal.

A atuação desses movimentos juvenis caracterizava-se:

a) pelo sectarismo e pela forma violenta e radical com que enfrentavam os opositores ao regime.

b) pelas propostas de conscientização da população acerca dos seus direitos como cidadãos.

c) pela promoção de um modo de vida saudável, que mostrava os jovens como exemplos a seguir.

d) pelo diálogo, ao organizar debates que opunham jovens idealistas e velhas lideranças conservadoras.

e) pelos métodos políticos populistas e pela organização de comícios multitudinários.

4. (Enem) O autor da Constituição de 1937, Francisco Campos, afirma no seu livro *O Estado nacional* que:

[...] o eleitor seria apático; a democracia de partidos conduziria à desordem; a independência do Poder Judiciário acabaria em injustiça e ineficiência; e que apenas o Poder Executivo, centralizado em Getúlio Vargas, seria capaz de dar racionalidade imparcial ao Estado, pois Vargas teria providencial intuição do bem e da verdade, além de ser um gênio político.

CAMPOS, F. *O Estado nacional*. Rio de Janeiro: José Olympio, 1940. (Adaptado.)

Segundo as ideias de Francisco Campos:

a) os eleitores, políticos e juízes seriam mal-intencionados.

b) o governo Vargas seria um mal necessário, mas transitório.

c) Vargas seria o homem adequado para implantar a democracia de partidos.

d) a Constituição de 1937 seria a preparação para uma futura democracia liberal.

e) Vargas seria o homem capaz de exercer o poder de modo inteligente e correto.

5. (Enem)

De março de 1931 a fevereiro de 1940, foram decretadas mais de 150 leis novas de proteção social e de regulamentação do trabalho em todos os seus setores. Todas elas têm sido simplesmente uma dádiva do governo. Desde aí, o trabalhador brasileiro encontra nos quadros gerais do regime o seu verdadeiro lugar.

DANTAS, M. A força nacionalizadora do Estado Novo. Rio de Janeiro: DIP, 1942. Apud BERCITO, S. R. *Nos tempos de Getúlio*: da Revolução de 30 ao fim do Estado Novo. São Paulo: Atual, 1990.

A adoção de novas políticas públicas e as mudanças jurídico-institucionais ocorridas no Brasil, com a ascensão de Getúlio Vargas ao poder, evidenciam o papel histórico de certas lideranças e a importância das lutas sociais na conquista da cidadania. Desse processo resultou a:

a) criação do Ministério do Trabalho, Indústria e Comércio, que garantiu ao operariado autonomia para o exercício de atividades sindicais.

b) legislação previdenciária, que proibiu migrantes de ocuparem cargos de direção nos sindicatos.

c) criação da Justiça do Trabalho, para coibir ideologias consideradas perturbadoras da "harmonia social".

d) legislação trabalhista que atendeu reivindicações dos operários, garantindo-lhes vários direitos e formas de proteção.

e) decretação da Consolidação das Leis do Trabalho (CLT), que impediu o controle estatal sobre as atividades políticas da classe operária.

6. (Enem)

Em 1935, o governo brasileiro começou a negar vistos a judeus. Posteriormente, durante o Estado Novo, uma circular secreta proibiu a concessão de vistos a "pessoas de origem semita", inclusive turistas e negociantes, o que causou uma queda de 75% da imigração judaica ao longo daquele ano. Entretanto, mesmo com as imposições da lei, muitos judeus continuaram entrando ilegalmente no país durante a guerra e as ameaças de deportação em massa nunca foram concretizadas, apesar da extradição de alguns indivíduos por sua militância política.

GRIMBERG, K. Nova língua interior: 500 anos de história dos judeus no Brasil. In: IBGE. Brasil: 500 anos de povoamento. Rio de Janeiro: IBGE, 2000. (Adaptado.)

Uma razão para a adoção da política de imigração mencionada no texto foi o(a):

a) receio do controle sionista sobre a economia nacional.

b) reserva de postos de trabalho para a mão de obra local.

c) oposição do clero católico à expansão de novas religiões.

d) apoio da diplomacia varguista às opiniões dos líderes árabes.

e) simpatia de membros da burocracia pelo projeto totalitário alemão.

7. (Enem)

A regulação das relações de trabalho compõe uma estrutura complexa, em que cada elemento se ajusta aos demais. A Justiça do Trabalho é apenas uma das peças dessa vasta engrenagem. A presença de representantes classistas na composição dos órgãos da Justiça do Trabalho é também resultante da montagem dessa regulação. O poder normativo também reflete essa característica. Instituída pela Constituição de 1934, a Justiça do Trabalho só vicejou no ambiente político do Estado Novo instaurado em 1937.

ROMITA, A. S. Justiça do Trabalho: produto do Estado Novo. In: PANDOLFI, D. (Org.). Repensando o Estado Novo. Rio de Janeiro: Editora FGV, 1999.

A criação da referida instituição estatal na conjuntura histórica abordada teve por objetivo:

a) legitimar os protestos fabris.

b) ordenar os conflitos laborais.

c) oficializar os sindicatos plurais.

d) assegurar os princípios liberais.

e) unificar os salários profissionais.

8. (Enem)

O coronelismo era fruto de alteração na relação de forças entre os proprietários rurais e o governo, e significava o fortalecimento do poder do Estado antes que o predomínio do coronel. Nessa concepção, o coronelismo é, então, um sistema político nacional, com base em barganhas entre o governo e os coronéis. O coronel tem o controle dos cargos públicos, desde o delegado de polícia até a professora primária. O coronel hipoteca seu apoio ao governo, sobretudo na forma de voto.

CARVALHO, J. M. Pontos e bordados: escritos de história política. Belo Horizonte: Editora UFMG, 1998. (Adaptado.)

No contexto da Primeira República no Brasil, as relações políticas descritas baseavam-se na:

a) coação das milícias locais.

b) estagnação da dinâmica urbana.

c) valorização do proselitismo partidário.

d) disseminação de práticas clientelistas.

e) centralização de decisões administrativas.

9. (UEL-PR)

A Grande Guerra de 1914 foi uma consequência da remobilização contemporânea dos *anciens régimes* [antigos regimes] da Europa. Embora perdendo terreno para as forças do capitalismo industrial, as forças da antiga ordem ainda estavam suficientemente dispostas e poderosas para resistir e retardar o curso da história, se necessário recorrendo à violência. A Grande Guerra foi antes a expressão da decadência e queda da antiga ordem, lutando para prolongar sua vida, que do explosivo crescimento do capitalismo industrial, resolvido a impor a sua primazia. Por toda a Europa, a partir de 1917, as pressões de uma guerra prolongada afinal abalaram e romperam os alicerces da velha ordem entrincheirada, que havia sido sua incubadora. Mesmo assim, à exceção da Rússia, onde se desmoronou o antigo regime mais obstinado e tradicional, após 1918-1919 as forças da permanência se recobraram o suficiente para agravar a crise geral da Europa, promover o fascismo e contribuir para a retomada da guerra total em 1939.

MAYER, A. *A força da tradição*: a persistência do Antigo Regime. São Paulo: Companhia das Letras, 1987. p. 13-14.

De acordo com o texto, é correto afirmar que a Primeira Guerra Mundial:

a) teria sido resultado dos conflitos entre as forças da antiga ordem feudal e as da nova ordem socialista, especialmente depois do triunfo da Revolução Russa.

b) resultou do confronto entre as forças da permanência e as forças de mudança, isto é, do escravismo decadente e do capitalismo em ascensão.

c) foi consequência do triunfo da indústria sobre a manufatura, o que provocou uma concorrência em nível mundial, levando ao choque das potências capitalistas imperialistas.

d) foi produto de um momento histórico específico em que as mudanças se processavam mais lentamente do que fazem crer os historiadores que tratam a guerra como resultado do imperialismo.

e) engendrou o nazifascismo, pois a burguesia europeia, tendo apoiado os comunistas russos, criaram o terreno propício ao surgimento e à expansão dos regimes totalitários do final do século.

10. (Ufpel-RS)

Manifesto de Luís Carlos Prestes (maio/1930)

[...] Mais uma vez os verdadeiros interesses populares foram sacrificados vilmente, mistificado todo o povo, por uma campanha aparentemente democrática, mas que, no fundo, não era mais do que a luta entre os interesses contrários de duas correntes oligárquicas, apoiadas e estimuladas pelos dois grandes imperialismos que nos escravizam e aos quais os politiqueiros brasileiros entregam, de pés e mãos atados, toda a Nação. Fazendo tais afirmações, não posso, no entanto, deixar de reconhecer entre os elementos da Aliança Liberal grande número de revolucionários sinceros, com os quais creio poder continuar a contar na luta franca e decidida que ora proponho contra todos os opressores. [...] Contra as duas vigas mestres que sustentam economicamente os atuais oligarcas, precisam, pois, ser dirigidos os nossos golpes — a grande propriedade territorial e o imperialismo anglo-americano. Essas, as duas causas fundamentais da opressão política em que vivemos e das crises econômicas em que nos debatemos. [...] O governo dos coronéis, chefes políticos, donos da terra, só pode ser o que aí temos: opressão política e exploração não positiva.

Apud TÁVORA, Juarez. *Memórias*: uma vida e muitas lutas. Rio de Janeiro: José Olympio, 1973.

De acordo com o texto e com seus conhecimentos, é correto afirmar que o Manifesto se posiciona:

a) a favor de uma república comunista, nos moldes da soviética, e, para tanto, apoia a Aliança Liberal, que ganhou as eleições de 1930.

b) contra a Aliança Liberal, por ela manter os privilégios oligárquicos associados ao imperialismo anglo-americano, defendendo a ideia de uma revolução popular no Brasil.

c) contrário à Aliança Liberal, mantenedora da estrutura oligárquica de poder, ao defender, entre outros pontos, o "voto de cabresto" e o livre-comércio externo.

d) de forma neutra, uma vez que havia, na formação da Aliança Liberal, os Partidos Republicanos Paulista, Rio-grandense e Mineiro, representantes da política do "café com leite".

e) em prol da Aliança Liberal como meio para os trabalhadores urbanos e rurais chegarem ao poder, seguindo o modelo do comunismo pregado por Mao Tsé-Tung, quando da realização da "Longa Marcha".

11. (UFRN) No dia 10 de fevereiro de 1944, uma crônica publicada no jornal *O Diário* retratou aspectos do cotidiano da cidade de Natal, nos seguintes termos:

Meio displicente o cronista entrou no café. [...] tipos de uma outra raça, a que a uniformidade das fardas cáquis emprestava um tom militar, enchiam as mesas. [...] A algaravia que se falava era estranha. [...] Sobre a fala de alguns quepes, o brasão de Suas Majestades Britânicas, ou as iniciais simbólicas da RAF canadense. A maioria, porém, era de gente da América [...]. O cronista olhou para os lados, curioso. Brasileiro, ele apenas. Sim, também as pequenas *garçonnettes* [...]. No entanto, aquele era um simples e muito nortista "café" da rua Dr. Barata, por mais que a paisagem humana se mesclasse de exemplares de terras diferentes [...]

PEDREIRA, Flávia de Sá. *Chiclete eu misturo com banana*: carnaval e cotidiano de guerra em Natal. Natal: EDUFRN, 2005. p. 217. (Adaptado.)

Considerando-se o fragmento textual e as informações históricas sobre o período a que ele se refere, é correto afirmar:

a) Pela proximidade com a África e por ter sediado importantes bases militares dos Estados Unidos, Natal foi alvo de esporádicos ataques das tropas da Alemanha.

b) Os natalenses passaram a rejeitar, paulatinamente, os hábitos dos estrangeiros, como os estilos musicais norte-americanos, o uso de roupas informais e de palavras da língua inglesa.

c) O início da guerra e a ameaça de bombardeios aéreos mudaram o clima de festa em que Natal vivia e acirraram, ainda mais, as rivalidades entre brasileiros e norte-americanos.

d) A presença de um grande contingente de militares de outros países e a circulação de moeda estrangeira agitaram, de forma significativa, a vida da outrora pacata Natal.

12. (UFC-CE)

> Morte à gordura!
> morte às adiposidades cerebrais!
> Morte ao burguês-mensal!
> ao burguês-cinema! ao burguês-tílburi!
> Padaria Suissa! Morte viva ao Adriano!
> "– Ai, filha, que te darei pelos teus anos?
> – Um colar... – Conto e quinhentos!!!"
> [...] Fora! Fu! Fora o bom burguês!...

O trecho acima, transcrito do poema "Pauliceia desvairada", de Mário de Andrade, foi recitado na Semana de Arte Moderna, realizada de 11 a 18 de fevereiro de 1922, no Teatro Municipal de São Paulo. Sobre esse movimento, é correto afirmar que:

a) teve como princípio uma arte baseada na estética romântica e realista.

b) tentou traduzir a cultura e os problemas nacionais através da arte.

c) gerou uma valorização da arte europeia em detrimento da arte brasileira.

d) foi uma tentativa de renovar as manifestações artísticas no Brasil Império.

e) foi um grupo de poetas e escultores que reafirmaram o parnasianismo no Brasil.

13. (FGV-RJ) Em 1934, um grupo de mulheres brasileiras, liderado por Bertha Lutz, elaborou um texto que ficou conhecido como Manifesto Feminista. Leia um trecho desse documento.

As mulheres, assim como os homens, nascem membros livres e independentes da espécie humana, dotados de faculdades equivalentes e igualmente chamados a exercer, sem peias, os seus direitos e deveres individuais, os sexos são interdependentes e devem, um ao outro, a sua cooperação. A supressão dos direitos de um acarretará, inevitavelmente, prejuízos para o outro, e, consequentemente, para a Nação. Em todos os países e tempos, as leis, preconceitos e costumes tendentes a restringir a mulher, a limitar a sua instrução, a entravar o desenvolvimento das suas aptidões naturais, a subordinar sua individualidade ao juízo de uma personalidade alheia, foram baseados em teorias falsas, produzindo, na vida moderna, intenso desequilíbrio social; a autonomia constitui o direito fundamental de todo indivíduo adulto; a recusa desse direito à mulher é uma injustiça social, legal e econômica que repercute desfavoravelmente na vida da coletividade, retardando o progresso geral...

Apud DUARTE, C. L. Feminismo e literatura no Brasil. *Revista de Estudos Avançados*, v. 17, n. 49, set./dez. 2003. Disponível em: <http://www.scielo.br/scielo.php?script=sci_arttext&pid=S0103-40142003000300010#back19>. Acesso em: 6 jul. 2016.

Tendo em vista a situação das mulheres no Brasil, na década de 1930, é correto afirmar que o texto:

a) busca estimular as mulheres a exercerem o seu direito de voto que havia sido garantido pela Constituição Brasileira de 1891.

b) defende a superioridade das mulheres e condena as decisões da Constituição Brasileira de 1934, que negaram o direito ao voto feminino.

c) diverge das ações feministas do Rio Grande do Norte, que culminaram no exercício do direito de voto pelas mulheres em 1928.

d) reflete o clima de radicalização política no Brasil no período e acabou por impedir o avanço nas conquistas políticas das mulheres.

e) sustenta a igualdade de gêneros em sintonia com campanhas que consagraram o direito de voto para as mulheres na Constituição de 1934.

14. (Fatec-SP) Leia o texto.

O dia 24 de outubro de 1929 marca o início do que muitos historiadores consideram a pior crise econômica da história do capitalismo. Nesse dia, a bolsa de valores de Nova Iorque sofreu a maior baixa de sua história e, devido à centralidade dos Estados Unidos na economia mundial, a crise se espalhou para diversos países.

Entre os fatores causadores da crise destacam-se:

a) a ascensão de regimes nazifascistas, com forte apelo nacionalista, na Itália e na Alemanha, e a aceleração do crescimento econômico do chamado BRICS (Brasil, Rússia, Índia, China e África do Sul).

b) o descompasso entre a produção e o consumo no mercado dos EUA e a diminuição das exportações desse país para a Europa, o que gerou aumento dos estoques de produtos agrícolas e industrializados e a queda brusca do valor das ações das empresas no mercado financeiro.

c) o endividamento dos Estados Unidos, em consequência da devastação que o país sofreu na Primeira Guerra Mundial, e a falência da França e da Inglaterra, que deixaram de cumprir seus compromissos financeiros com a comunidade internacional.

d) a brusca desvalorização do dólar no mercado internacional, provocada pelo aumento do preço das *commodities* agrícolas dos países em desenvolvimento, e a política de substituição de importações, adotada pelas economias asiáticas.

e) as medidas protecionistas adotadas pela União Soviética, favorecendo as indústrias dos países do Leste Europeu, e as barreiras alfandegárias impostas aos produtos estadunidenses por parte dos integrantes da Zona do Euro.

15. (Unicamp-SP)

Hitler considerava que a propaganda sempre deveria ser popular, dirigida às massas, desenvolvida de modo a levar em conta um nível de compreensão dos mais baixos. [...] O essencial da propaganda era atingir o coração das grandes massas, compreender seu mundo maniqueísta, representar seus sentimentos.

LENHARO, Alcir. *Nazismo*: o triunfo da vontade. São Paulo: Ática, 1986, p. 47-48.

Sobre a propaganda no nazismo, é correto afirmar:

a) o nível elementar da propaganda era contraposto às óperas e desfiles suntuosos que o regime nazista promovia.

b) a propaganda deveria restringir-se a poucos pontos, como o enaltecimento da superioridade racial e a defesa da democracia.

c) a propaganda deveria estimular o ódio das massas contra grupos específicos, como os judeus, negros, homossexuais e ciganos.

d) o cinema e a produção artística foram as áreas que resistiram ao sistema de propaganda do nazismo na Alemanha do final da década de 1930.

Unidade 7

1. (Enem)

Nós nos recusamos a acreditar que o banco da justiça é falível. Nós nos recusamos a acreditar que há capitais insuficientes de oportunidade nesta nação. Assim nós viemos trocar este cheque, um cheque que nos dará o direito de reclamar as riquezas de liberdade e a segurança da justiça.

KING JR., M. L. Eu tenho um sonho. 28 ago. 1963. Disponível em: <www.palmares.gov.br>. Acesso em: 8 dez. 2015. (Adaptado.)

A segregação racial e as condições de vida da população negra, no sul dos Estados Unidos nos anos 1950, conduziram à mobilização social dessa parcela da população norte-americana. Nessa época, surgiram reivindicações que tinham como expoente Martin Luther King e objetivavam:

a) a conquista de direitos civis para a população negra.

b) o apoio aos atos violentos patrocinados pelos negros em espaços urbanos.

c) a supremacia das instituições religiosas em meio à comunidade negra sulista.

d) a incorporação dos negros no mercado de trabalho.

e) a aceitação da cultura negra como representante do modo de vida americano.

2. (Enem)

Os 45 anos que vão do lançamento das bombas atômicas até o fim da União Soviética não foram um período homogêneo único na história do mundo. [...] dividem-se em duas metades, tendo como divisor de águas o início da década de 70. Apesar disso, a história deste período foi reunida sob um padrão único pela situação internacional peculiar que o dominou até a queda da URSS.

HOBSBAWM, Eric J. *Era dos extremos*. São Paulo: Companhia das Letras, 1996.

O período citado no texto e conhecido por "Guerra Fria" pode ser definido como aquele momento histórico em que houve:

a) corrida armamentista entre as potências imperialistas europeias ocasionando a Primeira Guerra Mundial.

b) domínio dos países socialistas do Sul do globo pelos países capitalistas do Norte.

c) choque ideológico entre a Alemanha Nazista/União Soviética Stalinista, durante os anos 30.

d) disputa pela supremacia da economia mundial entre o Ocidente e as potências orientais, como a China e o Japão.

e) constante confronto das duas superpotências que emergiram da Segunda Guerra Mundial.

3. (Enem)

Disponível em: <www1.folha.uol.com.br>. Acesso em: 17 abr. 2010. (Adaptado.)

O movimento representado na imagem, do início dos anos de 1990, arrebatou milhares de jovens no Brasil. Nesse contexto, a juventude, movida por um forte sentimento cívico:

a) aliou-se aos partidos de oposição e organizou a campanha Diretas Já.

b) manifestou-se contra a corrupção e pressionou pela aprovação da Lei da Ficha Limpa.

c) engajou-se nos protestos-relâmpago e utilizou a internet para agendar suas manifestações.

d) espelhou-se no movimento estudantil de 1968 e protagonizou ações revolucionárias armadas.

e) tornou-se porta-voz da sociedade e influenciou no processo de *impeachment* do então presidente Collor.

4. (Enem)

Batizado por Tancredo Neves de "Nova República", o período que marca o reencontro do Brasil com os governos civis e a democracia ainda não completou seu quinto ano e já viveu dias de grande comoção. Começou com a tragédia de Tancredo, seguiu pela euforia do Plano Cruzado, conheceu as depressões da inflação e das ameaças da hiperinflação e desembocou na movimentação que antecede as primeiras eleições diretas para presidente em 29 anos.

O álbum dos presidentes: a história vista pelo JB. *Jornal do Brasil*, 15 nov. 1989.

O período descrito apresenta continuidades e rupturas em relação à conjuntura histórica anterior. Uma dessas continuidades consistiu na:

a) representação do legislativo com a fórmula do bipartidarismo.

b) detenção de lideranças populares por crimes de subversão.

c) presença de políticos com trajetórias no regime autoritário.

d) prorrogação das restrições advindas dos atos institucionais.

e) estabilidade da economia com o congelamento anual de preços.

5. (Enem)

A Operação Condor está diretamente vinculada às experiências históricas das ditaduras civil-militares que se disseminaram pelo Cone Sul entre as décadas de 1960 e 1980. Depois do Brasil (e do Paraguai de Stroessner), foi a vez da Argentina (1966), Bolívia (1966 e 1971), Uruguai e Chile (1973) e Argentina (novamente, em 1976). Em todos os casos se instalaram ditaduras civil-militares (em menor ou maior medida) com base na Doutrina de Segurança Nacional e tendo como principais características um anticomunismo militante, a identificação do inimigo interno, a imposição do papel político das Forças Armadas e a definição de fronteiras ideológicas.

PADRÓS, E. S. et al. *Ditadura de Segurança Nacional no Rio Grande do Sul (1964-1985)*: história e memória. Porto Alegre: Corag, 2009. (Adaptado.)

Levando-se em conta o contexto em que foi criada, a referida operação tinha como objetivo coordenar a:

a) modificação de limites territoriais.

b) sobrevivência de oficiais exilados.

c) interferência de potências mundiais.

d) repressão de ativistas oposicionistas.

e) implantação de governos nacionalistas.

6. (UFC-CE)

É preciso dizer que o que ocorreu comigo não é exceção, é regra. Raros os presos políticos brasileiros que não sofreram torturas. Muitos, como Schael Schreiber e Virgílio Gomes da Silva, morreram na sala de torturas. Outros ficaram surdos, estéreis ou com outros defeitos físicos.

Apud FREI BETO. *Batismo de sangue*: guerrilha e morte de Carlos Marighella. 14. ed. rev. e ampliada. Rio de Janeiro: Rocco, 2006.

A partir desse trecho do depoimento de frei Tito de Alencar, escrito na prisão, em 1970, assinale a alternativa correta sobre a situação dos direitos humanos no decorrer da ditadura instalada no Brasil em 1964.

a) Os governos estabelecidos depois de 1964 conseguiram provar que os que morreram na prisão já estavam doentes e não aceitavam o tratamento médico oferecido.

b) A tortura realizada nas delegacias de polícia era uma exceção, na medida em que havia a publicação de reportagens na imprensa com o objetivo de defender os direitos humanos.

c) A tortura de presos começou a ser utilizada no Brasil a partir de 1972 e foi abolida com o movimento em torno da Anistia em 1979, em sintonia com os movimentos pelos direitos humanos.

d) A coerção em torno dos meios de comunicação e a tortura em presos políticos eram meios utilizados pelo regime de 1964 para reprimir movimentos e opiniões divergentes da ideologia oficial.

e) A repressão aos meios de comunicação se realizou a partir do governo do presidente Médici, momento em que se inaugura a prática da tortura para obter depoimentos de subversivos.

7. (UFPR) Sobre as manifestações ocorridas no Brasil, no ano de 1968, considere as seguintes afirmativas:

1. O fim do milagre econômico, com suas consequências econômicas e sociais, foi uma das razões que levaram a tais manifestações.
2. Em 1968 houve várias greves de trabalhadores. Algumas delas terminaram pacificamente; outras, sob repressão do aparato militar do governo.
3. Um marco para o desencadeamento de várias dessas manifestações no Brasil foi o assassinato de um estudante, pela polícia, quando ele participava de uma passeata.
4. O ponto alto da convergência dessas manifestações foi a chamada Passeata dos Cem Mil, realizada nesse ano.
5. Uma reação do Marechal Castelo Branco às manifestações foi a promulgação do Ato Institucional nº 1, que restabelecia direitos civis e políticos aos cidadãos.

Assinale a alternativa correta:

a) Somente as afirmativas 2 e 5 são verdadeiras.
b) Somente as afirmativas 1, 2, 3 e 5 são verdadeiras.
c) Somente as afirmativas 2, 3 e 4 são verdadeiras.
d) Somente as afirmativas 1, 4 e 5 são verdadeiras.
e) Somente as afirmativas 3 e 4 são verdadeiras.

8. (UFPR)

O patriarcalismo [...] caracteriza-se pela autoridade, imposta institucionalmente, do homem sobre a mulher e filhos no âmbito familiar.

CASTELLS, Manuel. *A era da informação*: economia, sociedade e cultura. São Paulo: Paz e Terra, 1999. v. II. p. 169.

Sobre esse tema, considere as seguintes afirmativas:

1. O fim da Segunda Guerra Mundial marca o início da contestação ao patriarcalismo no Ocidente.
2. A contestação ao patriarcalismo é derivada dos processos de transformação do trabalho feminino e da conscientização da mulher.
3. Mudanças tecnológicas no processo de reprodução da espécie e o crescimento de uma economia global são decorrentes da crise do modelo familiar patriarcal.
4. Para que uma autoridade como a patriarcal possa ser exercida, é preciso que permeie toda a organização social, desde a cultura até a política.

Assinale a alternativa correta.

a) Somente as afirmativas 1 e 4 são verdadeiras.
b) Somente as afirmativas 1, 2 e 3 são verdadeiras.
c) Somente as afirmativas 1, 3 e 4 são verdadeiras.
d) Somente as afirmativas 2 e 4 são verdadeiras.
e) Somente as afirmativas 1 e 2 são verdadeiras.

9. (UPE)

Em 1971, Tonico e Tinoco elogiaram os militares, cantando os versos "um governo varonil/ vamos pra frente Brasil". Zezé di Camargo acusava os sertanejos universitários de "mentira marqueteira", mas depois afirmou que não há diferença entre seu estilo e o deles. Nelson Pereira dos Santos, pai do Cinema Novo, dirigiu um filme sobre Milionário & José Rico. O sertanejo Dalvan teve papel importante na primeira eleição de Lula como deputado federal. Leandro, Leonardo e Sula Miranda apoiaram Collor quando a sociedade brasileira pedia seu *impeachment*.

ALONSO, Gustavo. *Cowboys do asfalto*: música sertaneja e modernização brasileira. Rio de Janeiro: Record, 2015.

O final do texto se remete a um período da história recente do Brasil em que a música sertaneja ficou marcada pela:

a) crítica ao regime civil-militar que acabara de ser destituído.
b) rejeição ao mundo rural, defendendo os benefícios da urbanização.
c) defesa da modernização do Brasil, dando ênfase às novas tecnologias.
d) associação com os grandes industriais paulistas na promoção do gênero.
e) aliança com a política, apoiando um presidente que viria a ser impedido pelo Congresso.

10. (Fuvest-SP)

Não nos esqueçamos de que este é um tempo de abertura. Vivemos sob o signo da anistia que é esquecimento, ou devia ser. Tempo que pede contenção e paciência. Sofremos todo ímpeto agressivo. Adocemos os gestos. O tempo é de perdão. [...] Esqueçamos tudo isto, mas cuidado! Não nos esqueçamos de enfrentar, agora, a tarefa em que fracassamos ontem e que deu lugar a tudo isto. Não nos esqueçamos de organizar a defesa das instituições democráticas contra novos golpistas militares e civis para que em tempo algum do futuro ninguém tenha outra vez de enfrentar e sofrer, e depois esquecer os conspiradores, os torturadores, os censores e todos os culpados e coniventes que beberam nosso sangue e pedem nosso esquecimento.

RIBEIRO, Darcy. "Réquiem", ensaios insólitos. Porto Alegre: L&PM, 1979.

O texto remete à anistia e à reflexão sobre os impasses da abertura política no Brasil, no período final do regime militar, implantado com o golpe de 1964. Com base nessas referências, escolha a alternativa correta.

a) A presença de censores na redação dos jornais somente foi extinta em 1988, quando promulgada a nova Constituição.

b) O projeto de lei pela anistia ampla, geral e irrestrita foi uma proposta defendida pelos militares como forma de apaziguar os atos de exceção.

c) Durante a transição democrática, foram conquistados o bipartidarismo, as eleições livres e gerais e a convocação da Assembleia Constituinte.

d) A lei de anistia aprovada pelo Congresso beneficiou presos políticos e exilados e também agentes da repressão.

e) O esquecimento e o perdão mencionados integravam a pauta da Teologia da Libertação, uma importante diretriz da Igreja católica.

11. (Udesc)

Um, dois, três, quatro, cinco, mil...
Queremos eleger o presidente do Brasil!

Essas palavras foram entoadas por grande parcela da população que, no primeiro semestre de 1984, foi às ruas reivindicar eleições diretas para a Presidência da República. Esse movimento, conhecido como "Diretas Já!", tornou-se um marco do processo de redemocratização política no Brasil.

Analise a alternativa correta sobre esse processo:

a) A Emenda Constitucional Dante de Oliveira, que restabeleceria as eleições diretas para a Presidência da República, teve sua votação iniciada em 25 de abril de 1984, na Câmara dos Deputados. Houve grande mobilização popular, apoio de lideranças políticas e intelectuais que tomaram as galerias do Congresso para acompanhar a votação. Ao final, perante a aprovação da emenda, as multidões entoaram o Hino Nacional pelas ruas de várias capitais do país.

b) As eleições diretas para presidente e para governador no Brasil foram restabelecidas simultaneamente, em 1985, por meio de uma medida provisória outorgada pelo então presidente Figueiredo, seguindo a política de uma abertura lenta, gradual e segura, promovida na gestão de Ernesto Geisel. O primeiro presidente eleito democraticamente após a instauração dessa medida foi Tancredo Neves.

c) Estima-se que no dia 25 de janeiro de 1984 cerca de 200 mil pessoas se reuniram na Praça da Sé, em São Paulo, para apoiar o comício organizado por lideranças oposicionistas em nome das eleições diretas, o qual contou com a participação de Lula, Ulisses Guimarães e Leonel Brizola. Apesar da adesão popular, a emenda que restabeleceria as eleições diretas para a Presidência não obteve o número de votos necessários na Câmara dos Deputados.

d) O movimento das "Diretas Já!" obteve como resultado imediato o restabelecimento das eleições diretas para a Presidência da República. O primeiro presidente eleito democraticamente foi Tancredo Neves, em 1985 e afastado do cargo dois anos depois, pelo processo de *impeachment*, o qual contou com forte adesão popular e, em especial, dos jovens que foram às ruas como "caras-pintadas".

e) A aprovação da Emenda Dante de Oliveira na Câmara dos Deputados, em 1984, foi resultado direto da pressão popular. Apesar disso vale lembrar que, em 1982, o então presidente Figueiredo já havia reintroduzido eleições diretas para governador e criado, desta maneira, grande expectativa a respeito das eleições presidenciais.

12. (PUC-RS) "Guerra improvável, paz impossível", disse o historiador francês Raymond Aron. A frase ilustra as relações internacionais pós-Segunda Guerra Mundial. Sobre esse contexto, é correto afirmar:

a) A intensa rivalidade entre as superpotências lançava o risco de guerra, resultando numa corrida armamentista. Entretanto, a disputa armamentista suscitava o risco de destruição em massa, afastando a possibilidade de uma guerra direta entre as superpotências.

b) O projeto Guerra nas Estrelas foi desenvolvido pela URSS como forma de garantir a hegemonia político-militar, sendo neutralizado pelos EUA, que, para isso, se valeram de campanhas com forte conteúdo ideológico e da extensão do seu domínio sobre o Terceiro Mundo.

c) Os EUA, debilitados pelo aumento dos gastos militares, limitaram-se comercialmente, perdendo importantes áreas de controle na América Latina para o bloco soviético.

d) Os movimentos revolucionários financiados pela URSS eclodiram principalmente no Terceiro Mundo.

e) Os EUA buscaram abrir, estrategicamente, a economia dos países socialistas como forma de controle, tentando uma aliança econômica, apesar das divergências político-ideológicas.

13. (FMP-RJ) O texto a seguir é um fragmento da letra da canção "My generation", gravada em 1965 pela banda britânica de *rock* The Who e livremente traduzida para o português.

> As pessoas tentam fazer pouco da gente
> Simplesmente porque existimos
> A barra não anda muito legal
> Espero morrer antes de ficar velho
> Esta é a minha geração
>
> MUGGIATI, R. Rock, *o grito e o mito*: música pop como forma de comunicação e contracultura. Petrópolis: Vozes, 1973. p. 47.

No mundo polarizado da Guerra Fria, que atitude da juventude daquela época está referida na canção?

a) O hedonismo como tradução da expressão *carpe diem*.
b) A resignação diante da primazia das tradições.
c) O inconformismo com os valores vigentes.
d) A contestação com filiação explícita ao anarquismo.
e) O psicodelismo com apologia do uso de entorpecentes.

14. (FGV-SP)

> No mesmo ano em que o Nafta [1994] entrou em vigor, o Exército Zapatista de Libertação Nacional (EZLN), liderado pelo subcomandante Marcos, deu a conhecer ao mundo sua objeção ao tratado. [...] os zapatistas reclamaram uma nova atitude do Estado mexicano perante grupos sociais indígenas condenados a séculos de pobreza, exploração e abandono.
>
> PRADO, Maria Ligia; PELLEGRINO, Gabriela. *História da América Latina*. 2014.

Referência do movimento citado, Emiliano Zapata foi um:

a) líder camponês, comandante do Exército Libertador do Sul, que ofereceu importante contribuição para a vitória da Revolução Mexicana de 1910 e defendia a continuidade das terras do *pueblo* nas mãos das comunidades camponesas.
b) líder guerrilheiro que, depois de 1911, integrou o governo revolucionário mexicano, representando os interesses dos trabalhadores urbanos, assim como dos operários das minas de prata e da construção de ferrovias.
c) nacionalista mexicano que elegeu como o maior inimigo do povo do seu país os Estados Unidos, interessados especialmente na exploração do petróleo e da construção e administração das ferrovias no México.
d) presidente revolucionário mexicano, que assumiu o governo após a queda de Porfírio Dias, e, em 1913, foi emboscado e morto a mando de Venustiano Carranza, outra importante liderança popular da Revolução Mexicana.
e) partidário do ditador Porfírio Dias, que rompeu com o antigo aliado e, ao associar-se ao revolucionário Francisco Madero, organizou e liderou milícias populares com o objetivo de derrubar o regime autoritário mexicano.

15. (UFRGS-RS) Observe a imagem abaixo.

Disponível em: <http://libguides.marquette.edu/dream_speech>. Acesso em: 22 ago. 2016.

Em agosto de 1963, após a famosa Marcha de Washington, Martin Luther King proferiu o famoso discurso "Eu tive um sonho", em que sintetizava algumas ideias do movimento dos direitos civis norte-americano, do qual era uma das principais lideranças.

Assinale a alternativa que indica uma das preocupações do movimento.

a) A defesa intransigente da Guerra do Vietnã e da permanência das tropas norte-americanas na Ásia.
b) O fim da segregação racial no sul dos Estados Unidos e a proteção aos direitos civis dos afro-americanos.
c) A separação do sul norte-americano, em relação ao resto da nação, e a refundação dos Estados Confederados da América.
d) O nacionalismo radical e o isolacionismo norte-americano diante dos conflitos globais.
e) O expansionismo norte-americano e o imperialismo como forma de diminuir os conflitos raciais no país.

Sugestões de leitura para o aluno

Unidade 1 – Nossa história mais remota

AQUINO, Rubim Santos Leão de et al. *Os primeiros brasileiros*. Rio de Janeiro: Record, 2000.
BOSCHI, Caio César. *Por que estudar História?* São Paulo: Ática, 2007.
FUNARI, Pedro Paulo; NOELLI, Francisco Silva. *Pré-História no Brasil*. São Paulo: Contexto, 2002.
GUARINELLO, Norberto Luiz. *Os primeiros habitantes do Brasil*. São Paulo: Atual, 1994.
GUGLIELMO, Antonio Roberto. *A Pré-História*: uma abordagem ecológica. São Paulo: Brasiliense, 1991.

Unidade 2 – Civilizações antigas

ANDRADE, Manuel Correia de. *O Brasil e a África*. São Paulo: Contexto, 1997.
ARAUJO, Kelly Cristina. *Áfricas no Brasil*. São Paulo: Scipione, 2003.
FUNARI, Raquel dos Santos. *O Egito dos faraós e sacerdotes*. São Paulo: Atual, 2000. (Cotidiano na História geral).
GOSCINNY, René; UDERZO, Albert. *As aventuras de Asterix, o gaulês*. Rio de Janeiro: Record, 2006.
HOMERO. *Ilíada*. Tradução e adaptação de N. de Holanda. Rio de Janeiro: Ediouro, 1999.
_____. *Odisseia*. Tradução e adaptação de Marques Rebelo. Rio de Janeiro: Ediouro, 1999.
JACQ, Christian. *Ramsés*. Rio de Janeiro: Bertrand Brasil, 2008.
LOVEJOY, Paul E. *A escravidão na África*: uma história de suas transformações. Rio de Janeiro: Civilização Brasileira, 2002.
MESQUITA, Alice. *A criação do mundo*: lendas persas, chinesas, japonesas e mongóis. São Paulo: Aquariana, 2005.
PINSKY, Jaime. *As primeiras civilizações*. São Paulo: Atual, 1994.
REDE, Marcelo. *A Mesopotâmia*. São Paulo: Saraiva, 1997. (Que história é esta?).
RIBEIRO, Renato Janine. *A democracia*. São Paulo: Publifolha, 2001. (Folha explica).
_____. *A república*. São Paulo: Publifolha, 2001. (Folha explica).
SHAKESPEARE, William. *Júlio César*. Rio de Janeiro: Lacerda, 2001.
SÓFOCLES. *Édipo rei*. Rio de Janeiro: Ediouro, 2001.
STONE, Isidoro F. *O julgamento de Sócrates*. São Paulo: Companhia das Letras, 2005.
YOURCENAR, Marguerite. *Memórias de Adriano*. Rio de Janeiro: Nova Fronteira, 2006.

Unidade 3 – Europa, periferia do mundo

ECO, Umberto. *O nome da rosa*. Rio de Janeiro: Nova Fronteira, 1994.
FALCONES, Ildefonso. *A catedral do mar*. Rio de Janeiro: Rocco, 2007.
FRANCO JÚNIOR, Hilário. *O ano 1000*. São Paulo: Companhia das Letras, 1999.
GORDON, Noah. *O físico*: a epopeia de um médico medieval. São Paulo: Rocco, 1996.
MACDONALD, Fiona. *Como seria sua vida na Idade Média*. São Paulo: Scipione, 1996. (Como seria sua vida).
MACEDO, José Rivair. *Religiosidade e messianismo na Idade Média*. São Paulo: Moderna, 1993. (Desafios).
O LIVRO das mil e uma noites. Tradução de Mamede Mustafá Jarouche. Rio de Janeiro: Globo, 2007. 3 v.
SARAMAGO, José. *História do cerco de Lisboa*. São Paulo: Companhia das Letras, 1993.
SHAKESPEARE, William. *Macbeth*. Rio de Janeiro: Paz e Terra, 1996.
YAZBEK, Mustafa. *A Espanha muçulmana*. São Paulo: Ática, 1987.

Unidade 4 – Europa, de periferia a centro do mundo

ALIGHIERI, Dante. *A divina comédia*. São Paulo: Editora 34, 2001.
ARMSTRONG, Karen. *Uma história de Deus*. São Paulo: Companhia das Letras, 1994.
AVANCINI, Elsa Gonçalves. *Doce inferno*: açúcar, guerra e escravidão no Brasil holandês (1580-1654). São Paulo: Atual, 1991. (História em documentos).
BROWN, Dee. *Enterrem meu coração na curva do rio*: a dramática história dos índios americanos. Porto Alegre: L&PM, 2003.
BUENO, Eduardo. *Náufragos, traficantes e deserdados*. Rio de Janeiro: Objetiva, 2006. (Terra Brasilis).
CALVINO, Italo. *As cidades invisíveis*. São Paulo: Companhia das Letras, 1990.
CERVANTES, Miguel de. *Dom Quixote*: o cavaleiro da triste figura. São Paulo: Scipione, 1997. (Reencontro).
CHEVALIER, Tracy. *Moça com brinco de pérola*. Rio de Janeiro: Bertrand Brasil, 2002.
DARTON, Robert. *O grande massacre de gatos e outros episódios da história cultural francesa*. Rio de Janeiro: Graal, 1986.
DUMAS, Alexandre. *Os três mosqueteiros*. Rio de Janeiro: Ediouro, 1995.
FARIA, Sheila de Castro. *A colônia brasileira*: economia e diversidade. São Paulo: Moderna, 2004.
FRANCO, Sílvia Cintra; SANTANA, Sérgio Reinhardt. *A coroa, a cruz e a espada*. Rio de Janeiro: Objetiva, 2006. (Terra Brasilis).
_____. *A inquisição ibérica*. São Paulo: Ática, 1995. (O cotidiano da História).
_____. *Capitães do Brasil*. Rio de Janeiro: Objetiva, 2006. (Terra Brasilis).
FUENTES, Carlos. *O espelho enterrado*. Rio de Janeiro: Rocco, 2001.
GONZAGA, Tomás Antônio. *Cartas chilenas*. São Paulo: Companhia das Letras, 2006.
HEYWOOD, Linda M. (Org.). *Diáspora negra no Brasil*. São Paulo: Contexto, 2010.
MAQUIAVEL, Nicolau. *O príncipe*. São Paulo: Martins Fontes, 2004.
McCULLOUGH, David. *1776*: a história dos homens que lutaram pela independência dos Estados Unidos. Rio de Janeiro: Jorge Zahar, 2006.
MIRANDA, Ana. *O boca do inferno*. São Paulo: Companhia das Letras, 1989.
OLINTO, Antonio. *A alma da África*. Rio de Janeiro: Bertrand Brasil, 2006. 3 v.

PESSOA, Fernando. *Mensagem*. São Paulo: Companhia das Letras, 2000.
REGO, Lígia; BRAGA, Ângela. *Antônio Francisco Lisboa, o Aleijadinho*. São Paulo: Moderna, 1999.
SARAMAGO, José. *Memorial do convento*. Rio de Janeiro: Bertrand Brasil, 2002.

Unidade 5 – O longo século XIX

ASSIS, Machado de. *Dom Casmurro*. Rio de Janeiro: Globo, 2008.
_____. *Memórias póstumas de Brás Cubas*. Rio de Janeiro: Globo, 2008.
CONRAD, Joseph. *Coração das trevas*. São Paulo: Companhia das Letras, 2008.
DICKENS, Charles. *Retratos londrinos*. Rio de Janeiro: Record, 2003.
FLAUBERT, Gustave. *Bouvard e Pécuchet*: dois patetas iluminados. São Paulo: Scipione, 2002. (Reencontro literatura).
FLORES, Moacyr. *A revolução dos farrapos*. São Paulo: Ática, 1998. (Guerras e revoluções).
HUGO, Victor. *Os miseráveis*. São Paulo: Cosac & Naify, 2006.
MÁRQUEZ, Gabriel García. *O general em seu labirinto*. Rio de Janeiro: Record, 1989.
MENEZES, Alfredo da Mota. *A guerra é nossa*: a Inglaterra não provocou a Guerra do Paraguai. São Paulo: Contexto, 2012.
STENDHAL. *A cartuxa de Parma*. Rio de Janeiro: Globo, 2004.
_____. *Napoleão*. São Paulo: Boitempo, 2001.
_____. *O vermelho e o negro*. São Paulo: Cosac & Naify, 2003.
STOWE, Harriet Beecher. *A cabana do pai Tomás*. São Paulo: Melhoramentos, 1969.
TOLSTÓI, Leon. *Guerra e paz*. São Paulo: Ediouro, 2000.
TORERO, José Roberto. *O chalaça*. Rio de Janeiro: Objetiva, 1999.
VERISSIMO, Erico. *Um certo capitão Rodrigo*. São Paulo: Companhia das Letras, 2004.
VOLTAIRE, François Marie Arouet. *Cândido ou O otimismo*. São Paulo: Scipione, 2001.
YAZBEK, Mustafa. *A conquista do México*. 2. ed. São Paulo: Ática, 1991. (O cotidiano da História).

Unidade 6 – Para entender o século XX

BABEL, Isaac. *O exército de cavalaria*. São Paulo: Cosac & Naify, 2006.
BARRETO, Lima. *Triste fim de Policarpo Quaresma*. Porto Alegre: L&PM, 1998.
BRENER, Jayme. *1929*: a crise que mudou o mundo. São Paulo: Ática, 1998.
_____. *1935*: a Revolta Vermelha. São Paulo: Ática, 1994.
ČAPEK, Karel. *A guerra das salamandras*. Rio de Janeiro: Record, 2011.
CERCAS, Javier. *Soldados de Salamina*. Rio de Janeiro: Globo/Biblioteca Azul, 2012.
CUNHA, Euclides. *Os sertões*. 33. ed. Rio de Janeiro: Francisco Alves, 1987.
FITZGERALD, F. Scott. *O grande Gatsby*. Porto Alegre: L&PM, 2002.
FONSECA, Rubem. *Agosto*. Rio de Janeiro: Agir, 2004.

GATTAI, Zélia. *Anarquistas, graças a Deus*. São Paulo: Companhia das Letras, 2004.
HARDMAN, Foot. *Trem-fantasma*: a ferrovia Madeira-Mamoré e a modernidade na selva. São Paulo: Companhia das Letras, 2005.
HILLS, Ken. *A Primeira Guerra Mundial*. São Paulo: Ática, 1990. (Guerras que mudaram o mundo).
ISHIKAWA, Tatsuzo. *Sobô*. São Paulo: Ateliê, 2008.
LITTEL, Jonathan. *As benevolentes*. São Paulo: Companhia das Letras, 2007.
MATTHEWS, Rupert. *Segunda Guerra Mundial*: Stalingrado. São Paulo: M. Books, 2013.
McEWAN, Ian. *Reparação*. São Paulo: Companhia das Letras, 2002.
MONTEFIORE, Simon S. *Sashenka*. Rio de Janeiro: Objetiva, 2009.
MORAIS, Fernando. *Olga*. São Paulo: Companhia das Letras, 1994.
ORWELL, George. *1984*. São Paulo: Companhia das Letras, 2009.
_____. *A revolução dos bichos*. São Paulo: Companhia das Letras, 2007.
REIS FILHO, Daniel A. *A Revolução Russa*: 1917-1921. São Paulo: Brasiliense, 1983.
REMARQUE, Erich M. *Nada de novo no front*. Porto Alegre: L&PM, 2004.
SANTOS, Joel Rufino dos. *Afinal, quem fez a república?* São Paulo: FTD, [s.d.].
SCHNAIDERMAN, Boris. *Guerra em surdina*. 4. ed. São Paulo: Cosac & Naify, 2004.
SOUZA, Márcio. *Galvez, o imperador do Acre*. Rio de Janeiro: Record, 2001.
VARGAS LLOSA, Mario. *A guerra do fim do mundo*. São Paulo: Companhia das Letras, 1995.

Unidade 7 – Da Guerra Fria ao século XXI

ABREU, Caio F. *Morangos mofados*. Rio de Janeiro: Agir, 2005.
ACHEBE, Chinua. *O mundo se despedaça*. São Paulo: Companhia das Letras, 2009.
ANDERSON, John Lee. *Che Guevara*: uma biografia. Rio de Janeiro: Objetiva, 1997.
ANTUNES, A. Lobo. *Os cus de Judas*. Rio de Janeiro: Objetiva, 2003.
BRENER, Jayme. *O mundo pós-Guerra Fria*. São Paulo: Scipione, 1996. (Ponto de apoio).
BRYSON, Bill. *Vida e época de Kid Trovão*. São Paulo: Companhia das Letras, 2007.
FUENTES, Carlos. *Os anos com Laura Díaz*. Rio de Janeiro: Rocco, 2000.
GABEIRA, Fernando. *O que é isso, companheiro?* São Paulo: Companhia das Letras, 2009.
GREENE, Graham. *Nosso homem em Havana*. Porto Alegre: L&PM, 2007.
KUNDERA, Milan. *A brincadeira*. São Paulo: Companhia das Letras, 1999.
LINS, Paulo. *Cidade de Deus*. São Paulo: Companhia das Letras, 2002.
NEPOMUCENO, Eric. *A memória de todos nós*. Rio de Janeiro: Record, 2015.
PAIVA, Marcelo Rubens. *Feliz ano velho*. Rio de Janeiro: Objetiva, 2006.

Bibliografia

ABREU, Martha; SOIHET, Rachel (Org.). *Ensino de História*: conceitos, temáticas e metodologia. Rio de Janeiro: Casa da Palavra, 2009.

AKCELRUD, Isaac. *O Oriente Médio*. São Paulo: Atual; Campinas: Unicamp, 1985.

ALGRANTI, Leila M. *D. João VI*: os bastidores da independência. São Paulo: Ática, 1987. (Princípios).

ALMEIDA, Ângela Mendes de. *A República de Weimar e a ascensão do nazismo*. São Paulo: Brasiliense, 1982.

ALMEIDA, Cláudio A. *Cultura e sociedade no Brasil*: 1940-1968. São Paulo: Atual, 1996.

ANDERSON, Perry. *Linhagens do Estado absolutista*. São Paulo: Brasiliense, 1995.

_____. *O fim da História*: de Hegel a Fukuyama. Rio de Janeiro: Jorge Zahar, 1992.

_____. *Passagens da Antiguidade ao feudalismo*. São Paulo: Brasiliense, 1994.

ARENDT, Hannah. *Origens do totalitarismo*. São Paulo: Companhia das Letras, 1989.

ARIÈS, Philippe; DUBY, Georges. *História da vida privada*. São Paulo: Companhia das Letras, 1991-1992. 5 v.

ARQUIDIOCESE DE SÃO PAULO. *Brasil*: nunca mais. São Paulo: Vozes, 1985.

ARRUDA, José Jobson de. *A grande Revolução Inglesa, 1640-1780*: Revolução Inglesa e Revolução Industrial. São Paulo: Hucitec, 1996.

BAKHTIN, Mikhail M. *A cultura popular na Idade Média e no Renascimento*: o contexto de François Rabelais. São Paulo: Hucitec, 2008.

BANDEIRA, Luiz Alberto Moniz. *Formação do império americano*: da guerra contra a Espanha à guerra no Iraque. Rio de Janeiro: Civilização Brasileira, 2005.

BARRACLOUGH, Geoffrey (Ed.) *Atlas da história do mundo*. São Paulo: Folha de S.Paulo/The Times, 1995.

BASCHET, Jérome. *A civilização feudal*: do ano mil à colonização da América. São Paulo: Globo, 2006.

BECKER, Jean-Jacques. *O Tratado de Versalhes*. São Paulo: Unesp, 2011.

BERBEL, Márcia. *Escravidão e política Brasil e Cuba (1826-1865)*. São Paulo: Hucitec/Fapesp, 2010.

BERNARDES, Denis. *Um Império entre repúblicas*: Brasil século XIX. São Paulo: Global, 1983.

BESOUCHET, L. *Pedro II e o século XIX*. Rio de Janeiro: Nova Fronteira, 1993.

BETHELL, L. (Org.). *História da América Latina*. São Paulo: Edusp, 1998-2001. v. 1-4.

BETTO, Frei; GLEISER, Marcelo; FALCÃO, Waldemar. *Conversa sobre fé e ciência*. Rio de Janeiro: Agir, 2011.

BITTENCOURT, Circe (Org.) *O saber histórico na sala de aula*. São Paulo: Contexto, 1997.

BLOCH, Marc. *Introdução à História*. Lisboa: Europa-América, 1997.

BORGES, Jóina Freitas. *A história negada*: em busca de novos caminhos. Teresina: Fundapi, 2004.

BRUIT, Hector H. *O imperialismo*. São Paulo: Atual, 1986.

BUENO, Eduardo. *A viagem do descobrimento*: a verdadeira história da expedição de Cabral. Rio de Janeiro: Objetiva, 1998. (Terra Brasilis).

BURKE, Peter. *A fabricação do rei*: a construção da imagem pública de Luís XIV. Rio de Janeiro: Jorge Zahar, 1994.

CALDEIRA, Jorge. *Mauá*: empresário do Império. São Paulo: Companhia das Letras, 1995.

CANÊDO, Letícia B. *A descolonização da Ásia e da África*. São Paulo: Atual, 2001.

CARDOSO, Ciro Flamarion. *Antiguidade oriental*: política e religião. São Paulo: Contexto, 1990.

_____ (Org.). *Escravidão e abolição no Brasil*. Rio de Janeiro: Jorge Zahar, 1988.

_____. *O Egito antigo*. São Paulo: Brasiliense, 1982.

_____. *Sete olhares sobre a Antiguidade*. Brasília: UnB, 1994.

_____. *Sociedades do Antigo Oriente Próximo*. São Paulo: Ática, 1995. (Princípios).

_____. *Trabalho compulsório na Antiguidade*: ensaio introdutório e coletânea de fontes primárias. Rio de Janeiro: Edições Graal, 2003.

_____. *Uma introdução à História*. 10. ed. São Paulo: Brasiliense, 1994.

_____; BOUZON, Emanuel; TUNES, Cássio M. M. *Modo de produção asiático*: nova visita a um velho conceito. Rio de Janeiro: Campus, 1990.

_____; BRIGNOLI, Hector Perez. *Os métodos da História*. Rio de Janeiro: Graal, 1979.

_____; VAINFAS, Ronaldo (Org.). *Domínios da História*. Rio de Janeiro: Campus, 1997.

CARDOSO, Miriam L. *Ideologia do desenvolvimento*: Brasil, JK-JQ. Rio de Janeiro: Paz e Terra, 1978.

CARVALHO, José Murilo de. *A formação das almas*. São Paulo: Companhia das Letras, 1990.

_____. *Cidadania no Brasil*: o longo caminho. Rio de Janeiro: Civilização Brasileira, 2012.

_____. *Os bestializados*. São Paulo: Companhia das Letras, 1987.

CARVALHO, Marcus. *A construção da ordem*: a elite imperial. Rio de Janeiro: UFRJ/Relume-Dumará, 1996.

_____. *Teatro de sombras*: a política imperial. Rio de Janeiro: UFRJ/Relume-Dumará, 1996.

CARVALHO, Maria Sílvia de. *Homens livres na ordem escravocrata*. São Paulo: Unesp, 1997.

CASTRO, C. *Os militares e a República*. Rio de Janeiro: Jorge Zahar, 1995.

CATANI, Afrânio Mendes. *O que é imperialismo*. São Paulo: Brasiliense, 1981. (Primeiros Passos).

CHANG, Jung; HALLIDAY, Jon. *Mao*: a história desconhecida. São Paulo: Companhia das Letras, 2006.

CHAUI, Marilena. *Brasil*: mito fundador e sociedade autoritária. São Paulo: Fundação Perseu Abramo, 2000.

_____. *Conformismo e resistência*: aspectos da cultura popular no Brasil. São Paulo: Brasiliense, 1996.

CHESNEAUX, Jean. *Devemos fazer tábula rasa do passado? Sobre a História e historiadores*. São Paulo: Ática, 1995.

CHIAVENATO, Júlio J. *As várias faces da Inconfidência Mineira*. São Paulo: Contexto, 1997.

CHOSSUDOVSKY, Michel. *A globalização da pobreza*: impactos das reformas do FMI e do Banco Mundial. São Paulo: Moderna, 1999.

COGGIOLA, Osvaldo. *A Revolução Chinesa*. São Paulo: Moderna, 1985.

_____. *Neoliberalismo ou crise do capital?* São Paulo: Xamã, 1996.

_____. *O trotskismo na América Latina*. São Paulo: Brasiliense, 1984.

_____. (Org.). *Segunda Guerra Mundial*: um balanço histórico. São Paulo: Xamã/USP/FFLCH, 1995. (Eventos).

COOK, Michael A. *Uma breve história do homem*. Rio de Janeiro: Jorge Zahar, 2005.

CORTELLA, Mario Sergio. *Política*: para não ser idiota. Campinas: Papirus 7 Mares, 2010.

COSTA, Emília V. *A abolição*. São Paulo: Unesp, 2010.

_____. *Da senzala à colônia*. São Paulo: Unesp, 1998.

COSTA E SILVA, Alberto da. *A enxada e a lança*. Rio de Janeiro: Nova Fronteira, 2006.

CROUZET, Maurice (Dir.). *História geral das civilizações*. Rio de Janeiro: Bertrand Brasil, 1996. v. 17.

CUNHA, Euclides. *Os Sertões*. 33. ed. Rio de Janeiro: Francisco Alves, 1987.

CUNHA, Manuela C. *História dos índios no Brasil*. São Paulo: Companhia das Letras, 1998.

CURRAN, Mark. *História do Brasil em cordel*. São Paulo: Edusp, 1998.

D'ALESSIO, Márcia M. *Reflexões sobre o saber histórico*. São Paulo: Unesp, 1998.

D'ARAUJO, Maria Celina de; CASTRO, Celso (Org.). *Ernesto Geisel*. Rio de Janeiro: FGV, 1997.

_____. *Os anos de chumbo*: a memória militar sobre a repressão. Rio de Janeiro: Relume Dumará, 1994.

_____. *Visões do golpe*: a memória militar sobre 1964. Rio de Janeiro: Relume Dumará, 1994.

DEANE, Phyllis. *A Revolução Industrial*. Rio de Janeiro: Jorge Zahar, 1969.

DOBB, Maurice. *A evolução do capitalismo*. 9. ed. Rio de Janeiro: LTC, 1987.

DONGHI, Túlio Halperín. *História da América Latina*. 2. ed. Rio de Janeiro: Paz e Terra, 1989.

DORATIOTO, Francisco. *Maldita guerra*: nova história da Guerra do Paraguai. São Paulo: Companhia das Letras, 2002.

DOWBOR, Ladislau. *A formação do Terceiro Mundo*. São Paulo: Brasiliense, 1981.

_____; IANNI, Octávio; RESENDE, Paulo-Edgar (Org.). *Desafios da globalização*. Petrópolis: Vozes, 1997.

DUBY, Georges. *A sociedade cavaleiresca*. São Paulo: Martins Fontes, 1989. (O homem e a História).

_____. *Ano 1000, ano 2000*: na pista de nossos medos. São Paulo: Unesp, 1998.

_____. *Idade Média*: idade dos homens. São Paulo: Companhia das Letras, 1990.

DULLES, John W. F. *Anarquistas e comunistas no Brasil (1909-1935)*. Rio de Janeiro: Nova Fronteira, 1977.

EISENBERG, Peter Louis. *Guerra civil americana*. São Paulo: Brasiliense, 1982.

ELIAS, Norbert. *O processo civilizador*. Rio de Janeiro: Jorge Zahar, 1993. v. 1-2.

FAIRBANK, John King. *China*: uma nova história. Porto Alegre, RS: L&PM, 2008.

FALCON, Francisco J. C. *Mercantilismo e transição*. São Paulo: Brasiliense, 1981.

FAORO, Raimundo. *Os donos do poder*. 10. ed. São Paulo: Globo, 1996.

FARIA, Sheila de Castro. *A colônia em movimento*. Rio de Janeiro: Nova Fronteira, 1998.

FAUSTO, Boris. *Fazer a América*: a imigração em massa para a América Latina. São Paulo: Edusp, 1999.

_____ (Org.). *A Revolução de 1930*. 13. ed. São Paulo: Brasiliense, 1991.

_____. *História do Brasil*. São Paulo: Edusp, 1994.

FENELON, Dea R. *A Guerra Fria*. São Paulo: Brasiliense, 1983.

FERNANDES, Florestan. *O que é revolução*. São Paulo: Brasiliense, 1985. (Primeiros passos).

FERREIRA, Jorge; DELGADO, Lucilia de A. N. (Org.). *O Brasil republicano*. Rio de Janeiro: Civilização Brasileira, 2013. v. 1.

FERREIRA NETO, Edgard L. *Os partidos políticos no Brasil*. São Paulo: Contexto, 1988.

FERRO, Marc. *A reviravolta da História*: a queda do Muro de Berlim e o fim do comunismo. Rio de Janeiro: Paz e Terra, 2011.

_____. *História da Segunda Guerra Mundial*. São Paulo: Ática, 1995. (Século XX).

_____. *História das colonizações*: das conquistas às independências, séculos XIII a XX. São Paulo: Companhia das Letras, 1996.

_____ (Org.). *O livro negro do colonialismo*. Rio de Janeiro: Ediouro, 2004.

FINLEY, Moses I. *Aspectos da Antiguidade*. São Paulo: Martins Fontes, 1991. (O homem e a História).

_____. *Economia e sociedade na Grécia antiga*. São Paulo: Martins Fontes, 1989. (O homem e a História).

FIORI, José Luís; LOURENÇO, Marta S.; NORONHA, José C. de. (Org.). *Globalização*: o fato e o mito. Rio de Janeiro: Uerj, 1998.

FLORENZANO, Maria Beatriz. *As revoluções burguesas*. São Paulo: Brasiliense, 1981.

_____. *Nascer, viver e morrer na Grécia antiga*. São Paulo: Atual, 1996.

_____. *O mundo antigo*: economia e sociedade. São Paulo: Brasiliense, 1982.

FONTANA, José L. *A história dos homens*. Bauru: Edusc, 2004.

_____. *História*: análise do passado e projeto social. Bauru: Edusc, 1998.

FORRESTER, Viviane. *O horror econômico*. São Paulo: Unesp, 1997.

FORTES, Luiz R. S. *O Iluminismo e os reis filósofos*. São Paulo: Brasiliense, 1981.

FRANCO JÚNIOR, Hilário. *A Idade Média*: nascimento do Ocidente. São Paulo: Brasiliense, 1986.

_____. *O ano 1000*. São Paulo: Companhia das Letras, 1999.

FREITAS, Marcos Cézar (Org.). *Historiografia brasileira em perspectiva*. São Paulo: Contexto, 1998.

FUNARI, Pedro Paulo A. *Antiguidade clássica*: a história e a cultura a partir dos documentos. Campinas: Unicamp, 1995.

_____. *Arqueologia*. São Paulo: Ática, 1988. (Princípios).

_____. *Cultura popular na Antiguidade clássica*. São Paulo: Contexto, 1989.

FUNDAÇÃO GETÚLIO VARGAS. *Atlas histórico do Brasil*. Disponível em: <http://atlas.fgv.br>. Acesso em: 17 abr. 2017.

FURET, François. *Dicionário crítico da Revolução Francesa*. Rio de Janeiro: Nova Fronteira, 1989.

FURTADO, Celso. *Formação econômica do Brasil*. 25. ed. São Paulo: Nacional, 1995.

_____. *O capitalismo global*. São Paulo: Paz e Terra, 1998.

GAGGERO, Horacio. *Historia de América en los siglos XIX y XX*. Buenos Aires: Aique, 2011.

GARELLI, Paul. *O Oriente Próximo asiático*: das origens às invasões dos povos do mar. São Paulo: Edusp, 1982.

GASPARI, Élio. *A ditadura derrotada*. São Paulo: Companhia das Letras, 2003.

_____. *A ditadura encurralada*. São Paulo: Companhia das Letras, 2004.

_____. *A ditadura envergonhada*. São Paulo: Companhia das Letras, 2002.

_____. *A ditadura escancarada*. São Paulo: Companhia das Letras, 2002.

GENTILI, Pablo A. A.; SILVA, Thomás T. (Org.). *Neoliberalismo, qualidade total e educação*. Petrópolis: Vozes, 1994.

GODECHOT, Jacques. *A Revolução Francesa*: cronologia comentada, 1787-1799. Rio de Janeiro: Nova Fronteira, 1989.

GOLDFEDER, Sônia. *A primavera de Praga*. São Paulo: Brasiliense, 1981.

GOMBRICH, Ernst H. *História da arte*. 16. ed. São Paulo: LTC, 2000.

GOMES, Amanda Mussi. Jacobinos: abordagem conceitual e performática. *Cantareira*, Niterói, v. 12a, 2008. Disponível em <www.historia.uff.br/cantareira/v3/wp-content/uploads/2013/05/e13a01.pdf>. Acesso em: 17 abr. 2017.

GOMES, Ângela de C. *A invenção do trabalhismo*. 3. ed. Rio de Janeiro: FGV, 2005.

GONZÁLEZ, Horácio. *A comuna de Paris*: os assaltantes do céu. São Paulo: Brasiliense, 1981.

_____. *A Revolução Russa*. São Paulo: Moderna, 1986.

GOODY, Jack. *O roubo da História*. São Paulo: Contexto, 2008.

GORENDER, Jacob. *Marxismo sem utopia*. São Paulo: Ática, 1999.

GOULD, Stephen Jay. *O milênio em questão*. São Paulo: Companhia das Letras, 1999.

GRANDAZZI, Alexandre. *As origens de Roma*. São Paulo: Unesp, 2010.

GRINBERG, Keila; SALLES, Ricardo (Org.). *O Brasil Imperial III*: 1870-1889. Rio de Janeiro: Civilização Brasileira, 2009.

HADDAD, Fernando. *O sistema soviético*. São Paulo: Página Aberta, 1992.

HALPERIN DONGHI, T. *História da América Latina*. 2. ed. Rio de Janeiro: Paz e Terra, 1989.

HATOUM, Milton. *Órfãos do Eldorado*. São Paulo: Companhia das Letras, 2008.

HEERS, Jacques. *História medieval*. São Paulo: Difel, 1985.

HERNANDEZ, Leila Maria Gonçalves Leite. *A África na sala de aula*: uma visita à História Contemporânea. São Paulo: Selo Negro, 2005.

HILL, Cristopher. *O eleito de Deus*: Oliver Cromwell e a Revolução Inglesa. São Paulo: Companhia das Letras, 1988.

_____. *O mundo de ponta-cabeça*: ideias radicais durante a Revolução Inglesa de 1640. São Paulo: Companhia das Letras, 1987.

HOBSBAWM, Eric J. *A era das revoluções*: Europa — 1789-1848. 19. ed. Rio de Janeiro: Paz e Terra, 2005.

_____. *A era do capital*. 15. ed. Rio de Janeiro: Paz e Terra, 2009.

_____. *A era dos impérios*. 12. ed. Rio de Janeiro: Paz e Terra, 2007.

_____. *Como mudar o mundo*: Marx e marxismo — 1840-2011. São Paulo: Companhia das Letras, 2011.

_____. *Ecos da Marselhesa*: dois séculos reveem a Revolução Francesa. São Paulo: Companhia das Letras, 1996.

_____. *Era dos extremos*: o breve século XX — 1914-1991. 10. ed. São Paulo: Companhia das Letras, 2008.

_____. *O novo século*: entrevista a Antonio Polito. São Paulo: Companhia das Letras, 2000.

_____. *Pessoas extraordinárias*: resistência, rebelião e *jazz*. São Paulo: Paz e Terra, 1998.

_____. *Revolucionários*. Rio de Janeiro: Paz e Terra, 1982.

_____. *Sobre História*. São Paulo: Companhia das Letras, 1998.

HOLANDA, Sérgio B. de; FAUSTO, Boris (Dir.). *História geral da civilização brasileira*. 6. ed. Rio de Janeiro: Bertrand Brasil, 1996. v. 1-11.

HOURANI, Albert H. *Uma história dos povos árabes*. São Paulo: Companhia das Letras, 1994.

HUNTINGTON, Samuel P. *O choque de civilizações e a reconquista da Ordem Mundial*. Rio de Janeiro: Objetiva, 1997.

IANNI, Octavio. *A era do globalismo*. Rio de Janeiro: Civilização Brasileira, 1996.

_____. *O colapso do populismo no Brasil*. Rio de Janeiro: Civilização Brasileira, 1967.

IGLÉSIAS, Francisco. *A Revolução Industrial*. São Paulo: Brasiliense, 1981.

INÁCIO, Inês C.; LUCA, Tânia R. *O pensamento medieval*. São Paulo: Ática, 1994. (Princípios).

JAEGER, Werner. *Paideia*: a formação do homem grego. São Paulo: Martins Fontes, 1989. (Paideia).

JANCSÓ, Istvan. *Na Bahia, contra o Império*: história do ensaio de sedição de 1798. São Paulo: Hucitec; Salvador: UFBA, 1996.

JOLY, Fabio Duarte. *A escravidão na Roma antiga*: política, economia e cultura. São Paulo: Alameda, 2005.

JUDT, Tony. *Pós-guerra*: uma história da Europa desde 1945. Rio de Janeiro: Objetiva, 2008.

KARNAL, Leandro et al. *História dos Estados Unidos*: das origens ao século XXI. São Paulo: Contexto, 2008.

KONDER, Leandro. *Introdução ao fascismo*. Rio de Janeiro: Graal, 1977.

KUCINSKI, Bernardo. *A síndrome da antena parabólica*: ética no jornalismo brasileiro. São Paulo: Fundação Perseu Abramo, 1998.

LACERDA, Carlos. *Depoimento*. 3. ed. Rio de Janeiro: Nova Fronteira, 1987.

LAULAN, Yves M. *O planeta balcanizado*. São Paulo: Instituto Liberal, 1992.

LE GOFF, Jacques. *A História deve ser dividida em pedaços?* São Paulo: Unesp, 2015.

_____. *A Idade Média e o dinheiro*: ensaio de Antropologia histórica. Rio de Janeiro: Civilização Brasileira, 2015.

_____. *As raízes medievais da Europa*. Petrópolis, RJ: Vozes, 2007.

_____. *Em busca da Idade Média*. Rio de Janeiro: Civilização Brasileira, 2005.

_____. *História e memória*. Campinas: Unicamp, 1990.

_____. *Por amor às cidades*: conversações com Jean Lebrun. São Paulo: Unesp, 1988.

_____; SCHMITT, Jean-Claude (Coord.). *Dicionário temático do Ocidente medieval*. Bauru: Edusc, 2002. v. 2.

LEAL, Victor N. *Coronelismo, enxada e voto*. Rio de Janeiro: Nova Fronteira, 1975.

LEFÈVRE, François. *História do mundo grego antigo*. São Paulo: WMF Martins Fontes, 2013.

LEITE, Bertília. *Fim de milênio*: uma história dos calendários, profecias e catástrofes cósmicas. Rio de Janeiro: Jorge Zahar, 1999.

LETTS, Rosa Maria. *O Renascimento*. São Paulo: Círculo do Livro, [s.d.].

LINHARES, Maria Yedda. *O Oriente Médio e o mundo árabe*. São Paulo: Brasiliense, 1982.

_____ (Org.). *A luta contra a metrópole (Ásia e África)*. São Paulo: Brasiliense, 1981.

_____ (Org.). *História geral do Brasil*. 5. ed. Rio de Janeiro: Campus, 1990.

LÖWY, Michael (Org.). *Revoluções*. São Paulo: Boitempo, 2009.

MACEDO, José Rivair (Org.). *Desvendando a África*. Porto Alegre: UFRGS, 2008.

MACMILLAN, Margaret. *Paz em Paris*: 1919. Rio de Janeiro: Nova Fronteira, 2004.

MAESTRI, Mário. *O escravismo no Brasil*. São Paulo: Atual, 1994.

MAESTRI FILHO, Mário. *1910*: a Revolta dos Marinheiros. São Paulo: Global, 1982.

MAGALHÃES, Mário. *Marighella*: o guerrilheiro que incendiou o mundo. São Paulo: Companhia das Letras, 2012.

MARQUES, Maria Eduarda C. M. *A Guerra do Paraguai*: 130 anos depois. Rio de Janeiro: Relume-Dumará, 1995.

MARTIN, Hans P. *A armadilha da globalização*. São Paulo: Globo, 1997.

MARTINS, José de Souza. *O cativeiro da terra*. São Paulo: Hucitec, 1996.

_____. *O poder do atraso*: ensaios de sociologia lenta. São Paulo: Hucitec, 1999.

MARX, Karl. *Formações econômicas capitalistas*. São Paulo: Paz e Terra, 1985.

_____. *Manifesto do Partido Comunista*. São Paulo: Global, 1984.

MATTHEWS, Rupert. *Stalingrado*: a resistência heroica que destruiu o sonho de Hitler dominar o mundo. São Paulo: M. Books, 2013.

MATTOS, Regiane Augusto de. *História e cultura afro-brasileira*. São Paulo: Contexto, 2007.

MATTOSO, Kátia de Queirós. *Ser escravo no Brasil*. São Paulo: Brasiliense, 1990.

MATYSZAK, Philip. *Os inimigos de Roma*. Barueri: Manole, 2013.

MAXWELL, Keneth. *A devassa da devassa*: a Inconfidência Mineira, Brasil e Portugal, 1750-1808. São Paulo: Paz e Terra, 1995.

MCCANN, Frank D. *Soldados da pátria*: história do Exército brasileiro (1889-1937). São Paulo: Companhia das Letras, 2007.

MELATTI, Julio Cezar. *Índios do Brasil*. São Paulo: Hucitec, 1993.

MELLO, Alex Fiuza de. *Marx e a globalização*. São Paulo: Boitempo, 1999.

MELLO, Evaldo Cabral. *O negócio do Brasil*. Rio de Janeiro: Topbooks, 1998.

_____. *Olinda restaurada*. Rio de Janeiro: Topbooks, 1997.

MELO, Hildete Pereira. A primeira crise. *Revista de História*, Rio de Janeiro, 19 set. 2007. Disponível em: <www.revistadehistoria.com.br/secao/capa/a-primeira-crise>. Acesso em: 4 jun. 2016.

MELO, Marcos. *Brasil mostra a tua cara*: a história do Brasil nas entrelinhas da MPB (1930-1985). São Paulo: Agbook AlphaGraphics, [s.d.].

MICELI, Paulo. *O mito do herói nacional*. São Paulo: Contexto, 1997.

MONTEIRO, Hamilton M. *Brasil Império*. São Paulo: Ática, 1990. (Princípios).

_____. *O feudalismo*: economia e sociedade. São Paulo: Ática, 1995. (Princípios).

MORAES, Dênis; VIANA, Francisco. *Prestes*: lutas e autocríticas. 2. ed. Petrópolis: Vozes, 1982.

MORAIS, Fernando. *Os últimos soldados da Guerra Fria*. São Paulo: Companhia das Letras, 2011.

MOSSÉ, Claude. *Péricles, o inventor da democracia*. São Paulo: Estação Liberdade, 2008.

MOTA, Carlos Guilherme (Org.). *Brasil em perspectiva*. São Paulo: Difel, 1976.

_____. *Viagem incompleta*: a experiência brasileira (1500-2000). São Paulo: Senac, 2000. v. 2.

MULLETT, Michael. *A Contrarreforma*. Lisboa: Gradiva, 1985.

MUMFORD, Lewis. *A cidade na história*. Belo Horizonte: Itatiaia, 1965.

MUNANGA, Kabengele. *Origens africanas do Brasil contemporâneo*: histórias, línguas, culturas e civilizações. São Paulo: Global, 2009.

NOVAES, Adauto (Org.). *A descoberta do homem e do mundo*. São Paulo: Companhia das Letras, 1998.

_____. *Tempo e história*. São Paulo: Companhia das Letras, 1992.

NOVAIS, Fernando A. *Portugal e Brasil na crise do antigo sistema colonial*. 4. ed. São Paulo: Hucitec, 1986.

_____ (Dir.). *História da vida privada no Brasil*. São Paulo: Companhia das Letras, 1998. 4 v.

NÓVOA, Jorge L. B. (Org.). *A História à deriva*: um balanço de fim de século. Salvador: UFBA, 1993.

OLIC, Nelson B. *A Guerra do Vietnã*. São Paulo: Moderna, 1988.

OUTHWAITE, William; BOTTOMORE, Tom (Ed.). *Dicionário do pensamento social do século XX*. Rio de Janeiro: Jorge Zahar, 1996.

OZOUF, Mona. *Varennes*: a morte da realeza. São Paulo: Companhia das Letras, 2009.

PARRON, Tâmis. *A política da escravidão no Império do Brasil (1826-1865)*. Rio de Janeiro: Civilização Brasileira, 2011.

PEREGALLI, Enrique. *A América que os europeus encontraram*. São Paulo: Atual, 1994.

PERISSINOTTO, Renato M. *Classes dominantes e hegemonia na República Velha*. Campinas: Unicamp, 1994.

PERRAULT, Gilles (Org.). *O livro negro do capitalismo*. Rio de Janeiro: Record, 1999.

PERROT, Michelle. *Os excluídos da História*: operários, mulheres e prisioneiros. Rio de Janeiro: Paz e Terra, 1988.

PERRY, Marvin et al. *Civilização ocidental*: uma história concisa. São Paulo: Martins Fontes, 1985.

PINHEIRO, Paulo S. *Estratégias da ilusão*. São Paulo: Companhia das Letras, 1991.

PINSKY, Jaime (Org.). *A escravidão no Brasil*. São Paulo: Contexto, 1998.

_____. *História da América através de textos*. São Paulo: Contexto, 1994.

_____. *O ensino de História e a criação do fato*. São Paulo: Contexto, 1997.

POMER, Leon. *As independências na América Latina*. São Paulo: Brasiliense, 1981.

_____. *Paraguai*: nossa guerra contra esse soldado. São Paulo: Global, 1984.

PRADO JR., Caio. *Formação do Brasil contemporâneo*. 21. ed. São Paulo: Brasiliense, 1989.

_____. *História econômica do Brasil*. 38. ed. São Paulo: Brasiliense, 1990.

PRADO, Maria Lígia. *O populismo na América Latina*. São Paulo: Brasiliense, 1981.

PRESTES, Anita L. *A Coluna Prestes*. 2. ed. São Paulo: Brasiliense, 1990.

PRIORE, Mary del; VENÂNCIO, Renato Pinto. *Ancestrais*: uma introdução à história da África Atlântica. Rio de Janeiro: Elsevier, 2004.

PROUS, André. *Arqueologia brasileira*. Brasília: UnB, 1992.

QUEIROZ, Tereza. A. P. *A história do historiador*. São Paulo: Humanitas/FFLCH/USP, 1999.

_____. *As heresias medievais*. São Paulo: Atual, 1988.

RAMOS, Rui (Coord.). *História de Portugal*. Lisboa: A Esfera dos Livros, 2009.

REES, Laurence. *Stalin, os nazistas e o Ocidente*: a Segunda Guerra Mundial entre quatro paredes. São Paulo: Larousse do Brasil, 2009.

REGO, José Marcio; MARQUES, Rosa Maria (Org.). *Economia brasileira*. São Paulo: Saraiva, 2000.

REIS FILHO, Daniel A. *A construção do socialismo na China*. São Paulo: Brasiliense, 1981.

_____. *A Revolução Chinesa*. São Paulo: Brasiliense, 1981.

_____. *Uma revolução perdida*: a história do socialismo soviético. São Paulo: Fundação Perseu Abramo, 1997.

REIS, José Carlos. *Escola dos Annales*: a inovação em História. São Paulo: Paz e Terra, 2000.

RESENDE, Maria Efigênia Lage; VILLALTA, Luiz Carlos (Org.). *História de Minas Gerais*: as minas setecentistas. Belo Horizonte: Autêntica/Cia. do Tempo, 2007. v. 1-2.

REVISTA Brasileira de História. Dossiê Identidades/Alteridades. São Paulo. v. 19, n. 38, 1999.

REVISTA UFF: Tempo. Índios na História, Rio de Janeiro, n. 23, dez. 2007.

REVISTA USP: Arqueologia Brasileira: Dossiê antes de Cabral I e II, São Paulo, n. 44, dez. 1999- fev. 2000.

REVISTA USP: Dossiê Surgimento do Homem na América, São Paulo, n. 34, jun.-ago. 1997.

RIBEIRO, Darcy. *O processo civilizatório*: etapas da evolução sociocultural. Petrópolis: Vozes, 1979.

RIBEIRO, Renato Janine. *A etiqueta no Antigo Regime*: do sangue à doce vida. São Paulo: Brasiliense, 1983.

RICHARD, Lionel. *A República de Weimar*. São Paulo: Companhia das Letras, 1988.

RODRIGUES, Antonio E. M.; FALCON, Francisco J. C. *Tempos modernos*: ensaios de história cultural. Rio de Janeiro: Civilização Brasileira, 2000.

ROSTOVTZEFF, Mikhail. *História de Roma*. Rio de Janeiro: Guanabara Koogan, 1986.

SADER, Emir (Coord.). *Enciclopédia contemporânea da América Latina e do Caribe*. São Paulo: Boitempo/Rio de Janeiro: Laboratório de Políticas Públicas da Uerj, 2006.

_____ (Org.). *O mundo depois da queda*. São Paulo: Paz e Terra, 1995.

_____. *Pós-neoliberalismo II*: que Estado para que democracia? Petrópolis: Vozes, 1999.

_____. *Século XX*: uma biografia não autorizada – o século do imperialismo. São Paulo: Fundação Perseu Abramo, 2000.

_____. *Vozes do século*: entrevistas da *New Left Review*. Rio de Janeiro: Paz e Terra, 1997.

_____; GENTILI, Pablo. *Pós-neoliberalismo: as políticas sociais e o Estado democrático*. Rio de Janeiro: Paz e Terra, 1995.

SAFATLE, Vladimir. *A esquerda que não teme dizer seu nome*. São Paulo: Três Estrelas, 2012.

_____; TELES Edson (Org.). *O que resta da ditadura*: a exceção brasileira. São Paulo: Boitempo, 2010.

SALE, Kirkpatrick. *Inimigos do futuro*: a guerra dos luditas contra a Revolução Industrial e o desemprego: lições para o presente. Rio de Janeiro: Record, 1999.

SANDRONI, Paulo. *Novíssimo dicionário de economia*. São Paulo: Best Seller, 2000.

SANTIAGO, Theo (Org.). *Do feudalismo ao capitalismo*: uma discussão histórica. São Paulo: Contexto, 1992.

SCHMIDT, Joël. *Nero*: monstro sanguinário ou imperador visionário. Lisboa: Larousse, 2010.

SCHMITT, Jean-Claude. *O corpo das imagens*: ensaios sobre a cultura visual da Idade Média. Bauru, SP: Edusc, 2007.

SCHNAIDERMAN, Boris. *Guerra em surdina*. 4. ed. São Paulo: Cosac & Naify, 2004.

SCHWARCZ, Lilia Moritz. *As barbas do imperador*. São Paulo: Companhia das Letras, 1999.

_____ (Dir.). *A construção nacional*: 1830-1889. Rio de Janeiro: Objetiva, 2012.

_____ (Coord.). *História do Brasil nação*: 1808-2010. Rio de Janeiro: Objetiva, 2012. v. 2, 4, 5.

_____; REIS, Letícia V. S. (Org.). *Negras imagens*: ensaios sobre cultura e escravidão no Brasil. São Paulo: Edusp, 1996.

SCHWARTZ, Stuart B. *Segredos internos*. São Paulo: Companhia das Letras, 1988.

SEGRILLO, Angelo. *O declínio da União Soviética*: um estudo das causas. Rio de Janeiro: Record, 2000.

SELLERS, Charles; MAY, Henry; MCMILLEN, Neil R. *Uma reavaliação da história dos Estados Unidos*: de colônia a potência imperial. Rio de Janeiro: Jorge Zahar, 1990.

SEVCENKO, Nicolau. *A Revolta da vacina*: mentes insanas em corpos rebeldes. São Paulo: Scipione, 1999. (História em aberto).

_____. *O Renascimento*. 17. ed. São Paulo: Atual, 1994.

_____. *Orfeu extático na metrópole*. São Paulo: Companhia das Letras, 1992.

SILVA, Aracy L.; GRUPIONI, Luís D. B. (Org.). *A temática indígena na escola*: novos subsídios para professores de 1º e 2º graus. 2. ed. São Paulo: Global; Brasília: MEC/Mari/Unesco, 1998.

SKIDMORE, Thomas. *Brasil*: de Castelo a Tancredo. 4. ed. Rio de Janeiro: Paz e Terra, 1988.

SKINNER, Quentin. *As fundações do pensamento político moderno*. São Paulo: Companhia das Letras, 2003.

SOARES, Gláucio A. D.; D'ARAUJO, Maria Celina de; CASTRO, Celso (Org.). *A volta aos quartéis*: a memória militar sobre a abertura. Rio de Janeiro: Relume Dumará, 1995.

SOBOUL, Albert. *A Revolução Francesa*. São Paulo: Difel, 1974.

SODRÉ, Nelson Werneck. *A farsa do neoliberalismo*. Rio de Janeiro: Graphia, 1996.

SOUZA, Laura de M. E. *Desclassificados do ouro*. Rio de Janeiro: Graal, 1986.

_____. *O império deste mundo, 1680-1720*. São Paulo: Companhia das Letras, 2000. (Virando Séculos, 4).

SOUZA, Marina de Mello. *África e Brasil africano*. São Paulo: Ática, 2006.

STALLYBRASS, Peter. *O casaco de Marx*: roupas, memória, dor. Belo Horizonte: Autêntica, 1999.

TENÓRIO, Maria Cristina. *Pré-História da Terra Brasilis*. Rio de Janeiro: UFRJ, 2000.

THOMAS, Hugh. *A guerra civil espanhola*. Rio de Janeiro: Civilização Brasileira, 1964. v. 1.

THOMPSON, Edward P. *A formação da classe operária*. Rio de Janeiro: Paz e Terra, 1987. v. 3.

THUROW, Lester. *O futuro do capitalismo*: como as forças econômicas de hoje moldam o mundo de amanhã. Rio de Janeiro: Rocco, 1997.

TOCQUEVILLE, Alexis. *A democracia na América*. São Paulo: Edusp, 1977.

TODOROV, Tzvetan. *A conquista da América*: a questão do outro. 3. ed. São Paulo: Martins Fontes, 2003.

TOPIK, Steven. *Comércio e canhoneiras*: Brasil e Estados Unidos na era dos impérios (1889-1897). São Paulo: Companhia das Letras, 2009.

TROTSKY, Leon. *A história da Revolução Russa*. Rio de Janeiro: Paz e Terra, 1977. v. 3.

TULARD, Jean. *História da Revolução Francesa (1789-1799)*. Rio de Janeiro: Paz e Terra, 1989.

UNESCO. *História geral da África*. Brasília: 2010. v. 2.

UTZ, Arthur. *Entre o neoliberalismo e o neomarxismo*: uma filosofia de caminhos alternativos. São Paulo: Edusp, 1981.

VAINFAS, Ronaldo (Dir.). *Dicionário do Brasil colonial (1500-1808)*. Rio de Janeiro: Objetiva, 2000.

_____. *Dicionário do Brasil imperial (1822-1889)*. Rio de Janeiro: Objetiva, 2002.

_____. *Dicionário do Brasil joanino*. Rio de Janeiro: Objetiva, 2008.

VALLADARES, Eduardo; BERBEL, Márcia. *Revoluções do século XX*. São Paulo: Scipione, 1994. (Ponto de apoio).

VARGAS, Getúlio. *Diário*. São Paulo: Siciliano; Rio de Janeiro: FGV, 1995. 2 v.

VOVELLE, Michel. *A Revolução Francesa (1789-1799)*. São Paulo: Unesp, 2012.

_____. *As almas do purgatório ou O trabalho de luto*. São Paulo: Unesp, 2010.

_____. *Jacobinos e jacobinismo*. Bauru: Edusc, 2000.

WAACK, William. *Camaradas*. São Paulo: Companhia das Letras, 1993.

WASSERMAN, Cláudia (Coord.). *História Contemporânea da América Latina*: 1900-1930. Porto Alegre: UFGRS, 1992.

_____. *História da América Latina*: cinco séculos. Porto Alegre: UFRGS, 1996.

WEBER, Max. *A ética protestante e o espírito do capitalismo*. 8. ed. São Paulo: Pioneira, 1994.

WESSELING, Hill L. *Dividir para dominar*: a partilha da África (1880-1914). Rio de Janeiro: UFRJ/Revan, 1998.

WHITROW, G. J. *O tempo na História*: concepções de tempo da Pré-História aos nossos dias. Rio de Janeiro: Zahar, 1993.

WILSON, Edmund. *Rumo à estação Finlândia*. São Paulo: Companhia das Letras, 1986.